國家清史編纂委員會・文獻叢刊

張之洞全集

四

奏議
電奏

◎主編／趙德馨◎副主編／吴劍杰　馮天瑜
◎本册點校／周秀鸞

武漢出版社

第四册编辑説明

本册收録光緒二十七年三月至宣統元年八月，即張之洞出任湖廣總督（含署理兩江總督）、軍機大臣期間的奏議共三百五十三件，包括底本《張文襄公全集》（北平文華齋一九二八年刊本）第五十二至七十二卷中的一百五十五件，另增補一百九十八件。增補各件，主要録自《光緒朝硃批奏摺》（中國第一歷史檔案館編，中華書局一九九五年版）、《宫中檔光緒朝奏摺》（臺北故宫文獻編輯委員會編，臺北故宫博物院發行，一九七四、一九七五年版）和《京報》、《申報》等。又收録光緒十年閏五月至光緒三十三年八月，即張之洞任兩廣總督、湖廣總督（含署理兩江總督）期間的電奏共四百六十九件（不含附件），包括底本《張文襄公全集》第七十三至八十五卷中的全部四百四十四件，另增補二十五件。以上凡增補各件，均在目録中相應標題的上方標示圓圈，并隨文分别注明出處。

本册由周秀鸞負責點校整理。增補的文獻主要由周秀鸞、趙德馨、班耀波搜集，參加搜集文獻的還有周軍、尤小文、黎浩、王秀蘭、李慶珠、吴光全、蕭建忠、王聖奇、羅美香、趙華麗。

第四冊目録

奏議 光緒二十七年三月至宣統元年八月

光緒二十七年

光緒二十八年

光緒二十九年

光緒三十年

光緒三十一年

光緒三十二年

光緒三十三年

光緒三十四年

宣統元年

電奏 光緒十年閏五月至光緒三十三年八月

光緒十年

光緒十一年

光緒十二年

光緒十三年

光緒十五年

光緒十六年

光緒二十年

光緒二十一年

光緒二十二年

光緒二十三年

光緒二十五年

光緒二十六年

光緒二十七年

光緒二十八年

光緒二十九年

光緒三十年

光緒三十一年

光緒三十二年

光緒三十三年

光緒二十七年

保薦人才摺并清單　光緒二十七年三月二十五日

竊臣伏讀光緒二十六年閏八月十二日疊次欽奉諭旨，飭令各督撫保薦人才。仰見聖主憂患焦勞，求才圖治之至意。竊惟方今時事日棘，外患内憂，交發並至，和局未定，兵弱財殫，事變日多，迥非前數年之時局，需才甚多，待用甚急。然必須心術端正，品行修飭而又識能知時，才能幹事者，方爲切於世用。臣謹就平日深知灼見辦事實有成效者，薦舉九員，以備朝廷甄擇。海内賢才雖衆，然如該員等之志節才器，矯然拔俗，確有實蹟，人人共見者，似亦不甚多覯。伏望聖明破格擢用，以裨時局而示觀感。所有各員銜名開繕清單，恭呈御覽。

謹將保薦人才各員，開繕清單，恭呈御覽。

掌河南道監察御史陳璧　該員才品堅卓，有膽有識，講求經濟，不躁不迂。前督理京城街道，潔己除弊，頌聲翕然。去年在京，正當匪徒擾攘之時，疏請禁止拉車騷擾，尤徵識力。該員係現任實缺京官，其應如何優予録用之處，伏候聖裁。

記名副都統廕昌　該員前赴德國學習武備，於練兵本原功用，均能得其竅要。目前時勢，練兵尤爲急務。近年將領仍是舊日習氣，一味大言欺人，講排場、躭安逸、務應酬，於操練要義、槍礮理法，全不講求。間有采用西法者，亦但憑庸陋教習爲指揮。統帶，營、哨官，全不能自教操練。如此練兵，終無實效。若使該員專練一軍，以爲諸將法式，必有實用。且將來可隨時派赴各省，查閲各軍，指其利病，核其勤惰。則各省將弁兵勇，必更鼓舞講求，一掃從前驕惰空疏、欺詐牟利之惡習。該員係二品大員，其應如何優加任用之處，伏候聖裁。

翰林院編修銜梁鼎芬　該員品行方嚴，才力强果，心存忠愛，出於至誠。平日講求經濟之學，尤能通達時勢，不爲迂談。在湖北主講書院有年，崇尚品行，力求實學，造就人材不少，衆論翕然。該員前以言事降調，本無大咎。近經湖北學政王同愈奏薦，蒙恩賞還原銜。當此時局需才，投閒實覺可惜。擬懇恩送部引見，優予録用。

翰林院編修徐世昌　該員志趣端正，持躬謹飭，明達時務，辦事精細。前在山東巡撫袁世凱軍營有年，於兵事甚能考究，實爲今日有用之才。擬懇恩交部帶領引見，優予録用。

翰林院編修王同愈　該員學術賅通，事理透澈，才具優長，辦事勤敏。前在湖北學政任内，臣深知其有幹事之才。現請假回蘇州原籍。擬懇恩送部引見，優予録用。

吏部主事勞乃宣　該員守潔學優，才力幹練。前在直隸官州縣多年，所至循聲卓著。上年在吴橋縣任内，時值拳匪初起，即通禀上官，著爲論説，歷引嘉慶年間諭旨成案，指其邪教惑人之根據，力禁拳匪糾衆傳習。是以該縣境内，未被匪徒之害，亦免受洋兵之擾，足徵卓識過人，明燭先幾，保全地方。該員於推升主事後，請假回浙江原籍。擬懇恩送部引見，優予録用。

奏留鐵路差委記名道鄭孝胥　該員學通守潔，識定才長，辦事核實，能謀能斷。於中外交涉機宜，能見其大，實爲間出之才。該員現在漢口總辦鐵路局路工，洋人多至百餘，該員操縱得宜，作事切實敏速，洋工程司極爲信服。擬懇恩送部引見，優予録用。惟鄂省路工喫緊，該員爲洋人信服，一時斷難離開湖北，合併聲明。如蒙俞允，擬俟鐵路接替有人，再令赴部。

直隸候補知府吴永　該員年力精强，才具開敏。前在直隸懷來縣任内，正值匪徒縱横之際，獨能彈壓維持。上年來鄂催餉，臣屢與晤談，察其識解通達，條理詳明，念念心存忠愛，尤爲難得。擬懇恩交部帶領引見，優予録用。

前安徽青陽縣知縣湯壽潛　該員品行敦篤，學問淹通，端謹而不迂腐。前在青陽任内，政績卓然。平日講求經濟，博考中外政術，實屬才品兼優，有守有爲。現以終養開缺，在滬養親。擬懇恩送部引見，優予録用。

爲徐建寅等請卹摺光緒二十七年三月二十五日

竊照奏調湖北差委二品銜直隸候補道徐建寅，於光緒二十六年五月經臣奏調來鄂，派委湖北營務處暨教吏館武備總教習。於營務利病，悉心體察，勇於任事，不避嫌怨。旋委辦省城保安所，仿造黑色洋火藥事務。該道自造機器，精思仿製，歷時三箇月，造成洋黑藥，試驗擊力，幾與英、德各國所造無異。臣因漢陽煉鋼廠無煙火藥廠均經造成，延訂洋匠久未來鄂，焦急殊甚。無煙藥較之黑藥，需用尤切，造法尤難，特委該道總辦鋼藥廠，設法仿造。該道以大局未定，時事日緊，軍火尤爲要圖，毅然以設法造成爲己任，極意研求化學，將强水、酒精、棉花等物，自行配製。本年正月造成無煙藥數磅，試驗藥力頗稱充足。惟燒後，稍有渣滓。該道復殫精竭思，窮加研鍊，於二月初六日，手自造成數磅，試驗竟無渣滓，即擬開機多造。是月十二日，該道在廠監工，親至拌藥房，督同委員、工匠人等，拌和藥料。不意機器炸裂，該道徐建寅及委員五品銜候選知縣戴振麟、五品頂戴監生楊蔭桓、藍翎把總儲仁發暨工匠等共十四人，同時轟斃。屍骸焦爛碎裂，收檢不全，慘不忍睹。轟去西邊拌藥房一間。緣製造無煙火藥，所用强水、酒精、棉花等物料，性極猛烈，配合最爲危險。洋匠建造藥廠，分東、西、南、北四廠。東西相距五十丈，南北二十丈。拌藥房三間在南廠，每間中有隔巷，以防不測。故僅轟去西邊一間，其中間及東邊藥房、機器均未損動。此外各廠一律完好如故。詳查失事之由，因機器開闢樞紐均在墻外，墻外司機人等未經聽明，開機過快，以致機器磨熱生火炸裂，致在場員匠人等，同遭轟斃。

查該道徐建寅，幼承家學，隨其故父二品封職徐壽，在故大學士曾國藩安慶軍營管理軍械所，研究格致、化學、製造等事，均有心得。創造黄鵠輪船一艘，爲中國自造輪船之始。歷經派委辦理金陵、上海、山東各製造局，充福建船政局提調，奏派出洋充德國二等參贊，遍歷英、德、俄各國，考求工藝。閲歷既深，所學益進，與英國人傅蘭雅等繙譯西學有用之書多種，曾經進呈御覽。夙爲故大學士曾國藩、故督臣丁寶楨等所識拔，節次叙勞，洊保今職。此次在鄂，苦心孤詣，製造無煙火藥，事事躬親，手自配合察驗，不避艱險。乃成效甫著，遽遭不測，竟與委員、工匠人等，同時殞命，其死事情形極爲慘酷。現值各國議禁軍火進口之際，全賴我自能擴充製造，庶期克應要需。該道夙具血誠，精通化學，綜其才藝，實爲近今不可多得之員。儻能始終其事，則鄂省鋼、藥兩廠，必能精求製煉，日起有功，漸可不借外人之助。何期有用之才，頓罹慘害。既痛微臣失此臂助，更惜中國少此人材。追念之餘，尤深憫惻。伏念該道等以死勤事，盡瘁捐糜，較諸因公事死於海洋、江河者，尤爲慘苦。合無仰懇天恩俯准將已故二品銜道員徐建寅並委員五品銜候選知縣戴振麟、五品頂戴監生楊蔭桓、藍翎把總儲仁發等，敕部照軍營陣亡例，從優議卹，以勵忠勤。其工匠人等，已由臣優給各該家屬卹賞銀兩。

（硃批）徐建寅等均著照軍營陣亡例，從優賜卹。餘依議。

（欽此）

報解第二批地丁京餉銀兩摺[一] 光緒二十七年四月　日

竊照光緒二十七年京餉，湖北省原撥地丁銀四十五萬兩、鹽釐銀十五萬兩、釐金銀十二萬兩，嗣經行在户部奏准，於所撥京餉内先提銀十八萬兩，解赴京師，開單咨會，並准兩江督臣劉坤一轉電，即將前項銀兩解滬匯京各等因。業經委解第一批銀五萬兩匯京交納在案。茲據湖北布政使瞿廷韶詳稱，復於地丁項下動撥第二批銀五萬兩，派委試用知州程運皋解赴江海關監督衙門兑收，匯解京都户部交納等情，請奏咨前來。除分咨並飭該委員妥速起解，仍飭將應解銀兩續籌委解外，理合恭摺具陳。再，湖廣總督係臣本任，毋庸會銜，合併陳明。伏乞皇太后、皇上聖鑒。

户部知道。

委解宜昌關提存出使經費片 光緒二十七年四月　日

再，前准總理各國事務衙門咨，光緒二十一年十月十四日具奏，各關提存出使經費，仍解交江海關存儲等因。奉硃批：依議。欽此。咨行到部。當經轉行欽遵辦理。茲據署湖北荆宜施道宜昌關監督陳兆葵詳稱，宜昌關第一百五十六結以前應提出使經費銀兩，業經委解江海關驗收，詳請奏咨在案。茲自第一百五十七結起至一百六十結止，扣足四結，一年期滿共收各項税銀六十萬三千二百七十二兩三錢八分八釐。除應支存票抵税、傾鎔折耗、關用、税務司各經費外，計存銀五十一萬九千二百三十三兩五錢二分一釐，照章統作十成核算，仍再以六成分作十成，應提一成半出使經費銀四萬六千七百三十一兩一分六釐八毫九絲。所有委員解費川資，仍照每萬兩支銀二百五十兩扣算，應給銀一千一百三十九兩七錢八分九毫，實應解出使經費銀四萬五千五百九十一兩二錢三分五釐九毫九絲。飭委候選縣丞饒錫恩解赴江海關驗收等情，詳請奏咨前來。臣覆核無異，除分咨外，理合附片具陳。再，湖北巡撫係臣兼署，應毋庸會銜，合併陳明，伏乞聖鑒。

該衙門知道。

委張延鴻署理知縣片 光緒二十七年四月　日

再，署羅田縣知縣石壽春，調省另候差委。所遺該縣印務，亟應委員往署，以重職守。查有本任黄陂縣知縣張延鴻，才猷明

[一] 以下三件録自《申報》光緒二十七年六月初九日。

練，辦事精詳，堪以署理。據湖北布政使瞿廷韶、署按察使札勒哈哩會詳請奏前來。除飭委遵照外，理合附片具陳。再，湖廣總督係臣本任，毋庸會銜，合併陳明，伏乞聖鑒。

吏部知道。

甄別保薦佐貳雜職人員片〔一〕光緒二十七年四月　日

再，查定例，各省首領佐貳雜職，自從六品以至未入流，俱以到任之日起，歷俸已滿六年者，該督撫調取考驗，詳加甄別。其中實有人才出衆，著有勞績，堪以保洊人員，詳加確查，准其保洊，出具切實考語，照例具題等語。茲查按察司經歷呂炳南，年五十七歲，河南羅山縣人，由附貢生於光緒二年在黔捐局遵例報捐按經歷，指分湖北試用，旋加捐本班儘先補用，免試用。三年十一月二十八日，蒙欽派大臣驗看領照起程，四年二月二十二日到省，十月在晋捐局加捐分缺先補用。十一年六月，丁母憂回籍守制。十三年服滿起復，於十二月初二日領照回省。十八年復在津局加捐新海防本班儘先補用。二十年二月咨署按察司經歷，經部覆准，八月二十五日到任，十月恭逢覃恩加一級。二十一年試署期滿，咨部覆准實授，扣至二十二年九月二十六日，作爲實授日期。二十四年大計保洊卓異，接到部覆，准其卓異加一級註册候升，試俸三年期滿，咨請銷去試俸。二十六年三月恭逢覃恩加一級。茲自二十年八月二十五日起，連閏扣至二十六年六月二十五日，初次六年俸滿。據該員造具履歷事實清册，呈由湖北布政使瞿廷韶、署按察使札勒哈哩加考詳請保薦前來。臣隨傳驗該員呂炳南，年健才明，留心吏治，堪膺保薦。除將履歷事實清册咨移部科外，理合附片具陳。再，佐雜俸滿保洊，照例毋庸送部引見，並毋庸列叙叅罰案件。此案應遵照奏定新章改題爲奏。再，湖廣總督係臣本任，毋庸會銜，合併陳明，伏乞聖鑒，敕部核覆施行。

吏部知道。

籌解第三批地丁京餉片光緒二十七年四月　日

再，光緒二十七年京餉，湖北省奉撥地丁銀四十五萬兩，業經在於地丁項下先行提解銀十萬兩，作爲第一、第二兩批京餉，飭委補用知州程運臯先後解赴江海關道衙門兑收，轉匯京都户部交納各在案。茲據湖北布政使瞿廷韶詳稱，復於地丁項下動撥第三批京餉銀三萬兩，派委補用直隸州知州吴本義、拔貢試用知縣張樹森，解赴行在户部交納等情，請奏咨前來。除撥給該委員等妥速解並飭將其餘應解銀兩續籌委解外，謹附片具陳。再，湖廣總督係臣本任，毋庸會銜，合併陳明，伏乞聖鑒。

户部知道。

籌解釐金京餉片光緒二十七年四月　日

再，湖北省釐金項下，原撥京餉銀十二萬兩，歷准部咨，限五月前解半，十二月初間解清。嗣准行在户部咨，令於光緒二十七年京餉項下先提銀一百萬兩，湖北省原撥地丁銀四十五萬兩、

〔一〕以下五件録自《申報》光緒二十七年六月初十日。

鹽釐銀十五萬兩、釐金銀十二萬兩内，先提解銀十八萬兩，限正月底到京各等因。業經籌解第一批釐金銀三萬兩奏報在案。兹據湖北布政使瞿廷韶會同善後總局司道詳稱，復於釐金項下續撥銀一萬兩，派委補用同知施啓華解赴江海關兑收，轉匯京都户部交納。所有奉撥本年提解北京京餉銀十八萬兩，釐金項下先提銀四萬兩，現已分别如數解清等情，請奏咨前來。除提解地丁、鹽釐銀另摺奏報及分咨外，理合附片具陳，伏乞聖鑒。

户部知道。

留員差遣片 光緒二十七年四月　日

再，湖北内政外交諸事紛繁，亟需賢員助理。湖北知府班中出色人員甚少，查有直隸候補知府吴永，才具敏練，識解通達，留心時事。該員於上年來鄂催餉，現赴行在，並未在直隸原省。如能留鄂委用，實於地方有裨。合無仰懇天恩俯准將直隸候補知府吴永發往湖北差遣委用之處，出自逾格鴻慈。謹附片具陳，伏乞聖鑒。

著照所請。吏部知道。

道員汪錫采倡捐鉅款請優奬摺 光緒二十七年四月　日

竊臣前於光緒二十六年六月二十日欽奉上諭：現在軍務緊迫，需餉孔殷，有能倡捐鉅資者，奏請破格優奬。等因。欽此。遵即奏明在於湖北藩司衙門設立助餉新捐局，實力勸辦在案。兹據二品頂戴湖北試用道汪錫采呈稱，伏念時事艱危，至今已極，樗櫟庸材，以道員需次湖北，目擊練兵、製械、增勇、籌防，在在均需鉅款，久殷毁家紓難之忱，敢効輸財佐軍之誼，將原籍安徽休甯縣家産設法變賣，湊繳庫平銀二萬兩，以充湖北軍需之用。不敢仰邀議叙等情。由湖北助餉新捐局司道詳請具奏前來。臣查近年各省捐輸，久成弩末。湖北連年災祲，商民交困，自開辦新捐以來，輸將鉅資者尚無其人。兹該道汪錫采慷慨激發，首先罄家輸助銀二萬兩，似此竭誠報効，實屬不遺餘力。查光緒十八年江蘇試用道朱成渡捐助順直賑銀一萬兩，經直隸督臣李鴻章奏奉恩旨，交軍機處存記有案。該道汪錫采，操履端謹，見義勇爲，此次首捐鉅款，銀數較朱成渡加至一倍，且助餉與助賑情事亦有不同，實與欽奉倡捐鉅貲破格優奬之諭旨符合。應如何破格優奬以昭激勸而勵將來之處，出自逾格鴻慈。除將捐銀飭司儲庫備用，並飭取該員履歷咨部外，理合恭摺具陳。再，湖北巡撫係臣兼署，毋庸會銜，合併聲明，伏乞皇太后、皇上聖鑒。

汪錫采著以道員儘先補用，並交軍機處存記。

宜昌川鹽局抽收正課加課及籌餉加價錢文數目摺〔一〕 光緒二十七年四月　日

竊照湖北宜昌川鹽局抽課濟餉，所有光緒二十六年夏季分抽收鹽課錢文數目，業經恭摺具奏在案。查前准部咨，議覆編修張百熙奏籌餉各條案内，令安襄鄖荆等府州運銷川鹽每斤加收錢文，隨同正加課按季奏報，以資查考等因。歷經遵照辦理。兹據署湖

〔一〕以下三件録自《申報》光緒二十七年六月十一日。

北鹽法武昌道逢潤古將光緒二十六年秋季分抽收鹽課錢文數目開報前來。臣覆加查核，宜昌川鹽局光緒二十六年七月分抽收正課錢七萬三千三百六串八百七十六文五毫，內提京餉銀二萬兩、錢七千串文，加課錢三萬一千八百七十二串五百五十五文，籌餉加價錢一萬二千七百四十九串二十二文。八月分抽收正課錢六萬三百一十串五百七十七文，內提京餉銀一萬五千兩、錢三千串文。加課錢二萬六千二百二十一串九百九十文，內提京餉錢四千串文。籌餉加價錢一萬四百八十八串七百九十六文。閏八月分抽收正課錢六萬六千八十二串七十一文五毫，內提京餉錢四千串文。籌餉加價錢一萬一千五百九十六串八百八十二文。九月分抽收正課錢六萬四千三百三十九串八百六十六文五毫，內提京餉銀二萬兩、錢三千串文。加課錢二萬七千九百七十三串八百五十五文，內提京餉錢五千串文。籌餉加價錢一萬一千一百八十九串五百四十二文。除籌餉加價錢文遵照部撥，留備解還俄法、英德兩款本息外，其正課全項同歸鄂一半加課，亦照部咨解交稅務司抵還洋款，由道庫撥補鹽釐款內撥還，連同五成公費分別撥解京餉、荊州滿營兵餉、水師月餉，餘則儘數由道移解善後局接濟軍餉。除解支細數截清造册咨部外，理合恭摺具奏，伏乞皇太后、皇上聖鑒。

户部知道。

委員署理通判片光緒二十七年四月　日

再，前准吏部咨，奏定新章委署同、通、知縣彙題改爲按季彙奏等因。茲查光緒二十六年秋季分，荊州府通判張模丁憂，遺缺委試用通判包希藺署理等情，由湖北布政使瞿廷韶、署按察使札勒哈哩會詳請奏前來。臣覆覈無異，除咨明吏部查照外，理合附片具奏。再，湖廣總督係臣本任，毋庸會銜，合併陳明，伏乞聖鑒。

吏部知道。

京餉項下提撥解京銀兩如數掃解片光緒二十七年四月　日

再，湖北省光緒二十七年應解京餉，奉撥地丁銀四十五萬兩、鹽釐銀十五萬兩、釐金銀十二萬兩。嗣准行在户部咨，令在原撥京餉內先提銀十八萬兩，限正月底設法解京以應急需等因。業經先後籌撥第一批地丁銀五萬兩、釐金銀三萬兩、鹽釐銀二萬兩，第二批地丁銀五萬兩、釐金銀一萬兩、鹽釐銀二萬兩。以上共計銀十八萬兩，分別委員解赴江海關衙門兑收，轉匯京都户部交納。所有京餉項下提撥解京銀十八萬兩，已如數掃解清楚。據湖北布政使瞿廷韶具詳請奏前來。除咨移户部科查照外，理合附片具陳。再，湖廣總督係臣本任，毋庸會銜，合併陳明，伏乞聖鑒。

户部知道。

進呈一統志並天文輿地各球圖摺光緒二十七年五月十九日

竊惟周禮開卷大義曰：辨方正位，體國經野。是知古聖人經世大端，必自觀天文、察地理始。臣前於光緒二十七年二月十三日，准前護陝西撫臣端方來電，以內廷需用大清一統志，秦垣徧覓不得，屬臣訪購呈進等因。仰見我皇上眷懷寰宇，孜孜求治之至意。

臣謹考是書於乾隆八年輯成者，計三百五十六卷。乾隆二十九年以後續行編輯者，增爲五百卷。本擬訪求殿本原書，因鄂省徧訪未得，並向蘇、杭、湖南等省於書肆及藏書家廣爲搜求，均無其書。僅在揚州購到排印大字本三百五十六卷者一部，紙版尚屬完整。其五百卷者，各處藏書家，無論殿本、重刻本，皆無其書。祇有上海石印縮本，字跡較小，檢閱頗費目力，未敢率行進呈。茲特將三百五十六卷之大字本一部，裝潢成帙，上呈御覽。竊思有書不可無圖，而輿圖以後出者爲勝。近年廣東鄒伯奇所刊皇朝輿地全圖，係按照西法測準經緯度，以弧綫分度其地面所當天度之部位，較爲密合。當飭鄂省兩湖書院各學生，敬謹摹繪兩分，一成直幅八幀，以便懸挂，一裝册葉三本，以便披尋。因天文度數與地球内外上下正相印合，於考覽地圖甚有關涉。並飭兩湖書院學生另繪赤道南北恒星圖，直幅兩幀，横幅一幀，藉可考見南北兩極，赤黄兩道，及躔次之所在。又附進上海製造局所刊地球全圖兩幅，足以覘環球之疆域。上海銅版刊印之亞西亞東部輿地圖一幅，足以驗近州之形勢。又因圖係半面，欲測天地全形，尚費體會推求，因並附進製成天球、地球各一具，俾大圜運轉，五州列國可以一覽而知。謹一併裝潢，派委員弁，賫赴行在，敬謹呈進。儻蒙萬幾之餘，時加垂覽，則環球大勢，中華全局，均可歷歷在目。以之上佐綏安撫馭之方略，或亦可稍有裨益。

旨：所進畫圖等件，均留覽。欽此。

變通政治人才爲先遵旨籌議摺 光緒二十七年五月二十七日

竊臣等欽奉光緒二十六年十二月初十日上諭：法令不更，錮習不破，欲求振作，當議更張。著軍機大臣、大學士、六部九卿、出使各國大臣、各省督撫，各就現在情形，參酌中西政要，舉凡朝章、國故、吏治、民生、學校、科舉、軍政、財政，當因、當革，當省、當併，或取諸人，或求諸己，如何而國勢始興，如何而人才始出，如何而度支始裕，如何而武備始修。各舉所知，各抒所見。通限兩箇月，詳悉條議以聞。等因。欽此。仰見我皇上，懲毖多難，必欲掃積習，以濟時艱。感涕之餘，且愧且奮。臣等嘗聞之周易：乾道變化者，行健自强之大用也。又聞之孟子：過然後改，困然後作，動心忍性，增益所不能者，生於憂患之樞機也。上年京畿之變，大局幾危，其爲我中國之憂患者，可謂鉅矣。其動忍我君臣士民之心性者，可謂深矣。窮而不變，何以爲國。然則修中華之内政，采列國之專長，聖道執中，洵爲至當。惟是中國貧弱廢弛之弊，或相沿百餘年，或相沿二千餘年。一旦欲大加興革，必須規畫周詳，確有下手之處。然後氣血生，而宿痾自去，疣瘫決，而元氣可支。竊謂中國不貧於財，而貧於人才。不弱於兵，而弱於志氣。人才之貧，由於見聞不廣，學業不實。志氣之弱，由於苟安者無履危救亡之遠謀，自足者無發憤好學之果力。保邦致治，非人無由。謹先就育才興學之大端，參考古今，會通文武，籌擬四條。一曰設文武學堂。二曰酌改文科。三曰停罷武科。四曰奬勸遊學。敬爲聖主陳之。

一、設文武學堂。取士之法自漢至隋爲一類，自唐至明爲一類。無論或用選舉，或憑考試，立法雖有短長，而大意實不相遠。漢魏至隋，選舉爲主，而亦間用考試。如董、晁、郄、杜之對策是也。唐宋至明，考試爲主，而參用選舉。如温造、种放之徵召是也。要之，皆就已有之人才而甄拔之，未嘗就未成之人才而教成之。故家塾，則有課程。官學，但憑考校。此皆與三代學校之制不合。現行科舉章程，本是沿襲前明舊制。承平之世，其人才尚足以佐治安民。今日國蹙患深，才乏文敝，若非改絃易轍，何以拯此艱危。然而中國見聞素狹，講求無素，即有考求時務者，不過粗知大略。於西國政治，未能詳舉其章。西國學術，未能身習其事。現雖舉行經濟特科，不過招賢自隗始之意，祇可爲開闢風氣之資，而未必遽有因應不窮之具。考周官司徒之職，小戴禮學記之文，大率皆以德行道藝兼教并學，學成而後用之。此外見於經傳者，鄉國之學皆兼六藝，大夫之職必備九能。書、禮、干戈，司成並教，寄象鞮譯，王制分官。海外圖經，伯益所傳。潤色專對，論語所重。又按三代之制，庠序之稱曰士，卒伍之稱亦曰士，實爲文武合一，文武並重之明徵。若孔子兼通文武，學於四裔，尤聖人躬行垂教之彰彰者。此後漢舉使才，唐采回秝，隋志經籍，多收方言。明初文科，亦兼騎射。欽惟我朝康熙年間，測天、造礮，皆用西人。內府地圖，創用西法之經緯綫。此圖所刻銅板即用東洋銅板之陰陽文。尼布楚界碑，兼用三體文字。乾隆年間，西域同文志，兼列清、漢、蒙古、西番、托忒、回部之書。至於內廷功課，八旗授官，皆係文武兼習。祖宗舊制，洵足爲萬代法程。今泰西各國學校之法，猶有三代遺意，禮失求野，或尚非誣。其立學教士之要義有三，一曰道藝兼通，二曰文武兼通，三曰內外兼通。其教法之善有四，一曰求講解不責記誦，一曰有定程亦有餘暇，一曰循序不躐等，一曰教科之書官定頒發，通國一律。大小各學，功有淺深，意無歧異。其考校進退章程，皆用北宋國學積分升舍之法。才能優絀切實有據，既不虞試官偏私，亦不至摸索偶誤，故其人才日多，國勢日盛。德之勢最强，而學校之制惟德最詳。日本興最驟，而學校之數，在東方之國爲最多。興學之功，此其明證。其學校教法，大率少年者先入小學堂，先教以淺近文理、算法、史事、格致之屬。小學堂又分初等、高等兩種。小學成後，選入中學堂，所學門類甚多，名曰普通學，如國教、格致、算學、地理、史事、繪圖、體操、兵隊操、本國行文法、外國言語文字行文法等事，皆須全習。惟外國文字只兼習一國。無論大小學堂皆有講國教一門，皆有學兵隊之操場。日本之教科，名曰倫理科，所講皆人倫道德之事，其大義皆本五經、四書。普通學畢業後，發給憑照，升入高等學堂，習專門之學。自此以後，然後文武分途，或文或武，聽其便。惟文武皆必先習普通。至專門之學，習文事者，名高等學校。英分經、教、法、醫、化、工六科，又另設專門農、商、礦學。法與英略同。德又另設專門工學。日本高等學校亦分六門，一法科、二文科、三工科、四理科、五農科、六醫科。每科所習學業，各有子目。其餘專門各有高等學校。查日本門目與中國情形較近。歐美無學不兼講西教，日本無學不兼講倫理。習武備者名士官學校，略分地理、戰史、戰法、軍械、測繪、工程、經理、軍醫八門，兼習外國文字、兵式體操、兵隊操、行軍操、射的、擊刺、乘騎、游水等事。射的，即槍礮打靶。擊刺，即短刀刺槍互擊。習文事者，高等學校畢業後，發給憑照。略如中國舉人，分類量能而授以官。其願再學者，升入大學校。大學校畢業領照者，略如中國進士。習武備者，普通畢業後，先入營練習半年，方入士官學校。士官學校畢業後，仍須入營練習三年，方爲畢業。第一年學爲兵，第二年學爲弁，第三年即在其營内充弁。其弁亦名下士官，其分際略如中國把總、外委、額外。此堂畢業後，發給憑照，其國家即用爲各軍少尉。自少尉以上皆名士官，大尉、中尉、少尉，略如都司、守備、千總。自官少尉以後，可在本營叙勞升轉。若僅由充兵出身者，官至特務曹長爲止。曹長略如把總。僅由士官學校出身者，官至大佐爲止。大佐略如副將，中佐、少佐如參、遊。若欲爲大將、中將、少將者，仍須升少佐、中佐後，再入陸軍大學校三年。習水師者名海軍大學校。其海、陸大學校體制與文事大學校同。大將如統兵大臣，中將、少將如提、鎮。以上所舉，皆日本官名，取其易曉。各國學制、教法、節目雖有小異，用意事事相同。其大、中、小學之年限，無論文、武，大率三、四、五年不等。等級漸深者，子目亦漸加多。其東、西各國，今昔章程微有不同者，大約西繁而東簡，西遲而東速，昔專壹，而今變通。如西國馬上不放火槍，日本近三年始於馬上操槍之類。其學校監督，皆用武官爲之。以武官於禮節規矩最爲謹嚴、詳密。文職偶有脱略，武官斷不通融。此外國學校教士官人之大略也。

臣等謹參酌中外情形，酌擬今日設學堂辦法，擬令州縣設小學校及高等小學校。童子八歲以上入蒙學，習識字、正語音，讀蒙學歌訣諸書。除四書必讀外，五經可擇讀一二部。家塾、義塾悉聽其便。由紳董自辦，官勸導而稽其數，每年報聞上司可也。十二歲以上入小學校，習普通學，兼習五經。先講解，後記誦。但解經書淺顯義理，兼看中外簡略地圖，學粗淺算法至開立方止，學粗淺繪圖法至畫出地面平形止，習中國歷代史事大略、本朝制度大略，習柔軟體操。三年而畢業，紳董司之，官考察之。十五歲以上入高等小學校，解經書較深之義理，學行文法，學爲策論、詞章，看中外詳細地圖，學較深算法至代數、幾何止，學較深繪圖法至畫出地上平剖面、立剖面、水底平剖面止，習中國歷史大事、外國政治學術大略，習器具體操，兼習外國一國語言文字之較淺者。此學必設兵隊操場。三年而畢業，官司之，紳董佐之。畢業後，本管府考之，分數及格者，給予憑照，作爲附生，送入府學校。分數欠者，留學。府設中學校，十八歲高等小學校畢業取爲附生者，入中學校，習普通學。其有監生世職、職銜，願入普通學者，亦聽。但須酌捐學費，與附生一律教課。其有營弁、營兵，文理通暢，能解算法、繪圖，考驗有據者，亦准收入。此學温習經史地理，仍兼習策論詞章，並習公牘書記文字。學精深算法至弧三角、航海駛船法止。學精深繪圖法至測算經緯度、行軍圖、目揣遠近斜度止。習中國歷史、兵事，習外國歷史、律法、格致等，學外國政治條約即附於律法之内。并講明農、工、商等學之大略，習兵式體操，兼習外國一國語言文字之較深者。詞章一門亦設教習，學生願習與否，均聽其便。弁兵入學者，專學策論，免習詞章。此學亦必設兵隊操場。三年而畢業，學政考之，給予憑照，作爲廩生，送入省城高等學校。省城應設高等學校一區。大省容二三百人，中小省容百餘人。屋舍不便者，分設兩三處亦可，但教法必須一律。非由中學校普通學畢業者不能收入。擬參酌東、西學制，分爲七專門。一、經學。中國經學文學皆屬焉。二、史學。中外史學、中外地理學皆屬焉。三、格致學。中外天文學，外國物理學、化學、電學、力學、光學皆屬焉。四、政治學。中外政治學，外國律法學、財政學、交涉學皆屬焉。五、兵學。外國戰法學、軍械學、經理學、軍醫學皆屬焉。六、農學。七、工學。凡測算學、繪圖學、道路、河渠、營壘、製造、軍械、火藥等事皆屬焉。共七門，各認習一門。惟人人皆須兼習一國語言文字。此學亦必設兵隊操場。至醫學一門，以衛生爲義，本爲養民强國之一大端。然西醫不習風土，中醫又鮮真傳，止可從緩。惟軍醫必不可緩，故附於兵學之内。並另設農、工、商、礦四專門學校各一區，專以考驗實事爲主。機器、藥料試驗場皆備，亦三年而畢業。其普通學成願入此四學者，聽。入此四學者，中國經學、文學皆令温習。無論何學，皆有兵隊操場。其習武者，專設一武備學校。擇普通畢業之廪生願習武者送入。四書、中國歷史、策論，人人兼習。其餘悉依外國教課之法，并專習一國語言文字。或仿日本，并設一礮工學校，專學製造槍礮之法，均三年而畢業。文學生，高等學校畢業後，除農、工、商、礦專門四學另爲章程外，此七門學生，學律法者，派入交涉局學習實事，名曰練習學生。學兵法者，派入各營學習實事，亦名曰練習學生。其餘五門學生，均隨其所願，派入農、工、商、礦等局兼習實事，名曰兼習學生，均以實在局、在營一年爲度。農、工、商、礦四專門學，三年畢業後，農學派赴本省外縣山鄉、水鄉考驗農業。工學派赴本省外省華、洋工廠考驗製造。商學派赴南北繁盛口岸，考驗商務。礦學派赴本省外省開礦之山、煉礦之廠，考驗采煉。均名曰練習學生，亦均以實在出外遊歷練習一年爲度。其武學生，武備學校畢業後，令入營學習操練一年。半年充兵，半年充弁，以實在營一年爲度。合計在學肄業及出外練習，文、武各門均四年學成。先由督撫、學政考之，再由主考考之。取中者，除送入京師大學校外，或即授以官職，令其效用。大學校學業又益加精，門目與省城所設高等專門學校同。三年學成會試，總裁考之，取中者，授以官。此大、中、小學，教法、門目、等級、年限之大略也。

其考用之法，高等小學學成者，本管知府考之。普通中學學成者，學政考之，均不彌封。縣送府考，府送學院考，均須詳注分數。知府、學政考取榜示，亦須注明分數，不准渾淪取進。高等專門學成者，督撫、學政分文武兩途考之。應分幾場，臨時酌定。取者作爲優貢，武者作爲武優貢。其文事由他途徑入普通中學，洊送農、工、商、礦四專門學非由生員者，及由普通中學畢業徑入四門專學非由高等學畢業者，其武事由弁兵徑送入普通學非由生員者，一併准其與考。其優貢所取人數，視本省中額加倍。欽派考官，會同督撫、學政，亦分文武兩途考之。應分幾場，臨時酌定。考其專門之學及各國語言文字，非優貢不得與考。大率督撫、學政所取優貢，即係録送鄉試之意。應試人少，且諸學有須面試者，勿庸糊名易書。考中者，作爲舉人。其非由生員出身，及非由高等出身者，作爲副榜，擇其中式前半若干名，分別送入京城文武大學校。所以止送一半入大學校者，一爲京師大學若欲全容天下舉人，費用過多，故減半送京，以節經費。一爲分半就職，俾得及時效用，以應目前急需。其有未獲送入大學校者，及已經送京而不願入大學校，願就職者，聽。其未送大學校，而不願就職，自願留學以待下科者，亦聽。就職者，文授以七品小京官及六七品佐貳首領，分部、分省候補，或充各局委員。武授以守備、千總等官，發營差委。考官照學政例，准帶幕友二三人。同考官由外省酌量訪求聘委，不拘官階，亦不必本省人員。京城設文事大學校、水軍陸軍大學校各一，學業又益加精，門目略與省城專門學校同。學成者，欽派總裁大臣考之，作爲進士。經廷試後，文授以部屬、知縣等官，武授以都司、守備等官，均令分部、分省、分標候補，優其序補班次，勿庸歸選。如朝廷需用編書、修史、應奉文字之詞臣，宿衛禁廷之侍衛，應隨時聽候諭旨考選，不在科舉常例之内。統計自八歲入小學起，至大學校畢業止，共十七年。計十八歲爲附生，二十一歲爲廪生，二十五歲爲優貢、舉人，二十八歲爲進士。除去出學、入學程途、考選日期外，亦不過三十歲内外。較之向來得科第者，并不爲遲。此大、中、小學層遞考取録用之大略也。

其取中之額，即分舊日歲科考取進學額，以爲學堂所取生員之額。分鄉、會試中額，以爲學堂所中舉人、進士之額。優貢應請新定學堂之額，大率比本省中額加倍而略多。初開辦數年，學堂未廣，取中尚少，前兩科，每科分減舊日中額學額三成。第三科，每科分減舊額四成。十年三科之後，舊額減盡，生員、舉人、進士皆出於學堂矣。至日久才多以後，應仿各國章程，視其學業分數，以爲中額之多少，并可不拘定額，以昭核實而資策勵。總須較舊額之數有增無減。此學堂取中額數，移撥舊額，日後并不限以定額之大略也。

或謂廢八股，則人不讀經書，不尊聖賢，不宗理學。不知八股始自前明，自漢至宋，皆無八股，何以傳經衛道，代有名儒，忠孝節義，史不絶書。即如周、程、張、朱乃理學之宗主，其時未嘗有八股也。或謂廢八股，則人不能爲文。不知文章之美者，莫如春秋之左、國，戰國之諸子，兩漢之馬、班，唐宋之八家。其時未嘗有八股也。或謂廢八股，則舊日專攻帖括者，無進身之路。不知歷來擅長八股諸名家，亦必係學贍才敏、文筆優長之士。其最著者，前明如唐順之、歸有光，國朝如韓菼、方苞輩，即不由場屋，豈患無自見之學、登進之階。故能爲好時文者，考試策論固屬優爲，兼習諸學，亦非難事。無論少年易於改業，即二十五歲以上至五十歲者，除外國語言、精微算法外，何事不能通曉。若從此三科，十年以後，不能中式，而又不能改習諸學，則斷非有才、有志之人，國家取之何益於用。然此輩仍可爲小學、中學、經書、詞章之師。其衰老不第，而學行尚有可取者，可由督撫、學政訪察考選，朝廷優予體恤。六十歲以上者，酌給職銜。五十歲以下者，廣設其途，分别舉貢、生員，用爲知縣、佐貳雜職。詳見酌改文科專條，似亦足以安宿儒而慰寒畯矣。捐納既停，即中等儒生，豈患無出路哉。此裁減舊日學額中額，仍將從前舉貢、生員，分别録用之大略也。

論外國設學之定法，自宜先由小學校辦起，層累而上，以至中學、高等學、大學方爲切實有序。惟經費太絀，師範難求，只可剴切勸諭，竭力陸續籌辦。若必待天下徧設數萬小學、數百中學，然後升之高等學、大學而教之、用之，至速亦須十年。時事日棘，人不我待。刻舟膠柱，必致空言誤事。今日爲救時計，惟有權宜變通。先自多設中學及高等學始，選年力少壯、通敏有志之生員，迅速教之。先學普通，緩習專門，應各就省城及大府酌量情形，迅速籌辦以資目前之用。取才由粗入精，立法由疏入密，凡事何莫不然。將來小學林立，中學亦多，則循序漸進，取材既裕而教法亦不勞矣。查三十歲而入官，科名不得爲晚。自初學以至學成十七年，而成文武兼備之人才，造就不得爲遲。惟事急需才，恐難久待。查日本文武各種學校，皆有速成教法，於各項功課，擇要加功，於稍緩者量加省減，刻期畢業。應請旨飭出使大臣李盛鐸，切託日本文部、參謀部、陸軍省，代我籌計。酌擬大、中、小學各種速成教法，以應急需。此權宜救急，先設普通中學暨采訪速成教法之大略也。

惟成事必先正名，三代皆名學校，宋人始有書院之名。宋大儒胡瑗在湖州設學，分經義、治事兩齋，人稱爲湖學，並未嘗名爲書院。今日書院積習過深，假借姓名，希圖膏奬，不守規矩，動滋事端，必須正其名曰學，乃可鼓舞人心，滌除習氣。如謂學堂之名不古，似可即名曰各種學校，既合古制，且亦名實相符。總之，中華所以立教，我朝所以立國者，不過二帝、三王之心法，周公、孔子之學術。今宗旨則不悖經書，學業則兼通文武，特以世變日多，故多設門類以教士，取其周知四國，博學無方，正與經傳所載三代教士取人之法相合。看似無事非新，實則無法非舊。且經史詞章，仍設專門，學人、文人皆有自見之路，何得以唐人專考詞章之下策，前明八股之俳體，視爲儒者正宗哉。

臣等所擬以上辦法，不過明宗旨、標門類、分等級、計年限、籌出路、除妨礙，舉其大略如此。至於詳細章程，究應如何斟酌損益之處，應候敕議裁定。此一事爲救時首務，振作大端，伏望我皇上思危處患，飭取日本學校章程，迅速詳議，乾斷施行，收人心以固國基。四海瞻仰，首在此舉矣。

一、酌改文科。科舉一事，爲自强求才之首務。時局艱危至此，斷不能不酌量變通。半年來，諮訪官紳人士，衆論僉同。兩廣督臣陶模、山東撫臣袁世凱，咨來奏稿，言之甚爲懇切。改章大指總以講求有用之學，永遠不廢經書爲宗旨。擬即照光緒二十四年，臣之洞所奏變通科舉奏旨允准之案酌辦。原奏乃係參酌古今求實崇正，力駮侈談新學者之謬論。不過原本舊章，力求核實而已。大略係三場先後互易，分場發榜，各有去取，以期場場核實。頭場取博學，二場取通才，三場歸純正，以期由粗入精。頭場試中國政治、史事。二場試各國政治、地理、武備、農、工、算法之類。三場試四書、五經經義。經義即論説考辨之類也。頭場十倍中額，二場三倍中額。原奏經禮部通行陝西，有案可查。惟聲、光、化、電等學，場内不能試驗，擬請删去。此係原本朱子救弊須兼他科目取人之意，歐陽修隨場去留、鄙惡乖誕以次先去之法，而又略仿現行府縣覆試童生、學政會考優貢之章，且可免寒士之候榜艱難，考官之疲勞草率，似乎有益無弊，簡要易行。

竊惟今日育才要指，自宜多設學堂，分門講求實學，考取有據，體用兼賅，方爲有裨世用。惟數年之内，各省學堂不能多設，而人才不能一日不用。即使學堂大興，而舊日生員年歲已長，資性較鈍，不能入學堂者，亦必須爲之籌一出路。是故漸改科舉之章程，以待學堂之成就。似此辦法，策論乃諸生所能，史學、政治、時務乃三場策題所有，考生斷不致因改章而閣筆，科場更可因改章而省費。而去取漸精，學業漸實，所得人才固已較勝於前矣。兹擬將科舉略改舊章，令與學堂並行不悖，以期兩無偏廢。俟學堂人才漸多，即按科遞減科舉取士之額，爲學堂取士之額。其穎敏有志者，必已漸次改業，歸入學堂。其學優而年長者，文平而品端者，儘可寬格收羅，量材録用。或取作副榜，多取數名，或令充歲貢，倍增其額，或推廣大挑，每科一次，或挑作謄録，令其議叙有資。或舉人比照孝廉、方正，生員比照已滿吏，准其考職，令其入官效用。宜彙總核計以上各途推廣録用之數，足以抵每科減額之數，則舊日專習時文者，亦尚有進身之階。十數年以後，奮勉改業者日多，株守沈淪者日少，且仍可爲小學堂、中學堂經書詞章之師。其衰老者，可從優賞給職銜。總之，但宜多設其途以恤中才之寒畯，而必當使舉人、進士作爲學堂出身，以勵濟世之人才。只可稍寬停罷場屋試士之期，而不可使空疏無具者，永占科目之名。果使捐納一停，則舉貢、生員，決不患其終無出路。此則兼顧統籌，潛移默化，而不患其窒礙難行者也。

一、停罷武科。文、武兩科並稱，而兩科之輕重利弊迥然不同。國家任官求才，無論章程如何，總之必用讀書明理之士。因近年帖括之士有文無實，故改章以求實學。先略改科舉章程，以取已有之人才。次廣設學堂，以教未成之人才。他日專門學成，體用兼備，仍是此等讀書明理之人。其法小變，其意仍同。若武科則不然，硬弓刀石之拙，固無益於戰征，弧矢之利，亦遠遜於火器。至於默寫武經，大率皆係代倩，文字且不知，何論韜略。以故軍興以來，以武科立功者，概乎其未有聞。凡武生、武舉、武進士之流，不過恃符豪霸，健訟佐鬬，抗官擾民。既於國家無益，實於治理有害。此海内人人能言之，無待臣等之煩言者也。或謂武生等，可使改習槍礮。不知利器散布民間，流弊太大，實無防察之法，萬不可行。或謂武生等可使入武備學堂肄業。不知學堂定法，無論水師、陸師，皆必須曾讀書、通文理。若不識文字者，雖有西師善教，精者不能解，粗者不能記，斷無受教之地。或謂武科所以收强梁不馴之人才。不知凡應武試者，大率小康之家子弟，椎魯游蕩，不肯讀書，乃使之習武，以博科目之榮。其弓馬衣裝之費，較之文生爲多，故世俗有窮文富武之諺。夫取士求將，本欲得良善守法之士，教以禮義，授以技能，以備干城腹心之用。豈有搜羅不逞，加虎以冠。且天下盜賊、會匪亦多矣，豈武科所能網羅者哉。今日勇營甚多，其材武有力之輩，皆可容納，何藉武科。或謂古今名將，未必盡能知書。不知古之孫、吴、韓、岳、戚繼光，今之羅澤南、王鑫、彭玉麟等，何一非學古能文之士。間有不學問而爲名將者，多由閲歷而來。故兵勇起家爲良將者有之，然在今日已不能與强敵角勝。若應武科者，平日所習皆與兵事無涉，既不曉槍礮之精，復不諳營陣之法，及取中武科，年齒已長，習氣已深，循資數年，即可爲參、遊、都、守，何所謂閲歷哉。查國家官制，武職以行伍爲正途，八旗世家無非兵籍。此時講求兵事，必須武學、西操相資爲用。其學堂畢業入營操練精熟者，自必予以出身，洊擢官職。將來内而禁衛，外而將校，皆可於此取之。考拔擢用之法，另詳專條。若仍以循舊之武科，濫厠右職，殊於講武勵才之出路有妨。近年自故督臣沈葆楨以後，中外大臣言武科改章者甚多，蓋久已共知其弊。臣等揆之今日時勢，武科無益有損，擬請宸斷，奮然徑將武科小考，鄉、會試等場，一切停罷。其舊日之武進士、武舉、兵部差官，一律發標學習，考察人材，酌量委用補署，不必按資挨次選補實缺。武生年壯有志者，令其講求武學，以備應募入伍之用。疲老者，聽其改業。如此則學堂講武學者、營弁精操練者、在標有戰功勞績者，登進之途較寬，必皆鼓舞奮興，而將校皆有實用。此誠自强講武之一大關鍵也。

一、獎勸遊學。學堂固宜速設矣，然而非多設不足以濟用。欲多設，則有二難。經費鉅，一也。教習少，二也。求師之難，尤甚於籌費。天下州縣皆立學堂，數必逾萬。無論大學、小學，斷無許多之師。是則惟有赴外國遊學一法。查外國學堂，法整肅而不苦，教知要而有序。爲教師者，類皆實有專長。其教人亦有專書定法。凡立一學，必先限定教至何等地位，算定幾年畢業。

總計此項學業共須幾年，若干時刻方能教畢，按日排定，每日必作幾刻工夫，定爲課程，一刻不曠，如期而畢。故成效最確，學生亦願受教。而教法尤以日本爲最善，文字較近，課程較速，其盼望學生成就之心至爲懇切，傳習易，經費省，回華速，較之學於歐洲各國者，其經費可省三分之二。其學成及往返日期，可速一倍。江、鄂等省學生，在日本學堂者多，故臣等知之甚確。此時宜令各省分遣學生出洋遊學，文、武兩途，及農、工、商等專門之學，均須分門認習。但須擇其志定、文通者，乃可派往。學成後，得有憑照，回華加以覆試。如學業與憑照相符，即按其等第作爲進士、舉貢，以輔各省學堂之不足，最爲善策。此時日本人才已多，然現在歐洲學堂附學者，尚數百人。此舉之有益可知。并宜專派若干人，入其師範學堂，專學師範，以備回華充各小學、中學普通教習，尤爲要著。再，官籌學費，究屬有限，擬請明諭各省士人，如有自備資斧出洋遊學，得有優等憑照者，回華後覆試相符，亦按其等第作爲進士、舉貢。如此，則遊學者衆，而經費不必盡出官籌。蓋遊學外國者，但籌給經費而可省無數之心力，得無數之人才，已可謂善策矣。若自備資斧遊學者，准按憑照優獎録用，則經費并不必多籌，尤善之善者矣。

此四條爲求才圖治之首務。其間事理皆互相貫通，互相補益。故先以此四事上陳，蓋非育才不能圖存，非興學不能育才，非變通文、武兩科不能興學，非遊學不能助興學之所不足。揆之今日時勢，倖無可倖，緩無可緩。仰懇宸衷獨斷，决意施行。其間條目章程，自須詳議，而大綱要旨，無可游移。其有爲因循遷就之説者，惟賴朝廷堅持，勿爲其所摇奪。其餘各條，另摺奏上。臣等往復商酌，意見一切相同，未便各自具摺，轉嫌雷同重複。謹合詞恭摺覆陳。伏祈聖鑒。

遵旨籌議變法謹擬整頓中法十二條摺

光緒二十七年六月初四日

竊臣等籌擬興學育才四條，業經會同奏陳在案。竊惟治國如治疾，然陰陽之能爲患者，内有所不足也。七情不節，然後六氣感之，此因内政不修而致外患之説也。療創傷者，必先調其服食，安其藏府，行其氣血，去其腐敗，然後施以藥物、鍼石而有功。此欲行新法，必先除舊弊之説也。蓋立國之道，大要有三，一曰治，二曰富，三曰强。國既治，則貧弱者可以力求富强。國不治，則富强者亦必轉爲貧弱。整頓中法者，所以爲治之具也。采用西法者，所以爲富强之謀也。謹將中法之必應整頓、變通者，酌擬十二條。一曰崇節儉，二曰破常格，三曰停捐納，四曰課官重禄，五曰去書吏，六曰去差役，七曰恤刑獄，八曰改選法，九曰籌八旗生計，十曰裁屯衛，十一曰裁緑營，十二曰簡文法。敬備朝廷采擇，臚陳於左。

一、崇節儉。昔春秋傳記衛文公之興國也，農、工、商、學諸善政，無一不舉，而首先書之曰大布之衣，大帛之冠，是知國家當多難之際，創痛之餘，欲求振興，未有不以節儉爲先務者。後世若漢、晉、隋、唐、宋之令主，皆以儉約著稱，遂興其國。伏讀我聖祖仁皇帝庭訓格言，服繭紬之衣，無兼味之饌，省宫女之數，内殿一氊用至四十年，宫闈一年之費只抵前明一月。儉德昭垂，遂以戡亂致治。今京畿彫殘，秦晋饑饉，賠款浩大，民生困窮，以後更不知如何景象。此時若欲挽回天意，激勵人心，非貶損寅畏，力行節儉不可。竊見自兩宫西幸以來，備嘗艱難，力戒縻費。今年又奉明旨，裁省例貢，並戒蹕路虚糜。仰見聖心乾惕震恐，此誠自强之基。誠慮回京以後，所司以相沿成例，一切供奉仍照成規，不能仰喻宸衷，贊成盛德。擬請明降諭旨，力行節儉，始自宫廷，所有不急之務，一切停罷。無益之費，一切裁減，即不能不興之工，務從儉省核實。内務府諸臣再有營私糜費者，必重懲之。並請諭飭内外大小臣工，務從節儉，力禁奢華。所有宫室、輿服，力求樸素。應酬讌會，勿得浮糜。上官歲時之供億，一概禁絶。督撫巡閲，學政按試，以及一切馳驛過境之貴官、要差，所有舟車、館舍、厨傳、供張，嚴禁華侈，不准需索、騷擾。寬於商民，嚴於職官。有違旨者，上司立予糾劾。此不惟愛惜物力之心，乃所以昭不忘憂患之意。且不尚玩好，則工無淫巧，而併力於製造。不崇侈靡，則商輕成本，而增多其贏餘。官以儉而廉，民以儉而足。農多本富，則有用之貨物易銷。工執正業，則出口之利源日擴。是不惟務本之常經，抑亦馭外之要策也。恭讀聖諭，屢以卧薪嘗膽爲言。夫欲使天下四海見朝廷實有卧薪嘗膽之志者，必自三事始。一曰儉，二曰勤，三曰破格。三事之中，惟儉最爲顯著而易行，化臣民而阜財用，其效亦最速。必朝廷時時有不忘在莒之心，則國勢有轉否爲泰之望矣。

一、破常格。從來國家開創之初，疏節闊目，上下情通，既能周悉民隱，亦能鼓舞賢才，故成功易。中葉以後，拘文牽義，上下否隔，民情多壅於上聞，人才亦難於自見，故郅治難。今外患日迫，政權漸侵，迥非光緒初年之舊，時局已非常局，則政事豈可仍拘常格。伏讀聖諭有云：積習相仍，因循粉飾，以致成此大衅。洵爲深中時弊之至論。積習，莫甚於驕惰、惡勞。因循，莫甚於藉口舊章。粉飾，莫甚於實情不上聞。若因仍舊習，文貌相承，則下欺而上不悟，民怨而官不知。敏捷者以粉飾爲能，庸懦者以無事爲福。以當羣强，必不支矣。昔漢高帝以褐衣挽輅拔婁敬。光武以披襟岸幘見馬援。唐太宗聞孔穎達上下情隔之諫，賜物二百段，又以尚書郎不解乘馬爲戒。金太祖開國之初，地坐而謀，上馬而戰，以故其兵滿萬無敵，遂成大業。今日謀國之急，交鄰之難，不惟五十年前所無，且亦非歷代所有。嘗讀周易屯初九之象曰，以貴下賤，大得民也。蓋國家當屯險多難之時，帝王羣臣皆必力求得民之道。乃能動乎險中，而得亨貞之吉。竊謂此時朝廷一切舉動，宜視爲草昧締造之時，視爲與民同患之時，將一切承平安樂之繁文縟節，量爲簡省變通，中外大小臣工尤以除官氣達下情爲主。應行破除常格之事甚多，茲先約舉最要者三事。一曰敷奏。奏對之際，天威咫尺，往往戰栗矜持，不能盡言。至於上疏陳言，每以不能稱旨爲慮。導之使言，猶多顧忌。若以折檻批鱗爲戒，則雖至於顛覆，而無人爲朝廷言之矣。擬請明諭中外，凡臣工奏疏召對，務以直言正諫，指陳利害爲主，不必稍存忌違。言事過於戇直者，體式稍有未合者，亦望朝廷曲予優容，以收從善納規之益。一曰儀文。今日文武官員，官氣最重，實爲失人心、害政事之根。故大學士曾國藩、故巡撫胡林翼，常剴切言之。文官賤視其民，罕與民接。炫之以儀從，威之以鞭扑，故罕通民隱。武將賤視其兵，罕與兵親。驅爲賤役，視爲利藪，故罕識兵情。夫不得民心而能治，不得兵心而能勝，未之有也。應請切戒文武各官，務須屏除官氣，不尚虚文。必其誠意感孚，然後兵民皆可用矣。至於上天下澤，堂高廉遠，其分不可不肅，而其情不可不通。若尊崇嚴畏之意過多，則誠懇忠愛之意斷少。必朝廷有曲體羣臣之心，有聖不自聖之意，斯臣下得進忠言，庶民皆同休戚矣。至於諭旨中所舉朝章國故，其間有無應行變通酌定之處，非臣等所敢擅擬，應請飭下廷臣詳議，奏請聖裁。一曰用人。承平用人多計資格，所以抑躁進。時危用人必取英俊，所以濟艱難。今之仕途，不必其皆下劣也。同一才具，而依流平進者，多騎墻。精力漸衰者，憚改作。資序已深者，恥下問。平日論吏才者，患吏事之不多。今當變更政治之際，則惟患吏事之太多。蓋其所謂吏事者，不過痼習空文，於中外時局，素未講求，安有閱歷。而迂談謬論，成見塞胸，不惟西法之長不能采取學步，即中法之弊，亦必不肯鋭意掃除。古人有言，老者謀之，壯者行之。施之今日，似爲有當。或謂進用太驟，易開鑽營徼幸之風，莫如略仿宋人，外吏轉官須有十人薦舉之例。如其人有四五人保薦者，即破格用之。如此則徇私援引之弊除矣。如止一人保薦，則必試之以事。果有實效，然後破格用之。如此則虚聲誤采之弊免矣。若馭下但責之以文貌，用人仍困之以例章，則所得者皆尋常之俗吏而已，豈能濟非常之艱難乎。

一、停捐納。捐納有害吏治，有妨正途，人人能言之。户部徒以每年可收捐三百萬，遂致不肯停罷。查常捐若銜封翎枝、貢監等項，本可不停。若將常捐量爲推廣，但係虚與榮名，無關實政者，皆可擴充。假如清班之銜，章服之貴，因公處分准其捐免，遊幕省分捐准服官，寄籍捐准應試，生員捐免歲考，節孝旌表捐准年限從寬以及賜匾建坊之類，似皆可酌加推廣。擬請勅下户部博采衆議，量爲推廣，必可抵補捐數大半。即或不敷百餘萬，然今日須籌賠款數千萬，斷不宜惜此區區以致牽絓，有妨自强要政。擬請宸衷獨斷，明降諭旨，俟此次秦晋賑捐完竣後，即行永遠停罷，以作士氣而清治源。

一、課官重禄。方今事變日多，京外各衙門斷非僅通時文、繙查成例者所能勝任。欲濟世用，非學無由。擬請京城設仕學院，外省均設教吏館，多儲中外各種政治之書，凡中外輿圖，公法、條約，學制、武備、天算、地理、農、工、商、礦各學之書，咸萃其中。選派端正博通之員爲教習，令候補各員均入其中，分門講習，嚴定課程，切實考核。進功者，給予憑照，量材任用。昏惰者，懲儆留學。不可教者，勒令回籍。其實缺各官，願入館討論求益者，亦聽其便。惟善教以培其材，尤須重禄以養其廉。查京職俸銀俸米爲數無多，加以銀賤物貴，實不足以自給。而科道爲風憲之官，翰詹爲儲才之地，俸廉尤宜從優。光緒八年，户部奏定令各省關籌解京官津貼銀二十六萬兩，乃行之一年，旋將此項撥充餉需。且原定數目較少，大小各官不能徧及。其分給者，爲數亦不敷用度。今日亟宜另籌辦理。至三品以上大員，用度較繁，關繫甚重，必應一併籌及。其名目即稱爲養廉，勿庸再稱津貼，方爲名正言順。謹擬仰懇天恩，即以原議京官津貼銀二十六萬兩，仍行發給各官。至此項餉需，應令各省照數另籌，奏明抵補。此外擬請即以此次奏陳裁汰屯衛各官所省之款，并衛田新擬酌捐之款發給，抑或另籌他款，應請旨飭議施行。大約必須籌款百萬，乃足敷各衙門辦公之需，杜乞貸苞苴之習。至外省若府、縣等官，甘苦亦不一致。州縣有民社之寄，知府有表率之責，斷不可令其苦累。州縣瘠區，則科派鬻獄而病民。衝繁，則虧挪庫款而病國。不得已而爲調劑調署之策，則傳舍無常而國與民交病。其號稱優缺者，不過隱匿契税、雜税，減削驛站經費，甚至捏報例災。蓋州縣官卑事繁，科場考棚之攤捐，招解緝捕之繁費，驛路大差之供億，委員例差之應酬，其養廉萬不足以給用，不得不迫而出此。故州縣多一分之繁費，則國帑暗傷一分之進款。知府公費無非取給州縣，然公費多少不一，往往藉端挑剔，格外誅求。故府、州、縣皆須令其辦公有資，然後能盡心於國事、民事。應請敕下各省，體察本省情形，省州縣之繁費，禁上司之需索。其辦公不敷者，擬爲撥給職田一法。考晋、唐、宋、明以來，郡縣等官，皆有職田。明又有邊臣養廉田，此制似可仿行。查各州縣大率皆有充公之田，私墾官荒並未升科之地，及原主久亡、契據久失，地棍冒認、争訟不休之業。此類各項田地，若認真清查，一州縣至少亦有數十頃。應即將此業撥充州縣職田之用，收其租課，以資辦公。州縣既無累可言，則可令其久任，責以實政。設遇地方有重要難辦之事，只可因擇人而量移，不准因恤累而更調。一切公款，責令切實報解，不得藉口侵欺。知府辦公竭蹶者，亦爲籌增公費。至增加養廉公費以後，京外各官，如再有貪墨敗檢者，除參革外，仍行追罰充公。方今度支困絀之際，豈願更增用款，然果使賢才無北門貧窶之憂，當官有公爾忘私之志，則爲國家所省者多矣。

一、去書吏。蠹吏害政，相沿已二千年。今仰蒙乾斷，一旦剗除，天下臣民無不欽頌。臣等歷年所見部文，不過查叙舊案，核算數目，從未論及事理，下等司官皆優爲之。其准者，不過曰與某案尚屬相符，尚屬實在情形。其駁者，不過曰與舊案不合，窒礙難行。間有援據古今，發爲議論，指陳事理，語有斷制者，則必係司官秉筆，或經堂官改定，一望而知，決非經承稿書所能爲。然則此輩一無所長，但工作弊索賄。至外省各衙門書吏，弊竇亦多。若督撫衙門之兵房，藩司之吏房、户房，州縣之户糧房、税契房，皆所不免，而州縣爲尤甚。緣兵燹以後，魚鱗册多已無存，催徵底册，皆在書吏之手。緩欠、飛灑，弊混極多，把持州縣，盤剥鄉民。税契一項，包攬隱匿，官無如何。其實，無論大小衙門，書吏技倆皆極庸劣。凡緊要奏牘、咨札、詳禀，或本官親自屬稿，或委員幕友擬稿，從無書吏能動筆者。所能爲者，不過例行公事，依樣壺盧而已。若各局文件，多非循例之事，則皆係委員辦稿。至清書，則滿紙俗別謬誤脱落，尤爲惡劣，實於公事有妨。正擬推闡諭旨之意，將外省書吏積弊大加整飭。昨讀電傳邸鈔，已奉明諭，將各省書吏概行裁汰，自應欽遵辦理。兹擬將各省書吏一律汰除，改用委員，其額設辦稿經承，督撫、司道、知府、直隸州衙門，用本省候補佐貳雜職爲之，稱爲稿委。繕寫清書用本省生員爲之，稱爲寫生。惟各衙門清書人數甚多，如生員可選充寫生者，一時不能足數，則於生員之外，就該衙門清書中挑選謹慎守法者充作書手，稱爲貼寫生。同通州縣首領佐貳教職衙門，則稿書用生員，如生員不敷，則監生、童生亦可，稱爲稿生。清書另雇讀書安分之書手爲之，亦稱爲寫生。所以必改名爲生者，以示改用士人之意。緣書吏一項，久已爲世詬病。人既視爲不足重，吏亦遂不自重，而輕於犯法。今一律改用士人，優其名目，則稿生、寫生皆有顧惜廉恥之心，化去骩法營私之習。督撫、司道、知府衙門，書吏向有飯食津貼各項銀兩，即以撥充稿委、寫生薪水之用。州縣等衙門，應就地籌款。以臣等所到各省論之，其候補佐雜，文理通暢心地明白而無差困苦者甚多，足敷稿委之用。查委員辦稿，乃古人州郡有六曹掾屬之意。生員繕寫，乃鄉會試謄録用生員之意。似此辦法，中等省分可用佐雜百餘人、生員千餘人。大省加多。既可令候補人員練習公事，又可爲本省寒士開一生計，實屬一舉數善。惟此項裁除書吏皆係世業，擬請按已滿吏加等給與官職，並將其每年應得飯食津貼之數，發給兩年，令其自謀生理，以示體恤。州縣書吏，令其自行酌賞。如慮新换稿生、寫生等一時未能熟習，或由各省自行酌量情形，分爲兩年裁汰。惟各州縣户房、糧房，藏匿收徵底册，以爲居奇，最爲藐法可惡。今聞將裁汰，必多抗匿不交，甚且別造僞册。州縣按照串票，原不難於清查，但恐繁細需時，於催科稍有阻礙。擬請將各省州縣户房、糧房應分爲數年裁汰。由督撫體察情形，一年先辦六七縣或十餘縣，擇其易於清理者辦起。如該吏有敢抗匿銷毁糧册者，即行奏請正法。俟辦有規模，即可一律推行，永除要官朘民之弊矣。至各部則例，亦擬請敕各部臣删繁就簡，因時制宜，以省虚文而收實效。塵牘既省，則以吏爲師者自無所藉口矣。

一、去差役。差役之爲民害，各省皆同。必鄉里無賴始充此業。傳案之株連，過堂之勒索，看管之凌虐，相驗之科派，緝捕之淫擄，白役之助虐，其害不可殫述。民見差役，無不疾首蹙額，視如虎狼蛇蝎者。差役擾民之事，其報官者不過什之一。其報官而懲辦者，不過什之五。師徒相承，專習爲惡之事，良由换官不换差役，故根株蟠結，黨羽繁滋，旋革旋復。雖有良吏，只能遇事懲儆，稍戢其暴而已，而終不能令種種擾民害民之弊，一概杜絶。蓋官署事事需差，州縣不皆久於其任，勢不能鋤而去之，別籌良法。今欽奉明諭，令將差役、白役分别裁汰，此誠恤民圖治之要端也。此事自當轉飭有司，欽遵實辦。惟州縣之聽訟、理刑、催科、緝捕等事，不能不需人以供驅使。若繁劇州縣，人少亦不敷用。例定役食無多，不足以資雇募。擬令州縣自行募勇，以供驅遣。大縣百餘名，小縣數十名，以供上項各種驅使。此勇既由官選募，必自擇妥實可信之人，去留在官，自然不能把持，習氣未深，作弊不能甚巧，但使本官約束嚴明，即可不爲民害。用勇之與用差，利害相去懸絶。如慮人地生疏，其查案傳人，自有鄉保可以指引。如慮緝捕不知賊蹤，儘可臨時購覓眼綫。此項養勇之費，應令各州縣體察情形，就地籌辦。如州縣以無款可籌，藉口推諉，亦尚有一辦法，大率民間詞訟，必有訟費。少者錢四千，多者數十百千。不待審斷，一經過堂，即須先納此錢。訟者久已視爲成例，各處相沿皆有陋規。需索稍輕者，即已欣幸。應令州縣照其舊規，量爲裁減，定一數目，以示限制。此外不准多索分文，示民周知。即以此錢爲養勇之費，民間樂於去差役之害，未有不踴躍交納者。大縣訟多，簡縣訟少，如不敷養勇之費，再行就地勸籌，民必樂從。惟繁缺州縣，差役多至數百人，驟行革除，慮其流而爲盜。應請限以五年，次第裁革，並給以三年役食，令其各謀生計。去此巨害，則民氣漸紓，教養有所施矣。再者，各國清查保甲，巡街查夜，禁暴詰奸，皆係巡捕兵之責。其人並非下流猥賤之人，其頭目即係武弁。日本名爲警察，其頭目名爲警察長，而統之以警察部。其章程用意大要以安民防患爲主，與保甲局及營兵堆卡略同。然警察係出於學堂，故章程甚嚴，而用意甚厚。凡一切查户口、清道路、防火患、别良莠、詰盗賊，皆此警察局爲之。聞京城現擬設立巡捕，將來外省自可仿辦。茲擬令州縣用勇，即與用巡捕兵之意相近。當於繁盛城鎮，采取外國成法，並參酌本地情形，先行試辦，以次推行。警察若設，則差役之害可以永遠革除，此尤爲吏治之根基，除莠安良之長策矣。

一、恤刑獄。魯曹劌之論戰也，謂小大之獄必以情，爲可戰之具，遂一戰而勝强齊。誠以獄爲生民之大命，結民心，禦强敵，其端皆基於此，非迂談也。我朝列聖皆以哀矜庶獄爲心。大清律例，較之漢、隋、唐、明之律，其仁恕寬平，相去霄壤。徒以州縣有司，政事過繁，文法過密，經費過絀，而實心愛民者不多，於是濫刑株累之酷，囹圄凌虐之弊，往往而有，雖有良吏，不過隨時消息，終不能盡挽頹風。外國人來華者，往往親入州縣之監獄，旁觀州縣之問案，疾首蹙額，譏爲賤視人類。驅民入教，職此之由。蓋外國百年以來，其聽訟之詳慎，刑罰之輕簡，監獄之寬舒，從無苛酷之事，以故民氣發舒，人知有恥，國勢以强。夫中外情形不同，外國案以證定，中國案以供定，若照衆證確鑿，即同獄成之例，罕有不翻控者。故外國聽訟，從不用刑求，重罪罕至大辟兩端，中國遽難仿照。然而明慎用刑、不留獄，大易之文。圜土教職事，周禮之典。疑獄與衆共，王制之法。此皆中國古典舊章，與西法無涉。今酌擬九條：一曰禁訟累。每有訴訟，差役、家丁必索訟費，視其家道，以爲多少。至少者，制錢四千。薄有田産者，任意誅求。不滿其欲者，則詭曰案未傳齊，致官不能過堂。即恤民之官爲之酌減定數，不准多索，然一官所禁，後任復然。差役不革，此弊不除。至傳案株累，最爲民害。其中有原告誣攀者，亦有吏役慫恿本官者，亦必須裁去吏役，方能杜絕。二曰省文法。承審之例限處分太嚴，而命盜案之報少，必俟犯已認供，而後詳報。盜案之例限開參太嚴，且必獲犯過半，兼獲盜首，方予免議。而諱盜之事多，諱有爲無，諱劫爲竊，諱多爲少，各省從無一實報人數者。命案，罕報罕結，則多私和人命及拖斃證人之事，民冤所以不伸也。盜案，不早報、不實報，則萑苻已起，而上官不知，寇亂所以潛伏也。二事關繫甚大，非寬減例處，斷無禁絕拖延命案，諱飾盜案之法。至於上控之案，其官吏偏私，實有冤抑者，自應澈究嚴懲。乃近來上控者，往往有訟棍主持，意圖攀累訛索，圖告而不圖審。以致被告羈繫日久，而原告總不到案。雖有原告兩月不到將案注銷之例，而兩月之久拖累已多。即由省押發，或已經逃匿，或中途潛逃，誣累害人，情尤可惡。應請明定例章，如上控案已經批發，而兩月後並不到案者，除照例注銷外，並將上控之人，通緝治罪。以後再將此案上控者，亦即駁斥治罪。究出架訟之人，一律嚴辦。並請將上控承審遲延之處分，分別情節辦理。此亦省拖累之一端也。三曰省刑責。敲扑呼謈，血肉横飛，最爲傷和害理，有悖民牧之義。地方官相沿已久，漠不動心。夫民雖犯法，當存哀矜。供情未定，有罪與否尚不可知，理宜詳慎。况輕罪一眚，當時如法懲儆，日後仍望其勉爲良民，更宜存其廉恥。擬請以後除盜案、命案，證據已確而不肯認供者，准其刑嚇外，凡初次訊供時，及牽連人證，斷不准輕加刑責。其笞、杖等罪，應由地方官體察情形，酌量改爲羈禁，或數日，或數旬，不得凌虐久繫。四曰重衆證。外國問案，專憑證人，衆證既確，即無須本犯之供。然外國問案有專官，刑律少死罪，時刻閒暇，故可以從容研求。監禁不苦，故有確證者，即不肯狡供。且警察之法最密，平日之良莠生業，街巷蹤跡，一一周知，故證據多。問案皆係列坐，證人從不管押，故證人易。中國州縣事繁，素無警察，而刑罰較嚴，出入甚鉅，旁人多不肯作證。本犯自必圖倖免，此刑求拖累之所由來也。今惟有申明定例一法，可以稍救此弊。查例載，衆證明白，即同獄成，不須對問。然照此斷擬者，往往翻控。非誣問官受賄，即詆證人得贓，以故非有確供，不敢詳辦。於是反覆刑求，則有拷掠之慘。多人拖累，則有瘐斃之冤。擬請以後斷案，除死罪必須有輸服供詞外，其軍流以下罪名，若本犯狡供，拖延至半年以外者，果係衆證確鑿，其證人皆係公正可信，上司層遞親提覆訊皆無疑義者，即按律定擬，奏咨立案。如再京控、上控，均不准理。夫既非死罪，又有衆證，兼有覆勘，即使本犯不肯輸服，不過意有不足，斷不能全然顛倒。據此定案，則全案應訊人等，可以省釋謀生。夫爲一人之軍流，而致妨廢多家之生業，拖斃無數之人命，孰得孰失，仁人良吏，必有能辨之者矣。此則省酷刑、恤拖累之大端也。五曰修監羈。州縣監獄之外，又有羈所，又有交差、押帶等名目。狹隘污穢，凌虐多端，暑疫傳染，多致瘐斃，仁人不忍睹聞，等之於地獄。外人尤爲痛詆，比之以番蠻。夫監獄不能無，而酷虐不可有。宜令各省設法籌款，將臬司、府、廳、州、縣各衙門內監外監，大加改修。地面務須寬敞，屋宇務須整潔，優給口食及冬夏調理各費。禁卒凌虐，隨時嚴懲。至羈所一項，所以管押竊賊、地痞，及案情干涉甚重、而供情未確、罪名未定、保人未到者，定例雖無明文，而各省州縣無處無之。蓋此等案犯，若取保則什九潛逃，斷不能行。若令還住客店，交差看守，則勒虐更甚，無從稽考。故羈所一項，其勢不能不設。查雍正三年刑部尚書勵廷儀奏，監禁宜分內外。內監以居重要人犯，外監以居見羈輕犯，並案內聽審人犯。部議從之。是今之羈所，即本勵廷儀所奏外監之意。擬請明定章程，各處羈所務須寬整潔淨，不准虐待，亦不准多押。至傳質者，歸入候審所，各省多已設立。其餘差帶官店等事務，須禁絶。此事之實辦與否，有房屋可驗，不能掩飾。六曰教工藝。近年各省多有設立遷善所、改過所者，亦間教以工藝等事。然行之不廣，且教之亦不認真。應令天下各州縣有獄地方，均於內監、外監中，必留一寬大空院，修工藝房一區，令其學習。將來釋放者可以謀生改行，禁繫者亦可自給衣履。七曰恤相驗。凡有命案應相驗者，驗尸棚廠、官吏夫馬之費甚多，均取之被告家，不足則派之族鄰。小村單户，則派之一半里外之遠鄰。間有恤民之吏，自備夫馬、帳棚，嚴禁差役科派，然亦不過百之一二，終無禁絶之法。查四川有三費局，由紳民糧户捐出。一爲招解費，一爲相驗費，一爲夫馬費。民甚便之，行之已三十年。此事似宜令各州縣就地籌款，務以辦成爲度。仍責令州縣，輕騎簡從，不准縱擾，違者嚴參。八曰改罰鍰。贖罰之刑，古經今律皆同有之，惟其途尚隘。查命、盜案，應按律治罪。竊賊、地痞、惡棍、傷人、詐騙、訟棍，應量予扑責、監禁。藉以儆其悍暴，昭示良民。此數項應不准罰贖。此外如户婚、田土、家務、錢債等類之案，其中多係紳衿，且兩造必係親族、鄉鄰，不宜苦辱過甚，致本人有礙上進，并使兩造子孫永爲讐隙。除按其曲直審斷外，其曲者，按其罪名輕重，酌令罰繳贖罪銀若干，以爲修理監獄經費。舉貢、生監、職員、封職，犯事罪不至軍遣者，除褫革外，並罰繳修理監獄經費，看管數月，免其刑責，似於化民善俗之義有合。罰繳之數，令其詳報上司，私罰及入己者，罪之。至近年，流徒各犯，率皆中途逃回，否則在配不久即逃。由於沿途押解差役無多，到配管束地保難信，逃回以後，肆惡更甚。似此有名無實，豈足以昭儆戒。查近年盜匪各案，外省多奏明改爲監禁數年。擬請以後除軍罪皆係重情照舊發遣外，其流、徒兩項，由地方官酌量情節，詳報咨部，令繳贖罪銀若干，以爲監獄經費，改爲羈禁幾年，較本例所定年限少減，則該犯有羈管之實，沿途省解送之煩，似亦兩有裨益。九曰派專官。監羈一事，固須屋宇廣潔，尤須隨時體恤禁絶凌虐。必有專官司之，方有實濟。吏目、典史，卑於州縣，不能考察。查各府皆有同知、通判，所司清軍、鹽捕、水利等事，久成具文，一無事事。按今之通判，宋亦名通判或名簽判，明名曰推官，皆兼管獄囚訴訟。故文人稱爲司李，俗人稱爲刑廳。擬請著爲定章，每府即派實缺同知，專司稽察各屬監獄之事。同知不同城者，派同城通判，每兩箇月内，徧赴所屬外縣稽察一次。同城兼有同、通者，兩員分往，一月稽察一次。同城縣監十日稽察一次。監獄不善，凌虐未禁者，准其據實禀明督撫、臬司，比照濫刑例參處。稽察府監，責成本道司監，由督撫隨時委員稽察。

要之，去差役，則訟累可除免。寬文法，則命盗少諱延。省刑責，則廉恥可培養。重衆證，則無辜少拖斃。修監羈，則民命可多全。教工藝，則盗賊可稀少。籌驗費，則鄉民免科派。改罰鍰，則民俗可漸敦。設專官，則獄囚受實惠。以上各弊例禁無一不周備，而州縣無一能奉行。若不酌改例章，量籌經費，雖嚴以文檄，繩以處分，斷無實效。必事事皆有確實辦法，庶可以仰裨聖朝尚德緩刑之治，而驅民入教之患可漸除矣。

一、改選法。古來吏部用人，名曰銓選。銓者，銓衡也。選者，選擇也。自明季以來，部選之官，皆係按班依次選用。查冊之外，輔以掣籤，並無考核賢否之法。候選人員，多係倩人投供，必託部吏查探，選期已近，始行親自入都。選缺到省，必令赴任。間有留省學習，不過一年數月。其中多有紈袴子弟，鄉僻寒儒，罕能通曉吏事。至本省情形，則更茫然。每出一缺，或應外補，或應内選，或一咨一留，或兩咨一留，班次糾紛，章程繁細。各官但算計得缺之遲早，班次之通塞，心思識解，日趨鄙俗。竊擬略爲變通，以後州縣同、通，統歸外補。無論正途、保舉、捐納，皆令分發到省補用、試用，令其學習政治，上官亦得以考核其才識之短長。遇有缺出，按照部章，應補何班，即於本班内統加酌量擬補，不必拘定名次。惟到省未滿一年者，除本班無人外，不得請補。查部定委署章程，只分三班。一、正途。一、委用。一、試用。委用，即勞績也。就應用各班之中，酌量遴委，不必挨次。如有重要難辦之事，並班次亦可不拘。此章最爲簡易通達，既有範圍可守，亦可因地擇人。今即略仿其意，或謂有外補，無内選，則吏部之權漸輕。竊謂不然。分發到省之初，部臣查其合例核准者，始行驗看，奏請引見發往。不核准者，即駁斥不行。外省請補之時，部臣視其合例者准，不合例者駁。其權仍在吏部。夫使今日吏部選缺章程，果能裁量羣倫，分别進退，因時求才，因地擇人，與銓選之義名實相符，豈敢輕議更張。無如選人雲集，與部臣從未謀面。月官之卷，但寫履歷，無事可試，無才可見，無文可考，無勞可奬。雖有山濤之明，徐勉之正，盧承慶之恕，王翱之公，無所用之。則何如内外互相考核、歷試，然後授官之爲愈乎。蓋同一按照部章外補，則於遵章之外，又多一考核酌量。督撫藩司所擬酌補之人，縱不能一一精當，亦必可十得其五。公論具在，斷不能概係偏私。況繁要之缺，自道府以至州縣，皆由督撫酌補、酌調。部選者皆係中簡之缺。豈有酌補繁要缺則督撫皆秉公，酌補中簡缺則督撫皆徇私乎。必不然矣。照此辦法，則所用皆係熟習地方情形之員，又有鼓勵人才之具，於吏治實有裨益。至道府兩項，應查照向章，如有補選相間者，其咨部歸選之缺，應用候選人員者，則改歸外補。應選實缺人員者，則改爲請旨簡放。所有實缺京官，向章應選道府者，亦請改爲記名簡放。如此，則内外皆有擇人之實效矣。抑臣等更有進者，古人稱吏部之善曰簡要清通。擬請敕下部臣，將各項班次，量加删減歸併。總以宏綱疏目爲主，俾候缺各官，但思濯磨自效，而不以計缺趨避，分其心思，庶幾吏治或有起色乎。

一、籌八旗生計。京外八旗，生齒日繁，餉額有定，且銀價漸低，物價日貴，國家雖歲費鉅款，而旗兵、旗丁等不免拮据之憂，殊鮮飽騰之樂。自咸豐軍興以來，江甯、杭州、鎮江、乍浦、滄州等處駐防，受禍甚鉅。去年聯軍之變，則京旗受害亦深。此不可不急思變計者也。伏思中國涵濡聖化二百餘年，九州四海同爲食毛踐土之人，滿、蒙、漢民久已互通婚媾，情同一家。考盪平髮捻以來，南北各省，文、武、軍、民、團練，其竭忠戮力，效命行間者，旗、民皆同，並無區別。況方今中外大通，乃天子守在四裔之時，無論旗、民皆有同患難共安樂之誼。然則兩京二十一省，凡有血氣者，皆是拱衛國家之人，干城腹心，原不必專恃禁旅。況八旗近來文才日盛，而武勇漸遜於前，迥非國初之舊。若猶令豐鎬子弟，沿襲舊制，坐困都城。外省駐防，株守一隅，局於兵額，非所以昭同仁而規久遠也。溯查乾隆以至光緒年間，滿、漢大臣言官屢有上疏，籌及旗人生計者，大率皆以出外屯墾爲言。特是荒地，惟關東口北爲多，內地罕有，且宦家兵籍，亦未必皆習於農。故屯墾一説，迄未能大加推行。竊謂朝廷養人，不必指定何項生計，但宜使之有自謀生計之才。擬請將京外八旗餉項，仍照舊額開支。惟將舊法略爲變通，寬其拘束。凡京城及駐防旗人，有願至各省隨宦遊幕，投親訪友，以及農、工、商賈各業，悉聽其便。僑寓地方，願寄籍應小考鄉試者，亦聽其便。准附入所寄居地方之籍一律取中，但注明寄居某旗人而已。有駐防省分，或即附入駐防之額。其自願歸入民卷者，必其自揣文藝可與衆人爭衡，即不必爲之區別。寄籍者，即歸地方官，與民人一體約束看待。惟出京寄籍、自謀生理之人，其錢糧即行開除，不必另補。但將馬步甲兵，豫定一至少減至若干之額，省出餉銀、餉米，即以專充八旗廣設學堂之費。士、農、工、商、兵五門，隨所願習。惟習武備，須擇年在二十歲以下者。如本係當兵者，既入學堂，則尋常舊例操演，勿庸再到，以免分其學堂之日力。其習武備者，留以供禁旅之用。習他項者，令其爲謀生之資。所學未成，不能營生之時，餉項照舊給發。五年以後，省餉日鉅，學堂日增。十年以後，充兵者可以禦侮，則不患弱。改業者各有所長，則亦不患貧矣。

一、裁屯衛。查全漕改折，計省出耗折兑運、局棧員紳、修河閘壩、剥船倉車各費，可歲贏二百餘萬。數十年來，言者多已議及，户部屢經咨詢。查江浙漕糧，皆係臨起運時購買。海運則於上海購米，交商輪。河運則於氾水鎮購米，交船户。在民久已折徵，在官並不折解。剥船有攙水霉變之弊，花户有盗賣回漕之弊，暗虧尤多。旗兵得米，盡以易錢。京官食米，皆買北稻。然則漕運一事，種種有名無實，亟應設法變通。查有漕各省，屯田本爲贍運軍而設。各衛所守備、千總，本爲徵屯餉、押漕運而設。今日無論折漕與否，運漕皆係輪船、民船。運軍久無其人。衛官一無所事。而屯田、屯餉，弊竇尤多。一衛所屬屯田，有隔在別府者，有跨在別省者，衛官並不知其田在何處，數有若干。其册皆在該衛數書吏之手。至於荒熟豐歉，更無影響可尋。衛官但向書吏索取年例，陋規而已。此等積弊，各省皆同。臣等查之甚悉。計十年之中，江南、湖北各衛官，以争利謀缺，訐訟滋鬧之案甚多。謬妄離奇，直不知官常爲何事。不文不武，形同贅疣。若屯田屯餉改歸所隸州縣徵收，則每年豐歉完欠，皆有可考。查前明屯田立法之始，本係官田，發給運丁承種納租，故定例准典而不准賣。然相沿數百年來，展轉典當，久已屢易其主，視同民業。屯户既係用價所置，此時自不便繩以舊法。但當令其報官税契，將屯餉改爲地丁，將屯丁運軍之名、編審之例永行删除。衛守備、衛千總等官，一概裁罷，改爲營守備、營千總，分別補用。漕督遇事可與各糧道州縣行文往來，亦不必有此衛官。民間買屯田者，既享世業之利，又除運軍編審之累，受益已多。若令其於舊章屯餉之外，每畝酌加報效銀二分，總計各省屯田二十五萬餘頃，可歲增銀五十萬兩。即有災緩，所減無多。再益以裁省衛官之費，實爲鉅款。此項係裁屯、裁衛所得，擬請即以撥充加增大小京官俸廉之用。若於清理衛田一事，尚可多籌，應請一併解充京官俸廉，省枝官（查）［而］贍實職〔一〕，名義尤屬相宜。

一、裁緑營。緑營之無用，自嘉慶初年，川、楚教匪之亂而已著，自髮捻之亂而大著。故大學士曾國藩，在直隸創爲練軍之議，意在加餉併營，以冀整隊勤操，誠亦苦心救弊之術，各省仿而行之。然而餉項雖加，習氣未改，親族相承，視同世業。每營人數較多，更易挾制滋事。身既懶弱，多操數刻則有怨言。性又不馴，稍施鞭笞則必譁譟。將弁不能約束，遑論教練。至於調派出征，則聞風推諉。其不能當大敵，禦外侮，固不待言。即土匪鹽梟，亦且不能勦捕。惟直隸練軍，皆係勇營規模，其中多有外省勇丁，故尚可用。此外各省積弊大率相同。至於原營零星之兵，飢困無聊，大率皆兼工藝小販，以資餬口，尤爲無用。歲糜巨餉則可惜，干城無具則可憂。三十年來，以裁汰緑營爲言者，不止數十百人。自光緒十一年奉懿旨令裁汰緑營，光緒二十二年又奉上諭裁汰緑營，各省雖已分別裁汰，然現存者，尚復不少。合計各省原營額餉、挑練加餉，歲費餉銀、餉米、馬乾，照光緒十一年八月二十二日懿旨，緑營兵餉一千五百萬兩之數核算，此時尚需銀一千萬兩以外。物力艱難，年年巨耗，真不知何所底止也。或謂兵、勇同是一人，何以緑營不能教練。不知勇營統帶營哨各官，可以隨時撤換，量能委用，不拘資格。勇丁可以隨時革補，重者施以軍法，舊勇疲劣，可全裁此營，另募新營。若緑營，官由選補，兵皆土著，兵非弁之所自招，弁非將之所親信，既無恩義，自難鈐束。以傳舍之官，馭世業之兵，亦如州縣之於吏役，欲其整飭、變化、服教、從風，此必無之事也。況緑營將弁，皆染官場習氣，官弁且不易教，况於兵乎。或謂緑營雖無用而難遽裁，可改爲巡捕兵，以資彈壓、防緝。不知緑營官弁、兵丁，層層積弊，已入膏肓。既甚驕頑，又極疲弱，欲望其練成可戰之兵，固斷無其術。即改爲警察，不惰廢曠誤則索擾生事，亦如差役地保而已。然則既不能整頓變化而用之，自非裁汰不可。特是裁汰之要義有二：一則宜籌從容消散之方，一則宜籌抵補彈壓地方之具。夫裁兵之議，已經多年，然至今未能多裁者，則以欲求近效而多裁，遂致牽制而不能裁。竊思惟有多分年限，漸次裁汰一策，則無弊而必有成。擬請將各省緑營，不論挑練之兵、原營之兵，不分馬步戰守，限定每年裁二十分之一，計百人裁五，統限二十年裁竣。應裁者，每名發給恩餉一年，責成各省督撫藩司，每年餉銀、餉米就現在應發之數，於二十成中扣發一成。其何營應開

〔一〕據楚學精廬一九三七年版《張文襄公全集校勘記》改。

除幾名，令各該營自行按數開除。蓋無論緑營、勇營，每百人中，一年之内，斷無不出缺數名之理。或病故，或革退，只有多於五名者，斷無更少於五名者。或謂即明定一章，以後缺額不補，自然日久減盡。不知若聽各營自行報出空額，則永遠推延，捏名接充，永無開革病故者。惟有計成扣餉不發，最爲簡易。而分爲二十年之限，尤屬從寬。銷除有漸，改業有資，斷不至更有他虞。惟各省間有不便裁汰者，如湖南鎮筸鎮，乃改土歸流之地，並無土著農民。其地除苗産外，土地皆係屯田，民人皆係兵籍，以入伍食糧爲業，其兵亦健樸可用，從前屢立戰功。綏靖鎮亦然。是以光緒二十三年裁兵案内聲明，鎮筸鎮毋庸議減，綏靖鎮只裁一成。擬請將此兩鎮兵額不再裁汰，但將緑營改爲勇營，一切營制、汛地、名目、章程，統飭辰永沅靖道會同該兩鎮酌定。將緑營舊日故套空文，攤扣積弊，永遠革除，統照勇營辦理。此外他省如實有與該兩鎮相似者，應由該省督撫臣酌辦。直隸練軍應由直隸督臣酌辦。或謂爲期過緩，所省無多。不知緑營規制始於前明，以五百餘年養成之痼疾，若能以二十年掃除之，即已非易。假如自光緒十一年即定爲二十年裁汰之議，今已歷十七年，行將告竣矣。計十一年以後，即可歲省五百萬。二十一年以後，即可歲省一千萬矣。惟是此項省出之餉，只能改爲養緝勇、設警察之費，不能指爲充裕庫儲之計。蓋精練備戰之營，只可屯劄省城及要隘重鎮兩三處，斷不宜各處分劄，又蹈營汛之失。省外府縣，亦未便聽其空虚，可即以此項省出之餉，酌設緝捕勇營，派赴外府，擇要分防，并設警察之勇，歸州縣調度。不過改募勇丁，則整飭去留，其權在地方官。勇可隨時裁募，弁可隨時更换，於弭亂安民既有實際，而經費可免另籌，此即與新增巨款無異矣。至於武職大小各員缺，則擬請概勿裁汰。蓋以後無論勇營如何整飭，操法如何改練，要必有管帶之統領營哨各官。又武備學堂教練已成之學生，必有獎拔官階，以爲出路而資效用。又營弁勦匪捕盜著有勞績者，及操防出力者，亦必有武職升階，以爲獎勵。然則緑營可裁，而武職之缺不能裁。若至二十年以後，則從前各路軍營立功者，無論大小將弁，久已凋謝無存，其實缺提鎮大員，既蒙特簡，且品秩已崇，資序已深，除才能統軍帶勇者自宜任用外，其餘即不能帶勇者，但開其缺。擬懇賞加榮銜，優其體貌，照舊支領俸廉，如日本元老院之例，至該員身故而止。至實缺副將、參、遊、都、守等官，才能帶勇者改隸勇營，不能帶勇者即開其缺。如識字曉事者，准其呈請降等，改就文職，用以知府、同通、佐貳等官。如副將改用知府，以下遞推，千、把改用雜職。臣等深知外省情形，緑營將弁若得改爲知府、同通、佐貳，無不欣幸樂爲。其開缺而不能改文者，如係穩練勤奮之員，可令供他項差委，如緝捕、轉運、隄防等事。其平庸無能者，亦可加以升銜，量給薪水。蓋爲舊日營弁别開自效之仕途，即可騰出武缺，以授有用之將士。其候補武職，能改文者，或與實缺武職同，或再降實缺武職一等。不能改文，而才具又無足差委者，從優資遣回籍。若照此次所奏，設文武學堂、罷武科兩條，辦理二十年以後，凡爲武職者，斷無不讀書識字之人，亦無不曉兵事不能帶勇之人。其僅存舊日緑營候補之將弁，蓋亦寥寥，每歲需費無多，不過十年，即已漸次減盡矣。似此分别位置變通，有體恤緑營將弁之方，即可無礙整軍經武之政。蓋緑營兵之不能裁，皆由於武官之把持鼓動。必將武職官弁設法體恤，使其得所，自無窒礙矣。總之，一省必有實缺武職若干員，俟緑營兵漸少以後，則通省爲兵者，止有勇營之一途。其駐紮地方，責成所在，皆非緑營營汛之舊。應如何更定營名，以符名實，即以現帶勇營之員充補，抑或酌留數缺，以位置他項武職之處，統俟隨後從容籌議。

一、簡文法。恭讀此次諭旨，其要義有二：一曰簡，二曰寬。實與聖經居敬行簡，寬則得衆之旨相合，欽服莫名。竊惟立法所以防弊，而任法適以生弊。誠以文法過繁，則日力精力皆有不給，必致疲勞於虚文，而疏略於實事。吏議過密，則賢者苦於束縛，不能設施，不肖者工爲趨避，仍難指摘。以致居官者，但有奉法救過之心思，並無憂國愛民之誠意。况方今事變離奇，動關大局，即晝夜精思，破格振作，猶恐無濟。若再困之於簿書期會之間，則國家利害安危，無暇籌及矣。夫衡石程書，專用督責，秦之所以亡也。斲雕爲朴，吏治蒸蒸，漢之所以興也。隋以察而亂，唐以寬而治，宋以繁而敗，金以簡而勝。此治國、治軍得失之定論也。簡文法約有三端：一曰省虚文。凡部院文移，外省公牘，多有陳陳相因，無益實政者。有册籍浩繁，無關利弊者。有末節細故，往返駁查，稽延時日者。有循舊具報出結，並無實事者。此類不可殫述。擬請敕下京外各衙門，通行澈查，酌量省罷。至於無謂儀節，徒致廢務妨要者，亦請查核酌改從簡。一曰省題本。查題本乃前明舊制，既有副本，又有貼黄，兼須繕寫宋字，繁複遲緩。我朝雍正年間，諭令臣工將要事改爲摺奏，簡速易覽，遠勝題本。五十年來，各省已多改題爲奏之案。上年冬間，曾經行在部臣奏請將題本暫緩辦理。此後擬請查核詳議，永遠省除，分别改爲奏咨。一曰寬例處。范仲淹之言曰，士大夫公罪不能無，私罪不可有。洵爲名論。方今吏議繁密，京外各官殆無一人無一日不干吏議者，而州縣爲尤甚。治民之本全在州縣，救過不暇，何暇論及教養乎。牽絓既多，於是遇事諉卸，多方彌縫，上官亦知其情多爲難，不肯苛求，姑從掩覆。既明知爲無益勸懲之事，何必存此虚文。應請敕下吏兵兩部、都察院，查核處分舊例，分别公私輕重，量加寬減删除。如此則臣下之於朝廷，僚屬之於上官，可以進實言辦實事矣。

以上十二條，皆中國積弱不振之故。而尤爲外國指摘、詬病之端。臣等所擬辦法，或養民力，或澄官方，或作士氣，前人論及此者多矣。特以誤於弊去太甚之言，怵於諸事更張之謗，律令、文告都成具文。小有設施，不規久遠。今日外患日深，其樂因循務欺飾者，動以民心固結爲言。不知近日民情，已非三十年前之舊，羡外國之富而鄙中土之貧，見外兵之强而疾官軍之懦，樂海關之平允而怨釐局之刁難，誇租界之整肅而苦吏胥之騷擾。於是民從洋教，商挂洋旗，士入洋籍。始由否隔，寖成涣散。亂民漸起，邪説乘之。邦基所關，不勝憂懼。必先將以上諸弊一律剗除，方可冀民心永遠固結，然後親上死長，禦侮捍患，可得而言矣。仰懇聖明裁察施行，以爲自强之根本。其采用西法各條，另摺奏陳。所有第二次籌議各條，臣等謹合詞具奏，伏祈聖鑒。

遵旨籌議變法謹擬采用西法十一條摺

光緒二十七年六月初五日

竊臣等籌擬興學育才四條，及整頓中法十二條，業經兩次會同奏陳在案。竊惟取諸人以爲善，舜之聖也。多聞擇其善者而從之，多見而識之，孔子之聖也。是故舜稱大知，孔集大成。方今環球各國，日新月盛。大者兼擅富强，次者亦不至貧弱。究其政體學術，大率皆累數百年之研究，經數千百人之修改，成效既彰，轉相仿傚。美洲則采之歐洲，東洋復采之西洋。此如藥有經驗之方劑，路有熟遊之圖經。正可相我病證，以爲服藥之重輕。度我筋力，以爲行程之遲速。蓋無有便於此者。今蒙特頒明詔，鑒前事之失，破迂謬之談，將采西法，以補中法之不足。虚己之衷，恢宏之度，薄海内外，無不欽仰，翹首拭目，以觀自强之政。顧西法綱要，更僕難終。情形固自有異同，行之亦必有次第。臣等謹就切要易行者，臚舉十一條：一曰廣派遊歷，二曰練外國操，三曰廣軍實，四曰修農政，五曰勸工藝，六曰定礦律、路律、商律、交涉刑律，七曰用銀元，八曰行印花税，九曰推行郵政，十曰官收洋藥，十一曰多譯東西各國書。大要皆以變而不失其正爲主。謹爲我皇上臚陳之。

一、廣派遊歷。歐美强盛窺伺中國，已百年矣。中外通商交涉日繁，已五十年矣。然而自强無具，因應無方，馴致妄開巨衅，幾危大局者，則皆坐見聞不廣之一病，於各國疆域、政治、文學、武備茫然不知。同治季年雖已派遊歷、設駐使、遣學生，而愚陋謬妄之人，聞出洋者之言，則詆其妄。見總署之官屬，則惡其污。於是相戒以講洋務爲諱。甚至上年夏間，京外大僚，猶有謂洋人不能陸行者，有謂使館、教堂既燬，洋人即從此絶跡者。錮蔽至此，致召阽危，誠可痛矣。論今日育才强國之道，自以多派士人出洋遊學爲第一義。惟遊學費繁年久，其數不能過多。且有年齒較長，不能入學堂者。有已經出仕，不願入學堂者。欲求急救之方，惟有廣派遊歷之一法。觀其國勢，考其政事、學術，察其與我國關涉之大端，與各國離合之情事。回華後，將其身經目睹者，告語親知，展轉傳説，自然羣迷頓覺，急思變計。惟遊歷之員，淺學不如通才之有益，庶僚又不如親貴之更有益。蓋淺學，徒眩其新奇，通才，乃得其深意。親貴歸國，所任皆重要之職事，所識皆在朝之達官，故其傳述啓發，尤爲得力。考之經傳，則公族、世卿時通盟聘。徵之近事，則俄儲、德藩接踵東來。可見此舉爲覘國問政之要務。擬請敕派王公大臣，以及宗室後進、大員子弟、翰詹科道、部屬各項京官，分赴各國遊歷。詢其願往者，請旨遴選酌派。不願者，聽。歸國時，察其實有進益之員，遊歷一年者，酌獎。遊歷三年者，優獎。惟西洋路遠費多，東洋路近費省。遊歷西洋者，其獎擢名次在遊歷東洋之先。其未經選派，自備資斧遊歷者，聽。歸國時，一體考察給獎。蒙獎者，量材任用。以後新派總署堂官、章京、海關道員、出使大臣及隨員，必選諸曾經出洋之員。惟遊歷人員才識高下不同，未必人人皆有實濟。故必須多選數十員或百員，陸續派往，以備將來選擇拔擢。經費雖多，萬不可省。至此後各省督撫司道府，殆無一衙門無交涉事件者，若仍前拘墟固執，全無考究，必致因應失宜。即京城各部院，雖各有職司，然不通外情則處事建言，動多隔膜。此非多儲通才，無從供用。並擬請明定章程，自今日起三年以後，凡官階資序才品，可以開坊缺、送御史、升京卿、放道員者，必須曾經出洋遊歷一次，或三年或一年均可。若未經出洋者，不得開坊缺、送御史、升京卿、放道員。如此，自備資斧遊歷者必多，通才日衆，而經費不勞官籌矣。至外省府、廳、州、縣，諳悉交涉者尤罕。以後内河行輪，聯單辦貨，入山開礦，傳教遊歷，勢將各縣皆有，尤恐動滋事端。并請敕下各省督撫，選派官員出洋遊歷。實缺官願往者，免開其缺。遊歷一年者，外獎。三年者，奏請内獎。經費准其開支。自備資斧者，從優請獎。其獎擢名次亦以西洋、東洋爲先後。惟遊歷實效，以徧遊歐美、日本爲全功，而以先遊日本爲急務。蓋游歷者，若無繙譯相隨，瞠目汎覽，仍無所得。東瀛風土文字皆與中國相近，華人僑寓者亦多，繙譯易得，便於游覽詢問，受益較速，回華較早。且日本諸事，雖仿西法，然多有參酌本國情形，斟酌改易者。亦有熟察近日利病，删減變通者。與中國采用，尤爲相宜。嘗考西國興盛之初，皆由游歷而起。求新地，涉冰洋，探南極，窮幽極遠，備歷艱辛。於是見聞日廣，智慧日開，遂成富强之業。今日歐美各洲，無一水不通輪船，無一國不通鐵路。商旅如織，學校如林。有繙譯爲之傳達，有駐使爲之照料。較之西人之游歷，甘苦迥殊，取益尤易。觀其實政，睹其實效，見其新器，求其新書，凡吏治、財政、學制、兵備，一一考詢、記録，携之回華，以供我之采擇而仿行焉。開聰明而長志氣，無實於此，無速於此。今朝廷鋭意求治，采取西法。夫西法非數言所能盡其要領，亦非耳食所能究其異同。出洋之員既多，則互相發明，利弊自見。故今日欲起積弱而抗羣强，其開此第一扃鑰，必自游歷始。

一、練外國操。伏讀諭旨有云，懿訓以爲取外國之長乃可補中國之短。夫外國之所最長者，蓋莫過於兵矣。古聖人師蟻爲陣，師蠡爲舟，取益無方，正見宏大。兵事一端，尤須知己知彼，相機因應。故吴欲伐楚，則學車戰。晋欲敗狄，則改步卒。漢伐匈奴，則用越騎。晋平孫吴，則造樓船。皆係仿彼之長，補我之短。聖祖仁皇帝征三藩，則用西洋人南懷仁鑄紅夷大礮，至今礮上尚鑄有南懷仁之名。高宗純皇帝征金川，則於香山仿造石碉，令禁軍習攻碉之技。要皆用外國之利器，效敵人之專長，此則神謨武烈兼采衆長，不囿成見之明效也。今日最重善鄰，尤須固圉。若我兵力不振，則友邦亦無從扶持。西國自百年以來，日與羣强相角，故兵事講求最精，一一著有成書，迥非前代外國之比。紀律既肅，火器尤精，至於測量繪圖，人人通曉。工輜醫藥，事事周詳。查二十年來，各省練習洋操，屢奉俞旨。乃近年忽有人創爲西操不如中操之空言，槍礮不如刀矛之謬論。不知中國向無快槍、快礮、地雷、電綫、行軍鐵路等事，若只用緑營、勇營老陣，並不知此各項器具名目、形式、用法，平日何從操練，臨戰之時敵槍、敵礮發於二三里、六七里之外，刀矛只及五步之内，不待敵軍迫近，而已全軍盡没矣。與之交戰且不能，而况於取勝乎。査營制操法，歐美各洲各國大率相同。其略有參差者，不過微末小節。良由各國相尚以兵，故推求極精，不能改易。試思環球各强國，其練兵皆同此一法。而謂中華，兵力最弱之國，反能别創一器一法以取勝，此事理之所必無者也。此皆由舊日將領，於新式快槍、快礮既未深諳，於西法營陣、濠壘、測繪諸事，尤未講習，且年力已衰，習氣已深，養驕畏難，不願降心考究。其甚不肖者，更以西法營制嚴明，不能作弊，故平日則以空言欺人，臨陣則倉卒奔潰。前鑒俱在，可謂創鉅痛深。相應請旨通諭中外統兵大臣、督撫、提鎮，嚴飭各營將士，必宜洗心滌慮，趕緊講求練習外國操之法，斷不可故見自封，再誤國事。滑惰搪塞者黜之，但學皮毛不解實用者撤之。惟是欲求實用，必須將東西洋武備諸書，詳切講明，一一照辦，斷無鹵莽捷獲之方。

查各國武備學堂，其教將練兵，要指約有十二：一曰教士以禮，使知有恥自重之法。一曰調護士卒居處飲食之法。一曰講明槍礮彈藥質性源流之法。一曰槍礮綫路取準之法。一曰掘濠築壘避槍礮之法。一曰馬步礮各隊擇地借勢之法。一曰測量繪圖之法。

一曰隊伍分合轉變之法。一曰守衛偵探之法。一曰行軍工程製造之法。一曰籌備行軍衣糧輜重之法。一曰行軍醫藥之法。上自統領，下至哨弁，人人皆須通曉。惟西人兵制，營中從無用教習之説。營、哨官皆係讀書通文理之人，既由學堂教成而又入營練習一兩年者，始能派充。若統領，則必須由營官又入大學校學習數年，始能擢任。故學堂有教習，而營中無教習。其臨敵調隊、擇地進退，皆聽命於營官。施放槍礮之遲速，指示表尺之遠近，皆聽命於哨官。而營、哨官又豫先禀承大略於統領。其平日操場之演習，講堂之教授，皆係統領、營官、哨官、兵勇，節節指授，親口自傳口令。故統領所知所能必勝於營官，營官必勝於哨官，哨官必勝於兵勇，方能勝任。若統領、營、哨懵然不解，專恃教習教操，則雖有教法而無權力，平日操練斷無進益。臨敵仍是營、哨妄行調度，所學全歸無用。查日本設有户山學校，因日本早年將士素以長刀擊刺爲長，不以火器西操爲善，故特設此學，使舊日將領常至其中看新法將兵之操練，討論如何變通改練之法。討論既久，遂漸知損棄故技。中國欲開啓宿將偏執空談之弊，此舉亦可仿行。能領悟講求者，用之。不能改悟者，只可任以緑營緝捕彈壓之事，不宜使帶精練備戰之軍。此時改章之初，統領、營官，但須粗通文義。哨官但須略能識字。數年後，武備學堂人才漸多，則非學堂出身者，不得派充統領、營、哨各官，方能一氣貫注。至西人平日操練時，體恤指授之實功。臨戰應敵時，鼓勇決勝之關鍵，注重全在哨官。此項人才，尤宜精選。總之，今日練兵最急，練將尤急。欲得精兵，必取年在二十歲以下者教之。欲求良將，大率必取年在三十歲以下者教之。取年在四十歲以下者，選擇而酌用之。若震於宿將之虚名，則武備永無起色。臣等渥荷厚恩，當此創鉅痛深之日，灼見練兵一端，必須改絃易轍，乃可圖存，不敢不力破迂妄之説，免其欺誑朝廷而終誤國家也。

抑練兵尤有要者，外國於其都城，皆設有專管籌畫兵事之大臣。英、法、德等國名曰總營務處，日本名曰參謀本部，略如宋人樞密院之意，專掌全國水陸兵制餉章、地理圖籍、操練法式、儲備糧餉、轉運車船、外交偵探等事。平日之豫籌，臨時之調度，皆以此官掌之。與今日之兵部但司册籍者不同，與軍機處之内外文武大政無不統管者亦不同。蓋諸事豫籌，則軍儲備。專官經理，則考核精。全國之軍歸一衙門綜理，則餉械操法，事事畫一。大臣督察，則外省廢弛不辦者不能隱飾。中國欲練精兵，非設此衙門不可。其章程請敕出使大臣李盛鐸向日本索取譯寄，采擇用之。惟其參謀部總長，須深於兵事起自行間者，方使任之，並非僅用親貴資格。中國欲設此官，自宜先擇深於外國兵制操法者，方爲有益。若仍以舊日軍營諸將之議論爲衡，恐反多掣肘而害事矣。中外文武大員能語此者，恐不易得。擬請在京先設一參謀館，訪求各國兵書，選四五品以下各官，令其考訂采擇，隨時函詢日本參謀部，務須盡解其精意。並隨時詢商外省督撫，衆議允協，編纂成書，再由政務處奏請通飭遵辦，方免窒礙。此則慎重而求實之策也。

一、廣軍實。和約雖定，戰備不可不修。我無戰具，則和局不能保矣。經費雖艱，軍械不可不製。不製軍械，則將士永不知今日戰陣爲何事矣。大廠自難多開，小辦必須努力。現在外洋軍火，既禁兩年，無從購辦。江、鄂兩局豈能供海内之取求。此後江、鄂兩局，除加功精究，籌款擴充，並於廠内設立學堂以教員弁外，並擬設法籌款，自造槍機、礮機、彈機，以待各省購用學製，庶免專恃外購，仰他人之鼻息，增中土之漏卮。至直隸各局，自必設法修復。擬請將廣東、山東、四川三省製造局，極力擴充。其餘南北各省，皆令設法籌款，量力各設一製造局。款多，則兼煉鋼、造槍、造彈三事。款少，則兼造兩種。再少，則只造彈一種。若慮機爐大、工費鉅，則煉鋼爐每日出鋼一噸半噸者亦可。槍機每年出數百枝者亦可。槍彈機則每年出一二十萬者亦可。蓋槍礮一事，其用甚急，其理甚精，深通甚難。近年各將領諳曉新式槍礮者實不甚多，百人中不能一二，文員則千人中不能一二，此臣等所考校而深知者。若不令切實講求，則械彈潮鏽，零件損失，全然不覺。藥力彈路，相時取準，全然不知。至於修理機簧，開花引信，更所不解。平日不能操，臨戰不能用。故沿邊省分，必須每省量力各設一局。瘠遠省分，或兩省共設一局，但令小具規模即可。並由各省派遣武員來江、鄂兩省製造局學習，如能派人赴日本各國學習尤善。庶幾督撫及將領文員，皆可切實考究，俾知新械之精，價值之貴，製造之難，練習之不易。平日則不致損傷，有事則熟諳施放。將弁之明昧可以考核，戰事之難易可以曉悟。且一年數百枝，十年則數千枝，求艾雖遲，終勝不蓄。至於自造製械之機，尤爲防患塞漏之要著。臣等當設法籌款，奏明辦理。此不特儲械之長策，兼亦練兵之實際也。

一、修農政。中國以農立國，蓋以中國土地廣大，氣候溫和，遠勝歐洲，於農最宜。故漢人有天下大利必歸農之説。夫富民足國之道，以多出土貨爲要義。無農以爲之本，則工無所施，商無可運。近年工商皆間有進益，惟農事最疲，有退無進。大凡農家率皆謹愿愚拙、不讀書識字之人。其所種之物，種植之法，止係本鄉所見，故老所傳。斷不能考究物産，別悟新理新法。惰陋自甘，積成貧困。今日欲圖本富，首在修農政。欲修農政，必先興農學。查外國講求農學者，以法、美爲優，然譯本尚少。近年譯出日本農務諸書數十種，明白易曉。且其土宜風俗，與中國相近，可仿行者最多。其間即有轉譯西國農書，一切物性土宜之利弊，推廣肥料之新法，勸導獎勵之功效，皆備其中。查光緒二十四年九月，曾奉旨令各省設農務局。擬請再降明諭，切飭各省認真舉辦。查漢唐以來，皆有司農專官。並請在京專設一農政大臣，掌考求督課農務之事宜。立衙門，頒印信，作額缺，不宜令他官兼之，以昭示國家敦本重農之意。責成既專，方有成效。即如我朝官制，於禮部外另設樂部，其意可師。京師農務大學校，即附設農政衙門之內。其衙門宜建於空曠處所，令其旁有隙地，以資考驗農務實事之用。勸導之法有四：一曰勸農學。學生有願赴日本農務學堂學習，學成領有憑照者，視其學業等差，分別獎給官職。赴歐洲、美洲農務學堂者，路遠日久，給獎較優。自備資斧者，又加優焉。令其充各省農務局辦事人員。一曰勸官紳。各省先將農學諸書，廣爲譯刻，分發通省州縣。由省城農務總局，將農務書所載各法，本省所宜何物，擇要指出。令州縣體察本地情形，勸諭紳董依法試種。年終按照飭辦門目，填注一册，土俗何種相宜，何法已能仿行，何項收成最旺，通稟上司，刊布周知。有效者，獎。捏報者，黜。每縣設一勸農局，邀集各鄉紳董來局講求。凡穀、果、桑、棉、林木、畜牧等事，擇其與本地相宜者種之養之。向來不得法者，改易之。貧民無力者，助之資本。種養得法者，官賞以酒肉、花紅。數年之後，行之有效，紳董給獎。中者，獎以督撫匾額。上者，獎以銜封。出力兼捐資者，獎以御書匾額。地方官有效得獎者，加級，准其隨帶，公罪可從寬免。最優者，獎實在升階。地方官不舉辦農政者，照溺職例參革。一曰導鄉愚。各項嘉種、新器，鄉民固無從聞知，僻縣亦難於購致。宜由各省總局多方訪求，籌款購辦仿製。昔齊桓公獻戎菽，宋仁宗求占城早稻，漢武帝令大司農從趙過造便巧田器，皆農務宜求嘉種、新器之明證。應先於省城設農務學校，選中學校普通學畢業者肄業其中。並擇地爲試驗場，先行考驗實事，以備分發各縣爲教習。並將各種各器發給通省，令民間試辦。先則概不取價，有效則略取價值，務令極廉。其試辦之法，先其通用者，後其專門者，如講求各種肥料，仿造各種風車、水車，去害稼各蟲，每年換種各物以助地力之類。先其易者，後其難者，如山鄉勸種番薯、羊芋，水澤種葦，斥鹵種稗之類。先其本輕者，後其費鉅者，如種樹，先榆、柳、果實，後松、杉，畜牧先鷄、鴨、牛、羊，後騾、馬之類。先其保已有之利者，後其開未見之利者，如察病蠶、講製茶、求棉種之類。先其獲利速者，後其見效遲者，如種蒲桃取酒，種桐柏取油，種樟取腦爲先，求蜂種求魚種爲後之類。一曰墾荒緩賦稅。今日籌度支者，多以墾荒爲言。夫墾荒而責以升科，此荒之所以不墾也。計髮、捻平定以後，已四十年。晉豫大祲以後，已二十年。生齒之蕃已復其故。平原沃壤，江岸沙洲，大率皆已墾種無遺。其因虧本爭訟而荒廢者，僅千百中之一二。所謂荒者，不過官吏捏飾，豪民匿報，實係未墾者，深山之巖谷，沿海之斥鹵而已。墾山地者，人勞利薄，又以村孤人少，時有不虞，故開闢有限。墾海灘者，捍潮變鹼，費多效遲，人煙稀少，守望不易，故聽其荒廢。然而材木之利，必資於山。統計中國全局，仍是山嶺多於平地。至沿海，北起榆關，南迄通海，延袤二千餘里。若山嶺聽其爲榛莽，海濱聽其爲斥鹵，實爲可惜。今日欲興農務，惟有將墾荒升科之期，格外從緩，而又設法以鼓舞之。能開山地者，報官給照，寬期升科。多開者，種雜糧至十石種以上，種樹至一千株以上，酌予獎賞。查各省高山，無論多土多石，皆能種樹，真係不毛者甚少。故歐美各國，從無無樹之童山，而考課林木之實在有效與否，尤爲顯易。此事宜責成州縣，由總局委員，依限往查，其山上有無樹木，一覽而知，不能掩飾。如此則山地之利開矣。墾海灘者，亦報官給照。資本較鉅，升科之期，尤須從寬。種雜糧，種草木，俱聽其便，斷不必强令開作稻田。並擬采用徐貞明之説，一人能開若干頃者，獎以職銜封典。如此則海灘地之利開矣。至於沿江、沿河沙洲，皆係沃壤。私墾者，尺寸無遺，隨年增長。貧民畏坍漲之無常，而不敢報。勢豪貪無糧之腴壤，而不盡報。往往爭訟膠葛，械鬬繁滋。今宜查明實數，除已報墾納糧者不計外，亦造册給照，寬期升科。即以此田作爲試驗農學新法之地，即責成原墾之人，自願照新法試行者，呈明願種何物，或種美國肥大之棉，或種代蔗造糖之西國蘿蔔、美國蘆粟等類，或仿照美洲牧牛、牧豕，機器耕田之法，以及各種相宜之種植、畜牧。因洲田皆係水濱大地，故於西法農務相宜。數年以後，官督紳董查明有成效者，即給予管業，且予獎賞。苟且欺飾並不遵行者，其地本係官地，罰令入官，如此則洲地之利開矣。所有種植、畜牧各物，無論山地、海灘地、洲地，凡係新增名目，運往各處，十年之内概免釐税。地利既闢，農學之效即見。風氣一開，仿行必衆。其爲益於國家者宏且遠矣，豈在目前徵糧納税之微末乎。此外則沿海有種蠔、種蜆之法，内海有捕海魚、采海味之利。本多而利厚，外國最爲講求注意。近年反仰給東洋，坐失己利。應責成該處州縣，勸集公司舉辦。紳富助資借本與該公司者，分別旌獎。至東三省，地方廣闊，土脉最厚，荒地尤多，然必須力强資饒才能率衆者，方能前往開墾，非零星農民所能濟事。擬請特定章程，一人能開田若干頃者，從優獎以實官，紳富助資借本者，分別旌獎，以期鼓舞，此亦實根本息盜賊之計也。再，蒙古生計，以遊牧爲主。近數十年來，蒙部日貧，藩籬疏薄，亦請敕下蒙古各部落王公暨該處將軍大臣，酌擬有益牧政事宜，奏明辦理。至向章，每年内地各省出口買馬者，須在兵部請領馬票。進口後，仍須赴部烙驗。章程甚密，道途亦多周折，購馬之費既多，則馬價必求減省，故口馬之銷路不旺。查北省耕地兼用馬，運載多用騾，若内地馬多，於農事亦有裨益。方今蒙古之與腹省，情同一家，似不必多設限制。擬請敕部酌議，將請領馬票之例量加改定。販馬入口貿易，商民出口購買者，均聽其便，但令販馬商民，於本省報明咨部，並由各口具報一數，以備稽核。則口馬之銷路既旺，而蒙古生計亦可稍紓矣。

一、勸工藝。世人多謂西國之富以商，而不知西國之富實以工。蓋商者，運已成之貨。工者，造未成之貨，粗者使精，賤者使貴，朽廢者使有用。有工藝，然後有貨物。有貨物，然後商賈有販運。考工記曰，百工之事，皆聖人之所作。中庸曰，來百工，則財用足。夫以足財歸之於工，此古聖人富國之要策，重工之微旨也。不惟此也，商之盛，由於財力，必資本充而後盈餘厚，故計銀錢以爲本息。工之盛，由於人力，有一人之技藝，則有一人之成器，故計人以爲本息。外國財多，中國人多，今日中國講富國之術，若欲以商務敵歐美各國，此我所不能者也。若欲以工藝敵各國，此我所必能者也。勸工之道有三：一曰設工藝學堂。堂中設機器廠，擇讀書通文理之文士，教以物理學、化學、算學、機器學、繪圖學，學成使爲工師。擇聰敏少年之藝徒，教以運用機器之方，辨別物料之法，各種緊要製造之程式，鎔銅、打鐵、煉鋼、解木、柔革、燒火磚、造水泥、煉焦炭各門之實事。學成使之爲匠目。蓋外國工師皆是學人，與匠目不同。一深通其理，而亦目驗其事。一身習其事，而亦漸悟其理。學問實者，工師亦可動手作工。閲歷深者，匠目亦能自出新意。至學堂大小，工藝門類多少，則視其經費酌辦，漸次擴充，萬不可緩。一曰設勸工場。西國常有賽會之舉，聚本國、他國之貨物萃於其中。人見己國貨精工巧，則來購者多。我見他國貨精工巧，價貴銷多，則力求追步。此歐洲賽會之本意也。日本效之，故設勸工場，亦名貨物陳列所。今宜於沿江、沿海及内地各省大城、巨鎮，各設勸工場一區，備列本省出産貨物、工作器具，縱人入觀，外國人尤要。一以察各國之好惡，一以考工藝之優絀。使工人自相勉勵。此事並不甚難，惟在朝廷嚴飭各省切實舉行，並將出産若干種，人工製造若干種，每年奏報。若經過海關出口之土産名目增多，工匠製造新器增多，工廠增多者，藩司、關道有獎。不辦者，予以處分。則無形之中收效多矣。一曰良工獎以官職。按考工記曰，國有六職，百工與居一焉。故考工記之官皆專門工匠也。擬懇朝廷明定章程，各學堂學成之工師，及各局製造有效之匠目，准由各省考驗確實，分別保獎。工師授以文職，匠目授以武弁。如有文士、藝徒，自備資斧至外國學堂、工廠學習有成者，驗其憑照，按其等差，分別保獎官職，尤較在中國學習者更予從優。三事並行，中國工藝自然日進。假如愚民小工一月得工錢三四千者，學成後，一月可得工貲銀數十元。土貨一年出口值二百兆者，以後若能每年加增十分之一，十年以後出口之貨即可加倍。關税之多，自不待言。至於自創新法造成各種貨物者，給予牌照，准其專利若干年。凡人工所成之貨，釐稅尤須從輕。新出式樣，並免釐稅三年，亦爲鼓舞工藝之要務。總之，欲養窮民，查荒地不如勸百工。欲塞漏卮，拒外人不如造土貨。富民、富國確實可憑，如此則但患生齒之不繁耳，豈患生齒之日繁乎。

一、定礦律、路律、商律、交涉刑律。中國礦產富饒，蘊蓄而未開。鐵路權利兼擅，遲疑而未辦。二事久爲外人垂涎。近數年來，各國紛紛集股來華，知我於此等事務尚無定章，外國情形未能盡悉，乘機愚我，攘利侵權。或藉開礦而攬及鐵路，或因鐵路而涉及開礦。此國於此省倖得利益，彼國即於他省援照均霑，動輒號稱某國公司，漫指數省地方爲其界限，祇知豫先寬指地段，不知何年方能興辦。近年法於雲、貴，德於山東，英、意於晉、豫，早有合同，章程紛歧，恐未必盡能妥善。此次和議成後，各國公司更必接踵而來，各省利權將爲盡奪，中國無從自振矣。且此後，內地各處礦務、鐵路，洋人無處不有，不受地方官約束，任意欺壓平民，地方官只有保護彈壓之勞，養兵緝捕之費，無利益可霑，無抵制之術。一旦百姓不堪欺凌，或滋事端，又將株連多人，賠償巨款，爲害何可勝言。此必須訪聘著名律師，采取各國辦法，秉公妥訂礦路畫一章程。無論已經允開、允修之礦路，未經議開、議修之礦路，統行核定，務使界址有限，貲本有據，興辦有期，國家應享權利有著，地方彈壓保護有資，華洋商人一律均霑。洋人有範圍則稍知歛戢，平民免欺侮則漸泯猜嫌。至滋生事端，公司受累，亦須分別有因無因。辦犯、賠償，亦須預定限制。庶中國自然之大利，不至爲中國無窮之大害，尤今日之急務也。再，互市以來，大宗生意全係洋商，華商不過坐賈、零販。推原其故，蓋由中外貿遷，機器製造，均非一二人之財力所能、所有。洋行皆勢力雄厚，集千百家而爲公司者，歐美商律最爲詳明，其國家又多方護持，是以商務日興。中國素輕商賈，不講商律，於是市井之徒苟圖私利，彼此相欺，巧者虧逃，拙者受累，以故視集股爲畏途，遂不能與洋商爭衡。況凡遇商務訟案，華欠洋商則領事任意要索，洋欠華商則領事每多偏袒。於是華商或附洋行股分，略分餘利，或雇無賴流氓爲護符，假冒洋行。若再不急加維持，勢必至華商盡爲洋商之役而後已。必中國定有商律，則華商有恃無恐，販運之大公司可成，製造之大工廠可設，假冒之洋行可杜。華商情形較熟，工價較輕，費用較省，十年以後，華商即可自立，駸駸乎並可與洋商相角矣。且徵收印花稅，其公司、工廠、行棧、掛號等費，皆係與商律相輔而行之事，必有商律，方能興辦，故又不可不急行編定也。至刑律，中外迥異，猝難改定。然交涉之案，華民、西人所辦之罪，輕重不同，審訊之法亦多偏重。除重大教案，新約已有專條，無從更定外，此外尚有交涉雜案，及教案尚未釀大事者，亦宜酌定一交涉刑律，令民心稍平，後患稍減，則亦不無小補。擬請由總署電致各國駐使，訪求各國著名律師，每大國一名，來華充當該衙門編纂律法教習，博采各國礦務律、鐵路律、商務律、刑律諸書，爲中國編纂簡明礦律、路律、商律、交涉刑律若干條，分別綱目，限一年內纂成，由該衙門大臣斟酌妥善，請旨核定，照會各國，頒行天下，一體遵守。惟所有各國律師，必須確係律學著名、曾辦大事之人，不妨優給薪水，庶各國聞名敬服。知中國礦、路、商各律及交涉刑律，係其訂定，不致爭執妄駁，方爲有益。此項教習，其合同內，須議定歸礦路商務大臣節制，並隨事與該衙門提調商辦。一面於該衙門内設立礦律、路律、商律、交涉刑律等學堂，選職官及進士、舉貢充當學生。纂律時，幫同繙譯、繕寫。纂成後，隨同各該教習再行講習律法，學習審判一兩年。四律既定，各省凡有關涉開礦山、修鐵路以及公司、工廠華洋錢債之事及其他交涉雜案，悉按所定新律審斷。兩造如有不服，止可上控京城礦路商務衙門。或在京審斷，或即派編纂律法教習前往該省，會同關道審斷。一經京署及律法教習覆審，即爲定讞，再無翻異。京城學生畢業，并須隨同洋員學習審判此等案件。學成後，即派往各口充審判官，隨時添選學生接續學習，以期多儲人才，取用不竭。各洋教習既爲我編纂四項新律，兼能教授學生，即可長留在京，以備諮訪而資教授。果能及早定此四律，非特興利之先資，實爲防害之要著矣。

一、用銀元。銀元之利有三：平色畫一，出納分明，吏胥不能舞弊勒索，官民不致貼補受累，一也。商賈交易，簡捷無欺，駔儈無權，既益於行旅，亦便於匯兑，二也。官款收發，全用銀元，以大元爲母，小元爲子，相輔而行，工火局用外，尚有盈餘，三也。惟官發之款，若係采辦官物、製造工料等事，商民物價、工價必然暗加其中，且出納皆以大元爲主，小元不能過多，然鑄數、發數既多，盈餘亦尚不少。此爲整齊銀幣之善政，尚不在有無盈餘也。惟有最要兩義，或謂中國用銀以兩計，各國洋銀皆係七錢二分，宜每元改爲一兩，方爲整齊適用。此論未嘗無見。特是錢幣之制、權量之法，必先有雄厚之力，乃能操轉移之權。中國財窘商弱，不能自爲風氣，以後尤甚。若銀元輕重恰與洋銀相同，尚可依傍洋銀而行。設改爲一兩，與洋銀數目參差，恐沿江、沿海洋行不肯行用。商埠不行，内地必阻。故仍須鑄七錢二分者，方有暢行之益。或又謂官收，則按庫平庫色補足。官發，則以銀元當紋銀計算，不必補水，部庫可歲得鉅款。此則萬萬不可，出納必須一律，商民方能流通。蓋交官之款，自必指定專收中國龍紋銀元，然則收款所進之龍元，仍是官局發出之原物。必官先發一萬，然後民間有交官之一萬，是官款發出時，已先將此一萬之盈餘扣收在庫矣。果能收發一律，則商民信用不疑。散布天下，或辦貨或積存，周轉不已，大率皆在民間。豈能將每年發出之數，全以繳納官款，還之於庫乎。若出納不一，則民間亦以九成視之，其勢斷斷不能通行。且爲英國、墨西哥、日本諸國銀元所軋，必致從而壓價，每元尚不及九成之實數。華商自行壓價，何論洋商。商埠既須折算，民間安肯收用。壅滯虧折，其損多矣，尚何盈餘之有乎。昔咸豐年間嘗行鈔票矣，徒以計臣不知理財之大道，不考宋人交子、會子之用法，不籌票本，其意但欲出空紙以换實銀。於是出納兩歧，發款搭成多，收款搭成少，或收款全不准搭，或發款全用鈔票。户部既不視爲實銀，民間亦遂視爲虚器。數年之後，壅廢不行。鈔票一百，值銀二兩。此乃前車之鑒，萬不宜以此自阻銀元之銷路也。

一、行印花税。查外國征商之政，除煙、酒、洋藥外，大率皆無關税，其巨款全在印花税。凡有關銀錢物業之契約單據，領用官局印花，黏貼其上。其大意在抽銀不抽貨。抽已賣之貨，不抽未賣之貨。抽四民百業凡有進項之人，不僅抽商賈貿易之人。故西人解印花税之義曰，此乃銀錢税也。今日籌款，此事似可仿行。且洋關現議加税，外人必欲免内地釐金，若行印花税，尚可藉資抵補。查各國印花税章程，光緒二十二年曾經總署飭各駐使向各國查取譯送，惟英國印税章程最爲詳密，且係參贊馬格里所譯，解說亦較明晰。日本於前三年新經改定，於東方情形爲較近。但中外情形略有不同，外國商富民饒，産業價值貴，銀錢往來多，故所抽鉅。中國商貧民苦，本業既微，轉移亦少，如契約、合同、股票、匯票、期票、提單之類，皆屬有限。其遺産一項，英國最爲鉅款，其重税全在旁支承受親友分得。每年總數收十四兆餘鎊，而遺産一項，多至八兆餘鎊。中國産業本廉，又係子孫相繼，故此税勢不能多。然中國若能辦成，即較英國得二十分之一，亦可徵銀五六百萬。但其查考領用之法，分别差等之數，甚爲繁細。查英、法徵收印花税，初辦時亦多梗阻，皆係第二次改章，始克暢行。中國初辦之時，隱匿必多，推敲過細，不免紛擾。只可稍爲從寬，不求算無遺策。必須十年八年以後，稽核之法漸周，自然日臻暢旺矣。應請敕查各國章程，斟酌妥議舉辦。

一、推行郵政。查外洋各國，郵政爲籌款一大端。大率歲入皆銀數千萬兩，而遞信最速。中國驛站，爲耗財一大端，歲費約三百萬兩，而文報最遲。盈虧相反，遲速亦相反。然則此事必宜變通可知。其故由於有驛州縣，馬必缺額又復疲瘦。州縣以此爲津貼，管驛家丁以此爲利藪，故文報必致遲延。官紳書信間有外加馬封附文遞送者，有驛官以其非例准之條，又係不費之惠，故既不駁回，亦不收費，浮沈聽之。州縣不當驛路者，設鋪司，武官文報交塘汛，其延閣更甚於驛站。中國既無郵局，於是英、德、美、日本諸國在中國自設信局，侵我利權，實非萬國通例。自光緒二十一年奉旨飭催總税務司赫德辦理，光緒二十二年沿海、沿江漸設郵局，附於海關税務司兼辦。於是沿江、沿海，公文、私信迅速勝前，而信資極省。因税務司禁信局由輪船寄信，而又慮信局滋鬧，故内地信函仍由信局轉遞轉交。其章程，每代信局寄信一包重一磅者，收費一角。而信局一磅重之包封，其包内之信，少者二三十封，多者五六十封。其收民間之費，每信一封，至少須制錢一百。故税司所設之郵局，用費不敷尚多。此蓋因壟斷而生調停，因調停而致賠累。今擬於各省州縣，徧設郵政局。即令州縣管理，由省城總局妥定章程，刊發印花，領用黏貼。用過照數報銷，即以原有驛站鋪司各經費撥充局用。内河、内地分别設立快划、快馬、健夫馳遞，明定章程，准帶官民私信。所有京外文武衙門文報書信，統歸此局遞送。其文報責成仍照驛站向章，其信資務宜從省，以廣招徠。如有欲匯寄銀錢及匯票者，亦准附帶，但須照海關郵局章程，每信一封，至多准寄或洋銀十元或銀七兩。其原有信局，聽其自然。民間帶信，或託官局，或託商局，均聽其便。官局若費省而迅速，自然來者日多。查核該縣官局，每年用去印花之數，即知所收信資之數。計該縣一年收費若干，即於次年發驛鋪經費時扣除若干。行之既久，信資日增，驛費日減，十年之後，專取信資即敷局費。驛鋪各費，可以全行省出。惟外國識字人多，故書信多。中國識字人少，故書信少。此等創辦之事，不能遽計贏餘，但使驛鋪經費，專取之於信資，則每年可省用款三百萬矣。至該縣地勢不同，或馬、或船、或夫、或水陸互用，統由該縣酌量，不爲遥制，但以妥速爲主。其局費，統於驛鋪經費内自行酌劑支用。其局即設衙署内，並無另需費用。並須於境内大鎮，酌設分局。此局不須多人，亦無多事，但派一人駐於客棧即可，或附於店鋪代辦亦可，但經管發印花，收信函，收信資而已，並無多費。未收信資之先，絶不裁減驛費，亦不再發一錢。此事於國有益，於民亦便，於商局無傷，於州縣亦毫無所損。以後該州縣所收信資，如已敷向來請領驛鋪經費之數，其贏餘者，解歸省局充公，仍提三成作爲該州縣獎勵，以爲創辦奮勉者勸。統計各省繁盛城鎮約有二百餘處，驛費既敷，以後每年亦可得進款二三十萬。此時沿江、沿海地方，其由輪船者，暫歸税司。内河無論輪船、民船及岸上陸行者，統歸州縣。暢行以後，再行體察情形。如能並江海輪船郵局亦歸之州縣，勿庸税務司兼管，尤爲善策。至與各國商明，中國亦入郵政公會一節，此時華洋人寄信不多，尚可從緩。惟各省郵局，應名曰驛政局，以免與税司之郵政局相混。應由各省督撫督飭臬司，責成州縣設局辦理，省出之費彙解藩司，並不需用洋員，以杜干預内政之漸，且免與有驛州縣遞送文報膠葛窒礙。海關郵局未歸州縣之先，郵政局與驛政局彼此互相代寄信件。内地寄内地者，祗貼驛局印花。内地寄通商各口者，加貼郵局印花一分。通商各口寄内地者，加貼驛局印花一分。其驛局與驛局彼此往來交易一切細章，隨後詳酌。至鐵路通行之處，所有鐵路常年受國家保護維持，應爲國家遞送書信，微伸報效之忱。沿路各州縣，應得專差附搭火車往來經管信件，不取車費。惟萬不可將公文信件，交與鐵路公司經管，致啓授權外國之弊。總之，此事若歸州縣兼辦，則費不另籌，局由州縣酌設，進退裕如。即無大益，亦無所損。即或無贏，亦必無絀。若另行委員設局，則廷寄奏報要件，設有遲誤，必多推諉。故惟有責成州縣之無弊也。

一、官收洋藥。方今籌餉最急，然而零星羅掘，難得鉅款。釐金將撤，礙難再加。鹽價屢加，亦難過重。惟有加價於洋藥，則不病民而增鉅餉。查法國及西班牙運售火柴、吕宋煙，日本在臺灣收售洋藥、土藥，皆由公家收買、分銷。今擬仿照其法。檢海關貿易册，光緒二十五年洋藥進口銷售者，五萬九千一百六十一擔。溯查以前五年，大率五萬擔上下。最多者，六萬三千一百餘擔。最少者，四萬八千九百餘擔。每擔一百斤，以六萬餘擔計，合九千六百萬兩。現在時價，每兩價銀五錢。姑以大率作一萬萬兩計算，共計價銀五千萬兩，税釐在内。擬以後由官設局，在各關進口時，全行收買，然後轉發散商，分銷各省，照時價加二成，發商轉運轉售。除税釐照數撥還海關外，計每年可得盈餘一千萬兩。官局先向洋商總收，繼聽華商領運。發商以後，運赴何路，價值低昂，銷數盈絀，全不過問，尤爲簡易。但每兩五錢，係華商轉售之價，其中必有餘利。然則買價尚可在五千萬兩之内。惟香港及沿海一帶，須設巡緝小兵輪數艘。光緒十三年，赫德開辦洋藥税釐併徵時，創設巡輪。其船式、船數、地段、經費及巡緝之法，總署均有奏案可考。上海宜設總局，各海關進口處所宜設分局。計巡船及總分局、委員、司事、人役經費約計需銀二百萬兩以内。開辦之初，須籌銀一千萬兩以爲資本。即向外國銀行息借應用，分爲十年歸還。此乃有著之還款，利息必輕，先與議定總數，隨時陸續提用起息。除去巡船局費、歲還借款本息，實可得銀七百萬。十年後借款還清，即可歲贏八百萬，洵爲鉅款。先行試辦一年，辦有成效，一年後再加價一成，則盈餘更鉅。若華商運銷暢順，以後售價仍可相時酌加。即加價五六成，以至加倍，亦於良民無損。設或因加價滯銷，候至半年，尚無起色，則酌量減價。極之仍照向來售價自可銷出，亦必無賠折之理。向來洋藥到口，未必立時全行銷去。今由官全數收買，亦於洋商有益。可與該洋商議明，每年共分幾批，每批貨到，立時付定銀二三成，其餘付給三箇月期票。三月以後，自然華商分來領運，即以商資轉付洋商。惟初行加價轉售之章，華商必然觀望，希圖減價，不及半年，存貨已盡，斷不能始終把持。故必須寬籌半年資本，方能堅持定價。然洋商既可收期票，故只須籌三箇月之費即已足敷周轉。自去年土藥加税三成以後，土藥運銷之數，並未減少。然則洋藥加價二三成，亦必無礙，藥商未必始終抗阻。至内地土藥，業經加收税釐三成，則英商當亦無所藉口。若各官局有未經照加者，應查明切飭一律實加三成。其巡船未造成之先，可暫以南北洋兵輪充用，經費亦可稍省。此舉應先與英國商明，訂立專約，每年包銷六萬擔，不准多運來華，包收二年。二年後，體察情形再訂續約。近十年銷數不旺，至光緒二十五年而始多，今每年有切實銷數，英人當亦樂從。惟華商出洋私運進口，不可不防，若非英國實力助我防察，斷難盡行杜絶。除巡船稽察外，應與英國切實議定，只有各口官收，英商不准絲毫私售華商，以杜影射。如查出有華商私買、私運，重立罰約。印度若不濫售，則偷運之弊立窮。在我防之則甚難，在英人禁之則甚易，此爲第一關鍵。若英肯訂約實辦，則此舉之有益巨餉確有把握矣。擬請欽派大臣一員駐滬辦理此事，名爲總理藥務大臣。此事任重款鉅，而其事甚簡，只須操守廉正、確實可信、於外國情形不隔閡者，即可勝任。其各口分局委員，統聽該大臣選派考核，隨時偶一分往巡察。此舉在中法則無害於民生，在西法則無礙於商務，應請朝廷飭議，迅速施行。

一、多譯東、西各國書。今日欲采取各國之法，自宜多譯外國政術、學術之書。譯書約有三法：一令各省訪求譯刻，譯多者准請獎。然經費有限，書不能多也。一請明諭各省舉貢、生員，如有能譯出外國有用之書者，呈由京外大臣奏聞，從優獎以實官，或獎以從優虚銜，發交各省刊行，如此則費省矣。然外國要書流播入中國者無幾，不能精也。一請敕令出使大臣，訪求該國新出最精最要之書，聘募該國通人爲正繙譯官，即責令所帶隨員、學生助之。通洋文而文理深者，充副繙譯官。文理優而洋文淺者，充幫辦繙譯官。其全不通洋文而文理平常者，不准充出洋隨員、學生，以杜濫竽糜費之弊。限三年之内，每人譯書若干種，每種若干字，回華繳呈，不得短缺。短缺及過少者，不准保舉。如此則去時洋文雖淺，歸時洋文必深。於隨員、學生之學業，暗中多所成就，而所譯皆切用之書矣。然猶不能速也，并擬請敕令出使日本大臣，多帶隨員、學生，准增其經費，倍其員額，廣蒐要籍，分門繙譯。譯成隨時寄回刊布。緣日本言政、言學各書，有自創、自纂者，有轉譯西國書者，有就西國書重加刪訂酌改者，與中國時令、土宜、國勢、民風大率相近。且東文、東語通曉較易，文理優長者，欲學繙譯東書，半年即成，鑿鑿有據，如此則既精而且速矣。

以上各條，皆舉其切要而又不可不急行者。布告天下，則不至於駭俗。施之實政，則不至於病民。至若康有爲之邪説謬論，但以傳康教爲宗旨，亂紀綱爲詭謀，其實於西政、西學之精要，全未通曉。兹所擬各條皆與之判然不同，且大率皆三十年來已經奉旨陸續舉辦者。此不過推廣力行，冀紓急難，而大指尤在考西人富强之本源，繹西人立法之深意。伏望聖明深察遠覽，早賜施行，使各國見中華有奮發爲雄之志，則鄙我侮我之念漸消。使天下士民知朝廷有改絃更張之心，則頑固者化其謬，望治者效其忠，而犯上作亂之邪説，可以不作，天下幸甚。所有第三次籌議各條，臣等謹合詞恭摺具奏，伏祈聖鑒。

請專籌巨款舉行要政片 光緒二十七年六月初五日

再，臣等此次所奏變通政治諸條，或養人才，或厚民生，或整軍實，或肅官方，所需經費必皆不少。此次賠款極鉅，籌措艱難，論者必以度支困絀爲詞，謂諸事方求節省，豈宜更增用費，遂不免顧惜遲疑。臣等之愚竊以爲不可。今若竭海内之力，百計搜括，但供每年賠款以冀無事，則外國必將視我中國皆苟安無志之人。士無奮心，民無固志，各國之輕我侮我，更將得步進步。不待賠款還清，而中國已不能立國矣。竊謂節用之與自强兩義，自當並行，不宜偏廢。此時應省之事，必須省。應辦之事，必須辦。應用之財，必須用。嘗聞數十年來論理財者，大率皆以省嗇爲先，謂以備有事時之用。此省事息民之常經，閉關自守之善策，而非所論於强鄰環伺之時勢也。大率富强之道，無論民事、兵事，皆須平日未雨綢繆，多年積累，近者四五年，遠者一二十年。即如講求農工商，本爲富國起見，然當其創新法、開新埠之初，必先官設學堂以爲教，官創機廠以爲式，官助資本以爲扶持，然後農、工、商之利可開。本欲阜財，先必費財，西洋各國皆然，而日本爲尤著。若立學、教士、練兵、製械、訓農、勸工等事，皆以款絀不辦，一旦有急，安得人才、兵械而用之。縱使存款饒多，取辦倉卒，止能募烏合之勇，購廢雜之槍，虛糜而兼誤事，即爲度支計亦甚可惜矣。譬如備荒，必須積穀於累年。防水，必須築隄於平日。如待災成而後買穀，則飢民已轉於溝壑。待水至而後修隄，則田廬已淪於巨浸。雖有多金重賞，亦無所施。至於軍國大計，尤貴遠謀，難規近利。豫籌於平日，則一錢得萬錢之益。趕辦於臨時，則萬金無一金之效。試以遠事證之。道光辛丑廣東議和，藩運兩庫現銀六百萬，搬運塞途，盡付賠款。以近事證之，上年天津不守，司道局各庫存銀六百餘萬，招商局存米四十萬石，盡資外人。然則務省嗇而不務修備，前車具在，可爲寒心。或又謂此時民力已困，欲籌辦事之款，豈不重爲民累。此又不然。譬如備荒必於本鄉捐社穀，防水必於近村捐隄費。社倉多一石，則全活不止一命，隄土高一尺，則護田不止一頃。雖甚竭蹶，猶必爲之。其初雖難，其後必成。推類言之，寒士力學，不可惜膏火。中人之産，不可無墻垣。行江海者，不可乘敝舟。負債多者，不可廢酬酢。夫豈不知籌措之艱難哉，誠有所不得已也。竊謂既須籌賠償之款，尤宜籌辦事自强之款。賠償之款，所以紓目前之禍難。自强之款，所以救他日之淪胥。應請敕下政務處大臣、户部及各省督撫，於賠款外，務必專籌巨款，以備舉行諸要政，庶幾各國刮目相待，而中國之生機不至於遽絶矣。

上諭：朕欽奉慈禧端佑康頤昭豫莊誠壽恭欽獻崇熙皇太后懿旨：自經播越，一載於兹。幸賴社稷之靈，還京有日，卧薪嘗膽，無時可忘。推積弱所由來，恨振興之不早。近者特設政務處，集思廣益，博采羣言，逐漸施行。擇西法之善者，不難舍己從人。除中法之弊者，統歸實事求是。數月以來，興革各事，業已降旨飭行。惟其中或條目繁重，須待考求。或事屬創舉，須再參酌。回鑾以後，尤宜分别緩急，鋭意圖成。兹據政務處大臣榮禄等面奏變法一事，關係甚重，請重申誥誡，示天下以朝廷立意堅定，志在必行。並飭政務處以時督催，務使中外同心合力，期於必成。用是特頒懿旨，嚴加責成。爾中外臣工須知，國勢至此，斷非苟且補苴所能挽回厄運。惟有變法自强，爲國家安危之命脉，即中國民生之轉機。予與皇帝爲宗廟計，爲臣民計，舍此更無他策。

爾諸臣受恩深重，務當將應行變通興革諸事，力任其難，破除積習，以期補救時難。昨據劉坤一、張之洞會奏整頓中法以行西法各條，其中可行者，即著按照所陳，隨時設法擇要舉辦。各省疆吏亦應一律通籌，切實舉行。大要不外言歸於實，用得其人。予與皇帝，宵旰焦勞，母子一心，力圖興復。大小臣工其各實力奉行，以稱予意。將此通諭知之。欽此。

劉秉彝署理知縣片〔一〕 光緒二十七年六月　日

再，天門縣知縣梁葆仁因病請給假回省就醫，所遺該縣印務，亟應揀員往署，以重職守。查有本任江陵縣知縣劉秉彝，吏事老練，聽斷公平，堪以署理。據湖北布政使瞿廷韶、署按察使札勒哈哩會詳前來，除檄飭遵照外，理合附片具陳。再，湖廣總督係臣本任，應毋庸會銜，合併陳明，伏乞聖鑒。

吏部知道。

江漢關籌解第二批京餉片〔二〕 光緒二十七年六月　日

再，前准户部咨，奉撥光緒二十七年分京餉銀七百萬兩案内，撥江漢關洋税銀十五萬兩。先提解銀三萬兩，匯解京師，以備發給滿漢官員及兵丁津貼。行令遵照籌解等因。業經委員管解第一批銀三萬兩，赴江海關兑收匯京交納，附片奏報在案。茲據湖北漢黄德道江漢關監督岑春蓂詳稱，在於所徵洋税項下動支庫平足色銀四萬兩，作爲本年第二批京餉。查有補用直隸州知州吴本義、拔貢試用知縣張樹森堪以委解，前赴行在户部交納等情，詳請奏咨前來。臣覆核無異，除給咨管解外，謹附片陳明。再，湖北巡撫係臣兼署，毋庸會銜，合併陳明，伏乞聖鑒。

户部知道。

甄別候補班補用知州片 光緒二十七年六月　日

再，前准吏部咨，道府州縣無論何項勞績保奏歸于候補班人員，令該督撫即以此項人員到省之日起，予限一年，詳加察看，認真考核。如係爲守兼優堪膺民社之員，出具切實考語，奏明分別繁簡補用等因。茲查候補班補用知州胡德立，自光緒二十六年正月二十九到省之日起連閏扣至二十六年十二月二十九日，試看一年期滿。據湖北布政使瞿廷韶、署按察使札勒哈哩取造該員履歷清册，詳請甄別具奏前來。臣隨考驗該員胡德立，年力精強，才具明幹，堪以繁缺留省補用。除將履歷清册咨送吏部查核外，理合附片具陳。再，湖廣總督係臣本任，毋庸會銜，合併陳明，伏乞聖鑒。敕部查照施行。

吏部知道。

飭按察使赴新任片〔三〕 光緒二十七年六月　日

再，新授湖北按察使李岷琛現已到省，應即飭赴新任，以重職守。除檄飭遵照外，理合附片具陳。再，湖廣總督係臣本任，應毋庸會銜，合併陳明，伏乞聖鑒。

〔一〕録自《申報》光緒二十七年八月二十一日。

〔二〕以下二件録自《申報》光緒二十七年八月二十五日。

〔三〕以下二件録自《申報》光緒二十七年八月二十八日。

知道了。

已故知縣虧短錢漕請查抄家產備抵摺

光緒二十七年六月　日

竊查已故前任安陸縣知縣王立勳，虧空丁漕等款正耗銀米共銀三千五百七十八兩六分三釐。又漕糧錢價平餘銀八十七兩四錢六分六釐。前因二參限滿，未據清解，經臣奏參革職勒限完繳在案。茲查三參又逾，屢經嚴催，並無分釐完解，實屬玩視庫款。按據代理安陸縣知縣李森稟經該管道府揭由湖北布政使瞿廷韶、按察使李岷琛、署督糧道凌卿雲詳請參追，並查明該員係安徽太平縣人，請咨明原籍查封家產備抵等情前來。臣覆覈無異，除飭德安府查明該故員家屬是否回籍，有無資財隱寄，稟覆核辦外，相應請旨嚴追。並請敕下安徽撫臣，速飭太平縣將該故員家存產業切實查封，估計造册覆鄂備抵。除咨明户部暨安徽撫臣查照外，理合恭摺具陳。再，湖廣總督係臣本任，毋庸會銜，合併聲明。伏乞皇太后、皇上聖鑒。

另有旨。

恭報交卸兼署撫篆日期摺(一) 光緒二十七年六月　日

竊照臣前奉旨兼署湖北撫篆，茲新任撫臣端方現已到鄂，當于光緒二十七年六月初九日將湖北巡撫關防、王命旗牌暨文卷等項，委員賫送撫臣端方接收，臣即于是日卸事。所有微臣交卸兼署撫篆日期，理合繕摺具陳，伏乞皇太后、皇上聖鑒。

知道了。

請准以丁大文調補遊擊摺 光緒二十七年七月　日

竊准兵部咨，湖北鄖陽鎮標中軍遊擊高長洪病故，遺缺應用應升應調人員等因。臣在于通省實任遊擊内揀員調補。查有記名總兵借補湖北提標左營遊擊丁大文，年六十五歲，安徽巢縣人，咸豐四年在籍充當練長，復投効軍營。歷在安徽、江蘇、直隸、山東等省迭次打仗出力，洊保記名總兵，賞給匡勇巴圖魯名號，借補湖北提標左營遊擊，現經調署督標左營遊擊，辦理營務，均稱裕如。該員材力健强，辦事奮往，以之調補斯缺洵堪勝任。合無仰懇天恩俯准以丁大文調補鄖陽鎮標中軍遊擊，實於地方營伍有裨。如蒙俞允，該員係對品調補，邀免送部引見，仍由部發給劄付，以昭信守。除飭取該員履歷咨部外，理合會同湖北巡撫臣端方、署湖北提督臣鄧正峰恭摺具陳。再，所遺湖北提標左營游擊員缺，係部推之缺，湖北省現有應補人員，容臣另行揀員請補，合併陳明。伏乞皇太后、皇上聖鑒，飭部覈覆施行。

兵部議奏。

請准以陳友春補授都司片 光緒二十七年七月　日

再，准兵部咨，湖南常德協中軍都司配聯升補，遺缺係陸路部推之缺，應用儘先人員，行令照章揀員請補等因。查斯缺駐紥常德府城，撫綏訓練，經理錢糧，均關緊要。非諳練營伍熟悉情形之員，難期勝任。臣查有花翎儘先補用都司陳友春，年五十三歲，湖南甯遠縣人，由軍功投效楚軍，歷在江西、安徽等省援剿

(一) 以下五件録自《申報》光緒二十七年九月十四日。

出力，洊保以都司儘先補用。同治四年閏五月初四日奉旨允准在案。凱撤回籍，飭發撫標左營差委，光緒二年七月二十七日到營。旋因親老改歸永州鎮標中營差遣，十四年二月初五日到營。該員年强才裕，營務勤能，以之擬補斯缺，洵堪勝任。飭查前在本省及他省均無參革朦保情弊，且距籍在五百里以外，與例亦屬相符。查部章，請補儘先班次，如聲叙人地不宜，至多不得過二十員。兹據部册，儘先名次在陳友春之前者，除羅樹勳一員現已病故，徐樹芳一員另行請補外，尚有鄒明魁、饒運筠、周燮、李心維、宋維週、鄭連山、周鼎元、周益田、周定安、王金榜十員，或人地不宜，或營伍未能諳練，均未便遷就擬補，致滋貽誤。今陳友春雖儘先名次稍後，而在營歷練有年，情形最爲熟悉，人地實在相宜。合無仰懇天恩俯念員缺緊要，准以陳友春補授湖南常德協中軍都司，實與地方營伍有裨。如蒙俞允，俟部覆到日，給咨送部引見，以符定制。除飭取履歷咨部外，理合會同湖南巡撫臣俞廉三、湖南提督臣婁雲慶附片具奏，伏乞聖鑒，勅部核覆施行。

兵部議奏。

江漢關籌解滿緑各營兵餉片 光緒二十七年七月 日

再，前准户部咨，預撥湖北省辛丑年滿緑各營兵餉案内，撥江漢關洋税銀十五萬兩等因。當經轉飭遵照辦理。兹據湖北漢黄德道監督江漢關税務岑春蓂詳稱，在於所征六成洋税項下，動支庫平足色銀三萬兩，委員解赴藩司衙門交收，以供支放等情，詳請奏咨前來。臣覆核無異，除分咨行在總理各國事務衙門暨户部查照外，理合會同湖北巡撫臣端方附片具陳，伏乞聖鑒。

户部知道。

籌解第四批鹽釐京餉片 光緒二十七年七月 日

再，前准户部咨，預撥光緒二十七年京餉案内，提撥湖北鹽釐銀十五萬兩，旋准行在户部咨稱，遵議籌撥京師王公、百官、兵丁等恩賞銀兩，在於各省關應解本年京餉内提撥湖北銀十萬兩，匯解江海關匯京等因。查湖北應解本年鹽釐京餉，業經籌解第一、第二兩批共銀四萬兩，赴江海關兑收轉解北京户部交納。又籌解第三批銀一萬六千兩，改赴行在户部交納，均經附片奏報在案。兹據署湖北鹽法武昌道逢潤古籌撥本年第四批鹽釐京餉銀二萬兩，飭委候補知縣章慶柏解赴江海關兑收，轉解北京户部交納，以備恩賞之用等情，詳請奏咨前來。臣覆核無異，除咨部查照外，理合會同湖北巡撫臣端方附片具陳，伏乞聖鑒。

户部知道。

江漢關籌解滿緑各營兵餉片〔一〕 光緒二十七年七月 日

再，前准户部咨，預撥湖北省辛丑年滿緑各營兵餉案内，撥江漢關洋税銀十五萬兩等因，業經飭據該關道籌解銀三萬兩，詳經臣附片奏報在案。兹據湖北漢黄德道監督江漢關税務岑春蓂詳

〔一〕以下二件録自《申報》光緒二十七年九月十六日。

稱，復在所徵六成洋税項下，動支庫平足色銀五萬兩，委員解赴藩司衙門交收，以供支放等情，詳請奏咨前來。臣覆核無異，除分咨行在總理各國事務衙門暨户部查照外，理合會同湖北巡撫臣端方附片具陳，伏乞聖鑒。

户部知道。

籌撥宜昌關税片 光緒二十七年七月　日

再，前准行在户部號電，全權大臣奏，京内教堂教案賠恤並設立碑碣共需銀二百萬。部議指撥宜昌關税十萬，令設法匯京等因。當經轉飭遵照籌解去後。兹據湖北荆宜施道宜昌關監督濮子潼詳稱，查宜沙商號不能承匯北京銀兩，近來匯京之款多解由江海關轉匯，自應援照辦理。即在宜昌關征存洋税項下，先提庫平銀五萬兩，飭委候補縣丞饒錫恩解赴江海關交納，轉匯北京，餘容陸續批解等情，詳請奏咨前來。臣覆核無異，除咨總理衙門、户部外，理合會同湖北巡撫臣端方附片具陳，伏乞聖鑒。

該部知道。

知府逢潤古捐歸道員請開缺摺〔一〕 光緒二十七年七月　日

竊照現署湖北鹽法武昌道本任武昌府知府逢潤古，現年六十六歲，山東進士，光緒二年奉旨補授廣東高州府知府，丁憂開缺。十年奉旨補授湖北漢陽府知府，因勸辦山東義賑出力案内奏保道員，在任候補，光緒二十二年調補武昌府知府，二十六年委署鹽法武昌道。今於本年七月在湖北勸辦秦晋賑捐案内捐離知府本任，歸道員候補，禀請開去武昌府知府底缺等情前來。臣等覆查該員報捐離任銀兩，核與現辦捐例銀數相符，相應請旨准其開去武昌府知府底缺，歸於湖北以道員補用，並俟經手事竣，即行給咨送部引見。所遺武昌府知府員缺緊要，請旨迅賜簡放，以重職守。謹合詞恭摺具陳，伏乞皇太后、皇上聖鑒。

著照所請。該部知道。

籲請赴汴迎駕摺 光緒二十七年八月初一日

竊臣草茅侍從，洊歷封圻，計自光緒十年由山西巡撫任内奉旨陛見，幸獲展覲天顔，旋蒙恩簡任兩廣總督，嗣後量移三楚，調署兩江，俱奉旨勿庸來京請訓。中間於光緒二十年九月、光緒二十四年閏三月，兩次奉旨陛見，或以改署兩江中止，或行至上海奉旨折回。計十餘年來，徒深依斗之誠，未遂瞻雲之願。下懷依戀，積日俱深。上年鑾輿西幸，時值江防戒嚴，遵旨保守疆土，又未能躬捍牧圉，親效前驅，疚歉悚惶，無時或釋。恭讀七月初一日上諭：准改於八月二十四日恭奉慈輿，啓蹕回京。等因。欽此。兹幸款局大定，防務稍鬆，湖北地方布置尚屬粗完，暫離兩月亦尚無妨。恭值六飛迴馭，臨幸中州，蹕路所經，鄂省近與接壤。臣擬於八月下旬，先期馳赴河南開封省城祇候，跪迎聖駕，俾厠一日屬車之列，稍紓頻年戀闕之忱。且兩湖一切要政，得以恭聆聖訓，俾有遵循。合無仰懇天恩准臣前往，不勝瞻戀屏營之至。如蒙俞允，擬將湖廣總督篆務，移交湖北撫臣端方暫行兼署，

〔一〕録自《申報》光緒二十七年十月初九日。

以便届時東裝就道，鄂省如有交涉要件，尚可隨時電商辦理。

（硃批）毋庸前來。（欽此）

俄約要盟貽害請將東三省開門通商摺并

鈔件　光緒二十七年八月二十四日

竊照俄人自行訂立交還東省專約一案，將所有政權、兵權、利權、路權，盡收掌握。陽爲歸地之名，陰行據地之實。且獨造鐵路直達京師，其利害得失，早在聖明昭鑒之中。當其危詞迫脅，幾若絲毫無可挽回。幸賴朝廷堅持定見，不允畫押，俄人亦終無可如何。乃近聞又有先立三條密約之舉。一認李鴻章獨有議約之權。一令中國聲明，此約出於甘心自願。一此約不可洩漏使各國聞知干預。其愚我、欺我，直視中華全國無一人。凡有血氣，孰不痛心。蓋其狡謀，明知此約十三條餘地不留，必干衆怒，故必勒我承認爲中國甘心自願，而後有詞以謝各國。若無約强佔，究畏各國之議其後也。是以臣等屢陳管見，此約非付各國據理公斷，不能折其横恣之謀。非許各國開門通商，無以制其侵陵之勢。設或稍有遷就，各國勢必羣起效尤，則瓜分之禍立見。查開門通商者，謂許各國皆可在東三省均霑内地雜居及開礦、修路、工作、製造、商務一切利益。與尋常僅在口岸劃給租界准辦商務者不同。均經迭次電奏陳明在案。此等辦法，外國名爲開門通商，亦名徧地開放。蓋該處内地皆准各國人徧到，任便居住，不設租界，不分華洋，工商礦路各利益，皆准各國興辦，其利與各國共之，而管轄之權仍自我操之。一切利益我收其税，訟獄、巡捕我司其權。官由我設，兵由我駐，地主之權，絲毫不失。是以屢次瀝陳請旨，令我各國駐使及全權大臣布告各國。乃大學士李鴻章堅執不肯宣布，誠不可解。聞近日草約畫押後，京保聯軍雖允定期撤退，而天津並不交還。查本年七月間，臣之洞曾遣人向漢口英總領事霍必瀾婉商，言俄兵未撤，俄約未廢，可否由該總領事轉電薩使，照會俄人詰問。霍必瀾云，英使必不肯發照會詰問俄國，但恐將照會詰問中國耳。此語大有可疑。又七月及本月，漢口英領事屢來照會，言英於宜昌歸州、巴東兩處購地囤煤，囑爲税契。雖未允許，然尚糾纏不休。又日本近日遣其著名武將來長江及浙、閩、廣東游歷，疊接日本委員及游學生來電、來函，均謂該日將此次來華，極爲鄭重，具有深意。至上海現駐英、德、法、日等陸兵，至今未撤。種種情節，俱屬可慮。可見各國均將視俄約之利害以爲進退。效尤之舉，已有端倪。各國援例，於各省各求所欲，即是瓜分因循不斷，禍至無日矣。日前臣等同時接到日本國貴族院議長公爵近衛篤麿書函，並附陳措置東三省條議一册。詳加察覽，其言深切懇至，規畫宏遠，於吏治、兵備、警察、興利、徵税、聽訟各事，一一籌有辦法，條理詳明。查此事照俄約，則我於東三省事事無自主之權，與俄國屬地無異，利則歸彼獨享，害則責我獨承，較明據吾地，計尤狠毒。照東人所擬辦法，則東三省雖許外人雜居，而主權猶操之在我。營口即不收税，而内地收項至三千餘萬之多。觀其章程，於財政各項一一指實，必其平日考察甚詳，目前縱未能遽臻此數，照彼辦法，日後必不相懸。如英國倫墩進口貨全不收税，名爲無税口岸，其地工商之業更旺，富甲全球。至各國均霑，互相牽制，勢不得不安於無事。橋陵永無樵采之驚，豐鎬長有磐石之固，較之委地俄人掌握之中，利害奚啻霄壤。其所擬辦法，雖於中國舊章名目略有變更，而按之實政，皆於地方有益，即皆於國家有益。我若采用，儘可節取其意，而不必盡襲其名。其間若參用各國人爲顧問官、法律官，雖非舊章所有，然其地遠於京師而近於俄境，既許各國人雜居興利，若非大改法制參用客卿，其治理章程斷不能折服各國商民一概令其歸我統馭。故該公爵條議中，以立法爲第一要義。而改定法制，非用各國人爲顧問官不可。即如各海關，非用洋人爲税務司、扞子手，悉照外國稽察章程，豈能令各國洋輪帖服、受驗納税，事理甚明。今使各國公同霑此利益，使各國公同爲我定此章程，實使各國公同爲我守此根本，開此上腴，從此遼東三省億萬年永爲我大清國所有，更無侵削之虞，杜大患而興大利，計無有便於此者矣。茲謹將其書函、條議，另繕清單，恭呈御覽，以備采擇。臣等晝夜焦思，往復電商，舍此別無辦法。誠能照此施行，其形迹雖似稍予通融，而所得之實，有轉非從前中國自守之時所能冀望者。

抑臣等之愚，更有請者。方今屢奉明旨，講求變法。特是不變不能圖存，驟變又恐駭俗。莫若於東三省采用該公爵條議，先行酌量試辦，如顧問、法律、警察三條，果其有利無弊，内地再爲仿行。總之，關東已爲他人所踞，今若僅口舌商辦，斷無完璧歸趙之期。似無妨權出奇策，以保舊京，並可察驗成效而資節取。惟必須敕令外務部，趁早先向各國聲明，俄人何日交還東三省，我即日開門通商，與衆共利，最爲急著。一面請旨敕下外務部及全權大臣，將俄約照會各國，請其公斷，或可望英、日、美諸國合力相助，還我舊疆，庶免占踞日久，別生狡計。臣等憂憤迫切，但有一策可采，不敢不以上聞。不勝惶迫待命之至。

謹將日本貴族院議長公爵近衛篤麿原寄江鄂書函照録，恭呈御覽。

近衛篤麿原寄江鄂書函

敬啓者，自往年游歷貴國，幸拜台顔。僅不出二年，天下之變，洵有足驚魂動魄者焉。顧列國東侵之勢日進月迫，實為古今之奇局。而東亞之厄運，未有甚於今日者也。近數年來天禍貴國，灾患薦臻。昨年拳匪之亂，禍機猝發，不及救濟，遂至有列國兵入京，聖駕西巡之難。此事也，鄰人旁觀尚不能無慷慨，況在貴國臣民，其為情何如哉。顧列國入京非必有瓜分之意，特以使館見圍之故，勢出於不得已，是以其圍一解，講和案件務持和平，撤兵之議亦將見其漸行。是貴國之幸，亦東亞之幸也。惟夫列國之東侵，俄國為之唱首，其包藏異圖，實不可測。而其於滿洲，乘拳匪之亂，窺貴國之無備，長驅深入，曾無忌憚。占有其山河，頤使其官吏，虐殘其民人，肆然逞其所欲為而不知厭。竊惟滿洲東三省者，係貴國皇室發祥之地，位東亞之上游，此地一為俄國所有，則建瓴之形，席卷之勢，不可復遏。而貴國瓜分之端，乃自此始，燎若睹火矣。顧是皆閣下之夙所深憂遠慮，固不俟篤麿之呶呶也。篤麿嘗聞抱甕而知甕之輕重者，必在甕之外。篤麿在局外，是以曩不省迂愚，呈一書左右，竊布腹心，幸閣下不捐鄙陋，見賜覆書，詞意悃惻，使人感激。竊謂戒灾移薪，鄰人之誼。警盗壞墻，朋友之道。豈敢不盡其所見乎。抑今日俄國之藉口侵略，在於滿洲紀綱紊亂，治安不保。竊察貴國今日之情勢，尾大不掉，鞭長莫及，當是時欲獨力回復滿洲，蓋亦難矣。而滿洲之不可棄，既如前言，則將何策以處之乎。篤麿反復商量，竊以為今日之事，惟有開放門户，以保領土耳。開放門户，則列國不違。

保全領土，則金甌不缺，而俄國南下之患亦自長阻矣。變禍為福，轉危為安，天下之長計，無善於是。如其綱目固非一言可盡，乃具所當與同志講究者，别為一篇，併呈之左右。願閣下洞察邇言，取捨折衷以為成案，奏之西安，請朝廷付之於列國會議。

夫開放門户、保全領土二大義者，既列國之所聲明，則此案之歸列國公議，蓋不容疑。篤麿亦當説敝國當路者，以致微力也。抑其中細目，如廢關税、區劃地方，從其情實而改正之，潤色之，亦自有其人。篤麿之所論惟其要領耳。篤麿素非不思所以使敝國政府提唱列國會議之道，退而慮之，無奈列國之間，猜疑百端，妒忌交滋。故今日之事，莫妙於貴國朝廷將東三省俄約自付之於列國會議也。若果得然，則敝國當局亦與英美諸國協力贊同也必矣。是篤麿之所以敢披瀝肺肝於左右也。區區微衷，閣下幸裁之，不宣。公爵近衛篤麿頓首。

謹將日本貴族院議長公爵近衛篤麿籌辦東三省開門通商條議照録，恭呈御覽。

近衛篤麿籌辦東三省開門通商條議

中國時局孔亟，朝不測夕，可慮且虞者不一而足。而其最可慮可虞者，莫俄佔有滿洲為甚。不欲保全中國則已，苟願保全，首不可不使俄人撤退滿洲也。然欲使俄人撤退滿洲，在今日屬萬分難行。惟有一法，即將該地方洞開，俾列國商賈自由貿遷，不設制限，凡鐵路、礦山、漁業等所有利權，一體均霑，不得厚於甲而薄於乙，始為彼此迭相牽制，一國不能獨逞其慾壑，所謂敞門通商宗旨是也。施設敞門通商宗旨，不可由常經，須擺脱從來拘迂之見，創建一種新法，其節略開列於左：

宗　旨

一、廢撤從來三將軍，併合三省為一省，置總管府以治之。

一、府中軍政、行政、司法訟獄三權須分立，以昭權限。

一、總管府設顧問或作參政院、大理二院，任立法訟獄。

一、總管府立民、兵、財三部分，掌民政、軍防、度支事宜。

一、總管由宗室親王中簡放，凡各部官吏，掄選國中俊才以充之，無問滿漢之别。

一、各部聘用外國人之俊異優秀者為顧問官、教師，以備諮訪。

一、上開變法各項稍就頭緒，將牛莊以下各口岸海關撤去，以便各國人自由來往貿易。

一、既准各國人於牛莊以下各口岸自由來往貿易，須一面於山海關及蒙古地方設立税關，以為譏征之地。

一、無論鐵路、礦山等利權，准外國人一體均霑。其購有田産及自由居住均在不妨。

新法梗概

總管府、二院及各部職制開列於左：

一、總管府為統治滿洲之處，故一切全權攬於該府。

一、顧問院專任立法，為參與總管一切機務之處。

一、大理院為獄訟總匯之處，且兼辦司法警察之事。警察有二。曰行政警察，保護閭閻，防害杜弊於未然。曰司法警察，摘發鉤距廉查罪狀於事後之謂。

一、民部為地方行政之總匯，辦理河湖、道路、户口各事宜外，兼辦保護農、工、商之事。

一、兵部為兵權樞紐，專辦邊防，彈壓土匪。

一、財部專辦租稅事宜外，兼監礦山、森林、原野，以保護其利源之地。

一、總管府各衙門，定員如左：

總管一人，協辦二人，辦事官如干人。顧問院顧問官十人，辦事官如干人。

一、大理院。審官十人，以中國人三人，外國人七人為額。其一人為院長。辦事官如干人。

一、民部。大臣一人，參贊官二人，辦事官如干人。

一、軍部。大臣一人，參贊官二人，辦事官如干人。

一、財部。大臣一人，參贊官二人，辦事官如干人。

立　法

國家既將滿洲門户洞開，關市譏而不征，五方之民必坌然沓至，受一廛於此者必多矣。治若輩不可用中國舊來之法，宜變通成法，參以西律，制定新法。由顧問院擬案，付各部大臣，各部大臣、顧問官酌議，從多數而决，更由總管公布中外，以昭公平。

司　法即獄訟

新法既設，一切獄訟須從其處斷，庶幾得公允。但有治法而無治人，未謂盡善盡美，毫髮無憾也。聽訟之官，須精通律學，兼曉外國語言、事情，始使兩造心服。所以大理院官吏，須將中外異等材任用，不專任華人。

一、大理院為至高聽訟之處，該院所讞斷為定案，不得控訴。

一、大理院設於奉天府，各地方設按察使衙門，以隸於該院。按察使每衙門以三人為額，不妨用外國人充其選。

一、兩造並為外國人，或其一為外國人者，由按察使衙門審理。其係初審，且兩造均為華人者，姑由地方官處斷。但兩造之一人，不願地方官審理者，由按察使衙門處斷。

一、不服按察使處斷者及被地方官吏枉屈者，許其控訴大理院，以昭雪冤枉。

行　政

民　部

一、將全滿洲區分盛京、吉林、黑龍江三部，每部置布政使一員，統督管内民政。

一、地方行政區畫，率由舊章，毋庸變更。各府、州、縣廳置知事官一人。

一、廳以下鎮堡村邑，須仍舊貫，毋庸紛更。即如保甲制度，法良意美，宜存此以維持民心也。

一、行政警察前項註參照由鎮堡村邑辦理，州縣責其成可也。

一、各省以下，除訟獄、軍務外，不別設專任之官，由地方官一體辦理。

兵　部

一、軍隊用募兵之制如舊，但其式參酌文明國兵法，折中其宜，別為一式，從其訓練。

一、全洲兵額以六十營為限，分駐防區域為盛京、吉林、黑龍江三大區，每區置都統一人統之。

財　部

據光緒十六年報册，營口一口貿易額不過九百六十三萬兩，至二十五年則有三千二百二十三萬八千兩之譜。該口所入之國稅，每歲約有五十萬兩，為政府進項一大宗。論者云，將營口為自由口岸不征國税，於政府有損，是未通大局者之言。而不知列國商民來往此地，所入内地租税，償關税而有餘也。今將將來進項大略開列於左：

一、木材。興安嶺伊勒呼里山、長白山、完達山、長嶺子、松嶺子諸山，皆富於良材，巨木參天，開闢以來，斧斤不入，絶長補短，其面積可以上二萬三千三百方里。如按年輪伐出售，可獲二百萬兩，其利益無窮矣。

二、拍賣未開墾之地。東三省土地膏腴，彌望無際，為世界最沃之區。而其既經開墾者，僅不過四萬六千三百方里，即為全面積二十二分之一。今將河川、山邱、森林等置之不算，其可開墾之地，猶有十四萬方里。將此測量區劃，拍賣内外人民，將十六年為功程，每歲約可五百萬兩。既經開墾，則從而征地租，其所入尚不止此也。

三、礦税。盛京富於煤利，既係世人所稔聞。吉林、黑龍二省砂金大豐，其他五金之藏於地中者，不可勝數。政府定礦律，准内外人遵其開采，從征其税，約可歲獲五十萬兩。

四、人頭税。東三省現在人口計有千二百萬。如能洞開口岸，招徠遠人，不十年而至三千六百萬。今將其半算為老幼廢疾者不能自立，其半猶克自立，每人年徵一兩，每歲可得千八百萬兩也。但人頭税者，從人口而乘除，不可望驟多。與拍賣地段三項相表裏，不可不知也。

五、地税。滿洲土宜以農産為大宗，即如黄豆、豆餅、豆油、藍靛、菸草、土藥、高粱，其尤著者也。政府從來宗旨在抑壓一切土産，皆於内地釐卡重税以為敲剥之謀，而不知苦民兼損於政府也。故自今而後，内地一切通過税宜廢撤，代以地租也。從來政府所入地租惟有五十六萬兩，如加之以將來開墾之地段，可增至二百萬兩也。

六、鹽税。渤海産鹽之地甚多，現在所徵税項僅有三十七萬五千兩，如至户口蕃殖，必增至七十五萬兩矣。

七、火酒税。北方各地釀火酒尤夥，其值每歲上一千萬兩。如徵其十分之二，猶可得二百萬兩也。

八、土藥税。阿芙蓉害於人體而損於國家元氣毋庸贅述，如撤關不徵，洋藥之入於内地者百倍於今日矣。況於盛京所産土藥不少乎。宜防微杜漸，以保衛民生。但禁煙一事，宜緩不宜急。其法在使捕房就各户一一查核，是否食煙，食煙者每人從重課捐，以俾各人稍自節欲，兼有大益於國家進項。今假算全洲癮者必有二十萬人，每人年捐五兩，總額有百萬兩之額。

以上八項進款，總而計之，共有三千百二十五萬兩。用此首繪測全洲，開鑿道路，浚渫口岸，併及軍防、行政各項，認真辦理，而後國家不富强者未之有也。

上諭：據劉坤一、張之洞會奏東三省俄約要盟貽害，惟開門通商可以轉危爲安一摺。所陳辦法，具見苦心。朝廷於此事昕夕焦思，熟籌利害，迄無良策。俄之要盟叵測，誠如該督等所慮。但東省俄人尚未交還，今遽將俄約宣請各國公議，必致激怒於俄，勢成決裂。東三省又大遭蹂躪，更恐震驚陵寢，是通商未成，而巨禍立至，事將不可收拾。彼時各國即能爲我發抒公論，必不肯爲我以兵力向阻，又將何以爲計。且該督等原奏，亦稱聲明俄人何日交還，我即開門通商。今並未交還，而遽宣此説，豈非徒以空言，先受實禍。此事關係甚重，該督等當再按照所諭各節，詳細妥籌善策，迅速密奏，總期不至使俄怒而決裂，利未形而害先至，是爲至要。將此密諭知之。欽此。

預防各國派兵入境片光緒二十七年九月十六日

再，據英國駐劄漢口總領事霍必瀾面稱，本國國家風聞中國已准法國自越南邊界造路至雲南省城，並准其派兵入境護路，未知確否，請速查明。如果真有准法兵入境之事，關繫甚大，須電知本國，設法阻止等語。當經臣電詢雲南確查。旋准署雲貴督臣丁振鐸諫電開，滇越議修鐵路一案，係戊戌三月二十日法吕使照會三端內，有准法公司自越邊造路至滇省城一款。原議中國之應備者，惟該路所經之地與路旁地段。經總署覆允照辦。前年法領方蘇雅率路員來，當委員分段會勘。嗣值北變，法員暫回，詳細章程致未定議。昨方蘇雅復來，尚未議及此事。此滇越造路始末事。至派兵入境護路，不但無是事，亦無是議，請詳告英領，勿聽訛傳等因。

查派兵入境，大礙中國自主之權，此端萬不可開。現既查明並無其事，亦無是議，固屬萬幸。但仍恐此後或有他國藉端要請者，不可不防。除密咨行在外務部，此後遇有藉端要請派兵入境，以及有礙中國自主之權之事，務請隨時駁斥，以杜狡謀。並飭江漢關道照會英領事轉達英廷，請其遇有要請派兵入境，及有礙中國自主之權之事，隨時協助設法勸阻外，謹附片具陳。

（硃批）外務部知道。（欽此）

派員迎鑾摺光緒二十七年十（二）〔一〕月二十八日〔一〕

竊臣等近接開封來電，欣聞我皇上恭奉慈輿，啓蹕回京，上安九廟之神靈，下慰萬方之仰望，普天同慶，率土臚歡。臣等疆寄攸司，未免躬詣闕廷，稍伸瞻就，望六飛之萃止，迓萬福以來同。謹率同提鎮、藩臬諸臣，具摺恭請兩宮聖安。專派湖北試用道王萬震馳赴京師，跪迎兩宮聖駕。從此振行健自强之大業，咸與維新。定久安長治之隆規，昭垂無斁。臣等無任踴躍歡忭之至。

（硃批）知道了。（欽此）

謝賞加太子少保銜摺光緒二十七年十一月　日

竊臣恭讀邸抄，光緒二十七年十月二十八日内閣奉上諭：朕欽奉慈禧端佑康頤昭豫莊誠壽恭欽獻崇熙皇太后懿旨，劉坤一、張之洞、袁世凱共保東南疆土，盡心籌畫，均屬卓著勳勞，自應同膺懋賞。湖廣總督張之洞著賞加太子少保銜。等因。欽此。聞命之下，惶悚難名。

伏念上年以來，北畿俶擾，南紀震驚，致兩宮之播遷，經一年而始定。臣障川力薄，瞻極神飛。既未能提桴鼓以收京，又不獲執羈靮而捍圉。外慚内疚，有罪無功。至於遏豫境之妖拳，殄長江之逆黨。綏懷賓旅，示中朝無濫殺不辜之兵。布告友邦，知深宮有睦鄰修好之誼。凡此諸事，無一非恪遵明旨，仰禀神謨。今者鐘簴依然，威儀重睹。既舉居行之賞，兼甄薪突之勞。恭逢國是之昭明，豈意宮僚之濫附。此皆由我皇太后功德在生民，我皇上信義孚萬國。惟天心不遠而復，故國勢轉危爲安。元祐手書，多難而不忘黎庶。興元赦詔，責躬而曲獎臣僚。敢貪天以爲功，實臨谷而滋懼。臣惟有經營篳路，休養窮檐。治兵求效於補牢，

〔一〕光緒與慈禧回北京是在光緒二十七年十一月，不是十二月。據《清德宗實録》卷四八九改正。

興學圖功於炳燭。范文受賞，曾何力於伐齊。管仲納規，願無忘於在莒。

臚舉人才摺并清單　光緒二十七年十二月初一日

竊惟方今和局略定，鑾輿還京，屢奉諭旨於自强諸要政，汲汲推行。海内喁喁，翹跂瞻仰。特是新政之要，待人而行。謹就臣所知者臚舉十二員，將其銜名才具，另繕清單，恭呈御覽。所舉各員，或才識宏達，足以收變通趣時之功，而一本於忠愛，或持守堅定，足以救從流忘返之弊，而不病於拘牽。嘗聞趙充國之言曰，百聞不如一見。夫欲采西法之長，而不資諸曾遊海外親見西政之人，與夫平日博覽羣書考求西法之人，是冥行者必迷其方也。董仲舒之言曰，更化，乃可善治。夫更化而不歸諸善治，是築墉者不固其址也。故今日時勢，必宜標本兼治。今日用人，必取才品俱優。所舉各員，使得各盡其長，必能有裨時局。伏望聖明裁察，量加任用。臣不勝惶悚屏營之至。

謹將薦舉人才，繕具清單，恭呈御覽。

順天府府丞李盛鐸　該員學問淹雅，才局宏通，出使日本數年，尤能講求歐美、亞東各洲政治之學，深通其意。方今朝廷變法自强，必須有親到外國，能知西法精意者，贊助其間，隨時參考謀議，變法方有實濟。

出使美國大臣四品卿銜伍廷芳　該員久在海外，律學專門。上年北方變亂，該員力向外國人爲中國解説，頗能動聽，故美國多持公論。今日交涉事體日形棘手。現英國議約專使，已指明有定海上律例設商律衙門一條，又有洋商入内地居住貿易一條。以後若不將律法酌量改定，交涉無從措手，中國處處受虧。似宜調該員回國籌辦，此事關繫裨益極爲重大。

翰林院編修汪鳳藻　該員行檢謹飭，精細和平。於英文、法文、算學、藝學均能博通。曾充出使德國參贊，奉使日本，究心外國政治公法。

出使俄國參贊分省補用道胡惟德　該員久在外洋充使臣參隨之職，歐美各洲皆所親到，各國語言文字多能諳習，各國政治精心考究。本年二月間俄約緊急時，出使大臣楊儒患病，該參贊堅持定見，不肯率行代使臣畫押，足徵定識定力，爲功不細。

翰林院侍讀學士黄紹箕　該員品端學博，沈細不浮，於中西政治綱領、學校規制，實能精思博考，而趣向純正，力闢邪詖之説，洵爲今日切於世用之才。

前國子監祭酒王先謙　該員才識明練，學問淹通。居鄉專意著書，能持正論，力杜後進浮囂、邪僻之習。

前翰林院侍講樊恭煦　該員操守廉潔，才力勤能而精敏耐勞，事事迅速，實爲幹事長才。臣前督兩廣時，該員官廣東學政，深知其長。

翰林院編修繆荃孫　該員學問優長，才具深穩，久官翰苑，資格甚深而安雅寡營，不事躁競。其堅定有識已可概見。

刑部郎中沈曾植　該員思力深沈，學問淹雅，向充總署章京，究心交涉事務。現管南洋公學，上海議論過雜，該員教士於變通廣博之中，獨能力宗聖教，訓戒諸生，禁其沾染惡習，可謂中流砥柱矣。

刑部主事喬樹枏　該員志趣端正，性情篤厚，處事精詳，語必著實。既不爲迂謬之談，又能杜後生狂躁之弊，蓋才能辦事而又極穩實者。今日若用此等人才，既有實效而決無流弊。

降調内閣學士陳寶琛　該員才長志壯，素有時名，自降調回籍後已歷十七年，潛心讀書，考求中西政治。學養既深，益臻切實平静。邇來新進人才能勝過該員者，實不多覯。近年獲譴降革諸員蒙恩録用者甚多，仰見聖度淵涵，惜才宥過。當此時局需才，如該員者似不宜令其終身廢棄，若加以録用，必能感激圖報，確有樹立。

已革湖北巡撫曾鉌　該員操守清廉，吏事精核，服官外省有年，所到官聲甚好。該員前因言事獲咎，不過字句有欠妥之處，心本無他，廢棄實爲可惜。今日吏雜民窮，若加以録用，使之整飭吏治，培養民生，必於時局有益。

以上十二員應如何簡拔録用之處，伏候聖裁。

試辦籤捐票片 光緒二十七年十二月初二日

再，湖北武漢等處地方近年盛行各種彩票，有江南順直等省奏准籌賑之彩票，有廣東奏准各種之彩票，又有膠州外國人新開彩票，按期開彩，集款不貲。現在浙江省亦議行善後彩票，勢必推行至鄂。鄂省前因各項彩票銷場寖廣，屢飭禁止，而民間以有重彩，可冀出資少而獲利豐，無不争先購置，私售寄賣，防不勝防，查不勝查。計每年輸出之貲爲數甚鉅，實爲鄂省一大漏卮。查此時籌集賠款萬分爲難，籌議數月尚無端緒。值此民生困窮之際，雖百計蒐羅，終無大宗巨款，而限期急迫，諭旨森嚴。臣等與司道各官焦灼萬分，因思各種彩票林立，既已禁阻無從，則與其坐聽銷流，徒滋外耗，不若因勢利導，自保利源。

查外國急需籌款之法，原有富籤票名目，藉彩招徠，酌提報效。各省彩票大意亦與富籤票略同。兹擬仿照各省成案，由鄂省自設籤捐票，在漢口地方招選妥實商人試辦，並於繁盛通達各州縣，體察民情酌量試辦。其所收之款，即以湊補此次賠款之用，及奉旨急須舉辦之自强諸要政。能否籌集鉅款，目前尚無把握。要之此舉取諸有力，出於自然，於國有益，於民無擾。果能集少成鉅，固可以裨補要需，即使所收無多，亦可以抵塞外漏。雖出權宜之策，實存固本之義。除札委江漢關道岑春蓂、奏調差委廣東候補道王秉恩，會同江漢關税務司，參酌各省章程，將籤捐票妥籌舉辦，並於相宜州縣酌量試辦外，謹合詞附片具陳，伏祈聖鑒。

（硃批）著先行試辦。（欽此）

生員報效鉅款助餉請優奬摺〔一〕 光緒二十七年十二月　日

竊臣等前於光緒二十六年六月二十日奉上諭：現在軍務緊迫，需餉孔殷，有能倡捐鉅資者，奏請破格優奬。等因。欽此。嗣准户部咨，核議奉旨停止實官捐輸一摺。光緒二十七年八月初七日具奏，本日奉旨：依議。欽此。查原奏内稱，凡有報效鉅款奏請優奬之案，須聲明報效銀數，較籌餉例有增無減，並款項全數解部聽候撥用，概不准逕行截留等因。兹據黄州府知府魁麟，委員候補知府李沛恩、署黄岡縣知縣竇豐等會禀，據黄岡縣學附生羅

〔一〕録自《京報》第六九三三號。

榮衮呈稱，先世耕讀相承，沐聖朝休養之恩，薄積資産。目擊湖北省練兵、製械、增勇、籌防在在均需鉅款，敢效古人毁家之誼，將祖遺家産酌留祭田數畝，餘皆悉數變賣，湊繳庫平銀一萬兩，以充軍需之用，不敢仰邀議叙。並聲明捐銀已繳存縣庫申解等情，由湖北布政使瞿廷韶會同善後局司道具詳請奏前來。臣等查該生羅榮衮，平日勵志好學，講求商務，閱歷頗有心得。兹因慨念時艱，忠義激發，報效庫平銀一萬兩，罄家輸資助餉，不遺餘力，實與欽奉倡捐鉅資破格優奬諭旨符合。查籌餉事例，貢監報捐知縣遇缺先選用，例銀九千五百餘兩，該生報效銀數有增無減，雖據聲明不敢仰邀奬叙，究未便没其微忱。應如何破格優奬以昭激勸之處，出自逾格鴻慈。除將捐銀飭司儲庫備撥，並飭取該生履歷咨部外，謹合詞恭摺具陳，伏乞皇太后、皇上聖鑒。

羅榮衮著户部核給奬叙。

三省會哨巡防情形摺[一] 光緒二十七年十二月　日

竊照湖北鄖陽、宜昌、施南等府，界連四川、陝西兩省，山深林密，最易藏奸。向係責成鄖陽、宜昌二鎮於每年農隙時，酌帶兵丁，各赴邊界地方，與四川、陝西各鎮總兵會同巡哨。每届年底，專摺奏報。歷經遵辦在案。今届光緒二十七年會哨之際，經臣照案咨會四川、陝西兩省督撫並飭湖北鄖陽、宜昌二鎮總兵各赴邊界地方，認真會哨去後。兹據署湖北鄖陽鎮總兵(俞)[劎]厚安呈報，於本年十月初十日馳赴陝楚交界之蓮花寺，與陝西委員署白土營遊擊吴志萬見面會哨。又據湖北宜昌鎮總兵傅廷臣呈報，於本年十月二十五日馳赴川楚交界之火峰嶺，與署四川川北鎮總兵况文榜見面會哨。並據各該鎮等聲稱，於所過地方及沿途一帶認真巡緝，遇有遊匪溷迹，即行拿交地方官究辦等情前來。臣查湖北鄖陽、宜昌、施南等府邊界，層巒疊嶂，路道紛歧，匪徒出没靡常，禁暴詰奸，不容稍懈。時值冬防，巡緝尤當嚴密，除仍飭各該鎮暨地方文武員弁隨時督率兵役實力巡防外，所有本年三省會哨巡防情形，理合會同署湖北提督臣鄧正峰循例恭摺具奏，伏乞皇太后、皇上聖鑒。

知道了。

簡缺知縣照例擬補摺[二] 光緒二十七年十二月　日

竊照接准吏部咨開，湖北巴東縣知縣宗繼增勒休，遺缺應歸十月分截缺。是月分截缺期内，出有嘉魚縣知縣吴鍾秀休致遺缺，同日奉旨應照例簽掣缺之先後按班序補，業經當掣得巴東縣第一缺，又經咨明在案。

查例載，知縣告病、病故、休致三項所遺之選缺，以一缺題補各項候補並即用人員，以一缺題補本班前先用大挑舉人，以一缺題補本班大挑舉人。又知縣病、故、休選缺輪用候補時，先用候補班前一人，再用候補本班一人。又輪用候補班前時，先用銀捐候補班前。無人，用常捐候補班前。無人，再用勞績候補班前之員各等語。

今巴東縣知縣宗繼增休致，遺缺除鄭工新海防、遇缺先、海防先、海防即、舊例銀捐遇缺先、銀捐遇缺均無人外，輪值候補

[一] 録自《京報》第六九七一號。
[二] 録自《京報》六九五四號。

班前正途出身及曾任知縣曾任實缺、應升知縣之員到班。是班内有宗得福一員，已經准補東湖縣知縣。此外亦無鄭工及新海防候補班前之員。按例應用海防候補班前各項出身之人。

查有海防例候補班本班儘先補用知縣馬士慶，年五十九歲，江蘇上元縣監生，報捐縣丞，投效銘軍辦理文案出力，迭次保奏，請以知縣本班改留湖北歸候補班前補用，並賞戴五品藍翎。同治八年四月十七日奉旨：著照所請。欽此。九月二十三日到省試看引見，旋即領照起程，九年二月二十三日到省，試看一年期滿甄別以簡缺留省補用。光緒三年報捐知府升銜，復遵海防例加捐候補班前本班儘先補用，接到加捐部文，扣至光緒十一年九月十五日爲新班到省日期。

臣等覆查，該員馬士慶諳練精詳，講求吏事。所有巴東縣知縣員缺應即以該員奏署，不□候補正班之缺。該員係海防候補班本班儘先補用知縣，請補知縣，衙缺相當，毋庸送部引見，仍令試署一年，期滿另請實授。據湖北布政使瞿廷韶、按察使李岷琛詳請具奏前來。除咨吏部外，謹合詞恭摺具陳，伏乞皇太后、皇上聖鑒，敕部核覆施行。

吏部議奏。

光緒二十八年

規復丁漕減徵並加提平餘酌抽契税湊解賠款摺 光緒二十八年正月初九日

竊前准户部咨開：新定賠款，數鉅期迫，亟宜分派攤還。湖北每年派銀一百二十萬兩等因。當經督同司道籌商數月，衹因鄂省地方疲敝，餉項日增，頻年羅掘已窮，臣等爲體恤貧民生計，不敢稍事操切苛派，故籌款尤爲慎重，尤爲艱難。百計思維，實無一策可以立得鉅款，不得不多方湊集，以期無誤要需。

查光緒二十三年，部議地丁完錢者每兩減徵錢一百文，漕糧每石減徵錢一百四十文，數屬畸零，糧户分攤無幾，里書糧差間或依舊徵收，民間亦不甚計較。兹擬從光緒二十八年起，將此項減徵之數仍照舊案徵收。其向係完銀者，悉照舊章並無增加。查湖北各州縣地丁完銀、完錢，向例聽民自便，其中完銀者亦復不少。漕糧則係奏定一律改折。此項丁漕錢文減徵復舊，合計可得銀數萬兩。俟賠款完畢，即行停止。

又查光緒二十三年部議酌提州縣錢價盈餘，令每地丁銀一兩，其完錢者加解錢價平餘銀七分，每漕糧一石加解錢價平餘銀一錢。各州縣向來以銀完納者不提。鄖陽、施南、宜昌三府素稱瘠苦，又經奏明免提。此項丁漕錢價盈餘，每年解到者甚屬有限。兹體察各州縣情形，於原議加解錢價盈餘外，再行分別等次，酌量加提，以爲民間倡率，約計可得銀十餘萬兩。至税契一項，本取諸殷實置産之家，與貧民無涉。天下斷無貧困債累，而尚能置買田房産業者。定例每銀一兩，徵税三分。然向來州縣吏胥包攬契税，往往收至五六分、七八分不等。茲擬於定章三分之外另抽税契捐三分，嚴定章程，嗣後不准官吏多取分文。名雖加捐，實則提取中飽，尤爲無傷於民。此項收數雖無從預計，第集少成多，於籌款不無裨補。仍照從前奏案，以一分留作州縣辦公經費，其餘五分，將一半查照光緒二十六年部文，指明抵湊撥補鹽釐不敷之款，一半專供新案賠款，各收各支，以清款目。仍俟賠款完畢，即行停止。近閲邸鈔，江西現籌丁漕辦法，係地丁每兩於減徵復回一百文之外，再捐一百文，共二百文。漕糧每石於減徵復回一百四十文之外，再捐一百六十文，共三百文。江蘇係將每兩前減之二百文，仍復徵收，均經奉旨允准。今湖北僅將地丁每兩所減之一百文、漕糧每石所減之一百四十文，仍復舊章徵收，並未加捐分毫，較之江西、江蘇尚爲輕減。至如與湖北鄰境之四川、河南、江西等省税契，大率每價錢一千，收錢一百文上下，是三分之税幾至十分，民間亦相安無異。今湖北僅加捐三分，每價錢一千連正税共止收錢六十文，實不爲重。近日河南亦奏加税契三分，鄂省事同一律。據湖北布政使瞿廷韶、督糧道譚啓宇會詳請奏前來。臣等覆加考核，所籌辦法復減徵則仍係舊章，税契捐則取諸中飽，尚不至於病民。且先提官餘，以爲民倡，情理尤爲妥順，以之湊解賠款，亦集腋成裘之一端。

（硃批）户部知道。（欽此）

開辦房捐鋪捐膏捐片光緒二十八年正月初九日

再，賠款所短尚鉅，飭據司道公同酌議，擬再查照部文，於通省繁盛城鎮勸辦房捐、鋪捐。凡有房産出租與人居住者，無論官、商，每年抽一箇月房租，由房主認繳。月租在銀二兩、錢三千文以下，及房係自住無租錢者，概行免捐。查同治二年、光緒二十年，湖北房捐成案俱係每年捐房租四箇月，主客各半。此次房捐辦法，每年止捐一月，且專取之房主，實較從前爲輕。其繁盛城鎮鋪户，並擬分别等差酌抽鋪捐。上則月抽錢四千文，以次遞減，至下則月抽錢二百文。狹鄉小貿概行免捐。核訂章程均較他省輕減。所有房捐、鋪捐兩項，專供湊補賠款之用。

又查土藥一項，本爲嗜好有害之物，並非民生日用所必需。聞英人於香港，法人於西貢，均設立熬膏官廠，概不准民間買土私熬。今擬略仿其意，於省城設立膏捐總局，在各繁要市鎮選擇殷户，發給牌照，令其承充藥膏官商。凡湖北境内行銷土藥、洋藥，概歸膏商歸總收買熬膏發售。其附近城鄉店鋪，均向膏商轉買零售。分設緝私局卡，禁止境内售賣生土私膏。每膏一兩，捐抽牌照税錢一百文，由膏商承繳此項膏捐之款，以資添湊賠款及自强要政之需。

（硃批）妥爲辦理，毋稍擾累。（欽此）

轉運事竣請獎出力各員摺光緒二十八年正月初九日

竊照光緒二十六年六月間，欽奉諭旨在清江設立轉運總局，派委前福建興泉永道惲祖祁辦理。當由該道設局，將各省籌撥銀兩采買米十萬四千九百五十餘石，以備起運。一面將各省先後解到京餉銀一百三十四萬二千餘兩，加派委員勇丁，分批護運，解赴行在户部暨各衙門交納。惟時湖北漢黄德道岑春蓂亦奉命飭購米石，分起北運。當即籌款，委員在漢口并赴蕪湖、鎮江、氾水等處，分途采買米十萬石，正交惲祖祁兑收接運間，適值鑾輿西幸長安，並因陝西旱灾，需糧甚多，奉旨將清江轉運總局移設漢口，所有已經購運清江之米，均由輪船裝回漢口，取道襄河溯流西運。統計起運十七批，每批一萬石。先經惲祖祁在樊城、老河口、荆紫關、龍駒寨節節轉盤前進，并在西安設局交兑。乃老河口以上，河淺船少，輸輓維艱，因於河之上下各段設法疏濬，而河流挾沙，旋疏旋淤，舟行遲滯。又值蘇浙漕糧亦同途並赴，船隻愈缺，騾馱亦稀。其時陝賑需米日急，惲祖祁正在籌款，擬於樊、潼等處開辦陸運，適母病請假省親，旋即丁憂。經臣等派委漢黄德道岑春蓂接辦，體察情形，於淅川廳添設一局，令荆紫關分局兼辦夫運，並電商駐龍駒寨轉運之陝西道員吴樹棻，雇夫接運，以期迅利。惟米數較多，水涸灘險，節節梗阻，萬分艱難。專恃一路，仍屬緩不濟急。於十二月間，經臣等會同電奏，准截留京餉，飭令開辦樊潼陸運，並遴派委員馳往賒旗鎮、南陽府、汝州、陝州、潼關等處設局，尅期分籌速運。並委河南記名道易順鼎駐陝，督辦催運交兑事宜。計自樊城以達潼關，道路紆遠，節節轉運甚爲不易。又值各路雜糧並皖商承運米糧同時趲運，異常擁擠。竭力設法於各局招雇橐駝及騾馬大車以供長運，牛車、小車以供短運，備極艱難。前年入夏後，時值農忙，車輛、牛馬俱少，且憚遠行，因於賒汝間之襄城縣、汝陝間之韓城鎮添設兩局，逐程轉輸，以免停頓。陝州又兼用船載，凡有可以濟運之法，靡不苦思力索，殫竭經營。

溯自開辦轉運以來，如各局提調文案收支，以及收發米石，改包風颺，運解交兑，催趲彈壓各事宜，頭緒紛繁。水陸兩路，水路計一千八百餘里，陸路計一千四百餘里，兩路並運，在在需員經理。前值陝賑孔亟，奉旨催運，經岑春蓂通飭各局員妥速籌運，函電文書絡繹不絶。故雖運道艱阻，十分壅滯，卒能令龍駒寨一路運米五萬餘石，潼關一路運米八萬餘石，赴陝藉濟灾區。實由各委員羣策羣力，艱苦不辭，始克臻此，自未能没其勞勩。其餘運存之米，除沿途搭發夫價及漂失折耗外，因日久儲倉，恐致霉變，經岑春蓂稟經商准行在户部，變價濟運，幸無貽誤。

伏讀前年十一月二十五日欽奉上諭：此次辦理賑務，非尋常偏灾可比。委辦員紳果能實心實力，勤勞罔懈，即照軍營勞績保奬。等因。欽此。仰見朝廷鼓勵人材，有勞必録之意。查西安轉運交兑局委員萬立鋭、岳道坦、王覲元三員，業經行在户部照異常勞績奏保，並聲明其餘辦運接運出力各員，應由各省自行查明，擇尤保奬等因。自應遵照辦理。茲據督辦轉運總局湖北漢黄德道監督江漢關税務岑春蓂查明在事出力文武各員，擇尤開單，詳請奏奬前來。臣等覆核無異，合無仰懇天恩俯准照擬給奬，以示鼓勵。

（硃批）該部議奏。（欽此）

革員報效鉅款請援案開復摺（二） 光緒二十八年正月 日

竊前湖北巡撫臣于蔭霖任内，以穀城縣知縣章冕違例苛罰，

（一）録自《京報》第六九六七號。

計及瑣細，恩施縣知縣劉庚行止污邪，爲人所鄙，奏參革職。兹據該革員等以參革原案並非貪酷不法，心跡可原，效力情殷，不甘暴棄，並以時事艱難，庫帑匱乏，均變産報效銀一萬兩，以濟餉需，禀請飭查核辦等情。臣等當批飭藩司詳細考察，該革員等被參原案，均止兩語，尚無劣跡實據。復檢檔卷切實查核，該革員章冕前在穀城縣任内，因城垣失修，勸由民間捐資修理，内有涉訟各户亦列捐册，並非因捐事抑勒到官。城垣關繫地方，時值無款可籌，就地集貲興修，非等違例苛罰。且地非豐富，捐户畸零，集腋歸公，迹近瑣細，尚無苛索中飽情弊。至該革員劉庚前在恩施縣任内，審結自理詞訟甚多，振興書院，籌辦團防，屢獲匪目，尚屬勤於任事，不辭勞怨。適有過境查事委員，因應酬未周，遂爾誤采道路謡傳，不查虚實，禀達省垣，致被參革。所謂行止污邪，爲人所鄙，委無實據。現經廣爲察訪，該二員並無實在貪酷不法案據可稽，其才具亦均堪造就，且據呈報效銀各一萬兩，其急公奉上之忱，殊爲可嘉，自未便令其廢棄終身，不得及時自效。核其銀數，例得專摺奏請優奬。案查已革湖北議叙知縣何厚康與章冕、劉庚等同案參革，何厚康於順直賑捐報效銀一萬兩，由已故大學士李鴻章奏請開復，奉旨允准。章冕、劉庚二員事同一律，自可援照辦理。據湖北布政使瞿廷韶詳請具奏前來。臣等覆核無異，合無仰懇天恩俯准將已革四品銜湖北穀城縣知縣章冕、已革同知湖北恩施縣知縣劉庚，准予開復原官銜，留省補用，以資策勵，出自逾格鴻慈。除將報效銀兩飭司存儲聽候撥用外，所有革員報效銀兩查無實在劣蹟，援案懇請開復緣由，臣等謹合詞恭摺具陳，伏乞皇太后、皇上聖鑒。

著照所請。該部知道。

江漢關第一百六十二結期滿徵收華洋税鈔及支解各數目摺〔一〕 光緒二十八年正月　日

竊照前准户部咨，鈔奏内開，各海關洋税收支數目按結開列清單奏報一次，仍扣足四結開單奏銷一次，一面造具四柱清册暨支銷經費銀兩清册，分送户部暨總理各國事務衙門，以憑核銷等因。光緒十年二月二十五日具奏，本日奉旨：依議。欽此。又准咨，第九十五結期滿清單，僅有收支款目，以致各結總數未能聯貫。嗣後應令舊管、新收、開除、實在分爲四柱，逐款開列，以昭明晰等因。均經轉飭遵辦。兹據湖北漢黄德道江漢關監督岑春蓂詳稱，江漢關收支各項税鈔及支解各數目，前經截至光緒二十六年十一月初十日第一百六十一結止，詳請奏咨在案。兹自光緒二十六年十一月十一日起至二十七年二月十二日止，第一百六十二結期滿，徵收各項税鈔内，六成洋税除支解外，計不敷銀十三萬一千一百零七兩八錢七分二釐零八絲四忽。又四成洋税，除撥解外，計不敷銀七千一百三十二兩八錢四分九釐。又招商局各項税鈔除撥解外，計存四成八釐銀三萬五千八百五十兩零六錢六分六釐。已如數歸併六成洋税内開報。又五成二釐局税，除撥解外，計不敷銀八萬六千六百三十六兩一錢八分七釐。其四六成洋税及五成二釐局税不敷銀兩，應在於下結所徵各項税銀内照數彌補。又遵照新章徵收洋藥税釐銀兩除開支外尚存銀一萬六千五百九十一兩八錢五分五釐，容即彙解等語，詳請奏咨前來。臣覆核無異，

〔一〕以下二件録自《京報》第六九六九號。

除俟一年期滿按結造具收支經費各册，另繕總單分别報銷外，所有第一百六十二結征收洋商華商各項税鈔及支解各數目，謹會同南洋通商大臣兩江總督臣劉坤一、湖北巡撫臣端方恭摺具陳，並繕具四柱清單恭呈御覽，伏乞皇太后、皇上聖鑒。

該部知道。單併發。

撥解第一期新定賠款緣由摺 光緒二十八年正月　日

竊照前准行在户部咨，具奏新定賠款攤派湖北省銀一百二十萬兩。嗣于十一月十四日承准行在軍機處元電，奉旨：據奕劻、王文韶電奏稱，公約第六款内載明由國家出給保票，付還各款，應每月給銀行董事收存等語。應將全年應付本息匀作十二分，按月攤付，本年十二月一期應付之款，萬不可失信外人。現在爲期已迫，各該省前次指派之款，應即按月分匀赶緊籌措，先期解交上海道轉付收存。無論如何爲難，不得稍有遲誤。等因。欽此。當經轉飭司道各局欽遵籌辦去後。茲據湖北布政使瞿廷韶、善後局司道會詳稱，鄂省財力本極艱窘，歷年籌解各項要餉、洋款及籌湊鹽釐抵補不敷之款，已屬萬分爲難。此次派解新定賠款爲數既鉅，歷年復多，且籌款之法仍須無累於民，無病於商，方足以持久遠。數月以來，就地方情形多方籌措，雖辦法略有端倪而收數毫無把握。惟款關中外交涉，萬難愆期貽誤，自應無論何款暫行挪撥，以應急需。茲在收存助餉新捐項下，暫借庫平銀十萬兩，於十二月十一日發交漢鎮協成、大德通各商號領匯，限二十日以前赴江海關道衙門交收，一俟收有成數，即行如數提還，以清款目。所有撥解本年十二月分第一期派還新定賠款緣由，理合詳請奏咨等情前來。臣等覆核無異，除咨户部查照外，謹合詞恭摺具陳，伏乞皇太后、皇上聖鑒。

户部知道。

購米運陝動支各項銀數摺〔二〕 光緒二十八年正月　日

竊照欽奉光緒二十六年六月二十五日寄諭：近畿軍糧孔急，飭令速購米五十萬石，赶緊分期北運，聽候撥濟。購價若干，由該省籌墊，隨時撥還。等因。欽此。當即督飭藩司、糧道、江漢關道籌墊的款，委員分投購買，運交清江轉運局道員惲祖祁接運北上。惟因鄂省米貴運艱，奏請由鄂購十萬石，餘由下游産米各省合力采辦。一面由藩庫應解地丁京餉内劃撥十萬兩，糧道庫應解光緒二十六年采辦米石米價、水脚運費項下劃撥銀七萬兩，江漢關應解籌備餉需款内劃撥銀十三萬兩，共銀三十萬兩，以資應用。先後奉旨允准在案。嗣因鑾輿西幸長安，清江轉運局移設漢口，鄂省所購米石除已由鎮江兑交清江轉運局五千石外，其餘九萬五千石，飭令承辦各員運回漢口，交由轉運局兑收運陝。所有采辦米價、包、繩及一切運費雜用，均在奏撥銀三十萬兩内撙節動支，實用實銷。前經按款核明，一、買熟米十萬石，共支米價庫平銀二十一萬八千五百二十兩。一、裝米麻袋十萬個、麻繩十萬條，並因漢口轉運至陝道路險遠，將後解之米六萬六千五百石

〔二〕録自《京報》第六九七一號。

一律加用雙袋繩捆，計添麻袋六萬六千五百個、繩六萬六千五百條，共支麻袋、繩價庫平銀二萬零六百四十六兩。一、漢口、蕪湖所購之米先運鎮江，繼復運回漢口，以及鎮江、氾水、蕪湖所購之米運至漢口，計運費水脚共支庫平銀二萬三千零四十兩零七錢九分四釐。一、各處棧租共支庫平銀一千二百五十兩零三錢六分五釐。一、各處運米脚力、剥船共支庫平銀一千八百六十八兩。一、各處買米收兑委員、司事薪水、火食共支庫平銀一千五百四十九兩二錢二分八釐。一、漢口、武昌、蕪湖、鎮江往來電報費，共支庫平銀七百四十三兩四錢七分八釐。以上七項，共支庫平銀二十六萬七千七百十七兩八錢六分五釐，由湖北布政使瞿廷韶、漢黄德道江漢關監督岑春蓂分晰繕具清單，詳請奏咨並據聲明前次藩庫、糧庫及江漢關三處共撥銀三十萬兩，兹除支用之外，下餘庫平銀三萬二千二百八十二兩一錢三分五釐，存儲藩庫，聽候部撥等情前來。臣等覆加查核，俱係實用實銷，並無浮冒。除將清單咨部外，所有鄂省撥款購米運陝動支米價各項銀數，謹合詞恭摺具陳，伏乞皇太后、皇上聖鑒。

户部知道。

參革遊擊饒敷國片[一] 光緒二十八年正月 日

再，據署湖北鄖陽鎮總兵（俞）[僉]厚安詳，查得鎮標左營中軍守備饒敷國，居心狡詐，貪鄙嗜利。當此整頓營伍之際，未便稍事姑容。據該管遊擊據實揭報，呈由該署鎮詳請奏參前來。臣覆查屬實，相應請旨將湖北鄖陽鎮標左營中軍守備饒敷國即行革職，以肅戎政。其所遺湖北鄖陽鎮標左營中軍守備員缺，係部推之缺，湖北省現有應補人員，容俟接准部覆，再行揀員請補。理合會同湖北巡撫臣端方、署湖北提督臣鄧正峰附片具陳，伏乞聖鑒。

著照所請。兵部知道。

解清宜昌關鹽釐銀兩片[二] 光緒二十八年正月 日

再，行在户部咨，循案撥補光緒二十七年釐金各款，原奏内令查明上年撥補釐金各款係在本省截留者，即由本省照案留用。查光緒二十六年撥補宜昌鹽釐，經部指撥宜昌關洋税銀六萬兩，業經照數解清，附片奏報在案。兹據湖北荆宜施道宜昌關監督濮子潼詳稱，在宜昌關徵存洋税項下，提撥庫平銀六萬兩，照數傾鎔足色，委解鹽道庫交納，聽候撥用。並查照成案，每萬兩支解費銀五十兩，共提解費銀三百兩。所有光緒二十七年宜昌鹽釐銀兩，現已照數解清等情，詳請奏咨前來。臣覆核無異，除分咨外，理合會同湖北巡撫臣端方附片具陳，伏乞聖鑒。

户部知道。

湖北籌還本年第一期英德洋款摺[三] 光緒二十八年二月 日

竊照前准部咨，每年應還俄法、英德兩款本息，數鉅期迫，擬由部庫及各省關分別認還一摺。光緒二十二年五月初八日具奏，

[一] 録自《京報》第六九七三號。
[二] 録自《京報》第六九七四號。
[三] 以下二件録自《京報》七〇二四號。

奉旨：依議。欽此。原奏内稱，各省除常年應解京餉、東北邊防經費、甘肅新餉、籌備餉需、加放俸餉、加復俸餉、旗兵加餉、固本京餉、備荒經費及内務府經費、税務司經費、本關經費、出使經費等項，仍照常分别批解留支外，其餘無論何款，俱准酌量劃提，各照分認數目，按期解交江海關彙總，付還俄法、英德兩款本息。又清單内開，英德一款應還本息，每年約銀六百九十萬兩。由鹽斤加價項下，指撥湖北川鹽六萬兩，西征洋款改爲加放俸餉項下指撥湖北五萬兩，各省地丁、鹽課、貨釐、雜税等款項下指撥湖北二十二萬兩，各海關洋税、洋藥項下攤派江漢關二十四萬兩、宜昌關十二萬兩，每年匀分四次，於二、五、八、冬四個月解赴江海關交納等因。又准户部咨，俄法、英德借款因佛郎、磅價昂貴，原撥鉅數不敷，請照案酌量加撥一摺。光緒二十五年九月十一日具奏，奉旨：依議。欽此。原奏内稱，原撥俄法、英德兩項借款，以近年佛郎、磅價計之，每不敷銀二百四五十萬兩，自應酌量加撥。除原撥案内鹽斤加價、加放俸餉仍准照原案數目報解毋庸加撥外，其餘均查照原案，按二成五加撥。又清單内開英德洋款項下，湖北省加撥銀五萬五千兩，江漢關加撥銀六萬兩，查留關加撥銀三萬兩，均自光緒二十六年起隨同原撥銀數及原定限期分别匯解江漢關道兑收等因。業經將光緒二十一年起至二十七年止應還原撥英德本息銀兩，按期照數委解江海關交收，並經藩司、江漢宜昌兩關道，將二十六、七兩年加撥磅價銀兩，隨同撥解，恭摺具奏在案。兹經藩司暨善後局，在於部文指撥及奏請劃提各款内籌撥庫平銀六萬七千五百兩，並加撥磅價銀一萬三千七百五十兩，鹽道在於川鹽加價項下籌撥庫平銀一萬五千兩，江漢關在於四成洋税項下撥庫平銀三萬兩並加磅價銀七千五百兩。以上應解之原撥二十八年二月英德本息並加撥磅價銀兩，均經分别委員限期於二月二十日以前解赴江海關道兑收，由湖北布政使瞿廷韶會同善後局司道暨鹽法武昌道凌卿雲、漢黄德道江漢關監督岑春蓂、荆宜道宜昌關監督濮子潼分别詳請奏咨前來。臣覆核無異，除咨户部外，理合會同湖北巡撫臣端方恭摺具陳，伏乞皇太后、皇上聖鑒。

户部知道。

紳士捐輸請旨建坊片 光緒二十八年二月　日

再，查士民捐輸軍需等項一千兩以上者，例得請旨建坊，給予急公好義字樣。兹據湖北大冶縣在籍刑部郎中殷應兆、工部主事殷應壽呈稱，目擊湖北省練兵、製械在在需款，遵其親父二品封職同知銜殷伯揚、親母二品命婦殷秦氏命，凑集庫平銀一千兩，以充湖北省軍需之用，不敢仰邀獎叙等情。由湖北布政使瞿廷韶會同善後局司道具詳請奏前來。臣等查封職殷伯揚等，慨念時艱，輸資助餉，雖據聲稱不敢仰邀獎叙，究未便没其微忱。合無仰懇天恩俯准將湖北大冶縣二品封職殷伯揚、二品命婦殷秦氏建坊，給予急公好義字樣，以昭獎勸。謹合詞附片具陳，伏乞聖鑒。

著照所請。禮部知道。

武員奮勉請開復頂戴片[一] 光緒二十八年二月　日

再，管帶襄河水師右營記名提督前陝西河州鎮總兵王得勝，

[一] 録自《京報》第七〇二六號。

巡緝尚能用心，惟未能禁革船勇哨官登岸住宿積習，於二十六年正月，經臣奏請摘去頂戴，責令力除積習，以觀後效，再行奏請開復在案。兹查該水師駐防襄陽府城外襄河上游一帶，光緒二十六年夏秋以後以至二十七年，北方不靖，外洋礦師、教士由河南、陝西等處紛紛遷避東下，旋又有由楚前赴山、陝者，道出襄河不下數十次。該提督督率砲船，長途彈壓保護，均各安静無事，洵屬勤勞得力。且於各船弁勇積習，均能認真整飭，深知奮勉。合無仰懇天恩俯准將管帶襄河水師右營記名提督前陝西河州鎮總兵王得勝開復頂戴，以示鼓勵。除咨兵部外，理合會同湖北巡撫臣端方附片具陳，伏乞皇太后、皇上聖鑒。

著照所請。兵部知道。

審明已革參將挪用公款按例定擬摺〔一〕

光緒二十八年二月　日

竊照前署湖南保靖營參將唐斌與前署該營中軍守備程榮光互相稟揭一案，經臣飭據湖南臬司審詳，緣唐斌於光緒二十一年署理保靖營參將，是年五月該營弁兵田慶疆、楊順清等以守備程榮光、糧書黄延賓浮攤冒扣等情控，經前署綏靖鎮總兵張士芳札委唐斌查明，請將外委田慶疆、糧書黄延賓分别革退銷案。嗣張士芳因病身故，唐斌與程榮光因事齟齬。二十三年八月，唐斌忽以程榮光被控各款，曾經張士芳委查屬實，稟請撤參。程榮光聞知，亦以唐斌賣放兵缺，虧空公款各情稟訐。經臣檄飭前署辰永沅靖道陳家述，並經湖南提督臣婁慶雲飭委永順協副將定祥先後確查。因該將、備等互相稟揭，均有不合，將其一併撤任，另委准補該營參將黄高志、候補守備王保清，各分别回任接署。詎唐斌揹印不交，情同圖賴。又經奏參革職，委員勒令交卸，行提人證簿據，發交湖南臬司審辦。嗣據署守備王保清以唐斌挪用公款久未交出呈控咨部核覆，飭速訊結歸款。經該司提集人證，調齊簿據，詳加查訊。

如程榮光稟控唐斌將革故兵缺不遵奏案停募定價賣放一節。調核該營花名底册，兵丁白青雲、賈澤豐等均係奉文停募之後復行募補，實屬有違定制。惟提到兵丁賈澤豐、龍興相二名，均俱係因獲匪出力，得蒙補給糧缺，並非出錢售賣。質之程榮光，供稱前稟賣放兵缺一事，得自傳聞，並無確據。

又如稟控虧空公費銀兩概歸私囊一節。據程榮光、黄延賓同供，保靖營每年額支公費銀五百四十三兩三錢七釐，向分四季，赴藩請領，以備營中添製火藥、軍裝等項用費。又每年應支馬價銀一百二十三兩八錢六分，向分春秋二季請領。俟遇有馬兵外委倒馬，即行報驗發價買補。唐斌前在任内動用公費馬價等項銀七百三十五兩二錢八分，呈出提銀印諭四紙，確鑿可據。詰據唐斌供稱，該革將挪用公費項下，有已革外委田慶疆長支銀八十兩零三錢七分九釐，應在田慶疆名下追還。且其任内有應支俸銀二十五兩六錢八分二釐，已經扣收歸款，實在挪用公費銀六百二十九兩二錢二分。質之程榮光、黄延賓，供亦無異。當經飭令唐斌於訊供後呈繳清楚。

又唐斌揹印不交一節。訊係因與實缺參將黄高志素有嫌隙，

〔一〕録自《京報》第七〇二七號。

見其回任，心不甘服，一時逞忿所致，並非意圖訛索。至唐斌稟揭程榮光、黄延賓浮攤冒扣各款，曾經湖南提督臣婁慶雲飭委永順協副將定祥查明。惟黄延賓因兵丁向有升病故，長支餉銀無出，在於該營義助故兵家屬津貼款内提扣一事，核與向章不合。其餘各款概屬子虚。且同此一案，唐斌既請銷案於前，輒又稟揭于後。前後反覆，其爲挾嫌妄揭，毫無疑義。案經訊明，應即擬結。

查律載，管軍官吏冒支軍糧入己，若承委放支而冒支者，以監守自盗論。又例載，監守盗倉庫錢糧數在一百兩以上者，杖一百、流二千里，勒限一年追完，如限内全完免罪等語。此案唐斌前在署保靖營叅將任内，輒將該營公費馬價等項提用銀六百二十九兩二錢二分，係屬冒支在官之軍糧入己，自應援例問擬。唐斌除挾嫌誣揭屬員，並故革兵缺不遵奏案裁減，以及撤任後揹印不交，均屬輕罪不議外，合依管軍官吏冒支軍糧入己，若承委放支而冒支者以監守自盗論，監守盗倉庫錢糧數在一百兩以上者，杖一百、流二千里例，擬杖一百、流二千里。已據如數繳出與一年限内全完無異，應請照例免罪，仍不准其開復，交出銀兩飭發該營查收歸款。已革外委田慶疆，長支餉銀八十兩三錢七分九釐，仍飭傳案勒追，以重公款。守備程榮光所控唐斌各情，或已訊明得實，或係事出有因，尚無不合。其被唐斌稟揭各款，訊係子虚，應與已經斥革之糧書黄延賓均毋庸議。該營應裁兵缺，現據接任叅將黄高志遵奉奏案，一律裁減，據實册報備查等情，據署湖南按察使繼昌審明議擬詳請具奏前來。臣覆核無異，應如所詳擬結。理合會同湖南巡撫臣俞廉三、湖南提督臣婁慶雲恭摺具陳，伏乞

皇太后、皇上聖鑒。

該部知道。

武員貪劣請旨革職片[一] 光緒二十八年二月　日

再，署安陸營都司竹山協中軍都司王東華，侵蝕裁兵恩餉，冒領世職俸銀，攤扣營中節禮，且現經查出該都司獎札有假冒情弊。又安陸營石牌汛額外外委沈雲龍，屢被控告違例擅受，並與王東華互相訐告，經臣咨行署湖北提督臣鄧正峰、署安陸府知府高寶瀛查明該兩員均屬貪劣不職，未便稍事姑容。除將沈雲龍斥革咨部外，相應請旨將該都司王東華即行革職，以肅營政。理合會同湖北巡撫臣端方、署湖北提督臣鄧正峰附片具陳，伏乞聖鑒。

著照所請。兵部知道。

湖北第二十一案善後收支款目造册報銷摺[二] 光緒二十八年二月　日

竊據湖北布政使瞿廷韶、善後局司道會詳稱，前奉諭旨：同治三年六月以前各處辦理軍務未經報銷之案，准將收支款目總數分年分起開具簡明清單，奏明存案，免其造册報銷。其自本年七月起，一應軍需，凡有例可循者，務當遵例支發，力求撙節。其例所不及有應酌量變通者，亦須先行奏咨備案，事竣之後均一體造册報銷。並令將應如何分年分起核實開報之處，先行妥議章程具奏。等因。欽此。業將咸豐八年六月起至同治三年六月底止收支款目總數，分作三起，開具清單，將同治三年七月起至光緒五

[一] 録自《京報》第七〇二六號。
[二] 録自《京報》第七〇三〇號。

年閏三月底歸併善後之日止，收支各款，分作十一案，並將光緒五年四月起至二十四年十二月底止，作爲善後第一案至第二十四案[一]，造具細册分別開報，均經先後詳請具奏部復核准在案。茲復督飭局員詳細句稽所有光緒二十五年正月起至十二月底止，作爲善後第二十一案報銷善後局舊管、新收、藩司、糧鹽道撥解庫款，淮鹽鄂釐及撥補糧鹽釐項下撥解宜昌川鹽正加課，又關稅釐金銀錢，並湖北督銷淮鹽局撥解緝私武功升字兩左營薪糧各款，除上届不敷劃抵外，實在共收銀一百六十七萬八千一百一十七兩四錢六分五釐八毫六絲七忽四微一纖，内撥解京餉、協餉、洋款共銀一百一十七萬八千三百七十一兩六錢五分三釐三毫零七忽四微，應支各營官弁兵勇薪費、口糧、馬乾并問津、楚材、測海、金甌輪船薪費、工食、油漆等款共銀七十萬零二千九百九十八兩三錢六分六釐三毫五絲一忽二微，又支給田鎮砲臺營搬運長夫工食銀一千四百二十兩，水師各營砲船修費銀二千零七十八兩，更換篷索銀二千四百三十一兩，峽江救生紅船舢板，砲船官弁水勇薪費口糧等銀一萬零七百六十九兩八錢六分五釐零一絲，紅船大小修經費銀五百七十六兩九錢二分三釐零七絲六忽九微，護軍等營官弁兵勇衣袴操靴并買補倒馬價值、洋教習房租共銀一萬八千六百二十八兩六錢，匯解甘餉、洋款匯費，鞘箍水脚銀一千八百九十一兩九錢零四釐，護軍田鎮砲臺等營擦砲費銀一千五百四十八兩，添募護軍前營宜昌精勇兩營暨利川縣募勇口食銀一千零五十八兩三錢四分，裁撤各營官弁兵勇遣費等銀三千五百四十六兩二錢，支給總理營務處員弁經費等銀三萬一千七百三十九兩二錢八分五釐七毫一絲四忽二微，支給奉派宜施剿辦會匪用過經費、征剿兵丁雇募長夫加給柴薪並傷亡兵勇恤賞等銀一萬零八百八十二兩三錢一分，購辦外洋軍火價值銀六萬三千二百九十六兩九錢四分六釐九毫八絲三忽四微，委員盤費銀三十兩零四錢四分一釐六毫，水脚銀一千四百四十五兩一錢四分二釐四毫八絲，添製藥鉛、軍火、鍋帳、旗幟、器械等件用過工料銀三萬五千三百零二兩二錢一分八釐三毫四絲八忽，水路運送留防各營餉銀軍火支給委員盤費銀九十四兩四錢九分六釐，船户水脚銀一百六十三兩九錢五分二釐九毫二絲八忽五微。以上各款通共支銀二百零六萬八千二百七十三兩六錢四分五釐八毫六絲七忽四微一纖，共支銀二百零六萬八千二百七十三兩六錢四分五釐七毫九絲九忽六微，計不敷銀三十九萬零一百五十六兩一錢七分九釐九毫三絲一忽一微九纖，應歸下案接續造報。除兵勇花名清册另行詳咨外，繕賫收支總散各册並繪具水陸轉運圖説，詳請奏銷前來。臣等覆加查核，俱係實用實銷，並無浮冒。除將各册並圖説分别咨移部科外，所有湖北自光緒二十五年正月起至十二月底止第二十一案善後收支款目造册報銷緣由，謹合詞恭摺具奏，伏乞皇太后、皇上聖鑒，敕部核銷施行。

該部知道。

匯解本年正月分第二期新案賠款摺[二]

光緒二十八年二月　日

竊照前准行在户部咨，具奏新定賠款擬派湖北省銀一百二十

[一]「第二十四案」，似應為「第二十案」。

[二]以下三件録自《京報》第七〇三一號。

萬兩，嗣復承准行在軍機處元電，奉旨將全年應付本息勻作十二分，按月攤付，先期解交上海道轉付。無論如何爲難，不得稍有遲誤。等因。欽此。當經轉飭遵照辦理。所有湖北省上年十二月分第一期應還賠款銀十萬兩，業經依限匯解奏咨在案。兹據湖北布政使瞿廷韶、善後局司道會詳稱，查光緒二十八年正月應還二月分新案賠款，爲期已迫，兹仍暫在助餉新捐項下挪借庫平銀十萬兩，於正月十一日發交漢鎮通商銀行暨協成、大德通各商號領匯，限二十日以前交江海關道兑收轉付等情，詳請奏咨前來。臣等覆核無異，除咨部查照外，謹合詞恭摺具陳，伏乞皇太后、皇上聖鑒。

户部知道。

挪款籌解新案賠款片 光緒二十八年二月　日

再，前准行在户部咨，查新案賠款每年二千二百餘萬兩，奏令各省關將應解部庫西徵洋款改爲加放俸餉一款、抵閩京餉改爲加放俸餉一款、京官津貼改爲加復俸餉一款、湖北省裁減營勇作爲旗兵加餉一款、加增邊防經費一款、向來有漕省分循案解部漕折一款，以上約共三百餘萬兩，全數提出留作賠款。又准行在户部電開，前奏騰出各款，如加放俸餉等項，各該省向有應解數目，宜即照應解之數，勻分十二次，先將第一次銀數於十二月二十日以前匯滬，以後均按月先期解滬，以便由滬道按月彙交銀行收存各等因。當經轉飭司道查明，鄂省奉提加放俸餉十萬兩、加復俸餉一萬六千兩、加增邊防經費一萬六千兩、裁減勇營作爲旗兵加餉十二萬兩，共銀二十五萬二千兩，分十二個月勻攤，每月應撥解銀二萬一千兩。當將上年十二月第一期賠款如數依限籌解具奏，並聲明勇營節餉一項，每年並無十二萬兩之多，因在提存各餉内暫挪一月銀一萬兩，以後無款可解，另行奏請改撥在案。兹據湖北布政使瞿廷韶、善後局司道會詳稱，光緒二十八年正月應還洋二月分部撥賠款庫平銀二萬一千兩，仍照案籌齊，於正月十一日發交漢鎮有成銀號領匯，限於二十日以前赴江海關道衙門兑收轉付。其裁減營勇作爲旗兵加餉一款，查鄂省原案裁節勇餉每年祇七萬七千餘兩，近年勇餉日增，實無裁節之餉，此款已屬無著，前於光緒二十七年十二月内業經奏明在案，現在仍暫挪款湊解等情，詳請奏咨前來。臣等覆核無異，除分咨外，謹合詞附片具陳，伏乞聖鑒。

户部知道。

劉國柱繳清捐款援案請奬摺 光緒二十八年二月　日

竊照鄂省前因海氛不靖，餉糈匱乏，據在籍記名提督劉維楨之子候選郎中劉國柱報捐軍餉銀十萬兩，分年呈繳。旋據陸續呈繳漢平銀六萬兩，折合庫平銀五萬六千六百十四兩三錢四分，爲其弟舉人劉國棟、劉國樑請奬遇缺先選用郎中，劉國標請奬遇缺先選用道員。經前兼護督臣譚繼洵及臣先後具奏請奬，並聲明湖北槍砲廠添置砲架、槍、砲彈三廠機器改换新式快砲機器，所需價值、運費，經臣奏准由湖北籌捐項下撥給，請將前項捐款銀十萬兩全數撥歸槍砲局濟用，迭經讀書部議准。除核捐外，尚餘銀七千六百八十九兩七錢二分。又據候選郎中劉國柱續繳漢平銀二萬兩，折合庫平銀一萬八千八百七十一兩四錢四分，連前餘存奬銀爲本身由候選郎中請奬遇缺先分省補用道員，又經臣具奏請奬，尚未准部核覆。查由候選郎中請奬道員分省遇缺先補用，應八折庫平銀二萬零六百二十兩八錢，除前奬捐案外，計尚餘庫平銀五千九百四十兩三錢六分。兹復據候選郎中劉國柱呈繳漢平銀二萬兩，折合庫平銀一萬八千八百七十一兩四錢四分，連前案爲本身請奬道員餘存銀五千九百四十兩三錢六分，共計庫平銀二萬四千八百十一兩八錢，爲其弟舉人劉國杞請奬遇缺先選用郎中，及其姪附貢生劉紹炎請奬遇缺先選用員外郎。查由舉人報捐遇缺先選用郎中，照例銀八折，需庫平實銀一萬三千二百三十六兩，由附貢生報捐遇缺先選用員外郎，照例銀八折，需庫平實銀一萬一千五百零六兩，共需庫平銀二萬四千七百四十二兩，核計現繳及前餘銀數有盈無絀，自應援案奏請奬叙，以示鼓勵等情，由湖北善後總局司道詳請奏咨前來。臣覆核無異，除將繳到前項捐款銀二萬兩照案撥解槍砲局應用，暨咨明户部填給請奬遇缺先選用郎中劉國杞、遇缺先選用員外郎劉紹炎執照外，所有候選郎中劉國柱掃數繳清捐款銀兩援案請奬緣由，理合恭摺具奏，伏乞皇太后、皇上聖鑒。

該部議奏。

職商報效鉅款助餉請優奬摺〔一〕 光緒二十八年三月　日

竊臣等前於光緒二十六年六月二十日奉上諭：現在需餉孔殷，有能倡捐鉅資者，奏請破格優奬。等因。欽此。嗣准户部咨，核議奏旨停止實官捐輸一摺，於光緒二十七年八月初七日具奏，本日奉旨：依議。欽此。查原奏内稱，凡有報效鉅款奏請優奬之案，須聲明報效銀數，較籌餉例有增無減，並款項全數解部聽候撥用，概不准徑行截留等因。兹據署湖北夏口廳撫民同知張賡颺詳，據漢口鎮職商同知銜候選知縣黄訓典呈稱，世居咸甯縣，以耕讀相承，該職商中年貿易漢鎮，歷年贏餘，薄有積蓄。其母平日勗以忠孝，目睹時局阽危，練兵、製械事事需款，凑繳庫平銀一萬兩以充軍需之用，不敢仰邀議叙。並據該職商聲稱，嗣後貿易如能照常，情願每年仍當竭力報效等情，由湖北布政使瞿廷韶會同助餉新捐局司道具詳請奏前來。臣等查該職商黄訓典，因其母平日忠孝相勗，念切時艱，輸助鉅款，並願以後按年竭力報效。似此深明大義，求之士夫不可多得，實足以風勵當世。籌餉事例由候選知縣遞捐道員雙月先用，共例銀九千六百三十兩，該職商報效銀數有增無減，雖據聲稱不敢仰邀議叙，究未便没其急公好義之忱，且實與破格優奬之諭旨相符，合無仰懇天恩俯准將同知銜候選知縣黄訓典給予道員雙月先用，以昭激勸之處，出自逾格鴻慈。除飭司將捐銀儲庫備撥，並飭取該職商履歷咨部外，謹合詞恭摺具陳，伏乞皇太后、皇上聖鑒。

該部議奏。

挪款凑解新案賠款片 光緒二十八年三月　日

再，前准行在户部咨，查新案賠款每年二千二百餘萬兩，奏

〔一〕以下二件録自《京報》第七〇三二號。

令各省關將應解部庫西徵洋款改爲加放俸餉一款、抵閩京餉改爲加放俸餉一款、京官津貼改爲加復俸餉一款、湖北省裁減營勇作爲旗兵加餉一款、加增邊防經費一款、向來有漕省分循案解部漕折一款，以上約共三百餘萬兩，全數提出留作賠款。又准行在户部電開，前奏騰出各款，如加放俸餉等項，各該省向有應解數目，宜按照應解之數，匀分十二次，先將第一次銀數於十二月二十日以前匯滬，以後均按月先期解滬，以便由滬道按月彙交銀行收存各等因。當經轉飭司道查明，鄂省奉提加放俸餉十萬兩，加復俸餉一萬六千兩，加增邊防經費一萬六千兩，裁減勇營作爲旗兵加餉十二萬兩，共銀二十五萬二千兩，分十二個月匀攤，每月應撥解銀二萬一千兩，當將上年十二月及本年正月分應還賠款銀兩如數分別依限籌解具奏，並聲明勇營節餉一項，每年並無十二萬兩之多，因在提存各餉内暫挪一月銀一萬兩，以後無款可解，另行奏請改撥在案。玆據湖北布政使瞿廷韶、善後局司道會詳稱，光緒二十八年二月應還洋三月分部撥賠款庫平銀二萬一千兩，仍照案籌齊，於二月初十日發交漢鎮有成銀號領匯，限於二十日以前赴江海關道衙門兑收轉付。其裁減營勇作爲旗兵加餉一款，查鄂省原案裁節勇餉每年祇七萬三千餘兩，近年勇餉日增，實無裁節之餉，此款已屬無著，前於光緒二十七年二月内業經奏明在案，現在仍暫挪款凑解等情，詳請奏咨前來。臣覆核無異，除分咨外，謹合詞附片具陳，伏乞聖鑒。

户部知道。

委員代防萬城大隄摺〔一〕　光緒二十八年三月　日

竊照湖北荆州府萬城大隄，濱臨荆江，爲全郡及下游各屬田廬保障。每屆夏秋二汛，例應督撫輪年赴隄督防。如有應辦要事未克分身前往，奏委該管道府就近駐工代防，歷經辦理在案。本年輪應總督前往督防，惟省城事務重要，應隨時督同司道籌辦，未能在荆久駐。所有夏秋二汛督防事宜，自應照案委員代防，以專責成。查有荆州府知府舒惠，老練篤實，隄工盡心，堪以委令代防。現經檄委該府督同在工文武員弁親駐工所，晝夜梭巡，預備守水器具，遇有險要工段，即行搶護，務保無虞。並札飭荆宜施道濮子潼隨時察看督辦，務臻穩固。所有委員代防萬城大隄緣由，理合會同湖北巡撫臣端方恭摺具陳，伏乞皇太后、皇上聖鑒。

知道了。

宜昌川鹽局抽收正課加課及籌餉加價數目摺　光緒二十八年三月　日

竊照湖北宜昌川鹽局抽課濟餉，所有光緒二十七年春季分抽收鹽課錢文數目，業經恭摺具奏在案。查前准部咨，議覆編修張百熙奏籌餉各條案内，令安、襄、鄖、荆等府州運銷川鹽，每斤加收錢二文，隨同正、加課按季奏報，以資查考等因。歷經遵照辦理。玆據湖北鹽法武昌道凌卿雲，將光緒二十七年夏季分抽收鹽課錢文數目開報前來，臣覆加查核。宜昌川鹽局光緒二十七年四月分抽收正課錢八萬二千五百一串九百六十六文，内提京餉銀

〔一〕以下二件録自《京報》第七〇三三號。

二萬兩、錢七千串文，加課錢三萬五千八百七十串四百二十文，籌餉加價錢一萬四千三百四十八串一百六十八文。五月分抽收正課錢五萬八千七百八十四串七百八十文，内提京餉銀一萬兩、錢六千串，加課錢二萬五千五百五十八串六百文，籌餉加價錢一萬二百二十三串四百四十文。六月分抽收正課錢四萬五千一十四串一十三文，内提京餉錢五千串文，加課錢一萬九千五百七十一串三百一十文，籌餉加價錢七千八百二十八串五百二十四文。除籌餉加價錢文遵照部撥留備解還俄法、英德洋款本息外，其正課全項同歸鄂一半加課亦照部咨，解交税務司，抵還洋款，由道庫撥補鹽釐款内撥還，連同五成公費，分別撥解京餉、荆州滿營兵餉、水師月餉，餘則儘數由道移解善後局接濟軍餉。除解支細數截清造册咨部外，理合恭摺具陳，伏乞皇太后、皇上聖鑒。

户部知道。

請另行改撥邊防經費摺（一） 光緒二十八年三月　日

竊照東北邊防經費，向由湖北南糧米折項下撥解。上年以此項供支滿緑各營米折，尚屬不敷。所有籌解邊防經費，實屬無款可解。經臣等奏請改撥，旋經户部議奏，二十七年邊防經費，該省既由水脚、驢脚並漕雜各款通融挪凑解清，其二十八年分前項經費，自可照案辦理。倘無款報解，應令在於本省無礙京協各款内設法挪墊，按年照數起解，亦無庸另行改撥等因。當經轉飭遵辦去後。兹據湖北督糧道譚啓宇詳稱，光緒二十七年分奉撥南糧米折項下邊防經費銀四萬八千兩，維時南糧並無存款可以應撥，當以此項關繫緊要，就驢脚、水脚及漕雜各款内通融挪凑，勉强如數解清，本年無可復挪。查南糧米折，供支滿緑各營兵食，既屬入不敷出，而道庫徵存各項均有專款支用，尚虞不足，實無騰挪支應之法。所有奉撥南糧項下二十八年邊防經費，除加撥之八千兩奉飭歸作新案賠款，遵照設凑，隨同漕折按月匀解外，其原撥之四萬兩爲數甚鉅，萬難籌解。惟有仍請奏咨，另行改撥，俾免貽誤等情前來。臣等覆查該道所陳，均係實在情形，南糧米折項下既無存款可撥，其餘各項亦復無從騰挪，極知邊防經費係屬要需，臣督同司道通盤籌議，鄂省現值財力困竭，挹注無方，無礙京協各餉，實亦無從挪墊。合無仰懇天恩俯准飭部另行改撥，以免貽誤。除咨部查照外，謹合詞恭摺具陳，伏乞皇太后、皇上聖鑒。

户部議奏。

請開復袁世敦蔣楷原官摺 光緒二十八年五月二十四日

竊照前年拳匪之禍，起自山東，蔓延畿輔，擾及晋、豫，釀成巨變。其始由毓賢一人縱匪獎亂所致。當光緒二十五年四五月間，匪首朱紅燈在山東恩縣平原界上，散布妖言，招少年不逞之徒，開設拳廠，因民、教積不相能，緣以爲亂。已革署平原縣知縣莒州知州蔣楷，恐貽外人口實，禀請示禁，經革撫毓賢批斥不准。嗣後轉相煽誘，到處蔓延。九月間，朱紅燈嘯聚恩縣、高唐、

（一）録自《京報》第七〇三七號。

（茌）〔茌〕平〔一〕、長清諸匪徒，據平原之岡子李莊，晝夜弄兵，以劫殺教民爲事。該署平原令蔣楷請兵彈壓，毓賢深怒其違背意指，大不謂然，迫於司道公議，始派候選知府袁世敦統親兵一營、馬隊兩哨，前往安撫。而恐其臨時改計，特以濟南府知府盧昌詒節制其軍。比至，該匪移據森羅殿背馬頰河爲負嵎計，距恩縣、平原縣兩城各祇十餘里，恩縣飛禀告急，袁世敦遣馬隊赴之，盧昌詒意在解散，令步隊相去二三里遥作聲援。乃該匪乘屯紮未定來犯，我軍不備，陣亡三人。袁世敦痛部下之鱗傷，且恐一經挫退，大局將不可問，與盧昌詒議定，親臨搏戰。會派援恩縣之馬隊聞警馳回，兩面夾攻，陣斃悍匪二十餘人，餘衆四散。是時，但大張示諭，嚴緝朱紅燈，寬其脅從，星星之火猶可不致燎原。乃毓賢以邪術爲神，以亂民爲義，以蔣楷力顧大局思患預防爲多事，以袁世敦奮不顧身擊賊初起爲邀功，奏稱蔣楷辦事謬妄，幾釀巨禍，請革職永不叙用。袁世敦妄殺無辜，請交袁世凱軍營以資歷練，奉旨一併革職。毓賢亦以支離掩飾，傳旨申斥，是此案不實不盡，早在聖明昭鑒之中。

查毓賢在東撫任内，所劾如蘭山縣知縣陳公亮、署郯城縣知縣俞則達，均經升任山東撫臣袁世凱以原參錯誤，奏請開復，奉旨俞允。而蔣楷一案，因牽涉袁世敦係其胞兄，又曾奉驅逐回籍之諭，未敢爲之剖陳。今毓賢既伏國法，是拳匪之應勦與否，不辨自明。蔣楷係湖北荆門州人，服官東省，頗著循聲。當拳匪初起之時，獨能慮遠防微，首先禀請禁止懲創，其識見實高人一籌，乃横遭誣劾，被革歸鄉，楚中紳士無不爲之稱冤。臣等訪知該革員才具優長，廢棄實爲可惜。其袁世敦一員，本因蔣楷請兵彈壓，始經派往。迨匪衆來犯，不得已改撫爲勦，致失毓賢之意，同被株連，自應一體爲之昭雪。合無仰懇天恩俯准將候選知府袁世敦、知府用在任候補直隸州知州山東莒州知州蔣楷，銷去驅逐回籍永不叙用各字樣，一併開復原官升階並免繳捐復銀兩，以彰公道而勵賢能。出自逾格鴻慈，抑或發交山東撫臣查明復奏，飭令送部引見之處，伏候聖裁。

再，蔣楷於光緒二十六年六月祝嘏案内奉旨賞還原銜，合併聲明。

劉維楨捐助鉅款請優奬摺〔二〕 光緒二十八年五月 日

竊照迭次欽奉諭旨，開辦各省大、中、小學堂，洵爲當今要政，自應欽遵迅速籌辦。查湖北省城原有書院學堂規制課程，近數年來雖已參用東西法式，粗具規模，未臻明備。此次遵旨籌辦各學堂，則所有師生屋舍、講授肄習各門學問之所，必須規模詳備之如式，且等級較多，教法亦不容紊越，尤須明定等差，分别設立，官方足昭循序而規成材。其原有各學堂尚須擴充修改，其未備之學堂應行添建之所甚多，一切布置業經臣督飭司道武昌府各官，議有端緒。第鄂省正當諸事艱困之時，庫儲殫竭，無可騰挪，民問勸捐亦難有濟。此次學堂工程浩大，經費實苦難籌。適有在籍花翎記名提督固勇巴圖魯劉維楨呈稱，竊聞本省奉旨興建各學堂，款項現尚無著。此舉係教養人材立法自强之根本，實爲

〔一〕山東省無茌平縣，當為茌平縣之誤。
〔二〕録自《京報》第七一〇〇號。

萬不可緩之圖，情願變産報效漢平銀十萬兩，分年呈繳，專備湖北本省興建學堂之用，不敢仰邀獎叙等情。據湖北布政使瞿廷韶會同善後局司道詳請奏保前來。臣等查該提督劉維楨，於咸豐同治年間，轉戰楚、皖、豫、東各省，屢克名城，戰功卓著，薦保記名提督，賞戴花翎，並加固勇巴圖魯名號。光緒六年特旨調赴山海關防堵，旋丁父憂奏明回籍守制。因傷疾不時舉發，養病家居，凡遇軍政荒政需款及地方一切善舉，向之勸捐，無不立助鉅資。計前後報效已至數十萬兩之多，均經奏明獎勵有案。此次因聞鄂省興建學堂需款浩繁，復據報效漢平銀十萬兩，分年呈繳，俾興學育才之舉，均以及早觀成，實屬好義急公，不遺餘力，有裨自强要政。雖據稱不敢仰邀獎叙，實未便没其傾資報國之忱。且湖北通省須興辦學堂，官款斷不能徧及，惟有藉資好義紳富共襄盛舉。該提督劉維楨少年本係業儒，曾經應試，文理優長，嗣後馳驅戎馬，屢立戰功，保障鄂疆，勳績甚偉，歷荷三朝恩遇，已躋一品官階。現在年逾八旬，神明强固，迹其慷慨輸捐，力任鉅款，洵爲近今紳富捐款所罕見。應如何破格優加獎勵，以勸將來之處，出自逾格鴻慈，臣等未敢擅擬。所有在籍武職大員捐助興建學堂鉅款，懇恩優獎以資觀感緣由，謹合詞恭摺具奏，伏乞皇太后、皇上聖鑒訓示。

劉維楨著賞加尚書銜。

省城創辦警察摺 光緒二十八年六月初二日

竊查警察一事，實爲吏治之實際，教養之初基。立法甚嚴，而用意甚厚。東西洋各國，視爲内政之第一大端。凡稽察户口，保衛生民，清理街道，開通溝渠，消除疫癘，防救火災，查緝奸宄，通達民隱，整齊人心諸善政，無不惟警察是賴。姑就最近處徵之，日本全國、上海租界，潔清整肅，條理分明，民樂其生，匪匿其跡，幾於野無奥草，路不拾遺，明效昭彰，萬目共睹。今日講求新政，采用西法，此舉洵爲先務。考東西洋各國警察所需經費，皆係出之本處民户。無論商民，一律抽捐。蓋以本地居民生命産業既受保衛之益，自應輸保衛之資。即如上海租界，收巡捕經費以養巡捕、弁兵，又收工部局經費以修治橋道。上海中國界内設立巡捕處所，亦抽巡防經費，皆係專取之房鋪各捐，凡月租銀元十元者，捐一元五角。下及茶坊酒肆，亦各有捐。統計所收約十分中之一五，而居民從無怨其苛者，其受益樂輸，亦可概見。

查前准部議籌措賠款案内，原有房捐一條。江蘇、安徽、浙江、廣東各省，多已先後舉行。鄂省現在籌凑賠款，並不取之於房捐。惟省城現正創辦警察，所有巡勇餉項、修理街道、開通溝渠、建造市亭、掃除蕪穢、安設路燈，以及華洋員弁夫役薪糧、器具、局費等項，需費甚多。除以原有保甲經費充用外，不敷尚鉅。其經費自應出之民間。擬即將省城房捐一項，作爲警察經費，以免重累商民。其收捐之法，無論官員公館，紳商士庶凡賃屋而居並開設店鋪者，均按房租抽十分之一。如每月租金二十元，即捐銀元二元。餘悉準此類推。業主、租客各任其半。若係己屋自住，仍估計所值之多寡，以定抽捐之等差。至於住屋不及三間，及草房、棚户暨空閒暫無人賃者，免捐。查外國警察捐，專取於民。凡衙署局所、一切辦公之地，皆不出費。茲因此事乃中國創舉，特以官捐首爲提倡。所有省城文武衙署，以及書院、學堂、局所、祠廟、會館，均照民間，一律輸捐。其捐數約分十三等。頭等月捐銀元二十元，末等月捐銀元二角。如有不敷，統由本地商民勸諭籌足。以上各捐款即名曰警察經費，專作保衛地方之需，不令移作別用。一切收支數目，每月除榜示局門及通衢外，并刊本布散，俾衆周知。並將從前汛兵、差役、地保需索擾民之事，盡行禁革。現已於省城內分中、東、西、南、北五局，城外分設東、西、水、陸四局，酌采外國章程，於五月初一日開辦。先募練警察步軍五百五十名，警察馬軍三十名，清道夫二百零二名。以後體察情形，應否增加，隨時酌辦。即委署武昌府知府梁鼎芬、試用知府金鼎總辦警察局務，委臬司督理局務。並由上海雇募曾充捕頭之英國人珀藍斯來省充當警察總目，以資熟手。俟省城辦有成效，即以次推行漢口、沙市、宜昌等處口岸繁盛之區，再次及各府州縣。既可以養民善俗，尤可爲將來廣學堂、定兵制、息教案、行印花稅諸事之根。

查明雲南學政家丁毆斃擡夫二命一案摺〔一〕

光緒二十八年六月　日

竊照光緒二十八年二月二十五日，准軍機大臣字寄，二月十三日奉上諭：有人奏雲南學政田智枚赴任時，行至湖北建陽驛地方，該學政家人毆斃夫役，激動衆憤，相率阻行，致向地方官借銀說和等語。著張之洞、端方按照所參各節，確切查明，據實具奏，毋稍徇隱。原片著鈔給閱看，將此通諭各令知之。欽此。查此案二十六年十一月間，曾准該學政電稱，十一月初七日，由荊門馳赴建陽，天寒道滑，至夜擡夫凍斃，次早行李始到，傳聞擡夫中途凍斃二命。人命所關，已令該州驗明詳報覈辦。並據署荊門直隸州知州李紹遠詳報，民人劉宗書、陳慶祥各被學台跟丁打傷身死。其情節經臣之洞、前撫臣景星，分別批飭臬司詳查稟覆以憑核咨，交犯在案。欽奉前因，當即委令湖北截取道員李堯馳赴荊門、建陽一帶地方確切查明。茲據該道覆稱，前年該學政由荊門赴建陽時，適值天寒雨雪，擡夫劉宗書、陳慶祥等因路滑難走，天黑尚未到站，被該學政押槓家丁用木器毆傷，先後身死，核與該州當日驗報情形相同。至原片所稱激動衆憤，翌日至荊門州，建陽百姓相率阻行，勢甚洶洶，不得已，向該地方官借銀說合各節，查由鄂至滇，實係先過荊門，該道詢據建陽驛巡檢張暻稟稱，翌日該學政啓程實無百姓阻行之事。屍親貧苦，曾經該署州各給錢八串，以爲殮埋之費。該學政行抵荊州郡城，因候該州驗訊，曾住數日，確無向地方官借銀說和等情。取具屍親、刑仵供結呈核前來。臣等覆查，該學政萬里馳征，適當歲晚，趲催前進，尚屬常情。乃因中途行李遇雪稽遲，致令家丁有毆斃擡夫二命之事，則其鈐束不嚴，自可概見。原奏謂其不能約束家丁，查明已有確據，應如何酌予懲處，出自聖裁。至此案正兇正在查咨指交間，本年正月又准該學政咨稱倒斃擡夫二名，查詢押槓家丁李祥、趙留，據稱並未行兇打人。惟聞屍屬有指稱被毆之詞，人命至重，其中有無狡避，究難憑信。隨飭將該家丁隨棚看管，俟湖北來文以便發交。現在趙留已於貴州坡貢驛途次病故，李祥亦旋於雲南廣西州觸瘴致疾，回省病故。此案擡夫在途身死，究係

〔一〕録自《京報》第七一〇六號。

因凍因毆，已否訊有端倪，該家丁係未經到案聽候押交之犯，自應咨明等語。業經臣等咨電雲貴督撫臣查明，該家丁先後病故實有其事，似該學政尚無迴護捏飾情事，應由臣等飭司詳核歸案辦理，合併聲明。所有查明學政家丁毆斃擡夫一案緣由，謹合詞恭摺覆陳，伏乞皇太后、皇上聖鑒訓示。

田智枚著交部議處。

賑捐獎册仍未造齊請展緩摺〔一〕光緒二十八年六月　日

竊查湖北賑捐，截至光緒二十六年三月二十六日，三次展限一年期滿停收，截數造報。嗣因各捐生請獎履歷清册，未經依限造送，節經前撫臣于蔭霖暨臣之洞先後三次奏請展緩辦理，均經欽奉諭旨允准在案。兹查展限又經届滿，將光緒二十四年、二十五年各省及外洋商埠經勸各員董報解助賑捐銀底册，尚有未經請獎各捐户，迭次飭催。實因原捐募自商家，半係籍隸湖北經商沿海各埠之人，前年京津亂起，多半聞風遷徙，現雖逐漸復業，而展轉查詢仍不免時有外漏。若不再請展緩，則未經請獎各捐户勢難一律造册，同邀獎叙，殊不足以示公允而昭激勸。據湖北籌賑總局司道詳請具奏前來。臣等覆核無異，合無仰懇天恩俯准將湖北賑捐獎册並直隷代造獎册再予展緩一年造齊請獎，除咨户部暨直隷督臣查照外，謹合詞恭摺具陳，伏乞皇太后、皇上聖鑒訓示。

著照所請。户部知道。

挪款湊解新案賠款片〔二〕光緒二十八年六月　日

再，前准行在户部咨，查新案賠款每年二千二百餘萬兩，奏令各省關將應解部庫西徵洋款改爲加放俸餉一款、抵閩京餉改爲加放俸餉一款、京官津貼改爲加復俸餉一款、湖北省裁減營勇作爲旗兵加餉一款、加增邊防經費一款、向來有漕省分循案解部漕折一款，以上共銀三百餘萬兩，全數提出留作賠款。又准行在户部電開，前奏騰出各款，如加放俸餉等項，各該省向有應解數目，宜按照應解之數，勻分十二次，先將第一次銀數於十二月二十日以前匯滬，以後均按月先期解滬，以便由滬道按月彙交銀行收存各等因。當經轉飭司道查明，鄂省奉提加放俸餉十萬兩，加復俸餉一萬六千兩，加增邊防經費一萬六千兩，裁減勇營作爲旗兵加餉十二萬，共銀二十五萬二千兩，分十二個月勻攤，每月應撥解銀二萬一千兩，當將本年四月應還五月分新案賠款銀兩，如數分別依限籌解具奏在案。兹據湖北布政使瞿廷韶、善後局司道會詳稱，光緒二十八年五月應還洋六月分部撥賠款庫平銀二萬一千兩，仍照案籌齊，於五月十一日發交漢鎮有成銀號領匯，限於二十日以前赴江海關衙門兑收轉付。至指撥裁減營勇作爲旗兵加餉一款，查鄂省原案裁節勇餉每年並無十二萬兩之多，只七萬三千餘兩，近年勇餉日增，實無裁節之餉，此項已屬無著，前於光緒二十六年十二月内，業經奏明在案。此項銀兩，每月均係另行挪款解支，現在仍暫挪款湊解等情，詳請奏咨前來。臣等覆核無異，除分咨

〔一〕録自《京報》第七一〇八號。
〔二〕録自《京報》第七一〇九號。

外，謹合詞附片具陳，伏乞聖鑒。

户部知道。

請准以洪錫爵調補知縣摺〔一〕 光緒二十八年

七月　日

竊照接准吏部咨，截缺單開調二項要缺，湖北黄岡縣知縣楊壽昌開缺另補，於光緒二十六年九月二十三日奉上諭，照章以第五日後行文，按照限減半計算，應扣至十月二十三日爲開缺日期，歸十月分截缺，係要缺應照例揀員請補。查定例，知縣應調缺出，俱令於現任人員内揀選調補。又州縣等官，必歷俸三年以上方准揀選調補。又准部咨，嗣後凡保題升調人員，應令於保題疏内，將該員任内有無積案及欠解錢糧、承緝未獲盗案。如承審案□並承緝盗案、徵解錢糧已起降調革職条限者，概不准其升調各缺等語。今黄岡縣知縣係衝繁要缺，爲黄州府附郭首邑，政務殷繁，撫字催科，在在皆關緊要，非精明練達才識兼優之員，實難勝任。臣等督同藩、臬兩司，在於通省現任知縣内逐加遴選，查有宣恩縣知縣洪錫爵，年五十九歲，四川華陽縣舉人，因攻剿、鹽井等處出力，保以知縣分發儘先補用，八年五月十四日奉旨允准。又因攻克冕甯等處夷匪出力，九年七月二十三日奉旨：著仍以知縣分發省分歸候補班前先補用，並加同知銜。欽此。遵例報捐，指發湖北，旋請咨赴部。十年五月初十日經欽派王大臣驗放，十月初三日到省，嗣在京局報捐尋常加二級。光緒十六年九月丁母憂回籍，十九年三月起復回省。歷奉委署應城、興山、廣濟等縣知縣，二十二年准補宣恩縣知縣員缺，二十二年六月二十七日到任，試署一年期滿，業經題請實授在案。臣等覆查，該員洪錫爵老成穩練，資序較深，歷任並無積案及欠解錢糧、承緝未獲盗案、已起降調革職条限。以之調補黄岡縣知縣要缺，與例相符。合無仰懇天恩俯念黄岡縣知縣員缺緊要，准以宣恩縣知縣洪錫爵調補，實於地方有裨。再，該員係現任知縣請調知縣，銜缺相當，毋庸送部引見。又該員初次調繁，毋庸核計罰俸。據湖北布政使瞿廷韶、按察使李岷琛會詳前來，除咨吏部外，謹合詞恭摺具陳，伏乞皇太后、皇上聖鑒，勅部核覆施行。再，所遺宣恩縣知縣員缺，湖北省現有應補人員，容俟接准部覆，再行照例擬員請補，合併陳明。

吏部議奏。

請准以陳樹屏調補知縣摺〔二〕 光緒二十八年

八月　日

竊准吏部咨，湖北江夏縣知縣陳夔麟報捐離任，坐光緒二十八年四月初五日行文，按湖北省照限減半計算，扣至四月二十九日作爲開缺日期，歸四月分截缺，係要缺，著照例揀員請補。查例載，首縣缺出，應令於通省現任正途人員内揀選調補。又凡保題升用人員，應將該員任内有無積案及欠解錢糧、承緝盗案詳細聲叙各等因。今江夏縣知縣係衝、繁、難兼三要缺，爲附省首邑，政務殷繁，且有華洋交涉事件，非才長識練之員弗克勝任。臣等

〔一〕録自《京報》第七一四八號。
〔二〕録自《京報》第七一六九號。

督同藩、臬兩司，在於現任正途人員内逐加遴選。查有羅田縣知縣陳樹屏，年四十一歲，安徽望江縣人，光緒十八年進士改庶吉士，二十年散館，奉旨以知縣用，簽掣廣西融縣知縣，因親老告近，改掣湖北羅田縣知縣。二十一年六月初二日到任。二十四年調署隨州知州，二十五年調署江夏縣知縣，二十六年經前撫臣于蔭霖保奏，奉上諭：著傳旨嘉獎。欽此。二十七年大計保薦卓異。臣等覆查該員陳樹屏，端静慈良，勤恤民隱，前在羅田縣及調署隨州、江夏縣各任内，均能措施裕如，並無剩案及欠解錢糧、承緝未獲盜案已起降調革職參限等事。以之調補江夏縣知縣員缺，實堪勝任。據湖北布政使瞿廷韶、按察使李岷琛會詳前來。合無仰懇天恩俯念員缺緊要，准以羅田縣知縣陳樹屏調補江夏縣知縣，實於地方吏治有裨。該員係現在知縣請補知縣，銜缺相當，毋庸送部引見。再，該員初次調繁，毋庸核計罰俸。所遺羅田縣知縣員缺，湖北省現有應補人員，俟接准部覆，再行照例擬員請補。謹合詞恭摺具陳，伏乞皇太后、皇上聖鑒，勅部核覆施行。

吏部議奏。

接受督辦商務大臣關防謝恩摺〔一〕光緒二十八年八月　日

竊臣准吏部咨，光緒二十八年六月二十三日奉上諭：湖廣總督張之洞著充督辦商務大臣。欽此。並准外務部電，商務大臣關防現存在京，即派員來領等因。當經派委湖北試用同知王孝繩赴京請領。兹據該委員領賫欽差商務大臣關防一顆回鄂。臣即於八月十八日恭設香案，望闕叩頭謝恩，接受關防任事。臣惟虞書以懋遷救艱食，史記以貨殖繼儒林。瀛海如環，中華爲大九州所輻輳。皇風同軌，武漢乃八萬里之交衢。宜民貴乎通，而通必以商爲先路。强國由於富，而富必以商爲轉樞。簡命驟膺，菲材知懼。嘗考衛文以通商興國，實由敬教勸學之功。范蠡以大賈名家，賴有嘗膽卧薪之志。臣惟有養源務本，懷遠宣風，遠師用士之良規，稍助阜民之聖化，以仰答高厚鴻慈於萬一。所有微臣感激惶悚下忱并接受關防任事日期，理合恭摺具奏，伏乞皇太后、皇上聖鑒。

知道了。

籌解英德洋款並加撥鎊價銀兩摺〔二〕光緒二十八年八月　日

竊照前准部咨，每年應還俄法、英德兩款本息，數鉅期迫，擬由部庫各省關分別認還一摺。光緒二十二年五月初八日具奏，奉旨：依議。欽此。原奏内稱，各省除常年應解京餉、東北邊防經費、甘肅新餉、籌備餉需、加放俸餉、加復俸餉、旗兵加餉、固本兵餉、備荒經費及内務府經費、税務司經費、本關經費、出使經費等項，仍照常分别批解留支外，其餘無論何款，准酌量劃提，各照分認數目，按期解交江海關彙總，付還俄法、英德兩款本息。又清單内開，英德一款應還本息，每年約銀六百九十萬兩，由鹽斤加價項下，指撥湖北川鹽六萬兩，西徵洋款改爲加放俸餉

〔一〕録自《京報》第七一九七號。
〔二〕録自《京報》第七一九八號。

項下，指撥湖北五萬兩，各省地丁鹽課鹽釐雜税等款項下，指撥湖北二十二萬兩，各海關洋税洋藥税釐項下，攤派江漢關二十四萬兩，宜昌關十二萬兩，每年匀分四次，於二、五、八、冬四個月解赴江海關交納等因。又准户部咨，俄法、英德借款佛郎、磅價昂貴，原撥銀數不敷，請照案酌量加撥一摺。光緒二十五年九月十一日具奏，奉旨：依議。欽此。原奏内稱，原撥俄法、英德兩項借款，以近來佛郎磅價計之，每年不敷銀二百四十萬兩，自應酌量加撥。除原撥案内鹽斤加價、加放俸餉仍准照原撥數目報解，勿庸加撥外，其餘均查照原案，按二成五加撥。又清單内開，英德洋款項下，湖北省加撥銀五萬五千兩，江漢關加撥銀六萬兩，宜昌關加撥銀三萬兩，均自光緒二十六年起，隨同原撥銀數及原定限期，分别匯解江海關道兑收等因。業經將光緒二十二年起至二十八年二月一期止，應還原撥英德本息銀兩，按期照數委解江漢關交收，並經藩司、江漢宜昌關道，將光緒二十六年起至二十八年二月一期止加撥磅價銀兩，隨同撥解，恭摺具奏在案。兹經藩司暨善後局在於部文指撥及奏請劃提各款内，籌撥銀三萬七千五百兩，又動撥藩庫留協銀一萬兩，關東鐵路經費改還洋款銀一萬兩，糧庫幫津銀五千兩，兑費銀五千兩，共庫平銀六萬七千五百兩，並加撥磅價銀一萬三千七百五十兩，鹽道在於川鹽加價項下籌撥庫平銀一萬五千兩，江漢關在於四成洋税項下籌撥庫平銀六萬兩，並加撥磅價銀一萬五千兩，宜昌關在於徵存税銀項下籌撥庫平銀三萬兩，並加撥磅價銀七千五百兩。以上應解之原撥二十八年五月英德本息並加撥磅價銀兩，均經分别委員，限期於五月二十日以前解赴江海關道兑收。所有動撥藩庫銀兩，應請就款開除。據湖北布政使瞿廷韶會同善後局司道暨鹽法武昌道淩卿雲、漢黄德道江漢關監督岑春蓂、荆宜施道宜昌關監督濮子潼分别詳請奏咨前來。臣覆核無異，除咨户部外，理合會同湖北巡撫臣端方恭摺具陳，伏乞皇太后、皇上聖鑒。

户部知道。

謝署兩江總督摺 光緒二十八年九月初八日

本月初六日，承准軍機處電開，内閣奉上諭：兩江總督著張之洞署理，迅速赴任。等因。欽此。竊臣一介迂儒，才庸學陋。溯從嶺海，移治荆衡，舉凡前茅、中權、後勁之軍儲，訓農、通商、勸學之民事，經營未訖，疚悚良多。兹復仰荷恩綸，俾權江督。伏念兩江鈐轄三省，總督經緯百端，内政綦繁，外交尤重。臣於光緒二十年奉旨署理任事歲餘，更歷八年，時艱愈亟。思先甲後庚之役，憤憂時迫於中宵。處吴頭楚尾之間，措置動關於大局。臣惟有竭殫心力，體察情形，勤撫綏以輯民心，慎交涉以維國體。乘江漢東流而下，彌念切於朝宗。紓朝廷南顧之憂，冀仰酬乎高厚。一俟將本省要政及交涉重要各事，趕緊清理，即行馳赴署任，合併陳明。

酌改州縣籤捐爲賠款捐摺 光緒二十八年九月二十四日

竊查新案賠款，鄂省攤派奇鉅。前因籌措艱迫，曾請於繁盛通達各州縣，酌量試辦籤捐，以資湊補，附片具陳。奉硃批：著先行試辦。欽此。欽遵在案。當經臣等督飭司道於善後局設立籤捐所，將通省州縣分别大、中、小三等，發給籤捐彩票，酌定票價，次第開行。本期酌取有餘，以相挹注。既可有益於國，兼可無損於民。乃自開辦以來，疊據各該州縣禀稱，地方紳民僉以此舉雖係恤民之政，而鄉僻難以徧喻，不免意存觀望，致形滯銷。行之既久，更恐相率裹足，必致有誤要需。不若各就地方情形，量力籌捐，按年攤解，以濟公家之急等情前來。

臣等伏查湖北地方瘠苦，民力困窮，羅掘之艱，已非一日。此次奉派之款，爲數甚鉅，不得不取之於民。經與司局再四籌商，原擬試辦籤捐，藉以稍紓民困。今辦理既多棘手，自不能不略事變通。又經督飭司道，即將籤捐停辦。另飭州縣就地抽捐，以爲抵補。並將原定籤捐之數大加裁減，各就地方情形與紳民妥籌，不爲抑勒。大抵抽捐之法，以串票爲大宗，而鋪户亦居其三四。務使款皆有著，不累窮檐，並不欲專責農民，轉遺商富。此項捐輸即改名爲賠款捐，以昭核實，使小民知官府之籌畫，實出於萬不得已而取之民者。亦得以顧名警省，爲振作自新之計。經臣等疊次籌議督催，近始據各屬禀復到齊。約計通省所籌計數似不爲少，究竟實能收到若干，此時尚難豫料。而此次所捐之款，要皆與紳民籌商，出自樂輸，或不致漫無把握。現在惟有先就已籌之數實力稽徵，並嚴定各該州縣逐月勻攤批解及解款遲速功過章程，通行試辦，期免貽誤。

（硃批）著妥爲籌辦，毋稍擾累。（欽此）

修築省城隄岸摺 光緒二十八年九月二十五日

竊照湖北省城之南保安門外白沙洲至金口五十里，省城之北武勝門外新河起經紅關至青山三十里，省城外江岸南起鮎魚套内之熊家渡北抵塘角十二里餘，沿江一帶南路舊隄，年久殘廢，僅有隄形可按，北路間有小埂，每年夏間必爲江水灌入，隄内之田數十萬畝悉成湖蕩，坐棄膏腴。居民耕種失業，極形困苦。且其中有撫標江夏縣馬廠各數十里，亦被淹没，畜牧無從，實於民田、官地關繫甚大。

查南隄爲前督臣周天爵所築，現竟日就坍圮。前人苦心經營澤民惠政，何容聽其湮没。且鄂省前數年疊被水灾，各屬貧民流離失所，麇聚武漢間，深虞滋生事端。因思如將此隄修復，既可以工代賑，養無數之窮黎，又可永安耕鑿，得無數之良田。維時湖北賑捐尚有存款，是以力籌大修之舉，爲一勞永逸之計。經臣之洞於光緒二十五年春間，先將紅關至青山之隄分作八段，派委各員興修，是爲北路之隄。民間舊日於沿江偶因春漲築作土埂，全不足恃。一經夏漲，或春水稍大，便至漫淹，將沙湖、大小郭鄭湖連成一片，自江岸直抵磨盤諸山一帶，一片汪洋。現於北路三十里築爲長隄，皆係以平地爲基，因地勢之低昂，定隄身之高卑，高一丈至丈七尺，隄面一律寬二丈。旋復於秋冬水涸，將白沙洲至金口之隄分作十段，分别委員興修，是爲南路之隄。南隄較北隄地段尤爲廣遠，隄内地段，東過東湖門，南抵八風山，督標馬廠即在其内，有南湖、湯孫湖、黄家湖、青林湖、巡司河，夏間江水内灌，則諸湖及河道連成一片。其舊存隄址，大半距江岸甚遥。今則於沿江附近改作新隄，使舊日濱江被淹之地，併包於新隄之内，涸出田畝不可勝數。計南隄綿亘五十里，增築一丈餘不等，隄面一律寬二丈，工程尤爲浩大。諄飭在事文武員弁，督率民夫，日夜趕築，晴雨無間，倍極辛勤，得以蒇事。數年以來，南北兩隄，新隄之未穩者，則復令翻築。隄身之衝刷者，則復令培厚。隄身之較低者，則復令加高。南北兩隄之隄面皆經屢加測量，務令一律砥平。現已一律工竣。隄外令其種植柳樹，柳樹之外栽種蘆葦，以禦風浪而護隄根。惟外江之水既有隄以禦汛漲，內湖之水須有閘以資宣洩，因於南、北兩隄，擇地建閘數座，因時啓閉，蓄洩有資。而石閘工費尤爲艱鉅。臣端方抵任後察看情形，與臣之洞公同商酌，以爲興大利不當惜重費，固始基乃克垂久長。因復委員詳加勘查，按段培修長隄，悉臻穩固。臣等每於隄閘出有險工，親往查勘，督飭各員極力搶險，幸保無虞。此先後修築南北長隄及石閘各工之情形也。

至省城附郭一帶江岸十餘里，向來舊有石磡岸之處，尺寸較低，且不盡有磡岸。當江水盛漲、雨潦日久之際，城內之湖塘、溝渠，城外之濠梁、港汊，積水漫溢，淹没路衢，不能啓閘以洩之入江。而外江之水繼長增高，乃至泛及岸路，寖入城闉，不可不籌抵禦之方。因將沿江舊有石磡岸之處，增修加高，使內水可洩，外水不入。并於武勝門外未有石磡岸之處，一律加修石磡，俾資捍衛。其南、北兩端，與新築南、北兩長隄相接之處，則加築高厚土隄，俾與長隄相等。至石岸雖屬堅定，惟以江水之激盪，石岸內之沙土、（椿）［樁］木，不免有年久坐卸之虞，仍須歲時撥款，量加修補，以期永久鞏固。此又增修中段城外附郭沿江石磡岸之情形也。

南、北兩隄既成之後，涸復田土甚多，有官地，有民地，有無主之地。從前湮没既久，一時驟難分晰，若不詳細清查，實啓民間紛爭之端。復經臣等派員設立清丈局，按地勘丈，詳加考察。清出官地，或仍舊爲畜牧之廠，或撥作通商場界址之用，或撥作農務局耕牧之需。其民地驗有契據糧券者，照契管業。無主無契者，分別發給執照，令其繳租墾種。現計南、北兩路共清丈有官、民田地近二十萬畝之譜。俟今冬暢放湖水後，南、北兩隄沿湖之地涸出者尚多，其未及清丈及民間舊業無待清丈，從前被淹現可免淹者，殆不可以數計。以後永澹沈灾，長安田宅，工程雖艱，受益甚鉅。此又清查田畝之情形也。

其最有益者，則北路紅關至青山一帶，爲粵漢鐵路發軔之地。此隄不築，將來修造鐵路，塞水填土工程甚鉅，所費殆將以數十百萬計。今築成此隄，於鐵路經費所省極多，裨益至非淺鮮。尤有益者，省城迤南之金口，爲上游自湘岳入鄂省之門户。省城迤北之青山，爲下游自黄州到武漢之要隘。金口之山名大軍山，江狹嶺峻。青山地方，岡阜重疊。此兩處皆可以置礮屯兵。他日若武漢江防有事，則由省城南至金口、北至青山，此九十里中皆有高岸平隄，兵隊及馬車、礮車可以晝夜通行，往來援應，調度捷速，尤爲省防勝算。

至此項南、北、中三段隄岸工程長逾九十里，修至二三次，加以建造石閘，增修石磡，經費實爲不貲。幸賴有以工代賑之款，動用賑捐銀兩，藉資挹注，得以竟此全功。應由藩司籌賑局核明確數，彙同工賑案內，詳請開單奏銷。

（硃批）該部知道。（欽此）

收買通商場地畝摺光緒二十八年九月二十五日

竊查湖北省城北武勝門外直抵青山濱一帶地方，與漢口鐵路馬頭相對。從前美國人勘粵漢鐵路時，即擬定紅關一帶爲粵漢鐵路馬頭，是武昌爲南北幹路之中樞，將來商務必臻繁盛，等於上海。近年洋行買辦託名華人私買地段甚多，此處若由外人請開口岸，設租界，距省太近，營壘不能設，法令不能行，有礙防守。查岳州係自開口岸，名通商場，不名租界，自設巡捕，地方歸我管轄，租價甚優，年年繳租，各口所無，一切章程尚屬妥善。曾經臣前於光緒二十六年十月間援案奏請，准將湖北省城北十里外沿江地方，作爲自開口岸，庶不失管理地方之權，奉旨：照議辦理。等因。欽此。欽遵在案。當經籌議開辦大致章程，專設商場局，派委湖北藩司瞿廷韶總辦局務，洋務委員候選道梁敦彦、署武昌府知府梁鼎芬充當提調，督飭江夏縣妥爲經理。首先嚴禁奸商莠民，不准冒名私買。嚴飭地方官，不准印契。其時武勝門外一帶江隄築成，涸出官民各地，先已設有江岸局，清查官荒，收買民地。迨江岸局將清丈、收地、給價、立界事竣，即行撤局，將契據、文卷移交商場局管理。並經雇募英國工程師斯美利來鄂，飭令丈量地段，將建築馬頭、填築磡岸、興修馬路一應工程，詳細勘估測繪細圖核辦。茲查通商場共計查出收買官、民各地三萬餘畝，共計用過地價局費銀二十三萬餘兩，因籌款無出，借撥漢口米商平糶捐銀七萬餘兩。其不敷之數，俱係息借華、洋各商之款應付，俟將來售出地價歸還。目前之費雖鉅，而將來之利無窮。

查沿江、沿海各租界，當外人開辦之始，經營草創費亦不貲。其後商務一興，地價驟漲。上海一畝之地，且有值至萬金者。武昌東西扼長江上下之衝，南北爲鐵路交會之所，商場既闢，商務日繁，地價之昂，可坐而待。已嚴札飭行司局府縣立案，目前無論華、洋商人，以及何項官局、紳商，意欲承領，決不准輕給賤售。總宜堅持數年，待至五年之後，鐵路大通，北達歐洲，南窮香港，羣商趨之若鶩，自然争先訂租。今日一畝之價，異時百倍其值。統計此地三萬餘畝，合二百餘萬方，此外如有可推廣收買者，仍當體察情形，相機擴充收買。將來或租或售，應視其遠近、高下，臨時酌定價值貴賤之等差。若鐵路公司需用者，亦須照議定通行之價承買。即官設之馬頭、局所、行棧，亦一律付價。其餘之地，由各洋商領租，各華商領買。約估所得地價，多少牽算，以最廉之價每地一方值銀十兩計之，計所繳租價、買價，亦值銀二千餘萬兩。除撥還借款之外，贏餘甚鉅，可供開辦此項通商場、修磡岸、造馬頭、設巡捕房、設工部局、設渡江大輪之用，及本省興學、練兵暨興辦農工商務等事經費。此臣等所以亟圖經營，不敢惜目前之費，而忘久遠之謀者也。尤可慮者，此時如不預爲布置，匪特失大宗之財用，抑且損自主之治權。寖假各地，悉爲外人冒購，勢必又蹈租界故轍，侵我統轄地方之權，其流弊後患殆不可問。今既由官收買，斟酌出租，既有開辦商場之資，且免治權旁落之患，實於大局有裨。

（硃批）外務部、户部知道。（欽此）

查勘盧漢鐵路片 光緒二十八年九月二十五日

再，盧漢鐵路現已由漢口造至河南信陽州地方，於本年夏間開車，近日行旅商貨往來絡繹，該鐵路公司洋總管屢請臣前往查閲。查此項鐵路係臣創議興辦之事，現將離鄂赴江，自應親往一閲，以究利弊。茲於九月十七日辰刻自漢口乘坐火車啓行，於申刻馳抵信陽。十八日，由信陽乘原車駛回。計自漢口至信陽州共四百三十餘里，中間所有道路、橋梁工程俱極堅實、宏壯，車站、水倉一律完整，沿途商民欣悦，争謀造房屋，開店鋪，設行棧，山鄉瘠壤頓有興旺氣象，於民間生計裨益甚多。地方農民、工人亦均安謐。湖北所派鐵路兩營，沿途按段分紮，恪遵規矩，彈壓認真，照常操練，洋工司甚爲許可。臣回至漢口後，順道查勘法國新拓租界界址，德國近年新開之租界，及通火車車站之枝路，並查勘比利時、日本兩國現議未定之租界，並會晤各國領事商酌一切。是晚，即渡江返省。

請獎萬斛泉等摺 光緒二十八年九月二十五日

竊惟朝廷設立學校，慎選師儒，所以培養士風，修明學術。湖北地方居長江之上游，天下之中樞，形勢雄偉，人文秀蔚。其間圭璧之彦，舟楫之才，必有達德爲之津梁，名師示之模楷，故能養成楨幹，炳燿膠庠。臣等先後來治此邦，問俗思賢，時加采訪，亟欲表章師範，垂示方來。

茲查有興國州處士、疊山書院院長萬斛泉，曾於咸豐九年經前撫臣胡林翼專疏奏稱：萬斛泉結茅山中，讀書講道，賊至時，正襟端坐，賊不敢近，自相引去。仰蒙文宗顯皇帝賞給頂戴。光緒九年，前督臣涂宗瀛又專疏保奏，仰蒙皇上賞給國子監博士銜。是其學行端純，一鄉感化，曾荷先朝之寵賚，復承聖主之恩言，公論久昭，士林翕服。臣等聞萬斛泉今年已九十有三，精神强健，尚能日課諸生。議論則正而不偏，教思則老而彌篤。及其門者，類皆廉隅自勵，不入公門。以胡林翼所舉之耆儒，至今猶在，可謂楚國之蘭荃，人間之星鳳矣。

又查御史銜蒙泉書院院長吴兆泰，居心温厚，持論正直，主講省城經心書院有年。每論國事，寤寐不忘。江湖有魏闕之思，松柏存歲寒之節。前學臣王同愈重其爲人，疏稱其課士盡心，成效卓著，仰蒙賞還原銜。吴兆泰感激涕零，益自淬厲。今年甫五十，若聽其優游講舍，不能效力國家，實爲可惜。儻荷起用，必不孤恩。以吴兆泰立朝有節，居鄉有教，求之今日蓋不甚多。

邇來風氣大開，學堂廣設，通知時務之士，講求變法之時，果能有辨邪正明義利者維繫其間，收益更爲閎遠。臣等區區之愚，實在於此。合無仰懇天恩，將國子監學正學録銜萬斛泉一員，賞給五品卿銜，或國子監司業銜。至御史吴兆泰一員，可否飭令送部引見，優加録用。出自逾格鴻施。臣等爲表章師儒，整頓士習起見，謹合詞奏請，伏祈聖鑒。

（硃批）萬斛泉著賞給五品銜。吴兆泰著毋庸議。（欽此）

保薦經濟特科人才摺 并清單 光緒二十八年九月二十六日

竊照光緒二十七年四月十七日欽奉慈禧端佑康頤昭豫莊誠壽恭欽獻崇熙皇太后懿旨：爲政之道，首在得人。況值時局阽危，尤應破格求才，以資治理，允宜敬遵成憲，照博學鴻詞科例，開經濟特科，於本届會試前舉行。天下之廣，何患無才。其有志慮忠純，規模閎遠，學問深通，洞達中外時務者，著各部院堂官及各省督撫、學政，出具考語，即行保薦。並著政務處大臣，擬定考試章程，請旨辦理。等因。欽此。又六月初四日，御史陳秉崧奏保薦經濟特科請飭破除夤緣積習一摺。復奉上諭：著各督撫、學政，於保送時，虚心採訪。果係物望素孚確有實學者，方准保奏。等因。欽此。仰見聖朝宏獎人倫，綜覈名實之至意。

臣等伏念鄂省居天下之中，江漢會歸，人才最盛。近年自創辦學堂以後，士知向學，材智輩興，其中根柢槃深、研求有得者，固自不乏。而平日講學宗旨，尤以克端趨向，力屏浮華爲急務。是以學堂卒業各生，成材更夥。茲值特開曠典，爰於鄂中人士，就臣等平素諮訪所深知者，保薦六人，得候選知縣、前黄岡縣訓導楊守敬，刑部候補主事姚晋圻，國子監監丞、前歸州學正推升知縣劉德馨，翰林院庶吉士饒叔光，陝西補用知縣丁禧瀚，兵部郎中劉國柱等。又於學堂肄業各生中，悉心甄録，保薦十人，得舉人劉邦驥，舉人胡鈞，附生陳毅，舉人陳問咸，舉人田吳炤，舉人盧静遠，附生吴元澤，舉人陳曾壽，分省試用同知宋康復，舉人萬廷獻等。皆就其學問品詣，出具切實考語，分別敬繕清單，恭呈御覽。儻蒙俯允召試，必能罄其所長。臣等忝竊疆符，考覈詳確，與有以人事君之義，力存循名責實之心。用特縷晰詳陳，伏候聖明采録。

謹將鄂省保薦經濟特科人才各生員，出具切實考語，敬繕清單，恭呈御覽。

四品頂戴候選知縣、前黄岡縣訓導楊守敬湖北宜都縣人，壬戌舉人 老成夙望，博覽羣書，致力輿地學數十年，於列朝沿革、險要，洽熟精詳，著書滿家，卓然可傳於世。

刑部候補主事姚晋圻湖北羅田縣人，壬辰進士，翰林院庶吉士 品行端謹，不入公門，奉母居鄉，日以讀書爲樂。研精史部，識解甚高，治亂興衰，能知其故，可謂閎達雅才。

國子監監丞、前歸州學正推升知縣劉德馨湖北漢川縣人，庚午舉人 治家嚴整，鄉望咸孚。平日讀書教人，以忠君、孝親、勤儉、耐苦爲本，故一家兄弟子姪皆能好學勵行，爲湖北名門。經史之學皆所殫心，得其要領，又能留心時事，才識不凡。

翰林院庶吉士饒叔光湖北武昌縣人，戊戌進士，翰林院庶吉士 心地慈良，品詣端潔，熟精歷史，於歷朝國朝名臣奏議，尤所究心。志在用世，洵爲品學交修之士。

陝西補用知縣丁禧瀚湖北江夏縣人，癸巳舉人 文章爾雅，内行修明，素性耽書，於算學一門，采貫中西，精思獨運。又嫻習史事，志識卓越，用世之才。

兵部郎中劉國柱湖北黄岡縣人 肆力古書，留心時事，志氣開廣，文字清華。少年遠到之器。

舉人劉邦驥湖北漢川縣人 天性至孝，母喪三年不茹葷，係兩湖書院優等學生。院章十日放假一日，劉邦驥每遇書院放假日，必上母墳祭掃，鄉人咸嗟敬之。平日考求經史及用世之書，嗣派往日本遊學四年，在成城學校畢業，復在礮兵聯隊畢業。於礮學、兵學、測繪學、算學、化學、醫學、譯書學，皆能深究其理。確可見諸實用，又能主持正論。以忠君大義勸勉同輩，雖邪説紛起，恐嚇百端，不爲少動。忠肝義膽，無媿古人。現派湖北大學堂教習。

舉人胡鈞湖北沔陽州人 志趣高遠，才品俊拔，係兩湖書院算學領班學生。經史文章，皆有功力。派往日本遊歷二次，考求學堂教育各要政。精思卓識，所得良多。於測繪學、算學、譯東書學最長。治事之才，尤爲精敏。現派湖北師範學堂堂長。

附生陳毅湖北黄陂縣人 學博思沈，志氣高邁，西北輿地最爲精熟，係兩湖書院優等學生。曾派往日本遊歷兩次，於教育一門，盡心講求，細密詳實。所有辦理大、中、小學堂之法，心中皆有規則，不爲空談。一時才雋，罕能幾及。現派充湖北師範學堂堂長。

舉人陳問咸湖北安陸縣人　學問雅整，氣質温純，係兩湖書院測繪學領班學生。在兩湖書院數年，安謹循禮，從不犯規。無近日學生囂陵習氣，人品可貴。曾派往日本遊歷兩次，能譯教育書，兼知其理。所繪各圖，工細準切。經史俱有根柢，文章亦斐然可觀。現派充湖北自强學堂中學教習。

舉人田吴炤湖北江陵縣人　才志沈毅，守道不移，係兩湖書院優等學生。經學、文學皆能講求有得。曾派往日本成城學校遊學二年，又派遊歷一次。學堂辦法及一切教育書，能譯、能讀，才又足以副之。尤精算學，理法通明，可以致用。現派充湖北自强學堂中學教習。

舉人盧静遠湖北竹谿縣人　質性聰穎，心思精鋭，係兩湖書院優等學生。算學本有根柢，嗣派往日本遊學，四年畢業。復在步兵聯隊畢業，武事精能，不避勞苦，心術正大，不附詖邪。學成返鄂，無矜誇之容，偏謬之見。論事、辨事，皆有條理，實屬緩急可倚之才。現派充湖北將弁學堂教習。

舉人陳曾壽湖北蘄水縣人　性行孝謹，志趣光明，係經心書院優等學生。經史、理學皆有工夫，文筆亦復茂美。近更博考西國諸政，觀書有識，宅心無邪。尤於兵事勤求不懈。所著有歷代兵事圖表，指陳得失利害，具見懷抱英特慨然負經世之才。

分省試用同知宋康復湖北漢陽縣人　品行修謹，志趣清超，係經心書院優等學生。研求經史，饒有心得。所爲文字，天骨開張，才氣英偉，大有宋陳亮、薛季宣一流人氣概。

附生吴元澤　原稿事略闕佚。

舉人萬廷獻湖北武昌縣人　志氣不俗，品行謹飭，係湖北武備學堂優等學生。兵法已知梗概，嗣派往日本遊學四年，在成城學校畢業，又在礮兵聯隊畢業。於礮法、戰法用心學習，親身試演，實得要領，可以辦事。現派充湖北普通中學堂教習。

遴員請補改設撫民同知摺(一)　光緒二十八年九月　日

竊准吏部咨，截缺單開湖北漢陽府夏口撫民同知四項最要缺改設，於光緒二十七年二月十四日奉硃批，坐二月十九日行文，按湖北省照限減半計算，扣至二十七年三月十三日爲奉文開缺日期，係衝繁疲難四字最要缺，例應由外揀員請補。查定例，州縣以上應調缺出，俱令於現任人員内揀選調補。如無合例堪調之員，始准以候補人員題補。如候補無人，亦准於應升人員揀選題升。又道府同知、直隸州知州，如係奉旨命往，或督撫題明留於該省候補者，均無論應題、應調、應選之缺，令該督撫酌量才具，擇其人地相宜者，悉准補用各等語。兹查夏口廳駐紮漢口，係九省通衢，爲長江行輪停泊總埠，又爲火車鐵路發軔之區。地密人稠，商賈輻輳，游勇會匪最易潛蹤，華洋錯居交涉，現當改設伊始，非得精明强幹、熟習情形之員，實不足以鎮懾商民，進求治理。臣等督同藩、臬兩司，在於通省現任同知並各項候補以及應升人員班内逐加遴選，實無堪調堪補之員。惟查有候補班前補用知府、新海防試用同知、現署夏口撫民同知馮啓鈞，年三十二歲，廣東南海縣附貢生，遵新海防例報捐同知，指分湖北試用。光緒二十

(一) 録自《京報》第七二〇五號。

二年十二月初十日引見，奉旨：著照例發往。欽此。二十三年正月二十日到省，試用期滿，甄别留省補用。嗣於剿捕長江自立會逆匪在事出力案内保奏，請免補同知，以知府仍留原省歸候補班前補用並加鹽運使銜。二十八年正月十一日奉旨：依議。欽此。臣覆查，該員馮啓鈞，强幹精明，才堪肆應。自署理斯缺以來，舉凡辦理交涉，通商緝捕諸事，無不措置裕如，民教相安，中外輯睦。以之請補是缺，可期衆望翕然，立觀成效。該員係免補同知保獎知府，尚未送部引見，擬請銷去免補字樣，仍以試用同知請補，改設撫民同知要缺。雖與常例稍有未符，但事關交涉，且係創設之缺，初次擬補，遴選爲難，人地既實在相需似未便更拘成例。合無仰懇天恩俯念漢陽府夏口撫民同知員缺緊要，准以試用同知馮啓鈞補授，實於地方、洋務均有裨益。該員原係試用同知請補同知，銜缺相當，應毋庸送部引見。據布政使瞿廷韶、按察使李岷琛會詳前來。除咨吏部外，臣等爲因地擇人起見，是否有當，謹合詞恭摺具奏，伏乞皇太后、皇上聖鑒，敕部核覆施行。

吏部議奏。

鄂省裁營節餉及現有各營管帶銜名摺〔一〕

光緒二十八年九月　日

竊照前准兵部咨，光緒十五年十月二十八日奉上諭：各省防營如有更換管帶員弁或移紮他處，著隨時奏聞。欽此。查鄂省前因沿江富有票匪作亂，各種會匪乘機蠭起，防務吃緊。長江上下游及邊境各要隘，風鶴頻驚，添募各營分布防剿，疊將匪首捕拿懲治，地方漸就安謐。當經酌量緩急情形，分别裁撤更换，以節餉需。因將江安一底營裁撤，酌留勇丁五十名，改爲沿江督捕營，委湖北補用知府、現署夏口廳同知馮啓鈞兼帶。復因沿江匪徒伏莽未净，飭本任長樂縣知縣竇以莊募勇五十名，專司沿江緝捕，改委本任襄陽縣知縣李祖蔭接帶。又因李祖蔭另有差委，改爲歸併現署夏口廳同知馮啓鈞接帶，籌度沿江緝捕情形，酌量招募，以資分布梭巡，取名爲沿江下游緝捕營。又裁撤武襄第一、第二、第三、第四共四底營。其第二營駐紮老河口，該處商賈繁盛，教堂林立，不可無勇彈壓保護。當飭原帶該營之叅將陳金元，於撤勇内挑留兩哨，改爲襄防右營，仍委該叅將管帶，歸安襄鄖荆道節制，照舊駐紮老河口巡防。又荆州、沙市地方，原設沙防兩底營，飭令裁撤。續募之前、後、右三底營，其統帶官補用道朱滋澤在省另有差委，改委遊擊蔣聲耀督帶兼帶中營。其管帶左營遊擊蕭貞福病故，飭遊擊姚紹期代理。又前募駐省武建八底營，分爲左、右兩旗，練習洋操。因該營督標官副將張彪訓練有效，委令兼充統帶，並委左旗壹營營官同知劉承恩兼充左旗四營督帶，右旗第一營營官縣丞楊汝欽兼充右旗四營督帶。又駐防漢陽之漢靖[營]，襄陽、棗陽之襄防新營，宜昌之宜勝營，麻城、羅田之武勝新營，利川之利防營，田家鎮之砲隊營，並提督周得升所帶漢口緝勇，均飭一併裁撤。宜勝營遣出宜昌鼓樓背防地，令宜昌鎮所帶宜防營撥勇兩哨填紮，按三個月輪流换防。飭素諳砲法之把總毛永興，募勇五十名，駐守田家鎮南北兩岸砲臺。又襄防馬隊右營馬勇二百五十名，飭該管帶叅將婁成立裁撤一百名。又由

〔一〕録自《京報》第七二〇六號。

湘調鄂之威字三旗，飭令統帶候選道員忠浩照湖北營制分別裁減，挑留兩底營，改名武忠左、右兩營，駐防岳州，控扼武漢上游。又駐省武愷中、前、左、右四營，改名爲武愷第一、第二、第三、第四等營，仍歸提督吴元愷統帶，並將兼帶之中營現改第三營，委候選知縣楊自新管帶。又原派彈壓鐵路護軍甲、乙兩營，分紮灄口起至河南信陽州一帶，按段防護，未能合集操練，且因鐵路加長，防地加廣，應添派兩營與原派之兩營輪流换防，以便操練。飭令原有漢防三營撥去兩營，改爲護軍鐵路兩營。丁營歸原統鐵路營副將張彪兼統，並飭管帶鐵路一營游擊謝樹泉，兼充此四營督帶，並飭帶護軍右旗第一營知縣楊蓉第，管帶鐵路甲營。遞遺護軍右旗第一營事務，委知縣劉錫祺接帶。其餘漢防一營，仍歸叅將陳士恒督帶。又管帶襄河水師前營漢陽鎮標中軍遊擊陶運亨病故，委候補知府、現署夏口廳同知馮啓鈞接帶。管帶襄河水師中營兼總查襄河水師伍營提督謝得龍病故，委本任襄陽縣知縣李祖蔭接帶兼總查襄河水師伍營，隨時周歷巡查，以資整頓。所有湖北裁撤、新募防營，並將現有各營更换各統帶、督帶、管帶緣由，除咨部外，謹合詞恭摺具奏，伏乞皇太后、皇上聖鑒。

該部知道。

請准以歐瑞麟補授同知摺[一]　光緒二十八年

九月　日

竊照武昌府同知長坦於光緒二十六年十一月十五日病故，所遺係衝繁難要缺，前經請以開缺留省另補同知金鴻翎請補。旋准吏部咨，覆查武昌府同知出缺在該員開缺另補之先，今請補此缺，核於定例不符，並不在例准聲明之列。所請應毋庸議。其武昌府同知要缺，應令另行揀選。光緒二十八年五月十一日具奏，奉旨：依議。欽此。坐五月十六日行文等因，咨移到鄂。自應遵照另揀合例人員請補。查定例，州縣以上應調缺出，具令於現任人員内揀選調補。如無合例堪調之員，始准以候補人員題補。又，道府同知、直隸州知州、通判知州，如係奉旨命往，或督撫題明留於該省候補者，無論應題、應調、應選之缺，令該督撫酌量才具，擇其人地相宜者，悉准補用。又如係題調要缺，應無論何項出缺，或調或補，准由該督撫酌量具題。又題調要缺酌量以候補人員請補時，該省如有截取記名分發人員，應先儘酌量請補各等語。今武昌府同知，係衝繁難兼三要缺，駐紮省會，政務紛繁，非精明練達之員，難期勝任。臣等督同藩、臬兩司，復在通省現任簡缺同知内逐加遴選，實無合例堪調之員。惟查有截取補用同知歐瑞麟，年四十九歲，陝西漢陰廳拔貢。光緒五年報捐内閣中書，六月到閣。六年加捐五品銜。廿一年補授實缺。二十二年四月丁母憂開缺，二十四年七月服滿起復補缺。二十五年六月俸滿截取，奉旨記名以同知補用。八月呈請簽分浙江，親老告近，改掣湖北，九月十四日引見，奉旨：著照例發往。欽此。旋在山東賑捐局獎叙花翎。二十六年四月二十五日到省。臣等覆查該員歐瑞麟，安詳謹飭，辦事細心，且係截取記名分發人員，以之請補武昌府同知要缺，實堪勝任。惟調缺請補與例稍有未符，但人地實在相需，例得聲明奏請。合無仰懇天恩俯念武昌府同知員缺緊

[一] 録自《京報》第七二〇七號。

要，准以截取分發補用同知歐瑞麟補授，實於地方有裨。該員係截取同知請補同知，銜缺相當，毋庸送部引見。據湖北布政使瞿廷韶、按察使李岷琛會詳前來。除咨吏部外，謹合詞恭摺具陳，伏乞皇太后、皇上聖鑒，勅部核覆施行。

吏部議奏。

簡缺知府照例擬補摺〔一〕 光緒二十八年九月 日

竊査照新選安陸府知府段鴻疇在省寓病故，當經奏咨開缺，聲明所遺員缺扣留外補在案。查截缺章程内開，丁憂、病故之缺，有本日可計者，即以各本日作爲開缺日期。今安陸府知府段鴻疇係於光緒二十八年六月二十八日病故，應歸六月分截缺。是月分祇此一缺，毋庸掣籤，應照例擬員請補。查定例，道府同知、直隸州知州、通判知州，如係奉旨命往，或督撫題明留於該省候補，凡應歸候補班補用者，無論應題、應補、應選之缺，令該督撫酌量才具，擇其人地相宜者，悉准補用。如遇告病、病故、休致選缺，先儘候補班前酌補一人，次將候補正班酌補一人各等語。湖北省知府病故休一項，前出德安府知府汪元慶病故遺缺，請以候補班前補用知府王曜鑾補授在案。今安陸府知府段鴻疇病故遺缺，應歸候補正班。查有候補知府趙毓楠，年六十三歲，直隸青縣監生，同治元年考取謄録，充補國史館漢謄録，在京銅局報捐知州，雙月選用。三年八月宣宗成皇帝實録告成，議叙以本項應得之缺分發各省試用，二年照例題補。奉旨：依議。欽此。呈請分發，簽掣湖北。旋因告近，改掣河南。五年八月到豫，試用期滿留省補用。因捻逆竄圍省城，帶勇防守出力保奏，九年二月奉旨，賞戴藍翎。是年二月，丁憂回籍。十一年服闋起復請假，仍歸湖北原省補用。光緒二年閏五月到省。二十年由湖北新海防捐局遵例報捐同知，以知府仍指湖北試用。因湖北煉鐵局告成，保奏請免補同知，以知府仍留原省補用。二十二年五月奉旨：依議。欽此。隨在户部捐免保舉，六月二十三日引見，奉旨：著照例發往。欽此。七月二十三日到省，試看期滿甄别，以繁缺留省補用。臣等覆查，該員趙毓楠，樸實勤能，究心吏事，以之請補安陸府知府員缺，洵堪勝任。合無仰懇天恩俯念地方緊要，准以候補知府趙毓楠補授安陸府知府，實於地方吏治有裨。該員係候補知府請補知府，銜缺相當，毋庸送部引見。據布政使瞿廷韶、按察使李岷琛會詳前來。除咨吏部外，謹合詞恭摺具陳，伏乞皇太后、皇上聖鑒，敕部覈覆施行。

吏部議奏。

政績昭著之知縣准送部引見片 光緒二十八年九月 日

再，在任候選道候補直隸州、本任江夏縣知縣陳夔麟，以庶吉士改官來鄂，歷任穀城、蘄水、江夏等縣，政平訟理卓著循聲。前在夏口廳署任，適值拳匪事起，長江戒嚴，漢口爲水陸要衝，華洋錯處。當事急時，漢口各國商教人等甚爲惶急，加以陝、豫各省洋人教士絡繹過境，該員巡防保護，不憚勤勞，得以無事。破獲富有票匪首一案，該員身任地方，擒獲渠魁，消弭巨患，實

〔一〕以下二件録自《京報》第七二〇八號。

爲首功。調署荆門州任，亦能措置咸宜。又鍾祥縣知縣徐嘉禾，歷任利川、棗陽、大冶等縣，潔己愛民，輿情愛戴。自調任鍾祥以來，緝捕團匪，勸辦學堂，事事認真。鍾祥隄工爲襄河最爲衝要之處，該員殫心修防，剔除積弊，用款核實。每遇汛防吃緊之時，該員必親身駐工，督率防護，不避艱險。數年以來，該縣隄工穩固，民生安全，實屬成效昭著。該兩員皆係守潔才長，政績彰著，且均經大計，洊舉卓異，爲鄂中不可多得之員。合無仰懇天恩俯准給咨送部引見，出自逾格鴻慈。臣等爲考核人才起見，謹合詞附片具陳，伏乞聖鑒訓示。

陳夔麟、徐嘉禾均著送部引見。

奏請捐實官各員懇仍照原册覈獎片[一]

光緒二十八年九月　日

再，前遵旨開辦湖北助餉新捐，奏准援照兩江□成捐章請獎，據各處稟報，約勸有五十餘萬兩。嗣奉諭旨捐實官電請行在軍機處、户部代奏，請將勸獲五十萬兩之數截止，飛飭各處赶催履歷，分別獎叙。奉旨：户部知道。欽此。復因陸續據報請獎實官一千六十一名，共捐銀五十四萬六千四百餘兩，覈與原報之數溢出銀四萬餘兩。經臣等奏懇飭部，將湖北省助餉新捐册造實官銜封貢監等項各捐生，一律覈獎。欽奉硃批：户部議奏。欽此。旋准户部議覆，令仍按照前次報收之數造册請獎，以符原案等因。當經轉飭遵照辦理。茲據湖北布政使瞿廷韶及助餉新捐局司道會詳稱，查此項捐輸，是因先據呈繳捐銀，後取履歷查核請獎，多有原獎銀不敷，又令照數補交，積少成多，以致溢出銀四萬餘兩，並非奉旨停捐以後續收之款。向來辦理捐輸，如捐册到部，原捐銀數不敷，准其在部庫補交。今部議此項助餉新捐必以五十萬爲斷，其溢出之銀一概駁除，則此溢出駁除之銀，仍係部庫准交之款，在部在外同一補交，似屬無所區別。且有同係補交，造册在先已奉核准者，現必將造册在後之員駁飭不准，未免向隅，辦理亦有窒礙等情，詳請具奏前來。臣等覆查無異，合無仰懇天恩俯准飭部仍照原册覈獎，以昭公允而免歧異。除咨部查照外，謹合詞附片具陳，伏乞聖鑒。

户部議奏。

查明知州凌兆熊被參各款情形摺[二]

光緒二十八年九月　日

竊臣等承准軍機大臣字寄，光緒二十八年五月十八日奉上諭：有人奏湖北蘄州知州凌兆熊，疏懶糊塗，信任丁役，積壓公事，縱盜弛刑，以致持械搶劫之案層見疊出，請飭查參等語。著張之洞、端方按照所指各節，確切查明，據實參奏，毋稍徇縱。原片著抄給閱看，將此通諭知之。欽此。遵旨寄諭前來。臣等當即札飭布、按兩司確查密訪，一面遴委湖北候補道趙濱彦馳赴蘄州，按照原參所指各節，切實查明稟復。茲據湖北布政使瞿廷韶、湖北按察使李岷琛會查覆稱，按照原參各節，核明案據，覆加訪查。

[一] 録自《京報》第七二一一號。
[二] 以下二件録自《京報》第七二二二號。

如原參蘄州知州凌兆熊，歷官之處，士民皆呼之爲凌糊塗，嗜好最深，俾晝作夜，信用家丁□□，賄賂公行一節。查凌兆熊於光緒十九年到任，二十六年調省，二十七年回任，先後在任十年，於地方公事均能斟酌辦理。且起家科目，文理優長，心地明白。惟秉性寬和，近於舒緩，尚無糊塗之名。該員平日性好讀書，公餘時恒手執一卷，又愛育士林，一遇考試，必親自衡文，每至夜深不寐。所稱嗜好最深俾晝作夜者，或即此傳聞之誤。又該員操守謹飭，素知自愛。前在州任時，有家丁江静庵性好游蕩，該員當即驅逐。此外實無信用丁役賄賂公行之事。

又如原參州署背水面山，向稱勝境，該員復搆園亭，專以遊宴自娱一節。查該員到任以來，曾於州署後院造樓一座，南門外構亭一椽，均就原有基址自行捐廉修葺，無關政事得失。此外別無營造。訪之本地士民，僉謂偶一登臨，亦未見其常往遊宴。

又原參兩造爭訟，聽斷不明，輒推案曰不管，每年上控之案多至七八十起一節。查凌兆熊此次回任，審斷頗勤，上控案件每月均有報册可稽檢查尚不甚多。至推案不管等語，訪之曾經涉訟到官者，據云並無所聞。

又原參州紳江樹芳、繆樹人、陳沛霖、王金英及民人吴姓、張姓等十餘家，皆被匪持械搶劫巨贓，雖經報案獲犯，並不懲辦一人，以致盗風日熾一節。查該州於光緒二十四年十月十一日據永福鄉職員江樹芳，二十三年十二月初三日據永平鄉貢生陳沛霖，二十四年四月初十日據高山鄉孀婦繆洪氏，二十四年九月初六日據安平鄉監生王金華，先後呈報被盗强劫，均經勘驗通詳。繆樹人當係繆洪氏之誤，王金英當係王金華之誤，惟陳沛霖一案尚未獲犯，其餘三案均經獲盗。供詞忽認忽翻，致未定讞。現仍勒緝逃盗質審究辦，並非獲犯不行懲辦。此外查無吴姓、張姓十數家被劫呈報之案。

又原參今年三月，州紳許以唐家被盗匪陳鳳林、陳爲普疊次偷竊，後復糾衆劈門搜刮一空，並將婢媪輪姦幾至斃命，委驗獲犯，該牧仍欲釋放一節。查光緒二十八年三月二十日據監生許棣華遣抱許藻卿呈報，本月十六日夜被陳鳳林、陳爲普等持械劈門入室，先將門客許藻卿、雇工許賢佑等繩縛置地，珠玉、金銀、衣服罄搶一空等情。許以唐當即許棣華之誤。原呈並未叙及輪姦婢媪情節，凌兆熊親詣勘驗，拿獲陳爲普、張許氏。並據陳鳳林投案提訊，前後供詞各執。張許氏係許棣華家已嫁之婢，先據供稱與其夫、在逃未獲之張耀德串通勾搶，嗣經獲犯孫發枝、柴西爾、賈宜元、華中元等訊明，持械夥劫許棣華家得贓不諱，並起獲原贓給主認領。續又拿獲艾贏瘵、索天佑、李宜元、李容元等犯，雖據艾贏瘵供有華桂元、李容元輪姦婢媪等語，尚未質訊明確，然僉稱并無陳鳳林糾劫情事。查陳鳳林因陳爲普屢竊許姓，許姓向其理論，積有微嫌。此次被搶之事主本不在家，但據□告許藻卿擬議之詞，率行指控，未可盡信。臣等以案關重大，節經批飭臬司將全案提省審辦，以昭詳慎。一面嚴飭務緝張耀德等到案質訊。凌兆熊并無獲犯後仍欲釋放之事。

以上各節案卷具在，委無掩飾等語，並據道員趙濱彦禀復前情，核與司詳大致相符。臣等覆加體訪，該牧凌兆熊兩任蘄州，尚能謹慎從公，不失爲安静之吏。被參各節尚屬有因，或並無其事，均可毋庸置議。惟查蘄州地方濱江，近年長江輪船日增，扒手、游匪附搭往來，每多滋事，以故在今日沿江緝捕尤爲吃重。凌兆熊性情和緩，於該州不甚相宜。相應請旨將蘄州知州凌兆熊開缺另補，以重地方。除飭司督飭宜昌、漢陽兩府將許棣華呈控被劫案內已獲解省盜犯研訊確情，另行擬結懲辦，並各案在逃夥盜仍飭勒拿分别究治外，所有遵查知州被參各款，並擬議辦理緣由，謹合詞恭摺具陳，伏乞皇太后、皇上聖鑒訓示。再，所遺蘄州知州，係衝繁難三字要缺，例應由外揀員請補，合併聲明。

著照所請。該部知道。

奏參劣迹素著之道員任子齡片 光緒二十八年

九月　日

再，湖北試用道任子齡，向在湖南充當刑幕，以臬司幕友兼充長沙府讞局幕友。廣通聲氣，冠蓋盈門，通省州縣幕友，大半皆薦舉其徒爲之。非出其門下者，公事輒加挑駁。是以通省官場畏之，趨承恐後，聲名素劣，曾經被人參劾列款多端。經前任湖南撫臣查復，幸免深究。嗣捐納道員，指分湖北試用。初到之時，尚屬安静。一年之後，其狡悍情形日漸發露，語言謬妄，變亂是非，通省要政無一不加梗阻。該員若久在湖北，必致官場習染敗壞風氣，致蹈他省候補道把持全省公事之惡習。方屢奉明旨掃除書吏積弊，查劣幕之頑謬，自是事事以因循搪塞爲宗旨，專舞空文，不辦實事，與蠹吏同而其悍黠則又過之。故欲除蠹吏，必先自除劣幕始。相應請旨將湖北試用道任子齡勒令即回江蘇原籍，敕下吏部，將該員分發湖北省分註銷，不准在湖北逗留，免致敗羣生事，以肅官常。臣等謹合詞附片具陳，伏乞聖鑒訓示。

另有旨。

援案請獎隨辦洋務人員片〔一〕 光緒二十八年

九月　日

再，竊查南北洋成案，隨辦洋務人員三年奏獎一次。近時山東省奏請彙獎洋務人員，亦經奉旨允行各在案。鄂省商埠久開，惟從前交涉尚簡，辦理較易，故未敢將承辦洋務之員率請獎敘。自近年創興鐵路，武漢爲南北樞軸。長江商務日闢，已駸駸直達上游，於是天下大勢日漸趨重於鄂中。各國之賓從絡繹，電牘紛紜，幾於日不暇給。而鄂省洋務之煩重亦遂不下於南北兩洋。迨至前年，拳匪事起，畿疆告警，全局爲之震動。臣之洞等幸秉聖謨，保疆定約，其事甫經就緒，而富有票匪輒乘機煽亂，黨與徧布長江，巢穴潛藏租界，維時事幾倉猝，瞬息變更。當經督率在事各員密籌妥辦，均尚克殫心力，不負委任。嗣又因湘省教案屢見，節經指派熟諳條約之員，與各國領事教士等一併磋磨，分别議結。其時西北鄰近各省，凡商埠未開之處，遇有交涉事件，均歸漢口各國領事兼管，責言日至，往復籌商，以及平時之函電交馳，無不以鄂省爲驛騎。於是鄂中洋務且不免有兼顧鄰省之勞。臣等核計近十年中變故既多，情形迥非昔比，所有隨辦洋務各員，均屬始終勤奮，著有微勞。合無仰懇天恩准予援照南北洋成案，將歷年隨辦洋務各員併案擇尤奏獎，並請此後每届三年照章請獎一次，以示鼓勵。如蒙俞允，應俟命下之日，再由臣等開單奏請獎敘，斷不敢稍涉冒濫。謹合詞附片具陳，伏乞聖鑒訓示。

著照所請。該部知道。

〔一〕以下三件録自《京報》第七二二三號。

請優獎兩湖書院監督摺光緒二十八年九月　日

竊維敬教、勸學二者相資，古來興國者欲圖自强，其端必基於此。近者屢奉諭旨，令各省建立學堂。海内聞風相告，此誠文教昌明、人才蔚起之會也。查湖北省城兩湖書院，係臣之洞到湖廣時所創建，其規模較各書院爲最大。初時有齋課而無堂課，有月課而無日課。設立前數年，諸生學業文藝雖已斐然可觀，惟是世變孔亟，道術宏深，不通博則無以開心知，不專精則無以得實用。於是恪遵光緒二十四年九月三十日懿旨，酌改章程，區考門目於經、史二者之外，立天文、輿地、兵法、算學四門。又於兵法一門，分爲三子目。一、兵法史略學，專講歷朝史事之言兵者。一、兵法測繪學，專講測量圖畫理法，以爲行軍之用者。一、兵法製造學，專講化學有關製造槍砲火藥之法者。凡八門。每月延聘分教一人以監督董率之。又立行檢一門，監督司之。每日早、午兩堂，分班講授。每月總計分數及行檢有無過失，第其高下，嚴其去取。又以文士多弱，習武可以自强，於院後闢操場一所，派武備學堂優等學生及營中武弁，每日傍晚時體操法、行軍步法、操槍法、乘騎法，使之文武會通，冀復古制。而監督、分教督率經營於其間，自朝至暮，無時不與學生相左右，風雨與偕，甘苦共嘗。闔院師生無一人不勤，無一日不勞者。此即仿東、西各國學堂之意爲之。以故學生一百數十人，皆能恪守院規，不辭煩苦，數年以來，成材甚衆。臣端方奉旨撫鄂，屢到講堂考察功課，見其整齊勤密，文武兼資，他年院中人材必有出而匡濟時艱，酬答國恩之一日。今年鄉試，臣端方正充監臨，官榜發後，優等學生中式至三十名。其文字多能發抒忠君愛國之忱，博通古今中外之故。目前兩湖書院改爲兩湖大學堂，院中儲養有素，取材甚便，且自願遵奉新章，不以爲難，不以爲苦。是該監督、分教等積年講解化導之功不可没也。竊思教育既有成效，所有監督、分教各員，似應優予獎叙，方足以勸將來。謹開列清單，恭呈御覽，合無仰懇天恩俯准照擬給獎，以勸師範而廣成材，實於今日學堂要政不無裨益。臣等謹合詞具陳，伏乞皇太后、皇上聖鑒。

該部核議具奏。單併發。

謹將兩湖書院監督、分教各員酌擬獎叙開列清單，恭呈御覽。

監督，内閣中書銜直隸霸州訓導紀鉅維　文學淵雅，品行方嚴，課事盡心，終身不懈。擬請旨以内閣中書用。

經學分教，廣東順德縣廩貢生馬貞榆　研精左氏之學，人品端篤，守正不渝。擬請旨賞給國子監學正銜。

史略學分教，江南江浦縣訓導陳慶年　史事博洽，經世之才。擬請旨賞給内閣中書銜。

天文學分教，布政司理問銜江蘇南匯縣附貢賈文浩　家學專門，殫心訓課。擬請旨以教職選用。

輿地學分教，五品銜分省補用知縣鄒代鈞　曾到歐洲遊歷，熟知險要，博學通才。擬請旨仍以知縣儘先選用。

算學分教，通判職銜湯金鋯　有學有法，啓迪擅長。兵法測繪學分教，通判職銜羅照滄　思密學精，成就甚衆。以上二員均擬請旨以通判選用。

覽。

調黄以霖回鄂省委充學堂監督片光緒二十八年九月　日

再，臣前因鄂省興辦武學，委用需員。查有鹽運使銜補用道湖北候補知府黄以霖，前經出使日本國大臣李盛鐸奏調出洋，派充駐紮日本神户領事官，於外洋學校兵制素切究心，均知體要。臣於本年春間電商接任使臣蔡鈞，調回鄂省，委充武普通中學堂監督。該員係奏調出洋未及期滿三年調回原省當差，理合附片聲明，伏乞聖鑒。

該部知道。

川淮鹽斤抽收兵餉銀數摺[一]光緒二十八年九月　日

竊照鄂省遵旨力籌練兵新餉，爲本省防營精練洋操經費，暨荆州駐防挑練閒散旗兵新餉之需，援案推廣川淮鹽斤加價，每鹽一斤加收錢二文，以供餉需，奏奉諭旨允准，業經將光緒二十五年加抽之日起至二十六年十二月底止抽收銀錢數目，恭摺奏報在案。兹據湖北鹽法武昌道凌卿雲詳稱，宜昌川鹽加收練兵新餉，光緒二十七年分共收錢一十四萬三千三百一十一串二百六十六文。督銷淮鹽爲加收練兵新餉，係照歷届成案折合銀兩彙收，光緒二十七年分共收銀九萬四千二百一十九兩五錢一分四毫。均解交鹽道轉解善後局，分别撥充本省防營練操經費暨荆州駐防挑練閒散旗兵新餉等情，詳請奏咨前來。臣覆核無異，除咨户部外，理合恭摺具陳。伏乞皇太后、皇上聖鑒。

户部知道。

籌辦清丈屯田增收契税摺[二]光緒二十八年九月　日

竊照光緒二十八年正月十七日内閣奉上諭：各直省衛所屯田，原爲轉漕養贍運丁而設。自南漕改由海運以來，屯衛弁丁半成虚設。此項田畝私行典賣，輾轉轇轕，弊端百出。虚設此項田畝，漕糧亟宜認真清查，改歸丁漕，以昭覈實而裕賦課。著漕運總督陳夔龍會同有屯衛省分各督撫，將各省屯田地畝逐一澈底查明，令該屯户報官税契，聽其管業。將屯餉改爲丁糧，統歸州縣官經徵。有盗賣私售者，亦飭據實報明，完納正供，不究既往。更須嚴禁胥役需索苛擾。等因。欽此。又於五月二十六日承准軍機大臣字寄，五月十四日奉上諭：有人奏，各直省衛所屯田請飭清查覈價以裕國帑一摺。據稱，近來各省屯田，半係民户頂替，其私售價值，約得民出常價之半。現在衛所既已裁撤，若將屯田一律清查，所得巨款於籌餉大宗不爲無補等語。著各省督撫迅即認真清查，分别妥籌辦理，詳晰具奏，毋稍延宕。原摺著鈔給閲看，將此通諭知之。欽此。遵旨寄諭前來。節經臣等轉行司道遵照辦理，並先將湖北各衛分飭同城各州縣兼署接收交代。又以各衛屯産情形不一，頭緒紛繁，另設清理衛田局，派委湖北候補道朱滋澤總辦局務，與司道酌商籌辦，以專責成各在案。

兹據布政使瞿廷韶、督糧道譚啓宇會同該局詳稱，湖北各衛所在水鄉，歷有衛塌荒廢之區，額徵屯糧蠲緩，已經及半。軍户

[一] 録自《京報》第七二一一號。
[二] 録自《京報》第七二二七號。

人口繁滋，皆藉耕爲活，非必家有餘財，若責令按□繳銀，不獨貧户無此力量，即小康之家亦非盡售田地不可。至於民户頂替，雖屬不少，然未必家皆素封。且歷年久遠，其中輾轉轇轕，非維難以究詰，亦恐徒滋騷擾，窒礙甚多。繳銀一區，鄂中實無措手。現擬先將此項屯産，議令遵旨據實報官，由司發給印契，完納契税。一面由司局派員分赴各衛所屯坐州縣，會同地方官澈底清查，責成屯頭户首先將坐落地方，户、畝數目，無論本軍、頂民，一律據實開册報明，按屯逐户□丈。以一户管業之畝爲一塊，造具魚鱗塊册，統一册之塊數。以舊户别爲舊户册，俾有田者實數報完，無田者虚糧豁免。其徵契税之法，則以軍田向無買賣，應查比該地方民田價值，如每畝值二十千以外者，均照二十五千之價完税。值十千以外者，照十五千之價完税。值十千以内者，照十千之價完税。並照本年正月奏准成案，統按六分徵收田價，就地定估，每錢一千即收錢六十文，並隨抽清丈經費錢二十文，以資辦公。契紙由司局刊發蓋印給領，聽其管業，得相轉售。另繳契紙經費，比擬契税章程，以畝爲斷。十畝以上者，繳銀三錢二分。五畝以上者，二錢。五畝以下者，一錢二分。此外不准需索分文。其替軍頂糧私典轉售之户，悉照軍户一律辦理。如有刁健之徒匿地不報，即將田地充公，按法治罪等因，詳請奏咨前來。臣等覆查各衛屯産本屬公田，今改完丁糧，即准報官管業。此後田值得與民田相比，較私行典售之價約高一半，産價驟增，即産資加裕。是該屯户荷朝廷寬大之德，世世無窮。僅令按照民田完納契税，實爲力所能給，分所樂輸之舉。其所籌清丈契紙經費，舍此别無可籌，不爲苛索，自應責令迅速開辦，以期早就清釐。至原摺所稱，照值勘估，定價追繳一層，就事理論之，則以公産而化爲私田，取之誠不爲虐。而就情勢論之，則必售田而始能繳價，出者實不能堪。既據該司局體察情形，恐形窒礙，似可毋庸置議。除仍督飭司局認真經理，並咨户部查照外，所有籌辦清丈屯田照完契税各情形，謹合詞恭摺具陳，伏乞皇太后、皇上聖鑒。

户部知道。

轉運米糧動支銀數核實報銷摺〔一〕 光緒二十八年九月　日

竊照光緒二十六年六月間，欽奉諭旨在清江設立轉運總局，派員前福建興泉永道惲祖祁辦理。並委直隸候補道洪恩廣分駐德州，設立轉運分局。由惲祖祁采買米十萬石，另購耗米四千九百五十一石。惟時湖北漢黄德道岑春（煊）［蓂］亦奉命飭購米石，當經分途采購米十萬石，均交惲祖祁由運河轉運至京。適值鑾輿西幸長安，並因陝西旱災，需糧甚多，奉旨將清江轉運局移設漢口。所有已經購運北上之米，均由輪船裝回漢口，取道襄河溯流西運赴陝。當在漢口設立總局，樊城、老河口、荆紫關各設分局，節節轉盤。並委員駐龍駒寨收兑米糧，於西安設立交兑局。復經前陝西巡撫臣岑春煊奏派陝西候補道吴樹（芬）［棻］在龍駒寨接運。惲祖祁正在漢口陸續起運米石，適因母病請假省親，旋即丁憂，經臣等奏委岑春（煊）［蓂］接辦。因水運河淺灘多，舟行遲滯，當在（浙）［淅］川廳設局，並令荆紫關局兼辦夫運，仍屬緩不濟急。復奏請開辦樊、潼陸運，並委員分赴南陽賒旗店、汝州、

〔一〕録自《京報》第七二二八號。

陝州、潼關等處，分設各局，招僱橐駝及騾馬大車以供長運，牛車、小車以供短運。旋因入夏農忙，車輛、牛馬俱少，且憚遠行，復於陝、汝間之襄城縣，汝、陝間之韓城縣，設局短盤前進，以免停頓。陝州又兼用船轉運，復奏派河南記名道易順鼎駐陝督辦催運交收事宜，原設交兑局即歸併辦理，以期迅速，免誤要需。伏查此次開辦轉運，共購米二十萬餘石，指議北上，旋改西行，水運維艱，兼籌陸運，程途數千里之遥，設局十餘處之多，會各省運陝糧餉同時併解，招致舟車夫馬之難。而米石以節節囤積待運，霉損、風帆、雀耗、鼠蝕，更兼水路過險沈没，陸路車牲拋失，爲數不少。計運到一石之米，耗費實爲不資。若必將米盡數運竣，運費且無從籌。經岑春蓂稟經商准行在户部，以十三萬石運陝，餘米變價濟運在案。所有用項，除惲祖祁承領各省協濟銀共八十六萬兩，内前直隸米折銀十六萬兩，叅將蒯德浦督護京餉勇糧車價等項銀四萬兩，米價、裝繩、水脚、薪糧經費、重費等項銀三十五萬六千二百九十兩一錢九分，共支庫平銀五十五萬六千二百九十兩一錢九分，應由惲祖祁造報。並岑春蓂采購米價等項，先已繕具清單奏咨核銷。暨陝西派員在潼關接運米石，借撥部銀五萬兩，應歸陝西造報不計外，現計岑春蓂轉運各費，接收惲祖祁移交銀兩内有銀元變價折耗銀一萬兩，實在接收庫平銀二十九萬三千七百九兩八錢一分，收撥留京餉銀十萬兩，江蘇等省續撥銀九萬三千兩，山西劃撥代購米價銀二萬六千一百二十三兩一釐，米糧變價平糶並搭發車價扣賠短斤合銀十二萬八千九百五十二兩七錢九分七釐，又奉撥發陝西候補道吴樹棻具領龍駒寨接運經費銀十五萬兩，通共實收庫平銀七十九萬一千七百八十五兩六錢八釐，内除撥解直隸賑濟米折庫平銀四萬兩，應歸直隸省造報外，岑春蓂應造報庫平銀七十五萬一千七百八十五兩六錢八釐。除支銷庫平銀七十二萬三千四百十四兩八錢五分七釐外，尚實存銀二萬八千三百七十兩七錢五分一釐，現暫存儲聽撥。其總、分各局已先後裁撤，由督辦漢口轉運總局湖北漢黄德道岑春蓂分造清册，詳請奏咨前來。臣覆加查核，俱係實用實銷，並無浮冒。除將清册分送户、兵、工部查照核銷外，所有轉運米糧動支銀數報銷緣由，恭摺具陳。再，此案前經咨送兩江督臣劉坤一會奏，因病未能核辦，旋即出缺，故未會銜，合併陳明。伏乞皇太后、皇上聖鑒。

該部知道。

籌定學堂規模次第興辦摺光緒二十八年十月初一日

竊臣等欽奉光緒二十七年八月初二日上諭：作育人材，端在修明學術。著各省所有書院，於省城均改設大學堂，各府廳、直隸州均設中學堂，各州、縣均設小學堂，並多設蒙養學堂。務使文行交修，講求實用，著切實通籌舉辦。等因。欽此。仰見朝廷維持世運，作育羣材。諭旨中尤以修行爲基，以求實爲主。聖主作君作師，示之正軌，曷勝欽服。

臣等伏念國勢之强弱在人才，人才之消長在學校。環球各國競長争雄，莫不以教育爲興邦之急務。其制以大學造就文武之通材，以小學、蒙學啓發國民之忠義，化成國民之善良。全國學堂多至十數萬區。有普通之學，以資人之博識。有專門之學，以待人之深造。有實業之學，以裕資生。有美術之學，以窮巧藝。而蒙養之初，又有所謂幼稚園者，以撫育孩提而馴之於姆教。揆其立法用意之精深，合乎中國古先之制。考日本教育總義，以德育、智育、體育爲三大端，洵可謂體用兼賅，先後有序，禮失求野，誠足爲我前事之師。雖中國地廣人多，時艱帑絀，改絃更張之始，凡諸學制，固不能遽求美備，而宗旨不可稍涉摸稜，規模不可過從簡略。臣之洞於到湖北時，創建兩湖書院，經史之外，兼課輿地、算學、圖繪等門。旋復陸續添設自强、武備、將弁、農務、工藝各學堂，延聘東西洋教習，分課文、武、實業各種有用之學，各書院學堂一律兼習體操、兵操。旋於光緒二十四年九月欽遵懿旨，將兩湖、經心、江漢三書院於經史外，均分課天文、輿地、算學、兵法四綱，門目遞增，規模略具。臣端方蒞任後，與臣之洞時復親臨校課，多方獎掖，各門學術業已粗有基址。

茲奉明詔，將各書院一律改設學堂，遵經督飭司道武昌府詳籌速辦。一面通飭各府、廳、州、縣一體欽遵，改設中、小學堂。一面委派員生分次前往日本，考察各學校章程規制、一切教育經理事宜，以資參酌。現辦各學堂，大率皆仿照東西各國學校教育成法，而其間亦間有增減酌改之處。乃係就中國士風、鄂省物力，審度緩急，不能不量爲變通。總以得西法之意，適中國之用爲主。謹將鄂省現在各學堂辦法，及鄂省籌辦各學堂要指，列爲兩類，分條臚陳於左。

計各學堂辦法十五條：

師範學第一。查各國中、小學教員咸取材於師範學堂，故師範學堂爲教育造端之地，關繫至重。除已選派優等學生三十一人前赴日本專學師範外，湖北現在省城設師範學堂一所，擇地城東賓陽門以南、老官廟以東，青草坡地方創建屋宇，以東路小學堂附屬其旁，歸師範學生教課，以資實驗。師範課程於普通學外，另加教育學、衛生學、教授法、學校管理法等科。日課以八點鐘爲率。專爲養成中、小學堂教習之選，定學額一百二十名。目前暫行考取品學兼優之文生入學，將來以中學堂畢業學生升入。速成者一年畢業，第二班兩年畢業，第三班三年畢業。速成科學生限二十五歲以上至三十五歲止，正科學生限二十歲以上至三十歲止。委署武昌府知府梁鼎芬充監督，兩湖書院優等畢業生曾派赴日本考察教育之廩生陳毅、舉人胡鈞充堂長，並延日本師範教員一人充總教習。現在急需教員，故先辦速成師範，嗣後擬遞進爲高等師範。所云每日課幾點鐘，係連自修所功課併計，各學均同。其放假之期，每逢皇太后、皇上萬壽聖節，至聖先師孔子誕日，除在學各教員率同諸生敬謹慶賀外，並放假一日。清明、中元各放假一日，端午、中秋各放假三日。暑假一箇月，年假一箇月，尋常每十日放旬假一日，以資休息。大小學堂一律均同。

小學第二。小學爲培養人才之源，外國分尋常小學、高等小學爲二級。年至七歲皆令入尋常小學，即初等小學也。四年畢業，然後入高等小學。其初等小學堂教習，多以習師範、明教育之女師充選，取其心氣和平，教而兼養。中國師範初興，士人之明教育學者尚難多得，何況女師。十歲以下幼童，舉動需人保持，斷非學堂所能管理，祇可聽民間自設家塾及義塾教之，外國所謂家庭教育是也。至官辦學堂，自當從高等小學始。湖北現就省城内先設高等小學堂五所，分東、西、南、北、中五路，每路各設一所，以便就學子弟。中路以舊日保甲總局改造充用。南路以舊日工藝學堂充用。北路以新裁武昌左衛衙門修改充用。西路以舊日武昌通判衙門修改充用，通判移駐新裁武昌正衛署。東路附屬於師範學堂。此五學堂各定學額一百名，招民間秀良子弟能背誦經書一兩部、文理粗通者入學。四書未讀畢者不收，不能寫字者不收。學年限十一歲以上至十四歲止。課目凡九：曰修身，曰讀經，曰中文，曰算術，曰歷史，曰地理，曰理科，曰圖畫，曰體操。日課以六點鐘爲率，四年畢業。委内閣中書銜訓導劉洪烈充提調。

文普通中學第三。小學之上，普通學爲最要。小學所以教爲民之道，普通學所以教學爲士學爲兵者之道。故日本教育家苦口詳言，皆以普通學爲文武百事之基。普通學若稍有闕略含糊，則以後各種學術皆事倍而功半。湖北現於省城設文普通中學堂一所，以原有自强學堂添改充用。定學額爲二百四十名。目前以兩湖、經心、江漢三書院舊班學生通行合校等差，或歸入高等，或歸入普通，分别辦理。將來以高等小學堂畢業學生升入。學年限十五歲以上至二十四歲止。課目凡十二：曰倫理，曰温經，曰中文，曰外國語文，曰歷史，曰地理，曰數學，曰博物，曰理化，曰法制，曰圖畫，曰體操。日課以八點鐘爲率，四年畢業。委湖北試用道黄紹第充監督，湖北試用同知高凌霨充提調。

武普通中學第四。又設武普通中學堂一所，擇地於壋子山迤南。創建此項學堂，日本名爲中央幼年學校，非由此學出者不得入士官學校。茲定學額爲二百四十名。目前考選文理通順、體幹壯實之生童入學，將來亦以高等小學堂畢業學生升入，學（年）［生］限十五歲以上至二十四歲止。武普通學科與文普通同，惟操場功課加密，并加入步兵操典、野外要務令、工作教範、技擊、泅水、馬術、野外工作、打靶等科。日課以八點鐘爲率。在堂四年，即入營學習當兵，充三等兵兩箇月，充二等兵兩箇月，充頭等兵兩箇月。計在營當兵半年，共四年半畢業。委湖北候補知府黄以霖充監督，餘以遊學日本士官學校畢業學生分辦堂事。入文普通學者，其外國語文分習英、日兩國語文。入武普通學者，其外國語文分習德、日兩國語文。

文高等學第五。普通中學既成，應升入高等專門學。湖北現於省城設兩湖高等學堂一所，即就原有兩湖書院酌量修改充用，以課高等專門之學。其科目酌分八門：經學第一，中外史學第二，中外地理學第三，算學第四。道德學、文學均附於經學之内，國朝掌故學附於史學之内，測繪學附於地理學之内，天文學附於算學之内，此四門爲中西公共之學，延聘中國專門教習教之。理化學第五，法律學第六，財政學第七，兵事學第八。此四門爲西學，延聘東西各國專門教習教之。查外國大學分法、文、理、醫、農、工六科。兩湖高等學科八門已兼括文、法、理三科。其農、工兩科亦經專立實業學堂。至醫學則於將弁學堂内列軍醫一門。此學堂各門程度皆與外國之高等同，然即是大學堂之豫備科，故亦可稱爲兩湖大學堂。定學額一百二十名。目前以兩湖、經心、江漢三書院優等學生入學，先補習普通一年，再習專門三年。日課以八點鐘爲率。計四年堂課畢業，即派往東、西洋遊歷。總計在堂四年，出洋遊歷一年，共五年畢業。將來以文普通中學堂畢業學生升入，分習專門三年堂課即可畢業，即派往東、西洋遊歷。在堂三年，出洋遊歷一年，共四年畢業。委翰林院編修王同愈爲監督，内閣中書銜前直隸霸州學訓導紀鉅維充副監督，奏調湖北差委廣東候補道王秉恩充提調。

武高等學第六。於省城設武高等學堂二所。此項學堂日本名爲士官學校，在此學畢業者乃得爲武官。茲湖北所設，其武高等學一所，名武備學堂，以教本省舉、貢、生、監，募德國教習三員教之。定學額爲六十名，略比日本士官學校。課目凡十：曰戰法，曰輿地，曰測繪，曰算學，曰體操，曰軍械，曰臺壘，曰步隊學，曰馬操，曰礮隊學。日課凡八點鐘。目前以舊班學生分習馬、礮、工三科。專門高等學在堂一年，入營一年，半年補學習當兵，半年作爲學習武員，共二年畢業。新班學生補習普通及以上各科專門學，在堂三年，入營一年，半年補學習當兵，半年作爲學習武員，共四年畢業。數年後以武普通中學堂畢業學生升入，在堂二年，入營充學習武員半年，共二年半畢業。委前廣東知縣李鍾玨充提調，開復山東莒州知州蔣楷充總稽察。

又武高等學一所，名將弁學堂。定學額一百名，略仿日本戶山學校，專取在營已有閲歷之武職官弁隊目而又文理明順者充選。使之研求學術，增進智略。募日本教習五員教之。課目凡十三：曰軍制，曰戰術，曰兵器，曰數學，曰衛生，曰操法，曰築城，曰野操，曰兵棋，曰測圖，曰戰術實施，曰技擊，曰軍醫。日課凡八點鐘。三年畢業。現先教速成科，一年半畢業。查將弁學堂科目較武備學堂多數門，因入學之人皆已在營之人，重在管理運用，故加入軍制、衛生、兵棋、技擊、軍醫等門。委統帶湖北護軍等營副將張彪、湖北候補知府黄邦俊充管理。

方言學第七。理解既明，性情既定，自應兼習各國語言文字，以資應變致遠。茲設立方言學堂一所，以原有農務學堂充用。教以英、法、德、俄、日本五國方言，及地理、歷史、算術、公法、交涉等學科。此堂學業注重在於外交。日課凡八點鐘。定學額一百五十名。每國文字三十名。學年限十五歲以上至二十歲止。目前以自强學堂舊班學生擇其品端文優者留學，將來亦以普通中學堂畢業學生升入。前兩年以華人爲教習，兩年以後所造漸深，再轉西人爲教習，共五年畢業。委湖北試用知府程頌萬充提調。

農學第八。利民之事，以農爲本，以工爲用，中國養民急務無過於此。外國名此等學術爲實業學堂。湖北現將原有之農務學堂移建城北武勝門外多寶庵地方，令與試驗場相近。其試驗場係修堤後涸出官地，圈出二千畝充用。分課農桑、畜牧、森林各門之學。定學額一百二十名。目前舊班學生尚未畢業，將來亦以普通中學堂及高等小學堂畢業學生升入。前二年補習豫科，後二年習正科。日課凡八點鐘。四年畢業。委咨調河南特用道桑寶充總辦，湖北候補知府汪鳳瀛充提調，候選光禄寺署正羅振玉充總經理。

工學第九。其原有之工藝學堂改設於舊日之江漢書院，分課理化、機器、製造、織染、建築各門之學。其學工師之學生，定學額六十名，附設藝徒額三十名。目前舊班學生尚未畢業，將來亦以普通中學堂及高等小學堂畢業學生升入。亦前二年補習豫科，後二年習正科。日課凡八點鐘。四年畢業。委候選道梁敦彦充提調，請補鶴峰州知州查雙綏充副提調。

勤成學堂第十。凡各學堂皆有一定次序、學額、年限，此外尚有文優年長諸生，格於年齒精力，不能按課中程及演習體操，以致無從求益，未免向隅。茲專設勤成學堂一所，即以原有經心書院改充，以教年長嚮學而不能收入學堂之生員。凡羣經諸史及中西政藝之書有裨實用者，擇要購藏，以供講習討論。不分科目，不立年限，不限額數，由官分期考課，試以策論、圖考等事，量給獎賞。以内閣中書銜楊守敬充總教長，在籍户部主事姚晉圻、翰林院庶吉士饒叔光充副教長。

仕學院第十一。湖北省城本設有教吏館，茲於教吏館内添設仕學院一所，令本省各官講求中西各門政治之學。不限額數。中學講國朝掌故、湖北地理、水利、算學、條約四門，分延中國通儒爲講友。西學講理化、法律、財政、兵事四門，已延聘東西各國專門通儒爲講友。並延聘在籍工部郎中程志和爲監督。

學堂經費第十二。所需經費，除原籌常年的款暨在籍提督劉維楨報效興建學堂經費十萬兩，分五年呈繳，先行息借抵用外，其餘以漢口籤捐、彩票盈餘之項隨時提用。如有不敷，再行另籌湊補。查外國學堂惟師範學生不收學費，學成後限令充當中小學教員，若干年不得遽圖仕進及別營事業，謂之義務責任。初等小學堂亦由國家發款，不繳學費，謂之國民教育。此外各學堂學生，每年均須酌繳學費。中國創辦之初，未能遽議及此。湖北各學堂，凡本省學生，除小學堂永不收費外，其餘兩年之内均擬暫不收費。湖南爲督臣兼轄省分，議定高等學堂、文武普通中學堂、方言學堂，湖南各占額三十名，師範學堂占額四十名。每名每年酌收學費銀一百元，聊資貼補，由湖南商業籌捐代繳。他省有送學生來鄂附學者，每名每歲酌收學費一百六十元。查外國惟武學堂學生必須寄宿學舍，以便約束。小學堂學生概不留宿學舍，以取簡便。茲湖北凡中學堂以上學生，不論文、武、實業，皆住學堂，意在便於考察行檢。高等小學堂學生年歲尚幼，寒暖起居必須家庭照料，故不令住宿堂内。

省外中小學第十三。省外應設中小學堂，係令各道、府、直隸州治所各設模範中學堂一所，各州縣治所各設模範小學堂一所，以示程式，而資倡率。官籌經費，其餘聽紳民自行勸捐舉辦。現已據稟，就原有書院添籌常款舉辦者十餘處，其餘因籌款未定，尚未稟報。

蒙學第十四。至蒙養學堂，日本謂之初級學堂。其法每一村鎮有户口五六百人者，即須設一所。爲數甚繁，需費不貲，公家斷難籌此鉅款。惟有由官編訂教科書，酌定簡明規則，頒發各屬，勸諭紳富就地集捐，分區設立，略如義塾之例，以多爲貴。其教員仍由官爲考核稽查，視其勤惰量予懲勸。

學務處第十五。學堂林立，學務殷繁，必須設一總匯之所，以資理董。現設湖北全省學務處一所，派委總辦、參議等員，常川到處專辦此事。所有省城及各府州縣大、中、小學堂，暨民間私設各學堂，以及出洋游學各生，統歸學務處隨時稽察考核。各學堂課程門目、畢業年限、管理人員職守，凡異等者應分立章程，同等者應會通畫一，均責成學務處籌辦。查署武昌府知府梁鼎芬在鄂主講多年，各書院學堂大半皆出其門下。該府學術純正，誠懇精勤，士林素深悦服。候補知府黄以霖久在日本，專考究武學堂及營制事宜，最爲精審。茲特委梁鼎芬爲文學堂總提調，委黄以霖爲武學堂總提調，以資統核貫通，並於學務處附設編譯局，令該府等管理。

以上十五條，係現在學堂辦法。

計籌辦學堂要指八條：

小學爲急，第一。各國教育家之言，謂造就人材備國家任使爲第二義，其第一義則謂知學爲人民當盡之職分，使人民入學爲國家當盡之職分。故全國初等小學經費皆官任之。其教法大指，一在修身，使人人知義理。一在愛國，使人人知保護國家。一在資生，使人人謀生有具。故謂之義務教育，又曰國民教育。言必入學知大義，而後爲我國之民，不入學則不知民與國一體之義，不得爲我國之民。且君上不使斯民開其知覺，是視同膜外，不以爲本國之民也。蓋小學教其爲良善之人，中學、大學則教其爲有用之人。西人覘國者，每視小學官費年限之久暫與全國入學分數之多少，以爲文明程途之比較，不汲汲問大學堂之成才若干也。然入學分數多者，其中學、大學之制度自必詳備，而人才亦自然蔚起於其中。日本入學分數約十之八，猶以爲憾，日圖擴充。中國生齒最繁，經費奇絀，學堂初開，其得入學者不過百中之一二。然所謂國民義務之宗旨，凡任學務者斷斷不可迷昧。故此時各處興學，首以小學爲急。夫有師範，然後有小學，師範固難，必得無數之師範，可以供全省之小學則尤難，故今日首以造就師範生爲急。易曰蒙以養正，周子曰師道立則善人多。此之謂也。

日課專加讀經、温經時刻，第二。小學堂添設讀經書一科，每日計功八刻。普通中學添温經一科，每日計功八刻。此時刻係加出於西法學堂時刻之外，於他項學業並無所妨。查外國學堂，小學時刻不得過四點鐘至五點鐘，中學不得過六點鐘。中國學堂，向來平旦入塾，其勤苦者，焚膏繼晷。今擬小學加爲六點鐘，中學加爲八點鐘，中小學僅每日各加兩點鐘爲温習經書之時刻，在學生仍覺寬舒，既存根本，亦不勞苦。

教科書宜慎，第三。此爲學務中最重要之事。學出於道，道與時爲變通，則學與時爲輕重。中國舊籍繁富，爲專門博考精研之書則甚多，施於教科，可以刻期畢業而又按切今日時勢，堪應世變者則甚少，有必須另行編纂者，有不得不譯用外國書者。日本教學全做西法，惟宗教科則改爲修身論理，自編課書。其餘如輿地、圖算、理化各科，多本西籍，近猶時時採取參用之，而人才日出不窮，此用他國書而得大利者也。俄羅斯學堂用法蘭西民主國之教科書，而學生屢次滋事，此用他國書而得大害者也。關繫至鉅，烏可不慎。即如輿地、動植、理化各科，雖譯用外國書，亦須詳加酌改。一曰義類，如輿地學當詳内而略外，動植學當先所習見而後所希聞是也。二曰名詞，如動植學當用本名，不當用譯語，理化學當參用舊譯，不當盡用新名是也。三曰文法，當潤色之使明白條暢，合於中國古今文法語氣，不當用直譯之本，多詰曲支冗之詞是也。兩湖書院課書，向係專門教習以己學講授，就其所講，排日編譯，即爲課本。雖淺深繁簡或未能如外國課書之精到合宜，而大旨必不詭於正，講授亦有次第，學生領解甚易，受益甚速。查日本設學之初，官編課書未能盡善，後聽民間有學之士編纂，呈文部省檢定，善本漸多。現在京城大學堂所編課書尚未頒行，江楚編譯局雖成有數種，然閲其稿本，尚須詳加改定。民間間有纂譯，純善實難。鄂省學堂擬仍暫取舊時課本，斟酌修補用之。並取舊有之書，如朱子小學，陳宏謀養正遺規、教女遺規、訓俗遺規，司馬光通鑑目録，稽古録，齊召南歷代帝王年表，鮑東里史鑑節要便讀，潘世恩讀史鏡古編。時人編譯現有印本之桑原騭藏東洋史要，西洋史要，歐洲史略，列國變通興盛記，地理問答略説，普通學初階，普通學前編，心算啓蒙，算學啓蒙，筆算，數學，物算教科書，筆算教科書，代數備旨，形學備旨，化學初階，化學新編，格物入門，格致舉隅，格致啓蒙，西學啓蒙十六種，西學須知二十七種，教授學，學校管理法，學校衛生學，德國武備體操學，日本普通體操學，上海銅版地球全圖，東半球圖，中國全圖，鄂省新刊湖北全省輿圖，長江圖等圖書。開單發交省内外中小學堂，以此暫爲講授，并備教員參考，已不至誤入歧途。俟新課書編成，再爲頒發。至外國教習所講法律、財政、兵學各書，由臣等核定，再令講授。再，另有小川所著東洋史要，與上項所言桑原著者不同，於學堂不宜，合併聲明。

學堂規制必宜合法，第四。學堂建造之要有三：一在便於衛生。水土之污潔，空氣之通塞，光綫之斜正，一有不慎，則貽害甚多。二在便於教授。講堂寬廣合度，則耳目不勞。旁無人聲，則心思始一。至於試驗理化之房室，繪畫地圖之几案，皆與尋常不同，必當妥爲布置。三在便於管理。退習食宿不在一處，則稽查難。課餘游息别無餘地，則約束難。鄂省文、武、大、中、小各學堂，處處皆求完備合法，不敢稍存苟簡遷就之念。新建者布置固須盡善，已成者稍有不合必加修改。計以上各學堂有禮堂，有講堂。每處講堂少者四座，多至八座。理化講堂附有器具藥品試驗室。此外有自習所，有寢息所，有會食所，有盥浴所，有課餘息游所，有養病所，有應客所，有圖書器具所，有操場，而武學堂之操場設置尤備。其間各學堂間有數事不能完全，亦有暫時借地開辦尚待遷移者，以後仍擬一律照辦。至各堂學生按照西法，會食有定地，卧起有定時，衣冠有定式，不得參差。故各學生火食及講堂之冬夏衣冠靴帶，操場之冬夏衣冠靴帶，寢室之卧具，修業之圖書、紙筆、測繪器具，診病之官醫、藥物，皆係官爲置備，以期範於定法之中，得以專心修學。

文武相資，第五。外國蒙學堂幼童，每出門行走皆用行軍步法，其長執小紙旗率之。至文學堂則有體操無兵操。日本貴族學習院則有兵操。湖北文、武、大、中、小各學堂，及方言、農、工等學堂，皆有體操、兵操。文普通高等皆兼學乘騎。遇有典禮，各書院學堂文學優等諸生，皆一體服用兵衣，列隊持槍行步，皆以兵法部勒隨同閲操亦然，住則支帳，監學文員即爲隊長。此爲中國士氣過弱，因時制宜，與西法貌似不盡合，而意實密合。

教員不遷就，第六。所有學務處及各學堂教員，除實缺司道大員論官委任，但取其總司考核外，其餘自總提調起以至監督、各堂提調、管理教習、監學領班，皆擇究心學務之員，或曾到外國考察學制，或向來講求東西各國教法，或曾經自行創設學堂，或曾遊歷東西洋者，務令各舉其職。

求實效，第七。其要義有三：一曰不惜費。若堂齋書器不求完美，衣冠食宿不爲籌備，惟以節省爲主，則苟且散亂，約束無方，講習無效，所用盡屬虚糜。論語所云見小利則大事不成。管子所云嗇則費。此之謂也。二曰不嫌緩。功課不宜太多，畢業不宜太速。若急於見功，不先多開小學，而驟入中學，徒務虚名。不通中學而强入大學，則根柢不清。講授無序，師勞徒昧，苦而無得，欲速反遲。不惟此也，儻未經小學累年之訓迪，講明尊親之大義，服習規矩之實功，中學堂、高等學堂内不酌分時刻講習經書，而徒教以各種藝術、中外治理、洋文、兵事，是猶無址而培其墉，其墉必仆。内有邪熱，而投以補劑，其病必狂。將來徒爲亂民，有害無利。論語所云速成非求益。孟子所云揠苗助長。學記所云雜施而不孫。此之謂也。三曰不靳賞。學成而予以名，試以事，則人才日奮，而人心亦日固矣。學成而不用，或用而非所學，則人才日沮而人心亦日涣矣。故普通學、實業學、高等學畢業之學生，以及出洋游學畢業之學生，切望朝廷優加鼓舞，量材任用，明定出身之階，則天下數十萬區之學堂，不煩庫款，可以五年而起。昔漢設利禄之途以待儒林，而經學十四博士遂興。唐太宗見新進士綴行出殿門，謂天下英雄入吾彀中。足見帝王網羅羣才，惟以科名爵禄爲激揚之具。士心既然鼓舞，民心自無他歧。禮記所云不從其所令，從其所行，上好是物，下必甚焉。此之謂也。又嘗考日本教育家之言曰，人才之能成就與否，全視國家之任用與否。又曰，學堂每年成材若干人，必須適符國家録用若干人，方爲無弊。此言尤爲深切著明者矣。

防流弊，第八。其要義亦有三：一曰幼學不可廢經書。中國雖貧弱，而人心尚不至離散，以人誦經書，綱常名教，禮義廉恥之重，浸灌人心深固而不可摇動故也。西國學堂皆有宗教一門。經書即中國之宗教也。今日略知西法辦學堂者，動謂讀經書爲無益廢時，必欲去之，百喙一談，牢不可破，此大謬也。嘗考古人爲學原有諷誦一門，見於周禮戴記，其時經籍簡少，並不爲害，故漢之名士有讀書精熟之稱，魏之經生有讀書百徧之法。其弊始自六朝尚對策，唐取帖經，兩宋重詞科並記註疏子史，北宋又設神童科，幼稚即記多經。於是學童讀書，務爲苦讀强記，以致耗精多而實用少。今欲救之，但令仿古人專經之法，少讀數部可也。或明其大義，不背全文亦可也。若小學不讀經，中學不温經，則萬萬不可。核計諸經字數，自十歲起至十八歲止，即日讀一百字，可讀畢四書一部，大經一部，中經一部，中小經一部，可期記誦純熟。其願讀何經，聽父兄及本人自擇。查小學日課西法每日十六刻，中學日課每日二十四刻，今湖北章程擬小學加八刻爲每日二十四刻，中學加八刻爲每日三十二刻，較之中國書塾舊法尚覺寬舒。若謂十一歲以上之學生，每日小學堂入學三箇時辰，中學堂入學四箇時辰，日讀一百字即致傷損腦筋，促人年壽，恐必無此理也。蓋經文古奧，幼年讀之，明其義理之淺者，長大以後，漸解其義理之深者。若幼學未經上口，且並未寓目，中年以往，必更苦其奧澀，厭其迂遠，豈耐研尋。不惟經典，即隋唐以前之子史，文義亦皆深雅，若少年不讀古書者，長大必不能解。或謂可俟中學普通既成，再令讀經講經，此必無之事也。普通學成，中人之資大率總在二十五歲上下，既自命爲畢業通才，豈肯伏案誦讀經傳。始則無人肯讀，三十年以後則宿儒已盡，後學茫然，必致無人能解，從此經書廢絶，古史亦隨之，中國之理既亡，中國豈能自存乎。二曰不必早習洋文。先入爲主，萬事萬理皆然。地球萬國，未有自忘其語言文字而能自立自强者。中文未通，專習洋文，則不能讀中國之書，明堯舜周孔聖教之理，不能知中國古今事，不能辦公牘，不能與平人通書札。即使謹厚無他，亦終不堪大用，況浮薄忘本，勢所必至乎。故必待至高等小學畢業後，始令兼習外國語言文字，其時年僅十五六歲，口舌仍屬靈便，並不爲遲。三曰不可講泰西哲學。中國之衰，正由儒者多空言而不究實用。西國哲學流派頗多，大略與戰國之名家相近，而又出入於佛家經論之間，大率皆推論天人消息之原，人情物理愛惡攻取之故。蓋西學密實已甚，故其聰明好勝之士，别出一途，探賾鉤深，課虚騖遠。究其實，世俗所推爲精闢之理，中國經傳已多有之。近來士氣浮囂，於其精意不加研求，專取其便於己私者，昌言無忌，以爲煽惑人心之助。詞鋒所及，倫理、國政任意抨彈。假使僅尚空談，不過無用，若偏宕不返，則大患不可勝言矣。中國聖經賢傳，無理不包，學堂之中，豈可舍四千年之實理，而騖數萬里外之空談哉。

以上八條，係籌辦學堂要指。

所有湖北文、武、大、中、小學各事宜，自去冬今春以來，汲汲經營。茲已將學等、學門、學規、學期、學額、學師、學地、學費等事籌定規模，具有綱領、等差，分投興辦，按期講授。其各學堂課程表，當另咨政務處及大學堂備考。惟各項章程，條理甚繁，未敢謂遽臻詳備，統俟隨時體察。如有必應修改之處，屆時酌辦。至各府州縣中學小學，當隨時飭催興辦。

竊惟湖北爲中國南北樞紐，尤爲華洋人物輻輳之區，近年東西各國文武官員及游歷文士來觀鄂省書院學堂者，不可勝數，往往徧覽詳詢，視爲至大至要之事。臣等明知鄂省財政艱難，惟念今日中國欲轉貧弱爲富强，舍學校更無下手之處。即目前開辦規模，亦爲外人觀聽所繫，故竭蹶圖成，不遺餘力。以後惟有獎率師生，按照定章認真勸學，計日程功，庶幾賢才衆多，蔚爲楨幹，以仰副朝廷樹人化民之至意。

（硃批）管學大臣議奏。（欽此）

籌辦練兵事宜酌議營制餉章摺 光緒二十八年十月初一日

竊臣等恭讀光緒二十七年七月三十日上諭：前因各省制兵防勇積弊甚深，業經通諭各督撫認真裁節，另練有用之兵。因念練兵必先選將，而將才端由教育而成，自非廣建武備學堂挑選練習，不足儲腹心干城之選。但學堂成效既非旦夕可期，其各省之設有學堂者，學成之員現尚不敷分調，惟有先就原有將弁，擇其樸實勤奮者遴選擢用。著各省將軍、督、撫將原有各營嚴行裁汰。精選若干營，分爲常備、續備、巡警等軍，一律操習新式槍礮，認真訓練，以成勁旅。仍隨時嚴切考校，如再沾染積習，窳惰廢弛，即行嚴參懲辦。朝廷振興戎政，在此一舉，各該將軍、督、撫務當實力整頓，加意修明，期於日有起色，無負諄諄申儆之至意。所有改練章程，應如何更定餉章，著政務處咨行各省，悉心核議，奏明辦理。將此通諭知之。欽此。旋承准政務處將酌擬變通辦法咨行到鄂。仰見朝廷振興戎政、亟圖自强之至意。

臣等竊惟國必有兵而後能存，兵必有學而後能精，若不一洗舊習，一掃舊弊，武備斷無起色。臣之洞自到湖廣任後，即汲汲於此。誠見緑營制兵疲惰頑固，萬難改練。即舊日勇營，錮習亦深，僅足爲彈壓地方之用，緩急仍不足恃。於是慎選將領，另募精壯，聘募洋員，分司訓練。一切分伍、編隊、操法、營規，均參仿德、日兩國最新軍制。一面創設武備學堂，考選體壯文優之舉貢生監入堂肄業，講求馬、步、礮、工戰守方略，以儲將校之材。一面遴派將弁，分番前往日本，考察陸軍編制情形，閱視野外大操運用，以資仿效。頻年竭力經營，不敢以籌餉艱難稍存畏縮。自庚子擾亂以後，大局岌岌，尤爲殫心於此。洋操營勇之數日漸增多，營制操法日益研究。現計有洋操護軍左、右兩旗步隊八營，馬隊一營，礮隊一營，工程隊一營。武建軍左、右兩旗步隊八營，武愷軍步隊四營，武防軍步隊四營，又護軍鐵路營步隊四營。臣端方抵任後，疊次會同臣之洞親臨校閱，營操野操等事均屬一律優嫻整肅，動合法度，雖不敢謂訓練已臻精善，似已有五六分功夫。

查湖北洋操各營，專爲征戰之用。每正勇一名月支銀四兩二錢，正棚頭月支銀四兩八錢，副棚頭月支銀四兩五錢，護勇月支銀四兩五錢，火夫月支銀三兩三錢。鐵路營亦同。馬隊營棚頭、正勇、護號各兵，各加支馬乾銀三兩。省外未練洋操各營，專爲彈壓緝捕之用。正勇每名月支銀三兩，其餘以此例推。惟岳防營二營操練較好，正勇月支銀三兩六錢。此外若統帶、督帶、營官、哨官、哨長、排長及管文案委員、管糧餉軍械委員薪水公費，書識、號兵月餉，俱經奏明有案。其委員、弁目額數，大率均照新建陸軍章程辦理，而人數略減，餉數亦略減。其工程營分設六司，各司隊官、工首、司事、學兵等亦照新建陸軍另爲章程，均有奏案。以上各洋操營共計員弁兵夫九千五百餘員名，月支餉銀五萬七千二百五十餘兩。除護軍左旗步隊四營現擬調赴江南外，又有護軍鐵路營四營防護楚、豫境内路工，關繫甚鉅，應仍擇要分紮，專門換防，將來應另籌專餉，不入此數内計算。計武昌省城實存步隊二十營，馬隊、礮隊、工程隊各一營，共員弁兵夫七千六十餘員名。茲擬酌照日本陸軍師團兵制，編作常備軍左、右兩翼，每翼步隊兩旗，每旗各分四營。每一營員弁兵夫共二百九十八員名，每一旗員弁兵夫共一千一百九十二員名，加督帶並所置文案委員、軍醫號護二十四員名，共一千二百一十六員名。一翼兩旗員弁兵夫共二千四百三十二員名。礮隊一旗分三營，每營過山快礮八尊，共計快礮二十四尊，三營共員弁兵夫四百二十六員名，係照新建軍酌減得其三分之一。馬隊一營，員弁兵夫一百四十九員名，馬一百三十六匹，照新建軍酌減得其四分之一。工程隊一營，共員弁兵夫四百零七員名。輜重隊一營，共員弁兵夫一百二員名。左翼統共三千五百一十六員名。右翼一切與左翼同。左右兩翼統共員弁兵夫七千三十二員名，共月需餉銀三萬六百二十一兩六錢。左翼步隊二旗，共八（旗）[營]，以護軍右旗四營、武建左旗四營充用。礮隊一旗，共三營，馬隊一營，工程隊一營，均用護軍原營原額，祇須添練輜重隊一營。右翼步隊二旗，共八營，以武愷軍四營、武防軍四營充用。其礮隊一旗共三營，馬隊、工程隊、輜重隊各一營，及左翼輜重隊一營，均即以武建軍右旗步隊四營分撥改練。兩翼共員弁兵夫七千三十二員名，視原存各營人數大略適足敷用。惟以步隊改練馬、礮、工、輜各營，須添配馬匹及加增勇糧馬乾，每月須增一千餘兩。以調赴江南護軍步隊一旗、教練隊一營騰出餉項七千九百五十餘兩計之，則所省甚鉅。論武漢形勢重要，華洋具瞻，實爲天下重鎮，必宜有精兵一兩萬人始足鎮懾濟用。照此所擬步隊兩翼，尚不足日本一師團兵額，實出於勉强節縮，已係萬不可少之數。若湖北省以後餉力但能勉强支持，即照此營制亦成一中小規模。設或以後餉源太絀，力實不支，則此四旗步隊之正兵，不妨再行酌減十成之三，或尚可勉敷操法。而兩翼編配營制則萬不可更，哨弁以上各員亦萬不可減，最爲緊要關鍵。俟餉項有餘，兵數仍可補招足額。若財力大裕，則每翼步隊應再添設一旗，以厚兵力，更合日本三大隊合爲一聯隊之法。或再須擴充，則照此一翼酌合之制，儘可量力添練，增設常備中軍，再增設常備前鋒軍，再增設常備策應軍，均可隨宜酌辦。此湖北改設常備軍左右兩翼，既定目前規模，兼爲將來籌計者也。

此外，各防營皆分駐各屬要地。漢防營駐夏口廳，漢靖營駐新隄，工防營駐槍礮廠，沙防營駐沙市，宜防兩營駐宜昌府，襄防馬步三營分駐襄陽府轄境，岳防兩營駐岳州防湘鄂交界門户，緝私兩營駐麻城一帶。以上各營專爲巡緝盜匪、彈壓地方、保護教堂、查緝私鹽等用。因一時實無許多學堂出身之營哨官，惟有擇其勤樸曉事、明習緝捕、不肯擾民者充當管帶，照舊屯紮訓練，即作爲湖北續備兵。俟常備洋操各軍有年滿退伍者，即發至以上各營充補。此項續備兵至巡警軍一項，目前似可姑以省内省外各標緑營挑出之練軍充數。然習氣已深，斷難得力，不惟無益，而且擾民。且警察乃專門學問，與營伍不同，尋常兵勇斷不能充此選，即精兵亦不相宜。此項練軍，只可酌量派以彈壓、緝捕、看守局庫等事，不宜令冒巡警軍之名，以致名實相戾，致礙將來。通省認真開辦警察之局，必須另籌辦法，另摺奏陳。

至湖北原設營務處章程尚略，現當整頓新軍之際，自應查照北洋常備軍制，分設參謀營務處、督操營務處、執法營務處，各分責任。若糧餉、軍械、軍醫等局，因鄂省財力甚艱，總辦以下各員或量才兼攝，或酌省歸併，稍事變通。至湖北練兵要義，約有數條，臚列於左。

一、入營之兵，必須有一半識字。外國無不深通學問之將，無不通文理、不能明算、不能畫行軍草圖之弁，無不識字之兵。蓋兵不識字，遇有傳達命令、探報敵情及一切行軍規模符號、營官所發地圖，皆不免有茫昧扞格之虞。鄂省洋操各營，多少牽算，識字者約可得半，至營官、哨官、哨長絶無不識字者。

一、人人皆習體操。先習柔軟體操、器具體操，再習兵式體操。凡雙杠、單杠、木城、跳臺、天橋、木馬、游木、暈浪架之屬，以及跳濠、越險諸技，人人皆習。既以練其筋骨，亦以助其興會。

一、各營人人操礮。礮法精密，較槍隊爲難練。鄂省凡洋操各營，雖有馬、步、礮、工之別，無論何營，皆發有礮十餘尊，勇丁人人皆令演習。遇有增添礮隊時，易於補足。

一、馬隊不設馬夫。各國軍營學堂最重乘騎學，馬隊從無另設馬夫之説。蓋騎兵以善養馬爲先，故湖北洋操馬隊，皆令馬隊自養，俾得防其疾病，調其性情。

一、營房力求整潔合法，宜於衛生。舊日營壘多係卑濕黑闇，擁擠蒸熱，士卒易致疾病，軟弱而且志氣狹促，毫無奮揚之氣。湖北洋操各軍營房，皆擇高明爽塏之地，特加創造，操場廣平，房屋整潔，見日通風，多受空氣。營哨官之屋與兵丁同，不准別加高大精緻。惟全營將弁會集所則有寬大廳堂，每一旗全營有大講堂，每一營皆設有小講堂。看槍礮、臺壘工程式樣有屋，閲報有屋，沐浴有屋，養病有屋，各兵器械有定所，衣被有定數。眠食有定時，千人一律。故今年疾疫盛行，士卒罕有因疫致斃者。

一、器械資裝隨身具備。湖北洋操各軍軍裝、衣褲、靴帶及雨衣、背囊、水瓶、糧袋等件，均官爲置備，一一齊全。兵丁每有行動，無論遠近，各件皆須背帶。其所需乾糧、藥彈，日日隨身帶足。該管營哨驗明，缺者有罰。

一、待兵以禮。湖北洋操兵丁，非違軍令、犯重案革伍，該營本管官不許輕行責打，不許作賤役。遇有迎送上官等禮節，不許全營遠出站隊，免致作無益而誤操功。尤不准聲放排槍，以亂軍律。

一、統帶、營哨官皆親身教操，不准用教習。舊日洋操兵之所以練不能精者，以用教習之弊爲最大。設有教習，則營官、哨官皆可以貪庸無能之人濫竽充數，營壘法式、槍礮理法、隊伍分合一切教練事宜，懵然不知。一切教法付之教習，權力不專，臨操已不甚聽從，操場一散，即仍聽營哨官之指使，謬令雜役，紛紜百出，全與操法軍制違戾。臨操之時，統帶官熟視其旁，一若己不與其事者，最爲可怪。一旦出防遠征，則仍聽統帶營官之妄加調派。如此則永遠練習不成，何論戰勝。外國學堂有教習，營中無教習。如統帶不能教營哨官，營哨官不能教兵勇，即是不稱統帶、營哨管兵之職。湖北洋操各軍並無教習，營官現在大半皆係學堂出身，即非學生亦係常在操場、講堂曾聽洋教習講授者。

臨操之時，自統領起，皆係長官自行傳呼口令。此事經營六七年，陸續選儲更換，近始辦到。

一、將領、營官、哨官不許穿長衣。從前大學士曾國藩、尚書彭玉麟水師定制，船上官弁皆不許［穿］長衣，所以習勞示武，用意甚精。近年武員冠服華美，雍容寬緩，圓熟趨蹡，實爲全球萬國之所無。夫將無壯氣，安望士有戰心。鄂省定章，各勇營之統帶以下以至哨官等，皆只許服用軍裝，貂尾頂帽、長袖馬褂、戰裙之類，至下操入隊時，並戰裙亦去之。除將領兼有實缺者，遇有典禮時准穿外褂長袍，餘時不准。勇丁更不待言。自實缺總兵起，武職概不許乘轎。

一、閲操之時各官皆不許坐看。外國看操時，無論何等貴官高爵，皆係立觀，從無升廳列坐之事。數年以來，德國親王亨利及各國提督兵官等來鄂看操者極多，皆係終日植立，且見我兵隊致敬，皆舉手還禮，無一國一人不然。中國舊習重文輕武，最爲惡習。鄂省定章，車轎不准入營門。凡閲操時，即臣等亦係在旁植立巡行，司道以下皆同。若爲時過久，則在操場外旁設一帳，略憩片刻。若閲野外行軍操，則或行或立，或地坐，不准設椅凳交牀之屬。若各官精力疲弱不能耐此勞苦者，准其不到操場。其到武備等學堂看操亦同。此條現已通飭立案，著爲定章。

以上十條皆係現辦者。

一、以後新募兵，暗寓試行徵兵之法。募勇之弊，一在來歷良莠無從察考，一在藝成後即潛往他軍，一在征戰潰逃無從查拏，一在年齒已長不能遣散更換，遣散即無以爲生，凍餒則可閔，爲匪則可慮。查兵氣非新不可，募兵非有來路不可，換兵非有去路不可。外國徵兵之法，全國皆入兵籍，視爲應當之差，應盡之職。凡係國民，必有數年當兵之年限，雖王侯貴家子弟亦然，非殘廢患病不免。其善有四：一、本非下等游民，自愛自重，人亦愛之重之。二、籍貫身家清楚。三、一軍皆同鄉里，可以相識相救。四、潰逃不法者，有鄉里户族可以查拏。最有三代漢唐古意。但今日中國驟難仿行。籌思累年，復訪詢外國武員，擬爲一法，以後如常備兵退伍，更換者即專募本省人補之。湖北民風，以江北之德安、安陸、荆門、襄陽、鄖陽數府州較爲魁梧强勁，宜於爲兵。漢陽府屬之近河南境者，亦尚可用。假如每一次更換一千人，即就此數府中專擇一兩府選募之。中國募兵之害，由於應募者皆貧困無業之人，藉從軍以餬口，所以難於裁遣。查日本徵兵之制，其入選者皆係有身家之人，不收游民賤類。今擬略仿其法，專擇士農工商之家安分子弟，或素有恒産，或向有職業手藝，自足資生，並不待勇糧爲生計者，素不爲非及一切過犯者。取具紳董族鄰切實保結，地方官印結申送。年歲自十八歲至二十四歲爲止。身材、膂力、行步遲速，頒有定式。三年兵期滿後，即退爲續備兵。願回籍執業者，聽其發給憑照，優予獎勵，詳見下條。各府輪流徵調，如此則用餉少而練兵多，且不致有烏合星散之弊矣。惟一省假如有常備軍八千人，此項本省按籍徵募之兵，前數年試辦，大約通計不宜過全軍人數三分之二。其三分之一將來是否仍參用客兵，抑或全行漸改土兵，應俟數年後各省臨時體察情形，有無流弊，再行酌辦。

一、鼓勵更番退伍之兵。當兵三年期滿，除有過犯者及操練不進功者已經隨時革退外，其練成退伍之時，應令督操營務處會同本營統領親加考校，酌分爲頭、二、三等，分别給予憑照。練習不熟者，不列等，不給照。其憑照内並將其人之品行、技能一一載入。列入頭等者，遇有哨官、哨長弁缺，儘先酌量拔補，或派別項差委。列入二等者，咨明各省調充弁目，備教兵之用。調用不盡者，退爲本省續備兵。列入三等者，退爲續備兵，不願當兵者，聽回鄉里自營生業。凡退伍之弁目、隊長、兵丁，頭等弁目、隊長獎給武舉，彙案奏明。中省武舉，每一年以二十名爲限，大小省比照增減。頭等正兵及二等弁目、隊長及正兵獎給武生，咨明禮、兵兩部，不限數。三等兵酌獎功牌頂戴。鄂省向來每三年一科，即有武舉六十人，每一年即有武生一千餘人，今擬以名目獎勵練成退伍之兵，爲數較舊日爲少。發照退伍之日，由督撫親到該營獎勉發給，饗以羊、酒，以花紅鼓吹送出營門。頭等弁兵，並由督撫賞給扁額。回籍到家之日，由本鄉紳董以鼓吹爆竹迎迓，接入里門。頭等者，地方官獎以花紅、羊、酒。凡領有憑照之兵，概免雜項差徭。非犯實在案情，地方官不得無故差拘折辱。遇有切己訟事，准其遣抱。犯事非先詳革頂戴，不得刑訊。領有憑照者，工商各業自然爭相延請，謀生之路甚多。以上大略皆係仿照日本辦法。如此則人以當兵爲榮，自然士族世家、殷實民户願來充伍。既不收窮餓無籍之人，自不慮裁遣失業窮困生事矣。即如湖北護軍各營，因待兵甚優，多有讀書士人前來當兵者，衆情可見。此可爲徵募專取有業良民確實可行之證。

以上兩條，皆係將來擬辦者。

上項各條，大要略備。其餘未盡事宜，容以後隨時體察修改。

再，查東西各國軍隊編制之法數各不同，平時大率一軍以萬二千餘人爲最多數，以六千餘人爲中數。多數編制，軍統兩鎮，鎮統兩協，協統兩標，標統三營，營統四隊，隊統三排。每排以四十二人起算，積至一軍，當得步兵一萬二千九十六人。此德國軍制，北洋常備軍所仿辦者也。若中數編制，即日本一師團統兩旅團，一旅團統兩聯隊，一聯隊統三大隊，一大隊統四中隊，一中隊統三小隊。每一小隊亦四十餘人起算，積至一師團，約得六千餘人。蓋日之一聯隊即德之一協。日之一大隊即德之一營。以三大隊隸一聯隊，是較德制省去標之一層，而以營徑隸於協，故一軍之數適得其半。茲湖北以一軍統兩翼，一翼統兩旗，一旗統四營，一營統三哨。每哨以八十四人起算，其數倍於德之一排、日之一小隊。係照湖北洋操營原額，即德制一排、日制一小隊戰時足額之數。如必照平時半數編制，現在兩軍步隊一十六營，須分作三十二營，哨長、哨官、營官以上員弁須增一倍。不獨員弁薪費所增甚鉅，而學堂出身之將校，目前更難得此多人，惟仍照原額八十四人爲一哨。故雖中間層折減省，而全軍除員弁、護號、火夫外，步隊亦尚有正兵四千三十二人。此蓋參德、日兩國之制暫爲變通，以待將來增改者也。嗣後餉項但能稍爲添籌，則即此常備軍左翼、右翼兩枝，亦應將軍醫、軍樂兩隊照章添設，以昭完備。除統籌全局營制、餉章應如何貫通畫一，容臣之洞到江南後，會商直隸督臣袁世凱再行妥籌具奏外，所有遵議湖北練兵事宜，分設常備續備等軍營制、餉章並豫籌將來量力增減辦法，臣等謹合詞恭摺會陳，伏祈聖鑒訓示。

（硃批）政務處議奏。（欽此）

酌擬裁汰緑營辦法摺 光緒二十八年十月初一日

竊照光緒二十七年七月十三日奉上諭：各省制兵防勇積弊甚深，耗餉頗鉅，所有各緑營防勇，限於本年内裁去十之二三。等因。欽此。又於是年七月三十日奉上諭：前因各省制兵防勇積弊甚深，業經通諭各督撫認真裁節，另練有用之兵。著各省將軍督撫將原有各營嚴行裁汰，精選若干營，分爲常備、續備、巡警等軍，認真訓練。等因。欽此。旋准政務處咨開：緑營防勇，統計各行省兵數不爲不多，每年動支餉項爲數亦復甚鉅，而遇有戰事，兵勇多不得力者，實以營制、餉章不合時用，將愚兵惰，器鈍謀疏，種種積弊，不可殫述。若非大加釐訂，既不能使將士皆歸實用，尤不能使餉項盡祛虚糜，應將舊有各營逐漸裁汰。各省營汛武員如何選用、敘補、升擢，應就各省情形詳訂章程，另行覈定。其中如有立功夙將，准以原官回籍，酌予恩餉。應一併詳細分別聲明，請旨辦理等因，咨行到臣。

查緑營之設，乃沿襲前明之舊，五百年來積習積弊已入膏(盲)[肓]。無論原營未練之兵，窮苦羸弱，久已自謀生理，無可整頓。即挑練之兵，亦仍狃於積習，以緝捕爲例差，視操演爲苦境。一切窳惰情形，早在聖明昭鑒之中。十數年來，疊奉諭旨裁汰緑營。各省雖已遵辦，祇以習重人多，消散不易。除湖北、山東外，他省皆裁未及半。臣愚以爲此項制兵，非但戰守斷不足恃，即巡警亦萬不可用，祇有分年盡數裁撤之一法，上年曾經會同兩江督臣劉坤一奏明在案。此項裁節之餉，應即留於本省，專供募練警察軍之餉。蓋警察一事，乃專門學問，用意極爲深厚，理法極爲精密。外國講政治之學者，以此事爲治國養民、行教化、理財用之根柢，與中國之保甲局卡兵及捕役迥然不同。上海相沿譯爲巡捕房，已失其義。故警察弁勇必須識字較多，文理明白，而又性情和平、細密耐煩者，乃能曉警察之立法用意。不獨非素有習氣之練兵所能爲，亦非强直壯往之營勇所能爲。自當擇明習警察學之員，按照西法選募教練布置，庶幾可收實用。查兩湖緑營之中，若湖南鎮筸、綏靖兩鎮，乃改土歸流之地，其居民大半皆係兵籍，專仰錢糧爲生，其標兵亦皆健樸可用，從前曾立戰功，與他處緑營較異，應請毋庸裁汰。但將緑營改爲勇營，一切規制章程，統照勇營辦理，作爲續備軍。其鎮將及各弁，擇其能帶勇營者爲之。其餘湖南、湖北兩省額兵，除節年裁汰外，現存原營未練之馬、戰、守各兵，擬請自光緒二十九年起，每年裁一成，馬、戰、守勻攤，分十年裁盡。其中經挑練之練軍，年力較爲壯健，擬仍照上年臣與劉坤一會奏辦法，每年裁汰半成，亦馬、戰、守勻攤，分爲二十年裁盡。應裁之餉銀、餉米，及練軍所加餉錢，每年即由藩司、糧道、善後局或按十成之一，或按二十成之一，照數扣出不發，按年奏報。被裁之兵，均每名酌給恩餉一年，俾改業有資，不致流落爲非。其各標營實缺將弁，則視每年所裁兵數層遞裁缺。除已撥入練軍營者不歸本營計算外，應由各標、協、營查明，每一把總所管不足三十人者，即裁把總。每一千總所管不足五十人者，即裁千總。每一守備、都司所管不足一百人者，即裁守備、都司。每一遊擊、參將所管不足二百人者，即裁遊擊、參將。每一副將所管不足五百人者，即裁副將。每一總兵所管不足一千人者，即裁總兵。至全省兵額若裁至三千人以内者，即裁提督。所裁之將弁各缺，敕部積存，不選不補，留爲本省常備軍統帶、營官、哨官等補授之缺，但須酌改營名。提鎮裁缺之時，似宜於本省常備軍各統將中擇其訓練有效、調度有方者，由該省預保堪勝提鎮數員，請旨存記，以備臨時簡放。被裁將弁應得俸廉公費，仍准照支一年，俾資養贍。都、守以上各員，曾經出征著有實在戰功者，年在六十以上，擬請優予升銜，量給恩俸，以終其身。凡被裁者，無論大小員弁，察其年力尚强、才具可造、勤樸耐勞者，留省與候補文職一律委派他項差使。文理通順、心地明晰者，奏請降等改補文職。衰庸無用者，量予資遣。均隨時察酌辦理。提鎮大員裁缺者，如係才具過人、勞績卓著者，奏明請旨別加任用。其平常不出色及衰老者，均奏明請旨優賞升銜，給予恩俸終身。如各員弁有阻撓把持煽惑生事者，從嚴參辦。如此則被裁人員有位置之方，多年積弊亦有廓清之日。至十年、二十年爲期似緩，然從此掃除五百年之積弊，國家千餘萬金之鉅累，果能行之以斷，並不爲遲。

（硃批）政務處議奏。（欽此）

酌調湖北護軍一旗並教練隊隨赴江甯片 光緒二十八年十月初一日

再，湖北護軍各營係副將張彪統帶，該副將兩赴日本考校兵事，該軍營規操法極爲東西洋游歷武員所稱許。查江南各防營雖亦漸改洋操，但一切仍係老法教練，尚形簡略。且各省勇營規制、操法參差百出，實爲今日各營大弊。江南爲江海首衝，臣奉命調署兩江總督，自以整飭戎行爲先務。當經商諸撫臣端方，擬酌調湖北［護］[一]軍營勇一旗并將弁學堂教練隊前赴江南，精加訓練，作爲標準，俾各營有所觀感，操法亦歸畫一。撫臣端方謂此舉能使江楚防軍聯絡一氣，實爲整頓沿江軍備要義。且江南可增得力之兵，湖北可節數營之餉，於兩省均有裨益，大加欣贊。因將該軍左旗四營並將弁學堂教練隊一百餘人調赴江甯省城，容臣蒞任後籌定餉項，統歸江南給餉，以清界限。

（硃批）知道了。（欽此）

恭報交卸湖廣督篆起程日期摺 光緒二十八年十月初一日

竊臣奉命署理兩江總督，飭令迅速赴任。當以鄂省經手事件太多，必須略爲清理，並適有德總領事克納貝來鄂商辦撤兵照會之事，德水師提督來鄂商設躉船之事。德提督行後，德總領事尚在漢口句留，連日磋磨。迨二十八日照復去後，二十九日接其復函，德總領事尚無異詞。日本租界亦於日內始行商妥。始得定日交卸，均經分別電奏暨電軍機處在案。茲於十月初一日將湖廣總督關防並王命旗牌暨文卷等項，派員賫送兼署督臣端方接收任事。臣即於初二日由湖北省乘輪啓行赴江。至商務大臣關防，臣係奉旨特派，應即將關防帶赴江南，遇有應辦事宜，隨時鈐用。

（硃批）知道了。（欽此）

到兩江署任謝恩摺 光緒二十八年十月十一日

竊臣奉旨署理兩江總督，當經具摺謝恩，並奏報自鄂起程日期各在案。嗣於十月初六日馳抵江甯。初九日，准護理兩江總督江甯布政使臣李有棻，派委署江甯府知府朱其昌、署中軍副將丁華容，將兩江總督關防、兩淮鹽政印信、欽差通商大臣關防並王命旗牌暨文卷等件賫送前來。臣當即恭設香案，望闕叩頭謝恩，祗領任事。

伏念臣駑駘下乘，蒲柳衰姿，權篆甫閱七年，時艱更加十倍。

［一］據《京報》第七二八四號補。

惟有修明內治，慎重外交，博訪賢才，務其遠大。江南繁劇，以獎拔廉儉之吏爲先。新政多端，以造就文武人材爲急。霜筠雪竹，愧鍾山投老之無能。青瑣滄江，增京國朝班之依戀。謹當隨時與北洋大臣，江蘇、江西、安徽各撫臣暨漕臣和衷商辦，認真整頓，以仰答高厚鴻慈於萬一。

（硃批）知道了。（欽此）

藩司李有棻飭回本任片[一] 光緒二十八年十月 日

再，江甯布政使李有棻，前經奉旨護理兩江總督。茲臣行抵江甯省城接署督篆，李有棻交卸，應即仍回江甯布政使本任，以專責成。除檄飭遵照並飭兼署藩司之江安糧道胡延即行交卸署篆，理合會同江蘇撫臣恩壽附片具奏，伏乞聖鑒。

知道了。

修改兩淮鹽法志告成摺[二] 光緒二十八年十月 日

竊查兩淮鹽法志一書，自嘉慶十四年以後，續未纂修。因革紛繁，不可枚舉。當經前督臣曾國荃於光緒十五年十一月設局派員編輯，十八年二月附片奏明在案。閲時幾四年之久，甫得成書。前督臣劉坤一於十九年二月恭摺進呈，欽奉諭旨：著户部詳細覆勘具奏。欽此。旋經部臣以重修志書，銓叙雖詳，而未能盡善，逐條指出，分爲訂正、補輯、覆核、籤商四類，凡一千三百餘條，繕成清册，咨送前督臣劉坤一轉飭原纂之員妥速辦理。並准將原送鹽志副本發還在案。比因原纂之員物故星散，經前督臣劉坤一發交前任運使江人鏡，委員遵照部指，逐條更正。其間參考互證，較之初修時尤爲煩難。直至本年夏秋方得蕆事，仍分一百六十卷，繕寫黄册進呈。另備副本，照例咨送户部查核。據兩淮鹽運使程儀洛詳請奏咨前來，臣謹將繕就黄册派委員弁賫京，恭呈御覽。除咨户部查照外，理合恭摺具奏，伏乞皇太后、皇上聖鑒。

户部知道。

遵旨查明劉坤一子嗣摺[三] 光緒二十八年十月 日

竊照前督臣劉坤一因病出缺，仰蒙慈恩賜恤，飾終之典備極優渥，并飭臣查明該故督臣子孫迅速具奏等因。仰見朝廷篤念勛耆有加無已之至意，凡在臣工莫不同聲欽感。臣查該故督臣劉坤一，起家軍旅，蒙穆宗毅皇帝特達之知，擢任封圻，歷膺重寄，先後垂四十年。居官廉静寛厚，不求赫赫之名，而身際艱危，維持大局，毅然擔當，從不稍事推諉。忠愛之忱老而彌篤，每論及時事，敬念聖恩，未嘗不撫膺流涕。近年以來，臣與之共事，深知其忠定明決能斷大事，有古名臣風範，老成遽謝，悼惜實深。該督臣治家最嚴。伊子劉能紀，係花翎二品銜候選道，隨侍在署讀書勵品，恂恂儒生，絶無紈袴之習。孫四人。思銓，一品蔭生。思錡，候選同知。思鏐、思鈐，均幼。應如何加恩之處，出自逾格鴻慈。所有查明故督臣子嗣緣由，謹繕摺具陳，伏祈皇太后、

〔一〕録自《京報》第七二三七號。

〔二〕録自《京報》第七二四一號。

〔三〕録自苑書義等編《張之洞全集》第三册，第一五一六頁，河北人民出版社，一九九八年版。

皇上聖鑒訓示。

（硃批：）另有旨。（欽此）

上諭：張之洞奏遵旨查明督臣子嗣一摺。已故兩江總督劉坤一之子候選道劉能紀，加恩著以四品京堂候補。伊孫一品蔭生劉思銓，著以郎中用。候選同知劉思錡，著以知府用。劉思鏐、劉思鈐，均著以主事用。以示篤念藎臣有加無已之至意。欽此。

請加增海運漕糧運費摺〔一〕

光緒二十八年十一月初六日

案准倉場督臣咨，本屆江蘇漕白糧米，均用火車運至太平倉驗收。所有東陵衙門江白粳米石，應即改在太平倉撥兑。運米脚價每石每百里原給銀一錢四分，自通州至東陵計程一百四十里，每石原領銀一錢九分六釐。今自太平倉起運，比前加程四十里，計程一百八十里，自應按里加給脚價，每石共應給銀二錢五分二釐。咨部核准，移咨到蘇，即經轉行遵照在案。兹據蘇松督糧道羅嘉杰詳稱，蘇省漕白二糧，同治四年議辦海運，本係由滬運至天津，迨同治十二年改辦徑運，因限於經費，由南省轉剥通州交兑。通州以上運務，仍歸倉場督臣籌辦。所有自滬至通水脚運費，先後奏明以河運節省給丁各項銀米並江糧道歸蘇糧道一半倉項就數抵支，每石准支銀七錢五分，内由藩司支給沙輪船水脚等銀四錢二分零，歸糧道支銷津通運費銀三錢二分零。至隨漕應解倉場衙門茶果等款，並支給委員書役赴北川資局用，以及交米各項經費，均於道庫例支津通運費項下動用。每届交米事竣，由道連同歸司支給之沙輪船水脚等銀一併統算，每石不逾七錢五分之數，免造細册彙總造報，歷經辦理在案。今届蘇省漕白二糧，奉飭由塘沽改用火車徑運京師太平倉交兑，其運道較至通州計程加遠四十里，而糧米運抵京倉不能即爲驗兑，卸車先行抗儲棧内，次日由棧抗出，换裝騾車運至驗米場，復再抗至場上，分段排列，聽候驗收。似此輾轉盤運，人工、車脚所費實多。通盤籌畫，以道庫常年例支津通運費照數撥抵運京之需核計，實有不敷。惟查東陵俸米改在太平倉撥兑，因運道加遠，運米脚價現經奉准加給。而蘇省漕白二糧遵飭改運京倉，糧途較前加遠，運脚不敷支給，情事實屬相同。擬請援案除例支水脚運費外，每石加給脚價銀五分六釐，在於道庫漕項内作正開支，以全運務。仍俟交米事竣，循案彙總造報，免造細册，俾符原案等情，詳請奏咨前來。臣等復查蘇省漕白二糧改由塘沽徑運京倉，程途加遠，例支水脚運費不敷支用，自屬實在情形。合無仰懇天恩俯准將蘇省漕米運脚每石加給銀五分六釐，在於漕項款内作正開支，以資辦運而示體恤。出自逾格鴻施，除鈔奏咨明户部查照外，謹會同漕運總督臣陳夔龍恭摺具奏，伏乞皇太后、皇上聖鑒訓示。

户部知道。

蘇省民力尚能支持似可毋庸接濟摺〔二〕

光緒二十八年十一月二十一日

竊臣等接准軍機大臣字寄，光緒二十八年十月初三日奉上

〔一〕録自臺北故宫文獻編輯委員會編《宫中檔光緒朝奏摺》第十六輯，第二五六至二五七頁，臺北故宫博物院，一九七四年版。

〔二〕録自中國第一歷史檔案館編《光緒朝硃批奏摺》第三二輯，第二五〇頁，中華書局，一九九五年版。

諭：本年四川南充等州縣災區甚廣，欽奉慈禧端佑康頤昭豫莊誠壽恭欽獻崇熙皇太后懿旨，撥銀三十萬兩，交該督核實賑濟，並准將新舊捐輸酌量減免。復因冬賑春撫，爲日方長，非有鉅款不足以資接濟，准開辦減成賑捐，俾資急用。又諭令將義賑餘款十二萬兩，儘數撥解該省，開辦冬賑，以惠窮黎。惟念來春青黄不接之時，民力未免拮据，著傳諭該督撫等體察情形，如有應行接濟之處，即查明據實復奏，務於封印以前奏到，俟新正降旨加恩。此外各該省有無被災地方，應行調劑撫恤之處，著該督撫等一併查奏，候旨施恩。欽此。即經恭録行司欽遵查辦。

伏查本年江甯、蘇州等屬，入夏以來雨澤愆期，高阜田地缺雨滋培，禾豆雜糧間有受傷。其低窪之區，復因湖河潮水泛漲，被淹受傷，收成均屬歉薄。經各屬查勘禀報，現擬將應徵新舊錢糧漕米查明，分案奏請量予蠲減緩徵，以紓民困。惟詳加察看，目前情形，民力尚可支持，來春似可毋庸接濟。臣等仍隨時體察，如有應行撫恤之處，自當由外設法籌辦，加意撫綏，以仰副聖主軫念民依之至意。兹據江甯布政使李有棻、蘇州布政使陸元鼎具詳前來。除咨部外，謹合詞恭摺由驛復奏，伏乞皇太后、皇上聖鑒。

知道了。

請蠲減緩徵蘇省錢漕摺〔一〕 光緒二十八年十二月初十日

竊照蘇省各州、廳、縣應徵光緒二十七年以前錢漕，歷經按年確勘荒田已未墾復熟田秋成豐歉情形，分別蠲減緩徵，奏蒙恩旨准行在案。兹查蘇州等屬本年田畝所種禾棉，因入夏以後亢晴日久，缺雨滋培，未能暢發。低平近河田地灌溉尚易，高阜山鄉缺水車戽，秧苗大都黄萎。當經率屬設壇祈禱，幸六月中旬疊沛甘霖，平田藉資挽救。其山田得雨已遲，秋收失望。七月初旬，復有江北飛蝗過境，當經嚴飭各地方官實力撲捕，幸未傷及晚禾。然因人力捕除，不免踐踏。迨至七八月間晚禾、木棉正當吐秀結鈴之際，復遭狂風摇撼，以致秀而不實，穀粒癟瘦，鈴穗稀疏。察看收成，殊形減色。迭據各屬禀請勘辦，即經督飭藩司遵照部章，移行該管道府州，親履督勘，認真釐剔，以杜隱混。兹據蘇州布政使陸元鼎、江安糧道胡延、蘇松糧道羅嘉杰轉據該管府州履畝復勘，按照地方情形，議請分别蠲減緩徵，由該司道體察屬實，詳請具奏前來。臣等伏查蘇省自經兵燹以後，田多拋荒，疊經飭召客佃翻墾。祇以頻年水旱失調，旋墾旋棄，報熟無多。前年設局清理田賦，所有查見蘇州、鎮江二府屬歷年匿報墾熟及短徵熟田，業已剔歸原復熟田，一律啓徵。所增銀米，奏准分别留用撥解，應即照案另行查明確數核辦外，其松江、常州、太倉三府州屬拋荒本屬有限，本年開報新墾，均已一再復勘，尚屬核實。其成熟各田，本年秋收歉薄，應徵錢漕察看情形似不得不酌予蠲減，以紓民力。所有光緒二十八年屬報新墾同未届徵限之二十六、二十七兩年新墾田畝應徵銀米，遵照奏定清糧章程，俟免糧期滿，再行啓徵。其二十四年以前新墾，間有因災展緩之處，成熟田畝已歸原熟項下一律徵辦。奉賢、上海、南匯、川沙、嘉定、寶山

〔一〕以下二件録自臺北故宫文獻編輯委員會編《宫中檔光緒朝奏摺》第十六輯，第四六五至四七一頁，臺北故宫博物院，一九七四年版。

等六廳縣額田銀米，崇明縣額田條銀，太湖、華亭、金山、金匱、江陰、靖江、丹陽七廳縣原熟田，婁縣、青浦、武進、陽湖、無錫、宜興，荆溪、金壇、溧陽、太倉、鎮洋十一州縣原復熟田，婁縣、金山、青浦、武進、陽湖、無錫、金匱、江陰、宜興、荆溪、丹陽、金壇、溧陽、太倉、鎮洋十五州縣届徵光緒二十五年新墾田銀米，丹陽縣廠田條銀被歉田漕米，本年被旱最重田上忙條銀及漕米，金壇、溧陽二縣本年被旱無收田上忙條銀，常熟、靖江、丹陽三縣成熟蘆田課銀，均請照額全徵，毋庸再乞恩施外，其餘各屬田地高低秋成減歉不一，應請酌定等差分別徵蠲減緩，以恤民隱。合無仰懇天恩俯准將長洲、元和、吴縣、吴江、震澤、常熟、昭文、崑山、新陽、太湖、華亭、婁縣、金山、青浦、武進、陽湖、無錫、金匱、江陰、宜興、荆溪、丹徒、丹陽、金壇、溧陽、太倉、鎮洋二十七州、廳、縣拋荒坍廢等田銀米，崑山、新陽二縣拋荒蘆價田條銀，常熟、昭文、靖江、丹徒四縣本年被旱被歉無收田，婁縣、青浦二縣節年復荒田銀米，靖江縣本年被歉無收蘆田課銀，丹徒縣展緩光緒二十五年届徵新墾，太倉州展緩光緒五年新墾田銀米，丹陽縣本年被旱最重田下忙條銀，金壇、溧陽二縣本年被旱無收田下忙條銀及漕米，一律全行蠲免。丹徒縣原復熟漕屯各田漕米減免一釐。崑山縣原熟田銀米及蘆價田條銀，丹陽縣歉收田條銀，各減免二釐。長洲縣原復熟坐落低區田，元和縣坐落二十都三百六圖被歉稍次田，常熟縣原復熟坐落被歉較輕各區田，昭文縣原復熟坐落低平區田，新陽縣原復熟田及届徵二十五年新墾各田銀米，新陽縣原熟蘆價田條銀，各減免五釐。吴縣、吴江二縣原熟田，震澤縣原復熟田銀米，各減免七釐。常熟縣原復熟坐落被歉次重各區田，昭文縣原復熟坐落高平區田銀米，各減免八釐。元和縣原熟田坐落半十九、中十九、東十九、下二十、下二十一、南三十一等六都，共九十一圖，被歉最重田銀米減免九釐。長洲縣原復熟坐落高區田銀米減免一成。常熟縣原復熟坐落被歉最重各區田銀米減免一成一釐。丹徒縣原復熟漕屯田條銀並蘆田課銀，各減免四成二釐。常熟縣本年被歉蘆田課銀，溧陽縣本年被旱無收田畝，來年上忙條銀，緩至二十九年秋後察看徵辦。至各該縣減成項下應徵本年地漕、鹽課、蘆課、學租、正雜、正耗、錢糧、歸公官租等銀，以及漕南行贈局恤米豆並清賦增徵銀米，應請按分蠲減徵收。

蘇州、太倉、鎮海、金山、鎮江五衛幫奉旨裁汰，現委各州、廳、縣兼署應徵本年屯漕錢糧，由司詳經漕運總督臣陳夔龍批准，暫循舊案啓徵。所有蘇州、太倉、鎮海、金山等四衛幫屯漕錢糧，各照坐落地方民田分別蠲減。又鎮江衛屯坐各州縣錢糧，查照民田蠲減。泰州、丹陽二州縣酌徵五成五釐。泰興、江都二縣酌徵四成。甘泉縣酌徵九釐。此外徵剩錢糧同上年請緩之丹徒縣減剩蘆課以及各屬舊欠項下，自光緒十四年起各年原緩民欠錢糧，坐落本年歉區已歷奏銷民欠各款，均請查照分徵成案，緩至光緒二十九年秋後，由遠及近，以次帶徵至各屬成熟田地項下應徵。本年銀米，各按地方情形分別核實徵解。現經臣等嚴飭各州、廳、縣革除積弊，裁減浮收，無分紳民，一律輸納，分別運解，以供天庾而濟餉需。

至白糧米石向不蠲減，本年徵漕各州縣蠲缺白糧，仍於漕糧内照額揀選辦運。其各屬請減條銀，如上忙已經完納者，即將應減分數於下忙錢糧内扣除。或上下兩忙均已全完，其溢完銀兩，照例流抵光緒二十九年上忙新賦。由各該州、縣分別刊刻免單，備載恩減分數、銀數，及流抵新賦字樣，查明按户付執爲流抵確據。所有現在赴櫃完納之户，概於串票上鈐蓋戳記，註明實徵銀數，俾歸簡易。並飭令將蠲減區圖銀米，一體明白出示曉諭，核實稽查，於徵册内註明，悉照灾蠲成案辦理，以杜弊混。凡蠲缺、官役、俸工、廪膳、祭祀等款，統於司庫正項銀内撥補。卹孤米石在於南糧項下籌撥。除飭查造蠲減徵緩銀米各數細册咨部查核外，謹會同漕運總督臣陳夔龍恭摺，由驛四百里具陳。伏乞皇太后、皇上聖鑒訓示。

另有旨。

請蠲緩江甯等屬錢糧摺光緒二十八年十二月初十日

竊照江甯各州、縣、廳、衛，本年入夏以來亢晴日久，高阜田地缺雨滋培，迨後得雨時已過遲，未能霑足。更兼禾棉吐秀結鈴之際，遽遭狂風摧殘。其濱江臨湖低窪之區，又因潮汐泛漲，山泉下注，積潦難消，禾豆雜糧多被淹損，是以收成均形歉薄。迭據各屬先後禀報，當經批司遵照部章，移行該管道府州，親往各該州、廳、縣、衛督同履勘，據實禀辦。茲據江甯布政使李有棻詳，據該管道府州督飭各州、廳、縣、衛逐細查勘，僅有溧水、高淳、泰興三縣收成尚稱中稔，照常徵解外，其上元、江甯、句容、江浦、六合五縣已墾成熟復被歉收田地，並山陽、阜甯、清河、桃源、安東、鹽城、高郵、泰州、東臺、江都、甘泉、儀徵、興化、寶應、銅山、豐縣、沛縣、蕭縣、碭山、邳州、宿遷、睢甯、海州、沭陽、贛榆、通州、如皋、海門二十八州、縣、廳，及淮安、大河、揚州、徐州四衛屯田，歸併各該州縣經徵被旱、被淹、歉收田地，均係勘不成灾，應請照例緩徵。又江甯府屬上元等七縣未墾荒田，同江都縣及揚州衛營壘壓廢尚未墾復坍荒民屯田地應徵錢糧，請照例一律蠲免。由司體察無異，請將應徵新舊錢糧分別蠲緩等情詳請具奏前來。臣等伏查江甯等屬各州、廳、縣、衛本年被旱、被淹、勘不成灾並抛荒、壓廢等項田地，據該管道府州親往逐一履勘明確。除溧水、高淳、泰興三縣秋成尚稱中稔外，其餘各州、廳、縣、衛應徵新舊錢糧例應分别蠲緩。合無仰懇天恩俯准將上元、江甯、句容、江浦、六合五縣已經墾熟被歉田地，並山陽、阜甯、清河、桃源、安東、鹽城、高郵、泰州、東臺、江都、甘泉、儀徵、興化、寶應、銅山、豐縣、沛縣、蕭縣、碭山、邳州、宿遷、睢甯、海州、沭陽、贛榆、通州、如皋、海門二十八州、縣、廳，同淮安、大河、揚州、徐州四衛屯田，歸併各該州縣經徵被旱、被淹、歉收田地，應徵光緒二十八年地丁等項錢糧，概請緩至光緒二十九年秋成後分作二年帶徵。又上元、江甯、句容、溧水、高淳、江浦、六合七縣未墾荒田，同江都縣及揚州衛營壘壓廢民屯田地，應徵光緒二十八年上下忙錢糧，仍予蠲免。其坐落各州、廳、縣併衛屯漕蘆課、學租、湖河灘租、雜辦雜税、津貼增租，並江甯府屬公費關租、油麻地租、南屯恤孤米豆、新增地畝蘆葦、牧馬草場復賦、召變籌餉等款，及抄案入官地畝，並鎮江衛坐落江都、泰州、甘泉、泰興四處屯田，均錯雜民田之内，均照坐落地方一律查辦。其鹽場竈地應由鹽政衙門辦理。淮安、揚州等屬減則蘆葦田地，並海州屬一水一麥減則田地，應徵本年錢糧，請照歷届成案，一體緩徵。至被歉各屬無力貧民、貧軍，應否酌借籽種、口糧，統俟來春察看情形辦理。所有江淮等屬勘不成灾，並江甯府屬未墾荒田，同江都縣及揚州衛營壘壓廢田地應徵癸卯上忙新賦，均請緩至該年秋成後察看情形再行啓徵。其成熟田地及溧水、高淳、泰興三縣秋成尚稱中稔，應徵現年錢糧，飭令照常徵解。

又，江甯等屬未完光緒二十七年熟田民欠、軍欠錢糧，本年仍坐熟區，不得謂之積歉，應令照常徵解。所有光緒十四年至二十七等年歉田原緩、遞緩，並邳州、宿遷、睢甯、海州、沭陽、贛榆六州縣，及大河衛坐落沭陽縣屯田光緒二十四年成灾，又江都縣蘆課二十七年分成灾，蠲剩緩徵，暨勘不成灾各款銀米，以及不在豁免案内之津貼、增租銀兩，實因頻年積歉之區，户鮮蓋藏，本年秋成又形歉薄，完納當年新賦已屬竭蹶，若將新舊錢糧責令同時並納，民力實有未逮。飭據該管道府州督同會勘明確，由司覆察屬實，並懇聖恩俯准將上元、江甯、句容、溧水、江浦、六合、山陽、阜甯、清河、桃源、安東、鹽城、高郵、泰州、東臺、江都、甘泉、儀徵、興化、寶應、銅山、豐縣、沛縣、蕭縣、碭山、邳州、宿遷、睢甯、海州、沭陽、贛榆、通州、如皋、海門三十四州、縣、廳，並淮安、大河、揚州、徐州四衛，未完光緒十四年至二十七等各年，及高淳縣未完十五年至二十七等年歉田原緩、遞緩各款，並邳州、宿遷、睢甯、海州、沭陽、贛榆六州縣，及大河衛坐落沭陽縣屯田光緒二十四年成灾，又江都縣蘆課二十七年分成灾，蠲剩緩徵暨勘不成灾各款銀米，及不在豁免案内之各年未完津貼、增租銀兩，均請緩至二十九年秋成後，再行分别帶徵，以紓民力。

再，阜甯、清河、桃源、宿遷、海州、沭陽、贛榆七州縣漕糧，向係民折官辦，於咸豐二年奏准，毋庸官爲買米，改徵折色。本年該州縣被歉田地折徵銀兩，應請隨同各屬漕糧漕項銀米一體分别緩徵，仍將成熟田地照舊徵收報解。又蘇州藩司所屬之鎮江衛坐落泰州、江都、甘泉、泰興四州縣屯田，並請隨同民田一律辦理。此外如有未盡事宜，由江甯藩司另行詳辦，並將蠲緩漕糧、各州縣區圖村莊頃畝清單，另行專摺具奏。所有江甯等屬光緒二十八年秋禾，被旱、被淹，勘不成灾並拋荒田地情形，除遵部章開繕區圖村莊頃畝應緩銀兩米豆各數清摺咨部查核外，謹合詞恭摺，由驛具奏，伏乞皇太后、皇上聖鑒訓示。再，秋灾情形，例於九月内詳辦。今届因各該管道府州親詣督同勘報，甫經到齊，以致藩司詳轉稍稽，合併陳明。

另有旨。

請蠲緩江甯等屬漕糧米石並折色銀兩摺[一]

光緒二十八年十二月初十日

案准户部咨，嗣後如有奏請蠲緩漕糧者，該督撫查照舊例，確核情形，於地丁摺外另行具摺，並將各州縣區圖村莊名目，分晰開單，候旨遵辦等因。歷經循辦在案。茲據江甯藩司李有棻詳稱，江甯等屬，本年入夏以來，亢晴日久，高阜田地缺雨滋培。迨後雖經得雨，時已過遲，未能霑足。更兼禾棉吐秀結鈴之際，遽遭狂風摧殘。其濱江臨湖低窪之區，又因潮汐泛漲，山泉下注，積潦驟難宣洩，所有禾、豆、雜糧以致多被淹損。是以收成均形歉薄，俱係勘不成灾。據該管道府州督飭各該州縣分别履勘明確，

[一] 以下三件録自中國第一歷史檔案館編《光緒朝硃批奏摺》第七一輯，第三〇四頁至三〇八頁。中華書局，一九九五年版。

並無飾混。所有江甯府屬各縣已經墾熟復被歉收田畝，奉旨減徵三成，實徵七成漕米，應請同淮安等屬各州縣被歉田地，及江甯府屬未墾荒田，並江都縣及揚州衛營壘壓廢坍荒田地，應徵漕糧米石及減徵折色銀兩，分別蠲免緩徵等情，詳請具奏前來。臣等伏查，該州縣起運漕糧，攸關天庾正供，原不敢輕議蠲緩。惟是賦從田出，田既失收，賦即難徵，是以歷年遇有災歉，請將銀米一體蠲緩，均蒙恩旨准行。且江甯等屬，均係積年被歉之區，今歲秋成又復暘雨愆期，收成減歉。臣等詳細體察民情，實形拮据。若令完納新漕，委係力有未逮。除溧水、高淳、安東、通州、海門五州、廳、縣並無起運漕糧，泰興縣秋成尚稱中稔照常徵解外，合無仰懇天恩俯准將上元、江甯、句容、江浦、六合五縣已墾成熟復被歉收田地，並山陽、阜甯、清河、桃源、鹽城、高郵、泰州、東臺、江都、甘泉、儀徵、興化、寶應、銅山、豐縣、沛縣、蕭縣、碭山、邳州、宿遷、睢甯、海州、沭陽、贛榆、如皋二十五州縣勘不成災田地，應徵光緒二十八年漕糧及改徵折色銀兩，均請緩至二十九年秋成後，分作二年帶徵。其上元、江甯、句容、江浦、六合五縣未墾荒田，同江都縣及揚州衛營壘壓廢坍荒民田，除墾熟啓徵外，其餘坍荒田地應徵漕糧米石並折色銀兩，仍請蠲免。所有各該州縣熟田漕糧及折色銀兩，飭令照常徵解。除將送到清摺咨部外，謹合詞專摺附驛具奏，並將被歉應行蠲緩漕糧各州縣區圖村莊頃畝開繕清單，恭呈御覽，伏乞皇太后、皇上聖鑒訓示。再，蘇松等屬應徵漕糧，容另行奏明辦理，合並陳明。

另有旨。

嘉定寶山二縣應完漕糧折價片 光緒二十八年十二月初十日

再，嘉定、寶山二縣向種木棉，地不產米，應完漕糧歷經民折官辦，所有收漕折價由官紳會議詳定徵收，前經嘉定縣職紳廖壽豐等在京呈奉户部復准年内折收錢四千五百文，年外五千文，節經遵照辦理。同治六年以後，因市價貴賤不一，隨時酌中議定。上届光緒二十七年分連同公費、脚費每石折收錢四千八百文，年外加收錢三百文，奏明徵收在案。本届光緒二十八年分徵辦新漕，該二縣徵收折價，經臣等飭令司道體察情形核議詳辦去後。兹據蘇州布政使陸元鼎、蘇松糧道羅嘉杰會詳，本年新漕，訪查市價，參酌成案，公同核議，擬請每石年内折收錢五千四百文，年内完不足數遲至年外者，一律加增錢三百文。其糶變一款，仍照通屬定數提解，詳情附奏前來。

臣等伏查，嘉定、寶山二縣冬漕，向係民折官辦，與各屬情形不同，業於奏報漕價摺内聲明另行辦理。現據該司道等公同議擬，每石年内折收錢五千四百文，遲至年外完納者仍一律加價錢三百文，照數折收，尚屬平允。除飭照章無分紳民一律徵收外，謹合詞會同漕運總督臣陳夔龍附片由驛具奏，伏乞聖鑒訓示。

户部知道。

蘇州等屬冬漕擬請分别本折酌定徵價收納摺 光緒二十八年十二月初十日

竊照蘇州等屬徵收冬漕，前於同治四年分議定，完本色者每石加收餘耗三斗，完折色者每石連同公費收錢四千五百文，遲至年外，加五百文。五年以後，因米價平減，隨時酌量減收。計自同治五年分起至光緒二十七年分止，歷届酌定徵價，及餘耗改收公費，並年外照加數目，節經分晰奏明在案。茲届徵辦光緒二十八年新漕，案准部咨，妥籌南漕運京，議令江、浙兩省本年所徵本色，共酌留京斛漕糧一百萬石，白糧在内，由海運京，餘仍全數改折等因。即經轉行遵辦，循舊本折兼收，聽從民便。所有本年折徵米價，除太倉州屬之嘉定、寶山二縣向例民折官辦，鎮江府屬之丹徒縣留撥旗營兵米，並不起運，未能與他屬一例徵收，應行提出另辦外，其餘蘇州、松江、常州、鎮江、太倉五府州屬徵漕各廳縣，本年入夏以來，暘雨尚稱應時。迨交秋後，禾棉正當吐秀之際，疊遭風雨摧殘，以致多受損傷，收成均形歉薄。現在米糧價值比較上年昂貴，恐各屬收漕開倉買米兑運，市儈居奇，不得不酌中核定，以期官民兩便。茲據蘇州藩司陸元鼎、蘇松督糧道羅嘉杰，督飭海運省局各員察酌情形，議請本年冬漕折價，每石收制錢三千九百文，隨收公費錢一千文。完本色者，以石抵石外，循舊將餘耗改交公費錢一千文。遲至年外，無分本折，每石加收錢五百文。其減賦案内奏明抵補減缺南糧之隨漕脚費，每石錢五十二文，仍照章按石隨正帶收。似此分別酌定，無論徵收本折，均與市價不甚懸殊，不致藉口趨避。

再，隨漕徵收公費錢一千文，係抵支各州縣辦漕一切要需。恐刁頑之户以公費爲無關緊要，任意抗延，則州縣公用無出，勢必貽誤漕運。前於同治六年分，曾經附片奏明，倘糧户交米而不交公費，即比照抗糧之例懲辦。歷届隨摺聲明，通行遵照。今届徵收冬漕，應請循案辦理等情，詳請具奏前來。臣等查核無異，除飭司出示曉諭，遵照定章，無分紳民一律均平徵收，不得稍有浮勒軒輊外，理合會同漕運總督臣陳夔龍恭摺由驛四百里馳陳，伏乞皇太后、皇上聖鑒訓示。

户部知道。

請旌獎孫復瑞片[一] 光緒二十八年十二月初十日

再，據蘇州布政使陸元鼎詳稱：上年蘇常等屬沿江沙洲風潮爲災，衝没田廬、圩岸，小民蕩析離居，節經奏請截漕賑恤，並勸捐解濟。當有武進縣人五品藍翎孫復瑞，見該沙洲灾廣，籌捐非易，即捐助制錢一千串，續又捐銀一千三百八十六兩，先後撥濟灾區，洵屬情關桑梓飢溺爲懷。所捐銀數計在千兩上以，似未便没其好善之忱。詳請循案奏旌前來。臣等復核無異，相應請旨將五品藍翎孫復瑞照例旌獎，給予樂善好施字樣，以示激勸。理合附片陳明，伏乞聖鑒訓示。

著照所請。禮部知道。

新選知縣閔嘉祥到省派赴學習片[二] 光緒二十八年十二月初十日

再，新選荆溪縣知縣閔嘉祥，於光緒二十八年八月初八日到省繳憑。該員係佐貳簽升，初膺民社，自應留省派赴發審局學習，以資歷練。俟情形稍熟，再飭赴任。據蘇州藩司陸元鼎會同臬司

[一] 録自中國第一歷史檔案館編《光緒朝硃批奏摺》第三二輯，第二五五頁，中華書局，一九九五年版。

[二] 録自中國第一歷史檔案館編《光緒朝硃批奏摺》第一八輯，第三九七頁，中華書局，一九九五年版。

效曾詳請具奏前來。臣等覆查無異，除批飭遵照外，謹合詞附片陳明，伏乞聖鑒。

吏部知道。

裁停舊式兵船積存薪餉另造快船摺 光緒二十八年十二月十三日

竊照兵艦爲江防大政，擴充整頓尤爲今日要圖。然無用之船，雖有若無。若欲訂造新式兵船，籌款又甚不易。必應急籌良法，以顧江防。查南洋現有兵輪五號，曰寰泰，曰鏡清，曰南瑞，曰南琛，曰保民。運船三號，曰威靖，曰登瀛洲，曰鈞和。蚊船四號，曰龍驤，曰虎威，曰飛霆，曰策電。皆係購造多年，機老鋼薄，式舊行遲。蚊船一項，短笨濡滯，尤不適用。此等師船既不足爲外海制勝之資，并不足爲長江守險之用。外國兵輪往來長江者甚多，見之徒爲竊笑。而薪餉、煤、油及修理各費，歲糜巨款，實爲可惜。若不及早改絃更張，以後永無振興之望。經臣督同籌防局司道詳加商酌，除寰泰、鏡清兩兵輪，威靖、登瀛洲兩運船，機輪較勝，應仍留用以備巡緝外，其南瑞、南琛、保民三兵輪，龍驤、虎威、飛霆、策電四蚊船，擬即一律裁停。鈞和一輪，本係上海商捐作護商之用，仍發還令商人自養。此外備差小輪，察其無用者亦酌量裁撤。約計所停各船，合薪、糧、煤、油、修理雜費，歲可節存銀二十萬兩，由籌防局專款存儲，無論何事，不得擅動。以十年計之，可得銀二百萬兩，即以此款另向外洋有名船廠定造長江淺水新式快船數艘。大約裁停廢船七艘，可購合用新船六七艘，限於三年内造齊，並訂明分年付價，以免另籌鉅款。兩年半之後，即有新式兵船可資長江巡防之用。至裁停舊船，令其酌量變價，湊備新船經費，以免看守虛糜。似此化無用爲有用，於籌防之道，較有實際。

（硃批）著照所請。該部知道。（欽此）

保薦經濟特科人才摺 并清單 光緒二十八年十二月十五日

竊照光緒二十七年四月十七日欽奉慈禧端佑康頤昭豫莊誠壽恭欽獻崇熙皇太后懿旨：爲政之道，首在得人。況值時局阽危，尤應破格求才，以資治理。允宜敬遵成憲，照博學鴻詞科例，開經濟特科，於本届會試前舉行。天下之廣，何患無才，其有志慮忠純、規模閎遠、學問深通、洞達中外時務者，著各部院堂官及各省督撫學政，出具考語，即行保薦。並著政務處大臣擬定考試章程，請旨辦理。等因。欽此。又於六月初四日奉上諭：著各督撫學政於保送時虛心采訪，果係物望素孚、確有實學者，方准保奏。等因。欽此。仰見朝廷破格掄才，務求實用之至意，莫名欽感。

臣惟特科之設，其典至隆，經濟之名，其選尤重。必其人品行修飭，學有專長，方足以仰副旁求之盛典。臣前於湖廣總督本任内，業經會同湖北撫臣端方，就鄂中人才，慎選品學兼優之士十六人，具摺保奏在案。兹臣調署兩江，復就大江南北博訪周諮，詳加甄采，並就平日真知灼見者，共選得三十人，皆屬品端志遠，學有專長，深明時局，才堪致用。謹就其生平學行出具切實考語，另繕清單，恭呈御覽，敬備聖明采録。

謹將保送經濟特科各員出具切實考語，敬繕清單，恭呈御覽。

翰林院編修繆荃孫，江蘇江陰縣人　學問博雅，識趣端凝，講求時務，不涉輕浮。其人品堅定，不染時俗躁競之習，尤爲可貴。

翰林院修撰張謇，江蘇通州人　學問富贍，才力開張，講求東西各國政治、教育各門學術，均能心知其意。辦事切實精密，洵爲致用之才。

記名御史户部郎中劉奉璋，江蘇寶應縣人　夙承家學，經術深通，於時務亦極留心。識議平正，考求外國學校情形，得其要領。

候選郎中李維格，江蘇吴縣人　品格安詳，立志篤學，前曾遊學英國，兼通英、法兩國語言文字。隨使美國、日本，熟諳交涉。近年考求冶鍊、制造之學，成效卓然。

候選内閣中書曹元忠，江蘇吴縣人　經學詞章兼長，並擅考求時務，通達和平。

候選内閣中書徐振清，江蘇無錫縣人　講求格致制造之學，出自家傳，具有心得。

山西甯遠府通判、現署太原府知府吴廷燮，江蘇江甯縣人　才具開展，學識優長，羣經諸史，博涉多通。於古今政治、輿地諸學，能得會通，國朝掌故、律令及近時交涉約章，均所諳習。

候選同知張焕綸，江蘇上海縣人　覃研經史，識達品端，(購)[講][一]求經世之學，志切有爲。

候選通判舉人王季烈，江蘇長洲縣人　好學深思，博聞强識，於中西算學、物理、化學，研習精勤，具有心得。

江浦縣訓導優貢陳慶年，江蘇丹徒縣人　才識開通，學問淹博。於古今中西戰事兵略，研求探討，貫串無遺，洵爲傑出之才。

拔貢華世芳，江蘇無錫縣人　文行兼修，精於算學。

布政使司理問職銜賈文浩，江蘇南匯縣人　熟於中外天文之學，殫心測驗，雅擅專長。

江蘇候補道蒯光典，安徽合肥縣人　中學素稱博雅，西學亦甚賅通，兼以才氣俊爽，治事精能。果能盡其所長，必能有裨時局。

翰林院編修劉廷琛，江西德化縣人　文學優長，識力堅定，深明時務，獨見先機，此才實不多覯。

翰林院編修沈曾桐，浙江嘉興縣人　中學素優，兼通西學，器局恢閎，思精識敏，幹濟之才。

翰林院庶吉士陳驤，直隸天津縣人　品謹學優，深通化學，確能徵諸實驗，尤爲中國儒者所難能。

刑部主事孫詒讓，浙江瑞安縣人　羣經諸子，靡不研精。淹雅閎深，著書甚富，久負士林宿望。近年講求時務，實能會通中西古今學術、治術。

刑部主事李希聖，湖南湘鄉縣人　熟於古今史學，講求時務經濟，持論明通，才力强毅。

刑部主事華學涑，直隸天津縣人　才長思敏，鋭意研精，深通理化之學。

候選光禄寺署正羅振玉，浙江上虞縣人　學問優長，近年究心中外農學及教育學，廣爲蒐采，選輯流傳，深稗世用，確係有

[一] 據楚學精廬一九三七年版《張文襄公全集校勘記》校正。

用之才。

三品銜候選道魏瀚，福建侯官縣人　品端識正，學有專長。前由福建船政學生出身，遊學英、法、德三國，諳習英、法兩國語言文字，精於海軍制造之學，中國罕覯之才。

安徽候補知府王詠霓，浙江黄巖縣人　學博文優，究心時務。前曾充出使大臣隨員，遊歷歐洲，殫心考究。

同知銜候選知縣鄒代鈞，湖南新化縣人　敦品力學，才具優長。前曾遊歷歐洲，於中外輿地之學考求精熟，繪有全圖，當世實罕其匹。

舉人汪鸞翔，廣西桂林縣人　和平慎默，志節清廉。於格致理化之學覃精研思，多有冥悟。

舉人陳衍，福建閩縣人　學富才長，議論通達，究心時務，於古今中外政治之學，持之有故，言之成理。

拔貢姚炳奎，湖南邵陽縣人　學術純正，博通地理之學，辨事切實可信。

廪貢生馬貞榆，廣東順德縣人　人品端方，學術純正。研精春秋左氏之學，足以鍼砭近世文人依托公羊發爲謬説之病。既有功於經學，尤有功於世道人心。

廪生左全孝，湖南清泉縣人　人品方正，志慮忠純。經史博通，才長經濟，於古今史事、中外輿地、算學，均所研習。前曾遊歷日本，考求教育理法，具能觀其會通。洵爲體用兼備之才，可任大事。

羅照滄，廣東南海縣人　行端志正，思密學精，於測算繪圖之學，辨晰微芒，絲絲入箎。洵屬詣力過人，成就人才甚衆。

湯金鑄，廣東花縣人　才力精强，性情勤篤。古今中外疇人之學，爛熟於胸。善於教人，後進經其指授者，開通最易，成材極多。

整頓淮鹽積弊摺 光緒二十八年十二月十六日

竊維淮鹽規制，前督臣曾國藩釐訂於前，沈葆楨補苴於後，一時頗有成效可紀。奉行日久，精義漸漓，至今日而岌岌不可終日矣。北鹽引地無多，故祇設正陽關一督銷。南鹽引地較廣，故設湘、鄂、西、皖四岸督銷，而以儀棧爲總匯。但觀正陽銷鹽之數，儀棧出鹽之數，即可得鹽務衰旺之大凡。正陽自光緒二十七年六月起至本年五月底止，頗爲振作，約符光緒初年全盛之數。六月以後，又日漸滯銷。儀棧今年出鹽之數不足四十萬引，若不及時整頓，一二年内鹽務不堪設想，課餉六百數十萬，於何取之。時人論鹽務者，或倡爲就場徵税及化場運爲公司諸法。雖費盡籌維，然皆非倉猝所能辦。且非銷數稍暢，商困稍蘇，亦無以取信於人。目前整頓之策無他，惟在緝私、剔弊兩大端而已。

長江上下游之私，分長水、短水兩種，而以所謂長水爲最甚。短水由場偷運江口分售，前經該運司另募勇丁兩營，分駐各場巡緝。長水則尤爲横悍，即將自場偷運之鹽，逸出鎮江北岸上下游各口至大通一帶，侵佔官銷，約計江程五六百里，聯船十百，備購槍械，與匪無異。沿途關卡，或莫敢誰何，或得規包庇，以致滋蔓難圖。此項梟船，堅固便利，行駛每乘黑夜風大之時。舊有緝私舢板，不能得力，不能江心寄椗，必須收港。一也。艙面太窄，雖配新式礮位，不能旋轉。二也。風帆較小，行駛不如梟船之速。三也。船身太輕，風浪大作，不能行駛。四也。且此項梟匪充塞長江，爲數何止數萬，近年黨羽愈多，猛悍愈甚。若不早爲之計，設法捕擊解散，寖假與紅、青二幫，會、票各匪，連成一氣，將爲江南大患，不止有害鹽務已也。

臣與運司程儀洛熟加籌計，欲戢梟風，非添用輪船不可。查金焦爲第一重門户，茲專派運船登瀛洲一艘，扼駐焦山以下。該輪礮力較大，可以震懾大幫梟船。又於所裁小輪以三號發交運司，以一號駐瓜洲口緝私，以一號駐沙漫洲緝私，均歸儀棧道員節制調遣，責令管帶之員住船梭巡。以一號駐大通緝私，歸大通督銷局節制調遣。此三小輪統歸運司統轄考核。其養船經費，即由各該局鹽務自籌。惟此項緝私輪船，無異行軍，不能斷火，需費頗鉅，難以多用。應另造帆船二十號，略仿海關巡船之式，配齊新式精槍利礮，統歸運司儀棧節制。將沙漫洲緝私道員裁去，另飭總辦儀棧之道員遴選員弁，自行委用，以收實效，而免掣肘。另由運司自備小輪兩隻，專司稽察各私梟船來往踪跡，及商船船户有無夾私。自瓜洲口一帶起至蕪湖止，常川梭巡。其大通督銷局之小輪與沙漫洲儀棧所轄之小輪，亦責令時時會哨。庶蕪湖以下、焦山以上鹽價較賤之地，可望漸次肅清，運鹽船户亦不敢沿途買私夾帶取巧。蓋緝私以長江爲腹心，内地小河陸路爲枝葉。故先杜長江大幫之私，再清内地水陸偷越之私。腹心保全，則雖枝葉未净，尚無大礙。其帆船開辦經費，由儀棧向解支應局雜款籌撥。其帆船常年經費，現擬裁去沙漫洲緝私舢板十隻，再酌裁督標水師左營舢板十隻，督標水師前營舢板十隻，約略可以相抵。所用兵輪、小輪常年經費，除運船登瀛洲本由籌防局開支外，其餘概由鹽務自行籌措。所謂增兵船以制梟者，此也。

鹽務積弊叢生，亦非一端，而以近年各掣驗卡爲最駭人聞聽之事。並不掣驗，勒索規費，每票或多至提鹽數十包，索洋銀數十元。疊據商控司詳在案。其中苦累情形，各商言之痛心疾首，深爲可閔。索費納規既多，於是船户不能不夾私充斥。因爲岸銷致滯之一大端，誤國病民，莫此爲甚。前督臣劉坤一議裁未果，現又據運司詳請裁撤前來。查下關掣驗爲四岸總掣驗卡，積弊素深。從前曾充該卡委員者，每年盈餘或二三萬金，或五六萬金，最駭物聽。掣驗卡既專以索規爲事，而置掣驗於不問，商人於是專以夾私爲事。陋規年增一年，則船私日多一日，事無足怪。但此卡不能裁撤，現辦該卡之道員趙有倫潔己自愛，商民悦服，遠近交稱，自可毋庸裁撤。其大通、武穴、湖口三掣驗卡有弊無利，應即查照運司所議，悉行裁撤。以後各岸嚴加比較，各專責成。只可令各督銷局自行派員掣驗，斷不可再派大員，不相節制，致滋流弊。至下關掣驗，光緒二十四年江蘇節省盈餘案内，下關卡歲提銀五千兩。今既責該卡以除弊恤商，不索商規，該卡員趙有倫實能潔己奉公，此項應提餘銀五千兩，應予豁免。又大通掣驗卡歲提盈餘銀三千兩，武穴掣驗卡歲提盈餘銀二千兩，三卡共應提銀一萬兩。各卡既裁，則盈餘無著，已由臣飭運司另行籌款撥補，札飭藩司立案。所謂剔卡弊以恤商者，此也。

其餘如各岸鄰私，應由各岸各專責成。而下河、運河横溢之私，泰壩、蔣壩等處盤越之私，爲數不少，防不勝防，緝不勝緝。然必須漸束漸緊，不使侵灌長江，應由臣督飭運司等詳爲設法。各督銷積弊不一，而如積壓商本，揑報淹消，吞蝕緝費雜款，以致鄰私充斥，諸務廢弛之類，必須先爲剗除，亦由臣飭司詳議，期於一掃而空。以後再查照前督臣沈葆楨舊案，清查鹽堆，整頓鹽色，以恤竈艱，以利銷市。臣屢飭司道等會議，又旁采商情，皆以爲如此辦法，可以日有起色。

抑臣更有請者。立法貴在扼要，行政尤在得人，鹽務差使皆關緊要。其中如儀棧爲南鹽之總匯，正陽爲北鹽之歸墟，下關爲四岸之總掣驗，稍不得人，大局立見摇動。北鹽尤非南鹽可比。正陽放私，無人控制，一經貽誤，補救爲難。從前鹽務差使並無年限，近年來改爲兩年期滿，又改爲一年期滿，不以爲籌餉要政，而以爲調劑優差。有功者不必賞，有過者不必罰，潔己者循例報滿，作弊者安然無恙。以致人懷苟且，鹺綱大局日見頹敝。試思鹽爲日用必需之物，孳生愈多，銷數自應愈暢。何以十年之内反不如前，其故不問可知。故整頓南鹽四岸督銷局，及北鹽正陽督銷局、五河鹽釐局，尤爲剔積弊之大宗，杜賣私之原本。此六局均號爲膏腴，若不爲事擇人，而但爲人擇差，則鹽務永無振起之日。現飭司詳議章程，嚴加比較，勒限責效。有效者不但留差，且奏請優獎。無效者，輕則停委記過，重則奏參。庶人人知所勸勉，各顧考成，而鹽務不致敗壞矣。

（硃批）著照所請。督飭運司認真整頓，以除積弊而裕餉源。（欽此）

派劄光典管理儀棧片 光緒二十八年十二月十六日

再，整頓淮鹺，認真緝私，掃除數十年之錮弊，非得廉明干練之員，畀以事權，寬其歲月，不足以收實效。查有二品頂戴江蘇補用道蒯光典，力果心精，兼任勞怨，整躬率物，衆望交孚。上年夏間，前督臣劉坤一札委該道辦理淮北督銷局，實心整頓，將正陽關從前一切偷惰貪婪之蠹毒一掃而空，剔弊疏銷，卓有成效。甫及一年，售銷北鹽至一百數十萬包之多，爲二十年來所僅見。現經臣檄委該道管理儀徵淮鹽總棧，責以釐定新章，剗除宿弊。該道念兩淮鹽務歲收釐課及新舊加價各案，多至六百數十萬兩，爲國家餉源大宗。身任鉅艱，絶無推諉，實爲江南辦理鹽務第一出色之員。惟既畀以事權，尤必寬其歲月。儀徵淮鹽總棧，關繫湘、西、皖、鄂南鹺全局，現在新案償款，歲派兩淮鹽務一百二十萬兩，數鉅期迫。必於儀徵棧南鹽總匯之區，扼要廓清江面各路梟私，岸銷始有起色，必須久於其事，方能從容展布。兹擬明定章程，儀棧一差，如淮銷短絀，自應隨時撤換。如辦理有效，應令久任此差，以資熟手。至少以三年爲期，不得隨時更易。如三年以内，淮銷大暢，成效昭彰，有裨江省理財大局，應准奏懇天恩，破格甄叙，以資鼓勵。

（硃批）著照所請。户部知道。（欽此）

奏陳起運蘇省漕白本折確數摺（二） 光緒二十八年十二月二十二日

竊照蘇州等五府州屬，本年應徵冬漕米石，案准部咨妥籌南漕運京。議令江浙兩省本年所徵本色，共酌留京斛糧一百萬石，白糧在内，由海運京，餘仍全數改折南米。現既較前奇漲，所折之價亦需較前爲優，增價若干，奏明立案。等因。即經轉行遵辦。所有本届新漕，浙省認運四成，本色米四十萬石。蘇省自應照案

（二）録自臺北故宫文獻編輯委員會編《宫中檔光緒朝奏摺》第十六輯，第五三五頁至五三七頁，臺北故宫博物院，一九七四年版。

認運六成，漕白米六十萬石。以符奉撥百萬之數。其餘漕糧全行改折，以應要需。伏查蘇省漕額，已蒙恩旨永減。現當京師倉廩匱乏，撥款浩繁，亟應力籌足額運解，以裕支放。惟蘇州等屬自遭兵燹，荒田未盡開闢，屢經飭屬招墾。祇因頻年歉收，農佃工本不繼，致難復額。所有光緒二十八年分應徵原復熟及屆徵新墾各田，入夏以來，暘雨尚稱應時，迨交秋後，禾棉正當揚花吐秀之際，疊遭風雨摧殘，收成均形歉薄。業經飭屬，逐一查勘被歉輕重情形，分別蠲減緩徵，另行奏懇恩施，並將鎮江府屬之丹徒縣應徵漕糧，循舊坐撥，旗營兵米邀免起運外，今將蘇州等屬之長洲、元和、吳縣、吳江、震澤、常熟、昭文、崑山、新陽、華亭、奉賢、婁縣、金山、上海、南匯、青浦、川沙、武進、陽湖、無錫、金匱、江陰、宜興、荆溪、丹陽、金壇、溧陽、太倉、鎮洋、嘉定、寶山等三十一州、廳、縣應徵漕白二糧，經臣等督同司道飭屬核實釐剔。除清賦案內增徵米石照案折價充餉提出另辦外，約計應徵漕白交倉正耗米七十九萬六千七百餘石，內除照案認運本色漕白交倉米六十萬石外，實該約計改折漕糧交倉米一十九萬六千七百餘石。又津通經剥食耗米二萬一千四百六十餘石，內隨運本色米一萬六千二百二十二石零，改折米五千二百四十餘石，又籌備二升餘米一萬五千九百三十餘石，內本色米一萬二千石，改折米三千九百三十餘石，又沙船耗米六萬五千一百七十餘石，內本色米四萬九千四百四十石零，改折米一萬五千七百三十餘石，統共改折項下約計正耗各款共米二十二萬一千六百餘石。每石以二兩九錢折解，合銀六十四萬二千六百餘兩。又水脚運費約銀一十四萬七千一百餘兩。共可得銀七十八萬九千七百餘兩。今屆起運交倉本折米數，比較上年計有增出米五萬一千四百餘石，委已悉心搜剔，不遺餘力，應請就數起運。據蘇州布政使陸元鼎、蘇松糧道羅嘉杰會詳請奏前來。臣等復核無異，除飭司道督飭各屬趕緊徵收，分別運解，並核明起運漕白本折確數，開摺詳辦，暨先鈔奏咨明户部查照外，謹會同漕運總督臣陳夔龍恭摺由驛馳陳，伏乞皇太后、皇上聖鑒訓示。

户部知道。

瀝陳皖省議加鹽價情形摺〔一〕　光緒二十八年

十二月　日

竊於光緒二十八年十一月初二日准安徽撫臣聶緝槼咨稱，具奏安徽省湊備償款尚未足數，援照湖南辦法，將皖省行銷兩淮、兩浙、山東每斤加價二文，湊償賠款一摺。於十一月初八日奉硃批：著照所請。户部知道。欽此。等因。抄摺咨會到臣。查接管卷內，上年十月間，前督臣劉坤一於鹽斤加價量予變通片內，以現加之四文，二文歸產鹽省，二文歸銷鹽省，各省不再另行加價，庶鹽務不致敗壞。尚有於四文外另加，則現加之四文全歸淮用，電務飭湖南、湖北督銷局，淮鹽之行銷鄂、湘者每斤減去二文，稍抒商困。其餘西、皖等省，仍遵部議，統加四文，各半分解，奏明在案。蓋深慮價重滯銷，害及於原有之課釐，不得已立此限制，爲兩顧之計。且西、皖兩省爲督臣兼轄省分，究非湘、鄂等省可比。雖賠款同一艱窘，而當時撫臣並無異説。今安徽擬仿照湖南辦法，前督臣劉坤一開缺未久，遽翻定案，江西事同一律，

〔一〕録自《京報》第七二八四號。

難保不聞風而起，此窒礙者一。

湘、鄂加價，江省減收二文，江省新案賠款，每年鹽務指派百二十萬，至今解不足數，然商力益困，官力已竭。皖省原奏既請加價，又請暫免收回二文，若商人援湘、鄂之例，籲請減收，減則江省賠款無著，不減則臣何辭以對商人，此窒礙者二。

淮南北鹽務同一疲弊，臣已酌籌整頓，另摺具陳。而北鹽自已革分司陳紹垣〔一〕藉口海嘯爲灾，庫款任意虧挪，私鹽裝途無忌，以致規制蕩然。自二十七年六月起至本年五月底止，經該司道等極力整頓始符奏限。六月以後，銷數又滯，至今本綱之鹽，西壩尚存二十餘萬包，正場亦形積滯〔二〕，未始不因加價後以及此淮北每綱課釐，皖省而分四成。試取數年前所取之四成釐金，與本年六月以後所收無半年四成釐金，比照二十七年六月起至本年五月止所收四成釐金，即知鹽務一事在於整飭疏銷。釐課加增亦資周轉，不必於疲弊之餘再行加價，以致江皖交受其病。此窒礙者三。

原奏又稱派兵至西壩徵收新加鹽價。查西壩地方在江蘇清河縣境內，爲北鹽匯萃之區，發運之始。當其運載出湘〔三〕，應爲皖、豫兩省四十二萬，外縣中廳隨其便售，不能强其專運至皖，亦不能强其專運至豫，與南鹽之分運各岸判然不雜者迥不相同。且查北鹽既例准沿途灑賣，又例准改岸融銷，西壩出鹽之時，無從辨其爲灑賣之鹽、運岸之鹽，亦無從辨其孰皖、孰豫。豈能并行豫之鹽及改岸未之定鹽，統由皖省加之而皖省用之。此窒碍四。

歷來鹽商各捐准者，屢邀寬免。當事之人深知北鹽票販之外，又有湘、豫、西販，零星散漫，本薄利微，一蹶難振，不敢輕於嘗試。臣查接管卷内，上年正（場）［陽］督銷局稟陳北鹽疲弊、加價之難內之皖岸六霍前辦加價，係奉前安徽巡撫奏明，行知淮北之鹽歸鹽政主持，不由皖省徵收。此次奉飭已遵部議認加，諒邀體恤，應請咨明此後無論如何緊款，免再加派等語。由前督臣劉坤一咨照並由正（場）［陽］督銷局曉示各在案，似未便朝令夕更。又豫省所加北鹽之價，前督臣劉坤一咨商寬減，臣亦據司道會詳，電商河南撫臣，似未便任安徽再加價。如皖省於經過皖境之鹽，不分行銷何岸，概行統加二文，到豫後又復再加二文，商何以堪。此窒礙者五。

臣由鄂東下舟過安慶時，撫臣言及鹽斤加價一節，謂目前正在整頓湖常關及米穀捐，每年可得十八九萬之鉅款，可抵加價之數，俟此兩事辦成後，即將此項加價停止，江西不得藉口援例。臣期以到任後，當與運司詳詢籌辦。現據運司疊次函稟、面稟，瀝陳實在爲難情形。臣悉心鈎稽，具得要領，實未敢率行辦理。然皖省賠款不敷，亦屬實情，誼屬同舟，何忍漠視。查每分司解皖四成課銀，每綱十四萬八千兩零，向分十二個月勻解。近年前後套搭，只實解九個月，不過十萬八千兩，應由臣嚴飭運司每分司按年解足。如有蒂欠，照京甘各餉例，指名嚴參。是以北鹽一項，此後皖省每年可多得四萬之的款，萬不宜於北鹽之價再有加抽。爲皖省籌款計，萬不得已，惟南鹽一項或可暫加，擬照皖案新加鹽價二文之案，飭大通督銷局代收。如銷數不減，歲約徵銀十一萬兩。二者合計，已有十五萬兩之數。原奏新案賠款歲短二

〔一〕「陳紹垣」，本册一二四頁作「徐紹垣」。孰是孰非，存疑。
〔二〕「正場」，似應為「正陽」。下同。
〔三〕「出湘」，似應為「出淮」。

十餘萬兩，以十五萬兩合之，皖省另加浙鹽東鹽二文，約略可以相符。惟是北鹽四成鹽課，可以永遠照辦。南鹽加價，只能以兩年爲限。撫臣屢次派員來甯面商整頓蘇湖鳳陽常關及皖北鹽釐等事，計一兩年之内必有成效可期，的款可指。屆時或豁免兩文，或收回兩文，再行酌辦，以免有增無減，永累商人。如此辦理，皖省可濟眉急，商人亦免藉口，江西省仍不得援以爲例，以免再生枝節，有礙整頓。據兩淮鹽運使程儀洛具詳前來，理合繕摺奏陳，伏乞皇太后、皇上聖鑒訓示。

户部議奏。

參革道員謝元福片[一]　光緒二十八年十二月　日

再，開復候選道前江蘇淮揚道謝元福，以曾任實缺監司大員，不知檢束，希圖包攬重大利權，具禀報效臣衙門公費鉅款，以賄營求。實屬膽妄貪鄙，罔顧官箴，未便稍事姑容。相應請旨將開復候選道謝元福即行革職，以肅政體而儆官邪。除將實在情形另摺密陳外，理合附片具奏，伏乞聖鑒。

謝元福著即行革職。該部知道。

陳基湘被控收受統費請旨懲處摺[二]　光緒二十八年十二月　日

案據前管帶新湘左營已故總兵錢永勝之妾姜氏，呈控統領新湘營本任湖北鄖陽鎮總兵陳基湘收受統費，並軍功許福春等以其叔許季真充當錢永勝營内文案，牽累宛押病斃各情，迭赴臣衙門具摺。當經臣飭營務處司道提案研審，訊據錢姜氏供稱，光緒十七年十二月，該故夫錢永勝委管新湘左營統領，陳基湘薦其戚易谷農在營内司帳，每關領餉提存銀二百兩，送給陳基湘。嗣於二十三年改營爲旗，每關約提存銀一百五六十兩不等，均按關開有清摺，歷年摺據多在手内。本年二月，錢永勝病故，喪費無出，商請文案許季真代作禀詞，求將故夫錢永勝逐年提存銀兩給領。詎陳基湘昧良吞蝕，飭令丹徒縣帶同勇役搜查摺據，未被抄去。現存帳摺三扣，先行呈核。據職員易谷農供稱，與陳基湘係屬至戚，薦在錢永勝營内管帳，此項帳摺並非伊寫，惟曾聽人説，錢永勝每關領餉後，送銀八十兩。改旗後，送銀伍十兩。伊亦並未經手録帳。據許福春、許承休等供稱，伊叔許季真於三月内代錢姜氏作禀乞恩，基湘遷怒許季真，誚係棍徒扛訟，移縣羈押，禀請治以訟棍之罪。於九月間患病保出。十月内在保寓身故各等供。查錢姜氏所控陳基湘提存銀兩，易谷農以管理帳務開報收支之人，於管帶致送統費，竟諉諸得自傳聞，供詞極爲閃爍。錢姜氏當堂呈出清摺三扣，内二載有支送統領費每月計銀二百兩。其餘攤派亦多。查驗紙色墨光，均非可以捏造。許季真爲管帶家屬作禀乞恩亦屬恒情，陳基湘率行移縣羈押，牽累病斃保寓。是錢姜氏等禀控陳基湘倚勢欺凌，咎實難辭等情，由營務處司道訊明，禀請核辦前來。

臣查各勇營統領，向各營官需索統費，幾成相沿陋習通弊。營官既出重費，以下層層剥削，額安得足，練安得精。是故營將恒視統營爲産業，以營多爲增産。果其索費不多，斷不致爲營官

[一] 録自《京報》第七二八八號。
[二] 録自《京報》第七二九二號。

挾制控告。該鎮陳基湘，每月收受統費二百兩之事，既有錢姜氏呈出摺據，又有挾忿押辦許季真一節，斷非全屬子虛。雖據營務處移查，該鎮覆稱，各營關餉均有領印可憑，所撥統費並未出有收據。然此等陋規，豈能給付文據。查錢姜氏帳摺所開，易谷農所供，數目雖有參差，其爲陳基湘按月收受統費，則毫無疑義。至許季真被押，雖經保出身故，而陳基湘率行挾忿發辦，稟請按照訟棍懲辦，以致久拖病斃，亦屬横暴妄爲。該鎮充當統領多年，不能公廉率屬，所轄管營官僅止四員，内有二員係外甥。一係其親家，其爲營私便己，已可概見。至操練一事，全不關心。臣面加詢問，一概模糊，茫無以對。查該鎮陳基湘，收受規費，被人告發，而且挾忿拖累，徇私廢弛，當此講求練兵之際，未便稍事姑容。現已將該鎮撤去統領，相應請旨將統領江南續備軍新湘營本任湖北鄖陽鎮總兵陳基湘，以都司降補，以示懲儆。所遺該營統領，由臣另行選員接統。一面通飭各營務須掃除積習，嚴禁統領需索營哨官，攤派勇丁，實力訓練，以肅戎行。儻復有前項弊端，一經發覺，仍隨時從嚴參辦。所有統兵武職大員被控收受統費，拖累斃命各情，訊明請旨懲處緣由，理合恭摺奏陳。伏乞皇太后、皇上聖鑒。

另有旨。

光緒二十九年

籲請陛見摺光緒二十九年正月初八日

竊臣曩官侍從，洊歷封圻，僅於光緒十年在山西巡撫任内奉旨陛見，獲覲天顔。旋蒙恩簡任兩廣總督及量移湖廣總督，奉旨勿庸來京請訓。光緒二十年九月、二十四年閏三月，兩次奉旨陛見，始以改署兩江中止，續以行至上海奉旨折回。二十七年八月，恭值六飛迴馭，籲懇赴汴迎駕，又未仰邀俞允。是年十二月十一日，奉到電旨，欽奉懿旨：劉坤一著於明年開河時即行來京陛見，張之洞著俟劉坤一回任後來京陛見。等因。欽此。嗣又奉十五日電旨，欽奉懿旨：著俟商約定議後，再行來京陛見。欽此。翹望京華，又更歲籥，葵藿積悃，彌切依馳。兹查兩江督臣魏光燾，正二月之交定可履任。臣擬交卸署篆後，及兹暇日，束裝北上，展覲天顔，稍紓廿年戀闕之忱。而近來議訂商約情形及奉旨籌辦興學、練兵諸要政，亦得以詳晰面陳，恭聆聖訓，俾有遵循。合無仰懇天恩允准，不勝瞻戀屏營之至。

（硃批）著來見。（欽此）

創建三江師範學堂摺光緒二十九年正月初八日

竊照江甯省城遵旨改設高等學堂及府縣中小學堂各一所，業經前督臣劉坤一、護督臣李有棻將籌辦情形先後奏陳在案。惟學堂一事，體大思精，其中等級繁多，而次第秩然，不可紊越，必須扼要探源，方有下手之處。查各國中小學堂教員，咸取材於師範學堂。是師範學堂爲教育造端之地，關繫尤爲重要。兩江總督兼轄江蘇、安徽、江西三省，此三省各府、州、縣應設中小學堂爲數浩繁，需用教員何可勝計。若未經肄業師範學堂，延訪外國良師研究教育之理，講求教授之法及管理之法，遽任以中小學堂教員，必致疏漏凌躐，枝節補救，徒勞鮮功。且詳略參差，各學堂學派、學程終難畫一。經臣督同司道詳加籌度，惟有專力大舉先辦一大師範學堂，以爲學務全局之綱領，則目前之致力甚約，而日後之發生甚廣。兹於江甯省城北極閣前勘定地址，創建三江師範學堂一所，凡江蘇、安徽、江西三省士人，皆得入堂受學。

查直隸督臣袁世凱奏建師範學堂，定全省學額爲八百名，延聘日本師範教習十二人。兹爲三省豫儲師範，學額自宜酌量從寬。現擬江蘇省甯屬定額二百五十名，蘇屬定額二百五十名，安徽省定額二百名，江西省定額二百名，共定額爲九百名。其附屬小學堂一所，定學額爲二百名。所有師範生及附屬小學生，均由地方官出具印結，取具本生族鄰甘結，保送考選入學。開學第一年，先招師範生六百名，三年後再行續招足額。前三年教小學堂之師範生約分三級，爲一年速成科，二年速成科，三年本科，以便陸續派赴各州縣充小學堂教員。第四年即派置高等師範本科，精研教育學理，以教中學之師範生，備各屬中學堂教員之選。現已延聘日本高等師範教習十二人，專司講授教育學及理化學、圖畫學各科。並選派舉、貢、廪、增出身之中學教習五十人，分授修身、歷史、地理、文學、算學、體操各科。學堂未造成以前，暫借公所地方，於本年先行開辦，練習教員之法。令東教習就華教習學中國語文及中國經學，華教習就東教習學日本語文及理化學、圖畫學。彼此名爲學友，東教習不得視華教習爲弟子，在日本語此法名爲互換知識。俟一年後學堂造成，中國教習於東文、東語、理化、圖畫等學通知大略，東教習亦能參用華語以教授諸生，於問答無虞扞格，再行考選師範生入堂開學，則不必盡借繙譯傳達，可免虚費時刻，誤會語氣諸弊，收效尤速。

其購地建堂經費，已據江甯藩司籌撥應用。其常年學堂經費，如華洋教習、各學生飯食，冬夏講堂及操場，衣冠靴帶、卧具、紙筆、鐙火、獎賞，監督、提調、監學、庶務各委員司事人役薪工，及一切雜用之屬，每年需款甚鉅。已議定由江蘇藩司於本年先協撥銀一萬兩，以後每年協籌銀四萬餘兩。擬令安徽、江西兩省各按學生額數，每名年協助龍銀一百元，不過稍資津貼，不敷尚多。所有全堂三省學生學費，自應專籌的款濟用。查江甯銀元局鑄造銅元最爲便民要政，行銷頗暢，甚有盈餘。現已由該司詳請添購機器，增建廠屋，大加擴充，即以歲獲盈餘專供該學堂經費之用。此舉爲三省學堂根本教員得人起見，雖江南財力支絀，不敢不設法籌措，勉爲其難。

至學堂建造規模及一切課程辦法，經臣專調曾赴日本考察學校、熟悉教育情形之湖北師範學堂長來甯，精繪圖式，詳定章程，總期學制悉臻完備合法。並於省城設立兩江學務處所，派委司道等員會同綜理，加意講求，督催興辦，以仰副聖朝興教勸學、造就人材之至意。

（硃批）管學大臣議奏。（欽此）

謝賜松壽福壽字摺光緒二十九年正月初十日

光緒二十九年正月初七日，由驛遞奉到御筆松壽二字一幅，福字、壽字各一方，頒賜到臣。當即恭設香案，望闕叩頭謝恩祇領。欽惟皇太后至德函三，宏慈育萬。律温玉琯，輝生五色毫端。墨染金壺，灑向萬年枝上。銀鈎鐵畫，見宫廷天健之精神。雪幹霜姿，勗臣子歲寒之節操。加以福林廣被，壽域宏開。比球圖雙耀以垂文，似圭卣聯翩之拜賜。叨榮稠疊，揣分慚惶。臣久綰疆符，疊更歲籥。渡江春早，竊欣梅柳先知。湛露陽晞，頓覺桑榆非晚。慕松心之貞固，必無改柯易葉之時。祝椵壽之延洪，願譜朱萼白華之奏。

謝賜福字摺光緒二十九年正月十三日

光緒二十九年正月十二日，兵部驛遞奉到御賜福字一方，當即恭設香案，望闕叩頭謝恩祇領。欽惟我皇上，軒紀履端，堯門稟訓。璣衡七政，敷箕疇嘉瑞於羣生。輿蓋二儀，括天保祥符於一字。千祥萬喜，隨梅驛以俱來。二水三山，望楓宸而非遠。候十旬之東律，初扇協風。統萬里之南溟，胥蒙福蔭。臣江湖迹遠，霄漢心懸。慶吴頭楚尾之同春，想烏羽鳳聲之獻瑞。衰朽無殊於社櫟，幸沐恩膏。悃忱自矢以園葵，常依乾照。

謝京察議叙摺光緒二十九年正月二十七日

竊臣恭閲邸鈔，光緒二十九年正月二十四日，内閣奉上諭：三載考績，爲國家激揚大典。京外滿漢諸臣，有能恪供職守，勞勩最著者，允宜特加甄叙，以示優異。直隸總督袁世凱、湖廣總督張之洞、署理四川總督岑春煊，盡心規畫，勞怨不辭，均著交部議叙。等因。欽此。聞命之下，感悚難名。伏念臣久叨任寄，未有殊能。當兹上聖之殷憂，自咎庸臣之負乘。折衝樽俎，有慚文武威風。老病檣舟，無補東南吴楚。豈意濫邀叙典，曲鑒微忱。盡心苦汲綆之深，規畫乏扣囊之智。敝如車脚，豈敢言勞。孤似竹根，不知避怨。以下士硜硜之自守，荷聖人善善之從長。雖無關於江湖損益之微，祗如鳧雁。乃考績於日月光華之世，謬附夔龍。忝竊何能，循涯增悚。臣惟有益勤炳燭，勉策鹽車。體朝廷懸膽於户之精神，勵薄海衆心成城之志氣。願隨二三豪俊，賡龍樓問寢之詩。惜此分寸光陰，懔牧戲荒嬉之戒。以仰答高厚鴻慈於萬一。

責成運司稽察各督銷道員片光緒二十九年正月二十七日

再，臣上年十二月間以淮鹽疲弊，關係餉款大宗，必宜急籌整頓。擬增設緝私輪帆各船，裁撤大通、武穴、湖口掣驗三卡，暨沙漫洲緝私道員、久任總辦儀棧之員，以期恤商除弊，扼要緝私。業經分籌辦法具奏。奉硃批：著照所請，督飭運司認真整頓，以除積弊而裕餉源。欽此。當經恭録分行欽遵在案。

查淮鹽釐課每年六百數十萬，新案賠款及舊案洋債，京、甘各要餉，皆取給於此。近來鹽務各員，大率皆營私害公，賢者十不獲一。貪風日著，銷數日虧。私梟日熾，商人日困，淮綱大局殆將不支。自運司程儀洛到任後，廉介率屬，竭力整頓，不避嫌怨，各員稍有忌憚。現正籌辦大舉緝私除弊恤商諸事。該運司事事專顧公家，破除情面，實爲冠絶一時。該運司現升授廣東臬司，於淮綱盈絀關係極鉅，幸蒙天恩將程儀洛暫行留署運司一年，仰見聖明鑒照，整頓淮綱，此後自當益責成該運司認真整理，以期宿弊一空，維持餉款。惟查運司爲榷鹽之總匯，實爲各員之綱領，必須凡辦鹽務者之賢否，皆歸其稽察考核，認真舉劾。庶各員知有畏憚，其賢者得益勉爲其難，中材以下亦不敢公然作弊，鹽務方能振興。

查向來各岸督銷鹽釐掣驗各局卡，從前督臣曾國藩、沈葆楨在任時，所委不拘官階，道、府、同、通、州、縣皆有。近數十年來，專委道員，其官階與運司相等，不相統攝。委辦各員，既以得鹽務差使爲調劑，更視一年期滿如傳舍，任意舞弊肥私以去。其中飽私囊之鉅，實屬駭人聽聞。歷來運司因無糾察之責，誰復肯爲開罪同僚之舉。鹺綱之壞，實由於此。今幸運司程儀洛廉潔有爲，持正不阿，不肯徇情見好。然使事權不專，爲人牽制，則鹽務仍日就隳壞而不可救。現在力籌整頓之際，似宜重運司以考察之權。查候補道員到省，年滿甄別，向由藩臬兩司出具考語。至三年大計實任道員，藩臬兩司亦均加考。是實缺道員既可由兩司考核，則候補道員亦即可由運司考核，情事正同。矧各道係協助運司辦理鹽務，其事仍爲運司之事，其爲人之優劣，公事之功過，斷無使運司不得預聞之理。擬請嗣後委辦鄂、湘、西、皖四岸督銷局，正陽督銷局，淮北四食岸督銷局，五河鹽釐局，儀徵淮鹽總棧，下關掣驗卡，以上十差各道員，均由運司隨時認真稽察。每年出具切實考語，分別優劣，據實詳報，由督臣覆加查考。其賢而有效者，或予留差，或奏請優獎。無效者，輕則停委記過，重則奏參。如運司舉劾不實，並將運司參處。如此辦理，雖畀運司以事權，實更重其考成。以後各局道員有不發覺之弊端，運司不得辭徇庇之咎，庶在事各員，懔然知勉，鹽務得有起色。

（硃批）著照所請。該部知道。（欽此）

請開復顧家相原官摺 光緒二十九年正月二十七日

竊臣等准督辦鐵路總公司大臣盛宣懷咨稱，三品銜指分河南試用知府、前代理江西萍鄉縣事、調補清江縣知縣顧家相，以境内出有採生折割之案，經前江西巡撫李興鋭奏參革職勒緝。該員顧家相，上年暫行代理萍鄉縣事，到任未久，適有匪徒採生折割之案，旋經拏獲正法。民間疑爲礦局指使，牽涉洋人，勢甚可危。時顧家相已將交卸，礦局委員電請轉電江西巡撫，仍留該員一手辦結。該員防護彈壓，得保無事。而李興鋭以電報中有新舊交替，五日京兆，事更棘手之語，疑爲顧家相緝捕不力，附片奏參革職。查前次勘辦萍鄉煤礦及建造礦路鐵軌，輿情疑懼梗阻，賴顧家相在萍鄉本任開導鄉民，多方調護，始獲就緒，成效昭然。今反因此獲咎，殊堪憫惜。可否奏請開復原參處分等情，咨商前來。當查接管卷内，前江西撫臣李興鋭以萍鄉縣境有何、鄧二姓童子被匪採生折割，旋拏獲匪犯洪信誠訊明正法。境内謡指爲礦局官錢號所爲，并疑及洋人，事機萬分危急。該縣顧家相疏於防範，辦理又多未善，現已委員接署，應請將顧家相革職，仍勒令留縣協緝等情，會同前督臣劉坤一奏參在案。臣等密加查訪，緣江西萍鄉僻處腹地，接壤湖南，風氣未開。臣之洞前在湖廣總督任内，迭次委員協同洋礦師往勘該縣礦務，民間初甚驚疑，無從著手。經該縣顧家相設法勸諭彈壓，始得勘辦開廠。及盛宣懷接辦以後，派洋礦師常川駐縣，由礦所興造水口鐵路，又由萍鄉接修至醴陵縣。該處紳民託爲創見，迭起阻撓，均經顧家相會同委員，委曲調護，剛柔并用，始將設局、購地、造路等事，次第告成，輿論亦皆翕服。是以前撫臣松壽特以該員才堪治劇，調補清江縣要缺。

并經鄰境之湖南撫臣俞廉三保薦人才，奉旨交吏部帶領引見，則其平日之才具可以概見。此次該員業已交卸萍鄉縣事，請咨赴部，因本任知縣出缺，後任未到，復令前任暫行代理。到任未久，適遇採生折割之案，旋將匪犯洪信誠拏獲正法。當時謡言蠭起，人心浮動，該令交卸在即，猶能極力鎮懾，消弭無事。祇以盛宣懷電咨江西撫臣，有五日京兆，事更棘手之語，詞意未能明晰，致李興鋭疑其不能得力。又以事關礦務，語涉洋人，當外患内訌之時，恐致別生枝節，思有以鎮定人心，遂將該員參劾，亦出於一時權宜之計。此該員顧家相前辦礦路確著成效，及因案誤會被劾之實在情形也。

伏查近年因案參劾州縣，續經查明被參冤抑，才有可用，均即立予開復。如山西知縣恩順、孔繁潔，江西知縣應衷等，有案可稽，仰見朝廷愛惜人才，不存成見。今該員顧家相官聲政績，屢邀保薦，辦理礦路，尤資得力，乃反以影響之訛言牽涉礦局被劾，其才實屬可惜。此次暫往代理，甫經到任，未届初參之限，處分本應從輕。且匪犯業已拏辦，事後維持並無貽誤。即有潛逃餘犯，例歸後任接緝，其情尤屬可原。既准盛宣懷咨商奏請開復，自係深悔當日致函急率，措詞未酌之誤，自應爲之申雪，以昭公允。臣等往返電商，意見相同。合無仰懇天恩准將三品銜指分河南試用知府、前代理江西萍鄉縣事、調補清江縣知縣顧家相開復原官升階原銜，免其留緝，仍遵旨送部引見，出自逾格鴻慈。臣等謹合詞恭摺具奏，伏祈聖鑒。

（硃批）著照所請。該部知道。（欽此）

奏陳安徽屯田徵糧辦法摺[一] 光緒二十九年正月二十七日

竊照光緒二十八年正月十七日奉上諭：將各省屯田地畝澈底查明報官税契，聽其管業，將屯餉改爲丁糧。欽此。五月十四日奉上諭：有人奏各直省衛所屯田請飭清查繳價，以裕國課一摺，著各督撫認真清查，分別妥籌辦理。欽此。疊經臣等札行司道欽遵辦理在案。現據署安徽布政使聯魁、江安督糧道胡延詳稱，查安省新宣等九衛額設屯田應徵屯糧等款，向由衛所經徵。現在衛所裁撤，屯田歸併州縣接管，謹將一切事宜會議章程四條：

一、科徵屯糧。安省九衛額設屯科田地塘共計一萬一千八百三十頃有奇，額徵屯糧、屯丁漕項、鳳倉月麥、軍料起存等款共銀四萬六千五百餘兩。又存留門關二軍口糧一百四十三石八升，又額徵津貼加津、濟造運津等款共銀三萬四千四百餘兩，向由衛所徵解司道各庫兑收，分案造報奏銷。其額徵津貼等銀，原係給丁濟運之款，兵燹後漕船停運，提充京協各餉，造報達部有案。是安省各衛所徵津貼加津銀兩，與江西屯租無異。至應徵屯糧科則有輕於民賦者，有重於民賦者，亦有此衛與彼衛輕重懸殊者，向照賦役全書内載科徵數目徵解，相安已久。若令概照民賦編徵，輕者即應加增，軍力或有未逮，重者又須照減，轉恐與原額有虧。莫若仍照各衛原定科則歸併州縣另串徵收，循舊分解司道各庫兑收造報，俾歸簡易。

一、繳價納税。安省屯田散坐各州縣境内，地土類皆瘠薄，

[一] 録自臺北故宮文獻編輯委員會編《宮中檔光緒朝奏摺》第十六輯，第六四〇頁至六四一頁，臺北故宮博物院，一九七四年版。

屯丁尤多困苦。其中輾轉典賣糾葛不清，雖各處情形不同，價值多寡不一，若照民地定價繳納，實覺力有未逮。即使分别丁業、民業，酌定等差，亦恐避重就輕，徒滋弊混。自應酌定價值，量從輕減，庶幾易於措辦，不致藉口爲難。擬令不分等則，亦無論自業、典售，每畝繳庫平價銀一兩，並照置買民地之例，另完税銀三分，一律解交司庫兑收報撥，以免紛歧。

一、提撥經費。查各衛應支俸薪銀兩，兵燹後久經報部撥用。至各役工食及門關二軍口糧，向歸存留項下開支造報。今衛所既經裁撤，應即一併停支報撥充餉，以節經費。

一、免造編審。查各衛屯運軍丁向例四年編審一次，造册報部。今屯丁名目既已删除，所有編審册籍應請免予查造，以省煩牘。

以上四條據該司道會詳請奏前來。臣等覆查所陳各節内，提撥經費及免造編審二條均係遵照部議辦理。至徵糧、繳價等事，各省情形不同，既據該司道等請將安省屯糧仍照舊額科徵，及每畝繳庫平銀一兩，另完税銀三分，係就該省地方情形通籌覈議，亦與户部指飭務在民不擾而賦有常之意尚屬相符。所有安徽省屯田徵糧、繳價、納税各事宜擬議辦法緣由，謹合詞恭摺具陳，伏乞皇太后、皇上聖鑒，飭部覈議施行。

户部議奏。

江西境内水師應責成江西徑行解營放餉摺〔一〕 光緒二十九年正月 日

竊據江南鹽道徐樹鈞詳稱，長江水師江蘇、安徽、江西三省十四營俸廉、兵餉等項，定單由三省釐金每年共籌銀五十一萬兩，至江南鹽道衙門核收，按季支發各營具領。查江西省湖口卡每年額解兵餉銀十六萬兩，又額撥湖口船廠經費銀一萬兩，共十七萬兩，從前並無拖欠。自湖口卡議歸税司代擬，該卡應解之項經户部按年如數指款撥補，歸江西藩司籌解。乃光緒二十六、七兩年，江西藩司計短解銀十二萬七百餘兩。二十八年又欠解銀十萬一千九百兩。先後三年，共欠解道庫額餉二十二萬二千餘兩。歷經咨電交催數十次，迄未解付。查歷奉户部撥補九江貨釐作抵銀二十萬兩，均係有著之款。江西藩司如照部撥提解水師兵餉，本不致有短欠。乃西省屢以司庫無款可解空言抵塞，致鹽道放餉無術，騰挪萬分窘迫。今年春餉開發爲難，届時各營環集候領，豈能久待。設或鼓噪滋事，咎將誰執。籌思至再，江西前三年欠餉如此之鉅，以後之短欠可知。如仍請解銀來甯濟放，必致延誤。查湖口水師本爲江西境内巡緝水面匪盗之用，以江西應解之餉項養江西轄境之師船，最爲平允。擬請將湖口鎮標所管五營，自本年春起，歸江西藩司於應解款内如數放給，既免催解之煩，而湖標五營赴西省領餉較來江甯更近，〔實〕爲兩便。在江西開放水師兵餉，本有撥補的款，並非强其所難。每季各營前年領餉，自必預先籌備，不致仍前推諉漠視。查湖標五營年領俸餉津貼折價等項，約共需湘平合庫平銀十五萬數千兩。以江西應解之十六萬兩作抵，當屬有盈無絀。此後每届放期，五營報發造具册領，照章分别呈送，由鹽道衙門核明，開單飛咨江西藩局照放。俟年終結算，再由西省將餘銀解道。其款銷一切公事，仍歸鹽道衙門辦理，以符

〔一〕 以下二件録自《京報》第七三〇七號。

定章。此係有著之款，應放之餉，於江西毫無增損。但湖口鎮標五營兵餉定章向歸江南鹽巡道收放，今改歸江西藩司自行放給，係爲因時制宜起見，自應詳請奏咨立案等情前來。

臣查長江水師兵餉，係屬計口授食要需，斷不能稍有缺欠。江南鹽道本僅代爲收放，全賴各處按年照數解足，方免貽誤。今江西藩司迭年欠解至二十二萬二千餘兩之多，屢催不應，無非因餉不由該省經發，可以推諉延宕。而該道責無可卸，又復無款支應，各營環守催領，急迫情形不可言狀，且恐别生事端。茲據請將湖口鎮標五營新餉自本年春季起，歸江西藩司就近放給，係以西省常年額解之款，養西省境内額設之兵，本不容稍有推諉，自應如詳辦理。合無仰懇天恩俯准照議辦理，俾兵餉有著，湖口水師不致因欠餉誤事，長江大局幸甚。除咨明江西巡撫暨行江西藩司、並咨長江提督轉飭湖口鎮總兵遵照，以免貽誤春餉外，理合恭摺具陳，伏乞皇太后、皇上聖鑒。

户部議奏。

瀝陳徐州土藥歉收情形並收捐數目片 光緒二十九年正月　日

再，徐州府屬設局抽收土藥釐捐，業將光緒二十八年三月底以前所收捐款，併本年徐州各屬鶯粟收成分數，及銷路不旺情形，先後奏報在案。茲據辦理徐州土藥税捐局司道詳稱，本年鶯粟歉收，貨少價昂，市面殊不踴躍。迭經督飭各分局實力查緝，認真稽征，並不時密加訪察，務期涓滴歸公，日有起色。嗣因浙、川、雲各土失收，南商紛紛來徐放價收買，徐土暢銷。是以七、八、九等月捐數較旺。計自光緒二十八年四月初一日起至九月底止，各局共收捐銀十七萬八千七百二十五兩五錢七分。除以一五成經費開支各項費用外，已於本年十一月十一日以前陸續湊解户部兑收，共銀十五萬兩。餘俟收有成數，再行接續批解。惟查徐州土藥，向以夏、秋爲旺市，冬、春兩季捐數無多。今年收成本薄，現在客商多已停市，此後收捐有無起色，殊無把握。惟督飭各員設法招徠，竭力辦理等情，詳請具奏前來。臣覆核無異，除飭嚴督各員加意整頓，並將續收捐款隨時解部外，理合會同江蘇巡撫臣恩壽附片陳明，伏乞聖鑒。

户部知道。

請開復被參鹽員摺〔一〕 光緒二十九年正月　日

竊據兩淮鹽運使程儀洛詳稱，前兩淮候補通判杜際辰於光緒七年到淮，二十六年三月委署兩淮海州分司運判，於三月二十四日到任。其時淮北適開庚子新綱，在前丁酉、戊戌、己亥三綱在場未運，共有一百四十四萬五百餘包，皆係已革海州分司運判徐紹垣在任時積壓未清，前督臣劉坤一因己亥一綱逾限已久，於二十七年正月以杜際辰督運不力、疏銷無術，奏參革職在案。伏查淮北每綱奏銷以十個月爲限，從前辦理遵限銷竣絶無套搭。自已革運判徐紹垣骩法營私，鹽法蕩然，核稽積引幾逾一綱之多。查庚子年共銷鹽一百十二萬五千四百八包，較之己亥年僅銷六十五萬七千三百六十包，幾過其半。是紬銷在徐紹垣己亥年在任之時，

〔一〕以下二件録自《京報》第七三〇九號。

而不在杜際辰庚子年在任之時。杜際辰在任祇五個月十四日，運數有九十餘萬包。北鹺奏定限綦嚴，所以使任事者有所敬惕。如果本任運售不虧，即可以告無罪。察核杜際辰在任有數月，運數較之全綱所短無幾。以銷數而論，庚子年亦銷一百十二萬有奇，是其銷數亦不爲虧。此因即案堪證，無可虛假。惟被已革運判徐紹垣貽誤在前，陳鹽套搭，其積滯在場丙申、丁酉、戊戌三綱共有二百四十餘萬包。接署之員，勢不能將前任之鹽不銷不運，而專爲己任自便之事，以致杜際辰所銷所運皆爲徐紹垣彌墊，本任己亥綱竟致無可運售，遂獲叅咎。然將案情叅觀，杜際辰之代人受過，其冤抑人所共知。該革員謹慎廉明，實屬不可多得。且前督臣劉坤一曾以該員操持嚴謹，奏蒙傳旨嘉獎。當此整頓鹽務需才孔亟之際，若任其廢棄終身，誠屬可惜。理合詳請具奏，懇恩開復，仍歸兩淮候補等情前來。臣覆查該司所詳皆係實在情形，訪諸輿論，僉謂杜際辰才守可用，其被叅運銷遲滯，其咎在徐紹垣而不在杜際辰，開復原官仍歸兩淮候補，以昭平允而資策勵之處，出自逾格鴻施，理合恭摺具陳，伏乞皇太后、皇上聖鑒。

著照所請。該部知道。

鹺員虧短交代請革追片 光緒二十九年正月　日

再，兩淮候補運判蔣志沂，前署通州分司任内，經手倉穀公款計應交錢四□□。又，候補鹽大使龔照琨，前署金沙場大使任内，應解徵存折價等款計銀一千二百餘兩。事關公款錢糧。該兩員卸事已久，延不解繳，迭次札催，仍復罔應。據兩淮運使程儀洛詳請暫革限繳前來。相應請旨將兩淮候補運判蔣志沂、候補鹽大使龔照琨二員暫行革職，一俟欠款繳完，再行開復。理合附片陳明，伏乞聖鑒。

著照所請。該部知道。

請准以鄭鍾祥調補知縣摺[一] 光緒二十九年正月　日

竊照常熟縣知縣楊家驄於光緒二十八年四月初十日病故，開缺歸四月分截缺。所遺常熟縣知縣係繁疲難沿海兼三要缺，例應由外揀選調補。該縣濱臨海疆，政務殷繁，民情凋敝，必須精明幹練之員，方足以資治理。兹於通省現任知縣内詳加遴選，查有金壇縣知縣鄭鍾祥，年四十八歲，係浙江鎮海縣舉人，光緒十二年遵舊海防例報捐知縣，分發江蘇新班先補用。十六年五月十二日經吏部帶領引見，奉旨：著照例用。欽此。八月十四日繳照到省。十月初三日聞訃丁母憂回籍守制。十九年六月二十六日繳咨起復回省。二十二年請補金壇縣知縣，二十三年正月經部覆准，八月到任。是年漕項銀米首先全完，海運案内保以直隸州在任候補。二十六年試俸期滿，咨部銷去試俸字樣。是年恭逢恩詔加一級，並先後報銷尋常加三級。二十七年在順直賑捐案内捐免歷俸，經部核准在案。覆查該員穩練詳明，勤於政事，以之調補常熟縣要缺知縣，洵堪勝任。且人地實屬相宜，與例亦符。據蘇州布政使陸元鼎等會詳請奏前來。臣等往返函商，意見相同，合無仰懇天恩俯念員缺緊要，准以金壇縣知縣鄭鍾祥調補常熟縣知縣、實

[一] 以下四件録自《京報》第七三一一號。

於地方有裨。如蒙俞允，該員係現任知縣請補知縣，銜缺相當，毋庸送部引見。至調補要缺一切因公處分例免。該員係初次請調，所有應完罰俸銀兩仍飭查明，依限完繳。謹合詞恭摺具陳，伏乞皇太后、皇上聖鑒。再，所遺金壇縣知縣員缺，江蘇省現有應補人員，應請扣留，另行遴員請補，合併聲明。

吏部議奏。

紳董捐助海塘工費請獎摺光緒二十九年正月　日

竊案據蘇州布政使陸元鼎詳稱，崇明縣添築護城塘岸，工大費鉅。該縣紳董沈應熊，獨能首先創捐洋一千五百元，合銀一千二百兩，並另勸集各户捐洋至二萬一千餘元之多，俾大工得以迅速告成，洵屬異常出力，懇請專案奏請從優獎敘，並以上年業經奉旨停捐實官，其捐銀千兩以下義户，事在停捐以前，能否按照新海防例四成實銀核獎實官，抑照現在賑例五成核給虛銜封典等項，並准移獎親族之處，詳請酌核奏獎前來。臣等查崇明縣添築護城塘岸工程，係前經候補主事王清呈稱，請户部代奏，奉旨飭修。所有捐助工費之紳董，曾經户部於代奏摺内聲明，捐銀在千兩以上，准先行奏請給獎，以示激勸。今該縣紳董沈應熊首先創捐銀千兩以上，並另勸捐洋二萬一千餘元，俾大工迅速完竣，實屬急公好義尤爲出力，核與户部代奏給獎之案相符，自應專案請獎。查沈應熊前於捐助團防經費案内，業由候選知府核獎以道員雙月選用，並加二品頂戴，嗣在順直賑捐局報捐三班分發試用。此次創捐海塘經費並勸捐出力，未便没其勞績，相應仰懇天恩，敕部從優給獎。至其餘捐銀千兩以下各户，亦屬見義勇爲，並應如何量予奬勵之處，應懇飭部酌核議覆，再飭各捐户遵照請獎，以示激勵。除飭取該紳董詳細出身履歷咨部查核外，謹合詞恭摺具奏，伏乞皇太后、皇上聖鑒。

該部議奏。

彙報光緒二十八年上半年金陵釐捐局收解數目摺光緒二十九年正月　日

竊查金陵釐局抽收釐金，歷係遵章按半年彙報一次，業經開報至光緒二十七年下半年止。其局用經部核准，即照向章開支各在案。茲據辦理金陵釐捐局司道詳稱，該局自光緒二十五年間奉飭每歲增籌銀二十萬兩，嗣後常年收數以七十萬兩爲比較定額。惟所轄地段祇有江甯、揚州二府及通州、海門二屬，本非商賈薈萃之區。而近年過往商貨，每藉洋旂運送，各卡無從抽釐。惟有米捐一項，爲收數大宗。若遇年歲豐稔，商販流通，捐報尚可暢旺。自二十七年江水爲灾，秋收歉薄。近又禁米出口，以致釐金減色，辦理不無爲難。節經設法整頓，剔除中飽，現計二十八年上半年共收銀三十七萬七千九百餘兩。核之加籌額尚屬有贏。即比較二十七年上半年收銀三十七萬七千六百餘兩，亦尚有盈無絀。祇以年來奉撥各餉逐漸加增，每致不敷周轉，惟有督飭各卡員實力稽徵，多收一分釐金即多濟一分餉項。所有光緒二十八年上半年釐金收解各數，及茶、土兩項捐釐數目，開單詳請具奏前來。臣覆核無異，謹循照舊章開具簡明清單，恭呈御覽。其局用照章開支，仍邀免造報細數，以歸簡易。除飭該司道嚴督各員，隨時加意整頓以裕餉項，並將所送清册咨部查核外，謹會同江蘇巡撫臣恩壽恭摺具陳，伏乞皇太后、皇上聖鑒，敕部查照。

户部知道。單併發。

遴員署理徐州府篆片光緒二十九年正月　日

再，江甯府知府員缺，前請以徐州府知府羅章調補，現已經部覆准，應即飭赴新任，以專責成。所遺徐州府員缺，查有候補知府江雲龍堪以署理。據江甯布政使李有棻等詳請會奏前來。除檄飭遵照外，理合會同漕運督臣陳夔龍、江蘇撫臣恩壽附片具奏。伏乞聖鑒。

吏部知道。

報銷二十五年分長江水師俸餉數目摺[一]光緒二十九年正月　日

竊查長江水師設立在兩江境内者十四營，歲需俸餉米折等項銀兩，前經奏定章程，酌留江西之湖口、安徽之大通、江蘇之瓜洲等三處釐卡，每年每卡各提銀十六萬兩。自同治八年爲始，因船廠經費製造火藥不敷，添設親兵飛划，先後加撥江西湖口釐卡銀一萬兩，皖南茶釐局銀一萬兩，江蘇、安徽釐卡銀各五千兩，共銀五十一萬兩，按年解歸江南鹽巡道庫支發，歷經題報。至光緒二十二年分止，並將二十三、四兩年分俸餉等項銀兩，遵照新章奏銷在案。兹據江南鹽巡道徐樹鈞詳稱，光緒二十五年正月起至十二月底止，共收江蘇、安徽、江（南）[西][二]三省各局解到二十五年分及補解二十四年分餉需共銀五十萬六千一百九十一兩有奇。又舊管存銀十二萬四千四百二十二兩有奇。統計共存銀六十三萬六百十三兩有奇。内支發長江水師提督湖瓜三標十四營經制官弁兵書廉俸、蔬、糧餉、米折、親兵口糧、皮紙、火香折價、飛划津貼，又金陵、湖口兩船廠二十五年分修造戰船工料，又撥解二十五年分洋藥經費，共銀四十八萬一千一百三十七兩有奇。内除動用申平款庫平銀一萬兩，又小建款庫平銀六千六百五十五兩有奇外，實動正款釐銀四十六萬四千四百八十一兩有奇。應存銀十六萬六千一百三十一兩有奇，内劃書應扣各營小建銀四千八百五十兩有奇，計正款實在存銀十六萬一千二百八十兩有奇。又扣建項下光緒二十五年分扣存各營小建銀四千八百五十兩有奇，舊管存銀一萬一千四百九十七兩有奇，共計銀一萬六千三百四十八兩有奇。内除湊放長江各營俸餉銀六千六百五十五兩有奇，又放各營應領本年輪换號衣價銀四千六百六十四兩外，實存小建銀五千二十八兩有奇。又扣收各營解繳光緒二十五年分截曠湘平銀八百四十四兩有奇，舊管存銀三千九百四十五兩有奇，共實存截曠湘平銀四千七百八十九兩有奇。以上三款所存銀兩，應遵照定章留備長江水師各營以後閏月及釐局撥款不敷之用等情，詳請具奏前來。臣覆核收放各款，均係照例支給，委無浮冒，謹繕具清單，恭呈御覽，仰懇天恩勅部照數核銷。除將送到清册分咨户部、兵部外，理合會同江蘇巡撫臣恩壽、安徽巡撫臣聶緝槼、護理江西巡撫臣柯逢時、長江水師提督臣程文炳恭摺具奏，伏乞皇太后、皇上聖鑒。

該部知道。單併發。

[一] 録自《京報》第七三一二號。
[二] 「江南」，應作「江西」。

特參兩淮鹽務貪劣各員摺〔一〕光緒二十九年正月　日

竊查兩淮鹽務風氣敝壞已極，凡場官及鹽務各差，大率專以舞弊賣私、勒索商人爲事。非隨時嚴加懲儆，不足以挽救頽綱。茲據兩淮鹽運使程儀洛禀稱，前署兩淮海州分司裁缺淮北監掣同知繆延恩，信用劣幕，朋比營私，物議沸騰，居心狡詐。兩淮候補鹽巡檢高壽曾，代人販私，膽大妄爲。兩淮候補鹽巡檢阮本焌，假公濟私，巧于謀利。本任通州分司運判凌樹模，慳鄙性成，商情不愜。豐利場大使陳家惠，貌似有才，利心太重，性情偏執，輿論未符等情，並詳開各員劣跡，禀請分別核叅前來。臣覆覈無異，相應請旨將裁缺淮北監掣同知繆延恩，即行革職。兩淮候補鹽巡檢高壽曾、兩淮候補鹽巡檢阮本焌，革職永不叙用。本任通州分司運判凌樹模開缺另補。豐利場大使陳家惠開缺察看。以維鹺政而肅官方。理合恭摺具陳，伏乞皇太后、皇上聖鑒。

另有旨。

查明劉坤一戰功政蹟摺光緒二十九年二月初二日

竊照前督臣劉坤一因病出缺，欽奉懿旨：賜卹，并將生平事蹟宣付史館。等因。欽此。仰見朝廷表彰忠藎，恩禮有加，莫名欽感。

遵查該故督臣劉坤一，以諸生起家軍旅，當道光、咸豐之間，湘粵之交羣盜如毛。新甯土匪李沅發糾黨陷城戕官，該故督臣與前雲貴督臣劉長佑，赴寶慶府請兵收復縣城。前安徽撫臣江忠源深奇其才，嘗欲招致軍中，以該故督臣事父至孝，親老不忍遠離而止。咸豐五年丁父憂，聞粵逆偪近縣治，携家遠避。適劉長佑率勇由東安縣回援新甯，函招入營，馳約各團刻期同進，敗賊於楊溪村，是爲該故督臣立功之始。六年，經前湖南撫臣駱秉章檄飭回籍募勇五百人，隨同劉長佑馳援江西。甫抵萍鄉縣，即以生力軍攻克蘆溪司要隘，進規袁州府。探知僞侍衛李能通在賊中最久，能得衆心。該故督臣募購内綫，招令出降，推誠待之。與李能通盛服並騎，繞城大呼，其黨降者晝夜不絶，僞檢點張逆等宵遁，官軍馳入據之。論者謂援江之役，以袁州爲最要門户。袁州既下，則毗連之臨江、吉安、瑞州各郡皆震。該故督臣出奇制敵，迅復堅城，厥功甚偉。七年，率楚軍前鋒由分宜、新喻直趨臨江，抵太平墟，賊勢方熾，遂至羅枋與湘軍及江西水師合圍臨江府城。僞翼王石達開率悍黨數十萬來援，該故督臣與劉長佑定計，趁賊未集，三路進擊，賊衆驚潰，渡河溺死者無算。城中之賊大亂，潰圍遠遁，遂克府城。八年，前湖南撫臣駱秉章以劉長佑請假回湘，檄令該故督臣代統各軍進攻撫州。軍次秋溪，賊於上游龍古渡夾河爲營。該故督臣慮賊堅守，撫州之賊出而夾擊，我軍腹背受敵，遂簡鋭卒三千乘夜疾進，出賊不意，大獲勝仗，踏平各壘。又以湘營被圍於上頓渡，復調二千人往援，與湘營合力奮擊，賊勢不支，遁往福建。收復撫州，乘勝攻克建昌，江西全境肅清。九年，僞翼王石達開率大股號百萬出江粵之間，犯湖南。該故督臣在籍招募新楚義安勇二千，屯衡州之龍海塘，遏賊來路。至永

〔一〕録自《京報》七三二二號。

州，遇賊前隊，擊之大捷。移駐祁陽，赴援寶慶，力解城圍，隨同劉長佑追賊至廣西桂林，克復柳州府城。十年，經劉長佑奏調至粵，委赴東泉接統各軍。維時東南各省軍事方亟，粵西僻處邊隅，餉項異常支絀。該故督臣威惠兼施，軍容頓壯，各路賊匪相繼乞撫，並收斬屢降屢叛者數人。上海一帶次第平定。十一年，進攻潯州，艇匪冒死上竄，並以陸匪數千輔之，勢極猖獗。我軍船礮皆小，該故督臣親赴江干督戰，奮勇直前，羣賊奪氣，斃匪甚多，首逆就獲。泝流而上，克復潯州府城。布置略定，遽聞石達開將由粵黔交界以竄川楚，急率所部馳回柳州，扼要邀截。行近融縣，賊隊已至。石逆以我軍守險，拚命來爭。該故督臣親率勁騎橫擊之，血戰竟日，賊乃潰退，斬僞官十餘人，搜出僞印甚多。積功以按察使記名，並蒙恩賞給碩勇巴圖魯名號。旋授廣東按察使。同治元年，升廣西布政使，奉旨飭令迅赴潯州辦理軍務，與僞平潯王黃鼎鳳迭次鏖戰獲勝，黃逆退歸天平寨，該故督臣分兵收復橫州，諸境悉平。復用奇計攻取覃塘堅壘，黃逆窮蹙出降，磔之，賊黨一併伏誅。廣西藏垢匿瑕之地，窮凶極惡之徒至此蕩滌殆盡。黃鼎鳳憑險負固二十餘年，前兩廣督臣勞崇光在粵最久，深以爲憂。該故督臣竭兩年之力，穩紮穩進，攻克堅巢，巨憝授首，廣西士民至今感頌。此該故督臣歷著之戰功也。

　　該故督臣起自寒儒，於地方利弊，夙所究心。初爲廣東臬司，到任未久，即赴廣西接辦軍務。迨同治四年，補授江西巡撫，乃得專心吏治，首劾貪劣守令十餘員。每接見僚屬，必舉作秀才時所見州縣衙門積弊，懇切告誡，刊發佐治各書，令其置諸座右，朝夕省覽。裁汰各項陋規，籌給瘠缺津貼，以養其廉，吏事蒸蒸日上。前大學士臣曾國藩稱其居心公正，辦事精明，見之奏牘。又江西軍興後，餉項報銷四千餘萬，各州縣交代積壓九百餘起，輾轉轇轕，流弊滋多。該故督臣設局澈底清查，嚴劾虧空之員，並議裁各處門釐，酌減坐賈釐金，民困以蘇。餘如修圩隄，興水利，辦積穀，設粥廠，添築貢院號舍，百廢俱舉。復以江省徵收丁漕，向有畫一章程，言者欲改定銀數，如有不敷，另准加收。該故督臣慮有包庇侵漁之弊，詳切陳奏，力持前議，得旨允行，該省至今循守。江西本該故督臣立功之地，在任十年，休養民生，澄清吏道，一時翕然稱頌。迨同治十三年，調署兩江，士民不忍其去，多有依戀感泣者。光緒元年，補授兩廣總督，粵省官場積習過深，營務亦多廢弛，該故督臣到任後，嚴加甄別，參劾文武七十餘員。並以釐務爲叢弊之藪，該故督臣嚴參數員，官方肅然。嗣兼署粵海關監督。卸篆後，餘銀二十萬兩，奏明以十五萬兩解交藩庫，優詔嘉奬，准其議叙。復兩次奏請飭部註銷議叙之案，餘款悉以助賑、修隄及各項善舉之用，未嘗一錢入己。五年，調任兩江。是年秋間，琉球因日本侵併，遣使求救。議者請三面出舟師東征，該故督臣以爲未可輕舉，疏陳利害，援據古今，其議遂止。七年，開缺回籍。十六年，復起爲兩江總督，十七年春間到任。蕪湖等處匪衆焚燒教堂，沿江騷動，一夕數驚，各國議調兵艦入江，勢甚岌岌。該故督臣相機因應，調撥兵隊，分往保護，緝獲首要各犯，立置重典，旬日之間，民情大定，教案亦得從容議結。復以各處伏莽未靖，會匪甚多，必須捕治黨魁，方能設法解散。適鎮江查獲美生私運軍火，並在安慶拏獲匪首李顯謀，審明懲辦，匪謀始戢。十數年來籌辦江防，沿江礮臺後膛者多係雜式舊礮，間有較新大礮則仍係前膛，不能適用。該故督臣飭上海製造局仿造英國大鋼礮及快礮多尊，創造吳淞口附近獅子林礮臺一處，皆設新造大礮。其餘江陰等處各臺，亦量爲添設。沿江礮臺有新造後膛大礮，自該故督臣任内始。二十年，中東事起，奉命赴山海關督師，款議定後，仍回兩江本任。二十四年冬，渦陽土匪滋事，聚集二萬餘人，縣城被圍。該處爲捻匪老巢，一經分竄，將有燎原之禍。該故督臣電商安徽、河南撫臣，三路進兵，協力兜勦，一鼓盪平，奉旨優叙。二十六年，近畿拳匪之變，該故督臣維持東南大局，苦心孤詣，堅定不摇，業蒙天語褒美，無俟臣之贅陳。是年七月，富有票匪在長江裕溪口張貼逆首康有爲僞示，煽惑愚民，句結會匪，搶去礮船軍裝藥彈，竄擾大通，毁刦鹽局、釐局，遠近震動。該故督臣迅派開濟兵輪載衡字營勇駛往，會合安徽防營勦辦彈壓。該匪逆謀因之不得遽逞，人心大安。厥後力争東三省條約，會商各國商約，皆能統籌國家利害，極力堅持，有裨大局。此該故督臣之政蹟也。

臣查該故督臣劉坤一，天性忠摯，器量寬宏，歷官封圻幾四十年，吏事最爲老練，見事最爲敏速。平日接下以和，撫民以惠，不爲棱角峭厲之行。而每遇有危疑，明決應機，不爲衆論所淆惑。古人所稱能斷大事，洵無愧色。其辦理外交，開誠布公，和平而又堅定。十年以來，上海地方屢有横生枝節，皆以鎮静堅持處之，絶不爲所摇動，久之卒就帖服。近年力保長江之約，各國尤所稱佩。身殁之日，各國領事、兵官先後來甯弔奠送殯，並下旗誌悼。江南士民於此舉尤爲感頌不忘。誠如聖諭，可謂國家柱石之臣矣。該故督臣歷任兩江最久，近年疆事日棘，臣在湖廣總督本任内，江楚接境，聯屬合辦之事甚多，故於其經畫大端，知之尤詳。該故督臣處事既有定見，聽言又能虚心，臣每遇有要事與之商搉，從善如流，不存成見，尤爲人所難及。謹將其生平居官事蹟，遵旨臚陳，仰請宣付史館立傳，以彰藎績。

（硃批）著照所請。該衙門知道。（欽此）

特參管帶練船參將摺 光緒二十九年二月初二日

竊照寰泰兵輪前經改爲練船，專爲教練水師學堂學生而設。查刊本南洋水師練船章程内開，該船共設教習四員。練船正教習即以管駕官兼充，一切應知應能之事，號召部署攻戰守禦之法，駕駛積算御風應變之術，皆歸課習。其槍礮、帆纜、測量三教習所授各項功課，仍統歸管駕官督同酌定，隨時稽查，具報水師學堂查考。其學生上練船之後，應令先習帆纜兩三月，俟其漸熟，再行駛出洋面，練習風濤，定限三年周歷各海洋、各口岸，各將經緯數度、沙綫、礁淺、山海形勢、各國礮臺、兵輪操法，詳登日記，並分晰繪圖。每七日送管駕官校勘一次，俟畢業回甯大考時，彙送查核。又載，學生上船後，由管帶官認真管束，督率課練。如無實效，即將管帶官議處各等語。是管帶官責任綦重，應如何認真辦理。乃此次練船學生畢業，經臣親往校閲，令其演放大礮，手法生疏草率，拉火不響，遂不再安拉火，空手作一拉之勢而已。令其裝配藥彈，演試礮準，則管帶甚有難色。據云數年來罕有裝藥實放，十分可駭。令其演行船撞船諸事，則只空比手法，船身並不運動，種種直同兒戲。令演帆纜功課，則云舊日帆纜壞爛，禀請添製未准，遂未演習。索閲其出洋海圖，則三年内僅寥寥數紙。至於體操則甚屬草率，軍裝則不遵帶號帽。司道將領隨同在船觀看者，無不譁笑，而管帶、教習亦靦然不以爲怪。詢問所歷海洋，則僅到過朝鮮一次。三年之中，並中國所轄海面之瓊州、欽州及日本、西貢最近之海洋亦不能到。似此各項功課實際毫無，不知該學生等所練何事，所畢何業。管帶寰泰練船福建補用參將何心川，平日並不遵章教督課練，虛糜經費，曠廢歲月，貽誤水師人才，實堪痛恨。除此次學生不准作爲畢業，及另派管帶寰泰練船，並將練船教習撤差示儆外，相應請旨將福建補用參將何心川即行革職，以爲將來管帶兵船、練船各官及堂内學生不講求操練者戒。

（硃批）另有旨。（欽此）

擬訂訓練各省將目章程摺〔一〕 光緒二十九年

二月初八日

竊臣等欽奉光緒二十八年十一月十三日上諭：練兵之道，最忌紛歧，曾經迭飭各省督撫整頓兵制，期歸一律。查北洋、湖北訓練新軍，頗具規模，自應逐漸推廣。所有河南、山東、山西各省，著速即選派將弁頭目赴北洋學習操練。江蘇、安徽、江西、湖南各省選派將弁頭目赴湖北學習操練。俟練成後，即發回各原省，令其管帶新兵，認真訓練。每年由北洋、湖北請旨簡派大員分往校閱，按其優劣，嚴加甄别。其詳細章程，著袁世凱、張之洞妥議會奏，請旨遵行。等因。欽此。仰見朝廷整飭戎行，實事求是，宸謨廣遠，欽服莫名。

伏維練兵之道，教將爲先。教將之方，勸學爲亟。方今外洋各國講求兵事月異日新，水師、陸師學堂林立。自將領以逮隊目，無人而不出於學。自内堂功課以逮外場技藝，無事而不受諸學。而又因時損益，擇善而從，雖以歐亞異洲，東西異域，往往互相師法，棄短用長。故其營制操規大率不相上下，卒得以勢均力敵，競勝稱雄。中國非無可用之兵也，患在無將。亦非無忠勇之將也，患在不學。近年以來創痛屢膺，情勢大絀，迭奉詔書，整飭武備。然其效不著者，良由各省兵制不一，軍律不齊。餉械則此省與彼省不同，操法則此軍與彼軍又不同。故外國當無事之時，可以調全國之軍隊，聚集一處而合操之，而步伐、陣式悉泯參差，中國不能也。有事之時，可以聯數國之師，徒任舉一人以統率之，而操縱指麾無不如志，中國不能也。平居而聲息不相通，應調而指臂不相使，臨敵而勝敗不相顧，如此雖歲糜鉅餉，廣募勁卒，將安用之。今者恭奉諭旨，飭令各省挑選將目，赴北洋、湖北學習操練，並諄諄焉以紛歧爲戒，以一律相期，此誠經武之要圖，整軍之至計也。臣等謬蒙委任，夙夜兢兢，敢不殫竭駑庸，認真督飭訓練，以冀日有起色，仰副聖廑。惟是兵事精深，各國視爲身心性命之學，斷非中國一蹴可幾。如欲與之並駕齊驅，必須層累遞進，非十數年不能奏功。然而時艱方殷，勢難久待。今爲速成將才起見，宜先求武備切近學問，俾各省將目人人易於通曉，易於傳習，庶平日操法可期畫一，即一旦遇有徵調，亦不難互相援助，共赴機宜。現由臣等擬訂訓練簡易章程，敬繕清單，祗呈御覽。俟命下之日，即當咨行各省切實遵行。所有應需建造學堂、營房經費，及延用教習薪水等項，由臣等隨時察看，分別估計，咨商各省協款興辦。至於武備精深，學問另有專門，仍由臣等一面認真整頓武備學堂，依次推行各省，以期廣儲國家干城之選。

〔一〕録自臺北故宫文獻編輯委員會編《宫中檔光緒朝奏摺》第十六輯，第六六四頁至六六五頁，臺北故宫博物院，一九七四年版。

是否有當，理合會同恭摺覆陳，伏乞皇太后、皇上聖鑒訓示。

著照所請。政務處、兵部知道。單併發。

奏擬開屯牧場以裕旗民摺[一] 光緒二十九年二月初十日

竊查安徽太平府屬萬頃湖地方，分隸當塗、蕪湖兩縣轄境。國初以來，仰蒙諭旨，撥爲旗營牧場。其地中爲湖心，旁爲隙地。當年湖身寬大，可供瀦蓄。近來淤墊日高，秋冬已成涸澤。咸豐軍興，馬羣既空，早成廢壞。自荆防填撥來甯額馬稍稍規復，但江甯城外本有牧地兩區，足供芻牧。而萬頃湖陸路距甯遠在二百里外，往返艱難，牧養非便。即勉令前往，而兵民雜處，時起訟端。又自克復以來，流氓私墾日多，佔耕漸廣，雖經歷任將軍檄行府縣驅逐，但地處兩縣之交，此去彼來，實非文告所能禁遏。且地屬旗營，亦非有司所能轄治。若不早爲整飭，則盜賊窩集，異教潛滋，在在可慮。奴才信恪到任後，查悉甯京兩防除領催前鋒甲兵外，其婦女暨孤寡各項共五千七百餘口，步甲養育閑散幼丁共一千四百八十餘名。其中雖有撫卹孤寡銀兩及小甲匠役口粮，但爲數無多，不敷養贍。將來生聚日衆，勢必饑餒堪虞。當與臣之洞再四熟商，以八旗既艱窘若此，萬頃湖又荒落若彼，因勢利導，不如將牧場改爲屯田，專設屯員，妥爲經理。當派二品銜遇缺簡放江蘇補用道徐賡陛，會督鑲紅旗佐領福安等，前往勘度。現據勘明測繪具覆前來。據稱，該場東西約二十里，南北約十七里，地勢東北較低，西南較高，以方積計之，約可開田十六萬數千畝。內除開挖溝渠，增置塘堰，加築堤塍陡門，以消納來去積水，約除地六萬畝外，實可開水田十萬餘畝。其辦法約分三等。

一、流民佔耕已熟之田，飭令開明四至，勘丈相符，每畝飭繳押租銀三元，每年仍認繳麥租錢百文，租穀一斗，准其補給墾照，免追歷年私墾花息，作爲永租之産，名曰佃民。

一、未墾荒地，民間承認領耕者，准其籌集公司，呈繳押租銀兩，及按年認繳前項租穀、租錢，開明四至畝角，勘丈無訛，亦一體准給永租墾照，亦曰佃民。惟開荒需費，准領耕後第一年免租，第二年繳租之半，第三年再繳全租。

一、留備旗民屯耕之田，應先召佃，官給牛隻、籽種，令其墾荒。其麥租、穀租視民間收租之法，或各半分租，或每畝取租穀一石，春麥雜糧八斗，但取的保，免繳押租，名曰官佃。

似此長年計算，三年之後，約可得租銀二三萬兩，以之分卹孤寡，沛然有餘。其未墾成熟以前所有全湖肥草、蘆柴，即由屯員隨時變價，以充局用之不足。開墾有效，即於該處設立農務學堂一區。凡八旗餘丁，年十二歲以上發屯學習農務。俟其精能，由官田之内每丁撥給田二十畝，令自耕植。每年與永租佃民一體納租穀一斗、租錢百文，免繳押租，以示體卹。惟歸屯之後，應歸屯員及地方官約束，與平民一律編户。遇有爭訟，悉照民例辦理。成丁以後，家室情願入屯者聽之，仍欽遵近日諭旨，准與漢人聯姻，以收睦婣任卹之利。其勤儉之人，積有貲財自願購置民田，與民人一律納粮辦賦，亦聽爲之。

惟開辦之始，堤塍、陡門、牛隻、籽種等費約需銀四五萬兩，

[一] 以下二件録自臺北故宫文獻編輯委員會編《宫中檔光緒朝奏摺》第十六輯，第六八二頁至六八四頁，臺北故宫博物院，一九七四年版。

旗營無款可籌，擬請由江甯藩司預借光緒三十四年官兵馬乾銀一年，解赴奴才衙門兑收濟用。仍由該司於三十一、二、三、四等年，分四年扣完。所扣乾銀，仍於每年所收屯租按數歸補湊放。

又於駐防城内增設武備工藝學堂，亦於閑散幼丁内擇年十二歲以上者發堂學習攻木、攻金之學。先識漢字，繼習測算工藝，俟其有成，咨送督臣轉發製造局加習制造鎗礮之法。入堂、入局之後，即歸堂員、局員管束。其有學藝已成，願以工藝傭趁及自設木肆、鐵肆、銅肆出外營運爲生者，亦聽之。惟出防之後，亦交地方官就近編户管束，與民人一體辦理。其户丁册仍歸佐領彙造。

但駐防爲東南重鎮，兵事尤不可偏廢，大致長丁爲兵挑補甲缺，次丁、三丁爲工、爲農，使就生業。似此則兵額既充，閑散無須養育，務使各有造就，庶朝廷度支有定，旗人生計無窮，實於國家億萬年有道之長，大有裨益。所有萬頃湖牧場現擬改辦屯田招墾緣由，謹合詞恭摺具陳，伏乞皇太后、皇上聖鑒訓示。

著照所請。該部知道。片併發。

請獎叙開屯勞績人員片光緒二十九年二月初十日

再，此次開屯所用員弁，均須深明種植之員，方足以收實效。第經費未充，薪水雜支不得不多方撙節，而該員等胼手胝足，事極煩重，倘三年之内著有成效，擬請將候補正班人員即行揀補實缺，試用人員照異常勞績聲請獎叙，庶足以資激勸而慰勤勞。理合附片陳奏，伏乞聖鑒，勅部立案施行。

覽。

奏擬遞減科舉中額辦法摺[一] 光緒二十九年二月十二日

竊維國無强弱，得人則興。時無安危，有才斯理。誠以人才者，國家之元氣，治道之根本。譬猶飢渴之需食飲，水陸之資舟車，而不可須臾離者也。中國今日貧弱極矣，大難迭乘，外侮日偪，振興奮發正在此時。然而諸務未遑，求才爲亟。無人才，則救貧救弱徒屬空談。有人才，則圖富圖强易於反掌。進言者皆曰，天下非無人才也，求之於臨時，則不見其多，儲之於平日，則不患其少。儲之維何，學校是已。在昔三代盛時，庠序之制大備，教育之法綦詳，人鮮失學，士多成材，以故俊彦蔚興，政修事舉。近今東西洋各國，其文明愈著者，其學校必愈多。自通邑大都以逮窮鄉僻壤，幾於無地無學。國民自七八歲以逮十二三歲謂之學齡，有不學者罰其父母，幾於無人而不入諸學。其學有官立者，由公家爲之籌經費。有民立者，由民間爲之醵貲財。舉國上下，人人皆以興學爲務。而其造士也於此，其選士也亦必於此。因其所習而試之以事，考其所能而授之以職，事無不治，職無不舉，以故賢智輩出，而國家日進於富强。由是觀之，致治必賴乎人才，人才必出於學校，古今中外莫不皆然。夫固人人能知之，亦人人能言之矣。欽惟我皇太后、皇上宵旰焦勞，求才若渴，詔各行省普立學堂，復申諭以敦促之。並敕政務處明定學生出身，又令新進士悉就學堂

[一] 録自臺北故宫文獻編輯委員會編《宫中檔光緒朝奏摺》第十六輯，第六八八頁至六九二頁，臺北故宫博物院，一九七四年版。

肄業。宸謨深遠，洞見本原，嘉與海内敬教勸學。薄海臣庶固宜仰體聖意，協力齊心，奉命承流，爭先恐後矣。乃朝廷屢頒明詔以相期，天下亦知當務之爲急。而起視各省，大率觀望遷延，否則敷衍塞責，或因循而未立，或立矣而未備。推究其故，則曰經費不足也，師範難求也。二者固然要，不足爲患也。其患之深切著明，足以爲學校之敵而阻礙之者，實莫甚於科舉。蓋學校所以培才，科舉所以掄才。使科舉與學校一貫，則學校將不勸自興。使學校與科舉分途，則學校終有名無實。何者，利禄之途，衆所爭趨，繁重之業，人所畏沮。學校之程期有定，必累年而後成材。科舉之詭弊相仍，可僥倖而期獲售。雖廢去八股試帖，改試策論、經義，然文字終憑一日之長，空言究非實詣可比。設有年少薄植之輩，未嘗學問，小有聰明，或汎覽繙譯之新書，或涉獵遠近之報紙，亦能侈口而談經濟，挾策以干功名。而宿學耆儒，皓首窮經，篤守舊説者，反不能與之角勝，坐視其速化以去。人見其得之易也，羣相率爲剽竊鈔襲之學，而不肯身入學堂，備歷艱苦。蓋謂入學堂亦不過爲得科舉地耳。今不入學堂而亦能得科舉，且入學堂反不能如此之驟得科舉，又孰肯舍近而圖遠，避易而就難。不但此也，學校者雖由國家提倡之，實由士民樂成之也。東西各國公私大小學校，多者不下數萬區。如皆由公家籌款建立，安得如許經費。大抵高等教育之責，國家任之。普通教育之責，士民任之。惟其衆擎，是以事舉。中國非無憂時之士也，而紳民不聞倡建學堂者，亦以羣情注重科舉，父兄以是勖子弟，鄉黨以是望儕偶，但使榮途不失，何暇遠慮深謀。故不獨不肯倡建學堂，且併向來賓興公車等費亦不能移作學堂之用，其爲阻礙，何可勝言。是科舉一日不廢，即學校一日不能大興。學校不能大興，將士子永遠無實在之學問，國家永遠無救時之人才，中國永遠不能進於富强，即永遠不能爭衡於各國。臣等誠私心痛之。在臣等亦非不知科目取士垂數百年，一旦廢之，士子必多觖望。然時艱至此，稍有人心者皆當顧念大局。與其遷就庸濫空疏之士子，何如造就明體達用之人才。且朝廷亦嘗毅然罷武科矣，停捐納矣，於人情並無不順，而天下羣頌聖明。況科舉之爲害關繫尤重，今縱不能驟廢，亦宜酌量變通，爲分科遞減之一法。昔我高宗純皇帝右文稽古，雅化作人，然於學政錢陳羣之請增添中額，則責之不知政體。於科臣吴煒之請廣收録科，則斥其取悦士類。又伏讀乾隆九年八月高宗純皇帝聖諭，爲治之道貴乎覈實，一切因循姑息之習皆當痛除。近者士風之囂一至於此，而好諛之人尚言國家人文日盛，以冀開科廣額，初不以士習邪正爲念。嗣後若有以加科廣額爲請者，必加以違制之處分著爲令。至於議減中額，則非衆所樂聞。或言士子類皆寒素，專藉科目進身。或言一習舉業，則不能更爲農商，謀生無計。甚者有言士心失望，或妄生議論，或别生事端者，此皆毫無識見之人不知爲政之體要，國家科目豈爲養老恤貧而設乎。若有造言生事者，是身投憲網，國法具在，何能逃於天壤哉。夫旁求俊人，本欲量能授官，若一味濫取廣收，如何可得真才實濟。現在解額已多，壅滯日甚，作何量爲裁減之處，著大學士九卿會議具奏。等因。欽此。聖訓煌煌，布在方策，抉摘流弊，義正詞嚴，迄今讀之猶爲欽悚。今宜略師乾隆時裁減中額之法，擬請俟萬壽恩科舉行後，將各項考試取中之額，預計匀分，按年遞減。學政歲科試分兩科減盡，鄉會試分三科減盡，即以科場遞減之額，酌量移作學堂取中之額。俾天下士子舍學堂一途别無進身之階，則學堂指顧而可以普興，人才接踵而不可勝用。

膠庠所講求者無非實學，國家所登進者悉是真才。政教因之昌明，百度從而振舉，其程功之速，收效之宏，固有不難如券斯操者。至舊日舉貢生員，三十歲以下者易於改業，皆可令入學堂。三十至五十，可入仕學師範速成兩途。其五十至六十，與夫三十以上不能入速成科者，應爲寬籌出路。如每科大挑或揀發一次，或歲貢倍增其額，或多挑謄録，令其入館，可得議敘。或舉人比照孝廉方正，生員比照已滿吏，准其考職，三年一次，分别用爲知縣、佐貳雜職，俾免向隅。六十以上者，酌給職銜，其有經生宿儒，文行並美而不能改習新學者，可爲各學堂經書詞章之師。現在捐納既停，寒畯之士不患其終無出路。應請敕下政務處核議施行。至於遞減中額，則請斷自宸衷，決然必行，明降詔旨，曉示天下。有阻撓者，予以嚴譴，務期科舉逐漸而盡廢，學校櫛比而林立，上以革數百年相沿之弊政，下以培億兆輩有用之人才。五洲驚服，萬世瞻仰，在此舉矣。或謂科場年分，例不應條陳科場事務。今當朝廷鋭意求治、變通庶政之時，似可不拘成例。或又謂詔舉恩科，更不應奏請減額。然臣等所請減額者，不過預籌辦法，固非敢指恩科言之，原以俟夫恩科舉行之後。考乾隆九年既奉諭旨明著禁令，不准以加科廣額爲請，至乾隆十七年、二十七年、三十七年迭次恭逢孝聖憲皇后萬壽，則又無不綸音特沛詔舉恩科，並格外加恩於下第舉子中揀選引見，量予録用。高宗純皇帝聖訓所謂國家遇大慶，則必有殊常之恩者是也。蓋舉行恩科者，所以特光盛典而廣敷錫類之宏施。裁減中額者，所以深維治源而期收得人之實效。仁之至而義之盡，實並行而不相妨。故臣等敢於此時竭其一得之愚，以冒瀆夫宸聽也。臣等實爲時艱才難亟圖補救起見，往復商榷，意見相同。是否有當，謹恭摺縷晰會奏。伏乞皇太后、皇上聖鑒訓示。

政務處會同禮部妥議具奏。

查明許應騤參款摺光緒二十九年二月十三日

竊臣承准軍機大臣字寄，光緒二十八年十二月初六日奉上諭：有人奏參閩浙總督許應騤貪污卑鄙各款請旨飭查一摺。著張之洞按照所參各節，確切查明，據實具奏，毋稍徇隱。原摺著鈔給閲看，將此諭令知之。欽此。

查原奏情節重大，當即欽遵遴委江安督糧道胡延、江蘇候補道郭道直，馳往福建省城，按照原參各款密切訪查，詳慎考證，據實稟覆核辦。兹據該道等會同調查案據，兼以采訪輿論，互相參考，查明稟覆前來。復經臣飭傳該道等詳切面詢，覆加考察，按照原參各款確查實在情形，敬爲皇太后、皇上分晰陳之。

一、原奏所稱光緒二十七年六月萬壽聖節，該督巳正始詣萬壽宫行禮，爲前福州將軍景星所譏，該督拍案詬詈，幾至鬬毆一節。查是年六月萬壽聖節慶賀，該督臣許應騤到班尚早，並未遲至巳正。其與景星争辯，係在朝房更衣之後。因船政應撥海關款項，該督臣在兼署將軍任内，久未撥解。景星到任，該督臣移請撥解，彼此争論，互相譙訶，至於拍案，尚無詬詈幾至鬬毆之事。

一、原奏所稱庚子福州大水，該督深居不出，反召優伶，連日劇飲。紳士稟請給照買米，又靳弗與，專給其同鄉義和行買辦吴鑄亭采買。該督之弟許應璜與吴鑄亭合夥營商，日在南臺招權納賄，本年十月倒欠二十餘萬，被其弟先期私運回里一節。查庚子年福州水灾，經司局詳請奏開賑捐，辦理賑撫一年之久，尚非玩視民瘼。訪聞該督臣是時亦未召優劇飲。領照買米不止一人，吴鑄亭亦僅承辦一次。查許應璜係許應騤族弟，該督臣到任時，自粵來閩省視，因吴鑄亭係屬同鄉，向有來往，尚無合夥營商、招權納賄之事。現在許應璜業已回粵。吴鑄亭經手義和行事，倒欠商款實祇二萬餘兩，並無二十萬之多。事與許應璜無涉，並無先期私運回里情事。

一、原奏所稱該督於文職信用臬司楊文鼎、道員孫道仁，武職信用總兵鍾紫雲，三人狼狽爲奸，文武多出其門，屬員習爲奔競，政以賄成一節。查臬司楊文鼎在鹽道任内即總理捐局，現又總辦武備學堂。該督臣因其才堪任事，一切要政多與商搉。道員孫道仁統帶福勝軍，又會辦武備學堂，總兵鍾紫雲統帶福强軍，皆爲該督臣所信任。至以巨金結納及具贄拜門等事，查無確據。

一、原奏所稱文職買差買缺，多由楊文鼎、孫道仁經手，武職多由鍾紫雲經手。最著者如知縣吴兆璜買署詔安，王國瑞買署建甯、仙遊、崇安，捐升知府，蔣唐祐在晋和被控買署莆田，知縣朱開泰買署連江，章景楓買署晋江。楊文鼎復假手於官運課釐局提調鹽大使宋尊望爲之居間説項，得贓分肥。宋尊望將局中閒款搜括與楊文鼎均分。創設銅元局公款半歸私飽各節。查前署詔安縣知縣吕兆璜，並非吴兆璜。其在莆田縣署任内被控納本縣舉人楊中楷婢女爲妾。飭據吕兆璜供稱，納妾屬實，但在交卸莆田之後。現在吕兆璜、楊中楷均已病故。王國瑞卸署仙遊後，酌委崇安，並未委署建甯，各任内均無被控之事。蔣唐祐前署政和縣，並非晋和，在任被廩生宋士英上控侵吞膏火，浮收寺捐，據建甯府委員查明，尚無其事。宋士英等揑詞越控，由府詳革。又在莆田署任，被附生劉玉麟臚列八款上控，臬司楊文鼎以事不干己，立案不行。嗣據興化府知府玉貴詳請將劉玉麟等五名斥革，經該督臣批准，復行府提案根究主唆之人。蔣唐祐被控各款，令其自行稟復。嗣有縣民與蔣唐祐爲難，糾衆赴署滋鬧，并將其勇丁轎夫毆傷。蔣唐祐因公晋省，藩司周蓮因其人地不宜，檄飭留省當差。至知縣朱開泰委署連江，章景楓委署晋江，均係酌委，雖謠諑紛騰，尚無賄賂營謀確據。惟調閲各縣控案，凡地方生員一經上省控官，即褫衣頂，無一免者。最甚者莫如蔣唐祐莆田一案，臚列劣迹八款之多，自應飭本管道府查復。乃不問虚實，遽將原控五生斥革，又復批府提案嚴究，以致纍纍青衿，株連羈押。而將蔣唐祐被控八款，僅令自行稟覆。查閲蔣唐祐覆稟，滿紙矜夸負氣之言，恃寵而驕，聲情如繪，不知此等劣員，何以深信不疑，始終信任。查此案初控省之時，藩司周蓮係批府確查，而臬司楊文鼎逕行批革。嗣後蔣唐祐署事期滿，本管知府玉貴稟請留署，周蓮深知其人地不宜，委員接署，其眷屬回省，復經該府會營派兵護送，袒庇若此。查蔣唐祐得罪縣民，至辱其輿從，眷口回省又慮及百姓阻鬧，其爲衆惡所歸，不獨四五紳士與之爲難，亦可想見。至鹽大使宋尊望向在官運局、課釐局當差，爲楊文鼎所信任，承辦各捐，假公營私，專好結納。惟謂其居間得贓分肥，則查無實據。官運、課釐兩局，亦據鹽道鹿學良查復，並無閒款。又查閩省銅元局，係光緒二十六年附於銀元局開鑄，係楊文鼎經理。銅本係局中自行籌墊，並未請領官款。嗣因行銷甚廣，添廠購機。自二十八年五月起，每日可鑄五百千上下。機廠銅本均向商家挪借，共用成本四萬七千餘兩。每月除去局用，約獲餘利二千金，陸續歸還借款。俟借款還清，即將餘利撥歸公用。因事係外辦，未支正款，尚未報部。原參謂公款半歸私飽，亦屬傳聞之

實缺總兵，現統南洋續備各營，正資訓練，均未便暫離差次。合無仰懇天恩俯准將道員蒯光典、沈邦憲、方碩輔、趙有倫、郭道直、總兵楊金龍六員均傳旨嘉獎，道員朱滑、梁敦彦兩員，均給咨送部引見，以勵廉能而昭激勸。

（硃批）蒯光典等六員著傳旨嘉獎。朱滑、梁敦彦著送部引見。（欽此）

籌辦移設製造局添建槍礮新廠摺 光緒二十九年二月十九日

竊照上海高昌廟地方新設江南製造局，創自同治初年，經前督臣曾國藩、前署督臣李鴻章艱難草創，基構方成。歷任督臣漸次擴充，規模始備。然在創造之初，李鴻章原奏即有上海地方設局，於久遠之計殊不相宜，稍緩當移至金陵沿江偏僻處所之議，具見老成謀國，慮遠思深。迨今三十餘年，中外臣工鑒於福州、旅順之事，屢經論列，謂宜將滬廠遷移內地。光緒二十三年十二月，今大學士臣榮禄，復奏請將上海製造局設法移赴湖南近礦之區。欽奉上諭：近來中國戰艦未備，沿海各地易啓他族覬覦。從前製造局廠多在江海要衝，亟應未雨綢繆，移設堂奧之區，庶幾緩急可恃。著各就地方情形認真籌辦，總期有備無患，倉卒足以應變。等因。欽此。仰見聖慮淵深，至周至密，欽仰莫名。

上年冬，臣甫到金陵，製造局總辦道員毛慶蕃即首申此議。臣伏查上海地方，今昔情形迥不相同。近年黄浦江中，吴淞口外，爲各國兵輪所萃，遇有中外戰事，輒阻我軍火裝運出口，致不能接濟他處。甚或以兵艦駐泊近廠江面，以相伺察，慢藏之害，岌岌可虞。至該局所有機器，七年以前所造係林明敦槍，乃外洋陳舊不用之式。兩年以前所造係快利槍，乃滬局臆造之式，亦不適用。故槍機新舊湊配，出數無多，礮機亦未完備，歲糜巨款，實爲可惜。本應另籌良法，俾各械日精日多，得收實效。近數年疊奉諭旨，飭令各省軍營所用槍械，宜歸一律，洵爲軍實最要之義，曷勝欽服。遵經屢次互較，直至上年，始經該局定議，滬廠仿照鄂廠，一律改造小口徑新毛瑟快槍。惟滬廠槍機不能全備，必須兼以人工剉磨，並非全係機器所成，故費工多而出槍少。近年陸續添機，漸次整頓，每日仍祇能出槍七枝，一年祇能出槍二千餘枝。既不合算，且於武備大局無裨。其礮廠所造車礮，亦不盡適用。必須另購新式造槍機器，須每年能造五萬枝快槍者。添配新式造礮機器，須每年能造大臺礮十尊、七生半口徑快礮二百尊者。庶數年之後，足以應各省之取求，而歸於畫一。即各國軍火不來，亦可無慮。嘗聞外洋覘國者之言，謂若一國中一年能造槍十萬枝者，其國即未可輕侮。今得此大宗新機，川流鑄造，聲威遠布，亦足以壯士氣而定民心。臣自抵兩江署任，即注意此事，疊與該局總辦道員毛慶蕃、鄭孝胥再四籌議，僉稱該局自應遵旨移設堂奧之區，方爲正辦。惟是滬廠地段甚廣，工程甚大，一經遷移，機墩、煙囱、地基、石工全歸無用。若存此舊廠，用處甚多，故籌移廠，不如設分廠。此拆彼安，遠道搬運，機器易損，糜費亦多，較之購機新建，所省不過一半。故移舊機，不如購新機。而添機添廠，需款極鉅，萬難猝集。故待另籌新款，不如節舊械無益之費爲新廠新機之費。臣通盤籌畫，業已粗有端倪。謹將籌辦大概情形，分條縷陳如左。

一、新廠移設內地，已擇定基址也。臣三次派委道員劉錫庚、鄭孝胥、潘學祖等先後馳往金陵上游沿江偏僻處所，分投履勘。茲選得皖省宣城縣屬灣沚鎮迤東之啓發山，陸路距江甯省城二百二十餘里，道路平坦，並無山嶺，祇有小河一道。水路距蕪湖江邊七十餘里，由蕪湖之中江可通至灣沚。此河春夏秋水頗深廣，可行小輪，冬間亦可行百餘石之民船。由灣沚有小河通至胡家橋，此山距胡家橋約三里許。山面寬廣平坦，約有地千餘畝，並無墳墓。全山有土無石，山麓係坦坡，迤邐而上，斜度僅止數丈，地勢高燥，土性堅實。南面秦龍山，遠峰聳峙，秀氣葱蘢。東西兩面重山環抱，遠在數十里外，形勢極佳。以此地移建新廠最爲合用。

一、新廠工程、新機價值，約可預計也。查近年鎊價日昂，購買外洋物料，以銀折算，貴至倍蓰。近經采訪，約略核估，槍廠新式全副機器，槍機須每日能造一百七十枝、歲出槍五萬枝者，彈機須每日能造十萬顆、歲出彈三千萬顆者，約需銀二百四十五萬兩。舊廠造礮機、造藥機尚多可用，祇須酌量添配，以備移設。以每歲能造陸路七生半快礮二百尊，十五生、十二生臺礮共十尊，彈藥足用爲度。計添配之機，約需銀五六十萬兩。此外修理機器廠、翻沙廠等各項應用機器，約需銀二三十萬兩。各所工廠地基、鑪座、煙囱、磚石、鐵木各項工料，填地、築路、開溝、圍墻、馬頭、磡岸、起重架、住房、雜屋、堆棧、庫房一應工程地價，及搬移舊廠礮機、藥機拆起運卸之費，約需銀一百五十萬兩。綜計約五百萬兩，以歲提銀一百萬兩積算，五年可以完備。此外按年添補擴充，不在此限。

一、經費不必另籌也。查近年滬關税收較旺，應撥該廠二成洋税，歲得銀一百二十餘萬兩。又奏定各關局另撥滬廠常年專款二十萬兩。統計每年可得銀一百四十萬兩。擬提出一百萬兩專作新設分廠經費。飭該局將各項械彈分別有用無用，酌量停造、減造，並裁汰冗員雜費，歲可節省用款銀十餘萬兩。銷售鋼鐵，修理輪船及各省購用槍礮價值，歲可收回工本銀十餘萬兩。每年仍劃留二成洋税銀二十萬兩及滬局常年經費二十萬兩，作爲滬上舊局經費，足敷支應。其餘一百萬兩，陸續提出，存放上海匯豐銀行買鎊生息，以備修建新廠購辦新機之用。無論何項要需，不准動支此款。

一、分建新廠，宜先所急也。查滬局槍廠機器最不合用，而行軍利器，用槍最繁。現新局宜先從造槍各廠起手。俟槍廠既成，再造礮廠。礮廠既成，再造藥廠。似此專力經營，則造成一廠便得一廠之用，而遞年構造經營亦易於接濟。

一、新機雖大，常年止須製造一半也。或慮每年如造快槍五萬枝，快礮二百尊，每槍每礮各配造子彈五百顆，臺礮十尊，則常年經費浩繁，原有之款恐不敷用。不知置購新機，須備急用時可加工趲造，其數目多多益善。平日儘可視所有經費酌量減造。假如能造五萬枝之槍機，常日止造二萬五千枝，經費即可省一半。甚至歲造二萬枝亦可。礮機亦然。況中國工匠，斷不能如外洋工匠手藝之純熟，約計初造時，出數亦止能及半。故購辦新機，斷不可僅顧目前，致有事時仍貽措手不及之悔。

一、舊廠宜大減製造，以節糜費也。此五年內，本省外省撥用械彈者，滬局祇可酌量應付。此後凡不急之物，可緩之需，及式舊數少之槍彈，大小礮之實心彈等類，皆行停造。槍枝除小口毛瑟外，亦皆停造。其雜項槍礮藥彈較爲有用者，酌量減少。各項機器祇開一半，每届半年，更番開用，此開彼歇，工匠亦祇用一半。如此則機器不致鏽澀，良工不致走散，而工料可省一半。本省外省撥用者，亦減半應付。撥用槍彈者，可酌量分歸金陵機器局認造。但儘存留之四十萬兩撙節支持，免擬提存巨款。

一、各省繳付購械價銀，宜收作正款也。查槍局向來風氣，凡外省訂購槍礮、修理輪船繳到之款，往往收支含糊，諸多牽混。查湖北槍礮廠所收各省付價之銀，皆收作正款濟用。今江南新廠廣增機器，出械日富，則購械亦多，此項收回之價，應作正款列收。其代外省修理輪船繳價之款，亦照此辦理。此項合計甚鉅，可充添補新廠經費之用。

一、新廠既成，舊廠可改作商廠也。查滬局煉鋼廠所出鋼料，除供本局之用外，兼可銷售洋行，爲製造器物船料之用。原有船塢，亦可代修華洋官商各輪。其槍廠機器，酌量改配，可以製造各項機器，以供銷售。此外遷空之廠屋，兼可賃與華商另作生理，量取租資。上海局廠如林，舊廠用處甚廣，生發無窮，斷不可使一機一屋聽其閒廢，實可籌巨款以添補廠用。

一、灣沚新廠製械之鋼，可暫用鄂廠新煉罐鋼，以節經費也。查滬局歷年所造大礮，其礮管皆自外洋購來，並非自煉。滬局煉鋼廠止能煉西門馬丁鋼，尚非極精之品，若再設煉罐鋼廠，則所費過鉅，勢難猝辦。擬令新廠製造槍礮則用湖北罐鋼廠之鋼，鋼料來自上游，不虞梗阻。其製造次等鋼料之件，則用滬局自煉之西門馬丁鋼。俟將來經費充裕，自應於新廠自設罐鋼，以臻完備。

一、新廠距煤礦甚近，可資取用也。宣城屬境距灣沚百里内外，煤礦甚多。質係煙煤，土人現用土法開采。上年曾經試驗，甚合機鑪之用。現有日本國人在此租定一山，用機器試開，一兩年内當可見效。該山運煤，即由灣沚鎮前之河經過，新廠購用甚便，常年所省經費不少。

一、滬廠所造無煙藥，宜暫行停止，以節糜費也。查上海藥廠原造黑色藥、栗色藥、無煙藥三種。黑藥、栗藥現已停造，而無煙藥尚可照常製造。聞歲需費三十餘萬兩之多。其實松江藥庫各種火藥堆積如山，該郡紳民方惴惴以藥多爲危險，屢次禀求遷徙。且藥性受燥，固甚可危，藥性受潮，即又失用，久儲殊多不便。近數年來，杭州、金陵藥庫相繼失慎，可爲鑒戒。兹擬飭該局將無煙藥一併暫行停造，各處軍營請領火藥，均就庫存之藥照章應付。至無煙藥彈，原以備臨敵制勝之需。平日操練，重在置槍於架，演習瞄準。惟打靶始用真彈，不能甚多。至操演手法及行軍隊，必須放響，皆係用空銅殼裝黑藥木子，並不用無煙藥及鋼彈頭。是暫停製造，但以存儲之藥供用，並無不給之虞。俟松江藥庫存藥將罄，再造不遲。

一、工匠宜趁此五年之内派赴外洋練習也。此等大局新機，僅用華匠，則藝不足，參用洋匠，則費過鉅。滬上雖亦有良匠，但不甚多，且僅憑閱歷，並無學問。應由該局選派聰穎巧捷之匠目、藝徒，分赴德國及日本學習。一半用文理略通者，以爲將來監工委員，一半用自能動手、技藝已嫻者，以爲將來匠目。能擇略通德語、日語者尤善。

一、新製快槍，口徑宜再收小也。查鄂廠現造快槍，口徑係七密里九。近來各國講求槍學，口徑愈小則子彈激射愈遠，擊力愈猛。且口徑小，則子彈亦小，分量自然減輕，隨身可以多帶至一百五十顆。故英國最新快槍，口徑止七密里。日本最新快槍，口徑止六密里五。德國最新快槍，口徑止六密里。其口徑各不相同者，係防槍爲敵軍所奪，使子彈不能合膛，得之亦無所用。惟口徑大小等差，其或七密里幾絲，或六密里幾絲，或六密里，皆有精密算法，配合槍身、藥力，不能隨便臆定。然槍彈銅殼分爲兩節，前少半段細處爲彈膛，自肩以下後多半段粗處爲藥膛。彈膛須按槍之口徑及鋼彈頭之肥瘦，不能稍差。藥膛則肥瘦長短可略爲增減，以便別於他國。兹購造槍新機，擬酌中定口徑爲六密里五，並將彈之藥膛酌量加肥而微短，槍上之彈子庫，照彈殼之藥膛肥瘦長短爲之，令與日本槍有異，自不能彼此通用。並商令鄂廠，此後製槍口徑亦改歸一律。

一、此後各省新練之兵，火器宜改用一式也。查中國從前軍營所用火槍，種類紛雜，最爲大病。不獨一省之中，此軍與彼軍異器，甚至一軍之中，此營與彼營亦復異器。以致藥彈不能通用，一種彈缺，即一種槍廢。且行軍匆遽之時，配發子藥偶有歧誤，雖有利器，儼同徒手，失其所資，臨敵安有不潰。現江、鄂之製新槍，既有成式，應請旨敕下各直省督撫及統兵大員，以後需用快槍，均向江、鄂兩廠備價購取，不得再向外洋采辦雜槍，用昭畫一。

一、新廠及滬局至第四年應即合併製造，即以舊廠經費併歸充用也。查第六年起，機價已清，提款已完，自有原撥全廠經費。惟第四、第五兩年，二成洋税已備抵機價及造廠工費。此兩年中，槍機已全到安設，應即將滬局礮機、藥機酌量次第移設新廠，所有製造之事，應併歸灣沚新廠辦理。其關税餘款二十萬，另撥常年經費二十萬，即併作爲新廠此兩年經費，暫行儘款製造。俟第六年後款項加增，再行多造。其滬局應即改爲商廠，以售鋼、修船所收回之款，充作該局經費，勿庸另籌。

一、購機宜委妥員以省糜費也。外國軍火利息最重，故購機之弊亦最多。若僅憑洋行代訂，價必不廉，亦恐不全不備。若託出使大臣代購，則使臣不過派一委員經理，亦未必實能深諳。應令該局選擇操守可信、明曉機器者，親赴外國考核議訂。革除九五扣陋弊，並由出使大臣考核，庶幾機器完美，不致有短缺、雜湊、陳舊、改造之弊，亦可免買辦浮開、中飽、浮糜。

一、造械既定新式，各省用械，宜限一定期以歸畫一也。江南製造新廠，以後快槍專造六密里五口徑一種，快礮專造七生五口徑一種。此外雜槍、小礮及各色藥彈，永遠停造。並請飭下各路督撫統兵大臣明定章程，以後本省、外省指撥雜項槍礮及雜項子彈者，五年之内務須減少，五年以後概不應付，只能撥給新械、新彈。必須如此，則天下各軍器械方能畫一。

以上辦法，不過臚陳大要。其詳細情形及建廠、購機、工程價目，應俟奏奉俞允後，再飭局員切實核估，隨時稟由新任督臣魏光燾督察辦理。臣惟上海製造局廠從前屢議遷移，而皆憚於改作者，以爲另建新廠，必須另籌鉅款，值此用繁帑絀，遂致觀望躊躇。其實滬局歲購不急之需，日造已陳之械，從前每日衹能實造槍三枝，近日亦衹能每日實造槍七枝，本應變通整頓，撙節浮糜。此次該局總辦道員毛慶蕃首倡斯議，接辦道員鄭孝胥力贊其成。經臣反覆推求，但就常年本有之款，分別裁提，可將軍儲固本之圖，刻期興辦。款既確有著落，勢更無可因循。惟在責成承辦之員，精心規畫，殫力經營，不辭勞，不避怨，不貪利，不畏難，並無庸另籌分文經費。而五年之後，全廠完功，新機廣置，精械利器，日出不窮。廠地阻江瀕河，依山遠市，上運鄂廠之鐵，近取宣城之煤，既便轉輸，永無驚擾，尤爲得地。至在事各員，果能潔己自愛，奮勉圖功，應俟五年内購機設廠一律告成，工固器精，毫無浮冒，擬懇天恩准予從優奏獎。如查有絲毫情弊，或遷延怠緩，貽誤要工，立即從嚴參辦。庶勸懲兼盡，可期及早觀成。合無仰懇宸斷俯准照議施行，大局幸甚。

（硃批）政務處議奏。（欽此）

查明盛宣懷等參款摺光緒二十九年二月十九日

竊臣於光緒二十八年十一月二十九日承准軍機大臣字寄，十一月二十一日奉上諭：有人奏整理租界嚴除奸蠹一摺，著張之洞按照所參各款，確切查明，據實具奏，毋稍迴護。原摺單著鈔給閱看，將此諭令知之。欽此。遵旨寄信前來。臣當即遴委江蘇補用道徐賡陛，馳赴上海租界一帶，飭令按照原參摺單所列各款，澈底清查，務得確實證據，詳細稟覆去後。復以原奏情節紛繁，恐一人耳目察訪或有未周，續經密派江蘇補用道方碩輔馳往，分別確查。茲據該道等先後查明稟覆前來，臣覆加考察，所查情節，各有詳略，則大致均屬相符。

查原參各款，頭緒甚多，當以夥通運米出洋爲關繫重大之事。原參正摺内所稱，前任蘇松太道蔡鈞，昔年曾與盛宣懷攬載商米二百萬石，接濟東洋一事。案經前督臣劉坤一查無確據，奏覆在案。至原參現任蘇松太道袁樹勛，令内眷夥通盛宣懷之妾，運米出口四十萬石，所侵亦數十萬一節。查上海華洋雜處，丁口至一百餘萬人，日食米至五六千石。偶匱乏，則萬口嗷嗷，頓生怨謗，咸歸咎於運米出洋。惟運米舊約，出口後須半年方將原照繳銷，期限太寬。而近三年來，交涉事體更爲棘手，往往華商託名洋商，代爲請出口執照，爲數甚多，上海道礙難概拒。及上海道作函與稅務司寫明某洋商運米若干萬石出口，滬上名曰紅函，稅司即據此函，另給洋字關單放行。商人領此紅函後，並不即時買米外運，必俟探聽外省米價大貴，始行報運出口。其時無論本地米價貴賤，稅司因已有關道紅函允諾，不能不予放行。外省如粤、閩、浙、江、奉、直米價既騰，上海聞風亦必長價。故上海洋關運米出口極多之時，必適在上海本地米價極貴之時，此爲最大病根。至海外近年米價常貴，則其中藉運濟南北各省爲名，及轉口後私運外洋之事，亦必有之。實則出口與出洋，事理判然不同。出口米糧，本以接濟鄰省，北則天津、奉天，南則浙、閩、廣東，豐稔之年，例所不禁。惟漏米出洋，則無論歲收豐歉，均應嚴禁，載在約章，例禁森嚴。訪問漏洋之由，僉謂商人於運至他口後，藉口市價不合，或云全數未銷，或云僅銷若干，以原貨轉口另售。此後展轉運至何處，則不可究詰。其中影射出洋，實所不免。所以衆謗叢集於盛宣懷、袁樹勛者，因盛宣懷素來所筦多係理財之事，所用招商局委員司事，大半皆係商賈之人。上海道職司關榷，無術以禁制洋商之多運，又無力以考察外省之轉口出洋，故人皆歸咎於此兩人。實則運米出洋之事，實非該兩員所爲。而盛宣懷致謗之由，實緣華大公司攬辦江浙各州縣漕米一事。經徐賡陛查，據盛宣懷覆稱，光緒二十七年八月間，因上海華盛紡紗公司歷年虧累過重，另招新商頂替，尚虧銀十六萬餘兩。經該商等稟由盛宣懷批准開設華大公司，代辦江浙各州縣光緒二十八年漕糧，並作米麥生意，以期彌補前虧。是年冬間，有浙省嘉興屬七縣定購白糧一萬八千四百餘石，蘇省蘇州、常州、太倉等屬縣定購糙糧三萬三千一百餘石，共米五萬一千餘石，限價六元。經盛宣懷批准飭行，分寄招商局金利源、楊家渡兩棧，有案可查。惟爲數無四十萬石之多，取利僅一萬二千餘兩，彌補華盛公司前虧，並非盛宣懷入己。其米先後兑漕，亦無請照漏洋之事。至究竟屯米多少，此時上年漕糧均已交兑，堆棧已空，無從查悉。此事與袁樹勛更不相涉。惟該公司商人暨委員等，代辦各州縣漕糧，往來上海、無錫一帶購米堆積，以致米價飛漲，州縣苦累，民情怨嗟，素知奸商有轉口出洋之弊，遂滋疑議。此查明盛宣懷運米出洋並無實據及被參之所由來也。

至上海道袁樹勛，素與盛宣懷意見不合，其内眷平日並無與盛宣懷内眷往還之事。該道係由湘潭文童投效淮軍及甘肅老湘營，歷保知縣、直隸州，洊升今職。現止一妾龔氏出自湖南良家，年已四旬有餘，實非妓女。其報捐知府，係在光緒二十三年，已在該道服官二十餘年，歷任州縣之後，其非訛騙得財，始行入仕可知。至去年米貴，該道自四月以至九月，均經出示嚴禁出口與囤積居奇等弊。其告示内特揭囤積之罪而痛詆之，至云王法或有倖逃，鬼神必予冥戮，殃不及身，亦及後人等語。使其與人夥通販米，豈能恨之若此。又原參賠款匯寄上海，袁樹勛必有早兑扣息情節一節。查該道辦理外交，力争賠款不用金鎊，及預付銀行之銀，按月索回四釐息銀，備抵息上加息。雖未經辦到，而其慎重國計，無罔利營私之事亦可概見。又清單所參各節，一稱袁樹勛文理不通，專工牟利，在湖南開設通濟典鋪，資本數十萬兩，經手人係江南劣生華姓一節。查該道起家雖不由科目，然曾任州縣多年，臣與接見談論多次，且見其親筆函件。行書蒼老，文理清順，實非不通。其通濟典在湖南開設已數十年，核其開張時日，應在該道未仕之先。雖該道有無續入股分及管事是否華姓，無從確查，但職官在本籍開典，例所不禁。至該道署中並無華姓其人。又稱繙譯辜鴻明〔一〕來滬，該道款以上賓，留連花酒四十餘日，情願每年餽送六千金一節。查辜鴻明〔二〕即辜湯生，係臣處洋務委員，經前山東撫臣張人駿商借調赴山東。嗣因該撫臣調任河南，辜湯生銷差過滬，時值庚子議約有黄浦開河一條。該道因辜湯生熟悉西例，擬舉爲開河之員，於是在洋務局筵請一次，並言擬月送公費三百金。辜湯生辭不就聘。查辜湯生繙譯素精，人品端正，存心忠直，不染習氣，中外推許。該道袁樹勛爲交涉需員，特加敬禮，極力延攬。辜湯生辭而未就。在該道，此舉實爲慎重交涉，求才好士，乃其可稱之處，何以反招訾議。且該道身任地方，亦斷無狎妓款客之理。又稱洋關各卡概用私人抽提餘利一節。查洋關及大關吴淞關等卡，上年已歸併税務司兼管，非該道所能主持。其未交各口，向來用人皆須報部，不能任意委用，自不能抽提餘利。又稱該道上控案件置諸高閣一節。查該道任内各屬上控十八起，詳銷詳覆九起。上海縣及租界控案四十五起，銷結者十二起。未據禀覆銷結者三十三起，該道仍隨時查催，尚非置諸高閣。又稱租界公廨無名罰款繳納署中一節。查租界公廨定章，與領事、副領事會審，其罰款十元以下發爲捕房經費，十元以上皆由領事分撥善堂充公，並無繳納道署之事。此又查明袁樹勛被參各款，均屬訛傳無據之實在情形也。

伏查此案，滬關報運出口米糧，大致其名目皆云接濟鄰省。其中商人有藉此口運彼口之照影射出洋，雖未能查出確據，惟條約載明，請領米照限六箇月繳銷，爲期本寛。自關道發給紅函，

〔一〕〔二〕「辜鴻明」，應為「辜鴻銘」。

以至報運出口，又漫無期限，徒使空頭米照流布市廛，奸商藉以居奇，米價不能平減。又出口照多有漏未繳回者，奸商弊混，實難保其必無。自去臘以來，經臣查知滬關給發米照太多，已飭上海道將紅函改爲關道印照，編立號數，加用督撫關防，限期出口，逾限作廢。其繳回之照，按月申送督撫衙門查考，以後當不致漫無限制。並一面與撫臣會商，分別籌定確查出口、嚴禁出洋辦法，俟議定另行具摺陳奏。

至原參請裁抑盛宣懷權利一節。查盛宣懷現在丁憂，所有辦理商約大臣、會辦商務大臣事宜，已奉旨另簡大臣接辦。其所管之招商局、電報局，亦均已由北洋大臣奏明派員接管。至所辦鐵路總公司，多由各國洋員公同經理，近復奉旨飭令盛宣懷將鐵路用款及勘用軌道訂立合同等事，先行咨由鐵路經過省分各督撫核明，再行會奏。是盛宣懷所有權利，早荷聖明裁抑。現在專辦者，惟湖北漢陽鐵廠、大冶鐵礦、萍鄉煤礦，此皆與鐵路聯爲一氣，並非兩事，關繫中國自强大局，將來固必有利益。此時墊款欠債甚多，數至二百餘萬，並未獲利。原參借公肥私，專制坐豪等情，在盛宣懷固斷不敢出此，且現在情形似亦可無庸過慮。惟查華大公司代辦各州縣漕米一事，值米價翔貴之時，購米堆積，衆怨沸騰，自係該公司及招商委員、司事人等辦理不善所致。惟以各州縣漕米，輒由商人稟請代辦，盛宣懷未經會商本省督撫，遽行批准，致滋物議，雖爲彌補公虧起見，似亦不免稍欠斟酌，相應請旨將盛宣懷交部察議。現經臣咨照盛宣懷，令查明創議包辦漕米之公司董事、司事革除，並札江蘇糧道及招商局，以後收漕驗米等事責成糧道，不准商局干預。並將歷年勾串商局從中罔利之奸商王子才、吴子和兩名，飭上海道嚴拏懲辦。至蘇松太道袁樹勛，在任辦理交涉事件，尚能盡心。原參各節既經查明並無其事，應請免其置議。除清單所參縣委地痞各條，均經該道等查明，事涉繁瑣，另片具奏外，所有查明大員被參各款緣由，理合恭摺據實覆陳，伏祈聖鑒訓示。

（硃批）著照所請。該部知道。片併發。（欽此）

禁止招商局把持漕米並拏辦奸商片 光緒二十九年二月十九日

再，臣訪聞上海奸商王子才、吴子和代蘇松等屬州縣包辦漕米，囤積居奇，歷有年所。招商局采辦漕米，多資王子才、吴子和兩人爲熟手，或與夥同購運，百弊叢生。甚至每届采辦漕米之時，非王子才等定價，米市不敢開盤。壟斷把持，目無法紀。近年州縣之困，多由於此。該奸商等與招商局委員、司事勾結舞弊，以致米價騰踊，人情驚惶。若漕價所收太低，則州縣憑何賠累，必致州縣人人破産，而漕米仍不能交。若徵收之漕價日增，則農民受累，何所底止。此事害及蘇屬全省州縣，苦累小民生計，實爲漕務中積年巨害。查招商局承運漕米，但應專司裝運，不應干預采辦。自有該奸商等從中句串，不肖員司受其蠱惑，每届商局收兑漕米，於州縣自辦之米多方挑剔，務使盡爲其包攬，以遂其牟利營私之計，尚復成何事體。嗣後各州縣采辦漕米，應令各州縣自行采購，不准招商局及奸商包攬代辦。其驗收漕米係糧道專責，以後每届開兑漕米，應責成蘇州糧道遴委廉幹之員，與招商局兑收委員眼同驗收，此外商局員司概不准攬越干預。除檄飭上海道嚴拏奸商王子才、吴子和，務獲嚴行懲辦，及飭江蘇糧道、上海招商局遵辦，並咨明北洋大臣外，所有禁止招商局干預把持漕米，拏辦害漕奸商各緣由，相應奏明立案，以期永除漕蠹弊端。

查明江海各口運米情形議定封禁開禁辦法摺光緒二十九年二月二十一日

竊臣等於上年九月承准軍機大臣字寄，光緒二十八年九月初八日欽奉上諭：有人奏申禁運米出洋等因，前因南省灾歉，疊經諭令該省督撫嚴申米禁。現聞奸商仍復運米出江，即影射出海。著張之洞、陳夔龍、恩壽再行申禁，如有奸商偷運出洋情事，即行從嚴懲辦，以杜漏卮。原片均著鈔給閱看。將此各諭令知之。欽此。遵旨寄信前來。

臣等竊惟江省兩年以來，米價騰漲，久未平減。閭閻日食既有糴貴之虞，州縣漕糧復多虧賠之累，民情拮据，物議滋多。以致上廑宸衷，屢頒明詔，飭嚴米禁。仰見朝廷惓懷民食，軫恤民艱之至意。凡屬臣民，同深欽感。臣等查運米出口與出洋不同。出洋之米，非接濟匪糧，即轉輸外國，此無論年歲豐歉，所當永遠嚴禁者也。出口之米，由此口轉運彼口，仍在中國境内，互通有無，條約載明華洋商人均准販運。此宜酌量地方米價貴賤，以定禁否者也。江蘇一省濱海沿江，大率江南之米，聚於無錫，輸於上海，而以吴淞爲出口總匯，其米由輪船裝載者居多。江北之米聚於仙女鎮，輸於瓜洲七濠口，而以鎮江爲出口大宗，其米由釣船載運者居多。此兩口出運之米，輪船由洋關，民船由常關，分别查明米數、運岸，取保給照，持赴進口關卡驗明，加蓋印記，限期繳回，本無從影射出洋。惟聞奸商運至鄰省進口後，間有復報轉口者，展轉騰挪，難保無影射出洋之事。然在出口之關，委屬無從考核。惟瓜濠在鎮江北岸，境屬内地，故禁令易行。一遇年荒米貴，立時可以封禁出口。而上海米市多在租界，動輒由洋商包攬，領事護持，預領空函，相時販運。遇當封禁，必與各國領事商允，乃可施行，故辦理較爲周折。然吴淞一口，自上年二月以至八月皆禁米出運，鎮江一口，自上年四月至今並未開禁。以去年秋成，兩江境内尚稱中稔，而米價迄未能平減如常者，固由蕪湖之米爲閩粤官商川流采辦，爲數過多，無復餘米下輸江境，而其實病根尚别有所在。江南則係上海奸商囤積居奇，把持抬價。在江北則由鹽城、阜甯、海州、贛榆沿海各屬私運出口，漫無稽查。臣等數月以來，遴派委員分赴各口詳加察訪，現已得其端倪。督飭甯、蘇兩藩司，上海、鎮江兩關道，將查禁私運出洋及酌定出口米禁一切詳細章程，悉心籌議。兹據先後詳復稟復前來。臣等往返電商，再三審度，謹將現籌辦法分條臚陳如左。

一、出口米照限期繳回，宜認真考核也。查米穀一項，與百貨不同。百貨出口，完税即可放行。惟運米出口，須將購運米數、指運地方、措備保銀，呈明關道衙門，取具殷實鋪户的保，方准填給三聯印照，持赴税關報税驗放。出口後，洋關限六箇月繳照，常關視報運地方遠近，酌定限期繳照。逾限照不繳回，即將保銀罰繳充公。定例本極森嚴，惟近聞關照多有逾期不繳者，應請旨敕下沿江、沿海各省督撫，嚴飭各關道，將給過出口米照數目及繳回米照，按月呈報督撫衙門查考。如有逾限未繳之照，照章罰辦，不稍寬假，則偷漏之弊不杜自絶。

一、報運轉口之米，宜照出口定章辦理也。查米糧進口既已起剥入棧，得價自必出售。其藉稱市價不合，續報轉口，即與出口無異，自應按照運米出口章程畫一辦理。現聞各關於進口米糧報運轉口者，因其本係外來之米，並不究其所往。雖在封禁期内，凡轉口之米仍聽出口，殊易啓漏洋之弊。擬請旨敕下沿江、沿海各省督撫轉飭各關道，嗣後凡遇報運轉口之米，均查照出口章程，令報明指運地方，取具的保，填給關單，持赴進口之關，驗數相符，加印繳回，以憑查考。如在禁運期内，凡轉口之米亦一概不准出口。

一、上海道所給運米紅函，應改用三聯印照也。查各關報運出口之米，均由關道給照。獨江海關出口之米，由税務司給發關單，而先由上海道據商人報運米數函致税司，謂之紅函，此乃近兩年章程。商人得紅函後，並不即時運米出口，必探聽外省何處米貴，然後辦米運往。此項紅函即作爲准運出口之據，大半由各國領事代洋商請領，漫無限制。查上年除各省督撫藩司發照請運米三十三萬二千餘石、麥六十二萬五千六百餘石不計外，其自九月開禁起截至十二月初止，由華商請照者僅十萬石，由領事請照者多至一百九十餘萬石。而據報出口者，截至本年正月止，僅一百餘萬石。徒使洋商持取空函，轉相售賣，流布市廛，居奇包攬。每遇禁運，動出阻撓，殊多窒礙。現飭該關道改用三聯印照，編立號數，輪船所運，除上海道蓋印外，加蓋南洋大臣關防，每照運米不得過一千石。領照後限二十一日報運出口，逾限作廢。其正照送税關報驗完税，其副照送查禁私運局備查。其釣船所運三聯印照，除上海道蓋印外，加蓋江蘇巡撫關防，按月申繳督撫衙門驗銷。其鎮江道所給三聯米照，亦編明號數，輪船所運，除鎮江道蓋印外，加蓋南洋大臣關防。釣船所運，除鎮江道蓋印外，加蓋江蘇巡撫關防，按月將繳回之照一體申送驗銷，以憑察核。

一、酌量米價貴賤，以定封禁、開禁之準也。查各口斗斛不同，米價不同。近三年來，每年率加貴一元，一漲即不復更落。上海之斗名曰海斛，每石較蘇屬内地大一斗。就光緒二十八年論，大率上海高米以每石五元至六元爲平價，七元以上爲貴價。本月中旬，滬米價至七元，業經臣等電飭上海道禁米出口。鎮江之斗，每石重一百七十斤，仙女廟亦同，較甯屬内地大二斗。就光緒二十八年論，鎮江高米以每石四元半至五元爲平價，六元以上爲貴價。該口本未開禁。據報近日米價在六元以上，故仍禁米出口。俟上海米價減至五元上下，鎮江米價減至四元半上下，即行弛禁。仍隨時體察内地民情、存米多寡，以權衡禁期之久暫。

一、每年各口出運米數，宜酌定限制也。查蘇屬各州縣産米雖不爲少，然歲運江浙漕糧不下百餘萬石，皆取給於此。兼以地密人稠，需用食米尤爲繁鉅，較江北情形不同。江北裏下河産米最多，别無出産土貨。農民多自食雜糧，而以米出售爲日用資生之計。體察情形，不能不分别予以限制。兹擬上海每年出米不得過一百萬石，鎮江每年出米不得過二百萬石，鹽、阜每年出米不得過一百萬石。仍隨時酌量地方豐歉，以劑盈虚。

一、開禁之後運米出口，擬就米行酌收義捐，以充備荒經費也。查蕪湖運米出口，於應完關税外，江、皖兩省每石各另抽米釐銀一錢四分四釐，米商遵繳無異，行之已經七年。江蘇省號稱産米之區，而近年米價日昂，實緣出口米石過多之弊。奸商販運出洋固當嚴禁，然閩、浙、粤東等省歲歉告糴，揆以救灾恤鄰之義，亦不應概行拒絶。兹擬於米價平減之時，凡接濟鄰省之米，准其出口。惟於米行賣與販商之前，酌抽備荒經費，以備本省積穀平糶之用。是則准外運以拯鄰省之民，籌糶款以慰本省之民，内外兼顧，較爲平允。查上海地方，洋商向關道請領運米紅函，轉賣與華商，每石率取運照費二三錢不等。現改用三聯印照，准華商自向道署請領，每石酌收備荒經費一錢，由米行認繳，歸商業公所代收，按月提存銀行生息，以備荒年平糶之需，並不經官吏之手。此項經費出自華商樂輸，與洋商無涉，與關税亦絲毫無涉。至江北之瓜濠、仙女鎮、鹽、阜、海、贛等處，係屬内地，情形與上海不同，所收義捐，應均照蕪湖章程分別辦理。查江南之米以上海爲出口大宗，江北之米以鎮江爲出口大宗，南北兩路均以吴淞口内口外爲總匯。兹派委大員於吴淞口設局稽查私運，除輪船責成税務司認真查驗，並令取具殷實鋪户保結外，其餘民船概歸該局稽查。如有漏未請照及以多報少與照填米數不符之弊，從嚴罰辦。鎮江北岸瓜洲七濠口，揚州之仙女廟，均各設分局，遴委妥員，按照新章一體查驗。

一、鹽、阜、海、贛一帶另派大員，設局稽查也。查鹽城、阜甯等屬，地處海濱，距省較遠，爲督撫耳目之所不及。向聞有奸商私販米糧載至煙臺口外，裝上輪船運赴朝鮮之仁川口，换船轉運外洋，爲數不下百餘萬石。現經臣之洞遴委道員，前往該處設局，督飭查禁出洋。如確係運往鄰省者，查照鎮江、蕪湖章程酌收義捐，飭令商人報明販運米數、指運地方，取具的保，填給三聯單，持赴進口地方關卡報驗，於單内注明進口月日，鈐用印記，分别遠近，限期繳回本口驗銷。違則責成保户將所保米價追繳入官，以杜弊混。又海州及贛榆縣屬之青口，亦爲出海通道，該處産米不多，並無米穀出口，惟販運雜糧至近省貿易，尚無私運出洋之事。兹一併派員前往設局稽查，其出口雜糧亦酌收義捐，但較之運米者量予輕減。其江北向有漕捐處所，悉照舊章辦理。

一、商局攬辦漕米及土豪囤積居奇，宜嚴行禁絶也。查上海米價之貴，半由奸商句串招商局漕務處委員、司事，包攬漕糧抬價。半由貪利之徒廣收米穀，囤積居奇。業經臣之洞札飭上海道，將著名攬漕之奸商王子才、吴子和二名提案懲辦，並飭蘇糧道、招商局以後收兑漕米，由糧道派員經理，不准商局員司攙越干預，另片附陳在案。

以上辦法，於整頓影射出洋之弊，必須各省關通力合作，互相稽查防範，乃可永杜漏卮。至食爲民天，固不宜多放出口，自罄蓋藏。而有無相通，在鄰省缺米之鄉，亦未便斷其接濟。惟奸商囤積把持種種弊端，斷不容稍有假借。兹經臣等往返籌商，詳加酌度，或應變通舊章以臻嚴密，或應掃除積弊以廣流通，總期多留民食，兼顧商情，以仰副聖主慎重積儲，圖匱於豐之至意。

（硃批）外務部、户部議奏。（欽此）

請緩徵泰州海州各場折價錢糧摺（一） 光緒二十九年二月　日

竊泰州分司所屬富安、安豐、梁垛、東臺、何垛、丁溪、草堰、劉莊、伍祐、新興、廟灣十一場，因本年入夏後亢晴日久，嗣被風潮摧折淹漫，各項花息受傷，統計收成五分有奇，尚屬勘不成災。惟積歉之區，素鮮蓋藏，應徵錢糧若令新舊並完，力有未逮，擬請分别徵緩，以舒灶力。查富安等十一場，本年二月起徵之光緒二十八年壓徵二十七年分折價，及來年二月應徵之光緒二十九年壓徵二十八年分折價，均應照常徵收外，應請將富安、

（一）以下三件録自《京報》第七三二四號。

安豐、梁垛、東臺、何垛、丁溪、草堰、劉莊、伍祐、新興、廟灣十一場上年二月啓徵之光緒二十七年壓徵二十六年分折價，及本年秋成後各應帶徵之光緒十三年分，並未届帶徵之十四、十五、十六、十七、十八、十九、二十、二十一、二十二、二十三、二十四、二十五各年原緩折價，一併至來年秋成後，由遠而近，每年帶徵一年。

又，海州分司所屬板浦、中正、臨興三場，因本年入夏後雨澤愆期，復被風潮，以致蕩地所種秋禾、雜糧不免受傷，統計收成七分，尚屬勘不成灾。隨淹隨復無誤曬掃之鹽池，本年應徵光緒二十八年壓徵二十七年分折價，及來年三月應徵之光緒二十九年壓徵二十八年分折價，均應照常啓徵不計外，應請將板浦、中正、臨興三場光緒二十八年秋成後應帶徵之光緒二十七年分蕩地折價，緩至來年麥熟後徵收。其來年二月應徵之光緒二十九年壓徵二十八年分蕩地折價，緩至來年秋成後啓徵，俾資紓展。

據各該分司稟經兩淮鹽運使程儀洛等派員查勘明確，會詳請奏前來。臣覆加察核均屬實在情形，合無仰懇天恩俯准分别徵緩折價錢糧，以紓灶力。除飭趕緊查造徵緩折價年款銀數及勘不成灾各册結咨送户部核覆外，謹會同江蘇巡撫臣恩壽恭摺具陳，伏乞皇太后、皇上聖鑒。

著照所請。户部知道。

調湖北護軍左旗四營並教練隊一營回鄂片光緒二十九年二月　日

再，湖北護軍左旗四營並將弁學堂教練隊一營前由臣酌調來甯，原以江南各軍營制操法未能畫一，擬將該旗作爲標準，俾各軍傚學取法，當經附片奏明在案。嗣奉電傳諭旨：所有河南、山東、山西各省，著即選派將弁頭目，赴北洋學習教練。江蘇、安徽、江西、湖南各省選派將弁頭目赴湖北學習教練。俟練成後發回各原省，令其管帶新兵，認真訓練，以資得力而期畫一。等因。欽此。查江、皖、西三省各省既須遵旨派赴湖北學練，所有前經奏調之護軍左旗四營暨將弁學堂教練隊隊勇，自可無庸留甯，應即飭回湖北原省，以便與本省、外省各軍會合訓練。除咨部查照外，理合附片具陳，伏乞聖鑒。

知道了。

參革鹽員片光緒二十九年二月　日

再，近來淮鹽積弊莫甚於局卡各道員勾通船販，隱匿官票，勒繳私鹽。其船販不願夾帶私鹽者，反向之留難苛索。大率勒令將官鹽十分之二認作私鹽，提取充公。其□劣者，則勒提私鹽至三成以外，以致改官爲私，自減正課，殊屬駭人聽聞，實爲淮綱最大漏巵。錮習相沿，毫無忌憚。其發覺者若不予以懲處，流弊何所底止。兹查有前辦五河鹽釐卡務江蘇候補道倪文英，信任惡劣委員司事，勒提私鹽陋規，致虧正釐。經臣訪聞並查獲湖販過卡而不蓋完釐戳記之大票一紙，不蓋加價戳記之四𪉈執照一紙，札發兩淮運司程儀洛飭令密查。兹據該運司稟覆，該道信任劣員，舞弊營私，物議沸騰。該道顢頇失察，咎實難辭等情前來。相應請旨將江蘇候補道倪文英以通判降補，以除錮弊而儆效尤。謹附片具陳，伏乞聖鑒。

另有旨。

澈查員董被參私運米糧出口受賄故縱案摺[一] 光緒二十九年二月 日

竊照前督臣劉坤一任内，於光緒二十八年六月附片具奏，署揚州府知府石作楨故縱劣董浙江桐鄉縣教諭張傳芳運米出口一案，請將石作楨即行革職，張傳芳革去教諭、舉人，勒回原籍交地方官嚴加管束。隨即於七月會同臣恩壽查明江蘇候補知縣沈國鈞、候補典史馮詠芊職名，附片奏參，一併革職。先後奉旨允准在案。

嗣經承准軍機大臣字寄，光緒二十八年七月十四日奉上諭：劉坤一奏稱，浙江桐鄉縣教諭張傳芳盤踞揚州府屬仙女鎮，偷運米糧出口，請革職遞籍嚴加管束。署揚州府知府石作楨受賄故縱，於張傳芳聞風逃後，始札縣拏辦，希圖揜飾。請即行革職等語，已著照所請矣。張傳芳於年荒糧貴之時，只知貪利殃民，居心實不可問。石作楨身膺表率，竟敢受賄，縱令奸商盜運米穀出口，尤屬罔利營私。均應嚴行澈底查辦。著劉坤一、恩壽即咨行浙江巡撫一體查拿張傳芳到案，嚴訊追繳所得盜賣米糧贓款。並查明沈、馮兩委員銜名，提同石作楨一併歸案，確訊受賄賣放實情，從嚴查追，毋稍輕縱，以儆貪劣。欽此。當經劉坤一會同臣恩壽札委兩淮運司程儀洛就近查辦，提案嚴審究追。沈國鈞、馮詠芊兩委員前已奏參革職，一併歸案訊辦，並咨石作楨、張傳芳押解到揚。兹據該運司傳集人證，訊明議詳前來。

臣等覆加查核，緣去年春間揚州仙女鎮米糧出口較多，米價漸昂。前署揚州府□禀督撫將於二月初八申文通報請禁出江，並會縣出示嚴禁。至四月初旬，邵伯鎮窮民搶米滋鬧，該署府於未奉停發運米聯單札飭以前，又會縣□□□請通飭沿江沿海查禁米糧出境，並咨請各省停止采買各在案。浙江釣船恃有已領常鎮道聯單，仍在該鎮發運，米價飛漲。經該運司將□□電禀前督臣劉坤一，電飭常鎮道停止給發浙江釣船三聯單。四月初八日接覆電照准，初九日鈔電轉行已革署揚州府石作楨，十六日將外埠告示發交革員沈國鈞赴仙女鎮七濠口等處張貼。該鎮米行二十三日始行停斛。適石作楨於四月初八日在公所延請張傳芳赴席，外間各埠均謂張傳芳蒙揚州府優待，必有私弊，浮議益多。經漕運督臣陳夔龍咨明劉坤一，將石作楨、張傳芳奏參革職。又續取查明沈國鈞、馮詠芊□□奏參革職。現經提案集證，調齊各米行流水帳簿，逐款查核，均無行賄之款。惟内有使用使費名目。經該運司查詢，甯波幫米業開單呈核，内開使用參費。同一名目，每日買米所付使費，每石給錢二十九文七毫，内係挑力十六文五毫，戽力十二文，馬頭七毫，小叢五毫，所用使費均屬按數可稽，並非贓款。又查得史祥泰米行帳簿有公記收帳一款，計銀四千二百餘元。檢查他行帳簿亦有公記名目。據稱係各行往來之帳簿内，既未言此並作交官之用，又無何人交付，何人經收之據，亦難臆斷即爲贓款。研訊一切案證人等，均不能指出與受過付之人，無憑查究。

至浙江釣船運米出口，向均請有常鎮道三聯單，尚無偷運情事。查仙女鎮等處向有各善堂紳董自抽米釐一項，每石提錢三十一文，係捐充團練、恤嫠、救生、廟緣、義倉積穀等善舉之用。石作楨聞各行董有每石多提十文之弊，係代賣回手等名目，故於

[一] 録自《京報》第七三三八號。

二月內派委典史馮詠苹及在府署當差之從九品朱惟和即朱柳臣，前往仙女鎮查辦，意在查出抽收實數。旋經覆馮詠苹查明稟覆後，石作楨只令諭董稟覆。馮詠苹遂擅與米行總董王賦商酌，令其每石提取四文歸公。王賦因藉官查米釐之名，不將米行擅得十文之款酌提繳官，乃於向收數目外按石攤捐，其數又不免虛浮，捐款亦未繳官。事在二月，此時尚未禁米。此款無論應提與否，交到與否，均與禁米得贓無涉。至四月內，米漲禁運，米商停解稽遲，民間因聞王賦有奉揚州府委員諭飭每石提捐之事，遂以爲此項米捐即係賄託揚州府緩禁之款，甯波米幫總董張傳芳即係行賄之人。至甯幫董張傳芳係米行公送修金出官之人，石作楨筵請張傳芳係因米貴民慌，諭在仙女鎮設局平糶，張傳芳慨允每月捐助五百元買訖。且張傳芳來謁，念其急公好義，適逢公所請客，遂邀入座，以示嘉奬。外間不知，遂生疑謗。查石作楨因張傳芳倡捐平糶鉅款，酬應酒食，尚係地方官聯絡紳董之常事。果係行賄，自應秘密，何肯稠人廣坐，顯與酬酢。惟查石作楨於接到運司轉行停給釣船聯單之電，於十六日始將外埠告示發交仙女鎮團練委員沈國鈞，令其各處張貼。沈國鈞於十七日已到七濠口，即住甯幫會館，時張傳芳亦在其內。遲至十九日，始將告示發交地保張貼。地保於二十日張貼後，各行遲至二十三日始行停斛，以致出口米糧多出二萬餘石。又因二月內查辦仙女鎮善舉米釐浮收，委員馮詠苹商令王賦於中飽（起）［錢］文內，提出四文歸公，王賦乃於十文之外另派衆商。民間混成一事，遂疑係得賄放米之據。訊據各行董供稱，王賦派攤捐款，其計數係自正月至三月止，（十）查禁米乃四月初九日以後之事，而此捐係核計三月以前已出之米。然則石作楨之飭查，馮詠苹之諭提，王賦之攤派，實與禁米絕不相涉。該米董王賦攤捐甫經定議開辦，即被衆商控告，遂即停收。至王賦被衆商控稱經收團練善舉各捐十餘年，該董多有浮冒侵吞之弊等語，亦與禁米之時行賄與否無涉。惟查上年四月初九日，前督臣劉坤一電飭常鎮道停給米照之後，瓜洲七濠口各米幫復商同張傳芳於四月十一日赴常鎮道稟請續發米照五十張。經臣之洞飭據常鎮道稟覆稱，向章釣船買米，應先赴處揚，由關米稅局呈驗都天廟釐卡單照，由米行報明采買米數，經米稅局發給桅封，然後下載。俟裝齊，報局驗收，稅局給印照。此係詳定辦法。道署在江南，米稅局在江北。上年奉飭停發米照，道署係四月初十日辦齊札諭送局。十一日該局來稟，有多船在奉禁之前已發桅封裝米，或甫裝齊，或將裝齊，均請發照候示遵行。該道派人往查，船多人衆，均在局急請發照。在奉禁之前，已給桅封准發，勢難强令退裝。須照五十張，是以照數發給等語。查此項米照，雖因已給桅封裝載，不得不量予通融，而瓜濠米市直至四月二十三日始行停斛，則領照浮多，藉照多運之弊，實所難免。此本案先後查叅及現在訊明之實在情形也。

綜核此案緊要關鍵，當以有無私運出口及實在得賄贓證爲斷。查此次浙江釣船所運之米，皆係領有常鎮道三聯單，尚無私運情事。但當查其示禁數日後始行停運，究係何人抗延，及有無行賄情弊。如果實有其事，亟應從嚴查追，按例懲辦。現經集證質訊，調核帳簿，多方研求，不遺餘力，均無實在贓款及與受過付憑據，礙難深文武斷。且揚屬裏下河一帶素稱産米之鄉，別無他項土貨。中稔之年，民食常有餘存，歷年皆由浙江甯波、岱山釣船裝運至沿海各省售賣，由鎮江、吴淞出口。此爲釣船專門之生計，亦即爲江北釐捐之大宗。而本地農民藉此稍獲餘資，市面賴以活動，此所謂通工易事，農末相貲，苟非本地灾荒，則江北運之米不宜久禁。雖現因米價未平，尚未弛禁，應由督撫臣隨時體察情形開禁。此事紛紜將及一年，自應早日結案，以免久羈拖累，且致阻停兩省商務。臣等公同商酌，應即擬結此案。已革知府石作楨延請米董張傳芳，致滋物議，查係因張傳芳倡捐平糶銀款，於公所請酒以示奬勸，亦係爲拯濟饑民起見，尚無不合。其賄縱偷運等事，數月以來細查詳訊，均無實據。且該革員於二月初旬已通禀請禁出口，四月初旬已通禀請咨各省停止采買，似不應有圖賄故縱之事。據米行胡國楨供，有石本府是吃了委員、朋友、家人的苦之語。商人評論尚能核實持平。惟該革員於接到停給聯單之電，其外埠禁運之示發交委員，遲至六日於委員貼示，遲延委員查辦米釐，致米董藉捐漁利，未能查知禁阻，亦難辭失察之咎，實屬辦公延緩，察吏顢頇。已革試用知縣沈國鈞，奉貼緊要告示遲延兩日，又適與張傳芳同居，難保非見好米商，意存希冀，實屬卑鄙誤事。該二員業經革職，應毋庸議。已革試用典史馮詠苹，奉委查辦米釐，本府僅止諭董禀覆，乃擅商米董提捐，以致米董藉捐漁利，又復到處逗留，行蹤閃爍，是該典史上欺本府，下詐米商，實屬生事無耻。惟未經審出贓據，應請將馮詠苹永不敘用。候補從九品朱惟和即朱柳臣，隨同馮詠苹查辦米釐，於擅令提捐等事不能阻止禀揭，亦屬徇隱糊塗，應請將朱惟和一併革職。已革浙江桐鄉縣教諭張傳芳，於米商運米出口請有聯單，尚與偷運者有間，其回籍係因上年選授桐鄉縣教諭，此次到揚接眷赴任，尚非私逃。惟身充甯波米幫總董二十餘年，與揚州、鎮江等處衙蠹、市儈無不狎熟，種種弊竇無不透悉。此次揚州既因米貴示禁，不勸米行即日停斛，復徇米商之請，藉米已裝齊爲詞，赴米税局續領印照五十張，商船恃有聯單，多運數日，是張傳芳朦請道照，致擾府禁，情節殊爲可惡，實屬瞻徇鄉情，故違禁令，除業經革職外，應飭常鎮道揚州府立案，永遠不准張傳芳再充甯波米幫總董，以杜弊端。米董布理問銜王賦即王式之，被控歷年經收善舉米釐，不免浮冒侵吞，已屬不合。此次又復提捐生事，其所攤捐款並未呈繳到官，查係甫經開辦，旋即因控鬧停止。至行賄各節，該董堅不承認，謂須問之別家米行，與該董無涉，始終一味推賴他人，亦不能質證指實。查王賦係本地米業賣行領袖董事，即使無行賄情節，而故違禁令，停斛遲延，亦難辭咎。應請將王賦革去布理問銜，發縣看管二年，以示懲儆。其餘各米行商董，希圖多運獲利，乃係商賈常情。至停斛之遲早，提捐之有無弊端，皆由總董主持，與各商無涉，未便株累苛求，應行概予省釋免傳，以安商業。並飭取仙鎮瓜濠各米董、米行切結，將來開禁以後，如遇米價翔貴，經官重復示禁出口，即日遵示停斛。如遲停一日，應將該米董罰銀一千兩，遲停五日，革去董事，嚴行治罪。並責定常鎮道發照章程，此後給發米船即照數目，按旬申報，督撫衙門查核，嚴定給照期限，勒令米船於發給桅封三日之内即須請照。發照三日之内必須報關出口。由下游釐卡亦按旬呈報查驗過卡米船即照數目，以便互相鈎考，免致禁運時冒領多運。

又，查揚屬米運至鎮江出口，江都縣及仙女廟巡檢暨揚州防營，鈔關、馬橋兩汛，甯幫會館向來均有陋規。此後應飭該運司澈底查明，將江都縣及揚州防營管帶官陋規嚴行禁革。其巡檢汛弁，微末貧苦，不爲之明籌公費，必致藉端留難挑剔，攬擾商人，於商情非所願，應令查明向來所得陋規之數，於善舉米釐行董中飽多收之款内提出發給，作爲該巡弁等公費。甯幫會館捐款亦飭於善舉中飽内撥給。總之，不准於釐捐善舉之外有分文私收之款，以清商累而肅官方。所有訊明揚州員董被參私運米糧出口、受賄故縱擬結緣由，臣等謹合詞恭摺覆陳，伏乞皇太后、皇上聖鑒。

著照所請。該部知道。

核銷金陵洋火藥局加造火藥支用款項摺〔一〕 光緒二十九年二月 日

竊查接管卷内，光緒二十六年秋間，江南辦理防務增募勇營，因庫存火藥無多，恐有缺乏之虞，經前督臣劉坤一飭令金陵製造洋火藥局加造洋火藥十五萬磅，所需料工經費並增開北廠碾盤機器及各廠添置器具等項，估計銀一萬一千三百兩，奏明動撥在案。茲據委辦該局江蘇候補道楊慕璿詳稱，查加造火藥，增開北廠，添置器具，需用一切料物，悉與洋商交易。時值中外有事，洋行格外居奇，一應價值均係核實支給。計自光緒二十六年八月二十一日加造開工起，截至二十七年四月二十日工竣止，共造成槍砲粗細各種洋火藥十五萬四千磅，舊管無項，新收江南籌防局撥款湘平折合庫平銀二萬五百五十三兩有奇。開除各款，遵照部議報銷章程，各歸各部核銷，計應歸户部核銷庫平銀二千六百九十一兩有奇，兵部核銷庫平銀九百十八兩有奇，工部核銷庫平銀一萬六千九百四十三兩有奇。統共請銷庫平銀二萬五百五十三兩有奇，均屬實用實銷，並無浮冒。所有加造火藥收支各款造具總數各册詳請奏咨等情，移交前來。臣覆核無異，除將清册分别咨送外務部暨户部、兵部、工部查核外，理合會同江蘇巡撫臣恩壽恭摺具陳，伏乞皇太后、皇上聖鑒，敕部核銷施行。

該部知道。

調員接辦上海製造局事務片〔二〕 光緒二十九年二月 日

再，總辦上海製造局江蘇特用道鄭孝胥，經四川督臣岑春煊奏調赴川辦理商務、礦務。臣以上海製造局爲天下第一重要之局，江省道員中如鄭道之守潔才長能勝此局之任者，實難其選。當經電奏仍留該道辦理製造局。奉旨：四川商務、礦務緊要，道員鄭孝胥著仍遵前旨發往該省，隨同辦理。上海製造局亦關緊要，著張之洞遴派妥員認真經理。欽此。自應欽遵遴員接辦。查該局乃東南武備根本，誠如聖諭，亦關緊要，且每年開支甚鉅，人皆視爲利藪。非廉幹任怨之員，斷難勝任。江蘇道員中除現有要差外，實難其選。查有湖北候補道趙濱彦，操守清廉，風骨剛鯁，辦事認真，不避嫌怨。以之接辦上海製造局務，必能考工節費，裨益軍儲。經臣於二月十二日電奏請旨，電飭兼署湖廣督臣端方迅飭該員刻即來甯，以便派赴上海接辦局務，俾鄭孝胥早日交卸赴川，以副宸廑。十四日准外務部寒電，奉旨：著照所請。欽此。欽遵。除恭録咨明湖北督撫臣飭令趙濱彦迅赴上海接辦製造局務，一切認真經理，俾鄭孝胥即行交卸赴川，並札飭趙濱彦遵照外，理合附片陳明，伏乞聖鑒。

知道了。

〔一〕録自《京報》第七三二九號。

〔二〕以下三件録自《京報》第七三三五號。

調員接統新湘五旗兼管礮臺片光緒二十九年

二月　日

再，軍機處存記江蘇候補道錢德培，經前江西撫臣李興鋭奏調江西差遣，委辦洋務學堂事宜。上年統領南洋續備新湘五旗總兵陳基湘，因案被控撤差奏叅。該營駐紮鎮江，兼管象山等五處礮臺，爲江防緊要之處，非講求西操，爲守兼優之員，不足以資整頓。江省武職中實難其選。該道錢德培前曾隨使東西洋各國充當叅贊隨員十餘年，歷充北洋武備學堂監督、提調，南洋陸師學堂總辦。光緒二十一年臣前署兩江總督任内，委令創練自强軍，於西國兵學一切訓練之法尚能講求。當經臣商允護江西撫臣柯逢時，將該道調回江蘇，派往鎮江接統新湘五旗兼轄各礮臺，以期得力，並仍照該道原資照例序補，除咨部外，理合附片奏明，伏祈聖鑒。

該部知道。

核銷添設電話電報經費片光緒二十九年二月　日

再，江甯省城内外地方遼闊，各局所學堂四處散設，相距數里十餘里不等。遇有交涉及政務、學務、商務各要事立待核辦之件，傳詢答報，動輒經日，往返稽遲，不免延誤。又江陰縣南岸各砲臺，地勢懸隔，平日操演，臨時防維，不能呼吸一氣，殊於操防有礙。當飭分段設立德律風十五處，並於金陵水陸師學堂添設電報分局，以期靈捷。統計動用工料銀九千八百十三兩有奇，每月開支報生人等薪費銀一百兩，均在江南籌防局款内撥發，彙入官電局經費造報。茲據金陵官電局道員郭道直詳請核銷前來。臣覆核無異，除分咨户、兵、工部立案並另造清册分送核銷外，理合附片具陳，伏祈聖鑒，勅部查照。

該部知道。

緝私輪船帆船兵勇仍與防營一律操練片[一]光緒二十九年二月　日

再，長江一帶梟匪時虞出没，前擬裁撤舊毅舢板，改用輪船、帆船，以期整頓緝務，業經臣恭摺奏明，欽奉硃批：著照所請。督飭運司認真整頓。欽此。當即轉飭欽遵在案。茲據辦理儀徵淮鹽總棧道員蒯光典禀稱，查帆船經費係以所裁沙漫洲杉板十隻、督標左營水勇杉板各十隻原支常年薪糧撥，其輪船六隊經費，統由鹽務自行籌備。惟此項輪船、帆船雖爲緝私而設，然既選募弁勇，核發精槍利砲，自應與防營一律操練，俾成勁旅。除平時由本省循例校閲外，三年後如逢閲伍期内，應聽候欽派閲兵大臣一律校閲，悉照營務辦理等情前來。臣查所禀係爲實事求是，免致廢弛起見，理合附片陳明，伏乞聖鑒。

知道了。

考核軍火以期精益求精片[二]光緒二十九年

二月　日

再，據前辦上海製造局道員毛慶蕃會同蘇松太道袁樹勛禀稱，

[一] 録自《京報》第七三三七號。

[二] 録自《京報》第七三四〇號。

該局上年停造快利槍枝，專造小口徑新毛瑟槍。從前局内造存快利槍二千餘枝，如將機簧彈倉等件改换新式，以防走火，尚可設法辦理。惟欲騰出機器人工，即須停造毛瑟槍半年，方可從事。每槍修改工料較原造價值須加添一倍。現在趕造新槍，方虞不敷，若以修改舊日快利之槍致停新工半年，且又一槍而費兩槍之工料，實覺無此辦法。若仍以舊槍存備轉發各軍，又恐或因此時各軍尚有快利槍，以致仍飭廠再造此項槍彈，亦覺紛歧。查東、西各軍章程，於槍砲等件，每得新製，考驗精確，國中一律通行。其舊式軍械，即由國家頒示概行報廢，以一耳目而齊心志。擬請按照西法，將局存快利舊槍二千餘枝一律注明報廢。遇有請領者，不再發給，既免槍式雜出、子彈分歧之弊，亦免沿習搭用，日久失火之虞。稟請奏咨並知行各軍，如原發藥彈用完者，即一體繳换等情前來。臣查鄂、滬兩局槍枝現均一律專造新小口毛瑟槍爲主，上海製造局所存快利舊槍如不修改則流弊過多，如令修改則工料加倍，且與小口毛瑟槍工作有礙，自如該道等所擬，將舊存快利槍枝一律作廢，以期騰出工作專造新槍，於考核軍火精益求精之道實有裨益。理合附片陳明，伏乞聖鑒。

該部知道。

江北米糧不宜久禁片（二） 光緒二十九年二月　日

再，臣恩壽承准軍機大臣字寄，光緒二十八年十二月十八日奉上諭：翰林院侍讀王榮商奏請開米禁一摺，據稱閩、浙兩省人稠米少，每年仰給江蘇販運接濟。若准循照向章，令閩、浙米商前赴江蘇仙女鎮等處采買，可以兩獲其利等語。著張之洞、恩壽體察地方情形，酌量辦理，嚴禁奸商私販出洋，以重民食。原摺著鈔給閱看，將此各諭令知之。欽此。遵旨寄信前來。

臣等伏查，江北裏下河一帶素稱産米之鄉，别無他項土産。中稔之年，民食常有餘存。歷年皆由甯波米商赴仙女鎮采買，運至鎮江報關完税，以釣船裝赴閩、浙兩省售賣。此爲釣船專門生計，亦即爲江北釐捐大宗。而本地農民藉此稍獲餘資，市面賴以活動。此本有無相通，農末相資之正理，倘非本地災荒，則江北外運之米誠不□堪虞。是以尚未弛禁。一俟米價稍平，擬即體察地方情形，酌量開禁，以順商情而恤民隱。至奸販私運出洋，自當遵旨嚴禁。已於另摺奏陳辦法。所有查明江北米糧不宜久禁緣由，臣之洞、臣恩壽謹合詞附片覆陳，伏乞聖鑒。

知道了。

恭報卸署兩江督篆日期摺 光緒二十九年二月二十二日

竊臣奉命署理兩江總督，去年十月接受署篆，本年正月曾經奏明，新任兩江督臣魏光燾，正二月之交定可履任。臣擬交卸署篆後，籲懇恩准陛見。於二月十八日奉到硃批：著來見。欽此。兹新任兩江督臣魏光燾行抵江甯，臣於二月二十二日派委江甯府知府羅章、署督標中軍副將丁華容，將兩江總督關防、兩淮鹽政印信、南洋通商欽差大臣關防暨王命旗牌、文卷等件，齎送督臣

（二）録自《京報》第七三三七號。

魏光燾接收。臣即於是日交卸，即日起程赴鄂，由漢口取道北上。

（硃批）知道了。（欽此）

謝賞紫禁城内騎馬摺 光緒二十九年四月二十四日

本月二十三日内閣奉上諭：湖廣總督張之洞，加恩著在紫禁城内騎馬。欽此。伏念臣曩官禁近，久處江湖，據鞍非矍鑠之年，攬轡鮮澄清之效。兹者重睹漢官之禮，初聞長樂之鐘。渥荷龍光，矜其馬齒。踏黄榆緑槐之影，隄岸忘疲。聽玉珂金鑰之聲，掖垣警寐。鴻慈加厚，駑駕增惶。愧筋力爲禮之未能，矢感激馳驅以許國。臣惟有叱馭竭忠，負乘懔戒。叨鈎膺之用錫，敢方賢侯入覲之榮。恥髀肉之復生，期副聖主自强之志。以仰答高厚鴻慈於萬一。

撥解濟晋賑款片[一] 光緒二十九年五月十四日

再，山西外七廳旱灾甚重，疊奉諭旨發帑賑濟，截漕散放。天恩浩蕩，薄海同欽。查晋省豐、甯等廳地方素稱荒瘠，加以被灾，自必愈形困苦，自應仰體聖慈，不分畛域極力籌濟，以拯邊氓。現經臣等督飭善後局司道設法先行籌撥銀一萬兩，已於四月二十七日由商號電匯天津赴大學士直隸督臣李鴻章處交納，就近彙解灾區散放。現仍飭局勸辦晋賑，以冀稍裨灾區萬一。臣等謹合詞附片具奏，伏祈聖鑒。

户部知道。

籌議約束鼓勵遊學生章程摺 并清單 光緒二十九年八月十六日

竊臣前於四月間面奉皇太后懿旨，以出洋學生流弊甚多，飭籌防範之法。當經面奏，學生在外國境内，中國法令難行，必須先商彼國政府允爲協助，事始有濟。仰蒙慈允，遵即晤商駐京日本使臣内田康哉，與籌辦法。該使臣以兩國法律不同，辦理動多窒礙，談次頗有難色。繼經剴切開譬，告以出洋學生如不妥籌約束，聽其浮游廢學，任性妄爲，犯義干名，陷於罪戾，則此後有志之士，不復敢遠遊就學，往取師資。其先已在洋篤志力學者，亦且懼爲牽累，廢然思返，永無成就通才之日，爲害不可勝言。該使臣審思至再，始謂如有妥善辦法，亦願電彼政府贊成此舉，惟必須中國於安分用功學成回國之學生，予以確實奬勵，使各學生有歆羡之心，併使彼國學堂確見中國有勸學求之才實意，始於不安分學生有助我約束之法。屬先酌議章程，再爲商辦。臣業於閏五月二十九日召對時，面奏大略在案。伏查遊學日本學生，年少無識，惑於邪説、言動囂張者固屬不少，其循理守法、潛心向學者亦頗不乏人，自應明定章程分别懲勸，庶足以杜流弊而勵真才。當即酌擬約束遊學生、鼓勵畢業學生章程各一通，迭次與日本使臣往返商搉，復由該使臣轉達其政府與各校校長，公同會議，期於中國學生有裨而於彼國法權無礙。斟酌至於再四，日來始克議成。計擬定約束章程十款，鼓勵章程十款，又另擬自行酌辦立

[一] 録自中國第一歷史檔案館編《光緒朝硃批奏摺》第三二輯，第二七二頁，中華書局，一九九五年版。

案章程七款。凡所以嚴防範考察之方，廣鼓舞裁成之道，綱領粗具於是，從此切實施行，則以後遊學生護符逃藪失所憑依，已往者當知斂戢，續往者亦有範圍。上以示朝廷彰癉之公，下以昭學術邪正之辨，庶足挽横流而宏造就。至鼓勵章程中擬給學生舉人、進士出身，係遵光緒二十七年八月初四日上諭辦理。其擬獎翰林出身並翰林升階者，係於大學堂專科及大學院研究科畢業之生，學業精深，在彼國亦視爲上選，計其績學年分已逾十五六年，較之新進士館選，其難已加數倍，且須俟回國後由欽派大臣詳加察覈，果係品行端謹，毫無過犯，並按照所學科目切實考驗，確與所得學堂文憑相符，始行奏請給奬，似尚不致冒濫。以上各節，均經隨時與外務部王大臣詳加商酌覈定，始與日使定議。謹分繕清單恭呈御覽。如蒙俞允，擬請旨敕下外務部，將前項約束鼓勵章程照送日本使臣内田康哉轉達彼國政府，分飭各學堂一律照辦。一面由外務部連同自行酌辦立案章程刊印成册，飛咨出使日本大臣、出洋學生總監督，照章認真舉辦。並通咨各直省暨京師管學大臣一體遵照辦理。

旨：著照所請。外務部、管學大臣知道。欽此。

謹將擬議約束遊學生章程，繕具清單，恭呈御覽。

一、此次章程奏定後，以後續往日本遊學學生，無論官費生、私費生，並無論日本官設學堂、私設學堂，均非出使大臣、總監督公文保送，不准收學。

一、總監督保送學生入私設學堂，須經文部省認可，其教育程度與官學堂相等者方爲合格。惟經文部省認可之專爲中國學生設立之豫備學堂如宏文書院等，其章程雖多變通，亦可保送。其奬勵年限，應歸普通高等各學堂核計。

一、遊學生在學堂中品行應歸學校考察。其在外言動舉止，如有不軌於正之據，經中國出使大臣、總監督察訪得實，隨時知會該學堂商酌，務必減其品行分數。

一、遊學生在各學堂非實有病證，概不准其輕易請假出外。及雖在學堂而託故不上講堂，應請與日本學生一律督責，勿稍寬假。

一、學生在學堂時，應以所修學業爲本分當爲之事，如妄發議論，刊布干預政治之報章，無論所言是否，均屬背其本分，應由學堂隨時考察防範，不准犯此禁令。如經中國出使大臣、總監督察訪留學生中有犯此禁之人，隨時知會該學堂，應即剴切誡諭學生，立即停輟。如有不遵，即行退學。

一、凡現在已留學堂學生，無論官費生、私費生，查有過犯及品行不端者，經中國出使大臣、總監督知會該學堂請爲斥退者，日本學堂應即照辦。

一、各省所派官費生及私費生往日本遊學者，經本省督撫查有不安本分、品行不端之人，隨時咨明中國出使大臣、總監督轉達日本各學堂請爲斥退者，日本各學堂亦應照辦。

一、學生於功課之暇，如有編輯教科書及譯録所習科學之講義，及繙譯有裨實用之書，自不在禁例。此外無論何等著作，但有妄爲矯激之説，紊綱紀、害治安之字句者，請各學堂從嚴禁阻。或經中國出使大臣、總監督查有憑據，確係在日本國境内刊刷翻印者，隨時知會日本應管官署，商酌辦法，實力查禁。其污衊人名節者，經本人或本人委託之人，按律在日本應管官署指控查實後，仍行懲辦。

一、中國遊學生會館辦事有紊綱紀害治安若不安分之事者，應由出使大臣、總監督咨會日本應管官署，隨時查禁，嚴加裁制，務期杜絶流弊。

一、凡現在日本各學校及已經退校之中國留學生，如確有紊綱紀害治安若不安分之事者，應由當該官員嚴加約束。如察其無悛改之望者，即行飭令回國，不准稍有逗遛。

謹將擬議奬勵遊學畢業生章程，繕具清單，恭呈御覽。

一、中國遊學生在日本各學堂畢業者，視所學等差，給以奬勵。但須由中國出使大臣、總監督查明該學生品行端謹，並無過犯，出具切實考語，咨送歸國。由欽派大臣詳加察核，果係品行端謹，毫無過犯，並按照所學科目切實詳細考驗。果係所學等差確與所得學堂文憑相符者，再行奏請奬勵。

一、在普通中學堂五年畢業，得有優等文憑者，給以拔貢出身，分別録用。

一、在文部省直轄高等各學堂暨程度相等之各項實業學堂三年畢業，得有優等文憑者在學前後通計八年，給以舉人出身，分別録用。

一、在大學堂專學某一科或數科，畢業後得有選科及變通選科畢業文憑者在學前後通計或十一年或十年，給以進士出身，分別録用。其由中學堂畢業徑入大學堂學習選科，未經高等學堂畢業者在學前後通計七年或八年，其奬勵應比照高等學堂畢業生辦理。

一、在日本國家大學堂暨程度相當之官設學堂三年畢業，得有學士文憑者在學前後通計十年，較選科學問尤爲全備，給以翰林出身。

一、在日本國家大學院五年畢業，得有博士文憑者在學前後通計十六年，除給以翰林出身外，並予以翰林升階。

以上所列之外，在文部大臣所指准之私立學堂畢業者，視其所學程度，一體酌給舉人出身或拔貢出身。

一、遊學生原有翰林、進士、舉人、拔貢出身者，各視所學程度，給以相當官職。

一、凡畢業學生，首以品行爲貴。應請各學堂注重學生品行，與各科學一律比較分數，必所定品行分數滿足，乃爲及格。

一、遊學生於各學堂畢業年限，須與日本學堂原定本科畢業年限毫無短減，不得別自爲班，希冀速成。

一、此次定章以前已經畢業回國之各省官派學生，均照此次章程由各省督撫考察其品行心術。如實係謹端無過者，考驗其所學程度，查驗文憑，實係相符者，即照新章給以出身。已有出身者，給以相當官職。其學速成科畢業、減短學科年限者，應查明所短年限，令以回國後當差勞績之年資補之，扣足年限，亦一體給以出身或相當官職。凡定章以前之畢業回國學生，其中如有請賞舉人者，俟奏准後應咨送京城，由管學大臣覆試。惟中國留學生非在照辦約束留學生章程之日本學堂畢業者，概不給本章程所定奬勵。

謹將另擬自行酌辦立案章程，繕具清單，恭呈御覽。

一、現在已入日本官私學堂之中國遊學生，章程内已訂明，無論官費生、私費生，均由出使大臣、總監督查有過犯及品行不端者，知會該學堂請爲斥退。應即責成出使大臣、總監督將現在日本之各省遊學生確加考核，擇其言行端謹、安分用功之學生，從前未有公文保送者，飭傳各該學生報明三代、籍貫、年歲、出身，取具遵守約束甘結，彙列各該生姓名、籍貫，補具公文，分別保送各該學堂，准其留學。其素不安分、有據可憑之各學生，亦即開列姓名，備文知會各該學堂，請其即行斥退。仍將留學、退學各該學生姓名、籍貫，咨明外務部並管學大臣暨該學生原籍省分督撫查考。

一、將來遊學日本之各省學生，章程内已訂明非出使大臣、總監督公文保送，不准收學。並訂明私設學堂須經文部省認可其教育程度與官學堂相等者，方爲合格。應即責成出使大臣、總監督，嗣後遊學生入學，須先儘官學堂保送。一面確切訪查文部省認可之各私設學堂，其一切教育管理之法是否認真，其程度是否果與官學堂無異。細爲比較，擇其名譽最優、確實可信之私學堂，始准保送學生入學。仍酌定限制，每年保送留學生入日本私設學堂者，其人數至多不得過官學堂之半，以昭慎重。

一、此次定章以後，各省自備資斧出洋之遊學生，應先由其父兄或親族呈報本籍或流寓所在地方官，查明本生實係性質馴良、文理明順者，准其申送該省學務處詳加考驗，稟請督撫覆核，給發咨文，轉給該學生領齎出洋各衙門，辦理出洋學生文件，不准書吏需索分文。

一、凡不遵約束、不安本分之學生，商明日本各學堂斥退後，應由出使大臣、總監督隨時嚴密稽察。其無悛改之望者，務須查照規定章程，商請日本該管官署，勒令該學生附船回國。一面分别所犯輕重詳細事由，咨明該學生原籍督撫酌量辦理，並咨明外務部、管學大臣查考。

一、保送學生入日本各學堂，除農、工、商各項實業學堂及文科、理科、醫科各專門不限人數外，其政治、法律、武備三門宜分别限定名數，每年祇准保送若干名。武備一門，非官派學生不准保送。政治、法律兩門亦先儘官派學生保送。如自費學生本係職官請咨前往者，不在限數之列。

一、在日本私設學堂畢業回國之學生，除由出使大臣、總監督確查其平日品行果係端謹，科學果係優嫻，始准保送進京候考外，應請欽派大臣考察試驗時格外認真查核。其品學兼優者，自應與官學堂畢業生一律給獎，勿庸加以區别。如果品行實有可議，科學程度實有不符，即酌量減其獎勵，以示區别。

一、凡各省選派官費學生出洋遊學，俟畢業回國後，無論得何獎勵，均須在本省當差五年，以盡義務。五年期内，概不准另就他省差使，他省亦不得遽請調往差委。

以上各條，應請旨飭下外務部、管學大臣立案，咨行各直省及出使大臣暨總監督遵照辦理。

議定日本商約摺光緒二十九年十一月十四日

竊查日本商約，於上年五月間即准日使日置益、小田切萬壽之助開送約款十三條，索我在滬開議。維時英約尚未完竣，臣海寰、臣宣懷雖與會議數次，彼此均以英約未定，不便深議。一面將所送條款電商臣之洞暨前兩江督臣劉坤一，並秉承外務部以定准駁。迨英約蕆事後，始與該日使逐款辯論。臣等往返會商准駁宗旨，僉以抱定英約爲主。凡英約所有者，自應均照英約辦理，不能絲毫有異。英索而我未允者，仍不能稍予遷就。嗣臣世凱、臣廷芳奉旨會議，意見亦復相同。當以日約第一、第二兩款爲加稅免釐一事，既不能照英約加至十二五，而僅允值百抽十，並欲將由日本運進中國之煤炭、棉紗及一切棉貨概不加稅，尤與英約相背。按日本進口貨物以此爲大宗，不得不亟與争論，每議必幾於決裂而後已，從未敢稍予鬆勁。是以議經數月之久，相持莫定。僅將第三款川江設施拖纜，第四款内港行輪及修補章程，第七款中日商民合股經營，第八款保護商牌，第九款改定國幣，均爲英約所有，與之妥擬。款文字句較英約稍有增改，而意義尚無出入。惟於商牌款内，議增保護版權一事。内港行輪款後，議增照會，聲明往來煙臺、東三省輪船亦係照内港章程辦理。因據總稅司查復，日本小輪在該處行駛已久，礙難駁拒。此外第五款索開各處口岸，第六款口岸城鎮任便居住，第九款第二節整飭度量權衡，第十款請運米穀出口，均駁拒未允。城鎮任便居住一事辯論尤多，並用照會分晰城鎮二字之義存案。其第十一、第十二、第十三等款爲條約通例，亦尚未與議及。彼見我堅持不下，遂變計將擬定各款即作爲定議，迫我畫押。臣等見日使如此辦法，爲各國從來所無。公同商酌，惟有嚴詞拒絶，遂於三月間暫行停止，允俟英約定後再議。此臣等在滬議而未定之情形也。

迨臣之洞應召入都，旋奉旨：各國商約著即在京開議。等因。臣海寰等欽遵照會日使。據該使以奉其外務大臣回電，商約議結在邇，不必易地，仍在上海續議。即經電達外務部。適日本駐使内田康哉赴部晤商，欲提出北京開埠、加稅免釐、米穀出口三條，由伊在京與臣之洞面議，餘仍歸滬定。外務部答以無論在京、在滬，不能兩處分議。臣海寰等即未再與日使會議，專由臣之洞與内田駐使在京商辦。磋磨三月餘之久，各款牽連並議，與之言明，允則俱允，翻則俱翻，以期一氣呵成。每一款字句，彼此時有斟酌更改，大旨仍宗原議及臣海寰等平日持論之意。均將約文録呈外務部核准。計釐定約款十三，附件七。

第一款曰加稅免釐。彼雖未明允訂實加稅至十二五，而聲明日本政府允認按照中國與有約各國共同商定加稅之率，一律照輸無異。並聲明所有中國徵收出産、銷場、出廠以及土藥、鹽斤等稅，亦悉照各國與中國商定辦法，無稍歧異。明知日本意存取巧，不肯顯然承認，將來從違仍視各國。祇以此款在滬屢議不諧，彼既藉此轉（圖）［圜］〔一〕，臣之洞核與英、美各約載明俟各國照允方能舉行，用意亦復相等，是以照允。

第二款曰川江設施拖纜。

第三款曰内港行輪。均查照滬擬增改字句。

第四款曰中日商民合股經營，悉照滬擬原文。

第五款曰保護商牌、版權。亦照滬擬，而索其增添查禁違礙書報一節，文義均照美約比擬。

第六款曰改定國幣。照滬擬而删改後段，與美約相同。

第七款曰整飭度量權衡。因有益於中國商民，可除積弊，是以許其入約。

第八款曰修補内港行輪章程。照滬擬並無增易。

第九款曰利益均霑。雖屬立約通例，將字句妥爲酌改，並索其中國人民往日本者，亦極力優待一節，以合報施之義。

第十款曰開埠通商。因彼索開北京通商場，其意甚堅。臣之洞即以各國全撤護路、護館兵隊爲抵制，如各國兵隊一日未撤，

〔一〕據楚學精廬一九三七年版《張文襄公全集校勘記》改。

北京商場亦一日不開。彼又索開長沙府爲口岸，此係英約已有，不能不允。即查照英約聲叙，而删去原索之常德府等九處口岸。又索開盛京之奉天府、大東溝兩處爲商埠，美約既已允開，日約遂亦照辦。雖美索安東縣，日索大東溝爲稍異，其實相距不遠，無關輕重，故允之。

第十一款曰治外法權。係照英約，向其索添。

第十二款曰約文以英文爲準。第十三款曰互换日期。均屬立約例有之條。

至第一附件爲英約所有之内港行輪修補章程。第二、第三附件爲聲明往來煙臺、東三省輪船亦照内港章程辦理，往復照會。第四、第五附件爲聲請通行照原定内港行輪章程，派員統收税釐各辦法，往復照會。第六、第七附件爲預定北京開通商場各辦法，往復照會。

除加税一款照各國一律外，計我於英約之外所索允者二事：中國人民在日本者極力優待一款，查禁違礙書報一款。駁辯删去者三事：請運米穀出口一款，口岸城鎮任便居住一款，常德府等九處口岸一款。以索允爲抵制者一事：各國護館護路兵隊全撤後，北京方能開埠一款。其間中國人民優待一條，北京撤兵再行通商一款，似均於國體頗有關繫。臣之洞於定議後，據内田駐使訂明，須與美約同日畫押，即電致臣海寰等趕備漢文約本，並與日使在滬校譯日本文、英文。另備約款附件，呈由軍機處代奏。奉旨：著派吕海寰等就近畫押。欽此。臣海寰、臣宣懷以爲期甚促，與日使商訂先畫漢文，將來繙譯東、英文，務照原定漢文意義，不得稍有歧異。即繕備漢文約本兩分，遵於八月十八日在上海會同日使畫押。臣廷芳已先期奉命回京，日使允由臣海寰代畫。當遴派隨辦商約熟諳中、英文之洋員戴樂爾、福開森，郎中李維格，道員梁瀾勳，熟諳東文之譯員馮國勳，與日使在滬公同校譯東、英各文。日使並請添派道員楊文駿審定漢文字義。其英文譯就後，復電經臣廷芳核復，始作定本，再交日使。即備東、英約文各二分，於九月十一日補畫，仍書八月十八之期。此臣等在京定議、在滬畫押之情形也。

臣等竊維此次修改商約，在各國之意，本專爲損我以益彼，望甚奢而意甚堅。且日本議約在英、美之後，凡英、美所索允者，彼視爲分所應得。英、美所索而未允者，彼則以爲該國體面所關，必須多索數條，方見其改約之功。彼執定此見，更覺難於辯論。是以開議經年，棘手萬分。臣等始終堅持定見，凡有損於我者，在京、在滬、在津，皆始終力拒，全力争持，不敢稍涉鬆勁。幸彼争辯年餘，知我不能摇奪，且急欲與美約同日畫押，遂即轉圜，事事略爲遷就，得以議成。其中但有稍可争回權利、謹防流弊、顧存國體之處，無不竭力挽救，分别增删，尚未於英、美兩約之外，别有受損之事。此則臣等同此愚衷，當蒙聖明俯鑒者也。所有日本商約告竣，遵旨畫押各緣由，理合詞恭摺具報，並將約本漢文、日本文、英文各一分，派委道員楊文駿賫送入京，交由軍機處進呈御覽。

（硃批）外務部知道。（欽此）

釐訂學堂章程摺 光緒二十九年十一月二十六日

竊臣百熙、臣榮慶前因學務重要，奏請特旨添派臣之洞會同商辦。光緒二十九年閏五月初三日奉上諭：京師大學堂爲學術人才根本，關繫重要，著即派張之洞會同張百熙、榮慶將現辦大學堂章程一切事宜，再行切實商訂，並將各省學堂章程一律釐訂，詳悉具奏。務期推行無弊，造就通才，俾朝廷收得人之效，是爲至要。欽此。仰見聖朝興學育才務求實際，防微杜漸不厭求詳之至意，臣等曷勝欽服。

臣之洞伏查上年大學堂奏定章程宗旨辦法，實已深得要領。惟草創之際，規程、課目不得不稍從簡略，以徐待考求增補。至各省初辦學堂，管理學務者既難得深通教育理法之人，而學生率皆取諸原業科舉之士，未嘗經小學陶鎔而來，不自知學生之本分，故其言論行爲不免有軼於範圍之外者。此次欽奉諭旨，命臣等將一切章程會商釐訂，期於推行無弊，自應詳細推求，倍加審慎。數月以來，臣等互相討論，虚衷商搉，並博考外國各項學堂課程門目，參酌變通，擇其宜者用之，其於中國不相宜者缺之，科目名稱之不可解者改之，其有過涉繁重者減之。每日講堂功課，少或四五點鐘，多亦不過六點鐘。所授之學，排日輪講，少或四五門，多亦不過六門，皆計日量程以定之，斷不苦人以所難。中人之資，但能循序以求，斷無兼顧不及之慮。至於立學宗旨，無論何等學堂，均以忠孝爲本，以中國經史之學爲基，俾學生心術一歸於純正。而後以西學瀹其智識，練其藝能。務期他日成材，各適實用，以仰副國家造就通才、慎防流弊之意。計擬成初等小學堂章程一册，高等小學堂章程一册，中學堂章程一册，高等學堂章程一册，大學堂章程附通儒院章程一册。原章有蒙學堂名目，但章程内所列實即外國初等小學之事。查外國蒙養院一名幼稚園，兹參酌其意，訂爲蒙養院章程及家庭教育法一册。此就原訂章程所有而增補其缺略者也。

辦理學堂首重師範。原訂師範館章程係僅就京城情形試辦，尚屬簡略。兹另擬初級師範學堂章程一册，優級師範學堂章程一册，并擬任用教員章程一册，將來京城師範館應即改照優級師範學堂章程辦理。此外如京師仕學館係屬暫設，皆係有職人員，不在各學堂統系之内，原訂章程應暫仍其舊。將來體察情形，再爲酌定經久章程。至譯學館即方言學堂，前經奏明開辦，兹將章程課目一併擬呈。其進士館係奉特旨，令新進士概入學堂肄業，此與仕學館意相近，課程與各學堂不同。而仕學館地狹無可展拓，不得不别設一館以教之，兹亦酌訂章程、課目，别爲一册。將來仕學館或歸併進士館，或照進士館現訂課程改同一律，容隨時察酌情形辦理。

又國民生計莫要於農工商實業。興辦實業學堂有百益而無一弊，最宜注重。兹另擬初等農商實業學堂章程一册，附實業補習普通學堂及藝徒學堂各章程，中等農工商實業學堂章程一册，高等農工商實業學堂章程一册，實業教員講習所章程一册，實業學堂通則一册。此皆原訂章程所未及而别加編訂者也。

又以中國禮教政俗本與各國不同，而少年初學之士，胸無定識，哤雜浮囂，在所不免。此時學堂辦法，規範不容不肅，稽察不容不嚴。兹特訂立規條，申明禁令，編爲各學堂管理通則一册。並將此時開辦各項學堂設教之宗旨，立法之要義，總括發明，訂爲學務綱要一册。

各省果能慎選教員學職，按照現訂章程認真舉辦，則民智可開，國力可富，人才可成，決不致别生流弊。至學生畢業考試、升級入學考試，亦經詳訂專章。中學堂以下及收入高等學堂者，由督撫、學政會同考核。高等學堂應升級者，奏請簡放主考，會同督撫、學政考驗。京城高等學堂比例辦理。京師大學堂奏請簡放總裁，會同管學大臣考驗，以昭慎重而免冒濫。其獎勵録用之法，比照奏准鼓勵出洋遊學生，於獎給出身之外，復請分别録用，章程亦經詳加斟酌，擬有專章。伏候聖明裁定，將來應即分别照章奏明辦理。所有一切章程，將來如何應行變通增損之處，其大者仍當奏明辦理，小者由管學大臣審定後，通行各省照改。謹將學務綱要、各學堂管理通則、畢業學生考試專章、獎勵專章暨各項學堂章程，分别繕寫成册，並開列章程名目、次序清單，恭呈御覽。如蒙俞允，應由管學大臣通行各省一體遵照開辦。

請獎勵職官遊歷遊學片光緒二十九年十一月二十六日

再，查近年自備資斧出洋遊學學生，多年少未學、不明事理之人，於時局實在情形、辦事艱難之故毫無閲歷，故囂然不靖，流弊甚多。若已入仕途之人，類多讀書明理，循分守法。如内而京堂翰林科道部屬，外而候補道府以下等官，無論滿、漢，擇其素行端謹、志趣遠大者，使之出洋遊歷，分門考察，遇事咨詢，師人之長，補己之短，用以開廣見聞，增長學識，則實屬有益無弊。其能親入外國學堂留學者尤善。職官出洋遊歷遊學者衆，不獨將來回國後任使之才日多，而在洋時，與本國遊學生漸相稔習，灼知其品誼才識，何人爲學行兼修之士，何人爲乖張不逞之徒，異時以類相求，黑白確有明證。且力持正論之人日多，則邪説詖詞勢自孤而不敵，學生囂張之氣亦必可默爲轉移。若高爵顯秩亦令出洋遊歷，則其憑藉既崇，展布愈廣，爲效尤爲宏鉅。惟出洋遊歷遊學與奉命出使不同，雖一品大員亦止可酌帶繙譯一二員，隨從二三人。此外遊歷職官止可酌帶繙譯一人，隨從尤須簡少。遊學者無庸隨帶繙譯。查外國太子、親王遊歷來華者，從未見其多帶從人。蓋遊歷所以資歷練，非以壯觀瞻。省事節費，尤其餘事。日前臣之洞面奉皇太后懿旨：已爲職官者皆讀書明理、深知法度之人，令其出洋遊歷，最爲有益無弊。翰林尤宜多派出洋，滿、漢皆應選派。等因。欽此。慈訓殷殷，仰見聖慮淵深，無微不燭，亟應欽遵辦理。擬請明降諭旨，無論京外大小官員，凡能自備資斧出洋遊歷遊學者，分别從優獎勵以勸之。謹擬其等差如下。

一、遊歷以遍涉東西洋各國，往返在三年以外者爲上。擇遊歐美兩洲之一二國或二三國，往返在二年以外者次之。專遊歐美各國中之一國，往返在一年以外者又次之。僅至東洋遊歷，往返在一年以外者又次之。無論東西洋，其遊歷在一年以内者無獎。

一、遊歷之宗旨，以能考察其内政、外交、海陸軍備、農工商各項實業及其章程辦法爲要義。除一二品大員兼綜博覽，以多接見其文武大臣及其賢士大夫，采聽其議論，參觀其政俗，務其遠者大者外，其庶司百職或各因性學之所近，或各就職業之所司，分門考察，能得其實際爲要義。凡遊歷考察所及，均宜詳晰記載，筆之於書。回國後或應繕呈御覽，或應呈送政務處及各部院、督撫衙門考核，當視其官秩分别酌定。凡應獎者，仍必須有劄記著作、實有所得者，方准給獎。年限雖多，毫無記録者，仍不給獎。

一、遊學較遊歷爲尤有實際，最爲成就人才之要端，且歲月較久，勞費尤多。如宗室勳戚，以及王公之子弟，暨内外職官，無論實缺、候補，能自備資斧出洋遊學，由普通而達專門，考求實在有用之學，得彼國學堂畢業憑照者，回國後尤宜破格獎勵，立予擢用。擬請宗室勳戚以及王公之子弟，暨內外職官出洋遊學畢業者，回國後分別學業等差，其最優者翰林，或比照大考一二等例優予升擢閣部院寺司官實缺者，或比照方略會典等館差例優予升擢或准列入京察一等候補者，照特旨班遇缺即補。次優者略減。外官亦照異常勞績最優班次，分別予以升遷補缺。其遊學西洋者，道遠費重，應格外加優。至遊歷獎勵，比遊學應減一等。凡出洋遊歷、遊學人員，並准一概免扣資俸。竊謂照此辦法，則不煩國家絲毫經費，而內外職官願出洋遊學者，必接踵而至矣。

臣等爲廣勵人才、講求時務起見，遵旨與政務處王大臣會商，意見均屬相同。謹附片具陳，伏祈聖鑒。

請專設學務大臣片 光緒二十九年十一月二十六日

再，學務一事，實爲今日自强要圖，必須全國一律舉行，方有大效。關係至爲重要，條理又極精詳。各國均設有文部大臣，專司其事。凡釐定條章，審察學術，考核功過，皆歸其綜理。現在整頓京外大小學堂，必須特設專員，方能專心致志，籌辦妥協。

查現在管學大臣既管京城大學堂，又管外省各學堂事務。目前正當振興學務之際，經營創始，條緒萬端，即大學堂一處，已屬繁重異常，專任猶虞不給，兼綜更恐難周。況京城大學堂不過學堂之一，其所辦是否全行合法，師生是否一律均有成效，亦宜別有專司考核之大員，方無窒礙。臣之洞與諸臣商酌，擬請於京師專設總理學務大臣，以統轄全國學務。其京師大學堂擬請另設總監督一員，請旨簡派三四品京堂充選，俾專管大學堂事務，不令兼別項要差，免致分其精力，仍受總理學務大臣節制考核。如是則全國之學務與首善之大學，皆各有專責而成效可期矣。臣之洞與政務處王大臣暨管學大臣商酌，意見均屬相同。謹附片具陳，伏祈聖鑒訓示。

酌定新進士入館辦法片 光緒二十九年十一月二十六日

再，六月初八日承准軍機大臣交片，本日御史張元奇奏各省學堂宜嚴師範，又奏本科進士入堂肄業可否酌爲變通各摺、片，均奉旨：張之洞會同管學大臣妥議具奏。欽此。等因。並將原摺、片鈔交前來。查原奏請嚴選師範，振興實業，洵爲知本之論。現已擬有初級師範、優級師範學堂章程，各省不難照辦。京師現設師範館，亦擬即改照優級師範學堂章程辦理。原奏又稱蒙學但課中文，俟考入中學堂後再習西國語言文字等語。該御史所謂蒙學，即指初等小學而言，臣等現擬小學堂章程即嚴申此禁。凡初等小學堂概不令兼習洋文，高等小學堂亦須斟酌地方情形辦理，其可兼習者，亦不准占讀經時刻，與該御史所見正同。至另片稱，本科修撰、庶吉士、中書、主事悉入學堂肄業，博采衆論，尚有不便，擬請酌爲變通。或擇年歲合格，其年長者聽之。或考定額數，其額外者聽之等語。

查此次欽奉特旨，凡新進士之授京職者，一概令其入學堂，原欲使向業科舉之士，增益普通學識，講求政法、方言，以期皆能通時務而應世變，用意至爲深遠，自未便限以額數，轉開趨避之門。惟其中年齒較長，有不能强就學堂程度者，亦屬實在情形。臣等公同商酌擬定一格，凡新進士年在三十五歲以下者，無論翰林、部屬中書，均令一體入進士館肄業。並酌給津貼銀兩，由各該進士本籍省分籌款，解交大學堂按月轉給，俾資旅費而示體恤，不准託詞規避。其年在三十五歲以上，自審精力實已不能就學者，准其赴部呈明，改就知縣，分發各省，與本科即用知縣一律較資敍補。其自願留學者，聽。似此量爲變通，自可免遷就入學，有名無實之弊矣。

請試辦遞減科舉摺 光緒二十九年十一月二十六日

竊臣之洞本年春間會同直隸督臣袁世凱，具奏科舉阻礙學堂詳陳得失利弊一摺，欽奉硃批，交政務處議奏在案。竊惟奉旨興辦學堂已及兩年有餘，而至今各省學堂仍未能多設者，經費難籌累之也。公款有限，全賴民間籌捐。然經費所以不能捐集者，由科舉未停，天下士林謂朝廷之意並未專重學堂也。然則科舉若不變通裁減，則人情不免觀望，紳富孰肯籌捐。經費斷不能籌，學堂斷不能多。入學堂者，恃有科舉一途爲退步，既不肯專心嚮學，且不肯恪守學規。況科舉文字每多剽竊，學堂功課務在實修。科舉止憑一日之短長，學堂必盡累年之研究。科舉但取詞章，其品誼無從考見。學堂兼重行檢，其心術尤可灼知。彼此相衡，難易迥別，人情莫不避難而就易，此已早在聖明昭鑒之中。當此時勢阽危，非人莫濟，除興學堂外，更無養才濟時之術。若長此因循，坐糜歲月，國事急矣，何以支持。議者或慮停罷科舉，專重學堂，則士人競談西學，中學將無人肯講。茲臣等現擬各學堂課程，於中學尤爲注重，凡中國向有之經學、史學、文學、理學無不包舉靡遺。凡科舉之所講習者，學堂無不優爲。學堂之所兼通者，科舉皆所未備。是則取材於科舉，不如取材於學堂，彰彰明矣。顧或又慮學堂功課雖重積分之法，而分數定自教員，保無以愛憎而意爲增損。殊不知學堂功課之優絀，皆係當堂考驗，全堂學生及堂內執事人員衆目共睹，教員即欲違衆徇私，而公論可憑，萬難掩飾。臣等尚恐偶有此弊，故於中學堂考試歸諸學政主持，督同道府辦理。高等學堂畢業，則請簡放主考，會同督撫、學政考試。大學堂畢業，則請簡放總裁，會同學務大臣考試。並不專憑本學堂所定之分數。如是則中西之學既已兼賅，固不患其偏重，取舍之權仍在試官，更不患其不公。凡科舉掄才之法，皆已括諸學堂獎勵之中。然則並非廢罷科舉，實乃將科舉、學堂合併爲一而已。

竊思就事理而論，必須科舉立時停罷，學堂辦法方有起色，學堂經費方可設籌。惟此時各省學堂尚未能徧設，從前大小各種學堂尚未定有詳細完備章程。故已設之學堂，辦理未盡合法，學堂品類不齊，或不免間有流弊，其不欲遽議停辦科舉者，未始非老成持重之見。然使此時一無舉動，天下並未見朝廷將來有遞減以至停罷之明文，實不足以風示海內士民，用收振興學堂之效。臣等公同商酌，擬仍查照臣之洞會同袁世凱原奏分科遞減之法，籲懇天恩明降諭旨，布告天下，將科舉舊章量爲變通，從下屆丙午科起，每科遞減中額三分之一，暫行試辦。一面照現定各學堂章程，從師範學堂入手，責成各省實力舉行，認真整頓。至第三年壬子科應減盡時尚有十年，計其時京外各省開辦學堂已過十年以外，人才應已輩出。且科舉既停，天下士心專注學堂，籌辦經費必立見踴躍。如學堂有辦理無效及尚滋流弊者，應由學務大臣隨時考核，咨行各該督撫嚴行覆查，將不得力之學務人員分別參處，庶幾學堂日有起色，以期仰副朝廷造就真才實事求是之至意。

茲擬遞減科舉辦法，分條臚陳如左。

一、鄉會試中額，請自下届丙午科起，每科分減中額三分之一，俟末一科中額減盡，以後即停止鄉會試。

一、學政歲科試取進學額，請於鄉試兩科年限内，分兩歲考、兩科考，四次分減，每一次減學額四分之一，俟末一次學額減盡，即行停止學政歲科試，以後生員即盡出於學堂。

一、科舉停止後，會試總裁改於大學堂畢業考試時奏請簡放，分别内外場考試。鄉試主考改於各省高等學堂畢業考試時奏請簡放，分别内外場考試。

一、科舉停止後，各省學政毋庸裁撤，即令會同該省督撫考查整頓全省學堂功課，並中學堂以上選録學生及畢業考試等事務，以昭慎重。查日本各處皆有視學，正與學政之名義相合。

一、科舉既議停減，舊日舉貢生員年在三十歲以下者，皆可令入學堂肄業。三十歲以上至五十歲者，可入師範學堂之簡易科。若三十歲以上既不能入學堂，並不能入師範簡易科者，及年至五十、六十者，擬請自下科起，舉人於每年會試後大挑一次，或揀發一次，並多挑謄録分送各館，俾得議叙。其大挑、揀發未入選之舉人，及恩拔副歲優各項貢生，均比照孝廉方正例准其考職，分别用爲州同、州判。生員亦准比照已滿吏考職，用爲佐貳雜職，分發省分試用。其年在六十以上不能與考者，酌給虛銜。至經生寒儒，文行並美而不能改習新學者，可選充各學堂經學科、文學科之教習。每届三年，查其實有成效者，比照同文館漢文教習例給予獎叙。如此則舊日應科舉之老儒，亦不至失所矣。似此量爲變通暫行試辦，於科舉僅止徐加裁損，而學堂立可頓見振興。且於年歲已長不能入學堂之舉貢生員，復爲之寬籌出路。京官之任學差者如故，其放試差者且更增多，尤屬毫無窒礙。

合無仰懇宸斷，俯賜施行，俾全國臣民確見裁減科舉，歸重學堂辦法，咸曉然於朝廷意嚮所在。則必人人争自濯磨，相率而入學堂，以求實在有用之學。氣象一新，人才自奮，轉弱爲强，實基於此。大局甚幸。

上諭：方今時事多艱，興學育才實爲當務之急。前經諭令張之洞會同管學大臣，將學堂章程悉心釐訂妥議具奏。兹據會奏臚陳各摺、片，條分縷晰，立法尚屬周備，著即次第推行。其有應行斟酌損益之處，仍著該督學大臣會同張之洞隨時詳覈議奏。至所稱遞減科舉及將來畢業學生由督撫、學政並簡放考官考試一節，使學堂科舉合爲一途，係爲士皆實學，學皆實用起見。著自丙午科爲始，將鄉、會試中額及各省學額按照所陳逐科遞減，俟各省學堂一律辦齊，確著成效，再將科舉學額分别停止，以後均歸學堂考取，届時候旨遵行。即著各該督撫趕緊督飭各府、廳、州、縣建設學堂，並善爲勸導地方逐漸推廣。無論官立、民立，皆當恪遵列聖訓士之規，謹守範圍，端正趨向，不准沾染習氣，誤入奇衺。一切課程尤在認真講求，毋得徒事皮毛，有名無實。務期教學相長，成德達材，體用兼賅，以備國家任使，有厚望焉。將此通諭知之。欽此。

光緒三十年

回任謝恩摺光緒三十年二月十八日

竊臣於上年四月間遵旨入都陛見，仰蒙疊次召對，訓誨周詳。嗣奉旨飭議商約，會訂學章諸要政，瞻依闕下者九月有餘。異數殊榮，有加無已。循涯逾分，兢悚難名。迨學章事竣，請訓出都，奏明順道回南皮縣原籍省墓。嗣因於十二月初三日與英使薩道義詢商一切，於十二月二十一日與德使穆默商定鄂省交涉要件，咨達外務部後，二十二日即行出京。茲於本年正月由籍起程，過津復與北洋大臣袁世凱籌商一切。旋即遵陸南下，於二月十三日行抵武昌省城。十四日准兼署督臣端方委員將湖廣總督關防並王命旗牌、文卷賫交前來。當即恭設香案，望闕叩頭祗領任事，經於十五日電請軍機大臣代奏在案。

伏念臣自慚衰朽，獲望清光。屢陪禁近之班聯，稍慰江湖之夢寐。聆禹湯之自責，感極涕零。企周漢之中興，忘其老至。邇者强鄰搆難，東土震驚，雖暫時中立之從權，慮此後外交之益棘。臣惟有勉殫駑鈍，仰稟宸謨。統善鄰治内以兼籌，以興學練兵爲首務。儲木屑竹頭之用，敢拋寸晷於江城。續笠簷簑袂之詩，猶憶恩波於禁苑。一切緊要事宜，當隨時與南、北兩省撫臣妥商辦理，以仰答高厚鴻慈於萬一。

（硃批）知道了。（欽此）

謝賜江綢貂皮暨融和福壽等字摺光緒三十年二月十九日

竊臣上年在京，仰荷禨恩稠疊，御賞駢蕃，寶翰仙厨，精金文綺，感戴惶悚，罄於語言。嗣經陛辭出京，十二月二十二日天津行次，奉到御賜江綢四卷、貂皮八箇。二十五日又於滄州行次，由直隸省督臣遞到皇太后御筆融和二字一幅、福壽字各一方。二十八日又於原籍南皮縣，由兵部遞到御賜福字一方。均恭設香案，望闕叩頭謝恩祗領。

伏念臣雪柳往來，松楸省視。五章拜命，比相州晝錦之榮。七葉承休，勝漢室珥貂之貴。融和煦育，萬物皆春。福壽聯翩，三光並燦。值葭琯歲華之將轉，欣蓬門陽澤之先來。鄉閭得睹天章，頓開樸陋。宗黨傳爲盛事，共羡恩知。臣惟有社櫟策庸，野芹攄悃。願偕父老，賡田間擊壤之衢歌。瞻望闕庭，祝寰海添籌之聖壽。

委員代防萬城大隄摺[一] 光緒三十年二月 日

竊照湖北荆州府萬城大隄濱臨荆州，爲全郡及下游各屬田廬保障。每屆夏秋二汛，例應督撫輪率赴隄督防。如有應辦要事未克分身前往，奏委該管道府就近駐工代防，歷經辦理在案。本年輪應總督前往督防，惟省城事務重要，應隨時督同司道等辦理，未能在荆久駐。所有夏秋二汛督防事宜，自應照案委員代防，以專責成。查有荆州府知府舒惠，老成穩練，熟悉隄工，堪以委令

〔一〕録自《京報》第七八八八號。

代防。現經檄委該府督同在工文武員弁，親駐工所，晝夜梭巡，預備守水器具，遇有險要工段即行搶護，務保無虞。並札飭荊宜施道余肇康隨時察看督辦，務臻穩固。所有委員代防萬城大隄緣由，理合會同湖北巡撫臣端方恭摺具陳，伏乞皇太后、皇上聖鑒。

知道了。

川鄂兩省揀員對調副將摺[一] 光緒三十年三月初六日

竊臣錫良前准兵部咨，近經議覆前署四川總督岑春煊奏，四川綏甯協副將員缺，請以留川儘先副將鐵鈐等請補，分別准駁，聲明鐵鈐由儘先副將請補綏甯協副將，覈與定章相符，應請准其補授。惟查該員寄籍四川，例應迴避，應照章咨商湖北巡撫揀員對調一摺，於光緒二十九年七月二十二日奉旨：依議。欽此。當經臣錫良咨商湖北巡撫轉咨到臣端方，會同揀調。查有湖北施南協副將文漢章，湖南鳳凰直隸廳人，堪與四川綏甯協副將鐵鈐兩相對調。咨覆到川，未及具奏，臣之洞回任，意見相同，相應奏明請旨，如蒙天恩准其調補，俟接到部覆，即分飭各赴調任，以重職守。至該副將等均係實缺人員，其年歲、履歷前經奏咨有案，應請邀免重叙。所有川、鄂兩省揀員對調副將緣由，謹合詞恭摺具陳，伏乞皇太后、皇上聖鑒訓示。

兵部議奏。

會籌江南製造局移建新廠辦法摺 光緒三十年四月十八日

竊臣之洞於上年十一月陛辭請訓時面奉皇太后懿旨，飭赴江南查核製造局事宜，會同臣光燾將移建新廠各事妥籌辦理。當於三月十三日起程赴甯，業經電請軍機大臣代奏在案。伏查中外大局情形，今年較之去年尤爲變動莫測，則軍實關係緊要情形，今年較之去年尤爲急迫難緩，自宜迅速定議舉辦。查移建新局，以籌款、擇地、定機、核用、用人、定槍礮式、儲備廠才、整頓舊局爲八大端。臣光燾上年接准政務處議覆後，疊經督飭局員，按照原奏將滬局應裁、應節各款，確考詳籌。祇以時當多故，軍火需用方殷，舊廠遽難停辦，致提款不能甚多，用是躊躇未定。臣之洞抵甯後，連日與臣光燾往復晤商，分別定議。其間有按原奏切實舉行並加推闡者，有較原奏量爲變通者，謹爲我皇太后、皇上縷晰陳之。

一曰籌款。查原奏就滬局原有經費，將各工廠裁節歸併，每歲約可提存銀一百萬兩。惟據各局禀稱，本省需用軍火取給於滬局者居多，北洋亦常有調取飭造之件，他省亦間有索取者。况現值東方有事，需用或較平日爲多，新局未成以前，所有滬局槍礮藥彈等廠只可暫留以應急需等情。臣等查滬局槍礮非全由機器所成，因歷年機器係陸續添置湊配，故必須參用人工，以致不能精密一律，且出槍不能甚多。本應早日停舊改新，以免虛糜而收實用。惟新廠之成尚早，不得不酌量應付，暫作支持。然目前雖不能全行停辦，必當漸次減造，並將各項冗員浮費竭力裁汰，暨將附屬各小廠歸併減省。再三核算，每年祇可節存銀七十萬兩，不敷之數尚鉅。經臣光燾電商江蘇、安徽、江西三省撫臣，歲籌協

[一] 録自中國第一歷史檔案館編《光緒朝硃批奏摺》第四九輯，第二四五至二四六頁，中華書局，一九九五年版。

濟，以五年爲限。將來三省撥用槍礮彈藥，准將協款劃抵。旋准江西電復，允歲籌銀十萬兩。江蘇、安徽電復，各允歲籌銀五萬兩。五年内當由臣光燾於江甯省司庫鹽務各款籌撥銀十萬兩，共湊足三十萬兩之數。其滬局每年節存之七十萬兩，無論滬關二成洋稅及各關局額解之款盈絀如何，責成總辦道員，總須設法撙節，如數提撥。總計仍係歲撥一百萬兩。五年後，此三省協款雖停，而舊局應將原有之款約一百四十萬兩，全數撥歸新局之用。以上係議定籌款辦法。惟新局現議槍、礮、鋼、藥兼營並造，且將各項出數極力擴充，開辦經費既非原估五百萬兩之數所能敷用，而此後常年製造之款僅恃滬局原有經費一百四十萬兩，亦尚不足以濟事。若不另籌挹注，誠恐新局因用繁費絀，觀成無期。際此多故之秋，新局早一日竣工即新械早一日資用。又上年在日本訂造長江淺水兵輪四艘，原議養船經費在鎮、滬加抽米捐下動支，現在江南米捐並未開辦，將來新艦造齊，其養船經費亦擬由滬局籌撥，非有的款供支，勢難持久。查光緒十二年間，欽奉懿旨整頓圜法。經户部會議復奏，以外洋銀錢皆用機器製造，行令直隸、江蘇機器局妥籌試辦。嗣於光緒十九年二月，前督臣劉坤一因上海地方錢價奇昂，商民交困，批飭江南製造局總辦道員劉麒祥，遵照前准部咨，用機器鼓鑄制錢以資民用。旋因虧耗太多，未能源源接鑄，該處仍苦制錢缺乏，以致近年錢荒物貴，貧民生計愈形艱難。兹飭查照户部奏案，就原有機器添配碾片、舂餅、印花各機，酌鑄銅元，流布市廛，以濟圜法之窮。所獲盈餘，新舊兩局各半分撥，俾規模得以完備，經費免致不敷，利國利民，斯爲一舉兩得。俟新局告成，一律開工製造，即將滬局槍礮藥彈各工截止停辦，專辦煉鋼廠、修船廠、修理機器廠三大端。其機器廠内並設法製造造槍礮機器之機器，以備中國擴張軍實，取用不窮，免致仰給外人。並酌量改造各種農工需用之機件，及仿造有益民生實用之外洋貨品，以廣行銷，藉資抵制。所製出售之品，可隨時酌量收回工價，以資添補廠用。除將銅元一半盈餘仍留充舊局成本，如有不敷，另籌撥濟外，其原有製造款項二成洋稅，及奏定各關局常年經費二十萬，暨銅元一半盈餘，應盡數撥充萍鄉新局常年經費。核計新局每歲造足快槍五萬枝，過山快礮、野戰快礮共二百尊，臺礮、船礮共四十尊。械數既屬宏富，需款自必浩繁，除江南自籌各款外，必須各省取用槍礮隨時付價，方足以資周轉，免致捉襟露肘，停機減造，致妨自強要圖。

二曰擇地。原奏擬用皖省宣城縣屬境灣沚鎮之后啓發山，此次臣之洞於赴甯之便順道往勘，臣光燾接准電知，亦即乘輪前往，同於十五日馳抵蕪湖，會同至灣沚地方。其地距大江口七十里，距内河即中江三里，春夏秋可行小輪，惟冬令水涸時，止能行一二百石之民船。大率運道暢行之時，一年可有八箇月。但船至二百石，即可裝一二萬斤。若在此設廠，其機器大件及煤炭可趁此八箇月内水大時趕運，並無妨礙。其餘零小機件料物，及造成槍枝、陸路礮、各項彈藥，冬間小剥船仍可常運，絶無停阻。當即登山履勘。該處一帶山阜頗多，皆係斜坡，迤邐而上，斜度約高十餘丈，人行殊不覺有登陟之勞。其山頂延袤數百丈，横寬十餘丈、數十丈不等，稍加鏟平，即可聯合爲一，並不費工。其地概係堅實黄土，並無一石，亦無墳墓，間有民間種植小樹，大率皆聽其荒棄不用。如此山阜大約有六七處，無論建設若干廠，均可取用不窮。似此遠江近河，高堅平廣，兼有此八字之利，洵爲難得。若在江北，容或有之。若在江南，並在江蘇附近地方，已屬無出其右。惟詳加籌度，距江僅止七十里，尚非極爲深邃之區。既經移設，若有更勝於此者，自不如籌一勞永逸之計。臣之洞自鄂啓行時，接晤總辦漢陽鐵廠兼辦萍鄉煤廠道員張贊宸，詢據稟稱，江西境内之萍鄉縣地方，出煤甚富，試煉焦炭已有成效。現更擬開辦鐵礦，擬即於萍鄉屬境之湘東地方，添設化煉生鐵爐。若以新廠移建該處，則煤鐵取資尤便等情。到江後，復會商臣光燾，詳詢道員張贊宸。據覆稱，萍鄉縣屬之湘東地方，濱臨小河，下通湘江，地勢平坦寬廣，亦不低窪，可用之地不止數千畝。東距萍鄉煤礦四十四里，西距湖南屬境之醴陵縣六十里，由萍至醴已造有運煤鐵路。由醴陵至湘潭縣屬之洙洲，現亦接造鐵路，約計明年四月可成等語。查此路與粵漢幹路相接，由岳州至洙洲可自造拖輪及大剥船，用拖輪帶運。現在漢陽鐵廠開辦萍鄉煤礦，轉運機器即是如此辦法。似此地勢既屬深邃，運道亦極暢通，洵爲兩全。臣等公同商酌，前此議於灣沚建設新廠，因其地在江陰、鎮江上游，又不濱臨大江，且距江甯甚近，督察較便。今漢陽鐵廠商董既議於萍鄉之湘東鎮創設化鐵爐，而萍鄉鐵路已接通該處，則將來煤鐵可以兼資。至其遠隔洞庭，深居堂奥，與灣沚相較，可取之處尤多，且仍在兩江轄境之内。以之建造江南槍礮鋼藥新局，似較灣沚尤爲相宜。擬即定用此地。現已派員前往湘東覆加察勘，并就近考驗煤鐵性質，一面即行購地備用，以免居奇。雖目前運送機件勞費較增，而將來就地取用煤鐵，價廉運速，可以歲省鉅款，利益宏多。至灣沚地方形便利多，棄之可惜，擬即由官收買備用。博訪華洋各員，僉云以之建設武庫亦甚相宜。可爲省城軍械分局及火藥庫，派兵駐守，將來萍局造成各械及無煙火藥，即分存此處，聽候撥運江甯省城、上游各省及江南北各處。

三曰購機。查原奏廠地擬用灣沚，去滬較近，除造槍機器須全行定購外，其礮機、藥機尚可酌量移用，祗須量爲添配鋼料。原擬仍用滬廠所煉者或兼用鄂廠所煉者，故無須另設鋼廠。兹既移建湘東，上溯遥遠，與其挪運舊機，運卸糜費，莫如全定新機，益臻完美。西人覘國者，以精利軍械製造儲藏之多寡，分其國之强弱。當此時艱孔亟，外侮憑陵，此項械藥，不容不力求廣製多藏，爲建威銷萌之計。兹擬向外洋名廠定購每日能造新式小口徑快槍一百七十枝、歲出五萬枝者新式槍機一全分。每日能造槍彈十七萬顆、歲出彈五千萬顆者新式彈機一全分。每年能造七生半口徑長快礮、短快礮共二百尊，又每年能造十二生口徑、十五生口徑新式長身臺礮、船礮各二十尊者新式礮機一全分。礮彈、礮架等機照配。每日能造無煙火藥五百啓羅，合英權一千一百二十磅，歲出藥三十餘萬磅者新式藥機一全分，應配各項强水機稱是。每爐能煉罐鋼一噸者二座，煉西門馬丁鋼十噸者一座，及拉鋼、壓鋼、軋鋼、烘鋼等新式機爐一全分。此外修機、翻沙等各項應用機器，一律齊備，同時分向各洋廠訂購。應付機價，向係於訂定合同後付價三分之一，機器起運時續付價三分之一，餘俟機器全數運送到廠安設齊備，一律找付清楚。惟現在時事日急，軍實最關緊要，必宜及早開造，方無後時之患。擬與各洋廠商明，機價分五年匀付，而機器則儘三年内分别先後陸續運送廠地。如機器早到，而暫未清款，則向該廠酌認利息，總期趕早安設完備，以便及早開工製造。至新局訂購各項機器，必須有明習妥實之員，親歷外洋機器各廠考校議訂，方免種種弊混。兹查有候選郎中李維格，考求機器製造之學有年，嫻習英、法兩國語言文字，人品亦端潔可信，現經督辦鐵路總公司大臣盛宣懷派往外洋考查鐵廠就外洋有名各大廠分别考訂議購。

需用機器。臣等公同商酌，擬即派委該員將萍鄉新局各項機器，

四曰核用。查原奏約計各項機價及建廠、購地一應工程雜用，共需銀五百萬。内礮機、藥機本擬將舊廠所有擇要遷移，添配足用。至煉鋼機爐因一時力有未逮，姑俟緩圖。故約計五百萬兩足以敷用。現擬將新局移建湘東爲一勞永逸之計，則槍、礮、鋼、藥均屬相須爲用，必應同設一處，方爲合宜。核計用款，一須添廠。原奏本設灣沚，故鋼廠即不另設，今萍、滬相距過遠，必須添設造槍鋼之罐鋼機廠，又須添設造礮鋼之西門馬丁鋼機廠。又造無煙藥，須添設硝强水廠、磺强水廠。此兩項强水爲造藥所必需，以免購自外洋，徒滋浮糜之弊。又須添設造火磚廠，以備製造各爐之用，及造青紅磚廠，以備建造各項廠屋之用。凡此數廠，皆全廠添設，原奏所無。此添廠之必應添款者也。二須添機。原議礮機不須全購，今移設萍鄉，必須全購新機，一鐵一木不能遷就。且現議造礮之種類較多，造礮之數又復增多，必須多添機件。此外各廠大率類此。故同此舊有之廠，而機件較前繁多。此添機之應添款者也。三添運費。原議新局建設灣沚，距蕪湖江口僅止七十里，由滬至蕪亦不足千里，故運費尚省。今移建湘東，則由上海達岳州，江程已經加倍。由岳達湘，由湘入小河以抵湘東，水路紆迴。機件爐座皆極繁重，節節盤剥，運費勢必加增。此添運費之應添款者也。兹據上海各洋行電詢外洋各廠開報之價，就現在鎊價約略核估，計歲出新式小口徑槍五萬枝、彈五千萬顆之全分機器，共需庫平銀一百八十餘萬兩。歲造陸路七生半口徑長快礮、短快礮各一百尊，船臺十二生、十五生快礮各二十尊，及礮彈、礮架、馬鞍皮件等各項全分機器，共需庫平銀一百餘萬兩。歲造無煙火藥三十餘萬磅，及造硝强水、磺强水等全分機器，共需庫平銀六十餘萬兩。每爐煉罐鋼約一噸者二座，煉西門馬丁鋼約十噸者一座，及拉鋼、壓鋼、烘鋼、軋鋼等各項全分機爐，共需庫平銀八十餘萬兩。此外翻沙、修機、造磚、抽水、木模等項各種應備機器，共需庫平銀三十餘萬兩。各所工廠地基、爐座、煙囱、磚石、鐵木、水泥、火泥、皮帶、繩索各項工料，填地築路、開溝圍墻、馬頭磡岸、起重架、小鐵軌、住房雜屋、堆棧庫房，一應工程運費，共需庫平銀二百餘萬兩。綜計約需庫平銀六百五十餘萬兩，較原估五百萬之數約增銀一百五十餘萬兩。此雖就洋行開價折合大概之數，其細數須俟派員到外洋就廠訂議，方能確實。而通計添廠、添機、添運費所增出之款，實皆相因而及，爲萬不可少之需。

五曰用人。查原奏新舊兩局均責成滬局總辦道員一手經理。兹新局移建湘東，距滬二千餘里，鞭長莫及，實有顧此失彼之虞，自應將兩局分别委員承辦，各專責成。仍令互相籌商稽考，聯絡一氣，俾免隔閡之虞。現辦滬局道員沈邦憲因病辭差。查有湖北試用道魏允恭，心思精敏，學問賅通，才具優長，講求時務，堪以派充江南製造局總辦，駐劄上海，兼管籌辦萍鄉新局事宜。該員雖係臣光燾疏遠同族，而服官鄂省，其才品爲臣之洞所深知。製造事關軍實，不比地方差務。現值節裁經費，精求製造之際，因事擇人，未便拘牽成例。應即責成該道將該局原有員司、工匠嚴加淘汰，各廠工作切實整頓，務將節款如數提存，隨時撥解新局濟用。其新局定機購地建造各事宜，並由該道會同籌商辦理。又查有江蘇候備道方碩輔，儉樸清廉，耿介絶俗，辦事精實，成效昭彰，堪以派充江南製造局會辦，駐劄萍鄉，專管建設新局，

安設新機，兼稽核滬局事宜。凡新局購地、建廠、考工、核料一切應辦之事，均令其切實辦理，務求實際，力戒虚糜。其滬局節裁支用款目，並由該道隨時認真稽核。大率新舊兩局，雖分設兩處，而本是一事，必須事事通貫，事事和衷，不得劃分畛域。故兩局責成，皆以魏允恭爲重，而令方碩輔佐之。並令魏允恭時常親赴萍鄉考察，每三箇月必須親往一次。至槍礮、藥彈等廠之監造，需用外國上等工師，容臣等隨時函電，向外國詢訪雇用。俟將來派往外國遊學之委員、學生學成回國，即可專用中國員匠。嗣後新舊兩局總辦、會辦之員，遇有更易，應仍由南洋主稿，咨商選擇，會同奏派，以昭慎重。

六曰定槍礮式。查原奏新製快槍，口徑宜再收小，擬酌中定爲六密里五。誠以口徑愈小，則飛路愈直，速率愈快，激射愈遠，擊力愈猛。且口徑小，則子彈亦小，分量減輕，隨身可以多帶，尤爲制敵要義。年來與東西洋各國武員詳加詢考，現將各國最新式快槍派委員弁多人，一一演放比較，試驗擊力。於距遠一百密達之處，日本六密里五口徑新槍，擊透五分厚松木板五十八塊，擊深鋼靶至六密里八，實爲最優。其次則德七密里口徑槍，擊透木板五十塊，擊深鋼靶五密里有奇，擊力已遜。此外各國快槍口徑皆較日本爲大，擊力皆較日本爲絀，衆目共覩，不能意爲軒輊。惟日本之槍機簧各件稍覺繁多，亦間有不甚堅牢之處，因與德國新槍兩相比較。查日本明治三十六年，即光緒二十九年所造之新槍，與德國一千九百零三年，即光緒二十九年所造之新槍，拆開考較，計德槍各種共七十六件，日本槍各種共計九十三件，計日槍多於德槍十七件。查係日本設槍廠時定爲此式，已有七年，間有未能想到之處，不免稍參人工，以故機件稍多。至德槍係去年新式，推求更加精詳，概用機器，不煩手工，是以件數減少。詳加酌核，詢之委員、匠目，若用德國槍簡少之機件，而用日槍迅疾之口徑，則兩美相合，更爲有利無弊，員匠皆稱極善。茲擬即定用日本六密里五口徑快槍，而機件悉照德槍簡少之數。至日槍來復綫係八條，以增繞力而求迅直。其槍身長於德槍五十密里，取其逼束藥力。其通條較長，直通到底，較之德槍兩截者利便甚多，皆不宜妄加改易。現在江南新槍既改此式，則此後鄂廠製槍，亦擬改從此式。將來他省如有另建機廠製造快槍者，口徑亦宜照辦，以歸一律。擬請旨通飭遵行。其造礮一節，查近日外國陸戰，專以礮隊爲制勝之具，歷經詳加考較，必須七生半口徑者，其炸彈撒面可及一百密達，正可偏擊敵營一隊之兵。若五生七之山礮，便於馬馱過山，本極利用，惟口徑略小，而擊力尚嫌稍薄。現擬將陸路行營快礮定爲兩種：一、口徑七生半，身長二十倍口徑，行用車拉，牽用六馬。北省攻戰及大江以北地勢平廣者用之。一、口徑七生半，身長十四倍口徑，登山用馬馱，平地用人拉。江以南及各省地多山嶺溪田、道路窄狹者用之。其臺礮、船礮皆用快礮，口徑亦定爲兩種：一、口徑十二生，身長三十倍至四十倍者。一、口徑十五生，身長三十倍至四十倍者。此兩等在長江内地應用及防守海口，已足禦敵。

七曰儲備廠才。機器製造本係專門，而兵器學爲軍實所關，各國尤爲注重。外國高等工師及學成武職，皆入專門學堂研窮理法，務造精深。又親歷工廠，手治目驗，徵諸實用。故能智創巧述，推陳出新。但外國礮兵工廠，其中多有秘奥，不令人知，不許人學。中國素未講求製造之學，故每創機廠，不得不募用外國工師、匠目。此本權宜應急之謀，實非經久可恃之道。現既議建新廠，則製造之材必須預爲儲備。玆擬商明各國，選派才優心細之官員二十人，才具明敏、文理優通之學生四十人，技藝優長、悟性素好之匠目四十人，前往德國、比國、日本國，分入學堂、工廠。官員則親歷學堂、工廠，學管理稽核等法，以備回國後派充新局委員之選。學生則入學堂，分門學習造槍、造礮、造藥、煉鋼各項精深理法，以備回國後派充新局各廠工師、監工之選。匠首則入工廠，學習運用機器、分司工作及修理安配各種手法，以備回國後派充新局各廠領工之選。約均以五年爲度。所需旅費、學費、川資、整裝、安家各費，及監督、繙譯薪水、公費，均匀牽算，每人每歲多或一千四五百兩，少或七八百兩，統計歲需經費銀約十萬兩。將來學成畢業回國，嫻習製造之材日多，則經理局中各事，不必借材異地，方爲自强長策，而縻費亦可節省，裨益廠務，實非淺鮮。此係專指儲備新局人才而設，其上海舊局亦需派人遊學外洋，應另行選派，不在此數之内。

八曰整頓舊局。查原奏滬廠此後凡不急之物，可緩之需，及式舊數少之槍彈、大小礮之實心彈等類，皆行停造。槍枝除小口徑毛瑟外，亦皆停造。其雜項槍礮藥彈，併應限數減造等語。現經酌定，滬局以後快槍止造江、鄂兩廠現有之小口徑毛瑟一種并彈。其專造槍彈者，則止造舊毛瑟、曼理夏兩種。因此三種槍各營發出較多，新廠未成以前，暫資應用。快礮祇造十五生口徑臺礮、七生半口徑陸路礮兩種并彈。其餘雜項槍礮子彈，均一概停造。各省如有需用此等雜項子彈，應令自向外洋購辦，滬局不再應付，以免紛歧縻費。至滬局所造無煙藥，迭經臣等考察，製煉尚未能純净得法，應即飭令迅速改求精善，務得合度無害之法，方可接造。其栗色礮藥一種，久經前北洋大臣考驗，不適於用，此時亦不宜造。如存藥用罄，可隨時向外洋購買。惟黑藥爲雜項槍礮子彈及操練所需，當責成承辦之員，精求製煉之方，撙節浮濫之費，視實在需用之數，酌量製造。其船廠、鋼廠仍舊辦理，修理機器廠并應擴充。此三廠將來可常設在滬。此皆工作之事，自無妨礙。一俟新廠告成，再將滬局製造軍火各廠全行停止，改作工藝製造廠，就其機器於製造工藝何物相宜者，即量爲製造，以利民用。且可收回工料價值，以資周轉。則局中官用經費有限，而民間農工各業取資不窮矣。

以上辦法，係因舊廠暫難停辦，新廠亟須興建，不得不統籌兼顧，經臣等互相商搉，審量再三而後定議。應即責成承辦之員，遵照現定辦法，次第認真興作，不得再有游移，款項亦不容別有絲毫挪動。所有煉鋼、製藥、槍礮、彈架各項機器，廠屋及全局一應工程，應即及時興作，分別先後，次第完工。每成一廠，即先開一廠工作。務於五年之内，一律開機製造，槍礮藥彈有以資用，不准遲誤逾限。期於利器日出，軍實充盈，各省軍械焕然一新，較若畫一，士氣奮興，威棱遠布，以仰副朝廷擴張武備之至意。

至在事各員，果能殫力經營，精心考察，工程堅固，核實經費，涓滴歸公，應俟新廠依限告成後，奏請照異常勞績從優獎勵。如能將全廠於四年内一律完工開辦，獎勵格外加優。如稍有浮冒怠緩，貽誤要工，亦即從嚴參處。

至各省新練之兵，火器宜歸畫一，當俟此次改定口徑新槍、新礮造成之後，咨行各省，陸續向江、鄂兩廠備價購取。統令常備各軍，一律繳換新槍新礮，限五年内一律換齊。其江、鄂舊造之小口徑毛瑟快槍，酌給續備各軍及各州縣警察勇丁使用。雜式可用之礮，分給各臺壘要隘，作爲護礮。其餘陳舊雜槍，除最劣者飭令停廢外，其稍勝者酌發各州縣團練緝捕勇丁使用。

查換齊新械限以五年，則各省購換新械之費，可以陸續籌備。自今年移廠定機起，至廠成出械，已需五年。自新械既出以後，又以五年換齊爲期，則統計已及十年。分年積款，分年購換，無論大小省分，皆能辦到，並不爲難。至定限廠成五年之後，各省常備軍如有仍用陳舊雜式槍礮者，應由練兵處考察，將該省營務處及統帶營官懲處，以期早收畫一之效。擬請明降諭旨，通飭各省一體遵行。

此外未盡事宜，容臣等隨時會同奏明辦理。並查照政務處原奏，將來造成新械，並知會北洋大臣一體詳加考察。所有遵旨會籌江南製造局移建新廠妥議辦法緣由，謹合詞會同北洋大臣袁世凱恭摺具陳，伏祈皇太后、皇上聖鑒。再，此摺係臣之洞主稿，發摺後即日遄回鄂省，合併聲明。

（硃批）政務處、練兵處妥議具奏。（欽此）

籌辦火車貨捐已著成效請飭部立案獎勵摺〔一〕 光緒三十年四月 日

竊臣等於光緒二十八年五月間，因蘆漢鐵路已由湖北漢口通至河南信陽，楚豫來往商貨多與火車販運，以致湖北境内漢陽、德安等府所屬各釐局收數頓絀，當以陸路火車與水路輪船運貨完税事同一律，飭令鄂省牙釐總局，酌量於漢口地方設立火車貨捐局，以期挽回利權。開辦之初，華洋商人因事屬創設，不願認捐，經臣之洞、臣端方電請外務部特派總税務司赫德襄助經理，並飭由江漢關税務司妥定章程，格外寬恤，將釐章改輕。凡由火車運貨者，無論華洋商人，均只按海關税則納值百抽二五之半税一次外，鄂、豫皆不重徵。並於海關人員中選派一人幫同委員監察，以通商情。經理數月，始克剋就繩尺。上年因鐵路逐漸展長，貨源日旺，鄂豫交涉事宜必須會同商定，沿途應設分卡，亦須預爲查勘。由臣端方檄委湖北候補道左元麟前往河南，會同豫省司道詳細商籌，並與前河南巡撫張人駿往復電商，議定由鄂委專辦，豫委會辦委員，核實稽徵。自確山開車之日起，所收貨捐，豫、鄂各半分撥。該委員等循照章程，遇事因應，已將河南境内之駐馬店、漯灣河、郾城各分卡，次第設立。近來華洋商人曉然於統捐之法簡而易行，絶無留難阻滞貨物，開關争先恐後，按月收數逐漸加增。計自二十八年七月起至本年二月止，共收貨捐錢十二萬七千餘串，除去開支局用，豫省先後劃分之款，由豫省釐税項下彙案奏銷。鄂省則月解交善後局充餉，彙入釐金正款報銷。伏查鄂、豫兩省應解京餉、協餉及本省營餉各款，半恃釐金爲大宗，而鄂省此額較多，收數最旺，盈絀之間，關係尤重。自火車暢行，附近鐵路之水路各釐局向來應徵之釐，半歸無著。若不設法抵補，則本省應用有誤要需。現幸火車貨捐極力經營，規模粗定，將來蘆漢鐵路接通之後，各局釐金雖日見其絀，而火車貨捐當可日期其旺。是失之東隅者尚不難收之桑榆，挹彼注兹，於餉需不無裨益。上年鐵路總工程司沙多來鄂，曾以鄂省火車貨捐辦法最善爲詞。近來各省設修鐵路，亦將來鄂查取章程。臣等默察情形，此

〔一〕録自《京報》第七九四一號。

項貨捐不惟外人無所藉口，足以塞貨税之漏卮，抑且各省皆可仿行，並以省無形之唇舌，有利無弊，成效昭然。而當其創辦之初，事事掣肘，種種爲難，雖經一意堅持，亦未料其悉就範圍，遽有成效，至於如此。所有在事出力各員，勞慎從公，始終不懈，不無微勞足録。合無仰懇天恩俯准飭部先行立案，由臣等隨時考查，擇其尤爲出力者，酌保數員，以示鼓勵，出自逾格鴻慈。據湖北、河南藩司會同兩省釐局司道詳請具奏前來。除分咨外務部、户部查照外，謹合詞恭摺具陳，伏乞皇太后、皇上聖鑒訓示。

該部知道。

宜昌川鹽局抽收正課加課及籌餉加價錢文數目摺〔一〕光緒三十年四月　日

竊照湖北宜昌川鹽局抽課濟餉，所有光緒二十九年夏季分抽收鹽課錢文數目，業經臣及前兼署督臣端方先後奏明在案。查前准部咨，議覆編修張百熙奏籌餉各條案内，令安、襄、鄖、荆等府州運銷川鹽，每斤加收錢二文，隨同正加課按季奏報以咨查考等因，歷經遵照辦理。兹據湖北鹽法武昌道繼昌，將光緒二十九年秋季分抽收鹽課錢文數目開報前來。臣覆加查核，宜昌川鹽局光緒二十九年七月分抽收正課錢五萬一千八百四十一串四百二十五文，内提京餉銀一萬兩、錢五千串文。加課錢二萬二千五百三十九串七百五十文，籌餉加價錢九千一十五串九百文。八月分抽收正課錢一十萬八千三百二十四串四百九十一文五毫，内提京餉銀四萬兩、錢一萬二千串。加課錢四萬七千九十七串六百五文，籌餉加價錢一萬八千八百三十九串四十二文。九月分抽收正課錢八萬四百九十九串九十一文五毫，内提京餉錢二千串文。加課錢三萬四千九百九十九串六百五文，籌餉加價錢一萬三千九百九十九串八百四十二文。除籌餉加價錢文遵照部撥留備解還俄、法、英、德四國洋款本息外，其正課全項同歸鄂一半加課，亦照部咨解交税務司抵還洋款，由道在撥補鹽釐款内撥還，連同節省五成公費分別撥解京餉、荆州滿營兵餉、水師月餉，餘則儘數由道移解善後局接濟軍餉。除解支細數造册咨部外，理合恭摺具陳，伏乞皇太后、皇上聖鑒。

户部知道。

宜昌關第一百六十九結期滿收支各款税銀數目摺光緒三十年四月　日

竊照准户部咨，抄奏内開，各海關洋税收支數目，辦理未能畫一，應令遵照新章，按結開列清單奏報一次，仍扣足四結開單奏銷一次，概不得以收支數目串入原摺，以致混雜不清。仍一面造具四柱清册暨支銷經費銀兩清册，分送户部暨總理各國事務衙門核銷等因。奉旨：依議。欽此。歷經遵辦在案。兹據湖北荆宜施道宜昌關監督余肇康詳稱，宜昌關徵收税銀，前經截至光緒二十八年八月二十九日第一百六十八結止，詳請奏咨在案。兹查監督濮子潼任内，自光緒二十八年八月三十日起至十二月初二日止，第一百六十九結期滿，所徵各項税銀，除照章開支外，實存銀六萬八千一百四十五兩九錢七分二釐。此項銀兩，歷照奏案除解還

〔一〕以下二件録自《京報》第七九五〇號。

英、德、俄、法本息外，歸入一年報銷案内掃數解清，本結並無洋藥進口，亦未徵收洋商自備洋式之船鈔，毋庸造册報銷等情，詳請奏咨前來。臣覆核無異，除清單、清册分咨外務部、户部户科外，謹會同南洋通商大臣兩江總督臣魏光燾、湖北巡撫臣端方恭摺具陳，兼繕具四柱清單，恭呈御覽，伏乞皇太后、皇上聖鑒。

該部知道。單併發。

江漢關奉撥淮軍協餉片[一] 光緒三十年四月 日

再，江漢關奉撥淮軍協餉，前准部咨減爲每年解銀二十萬兩，業將上年應解銀兩，照數劃撥直隸購辦湖北槍彈價值及撥解北洋淮軍銀錢所，經前署督臣端方附片奏明在案。兹據湖北漢黄德道江漢關監督梁敦彦詳稱，江漢關現春季税收減色缺項支絀異常。惟直省防務緊要，需餉甚殷，奉准電咨催解，自應設法騰挪，以濟要需。即在於所徵洋税項下，動支庫平銀五萬兩，作爲本年頭批應解淮餉。查直隸在湖北槍砲局購辦槍子所需價值，應即在此項應解淮餉内劃扣銀一萬兩，就近委解北洋淮軍銀錢所交收，餘俟續徵有款，再行隨時撥解等情，詳請奏咨前來。除分咨外，理合會同湖北巡撫臣端方附片具陳，伏乞聖鑒。

户部知道。

豫撥本年第二批鹽釐京餉片 光緒三十年四月 日

再，前准户部咨，豫撥光緒三十年京餉一摺，清單内開，湖北鹽釐每年原撥銀十五萬兩，據該省奏請將湖北應解撥補宜昌鹽釐銀九萬兩，光緒二十九年起改解部庫，作爲湖北鹽釐京餉等因。當經奏准行知在案。現届預撥二十年京餉，應遵照奏案湖北鹽釐應解京餉減去銀九萬兩，改爲湖南如數解部。湖北鹽釐僅撥銀六萬兩，行令分批趕解等因，業經籌解本年第一批鹽釐京餉銀二萬兩，附片奏報在案。兹據湖北布政使李岷琛、鹽法武昌道繼昌籌撥本年第二批鹽釐京餉銀一萬兩，飭委試用知縣周昌壽、補用知縣黄仁炎管解赴京交納等情，詳請奏咨前來，臣覆核無異，除分咨外，理合會同湖北巡撫臣端方附片具陳，伏乞聖鑒。

户部知道。

特參武職大員躭逸乘轎摺[二] 光緒三十年四月 日

竊照武職人員身列戎行，必其平日能習苦耐勞，克自振勵，有事始能率先士卒，甘苦與同。近來緑營習氣，武職大員率皆躭逸惡勞，委靡不振，出必乘轎，習爲固然。勇營統官亦漸有之。光緒二十八年，臣之洞會同調任撫臣端方具奏籌議湖北練兵事宜摺内聲明，自實缺總兵起，武職概不許乘轎。經政務處議覆：恭查會典，從前屢奉諭旨，申儆武職不許乘轎，綦爲嚴切。將軍提鎮如宣力已久，年逾七十，方准奏聞請旨。現當整飭軍伍之際，尤當力求振勵。武職爲營隊表率，自應一概不許乘轎等因。奉旨：依議。欽此。當于二十九年三月，經前兼署督臣端方恭録咨行，欽遵辦理在案。當此時局艱難，正武臣枕戈待旦之日，各該

〔一〕以下二件録自《京報》第七九五一號。
〔二〕録自《京報》第七九五四號。

武職大員應如何屏除積習，力戒偷安。乃查宜昌鎮總兵傅廷臣、鄖陽鎮總兵鄧正峰，于接奉行知之後，置若罔聞。此次來省仍復公然乘轎，毫無顧忌，舊制新章一概置之不理。在省如此，在鎮可知，實屬怠惰驕妄，罔知悛改。律以違制之條，厥咎甚重。姑念相沿舊習，量予從寬。然不稍示薄懲，無以肅禁令而昭儆戒。相應請旨將宜昌鎮總兵傅廷臣、鄖陽鎮總兵鄧正峰摘去頂戴，拔去花翎，以爲玩令偷安者戒。容臣隨時察看，如以後尚能愧奮改圖，力求振作，再行奏請開復。所有特參武職大員耽逸乘轎請旨懲處緣由，謹繕摺具陳，伏乞皇太后、皇上聖鑒。

著照所請。兵部知道。

謝賜畫扇紗匹摺 光緒三十年五月十五日

五月十一日差弁回鄂，賫到皇太后賞御筆畫蒲桃扇一柄，藍實地紗袍料一匹，石青直經紗褂料一匹。當即望闕叩頭謝恩祗領。伏念臣自隔清光，倏調燠瑄，法從未忘於寤寐，守官何補於涓塵。茲者藻夏初炎，芝泥遠賁。化工妙墨，永清西域之風沙。薰殿微涼，垂念楚疆之藍縷。恩逾蔭暍，惴比臨冰。臣惟有體蘭陔養萬物之心，以麻衣害自强爲戒。九齡白羽，豈憂秋氣之遷移。杜甫香羅，永頌聖情之感荷。本宣德揚仁之意，收除苛去酷之功。仰答高厚鴻慈於萬一。

沙市關第一百七十一結期滿收支各款税銀數目摺[一] 光緒三十年五月　日

竊照前准户部咨，蘇州、杭州、沙市三口通商，經總理各國事務衙門咨准，核定於光緒二十二年八月二十五日，即各海關第一百四十五結之第一日，一體開關。應飭該關道將税務認真經理，設法稽徵，以裕餉需。並將徵收各項洋税銀兩，遵照奏定章程，自開關日起，按結開單奏報。並飭分晰造具細數清册咨送總理衙門、户部户科以憑查核等因。當經轉行遵照辦理。茲據湖北荆宜施道沙市關監督余肇康詳稱，沙市關徵收各項税銀，前經截至光緒二十九年三月初三日第一百七十結止，詳請奏咨在案。茲自光緒二十九年三月初四日起至閏五月初六日止，第一百七十一結期滿，共徵收各項税銀四千一百十九兩四錢六分五釐。除存票抵税銀十六兩，並支傾鎔折耗銀四十九兩二錢四分二釐，關用經費銀五千七百八十一兩六錢，將本結收數開支，尚不敷銀一千七百二十七兩三錢七分七釐。已在上結實存銀六千九百三十九兩五錢七分一釐一毫三絲内如數提出，動支彌補外，下餘銀五千二百十二兩一錢九分四釐一毫三絲，存俟下結開報。再，本結並無洋藥進口，無庸造册報銷等情，詳請奏咨前來。臣覆核無異，除清單、清册分咨外務部、户部户科外，謹會同南洋通商大臣兩江督臣魏光燾恭摺具陳，並繕具四柱清單，恭呈御覽。再，湖北巡撫係臣兼署，無庸會銜，合併陳明。伏乞皇太后、皇上聖鑒。

該部知道。單併發。

宜昌關第一百七十一結期滿收支各款税銀數目摺 光緒三十年五月　日

竊前准户部咨，鈔奏内開，各海關洋税收支數目，辦理未能

[一] 以下三件録自《京報》第七九八七號。

畫一，應令遵照定章，按結開列清單奏報一次，仍扣足四結開單奏銷一次，概不得以收支數目串入原摺，以致混雜不清。仍一面造具四柱清册暨支銷經費銀兩清册，分送户部暨總理各國事務衙門核銷等因。奉旨：依議。欽此。歷經遵辦在案。兹據湖北荆宜施道宜昌關監督余肇康詳稱，該關税銀前截至光緒二十九年三月初三日一百十一結止〔一〕，詳請奏咨在案。兹自光緒二十九年三月初四日起至閏五月初六日止，第一百七十一結期滿，所徵各項税鈔銀四萬一千四百四十六兩七錢四分七釐，除存票抵税、傾鎔折耗、關用經費、税務司經費，並解外務部三成船鈔、總税務司七成船鈔、洋貨辦足值百抽五免税之貨完税增收銀、俄法六成本息，並加撥磅價暨給委員解費各銀兩，總共支銀八萬一千一百四十九兩二錢一分九釐，歸本結收數開支，尚不敷銀三萬九千七百二兩四錢七分二釐。已在一百六十九、七十兩結存銀四萬八千七百九兩七錢四分四釐内提出彌補外，實存銀九千七兩二錢七分二釐。此項銀兩歷照奏案，除解還英、德、俄、法本息外，歸入一年報銷案内掃數解清。又本結並無洋藥進口，亦未征收洋商自備華式之船鈔，毋庸造册報銷，詳請奏咨前來。臣覆核無異，除清單、清册咨送外務部暨户部科外，謹會同南洋通商大臣兩江總督魏光燾恭摺具陳，並繕具四柱清單恭呈御覽。再，湖北巡撫係臣兼署，應毋庸會銜，合併陳明。伏乞皇太后、皇上聖鑒。

該部知道。單併發。

籌撥滇越鐵路款片 光緒三十年五月　日

再，前准户部咨，會議雲貴總督奏滇越鐵路請撥的款一摺，原奏内開，各省減撥協甘新餉内撥湖北省三萬兩，迅速解滇等因。光緒三十年二月二十三日具奏。奉旨：依議。欽此。咨行欽遵辦理。查湖北省每年奉撥甘肅新餉銀三十萬兩，曾於上年經户部議減銀三萬兩，每年撥解銀三十萬兩，是鄂省艱窘情形，早爲户部鑒及。然即此三十萬兩能否解足尚無把握。且此項減撥之三萬兩内，近年未能籌解之款，本年因日俄戰事，商務侵損，釐收減色，撥補鹽釐又復無著者居多。兹將議准減解甘餉之三萬兩撥作滇越鐵路購地之需，實屬無從設措。但此項鐵路需費甚鉅，事關中外交涉，勢難緩辦，鄂省又不能不勉力籌助。然庫空如洗，支絀萬分。經臣督同司道再四籌商，惟有暫向商號息借長平銀二萬兩，於本年四月十六日發交漢鎮天順祥商號具領，匯赴雲南藩庫交收，以期妥速而濟要需。據湖北布政使李岷琛會同善後總局司道詳請奏咨前來。臣覆核無異，除分咨外，謹附片具陳。再，湖北巡撫係臣兼署，毋庸會銜，合併陳明。伏乞聖鑒。

户部知道。

查明湖北省徵收光緒二十九年錢糧漕米比較上届完欠實數摺〔二〕 光緒三十年五月　日

竊照前准户部咨，奏令各直省徵收丁漕，統於各該年底開具

〔一〕「一百十一結」誤，應為「一百七十結」。見上頁下，「截至光緒二十九年三月初三日第一百七十結止」。又本册一八一至一八二頁，宜昌關第一百六十九結是光緒二十八年八月三十日起至十二月初二日止，九十天為一結，據此推算光緒二十九年三月初三日應是一百七十結止。

〔二〕録自《京報》第七九八九號。

比較清單，專摺奏報一片，於同治八年二月初五日奉上諭：著自同治八年爲始，督飭藩司將全省一年上下兩忙徵收丁漕各實數，及上届徵收總數，開具比較清單，詳明專案奏報等因。欽此。欽遵轉行遵辦在案。

茲據湖北布政使李岷琛詳稱，湖北省光緒二十九年額徵起運存留驛站屯餉耗羡等款，共銀一百二十二萬八千九百六十六兩四錢一分四釐。內除漬淹、挖壓、坍没、坍佔、挖廢豁免，並被水受旱緩徵，共銀一十六萬六千二百零八兩五錢零一釐。實應征銀一百六萬二千七百五十七兩九錢一分三釐，已完銀六十八萬五千八百九十八兩一錢四分二釐，未完銀三十七萬六千八百五十九兩七錢七分一釐。查光緒二十八年徵收各款錢糧，除緩徵外，實繳銀一百四萬三千一百七十七兩八分一釐，已完銀六十七萬六千八百六十四兩九錢七分一釐，未完銀三十六萬六千三百一十二兩一錢一分。今以光緒二十九年應徵之數比較光緒二十八年，計多銀一萬九千五百八十兩八錢三分二釐，收完之數計多銀九千三十三兩一錢七分一釐。所有光緒二十九年徵收各數，經臣督同藩司實力整頓，認真催提，是以各屬錢糧徵解踴躍，以致比較光緒二十八年均屬有盈無絀。

又據湖北督糧道譚啓宇詳稱，湖北省光緒二十九年額徵漕糧正耗米十六萬三千八百三十一石九斗三升五合，折銀二十一萬二千九百八十一兩五錢一分七釐，內除沙壓、坍没、挖廢、挖壓、漬淹及被水受旱豁免緩徵共銀二萬二千一百二兩一錢二分，實應徵漕糧正耗米折銀一十九萬八百七十九兩三錢九分七釐，已完正耗米折銀九萬一千一百六十一兩二錢二分二釐。比較光緒二十八年欠完一萬四百九十一兩四錢一分一釐，未完正耗米折銀九萬九千七百一十八兩一錢七分五釐，現在催提。又二十九年額征南糧正耗米一十三萬八千九十三石七斗一升一合四勺，折銀二十萬七千八百五十兩五錢六分六釐，內除沙壓、漬淹緩徵豁免及被水受旱緩征，共銀二萬七千一百七十四兩七錢三分八釐，實應征南糧正耗米折銀一十八萬七百一十五兩八錢二分八釐，已完正耗米折一十一萬四千四百七十五兩八錢八分四釐，比較光緒二十八年多完銀四百兩六錢九分二釐，未完正耗米折銀六萬六千二百三十九兩九錢四分四釐，現在催提。又額征光緒二十九年隨漕淺船、軍三安家正耗，並閑丁幫津資役等款，共銀九萬二千五百八十一兩三錢七分五釐一毫，內除漬淹、挖壓、沙壓、挖廢、坍佔、逃亡、故絶、被水、受旱豁免緩征共銀一萬六千八十一兩九錢八分四釐，實應征正耗銀七萬六千四百九十九兩三錢五分一釐，已完正耗銀三萬一千五百五十一兩四錢五分一毫。比較光緒二十八年少完銀九千一百六十兩八錢九分四釐六毫，未完正耗銀四萬四千九百四十七兩五錢四分五毫，現在催提。又二十九年額徵升科蘆脚、南折正耗共銀四萬一千二百五十五兩四錢八分一釐，內除沙壓、漬淹、挖壓、坍佔、挖廢及被水受旱豁免緩徵共銀一千二十八兩七錢八分三釐，實應徵蘆脚南折正耗銀四萬二百六十六兩六錢五分八釐。已完正耗銀三萬五千四百四十兩二錢八分四釐。比較光緒二十八年欠完銀一千九百六十二兩五錢七釐，未完正耗銀四千八百二十六兩四錢一分四釐，現在催提。以上已未完各款，統俟該年奏銷册內聲明造報各等情，開單詳請具奏前來。臣覆核無異，除咨户部外，所有湖北省徵收光緒二十九年錢糧漕南銀米，截至年底，比較上届完欠實數，繕具清單，恭呈御覽。再，湖廣總督係臣本任，應毋庸會銜，合併陳明，伏乞皇太后、皇上聖鑒。

户部知道。單併發。

擬補簡缺同知摺〔一〕光緒三十年六月　日

竊照前據宜昌府申報，該府新灘同知全順於光緒二十九年十月二十二日在任病故。當經咨達開缺，聲明係第五輪第三咨選之缺。應咨部歸八月分銓選。再，據鄖陽府申報，該府白河同知趙錫光於光緒二十九年十一月十七日在任病故，又經咨達開缺，聲明係第六輪第一留缺，應扣留外補各在案。正擬員請補間，適接准吏部彙咨，截缺單開明宜昌府新灘同知全順病故一缺，據該撫咨稱係第五輪第三缺，咨部銓選等因。查湖北同知上次積至第四輪第三缺黄州府同知李雯病故遺缺送選止，續出有荆州府薛華城、施南楊萬慶二缺，係未經扣留之缺不積缺，安陸府同知鄭葆琛捐離任，係第一留缺。此次宜昌府同知全順病故一缺，應作第二留缺，送歸外補等因，咨移到鄂，行司遵照辦理。除鄖陽府白河同知趙錫光病故遺缺，另案咨部銓選外，所有宜昌府新灘同知員缺，應照例擬員請補。查截缺章程内載，丁憂病故之缺，有本日可計者，即以各本日作爲開缺日期。今宜昌府同知全順於光緒二十九年十月二十二日病故，應歸十月分截缺。是月分祇此一缺，毋庸掣簽。湖北省同知病故休一項，前出荆州府同知蔡殿森病故，遺缺請以候補班前補用同知薛華城題補在案。今宜昌府新灘同知全順病故，遺缺鄭工及新海防遇缺先、海防即舊例銀捐遇缺先、銀捐遇缺均無人外，按例輪值候補正班酌補。查有截取補用同知温聯桂，年五十一歲，順天宛平縣人，由附生中式同治九年庚午科舉人，應光緒二十年甲午恩科會試，中式進士，引見，奉旨：以内閣中書用。欽此。五月到閣行走，學習期滿，咨留補用，委署侍讀。二十五年十二月十一日奉旨：著准其補授。欽此。旋捐免歷俸照例截取，經内閣保送，二十六年三月十五日引見，奉旨：著記名以同知補用。欽此。呈請分發，捐指湖北補用。四月十二日引見，奉旨：著照例發往。領照起程。八月二十五日到省。覆查該員温聯桂穩慎安詳，明白事理。所有宜昌府新灘同知員缺，應即以該員擬補。再，該員係截取記名同知，例得歸入候補班補用。今請補同知銜缺相當，毋庸送部引見。據湖北布政使李岷琛、按察使岑春蓂會詳前來。除咨吏部外，理合恭摺具陳。再，湖廣總督係臣本任，毋庸會銜，合併陳明。伏乞皇太后、皇上聖鑒，勅部核覆施行。

吏部議奏。

籌還新案賠款銀兩片〔二〕光緒三十年六月　日

再，前准户部咨，新案賠款每年二千二百餘萬兩，奏令各省關將應解部庫西徵洋款改爲加放俸餉一款、抵閩京餉改爲加放俸餉一款、京官津貼改爲加復俸餉一款、湖北省裁減勇營作爲旗兵加餉一款、加增邊防經費一款，向來有漕省分循案解部漕折一款，以上約共銀三萬餘兩，全數提出，留作賠款等因。當將光緒二十

〔一〕録自《京報》第八〇〇四號

〔二〕録自《京報》第八〇二五號。

八年十一月以前應還新案賠款銀兩，分別按期如數籌解。嗣因裁減勇營作爲旗兵加餉一款，係屬無著，據實具奏，旋准部咨，暫准由滬關在於彙存增收關稅項下提款籌補等因。又經咨飭江海關道查照按月提銀一萬兩撥補，其餘加放俸餉十萬兩、加復俸餉一萬六千兩、加增邊防經費一萬六千兩，共十三萬二千兩，分十二個月匀攤，每月應撥解銀一萬一千兩。所有光緒二十八年十二月起至本年五月止應還銀兩，依限籌解具奏在案。茲據湖北布政使李岷琛會同善後局司道詳稱，光緒三十年六月應還西歷七月分部撥賠款庫平銀一萬一千兩，又每百兩應補關平銀一兩六錢四分三釐，共補平銀一百八十兩七錢三分，統共庫平銀一萬一千一百八十兩七錢三分，已如數籌齊，於五月十五日發交漢鎮有成銀號領匯，限六月初一日交江海關道兑收轉付等情，詳請奏咨前來。臣覆核無異，除咨部查照外，理合附片具陳。再，湖北巡撫係臣兼署，毋庸會銜，合併陳明。伏乞聖鑒。

該部知道。

江漢關撥解淮軍協餉片[一] 光緒三十年六月 日

再，江漢關奉撥淮軍協餉，前准部咨減爲每年解銀二十萬兩，業經將上年應解銀兩照數劃撥解清。本年已解撥頭批銀五萬兩，均經附片奏明在案。茲據湖北漢黄德道江漢關監督梁敦彦詳稱，江漢關現值税收不旺，款項支絀異常，惟直省防務緊要，需款甚殷，自應設法騰挪以濟要需。現於所徵洋税項下動支庫平銀五萬兩，作爲本年第二批應解淮餉。查直省在湖北槍砲局購辦頭批槍子價值，應即在此次應解淮餉内劃扣銀一萬四千二百四十六兩，就近委解湖北槍砲局兑收。下餘銀三萬五千七百五十四兩，撥交招商局解滬，轉解北洋淮軍銀錢所交收等情，詳請奏咨前來。除分咨户部外，理合附片具陳。再，湖北巡撫係臣兼署，毋庸會銜，合併陳明。伏乞聖鑒。

户部知道。

揀補長江水師各員摺 光緒三十年六月 日

竊查長江水師員弁出缺，向係開單會奏請補在案。茲查長江水師近日所出之荆州營副將、漢陽營游擊各員缺，經文炳遴選歷練營伍熟悉水師之胡忠勝、邵茂春二員會商請補。該二員均由已經升補官階遞請升轉，相應照章聲明，可否准其升補，恭候欽定。俟接准部覆，分别送部引見，以符定例。除將該員等履歷咨部外，理合會同兩江總督臣魏光燾合詞恭摺具陳，伏乞皇太后、皇上聖鑒。

兵部議奏。單併發。

謹將湖廣所轄長江水師各員因事出缺揀員分别升補，繕具清單，恭呈御覽。

計開

荆州營副將鄧正揚開缺，遺缺查有現署江陰營副將本任金陵營叅將胡忠勝，精明練達，果敢有爲，堪以升補。漢陽營游擊丁得貴請升金陵營叅將，遺缺查有湖口營左哨都司邵茂春，歷練營伍，爲守兼優，堪以升補。以上二員均由已經升補官階遞請升轉，

[一] 以下二件録自《京報》第八〇二六號。

可否准其升補，恭候欽定。覽。

籌撥練兵的款摺光緒三十年七月十六日

竊照光緒三十年六月十六日，承准軍機大臣字寄，光緒三十年五月二十八日奉上諭：朕欽奉慈禧端佑康頤昭豫莊誠壽恭欽獻崇熙皇太后懿旨，現在時艱日棘，除寬籌的款，迅練勁兵，實無救急之策。飭令各省實心籌措外銷之款，覈實騰挪中飽之數，從嚴釐剔。並歸併局所，裁汰冗員，清提陋規，力除糜費，以資挹注，每年勻出的款若干，以爲練兵之用。限於一月內將籌辦情形具奏。等因。欽此。仰見宮庭宵旰默籌危局，備豫不虞之至意。而且卻貢珍，省儀文，躬行節儉，爲天下先。欽感之餘，尤深惶悚。

伏查此項練兵的款，上年十二月兩奉寄諭，增抽煙酒兩税，湖北應派銀三十萬兩。酌提丁漕浮收並田房税契，湖北應派銀二十萬兩。嗣又於本年正月准户部咨籌餉十條，其關涉各省者，内有嚴核錢漕，酌提優缺優差，各官報效等項。本年臣回任後，匆匆不及一月，即赴江甯。迨臣自江甯回鄂，正在督飭司道局員悉心籌辦間，欽奉前因，亟應迅速遵旨妥籌的款。惟是各省情形不同，即辦法不能一律。臣愚以爲籌款之法，但期有益國計，不擾民生，即不必限定何項名目，轉滋藉口。如湖北省煙酒税項，前因撥補宜昌鹽釐，款多無著，鄂省創議整頓，將煙、酒、糖三項奏准加抽，每年約可收銀二十餘萬兩。此係籌備撥補鹽釐專款。嗣因商民避重就輕，私向洋商領單報運，以致税收日形短絀。已經疊次大加寬減，以廣招徠，斷不能再行加重，徒爲魚爵之驅。

又如州縣錢價贏餘、田房税契兩項，查光緒二十七年部文飭籌新案賠款，當將各州縣丁漕錢價贏餘釐剔整頓，提取歸公，湊解賠款。其田房税契亦經剔除中飽，酌量加徵。以一半湊供賠款，一半抵補無著鹽釐，均經奏明有案。蓋煙酒税契等事，湖北因鹽釐無著，焦灼無計，始力排浮言，創議舉辦。至今鹽釐之無著者仍多，但有可以增多之道，斷無不竭力稽征。理勢昭然，當蒙宸鑒。

又如酌提優缺一項，查州縣既經兩提錢價，税契改章以後，從前所謂優缺，今則僅敷辦公而已。若搜剔太過，州縣無以辦公，甚至不敷用度，必致别滋流弊，仍然害及地方。

又如酌提優差一項，查優差無過釐金，而釐金局卡，湖北已節次整頓，釐剔中飽陋規，加增正項，比較近年收數增多，即其明證。節經前任撫臣于蔭霖、本任撫臣端方奏報奏獎有案。正項多收至三四十萬串，則其間中飽剔除，亦必有一二十萬串。此消彼長，其理甚明，似不便再事搜求，徒致擾累商民，自貽驅歸洋旗之害。

竊思湖北解款，除額解京餉、荆州滿餉、甘餉、淮餉、四國洋款鎊價、新案賠款及本省向有支款不計外，本年新撥廣西協餉八萬兩，龍州邊餉十三萬兩，雲南銅本二十萬兩，吴元愷一軍月餉、軍械、雜費一年約計需銀三十萬兩。現經遵旨籌備湖北所練新軍赴湖南境外、廣西全州一帶會剿，計須派步隊八營、馬礮工等營酌撥，約計此項每年亦需銀三十萬兩以外。共計新增解款、支款已一百萬兩以外，較之各省格外艱辛。籌畫支應實已萬分艱難，正在徬徨無計。惟是畿郊拱衛陪都，經營籌餉練兵，在時局行步遲速、眼光遠近，依法量驗，合度始准收録。每一營一隊，均選募一府或一縣之人，俾平日有性情浹洽之益，臨戰有患難相助之功。

一、凡入伍之兵，以三年爲期滿，即令退伍。除有過犯及操練不進功者已隨時革退外，其練成退伍之時，應令督操營務處會同本營統領親加考校，酌分爲頭、二、三等，分别給予憑照。操練不熟者，不列等。其憑照内並將其人之品行、技能一一載入。列入頭等者，遇有哨官、哨長弁缺，儘先酌量拔補。列入二等者，退充本省續備兵，並咨明各省，聽其調充弁目。列入三等者，退充各屬警察兵。不願當兵者，聽回鄉里自營生業。發照退伍之日，由督撫親到該營奬勉發給，饗以羊酒，以花紅鼓吹送出營門。回籍到家之日，由本鄉紳董以鼓吹爆竹迎入里門。凡領有憑照之退伍兵，概免雜項差徭，非犯有實在案情，地方官不得無故差拘折辱，待以武生之禮。以上皆係查照上年三月政務處議覆奏准之案辦理。如此則人盡以當兵爲榮，冀他日得造到全國皆兵之强盛境界。

一、湖北此次編制之法，以一軍統兩鎮，與日本合兩旅團爲一師團之制相同。惟日本礮、騎、工、輜每一師團編配一分，而此則每一鎮編配一分，又略仿日本混成旅團之意。誠以徵調與防守不容偏廢，設遇徵調，以一鎮之兵出征，以一鎮之兵留守。若騎、礮、工、輜僅止一分，勢必不敷分撥。即先其所急，盡數撥歸徵調之師應用，而平日不相統轄，臨時恐呼應不靈。故以仿混成旅團之法，爲備豫不虞之計，差有把握。按諸北洋現行軍制，亦大致相仿。

一、查外洋軍制，臨戰時每哨應八十四人。盡八十四人臨戰之行列，前後兩列。初用密積隊時，每人應占七十五生特，即中尺二尺四寸七分强，横寬處應占法尺三十一密達半，即中尺之十丈零四尺。用散開隊時，每人應占五尺，八十四人應占一百二十密達弱，即中尺之四十二丈。平日人數減半，則所占地段減半。故平日操練，應按戰時實在之人數、實占之地段切實演習。則哨官傳令聲音之所到，目力察視之所及，與夫兵丁所能見能聞，皆有一定尺寸。演練既熟，臨戰方能指揮裕如。若平日人數、地段各減其半，則目力、耳力、傳令聲音皆大有區别，難易迥殊，臨陣與操練不同，必多舛誤。至若外國之平日減數編制者，由其續備、後備之兵皆經素練，臨時召集非難。而其將校皆學理優深，平時講習討論之功無不該備。故戰時增募，得以相機伸縮，行所無事。若中國欲仿行外國減數兵制，必俟退伍之兵之歸入續備、後備兵籍者，臨時實能應募足額，辦理方無窒礙。若續備、後備兵尚未有人，戰時無可招募，仍招素不習兵之人充伍，如技藝生疏之兵與操練純熟之兵參雜互用，恐易誤事。竊念各省練兵甫經興辦，三數年内決無續備、後備之兵可應急募，而戰事無常，不能必三數年内竟無戰事。似湖北現照戰時足數編制，訓練可期齊一，較爲穩慎。儻將來續備、後備之兵漸多，遇有戰事時，該軍所練本係足數，如不須添兵，則本隊自足應敵。如以敵人衆多，必須添兵，則將一營官弁、兵丁分出其半，以續備、後備兵湊足其半，化一爲兩，亦並不難。是臨戰之添兵一半與否，操縱皆可裕如。視平日以減數編制者較爲活便，而平日可省餉項，且能操練臨戰之實功矣。

一、湖北步隊軍制，以軍統鎮，以鎮統協，以協統旗，以旗統營，以營統哨，鈐轄之制，共爲六等。北洋軍制，以軍統鎮，以鎮統協，以協統標，以標統營，以營統隊，以隊統排，鈐轄之制，共爲七等。以湖北軍制與北洋軍制相較，係中間省去標統一層。蓋外國用兵尚多，每一戰動輒需兵數萬，一大戰甚至需兵一二十萬，故須多設等級，以便層累統屬。中國一大省練兵不能過三萬，中省練兵不能過兩萬，或不能滿萬，實在統兵帶兵之正官，其等級層累，似無須乎太多。故武職之品級，仍當照舊分爲九等，如提、鎮、副、參、遊、都、守、千、把，仍存其品。而按之實在，帶常備軍之大小將領官弁各正官，不必分爲九等。若營制之等差少，而武職之品級多，儘可以雜項武職分別銷納。若將官等級過多，則兵數亦必加多。勢必致中小省止能練兵兩三協，並不能成一鎮，似於各省體制未協，且於鼓勵獎拔將領人才之道稍有妨礙。且兵數以營、哨之多寡爲主，營以上皆統轄之官，與兵數無關出入。而減去一層轄制，即節省一層薪餉，於節制指揮之道似亦較爲徑捷。至標之爲名本無不可，惟綠營相沿以爲統屬之稱，故督、撫、提、鎮、協所部皆稱爲標，習聞已久，或恐難於分晰。

一、湖北濱臨江漢，南北衝途，食用各物無不昂貴。故常備軍餉章，酌照從前湘軍行餉，正兵月餉以四兩二錢爲率，與北洋餉章無甚出入。至邊瘠省分，如雲、貴、陝、甘、廣西等省，餉源甚絀，勢難責以從同。而彼處物價較平，用度較省，似可聽各省督撫自行斟酌，或即將餉章稍從核減，亦無不可，總以食用足敷爲度。如果徵調出省，各省諸軍屯駐一處，似宜加成一律，以免偏枯。自應豫定章程，臨時酌辦。

一、自統領以至營官，欲責其振奮精神，不染營弊，督率訓練日造精强，非優給薪水公費，不足以養其廉而壯其氣。湖北現定將領薪費，皆酌照北洋章程辦理，務使人人足以自給。向來軍營陋習，統領必向各營勒索統費，每營每月五十兩或一百兩不等。又必向各營挑取兵丁一二十名上直當差，否則折送餉乾。其藉口皆以用度不足爲詞，以致各營缺額扣餉，流弊不可究詰。現在創練新軍，止可優給將領薪費，斷不准勒索分文統費，挑取一兵上差。蓋陋習不除，兵事斷無起色，亟宜懸爲厲禁。

一、湖北營制，礮隊均定爲口徑七生五、身長十四倍口徑之過山礮。其炸彈撒面寬至一百密達。礮力在野戰已不爲小，且健騾之力尚能馱運。此爲酌中辦法。遇有徵調，如赴北省平原之地，則參用口徑七生半、身長三十倍口徑之陸路軍礮兩營，口徑七生半、身長十四倍口徑之過山礮一營，當隨時添備騾馬濟用。如赴南省山多之地，騾馬馱載不便，則專用口徑五生七、身長二十倍口徑之過山快礮，拆開用數人扛運，較爲輕便，應隨時添募盤運之勇夫濟用。推之南北各省練兵，其礮兵一項，應令相度地宜，定用礮之大小。北數省礮隊自以較大之陸路礮爲宜。若雲、貴、兩廣、閩、浙、四川、湖南、江西九省，及江南、安徽、湖北之南岸，只能用過山礮。惟宜用小礮之各省，應一律以五生七之過山礮爲度，不得再小。

一、湖北目前餉力未充，若兩鎮步、騎、礮、工、輜各營隊全數練足，需餉過鉅，力有未逮。不得不分別難易緩急，酌量多練少練之區分。查近今戰事，以礮之功用爲最先，其及遠攻堅，足以助步兵之力，壯步兵之氣。至於行軍之際，凡通道、開溝、造橋、築壘及安地雷、設電綫等事，皆惟工兵是賴，故礮兵、工兵關繫極爲重要。而練礮、工兵之難，則十倍於步兵。步兵半年即可練成，三月亦可應用。礮兵則礮身、礮彈、礮架零件繁多，理法精密，非經年演習，萬不可用。工兵尤須明於測算、繪圖及種種工作之學理，乃能相機運用，非倉卒所能練成，故礮兵、工兵必須豫練，尤須多練。湖北現定營制，惟礮兵、工兵無論戰時平時，均照全數練足。步兵訓練較易，擬每鎮皆先練一協，暫虛一協。南省之地，山澤多於平原，利步而不利馬，故騎兵編制，每鎮止設兩營，仍各先練一營，暫虛一營。輜重兵專爲行軍時督率夫役轉運糧械而設，平時不過練習捆紮裝載輸送之法，每鎮一營，擬照定額人數，先練一半，暫虛一半。此步、騎、輜重各兵減練人數，均俟餉源稍裕，陸續添練，總以各營隊兵數足額合法爲度。

一、以北洋營制與湖北營制較，則湖北兩鎮臨陣作戰之官弁七百九十二員，戰兵一萬九千零七十八名，而此外文武員弁、醫生、軍樂、書役、工匠不過七百五十五員名。北洋兩鎮臨陣作戰之官弁八百八十五員，戰兵一萬九千零七十六名，而此外文武員弁、醫生、軍樂、書役、工匠多至七千一百五十九員名。是湖北兩鎮所用員弁、軍樂、醫、書、匠役之數，較戰兵不足二十分之一，而北洋兩鎮所用員弁、軍樂、醫、書、匠役之數，幾及戰兵十成之四矣。以北洋餉章與湖北餉章較，則湖北兩鎮人數共二萬六百二十五員名，而内中實有戰兵一萬九千餘名，每年正餉不過一百五十五萬四千三百三十八兩四錢。北洋兩鎮人數共二萬七千一百二十員名，内中戰兵亦止有一萬九千餘名，而每年正餉必需一百九十九萬七千六百五十二兩。是北洋兩鎮正餉較湖北須多四十四萬三千三百一十三兩六錢。湖北兩鎮歲需雜款三十一二萬兩，亦較北洋節省八九萬兩。至湖北營務處支用薪餉，爲數亦視北洋差減。兩相比較，可知減數編制需餉鉅，而足數編制節餉多矣。若照湖北暫時減練人數計之，兩鎮共需餉一百萬一千五百七十七兩六錢，則較北洋兩鎮之餉可省一半，尤於瘠省相宜。查北洋編列部伍皆係略仿德國章程，具有原本。在北洋餉需充裕，規模遠大，即照減數編制，自當無所不宜。湖北則餉源枯窘，須待自籌，止能照足數編制，冀餉項稍從撙節，事非得已。總之，事事皆期不悖乎外國編營之意，練兵之法，雖不敢云法外之意，然實係審乎因地之宜。此外各省餉力恐是支絀者多，其應否照足數編制，或照減數編制，應聽候練兵處籌度核定辦理。

以上辦法，臣考諸外國兵制，參諸衆議，合之内地情形，期於酌量變通適用，而且節餉擬就。湖北先行試辦，以待將來之推廣。並設立參謀、執法、督操、經理四項營務處，皆係酌采外國參謀本部、陸軍教育總監、陸軍省監督部之用意，並酌照北洋練兵新章辦理。除派委司道府大員外，並派外洋陸軍畢業及本省武備學堂優等學生從事其中，以資討論。參謀處講軍謀之學，執法處講軍律之學，督操處講軍教之學，經理處講軍備之學。惟經理營務處係包括北洋糧餉、軍械、軍醫三局在内，取其歸併一處，局面稍爲收束，而辦事人易貫通。謹將湖北擬設常備兩鎮員弁、兵丁、醫、書、匠、樂人等，並列全練、減練兩辦法，與北洋營制、人數、銀兩相比較分晰，繕具清單，恭呈御覽。擬請敕下練兵處詳加核議，是否有可采擇，臣當謹候議覆奏奉諭旨後，欽遵奉行。

（硃批）練兵處議奏。單二件併發。（欽此）

道員因病出缺遴員署理摺〔一〕 光緒三十年七月 日

據湖北省布政使李岷琛詳稱，據署湖北襄陽府知府金鼎稟稱，湖北安襄鄖荆道貴壽，厢黄旗滿洲廣英佐領下人，由監生考取繙譯官，補滿票簽侍讀軍機章京本館記名道府，於光緒二十九年二月二十八日奉旨補湖北安襄鄖荆道，是年七月二十二日到任。兹於本年七月初四日因病出缺，詳請具奏開缺前來。臣覆覈無異，相應改題爲奏，恭摺奏報開缺。所遺篆務亟應遴員前往接署。查有湖北補用道郭承舉，年力精壯，奮發有爲，堪以署理。除檄飭遵照外，查安襄鄖荆道統轄三府一州，界連秦豫，水陸要衝，民風强悍，詞訟繁多，撫綏彈壓均關緊要，必須精明幹練通達之員，方足以資治理。所有安襄鄖荆道員缺緊要，相應請旨迅賜簡放，以重職守。理合恭摺具陳。再，湖廣總督係臣本任，毋庸列銜，合併陳明。伏乞皇太后、皇上聖鑒。

另有旨。

請准以潘誦捷補授知縣摺〔二〕 光緒三十年七月 日

竊照調補黄岡縣知縣洪錫爵在寓病故。當經咨達開缺，聲明所遺要缺容另揀員請補在案。查截缺章程内開，丁憂、病故之缺，有本日可計者，即以各本日作爲開缺日期。今黄岡縣知縣洪錫爵係光緒三十年二月十三日病故，應歸二月分截缺。係要缺應照例揀員請補。查例載，知縣應調缺出，令於現任人員内揀選調補，如無合例堪〔調〕之員，始准以候補人員題補。如候補無人，亦准於應補人員内揀選題升。又准部咨，題調缺出，仍令照例於現任人員内揀選調補。如果實無合例堪調之員，准以奉旨命往及曾任實缺候補並進士即用人員酌量補用。其軍功勞績保舉初任人員，概不准請補各等語。今黄岡縣知縣係衝繁難要缺，爲黄州府附郭首邑，政務殷繁，撫字催科在在均關緊要，非精明練達才識兼優之員，實難勝此繁劇。臣督同藩臬兩司，在於通省實缺知縣及應升人員内逐加遴選，非現居要地，即人地不宜，實無堪升堪調之員。惟查有補用知縣潘誦捷，年五十一歲，江蘇長洲縣人，由附貢生遵例捐縣丞分發試用。因採辦江、鄂兩省漕糧案内出力，奏保俟補缺後以知縣升用。光緒四年六月初五日奉旨：依議。欽此。旋加捐指分江西本班先補用。又因浙江轉運冬漕出力，〔奏〕保加五品銜。復於浙江海運案内出力，奏保俟得缺後以知縣仍留原省補用。七年七月初七日奉旨：依議。欽此。因江西停止分發，改指湖北補用，赴部驗看。九年八月初三日到省，加捐海防新班先補用，免試用。十三年六月准補蒲圻縣縣丞，十四年□月二十日到任。十五年呈請開缺，遵例捐免保舉補交附貢生四成實銀，並捐離縣丞任以知縣候補，十一月初三日由吏部帶領引見。奉旨：著照例用。欽此。十二月二十六日回省，嗣於轉運陝西糧餉案内出力，奏保俟得直隸州後加四品頂戴，並隨帶加二級。旋經部議改爲俟補知縣離任，歸直隸州班後，加四品頂戴，並尋常加一級。二十八年九月二十二日奉旨：依議。欽此。臣覆查該員潘誦捷，才具明敏，辦事安詳，以之請補黄岡縣要缺知縣，洵堪勝任。惟

〔一〕録自《京報》第八〇三九號。
〔二〕以下二件録自《京報》第八〇四〇號。

調缺請補，與例稍有未符。但人地實在相需，例得聲明奏請，合無仰懇天恩俯念黄岡縣知縣員缺緊要，准以補用知縣潘誦捷補授，實於地方吏治均有裨益。該員係候補知縣請補知縣，銜缺相當，毋庸送部引見。據湖北布政使李岷琛、按察使岑春蓂會詳前來，除咨吏部外，理合恭摺具奏。再，湖廣總督係臣本任，毋庸列銜，合併陳明。伏乞皇太后、皇上聖鑒，敕部核覆施行。

吏部議奏。

擬員更補簡缺知縣摺 光緒三十年七月　日

竊照松滋縣知縣陳偉哲革職，遺缺前經本任撫臣端方奏請，以差遣委用李天柱補授。旋准部咨，並非軍功候補人員，仍留湖北差委，並未奏留補用，仍不得請補。咨行到鄂。復經奏請仍以該員李天柱補授斯缺，並經奏留補用。又准部咨，查外補各官，例應到省後方准補缺。今該員雖經奏留補用，於光緒三十年二月初七日奉旨，已在松滋縣出缺之後，即使奏留在先遇叅革之缺，該員又非軍功出力保候補人員，照例不能請補，所請以李天柱補授松滋縣知縣，應無庸議。其松滋縣一缺，仍應按照例限揀員請補等因。光緒三十年四月二十九日具奏。奉旨：依議。欽此。咨行到鄂。伏查定例，知縣叅革所出之缺，專以軍功候補人員請補。今松滋縣知縣陳偉哲革職，遺缺自應遵照部咨另揀合例人員更補。臣督同藩臬兩司逐加遴選，查有候補班補用知縣劉肇墀，年五十四歲，直隸獻縣人，由監生遵新海防例報捐縣丞，指分湖北試用，並免驗看。光緒十七年七月二十三日到省，嗣於湖南岳州會匪任殿臣等迭次糾黨豎旗謀逆，兩省合力剿捕，將首要擒獲懲辦案內出力，奏保以知縣乃留原省補用。十八年八月二十五日奉硃批：著照所請奬勵。欽此。隨在京捐免保舉並補交監生四成實銀，十九年八月初二日由吏部帶領引見。奉旨：著照例用。欽此。九月二十六日到省，業經試看一年期滿甄别，以繁缺留省補用。覆查該員劉肇墀，穩練精詳，究心吏治，所有松滋縣知縣員缺，應即以該員更補。再，該員係軍功候補班補用人員，請補知縣，銜缺相當，毋庸送部引見。據湖北布政使李岷琛、按察使岑春蓂會詳前來。除咨吏部外，理合恭摺具陳。再，湖廣總督係臣本任，毋庸列銜，合併陳明。伏乞皇太后、皇上聖鑒，勅部核覆施行。

吏部議奏。

請准以徐培光補授知縣摺〔一〕 光緒三十年七月　日

竊據黄州府申報，蘄水縣知縣高培蘭在任内病故，當經咨達開缺，聲明所遺要缺容另揀員請補在案。查截缺章程内開，丁憂、病故之缺，有本日可計者，即以本日作爲開缺日期。今蘄水縣知縣高培蘭係於光緒三十年四月十七日病故，應歸四月截缺，係要缺，照例揀員請補。查例載，知縣應調缺出，俱令於現任人員内揀選調補。如無合例堪調之員，始准以候補人員題補。如候補無人，亦准於應升人員内揀選題升。又准部咨，題調缺出，仍令照例於現任人員内揀選調補。如果實無合例堪調之員，准以奉旨命往及曾任實缺候補並進士即用人員酌量補用。其軍功勞績保舉初

〔一〕以下三件録自《京報》第八〇四一號。

任人員，概不准請補各等語。今蘄水縣知縣係衝繁難要缺，地廣賦繁，治理非易，會匪未淨，教案漸滋，撫字催科，均關緊要，非精明練達、才識兼優之員，實難勝此繁劇。臣督同藩臬兩司，在於通省實缺知縣及應升人員内逐加遴選，非現居要地，即人地不宜，實無堪升堪調之員。惟查有即用知縣徐培光，年五十一歲，貴州修文縣人，由廩生應光緒元年乙亥恩科本省鄉試中式舉人。十五年己丑科大挑一等，以知縣簽分江西試用。本科會試中式貢士，殿試三甲第五十六名，朝考三等，五月初十日由翰林院帶領引見。奉旨：以知縣即用。欽此。簽分湖北。八月初八日到省。二十二年十二月二十日聞訃丁父憂，並接丁母憂回籍。二十五年十月服滿就近在京併案題復，經部給照，是年十二月二十九日回省，接到部文，准其起復。臣復查，該員徐培光，年力精强，才具明幹，以之請補蘄水縣要缺知縣，洵堪勝任。惟調缺請補，與例稍有未符，但人地實在相需，例得聲明奏請，合無仰懇天恩俯念蘄水縣知縣員缺緊要，准以即用知縣徐培光補授，實於地方吏治均有裨益。該員係即用知縣請補知縣，銜缺相當，毋庸送部引見。據湖北布政使李岷琛、按察使岑春蓂會詳前來。除咨吏部外，理合恭摺具陳。再，湖廣總督係臣本任，毋庸列銜，合併陳明。伏乞皇太后、皇上聖鑒，勅部核覆施行。

吏部議奏。

各該員試看期滿甄別留省補用片 光緒三十年七月　日

再，准部咨，道、府、州、縣，無論何項勞績保歸候補班人員，以到省之日起，予限一年，詳加察看，出具切實考語，奏明分別繁簡補用等語。茲查花翎二品銜候補班前補用道鳳凌，自光緒二十九年五月十二日到省之日起，連閏扣至三十年四月十二日，試看一年期滿。又儘先補用直隸州知州程恩培，自光緒二十八年二月十一日到省之日起，扣至二十九年二月十一日，試看一年期滿。據湖北布政使李岷琛、按察使岑春蓂取造各該員履歷清册，詳請甄別具奏前來。臣查該員鳳凌，年力精强，才具明穩，堪以繁缺留省補用。[一] 除清册咨送吏部查核外，理合附片具陳。再，湖廣總督係臣本任，毋庸會銜，合併陳明。伏乞聖鑒，勅部查照施行。

吏部知道。

各該員試看期滿出具考語奏明補用片 光緒三十年七月　日

再，捐納試用道、府、州，到省一年期滿，例應出具切實考語，分別繁簡奏明補用。茲查花翎二品頂戴新海防試用道劉廷鈞，自光緒二十八年十月初三日到省之日起，連閏扣至二十九年九月初二日，試看一年期滿。又新海防試用知府謝翱，自光緒二十八年十月初六日到省之日起，連閏扣至二十九年九月初六日，試看一年期滿。又花翎試用知府鄧鶴鳴，自光緒二十九年六月初六日到省之日起，扣至三十年六月初六日，試看一年期滿。又新海防試用知州李傳蔚，自光緒二十九年六月十一日到省之日起，連閏

〔一〕僅對鳳凌出具考語，未見對程恩培的考語。疑原件有遺漏。

扣至三十年五月十一日，試看一年期滿。又新海防試用知縣江秉乾，自光緒二十九年三月二十三日至省之日起，連閏扣至三十年二月二十三日，試看一年期滿。又議叙試用知縣迎安，自光緒二十七年十一月初十日到省之日起，連閏扣至二十九年十月初十日，試看一年期滿。均據湖北布政使李岷琛、按察使岑春蓂取造各該員履歷清册，詳請具奏前來。臣覆查，該員劉廷鈞，年力精强，趨公勤奮，堪以繁缺留省補用。該員謝翱年富力裕，才具明晰，堪以繁缺留省補用。該員鄧鶴鳴，器局詳穩，才具明通，堪以繁缺留省補用。該員李傳蔚，年力富强，考求吏治，該員江秉乾，老成暗練，辦事勤能，該員迎安，年壯才明，趨公慎勉，堪以本班留省補用。除清册咨送吏部查核外，理合附片具陳。再，湖廣總督係臣本任，毋庸列銜，合併陳明。伏乞聖鑒，勅部查照施行。

該部知道。

各關提存出使經費解交江海關存儲片[一] 光緒三十年七月　日

再，前准總理各國事務衙門咨，光緒二十一年十月十四日具奏，各關提存出使經費，仍照向章解交江海關存儲等因。奉硃批：依議。欽此。咨行到鄂，當經轉行欽遵辦理。茲據湖北漢黄德道江漢關監督梁敦彦詳稱，查江漢關第一百七十四結提存出使經費銀兩，業經委解江海關驗收，詳請奏咨在案。茲查第一百七十五結徵收洋商輪船進出口正税六成銀三十六萬三千六百二十四兩零二分五釐，按十成計算，應提一成五釐出使經費銀五萬四千五百四十三兩六錢零四釐。又收招商局輪船進出口正税四成八釐銀二萬七千一百八十二兩零五分五釐，按十成計算，應提一成五釐出使經費銀四千零七十七兩三錢零八釐。遵照部覆，每萬兩扣解經費銀二千兩，即在所提出使經費内扣給委員解費一千一百七十二兩四錢一分八釐，計實解銀五萬七千四百四十八兩四錢九分四釐，飭委候補知縣沈國瑛解赴江海關驗收，詳請奏咨前來。臣覆核無異，理合會同南洋通商大臣兩江總督臣魏光燾附片具陳。再，湖北巡撫係臣兼署，毋庸會銜，合併陳明。伏乞聖鑒。

該部知道。

籌解廣西協餉片 光緒三十年七月　日

再，前准户部咨，議覆兩廣總督奏咨，各省每年認解廣西協餉不得短解一片。光緒三十年五月初四日具奏，奉旨：依議。欽此。單抄原奏内開，該署督擬自本年起，由湖北、廣東兩省每年各認解廣西邊餉十三萬兩，由廣西省每年認解十二萬兩，湖南省原派十二萬，務須解足。應如所請，辦理立案，即由各該督撫提前籌解，不得稍有蒂欠等因。查鄂省餉項久苦支絀，本年加增各款尤爲繁多，本難認定此項鉅款。惟念廣西邊防吃緊，龍州客軍孤懸，飢潰堪虞，誼難膜視。當時與粤、湘等省往返電商，此係臣創議儘力認解邊防餉。嗣後兩廣督臣岑春煊來電籌商辦法，臣即復以鄂省無論如何爲難，願與粤省認籌之數一律照辦，決不推諉，以顧邊防。並即督同司道竭力設法暫向商號息借長平銀五萬兩，較準砝碼，先於三月十二日發交漢鎮百川通商號，匯赴廣西

[一] 以下二件録自《京報》第八〇四二號。

龍州，交督辦廣西邊防四品京堂臣鄭孝胥行營兑收，以濟餉需。據湖北布政使李岷琛、善後局司道會詳請奏前來。除分咨外，理合附片具陳。再，湖北巡撫係臣兼署，無庸會銜，合併陳明。伏乞聖鑒。

户部知道。

委署通判州縣各員摺〔一〕 光緒三十年七月 日

竊照前准吏部咨，奏定新章，委署同、通、州、縣，向應彙題改按季彙奏等因。兹查光緒三十年夏季分，委署通判州縣各員，由湖北布政使李岷琛、按察使岑春蓂會詳前來。臣覆核無異，除咨吏部查照外，謹繕清單，恭摺具陳。再，湖廣總督係臣本任，毋庸列銜，合併陳明。伏乞皇太后、皇上聖鑒。

吏部知道。單併發。

姦夫謀殺本夫價賣姦婦照例定擬摺〔二〕

光緒三十年七月 日

竊據湖北按察使岑春蓂審解長陽縣姦夫將姦婦價賣得財一案，經本任撫臣端方親審無異，因調署江蘇巡撫未及具奏卸事移交前來。即據江夏縣驗報，該犯婦田曾氏在省監病故，批司核案詳辦，臣覆加查核。緣田曾氏、陳代錦均籍隸長陽縣，已死田興順係田曾氏之夫。田興順因在縣屬閼家冲地方佃種康姓田畝，帶同田曾氏在於田邊搭蓋茅屋居住，四無鄰佑。陳代錦與田興順隔村素識，時相往來，田曾氏習見不避。光緒二十七年九月不記日期，陳代錦與田曾氏路遇，因村外地處僻静，陳代錦即向田曾氏調戲成姦。以後到田曾氏家遇便續舊，不記次數，並未給過錢物。田興順並不知情。田曾氏因戀情熱，恐被田興順撞破，起意將田興順謀殺，可與陳代錦作長久夫妻，向陳代錦商謀。陳代錦允從，約定乘間下手。至二十八年十月十四日起更時分，田興順在家先已睡熟，適陳代錦走去閒坐，田曾氏找得鐵鋤一把交給陳代錦，囑令趁此下手。陳代錦同田曾氏走進房内，向田興順頭上狠力迭毆，致將其左額角、左太陽穴、左耳竅、左腮頰毆傷，田興順登時殞命。田曾氏慮恐破案，又起意棄屍滅跡，商同陳代錦將田興順屍身抬入紅薯窖内藏放，上用木板遮蓋，失手掉落燈亮，火光燃及柴草，致將茅屋燒燬。陳代錦即帶田曾氏一同逃走。因無處躲藏，陳代錦憶及族兄陳代經在湖南石門縣堂姊丈黄祖茂家寄住，查問來歷，陳代錦捏稱田曾氏夫故無依，自願同來尋覓好户人家過度，並央在黄祖茂家暫時寄居。黄祖茂等信實，容留陳代錦。後因不便久住，隨將田曾氏私自賣給石門縣人毛姓爲妻，得受財禮錢四十千文，花用無存。陳代經、黄祖茂、毛姓均不知謀殺拐賣情由。一面經該署長陽縣知縣慧濟訪問差查，迨是年十二月間，田興順之田主康姓、張姓向田興順取租，見田興順茅屋燒燬，查找田興順婦夫無著，信知田興順另居之父田邦清趕往看明，並在紅薯窖内得獲田興順屍身，查看頭面受有多傷，投保報縣。經慧濟驗訊通詳飭緝，旋據訪明案情。比差將陳代錦、田曾氏先後拿獲訊供。因田曾氏身懷有孕，飭據穩婆驗明屬實，照例應俟産後一月限滿再行審詳。田曾氏旋在監所産生一女。該縣慧濟先已卸事，接署

〔一〕録自《京報》第八〇四三號。

〔二〕録自《京報》第八〇四六號。

縣張華燕扣滿該犯婦産後一月期限，提同陳代錦及屍親人等訊供通詳，飭審擬解，即據審擬。由宜昌府知府陳其璋提犯覆審，解司提訊，犯供翻異，札委武昌府知府梁鼎芬審辦。嗣據審擬解司勘轉，經本任撫臣端方詳加研鞫，據各供認前情不諱，究詰不移，案無遁飾，因調署江蘇巡撫未及具奏卸事移交前來。正在核辦間，據署江夏縣知縣原恩瀛詳報，該犯婦田曾氏於三十年五月初九日在監因病身死，驗訊刑禁伴婦人等並無凌虐情弊，批司核案詳辦。臣覆核無異。查律載，妻因姦同謀殺死親夫者，凌遲處死。又例載，姦夫雖未起意而同謀殺死親夫之後，將姦婦拐逃得銀嫁賣，斬決各等語。此案田曾氏因姦起意，商同姦夫陳代錦謀殺本夫田興順，棄屍不失，實屬淫惡已極，自應按律問擬。田曾氏除與陳代錦通姦，並棄屍不失，各輕罪不議外，合依妻因姦同謀殺死親夫者凌遲處死律，擬凌遲處死。業已在監病故，應毋庸議，仍剉屍，係婦女，免其梟示。姦夫陳代錦因姦聽從謀殺本夫，雖未起意，惟事後將姦婦拐逃得銀嫁賣，亦應按例問擬。陳代錦除與田曾氏通姦及棄屍不失，輕罪不議外，合依姦夫同謀殺死親夫之後，復將姦婦拐逃得銀嫁賣斬決例，擬斬立決，照例先行刺字，暫行容留之。陳代經、黃祖茂及娶主毛姓，既據犯供伊等均不知謀殺本夫及拐賣各情，免傳省累。地保李萬華雖訊無知情匿報情事，惟地界内既有人命重案，乃竟毫無覺察，究屬不合，應飭縣酌照不應重律，擬杖八十，折責革役。該犯等恭逢光緒三十年正月十五日恩詔，事犯在正月初一日以前，該犯陳代錦係因姦同謀殺死親夫，情罪較重應不准其援免。李萬華所得杖罪，應准援免，仍革役。陳代錦所得毛姓財禮錢文，仍照數追繳。田曾氏在監所生之女，據訊係本夫遺腹，應交本夫親屬收領。至田曾氏在監身死之處，據江夏縣驗訊明確，委係疾劇，醫治不痊所致，並無別故，刑禁伴婦人等據訊無凌虐情弊，應毋庸議。各屍棺分別飭埋，標記看守，兇器鐵鋤供棄免起。除供招送部外，所有審明擬議緣由，理合恭摺具奏，伏乞皇太后、皇上聖鑒，敕部核覆施行。

刑部速議具奏。

武昌厰關徵收光緒二十九年分船料税銀一年期滿摺〔一〕 光緒三十年七月　日

竊照武昌厰關徵收船料税銀，前以收數日短，經户部行令查覆。當經查明，因輪船盛行，厰税難復舊額，惟有照章儘徵儘解。至該厰正耗税銀外，向有口岸錢文一項，以充關用經費及地方公務之需，由前督臣裕禄奏明核實裁汰，將節省銀兩報解。旋因口岸一項，從前解銀每年六千餘兩，近年只解銀三千六百餘兩，復經户部行查，由臣查明具奏。此項口岸税銀，俱係附近小船陸續完納，實因長江輪船、夾板、甯波等船行駛日盛，近復沙市開埠，湖南行輪，以致民船生意益形蕭條，收輕減少，並非稽徵不力。此後仍請儘徵儘解。又准行在户部議覆，武昌關徵收一年期滿報銷，暫緩具題，改爲開具簡明清單具奏等因。業經將該關光緒二十八年以前收數，按年分別題奏各在案。兹據湖北布政使詳據管理關務代理武昌府知府黄以霖詳稱，該前府各任内自光緒二十八年十二月十一日起連閏扣至二十九年十一月初十日一年期滿止，共計徵解船料銀二萬九千二百一十九兩四錢二分。又附解口岸節

〔一〕録自《京報》第八〇六八號。

省經費銀三千六百二十二兩五錢五分，委係儘徵儘解，並無徵多報少情弊。所有前項銀兩，均經解交司庫，作爲正項兑收，分別入於民賦司總册暨春秋撥册内造報等情，詳請具奏前來。臣覆覈無異，除仍嚴飭認真稽徵，並咨移户部户科查照外，理合繕具清單恭摺具奏，伏乞皇太后、皇上聖鑒。再，湖北巡撫係臣兼署，毋庸會銜，合併陳明。

户部知道。單併發。

核議赫德條陳籌餉節略窒礙難行摺光緒三十年八月十六日

竊照前兼署臣端方任内，承准軍機大臣字寄，光緒三十年正月二十一日奉上諭：外務部代遞總税務司赫德條陳一摺。據該總税務司稱，練兵籌餉，以地丁錢糧爲大宗。若竭力整頓，即用此款練兵，並可舉辦各項要務。按里計畝，按畝計賦，令每畝完錢二百文，確可經久，百姓亦不受絲毫擾累等語。現在財用匱乏，幾於羅掘俱窮。一切應行要政，如練兵等事，尤爲萬不容緩之舉，需款更殷，亟應切實通籌，期有良法。著各該督等按照所陳各節，體察情形，悉心會商，逐條核議，妥速具奏。原節略著鈔給閱看。將此各諭令知之。欽此。遵旨寄信前來。前兼署督臣端方未及籌議，移交到臣，當即督同司道將原發節略詳細閲看，悉心核議，並與各省督臣會商。竊見所陳各節，按諸中國實在情形，非獨鉅餉難籌，且恐禍端立啓，謹將其中利害爲我皇太后、皇上披瀝陳之。

查原節略謂中國地方，除新疆、蒙古、東三省未計在内，寬長各四千里，統計面積應有十六兆方里。每方里按五百畝計之，十六兆方里應有八千兆畝。每畝完錢二百文，以二千文合銀一兩計之，八千兆畝應完銀八百兆兩，即減半折算，亦應有四百兆兩等語。誠使其言不謬，確可見諸施行，則當此急求富强，正在籌餉萬難之際，凡屬疆臣，身膺重寄，無論如何勞怨，敢不力任其難，踴躍從事，以冀上（宵）〔紓〕旰宵之憂〔一〕，下裕公私之用。無如該總税務司係按駁板地圖開方計里，但憑虚空鳥道計算。將中國境内所有長江大河，深山窮谷及一切沙灘斥鹵不毛之鄉，不食之地，以及城郭村落，道路溝渠，概作爲可耕之田。故以爲有八千兆畝之地，減半科計，亦必有四百兆兩之賦。不知天下大勢，山水占地之數最多，平原可耕之地最少。考同治十三年校刊户部則例，各省田地畝數共止七百四十二萬餘頃，合七百四十餘兆畝，尚不及該總税務司核計中國面積十分之一。縱使民間田地偶有隱匿，然不過畸零小數。況經歷朝屢次清查丈量，豈有隱匿之數轉十倍於清丈之數，此固理之所必無者也。至各省畝法不同，賦則亦不同。一省之中，畝法、賦則又各不同。誠以地有肥磽，即賦有輕重，斷無齊而同之，概令一律完錢二百文之理。近准户部通咨，每年各省丁漕，約共額徵銀三千一百餘萬兩。以各省田地七百四十餘兆畝均勻攤算，每畝科銀不足五分。今該總税務司以每畝徵銀一錢爲率，是統各省田賦驟加一倍有餘，民力何以堪此。議者或謂每畝僅完錢二百文，爲數似尚不多。抑知在東南各省膏腴之地，每畝賦則本有不止二百文者。但江浙等處，每省亦止數

〔一〕據楚學精廬一九三七年版《張文襄公全集校勘記》改。

府爲然。若西北荒旱磽确之區，田價極賤，常有八口之家，置田數十畝或百餘畝，而歲入不足供衣食者。若迫令每歲完賦十餘串至二三十串之多，雖剥膚剜肉，亦難取盈。此又每畝徵錢二百文爲斷不可行之事也。又查各省田畝，有以二百四十弓爲一畝者，有以三百六十弓爲一畝者，甚有以七百二十弓爲一畝者，歷久相沿，已爲成例。今責令民間自行開報，每畝究以若干弓尺爲衡，已覺種種窒礙。況民間果有欺隱，又安肯以實數呈官，數既不實，勢必仍出於丈量。夫丈量之勢，實有難言。紳富之田，勢抗賄囑，通融寬算。小户之産，山邊溪尾，多方搜求，衆怒憤激，釀成毆官毁局之事，而其事仍終歸於不能行。即使官吏公明，立法平允，而委曲繁重，曠日費時，一縣之地，非一兩年不能竣事。委員、局紳、鄉保、弓手，勞費無窮。縱使全國通行清查，斷不能每一縣皆增出田地一萬畝。縱使一縣增出一萬畝，歲獲正賦不及千金。益少費多，得不償失，而使舉國騷動，人人有不安其生之意，眉睫之患，將不忍言。伏念國家當多故之秋，尤以固結民心爲要義。自辛丑和約定後，歲增賠款一千八百餘萬兩，此外各省舉行新政，一切用款尚不在内。錙銖悉索，何一非小民之脂膏。民力幾何，亦云瘁矣。以今日伏莽之鉤連充斥，亂黨之簧鼓譸張，無不思藉端揺惑人心，冀遂其乘機竊發之計。氓之蚩蚩，方拊循之不暇顧，反從而駭之擾之，可乎。我朝（經）〔輕〕徭薄賦垂三百年，自康熙五十年聖祖仁皇帝降有永不加賦之恩旨，列聖相承。遇有大兵役、大工作，雖帑項萬分支絀，萬不得已，至於開捐輸之例，行釐金之法。而於田賦，則但有蠲免，從不加徵。誠以天下之勞力多而獲利薄者，莫苦於農，設法補助之，勞徠之，猶懼其棄本而就末也。乃該總税務司之意，方欲盡罷通國之關税、鹽課，縱令百姓貿易自由。其爲中國之民計乎，抑爲外國來華之商計乎。如其所議，則舉每年國家四萬萬兩之用款，盡取諸服田力穡之農，而一切工商反不須納絲毫之賦税。事之不平，莫此爲甚。不惟中華歷朝所未有，抑亦泰西各國之所無。從古至今，持論未有如此之顛倒怪謬者也。竊恐此議一行，而囂然不靖之徒，不啻予以藉口之端，其禍將一發而不可遏。臣竊不解其是何居心矣。

抑臣更有慮者，自海關税務歸洋員主持，中國財政之權已半爲外人所干預。兹閲原節略，有若使總税務司主張之一語，殆欲將中國田賦盡歸其一手把持而後已，抑何設詞之巧，而用計之工也。近屢次恭讀我皇太后懿旨、我皇上諭旨，皆切切以民生疾苦、官吏朘削爲憂。訓詞深厚，率土之民，莫不聞而感涕。固知天亶聰明，斷不爲此甘言所動。微臣猶不免鰓鰓過慮者，實以受恩深重，且承乏外吏有年，經辦清丈升科之事已歷多起，深知十八省斷無四百兆畝可耕之田，一畝斷不能徵錢二百文之重。各省一律清丈之騷擾，總税務司自請主張田賦之離奇種種，萬不可行。不敢隨聲附和，重負聖明垂問之虚懷。至籌餉練兵，誠爲今日萬不容緩之舉，計惟有責成各直省，各就地方情形，擇其不甚病民者，多方設法，盡力妥籌，期於數不過重，而事不偏枯。斷不宜專就田賦一門，重加剥削。庶幾因地制宜，衆擎易舉，雖無不可思議之横財，然尚可收銖積寸累之實效。如各省中或有一州一縣實有新漲之沙灘，私墾之荒場，迷失無主之黑地，隱占多年，不納糧賦，見聞既確，爲數亦鉅，則由該督撫自行隨時清查酌辦，不定額數，得尺得寸，總屬有利無害。應請敕下各省體察本省情形，妥爲辦理。大抵國勢當積弱之餘，艱危之際，凡事尤宜標本兼治，事事著實。昔年征剿髮逆，諸名將所謂穩紮穩打，究之卒收戡定之功。至於理財一道，其幣重言甘，新奇可喜之説，千萬勿聽。蓋理財召亂，從古往往有之。故掊克之亂速於貧乏，鹵莽之禍烈於因循。至赫德此議以外，恐遠方之人，窺我理財方亟，創爲不根之論，設爲動聽之策，以冀攬我利權，誤我國計者，正復不少，以後尚不止赫德一人。伏望聖明遇事詳審，拒之勿聽，天下幸甚。所有遵旨覈議赫德籌餉節略，虚誕太甚，窒礙難行緣由，謹繕摺瀝陳。再，此件臣遵與各省會商，接直隸省督臣袁世凱電稱，該督已自行具奏，囑臣自行具奏，合併陳明。

（硃批）政務處知道。（欽此）

虚定金價改用金幣不合情勢摺光緒三十年八月十六日

竊照美國所派會議銀價大臣精琪來華，議定金銀價值一事。臣二月間由京回鄂，精琪久已在漢口相候，約期晤談，必欲一見。臣嗣經接晤兩次。該洋員一切議論諸多支離，臣層層駁詰，該洋員亦不能分條辨析，切實答復。但謬云該洋員之意見與臣大略皆同，將來定議時，當將臣所慮各節，妥籌添入，已爲可異。今臣閱其開送中國圜法條議及條議詮解、續送條議各篇，種種虚誕，種種患害，不禁爲之寒心。敢敬爲我皇太后、皇上披瀝陳之。

伏念財政一事，乃全國命脉所關。環球各國，無論强弱，但爲獨立自主之國，其財政斷未有令他國人主持者，更未有令各國人皆能干預者。今查精琪條議第一條，言中國設立圜法，其措置以賠款國之多數能滿意爲準。第三條，此法舉行，中國政府應派一司泉之洋員總理中國圜法。該正司泉應有合宜幫辦數人，管理製錢局及别項正司泉所指派之事。第四條，正司泉每月刊造詳細報告書，申明錢幣情形，内載銷流借貸及外國信用匯票等項各若干。其帳目並非中國政府之帳目，准賠款相關國所派之代表人查看。中國政府以此爲善良辦法，該司泉准有條陳及提舉之權。第十三條，設法定銀行事業規條，准官家銀行或别可靠銀行發用鈔票，與通寶同價并用，歸正司泉官監督。第十七條，正司泉官及各國代表人准爲中國政府提舉整頓財政之事跡。其所言直欲舉中華全國之財政，盡歸其所謂正司泉之洋員一手把持，不復稍留餘地。而又恐各國之議其後，故一則曰使賠款國之多數能滿意，再則曰賠款相關國之代表人可以查看帳目，三則曰各國代表人准有提舉整頓中國財政之事。幾視中國爲各國公共之貿易場，而不復問主權之何屬。其見好各國，蔑視中國，悍然不顧，乃至此極，實出情理之外。然其害猶爲有目所共見，當不待臣之瀆陳。臣之所最不解者，則其於新鑄銀幣，强定爲準三十二换之金價，侈然謂鑄頭出息可獲二分厚之重利，冀以歆動中國也。夫使所定三十二换之金價，中外可以通行，中國即可以此價折算兑付各國賠款，誠屬兩得其平之計。乃精琪所定此項三十二换之銀幣，其限制祇能在本國通行，而在外國賣票購金，則其價值須由正司泉官臨時定奪。至其續送條議，則明言此銀幣在本國支付款項，即作三十二换銷用，若用銀元付外國款項，則須按生銀價銷用，即四十换之譜等語。是其法不過使中國商民以值市價四十换之金一兩納諸政府，勒令止抵銀三十二兩。而外國持銀三十二兩，一入中國，便可得金一兩之用，及以中國之銀抵付外國之金，則仍須以銀四十兩準金一兩。無論求利太貪，立法太横，民必不遵，法必不行。即使强迫行之，亦惟罔内地商民之資財，以入之政府，而又括中國政府之利益，以傾瀉於外洋而已。況金鎊銀條行情市價，四海内外，電信靈通，報章具載。若欲以賤價購貴金，則民間舊藏之金器，與華洋各商開礦新得之生金，皆將以善價售與洋商，運出海外，豈肯賤售與官。是欲求二分之出息於金價，無從得矣。若欲以虚價擡銀幣，其由官發出之款，强以三十二兩之銀作值四十兩之金，則民間必將以止值銀三十二兩之貨物工資，長爲值銀四十兩之價。上下相蒙，虚僞相抵，徒勞無益。是欲責二分之出息於銀幣，亦無從得矣。又如所議，勒令民間以新幣還舊債一節，尤爲横暴無理。夫按新幣硬擡之高價以還新債，恐虚頭太多，勢難持久，已患不能通行，況勒還舊債乎。此令一行，必致中國各省商民借貸路絶，追帳、倒帳、搶奪、鬬爭，各行商賈概行歇業。貧民固窮，富民亦窮，大亂立見，是不惟無二分之利，且恐有十分之害矣。況所謂鑄頭出息者，尤爲牽强。凡鑄大小銀幣，不用純銀，大元可攙用銅鉛雜質十分之一，小元則十分之一零幾。但官鑄民用，總以大元爲多，而大元除去工本、火耗、局用，所獲盈餘並不甚多。然此項鑄頭出息，其利雖微，而其勢甚順，於上有益，而於下無損。果能全國皆用銀幣出納，一律開辦，前二十年内鑄數既多，餘利亦成鉅款。此乃國家權力應有之利，明白無欺之事，切實和平之辦法，並不需用外人主持，亦不須行以罔民病民之政。如彼所説，以民間所入四十换之金價，政府勒拆爲三十二换，而以所餘之八换，指爲鑄頭出息。此乃繞算欺人，勢迫强取，何所謂出息耶。果如所議，鑄幣真有二分之利，則外洋各國會計最精，其最爲富强之大國，實本既充，權力亦足，皆將以鑄幣爲國家財政之第一鉅款，坐享二分之利，亦已足矣。何必更徵收各項税款，講求各種實業，開通各處商埠耶。其愚弄中國，一至於此，良可歎憤。

至於行用金幣之説，浮慕西法者皆持此議，汲汲勸辦，臣愚竊以爲不然。查外國商務盛，貨價貴，民業富，日用費，故百年以前，多用銀或金銀並用。百年以來，歐洲各國專用金者始漸多。三十年來各國遂專用金。蓋商日多，費日廣，貨日貴，一物之值，一餐之費，罕有僅值洋銀數角者。中人一日之需，斷無僅值洋銀一元者，故以用金爲便。中國則不然，民貧物賤，工役獲利微，四民食用儉，故日用率以錢計。其貧民每人一日口食，僅止一二十文，中人一日口食，僅止六七十文，並不能值洋銀一角，何論於金。其沿海、沿江通商大埠，尚參用生銀、銀元，而内地土貨，無論鉅細，賣買皆用銅錢積算。雖大宗貿易，間用生銀折算，然總以錢爲本位。大率兩廣、滇、黔及江浙之沿海口岸市鎮，則用銀者什之七八，用錢者什之二三。其上游長江南北之口岸市鎮，則已銀錢兼用。若長江南北之内地州縣，則銀一而錢九。至大河南北各省，則用錢者百分之九十九，用銀者百分之一二。合計中國全國，仍是銀銅並用，而用銅之地十倍於用銀之地。大率中國國用皆以銀計，民用仍多以錢計。是中國雖外人名之爲用銀之國，實則尚是用銅之國。非若外國物貴財多，利於用金之比也。故論目前中國情形，若欲行用金幣，不但無金可鑄，即有金可鑄，亦非所宜。況精琪之議，並不自鑄金幣，徒虚懸一金價以擡新鑄之銀幣，而强内地商民之信用，已屬武斷難行。且抑本國固有之金價，驅金出售於外洋，而又按外洋市價出銀以購外洋之金鎊，以付洋款，則尤無此情理。蓋欲平金價，爲籌付賠款計也。但平中國之金價，而不能平外洋之金價，是徒使法令滋章，全國擾攘，而於籌付賠款，曾未有錙銖補苴之益，亦何苦而爲此哉。

至其説欲在外洋設匯兑分行，以售金匯票，外商是否信用，所不敢知。而我必先出重息籌借鉅款，購儲金鎊以待應付，已受巨虧。况各國銀行徧於中華，匯兑之利，彼所固有。而我今欲設匯兑分行以奪其利，彼必羣起以擠我。彼之力厚而勢衆，我則力薄而勢孤，豈能與之争衡。夫既無貲本，又少權力，而欲憑一國之定價，籠各國之匯票，冀以取騰空之利，收操縱之功，此固必窮之道矣。

抑臣更有進者，鎊價日長，人皆患之。不知中國若甘爲無志之國，專爲賠款，借洋債，購外國機器物料計，則鎊價之貴，誠有害矣。若欲爲自强之國，講實業，暢土貨，興内地機器製造，則鎊價雖貴，害少利多，不足患也。蓋金貴銀賤，於中國賠款則有損，於中國商務則有益。洋商購中國土貨用銀，而運至外洋則售金，銀賤金貴，則出口貨本輕，出口貨本輕則獲利厚，獲利厚則土貨之出口者日益多。華商購外國洋貨用金，而運銷内地則售銀，金貴銀賤則洋貨價長，洋貨價長則獲利難，獲利難則洋貨之進口者必較少。夫抑制進口外貨，暢銷出口土貨，實爲富國保民之第一要義，環球萬國之公理，懸諸日月，萬古不刊。今以金貴銀賤之故，賠款每年雖多二三百萬，而商民獲土貨外銷之利可多至二三千萬，其無形之益已多。且出口貨多則税亦加多，以將來免釐後出口税七五爲率計之，亦可歲增二百餘萬。約略相抵，所差無多。如目前釐金未撤，則相抵更屬有餘。如漢口茶税改輕後，减額五十餘萬，而土貨出口日多，關税歲收仍二百餘萬，反多於前數年茶税未减時。體察情形，以後尚可加旺，可爲確證。至洋貨進口，近日通商行船條約處處放鬆、推廣，洋商事事便利，以後各國大小洋商獲利之途日廣，接踵來華者必然日多一日，年盛一年，東事一定，其旺立見。獨因金鎊價貴，或者洋貨之多來，洋行之增益，其勢稍爲舒緩耳。萬勿慮洋貨來少，以致進口税减。更勿慮如精琪所云，洋商不放本來華，以致洋貨少來，遂不能多换土貨出口也。近來在華洋商，深患金價太長，洋貨行銷中國難暢。故此項洋商羣向各國銀行譏誚争論，勸其勿擡金價。聞美國用銀黨亦不以金價過貴爲便，故鎊價近日漸平，斷不患鎊價長至九兩以外。即使長至九兩以外，則出口貨愈多，出口税愈旺矣。

爲今之計，畫一幣制已與各國商約訂有明文，自不可不迅速舉辦。惟改用金幣，則國力未充，且於中國情形不宜，萬不宜無事自擾。若並無金幣，而欲以虚票作實金，假使威令所迫，竟能散布此數千萬億虚擡高價之銀幣紙票於民間，其害亦爲不細。蓋無實之幣，無實之票，必然壅滯不行，跌價私售，其銀幣則商民仍作四十换之金。其無金本無銀本之紙票，則價尤低賤。勢必如南宋末年之會子，金、元、明歷代之寶鈔，咸豐年間之户部官鈔，愈落愈賤，無所底止。繳官則照例價，民用則按市價，其時必有中外巧猾巨商，以賤價零星收票，按實數彙總取金之弊，國家必受大累。一旦立形不支，實屬萬分危險，尤不可輕於嘗試。竊謂此時，惟有先從銀、銅二幣入手，講求畫一暢行之策。然後酌定銀錢相準之價，每銀一兩限定值錢若干。此事若能辦到，其利國利民之處已甚宏多。此乃切實當行之事，循序漸進之法。俟通國幣制統歸一律，銀、銅二幣悉遵定價，生銀之用漸廢，服用糜金之禁漸行，開礦出金之數漸多，二十年後，鐵路大通，銀幣暢行，土貨銷流日旺，内地機器製造日多，各省商務日盛，則食用百物之價必日貴，耕夫織婦虞衡工役所獲之利必日豐，内地用銀之處必日廣。彼時體察情形，果需參用金幣，再行斟酌試辦，亦未爲遲。五十年後，中國通者益通，旺者益旺，中國已成爲用銀之國，則必可兼用金幣矣。此時只可責成各省廣興實業以富民生，多開金礦以儲幣本，姑爲異日用金地步，庶幾利不外傾，而權可自主。若精琪之議，啗我以虛無鑄頭之利，則奪我實在財政之權，其計至毒，其害至顯。夫賠款暗加於鎊價，不過中國受累之一端。若因補救此一端而使全國商窮民怨，並以財政屬人，以致一蹶不振，則是自尋煩苦，自取阽危，斷斷無此辦法。竊意朝廷必能熟思審處，斷不肯輕允試辦。至精琪係奉美廷之命而來，美國於中國交誼素厚，想精琪之議，當係真心關懷中國財政，代籌補救之奇策，非必專爲自謀之計。特未悉中國情形，故爾種種窒礙。要之在我自審利害，自定權衡而已。

再，正繕摺間，聞精琪現已出京回國。惟外人圖攬中國財政者，正復不一其人，即中國人震於外國用金之説，勦襲附和，妄思嘗試以徼大利者，竊恐亦復不少。臣之此奏，不僅爲精琪一人，並不僅爲金幣一事。此後儻再有以行空票作金幣之説進者，或外人餌我以重利，實圖攬我利權、絶我利源者，擬請敕下外務部、財政處、户部開誠布公，正言駁拒，勿受其愚。國計幸甚，民生幸甚。臣既有所見，深切憂危，不能自已，不敢不披瀝奏陳，伏祈聖鑒。

（硃批）該衙門知道。（欽此）

試籌一兩銀幣片 光緒三十年八月十六日

再，中國向來官民行用俱係生銀，各處平碼參差，並不一律遵用庫平。其成色紛歧，名目繁亂，以致錢商市儈得以上下其手，操縱漁利，於商務民用，均有窒礙。現與各國訂立商約，均有中國自行釐定國家一律通用之國幣一條。聲明將全國貨幣俱歸畫一，即以此定爲合例之國幣，中外人民應在中國境内遵用，以完納各項税課及別項往來用款。惟完納關税，仍以關平核計爲準等語。是釐定國幣爲當今第一要義。惟查從前各省所鑄銀元，均仿照墨西哥銀元之重，合中國庫平七錢二分。因中國從前尚未能有定畫一幣制之議，所鑄龍元，專爲行用各口岸，抵制外國銀貨進口起見，並未爲釐定通用國幣起見，本屬一時權宜之計。臣前年與劉坤一會奏曾經陳明，七錢二分重者，係依傍洋銀辦法，現既與各國定約畫一銀幣，近年來朝廷通籌博議，詢及外人，毅然有考定幣制之思。此誠通商便民之要術，一道同風之盛軌，自當別籌全國通行、經久無弊之策。溯查光緒二十五年冬間，京城正擬開設銀元局，慶親王奕劻、軍機處、户部及盛宣懷，以銀元應重若干，與臣屢電詢商。上年臣在京時，財政處、户部復與臣詢商及此。臣均持改一兩重銀幣之説。而議者或慮一兩銀幣難於通行。不知各國幣制皆由自定，彼此不相因襲。中國一切賦税皆以兩、錢、分、釐計算，而地丁、漕項爲數尤爲至纖至繁，每縣串票不下數十萬張。每人丁漕多者幾兩幾錢，少者幾錢幾分幾釐幾毫幾絲幾忽，畸零繁重，若改兩爲元，實難折算。折算較寬，則花户以爲加增，必然滋鬧。若折算過緊，則積少成鉅，州縣豈能任此賠補之數。種種窒礙，斷難全國通行。計全國民人納銀於官者，以地丁漕糧爲最多，其人數爲最衆，其銀數爲最繁。丁漕不改，是全國畫一銀幣之説，仍係託空之言。竊謂今日鑄全國畫一之銀幣，自當以每元一兩爲準，出入均按十足紋銀計算。查各國均自有幣制，或用鎊，或用馬克，或用佛郎，或用盧布，不相沿襲。其本國境内人民，及外國商人來至其國貿易者，無不遵用。但使國家定其程式，昭示大信，收發一律，均作爲十成，商民斷無不遵用流通之理。如各省通行共知，新定國幣出入均作爲十成，明白簡便，自然不願更用生銀。迨生銀既廢罷不用，此項國幣其銀色自無九成十成之分。若現定者既名爲國幣，然仍仿墨西哥銀元成式，以庫平銀七錢二分爲率，則歷年墨元已操積重之勢，中國權力事勢斷難阻使不行。况幣制既定，每年公家出納及商民交易所需不止萬萬，而各局所鑄至多不過數千萬。我之鑄數有限，而彼之來路無窮，是不啻轉爲墨西哥銀元暢其銷路。漏巵日廣，流弊無窮，萬萬無此辦法。臣反覆籌思，非實在試辦，但憑議論懸揣，羣疑衆難，辨駁紛紜，莫衷一是。若財政處鑄造行用之章程一定，頒行各省，設有窒礙，殊難更改，悔不可追。莫若先由外省試辦，其操縱更正，較爲活便。查從前中國從未自鑄銀元，官款亦從未使用，係由臣在廣東時奏明創辦，行試有效，始漸推行。兹擬即就湖北鑄造庫平一兩重銀幣，先行試用，以覘商情民情，兼體察各國商人情形，出納利弊。行之而通，則奏請敕下户部裁酌推行，利在全國。行之而不通，則湖北當收回另鑄。所有賠耗工火傾鎔之費，湖北任之，虧耗亦尚無多。而從此中國貨幣輕重之所宜，以及改换收發之難易，利病昭然，可有定論。

兹擬試鑄銀幣共分四等。最大者重足庫平銀一兩。其次五錢。其次二錢。其次一錢。文曰大清銀幣。照從前銀元式，清文居中，環之其餘洋文及省名、年分、計重若干、龍紋花樣，均酌照從前銀元式樣。無論收發，皆照湖北藩庫平核算，出入均作爲十成紋銀。歸官錢局經理收發，以杜吏胥挑剔需索之弊。凡民間完納錢糧正賦及關税釐金一切捐項，暨州縣報解司道局庫一應款項，均照藩庫平一律折算，與向章並無妨礙。如有向章應解交平餘火耗解費者，照舊補足繳納，則一切官吏胥役，自不致多方阻撓，而在商民並無新加耗費。

俟將來各省通行此項銀幣，應准搭解部庫充餉。約計每元扣除工本火耗，必可盈餘數分，自當核明鑄數，將所得盈餘報解户部，以昭核實。至舊日各省所鑄七錢二分重之銀元，及墨西哥之銀元，銷流民間者其數至鉅，應仍聽其行用。惟新鑄一兩重之國幣，定價務取畫一。而舊日銀元既與墨西哥銀元式樣輕重相同，其平色高下，易錢若干，自應仍隨市價漲落，聽其自然。則與新鑄國幣判然有別，行用各不相妨，於各省銀元局鑄造之工本亦並不喫虧。自可毋庸收回另鑄，俾免商民疑慮，致擾市廛。且如此則仿洋式之銀與國家定制之幣，輕重貴賤大有軒輊，尤足爲導引商民重視國幣，暢行國幣之輔助。伏祈聖鑒，敕部立案施行。

（硃批）著照所請。該衙門知道。（欽此）

請留膏捐餘款添製軍械摺 光緒三十年八月十七日

竊惟目前自强要政，莫急於練兵。而練兵以製械爲先，製械非籌款不辦。臣於上年十一月陛辭出京時，面奉皇太后懿旨，詳詢湖北漢陽槍礮廠每日每年所出之數，臣當經詳晰奏陳。聖意以出械尚少，諄諄以擴充製造爲訓。跪聆之下，欽悚難名。况值此邊患日深，軍械未備，夙夜焦憂，亟應欽遵妥籌辦理。臣於本年二月回任後，即督飭該局司道通盤籌畫，力圖擴充。當以鄂廠現有造槍機器，每日出槍五十枝，機器力量已盡，無可再加。通年出數僅止一萬五千枝，實不足以供數省之用。當此時勢，極爲可憂，必須添機多造。至槍彈一項，尤宜多爲儲備，有事時方不致槍爲虛器。原有造彈機器，連去冬續行訂購之彈機併計，每日出數至多亦不過四五萬顆。今槍機既添，則彈數愈形不足，尤爲兵家大忌，斷斷無此辦法。若欲擴充製造，必須添配槍機，尤須添配彈機。惟鄂廠經費本屬不敷，兹擬添製大宗槍機彈藥，非有經久確實之款，萬難集事。查本年二月准政務處咨，會同練兵處議復，前兼署湖廣督臣端方、升任湖南撫臣趙爾巽奏請於湘省地方合力籌建槍廠一摺。政務處原奏内開，湖北槍礮廠每年製出之槍械，尚嫌所造不多。推原其故，仍是款項不足，不能多聘良匠，多購新機，加意講求，以臻完備。湘省近與接壤，自應先行設法維持，使鄂廠款項充足，製造精進，因已有之成規，宏軍儲之製作，便孰甚焉等語。是鄂廠必應添機多造，及鄂廠經費支絀情形，早爲政務處、練兵處王大臣所深悉。惟欲借資湘省設法維持，屢經詢商未允，此係斷斷必無之事。查湖北歷年整頓土藥税捐，本奏明專爲供濟槍礮廠之用，前因新案賠款無著，於光緒二十八年正月，復經奏明籌辦膏捐，以資湊解賠款及自强要政之需。當經奉旨俞允，並飭妥爲辦理，欽遵在案。上年冬間，經前兼署督臣端方與湘省定議，合辦土膏統捐，除扣除原征之土藥税釐、膏捐等項，歲計較有增收。原議以增收之款，統歸兩省合辦之湘省槍廠濟用。現經政務處、練兵處議駁，鄂省自應另籌辦法，改就漢陽槍礮廠盡力擴充。而擴充之經費，除土膏統捐增收之項，别無可以挹注。當查光緒二十八年湖北開辦膏捐原奏，本係聲明添湊自强要政之需。竊思自强要政，無過於練兵製械。雖政務處咨行原奏謂，鄂省與湘省合辦，既無偷漏之虞，即有增加之數，亦應另款存儲，以備練兵處提撥等語。夫既責以擴充，即宜增其經費。若本省籌辦之款尚不能歸入製械之用，將何從多購新機，何法可臻完備乎。且練兵之與製械，事本相因，有兵無械，與無兵同，兵多械少，與無械同，有槍礮而無彈藥，與無槍礮同。將來鄂廠出械日多，即可以備練兵處提撥之用，供練兵處之械，即與供練兵處之餉無異。至京師練兵處餉項，臣已遵旨將派籌之項認解足數，并已多爲籌解。此項土膏統捐溢收之劃歸湖北者，除大宗湊濟新案賠款外，如有盈餘，擬即儘數撥充湖北槍礮廠添購新機，添造新廠，及添備物料工本之需。此次統捐溢收，今年甫經試辦，爲數尚難豫定，總之不能甚多，斷不敷添機添廠之用，所差尚遠。此外臣仍應設法籌措，隨時奏明辦理。惟購機、安機、出械，周折甚多，而時勢危迫，旦夕千變，其關繫中國日逼日緊。應辦各事，繼日待旦，猶恐不及。故添機造械之舉，萬難猶豫延緩，以致坐誤光陰。臣現已一面訂購新機，一面設法多籌款項，迅速趕辦。合無仰懇天恩俯念軍儲緊要，急須擴充，鄂廠費絀用繁，准照二十八年奏准原案，俯如所請，將鄂省溢收土膏統捐餘款撥歸鄂廠，以資添補要需，實與中外練兵要政均有裨益，時局幸甚。

再，槍礮廠内分廠林立，廠各有名，非槍礮二字所能包括。查日本製造槍礮之廠名曰礮兵工廠，較爲簡要。現擬改稱爲湖北兵工廠，以昭賅備，合併陳明。

（硃批）著照所請。該衙門知道。（欽此）

謝賜綢緞摺光緒三十年八月二十二日

光緒三十年八月二十日，摺弁回鄂，賫到皇太后御賞石青緞一匹，絳色緞一匹，茶色江綢一匹，藍紅綢一匹，當即恭設香案，望闕叩頭謝恩祗領。

伏念臣雙符忝綰，一簣鮮功。凉飊薦爽於秋中，湛露叨榮於天上。荆州篚組，深慚未效乎貢珍。織女機絲，猥荷優霑於枯朽。甯戚生逢堯舜，安用布衣。子牟身在江湖，如依魏闕。人間攀桂，未覺天高。園内傾葵，彌知日近。臣惟有在勤勵俗，無斁銘恩。勸學以化章縫，治兵而修組練。南樓月滿，懲據牀坐嘯之頹風。東海波平，推挾纊拊循之德意。以仰答高厚鴻慈於萬一。

特參已故知縣欠解交代各款摺〔一〕 光緒三十年八月　日

竊照交代例有定限，不容稍有延欠。今已故蘄水縣知縣高培蘭，欠解藩庫地丁等款正耗銀一萬五千二百兩二錢三釐，又欠解糧庫漕糧、南糧等款正耗銀一千二百九十九兩四錢九分七釐，又欠解善後局税契賠款捐銀一萬一千六百一兩八錢六分三釐，共銀二萬八千一百一兩五錢六分三釐。屢經嚴催，已逾初參例限，尚未完解。臣伏查錢漕、税契、賠款捐等項，均關緊要。該故員高培蘭欠解各款數至二萬八千餘兩之多，屢催未繳，實屬玩延。現雖僅逾初參例限，但欠解爲數較鉅，未便稍任延宕。據代理蘄水縣知縣楊懋林會同監交委員署黄岡縣知縣林道堂查明，禀經該管道府揭由湖北布政使李岷琛、按察使岑春蓂、督糧道譚啓宇詳請參追前來。除札飭嚴查是侵是挪，切實追辦外，相應請旨將已故蘄水縣知縣高培蘭先行革職，勒令該故員家屬於兩個月限内如數完繳。倘逾限不完或完不足數，再行從嚴參辦。除咨明户部查照外，理合恭摺具奏。再，湖廣總督係臣本任，毋庸列銜，合併陳明，伏乞皇太后、皇上聖鑒。

著照所請。該部知道。

知縣飭委署理别缺以到省之日爲到任日期片 光緒三十年八月　日

再，部選京山縣知縣龍燦章，於光緒三十年五月初三日到省，現經飭委署理崇陽縣知縣印務。據布政使李岷琛、按察使岑春蓂會詳稱，該員龍燦章到省後未赴本任，飭委署理别缺，照章應以到省之日作爲到任日期，請奏咨立案前來。除將文憑咨送吏部查銷外，理合附片具陳。再，湖廣總督係臣本任，毋庸列銜，合併陳明，伏乞聖鑒，敕部查照施行。

吏部知道。

籌解第四批釐金京餉片〔二〕 光緒三十年八月　日

再，湖北省釐金項下奉撥光緒三十年釐金京餉銀十二萬兩，限五月前解半，十二月初間解清，自應遵籌批解。業經解過第一、二、三批共銀六萬兩赴京交收在案。兹據布政使李岷琛會同善後總局司道詳稱，復於釐金項下動撥第四批京餉銀二萬兩，飭委試用知縣汪文鈞、試用知縣魏綺先管解赴京交納等情，詳請奏咨前來。除繕咨轉給該員等小心管解，並飭將應解銀兩續籌委解外，謹附片具陳。再，湖廣總督係臣本任，毋庸列銜，合併陳明，伏

〔一〕以下二件録自《京報》第八〇九八號。
〔二〕録自《京報》第八一〇〇號。

乞聖鑒。

户部知道。

籌解第三批東北邊防經費片〔一〕 光緒三十年八月 日

再，湖北省釐金項下奉撥光緒三十年東北邊防經費銀八萬兩、加撥銀一萬六千兩，除加撥銀兩已撥作續款之用，應改解江海關道存儲提用外，其原撥經費銀兩，業經解過第一、第二兩批，共銀四萬兩，赴京交收在案。玆據布政使李岷琛會同善後總局司道詳稱，復於釐金項下動撥第三批東北邊防經費銀二萬兩，飭委試用知縣包樹龢、試用知縣桑宣管解赴京交納等情，詳請奏咨前來。除繕咨轉給該委員等小心管解，並飭將應解銀兩續籌委解外，謹附片具陳。再，湖廣總督係臣本任，毋庸列銜，合併陳明。伏乞聖鑒。

户部知道。

辦結施南教案摺 光緒三十年九月初一日

竊查本年六月間，據代理施南府知府候補同知何錫章、署恩施縣知縣王祐、署施南協副將吴友貴等電禀稱，本月初五日，有法國天主堂主教德希聖往恩施縣沙子地遊覽，帶同教士德希賢、董明德並隨同遊歷之教民賈澄清等，路經花背地方。有福音教民向元新欲看德主教，隨行教友賈澄清喝攔掌嘴，彼争此鬧，經向姓户首向光錫向德主教求情。德主教令向元新於初六日在沙子地教友李家炳家備席八桌，放鞭六萬，服禮寢事。初七日早晨，德主教正欲啓行，其時觀看人衆，賈澄清忽稱前所放鞭尚未足數，勒令向姓將鞭補足，沿途燃放，以致激成衆怒，紛紛喧嚷。由向燮堂等糾衆將主教德希聖、教士德希賢、董明德三人，及教民賈澄清、黄朝炳、何登玉、黄張氏等四人一并殺斃，並放火燒搶李家炳、蔡賢欽、陳漢科等房屋，旋即撲滅各散。

臣得報後，以事關交涉，案情極重，當即電飭施南文武各官，趕緊查明滋事殺人要犯，按名緝獲，勿令遠颺。派委湖北試用道左元麟，隨帶委員吕賢笙等馳往查辦。並電催署施南府施紀雲迅速到任，一面電飭宜昌鎮傅廷臣撥派勇營遄程前往犯事地方，分别彈壓保護，一面遴派常備軍右翼第六營守備張紹緒督率所部，馳赴施南駐紥，以資鎮懾。並另派長於緝捕之文武員弁分起前往，查拏凶犯。駐漢領事費亨禄亦委宜昌荷國教士田國慶偕左元麟同往施南辦理。旋經現署恩施縣知縣王祐親往沙子地，驗明已死主教德希聖及教士、教民等七具屍身，妥爲分别棺殮。嗣因遷延十日，犯無弋獲，當經電奏請將代理施南府何錫章、署施南協副將吴友貴摘去頂戴，本任恩施縣知縣王鴻賓暫行革職留緝在案。維時由駐京法國公使吕班派令使館參贊賈沙納來鄂商辦此案，旋即馳赴宜昌。臣當又派委熟悉洋務之候補知州胡得立伴同前往，相機維持。一面劄令荆宜施道余肇康親往宜昌會議辦理。旋經試用道左元麟督同該署府施紀雲，及恩施縣施南協副將暨委員等分别研訊，究出向燮堂、向元新、向爵臣、王成宣、黄平山、崔光照、黄鏡亭、黄玉階、黄觀連、黎登甲等十犯，均係在場動手放火殺人之正犯。並訊明首先動手殺傷主教德希聖者爲崔春生，已經其

〔一〕録自《京報》第八一一〇號。

父畏罪將其毒斃，經該縣王祐親驗屬實。又訊得加功同殺德主教之犯爲黄鏡亭、王成宣二名。當有駐漢法領事派去之教士田國慶在旁聽審，所供無異。由署施南府知府施紀雲、署恩施縣知縣王祐開具供摺，具禀前來。臣查核供詞，均係在場行凶正犯，法無可貸，當即核明批飭將向變堂、向元新、向爵臣、黄平山、崔光照、黄玉階、黄觀連、黎登甲等八名，在施南正法梟示，崔春生一名亦即戮屍梟示。其王成宣、黄鏡亭二名，由該府縣派撥兵役，於八月十八日押解到宜，亦即當時正法梟示。尚有僅供隨同滋事，並未在場動手殺人之廖作述、黄玉廷、袁華山三犯，批令該府縣等另議辦理。是行凶之犯均已伏罪，主教德希聖及教士德希賢、黄明德屍棺亦經施南府縣派人護送到宜，交天主堂妥爲安置。

惟議卹一層，經荆宜施道余肇康、湖北試用道左元麟在宜與法參贊賈沙納開議，據送交節略，要索賠款至六十萬兩之多。並另索施南荆州城内及江陵縣屬之郝穴、利川縣屬之李子漕地方，建造醫院、教堂各地基，均須由官購給。其荆州城内，並指索護國寺舊基地段，寬廣至九十餘丈。又另索在施南犯事地方爲被害之主教、司鐸等建造石坊碑碣，及卹賞被戕教民家屬及被燒被搶之各教民家房屋衣物等項，均不在六十萬兩之内。臣迭次電飭該道等開誠布公，與之反覆辯論，再四磋磨，相持二十餘日，始經議妥。計被害主教、司鐸等三命，共賠銀十萬兩。撫卹被戕教民四命家屬，及被燒搶之各教民房屋衣物，並建造主教、司鐸之墓廬，共給銀二萬兩。又幫助建造醫院善舉銀二萬五千兩。三共漢口洋例銀十四萬五千兩，一應包净在内。自光緒三十年十一月初一日起，至三十一年十二月初一日止，款分五期交付。其建造醫院、教堂各地，除李子槽地方，該教會原係出價購有民地，毋庸再議外，荆州城内許於一年内，由官代覓公私無礙、潔净相宜之地，以寬長各二十丈爲限。施南城内亦代覓相宜之地，以寬長各十丈爲限，地價仍由該教會自給。而施南建造石坊碑碣，郝穴建造教堂兩事，概作爲罷論。惟所建荆州醫院、施南及李子槽兩處教堂，均議明奏請給予敕建字樣，以示矜異。其各官處分，當經告知該參贊，亦無異言。議定約款五條，彼此允洽，遂於八月二十一日書約簽字，業經撮要電請外務部代奏在案。

查從前武穴、麻城、巴東等處教案賠款，均奏明在江漢、宜昌兩關撥付。宜昌教案賠款，係奏明在司庫及江漢關撥付。現在宜昌關税收數過絀，此次擬查照光緒十八年宜昌教案，於司庫各款及江漢關洋税項下如數分期撥給，司庫攤認四成，關道攤認六成。

至此案甫出之日，上海各洋報訛言蠭起，幾致牽動大局。施郡居民紛紛逃避，衆情惶懼，甚難措手。嗣經臣迭電施南府縣營各官，令其剴切開導，出示曉諭，止辦滋事正凶，斷不株連事外，並明懸重賞，緝拏各犯，民情始漸安帖，得以將下手正凶陸續拏獲懲辦。迨法參贊賈沙納抵宜之後，各教士極力慫恿挑剔，謂主教品級甚尊，所欲甚奢，意欲藉此大興風浪，肆其案外之要求，多方恫喝，勢甚洶洶。幸湖北辦理此案尚爲迅速，獲犯訊供均屬切實，絶無株連冤濫，在彼無所藉口。法參贊亦能明白近情，事事均受商量，不爲各教士所摇動。該參贊特於約款内專列一條，叙述法政府感謝之詞。此案得以和平議結，不致别生枝節，稍堪仰慰宸廑。

至該地方文武各員，未能先事預防，致釀鉅案，實屬咎無可辭。本任恩施縣知縣王鴻賓在任日久，毫無覺察，厥咎較重，前已電參暫革留緝，應請即行革職。前代理施南府知府何錫章，於出案後漫無布置，應即摘去頂戴二箇月，以示薄懲。現署恩施縣知縣王祐，雖到任已在出事之後，惟初起拏犯未能立時破獲，應請記大過四次，補官之日罰俸三年。卸署巴東縣知縣田芸生，於此案牽涉人犯未即解赴施南質訊，輒行遞解回籍，致啓外人口實，亦屬不合，應請記大過三次，補官之日罰俸二年。署施南協副將吴友貴，前雖失察，但於此案出後，竭力緝捕，拏獲正犯甚多，應請將前奏摘去頂戴處分隨案開復。此外在逃餘犯及訊無確供各犯，仍由臣嚴飭該府縣等分別勒拏覆審，酌其情罪，分別定擬。一俟辦理完竣，再將全案供招咨送刑部查考。至施南府距省遥遠，山林深僻，民情愚悍，伏莽亦多，歷年屢有教案，以後必須妥籌善後之策，方免横生枝節，貽誤大局。臣詳籌辦法，另摺奏陳。

（硃批）著照所請。該衙門知道。（欽此）

議裁官缺摺 光緒三十年九月十六日

竊准吏部咨，光緒三十年五月二十一日奉上諭：朕欽奉慈禧端佑康頤昭豫莊誠壽恭欽獻崇熙皇太后懿旨，現在物力維艱，自應力除冗濫，用資整頓。前已迭降諭旨，飭裁冗員浮費。而內外因循瞻顧，未能實力奉行。兹特嚴申誥誡，樹之風聲。所有粤海關、淮安關兩監督著即行裁撤。其粤海關一切事務著歸兩廣總督管理，切實整頓。江甯、蘇州兩織造同在一省，著即將江甯織造裁撤。凡京外各項差缺，有應行裁汰歸併者，著各部院堂官及各省將軍督撫，破除情面，認真釐剔，奏明裁併，以節虚糜而昭核實。欽此。等因。咨行到臣。仰見朝廷綜核名實之至意，亟應欽遵辦理。

竊惟理財之方，務其大不務其細。謀國之策，惟其實不惟其文。臣與藩臬兩司詳加商榷。查各省糧道，本以督運漕糧、管轄屯衛爲專責。自漕糧改徵折色，無須起運，糧道已甚清閒。近復奉旨將各衛所員弁一律裁撤，衛田屯糧改歸州縣徵收，儘可責成藩司督察經理。是糧道一官，幾於無事可辦，所行者不過簿書期會之事而已。聖諭所謂冗員糜費，殆無有過於此官者。前閲邸抄，陝西省糧道業經奉旨裁撤。湖北糧道事同一律，應即援照辦理。擬請旨將湖北督糧道一缺即行裁撤，其糧道庫大使一缺自應一併裁撤。所有各州縣徵收南北漕糧，均令按照舊章，徑行報解藩庫存儲備撥。一切稽徵督催及撥解款項，均由藩司照章辦理。查湖北糧道於例支廉俸外，經前湖北撫臣胡林翼於更定漕務章程、裁革陋規之後，議定立案。於提解各州縣兑費項下，每年撥給糧道公費銀一萬兩，糧道衙門書吏紙張工食銀二千二百兩，批解餉鞘委員盤費等項銀七百五十兩，糧道庫大使公費銀八百兩，津貼荆州旗營公費三千兩，襄陽道及武昌、漢陽、黄州、德安、安陸、荆州各知府丞倅銀一萬三千二百五十兩，共計提撥銀三萬兩，歷年照解在案。又各州縣另有解費、傾鎔、補平等項，每年將及銀一萬兩。現既擬將糧道裁撤，應將此歷年解道之六項公費銀三萬兩，暨批解傾鎔之各項雜費約銀一萬兩，儘數提存，共湊足四萬兩，專款解部。至荆州旗營及各該道府辦公竭蹶，容臣清查各項陋規，另行提存藩庫，察其應行津貼者分別量予津貼。照此辦法，僅須裁撤兩缺，歲可節存銀四萬兩，較諸裁撤多缺而節存無多者，得失相去遠甚。至糧道應領俸銀養廉，臣現經另摺奏請於施南府城添設施鶴道一缺，應請即以糧道俸廉改作施鶴道俸廉，可免另行籌款，均於另摺詳陳。如蒙允准，現在裁缺之湖北督糧道譚啓宇，學優才練，吏治深嫻，應懇天恩，遇有道員缺出，儘先補放，俾免向隅。其道庫大使李逢春，應即留於湖北，作爲裁缺應補班，遇有品級相當之缺，儘先咨補，以昭平允。

至此外各缺，除府州縣外，佐雜教職中非無職司簡少去留皆可之員，臣曾督同兩司通盤籌計，利害兼權，假如裁同知、通判、州同、州判十缺，縣丞、主簿、巡檢等項四十缺，教職五十缺，一省裁至百缺，不可謂不多。綜計所省俸廉役食等銀，不過一萬兩有奇，於帑項初無裨益，而窒礙不可勝言。查同知、通判爲七八品京官俸滿截取之階，州同、州判及各項教職爲舉人、貢生就職注選之途，縣丞、主簿、巡檢等項爲各館謄録議叙，及京外各衙門已滿吏考選出身之路。又，臣上年在京，會同管學大臣具奏減裁科舉摺内聲稱，舊日舉貢生員，年齒較長，不能入學堂。請自下科起，舉人於每科會試後大挑一次，揀發一次，並多挑謄録，分送各館，俾得議叙。其大挑揀發未入選之舉人，及恩拔副歲優各項貢生，均比照孝廉方正例，准其考職，分别用爲州判、州同。生員亦准比照已滿吏考職，用爲佐貳雜職，分發分省試用等語。均蒙聖恩俯允，欽遵通行在案。至教職一項，上年奏奉欽定學堂章程内，係各省師範生畢業保獎之階，關繫尤重。誠以老儒寒士，攻苦多年，或屢舉而不第，或欲學而後時，斷不可不予以出路，使可資生。然所以爲謀者，亦專恃此等官員爲其仕進之階。蓋停科舉、獎學堂者，所以勸英年之人才，使之壹志專心，講求救時新政之要。存雜流、廣仕途者，所以恤過時之寒畯，使之佐理庶務，漸收相觀而善之功。二義并行，不可偏廢。且方今新政繁多，需才甚廣，苟無保獎，何以用人。各項勞績，不能遽保州縣以上官者，若無此等官缺，又何以爲獎勵之資。自捐納例開，凡佐貳雜職等缺，大半爲捐納人員所佔。凡議叙、就職、考職、勞績、保舉暨考滿吏員，往往需次二三十年不能補缺。方冀捐納停止後，此曹出路稍可疏通。蓋以上各官，各省通計所裁不下一千數百缺，而有缺與未得缺各員，盼保獎，盼分發，盼截取，盼委署，盼得缺，盼調署，盼升擢，藉以乞貸慰藉支持生計者，何止數萬家。若各省再將各缺裁汰過半，從此京官皆有蹙蹙靡騁之憂，外省亦無驅策下僚之具。屐履之任，思自效而無由。齏鹽之儒，欲食貧而無望。揆諸聖朝育才勸士之宏規，似乎不宜出此。近來時局日艱，人心不靖，此等無聊失所之人，其中豈無雋異之才，跅馳之士。今國家爲節費之故，而令無端坐廢，必然怨謗繁興。況本年恭逢皇太后七旬萬壽，愷澤覃敷，正當普天同慶之時。而坐使各省無數實缺人員，共抱向隅之歎，羣興失所之憂，亦殊非鼓舞軒饕之氣象也。竊惟此次諭旨，重在節省虛糜，本未指定應裁何官。與其裁百缺而所省僅止萬金，不如裁一缺而所得可至數萬金，較有實濟。此外湖北佐貳雜職教職等缺，均擬勿庸議裁，以固士人心而全政體。

（硃批）著照所請。該衙門知道。（欽此）

請設施鶴道缺並升鶴峰州爲直隸廳摺

光緒三十年九月十六日

竊照湖北施南府屬境地，本係苗疆，界連巴蜀。其宜昌府屬鶴峰州，亦苗疆舊地，遠接湖南。均屬民風喬野，伏莽繁滋。遠距省城一千九百八十餘里，聲息每多阻隔。而湖北之有教案，實自施南府屬之利川縣始。利川與四川夔州府屬縣多有接壤，夔府教堂素多，十六年前，利川天主教堂教民即已不少，積案纍纍。以後民教之嫌隙日深，教民之蔓延日熾，案已斷而復翻，讎已解而復結。近年施南府屬並有傳耶穌教者，於是天主、耶穌兩教教士設堂日廣，依附日多，爭端迭起。施郡所屬，山深箐密，素多會匪。匪徒見民教齟齬，益復從中煽誘，蘊毒愈深。地方官政事紛繁，於民教涉訟之案，未必皆能立時清理，甚或袒教抑民，含糊了事。民情忿無所洩，則相率入教，以相抵制。奸猾之徒，陽託教堂以自庇，隱通會匪以尋仇，伺機竊發，隱患方深。知府權力既有不足，而營汛武員又多與地方民事隔膜，呼應不靈，防範偶疏，衅端立啓。近年宜、施兩屬會匪、教案屢釀巨禍。光緒二十四年至煩兵力勦辦，懲創不爲不嚴。而愚民罔顧後患，一朝之忿，忘身及親，絶不知所儆懼。至此次而恩施縣屬又出事端，幸調派勇營，分投彈壓，查拏凶犯，辦理迅速，亂事遄已，尚未致釀爲厲階。懲前毖後，若無大員前往駐紮督察鎮撫，時往各處巡察，將所有教案秉公剖斷，及早消弭，誠恐此後地方仍難平靖。設使再生枝節，必致牽動大局，斷不能如此次之平妥了結，其貽患何堪設想。然僅派一候補道員，無管轄地方之權，州縣不皆聽命，則仍無濟於事。臣體察情形，反覆籌度，必須增設實缺道員，兼轄文武，俾分巡屬境，相機調度，理冤釋枉，加意拊循，使民教調和，相安無事。嚴辦會匪，奸宄潛蹤。庶足以綏靖邊圉，安輯民生。查鶴峰州雖隸屬宜昌，而距施南府城較近，僅一百餘里，與湖南犬牙相錯，遇有招解人犯，例須由道府勘轉。鶴峰距宜昌府已四百七十里，距荆州道治所更遠，至千有餘里。公事諸多窒礙，控馭勢有不及，亦宜變通辦理。茲擬請於施南府城增設兵備道一員，並請將鶴峰州升爲直隸廳同知，由宜昌府屬撥出，徑隸該道。此項新設之道員，即管轄施南一府、鶴峰一廳，名爲分巡施鶴兵備道。並以派往施南駐紮之常備軍一營作爲施防營，歸該道節制調遣。此道缺應作爲苗疆最要之缺，由外揀員請補。臣此次另摺奏請裁撤湖北督糧道一缺，查糧道應領俸銀，除均攤荒缺外，實支銀四十二兩有奇。應領養廉銀，除扣成減平外，實支銀三千七百六十兩。應請即以糧道原支俸廉作爲施鶴道俸廉，並將糧道衙門應支吏役工食，一併移作施鶴道衙門吏役工食，於帑項絲毫無所出入，而施鶴地方得有監司大員鎮懾其間，以時巡察撫綏。凡吏治、教案，責令盡心督理，防患未然，實於鄂省大局，化俗弭亂之道，大有裨益。惟施南深僻瘠苦，創設該道之意，自應隨時巡察各屬，周歷山鄉，方能杜絶匪蹤，消弭教衅。屬縣皆係貧瘠，其所到之處，夫馬供張，概令自備，斷不准絲毫擾及屬官鄉民。是該道辦公所需，斷難甚少，僅此俸廉之數，實有不敷。臣當於清查陋規項下，酌量核給該道辦公經費，以資整飭而免擾累。其鶴峰直隸廳之缺，亦請作爲苗疆要缺，由外揀補。其鶴峰州一缺，雖改爲直隸廳，所有俸廉、役食、衙署一切，可悉仍其舊。如蒙俞允，分別改設、移設，應由部頒給湖北分巡施鶴兵備道、鶴峰直隸廳同知關防各一顆。其鶴峰州州判，擬請改爲鶴峰直隸廳經歷，駐紮産茶素多之劉鴛司，以資彈壓。鶴峰州訓導，擬請改爲鶴峰直隸廳訓導。鶴峰州吏目，擬請改爲鶴峰直隸廳司獄。其所轄山羊隘巡檢，應仍其舊。以上各缺，請由部一併換給印記，以昭信守。所有施鶴兵備道暨鶴峰直隸廳同知員缺，容俟接准部覆後，由臣揀選妥員，分別請補。仰懇天恩俯念苗疆險遠，教案紛繁，總求爲地擇人，暫勿拘以資格。此外經歷、司獄等員，應否揀員更補，另由臣咨部辦理。

（硃批）著照所請。該部知道。（欽此）

籌畫東三省事宜摺光緒三十年九月十六日

竊臣承准軍機大臣字寄，光緒三十年六月二十一日奉上諭：朕欽奉慈禧端佑康頤昭豫莊誠壽恭欽獻崇熙皇太后懿旨，前因時事方殷，需款孔急，曾經密諭各督撫切實籌辦。昨趙爾巽來京召見，連日垂詢東三省事宜，該撫亦以外交、兵備、財政爲入手要著。此事爲全球各國所注意，實我中國大局安危所關。即使事機俱順，非得數枝勁旅，大宗的款，極力經營，不足以厚聲勢而保權利。況强鄰交逼，事變難知，更恐有出於意料之外者。朝廷先事圖維，焦思倍切，各省疆臣均受國家心膂之寄，自應同心協力，共濟艱危。其籌畫東三省一切，有何深謀至計，著該督撫各抒所見，具摺密陳，以備采擇。至現在庫藏空虚，内外同一支絀，然事勢迫切，練兵籌餉，實刻不容緩之時。無論如何爲難，總當先顧根本，著各省通力合作，聯爲一氣。應如何移緩就急，騰挪接濟之處，著仍遵前旨，一併速籌具奏。欽此。仰見深宫憂勞豫防危局之至意，曷勝欽服。

伏查東三省自日俄開衅以來，日軍雖水陸克捷，所向有功，而俄軍亦節節拒戰，抵禦堅忍，究竟將來結局如何，此時誠未可豫料。大抵奉天一省，日軍必須得有險要可資扼守之處，方能少息。俟攻據鐵嶺後，或當暫作停頓，休養兵力，以待明年再舉。極其目光所注，兵威所加，至於奪據哈爾濱而止。蓋哈爾濱既得，則東西兩條鐵路樞紐已扼，海參崴之援兵已斷，日本已可要挾俄人索取兵費矣。若必欲盡驅俄軍蹤跡於吉林、黑龍江兩省之外，則曠日縻費，日本之財力既不能支，苦戰傷亡，日本之兵力亦將不繼。俄既失哈爾濱，勢不能不與日本議和，既與日本和，必向我别生枝節，以洩其忿，而掩其恥。或在蒙古、新疆一帶肆其窺伺，或要索建造恰克圖直達張家口之鐵路，皆不可知。故我今日之籌畫，不宜專注於東三省，而當兼顧蒙古、新疆，豫爲之備。且日本兵力果能至哈爾濱以北，俄勢大衰，德、法兩國深忌黄種之强，必助俄以阻日。否則，乘機攘取中國土地權利，以爲均勢之局，此後變態實有難言。是我之防俄，非備兵不可。即欲稍戢各國乘機均勢之謀，亦非備兵不可，誠如懿旨，必須有數枝勁旅者也。

若日本，則兵力所至，必不居佔地之名，而兵費則斷無不索償之理。非但索開戰後用兵之費，又必索罷戰後代守之費。以彼勞師縻餉，傾國相争，血戰所得之利，豈肯徒手以還中國。揆諸情理，中國亦安能一無所償而向之索地。儻日本果能據哈爾濱及海參崴海口，自能向俄國索取大宗兵費，其向我索取代收代守之兵費當可少減。若日本兵力所到，不能脅俄使出兵費，則必全數向中國（索）［取］償〔一〕，爲數尤不可思議。是我與日本非償費不可，誠如懿旨，必須有大宗的款者也。

綜是二者，中國今日，無論如何，總以籌款爲第一要議。但籌款不能專供練兵之用，而當豫爲償費之地。顧日本兵費之鉅，必以數十百兆計，中國此時財力，萬萬無從籌措。除量力助給外，

〔一〕據中國第一歷史檔案館編《光緒朝硃批奏摺》第一二〇輯，第四七頁校正。

或者於彼兵力所到之地，許以森林、礦産、魚鹽最優之利益，以爲抵扣。至遼東鐵路之利益，中國地主亦應有分，並可將鐵路利益抵扣若干，則我但籌自養遼地彈壓兵、護路兵之餉，而不須籌代養日本駐兵之餉。即使酌量籌助，亦不必甚多。至日本既留兵代守遼東之境，則我止須備兵以防遼西之境，兵數即無須過多。誠以兵易練而將難求。舊日行伍出身之將弁姑不具論，即近年派赴日本學習武備之員，其學問不過士官而止，其閱歷不過中隊、極之大隊而止。至於陸軍大學之研究大隊、聯隊以上之指揮，皆非所素習，以與他國之將領相較，去之遠甚。將材之不足，當在聖明昭鑒之中。有兵無將，雖多亦奚以爲。故臣愚以爲目前練兵，實有不宜過多者。多練兵不如多留款，萬一俄人窺我蒙古，日本既留兵駐守奉省，則熱河一帶日本必不願鄰氛逼其藩籬。我誠能資以餉力，則自張家口以東，有警即可借助於日本以禦之。以日本之將校率我之兵，庶幾可與俄人一戰。俄人窺我新疆，地近印、藏，權利所關，必爲英人所深忌。我誠能與之連衡，則自甯夏以西，有警即可借助於英以禦之。其以英將率我兵亦然。雖非上策，猶爲得半之道。蓋東聯日，西聯英，雖兩國必欲要索利益，然總遠勝於俄國之信義全無、公然吞噬者。我果與英、日聯盟，俄患必可無憂，京畿根本既安，然後可徐議應付德、法諸國耳。

惟是各省籌款之法，早已智盡能索，羅掘一空。仰惟宵旰焦勞之意，又安敢不勉爲其難。臣前已遵旨認籌的款五十三萬兩，以供京師練兵之用。此款自當於年内掃數解清。茲擬再行竭力增籌的款，以備將來遼東償費之需。而鄂省舉行要政，用度浩繁，本省所籌餉項，各有抵支，本已入不敷出。故前次認籌之款，係聲明在銅幣盈餘項下騰挪匀撥，實已竭盡無餘。此次再四通籌，別無可指之款。萬不得已，計惟有添購機器，加鑄銅元，得有餘利，或尚可稍資挹注。擬從光緒三十一年起，鄂省再認籌的款五十萬兩，分批解京，備充遼東償費。其餘藉以彌補鄂省增兵、製械、興學、籌防各項不敷之用。體察情形，各省現均趕鑄銅元，勢必銅價日昂，錢價日低，餘利必漸減少。然四五年内，銅幣銷流尚不致遽形壅滯，其利雖薄，尚可有盈。姑俟五年以後，再行另籌抵補之法，此時舍鑄造銅元，委屬無可設法。綜計鄂省於常年額解增撥各款，及支應本省種種要需外，茲復兩次認籌的款一百餘萬之多，勉竭涓埃，當邀聖慈垂鑒。至各省應如何通力合作，移緩就急之處，應候宸斷施行。

旨：留中。欽此。

委員接署道篆片〔一〕 光緒三十年九月　日

再，臣恭閱電鈔，光緒三十年八月二十日，内閣奉上諭：直隸津海關道員缺，著梁敦彦調補，著即迅速赴任，欽此。當即恭録札行欽遵在案。旋准外務部電開，新授津關梁敦彦，請飭遵旨速赴新任，以便唐前道交代赴藏等因前來，自應飭令交卸。所遺漢黃德道江漢關監督篆務，亟應委員接署，以便梁敦彦交卸赴津。查有湖北特用道桑寶，心精才練，交涉熟嫻，堪以委令接署。除檄飭遵照外，謹附片具陳。再，查漢黃德兵備係衝繁疲難要缺，例應由外調用，容俟揀員另請補授。又，湖北巡撫係臣兼署，毋庸會銜，合併陳明，伏乞聖鑒。

知道了。

〔一〕録自《京報》第八一〇六號。

謝賜福壽字如意衣料摺 光緒三十年十月二十九日

光緒三十年十月二十、二十四等日，差弁回鄂，賫到皇太后恩賞御筆大福壽字直幅兩張，玉如意一柄，蟒袍料一件，綢緞四卷。當即恭設香案，望闕叩頭謝恩祗領。欽惟皇太后聖矩從心，祥笙敷化。聖母邁五龍之齡而稱壽，至尊合萬國之歡以事親。頒奎璧之文章，煥星雲之光耀。年豐人壽，願天下福禄攸同。治軍理民，俾微臣指揮如意。睹繡黼虞廷之五采，如聽賡歌。誦緇衣鄭伯之三章，更增禮數。仰叨大賚，深愧殊榮。臣惟有拱向北辰，撫綏南紀，奉宣渥澤，同戴春暉。祝衮衣愛日之方長，臻文軌同風之極盛。一慈二儉，體宮庭爲寶之淵衷。洸武矢文，效江漢朝宗之職守。以期仰答高厚鴻慈於萬一。

參革湖南調防武員摺〔一〕 光緒三十年十月　日

竊照本年五六月間，因桂匪竄擾，湘邊戒嚴，迭經會商籌撥防軍。當據鎮筸總兵周瑞龍、辰永沅靖道莊賡良稟，派署鎮中軍遊擊熊泰榮率隊赴靖州一帶相機防勦。時值匪擾黔境永從縣之大年河、貫峒等處，經莊賡良派隊馳援，鎮道各標員弁同時奮勇進攻。獨該署遊擊熊泰榮駐紮長春堡，延不前進。及各該援軍得手，攻克貫峒，熊泰榮反揑稟冒功。適周瑞龍親至靖州查悉情形，飭令速回鎮筸，一面具稟到臣。正在查參核辦間，又據周瑞龍呈稱，該鎮抵署後，查知熊泰榮自防所撤回，並不回營聽候查辦，業已私自遠颺。僅據該家屬呈繳中軍遊擊關防，暨熊泰榮所留印稟一件，内稱感患疫病，進省親醫等語。所有任内經管錢糧款目，均未交代清楚，誠恐尚有虧短。如該員由湘到鄂，請就近扣留，飭即回營清理等情前來。臣查該署遊擊熊泰榮，於調派防勦之時，並不能親臨前敵，迅速赴援，已屬畏葸無勇。迨經撤回本營，又不靜候交替，輒敢擅離職守，至今尚無下落，舉動尤爲乖謬。當兹整頓營防之際，未便稍事姑容。相應請旨飭署湖南鎮筸鎮中軍遊擊留湘補用參將熊泰榮即行革職，以肅戎政而飭官常。除另委接署並通行湖南、湖北兩省查明熊泰榮現在逗留處所，立即押令回營，清理交代。如有虧侵餉項情弊，另再從嚴究追外，謹會同署湖南巡撫臣陸元鼎恭摺具奏。伏乞皇太后、皇上聖鑒。

著照所請。該部知道。

請暫停道府分發摺 光緒三十年十一月初二日

竊照培養民生，綜核財用，其源均在於澄叙官方。近歲以來，以順、直、秦、晋等省賑捐減成，報捐實官者益多，仕途猥雜，較前尤甚。而道府一班，亦遂接踵紛來，無所底止。查湖北省從前候補道員不過十餘人，候補知府亦不足二十人，現在候補道員多至四十三人，候補知府多至五十人。人多事少，已苦委用無期。近日官場風氣，每不能儉約自甘。武昌省城公館占盡，久已無屋可租。店租物價，無不昂貴。既列道府之階，用度益多，情形益窘。假令此輩各勤本業，不遽捐官或不捐品級較崇之官，其窘累情形尚可不至如此。近奉諭旨，飭令各省裁併局所，沙汰冗員，此曹益無聊賴。其守分者，耐苦閒居，不免銷磨志氣。其熱中者，

〔一〕録自《京報》第八一五四號。

徒思奔競，尤足敗壞官常。其未得差也，則多方以求録用。其既得差也，則又多方以求加薪。且加薪猶以爲未足，必得優差要差而後已。夫既專以營謀優差要差爲務，則得差之後，必然逞其蠹國病民之技，可想而知。不遂所欲，則怨望立生，造作謡言，顛倒黑白，阻撓要政，肆意矯誣。若此之流，往往而有。此後若再紛至沓來，不惟差缺益形壅滯，且出位妄想，無事生風，馴致通省官場盡染惡習，流弊尤不可勝言。此乃近來惡習鉅弊，爲十年以前候補官之所未有者也。

夫道員居監司之列，知府爲表率之官，本非無學問、無閲歷、無資格之員所堪濫厠。嗣後除同通州縣以下各官仍照辦理外，擬請旨敕下吏部，凡分發及捐納道府人員，無論指省掣籤，准將湖北省停止分發二年，以冀稍清冗濫，藉挽澆風。實於鄂省吏治大有裨益。

（硃批）吏部議奏。（欽此）

請旌孝子摺 光緒三十年十一月十六日

竊據湖北武昌府知府梁鼎（棻）[芬]詳，准補用知府蔡琦等文稱：湖北分缺先用典史方炳垣，原籍福建閩縣，由監生報捐典史，指分湖北。同治十三年九月到省，迎養其母在鄂寓居省城紅墻巷地方。光緒二十九年十月二十日，家人失慎，寓宅被焚。方其初起之時，始覺之際，火光迸裂，未至四面延燒，僕婢奔呼，不難一身獨出。而方炳垣惟知有母，不復顧身，迴旋叩闢，負舁出室。不虞火勢猛撲，烈焰環攻，正梁既傾，前楹並墮，母子環抱，骨肉俱灰，同攖嘻出之灾，甘蹈鬱攸之禍。報親恩於罔極，遑恤焚身。悲天道之難知，皆爲酸鼻。該員等屬在寅僚，誼兼桑梓，咸感至行，願表遺芬。理合開具事實清册，出具印結，送請查照轉詳等情，由府加具印結，詳請奏懇旌表前來。

臣伏查該孝子方炳垣，素履克修，白華致絜。微官奉母，方懷毛義之心。大節殉身，遠比介推之烈。倉皇問寢，慘酷焚巢。念劬勞而舍命不渝，資矜式而盡倫無忝，允稱孝行，宜荷旌揚。合無仰懇天恩俯准將孝子方炳垣給予旌表，出自鴻慈。[除將事實册結送禮部查照外，]謹會同湖北學政臣李家駒恭摺具奏，伏祈聖鑒。

（硃批）著照所請。禮部知道。（欽此）[一]

光緒二十八年分實收淮鹽鄂鹺數目摺[二] 光緒三十年十一月　日

竊查同治三年間，經前江督臣曾國藩招商領運淮鹽至湖北、湖南兩省銷售，並委員會同兩省鹽道在於漢口、長沙二處設局督銷。所有運鄂之鹽到漢岸後，原議每引提鄂鹺銀四兩二錢，嗣經陸續減去二兩四錢，定爲每引提銀一兩八錢。運湘之鹽，俟到湘岸後，每引提鄂鹺銀一兩一錢零五釐，嗣減去三錢，定爲每引提銀八錢零五釐。漢岸自同治三年四月開售起，湘岸計自同治三年七月開售起，至光緒二十七年十二月止，實收鄂鹺銀兩數目，業經先後奏報在案。兹查漢岸自光緒二十八年五月起至十二月止，

[一] 以上舛、脱、衍四處，據《京報》第八一八五號校、補、删。
[二] 録自《京報》第八一五五號。

應提鄂釐十七萬六千六百五十七兩一錢七分五釐，內由北督銷局以鄂省應解兩淮之川稅折收銀十三萬二千五百八十一兩九錢三分九釐四毫五絲兑抵外，實解銀四萬四千七十五兩二錢三分五釐五毫五絲，由北督銷局陸續批解鹽道。由道將應解一半加課加數劃收楚釐，同北督銷局實解銀兩共十七萬六千六百五十七兩一錢七分五釐，均經儘數轉解善後局兑收充餉。又運湘之鹽，自光緒二十八年正月起至十二月止，應提鄂釐銀九萬四千九百四十一兩九錢一釐二毫五絲，均由南督銷局分批撥解，仍由鹽道移明善後局作收。所有漢、湘兩岸光緒二十八年分共計實收鄂釐並劃抵共銀二十七萬一千五百九十九兩七分六釐二毫五絲。據湖北布政使李岷琛、鹽法武昌道繼昌詳請奏咨前來。臣覆核無異，除分咨外，理合恭摺具陳，伏乞皇太后、皇上聖鑒。

户部知道。

旗員充當繙譯期滿保奬摺〔一〕 光緒三十年十一月 日

竊據湖北布政使李岷琛詳，據八品筆帖式繙譯生員佈葉春，係荊州駐防京城正黄旗滿洲伯那佐領下人，由繙譯生員考取候補筆帖式，於光緒二十四年二月二十八日到省當差之日起，扣至三十年二月二十八日止，六年期滿，幸無貽誤。理合造具履歷清册，呈由該司轉詳前來。臣查前督臣官文，因督撫兩衙門時有部咨清文事件，書吏多未諳習，奏請擬調荊州駐防旗員來省充當繙譯差使。旋准吏部議復，於荊州將軍衙門現在筆帖式三員內，由該將軍揀選繙譯通順者一員，派往湖北省，專辦督撫衙門繙譯事件，作爲差缺，仍食本身俸餉員缺，不必開選。六年期滿，如果辦事無誤，督撫出具考語保奏，以應升之小京官主事等缺，即行升用，不積應升之缺等因。奏奉諭旨允准在案。兹佈葉春係由繙譯生員候補八品筆帖式，派赴來省充當繙譯差使，計自光緒二十四年二月起迄今六年期滿，尚無貽誤。臣查該員年壯才明，辦事勤慎，自應遵照部章保奬。查小京官主事係繙譯生員筆帖式應升之階，該員佈葉春由生員八品筆帖式當差年滿，情願赴京效力，相應仰懇天恩俯准將候補八品筆帖式繙譯生員佈葉春以主事缺升用，不積應升之缺，以示奬勵。除履歷清册送部外，謹會同荊州將軍臣清鋭恭摺具陳。伏乞皇太后、皇上聖鑒訓示。再，湖北巡撫係臣兼署，毋庸會銜，合併陳明。

著照所請。該部知道。

請准以李天柱補授知縣摺〔二〕 光緒三十年十一月 日

竊據荊州府申報，江陵縣知縣張集慶在任病故，當經咨達開缺，聲明所遺係四項最要缺，容另揀員請補在案。查截缺章程內載，丁憂、病故之缺有本日可計者，即以各本日作爲開缺日期。今江陵縣知縣張集慶係於光緒三十年七月十七日病故，歸七月分截缺，係要缺應照例揀員請補。查例載，知縣應調缺出，俱令於現任人員內揀選調補。如無合例堪調之員，始准以候補人員題補。

〔一〕録自《京報》第八一六二號。
〔二〕以下二件録自《京報》第八一六九號。

又准部咨，題調缺出，仍令照例於現任人員内揀選調補。如果實無合例堪調之員，准以奉旨命往及曾任實缺候補並進士即用人員酌量補用。其軍營勞績保舉初任人員概不准請補各等語。今江陵縣知縣係衝繁疲難四項最要缺，爲荆郡附郭首邑，地廣賦重，訟獄繁多，旗民雜處，華洋交涉，並有堤工重務，非精明强幹才識兼優之員不能勝此繁劇。臣督同藩臬兩司在於通省實缺知縣内逐加遴選，非現居要地即人地不宜，實無堪以調補之員。惟查有奏留湖北補用知縣李天柱，年六十九歲，係山西汾縣監生，由陝西沔縣典史捐升知縣，選授褒城縣知縣，咸豐十一年到任。同治元年滇匪攻陷縣城，奏叅革職，留營效力。復以剿賊出力，奏准開復原官任留陝西補用。又因轉運軍麪短數，革職著賠。遵即如數賠繳，奏准開復原官，加捐同知銜。光緒六年丁父憂，服滿起復回省。十二年補授鎮安縣知縣，嗣因邊俸期滿，十九年四月初七日，奉旨以應升之缺升用。歷署鳳翔、宜川、安定、扶風等縣知縣。二十年丁母憂開缺，服滿起復，赴部候選。二十三年十一月選授湖北宜都縣知縣，二十四年七月到任。嗣經前撫臣于蔭霖奏保，二十六年九月二十三日奉上諭：著傳旨嘉獎。欽此。二十七年又經前廣西撫臣于蔭霖保奏，九月二十日奉上諭：著送部引見。欽此。十二月奉文簽升太常寺博士，經本任撫臣端方奏請開缺，仍以知縣留於湖北差遣委用。二十八年十一月十九日奉硃批：著照所請。欽此。委署廣濟縣知縣，並禀請註册委用。經部議駁，祇准差委，不准補署地方各缺。又經本任撫臣端方奏留湖北補用。三十年二月二十三日奉旨允准各在案。臣查該員李天柱，資老守潔，實心愛民。前在陝西服官三十餘年，復選湖北宜都縣，並委署廣濟、興國等州縣，均能措施穩洽，循聲卓著。以之請補江陵縣知縣要缺，洵堪勝任。惟調缺請補與例稍有未符，但人地實在相需，例得專摺奏請。合無仰懇天恩俯念江陵縣知縣員缺緊要，准以奏留湖北補用知縣李天柱補授，實於地方吏治均有裨益。該員係奏留補用知縣請補知縣，銜缺相當，無庸送部引見。據湖北布政使李岷琛、按察使岑春蓂會詳前來。除咨吏部外，理合恭摺具陳。再，湖廣總督係臣本任，無庸列銜，合併陳明，伏乞皇太后、皇上聖鑒，敕部核覆施行。

吏部議奏。

請准以慶春補授直隸州知州摺 光緒三十年十一月 日

竊照接准部咨，截缺單開題四項最要缺湖北荆門直隸州知州歐陽定果修墓，坐光緒三十年七月初五日行文，按湖北省照限減半計算，扣至七月二十九日爲開缺日期。係要缺，應照例揀員請補。查定例，道府同知、直隸州知州如係奉旨命往，或督撫題明留于該省候補者，均無論應題、應調、應選之缺，令該督撫酌量才具，擇其人地相宜者悉准補用。又題調要缺道府同知、直隸州知州、通判，酌量以候補人員請補時，如該省有截取記名分發人員，應先儘酌量請補。如果實係人地不宜，始准聲叙以各項候補人員請補。又准部咨，截取人員資俸較深，且係奉旨記名，概令明保特旨人員占先，未免向隅。擬請嗣後明保特旨即用人員，如與截取同時到班，先儘截取人員用過後，再用特旨即用人員各等語。今荆門直隸州知州，係衝繁疲難四項最要缺，兼轄當陽、遠安二縣，幅員遼闊，政務殷繁，非精明練達之員難期勝任。臣督同藩、臬兩司於通省候補直隸州知州暨特用應升各員班内詳加遴選，或與例不甚符合，或人地未能相宜。惟查有截取補用直隸州知州慶春，年四十八歲，係厢藍旗滿洲德壽佐領下拔貢，應光緒十五年己丑恩科鄉試中式舉人。十六年庚寅恩科會試中式進士，奉旨以主事用，簽分户部行走。二十一年七月題補江南司主事，俸滿截取引見，奉旨：著交部記名，以直隸州知州用。欽此。二十三年經户部照章於京察年分保送，簽掣湖北補用。六月初三日由吏部帶領引見，奉旨：著照例發往。欽此。領照起程，七月二十日到省。臣查該員慶春，年力健强，公事穩練，且係截取奉旨記名以直隸州知州補用人員，以之請補荆門直隸州知州要缺，洵堪勝任。合無仰懇天恩俯念荆門直隸州知州員缺緊要，准以截取補用直隸州知州慶春補授，實屬與例相符。該員係截取直隸州知州，例不試看甄别。今請補直隸州知州，銜缺相當，毋庸送部引見。據湖北布政使李岷琛、按察使岑春蓂會詳前來。除咨吏部外，理合恭摺具奏。再，湖廣總督係臣本任，應毋庸列銜，合併陳明，伏乞皇太后、皇上聖鑒，飭部核覆施行。

吏部議奏。

已故荆州知府陳夢蘭功德在民請入祀名宦祠摺〔一〕 光緒三十年十一月　日

竊據荆州府知府舒惠轉據江陵縣詳准儒學牒，據在籍刑部郎中鄧裕升等呈稱，已故荆州府知府陳夢蘭，性成忠孝，砥礪廉隅，典守荆郡三年，勤政愛民。如興學校，籌賑撫，正風俗，便行旅，除奸慝，清盜賊，安老懷少，恤節保孤，以及聽斷勤明，關防嚴密，諸事歷歷可數。而最入人之深雖歷久而難磨者，厥惟隄防。荆隄綿亘二百餘里，保障數十州縣，修防爲其專責。莅任之始，查看江西淤墊，隄身低削，乃籌集鉅資，全隄加高培厚。搜築蟻窟，獲穴數十處，防患未然。適值同治庚午大水爲歷年所無，伏汛異常盛漲，溢出舊隄數尺，衝刷鼓盪，積水難消，以致内外浸潤，險工迭出，全隄幾瀕於危。荆沙驚擾，紛紛遷徙。該故府不惜鉅資，晝夜搶護，植立最衝最險工段二十餘晝夜，櫛風沐雨，誓與隄爲存亡，卒得化險爲安，億萬生靈田廬賴以保全。該故府工竣回署，鬚髮驟白，由是精力傷憊，逾一年，以積勞没於任所。迄今已三十餘年，輿情愛戴，久而彌篤。爲此開陳事實，出具甘結，合詞禀請加結造册牒請轉奏等情。由學查明造具事實清册牒縣詳府遞加印結，由湖北布政使李岷琛詳請具奏，並聲明該故員之子孫並無現任九卿等情前來。臣覆查，已故前湖北荆州府知府陳夢蘭，誠慤宅心，廉貞勵操。化民興學，普教澤於青衿。激濁揚清，樹風聲於黄綬。禮正士而陽鱎悉屏，咸頌嚴明。卹窮民而鴻羽無嗷，群歌慈惠。禦水如禦敵，鋒鏑親當。守隄如守城，存亡與共。卒使水蠵□□，迴百丈之狂瀾。雲連綾洲，保孤危之名郡。有功於民則祀，無慚名宦之稱。惟朝廷有善必旌，宜荷馨香之典。合無仰懇天恩俯准將已故湖北荆州府知府陳夢蘭入祀荆州府名宦祠。出自逾格鴻慈，除册結咨移禮部科查照外，理合會同湖北學政臣李家駒恭摺具陳。再，湖廣總督係臣本任，毋庸列銜，合併陳明，伏乞皇太后、皇上聖鑒，敕部核覆施行。

禮部議奏。

〔一〕録自《京報》八一七〇號。

在籍衛守備嚴中甲妄稱三等侍衛擬結摺〔一〕

光緒三十年十一月　日

竊查接刑部咨覆，前湖北撫臣端方咨稱，湖南華容縣在籍衛守備嚴中甲妄稱三等侍衛一案，部臣以查核情罪尚屬相符。惟查衛守備係五品武職，俱係專奏請旨革職歸案訊辦之件。案已審明，應令該省奏結，以符定制，到日再議等因。當經行司查照。臣查此案前據湖北公安縣知縣王國鐸稟稱，湖南人嚴中甲，自稱侍衛，來至該縣强佔淤田，搶毀方奉章家米物，並有主唆詞訟情事，稟請查辦。即經批飭該管荆宜施道督同荆州府確切查覆，一面提案審辦。旋據荆宜施道濮子潼、荆州府知府舒惠會稟稱，提到犯卷查訊，嚴中甲供稱，湖南華容縣人。由武生中式光緒二十年甲午科武舉。戊戌科會試中式武進士，授職三等侍衛，丁憂回籍守制。强佔淤田，搶毀方奉章家米物，以及主唆詞訟各節，委員查訪與公安縣原稟大致相符。而訊之嚴中甲，堅不認供，顯係恃符狡展。且查前奉行知，光緒二十四年十月初四日奉旨：嚴中甲著以衛守備用。欽此。今自稱爲三等侍衛，其爲假冒無疑。稟經前任撫臣端方覈明奏參革職歸案審辦。奉硃批：著照所請。該部知道。欽此。欽遵行知查照。濮子潼未及覆訊，升任卸事。該道余肇康到任，接准移交，與荆州府知府舒惠核明卷宗，提集人證，督同覆審。緣嚴中甲籍隸湖南華容縣，由武生中式光緒甲午科舉，戊戌科武進士，授職衛守備，丁憂回籍守制。嚴中甲住居之原籍華容縣與湖北公安縣毗連，公安縣屬大興垸，地方濱臨大江，地勢低窪。咸豐年間，垸隄被水冲潰，田盡坍塌，不計畝數。業民報縣有案。近年漸次淤復，經垸首田守乾等稟准，集費照舊修復垸隄。光緒二十八年春間，該前縣王光棣諭紳邱洪疆、田書設局清丈淤田，原坍業户持契赴局報驗，按契丈給墾種管業。嚴中甲因聞大興垸淤田價賤，先後往該處買得廖東三等各户田八百畝，憑中議價付給，立有約據。是年十月十九日，嚴中甲督率佃户余成岩、王炳林、馮九福等開墾。余成岩等因認界不清，誤越朱炳軒、朱膺沅田界墾種。朱炳軒等佃户方奉章攏向攔阻，與余成岩等口角争鬧，經人勸散。維時觀看人衆，擠毀方奉章家莊屋門扇，並乘間攫去籽米錢花等物。經方奉章向田主朱炳軒等告知，朱炳軒等疑係嚴中甲恃强佔據，糾衆搶毀，並傳聞嚴中甲尚有主唆詞訟情事，赴縣具控。經該代理縣王國鐸飭傳嚴中甲查訊官階，嚴中甲誤會三甲衛守備即係三等侍衛，混稱三等侍衛。詰以强佔、搶毀、唆訟各情，堅不承認。稟經批飭道府查覆，將嚴中甲奏參革職，提道督府審辦。濮子潼未及審辦卸事，該道余肇康到任，接准移交，即提集人證，督同該府舒惠審悉前情，將嚴中甲照律擬杖，交地方官嚴行管束，咨由按察司岑春蓂核明，詳經前任撫臣端方咨刑部核覆行令，專案具奏等因。臣覆覈無異。查嚴中甲因伊佃户余成岩等認界不清，越界墾種淤田，口角争鬧。據訊無强佔、糾毀並主唆詞訟情事。其自稱三等侍衛，亦係誤會所致。惟係丁憂回籍人員，輒以賤價濫買有主淤田，越境開墾，又不能約束佃户，致釀事端，本有應得之咎。迨被控傳案查訊，復以衛守備混稱爲三等侍衛，雖據稱因誤會所致，與有心詐冒不同，究屬不合。嚴中甲應仍照該司等原案，酌照違制杖一百律，擬杖一百，仍解

〔一〕録自《京報》第八一八五號。

回原籍湖南華容縣，交地方官嚴行管束，□復出滋事。恭逢光緒三十年正月十五日恩詔，事犯在正月初一日以前，所得杖罪應准援免。惟聞嚴中甲平日武斷鄉曲，當日滋事，未始非其暗中唆使。該道府提訊，因其堅不承認强佔、毁搶、唆訟各情，僅擬杖罪，已屬從寬。若再予開復功名，益無忌憚，應請不准開復，以示薄懲。現在該縣淤田尚未清丈完竣，免致劣衿、地痞互相效尤，朱炳軒等控出有因，應從寬免其置議。嚴中甲所買大興垸淤田界址未能清晰，飭據首士邱洪疆等查看各契，諸多含混，斷令嚴中甲照契退田還價，以斷葛藤。余成岩等佃種田地，並不查明界址，任意争鬧，應照不應得爲而爲之者笞四十律，擬笞四十。事在赦前，應准援免。方奉章家所失錢米等物，飭縣照緝獲日另結。擠毁莊屋門扇，責令嚴中甲賠修。無干省釋，未到人證，免提省累。除咨部外，理合恭摺具陳，伏乞皇太后、皇上聖鑒，敕部核覆施行。

刑部議奏。

請准以趙濱彦補授施鶴兵備道摺[一] 光緒三十年十一月　日

竊臣奏請增設湖北施鶴兵備道，仰蒙俞允，咨准吏部咨，施鶴道鶴峰直隸廳同知既經定爲苗疆最要缺，應由外揀員請補，知照前來。應即遴員請補。查施鶴道一缺，駐劄施南府城，地處苗疆，山箐深險，風俗愚悍，民教糾紛，治理既極繁難，地方尤極瘠苦。現當創設之際，經營布置，彈壓撫綏，事事均關緊要，非得廉能幹練之員，不足以資治理。臣於通省候補道員中詳加遴選，查有二品頂戴軍機處存記湖北候補道趙濱彦，現年四十九歲，係浙江湖州府歸安縣人，由伊故父卹贈巡撫予謚忠節趙景賢，於同治二年粤匪攻陷湖州殉節。奉旨：其子趙濱彦等均著俟及歲時，交吏部帶領引見。等因。欽此。該員於光緒元年三月二十一日引見，奉旨：著以主事用。欽此。籤分工部都水司行走。是年十月初一日，由欽派王大臣驗放，請旨准襲騎都尉兼雲騎尉世職。六年五月，奉旨補授户部山西司主事，兼山東司井田科督催所行走，充貴州司幫辦正主稿。九年六月，户部保送截取記名，以直隸州知州用。嗣因越南軍務，在户部山西司主事任内呈請開缺從軍，以圖報效。經户部據情代奏，十年八月初五日奉上諭：主事趙濱彦，著發往廣東差遣委用。欽此。於是年九月到粤，委辦廣東全省營務處軍械局製造東西兩局，全省海圖事務，兵輪船局等差。十五年六月，在廣東鄭工捐局捐升道員，不論雙單月，指分湖北試用。是年十一月十六日赴部引見，奉旨：著照例發往。欽此。十二月十七日領照到省。十六年十一月十六日一年期滿甄别，奏准以繁缺留省補用，歷經委充川鹽、土藥、牙釐等局。二十一年八月委署湖北鹽法武昌道，二十二年正月交卸。二十四年十二月二十九日丁母憂回籍守制。二十七年三月二十九日服闋，在京呈請開復，經吏部核准，於五月初五日回鄂。是年九月，經臣會同調任湖北巡撫臣端方奏保人才，奉硃批：趙濱彦著交軍機處存記。欽此。二十八年七月因總辦牙釐局務出力，奏請賞給二品頂戴。奉硃批：著照所請。欽此。本年四月，復經調任撫臣端方以該道

[一] 以下二件録自《京報》第八一八八號。

承辦二十九年釐務，增收鉅款，異常出力，奏保仍以道員歸候補班補用。欽奉硃批：著照所請。欽此。並准吏部咨行，知照在案。該道員趙濱彥，志趣堅定，操守廉潔，任勞任怨，果敢有爲。以之請補新設施鶴道苗疆要缺，洵堪勝任。合無仰懇天恩俯准以湖北候補道趙濱彥補授施鶴兵備道，實於地方安民、弭亂諸事均有裨益。如蒙俞允，該員係候補道員請補道員，銜缺相當，毋庸送部引見。所有揀員請補苗疆要缺道員緣由，理合恭摺具奏。再，湖廣總督係臣本任，毋庸列銜，合併陳明，伏乞皇太后、皇上聖鑒，敕部核議施行。

吏部議奏。片併發。

查明湖北光緒三十年分甄别教職佐雜均未及額摺 光緒三十年十一月　日

竊查定例，甄别教職、佐雜，各按該省額缺，以百之二三爲率參劾，及數者免議。如該省果無應行參劾之員，令該督撫、學政切實聲明等因。湖北省教職一百四十缺，每年應甄别去任三四員。佐雜二百零五缺，每年應甄别去任四五員。兹查光緒三十年分甄别佐雜已届二次俸滿革職者一員，已届初次俸滿革職者二員。計教職、佐雜兩項，僅參劾佐雜三員。除現在大計案内參劾者不在年額之例毋庸併計外，其餘均尚循分供職，是以參劾未經及額。據湖北布政使李岷琛、按察使岑春蓂會詳請奏前來。臣覆覈無異，除仍隨時察看，如有衰庸不職者另行叅辦，並將已劾各員開具清摺咨送軍機處、吏部查核外，理合會同湖北學政臣李家駒恭摺具奏。再，湖廣總督係臣本任，毋庸列銜，合併陳明，伏乞皇太后、皇上聖鑒。

吏部知道。

請奬叙徵收錢漕掃數全完之員摺(一) 光緒三十年十一月　日

竊據湖北布政使李岷琛、督糧道譚啓宇會詳稱，查黄安縣額徵光緒二十九年司庫地丁等款錢糧，除坐支外，實應解銀一萬六千八百三十一兩九錢四分五釐。又應解道庫漕南正耗米折等款銀四千二百九十一兩二錢二分一釐。共銀二萬一千一百二十三兩一錢六分六釐，均於年内掃數全完，例應給予紀録三次等情，請奏奬前來。臣查該縣額徵各款錢糧銀兩合共在二萬兩以上，均係一手經徵，洵屬催科勤奮，自應專案請奬。合無仰懇天恩俯准將本任黄安縣知縣滕松照例給予紀録三次，以示鼓勵而資觀感。理合恭摺具陳。再，湖廣總督係臣本任，毋庸列銜，合併陳明，伏乞皇太后、皇上聖鑒。

著照所請。該部知道。

恭報兼管湖北巡撫事日期摺 光緒三十年十二月二十一日

光緒三十年十一月先後准政務處、吏部咨開，會同議覆雲南巡撫林紹年奏請裁撫缺一摺，於十一月初六日具奏。奉上諭：政務處、吏部會議林昭年奏督撫同城事權不一請裁巡撫一摺。雲南、

(一) 録自《京報》第八一八九號。

湖北巡撫兩缺，著即行裁撤。湖廣總督、雲貴總督均著兼管巡撫事。餘依議。欽此。咨行前來。臣遵於十二月十九日恭設香案，望闕叩頭謝恩，即於是日遵旨兼管湖北巡撫事。

臣竊惟向來督撫同城者，除舊例歸入題本公事，係各歸各衙門辦理，此外地方重要事件，皆係公同商辦。誠以安民講武，内治外交，其利病大率相因，其措施必須通貫。今仰奉明旨，令督臣兼管巡撫，任寄既專，責成尤重，聞命之下，兢悚滋深。臣惟有一秉虚公，倍加勤慎，督率司道等將地方應辦事宜，文武兼綜，兵食通籌，以仰副朝廷因時建官之至意。

（硃批）知道了。（欽此）

進呈銀幣式樣片 光緒三十年十二月二十一日

再，臣於本年八月十六日附奏，請就湖北鑄造庫平一兩重銀幣，無論收發，皆照湖北藩庫平核算，出入均作爲十成紋銀，名曰大清銀幣。先行試用，以覘商情、民情，兼體察各國商人情形，出納利弊，行之而通，則請户部裁酌推行，利在全國。行之而不通，則湖北當收回另鑄，所有賠耗工火傾鎔之費，湖北任之。從此可知中國貨幣輕重之所宜，以及改换收發之難易，利病昭然，可有定論等情。欽奉硃批：著照所請，該衙門知道。欽此。當即欽遵，飭局妥慎辦理。

竊維銀幣之行，顗若畫一，利國便民，獨不便於胥吏鑪坊之輩。其造言摇惑，設計阻撓，勢必無所不至。局外持論者，未經細心體察，輒不免辯難多端。

或謂既鑄此項銀幣，應即禁阻墨西哥銀元，不准行用。不知向來部庫及外省司道關各庫，從未收兑墨元，而民間顧流行日廣者，以各省通商口岸租界，外國銀行林立，其與華商交易往來，多以墨元爲便故也。此時中國之權力，斷不能强使外國銀行之不用墨元，即不能明禁中國商民之參用墨元。將來中國自鑄一兩銀幣，日漸充盈，爲中國商民所信用，則墨元將漸次銷廢，不禁而自絶。故此時改鑄一兩銀幣者，正爲他日禁阻墨元之地。

或又謂國幣既以一兩爲準，則舊日各省所鑄七錢二分之銀元，當盡數收回另鑄。不知舊鑄銀元雖重庫平七錢二分，而民間折算生銀，係隨市價漲落，僅作庫平六錢數分不等。與此次新鑄銀幣收發皆作庫平十成足銀用者，判然不同。試辦之初，既不能驟廢生銀不用，則舊鑄銀元亦祇列作一種生銀，儘可聽民之便，與新鑄十成之錢幣行用，各不相妨。此後鄂省官局自無再鑄七錢二分之理。至久已散在民間者，自無庸收回另鑄，以省紛擾。

或又謂新鑄銀幣既名爲國幣，則但當以元計，不當仍以兩計。不知國家一切賦税，皆以兩錢分釐計算，則銀幣之爲兩爲錢，豈可不明著其文，以杜胥吏之意爲輕重，免致商民之折耗喫虧。

或又謂一兩銀幣，當明言值制錢若干，以昭畫一。不知各省銀錢兑换之價，到處不同，斷非湖北一省之所能獨定。儻使户部能定庫平足紋一兩值制錢若干，通行各省，收發皆歸一律，不准稍有參差，則此項一兩銀幣自有定價，其權固操諸户部者也。

總之，臣此次奏請試行一兩銀幣，原爲體驗官民行用情形是否稱便，以爲户部裁酌推行地步，鑄數斷不能多。一俟户部開鑄，其數足以供各省之用，湖北儘可停鑄。且湖北所鑄銀幣，聲明除工本火耗外，所有盈餘悉數報解户部，於户部、財政處權力未嘗絲毫有所侵損。一切辦法，皆再三審量而後定。試行數月之後，其利弊不難考見。果有窒礙，自當立予變通。此時新幣方行，設有阻撓搖惑之詞，上瀆宸聰，應懇乾斷主持，暫置勿議。茲已飭局將一兩銀幣鑄成，發交湖北官錢局先行試用，體察商情輿論，似尚無所疑難。應俟試行三箇月後，察看銷數是否暢旺，咨報户部、財政處，藉資考核。除通行司道關局暨全省府廳州縣，無論何項賦課税捐，一律均照庫平足銀收解，不准稍有抑勒，以昭大信外，謹先將鑄成銀幣式樣十枚，裝成一匣，恭呈御覽。

（硃批）財政處、户部知道。（欽此）

密陳兩湖提督總兵考語單[一]　光緒三十年十二月　日

謹將湖北、湖南現任提督、總兵各官密注考語，開列清單，恭呈御覽。

湖北省

提督夏毓秀　營務深諳，志氣尚壯。

鄖陽鎮總兵鄧正峰　營伍安戢，事無廢馳。

宜昌鎮總兵傅廷臣　辦事奮勉，兵民相安。

長江水師漢陽鎮總兵周芳明　水師宿將，樸實勤明。

湖南省

鎮筸鎮總兵周瑞龍　營規整肅，遇事奮勉。

綏靖鎮總兵陳海鵬　循分供職，營務周妥。

長江水師岳州鎮總兵魯洪達　熟悉水師，營伍安静。

薦舉卓異各員摺[二]　光緒三十年十二月　日

竊照本年九月二十二日，准吏部咨行，原奏内開，查定例，各省官員大計三年一次。吏部於舉行之年，請旨通行各督撫遵照辦理。又道府以下等官，將應舉、應劾之員分爲二本。又州縣以上至道員，計十五員内准薦一員。教職、佐雜，計一百三十員内准薦一員。教職、佐雜人數較多，雖不能畫爲兩項，亦不得全舉一途，以致偏枯。如合例人員較少，薦舉不敷原額，即聲明缺額幾員，下次仍准照依原額保送。又府道以下州縣以上各官，核計本省歷俸已滿三年，任内並無正項錢糧未完，其平日循聲政績，該上司實係灼見真知，准其列入洊舉。至教職首領佐雜内，果有才能傑出，操守廉潔者，亦開具事實保薦。又薦舉卓異人員，任内如有正項錢糧未完，果係居官廉幹，或現蒞兼三、兼四繁缺，在本省歷俸已滿五年，均准一體保薦各等語。光緒三十年各省官員大計，應通行一體遵行等因。奏奉硃批：依議。欽此。咨行到鄂，當經遵照在案。竊維三年計典，考績攸關，必須薦舉得人，方足以仰副聖主任官惟賢之至意。茲自光緒二十七年十二月起至三十年十二月止，已届三年考察之期，臣將通省各員平日政績詳加考核，採訪輿論，矢公矢慎，悉心甄别，並會同學政臣李家駒，將通省教職，秉公考核。將有干六法之員另摺奏參。平等各官填註考語格册，並將藩臬兩司履歷事實造册注考咨部。其堪以薦舉卓異者，查有署鄖陽府知府本任襄陽府知府鄧嘉績，候補直隸州

[一] 録自中國第一歷史檔案館編《光緒朝硃批奏摺》第四九輯，第五九六頁，中華書局，一九九五年版。

[二] 録自《京報》第八二一一二號。

知州署蘄州知州本任江夏縣知縣陳樹屏，候補直隸州知州署長陽縣事本任蒲圻縣知縣梁亨吉，本任大冶縣知縣張嘉畹，署麻城縣事本任黃安縣知縣滕松，監利縣知縣劉延坦，署襄陽縣知縣本任均州知州汪應度，布政司庫大使書鳳，通城縣教諭吕承源、蘄水縣訓導陳慶慈等，以上十員均歷俸已滿三年，堪膺卓異之選。惟鄧嘉縝、陳樹屏、劉延坦等三員，雖有督催經徵錢糧漕米未完，而現蒞兼三、兼四繁缺。又梁亨吉、張嘉畹二員核計歷俸已滿五年。又滕松、汪應度二員並無正項錢糧未完處分。以上各員，例准一體保薦。其尋常叅罰案件，俱係因公被議，並非因私獲咎。其餘佐雜教職各員均無叅罰案件。據該管道府查明舉報，由湖北布政使李岷琛、按察使岑春蓂會詳保薦前來。臣覆查，各該員才守兼優，實心任事，循聲卓著，輿論允孚。臣與學臣李家駒詳加訪察，聞見相同，特列薦舉，以勵賢能。除咨部外，謹繕各員銜名考語簡明清單，會同湖北學政臣李家駒恭摺具陳。再，湖北定例保薦州縣以上七員，教職佐雜三員，合併陳明，伏乞皇太后、皇上聖鑒，敕部核議施行。

吏部議奏。單併發。

謹將湖北省光緒三十年舉行大計薦舉卓異各員開具銜名考語清單，恭呈御覽。

計開

署鄖陽府知府本任襄陽府知府鄧嘉縝　老成穩練，不染浮奢，聽訟勤明，潔己率屬。

候補直隸州知州署蘄州知州本任江夏縣知縣陳樹屏　强毅有爲，盡心教養。

候補直隸州知州署長陽縣本任蒲圻縣知縣梁亨吉　樸實勤謹，辦事周詳。

本任大冶縣知縣張嘉畹　練達精密，吏治勤明。

署麻城縣事本任黃安縣知縣滕松　才具開展，奮勉有爲。

監利縣知縣劉延坦　才識老練，捍患恤民。

署襄陽縣知縣本任均州知州汪應度　明幹勤能，敷施允當。

布政司庫大使書鳳　穩練安詳，講求吏治。

通城縣教諭吕承源　學深品潔，庠序交推。

蘄水縣訓導陳慶慈　爲守兼優，堪膺民社。

覽。

參劾六法各員摺〔二〕　光緒三十年十二月　日

竊查本年九月二十二日，准吏部咨行，原奏內開，查定例，各省官員大計三年一次，吏部於舉行之年，請旨通行各督撫遵照辦理。又道府以下等官，該督撫將應舉、應劾之員，分爲二本。又六法人員，令該督撫於本年封印以前具題各等語。今光緒三十年各省官員大計，其有干六法者，應令將不謹、浮躁等實蹟，詳細登註，不得籠統參劾等因。奏奉硃批：依議。欽此。咨行到鄂。當經移行遵照在案。竊惟三年計典，黜陟攸關，必須考察分明確當，庶足以仰副聖主澄叙官方之至意。茲自光緒二十七年十二月起至三十年十二月止，已屆三年考察之期，臣與學政臣李家駒，矢公矢慎，虛衷採訪，不敢稍存成見。經臣將堪膺卓異之員另摺具奏，及平等供職各員繕造考語册送部，所有應填六法之鶴峰

〔一〕録自《京報》第八二一三號。

州知州徐文彬，蒲圻縣縣丞史從燦，竹山縣官渡河巡檢喬蔭樾，武昌縣教諭李炳釁，利川縣建南巡檢郭燦章，黃岡縣教諭馬笏臣，荊門州學正方詠昌等七員，或浮躁，或不謹，或年老，或有疾，均難姑容。據該管道府揭報劣蹟，由湖北布政使李岷琛、按察使岑春蓂詳參前來。實與臣訪察無異。臣李家駒公同密訪，均屬相符。除咨部外，謹繕具劣蹟清單，會同湖北學政臣李家駒恭摺具奏，伏乞皇太后、皇上聖鑒，飭部分别議處施行。

吏部議奏。單併發。

謹將湖北省光緒三十年舉行大計參劾六法各員開具銜名劣蹟清單，恭呈御覽。

計開

浮躁官一員

鶴峰州知州徐文彬　輕率用刑，不諳吏治。

不謹官員二員

蒲圻縣縣丞史從燦　夙好賭博，多有浮言。

竹山縣官渡河巡檢喬蔭樾　違例擅受，不洽輿情。

年老官二員

武昌縣教諭李炳釁　昏老無能，不稱斯職。

利川縣建南巡檢郭燦章　年老志昏，行事猥鄙。

有疾官二員

黃岡縣教諭馬笏臣　目疾難痊，精力衰憊。

荊門學正方詠昌　素患足疾，不能回任。

覽。

光緒三十一年

謝賜福壽介壽字綢緞貂皮摺光緒三十一年正月十九日

光緒三十一年正月十六日，差弁回鄂，齎到皇太后恩賞御筆福、壽字各一方，介壽兩字直幅一張，綢緞四卷，貂皮八箇，當即恭設香案，望闕叩頭謝恩祗領。

欽惟我皇太后寶尊慈儉，德蘊含宏。闢萬彙之福門，游八紘於壽宇。遠頒寵賚，濫及庸愚。備穗書草聖之大觀，兼蟬珥鸞璣之珍品。知臣如孔門之朽木，錫以遐齡。念臣無漢相之種桑，俾其適體。受福王母，有逾三接之榮。章縫儒生，頓洗一寒之陋。臣惟有奉宣徽懿，加意撫綏。合三湘七澤之提封，占再熟八蠶之瑞應。分萬壽介眉之餘慶，納入新年。聽三軍挾纊之歡聲，防兹未雨。

謝賜福壽字摺光緒三十一年正月十九日

光緒三十一年正月十三日，差弁回鄂，賫到御賞福、壽字各一方，當即恭設香案，望闕叩頭謝恩祗領。

欽惟我皇上道出乾苞，運符泰祉。自强法天而不息，明德與日而俱新。鳳律宣温，福應盛而衆庶豫。龍樓問寢，壽觴舉而慈顔和。猶復垂天上吉祥之雲，化人間氛沴之氣。儀璘雙焕，翔泳同歡。臣惟有力矢勉行，冀收拙效。顧瞻江漢，縈倚樓看鏡之懷。

圖報涓埃，勵覆簣及泉之志。賜銀罌而吟臘雪，如睹朝儀。銷金甲而事春農，同霑陽澤。

清理衛田原章不便另籌簡易辦法摺光緒三十一年三月二十一日

竊照湖北省於光緒二十八年遵旨裁撤衛官，清查屯田。當經專設清理衛田局，遴委候補道朱滋澤會同藩司、糧道酌擬辦法。詳請比照民田，分別上、中、下等則，按照奏定新章完税六分。凡田價每畝值二十千以外者，均照二十五千文之價，酌繳契税錢一千五百文。每畝值十千文以外者，均照十五千文之價，酌繳契税錢九百文。每畝值十千文以内者，均照十千文之價，酌繳契税錢六百文。又每錢一千文，另繳清丈費二十文。派員分赴各屬，會同地方官將所有屯田親履勘丈，飭令各屯户將應完契税分三限繳清，以六箇月爲一限。繳税後，給予印契，准其永遠管業。查核所擬辦法，較言官條陳原議，令按畝追繳田價五兩者，已屬大爲輕減。經前湖北撫臣端方批准，於是年九月二十八日會同臣具奏。欽奉硃批：户部知道。欽此。嗣准部咨，以湖北所定上、中、下三則田價，較山東爲輕，奏令仿照山東繳價數目，變通辦理。復經前撫臣飭據司局議詳酌增，上則田價每畝值二十五千文以外者，照三十千文之價完税。續經奏咨通行在案。計自開辦以來，歷今兩載有餘，各州縣衛田尚未能一律辦竣，即已册報認税之各州縣屯户，遵限完税者甚屬寥寥。推原其故，良由向來田房税契皆出自置産之家，其家力能置産，必係目前景況充裕，積有現錢，其措繳應完契税，自屬非難。今屯户承種衛田，皆由世業相傳，或歷四五百年，或歷二三百年，非以餘財新置。即其間轉相頂替，亦多在百年内外，民户以實價典來，亦早視同恒産。一旦責以按田繳税，未必家有餘資。加以湖北田土山澤相間，罕有大片膏腴，若農業歲息甚薄。假如八口之家，有田二十畝，餬口尚虞不足，若照上則田價，驟令完税至二十餘千文之多，斷然無從措辦。且衛田沿自前明，當時興屯之初，皆以荒蕪無主之地招人承種，故畝數弓丈概從寬計，每田一畝有較民田多至加倍者。相沿既久，習爲固然。今概欲以部尺二百四十弓爲畝，令將溢出之田按畝報税，業户失其固有，尤爲强以所難。臣於光緒二十八年十月初奉命調署兩江，旋即入京陛見，甫於上年二月回任，旋赴江南會議製造局移廠事務，離鄂已將及兩年。四月回鄂後，詢及衛田一事，尚無眉目。局用糜耗已鉅，而契税收繳者寥寥。悉心體察，查知各州縣印委於查勘衛田時，多因衆情疑沮，不肯報丈。慮或操切生事，率與通融，照册按糧攤算，畝數皆係約計，其實在按畝清丈，界限分明者，甚屬有限。其所定上、中、下田價等則，各屬各辦，寬嚴不等，多寡輕重之間相較，多未能一律，以致各屯户藉口觀望。距省較遠之州縣，多有未經開丈者。即已報丈畢之處，屯户亦以無力繳税，任催罔應。即如宜城縣屯户滋事一案，亦因求減衛税而起。是原定辦法雖已從寬，於羣情仍多不便。若不量予變通，力求簡易，將衛田永無清理之日，契税永無完繳之期，徒有估價認税之虚名，並無利國便民之實際。臣督同司道暨承辦衛田各員再三討論，體訪羣情，深知衛田年遠轇轕，屯户貧苦居多。亟應另籌簡易辦法，俾各屯户易知易從，力無弗及，庶足安衆心而收實效。謹將改訂新章八條，臚陳如左。

一、衛田畝數，屯户向祇知按册完糧以斗石計數，但知自己田地界址四至，並不知按照官尺應合若干畝。是以各屬清理衛田，率多按糧攤算，其實行勘丈之處無多。至今遷延不丈不報者，尚十數州縣。承辦各印委寬嚴不等，或報有缺額，或報有溢額，辦法本未一律。其查報溢額者，屯户多以今昔弓丈不同，或指認不確，紛紛稟求寬減另丈。且開丈已及三年，其報明丈畢者，亦並未遵章繳税。至丈有缺額者，則並無辦法。是所謂缺額者固未可憑，即所謂溢額者亦未足據。兹飭各州縣一律將衛田畝數按照原糧原額均匀攤算，另行造册呈核，既無所謂溢額，即無所謂缺額，庶足以息疑懼而免參差。

一、衛田原定田價，數在二十五千以上者列作上則，數在十五千以上者列作中則，數在十千文以内者列作下則。現經派員詳查各屬原稟所定等則，皆係屯户約略承認，印委通融稟報，並非確經履勘，據田分等。是原稟等則高下全不足據，徒致名目紛擾。今應將原契上、中、下等則概行删除，按照司道兩庫額徵正雜各款，無論或完銀，或以米完折色，每完銀一兩，計上田約合二十餘畝，中田約合三十餘畝，下田約合六十餘畝，均令酌繳契税及局費錢八千文。此外不准書差多取分文。

一、原章税費分三限完繳，每限半年，爲期較迫，恐屯户力有未逮。今准將此項應完契税、局費，自本年起，分作三年繳清，每年仍分上下忙兩次徵收，以示體恤。

一、錢糧每銀一兩，或向係完銀若干，或向係折徵錢若干，均照該衛向完之數完納，不照民糧章程，以省紛更。惟其田分隸坐落之州縣，作爲民糧徵收。

一、衛田向有之册費、編審費一切雜項，暨公幫置産及軍頭等名目，永遠革除，以清擾累。

一、向有閑丁一項，歷係循照舊日册名，派令無田之户認完。今應查明，全行豁除，催糧書差不准朦混再徵，違者准其控告治罪。

一、各州縣已收衛田税費，照現改新章，多收准其留抵本户今明年正項錢糧，以昭公允。

一、賠款改學堂捐，民田均須輸納。屯户子弟不乏讀書入學之人，是學堂捐一項，衛田户不應置身事外。俟契税繳清後，應如何與民田一律輸納，自當由該處紳士公同酌議，稟由地方官詳請核定。

以上八條，係爲體恤屯困、删省虚文起見，通省衛田一律辦理，毫無偏枯。既將税數減少，又將期限展寬，完税自不爲難，庶徵收可期踴躍。經此次改章寬恤之後，儻各屯户尚敢抗違觀望，應飭地方官按户查追，從嚴懲辦。現已由臣出示曉諭，行司通飭各州縣一體遵辦。惟有仰懇天恩俯念湖北省衛田屯户情形困苦，准予照議施行，以廣皇仁而收實效。

（硃批）户部知道。（欽此）

委解俄法洋款本息並加認鎊價銀兩摺[一]

光緒三十一年三月　日

竊照前准户部咨，每年應還俄法、英德兩款本息，數鉅期迫，擬由部庫及各省關分别認還一摺，光緒二十二年五月初八日具奏。奉旨：依議。欽此。原奏内稱，各省除常年應解京餉、東北邊防

[一] 以下三件録自《京報》第八二八二至八二八三號。

經費、甘肅新餉、籌備餉需、加放俸餉、加復俸餉、旗兵加餉、固本兵餉、備荒經費及内務府經費、税務司經費、本關經費、出使經費等項，仍照常分别批解留支外，其餘無論何款，俱准酌量劃提，各照分認數目，按期解交江海關道彙總付還俄法、英德兩款本息。又清單内開，俄法一款應還本息每年約銀五百一十萬兩，由鹽斤加價項下指撥湖北川鹽六萬兩，西徵洋款改爲加放俸餉項下指撥湖北五萬兩，各省地丁、鹽課、鹽釐、貨釐、雜税等款指撥湖北十六萬兩，各海關洋税、洋藥、貨釐項下攤派江漢關十六萬兩，宜昌關八萬兩，嗣後每年分作兩次，於三月解交六成，九月解交四成，不得稍有延欠。又准户部咨，俄法、英德借款因佛郎磅價昂貴，所撥銀數不敷，請照案酌量加撥一摺。於光緒二十五年九月十一日具奏。奉旨：依議。欽此。原奏稱，俄法、英德兩項借款，以近年佛郎磅價計之，每年不敷銀一百四五十萬兩，自應酌量加撥。除原撥案内鹽斤加價、加放俸餉仍准照原撥數目報解毋庸加撥外，其餘均查照原案按二成五加撥。又清單内開俄法洋款項下，湖北省加撥銀四萬兩，江漢關加撥銀四萬兩，宜昌關加撥銀二萬兩，均自光緒二十六年起，隨同原撥銀數及原定限期，分别匯解江海關道兑收各等因。自應遵照籌撥。所有上年湖北應還俄法本息並加撥磅價銀兩，已如數依限籌解在案。兹經藩司暨善後局司道在於部文指撥及奏請劃提各款項下，籌撥庫平足色銀十二萬六千兩，並加撥磅價銀二萬四千兩。鹽道在於川鹽加價項下，動撥庫平足色銀三萬六千兩。江漢關在於六成洋税項下，動撥庫平足色銀九萬六千兩，並加撥磅價銀二萬四千兩。宜昌關在於徵收税銀項下動撥庫平足色銀四萬八千兩，並加撥磅價銀一萬二千兩。以上應還本年三月俄法六成本息，並加撥磅價銀兩，均經分别委員限於三月内解赴江海關交收，由湖北布政使李岷琛會同善後局司道暨署鹽法武昌道梁鼎芬、漢黄德道江漢關監督繼昌、署荆宜道宜昌關監督蔡源琛詳請奏咨前來。臣覆核無異，除咨户部外，理合恭摺具陳，伏祈皇太后、皇上聖鑒。

該部知道。

審明用言向室女戲謔致令自盡人犯按例定擬摺光緒三十一年三月　日

竊案據湖北漢陽縣驗報，民人余海仔等因向室女王玉芝戲謔，致令羞忿自縊身死一案。獲犯訊供詳經批飭審解。兹據該縣馮筫提犯審擬，解經漢陽府知府琦璋審轉，由湖北按察使岑春蓂覆審議擬招解，經臣親提審訊。緣余海仔籍隸漢陽縣，與已死王玉芝同鎮居住。王玉芝係正經室女，鄰里咸知。光緒三十年四月十一日下午時分，王玉芝之母王許氏上街買油，王玉芝一人在家閉門紡線。余海仔經過門外，從門縫窺視，見王玉芝獨自在家，意欲將其引出調笑。此時余海仔素識之李連喜、羅開春踵至，當向告知邀同擲石，李連喜等應允。余海仔與李連喜等一同拾石擊門。王玉芝開門斥問。余海仔戲謔，言屋内藏人。王玉芝不依，扭住余海仔衣領，令其進屋查看。當有鄰婦王李氏聞鬧趨問，李連喜等先行逃去。余海仔情急，用拳將王玉芝右額角捎傷，挣脱逃跑。王玉芝向王李氏與王許氏哭訴情由，並稱被余海仔如此欺辱，不如一死乾净。經王李氏等解勸走散。王許氏聲言，待明日投人與余海仔等評理。當各睡歇。詎王玉芝羞忿莫釋，至次日上午乘王許氏不防，投繯殞命。王許氏投報。經該縣馮筫詣驗獲犯訊供，詳報批飭審解。茲據該縣提犯審擬解府覆審，由司勘轉前來。臣詳加研鞫，據供前情不諱，究詰不移，案無遁飾。查例載，婦女因人褻語戲謔羞忿自盡之案，如係並無他故，輒以戲言覿面相狎，即照但經調戲本婦羞忿自盡例，擬絞監候。又調戲未成者，酌其情罪，分別枷號杖責。又律載，不應爲而爲，事理重者杖八十各等語。此案余海仔因窺見室女王玉芝閉門紡線，邀同李連喜等擲石擊門，意欲將其引出調笑，及被開門斥問，輒以屋内藏人之言，覿面戲謔，以致王玉芝羞忿自縊身死。該犯用拳拒傷王玉芝，擬應加等，惟所犯本罪已至死，無可再加，自應援例問擬。余海仔合依但經調戲本婦羞忿自盡，擬絞監候例，擬絞監候秋後處決。李連喜、羅開春雖據訊無褻語戲謔情事，第聽從余海仔一同拾石擊門，欲將王玉芝引出調笑，殊屬不合，應均照不應爲重律，各擬杖八十，仍按調姦未成例，酌加枷號一個月，滿日折責發落。屍棺飭埋，繳繩案結銷燬。王玉芝係窮檐少女，因被調謔羞忿難堪，捐軀明志，洵屬貞烈可嘉，相應附請旌表，以慰貞魂而維風化。除供招送部外，所有審明定擬緣由，理合恭摺具奏。伏乞皇太后、皇上聖鑒，敕部核覆施行。

刑部議奏。

審明搶奪强嫁孀居弟婦未成致令自盡人犯按例定擬摺光緒三十一年三月　日

竊據湖北光化縣通詳，民人周怔富搶奪强嫁孀居弟婦周温氏未成，致氏羞忿服毒身死一案，批飭緝審。茲據該縣歐陽翥審明議擬，解經署襄陽府知府金鼎覆審詳解，該管安襄鄖荆道郭承舉提犯審訊無異，咨由按察使岑春蓂核明轉詳前來。臣覆加查核，緣周怔富籍隸光化縣，已死周温氏係周怔富胞弟周長學之妻。周怔富將在外學貿之子周雙過繼爲嗣，時常照應。近來周怔富因周温氏家道貧居，時勸周温氏改嫁。周温氏總未應允，並被忖斥。周怔富生氣，起意搶奪强嫁，且所得財禮可爲周長學齋醮超荐。三十年正月十四日，周怔富之婿陳長號至周怔富家拜年，彼此談及周温氏之事。陳長號言有伊素識之河南人喬騾子，欲爲其子娶媳，願出財禮錢四十千文。周怔富即託陳長號前往媒說，言明喬騾子如果願娶，明日即可過門，希圖脱累。陳長號隨往向喬騾子商定。喬騾子因無現錢，暫歸陳長號擔承，日後再給。陳長號走因告知，周怔富即□允。陳長號並添邀陳崇蓮、陳崇猛同往搶奪。次早周怔富探知周温氏在家，帶同陳長號、陳崇蓮、陳崇猛，趕至周温氏家，喝令陳長號將周温氏搶背出門，陳崇蓮等亦幫同拖拉。因周温氏一路哭駡不從，就近送至陳長號家暫歇勸解。詎周温氏羞忿難堪，私自覓得洋烟吞服，毒發嘔吐。周怔富瞥見，用藥灌救不及，移時殞命。經周温氏胞弟温長志查知投保，報經該縣歐陽翥驗詳，獲犯訊供，並詳批飭緝審。茲據該縣提審，擬由府解道覆審，咨司核明轉詳前來。臣覆核無異。查例載，孀婦自願守志，夫家搶奪强嫁，若孀婦不甘失節，因而自盡者，不論已未被污，功服尊長杖一百、流二千五百里等語。此案周怔富因周温氏家貧年輕，慮難終守，屢勸改嫁，未允並被忖斥，輒起意商同陳長號等搶奪强嫁，致令周温氏羞忿難堪，服毒身死。查周温氏係該犯胞弟之妻，服屬小功，自應按例問擬，周怔富合依孀婦自願守志，夫家搶奪强嫁，若孀婦不甘失節因而自盡者，不論已未被污，功服尊長杖一百、流二千五百里例，擬杖一百、流二千五百里。恭逢光緒三十年正月十五日恩詔，事犯在正月初一日以後，毋庸查辦。犯係尊長强嫁卑幼，致令自盡，擬流，不在常赦得原之列，應遵新章解配照擬折責收所習藝，限令工作八年，限滿釋放。喬騾子許給財禮錢文，並未過付，應免著追。逸犯陳長號等飭緝獲日另結。屍棺由縣飭屬領埋。再，周温氏係守節孀婺，因被搶奪强嫁，不甘失節，捐軀明志，洵屬節烈可風。相應附請旌表，以慰貞魂而維風化。除供招送部外，所有審明定擬緣由，理合恭摺具陳，伏乞皇太后、皇上聖鑒，敕部核覆施行。

刑部議奏。

捐建學堂謝賜御書扁額摺 光緒三十一年四月初四日

光緒三十一年四月初二日，准直隸督臣袁世凱咨，以臣捐建本籍南皮縣學堂具奏，仰蒙皇太后頒賞御書振民育德扁額一方，驛遞至鄂。臣當即望闕叩頭謝恩祗領。

伏念臣薛能粗官，陸游老學，渥承寵賚，莫報殊知。昔疏廣賜金，僅以宴游娛鄉黨。桓榮車服，徒以恩遇誇子孫。竊願推聖治之文明，豈敢效前賢之弇陋。德爲行本，欽取象於山風。筆有化功，燦爲章於雲漢。子衿軒舞，衢叟臚歡。臣惟有擴一鄉善士之陋風，副百年樹人之渥澤。武城小邑，人人習學道之絃歌。豳國公堂，歲歲獻祝釐之觥酒。以仰答高厚鴻慈於萬一。

謝賜御書慈恩學堂扁額摺 光緒三十一年四月初四日

光緒三十一年四月初二日，准直隸督臣袁世凱咨，以臣捐建本籍南皮縣學堂具奏，仰蒙皇上頒賞御書慈恩學堂扁額一方，驛遞至鄂。臣當即望闕叩頭謝恩祗領。

伏念臣政才素拙，學殖多荒。幸叨堯母之恩綸，惠及魯鄉之縫掖。比原憲宰官之禄，旁潤鄉鄰。受文翁石室之經，代籌刀布。欽承聖藻，錫以嘉名。墨妙焕乎芝英，文光生於蓬筆。教忠教孝，俾飲水而思源。不愆不忘，常舉頭而見日。臣惟有春暉矢報，湛露逢晞。勉薄植爲菁莪，進陋邦爲鄒魯。薄唐寺題名之記，僅豔登科。方西陂賜額之榮，無忘勸學。以仰答高厚鴻施於萬一。

謝賜畫扇紗匹摺 光緒三十一年五月二十五日

光緒三十一年五月二十日，差弁回鄂，賫到皇太后賞御筆畫山水扇一柄、藍實地紗一匹，石青麻地紗一匹，當即恭設香案，望闕叩頭謝恩祗領。

伏念臣飲冰畏熱，不學慙衰。忝同法從之叨榮，無異暍人之得蔭。楓亭妙繪，招涼如卧雪之圖。綺館奇珍，耀采勝縷冰之繭。梅炎麥氣，逾唐宗手敕之榮。芰製荷衣，洗楚國騷經之陋。恩光遠賁，沈痼咸蘇。臣惟有禮矢不違，詩賡無斁。調攝仰遵乎懿訓，奉揚遠被以仁風。撫綏滴汗之耕農，釐剔行冰之衙蠹。奉新頒之法律，大暑去而酷吏除。廣實業之學科，薰風來而吾民阜。以仰答高厚鴻慈於萬一。

紳士捐産懇恩建坊摺〔一〕 光緒三十一年五月　日

竊據湖北布政使李岷琛詳稱，武昌縣丁憂在籍前浙江永嘉縣

〔一〕録自《京報》第八三〇五號。

知縣左宜之，遵伊故父四品封職左逕齊遺命，以水田十石七斗四升五合及山業一段作爲義田，所得租課分贍族人。又青墻學屋一所，作爲義學，凡族中貧苦子弟皆能入塾就傅。合計田、山、房屋共值銀一千五百餘兩，悉數交出，擇公正族人經理。特恐時久弊生，善舉墜廢，謹將田、房坐落及辦理條規，繕具清摺，並取具户鄰切結，禀懇轉詳立案，由縣加結造册送府申賫到司。查例載，士民捐資贍族，實於地方有裨益。或田粟准值銀千兩以上者准其請旨建坊。今武昌縣丁憂在籍前浙江永嘉縣知縣左宜之，遵其故父四品封職左逕齊遺命，捐置義田、學塾，以贍宗族而培人才，實屬深明大義。計其所捐田屋值銀在一千兩以上，核與建坊之例相符。詳請改題具奏前來。臣覆核無異，合無籲懇天恩俯允將左宜之故父四品封職左逕齊准其建坊，並給予樂善好施字樣，以資觀感。除册結送部外，謹會同湖北學政臣李家駒恭摺具奏。伏乞皇太后、皇上聖鑒訓示。

著照所請。禮部知道。

會奏請立停科舉推廣學校摺〔一〕

光緒三十一年八月初二日

竊維科舉之弊，古今人言之綦詳。而科舉之阻礙學堂，妨誤人才，臣世凱、臣之洞等亦疊經奏陳，久在聖明昭鑒之中，無煩縷述以瀆宸聽。是以前奉諭旨，遞減科舉中額，期以三科減盡，十年之後，取士概歸學堂，固已明示天下，以作新之基而徐俟夫時機之至。所以爲興學培才計者，用意至爲深遠。臣等默觀大局，熟察時趨，覺現在危迫情形更甚曩日，竭力振作，實同一刻千金。而科舉一日不停，士人皆有僥倖得第之心，以分其砥礪實修之志。民間更相率觀望，私立學堂者絶少，又斷非公家財力所能普及，學堂決無大興之望。就目前而論，縱使科舉立停，學堂徧設，亦必須十數年後，人才始盛。如再遲至十年，甫停科舉，學堂有遷延之勢，人才非急切可成，又必須二十餘年後，始得多士之用。强鄰環伺，詎能我待。近數年來，各國盼我維新，勸我變法，每疑我拘牽舊習，譏我首鼠兩端，羣懷不信之心，未改輕侮之意。轉瞬日俄和議一定，中國大局益危，斯時必有殊常之舉動，方足化羣疑而消積侮。科舉夙爲外人詬病，學堂最爲新政大端，一旦毅然決然舍其舊而新是謀，則風聲所樹，觀聽一傾，羣且刮目相看，推誠相與。而中國士子之留學外洋者亦知進身之路，歸重學堂一途，益將勵志潛修，不爲邪説浮言所惑，顯收有用之才俊，隱戢不虞之詭謀，所關甚宏，收效甚鉅。且設立學堂者，並非專爲儲才，乃以開通民智爲主，使人人獲有普及之教育，具有普通之智能，上知效忠於國，下得自謀其生也。其才高者固足以佐治理，次者亦不失爲合格之國民。兵農工商，各完其義務而分任其事業。婦人孺子，亦不使佚處而興教於家庭。無地無學，無人不學，以此致富奚不富，以此圖强奚不强。故不獨普之勝法，日之勝俄，識者皆歸其功於小學校教師。即其他文明之邦，强盛之源，亦孰不基於學校。而我國獨相形見絀者，則以科舉不停，學校不廣。士心既莫能堅定，民智復無由大開，求其進化日新也難矣。故欲補救時艱，必自推廣學校始。而欲推廣學校，必自先停科舉始。擬請宸衷獨斷，雷厲風行，立沛綸音，停罷科舉。庶幾廣學

〔一〕録自臺北故宫文獻編輯委員會編《宫中檔光緒朝奏摺》第二一輯，第八三四頁至八三八頁，臺北故宫博物院，一九七五年版。

育才，化民成俗，内定國是，外服强鄰。轉危爲安，胥基於此。雖然，科舉停矣，尚有切要之辦法數端，而學堂乃可相維於不敝。

一、在於尊經學也。或慮科舉一停，將至荒經。不知習舉業者，未必皆湛深經術。但因科場題目所在，不得不記誦經文。又因詞章敷佐之需，不得不掇拾經字。故自四書五經而外，他經多束置不觀。即五經亦不皆全讀，讀者亦不盡能解，是何與於傳經。今學堂奏定章程，首以經學根柢爲重。小學、中學均限定讀經、講經、温經，晷刻不准減少。計中學畢業，共需讀過十經，並通大義。而大學堂通儒院更設有經學專科。餘如史學、文學、理學諸門，凡舊學所有者皆包括無遺，且較爲詳備。蓋於保存國粹，尤爲兢兢。所慮辦學之人喜新厭故不知尊經，則雖諸生備諳各種科學，亦僅造成一汎濫無本之人才，何濟於用。應請飭下各省督撫、學政，責成辦理學務人員注意經學暨國文、國史，則舊學非但不虞荒廢，抑且日見昌明。

一、在於崇品行也。查科場試士但憑文字之短長，不問人品之賢否，是以暗中摸索最足爲世詬譏。今學堂定章，於各科學外，另立品行一門，亦用積分法與各門科學一體考核，同記分數。共分言語、容止、行禮、作事、交際、出游六項，隨處稽察，第其等差。至考試時，亦以該生平日品行分數併計合算。亟應申明定章，請飭各省認真遵辦，則人人可期達材成德，自不至於越矩偭規。

一、師範宜速造就也。各省學堂之不多，患不在無款、無地，而在無師。應請旨切飭各省多派中學已通之士，出洋就學，分習速成師範及完全師範兩種。尤以多派舉貢生員爲善。並於各省會多設師範傳習所。師資既富，學自易興。此爲辦學入手第一要義，不可稍涉遲緩。

一、未畢業之學生暫勿率取也。各省設立學堂遲早不一，程度不齊，或卒業有期，或畢課尚早。若不待畢業，驟加考試，則苟且速化，弊將日滋。若必待全行畢業，則各省之辦學較遲者必至缺其選舉，士林又將失望。今籌一通融辦法，既不同科舉之敷衍故事，亦不向學堂而遷就濫登。要使取士仍歸學堂之中，學堂不蹈科舉之弊。擬請此數年内，除學堂實係畢業者届期奏請考試外，其餘則專取已經畢業之簡易科師範生，予以舉人、進士出身。既可以勸教育之員，擴興學之基，並隱以勵績學而杜倖進。外國無速成小、中、高等各學，而有速成師範學，具有深意。至五年以後，完全師範生畢業者已多，更足以應選舉而有餘。此等師範生，類皆國文已優，學術純謹，斷無流弊。且多係舉貢生員爲之，本可以得科第之人亦非僥倖。迨十年以後，各省學堂逐漸畢業，人才濟濟，更可不窮於用。

一、舊學應舉之寒儒宜籌出路也。文士失職，生計頓蹙。除年壯才敏者入師範學堂外，其不能爲師範生者，賢而安分，則困窮可憫。不肖而無賴，或至爲非生事，亦甚可憂。擬請十年三科之内，各省優貢照舊舉行，己酉科拔貢亦照舊辦理，皆仍於舊學生員中考取。其已入學堂者，照章不准應考。惟優貢之額過少，擬請按省分之大小酌量增加，分別録取。朝考後用爲京官、知縣等項。三科後，即行請旨停止。其已中舉人五貢者，此三科内擬令各省督撫、學政，每三年一次保送舉貢若干名，略照會試中額加兩三倍，送京考試。凡算學、地理、財政、兵事、交涉、鐵路、礦務、警察、外國政法等事，但有一長，皆可保送。俟考試時分別去取。試以經義史論一場，專門學一場，共兩場。其取定者，酌量用爲主事、中書、學正、知縣等官。如此，則鄉試雖停而生員可以得優拔貢，會試雖停而舉貢可以考官職。正科舉之名，專歸於急需之學堂。廣登進之途，藉恤夫舊學之寒士。庶乎平允易行，各得其所。少長同臻於有用，新舊遞嬗於無形矣。

以上五條，皆停科舉後最爲切要之端，而行之可期無弊，應請一併飭下各省督撫、學政，切實遵辦。至各省學堂未辦者，宜從速提倡。已辦者，宜極力擴充。以及各堂學生之良莠與夫辦理學務人員之功過，均應隨時認真考察，分別勸懲，亦皆各省督撫、學政所不得稍辭其責者也。其一切學堂畢業考試暨簡放考官等事，自應悉遵奏定章程辦理。臣等爲補救時艱妥籌辦法起見，往復商榷，意見相同。是否有當，謹合詞恭摺具陳，伏乞皇太后、皇上聖鑒訓示。

另有旨。

查明周馥參款摺光緒三十一年八月二十九日

竊臣承准軍機大臣字寄，光緒三十一年四月二十六日奉上諭：有人奏署兩江總督周馥，内政外交不能勝任等語。著張之洞按照所參各節，確切查明，據實具奏，毋稍徇隱。原摺著鈔給閲看，將此諭令知之。欽此。當即欽遵照録原奏，遴委道府各員分赴江甯海州及山東地方，按照所參各節明查暗訪，務得確情去後。兹據先後回省禀復前來。臣復詳加訪察，證以人言，謹將確實情形爲我皇太后、皇上臚陳之。

一、原奏稱江南師範、陸師學堂久經開辦，規模程度應有可觀，該督意爲更張，致激生徒大半散去等語。查江南陸師學堂開辦以來，向係延聘德員充當教習，學級分陸軍正科及普通科兩班。德員特屯和恩由自强軍調充該學堂教員，已歷年所。三十年十一月，添聘德員璞斯瑪充當教員，訂立合同三年。惟聞特屯和恩現在教練未能盡合新法，璞斯瑪又係曾充金陵關辦事員，於武備本非專門之學，衆學生不甚悦服。加以留學日本學生先後畢業回甯，多向學生盛稱日本兵操之美。本年二月二十三日，該學堂普通科全班學生連發三次電話，催總辦道員羅長裿即刻到堂，環向該總辦逼迫請改日操。羅長裿不能體察該學堂兩教員不盡得力，但以須俟練兵處頒發操典到後，始能議改爲詞。學生等見所求不允，不過空言推宕，遂相率不上講堂。該道羅長裿即於次日據情禀請撤差，經該署督批，該學堂學生聚衆停課，挾制改章，此風斷不可長。飭派道員俞明震確查嚴辦，旋將羅長裿調差，即委俞明震接充該學堂總辦。嗣因俞明震查得羅長裿調差之後，有學生朱士琦、任熙兩人在三牌樓地方，與提調候補知縣黄昺隆路遇，向其滋鬧，勢將用武。因牌示學生，請改日操尚無不合，惟不應向提調滋鬧，即將學生朱士琦、任熙二名斥革。乃該學生等違抗不遵，竟於是日全班閧散，搬出學堂。經俞明震禀明該署督，飭將爲首之張元輔、吴萬鵬、毛志明等數名提至督署傳問究辦。此外學生之同到督署者有三四十人之多，該署督略加申斥，即交藩司帶回發落，取具悔過甘結，不准再入他學堂肄業。其普通一科，另招新生一百名，派遊學日本畢業生數人充陸軍速成中隊長及分充區長，改習日操。其原聘之德教習則專授講堂功課，其事乃定。是此次陸師學堂學生藉口改操，全班退學，意在聚衆把持，並敢向提調尋毆，尤爲凶悖。近日狂妄滋事之徒，名此等事曰結團體，又名曰學生權，令之則不遵，開除之則又滋鬧，實屬近年學堂惡習，大背武學服從之義。該署督另招新生改習日操，其舊生不准再入他學堂肄業，實是學堂正經辦法，並非該署督意爲紛更，致激生徒散去也。至三江師範學堂學生，偶因細故與總辦争抗，間亦有之，尚無散去學生之事。惟本年二月，該署督飭改鳳池、尊經兩校士館爲師範傳習所，即以向來肄業之生童充之。該生童向不住館，或以訓蒙爲業，或仰膏火贍家。恐取入傳習所後，功課既繁，又兼失去膏火，不無觖望。遂藉口所定功課鐘點太多，於署督親臨考試點名時，大衆將首先應名接卷之兩生拖下，不准應點，一鬨而散。旋由學務處另議章程，暫就貢院開辦，先取特班學生四十名，正班學生四十名，均每人每月給膏火銀三兩。另取旁聽學生四十名，不給膏火。其未經考取之年老生童，仍准照舊應課，生徒遂各相安。原奏所指之師範學堂，當即師範傳習所之誤。

一、原奏稱各處釐金向屬藩司專政，該督以皖人主之，札行藩司無庸會銜。州縣委署牌示，首書奉督憲諭，不知是何體制等語。查江南釐捐局向有道員總辦，遇有用人改章重要之事，該局總辦亦能徑稟督臣定議辦理，並非盡由藩司專政。惟關防向存藩署，故局總遇事須與藩司商明大約。藩司與局總分操其權，固有和衷商搉之益，亦有牽掣瞻顧之損。上年十二月，該署督札行釐局內開，江蘇候補道陳維彦前在貴州辦理釐捐，頗著成效，委令總辦金陵釐捐局，時須携帶關防周歷巡查，藩司政務殷繁，不能兼顧，應將關防移交陳維彦收存，隨時開用，藩司不必會銜。遇有重大事件，仍會同藩司具詳請示等語。查陳維彦係安徽石埭縣人，遂有皖人主之之説。臣訪查陳維彦之爲人，素稱端謹，曾有改裝扮作商人，查出釐局弊端之事。是其人辦事尚係精細認真一流，不得謂該署督任用之非。惟此外大小局差，所委皖人頗多，在該署督當係擇能而使，然衆官不免嘖有煩言。至委署州縣懸牌一節，經臣飭據江甯藩司黄建筦稟復，該司懸牌並未書有奉督憲諭字樣。外間訪查，亦未見過此等牌示。惟訪諸輿論，僉謂藩司開摺所擬之員多未委用，而委用者藩司未必皆加贊成。即如調補江甯縣知縣葉保慶，外間謂其專工應酬。現署山陽縣知縣單琳，外間謂其聲名平常。議論繁興，實由於此。

一、原奏稱該督之子以江蘇道員迴避入署，用事擅權。本年正月，有道員曾廣祚賄買大通督銷局差文案，知縣洪壽彭串通家丁張貴及充釐金司事之秦克昌、彭雲蔚等從中説合委札，已經用印，因過付口角，闔署喧傳，周道洪令始懼，自行舉發。該督知其委折，因授意兵備參謀處道員拘訊張、秦、彭三人，威嚇祇認招摇，遽殺秦克昌以滅口。詢其罪名，則云以游勇正法，又改秦姓爲岑，以錮覆盆之寃等語。查已革江蘇候補道曾廣祚，原充上海文報局差，上年十二月間因公回省，適有兩江督署衛隊親兵岑盛昌，即岑克昌，曾在督署文案委員洪壽彭處服役，與素識之彭雲蔚在外招摇撞騙。偶在煙館會遇曾充曾廣祚處司事之鍾連生，談及洪壽彭可以代人關説差使，鍾連生告知曾廣祚，慫恿謀幹大通督銷局差，曾廣祚爲其所愚，聽鍾連生等代爲説合，鍾連生因往晤岑克昌、彭雲蔚，託其謀畫此事。岑克昌謂須回署與同事張貴商辦，並囑令曾廣祚往拜洪壽彭。曾廣祚遂即往拜洪壽彭兩次。第二次洪壽彭延入接見，嗣又往曾廣祚寓所答拜一次。鍾連生因託彭雲蔚轉詢岑克昌，須費幾何。岑克昌回稱，據張貴説要銀一萬八千兩。後來曾廣祚如數寫給期票，由彭雲蔚轉交，岑克昌説上頭定要現銀，將票退還彭雲蔚，掉换數次。曾廣祚以委札未下，不允付給現銀，彼此相持。至本年正月十四日，曾廣祚復往督署請見洪壽彭，洪壽彭拒未見面。曾廣祚心中焦燥，當將洪壽彭家丁張貴喚出追問此事究竟，事遂張揚。旋由洪壽彭禀請該署督查辦，奉批飭將岑克昌、彭雲蔚、張貴發交上元縣管押，派委兵備參謀處道員朱恩紱、徐紹楨會同提訊。鍾連生聞風遠颺，飭拏未獲。訊據岑克昌、彭雲蔚供認前情不諱。張貴供不知情。據彭雲蔚供，亦謂與張貴並不認識。禀經該署督批飭岑克昌以革勇造謡詐贜，即照軍法處斬。彭雲蔚誆騙説合，發縣永遠監禁。張貴取保開釋。現查彭雲蔚已於六月内在監痍斃。飭據兩江兵備參謀處道員朱恩紱、徐紹楨禀復，稱堂訊時各犯均無供涉該署督之子周學海指使情事。該犯岑克昌，實係岑姓，並非改秦爲岑。向在衛隊當兵，亦非鳌金司事。

以上均按照原奏所參内政各款，分別查明之實在情形也。

一、原奏稱該督前任山東巡撫時，一惟德人之言是聽。膠澳租界，原國家不得已之舉，乃由膠濟鐵路而兼營浦濟，由礦權利益而漸奪政權。原約所訂礦山之利，在鐵路相近十英里内，繼又欲禁華人開采在開礦之處五英里内。豈不知礦穴漸移，省界立盡，愚莫甚焉等語。查膠澳租約係光緒二十四年十二月由總理衙門在京與德使所定，其第二端第一款内有由濟南府往山東界之一道，應俟鐵路造至濟南府後，始可開造，以便再商與中國自辦幹路相接等語。既有此議，故德人有自濟南查勘至兖州府嶧縣等處界内測量路綫、並插標記之事。雖尚無兼營浦濟明文，然約許其商與中國幹路相接，則將來接造鐵路抵至何處，實不能測其所至。又德人上年十二月，意欲續立開礦章程四款。其第三款云，德人礦廠十五里内，華人開者須即停止，未開者不得續開等語。經前署山東撫臣胡廷幹飭由司局函復，謂華礦驗明與公司實有危險，則華礦亦必有危險，應於兩礦適中之處畫一界綫，於界綫兩旁各讓二里，共爲四里，作爲礦界公地。彼此立清界石，無論地上地下，華商與公司皆不得繞越開挖，以免危險等語。德人接此信後，未再辯論。至今續約未定。此兩款皆非該署督在山東巡撫任内之事。至所云由礦權利益而漸奪政權，並未指明何年何事，無從查悉。

一、原奏稱原約本有華商合辦一層。乃礦産禁用機器，火車賤待華人。其總辦錫樂巴玩大吏如嬰兒，該督反受其寶星之賞，恥莫大焉等語。查山東礦務章程，係光緒二十六年二月由升任山東撫臣袁世凱會同幫辦山東交涉總理路礦事宜副都統廕昌，與德人礦務公司總辦米海里所定，本無禁阻華人用機器開礦之説。上年十二月德人續擬礦章四款，其第二款華人准在三十里内至今未辦之礦，用土法照向來之大小續辦，不許用機器等語。經前署山東撫臣胡廷幹飭司局議駁未准，德人亦未再辯論。此事關繫甚大，幸未允許德人之請，亦與該署督無涉。至火車賤待華人，此乃下等粗躁西人之積習，誠所難免。該署督在山東巡撫任内，有長山縣知縣曹姓之家丁被火車站人毆辱，該縣商民站長將喝令逞凶之人嚴懲。該公司欲將曹姓撤任，該署督始終未允。是該署督尚不至惟德人之言是聽，即此可見。至收受寶星一節，係因膠濟鐵路工竣，德國以該署督保護鐵路之功，酬贈頭等寶星，該署督奏明奉旨准其收受，此乃各國交際之常例，並無不合。

一、原奏稱及署兩江總督即欲德員辦理製造局及陸師學堂，因其要索操場，擅以城内獅子山下地界之。德人引綫作圍，擬將山上礮臺圈入。以守土之疆臣，輒以要地予人，若非別有原因，何至如是等語。查上海製造局原設有船廠、船塢，爲修理官商輪船之用。本年二月間，經該署督會同北洋大臣袁世凱，奏派廣東水師提督葉祖珪總統南洋海軍，並將上海製造局内船廠撥歸葉祖珪辦理，由葉祖珪稟請飭派德員巴斯管理船廠之事。該德員久在北洋當差，此次係由北洋調來，自係出自葉祖珪之意。原奏所謂德人辦理製造局，當即指此。至金陵陸師學堂，向係聘用德員教授功課，歷有年所。惟此次續聘之德員璞斯瑪，曾充金陵關辦事員，於武學非其專長，致不爲學生所敬服，則事所難免。至獅子山操場一案，查光緒三十年三月間，駐甯美領事官曾向金陵洋務局商借此地爲美兵輪兵丁打球體操之用。洋務局當將未便情形派員面復美領事。據美領事言，西歷二月間，德兵輪已經借操，何獨不允美國。洋務局當向總臺官王世綬查詢前事，始據稱前次德兵結伴閒游，路過該操場，相與在場抛球作戲，片刻即散，並未先來商借等語。乃此次美領事因洋務局未允借地，即私向總臺官王世綬商借該處操場，王世綬允以每禮拜六均可借用。嗣經前督臣魏光燾查知，飭令不准借用操場，王世綬始向美領事婉言商阻，美領事亦即允從。此係上年魏光燾任内之事。本年二月間，英國兵輪船主塗雄飛謁見該署督，面請借地爲水師兵丁上岸打球之用。經該署督函飭金陵關道及洋務局，在城外下關通商場金陵關基地左近，原備作巡捕房之空地一區，圍以竹籬，建造門亭，暫行借給各國兵輪作爲公共體操場之用。英領事初尚以該兵船主塗雄飛所借係指獅子山山下操場而言，託金陵關税務司再申前説。復經洋務司金陵關道一再函駁，並告以下關之地已向塗雄飛説明，彼此允願，英領事始無異言。是擅以獅子山下操場私允借給外人，乃係上年總臺官王世綬之事。本年該署督因不允借給獅子山下之地，始允以下關附近空地借給各國兵輪暫作體操場之用。民間未能深悉其中曲折，以訛傳訛，實由於此。

一、原奏稱德人近復暗規青口，水兵上岸升礮豎旗，以測量沙綫爲名發端嘗試。又稱鹽場爲國家命脉，近又有通海、通贛兩處墾牧公司，尤宜善爲鎮懾，以保利源，斷非該督之所能勝任各等語。經臣所派委員馳赴海州檢查案卷。本年三月下旬有德國兵輪駛赴海州鶯游門外游弋，旋至東連島上岸，在汪姓菜地内支棚住宿，旋至桅尖山頂豎旗一面，隨即展輪而去。經海州知州王曜接據該處董事公禀，有升礮豎旗逼遷居民情事。電禀該署督派員前往查勘，並電詢德國駐膠總督查明禁止。據膠督電復，謂實係兵船習練測度事宜，毫無别故。至所留標旗應否拔去，請由貴大臣任便飭令海州辦理可也等語。並據查勘委員會同海州知州禀復，查詢居民，德兵上岸時，尚無鳴礮之事。間有居民驚疑遷避，亦尚無被德兵逼遷之事。隨將德兵船所豎標旗撤下，改懸龍旗，民心現已安靖等情各在卷。兹復經委員詢據該處士民聲稱，當時突來洋兵三十餘人上岸，携有小礮洋槍，在汪姓菜地内支搭棚帳住宿。民情甚爲惶擾，相率避入雲臺山中，遠遠聞有礮聲等語。核與江南印委查復情形大致相合。其豎旗時曾否鳴礮，居民亦不能指實。惟現已將德旗撤去，改懸龍旗。德兵輪去後，亦未再來游弋。現與該處鹽場及墾牧公司尚無干涉。此後自應妥籌防維之策，前事似可無庸深究。

一、原奏稱該督終日往返下關迎送洋員、教士，饋以酒食，卑瑣難堪，實傷大體等語。查國際之與私交本判兩途，中國所謂交涉，即外國所謂國際。國際交涉之事，不容稍有假借。至私交酬酢之禮，不妨略予周旋。訪聞該署督雖時赴下關答拜各國領事兵官，間有饋遺。然於教士來甯，實未聞有迎送饋遺之事。

以上均按照原奏所參外交各款，分別查明之實在情形也。

臣查署兩江總督本任山東巡撫臣周馥，老成幹練，力果才優，勤勞過人，銳意求治。此次被參内政外交各款，現經按款查明，除該署督辦理本無不合，及傳聞失實，暨事在前任與該署督無涉者，均可無庸置議外。其關繫重要者，惟在岑克昌詐騙正法一案，及借與外國水師操場一事。兹經查明該署督所借給外人者，係在城外通商場附近空地，與城内獅子山礮臺尚無干涉。且聲明只係體操，限定不得過三四十人。原奏係屬訛傳。且其地原係備建巡捕房之基址。今已定議，即日興造捕房，是此項借給體操之地，已經化爲烏有，更可勿庸置議。其於岑克昌招摇詐騙一案，於事發訊供後，立將衛隊親兵岑克昌正法，候補道曾廣祚參革。查江蘇近年官場習氣實爲惡劣。賄買差缺，營求撞騙之事，時有所聞。該署督承積弊之後，嚴刑重典，能令匪徒震悚，洵足以挽救頹風。特因其未將全案情形據實陳明，致滋口實。惟該署督内署既無弊端，應請免其置議。

該署督之子江蘇候補道周學海到省有年，又久居揚州，與官場候補人員往來熟識者較多。此次因迴避呈請改省，未及赴部聽候改掣省分，仍留侍該署督署中，以致委差委缺，遂爲招摇撞騙之徒憑空指託，似屬非宜。應由部改掣省分，迅速飭令領照到省，免滋謠諑。

至該員洪壽彭，身充督署文案，應如何嚴密關防，及與素不相識之在省候補道延接周旋，並往答拜，致被曾供役使之岑克昌等句串招摇，物議紛騰，致釀二命。實屬不知遠嫌，釀命生事。應請旨將補用直隸州直隸候補知縣洪壽彭交部嚴加議處。

獅子山礮臺，外控長江，内瞰全城，乃金陵防守第一關鍵，官民婦孺無不知之。况臺下操場，乃登山上臺之路咽喉所在。各國礮臺界内，從無准外人闌入之例。乃江南總礮臺官江蘇候補直隸州知州王世綬，於職守所在，全城安危所關，擅將城内獅子山礮臺下操場，初次私自借與德兵輪水勇抛球作戲，續又私允美領事謂每禮拜六該操場均可借用。事後雖經魏光燾查知飭禁，而該員之膽大妄爲，實出情理之外。應請旨將江蘇候補直隸州知州王世綬即行革職，永不叙用。

江蘇候補道羅長裿，委辦陸師學堂，於軍學要務，並不考核教員，力求實效，徒事敷衍推宕，以致激生事端，亦屬辦理不善。應請旨將江蘇候補道羅長裿交部議處。

又查現充三江師範學堂總辦江蘇候補道李光業，係由佐雜過班，並非正途出身，難乎物望。三江師範關係重要，應請敕下該署督臣另委學識優長，諳習學堂事務之員，講求整頓，以重教育而端表率。

至委差委缺之得失，惟視其是否公允，並不繫乎司局何人主持，亦不繫乎籍貫是否同鄉。兩司所舉之員，豈盡賢能，並無必須照用之理。然督撫所指用之人，若經兩司極力勸阻，則必係確有不妥，亦宜詳察另委，以杜偏執誤事之端。上官同鄉之員，未必不可任用，然若非有過人之才具，異常之勞績，則宜旁蒐博采，不宜偏重一省人員，以彰公溥無私之道。竊惟集思廣益，往哲良規，立賢無方，古經明訓，總以委用之人才守勞績有無可取爲斷。相應請旨敕下該署督臣督率司局，於補署各缺及委辦釐金等局差大小各員，虛心遴選，秉公考核。不限方隅，不存成見，以才守之長短爲進退之準繩。自然人才爭奮，衆論咸孚矣。至調補江甯縣知縣葉保慶，現署山陽縣知縣單琳，應請敕下該署督臣切實察看，於地方是否相宜，自行奏明辦理，以重吏治。所有遵旨確切查明兩江督臣被參各款，謹據實覆陳。

再，此案因赴山東省内外及海州等處詳查，端緒紛繁，是以覆奏稍遲，合併陳明。

（硃批）另有旨。（欽此）

裁撤釐金局卡試辦統捐摺光緒三十一年八月三十日

竊惟釐捐之設，所以養兵衛民，本國家萬不得已之政。且近年地方新政義舉，亦多取給於此。仍係以取之於民者還之於民。無如奉行既久，弊竇日滋，局卡繁密，司巡苛暴。查驗則到處留難，浮費則有加無已。以致商利日薄，民生日艱。良懦者歇業而失生計，狡黠者驅之以歸洋旗，徒召怨咨，無裨國用。體察情形，大有岌岌不可終日之勢。臣深憂熟計，惟有改辦統捐一法。商人稽留勒索之處較少，稽查弊端亦較易。當經督飭司局通盤籌畫，專以宏綱疏目之道行之。現將内地之鮎魚套、法泗洲、黄陵磯、湘口、坪坊、黄花滂、縣河口、天門縣、黄陂縣、孝感縣、岐亭、武安堰，距長江最近之興國州，沿長江之蘄州、漳源口、黄石港、下巴河、樊口北卡、江口、郝穴、宜都縣，沿襄河之漢川縣、仙桃鎮、岳口、沙洋、東津灣、鄖陽府及襄陽府船釐、張家灣船釐二十九局一併裁撤。其應收百貨釐者，酌於長江、襄河及内河共留大小二十局，一律改爲統捐。此外若鸚鵡洲竹木捐、長江埠土布捐、河溶絲絹捐、應城石膏捐、安陸船捐，各有專門，不抽百貨。其河溶、應城兩局，向來兼抽百貨者，俱行停免。所有全省收捐章程，略分三項。外省客貨徵之於入境第一卡，本省土貨徵之於由産地運出内河第一卡。計其指運地方沿途經過幾局卡，將向章應完釐數合併計算，統於此第一卡徵收一次，以後概不重徵。其本省銷售落地之貨，徵之於最大市鎮。以後轉運他處，除經過各局應補統捐外，該貨行抵轉運銷售之地，其落地捐概不重徵。此三項仍照各局向章完釐之數，概不加增。如有指近運遠者，及串通司巡繞漏賣放者，前途查出時，仍令將朦免之數補完，并加重罰。凡從前成案稟明之掛號、照票、灰印三項陋規，以及划子錢、提艙錢等一切陋規，暨隨時勒索各費，全行革除。在商民於向來應完釐捐毫末加增，而沿途查驗留難、節次索擾，蠲除净盡。當經分飭各局遵照統捐新章，於五月二十日開辦，應裁各局卡即於是日一律裁撤。如有委員舞弊，司巡婪贜，違背新章浮收勒索，藉口留難，一經發覺審實，即將委員參革，司巡拏辦。此事便於商民，而不便於向來婪索作奸之委員司事，危言恫喝，多方沮撓。臣權其重輕，力排衆議，决計行之。即使目前收數稍有短絀，然從此商旅寬舒，民生暢遂，釐捐終必日有起色，斷不致遜於從前。試辦數月以來，商民歡悦，事機頗順。以後如有斟酌損益之處，再隨時奏明辦理。

（硃批）户部知道。（欽此）

謝子仁侃内用摺光緒三十一年九月初一日

竊臣八月二十七日准禮部咨，從一品廕生張仁侃，光緒三十一年七月二十三日帶領引見，奉旨：著内用。欽此。當經照例以員外郎注册，製籤刑部行走等因，咨行到鄂。聞命之下，感悚難名。

伏念臣運甓勞形，納楹闕教。猥荷綸綍之錫類，俾叨簪笏以傳家。臣子仁侃，城南有志於讀書，魯殿無聞於作賦。離蔬釋屩，遽薰畫省之香。就日瞻雲，如補黑衣之衛。生成曲被，報稱何從。臣惟有臨履銘恭，困蒙勵學。當殊俗橫流之會，學禮不緩於學詩。際祥刑更化之朝，讀書必兼乎讀律。常矢教忠之古訓，仰酬延賞之恩施。

謝賜綢緞摺光緒三十一年十月初九日

光緒三十一年九月，摺弁回鄂，齎到中秋節皇太后御賞緞二匹，江綢二匹，當即恭設香案，望闕叩頭謝恩祇領。

伏念臣節旄久忝，賁帛頻叨。飄桂香而秋氣清，潔蘭膳而天顏喜。海嶠冰蠶之寶，光照江城。星機雲錦之華，榮增儒素。溫綸遠被，稱服滋慚。臣惟有安吉銘恩，靖共效職。五章拜命，勉皋謨有德之稱。九月授衣，廣豳雅重農之化。以仰答高厚鴻慈於萬一。

遵照新章改編營制餉章並設督練三處摺光緒三十一年十一月十一日

竊臣於上年七月間，就湖北餉力、人才，參酌北洋營制，先編兩鎮。其時以練兵處章程未定，經臣於摺內聲明，俟練兵處奏奉諭旨後遵辦在案。嗣於上年九月，准練兵處會同兵部將奏定陸軍營制餉章咨行到鄂。精詳縝密，宏達賅通，兼采東西各國之長，原本兵農合一之訓，亟應欽遵辦理。

查湖北省控長江之上游，當鐵路之要衝，以後商務日闢，交涉日多，最爲江海亂匪注目窺伺之所在。以地勢、時局論之，必須有精兵三四萬人方能勉敷應用。即論至少之數，亦非練足兩鎮不可。本欲一切即照新章編成兩鎮，但以餉項萬分艱難，且將領官弁之人才目前亦實不敷用。茲督同司局及各營將領詳加籌度，萬不得已，設爲暫從節省勉支局面辦法，以俟徐圖擴充。擬將第一鎮按照新章第三年全數編練，其第二鎮則照新章變通規制之第一年編練。於兩鎮全數、簡數之正兵及帶兵員弁，悉照新章，一無增改。而於雜項委員、人夫、車馬及餉數，則體察情形，量爲撙節減緩，庶成規不改，而財力稍紓。一俟餉項稍可支持，人才漸能敷用，必當練足兩鎮。其各項員弁、人夫、車馬數目，一循新章。不令纖毫參差，以臻完備。謹將各項辦法分條臚陳於左。

一、全省共設兩鎮。湖北地衝事棘，日日皆宜嚴防，至少亦應設常備兩鎮全數之兵，遇有徵調之時，居守征行，方可不致偏廢。且兩鎮並設，則將領之能否，士卒之强弱，無難互相比較，以力求進益。故先練第一鎮第三年全數，第二鎮第一年簡數，以後陸續添練。總以練足兩鎮爲度。

二、第一鎮營制。第一鎮遵照新章，步隊分爲兩協、四標、十二營、四十八隊。馬隊一標三營。礮隊一標三營。工程隊一營。輜重隊一營。軍樂一隊。查新章，每標第一、第二兩營係陸路礮隊，第三營係過山礮隊。查練兵處新章，原許因地制宜，以定礮之大小。湖北全省地方，非山即水，車拉之礮萬不相宜。現在漢廠所擬製造七生半之過山礮，兼造七生半之陸路礮兩種。過山礮十四倍口徑，用於本地。陸路礮三十倍口徑，以備用於外省。故此時一標三營，暫行全照過山礮隊之制。

三、第二鎮營制。第二鎮遵照新章第一年變通制，略設步隊一協兩標，馬隊一營，礮隊一營，工程、輜重各一隊。礮隊亦用過山礮，與第一鎮用意同。

四、酌量暫從撙節。合計全數、簡數之兩鎮，每年需餉甚鉅。新增雜項委員、人夫及車輛、騾馬甚多。除正兵及將校弁目悉照定章一無增改外。凡有可極力設法撙節者，分爲緩設、兼充、酌裁、減人、減餉、減馬、減乾七項。

其緩設者，查統制官處之正軍醫官、正馬醫官各一員，專司全鎮人馬衛生醫藥。事關戰陣，中醫多未講求，擬雇用外國醫生，並充教員。將來教成醫官分派各營應用。其各標之副軍醫官、副馬醫官，以及步、礮、工、輜之軍醫長、馬醫長，刻均難得其人，暫從緩設。且醫官、醫長之外，各營另有醫生，現擬止用醫生。其有未設醫生之各營，即改醫長名額爲醫生。俟鄂省軍醫學堂學成有人，再行補充醫官、醫長，以期名實相副。又查步兵、工程等營，各有隨營車應設之駕車兵、喂養夫及礮隊各營之管馱兵、喂養夫等項。刻因湖北購辦騾馬車輛一時斷難全備，此項兵夫擬請緩設。

其兼充者，將才猝難多得，故第一鎮以統制兼攝兩協，第二鎮以協統兼護統制。所有第一鎮之兩協，自統領官起，及所用之參軍官等員弁、護兵、火夫、騎馬十二項，全行緩設。第二鎮以協統兼護本鎮統制，其統制所屬人員，除正參謀等必不可缺者，共計十四員名詳具清單外，其餘亦均暫緩。計每年兩鎮此一項所省，已成鉅款。

其酌裁者，查新章，各標設教練官一員。其下注云，嗣後官弁出自學堂，即將此員隨時裁去。茲湖北官弁多係出自學堂，自能教練，此員擬裁。

其減人者，查礮隊、輜重等營之馬夫目、馬夫、掌匠暨輜重營之查馬長，此時因騾馬未全，一併酌擬減用。遇行軍時，再各照章增補。

其減餉者，查統制官處之正軍需、正軍械官、書記長、司事生，暨步、馬、礮隊各標統帶官處之副軍需、副軍械、書記等官，司書生、司號長，以及各營之軍需、軍械、書記等長，司書生、醫生並礮隊營之查馬長等，擬照原薪數目酌減。緣二等書記官、各書記長、司書生等項，新章薪餉係各處一律。茲擬就其事之繁簡，定薪水之多寡，亦可稍從節省。又查新章各營隊之正兵目，月餉五兩一錢，副兵目四兩八錢，正兵四兩五錢，副兵四兩二錢。蓋北洋食物昂貴，兵餉必須加增，而湖北則與之稍異。擬於正副兵目、正兵三項，月各暫減銀三錢，仍照向章支給。第正兵與副兵餉數相同，擬免其充當雜差，自與副兵有別。

其減馬者，查礮隊營馱馬數多，鄂省介在江湖，須遠向口外購辦，一時實來不及。若急求全備，尤恐挑選多不合格，轉無實用。擬即暫行酌減，期敷平時操練之用。礮隊每營擬暫減馱馬二百四十匹。輜重營隊應需之輜重車，現擬每隊暫備三輛，以資練習。其需用之騾，亦即按數暫減。各營隨營車駕車之騾，暫行全減。又各營騎馬，除輜重不計外，擬亦全數暫減，統俟陸續照章購補。

其減乾者，查新章騾馬兩項，每匹月支乾銀四兩八錢。蓋北洋芻秣素昂，乾銀必須厚給，湖北則轉運購買尚屬便易，乾銀似可從省。擬每月每匹暫減銀一兩八錢，遇有徵調再行加足。

五、人馬餉乾數比較。第一鎮，照新章全鎮之數，應有官弁兵夫一萬二千五百六十員名，礮五十四尊，車一百三十六輛，騾馬二千二百十四匹，月需薪公餉乾銀九萬二千五百七十八兩零六分。第二鎮，照新章第一年簡數，應有官弁兵夫五千四百三十二員名，礮十八尊，車四十七輛，騾馬七百四十四匹，月需薪公餉乾銀三萬九千六百二十一兩六錢六分。現在湖北第一鎮全軍步隊兩協，馬礮隊各一標，工程、輜重各一營，軍樂一隊，共計官弁兵夫一萬二千零七十一員名，礮五十四尊，車十二輛，騾馬一千零六十四匹。月支薪餉乾銀七萬七千一百七十三兩一錢六分。常年十二箇月，共支銀九十二萬六千零七十七兩九錢二分。比照第三年新章，共暫減人數四百八十九員名，礮數同，暫減車一百二十四輛，騾馬一千一百五十匹，薪餉乾銀月暫減一萬五千四百零四兩九錢，常年減銀十八萬四千八百五十八兩八錢。第二鎮照第一年簡數，步隊一協，馬、礮隊各一營，工程、輜重各一隊，共計官弁兵夫五千一百八十八員名，礮十八尊，車三輛，騾馬三百三十八匹。月支薪公餉乾銀三萬二千三百八十九兩五錢二分。常年十二箇月，共支銀三十八萬八千六百七十四兩二錢四分。比照第一年變通章制，共暫減人數二百四十四員名，礮數同，暫減車四十四輛，騾馬四百零六匹。薪餉乾銀月暫減七千二百三十二兩一錢四分，常年暫減銀八萬六千七百八十五兩六錢八分。通計兩鎮比照新章，每月暫減薪餉馬乾銀二萬二千六百三十七兩零四分，常年共減銀二十七萬一千六百四十四兩四錢八分。連後開衣履一條，暫減銀三萬一千四百一十九兩四錢四分，併計常年共減銀三十萬零三千零六十三兩九錢二分。

六、新增人馬數。查湖北原練之常備軍第一鎮，計官弁兵夫六千四百五十六員名，騾馬二百七十四匹，月支餉乾銀四萬零九百三十四兩。第二鎮計官弁兵夫六千四百零五員名，騾馬二百七十四匹，月支餉乾銀四萬零五百九十一兩一錢。現以原練第一鎮按照新章第三年編練，其人數應不敷五千六百十五員名。以原練第二鎮按照第一年變通章制編改，應餘人數一千二百十七員名。再以襄防馬隊右營一營官弁兵夫一百五十四員名，每月餉乾一千一百三十九兩五錢，改編爲一鎮馬隊一營。並以鐵路四營官弁兵夫一千二百七十六員名，每月薪餉銀六千九百十三兩，一併編入一鎮。計一二兩鎮照第三、第一兩年編練，除改撥歸併暨原練各數不計外，則第一鎮應仍增弁兵二千九百六十八員名，車十五輛，騾馬八百五十四匹。

七、新增餉數。查每月需增薪餉馬乾銀一萬九千九百八十五兩零八分。常年十二箇月，共應增銀二十三萬九千八百二十兩零九錢六分。

八、衣履。查新章衣履一項，係按兩鎮常年總數列入雜支額款項下，每人每年約需銀十五兩四錢有奇。湖北原章，每人每年支衣履銀九兩六錢，兩鎮共銀十三萬一千零零一兩六錢。茲既改照新章，且近年百物昂貴，銀數自應增加。茲力從節省，暫定爲每人每年衣履銀十三兩二錢。俟將來物價愈昂，再行酌增。計通年共需衣履約銀十八萬零五百十兩。衣履一項，通計兩鎮比照新章，通年暫減銀三萬一千四百十九兩四錢四分。

九、雜支額款。兩鎮雜支，除衣履外，照新章應需額款約銀二十一萬餘兩。所有打靶應需之槍礮彈各價，及擦槍油費、營房歲修等款，皆新章所未列者，一併計算在内。

十、雜支活款。雜支活款各項，數難預定。擬隨時體察情形，比照北洋辦法，酌節省支給。

十一、徵兵須漸次更換合格。查現有各營，計籍隸湖北武昌府一千四百五十三人，漢陽府二千零五人，黄州府一千三百零二人，安陸府一百六十二人，德安府八百九十七人，荆州府一百二十二人，襄陽府二千七百七十四人，鄖陽府一千零五十人，宜昌府一百一十一人，施南府三十六人，荆門州三人，荆州駐防四百八十六人。此外籍隸直隸、河南、山東、安徽、湖南者共一千九百一十六人。向來每一營中籍貫不一。自去年招募各營，即懸爲定式，此一次指定專招何處之人。惟風氣未開，强健者多係魯鈍粗暴，不守禮法，教訓講説性闇難記。至於身家不卑，素有執業，資質聰穎，自能寫字者，多不願入營充兵，故應募者實難如數。然新募者不能照以上所言格式，則目前教練之功收效已少，將來退伍之後流弊尤多。故按籍徵募之兵，不得不尤慎其選。且外籍訓練已久之兵，亦未便驟加裁汰，只可陸續更换歸併。俟以後續募該籍之人漸多，即可一律畫清府分。將來必須辦到，方爲合格，庶可漸收徵兵之益。

十二、將領委任。現派委新授四川松潘鎮總兵張彪爲第一鎮統制官，兼攝該鎮所屬之兩協，以節經費。委謝澍泉爲步隊第一標統帶官，委米文友爲第一營管帶官，委戴鈞南爲第二營管帶官，委單啓鵬爲第三營管帶官。委鐵忠爲第二標統帶官，委郜翔宸爲第一營管帶官，委任光耀爲第二營管帶官，委孫國安爲第三營管帶官。委李襄鄰爲第三標統帶官，委楊正坤爲第一營管帶官，委陳鍾麟爲第二營管帶官，委張永漢爲第三營管帶官。委余大鴻爲第四標統帶官、委張長勝爲第一營管帶官，委黄鸞鳴爲第二營管帶官、委李汝魁爲第三營管帶官。委龔光明爲馬隊第一標統帶官，委喻化龍爲第一營管帶官，委馬得才爲第二營管帶官，委蕭開桂爲第三營管帶官。委杜長榮爲礮隊第一標統帶官，委卓占標爲第一營管帶官，委敖正邦爲第二營管帶官，委王遇甲爲第三營管帶官。委李克果爲工程第一營管帶官。委齊寶堂爲輜重第一營管帶官。

委副將銜補都司後遊繫黎元洪爲第二鎮第三協統領官，兼護該鎮統制官。委劉温玉爲第五標統帶官，委戴壽山爲第一營管帶官，委蕭先勝爲第二營管帶官，委曹進爲第三營管帶官。委曾廣大爲第六標統帶官，委李錦標爲第一營管帶官，委陳榮鍾爲第二營管帶官，委樊毓英爲第三營管帶官。委王祥發爲馬隊第二標第一營管帶官。委張正基爲礮隊第二標第一營管帶官。委孫綬康爲工程第二營前隊隊官。委郭斌爲輜重第二營前隊隊官。

委藍天蔚爲第一鎮正參謀官，吴茂節爲第二鎮正參謀官。

以上標、營、隊各官，皆係現在湖北各營充當督帶營官、武學教員等差之員，或入外洋學堂，或入本省學堂。取其曾聞講授，功夫較優，而兼有閲歷、資格較久者委派軍職。

十三、督練三處委任。查督練公所内分三處，實爲整頓武備之源，責任甚重，他省多派道員充當總辦。惟湖北道員中暫無素諳軍學之員，而實缺司道公事過繁，斷無餘暇可以專精講求，徒成具文，無裨實用。然一省軍旅大事，亦斷不可不使實缺司道與聞。兹委藩司、臬司、鹽道暫兼三處之差，作爲暫行管理。一俟遴選有人，即行另委專員總辦，以責實效。將來實缺司道可改充參議等官。現擬將三處幫辦先行委定，以便分投舉辦。查幫辦本無定額，兹委湖北候補知府高凌霨，畢業學生舉人候選同知劉邦驥兩員，爲兵備處幫辦。湖北補用知府齊耀珊，畢業學生生員寶瑛兩員，爲參謀處幫辦。在任候補知府本任湖北夏口廳同知馮啓鈞，畢業學生知府銜吴元澤兩員，爲教練處幫辦。大約本省職官一員，遊學畢業學生一員，一取其明習本省情形，一取其曾經肄習兵事，庶可相輔爲用，以後即將營務處名目裁去。

以上辦法，臣本諸新章，參諸衆議，斟酌湖北情形，小有變通。總期與練兵處原章馭兵之大端、立法之要意不致稍有改動，而稍節餉需，暫作一時權宜之計。一俟湖北餉力充裕，人才足用，臣必當陸續擴張軍備，務期按照新章，一無欠缺，俾其均成勁旅，以仰副聖主整軍經武、綏靖南服之至意。

（硃批）練兵處議奏。（欽此）

湖北鑄造銅元請由本省自行限制摺光緒三十一年十一月二十八日

竊照光緒三十一年十一月十四日，准財政處咨開，光緒三十一年十月二十三日准軍機處片，交本處會同户部具奏，各省鑄造銅元日益增多，請酌定限制一摺。奉旨：依議。欽此。相應恭録諭旨，刷印原奏，咨行欽遵辦理等因。

查原奏内稱，現在各省銅元均已不虞缺乏，非趕爲酌定限制，未易施補救之方。擬令江蘇、湖北、廣東等大省，每日造數不得逾百萬。直隸、四川兩省，每日造數不得逾六十萬。其餘各省，每日造數不得逾三十萬。成色分兩均須遵照財政處、户部奏定章程，不得稍有歧異。各省現有之廠，不得沿用舊名，應統名户部造幣分廠，冠以某省字樣，以資識别。至各該局所用鑄模，參差不一，前已奏定均須由户部頒領祖模，所有現用各種舊模，一律即行停廢。擬令各省局於未頒到祖模之先，一律暫行停鑄。趕將各該省歷年鑄造銅元數目，查明自開鑄起共鑄出若干，現積若干，民間需用數目約需若干，並已經行銷州縣若干處，其購定物料、銅斤未經鑄造者尚存若干，限三箇月内先行據實報知財政處、户部，以憑考察多寡盈虚之數等語。

臣惟各省銅元增鑄日多，今由財政處、户部頒發祖模，限制鑄數，誠爲畫一幣制，統籌全局之要政。惟各省情事各殊，就湖北而論，近年所鑄銅元，皆係發交官錢局經理，聽商民備價赴局兑换，從未在本省各州縣及外省各埠派員設局分售。然隨鑄隨銷，官錢局並無存積。自本年八月二十七日准兩江督臣周馥電稱，商准外務部將各省銅元仿照米穀辦法禁運出口，擬自九月初一日起飭各關一律照辦等語。臣當即電復照辦。一面通飭各關卡嚴行查禁，本省銅元概不准運銷出境。一面飭令造幣廠減鑄銅元十成之四，蓋早已自行限制矣。故自九月分起，湖北銅元從無出境之事，海關册籍可考而知也。

第湖北需用銅元情形，有與各省不同者數端。漢口爲通商大埠，每年貿易不下數千萬，各幫生意出入皆用錢盤，不用銀盤，故漢鎮商務需錢獨多。近年制錢缺乏，全賴銅元爲周轉。兩年以來，市面需用銅元之數迄未減少。其不同者一也。湖北以需餉浩繁，發行制錢一千文之官錢票，積年用出已數百萬張，專恃銅元爲應付。武、漢兩處商民，以官錢票赴局兑换銅元者每日約需數萬串。平時隨到隨兑，因應不窮，故官錢票之信用與現錢無異。若鑄數太少，不敷兑换，商民稍覺取付不靈，則散在民間之官錢票，必争向官錢局兑取現錢，無從應付，立有傾塌之虞，於湖北財政大局所關非細。此其不同者二也。夫民間以票兑錢，斷斷不能限制。銅元鑄數既少，官錢局窮於應付，勢必須向市面收購銅元以資接濟。彼時錢商抬價居奇，不獨官錢局賠累難支，且恐市面之牽動。利害出入，關繫尤重。此其不同者三也。伏念財政處、户部限制銅元之意，蓋慮各省貪利多鑄，本省既無銷路，必將設法運銷他省，而他省自鑄之銅元轉致滯銷牽累，誠非事理之平。今湖北銅元專銷本省，絶不侵佔他省銅元銷路。則酌盈劑虚，本省自能時其消息，斷無一味多鑄，自取壅滯之虞，此理亦顯而易見。核計目前民用，每日僅鑄百萬，斷斷不能敷用，相去太覺懸遠。

合無仰懇天恩俯念湖北省需用銅元尚亟，暫予變通。准由本省自行限制，隨時體察情形，按實在需用之數鑄造，斷不容廠員任意多造，自取虧耗。俟一兩年後察看市面需用銅元較少，即當遵照財政處定章辦理。

（硃批）財政處議奏。（欽此）

進呈擬訂礦務章程摺 光緒三十一年十一月二十八日

竊照光緒二十八年七月欽奉上諭：礦務爲今之要政，昨經劉坤一、張之洞電奏，采取各國礦章，詳加參酌，妥議章程等語，所見甚是。即著該督等將各國辦理礦務情形，悉心采擇，會同妥議章程，奏明請旨。務期通行無弊，以保利權而昭慎重。欽此。嗣劉坤一因病出缺，經臣遴委華洋各員，購取英、美、德、法、奥、比利時、西班牙等國礦章，詳加譯録，於二十九年冬咨送外務部，交侍郎伍廷芳參酌編緝。三十年十一月由該侍郎將擬訂中國礦章稿本郵寄來鄂。綱領具備，惟似覺近於簡略，其所定礦地界限不得過三十方里，亦覺限制太寬。復經臣交在滬之英國礦師布盧特重加增訂，書成後又復委派多員暨遊學日本法政科畢業學生等，並采取日本礦章細心參校，臣覆加酌核。其中條款，凡於中國情形稍有不宜者，必再三研求，詳審酌定，冀免流弊而保利權。謹纂成中國礦務正章七十四款，中國礦務附章七十三條，分訂兩册。

查各國通例，凡屬土地，分爲地面、地腹兩層。民間産業，止能管及地面，其地腹則概爲國家所有。故雖本國人民開礦，其准駁之權，咸聽命於官。至五金之屬及寶石等貴重礦質，更非官不得開采。至他國人民，斷不准承辦本國礦務，或設立公司。間有外國人附股，而事權仍是本國人爲主，股分仍是本國人爲多。日本律法尤嚴，開礦公司直不准外人附股。惟中國於未定礦章以前，已准洋商在内地開礦，此時自未便概加拒絶。第從前所訂合同，每有損礙華民生計及侵我主權、妨我治理之處。現在中國與各國議訂商約，均有礦務一條。其文云，中國政府允願招致華洋資本興辦礦業，凡各國人民能遵守中國所定礦務章程者，均准其在中國開采礦産。惟須比較諸國通行章程，於礦商亦不致有虧等語。是此次所訂礦務章程，無論新舊礦商，但使於洋商不致有虧，其於華民生計、中國主權、地方治理，必當設法保持，修改完善，用資補救，不宜過於遷就，坐棄遠大無窮之利權。查中國所富有者礦地，所缺乏者資財，自無妨藉資於外國富商。要之必令其有利可圖，而不令外人獨專其利，斯爲最平最妥之方。故現訂礦章，聲明各國人民必能遵守中國法律，乃准其承充礦商。又洋商非與華商合股，斷不准其獨自開采。其合股之法，則無論官地、民地，華商、洋商，業主以礦地作股，礦商以銀作股。若係丙字類之礦，其股分之數，有地之業主與出銀之礦商各占其半，除用費歸礦商自籌外，餘利均分，蓋大宗緊要之礦全在丙字一類。至如乙字類礦質較賤，得利較薄者，地股只作全股十成之三，以示區別。其作股一半之辦法，現有直隸臨城縣煤礦成案可援，一切可資仿辦。其真正華商有資本者，儘可自充銀股之礦商，與業主商允合辦。力不能獨任一礦者，仍准其附入銀股之洋商，並設立專條，令洋商力加優待，具詳章程之内。誠以開礦一事，資本甚鉅，學問甚深，專恃華商之微資，土法之淺嘗，斷無大效。惟以礦地與洋商合股，則業主與出資本之人分享其利，最爲簡要公平。然必俟除盡用費得有餘利之後，以地作股者方能分潤，則洋商自不致有虧。

竊惟中國今日定章，明准外人在内地開礦，比較各國通行章程，已屬處處從寬。加之於礦界年租、礦産出井税，均予量從輕減，明示我重權輕利，庶洋商均願就我範圍，不撓法紀。且處處皆國家與人民共享其利。上等之礦，其餘利國與民各得其半。中等之礦，其餘利全數推以予民。此固足見聖朝寬大惠民之政，超越環球諸邦。亦可藉以鼓舞愚氓，不致狃於積習，沮撓大利。果能下上相信，中外相安，將來地利大興，窮民有養，百貨日通，農工商賈利益交資，此乃經國久大之遠謀，豈在目前區區之租税。微臣區區之意，實注於此。上年二月商部奏定礦務暫行章程摺内，聲明仍俟臣處輯有專書，歸併辦理，以免歧異等語，自應參互考訂，歸於畫一。兹謹將擬訂中國礦務正章、礦務附章各一册，繕寫成帙，恭呈御覽。擬請敕下外務部、商部詳加覆核，俟核定後，其正章即作爲礦律，附章即作爲詳細條目，請旨頒行。俾礦業日興，利源日濬，實於國計民生均有裨益。

（硃批）外務部、商部奏議。書併發。（欽此）

謝萬壽賞賚摺光緒三十一年十一月二十八日

光緒三十一年十一月，摺弁回鄂，賫到十月皇太后萬壽恩賞綢緞四匹。當即恭設香案，望闕叩頭謝恩祗領。欽惟皇太后懿恭訓政，仁壽登民。披少廣之璇圖，握長生之寶籙。分到萊衣之瑞彩，文綺成霞。洗將婁褐之寒酸，湛恩比露。對揚荷寵，臨履增惶。臣惟有藿悃不渝，萱暉永戴。八蠶溥利，敢忘嫘祖之神功。匹絹增榮，益勵胡威之清節。以仰答高厚鴻慈於萬一。

改州縣賠款捐爲學堂捐留辦本地學務摺光緒三十一年十二月初二日

竊照賠款一項，户部行令各省攤籌，湖北省派至一百二十萬兩。臣當時會同前撫臣督同司道各府廳州縣籌議，傳集紳董分認足數。雖各屬辦法不同，大率出於丁漕、串票等項。或兼資税契，或取給鋪捐。計攤歸各廳州縣征解者，約共銀六十萬兩。羣知此款關繫中國安危大局，不敢不强忍遵從。頻年以來，勉力輸將，民情極爲困苦，漸有力不能支之勢。自上年臣回任後，正值明詔興學，頒定學章，亟應於各州縣徧設高等、初等小學堂以普教育。而各屬紳民咸以籌繳賠款捐已屬萬分竭蹶，更無餘力再籌興學之資。臣以興學爲當今急務，不容須臾或緩。此項賠款捐責諸民間，本多勉强。若將此款改留各州縣興辦學堂，則以本地之財興本地之學，父兄出資以培其子弟，子弟力學以答其父兄，一轉移間，名正言順，當足以化怨咨爲絃誦。因與司道籌商定議，另就本省土膏捐、籤捐、銅幣盈餘等項酌量加提，凑足每年賠款應解之數，依時解足，不誤償期。而各州縣之賠款捐，均改爲學堂捐。經於三十年八月起札行各廳州縣，令將賠款捐全數免解，留充本地辦理學堂之用，名曰賠款改學堂捐。令各廳州縣照原派之額，另款收儲，與本地端正紳士公同辦理，專備各種學堂之需，不准挪作他項公用。在改辦之初，民力能否支持，民情是否允洽，未敢遽定。現已試辦一年，民間知所納之款，即爲培植本地人材之用，尚能遵章完繳，自應奏明立案。自有此項學堂捐，經費有著，各廳州縣均能遵照奏定學堂章程，將高等、初等小學及師範傳習所争先舉辦。並選派學生資送省城及日本學習師範專科，以備各小學堂教員之用，一洗從前觀望遷延之習。此後漸次擴充，必當使民智日開，人材蔚起，以仰副朝廷興學培材之至意。

（硃批）户部知道。（欽此）

收回粤漢鐵路瀝陳辦理情形摺 并清單 光緒三十一年十二月二十七日

竊臣於上年二月間，訪聞承辦粤漢鐵路之美國合興公司，並未知會中國，私將公司底股三分之二售與比國公司，董事亦大半易置比人。查比與法通，法又與俄合。京漢鐵路已由比、法兩國合辦。若粤漢鐵路再入其手，則中國南北幹路地權，全歸比、法等國掌握之中。與俄人所造東三省鐵路鉤連一氣，既扼我之吭背，復貫我之心腹。而借款本息太鉅，年期過久，限滿後斷無贖回之望。其爲中國大患，殆有不忍言者。

臣探詢既確，焦灼萬分，立即電致湘省官紳，並電致督辦鐵路總公司大臣盛宣懷，痛言利害，竭力争持。以合興無端違背合同，亟應據理責言，廢棄前約。自臣倡此議後，鄂、湘、粤三省紳民漸次傳播，始知有粤漢路約不善之説，議論推敲，羣思補救。無如合興公司既異常狡執，美國富商復遣合興之黨柏士來華運動，自稱係華豐公司，願借給中國鉅資，助我與合興廢約，而另訂合同，將此路歸其承辦。其實華豐無異合興。然而術詭言甘，於是被其煽惑者，忽倡以美接美之説。衆議紛紜，大爲所動。臣以合興公司違約失信，覆轍在前，若仍聽以美接美，是直以移花接木之計，愚弄中國。一切權利仍落他人之手，中國絲毫不能收回，與所以籌議廢約之意自相矛盾，遂電滬力阻其議。柏士因親至京師，介其公使向外務部要求。外務部函令來鄂，就臣商辦。其駐漢美領事復多方爲之游説。臣面告以此約必廢，無可商議。柏士到滬後，復三次來函攬辦路款，均經臣嚴詞峻拒，堅不允行。由是袒美者咸嗒然失望，而怨謗紛來，阻撓百出，籌議廢約之事，益形棘手矣。

迨上年十一月初三日，臣承准軍機大臣字寄，光緒三十年十月二十一日奉上諭：御史黄昌年請挽回路政一摺，粤漢鐵路關繫緊要，現在合興公司正議廢約，應即另籌接辦。著張之洞悉心核議，妥籌辦理，以挽利權。原摺著鈔給閲看，將此諭令知之。欽此。臣自奉明旨，責有專歸，乃益抱定宗旨，不敢爲異説所摇，然爲難之處，不一其端。

臣初意以盛宣懷爲與合興公司訂約原議之人，繫鈴解鈴貴資一手，故開誠布公，往復電商，深冀其相助爲理。不意籌商累月，盛宣懷因宿疾纏綿，困卧不能辦事。正當喫緊之際，臣去電兼旬，杳不得復，偶有病間答復，而精神未能貫注，終不得此事要領。此時盛宣懷病勢甚劇，屢瀕危殆，無怪其然。而湘中官紳之派赴上海者，一則主張訂借美款，幾爲柏士所愚。一則徑自聘用律師，

直令赴美與合興涉訟。經臣飛電力阻追回，其事乃已。羣議紛歧，輕舉妄動，幾誤大局。此其爲難者一也。

臣以事機危迫，稍縱即逝，不得已始徑電出使美國大臣梁誠密商辦法。該大臣復稱，中國廢約之説，喧騰報紙，美公司已豫爲之地。由彼富商摩根將比國股票重價收回一千二百分，以爲事權仍在美人之手，即與合同不倍，不能再言廢約。美政府極力袒護，屢飭其駐京使臣柔克義向外務部干涉，聲言美政府斷不允廢此約。合興總辦惠愓爾因出使大臣梁誠持正力争，辯詰甚緊，遂擬撇開梁誠，自行來滬，設法把持。此事經臣聞知，切電上海總公司轉告惠愓爾，彼即來華，無論改何辦法，臣斷不承認，囑其飛電阻回。此其爲難者二也。

臣往復與駐美使臣梁誠電商，直言廢約或致有礙國家交涉，改爲贖約則僅係商務往來，事出和平，彼政府自無從干涉。該大臣因就此意與合興公司反覆磋商，彼延前美國兵部大臣路提、前美國按察司英格瀾爲主謀。梁誠乃延聘前美國外部大臣福士達、鐵路專門律師良信等與之抗議。路提等以美國國體、東方商務種種關礙爲詞，語意堅决。福士達等再三辨詰，始認原定合同之疏漏，合興辦事之含混，允聽中國政府修改合同，收回權柄。由美國政府擔保，永不轉替，而贖約則堅不允許。經出使大臣梁誠痛切開導，力陳三省之輿情，中朝之意旨，微臣之定見，大局之利害，路提等甫允開議售讓辦法。而合興索價浮冒，初開七百萬金元，繼又索公司酬勞二十五萬金元，借票餘利四十餘萬金元，利息在外。經與駁減，彼即以股東未曾議定，經月遷延，不允遽决。比主復遣其親信至紐約極力阻止，事幾中變。此其爲難者三也。

迨後議定贖路全價六百七十五萬金元，另給利息。甫將草約彼此簽字，而比政府竟電美外部强行干涉。比主復面晤摩根，唆使悔議。並介美總統之友、美國上議紳比洛遲轉告美總統，力翻此案。美總統適接其駐華使臣柔克義電，誤會我政府無意廢約，且疑臣與出使美國大臣梁誠均非我政府授權經理之人。遂欲挑剔廢約兩字，借端以廢草約。危機頓逼，幾幾功敗垂成。臣於七月十三日電奏内已詳晰陳明。此其爲難者四也。

幸荷聖明昭鑒，俯准施行。外務部亦悉力主持，一再照會美使，聲明臣與梁誠實有辦理此事之權。美總統尚知慎重邦交，轉圜允許，其事乃定。而鄂、湘、粤三省紳民驟欲籌此六七百萬金元，約合華銀千餘萬兩，斷斷無此力量。假使款不應手，非但立誤事機，抑且貽羞中外。此其爲難者五也。

臣自奉旨籌議粤漢路事，即屢次分電湘、粤官紳，公議切實籌款之法。嗣准兩廣督臣岑春煊十二月十一日來電云，此事必須備有贖路的款，方能争論。而粤紳涣散，倡議者無錢，有錢者不管，紳力斷不足恃。官力則艱窘已極，更無擔任如此大宗之力。且果使廢約，立須鉅款應付，即有別項籌款之策，亦緩不濟急。愚以爲宜由鄂、湘、粤三省合借洋款若干萬，分年匀攤認還。此款借成，約廢即以贖路，不廢立時付還，虛縻利息亦尚有限等語。而湘紳函電，亦無立籌鉅款之策。臣體察湘、鄂、粤三省情形既屬相同，不得已始定借款之議。一面電商湖南撫臣轉詢湘省各紳，湖南撫臣復電云，與諸紳熟商。均應遵辦。徧加詢訪，惟英領事所開利息較輕，借款交付實鎊不須折扣，惟於粤省別有要索利益之事。臣婉辭推謝，致借款之議，久懸不定。迨本年八月初二日，猝然接到出使美國大臣梁誠電，合興股東已將草約批准。第一期款美金二百九萬八百六元零，應於西九月七號、即八月初九日在紐約交兑。計期已近，務請合三省全力迅即籌足，於西九月七號以前電匯到美，免致變局等語。臣電致梁誠，懇其展期十日，以便趕籌。覆電云，第一期款商緩十日。福士達謂前遵尊電，將贖款備齊，悔約索償各節警告摩根，正約六號簽押與否，視此期交款爲從違。若再生變，萬無挽回，務祈如期電匯等語。蓋合興之意，料知中國貧窘，斷不能於旬日間猝籌數百萬巨款，故其總股東於草約定後已將三箇月，多方推宕，延不批准。此事成否未定，以致籌不能籌，借不敢借，直至届期前七日始電告中國，批准立索交款，若款不能集，則此約全翻，轉將譏我無款自誤。此謀至狡至毒，蔑以加矣。其時英領事先期赴廬山避暑，臣逆料急而相求，要求必甚，且議訂合同，亦需兼旬以外，而應付合興之款，若愆期一日，全局俱翻。當此之時，既不能乞緩於外洋，復不能求助於他省，以關繫中國南疆全局之大舉，特旨飭辦之要政，議論兩年，全球皆知。若徒以無款之故，竟致不能收回，自棄草約，不惟利權永棄，而且將令各國譏笑中國辦事者皆空言無實之人，以後一切邦交種種窒礙。此七日之中，臣憂煎萬狀，繞室傍徨。此事結局如何，竟不敢預料。此其爲難者六也。

幸湖北官錢局信義素著，尚爲各國銀行所信。臣召集司道剴切籌商，均以大局利害所關，同心擔任。立即一面飭官錢局設法擔保，先向匯豐銀行息借銀三百萬兩，官錢局湊集銀二十餘萬兩，竟如期電匯，已到美國，實非臣意料所及。當即將贖路正合同電由軍機大臣代奏請旨畫押，欽奉俞允。一面電招英領事回漢商訂借約。英領事見臣處第一期付款，已能暫行自借應付，而贖路事關繫大局，亦願助成盛舉。於是前所要求者不再提及。合同條款，悉照光緒二十六年八月湖北因保護長江籌備餉需向匯豐銀行息借五十萬兩成案辦理，業經將合同咨明外務部在案。此項借款，於鐵路權利固絲毫未嘗有所假借也。借款既定，應付合興第二期款，遂於中歷九月十二日全數交清。合興即於是日分電滬、粵兩處公司洋人，將在滬存儲之圖表册籍，在粵已修之鐵路及機車房棧一切備用材料，悉數點交中國委員接收，經臣派員分别接收清楚。

查此次合興所訂售路合同，載明中國政府可將合興公司在中國所有産業、已成鐵路、材料、測量圖表、開礦特權，以及在中國所有權利，無論明指暗包，一概全行收管等語。玩開礦特權及明指暗包之言，可見從前所失權利之大，實無窮盡。今幸得全數贖回，從此永斷葛藤，消弭鉅患。此皆仰賴朝廷威德，暨樞部諸臣同心匡助，三省紳民協力圖維，出使大臣梁誠才識兼優，忠實爲國，規畫辯論，妙協機宜，故此事克底於成。現已議定修路之款，由三省官紳合力籌集，決不再借洋款。惟款由本省紳民集股，止能各籌各款，各修各路，大綱必歸畫一，而辦法不能盡同，與他處鐵路之借款興辦者迥不相侔。紳民辦事，全賴地方官相助爲理，似須責成本省督撫，督飭司道及地方官吏暨紳士商民，因地制宜，設法籌辦。庶情形不致隔膜，工程亦免延擱。是否有當，伏候聖裁。兹准出使美國大臣梁誠將合興公司所訂售讓合同，暨收回未售金元小票、已付息票，並派員在粵在滬接收各件，先後郵寄册報到臣。謹繕具清單，會同署兩廣督臣岑春煊、湖南撫臣龐鴻書合詞恭摺具陳，伏祈聖鑒。

（硃批）外務部、商部知道。單併發。（欽此）

謹將美國合興公司議訂售路合同所譯漢文，照繕清單，恭呈御覽。

一千九百五年八月二十九日湖南、湖北、廣東三省代表人湖廣總督張，出使美、墨、秘、古國大臣梁，代表大清帝國政府為本合同第一位，美國紐遮些省合興公司為本合同第二位，訂定合同事。因一千八百九十八年四月十四日在美國華盛頓都城所訂正合同及一千九百年七月十三日所修續合同，本合同第二位經蒙授權在大清建築鐵路，由漢口城起至廣州城止，並得有管理此路之權。又因一千九百五年六月七日以前，大清帝國政府將前兩項合同或特權注銷，聲明各該項合同所指鐵路決定自辦，並按例將注銷決定各節知照本合同第二位。同時大清帝國政府願給本合同第二位以公道償費，將上開各項合同注銷。又因本合同兩位議定，第一位允給第二位注銷合同償費數目，計美金六百七十五萬元。經將辦法訂立草約，聲叙如下。

大清帝國政府與美國合興公司訂定草約

茲因中國政府將建築粵漢鐵路之特權及合同注銷作廢，又不准合興續辦路工，惟情願給以公道償費，此項償費訂定總數計美金六百七十五萬元。中國政府可將合興在中國所有產業、已成鐵路、鐵路材料、測量圖表、開礦特權以及在中國所有應得權利，無論明指暗包，一概全行收管。所有合興已提之中國政府借票，除已售之二百二十二萬二千元外，一概交還中國政府查收。至此項已售之二百二十二萬二千元，或交還，或收存，仍聽買主自便。如買主願意收存，或全數，或少數，每百元應按九十元計，由總數六百七十五萬元之内扣抵。惟不論如何辦法，此項二百二十二萬二千元借票，在西一千九百五年五月一號應付息銀五萬五千五百五十元，中國政府須自本日起於三箇月内照數付給。又總數六百七十五萬元内，中國政府須自本日起於三箇月内先交二百萬元，所餘之數須自本日起限六箇月内一律清付合興照收。所有交款，訂明由中國政府妥速籌辦。中國政府每次所交之款，須自一千九百五年五月一號起至交款日止，按年息五元計加付利息。以上辦法，應由中國政府及合興股東彼此批准，方作定議。一千九百五年六月七號，福士達、路提、英格瀾簽押。

又因本合同第二位之股東，於一千九百五年八月二十九日會議，將上開草約按例批准，並經本合同第二位之股東多數及董事員等准照將上開草約實行。本合同第二位之執事人員，得議定所有實行此約應須之合同。又因欽奉大清國大皇帝諭旨，將上開草約按例批准，並派湖廣總督張之洞、出使大臣梁誠實行原約。是以本合同兩位議定如下：

本合同第一位允給第二位美金六百七十五萬元。並由一千九百五年五月一日起計至按期或分期交款之日止，按年息五元加給利息。按照下開辦法於一千九百五年九月七日或此日以前應交二百萬元及所餘之數，於一千九百五年十二月七日或此日以前，均由本合同第一位在紐約城用美國金元交給第二位收受，並無折扣。俟第一位將此款美金六百七十五萬元及其利息交付第二位收受清楚，第二位即將所有因前項各合同特權，或因注銷該項各合同之故可向大清帝國政府索取各事，概行解放。並按照上開辦法，第二位又將合興公司在中國之產業、已成之鐵路、材料、圖表、礦利諸特權，以及合興公司所有在中國無論明指暗包之產業，均一概交還第一位收執。本合同兩位均願大清帝國政府將第一位按前項各合同在中國應得產業一概接管。惟彼此聲明，非將末次款項交付，所有現情仍然不改，而第二位之名分及利益亦不因此合同而有改變。彼此又聲明，本合同第二位由本日起，四十日内將已經售出之大清國政府借票二百二十二萬二千元，或留存或繳還第一位之處，知照本合同第一位。如此項借票業主或業主等不如期將所定辦法知照第二位，即作為該業主或該業主等願意留存借票。第一位可將留存之票，每元按九折在末次付款内扣抵。本合同第一位允付已售借票，自一千九百五年五月一日及九月七日或此日以前，應付利息。並允凡借票業主留存之借票本息，到期即行交付。又彼此訂明，一千九百五年六月七日所訂草約，概經兩位認實批准，一概按約實行。於上開年月日，本合同第一位由湖廣總督張之洞、出使大臣梁誠欽奉諭旨，將此合同録副簽押。本合同第二位由該公司總辦及書記，將此合同録副簽押，並將該公司印信蓋用，以昭信守。

湖南、湖北、廣東代表人湖廣總督張之洞押　梁代。

出使大臣梁誠押。

合興公司總辦惠愓爾押。

書記谷德押。

見證人英格瀾押。

福士達押。

謹將出使美國大臣梁誠在美國，及湖北派員在上海、廣東，分别接收合興公司交還粤漢鐵路一切財産、物料、圖表、契券、册籍，開列簡明清單，恭呈御覽。

計出使大臣梁誠在美國收回合興公司點交各件：

一、收金元小票七箱，計共四萬五百五十六張，面值美金三千七百七十七萬八千元。

一、收息票，計共四千四百四十四張。

一、收勘路、定路、探水、鑽地、造房各種圖，橋梁、溝渠、車站、車輛、鋼軌、鐵廠、煤礦各種圖，又草圖、總圖、形勢圖、工程圖、報告圖，並各項估單，計共一百一十九件。

計湖北派員在廣東收回合興公司點交各件：

一、收自石圍塘至佛山雙軌鐵路三十五里零六四。

一、收自佛山至三水單軌鐵路六十四里零六八。凡附屬鐵路之橋梁、馬頭、站屋、車廠、貨棧、機器、車輛、剥船等項，及各站未估價之存料，一律接收清楚。

一、收鐵路各項圖表三千一百六十三張。

一、收鐵路地契二千四百一十五張。

一、收購地領狀八十四張，共計地價銀十二萬三千五百九兩。

計湖北派員在上海收回合興公司點交各件：

一、收總公司正契四千六百八十五張。

一、收領狀一千七百七十八張。

一、收文卷二十八宗。

一、收豁免丁漕清册六本。

一、收上海、廣東及美國用款，並行車等報銷譯册三十本。

一、收散圖及估單三十四張。

一、收廣東購地局解送副契、副領狀、關防、文卷、帳册及購地散圖，計共三箱，原解清册三本。

一、收管理處副本、圖樣、估單共三百十餘張，洋文帳據並各項册簿共一百六十六包。

一、收紙件共十八箱，車脚廢票共五箱。

一、收器具共二百二十餘件。

一、收剥船股分票一張。

覆陳黃昌年所奏粵漢鐵路各節摺光緒三十一年十二月二十七日

竊臣准軍機大臣字寄，光緒三十一年十一月二十八日奉上諭：御史黃昌年奏路權至重，贖款難擔，亟應興修，嚴杜干涉一摺。借款修路，流弊滋多，應由三省集股興修，以保利權，不准借用外債。該御史所奏各節，著張之洞據實覆奏。原摺著鈔給閲看。將此諭令知之。欽此。跪誦之下，仰見聖主慎重路政，豫防流弊之至意，曷勝感悚。

臣自奉旨責成收回粵漢鐵路，與美國合興公司議廢合同，深知合興根蒂深固，消息靈通，中國官場袒助者多，不易措手。顧念路權在人掌握，即鉅害在我腹心，非決計收回，無從挽救。用是不敢避怨，不敢畏難。密電出使美國大臣梁誠相機操縱，據理辯爭。磋磨一載有餘，其間波瀾疊起，枝節横生，機甫轉而旋翻，議垂成而忽變。臣仰禀宸謨，堅持定見。局外旁觀，咸謂中國已失之權，斷無覆水重收之望。迨臣拒絶美商柏士要求之後，凡持以美繼美之説者，尤不便於臣之所爲。謗讟繁興，阻撓百出，必欲攪敗此局而後已。幸賴聖明乾斷主持於上，三省輿情固結於下，美政府知中國志堅意决，合興理屈詞窮。又以廢約之名改爲贖約，僅屬公司商務，事出和平，於國際邦交絲毫無可挑剔，合興始就範圍。本年八月間贖約議成，實爲袒美黨意料所不及之事，坐失大利，銜恨次骨，既於贖路一端無從置喙，乃於借贖路款一端，造爲去美來英之説，散布謡言，喧騰報紙，顛倒黑白，横肆詬病。其中情節顯然易見，湘省正紳早有見聞。言者不察，輒以上瀆宸聰。既蒙天語垂詢，謹就該御史所稱五不可解者，敬爲我皇太后、皇上縷晰陳之。

一、原奏稱該督當自任廢約之日，即應鼓舞三省紳民早備贖款，以自立於不敗之地。乃臨事倉張，甘吞芳餌，輒行息借英金一百十萬鎊，徑指國家餉項之膏捐作抵等語。查倡議廢約之始，臣即分電湘、粵官紳預籌的款。湘紳初議，擬按畝酌抽穀捐，就鹽加抽口捐。粵紳則議行彩票及出洋招股。湖北尤爲貧窘，本省紳士僅議提各州縣積穀賓興變價濟用。總之，或懸擬未定，或窒礙難行，或零瑣無益，或遲緩難待。衆論歧出，百計搜羅，皆無驟得鉅款之策。署兩廣督臣岑春煊因於上年十一月十一日由梧州行次電臣云：紳力斷不足恃，官更無擔此大宗之力，宜由三省合借洋款，按年分認攤還等語。湘紳張祖同、席匯湘等來鄂，與之籌商，亦深以岑春煊之説爲然，以爲舍此别無速化之術可應急需。臣查修造鐵路借用外款，環球多有，其利害只在合同權限。權限不清，則不論何國皆屬有害。權限若清，則不論何國皆屬無害。即如粵漢鐵路借用美款，扣多年久，且并令其包辦工程，甚至礦權特利，多所假借。遂至授人以柄，路權盡爲債主所操，爲害甚大。臣今所借英金一百一十萬鎊，年息止四釐半，不折不扣，較上年户部訂借匯豐鎊款節省甚多。然並不以鐵路作押，僅以三省自有之膏捐作保，於路礦一切權利絲毫不許干涉。此項借用，言明本利分十年攤還，計每年應還本利不過十餘萬鎊。三省以七成分攤，湘、粵各攤三成，鄂攤一成。兩湖指定賑糶米捐，歲可得七八十萬兩。粵省由督臣岑春煊擔任籌定的款備撥，並有粵境已成鐵路行車餘利每年二三十萬兩，以之分年抵還借款本利，實已有盈無絀。況合同載明五年後，中國如願全數清還，亦可聽便。但使有款可償，毫無留難糾葛。其以膏捐作保者，向來借款必有保款。凡關財政，何一款非國家之餉項。不過因此項乃近年新籌之款，且止屬一端，與藩庫款、關税款之垂爲經制，釐金局之關涉通省者，名義輕重，迥不相侔。且膏捐爲三省所共有，爲外人所共知，雖加税免釐後，此捐仍可照收，故易於取信。然抵還既有實項，則保款僅屬虚名，不獨於八省統收之膏捐毫無牽涉，即於應歸三省自用之膏捐亦略無妨損。蓋三省需餉無不緊迫，斷不肯不另籌贖路專款而坐耗膏捐之理。該御史乃謂自任廢約之日，即應鼓舞三省商民早備贖款，是竟不知七八百萬金爲數之鉅，不知今日中國財政之困弊，並不知湖南民力之艱難，是則真不可解者也。竊考倡議廢約至今日已兩年矣，除湖北米捐撥充路工一款乃出臣意，札行湖南米捐撥充路工一款乃係臣電商湖南撫臣照辦。此外三省議論函電，不啻數千萬言矣，果已籌有一錢之實款乎。然則籌款果易易乎。

又原奏稱盛宣懷開報用費六百萬美金元，準以廣東所造之路較外國造路價逾十倍。該督所借贖款較諸盛宣懷開報有盈無絀，豈竟無可核減耶。然報章所載息借之款，以七十萬鎊匯交美使梁誠，以四十萬鎊匯交鄂督，則此四十萬鎊豈盡三省開銷之用。即非如是，亦應將贖款若干，用費若干，開列清單，上之商部政府，方爲正辦。豈謂贖路自我爲政，諸事不關朝廷乎等語。查粤漢鐵路收回自辦，其與合興公司交涉辦法，不外兩端，一爲廢約，一爲贖約。廢約則應先請朝廷明降諭旨，宣布廢約之緣由，一面由外務部照會美使，並行文駐美使臣，照會美外部。一面由三省延聘外國律師，派員赴美，備與合興公司興訟。訟而得直，則合同可廢。應還合興用款，須憑彼國法堂公斷。訟而不直，則合同仍不得廢，且須另給合興公司賠償，其數不能懸揣。臣屢接駐美使臣梁誠函電，謂美國富紳摩根已重價收回比股一千二百股，美政府即視合興爲並無違背合約之處。設與興訟，彼必左袒公司。如我不得直，非但虚糜鉅費，亦且有礙邦交等語。臣又屢接外務部來電，以美國駐京使臣柔克義疊次照會，聲稱美政府不允將合興合同作廢等語。體察情形，直言廢約，徒延時日，徒多繁費，而萬不能行，因與使臣梁誠密商定爲贖約辦法。贖約則彼售我購，議價須由售主允認。合興本意不願出售，迫於公論，始肯開價。據稱中國定欲索回，股票現已漲價，每股必須三百餘金元。公司六千股，計需二百餘萬金元。代支造路費四百餘萬金元。特權、礦權種種所值又數百萬金元。加以餘利小票四十餘萬金元，公司酬資二十五萬金元。共計值一千數百萬金元等語。經使臣梁誠再三指駁，遞減至七百萬金元，萬萬不肯再讓。嗣復與摩根、路提、英格瀾等理論，始定爲六百七十五萬金元，另給小票及售價議定未付以前五釐利息。此蓋屢經較減而後定爲此數。其後摩根於收款時，尚索加金元小票餘利，駁以草約先經議定簽字，不得再有異詞，彼始無語。臣查合興售價雖昂，然中國收回種種權利，所值豈止此數。過加駁詰，徒堅比股護利抗阻之心。凡事關國際，當持大體，不當惜小費。議價之初，湘紳龍湛霖、王先謙等公電致臣謂，我能將該公司提用小票，無論浮支、濫費，祇要有帳可開，一一承認，美廷當無異議。又電謂，接頂自辦，誠爲善策，三省祇求收回此路，即多花費，亦所不惜等語。均屬深明大體之言，與臣意見正同。蓋事機之來，間不容髮，若必斤斤計較，多方駁減，恐至今仍無成議。而時局紛紜，外謀奇幻，不知現在又成何變局，必致此約終不能收回矣。至一切付款，皆由出使大臣梁誠經手。計八月初九日付第一期款美金二百萬元。加息一百二十九日，美金三萬五千三百四十二元四角五分。西五月一號，應付借票息美金五萬五千五百五十元。統共二百九萬八百九十二元四角五分。九月十二日，付末期款美金二百七十五萬二百元。加息一百六十二日，美金六萬一千三十二元零。另給律師美前外部大臣福士達津貼美金一萬五千元，合興公司總辦惠惕爾酬資美金一萬元。統共二百八十三萬六千二百三十二元零。每次付款，均據駐美使臣梁誠來電，先後電達軍機處、外務部、商部查照在案。該御史謂應將贖款若干，用費若干，開列清單，上諸商部政府。豈致樞廷、外、商各部之電文，均不足爲據耶。至第一期付款，係在英款未經借定以前。其時事機萬緊，另向漢口匯豐銀行暫行息借交兑。迨英款借定後，因於合同訂明，以七十萬鎊匯交駐美使臣梁誠，以四十萬鎊劃付鄂省，撥還匯豐借款，亦經臣於八月十一日電達軍機處、外務部、商部云，向英國訂借贖回粵漢鐵路款英金一百十萬鎊，今日同英領事面校華洋文合同，彼此簽押，定於華九月初八日全款交清，届時當即將合興第二期款全數付訖。前電匯梁使第一期款，係向匯豐暫借，兹即於此次借款内撥還矣等語。所謂撥還者，即指此四十萬鎊而言。該御史以此四十萬鎊未經匯美，遂故作疑詞曰，豈盡三省開銷之用。其意殆以爲此四十萬鎊爲鄂省所乾没矣。試思乾没之款，有於合同内大書特書者乎。此等怪誕之談，更無足深辯矣。

又原奏稱該督之責止於廢約，至修路關繫重大，爲國家三省權利所在，非該督一人所能獨攬，乃偏給湘紳關防，意存見好，實無事權，以爲借債修路，箝制衆口之伏綫等語。查上年十月間，臣欽奉寄諭，粵漢鐵路關繫緊要，現在合興公司正議廢約，自應另籌接辦，著張之洞悉心核議，妥籌辦理等因。夫曰另籌接辦，曰妥籌辦理，則凡路事之始終，皆在聖主委任責成之内。苟爲臣愚思慮之所能及，安敢不遵旨悉心籌議，而該御史目爲專攬。設臣但廢約而不籌贖款，以致因無款悔議，或約竟不能廢，而地亦不自購，竟多爲洋公司所購。則言者又將以推諉誤事，不能善其後責臣矣。至刊給湘紳關防一節，查本年二月間，據湘紳公呈前湖南撫臣端方及臣處，以粵漢鐵路無論能否收回，亟須先行籌款購買鐵路地基，以保地權，擬請刊給湖南鐵路籌款購地公司關防等語。蓋恐此路未必能收回，故不得已爲此籌款購地之策，此乃湘紳萬不得已之苦衷。臣以湘紳既擬設局，必有主持局務之人，電詢湘中擬公舉何人。旋准前撫臣端方電覆，現湘紳擬以前刑部右侍郎龍湛霖、前國子監祭酒王先謙爲總理，候選道張祖同、安徽候補道席匯湘爲總辦，三品廕生龍紹瑞爲會辦，翰林院編修汪概、翰林院庶吉士譚延闓、前工科給事中馮錫仁、候選道孔憲教、前甘肅甯夏知府黄自元、吏部主事葉德輝爲總議紳，祈分别挈銜繕給咨札等語。因即會同湖南撫臣核准照辦。此項關防經湘紳函催、電催、面催不下十餘次，直至今年四月始行刊發。溯查自去年以來，湘紳於鐵路一事疊次電函面陳，一切皆請須專由臣處主持。臣謂必須會同湘撫，反覆詳説，湘紳因即遵辦。在籍湘紳人數甚多，此可考而知者也。夫籌款購地，正恐廢約難成，藉此稍資抵制。事爲地方官應辦之事，臣忝任湖廣總督，湖南爲臣兼轄省分，臣即無廢約之責，關繫兩湖土地之事，豈能委諸不問。咨札照會皆督撫會銜，何所見而謂爲專攬。該紳龍湛霖等素著鄉望，爲衆公推出而任事，皆勉盡義務，並不支給薪水，何遂足以見好。其時贖路尚無眉目，何能遽計及借債修路。至借與不借，聽之三省衆情，該公司局設湘省，人由湘舉，章由湘擬，何謂實無事權。

何所用其箝制。且湘省果能籌款，即不須借債矣，何以責紳籌款轉爲借債伏綫。此等深文曲筆，誠思之不能得其解矣。

又原奏稱外務部以拒絶外債電知鄂督，該督反謂湘紳亦主借債修路。夫湘紳果主借債也，當初何必力争廢約。即有不肖湘紳，諒不過遊宦湖北，承迎該督意指，乘便攫利，不顧破壞大局，該督輕信屬員蒙蔽之言等語。查粤漢鐵路共長二千數百里，在鄂境者不足三百里，在湘境者實長一千二百餘里，衡州以上且多山路。酌中估計，每路一里以一萬五千兩計之，湘省路工須款一千八百餘萬兩。加以贖路本息之款，留存美國金元小票本息之款，湘省分認七成之三，約須款五六百萬兩。本省招股應給之息尚未核算。統計已需二千數百萬兩。近年各省情形皆有民窮財盡之慮，此項路工鉅款，即分年勸募，不敢謂必有把握，則全路告成之日，實恐遥遥無期。假如借款修路，則五年之内，全路刻期可成。路工早成，則車利早見。見利之後，招股自易。招股一半，車利一半，期以十年，債款便可清償。至借款之法，分年分起陸續籌借，不主一國。但給利息，不令包辦工程，不予别項權利，亦不以鐵路作爲抵押，則雖借外債，自無流弊。湘省衆紳之代表人道員張祖同、席匯湘等來鄂時，臣曾與籌議及此，皆極以此説爲然。臣通籌熟計，借款修路，若權限謹嚴，本非必不可辦之事。蓋深恐籌款不易，即能籌亦不能多。款少則工遲，工遲則利緩，無利則累深。故於借到贖路款後，即照會英領布此一著，以備緩急。嗣因外務部來電，慮滋轇轕。臣於九月二十七日電覆外務部，謂當力勸三省紳民自行籌款。二十九日復電外務部，並電户部尚書張百熙，稱粤漢鐵路决計籌款自辦，不借外款等語。是修路借款久已作爲罷論矣。該御史於時事茫然不知，於鄉事亦茫然不知，忽於十月二十八日事隔一月之後，追咎修路借款已罷之議，并追咎借款贖路之舉，實屬可怪。并誣及遊宦湖北之湘員乘便攫利，破壞大局。不知贖路款皆使美大臣梁誠經手，鄂員湘紳有何利之可攫也。湖南在籍吏部主事葉德輝，於借款罷議之後來鄂，慮及款艱工遲，深惜借款不成之非計。該主事固非湖北之遊宦屬員也。謂鐵路已收回爲破壞大局，不知如何而後爲保全大局也。

又原奏稱該督所訂英債合約，明署香港政府，傳聞尚有附約暗許權利。又擅給英領事照會，如云中國或需再行借款，先儘英國，機器材料如向外洋購辦，須向英國商廠詢問等語。又聞造路工程師，該督已許參用英、日，授人以隙等語。查借款合同借自何人，自應署明何人之款，此次英金一百十萬鎊實借自香港總督，何能匿而不書。向來各國銀行等經手借款，必有折扣，喫虧甚鉅。且借定後須由外務部一面照會外國駐京公使，一面咨照我出使大臣，外國公使方電告外洋該銀行始製造小票，或數千張，或數萬張，請我使臣每張蓋印，始能出票招股，委曲繁重，付款總須在四五箇月之後。此次贖路，急需付現之款多至七八百萬金，合興批准至交銀限期，促至七八日，尋常借款之法斷不能行，外國銀行斷不能承辦。適漢口英總領事法磊斯前曾告知香港現有存款，願爲介紹，取息必可較銀行爲輕，並可不須折扣，是以與之定議。其另給照會，係防將來自籌之款萬一不敷，或須續借洋債，英既承借贖款在前，届時必將争攬，應先明定限制，無論借用何國之款，皆不得輕許以絲毫權利，俾免後來者或有失算。此正爲杜漸防微起見，何反謂爲暗許外人權利乎。查照會原文云，將來粤漢鐵路修造之款，除中國自行籌集外，如須向外洋借款，當先向英國詢商。開價如與他國所開息扣比較相同，先儘英國銀行承辦。

如他國所開息扣等項較英國所開公道便宜，仍由中國酌擇公道便宜者另行籌借。如修造粵漢鐵路之款，已向英國借定，則將來粵鐵路需用機器、材料，除中國自有自造外，如向外洋購辦，應先向英國商廠詢問，開價仍與各國商廠開價比較，價同則先儘英廠承辦，如他國所開貨美價廉，仍由中國擇宜訂購。此外湖北、湖南境内另有修造鐵路之事，儻亦須向外洋借款，并可照上條修造粵漢鐵路借款辦法一律辦理。至修造鐵路需用之工程師，言明一半用借款之國人，一半用日本國人，將路工分段承辦，各辦各事。凡鐵路公司一切用人、擇地、管路、行車等事，均由中國自主。工程師但管分内應辦工程之事，餘事皆不得干預等語。兹將原文鈔送軍機處、外務部、商部詳加察閲，當可知臣慎防後患之苦衷。言者乃謂爲密約，謂爲暗許，不知照會詞義皆係光明正大之言。且當時曾經電商兩廣督臣岑春煊，旋即將照會分咨廣東、湖南兩省，海内皆知。何所謂暗，何所謂密。至此照會，專爲借款修路而設，九月内將合同咨送外務部時，已經定議修路不借洋款，是照會之言，業已作罷，故未再鈔咨外務部。然電商粵省於前，咨行於後，何密之有。至鐵路工程師，但言一半用借款之國人，一半用日本人，並未指定必用英國人。其明言用日本人者，日本工師修造省費，聲價較廉。藉此既可與借款國之人互相比較，且以杜把持專攬之弊，具有深意。今已告知英總領事，粵漢鐵路全由中國自籌，不再借用洋款。該領事毫無異言。假使有暗許權利之事，彼國公使豈肯隱忍不言，有不向外務部饒舌者乎。正以此照會限制甚嚴，語意分明，聲明除中國自行籌集外，如須向外國借款等語，既係籌款自修，彼自無可希冀。且雖借英款，亦僅有應得之利息，購料之餘潤，并無大宗權利之可圖，故不致擾瀆耳。不謂該御史乃欲藉此深加文致也。

該御史又謂臣欲攬此莫大權利，朘湘、鄂之脂膏以供其虚糜浪擲。不知鐵路之利，在路成行車以後。若京漢、津榆已成之路，已經困極，而亭坐收車利，方有權利之可言。若湘、粵、鄂三省之路，至速須十年以後方能告成，現在正以籌款爲苦。湘省諸紳籌議年餘，僅止略有規模，並無確實把握。而應付第一期贖路之息，即在目前，屢接湘紳來電催辦，語意甚形急迫。至粵省乃富饒之區，然近因籌款未妥，官紳决裂，大起波瀾。現在情勢洶洶，尚不知若何了局。鄂省則不過仰屋憂焦而已。是此時三省官紳，皆正在盤根錯節艱難困苦之時，該御史乃謂官此土者有莫大權利耶。且湖南公事，凡向由官辦者，亦多有紳士協助，況由紳籌款之事，更係紳董經理。湘省大吏亦不過主持定議，專司考察督催。其購地、興工、購料等事，全在大小紳董。其虚糜浪擲與否，責有所歸。湘省撫臣以下，且不經手其銀錢，況遠駐鄂省之督臣。不知從何朘削，從何虚糜。即如現在鄂省設立三省粵漢鐵路總局，札内言明，各員俱不開支薪水。夫局員薪水尚不開支，從何有虚糜浪擲之款乎。似未免不近情理矣。

總之，廢約必先贖路，贖路必先籌款。款過鉅，期過急，則必須先借贖路之款。既借贖路之款，則此借款之國，必思攬以後借款造路之權利。臣既知中國籌款之萬難，則必預爲將來萬一借款之計，故趁此聲明用人、購料一切權限，以杜流弊。猶恐專用一國人，萬一有逾越權限之弊，於是指定分用兩國人，以杜其專攬之謀。蓋局外者可以任意吹求，而局中者不能不層層慮到，以備贖路事成以後，從長計議修路之法。如需借款，則有此照會，彼不能逾格要求。如不需借款，則一切作爲罷論。或借或否，聽衆情之從違，聽朝廷之裁斷，臨時斟酌，進退裕如。今已定議修路不再借外款，外務部勘電到鄂，臣即日以豔電復之，言明不借並不爲難，操縱在我，毫無膠葛。現在借款之說早已化去，風平浪靜，毫無枝節，此時不過籌款爲難耳。乃該御史不知艱難，不考事實，一味深文巧詆，執已罷之議爲誣詆之題，顯然挾有成見，自在聖明昭鑒之中。至微臣辦理此事之得失，上有朝廷明察，下有三省紳民暨天下人公論，固無庸臣之置辯矣。

臣以衰朽庸才，奉旨籌辦廢約，幸已將此路收回，稍紓憂憤，少減咎責。此後修路工程，除在鄂境者路止二百數十里，臣自當督飭官紳妥籌辦理外，若粵省鐵路，應請責成兩廣督臣籌辦。其湘省鐵路事宜，若在籍湘紳有公呈函電懇請臣處主持者，臣當與湘省撫臣會商辦理。若在籍湘紳無公呈函電至臣處者，即由湖南撫臣辦理。合併陳明。除三省會議修路公共大綱條款，另由臣會同兩廣督臣、湖南撫臣另摺具奏外，所有遵旨據實覆奏緣由，理合恭摺具奏。

（硃批）外務部、商部知道。片併發。（欽此）

尹銘綬等條陳粵漢鐵路各節當會商辦理片 光緒三十一年十二月二十七日

再，准商部咨，據情代奏編修尹銘綬等條陳粵漢鐵路事宜一摺，經商部議令查照所陳各節，會商兩廣總督、湖南巡撫妥籌辦理具奏。奉旨：依議。欽此。咨行到臣。

查該編修尹銘綬等原呈，大致分籌款、用人、購料爲三項，著重尤在不招洋股一端。查粵漢鐵路，經臣查外務部宗旨，現議定各就本省自行籌款興辦，既不借用洋債，自更無招募洋股之理，且兩年來從無招募洋股之說。

其購料一節，凡中國所自有及能自造者，本無庸向外洋購辦，早經臣與三省紳商議定，詳載三省公共條款十四條內，另摺奏陳。

至用人一節，該編修等以鐵路工程師宜取資中國出洋畢業學生，近見報載留美學生議論，誤會專用洋師，遂多觖望。夫以中國路工任用華員，原屬正辦。游學生志在效用，亦係恒情。竊惟興學儲才，取材內地，不假外求，正是微臣向來辦事宗旨。特是外國辦事最重實驗，工程師非富有經驗閱歷者，斷不能遽辦大工。中國學生近年來始有學習路工者，雖有美才，功候尚淺。即間有入學較久之生，學業優而未經實驗，亦難遽膺重任。粵漢路工，大約將及十年方能竣事，自當隨時訪求中國畢業學生，先使隨工差委，再派充副技師鉅工要職，循序漸進。臣於本年夏間，已在日本招集湖北學生，籌款興設路礦學堂，並已定議於鄂省洋務局內附設此項學堂。並當商勸湘、鄂兩省一體設學，造就此等人材，以備他日之用。惟目前勘路興工，實不能不暫雇用洋工師。此項要工，路綫工程得失利病，關係全局一成不變，實不敢以未經歷練之學生輕於嘗試。然洋工師止令承辦本分工師之事，其餘一切權利，概不令其干涉。並當會商湘、粵兩省妥籌辦理。遇有雇用洋匠、采辦洋料、訂立合同之事，隨時咨明外務部、商部查照。除分咨兩廣督臣、湖南撫臣轉飭在事各紳遵照外，理合附片具陳，伏祈聖鑒。

密陳學政考試品學聲名片〔一〕 光緒三十一年十二月 日

再，各省學政考試品學聲名，例應年終密奏。查湖北學政李家駒，本年考試施南、荆門、安陸、鄖陽、襄陽、德安、漢陽等府州。該學政學問博通，虚心愛士，實爲學臣中出色之員。現已調任東三省學政，必能有益遼東學務。新任學政裴維侒，甫經到任。湖南學政支恒榮，本年考試澧州、常德、辰州、永順、沅州、靖州等府州各屬生童，臣隨時密加查訪，考試謹嚴，宗旨端正，士論允愜。茲届年終，謹據實密陳，伏祈聖鑒。

宜昌關第一百七十九結期滿收支各款税銀數目摺〔二〕 光緒三十一年十二月 日

竊照前准户部咨，抄奏内開，各海關洋税收支數目辦理未能畫一，應令遵照定章按結開列清單奏報一次，仍扣足四結開單奏銷一次，概不得以收支數目串入原摺，以致混雜不清。仍一面造具四柱清册暨支銷經費銀兩清册，分送户部暨總理各國事務衙門核銷等因。奉旨：依議。欽此。歷經遵辦在案。茲據湖北荆宜道宜昌關監督陳夔麟詳稱，宜昌關徵收税銀前經截至光緒三十一年二月二十六日第一百七十八結止，詳請奏咨在案。茲自光緒三十一年二月二十七日起至五月二十八日止第一百七十九結期滿，所徵各項税銀，除照章開支並解外務部三成船鈔、總税務司七成船鈔、洋貨辦足值百抽五免税之貨完税增收税銀、光緒三十一年英德第二次本息加撥磅價、内務府頭批經費、撥補湖北宜昌鹽釐、兵工總局經費、京師習藝所經費、本結出使經費、各委員解費暨沙市關借撥銀兩外，實存銀七萬二千二百二十七兩六分四釐一毫四絲。此項銀兩遵照奏案，除解還俄、法、英、德本息外，歸入一年報銷案内掃數解清。本結並無洋藥進口，亦未徵收洋商自備華式之船鈔，毋庸造册報銷等情，詳請奏咨前來。臣覆核無異，除清單清册分咨外務部、户部户科外，謹會同署理南洋通商大臣、兩江總督臣周馥恭摺具陳，並繕具四柱清單恭呈御覽。伏乞皇太后、皇上聖鑒。

該部知道。單併發。

〔一〕録自中國第一歷史檔案館編《光緒朝硃批奏摺》第一二二輯，第一〇四頁，中國書局，一九九五年版。

〔二〕録自《京報》第八四一二號。

光緒三十二年

謝頒賞書經圖説摺 光緒三十二年正月初四日

光緒三十一年十二月二十九日，差弁賫到頒賞欽定書經圖説一部。臣當即恭設香案，望闕叩頭謝恩祗領。欽惟我皇太后堯門啓瑞，禹甸敷仁。我皇上愛日承歡，同天稽古。欲牖民而造士，思繩祖以貽孫。爰披聖諭像解之編，遂創書經圖説之作。異武梁之祠象，犧首形奇。勝列女之傳圖，虎頭筆妙。昔者楚壁繪盉山之伯禹，漢廷瞻斧扆之成王。禹貢懸圖，無逸觀象。貫清濁以畫河濟，判黄赤以寫璿璣。要皆摘取今文古文，垂爲君鑒臣鑒。但摹一節，未括全書。豈若兹統五十八篇之訓言，綜千五百年之政要。舉凡觀天察地之奥，揆文奮武之謨，殫油素以描摹，等羹墻之瞻睹。傳心授受，典謨觀帝而誓誥觀王。懸象著明，日月行天而江河行地。恩頒縹帙，喜溢青衿。臣曾窺東觀之秘文，常寶西州之漆簡。簿書倥偬，學殖荒疏。謹當率佔畢之儒生，研疏通之書教。愧彩毫之摹本，江淹不才。對白首之短檠，伏生未老。三墳五典，陶成楚産之人才。四海九州，推暨虞廷之聲教。

謝賜福壽眉壽字綢緞貂皮摺 光緒三十二年正月初四日

光緒三十一年十二月二十九日，差弁賫到皇太后恩賞福、壽字各一方，眉壽字一直幅，綢緞四卷，貂皮八張。當即恭設香案，望闕叩頭謝恩祗領。欽惟我皇太后履端布闓，長樂延釐。開殿前白獸之樽，灑天上青麟之墨。昭禹疇之好德，箕範康强。比魯頌之錫純，梨眉難老。暖逾布帛，感九陛之温言。喜挾狐貂，揚三軍之壯氣。熙春行慶，函夏臚歡。臣智淺恩深，拙多效寡。申命占甲庚之卦，迎年摹丙午之鈎。感受祉之便蕃，叨延齡於綽綰。岐下五旬之衣帛，難比殊施。洛陽萬里之大裘，願推慈惠。

謝賜福壽字摺 光緒三十二年正月初四日

光緒三十一年十二月二十九日，差弁賫到御賞福、壽字各一方。當即恭設香案，望闕叩頭謝恩祗領。欽惟我皇上運隆泰始，道闡乾元。樂只賡而福履綏，慈顔和而壽觴舉。龍跳虎卧，遥頒奎府之文章。鶯囀鷄鳴，如睹皇州之春色。暉聯二曜，露湛三霄。臣荀齒徒加，松心自矢。以百無一長之短綫，處四通八達之衝衢。甘漢陰抱甕之勞，懔燭武無能之懼。欣逢北海南海，車同軌而書同文。升平太平，風應律而雲應吕。

鄂湘粤官紳會議修路公共條款摺 并清單

光緒三十二年正月十三日

竊照粤漢鐵路向美國合興公司收回自辦，業經臣等將該公司售路合同，並接收各項契券、圖表、册籍、財産、物料開具簡明清單，會摺奏陳在案。查粤漢鐵路延長二千四百餘里，工鉅費繁，加以贖路之款爲數已鉅，亟應妥速籌議開辦路工，以期早興大利。惟工歸本省自辦，即款須本省自籌。近年各省公私匱乏，撥助官款既不能多，全賴本省紳商勉擔義務，認募鉅貲。三省情形不同，自以各籌各款，各修各境爲一定辦法。而其中應互相聯絡貫通，互相稽查催趕之處，仍須兼顧統籌，免生推諉，庶十年之内，全路可冀觀成。當由湘、粵兩省紳商公舉代表紳員來鄂會議，商定公共條款十四條：一、分認贖款。二、公聘勘路工師。三、分聘修路工師。四、分辦路工，限修枝路。五、三省成路分攤車利。六、粵修湘路，限年贖回。七、比較路工，期免遲緩。八、省佛枝路車利專充贖款。九、粵境幹路存料估價歸三省分領。十、粵境已購地基核價歸三省分領。十一、三省派員互相稽查。十二、鋼軌鐵料專用漢廠所造。十三、三省籌款招股不相侵佔。十四、比照外洋章程酌提報效，删除浮費。以上各條於各專責成之中，仍寓通力合作之意。

又豫議路成後條款四條：一、國家軍用轉輸。二、有戰事時稽察防範。三、公司應行減價人員。四、公司應納營業稅。此四條均擬查照外國商辦鐵路章程參酌辦理。

以上所擬各條，經臣等會同考核，均尚簡要平允。此外籌款、購地、開工、行車、護路、養路各項詳細章程，均應由本省官紳公商妥協，另行陳奏。臣等電商往復，意見相同。除分咨軍機處、外務部、商部查考外，謹將三省會議公共條款，另繕清單，恭摺具奏，伏祈聖鑒。

（硃批）該部知道。單併發。（欽此）

謹將粵漢鐵路鄂、湘、粵三省官紳會議三省修路公共條款十四條，豫議路成後條款四條，繕具清單，恭呈御覽。

一、贖路款英金一百十萬鎊，照七分攤派，未贖之金元小票亦照七分攤派。湘、粵各認三分，鄂認一分。所有應付本息，均按鎊價、金元價依期撥交。湖南款由湘省委員徑交漢口英領事。廣東款由粵省自行交付香港匯豐。若交款期忽有漲落，仍按原分攤派。

二、三省擬公聘勘路工程師一人，將全路覆勘一次，以定確實路綫。其用費，勘至何省境地即歸何省認付。

三、三省除公聘勘路工師一人外，其修路工師以及各項工人，均由各省自行選雇。如於公用工師一人之外，願自聘工師覆勘，亦聽其便。

四、三省鐵路各籌各款，各從本境修起，務期全路早日接通。故議定路工三省同時並舉，儘款先修幹路。幹路未成以前，三省皆不得另修支路，致誤大工。

五、三省所修幹路，無論修成若干里，但能行車見利，其所得净利，應彼此統行核計。各按成本多寡攤派利益，均以開車之日起算。

六、湘省路綫較長，今為全路迅速竣工起見，湘、粵兩省公同議定，粵省修至邊境後，湘省願將宜章以下至郴州屬境永興縣止之路工，讓歸廣東代修，一切權利均歸廣東收管，以路成後二十五年為限。湘省可按照廣東修路原用工本，備價贖還。如果粵省籌款或有不足，自當另議。惟須於一年之内先行知照湘省，以便湘省預籌款項，接續自修。

七、三省分境修路，應互相催趕。如此省修勤工速，成路日多，彼省修緩工遲，成路見少，應令少修省分，攤認多修省分所用工本之利息，以免遷延。每届一年，彼此比較結算一次。

八、廣州已成省佛支路，所得車利，應專充贖路款，仍按鄂一、湘三、粵三攤派。

九、合興公司已築粵境幹路工程及未用材料，應請派員確估價值若干，由粵認出，按鄂一、湘三、粵三分領。

十、合興公司已購粵境幹路地基，應核查契載款目，由粵省認出，歸鄂一、湘三、粵三分領。

十一、三省既按本分利，應彼此互派人員稽查。其詳細章程，俟覆勘後開工前另訂。

十二、三省定議，全路需用之鋼軌、一切鋼鐵料，統向漢陽鐵廠訂購。鐵廠所出貨色，所定價值，無論運至鄂省、湘省、粵省，均應按照洋廠一律不得格外抬高。各省即不向外洋購買，以保中國自有利權。

十三、鄂、湘、粵三省籌款招股辦法，各就本省情形另訂章程，稟請核定，總以彼此不相侵占妨損為主。并不得暗招洋股，違者將所招股本充公。

十四、全路告成以後，所得行車之利，除開支公司薪水、工食、局用及養路經費，撥還贖路借款本息，核給股本息銀，酌提公積款項外，所餘凈利，酌量仿照外國鐵路各公司辦法，以若干報效國家。惟懇請將一切浮費概予刪除，以恤商力，庶於招徠股商之道大有裨益。其餘全歸股東自行議章分派。

續議章程四條。

一、此項鐵路，如遇公家有運兵、轉餉以及水、旱偏災運賑之類，所有轉運辦法，應查照外國商辦鐵路公司章程參酌辦理。

二、遇有戰事，本國用以轉運，尤須防敵國暗中利用此路，應如何稽察防範之處，應查照外國商辦鐵路公司章程參酌辦理。

三、各學堂遊歷學生以及海陸軍人，如持有公家發給之特別文據，均應照章減價。但此項文據須查照外國辦法明定限制。

四、建築此路所納之營業稅，應查照外國商辦鐵路公司章程參酌辦理。

商定湖北境内川漢鐵路接修辦法摺 光緒三十二年正月十三日

竊照川漢鐵路，外人窺伺，奸商圖攬，議論多年。臣於光緒二十九年在都時，深知此事情形日緊，憂惶萬狀。四川總督臣錫良臨行時，與之詳切籌商，以路政爲國家主權之所繫，况川省爲上游奧區，一隅安危實關南服全局。亟宜將籌款自辦之義，及早奏明立案，庶足杜局外之覬覦。錫良深以臣言爲然。甫出都門，即將川漢鐵路與臣商定之大指奏明，由本省官紳集款自行舉辦。仰蒙俞允，欽遵在案。臣於三十年春間回任後，疊與四川督臣錫良往復電商分境自修辦法。緣川漢全路延長三千餘里。在川境者，自成都省城經重慶府，以達夔州府屬之巫山縣邊界，計二千數百里。在楚境者，由巫山邊界入鄂境，經巴東、興山兩縣至宜昌府治，約五百餘里。再由宜昌經當陽縣、荆門州、襄陽府以達應山縣屬之廣水驛，與京漢大幹路接通，約一千二百餘里。合計由鄂接川界之處起至廣水幹路約一千七百餘里。若論畫疆分職，各有界限，各有責成，自以川楚各修各境爲正辦。當時川紳未經商明，即擬由重慶修至宜昌以便商賈。鄂省聞之，衆情甚爲不愜。湖北出洋學生斷斷以省界所在，即權利所關，尤力主畫境分修之説。查宜昌以上直至四川萬縣，皆係連山大嶺，險峻非常。過萬縣以西，始覺稍近寬平。計此路約一千里，皆須鑿山開道，工作極艱，費用極鉅。且山山相屬，是否能穿隧道，尚未可知。而在鄂境者約五百餘里。湖北土薄商貧，近年財力已憂枯竭。現方議修粵漢鐵路，鄂省所應分任贖路造路之款已屬不貲，則接川之路，一時斷難並舉。鄂省官紳士民，又不甘聽川省越境興工，只可置爲緩圖，虛存此説。特是川省路工，斷不能從川境下手。屢接錫良電稱及川紳面稱，非從宜昌修起則川民疑懼，謂鄂境不修，則川路無用，必致認捐者中悔，招股者裹足。且川路運機、運料非由宜昌入手，則轉輸不便，川路亦將無可施工。所慮亦係實在情形。此議相持半年，適鄂、湘、粤三省官紳會議粤漢鐵路公共條款，議將湘省邊界自宜章以下至郴州屬境之永興縣止，讓歸粤省代修。一切權利暫歸粤省收管，以路成後二十五年爲限，准照粤省原用工本，由湘省備價贖回。已經會奏陳明在案。於是鄂中官紳以粤修湘路既有成例可援，擬即將宜昌以上鄂路暫歸川省代修，一切照湘粤前案辦理。臣與錫良及川紳一再電商，彼此允願，應即作爲定局。但川路若僅修至宜昌爲止，宜昌以下仍須改乘江輪以達漢口。查由宜至漢之輪船暢行已三十年，川省商務仍未大旺，若歷鐵路而又轉輪船，舍輪船而又遵鐵路，紆折太甚，勞費亦多。此謂爲避峽灘之險則有之，若謂興全蜀之物産地利則未也。今欲盡川路之功效，自必以斜接京漢大幹路爲正辦。然假使自宜昌以下，沿江修路以接漢口之幹路，則是江輪與鐵路平行，並馳争利，適足自擠自妨，更屬無此辦法。故統籌南北枝幹全局，必由宜昌北岸徑趨東北，接造至湖北應山縣境之廣水驛，與京漢幹路貫通一氣。近接遼瀋，遠達歐洲，方足竟全功而收大利。是鄂省境内應修之路，既爲川省全路之尾閭，即爲京漢、粤漢兩大幹路與川路之過脉。有鄂路則川路爲不竭之源，無鄂路則川路爲絶流之港。鄂即承接川路以通於幹路，則京漢、粤漢兩路如虎之傅翼，川路如魚之縱壑。鄂路横亘於中，但爲兩幹路作津梁耳。雖非從井救人，亦未免厚鄰薄己。惟是西南兩路大局所關，川路創修，臣實與議，不敢不竭力玉成，勉籌興築。

查鄂境之路，大略可分爲兩段。由宜昌至襄陽爲一段，由襄陽至廣水驛爲一段。臣現與錫良商妥，鄂省已向日本訪聘上等工程師，擬先將川楚全路，由楚而川直抵成都，通勘一次。四川亦自聘工程師，由川而楚直抵廣水，亦通勘一次。此工師專爲勘路，不與修路相涉。應如何審定路綫及興工之先後次第，兩省公商酌定。至於用人、估工、籌款、購地各節，川、楚各自籌辦。如有與川省關涉者，當隨時與川省官紳商辦。將來路成後，統計全工計本分利。其鄂境之路，兩端未將川路與京漢幹路接通以前，仍各自計算本利。惟路款全須自籌，則以一貧困孤立之鄂省，而兼任粤漢、川漢兩路之鉅工，措置實非易易。惟有督飭官紳從長計議，能籌一分之款，即修一分之路。但冀堅持而不改，不能急遽以圖功。將來俟粤漢幹路鄂境竣工之後，届時川漢路工方可併力專營，大舉興築。此時擬先從廣水至襄陽一段開辦勘定路綫，即行相機量力購地興工，酌量舉辦。藉以繫屬川省商民之盼望，鼓舞集股之來源。惟豫計宜萬路成二十五年以後，川省所得之利已多，届時必須准鄂省照約備價贖回，既以昭川省官紳之信義，亦以免鄂省士民之責言。惟有仰懇朝廷主持，飭下川、鄂兩省恪遵奏案辦理，全鄂幸甚。

（硃批）該部知道。（欽此）

宜昌沙市兩關應解傾鎔火耗銀兩如數委解片〔一〕 光緒三十二年二月　日

再，前准行在户部咨，新案賠款除攤派各數由各該省設法籌足，按年分期解繳江海關外，其應解部庫之邊防經費，既經本部奏明提出留作賠款應用，自毋庸解歸部庫，令即按期改解江海關彙交銀行收存。又清單内開，加增邊防經費項下海關傾鎔折耗無定數各等因，均經轉飭遵照辦理。兹據湖北荆宜道宜昌沙市兩關監督陳夔麟詳稱，宜昌、沙市兩關應解傾鎔火耗銀兩，前經截至第一百七十六結止，均已如數委解赴江海關交納在案。兹自光緒三十年八月二十二日第一百七十七結起，至三十一年九月初二日第一百八十結止，一年四結期滿，宜昌關共徵各項税銀，除存票抵税及提解外務部三成船鈔、總税務司七成船鈔銀兩外，實徵銀八十八萬五千二百七十五兩八錢六分八釐。又徵洋藥税釐銀一百三十二兩，按每百兩提銀六錢，共提傾鎔折耗銀五千三百十二兩四錢四分七釐。沙市關共徵各項税銀、除存票抵税外，實徵銀一萬六千六百四十六兩四錢七分三釐，按百兩提銀六錢，共提傾鎔折耗銀九十九兩八錢七分九釐。均經按結如數傾鎔足色，飭委補用知縣左珽、試用通判鄭發麒領解赴江海關交納等情，詳請奏咨前來。臣復核無異，除咨外務部、户部外，理合附片具陳，伏乞聖鑒。

該部知道。

江漢關三十一年增收税銀已解清片〔二〕

光緒三十二年二月　日

再，前准户部嘯電開，洋貨足抽五免税之貨完税歲增收數，原備償款撥用，各省所屬洋關，應由各該督撫迅飭查明，自十月開辦起截至十一月底止，約計增收税銀若干，按月照數提出，於十二月二十日以前匯滬。以後均照案先期提解，以便由滬道届期彙交等因。當經轉飭遵照辦理。兹據湖北漢黄德道江漢關監督繼昌詳稱，江漢關增收洋貨足抽五免税之貨完税銀兩，業經遵照按月撥解，聲明俟一年期滿截數詳請咨明外務部、户部查照。並將光緒二十七年十月初一日新章開辦之日起，至上年洋十二月止，應解前項銀兩截數解清，詳請彙案奏咨。以後仍按月撥解，聲明俟一年期滿截數詳報，並將本年洋正月起至洋十一月止增收税銀，隨時詳解各在案。兹查洋十二月分增收税銀三千四百八十五兩五錢四分。統計一年共增收税銀四萬四千二百五十四兩八錢二分九釐。除將本月增收銀兩如數飭委補用知縣張廷枚領解，限於十二月二十五日以前到滬赴江海關驗收彙交。所有江漢關本年增收税銀現已解清等情，詳請奏咨前來。臣覆核無異，除咨外務部、户部查照外，理合附片具陳，伏乞聖鑒。

該部知道。

謝京察議叙摺光緒三十二年三月初四日

竊臣於光緒三十二年三月初二日准吏部咨，光緒三十二年正月二十四日奉上諭：三載考績，爲國家激揚大典。湖廣總督張之洞，謀慮精詳，力任艱鉅，著交部議叙。等因。欽此。聞命之下，

〔一〕録自《京報》第八四三五號。
〔二〕録自《京報》第八四三六號。

感悚難名。

伏念臣折衝智寡，盤錯才疏。矢守瓶不假之愚誠，懲覆轍相尋之鉅患。桂海文軫，由勉强而及成功。筆路山林，敢貪天以爲己力。郊園葵藿，亦霑雲露於日邊。江渚鳧鷖，倖附羽儀於皇路。厠羣吹而愧濫，叨上考而知驚。臣惟有慎固邦交，輯安民志。屏桔槔而灌圃，殫畚插以移山。謀野多能，慙禆諶四國之學。任重道遠，勵曾參三省之功。以仰答高厚鴻慈於萬一。

請准俞明頤留湘辦理練兵摺〔一〕光緒三十二年三月初六日

竊臣鴻書奏留現署湖南按察使試用道張鶴齡、補用道俞明頤二員一片，於光緒三十二年二月十九日差弁賫回原片，奉硃批：仍著前赴奉天。欽此。欽遵在案。伏念奉天爲根本重地，當此日俄和議初定百端待理之時，在在需人，自應遵旨，飭該二員迅速前往。查張鶴齡現署湖南按察使，俟新授按察使莊賡良到任後，即飭令該員赴奉。惟俞明頤現充兵備處總辦兼常備新軍協統各差，以該員於兵學研究有素，各前湘撫臣及臣鴻書均藉爲臂助。竊思新軍創練，頭緒紛繁，兵備處有考核章制暨各營功過賞罰、調度策畫之責，非能嫻習戰術軍謀並熟悉湘省情形者，不足以資擘畫。湘省帶兵武員多係從前緑營練軍操法，而文員自道府以下間有曾在軍營出力人員，於近今軍事學問皆未講求閱歷。是以上年湘撫臣端方奏調湖北補用參將姚廣順並日本卒業生舉人舒清阿，來湘助理一切軍政。自該二員隨端方出洋，臣等詳加物色，而各省皆在改練之時，人才難得，莫不羅致無遺。異地既無可借之才，本省又乏統兵之將，俞明頤若再赴奉天，所有各差一時實難擇人接辦。合無仰懇天恩俯念知兵才難，將湖南補用道俞明頤一員仍賞准留湘辦理營務之處，出自逾格鴻慈。臣之洞與臣鴻書往返電商，所見相同，謹合詞恭摺具陳，伏乞皇太后、皇上聖鑒訓示。

著照所請。

查覆江西藩司周浩骫法釀案各情摺 光緒三十二年閏四月初四日

竊臣承准軍機大臣字寄，光緒三十二年三月初四日奉上諭：有人奏江西藩司周浩骫法徇情，釀成重案，請飭查辦一摺。著張之洞按照所參各節，認真確查，據實具奏，毋稍徇隱。原摺著鈔給閱看，將此諭令知之。欽此。當經派委署湖北臬司安襄鄖荆道梁鼎芬，及奏調差委道員程祖福、知府程道存等前往南昌，按照原奏各節，分別明查密訪，臣覆加詳核。惟原奏端緒紛繁，而以關涉教案爲最要。除將所參該藩司他事劣蹟另摺奏陳外，謹將該藩司骫法釀案各情，敬爲我皇太后、皇上臚陳之。

一、原奏謂南昌教案其原因皆起於藩司周浩。知府有崔湘者，周浩鄉姻也，柯逢時撫江西時，以釐局事參革。其實牽涉教案，該藩司欲爲謀開復，向法國教士王安之轉圜。王因言在港教案有二教民在南昌縣監禁，如將釋出，崔事當聽命。該藩司以囑南昌縣令江召棠。江召棠請給劄。周浩曰，汝第勿言，誰知者。强之

〔一〕録自臺北故宮文獻編輯委員會編《宮中檔光緒朝奏摺》第二二輯，第八八七頁，臺北故宮博物院，一九七三年版。

出二囚。適洋務局道員莊兆銘知之，以告臬司余肇康，怒責南昌縣令。該藩司顧爲緩頰。余肇康曰，令二囚還獄具牒得請而後可。江召棠大窘，向王安之索縱囚不得，因遣幹役捕入城，又逸其一，匿法國教堂中。復往索之，王安之大怒，因責拏辦新昌教案凶犯。蓋甲辰新昌教案，撫藩不允以兵力緝犯，知府曹樹藩奏劄不肯往，改遣江召棠以計誘造謀舉人熊姓者，誓以不死挾之還省。嗣兩年緝正凶無獲，法人屢責言，併請置熊於法。至是因縱囚復索事，日與王安之刺刺不休一節。查崔湘係安徽太平縣人，江西候補知府，與藩司周浩兒女姻親，聲名平常。光緒二十七年，前江西撫臣李興鋭以該員在署建昌府任内，謡傳教堂運藏軍火，率即督屬搜查，刁民藉勢焚搶，致釀焚燬教堂之案，奏參革職。並非因釐局事參革，亦非前署撫柯逢時所劾。崔湘被革後，日思復官。周浩以其私親爲之計畫。三十年八月，遂會同臬司派辦處，以法主教和安當屢照會院司請爲援案開復，詳請前署江撫夏旹奏准開復原官，仍歸原省補用。此周浩因法主教照會爲崔湘詳請復官之實情也。

先是光緒二十七年，南昌縣荏港地方有天主、福音兩教民人械鬬，傷斃福音教民六命，獲犯訊明奏准，分别永遠監禁及限年監禁議結。内有葛洪泰、鄧貴和二犯，皆天主教民，定以監禁十年。時江召棠尚未到任也。三十年，前署江撫夏旹面諭江召棠，以崔湘因教案被議，奏請開復。而法主教郎守信、教士方遂志因崔湘開復之故，欲將荏港案内監禁各犯除永禁五犯外，其有年限之犯均予保釋，始無異詞。江召棠因係上憲所命，不得已遂將葛、鄧二犯與監禁三年二犯，遵照江撫夏旹面諭辦法，於三十年十月同時以患病保釋。十二月報明署臬司糧道錫恩，未批。三十一年十二月，派辦處以案内監禁三年之二犯已届限滿，劄飭江召棠查明。江召棠因將上年已與監禁十年之葛、鄧二犯先期保釋，通詳請示。時派辦處道員莊兆銘以江召棠未奉院批釋犯，函告臬司余肇康。余肇康亦以監禁之犯不能禁釋自由，批飭勒令葛、鄧二犯還禁。江召棠遂將前江撫夏旹面諭，及藩司周浩、前臬司陳慶滋均經共聞情形，兩次單禀余肇康，均有司卷可證。江召棠原禀有云，恭逢三十年恩詔，葛、鄧二犯原議監禁十年，現在期限已及一半，可否仰求憲恩，將該犯等比照徒犯逢赦之案，免予到案，抑仍不准查辦，伏乞訓示等語。余肇康未批准。未幾，江召棠竟設法將鄧貴和傳到，而葛洪泰已遁入教堂。江召棠往索，王安之不特不交，且日促釋放鄧貴和，並要挾新昌教案懲凶恤款各事。緣新昌縣棠浦地方，於光緒三十年四月，有天主教士設堂掛扁，該處龔姓族人聚衆阻鬧。教民羅永興、賴克明二人不知下落，府縣勒令交屍交凶。龔姓結團抗拒，勢甚汹汹。前署江撫夏旹以府縣所請，飭委知府曹樹藩、統領廖名縉帶兵彈壓。龔姓始終負固。各官禀請進勦。新昌之民强悍者已預備拒捕，懦弱者已紛紛逃竄。江召棠時任南昌知縣，慨然請行，單騎前往曉導。五日内果將武舉龔耀廷、龔祥解省，並繳械具結息事。蓋江召棠前任上高縣，賢能有聲。新昌、上高鄰境，故新昌之民素知其名。能於五日内了一大案，保全民命無算，其才實不可及，其功亦不可泯。至是王安之因江召棠日索已釋之犯，遂屢以未能重懲龔耀廷等追拏正凶相責。原奏謂新昌案撫藩不允以兵力緝犯，知府曹樹藩奏劄不肯往，又龔姓誤作熊姓，皆係傳聞訛誤。

一、原奏謂江召棠内受長官之欺，外蒙教士之詬，已有忿極輕生之見。至正月二十九夜之教堂約會，其變故係在教堂司帳劉姓之室。江召棠故識劉姓。或云因受劉姓之詬，舉案上雪茄刀自刎，血流倒地，僅傷皮膚。王安之因持利翦刺喉者再，閉門踰垣，徑謁巡撫，告以實情。胡廷幹錯愕未能答。王安之隨電法領事，復返教堂。當王安之踰垣後，教堂司閽密告江召棠之僕，馳告新建縣令。於是署鹽道沈曾植、臬司余肇康先後馳至教堂。王安之持手槍當門曰，中國官皆以無賴騙人，某不願見。遂逡巡與江召棠回署，然猶能扶坐筆述三百餘字，蓋喉管未斷，尚可醫治一節。查王安之先於正月二十八日函請江召棠次日午後三句鐘便餐，商議要務，有函可證。江召棠如期往，祇帶家丁徐榮、茶房黃榮二名。既至，王安之延江召棠入，屏從人不許同進，故其受傷情形無人目擊。兹據江召棠受傷後書呈各官數紙。一云王神甫説要我死，案概了結，關閉空房，一刀一翦，聽我死，氣管已斷無救。一云王安之逼我放荏港案内人犯，棠浦案要賠銀十萬兩，懲辦龔姓三人，逼我立約簽字。我不答應。渠百般恫嚇，被用刀翦連戮咽喉三下。我死後，以此字呈上憲代伸冤。一云喉有三傷，先被逼在密室，有一快刀，拏破煙用後，逼著立刻放犯人鄧貴和。彼此争論，其勢欲用武。我即到劉先生房内議事，亦刁狡。受逼將棹上刀自刎，因怕痛不敢再割。眼見有人拏一翦刀戮喉兩下，並有兩人將我手等語。此紙缺數字。又現據江召棠家屬交出該故員手書各紙，一云一在花廳，二在酒席，三在密室，後到劉先生房。一云意是逼我自刎，我怕痛，不致死，他有三人，兩拉手腕，一在頸上割有兩下。又小字云，痛二次，方知加割兩次，欲我死無對證。一云生不驗，死受驗，心不舒也，快喊仵作來驗。一云仵作驗，即明白填傷單存案，並要劉先生眼見相驗爲是各等語。是所述在劉宗堯房内及受傷情形與原奏略有不同。訊據家丁徐榮、茶房黃榮等供稱，江召棠到教堂後，先在小花廳與王安之坐談，未久即到大飯廳。王安之將門關閉，不令從人隨入。初更時江召棠由内出，密屬徐榮，以棠浦案大翻，被王安之逼迫，不准走，速請新建縣來。王安之隨將江召棠追進，閉門如故。徐榮馳馬往請署新建縣趙峻未回。二更時，黃榮見王安之提燈同兩人出門。忽有啞子熊姓向黃榮以手作江召棠被殺狀。黃榮趕入，見江召棠倒卧劉宗堯房内椅上，胸前有血，房内有三人，不令入内。黃榮即回署報信。江召棠家屬至。而新建縣先已到堂。江召棠已不能言語，但執筆懸空手書被傷情節數紙交趙峻。趙峻向教堂索刀翦，無應之者。當經江撫胡廷幹派署鹽道沈曾植、署南昌府知府徐嘉禾同往看視，江召棠又書數紙。時王安之出門往見江撫已回，該道府等詢問情形，追索凶器，王安之諉爲不知，亦不允劉宗堯等出堂訊供。該道府等遂將江召棠手書携呈江撫。事後始傳有王安之出見時袖藏手槍之説。次日晨，臬司余肇康往看江召棠，遂告其家屬，將江召棠舁歸。飲食水漿皆從喉管傷處流出，法醫謂其流血過多，足以致死。大約江召棠之爲人，禀賦素强，志定氣壯，故尚能支延數日。通計江召棠受傷以後手書，由王安之轉交法主教郎守信者八紙，照作七紙手書，交新建縣及道府者共七紙。湖北委員到南昌後，向江召棠家屬索出手書十紙，向後任南昌縣索出手書一紙。以上情節，分别行查研訊，互相考證，與原奏亦略有不同。至江召棠之爲人，忠國愛民，出於至誠，事理精詳，臨危不擾。重傷慘痛之餘，其手書數百言，惟切切勸教士了案，保護百姓，保護教堂，語不及私。至其赴教堂，由於函約酒飯。其手書内屢云受逼，又兩手書力催生前相驗，並要劉宗堯眼同相驗，不過欲驗明其並非自戕。又一手書切請伸冤，豈有赴堂時豫擬輕生之理。原奏謂其受欺蒙詬，已有忿極輕生之見，實與情事不合。

一、原奏謂事後兩日，百花洲之會議人數以萬計，至焚燬教堂四所，斃教士九人，連及英國婦孺，其爲各大吏之不能先事預防，無俟於言。獨推原禍始，若非藩司周浩骫法縱囚，逼迫屬員，王安之何得如此凶狡，亦何至釀此奇變一節。查江召棠在教堂受重傷後，二月初二日傍晚，忽有人在百花洲演説此事，文明抵制，勸人不可暴動。江撫胡廷幹暨司道聞知，誠恐人多滋事，當即傳約在省紳士，於初三日清晨前往開導解散。是時人多口衆，往來無定，未能查其實在之數。及巳午之間，遥見老貢院天主堂火起，地方文武趕速彈壓不及。計燒燬城内老貢院法國天主堂一所，松柏巷法文學堂一所，羅家塘英國救主堂一所，又城外馬廠法國天主堂一所。傷斃法教士王安之一名，法教習許以約、孟芳林、梁志恒、金姓不知名、陸姓西名馬利予司五名。英教士金傳安夫婦二名，其一女孩受傷甚重，即往九江醫治，殤於中途。計男女老少共斃九名。要之，周浩爲私親崔湘復官，展轉蔓延，以致釀此奇變。即使縱囚可諉之夏旹面諭，然該藩司既經在坐與聞，推原禍始，固亦不能盡辭其咎矣。

臣查此案原奏周浩因私親而後詳請開復教案被參之崔湘，主教郎守信、教士方遂志因崔湘復官而後要索釋放在港案二犯。因已釋二犯，余肇康復責江召棠提回，而後王安之亦逼索棠浦案内之龔姓，必須辦重辟、賠巨款。江召棠因王安之函約酒飯而後至教堂，因王安之不准僕從跟入，於是江召棠之多傷慘死，無人目擊，以致釀成巨案。江召棠官聲素好，輿情愛戴。此次猝遭慘變，無論如何死法，總歸於不愛一身，爲民請命。故江西士民同聲悲痛，憤不可遏。新昌、上高兩縣人民來省痛哭弔祭者絡繹不絕，何止數萬人，足見輿情公道。至江召棠如何受傷致死情節，前奉三月二十一日電旨，著將江召棠在教堂因傷致死情節先行查明，迅即詳晰電奏。因教堂司事劉宗堯三名不肯交出覆訊，惟有據法、美、英三國洋醫驗傷清單，參考江召棠受傷以後各手書，秉公據實立論。大抵横直共三傷，横一傷較輕，直兩傷較重，三國洋醫所言大同小異。當經於四月初五日支電詳晰奏陳。奏内聲明請旨敕下外務部妥籌辦理，此摺似無庸贅陳，合併聲明。

再，查爲崔湘奏請開復，確係周浩上詳，但係藉主教和安當照請爲詞，非與王安之相商。至郎守信、方遂志因崔湘已開復，遂索釋在港二犯以相抵制，因欲保全崔湘，遂允保釋葛、鄧二犯各情。查核案卷，係由前署江撫夏旹面諭，是否出自夏旹之意，周浩僅止在坐聞之，抑或暗中由周浩主持，案據查無明文。周浩今日向人言，亦不承認，無從臆斷。惟周浩已查明他事，劣蹟纍纍，另摺詳陳，固不必專論此一案矣。

旨：留中。欽此

查覆周浩參款摺 光緒三十二年閏四月初四日

竊臣欽奉寄諭，查辦江西藩司周浩骫法徇情一案。諭令按照所參各節，認真確查，據實具奏，毋稍徇隱。查原參教案之外，劣蹟多端，皆係地方吏治財政之事，條款過繁，未便與教案串叙，以致眉目不清。兹謹將確查各節另繕一摺，敬爲我皇太后、皇上臚陳之。

一、原奏謂該藩司劣蹟多端，去年鐵良南下，風傳有到江西查庫之説。該藩司延候補者二十餘人入署，日夜趕造報銷，百計彌縫，逾月未竣，其侵盜庫帑可知一節。查光緒三十年八月間，該藩司曾委知府邵循名，知縣張善鐸、戴濟清，縣丞保升知縣錢之燧，道庫大使沈堉五員，清理庫款，並稽查各局所出入款項及領用經費數目，委札内有在署住宿昕夕趕辦等語。其時正值欽派大臣鐵良南下趕辦清款，尚屬因公，似不能遽指爲侵盜。又經飭據該藩庫大使舒年結稱，該藩司任内，收支款項亦無出入不符及虧短情事。

一、原奏謂各省鑄造銅元皆獲厚利，江西獨否。緣該藩司委一江蘇候補知州吴澐駐滬采辦機器、銅餅，每年分肥七萬金。所購東洋銅餅，各省皆四文錢一枚，獨江西報八文。吴澐本合肥李氏家丁，該藩司與聯姻戚，通同舞弊。陳慶滋署藩篆時，曾查知之，時周浩護理巡撫，無如何也。部議禁用銅餅，停鑄銅元，而吴澐方在購運，該藩司若爲不聞，以遂其浮開侵冒之計一節。查江西銅元廠於光緒二十九年三月開辦，定章鑄成銅元，隨時批解官銀錢號，易銀存儲備用。三十年六月，該藩司總辦廠務時，委知縣孫增與江蘇補用直隸州知州吴澐赴滬采辦機器、紫銅物件。八月孫增委署清江縣事，駐滬采辦遂由吴澐一手經理，先後共支用銀一百七十餘萬兩。所買銅餅，每石約八千枚，報價四十二兩至四十五兩不等，準現時錢價每枚約合錢八文。江西銅元開辦較遲，所用鍋爐機器較小，出數較少，又值銅價銀價漸次增長，情形亦自不同。惟調閲官銀錢號簿籍，自開辦起至今年三月二十四日止，統計所收銅元易銀，除支付廠用外，餘銀十二萬二千四百兩，又存銅元二十四萬九千四百餘串。廠中餘存銅、鉛物料約值三十餘萬兩，除去開辦時借用藩庫銀五十一萬兩外，所餘止十數萬兩，未免太少，不近情理。又查三十一年春間，該藩司飭購上海信義洋行機器，議價七萬餘兩，廠中各員皆謂圖式不善，該藩司不聽。後運到機器多件，均不一律，至今尚未裝用。且運費太鉅。該廠提調沈璘慶亦曾駁詰有案。原參所謂通同舞弊，或即指此。又查三十一年采辦銅餅秋冬兩季報銷册，均尚購運銅餅數千石，係早經與外洋訂購之件，不能退還。至吴澐一員，江西官場或言曾充合肥李氏家丁，或言係李氏管帳司事，並非家丁。是否與該藩司姻戚，傳説不一。惟該員以隔省人員當此銀錢要差，浮費既多，盈餘又少。於是人言嘖嘖，吴澐心不自安，去年有辭差之事，該藩司暱比已久，未曾批允。沈璘慶致吴澐函電，均有該藩司相信夙深之語，足見交情親密，正不必問其有無姻戚也。至陳慶滋署藩篆時，查知何事，今已無從查考。然吴澐經手鉅款，操守難信，衆口一詞。該藩司於辦理銅元一事，專任私人，無益公款，與吴澐分肥七萬金多説，雖無從查實，要之種種辦理不善，咎無可諉。

一、原奏謂該藩司本起霆軍一鈔胥，不諳文字，倚仗劣幕盤踞把持。如華枚生、周學勤，及浙江革員周鉞，曾經前撫驅逐查辦者，該藩司皆羅致幕中，爲之招攬，州縣新任者，諸人必勸薦幕友，或一人數館，皆以少年學徒代庖，非此則公事必遭駁斥。聞鐵良在萍鄉縣時，有人借南昌縣馬遞臚列劣幕事蹟甚詳一節。查該藩司以附生入營，在霆軍歷保知府，於同治十年到江，補南安府知府，升吉南贛甯道。光緒二十六年升直隸按察使。二十九年，由直隸布政使調江西布政使。前後在江西三十餘年。文理雖不能深，於尋常公牘尚能閲看。其幕友華滋即華枚生，浙江人，聞與該藩司親戚，最所倚信。前任南安府時，即在幕中，聲名極劣。升任臬司柯逢時，曾有驅逐該幕之事，華枚生即赴直隸，仍就該藩司館地。後又隨同來江，辦藩署新政奏銷等事，爲通省劣幕第一。其子華玉堂，現在廣信府幕中，並包外縣多館。父子同在一省，倚該藩司勢力，外間議論甚多。此外又有馮心畬，盤踞多年，聲名之劣，與華枚生相等。又有馮履卿，專辦升調文件。其子馮冕號錫之，在粵鹽口捐局辦文案，並兼南康、瑞金兩縣館，亦招物議。江西各州縣幕友，多由司幕勸薦。近來此風更甚。至前年欽派大臣鐵良在萍鄉時，有人借南昌縣馬遞臚列劣幕事蹟，飭據南昌縣檢查驛站號簿，未有此號。惟江西徧傳，係省城劣幕彼此攻訐所爲，似有其事。惟所列何事，無從查悉。周學勤查無其人，有候補知縣張學勤，該藩司同鄉舊好，當銅元廠差使，聲名素劣，所指當即此人。周鉞係降調河南南陽府知府，非浙江革員。上年該藩司護撫時，曾在署兩月即去，現已久不在江。

一、原奏謂江西州縣六十餘缺，該藩司紛紛調動若奕棋然，賄賂鑽營，惟其自擇優差亦如之，鄉人親故，偏於郡邑。胡廷幹初至，情形不熟，一切倚之，今則動爲所持。如張善鐸之補永新，張樹森之署樂平，曾森溎之署靖安，黃錫光之調新建，皆傳爲話柄。王肇賜以實缺同知辦河口釐局，短收期滿竟不撤差。王祖蔭前辦釐局，撤差記過，忽委統稅總局提調，皆駭聽聞一節。查江西州縣七十九缺，原奏六十餘缺，誤。該藩司在任兩年，先後委署代理共八十缺，未免太多。同鄉親故如林，得優差、優缺者不可勝計。張善鐸以縣丞到省咨補建昌縣丞，前充撫署巡捕多年，聲名極劣，曾代理新喻縣缺兩年之久，各省從來所未有，捐升遇缺先知縣補石城縣，丁憂起復回省，即在該藩司署内當差，光緒三十年七月由該藩司詳補永新縣知縣。張樹森係試用知縣，光緒二十五年到省，三十一年正月委署樂平縣缺，係在前署藩司陳慶滋任内，因何傳爲話柄，無從查悉。曾森溎係實缺吳城鎮同知，歷署建昌同知，樂安、玉山等縣知縣，三十一年該藩司詳委署理靖安縣知縣，官場議其以省章輪委之缺，而用酌委人員。查委署一事，部章原許外省體察情形，並無必須挨次委署之說。黃錫光係捐納試用知縣，歷署多缺，光緒二十九年十月委署新建縣事，係在前署藩司陳慶滋任内。三十年十一月經該藩司詳委署理臨川縣事，查其時署江西巡撫係夏旹。臨川係著名優缺，黃錫光委署臨川，衆論皆謂由賄買而來。惟其時江西省城風氣極壞，徑竇極多，是否該藩司中有情弊，抑或係他人撞騙，無從臆斷。王肇賜現係廣信府同知，三十年十一月該藩司委令兼辦廣信府邊界統稅分局，兼鉛山縣統稅分口。到差後十箇月二十五日，百貨米穀短收銀七千七十餘兩，茶稅短收銀一萬八百五十餘兩，業於三十一年十一月撤差。王祖蔭係候補知府，於三十年十一月該藩司委令辦理瑞洪兼康山統稅分局，三十一年六月患病，禀請回省就醫，改委接辦。雖無釐局撤差之案，然於十二月該藩司委充統稅總局提調，衆論譁然，則其辦釐不善可知。且近日於奉委要件，輒敢專擅輕率，實屬膽大妄爲。

一、原奏謂其尤甚者，道員繆德棻闒冗年耄，步履幾廢，曾經前撫勒令回籍，該藩司招致委充牙釐總局要差，復朦蔽胡撫，委署鹽道，併兼釐差。候補［知］縣胡欽，爲前撫劾罷者，該藩司委充釐局文案一節。查道員繆德棻，年近八旬，精神衰耄，步履艱難。光緒二十六年該道曾禀請回籍修墓，經前江撫李興鋭附片奏明，尚非勒令回籍。二十九年十二月，該藩司到任後不及一月，該道即禀請銷假，委辦牙釐統稅總局。旋經前署江撫夏旹調充課吏館副館長。該藩司護撫時，復飭回稅務總局。原奏謂爲該藩司招致委充要差，當即指此。三十一年四月，江撫胡廷幹飭委署理鹽道，仍兼統税總局。三十二年正月，札飭交卸鹽道，專辦税務總局。其委署鹽道，是否由該藩司朦蔽，無從查悉。至該藩司之招致繆德棻垂暮再出，堅欲委以釐税總局，不過利其昏耄無用，便於攬權營私。胡欽係福建舉人，前於都昌縣任内，經前江撫李興鋭奏參革職。三十年正月，該藩司因其情形熟悉，文理尚優，委充税務總局文案，此舉衆論謂其尚屬因公。

一、原奏謂江蘇候補知州徐履泰，特派充官銀號差，又派金朝正爲司事，句通取利，領銀申色一項，歲約分肥萬數千金。後經現辦官銀號道員吴慶燾查出，將徐、金兩人撤换。該藩司仍爲兩人另謀差委以慰之一節。查徐履泰，光緒二十七年報捐知州，指分江蘇試用。金朝正爲該藩司前在江西辦釐金之司事。該藩司委徐履泰管官銀號銀庫，旋調文案，派金朝正經理官銀錢號雜務兼各賑目。吴慶燾到官銀錢號，即將該員司撤换。其領銀申色一項，查江西匯兑各餉、新舊償款，每年司庫約放銀三百餘萬兩，道庫六十餘萬兩，或用方寶中錠，或用鹽封、釐封。遇放鹽封寶錠，即照本日行市，視各項色高於釐封若干，如數照補，每百兩自八九錢至六七錢不等。時徐履泰甫於三十年七月調辦文案，遂手書奉總辦諭，將申色餘銀移解藩庫等語，飭承辦稿。自是按月移解，計自三十年七月至三十一年十月，共解藩庫銀一萬八千七百七十餘兩。三十一年十二月，江撫胡廷幹飭查申色銀兩是否存號，抑係仍在司道各庫。經官銀錢號詳覆稱，三十年七月以前辦法未有公牘，無從核計。以後藩庫之款，均按月移解藩庫，道庫之款將匯費扣備抵算等情。奉批仍飭發還該號，作爲另款生息。行查官銀錢號道員吴慶燾據覆，糧道所存已於本年正月十九日移號收賑生息，藩司之一萬八千餘兩至今未據移還，通省皆知。原奏謂徐履泰等句通取利，歲約分肥萬數千金，當即指此。徐履泰聲名甚劣，現充江西淮鹽局黄江口緝私差，是否該藩司爲之代謀，無從查悉。金朝正現在不知何往。

一、原奏謂去年春間，道員陳際清戲擬一參摺，係陳該藩司十二款，邀人聯名，將寄京。其私人道員傅春官聞之，與糧道錫恩、道員沈銘照密商先發制人之計，禀請巡撫查辦。時胡廷幹方倚之，勒陳際清具結寢事，報紙大譁。該藩司告病，屢請修墓假，皆爲胡廷幹堅留，人人痛憤一節。查陳際清以府經歷辦釐金，得厚資捐道員，聲名甚劣。去年五月，外間先傳陳際清有擬參周浩摺稿，須同寅聯名，出銀五十兩之事。會陳際清將所擬摺稿遍質同人，並向傅春官言，不與名者必牽涉之。十三日武廟拈香，司道齊集，傅春官言於衆，謂有四月二十八日已專人進京之説，而陳際清力辯其無。該藩司與臬司錫恩皆言既無其事，可否具結。時糧道錫恩、候補道沈銘照皆聞摺稿有牽涉伊等之語，於是與傅春官同請江撫胡廷幹查辦，陳際清旋亦具結寢事。至其摺内擬參何事，及是否被勒具結，結存何處，陳際清現不在江，無從查詢。傅春官聞前與該藩司往來頗密，近日稍疏。陳際清之事係其首先舉發，原奏指爲私人，當即因此。至上年七月，該藩司曾兩次禀請開缺修墓，江撫胡廷幹以到任不久，情形尚未深悉，且其時臬司陳慶滋業已開缺，在省實缺司道祇糧道錫恩一人，兼署臬篆，藩司一缺未便遽易生手，均未批准。嗣臬司余肇康到任，該藩司即無禀請開缺之事。

以上周浩劣蹟各節，皆按照原奏，考之案卷，采之輿論，平情察理，分條查明，不敢有絲毫徇隱。臣伏查江西藩司周浩，貪污縱恣，把持省權，專任私人，貽誤大局，劣蹟如林，罄牘難書。其應如何嚴行懲處之處，伏候聖裁。該藩司操守不謹，囊橐豐盈，江西教案未結，需款甚多，擬請旨罰令該藩司繳銀十萬兩，以蘇民力。

補用知府崔湘，鑽營謬妄，生事害民，擬請即行革職，永不敘用。

江西永新縣知縣張善鐸，貪污卑賤，小人之尤，句串作弊，代通聲氣，擬請革職永不敘用。江蘇補用直隸州知州吴澐，貪詐惡劣，公款不清，物議沸騰。試用知縣黄錫光，營謀署缺，不知廉恥。指分江蘇知州徐履泰，鄙俗迎合，多招物議。江西候補知縣張學勤，歷充優差，損公肥私。江西試用道陳際清，險惡招摇，行同無賴。以上六員，均擬請即行革職。

江西補用道繆德棻，濫厠要差，衰耄無能，擬請飭撤差使，勒令回籍。江西候補知府王祖蔭，巧滑專擅，難資表率，擬請以州同降補。江西廣信府同知王肇暘，辦釐短絀，業經撤差。

知縣張樹森，同知曾森湛，查無不合，應免置議。

此外尚有該藩司暱比任用之員，爲原參所未及而物議沸騰、劣蹟昭著者。如江西知縣王祖彝，品行素來卑污，官場羞與爲伍，現復出入藩署，與前充文案張善鐸、現充文案朱士元爲至密之交，狼狽爲奸，敗壞風氣。江西丁憂知縣崔實瑛，諂附該藩司，行徑猥鄙，指摘交加。江西知縣朱士元，現充藩署文案，倚勢招摇，聲名極劣。江西試用巡檢董鴻，品行污下，衣冠敗類。以上四員，均擬請即行革職，以儆官邪。

又該藩司幕友華枚生，膽大妄爲，攬權怙勢，劣蹟纍纍，久爲官幕所切齒。擬請查明有無職銜，即行斥革，遞解回籍，交地方官嚴加管束，不准出外生事。又華枚生之子幕友華玉堂，又藩署幕友馮心畬、馮履卿，及馮履卿之子馮冕。以上共四人，擬請一併驅逐，速離江西，不准逗留。司事金朝正，係江西人，擬請飭地方官查明拿獲，交地方官嚴加管束。又該藩司家丁熊濱，又名熊渭卿，江西安義縣人，久充該藩司門丁，聲名惡劣。擬請飭令地方官查明拏獲，遞解回籍，監禁一年，限滿後仍嚴加管束，不准出外生事。

竊維近年來江西吏治之敗壞，實爲各省所無。上下營營擾擾，惟以賄賂鑽營爲事，公事聽其顛倒糢糊，不復深問。自大僚以至末吏，毫無戒懼之心，清明之氣。而幕友之權勢熏灼，亦足以妨害通省政事民生。羣小得意，方正不容，政治晦闇，百事廢弛，以致釀成巨案。蓋正氣既鬱，戾氣因而乘之，陰陽消長，殆非迂論。相應請旨敕下江西撫臣，將江西吏治、財政、兵事認真整頓，力挽頽風，并將幕友攬權植黨、勒薦需索諸弊，一體嚴行禁革，以肅政體而安民生。

（硃批）另有旨。（欽此）

鄂省水灾較重請援案開辦賑捐並七項常捐摺（一）

光緒三十二年閏四月 日

竊查湖北本省所産米糧向來不敷地方食用，全賴湖南豐收，隨時接濟。本年四月間，湖南長、衡、永三府同被水灾，沿河各鎮屯積米糧悉被水漂没。鄂頓失所挹注，已覺不支，猶冀本省年

（一）録自《京報》第八四八二號。

歲豐收，或無他慮。不意入夏以後，南水既未消落，川水又復盛漲。荊州所屬沿江之江陵、監利、枝江、松滋、石首、公安等縣，近水田地悉數被淹。五月中旬，襄水復漲，下游水勢既大，不能暢洩，愈積愈高。致將潛江之西灣、八百弓、棉條灣等處堤塍先後浸潰，並帶淹江陵、監利、沔陽各境。漢川之五德、白魚等境堤亦復先後衝決，刻下一片汪洋，田禾盡没，積水均深丈餘，秋收萬無可望。同時鍾祥縣之馬山，麻城縣之車義洲等八區，均各陡起蛟水，衝損居民房屋，並有淹斃人畜之事。施南府屬之宣恩縣高羅地方，亦遭山水大發，所過地方，田地悉爲沙積，墾復爲難。其餘被水州縣，飢民搶米，請發米粮平糶之呈亦絡繹不絶。□各該局州縣先後電禀前來，經臣委員確查各屬，嗷鴻徧野，流離可憫。當即量力籌辦賑撫平糶，暫顧目前。惟來日方長，接濟不□。此外濱臨江漢堤塍，亦均各報險工。現在水勢盛漲，亟需力籌搶護。一俟水勢稍定，均須迅速堵築，在在需費。近來鄂中財力本已極形竭蹶，本年湘省水灾先後撥濟賑銀及購運賑米，共已籌墊銀二十萬兩。復因武漢米價奇貴，又籌銀三萬兩，前赴河南購辦雜糧，陸續運鄂，以濟民食。各款皆係向商號借墊供用。目前如此情形，此後實難支持，焦急萬分。查光緒十五年、二十一年湖北被水，無款可籌，曾經前督撫臣暨臣先後奏准開辦賑捐。四川、山東、湖南等省水旱偏灾，亦經奏辦銜封及七項常捐在案。鄂、湘本年水灾情形，與二十一年苦況相同。值此工賑兼需，非開捐别無籌款之策。第各省捐局林立，捐事已成弩末，即翎枝虚銜、封典貢監等項，得數無多，難以捐集鉅款。惟有開辦七項常捐，或有多收之益。湖北布政使李岷琛等具詳請奏前來，臣覆加察核，舍此亦别無辦法。合無仰懇天恩俯念湖北本年水灾較重，准援案開辦虚銜、封典、翎枝、貢監並七項常捐，以一年爲率，一切仿照四川、山東、湖南等省章程辦理，限滿即行停止。出自高厚鴻慈，不勝惶悚待命之至。除督飭省内外各員先將賑撫事宜認真辦理外，所有請開賑捐並七項常捐緣由，理合恭摺具陳，伏乞皇太后、皇上聖鑒。

户部議奏。

已故在籍紳士捐助學堂鉅款請給奬摺[一] 光緒三十二年閏四月　日

竊據湖北布政使李岷琛詳稱，據署鍾祥縣知縣陳礽頣詳稱，該縣已故在籍紳士、前任福建布政使黄毓恩，由同治四年乙丑進士授職編修，歷升侍講，洊陟監司。嗣在福建布政使任内，以縱容家丁被叅革職，回籍後閉門思過，深自斂抑。每遇地方善舉，無不解囊倡率爲鄉里先，並屢囑其子善爲繼志。現在科舉已停，興學爲急，其長子候選翰林院待詔黄振祚，次子候選主事黄振宗，三子候選翰林院待詔黄振禋，均遵遺命，捐助本縣學堂經費銀八千兩，學堂書籍銀五百兩，均將契據及發典生息摺繳縣存案。又慨捐家族學堂銀三千六百兩，購田三百畝以作經費，亦在縣立案可據。又另捐同善堂、育嬰堂、平糶局等款銀二千兩，尚不在内。均由縣選派公正殷紳經管。總計先後共捐銀一萬二千餘兩，洵屬好義急公，助興學校。在該故員雖未敢冀邀奬叙，而闔邑紳士不忍聽其湮没，由在籍前貴州糧儲道黄元善等，邀同户鄰開具事實

[一] 録自《京報》第八四八四號。

清册公呈，該縣加具印結，詳請布政司轉詳請奏，懇賞還原職，以光泉壤而順輿情等情前來。臣查今日興學爲急，籌款綦難，全賴士紳捐助，藉以廣培人材並興教育。況各州縣紳董捐助學堂經費鉅款，歷經奏獎，無不仰邀俞允。今已故革職福建布政使黄毓恩遺囑其子，慨捐鉅款，以作本縣學堂常年經費，並添置書籍銀兩，皆有案據，總計捐款銀在一萬兩以上，例得專摺奏獎。該故紳前雖因事罣議，今慨捐鉅款，實足挽贖前愆，風勵末俗，自應據情上聞。合無仰懇天恩賞還原職，以光泉壤而勵義舉，出自逾格鴻施。除將册結咨送吏、學兩部外，理合恭摺具奏，伏乞皇太后、皇上聖鑒。

著照所請。該部知道。

湖北省光緒三十一年秋冬二季收支牙帖釐金數目摺[一]

光緒三十二年五月　日

恭照同治七年十月欽奉上諭：釐金報部章程，著照兩淮鹽釐格式，每年分兩次奏報。等因。欽此。歷經欽遵辦理在案。兹據湖北布政使李岷琛會同牙釐總局司道詳稱，光緒卅一年七月起至十二月底止，除洋藥釐金銀兩另案造報外，貨釐舊管項下實存市平荆沙銀三千一百五十二兩八錢八分，新徵項下實收牙厘市平荆沙銀二十一萬零四百二十兩零五分三釐四毫一絲八忽九微，又收牙釐錢一百一十九萬七千四百六十三串一十三文。開除項下實解湖北鹽道轉發長江水師三十一年秋冬二季分共庫平足色銀八萬七千兩，合市平荆沙銀九萬一千四百三十三兩五錢二分，實解湖北善後總局充餉銀七萬七千三百八十九兩三錢六分九釐一毫四絲五忽。又查前湖廣總督臣裕禄、湖北巡撫臣彭祖賢於光緒十一年六月奏定成案撥解三十一年秋冬二季分善後總局委員薪水雜用銀五千一百三兩六錢，巡防保甲員弁薪水經費銀一萬一千三百七兩，發審委員薪水經費銀一千六百念兩，武職操練經費獎賞銀二千八百二兩，救生紅船水手口糧經費銀二千八百八十兩。又提牙釐各局局用八分經費銀一萬六千八百三十三兩六錢四釐三毫七絲三忽四微，總共市平荆沙銀二十萬九千三百六十九兩九分三釐四毫一絲八忽九微。實解善後總局錢一百一十萬一千六百六十五串九百七十二文，給牙釐各局八分經費錢九萬五千七百九十七串四十一文。除解支錢款無存外，實市平荆沙銀四千二百三兩八錢四分，歸入三十二年上半年造册報銷等情，詳請奏咨前來。臣覆核無異，除將清册咨送户部户科外，所有光緒三十一年秋冬二季收支牙帖釐金銀錢各數目，理合恭摺具奏，伏乞皇太后、皇上聖鑒。

户部知道。

准補施鶴道桑寶委令署理漢黄德道片[二]

光緒三十二年五月　日

再，准補漢黄德道寶豐自欽奉硃批，旋准部咨後，本擬即飭赴新任。因釐金改辦統捐，現届一年期滿，正擬綜核各局收數，體察現在情形，酌定以後歲額比較，此事關繫重要，斷非生手所能辦理，故該道自請暫緩到任，以了此事而竟全功。兹該道寶豐

[一] 録自《京報》第八四九五號。
[二] 録自《京報》第八四九六號。

病故，自應委員署理漢黄德道篆務。查淮補施鶴道桑寶，去年即承辦漢口後湖隄工，現值霖雨盛漲之際，責成該道一手經理，督率各員搶險防護，此時尚在漢口，應即委令署理漢黄德道，以便兼顧隄工。其原署斯缺之荆宜道陳夔麟，應即飭回本任，以專責成。除分别檄飭遵照外，理合附片奏陳，伏乞聖鑒。

吏部知道。

川淮鹽斤光緒三十年抽收要政新加價數目摺〔一〕光緒三十二年五月　日

竊查鄂省前因奉派認還新舊賠款爲數甚鉅，兼以舉行要政，爲興學、遊歷、練兵、製械諸大端，需款繁多，經臣於光緒二十七年九月間奏准，川淮鹽斤行銷湖北境内者，每斤加抽錢四文，歸鄂省留用等因。飭據川、淮兩局均於光緒二十七年十月初一日開辦起至二十九年分止，所收銀錢數目，業經恭摺奏明在案。兹據湖北鹽法武昌道馮汝騤詳稱，宜昌川鹽局抽收要政新加價光緒三十年分共收錢二十七萬四千三百九十一串九百六十八文。督銷鹽局加抽要政新價係照歷届成案折合銀兩彙收，光緒三十年分共收銀二十六萬五千九百九十一兩六錢九分二釐八毫。四川省壬寅綱代收湖北鶴峰等州縣要政新加價銀二萬一千四百五十二兩六釐二毫五絲。均解交鹽道留供一切要政之需等情，詳請具奏前來。臣覆核無異，除咨部外，謹恭摺具陳，伏乞皇太后、皇上聖鑒。

户部知道。

川淮鹽斤光緒三十年分抽收練兵新餉銀錢數目摺光緒三十二年五月　日

竊查鄂省遵旨力籌練兵新餉，爲本省防營精練洋操經費暨荆州駐防挑練閒散旗兵新餉之需，援案推廣川淮鹽斤加價，每鹽一斤加收錢二文，以供餉需。奏奉諭旨允准。業經將光緒二十五年加抽之日起至二十九年十二月底止抽收銀錢數目，恭摺奏明在案。兹據湖北鹽法武昌道馮汝騤詳稱，宜昌川鹽局加抽練兵新餉，光緒三十年分共收錢一十三萬七千一百九十五串九百八十四文，督銷淮鹽局加抽練兵新餉，係照歷届成案折合銀兩彙收，光緒三十年分共收銀九萬六千九百七十六兩一錢三分八釐，四川省壬寅綱代收湖北鶴峰等八州縣練兵新餉銀一萬四千三百一兩三錢三分七釐五毫，均解交鹽道轉解善後局，分别撥充本省防營新軍經費暨荆州駐防挑練閒散旗兵新餉等情，詳請具奏前來。臣覆核無異，除咨部外，謹恭摺具陳，伏乞皇太后、皇上聖鑒。

該部知道。

湖北省南糧米折項下欠解東北邊防經費銀兩請另行改撥摺光緒三十二年五月　日

竊准户部咨，會奏嚴催各省關欠解本年及歷年東北邊防經費銀兩一摺，單開湖北糧米折項下，光緒二十八年分欠解銀二萬兩，二十九、三十、三十一等年各欠解銀四萬兩，務令趕緊掃數分批起解，以濟要需等因。當經轉飭遵照辦理。兹據湖北布政使李岷

〔一〕以下三件録自《京報》第八四九七號。

琛詳稱，查東北邊防經費一款，自光緒二十三年部撥湖北漕項銀四萬兩、南粮米折銀四萬兩，又於二十五年各加撥銀八千兩。二十七年以前均經分別如數解清。查漕項每年約徵銀二十七萬兩上下，除撥解新案賠款、英德洋款、倉場輕賫、江北提督養廉等項共銀二十二萬餘兩外，尚有餘存之款。是以原撥及加撥之數，節年如數批解，並無蒂欠。惟南粮一項，豐年約徵銀十六萬餘兩，除歲支滿營米折銀十四萬餘兩、緑營米折銀一萬二千五百餘兩，及遇閏加增銀一千六百兩外，所餘不過數千兩。遇有荒年緩徵，尚慮不敷支發。從前應解之銀，因南粮項下有歷年羨餘所積存銀十七萬餘兩挪動凑解，並非歲入常款。迨至二十七年即已不敷解數。當經前粮道譚啓宇迭次詳明，奏請改撥。旋於二十八年由部電催京師練兵需款甚急，行令將此款銀兩設法籌解。又經譚啓宇於無可設法之中，竭力籌解銀二萬兩，勉濟要需。至下欠銀兩，實屬無可設法凑解，並隨案聲明奏請改撥各在案。復於二十九年接准部覆，此項銀兩關繫邊防要需，無論如何爲難，務須設法騰挪如數解部等因。本擬遵照設凑，勉爲其難，無如現在庫儲竭蹶異常，他款各有專支，各款亦皆不敷支用，實屬無從騰挪。再四思維，惟有照案詳請奏咨改撥等情前來。臣查鄂省近年撥款日增，財力日竭，司道各庫款項均有專支，並無積存餘款。該司所陳各節，係屬實在情形。此項銀兩委實無從設法騰挪凑解，合無仰懇天恩俯准將湖北省南粮米折項下奉撥光緒三十一年及歷年欠解東北邊防經費銀兩，一併飭部另行改撥，俾免貽誤。除咨部查照外，理合恭摺具陳，伏乞皇太后、皇上聖鑒。

户部議奏。

謝賜畫扇紗匹摺光緒三十二年六月初四日

光緒三十二年六月初二日，差弁回鄂，賫到皇太后賞御筆菊花畫扇一柄，藍直經紗一匹，石青實地紗一匹，當即望闕叩頭謝恩祇領。伏念臣效官炎紀，遠隔清光。方披梅笛之風，適湛蓼蕭之露。舜陛孝徵之翠箑，珠等招凉。齊官方空之冰紗，帛逾澄水。秋花早秀，炳上聖丹青之化工。熏殿微凉，念下方蒼赤之苦熱。此蓋不泄不忘之聖度，豈惟誠懽誠忭之恩私。臣惟有隄蟻嚴防，澤鴻勤撫。百里無資於暑葢，昌齡自懔以冰壺。必表銘恭，如對天顏於咫尺。延齡錫羨，願宏壽寓於垓埏。以仰答高厚鴻慈於萬一。

湖北滿緑各營光緒三十一年分俸餉養廉數目摺[一] 光緒三十二年六月　日

竊准兵部咨，議准湖北、湖南兩省兵馬錢糧奏銷向應具題，今暫緩具題，開具簡明清單具奏等因。當經轉飭遵照辦理。兹據湖北布政使李岷琛詳稱，光緒三十一年分湖北省滿緑各營俸薪、餉乾、米豆、草折、喂馬口分並惠濟等銀，滿洲營實支銀三十萬四千七十七兩五錢七分九釐，緑營實支銀一十二萬九千六百五兩七錢一分九釐，滿洲營實支米一十四萬六千四百七十九石一斗一升三合八勺，緑營實支米二萬一千三百八十石一斗六升。又，光緒三十一年分湖北省二十三標鎮協營共支過官弁養廉銀三萬四千三兩八錢二分三釐。分別彙造報銷總册，詳稱奏咨前來。臣覆覈

[一] 録自《京報》第八五〇二號。

無異，除將各册分送部科查核外，謹繕具簡明清單，會同湖北提督臣夏毓秀恭摺具陳，伏乞皇太后、皇上聖鑒，敕部查核施行。

該部知道。單二件併發。

湖北派還光緒三十二年應還洋七月分新案賠款匯解江海關兑收摺〔一〕光緒三十二年六月　日

竊照湖北省光緒三十二年五月應還洋六月分賠款銀兩，業經匯解奏咨在案。茲據湖北布政使李岷琛會同善後局司道詳稱，查光緒三十二年六月應還洋七月分新案賠款，在所籌膏捐、銅幣盈餘等款内如數動支，湊足關平銀十萬兩，於五月二十日發交漢鎮通商銀行暨協成、大德通、百川通各商號領匯，限六月初一日交江海關道兑收轉付等情，詳請奏咨前來。臣覆核無異，除咨部外，理合恭摺具陳，伏乞皇太后、皇上聖鑒。

該部知道。

測勘粤漢川漢鐵路摺光緒三十二年七月初二日

竊查粤漢鐵路定議已久，必應及早開工，不可再緩。川漢鐵路前經臣與四川督臣錫良商明，自宜昌以上，路工暫歸川省承修，宜昌以下，接通京漢幹路則歸鄂省承修。業將兩省商定大綱辦法，專摺奏陳在案。竊維中國積習，患在急於圖利而緩於辦事，議論紛紜，游移不決，以致坐誤事機。若各存意見，疑惑推延，必致歧出之議論愈多，意外之覬覦又起。故此兩路，凡在臣轄境之内力所能爲者，必應決計速行，以順輿情而振大局。茲臣聘用日本專門鐵路高等工程師來鄂，測勘路綫所宜及豫籌施工次第。粤漢一路，前經美工師勘有草圖，亦須覆勘一次，略加酌訂。川漢一路，大致現擬由漢陽取道沔陽州屬之仙桃鎮以達沙市爲第一段，由沙市取道荆門州屬之當陽以達宜昌爲第二段，由當陽取道宜城以達襄陽爲第三段。因洋工師細加審酌，漢陽沙市一路，路平商多，成功較易，見利亦速，商情最便。如此則粤漢之路造至鄂省後，由武昌省城之北渡江至漢口，以接京漢一路。由武昌省城之南渡江至漢陽，以接川漢一路。川漢之路到漢陽，并可作橋過襄河，以與京漢一路接通，無須待至應山縣之廣水始合幹路矣。是粤路南來可雙承京漢、川漢兩路，京路北至亦可分注粤漢、川漢兩途，直達横通，無施不可。故與前議由襄陽以達廣水者略有變通。其覆勘粤漢一路，本擬選用英工程師金達，以期分任互勉。無如該工師現有要差在津，屢次推辭，勢難久待。現由臣派員偕同日本工師南北分投測勘路綫。

竊臣近日欽奉本年六月十四日寄諭：鐵路係國家要政，仍應官督商辦。等因。欽此。聖諭煌煌，詞嚴義正，不獨爲湘省鐵路之軌範，實爲我中國全國鐵路之準繩，自應欽遵辦理。凡地隸湘境、鄂境之粤漢路及地隸鄂境之川漢路，均應一律辦理，不容歧異。除湘路另行遵旨查明專案覆奏外，其鄂境大江南岸之粤漢路，大江北岸之川漢路，均以官督商辦之法行之。現已刊布招股章程，並酌量參用皖省路工彩票招股之法。無論入股者爲官爲紳，爲商爲民，或本省官紳商民，或外省官紳商民，均以商論，一律作爲

〔一〕録自《京報》第八五〇四號。

股東。即有公款，亦以股東論。事權之輕重，利息之厚薄，但視其股分多少之數，不問其人職業尊卑之等，至公至平，毫無偏私，自無流弊。惟總以華股爲斷，以符原案。其股票分三期交付，每交一期，立時起息，按期照付，派官錢局承辦經理，以期商民信服。月餘以來，體察情形，遠近商情，均屬踴躍。除將招股章程咨送商部，暨以後修路情形隨時奏報外，所有粵漢、川漢兩路分別覆勘、初勘將在鄂境發端之處同時舉辦情形，理合恭摺奏陳，伏乞聖鑒。

（硃批）商部知道。（欽此）

創設製麻局請暫免税釐並請敕各省仿辦摺 光緒三十二年七月初二日

竊惟富民以農業爲主，興農業以精工藝爲主。查枲麻之爲物，三代兩漢以前，布皆以麻爲之，天下人人皆用此爲衣服，經典具有明文。自南北朝木棉入中國，始盡用棉布爲衣，而麻之利遂減。特其質粗易生，故中國各省皆有之，南至吳楚閩廣之澤國，西至黔蜀之山鄉，北至燕趙之平陸，處處皆宜。雖種類略有區分，而大致皆視爲下品，良由製法粗疏，未盡其用。細者製爲夏布，粗者作爲麻袋、麻繩。惟行銷頗廣，而其用甚輕，故其值甚賤。查外國各種洋織錦緞，大半皆參用枲麻。至各種綢料，亦雜麻紗以成之。柔軟潔白與羅絹無異。其實中國宋、元以來古錦，以及乾隆以前美錦，亦皆攙麻爲之。總由農夫織婦鈍拙鹵莽，但以取供粗材，坐棄大利，實爲可惜。臣愚以爲紡紗、織布、纃絲三事，皆利農塞漏之大端。惟蠶桑不能各省皆宜。至上等長絨棉花能紡四五十號細紗者，中國只有兩三處，南通州第一，南潯次之，直隸深州又次之，湖北孝感又次之。故細布不能多織。若買洋紗以織布，則是代外國銷棉紗，豈非大愚笑柄。故到鄂以來，夙夜焦思憂憤，思爲製麻之策。考求多年，乃敢創議興辦。於其漚浸洗錬之法，抽纃染色之宜，考究詳明，乃籌撥外銷公款，配合機器，建造廠屋，漸次試辦。至光緒二十八年招商承租，仍由臣委監司大員督飭製造，先粗後精，循序講求，日有進境。本用西國工師，因工資昂而考究甚略，出貨甚緩，乃改用日本工師藝徒。近日該局所織出有中西時花各樣緞匹、芝麻實地各紗，並細紋斜紋各色麻布，柿色軍衣麻布，新式各花大小麻織臺布，及粗細各號麻紗等件。今日成效已彰，嗣後更求精進，當易爲力。茲據該職商鄧奇勳稟稱，織出貨料均係質地白細，染色鮮明，足可抵制外國進口麻貨。擬援照商部、外務部核准上海阜豐麪粉公司一案，所有機器製造麪粉各廠，一律准其暫免税釐之例，請將該局運銷麻貨奏請暫免完納税釐，以紓商力而廣銷路等情，由該局總辦候補道劉保林轉稟前來。

臣伏查該局所出麻製各貨，實爲民生服用大宗，既皆係用機器織成，洵足杜塞漏卮，與麪粉公司事同一律，自應准其暫行免納税釐，以冀各省聞風仿造，嘉惠農工。所有運單格式，由臣分咨各省督撫轉飭税關釐卡，以憑查照驗放。特是微臣志在惠民，非圖專利。既已成效昭著，即當力圖擴充，并請旨敕下各省酌仿湖北辦法，再行考究東西洋新式設立局廠，廣爲製造。在臣創始則稍難，在各省踵事則較易。所冀南北各省麻局林立，化粗爲精，化賤爲貴，利源日多，漏卮日少，其於農工生計裨益實非淺鮮。

（硃批）該部知道。（欽此）

兩湖新選新補各州縣擬令出洋遊歷摺 光緒三十二年七月十三日

竊惟世變日亟，交涉日繁，無論一州一縣，或商務，或教堂，或遊歷，必有與外人交涉之事，至於一切新政，尤多取資外邦。新選新補各員，仕版初登，歷練太少，於中外情事毫無見聞，即中外交際之末，亦往往卑亢兩失，多不得體。至新政應行興辦之事，尤茫然無從措手。非派令出洋遊歷，博覽周諮，不足以破迂謬腐敗之習，鼓勵精圖治之心。茲擬將兩湖新選新補各員，陸續調派，均令赴日本遊歷。凡屬有關政治、交涉之事，如學校、警察、監獄、道路、水利、財政、武備，及一切農、工、商、漁等實業，均令隨時隨地悉心考察，擇要記録，以備回省後就地方情形互相考鏡，見諸施行，以爲興利除弊力求振興之助。凡遊歷各員，均令自備資斧，以在東六箇月爲限。如有願赴西洋各國遊歷者，尤爲難得，自當一律准行。惟遊歷歐美者，程途較遠，以一年或九箇月爲限。其有自願久留外國，指定一門認真入學者，學成日自當照章考核，奏明獎勵。除年歲較老、曾任實缺、閱歷已深之員，斟酌免派，以示區別外，所有兩湖新選新補各員，擬派令出洋遊歷緣由，理合會同湖南巡撫臣龐鴻書恭摺具陳，伏祈聖鑒。

（硃批）政務處議奏。（欽此）

湖北省應解廣西邊餉銀兩如數按季籌撥匯解片[一] 光緒三十二年七月　日

再，湖北省每年應解廣西邊餉銀十三萬兩，業經將每年原撥廣西月餉十二萬兩又認加銀一萬兩，共銀十三萬兩，自光緒三十年春季起至本年春季止，如數按季籌撥匯解，附片奏明在案。現准廣西撫臣林紹年電開，夏季邊餉改解駐滬廣西官銀分號等因。茲據湖北布政使李岷琛、善後局司道會詳稱，勉籌本年四、五、六三個月廣西邊餉長沙平銀三萬兩，又認加銀二千五百兩，較準法馬，于六月十一日發交漢鎮百川通、協成兩銀號分領匯解赴滬廣西官銀分號兑收，以濟要需等情，詳請奏咨前來。除分咨外，理合附片具陳，伏乞聖鑒。

户部知道。

鄂省應還洋款本息將糧庫幫津兑費劃提湊備片[二] 光緒三十二年七月　日

再，鄂省每年應還俄法、英德兩款本息，前經户部議覆，准將糧庫幫津兑費劃提湊備等因。當經轉飭遵照在案。茲届本年五月分，籌解英德洋款之期，據湖北布政使李岷琛詳稱，在於漕糧兑費款内動支銀五千兩，又幫津款内動支銀五千兩，共湊庫平足色銀一萬兩，委員解赴善後局交收湊還洋款等情，詳請奏咨前來。除咨部外，理合附片具陳，伏乞聖鑒。

該部知道。

[一] 録自《京報》第八五一〇號。
[二] 以下兩件録自《京報》第八五一二號。

籌解本年第六批鹽釐京餉片 光緒三十二年七月 日

再，前准户部咨，豫撥光緒三十二年京餉一摺。清單内開，湖北鹽釐每年原撥銀十五萬兩，續撥銀五萬兩，據該省奏請將湖南應解撥補宜昌鹽釐銀九萬兩，自光緒二十九年起改解部庫，作爲湖北應解鹽釐京餉等因。當經奏准行知在案。現屆豫撥三十二年京餉，應遵奏案，將湖北鹽釐僅撥銀十一萬兩，行令分批趕解等因。業經籌解本年第一批至五批鹽釐京餉共銀九萬兩，附片奏報在案。兹據湖北布政使李岷琛、鹽法武昌道馮汝騤籌撥本年第六批鹽釐京餉六萬兩，飭委試用知縣曾紀清、試用知州李本和管解赴京交納，以清奉撥原數等情，詳請奏咨前來。臣覆核無異，除分咨外，理合附片具陳，伏乞聖鑒。

户部知道。

宜昌關第一百八十二結期滿收支各款税銀數目摺（一） 光緒三十二年七月 日

竊照前准户部咨，鈔奏内開：各海關洋税收支數目辦理未能畫一，應令遵照定章，按結開列清單奏報一次，仍扣足四結開單奏報一次，概不得以收支數目串入原摺，以致混雜不清，仍一面造具四柱清册暨支銷經費銀兩清册，分送户部暨總理各國事務衙門，以憑核銷等因。奉旨：依議。欽此。歷經遵辦在案。兹據署湖北荆宜道宜昌關監督孫廷林詳稱，宜昌關徵收税銀，前經截至光緒三十一年十二月初六日第一百八十一結止，詳請奏咨在案。兹自光緒三十一年十二月初七日起至三十二年三月初七日止第一百八十二結期滿，所徵各項税鈔銀二十三萬四千六百二十五兩六錢三分一釐，除照章開支並解外務部三成船鈔、總税務司七成船鈔、洋貨辦足值百抽五免税之貨完税增收税銀、光緒三十二年俄法六成、英德第一次本息加撥磅價、本結出使經費、各委員解費、沙市關借撥暨解光緒三十一年土藥溢徵銀兩，總共支銀二十五萬二千五十二兩九錢四分二毫六絲，將本結收數開支尚不敷銀一萬七千四百二十七兩三錢九厘二毫六絲，已在上結存銀十八萬一千一百三兩九錢三分七厘九毫四絲内提出彌補外，實存銀十六萬三千六百七十六兩六錢二分八厘六毫八絲。此項銀兩，歷照奏案，除解還俄法、英德本息外，歸入一年報銷案内掃數解清。本結並無洋藥進口，亦未徵收洋商自備華式之船鈔，毋庸造册報銷等情，詳請奏咨前來。臣覆核無異，除清單清册分咨外務部、户部户科外，理合會同署理南洋通商大臣兩江總督臣周馥恭摺具奏，並繕具四柱清單，恭呈御覽，伏乞皇太后、皇上聖鑒。

該部知道。單併發。

沙市關第一百八十二結期滿收支各款税銀數目摺 光緒三十二年七月 日

竊照前准户部咨，蘇州、杭州、沙市三口通商，經總理各國事務衙門咨准，核定於光緒二十二年八月二十五日，即各海關第一百四十五結之第一日，一體開關，應飭該關道將税務認真經理，設法稽徵，以裕餉需。並將徵收各項洋税銀兩遵照奏定章程，自

（一）以下兩件録自《京報》第八五一七號。

開關日起，按結開單奏報，並飭分晰造具細數清册，咨送總理衙門、户部户科以憑查核等因。當經遵照辦理。茲據署湖北荊宜道沙市關監督孫廷林詳稱，沙市關徵收各項税銀，前經截至光緒三十一年十二月初六日第一百八十一結止，詳請奏咨在案。茲自光緒三十一年十二月初七日起至三十二年三月初七日止第一百八十二結期滿，共徵各項税銀一千六百五十兩七錢二分，除票抵税銀十四兩五錢四分七厘，並支傾鎔折耗十九兩六錢三分四厘，關用經費銀五千七百八十一兩六錢，將本結收數開支尚不敷銀四千一百六十五兩六錢一厘，在上結留存暨續在宜昌關借撥共銀五千八百四十八兩一錢七分四釐一毫三絲内，如數提出動支彌補外，下餘銀一千六百八十三兩一錢一分三釐一毫三絲，存俟下結開報。再，本結並無洋藥進口，毋庸造册報銷等情，詳請具奏前來。臣覆核無異，除清單、清册分咨外務部、户部户科外，謹會同署理南洋通商大臣兩江總督周馥恭摺具陳，並繕具四柱清單，恭呈御覽，伏乞皇太后、皇上聖鑒。

該部知道。單併發。

七十生辰恭謝皇太后恩賞摺 光緒三十二年八月初五日

光緒三十二年八月初二日，差弁回鄂，齎到皇太后恩賞臣七十生辰御筆福綏南紀匾額一面，御筆宏總上流宣藎略，贊襄新治重耆英對聯一副，御筆長壽字一軸，福、壽字各一方，御筆畫牡丹直幅一軸，御筆畫梅花挂屏四幅，無量壽佛一尊，嵌玉如意一柄，蟒袍面一件，各色綢緞紗十二匹。臣當即跪迎到署，恭設香案，望闕叩頭謝恩祗領。

伏念臣爲政素拙，不學知衰。蹉跎而效小忠，彊勉以期行道。幸逭負乘之呵譴，猥蒙錫嘏之榮光。仰分東朝福壽之餘，策其南紀撫綏之效。鑒陶侃之忠順，俾鎮上流。期彦博之耆年，倡行新法。揮吹枯嘘生之神筆，儼簪司馬之花。寫鐵心石腸之奇葩，如賜廣平之節。金身穆若，恍瞻覺世之慈顔。玉柄温其，彌懔執盈之臣戒。焕考工之黼黻，金紫交輝。垂織女之機絲，雲霞異色。軍民觀歎，謂朝廷圖任舊人。草木知恩，覺枯朽皆含生氣。臣惟有斲輪勵老，伏櫪忘衰。講學而懸耄箴，論兵而摩霜鬢。魯杌氾老不釋敬，謹當無改厥初。宋蘇軾愚不適時，猶將勉策其後。以仰答高厚鴻慈於萬一。

七十生辰恭謝皇上恩賞摺 光緒三十二年八月初五日

光緒三十二年八月初二日，差弁回鄂，齎到恩賞臣七十生辰御筆望重耆賢匾額一面，御筆福、壽字各一方，無量壽佛一尊，嵌玉如意一柄，蟒袍面一件，各色紗十六匹。臣當即跪迎至署，恭設香案，望闕叩頭謝恩祗領。

伏念臣虚增馬齒，已過耆年。謬綰麟符，久妨賢路。心長才短，對新進而懷慙。任重望輕，誦榮褒而滋懼。福林壽宇，炯如二曜之懸光。寶相瓊枝，佑其百爲之如意。職有愧於皐謨之日贊，而絺繡遥頒。德不足當緇衣之好賢，而席宜疊賁。天高露湛，木集冰兢。臣惟有炳燭殫勤，據鞍勵志。松筠無改，不憂晚歲之彫。葵藿常傾，頓覺夕陽之好。鵷鷺滿路，豈資駑馬十駕之功。砥柱百川，敢效中流一壺之助。以仰答高厚鴻慈於萬一。

請將原參處分各員免議減議片[二] 光緒三十二年八月　日

再，光緒六年二月准户部咨，錢糧奏銷各依定限，令各該督撫，一面具奏，一面先將未完一分以上各員，開具簡明清單，專摺奏報，由部核定處分，先行覆奏。其有奏後續完者，准其奏請歸本案開復等因。臣于查辦光緒三十一年奏銷時，已將民賦錢粮、南糧驢脚銀米各項下未完一分以上各員，專摺奏報在案。兹據湖北布政使李岷琛詳稱，民賦錢粮項下，原報經徵未完二分七厘之前署崇陽縣事新選京山縣知縣龍燦章，已據完解清楚。原報未完二分一釐之現任崇陽縣知縣王梓，已據續完一分零，實只未完一分零。請將原參處分奏請免議、減議等情前來。臣覆核無異，除咨吏部、户部外，理合附片具陳，伏乞聖鑒，敕部核覆施行。

該部知道。

江漢關第一百八十二結期滿徵收華洋税鈔及解支各數目摺 光緒三十二年八月　日

竊前准户部咨，鈔奏内開：各海關洋税收支數目，按結開列清單奏報一次，仍扣足四結開單奏銷一次，一面造具四柱清册，暨支銷經費銀兩清册，分送户部暨總理各國事務衙門，以憑核銷等因。光緒十年二月念五日具奏。本日奉旨：依議。欽此。又准咨，第九十五結期滿清單，僅有收支數目，以致各結總數未能聯貫。嗣後應將舊管、新收、開除、實在，分爲四柱，逐款開列，以昭明晰等因。均經轉飭遵辦。兹據署湖北漢黄德道江漢關監督陳夔麟詳稱，江漢關徵收各項税鈔及解支各數目，前經截至光緒三十一年十二月初六日第一百八十一結止，詳請奏咨在案。兹自光緒三十一年十二月初七日起至三十二年三月初七日止第一百八十二結期滿，徵收各項税鈔，所有六成洋税，除支解外，計不敷銀一十萬零六千六百五十五兩五錢九分五釐零八絲四忽，應在于下結所徵六成洋税照數彌補。又，四成洋税除支解外，計存銀一十二萬六千九百二十九兩五錢三分八釐。又，招商局各項税鈔除撥解外，計存四成八釐銀五萬八千六百三十七兩一錢七分七釐，已如數歸併六成洋税内開報。又五成二釐局税計存銀一十九萬七千零四兩二錢六分九釐。又遵照新章徵收洋藥税釐銀兩，除開支外計存銀二萬零八百三十八兩三錢八分七釐容即撥解等情，詳請奏咨前來。臣覆核無異，除俟一年期滿，按結造具收支經費各册，另繕總單分别報銷外，所有第一百八十二結徵收洋商華商各項税鈔及解支各數目，理合會同署理通商大臣兩江總督臣周馥恭摺具奏，並繕具四柱清單，恭呈御覽，伏乞皇太后、皇上聖鑒。

該部知道。單併發。

本年警務經費已如數解清片 光緒三十二年八月　日

再，上年十二月准巡警部魚電，因京師開辦巡警，商令各省籌濟經費。查近年鄂省來源枯竭，部中提撥日多，諸事束手。惟

[二] 以下四件録自《京報》第八五一九號。

京師警務關繫緊要，不敢不勉籌接濟。當與司道等公同籌計，鄂省擬每年解銀三萬兩，於江漢關設法挪湊。當經於十二月二十五日電覆巡警部在案。並擬分作三批解京，亦經咨明户部、警部。所有江漢關奉撥前項銀兩，業經委解第一、二兩批銀二萬兩赴京交納，附片奏咨各在案。茲據署湖北漢黄德道江漢關監督陳夔麟詳稱，現於所徵六成洋税内動支庫平足色銀一萬兩，作爲本年第三批警務經費銀兩，飭委試用同知羅鑫、試用知縣陳樂泰領解赴京交納。所有認解本年警務經費銀三萬兩，業已如數解清等情，詳請奏咨前來。臣覆核無異，除給咨領解外，理合附片具奏，伏乞聖鑒。

該部知道。

請優卹已故准補漢黄德道寶豐片光緒三十二年八月　日

再，湖北釐金經前撫臣于蔭霖奏明，以光緒二十四年收數作爲比較，能增收至四十萬串，准擇尤酌保出力之員，以資鼓勵。欽奉俞允在案。茲查准補漢黄德道寶豐，於二十九年委辦湖北牙釐總局事務，清釐弊端，任勞任怨。上年，臣以厘局捐卡太多，商民日困，委員專務苛徵勒加，以圖取盈見好，乃力籌變通挽救之策，創議改辦百貨統捐，裁撤各州縣釐卡三十一處。其時官員多極力勸阻，面譏腹誹，以爲不合時宜。惟該道以臣議爲然，贊成其事。臣與該道籌計，試辦之初，必須疏節闊目，但使商力日紓，則餉源自旺，即每年短收厘金數十萬，亦必毅然行之。開辦以來，一切失職委員、無聊司事，騰謗造謡，謂商民更多不便，半年内已短收數十萬，徧刊各館報紙。該道不爲所摇。現届試辦一年期滿，核計通省收數比較上年，非但並無短少，且溢收不下十萬串，較諸二十四年增收在五十萬串以上，實非意料所及。良由該道廉潔自矢，綜核公明，局員服其無私，不敢稍有欺隱，乃能收此成效。以改章之初本擬短收數十萬者，今尚能增收十萬串之多，尤非尋常稽徵得力所可比擬。查光緒二十八年，湖北牙釐局道員趙濱彦，因厘款增收較鉅，經前湖北撫臣端方，以考核嚴明，始終弗懈，奏准賞給二品頂戴有案。該道寶豐創辦統捐，利國利民，較之趙濱彦尤爲勤勞卓著，惠及民生。正擬援案奏請獎勵間，該道寶豐遽以積勞病故。鄂省失此賢員，實堪痛惜。未便因該道已故没其前勞，合無仰懇天恩俯准將已故准補漢黄德道寶豐賞給二品頂戴，以爲將來辦事者勸。出自逾格鴻施，理合附片具陳，伏乞聖鑒。

寶豐著交部議卹。

查明唐步瀛參款摺光緒三十二年九月初一日

竊臣承准軍機大臣字寄，光緒三十二年四月十五日奉上諭：有人奏湖南衡州府知府唐步瀛，貪暴專横，民怨沸騰，請飭查一摺。著張之洞按照所參各節，確查具奏，毋稍徇隱。原摺鈔給閲看，將此諭令知之。欽此。臣當即欽遵，委令湖北試用道劉秉彝前赴湖南衡州及奏内所指各縣密加察訪，並調閲衡陽、益陽、瀏陽各縣及長沙府案卷，徵之輿論，務得實情。唐步瀛現署常德府知府，並令劉秉彝親赴常德面晤該府，察其是否衰聾、足疾、善忘，秉公詳細禀覆，毋稍迴護。茲據該道劉秉彝查明，逐條禀覆前來。並經臣於自湘來之員博加詢考，謹就查訪各節爲聖主詳陳之。

一、原奏該府唐步瀛前在衡陽縣任内，酷刑斃命，與武員鬧事釀成巨案一節。卷查光緒十一年，衡陽縣世職樊相偉，借該縣收養孤貧之補卹堂公款錢五百千文，恃勢不還。該堂首士劉少遠赴府具控，飭縣押追。樊相偉患病在管病故。樊相偉之兄樊鼎元以伊弟被劉少遠控令押斃，未便甘休，帶同母妻婦女親族人等直到屍廠鬨鬧，不令相驗。前升任衡州府知府翁曾桂近在同城，恐滋事端，知會駐衡水師營管帶候補副將曹廣澤，派勇到縣彈壓，始得如法相驗。衡州協營兵因樊相偉係在標世職，管押病故，均各忿忿不平，齊集協標公所商議，聚衆控告劉少遠治罪。適曹廣澤彈壓事畢，往拜衡州協，該營兵並地痞等以曹廣澤不應彈壓屍廠，於其出署時糾衆凶毆。千總谷廷瑞上前保護受傷，越日身死。經衡州府知府翁曾桂、署衡州協副將彭世昇先後稟由前升任撫臣卞寶第，遴委候補道但湘良，並照會永州鎮總兵廖長明，馳往會同查辦。旋將毆斃本營千總之蕭開貴等，分別照例嚴辦，曾經奏明有案。檢查卷宗，並無由該府釀成之案，亦無酷刑斃命之事。此外亦無武營鬧事巨案。

一、原奏該府在益陽喜怒任性激成民變一節。卷查光緒六年，舉人蔡增澍等捐辦學田，議定每收租穀一石，捐錢十文，通稟有案。又該縣錢糧，自咸豐八年奏定改章，紳士具結以後，年清年款。旋因仍有拖欠，又經紳士公議，如有延至次年不完者，分別議罰，充作地方公用。抗欠之户，一經被罰，不無怨言。光緒七年，有花户蕭儒珍與糧書口角，負氣回家。監生蕭寶川係蕭儒珍堂兄，遂藉端生釁，歛錢上控。批縣查其所控不實，由府核明立案不行。蕭寶川輒將辦理學田之蔡增澍扭至家中，勒令退還二十里内捐款。旋經前升任撫臣涂宗瀛訪聞，飭縣會營拏辦。蕭寶川因屢邀里總何新元列名同稟未允，疑其暗中稟官訪拏，遂於八年正月糾衆將何新元、陳楚材、何昭友三家房屋器具打毁。經營、縣勘明通稟，委員查辦，拏獲蕭寶川解省訊究，復敢迭次遣抱赴京呈控。由司訊結，將蕭寶川照光棍例減等發極邊充軍，經前署撫臣龐際雲題明有案。檢閲全案，並非該府激成，亦無民變之事。此外亦無别案。

一、原奏該府在瀏陽怨聲載道，上控紛紛一節。調取長沙府檔案，所存該府任内上控案件共得十三件。該府前在瀏陽縣任内七年，僅有上控十三起。詳細檢閲，均無牽及該府之事。訪聞瀏陽百姓，自該府去任後，至今思念不忘，並無怨聲。

一、原奏該府平日接待僚屬，全憑喜怒用事。署耒陽縣知縣胡揚祖，遇事稟承，且有電話時通消息。該府喜其媚己，明奬暗保，大加賞識。上年二月，胡揚祖卸事，城内鋪户相沿陋習，設席餞行。有革生伍炳靈因被案冤屈，擊碎餞席。胡揚祖拘拏該生，請示懲辦。該府命立斃站籠。紳民大憤，聚衆數千，圍阻胡揚祖不得出境，幾釀大案。經前升任撫臣端方將胡揚祖奏參革職，民憤始平，實則該府主持者也一節。查光緒三十一年三月二十四日，胡揚祖交卸耒陽之際，伍炳靈挾其詳革衣頂之嫌，將各紳所備餞行酒席打毁，被學堂紳士劉楚英並學生等扭獲送縣。胡揚祖立即將其站斃，以及釀成毆官巨案。伍炳靈之妻伍何氏赴省控告，批府提訊，因人證不齊，致未訊結。查閲伍何氏控詞，僅稱該府徇情，胡不到案，劉不提質，並無控及該府别情。該府曾以違例擅殺，稟請將胡揚祖先行奏參，聽候查辦。足見該府無喜其媚己之事。查衡州府署無通耒陽電話，衡州闔屬均未設立電話。耒陽距府城一百五十里，既無電話，伍炳靈到案，即刻站斃，胡揚祖從何請示。其非該府主持可知。

一、原奏該府在衡州苛刻小民，聚財斂怨。近來奉行新政，藉口誅求，除百貨釐金、煙酒稅照章捐輸外，另設牛捐、猪捐、船捐、煙燈捐、鹽厰捐、紙厰捐、日日捐、積穀抽息等捐，委任私人，假公肥私。光緒三十年十二月，該府開辦猪捐，勒令每肉百斤捐制錢一百文，逐鋪過秤，城中肉案罷市五日。該府無可如何，始改每猪一頭捐錢一百文。又衡州典鋪向以二分取息，該府勒令加息三分，以一分爲辦公之費。其罔恤民艱，任意苛派，大率類此一節。查牛捐一項，光緒三十一年十月清泉縣監生朱少泉等稟稱，黄竹墟自乾隆初年請示買賣耕牛，迄今無異。近有痞徒藉端索詐，與其飽入私囊，何如提充公用，懇請派員立局提款，歸入小學堂費用。旋由清泉縣知縣廖世英據情轉稟。經衡永郴桂道譚啓瑞批駁，以耕牛爲農人必需之物，未便加抽費用，有礙農民，應即嚴禁索詐，立案不行。至猪捐一款，光緒二十八年十月，衡陽、清泉兩縣因籌辦學堂經費不敷，仿照各省辦理猪捐之法，傳令各屠户到案，議以每猪一隻捐小洋三角，各屠户均已具結遵辦。係出情願，並無抑勒，亦無每百斤捐錢百文，及罷市改少之事。若煙燈捐及日日捐兩項，因辦理警察需費，經衡陽縣知縣劉人駿、清泉縣知縣王祖蔭倡捐開辦，其常年經費仿照從前抽辦團練之夜夜會章程，改爲日日捐，就居民上中下三等派捐。並煙酒均准加價出售，酌中抽收，上等鋪户每日捐錢十文，中等八文，下等六文，居民一文，貧民免捐，紳商從豐捐助。煙燈每日每盞捐錢十文，甜酒每斤加價四文，水酒一文。調查簿據，按斤抽收由警察局收捐應用。查辦理捐項之候補巡檢羅含章，係衡永郴桂道譚啓瑞所委，並非該府私人。船捐一項，光緒三十年正月衡永郴桂道譚啓瑞訪聞衡州府柴埠門外洪江船行，抽收往來船隻幫差經費，爲數甚鉅。因警察需費，劄飭將此項經費由耒河釐局代收，充作警察之用，稟明湖南撫臣立案。鹽厰稅一項，從前雖有此議，因委員往查，生意甚微，並未議辦。紙厰稅一項，光緒三十年八月間，衡陽縣渣江紙厰商人藉修廟演戲爲名，設立燒紙公名目，每燒紙一塊，抽錢六文。經衡永郴桂道譚啓瑞訪聞係屬糜費，劄飭衡、清兩縣查明，提作工藝厰經費，由譚啓瑞委員辦理。硝厰稅一項，光緒十年署衡陽縣知縣劉人駿、清泉縣知縣王祖蔭通禀，就衡、清兩縣工藝厰附設官硝局，督銷城市硝斤，每斤酌抽錢二十文，以濟局用，有餘即津貼工藝厰經費。嗣復改爲每户月捐錢二千文，由地方紳士妥辦呈繳。積穀抽息捐一項，亦係由衡、清兩縣出示開辦，每石頭穀應完息穀一斗三升，内抽提五升以爲辦理工藝厰經費之用。勒令典鋪加息三分，以一分爲辦公之費一項。訪查衡、清兩縣當鋪，向係二分五釐行息，並未議加，亦無抽息每月繳牌費十元，充作工藝厰公用。所稱抽息爲公費，當係因此爲公費之事。惟卷查光緒二十九年九月，有職員王韶棠、生員歐神俊等稟稱，衡城小押，重則九出十歸，輕則五分，請酌減爲四分。旋由衡、清兩縣具稟，議定同福、中和二家質當取息四分，傳訛。

一、原奏該府草菅人命，民怨沸騰。衡州當上年鬧教毀堂之時，奸民屯聚，不能不藉嚴刑以奪其囂悍之氣。今則刑者刑，死者死，逃者逃，匪類漸少。乃該府以嚴辦土匪爲得計，遇案株連。

奸民知其意旨，動以土匪相攻訐。地棍從而漁利，得賄則匪亦爲良，不得賄則良指爲匪。每遇飭勇訪拏，舉家無措，哀求團紳擔保，幸而辯白，家産化爲烏有。其有無力辯白含冤入地者，不可枚舉。民間有唐閻王、唐老虎之稱。今姑置死者於無論，但查衡陽、清泉兩縣監內永遠監禁之犯，限期十年、二十年監禁之犯，是否真正土匪，有無冤抑，則該府横暴可知矣一節。調查衡陽、清泉兩縣監册，現在監禁人犯由該府審斷，稟請監禁之土匪，僅有雷紹衡一名。係光緒二十七年五月隨同土匪陳雲卿來城探聽，被稽查城門委員拏獲送府，訊明先將陳雲卿正法，該犯監禁，候拏獲匪黨，提同訊辦。又有礦痞鍾悦堂一名，係私與亨達利立約開采龍王山，經署常甯縣知縣徐本麟拏獲，通稟批府提訊，供詞狡展，稟請監候拏鍾紫雲一併究辦。又有蠹役唐發一名，因舞弊、恐嚇鄉民、索詐，由該府提訊稟請監禁十年。其餘監禁人犯，均係衡、清兩縣定讞收監之犯。並非該府稟請監禁，亦無該府以嚴辦爲得計，遇案株連、含冤入地者不可枚舉之事。至唐閻王、唐老虎係書差所稱。因該府約束書差甚嚴，故以此稱之。

一、原奏該府充衡州錬廠提調，候補知縣鄧爲亮經理局務，該府並不認真辦事，與鄧爲亮朋比爲奸，侵冒浮開，耗本六萬餘兩之多，鄧爲亮因此撤差，該府安然無恙一節。卷查光緒二十九年十月，衡永郴桂道譚啓瑞稟請將錬廠事宜改歸官辦，經前任撫臣陸元鼎劄委該道譚啓瑞爲督辦，該府爲總辦，湖北試用知縣鄧爲亮爲全廠提調，旋委知縣田徵葵爲會辦。至三十年八月湖南礦務局司道詳稱，衡州蘇州灣地方，鄧爲亮開設錬廠，辦法以二噸有零之砂錬成一噸之鉛，發往鄂、滬出售。因提錬未净，每噸祇售銀五十兩，砂價每噸三十八兩，計值八九十兩之黑鉛砂，錬成僅值五十兩之鉛，已不合算。而委員司巡爐匠又近百人，薪工等費更難計算。該廠僅錬成鉛百餘噸，存焦炭數千石，而用款已至六萬兩之多。應飭鄧爲亮將該廠贏虧切實造報，回省銷差。旋經前撫臣陸元鼎劄委中書徐振清並紳士梅英杰接辦，改用西法提錬，仍以譚啓瑞爲督辦，唐步瀛爲總辦。唐步瀛旋有辭差之稟。稟內聲叙云，錬廠事務，不外用人、用錢、購煤，及講求提錬。前鄧爲亮承辦時，用人之事，省局主之。用錢之事，譚道主之。購煤錬礦之事，本廠委員主之。卑府名爲總辦，實不與聞等語。是用錢錬礦既非該府主持，即與該府無涉。且礦局已言明錬法不合，以致虧本，亦無耗去六萬餘兩之多。

一、原奏該府乘危攘利，不恤人言。前郴州直隸州盛綸調署衡山縣，前升任撫臣趙爾巽因案將盛綸參革，委該府兼理衡山縣事。衡山爲湖南第一優缺。該府慮兼理不久，不能收漕，具稟撫臣，將漕糧平餘按日分攤銀元一百枚，批准照辦。前任之黎墉於正月二十五日交卸，應攤銀元二千五百枚。黎墉與盛綸舊好，並不過問，該府獨爲之代索。盛綸言，稟定攤分章程，安有前辦之案必遵後定之章。該府忿怒，率行稟請撫臣監追。見利忘義，同僚莫不以老悖目之一節。卷查光緒二十九年正月二十六日，盛綸到衡山縣署任，九月二十三日因參革交卸，該府兼理九日，至十月初二日調補是缺之楊永芬到任。三十年正月，楊永芬册報盛綸交代清楚，並具印結在案。又據楊永芬稟稱，盛綸任內，短徵銀米由其代徵清楚，應攤還盛綸平餘一千三百九十一元七角九釐，遵照新章解府核收給領。是盛綸尚有餘款，並無虧欠，似無稟請監追之理。且查衡山錢漕平餘，係隨徵收之多寡爲平餘之多寡，並非每日分攤平餘，亦無攤還黎墉二十五日並該府兼理九日平餘之事。

一、原奏該府傲上陵下，習爲固然。前候補道趙從炳委署衡永郴桂道，該府意存藐視，横加譏誚，並不衙參。嗣譚啓瑞到任，復以老吏自居，遇事不肯和衷。前廣西邊防喫緊，奉文舉辦團練，譚啓瑞會紳籌款，該府獨持異議，幸邊防稍鬆，得以安靖，不然幾誤大事一節。訪聞趙從炳署衡永郴桂道時僅二三月，適值該府患病請假不能衙參，並未聞意存藐視，横加譏誚。該府與譚啓瑞之父同年至交，譚啓瑞初履任時，甚屬和睦，後頗有隙。或謂係因幕友屬員互相傳語不實所致。又該府性情剛直，凡事以理直争，毫無遷就。所謂遇事不肯和衷者，或即因此。當廣西邊防喫緊，奉文舉辦團練，譚啓瑞擬提三學公費及粥廠存典生息錢文爲經費。該府謂當由地方另籌費用，不宜遽提公款，粥廠存典生息錢文，有關民命，非至萬不得已之時不能提用。所謂獨持異議者，殆即謂此。

一、原奏候補知縣胡元佐在衡當差，於光緒三十年十一月湖南藩司劄委署理清泉縣事，該府爲優恤前令起見，飭胡元佐本年不准接印。迨藩司詰責，該府即詭以時值度歲，體恤胡元佐爲辭。胡元佐刑幕係道署刑幕所薦，該府以薦不由己，遇事挑剔。論者謂胡元佐不善逢迎，餽遺不厚，故至此也一節。卷查光緒二十九年十二月初九日，湖南藩司張紹華劄委胡元佐署理清泉縣事，該府於是月二十日行知。衡州距省約四五日路程，驛站遞送公文，約是月十三四方到。該府於二十日行知，似未甚遲。其時已至封印。胡元佐於三十年正月二十六日始行接印。是否有優恤前任，令胡元佐年内不准接印之事，抑係時值度歲，體恤胡元佐之意，現胡元佐已赴通道縣本任，無從面詢。訪聞胡元佐刑幕係道幕之姪，因聲名狼籍，公事玩延，曾經該府禀請驅逐，並有訾議道署刑幕之言，非因薦不由己，遇事挑剔。

一、原奏該府年過七十，老邁龍鍾，足有舊疾，時發時愈。公事求見，辭以足疾。祭祀行禮，委員代攝。兩耳重聽，公事善忘。審理案件以意見爲喜怒，商量公事以執拗爲才能。恃老蠻横一節。查該府年雖七旬，氣體甚壯。足有舊疾，偶發旋愈，並於步履無礙。耳雖微近重聽，與之談論，聲音稍亮，即無不聞。湖南官場，耳力如該府者不乏其人，並於公事無誤。屬員隨到隨見，祭祀行禮並不委代。本年春祭，其時本道譚啓瑞因公在省，衡州各廟均係該府主祭，拜跪肅然，衆所共睹。詢諸僚屬，僉稱公事甚屬認真，並不遺忘。判斷素有嚴明之稱，凡事亦非不可商量，惟必問理之是非，不能稍徇私情。紳士、同僚之賢者，莫不交頌。惟劣員書差，頗有怨言。

以上各節，均經臣委員考查確實，並無絲毫隱飾。所有緊要案卷，俱經鈔録帶回鄂省查核，復經博訪湘省來員，展轉印證，大率相同。伏查該府唐步瀛，於同治八年以知縣到湘，迄今近四十年。核其從前歷任各縣，卓著政聲，疊經歷任湖南撫臣明保密保，實爲湘省不可多得之員。臣於光緒十五年冬到湖廣任，即知湖南有廉幹勤能之知縣唐步瀛，至今輿論僉同，稱道無改。現雖年逾七旬，實非衰庸可比。特以性情過剛，語言過直，自負老吏諳練，於上官不肯唯阿，於同列不肯遷就，致遭忌詆。今查其被參各節，均無實據，而舊縣紳民則皆稱頌不置，可見公道自在人心。國家澄叙官方，總以保全骨鯁之士爲要義，斷不能以俗人悠悠之謗言，没其平日卓卓之實績。臣有察吏安民之責，不敢不秉公據實上陳。謹將遵旨查明知府被參各緣由，恭摺覆陳。

再，臣於四月間欽奉寄諭，即委道員劉秉彝前往衡州確查，旋因湖南水灾，衡永一帶來電，缺米尤甚。湖北籌撥巨款購米多船往賑，遂飭該道留任駐衡州一帶辦理賑糶事宜。事竣後始馳赴常德，面晤該府唐步瀛，詳加察看。又適奉有查勘常德商埠之旨，因併飭劉秉彝就近在常會同他員察勘，事竣後甫經回鄂，是以覆奏稍遲，合併陳明。

（硃批）知道了。（欽此）

試鑄一文銅幣摺 光緒三十二年九月初一日

竊查湖北省初鑄當十銅幣，原與制錢相輔而行。每制錢一千易銅幣一百枚，兩無軒輊。自各省銅元增鑄日多，貶價求售，遂致制錢之價與銅元之價離而爲二，顯判低昂。在湖北武漢等處，銅元價與錢價相差尚不甚遠，而他省及鄂省外州縣偏僻處所，則銅幣一千值銀六錢數分，制錢一千則值銀至七八錢不等，於是銅幣與制錢不能合一，而銅幣所謂當十者僅有虛名。誠恐寖久失其本意，致類京師行用之當十錢，民間僅抵制錢兩文，則公家暗中之虧耗將以億兆計。銅元制錢之價，一異不能再同，一離不能再合，從此圜法無從補救，而其弊害更不可勝言。欲救斯弊，惟有及早趕鑄一文銅幣與制錢並行。以當十之銅幣爲母，而以一文之銅幣爲子，使所謂當十者實有十錢之可易，其買賣諸貨百物，民間皆以十錢視之，而後銅幣當十之本位確實可指，不致徒懸空名。其價值之貴賤一定不移，不致遷流無準。有此定位，庶户部所擬每銀幣一兩定爲錢價一千四百文之説，商民可以遵行。惟此項一文銅幣模式，必與當十銅幣模式相等，乃能以子輔母，一氣相承。臣反覆籌思，因於去年冬間未曾領到户部造幣廠祖模以前，即已飭湖北銅幣局試鑄一文銅元行銷市面。計每一枚重三分二釐，每百分内用紫銅九十五分，鉛五分，形式花紋字樣悉與當十銅元一律。數月以來，體察情形，商民極爲稱便。惟此項一文銅幣，計銅質工火每造一千枚需成本銀九錢。現在銀價每一千枚約虧耗銀二錢三分。假如鄂省歲鑄十萬串，約計應虧耗銀二萬三千兩。至多歲鑄三十萬串，約計應虧銀六萬九千兩以内。然所虧者止有此數，而所保全者新舊銅幣之價值，不止十倍於此。正擬具奏間，適接財政處會同户部咨，議覆署兩廣督臣岑春煊奏陳粤省鑄造一文銅錢，各省均可仿辦，由部頒發祖模，分識省分等因。竊查粤省新鑄一文錢，係黄銅質，其内孔文字仍是制錢舊式，特體小質輕耳。此仍與制錢爲一類，不足爲當十銅幣之子錢。蓋既與舊日各省所鑄同爲有孔之錢，乃新錢銅不純而重不等，斷難與世俗所謂青銅制錢一體計值，一律行用。且幣制不一，形式歧出，即不能與銅幣子母相權，以便民用。粤省情形則不敢知，若他省則斷然無益。事關國幣之通塞盈絀，必應慎思早計。臣苟有所見，不敢不以上陳。兹謹將湖北試鑄一文銅元錢樣十文，恭呈御覽。擬請敕下財政處、户部詳籌妥議，與粤鑄一文錢詳加比較，酌定程式，再鑄祖模頒行各省，以審所從，較爲穩便。

（硃批）財政處、户部議奏。（欽此）

謝賜綢緞摺 光緒三十二年九月初四日

光緒三十二年九月初三日，摺弁回鄂，賫到中秋節皇太后恩賞江綢大緞共四匹。當即恭設香案，望闕叩頭謝恩祇領。

伏念臣遥瞻紫極，又屆金飈。睹中澤之鴻嗷，愧在梁之鵜翼。楚江風嫋，知荷衣芰製之凉。蓬島秋澄，睹霞綺雲羅之采。變江潭之摇落，柳緑漢南。仰宫闕之高寒，桂香雲外。章身荷寵，刻臆難酬。臣惟有體訪民依，勤宣上德。固隄防而疏水潦，實倉廪而謀蓋藏。促同巷之杼機，增窮檐之襦袴。青衿造士，占賁帛以覩人文。組甲蒐軍，賦同袍而敵王愾。以仰答高厚鴻慈於萬一。

降選降調人員才具可用請開復摺〔一〕光緒三十二年九月　日

竊維察吏固貴嚴明，而人才必宜愛惜。近年國家舉行新政，汲汲求才，但有一長可取，每邀録用節取之恩。方今世變日新，一切要政均非墨守舊式所能措手，故中文既優而又能通達時務之才，在今日兼備尤難，相須尤亟。兹查有翰林保送分發湖北補用知府連捷，於光緒二十六年經前湖北撫臣于蔭霖以辯給矜躁，難資表率，奏參以同知降選。又翰林保送分發湖北補用知府廖正華，在前署德安府任内，於光緒二十八年經前湖北撫臣端方會同臣以關防不謹，嘖有煩言，奏參以同知降補。該二員自被參後，深知愧奮，均經自備資斧，先後稟請出洋游歷，前往日本考察政治，於一切教育、行政、警察、監獄、工廠、商務，殫心諮訪，篤志講求，頗有心得。連捷一員回國後，復經臣派在洋務局歷練有年。廖正華一員於回國後，復經臣派赴日本管理湖北鐵路學堂學生，跋涉重洋，不辭勞瘁。查連捷被參係因辯給矜躁，今則老成歛抑，更事益深。廖正華被參係因關防不謹，當時委查既無實跡，頻年困守，絶意干求。詳加察看，該兩員被參本無大過，兹於各項新政考求有得，均屬有用之才。值兹需材孔亟之秋，未忍聽其閒廢。且查光緒二十九年奉天雙城廳通判柳大年，先經長順奏參革職，嗣因隨辦交涉，查其人可惜，奏請開復原官，並免繳捐復銀兩。又，三十一年正月，新疆烏什廳同知袁運鴻，先經陶模以性情偏執，用人欠慎，奏參改教。嗣經潘效蘇奏留，以該員才猷卓越，器識宏深，奏請開復原官，免其送部引見。均先後奉旨允准有案。今連捷、廖正華係降選、降調之員，處分本較柳大年、袁運鴻兩員爲輕，其奮勉可用情形均屬相同，合無仰懇天恩俯准降選同知連捷，降補同知廖正華均開復原官，留於湖北，仍歸原班補用，以資策勵。並請免交捐復銀兩，並免其送部引見。出自逾格鴻慈。臣爲新政需材起見，謹恭摺具陳，伏乞皇太后、皇上聖鑒。

著照所請。吏部知道。

查覆關道參款暨勘定商場情形摺 光緒三十二年十月二十二日

竊臣於七月十九日承准軍機大臣字寄，光緒三十二年七月初四日奉上諭：有人奏關道擅改定章，用心叵測各摺片。據稱前湖南岳常澧道韓慶雲，辦理常關，有准挂洋旗、並仿上海會審章程兩條，恐貽後患。並不顧城隄，以善卷村爲商埠，且有在三官殿一帶開埠之示，請飭查辦等語。自開商埠自應妥定章程，不得稍有流弊。兹據所陳各節，該道辦理殊屬荒謬。著張之洞、龐鴻書切實查明，妥籌辦理，據實具奏。並著外務部知道。原摺片均著

〔一〕録自《京報》第八五四三號。

鈔給閲看。欽此。欽遵寄信前來。當臣咨商湖南撫臣龐鴻書，會委湖北試用道劉秉彝、湖北候補知府余嵩慶、湖南候補知府賴承裕馳赴常德，按照原奏各摺片詳細查明，據實禀覆。適撫臣龐鴻書調任貴州，交卸在邇，不及覆核，移交新任撫臣岑春蓂核辦。岑春蓂九月過常德時，經臣迭次電商，囑其就近履勘。嗣接岑春蓂覆電，所擬用作商埠地方，與臣所查及紳民意見均屬相同，囑即照此定議。是該道韓慶雲之乖謬妄爲，灼然無疑。謹將查明原參各節，敬爲皇太后、皇上陳之。

一、原奏稱調補徐州道韓慶雲禀陳常德關辦法，有准挂洋旗、並仿上海會審章程兩條，均非岳關所有一節。查民船挂洋旗一事，始自重慶關。其時因川江不能行輪，洋人因創爲民船挂洋旗，與輪船一律辦理之法。議者曲徇其請，最爲謬誤，至今爲長江内河之一大患。岳州開關章程，防弊頗爲周密。韓慶雲經管岳關有年，一切章程非不諳悉。乃於接辦常關之始，忽欲另闢新章，不仿岳州而仿重慶。查岳州、常德均係自開商埠，並非有所迫脅，何乃自生荆棘。既創爲挂洋旗之議，又創設會審章程，揆其用心，不知欲取脅何人，其糊塗怪妄，實出情理之外。至會審章程一條，據韓慶雲稱，係前湖南撫臣批發章程所添入。查前撫臣批發章程係三十二年四月，而該道三十一年二月於禀報商埠事宜，即有華洋交涉訟事，照通商各口設立會審公堂辦理一條。三十二年正月禀呈大綱章程，亦有照上海會（訊）［審］章程[一]設立公所等語。是該道之注重會審，蓄念已久，不得以前撫臣在後添入爲解。況上海會（訊）［審］章程，主權幾已全失，歷年交涉棘手，該道豈獨不知。乃肆意妄言，遺後日種種禍患，實不解其何心。臣兼轄兩湖，凡開埠通商事宜，臣豈敢置之不問。曩年開設岳關，苦心經營，幸無流弊。乃此次常德開埠，該關道於事前並不禀商，事後始略聞大概，鑄錯將成，幾致無從補救。此韓慶雲昏謬專擅之實在情形也。

一、原奏稱韓慶雲不顧城隄，全神注定善卷村無主官荒以爲商埠，奸民乘勢盜地居奇一節。查韓慶雲自光緒三十一年二月勘定善卷村爲商埠，飭縣查明該處全係官荒，並無業主，禀覆有案。八月間，即有開設陳景泰洋紗棧之桂陽縣典史陳兆蕃，句引甯波人王松年來常賤價購買。團總王佩三招集附近無賴，冒充地主，出立契據。王松年與武陵縣知縣陳廷緒同鄉故舊，陳廷緒徇庇王松年，佯爲不知，任其私相授受，縱令王松年挾契遠颺。據善卷村人言，合計賣主所得地價僅一萬六七千串，王松年乃揚言買價數十萬，明係囤積居奇，俟轉買有人，索取重價。若使善卷村全經甬、滬巨商買定，圖其近於郡城，必從速經營建造，亦必修⿰石剝岸，填地基。數年之間，即致市廛布滿，其壅水害城，與開爲口岸有何區別。陳廷緒事前既不舉發，事後又不追契退價，謂爲有意瞻徇，陳廷緒實不能辭其咎。准補桂陽縣典史陳兆蕃，在常德經商已閲三代，身登仕版，乃敢句串奸民盜賣官地，洎委員查辦，陳兆蕃並不據實呈明，任意狡賴，尤爲貪猾。

一、原奏稱撫臣龐鴻書原定皇經閣以下，曾明白宣示。四月二十二日，韓慶雲忽有在三官殿仁智橋開埠之示。三官殿一帶開埠之種種妨害，撫臣亦有所聞，加派知縣洪濚會勘。洪濚不敢盡言，揑稱紳士尚無異詞一節。查韓慶雲初至常德勘地，因善卷村

[一] 會訊章程，似應為會審章程。

係河灘荒地，只圖省費，不顧水勢衝激妨害府城，該府紳民分投湘、鄂兩省控訴。經臣嚴批駁阻，痛陳利害，飭令改勘北岸地段。前撫臣亦經批飭另勘，並指定皇經閣以下另擇一處。該道因紳民上控，憤憤不平，於臣等批牘所指示各節，悍然不顧，徑自在皇經閣以上三官殿仁智橋附近城闉市廛繁盛之處，悉數圈作商埸，勒石立界，刻期拆屋，否則飭縣拘押。一時民怨沸騰，人心惶懼。假使該道之議若行，則城埠相連，又蹈長沙覆轍。該道信用私人陳敎詩等，任性横行，不恤人言。陳敎詩係韓慶雲姪婦之弟，自岳州隨帶赴常，派充新關委員，代辦常德釐金，兼署常德府經歷，代理武陵縣知縣。乘此招摇，藉端索賄。凡韓慶雲購地立契諸事，皆陳敎詩主之。由此市井無賴之徒李國鏞、徐鈞康等，皆賄通陳敎詩帶見該道，派充委紳。李國鏞曾餽韓慶雲土膏，題籤爲姑兒土，由陳敎詩轉呈。所用委員，有已革耒陽縣知縣胡揚祖，因杖斃文生，京控發審，案尚未結。此次夤緣關差，希圖開復，遇事生風，仍不改其貪酷舊習。此外知縣佐雜各委員，率皆官場下品，不曉公事。該道以開關重任差委多員，盡係一時惡劣猥鄙之流。逞强占地，不恤民瘼，幾致激成事變。是陳敎詩等助惡擾民之罪，亦難姑寬。原奏雖未指參，未便置之不問。

候補知縣洪鎣奉委覆查，自應周歷履勘，據實稟復，乃迎合韓慶雲意指，並不約集士紳，僅與胡揚祖等出城一次，本邑無一人知覺。亦未逐段閱視，草草具稟，祇就仁智橋一帶極力鋪張。一則曰韓道因地制宜。再則曰斟酌盡善，不可移易，紳士等並無異詞。公然肆其欺謾。末又云以後之轇轕難免。明知有害，而留以殃民，其居心尤不堪問。訪聞洪鎣於二十一年赴武陵提案，日夕冶遊，臨行以千數百金買一妓携回省城。似此狂恣輕佻之員，無怪其敢爲欺罔。原奏謂因洪鎣一勘，而仁智橋之設埠幾成鐵案，確係實情。是洪鎣之貽誤地方較韓慶雲僅差一間，實不能曲爲之原。

以上各節，均照原奏查明，並調核卷宗，博稽輿論。印委各員種種荒謬，幾誤大局。擬請旨分别懲處，以慎交涉而儆官邪。

卸任岳常澧道調補徐州道韓慶雲，既昏且悍，專任劣員。初則不考衆議，壅水害城。繼則不恤民生，强圈商埠。以致民怨切齒。而又於湘省則捏詞謊稟，於臣處則於批駁另議之案置之不復。硬欲朦請湘省咨鄂銷案，但顧成其謬説，不顧大局利害。實屬糊塗乖謬，膽妄殃民，應請旨即行革職，永不叙用，以示懲儆。

准補寶慶府經歷捐升知縣陳敎詩，招摇索賄，聲名狼籍，應請革職，永不叙用。

候補知縣洪鎣，迎合害民，草率欺罔，應請即行革職。

桂陽縣典史陳兆蕃，盜賣官地，行同無賴，應請即行革職，驅逐回籍。

前署武陵縣知縣捐升知府陳廷緒，瞻徇私情，不顧民害，應請以縣丞降補。

已革耒陽縣知縣胡揚祖，控案未結，營謀要差，擾民肆惡，應請俟京控案結後，由撫臣併案嚴加懲儆。

五品銜李國鏞、從九銜徐鈞康，假公濟私，擅作威福，應請革去職銜，追繳捐照，交地方官嚴加管束。

王松年，應請敕下浙江、江蘇等省，查明蹤跡，勒傳來湘，繳契退價，以杜後患。

惟此案以常德擇定商埠地段爲正義。前撫臣擬籌開埠經費二十萬，爲數較少。韓慶雲以此藉口，乃擬將善卷村無主之地作爲商場。臣初接紳民稟詞，即已札飭另議。該道始將初議寢閣。雖有奸商盜賣之案，現經商部議駁，當不至別生枝節。三官殿一帶逼近城墻，係該道一時洩忿之所爲，亦經臣嚴札駁斥，另委道府各員到常。勘得距城十二里德山街尾之楊泗宫至社木鋪，地勢平衍，長約七里餘，廣自六十丈至八十丈不等，在府城下游，廬墓甚少，水勢亦深，於建築公所、停泊商輪皆爲合宜。唯填地、築岸、修馬路等項工程，約需錢三四十萬串。湘省庫儲支絀，只可分年辦理，以紓財力。撫臣岑春蓂路過常德，經臣電商，囑其督同地方官紳考察地勢民情，親加查勘。旋接岑春蓂九月十七日電稱，開埠一事，連日督飭岳常澧道石廷棟、前署道周儒臣等，在於皇閣以下江岸逐細履勘，詳加體察，自以德山街尾由楊泗宫以東至社木鋪一段地址爲合宜。該處雖距城稍遠，而地方紳商均甚樂從，已飭府縣取有職員李壽熙等認狀。自宜照此定議，即以楊泗宫墻外水溝起平蕪地面圈作商場，以抵社木鋪爲度。税關建在字藏塔以下，俾江邊泊輪免與木簰碰撞。沿河修砌磡岸，退後數丈，庶汛漲時不致與水争地，以期穩固。隄外隄内從寬劃定，以留有餘。惟填地築路之費不免稍鉅，可以分年辦理。察看水勢，冬夏均可泊輪，現飭税務司測量呈報。所慮下游之馬王灘，冬季水僅數寸，旋疏旋淤。至建造填築各費，必須詳細測繪勘估，方有把握。容俟抵省後，選派妥員來常測勘等語。

臣維内地開埠，權自我操，必須審慎周詳，通盤無一失著，方免貽害將來。撫臣親歷其境，聞見真確，所定楊泗宫至社木鋪地段，與臣意見相合，商民衆論僉同，自屬最爲妥協。且楊泗宫以下至社木鋪一帶，隄内皆係民田，廣袤數十里，彌望無際，其地勢亦不甚低。若慮現擬開埠地段不寬，將來商務大旺時，儘可體察商民情形，於此地隄内將商場酌量擴充，購買民田，填築建造。只須官指以無礙可用之地，修成馬路數條，其屋舍行棧，商人自能籌貲自辦，並無庸官款代爲修築。其修馬路之經費，仍可向商人收回。以後隄内田價日長，居民尤可受益無窮。至湖河淤淺，乃常德一帶實在情形，無論商埠設在南岸北岸，郡城上游下游，皆不能免，與開埠地段並不相涉，惟有另籌量力疏濬之法。目前商埠地方，自當就此定議舉辦，以免久懸。其籌款、估工、築地、疏淤暨開關應仿何處章程，一切詳細辦法，應由撫臣妥籌會商辦理。

（硃批）另有旨。（欽此）

謝賜綢緞摺光緒三十二年十月二十二日

光緒三十二年十月十八日，摺弁回鄂，賫到皇太后恩賞綢緞四匹。當即恭設香案，望闕叩頭謝恩祇領。欽惟皇太后龐鴻益嘏，憲象新民。欣逢良月之吉祥，遠賁綺霞之珍麗。上方幣帛，分龍庭舞綵之餘輝。下士章縫，識繭館鳴機之瓌寶。鵷濡驚寵，鼇戴增惶。臣惟有吹豳雅以稱壽觥，織荆纁而興工藝。負庫中之賜絹，自愧恩多。勵戰士以同袍，豫占道勝。以仰答高厚鴻慈於萬一。

湘路商辦窒礙難行應定爲官督商辦並舉總理協理摺光緒三十二年十一月二十七日

竊臣承准軍機大臣字寄，光緒三十二年六月十四日奉上諭：商部奏湖南商董請將湘境路綫歸商籌辦，公舉總理，懇乞奏明立案一摺。鐵路係國家要政，仍應官督商辦。至所稱公舉總理各節，著張之洞查明辦理。原摺著鈔給閲看，將此諭令知之。欽此。遵旨寄信前來。並准商部咨同前因。

當查湖南商會協理陳文瑋等，前經來鄂呈遞公禀，與在商部所具之呈大略相同。所請將湘路歸商籌辦，並公舉總理等語，情理殊多不合。自前年臣倡議收回粤漢鐵路，即經電商湖南撫臣，選擇湘省紳士多人，公同籌議，指授機宜，往來滬、鄂，百計經營，並與粤紳商訂條款，奏明舉辦。嗣於本年五月十九日，又經臣博采衆議，由電奏派總理三人在案，何待該商會之複舉。且一省重要公事，豈有創議諸大紳，經督撫司道會商一二十次，同心協力，挽回大局，竟由一二後進、自無貲本之職紳，率臆妄談、任意去取之理。且其自定職權等差，自處極尊，而將奏派之大紳列爲三四等以下，尤屬駭人聽聞。又查湘省情形，專門富商大賈向來不多。凡籌款公事，大率係地方官邀集正紳公同籌議，由大吏核定舉辦。其諸紳中，資本充裕者自當不乏其人，然皆即統於紳之内。兩年以來，久已定議。由紳招股集款設立公司是目前所急，但以招徠實在貲本股分爲主，謂之紳辦也可，謂之商辦也亦可，並非必由商會出名乃謂之商辦也。察核該商等招股章程，於贖路還款全未籌及，且權利全須歸商，而所招之股，反欲官爲籌款保息，東西各國未聞有此章程。取巧太甚，强横太甚，斷斷無此情理。照此辦法，官且不能行之於民，况民能行之於官乎。粤漢鐵路事隸三省，湖北、廣東招股辦法皆擔任贖路之款，及自行保息付息，湘省豈能自爲風氣。凡外洋創辦公司，須能認全股三分之一，方稱爲發起人。該商等所稱認股二百萬元，究竟該發起人各認股若干，並未切實聲叙，斷無但出名具一禀，擬一章程，即可自稱爲發起人之理。究竟陳文瑋等所辦商業貲本若何，是否自有雄厚財産，實在已招之股共有若干，現存何處，自須一一確查，方能酌核。當經札委湖北試用道黄祖徽、籍隸湘省之前湖北試用道李祥霖會同前往，將以上各節，分别確查，詳細籌商。

兹據該委員等禀稱，查湖南商會協董陳文瑋，係長沙人，指分湖北試用知府。前曾開設頤慶和錢店及綢緞莊，均已歇業。現時僅有同人豫煤務有限公司，係招集股本凑合而成，貲本不甚雄厚。商會坐辦周聲洋，係善化人，戊子優貢知縣，己丑舉人，家産亦屬中資。光緒三十一年，陳文瑋、周聲洋會同職員鄭先靖創立商會，以振興商業、聯絡商情爲宗旨。上年九月禀呈商部立案。凡商家願入會者出資二串註册，年捐數目刻尚未定。註册之商牌已有二千餘家。遇有錢財細故，商會出爲調停息事，商業尚均稱便。鄭先靖係淮鹽公所總董，以年老事繁，於會事多不與聞。周聲洋現以他事赴常德，不常居此。所有商會之事，均係陳文瑋一人主持。至於鐵路認股二百萬元，係由該商會開議，以不籌贖路款，及由官籌保息款歆動衆人，故一時鼓舞，頗有承認。檢查商會底簿，簽名認股者約有二百餘萬元，其實繳款者不過十分之一二。陳文瑋、周聲洋各認股二萬五千元，每人已繳五千元。現查已繳各股，截至九月底止，官錢局存股款洋三十三萬一千三百六十九元，商會交存股銀一萬五千五百九十一兩七錢二分。又義豐祥、裕源長錢號，吉順祥鹽號，分存股款洋十萬零九千一百一十元。此款非盡係該商會開議時所認之股，内有遠近紳商陸續自行認繳者。且聞繳股時，曾問及是否袁樹勛主持，是僅憑陳文瑋等之聲名，尚未必有此。該委員等詰以該商會招股章程，何以於贖路保息並未籌及，路既不贖，何以興修。息若不保，何以招徠。該商會答以章程係草創未定之稿，贖路保息仍應詳議辦法。陳文瑋並稱，但願早定總理之權限，則凡商會所招之股，全數交付總理撥用，以卸責任等語。察其情形，該商會亦自知所議之窒礙難行，不敢堅執。並諭以該商會所招之股必須隸入公司，衆情方能相信繳款，亦免該商會空談無實，貽笑桑梓。該商會亦頗領悟。至該商會所舉二員，本係已經奏舉及現在局辦事之紳，無待該商會之市惠。該委員黄祖徽等，復與諸湘紳晤商，備述臣意，謂商會所集之款，應令其附入公司，亦作爲籌款。招股之紳，不能自樹一幟。聞湘紳及商會詳議，均以此説爲然，現擬化除意見，和衷商辦，歸入奏設公司等語。並據該員等將各官局商號現存已繳股款數目，開具清摺前來。

臣查鐵路一事，雖係便商之要策，生財之大宗。然與别項商業不同，實關繫全國之脉絡，政令之遲速，兵機之利鈍，民食之盈虚，官民智識之通塞。故籌款招股，無妨藉資商力，而其總持大綱，考核利弊之權，則必操之於國家。誠如諭旨所云，鐵路爲國家要政，仍應官督商辦。煌煌大義，日月不刊。大抵商業之稍鉅者，皆須官爲保護維持，至鐵路則關涉尤廣，借資官力者尤多。若無地方官主持承認，事事爲力，以全副精神注之，則購地遷墳，勒價刁難，掘渠開山，動輒抗阻，工夫雲集，争鬬繁興，物料散漫，盜竊難禁，徒致一事不能辦，一步不可行而已。且臣與湘紳談及籌款之法，大率由紳籌擬辦法，仍須藉官力以行之。可見商會自辦之説，勢有難行。

溯查自前年臣奉旨收回粤漢鐵路，當即與三省官紳籌商辦法。其時湖南紳士與聞此事者，則爲前刑部侍郎龍湛霖、前國子監祭酒王先謙、候選道張祖同、江蘇候補道席匯湘數人。龍湛霖旋即病故，僅存王先謙、張祖同、席匯湘三人，此皆堅持定見，助臣争約者。或赴上海，或赴江甯，或來鄂省，多方考究，反覆籌商。其餘亦有與聞者數人，不過隨同列名而已。自上年八月美約贖回以後，臣復會商湖南撫臣督催湘省各紳趕緊籌款，及早興工，免致徒耗贖路之還款，小票之月息。嗣經京外湘紳來電來函，擬舉新授順天府尹袁樹勛及前江西按察使余肇康主持此事。復有在長沙之湘紳數人來電及在鄂之湘紳數人，則又力請以王先謙一同主持此事。臣熟計兼權，或係推其資望之老成，或係推其辦事之才具，各有取義。自以三人同辦爲允協，不容偏倚。當經臣於五月十九日效電具奏，舉袁樹勛、王先謙、余肇康均爲總理在案。適會湘省水災，官紳經營拯救，日不暇給，故實款尚未籌定。旋據該商會陳文瑋等一面來鄂在臣處具呈，一面具呈商部。奉旨飭查，臣核其所言多屬妄想支離。余肇康、袁樹勛先後過鄂時，與該商會陳文瑋晤談，皆訝其並無實在資本，而欲令奏派總理之等級居於該商董之下，似覺可怪。現經查明，該商會陳文瑋、周聲洋既無實在巨資，自不能妄以發起人自居，主持一省大事。且於贖路之款，招股保息之款，俱置之不論不議，但欲總攬修路之權利，而不管舊債如何還，新股如何招，是其於商務、路政並不了然。無怪其議擬章程，種種窒礙。該商會等所請歸商會承辦一層，自可勿庸置議，湘路應仍照原議歸公司承辦。欽遵諭旨，定爲官督商辦。臣與湘紳詳加商酌，總理仍以袁樹勛、王先謙、余肇康三人爲宜，而略加變通，以期周妥。竊查袁樹勛才具幹練，器局恢宏，久居上海，商務熟悉，謹擬以該員爲主持總理。王先謙倡議争路，學望均優，而商務未經研究，現該祭酒亦遜謝不遑。擬以王先謙爲名譽總理，但資其議論稽察之益，不責以用人理財之勞。余肇康識定才長，强毅任事，調和衆論，深協機宜，擬以余肇康爲坐辦總理。候選道張祖同明達寬宏，鄉里悦服。江蘇候補道席匯湘才敏思精，深明商務，往來滬鄂，備著勤勞。擬以張祖同、席匯湘二員爲協理。他日路工既開，事務益繁，或總理諸人有不在湘者，仍有協理在湘，尚可資其輔助，於路事實有裨益。此外應需議紳尚多，前數年已經派定者尚有多人。查湖南辦事，向分中路、南路、西路。長沙、岳州一帶爲中路。衡、永一帶爲南路。辰、沅一帶爲西路。應每路各舉有人，隨事一同與議，以昭公溥而收廣益，於籌款尤足資取信。至商會與鐵路本是兩事。陳文瑋、周聲洋二人，除商會事務聽其仍舊自辦外，應亦派作鐵路公司之議紳，令其幫同招股，不許越分争權，則於路事亦屬有益無損。

至官督商辦之要義，大率不過兩端，權限必須分明，而維持必須同心。商無權則無人入股，官無權則隱患無窮。蓋既名公司，則事權全在股東。股多者權重，股少者權輕。無論官款、地方公款、本省紳商軍民所入之款、外省人所入之款，皆以股東論。所謂權者，用人用財及一切買地購料雇工，凡計費籌款管理出納之事，皆以股東公議爲定，此商之權也，皆關於鐵路資本利息盈絀之事也。至地段之宜與不宜，公司所辦之事其於法律合與不合，以及鐵路與地方他項民業商業有關涉之事，此省與他省有關涉之事，皆由官通籌而裁斷之。將來行車章程，有應限制者，有應防禁者，有應變通減價者，則由官按照國家法律，各國鐵路通規，合之本省地勢商情，酌采而施行之，此官之權也，皆關於治理安危之事也。官雖不干預其銀款，而用款必須報知。官雖不干預其用人，而所用之人有不合禮法者，官亦可令公司撤换。商權官斷不侵，官權商亦不抗，乃能相濟而成功。至今日鐵路，以運兵馬、轉餉械、查載客禁物書信三端，最爲有關國家利害之事。況現值人心不靖，亂黨縱横之際，則此權尤宜慎重。蓋國家所宜與商民公之者，利。所不能聽商民專之者，權。將來路成行車，國家既有保護維持之大惠，則應如何納税，東西洋各國自有通例，斷不格外苛徵。蓋股商所慮者，官與其事，則不免有强薦人員、糜費局用、提用存款、强派捐款諸弊。今照以上所言辦法，所慮者一切無之，則官督商辦與商會自辦無異矣。

惟三省鐵路里長費鉅，以湘省爲最。至今尚未勘路興工，亦尚無籌款實在辦法，徒負利息，貽笑外人，殊爲非計。臣不勝焦急。惟有仰懇朝廷裁斷，及早定議。俾得任職效能，籌款興辦，庶免路政久延，貽誤事機，全路大局幸甚。

（硃批）著照所請。該部知道。（欽此）

請將商辦鐵路定章三十年後由官收買一半片 光緒三十二年十一月二十七日

再，外國鐵路有官辦者，有商辦者。凡商辦者，至二十五年或三十年後，官即備價收回。蓋計路商所得之利，已經數倍於本銀，故國家買而有之。誠以鐵路乃政權所繫，故不能永屬民間。立法具有深意，衡情亦尚平允，從無永歸商辦之説。即如現在德國、奥國、法國，皆同斯例。至日本，則議將全國鐵路概行收回，並不能待至二十五年以後矣。中國各省鐵路，正在踴躍興辦之時，則此例似宜早定，懸爲明文，免致將來流弊已形，難於挽救。

竊謂我聖朝樂利羣生，事事寬大優厚，與外洋之計及錙銖者迥然不同，似宜於限制之中，仍兼寓愛養之意。竊擬各省鐵路如係商辦者，豫爲明定章程，俟開車三十年後，即由官備價收買，歸之國家。但只收一半，其一半商股仍存其中不動。從此再歷數千百年，斷不再行收買，是永遠股本，官商各半，利息亦官商各半。其商民得回之價，即可就其幹路之旁添修枝路。商民既深知鐵路之利，又飫聞修路之法，收回鉅款必籌安置，自然豫爲籌計測勘繪估，以待半價發還，立時興工。三十年之後，展轉聯接，陸續孳生，將中國各省各府縣皆有鐵路，不啻阡陌交錯，蛛網縱横，則中國土貨之暢旺，人民之開通，蒸蒸日上而不可遏矣。如此，則是國與民共享樂利，至公至平。此與今日豫備立憲政體之本意正相符合，似尚是講求富强簡易可行之策。

又前閱上海報紙，載有商部批復廣東鐵路商人之禀，略言粤漢幹路現雖奉旨准歸商辦，三十年以後尚須酌辦。此外各路不得援以爲例等語。所傳大略如此，似非虚妄。惟是中國民辦鐵路風氣初開，若年限稍促，或届期全行由官買回，則厚利不能常享，此時商情不免疑沮。即許以永歸商辦，將來國家籌款緊急時，恐亦不能保其不改章程，商民亦不敢遽信其永爲己産。若既寬其期，許以行車三十年後始行收買，復留其業，定以官止收買一半，則仁至義盡，民情必然歡悦信服。以後商業日擴，國勢日强，君民一體，憂樂與同，互相維繫，斯誠長治久安之要道矣。臣管見所及，仰請敕下郵傳部詳籌妥議，著爲定章，實於路政、財政大有裨益。

（硃批）該部議奏。（欽此）

機器製麻仍懇暫免税釐摺 光緒三十二年十二月十六日

竊照湖北創設機器製麻局，製造已有成效，前經臣援案奏請暫免税釐。欽奉硃批：該部知道。欽此。嗣經税務處會同户部議奏，仍照向章機器製造各貨辦法，完納出口正税一道。奉旨：依議。欽此。由税務處刷印原奏咨行前來。查税務處奏稱，阜豐公司一案，以各國麪粉進口免税，華商未免向隅，是以核准免税。麻類進口向係納税，與各國麪粉進口免税者不同，未便援阜豐公司辦法比例。且織布等局亦經奏明遵章納税，製麻與織布情事相等，應一律辦理，仍照向章機器製造各貨完出口正税一道，沿途概免重徵等語。

臣惟機器製貨不能一概並論，製麻、織布同用機器，而難易迥别。布局各省踵行，功用簡易，麻布化粗爲精，向所未有。大凡製造土貨，有祇用機器無須學問者，有既用機器又須學問者。由前之説，則工作合宜，管理得法，即盡機器之能，織布之類是也。由後之説，則非研究學理，分析物質，不能變化朽腐，運用匠心。如湖北之製麻，漚濯繅染，組織精工，具物理化學之長，通圖畫美術之理，斷非織布粗淺工夫所能比例。各國麻貨進口，花様日新，百餘年來無人籌議抵制之法。湖北創辦麻局，經臣規畫多年，極力提倡，該局精加研究，不惜資本，至今日始能與洋製麻貨相等。然洋貨係已成之局，銷路廣而工本輕。該局係初創之舉，銷路微而成本重。兩相比較，勢難與敵。抵制之法，惟有進口麻貨照常徵税，以減來源，出口麻貨暫予免税，以輕成本。否則土貨無利可獲，一經折本，後繼爲難，將永用外國麻貨。而中國各省貧困農民自然之大利，永遠閉塞，是則可爲深惜者也。

且查東西各國從無以出口税與進口税相比例者，從未有以本國之貨與外國入口之貨視同一例，須外貨免税，土貨方許免税者。同一貨品，進口有税，出口無税，且有加重進口税而於豁免出口税之外，又於商人有獎勵金、借助金。紡織之物，日本於明治十二年即已免出口税，英美各國免税尤早，至今日則東西各國幾於出口税無物不免。中國近來提倡工藝，亦知進口有税，出口無税，爲保護本國商業。即如學部獎勵教育製造用品第五條内稱，教育用品製造，辦有成效，一年之後，由提學使司報明學部酌核，或咨明税務處免税等語。查學部單開教育用品，大半皆有進口税者。織呢一類，即係紡織物，學部以自行仿製，即可免税。不聞以外國進口呢有税，鰓鰓過慮也。中國與各國所訂税則，係專指洋商運貨出口入口之税，並無華商税則亦與外人訂約之事，亦無各國不許我優待本國商民免税之理。奉天省陳列所附設勸工場，各省運往貨物銷售，度支部亦議准免税，可見國家提倡工業免税爲自有之權。夫以教育品之織呢與工藝品之製麻相較，則事同一律。而以各省運銷奉省尋常舊貨與製麻局創製麻貨相較，則輕重懸殊。況麻貨在中國商業別出心裁，不求專利，已屬大公，再靳免税，必多退沮。今以平平無奇之磨麪，仿織之呢貨，已邀豁免之恩。而艱難創造、利及南北各省之製麻，反責必徵之税。此正各國工業家所聞而非笑，各國製麻廠所聞而稱快者。若酌定麻貨免税年限，俟製造純熟，銷路日廣，再予照章納税，將來南北各省一律仿製，則目前雖無税可收，將來收税正無窮盡。

臣愚以爲今日自强要政，區區税項爲末，民生實業爲先。合無仰懇天恩俯念湖北製麻局所出麻貨，係爲抵制洋貨，廣興農工商實業而設。創辦維艱，根基未固。未便免機麪之税，反徵製麻之税。未便免織呢之税，獨徵製麻之税。尤未便執外洋麻貨，以刻待中國自有麻貨。致使内外倒置，商民失望。敕下農工商部、税務處、度支部會同詳加核議，准予仍照前請，暫免税釐，以暢土貨而保利源。商業幸甚，大局幸甚。

（硃批）該衙門議奏。（欽此）

謝賜福壽字摺 光緒三十二年十二月二十八日

光緒三十二年十二月二十六日，摺弁恭賫皇太后御賞福、壽字各一方，曼壽字一幅，衣料四卷，貂皮八張到鄂。當即恭設香案，望闕叩頭謝恩祇領。

欽惟我皇太后璣鏡斟元，珠囊集瑞。萃百福於榛楛，增萬壽於臺萊。以曼殊師利之吉祥，兼壽佛無量之悠久。適周星紀，欣捧雲章。八蠶吴會之絲，七葉漢廷之珥。緼袍不恥，衛風守道而非臧。脂糵消寒，唐殿頒恩而未渥。天顏有喜，儼咫尺以不違。民困未蘇，愧涓埃之莫報。臣惟有奉宣膏澤，撫輯疲甿。徧谿壑以回春姿，隔江湖而結遠悃。日如黄襖，未逾天闕之温綸。樹比冬青，願附康衢之庶老。豳風農業，泯無衣無褐之嗟。玉藻戎裝，勵虎裘狼裘之勇。以仰答高厚鴻慈於萬一。

謝賜福壽字摺 光緒三十二年十二月二十八日

光緒三十二年十二月二十六日，摺弁恭賫御賞福、壽字各一方到鄂。當即恭設香案，望闕叩頭謝恩祇領。

欽惟我皇上，用中執兩，咸五登三。張百度以維新，納羣生於在宥。心正筆正，念柳少師之格言。福多壽多，符華封人之善頌。球圖比重，冰谷同兢。臣舊學等於寒竽，迂材類乎方枘。不才多病，陋青陽白髮之詩篇。聖主憂民，進瑞雪蒼龍之春帖。惟殫心於鴻澤，冀仰答夫龍光。

江漢關掃數解清警務經費銀兩片〔一〕 光緒三十二年十一月五日至十二月　日

再，前准巡警部電稱，京師開辦巡警，商令各省籌濟經費等因。當經籌議鄂省擬每年解銀三萬兩，於江漢關設法挪湊。業將本年第一批銀一萬兩飭發義源銀號領解赴京交納在案。茲復據湖北漢黃德道江漢關監督桑寶詳稱，在於所徵六成洋税內動支庫平足色銀二萬兩，作爲本年第二批警務經費，繕具文批，交由交通銀行領解赴京交納。此項銀兩業經掃數解清等情，詳請奏咨前來。臣覆核無異，除咨民政部、度支部外，理合附片具奏，伏乞聖鑒。

該部知道。

密陳兩湖提督總兵考語單〔二〕 光緒三十二年十二月　日

謹將湖北、湖南現任提督、總兵各官密注考語，開具清單，恭呈御覽。

湖北省

提督夏毓秀　整軍戢匪，文武協和。

鄖陽鎮總兵鄧正峰　舊有戰績，精力尚健。

宜昌鎮總兵傅廷臣　彈壓地方，頗能勤奮。

長江水師漢陽鎮總兵周芳明　水師宿將，巡防克勤。

湖南省

提督曹志忠　老練安詳，辦事周妥。

鎮筸鎮總兵周瑞龍　整軍綏邊，志在有爲。

綏靖鎮總兵陳海鵬　循分供職，尚不廢弛。

長江水師岳州鎮總兵魯洪達　精力强健，軍民相安。

籌解大學堂經費銀兩片〔三〕 光緒三十二年　月　日

再，湖北省奉撥每年大學堂經費銀一萬兩，自光緒二十八年起至三十一年止，業經按年照數籌解。其三十二年應解銀兩，上年已籌解銀三千兩，附片奏報在案。茲據湖北布政使李岷琛會同善後局司道詳稱，迭准學部催解，自應勉力設措。茲復籌撥庫平銀七千兩，作爲應解三十二年分大學堂經費，飭委試用知縣陸承先、補用知縣姚維鏡搭解赴京交納等情，詳請奏咨前來。除分咨外，理合附片具陳，伏祈聖鑒。

該部知道。

〔一〕録自中國第一歷史檔案館編《光緒朝硃批奏摺》第九〇輯，第五四四頁，中華書局，一九九五年版。此件上奏日期疑誤。光緒三十三年警務經費早已解清。見本册第二八三頁上欄第八行。又，據齊思和等編著《中外歷史年表》，三聯書店，一九五八年版，第八六五頁，交通銀行於光緒三十三年奏設。此款由交通銀行領解，不可能在光緒三十二年。

〔二〕録自中國第一歷史檔案館編《光緒朝硃批奏摺》第五〇輯，第六二四頁，中華書局，一九九五年版。

〔三〕録自中國第一歷史檔案館編《光緒朝硃批奏摺》第九〇輯，第五五一頁，中華書局，一九九五年版。

光緒三十三年

瀏陽醴陵辦理清鄉完竣並添募勇丁巡防摺〔一〕 光緒三十三年四月十三日

竊照瀏陽、醴陵二縣，上年十月間會匪姜守旦等與江西萍鄉縣匪倡亂，衆號數萬，攻撲縣城，到處焚掠。經臣等先後派營剿辦，旋將大股匪徒次第擊散。迭次奏奉諭旨：嚴飭各軍乘勢合力搜剿，一律盪平，毋留餘孽。並各清各鄉，安良除暴，以靖地方。等因。欽此。仰見聖謨廣運敉安黎庶之至意。臣等跪誦之下，欽悚莫名。遵即督飭各軍，將匪衆一律撲滅，而餘黨多竄匿鄉間。亟應乘此兩省兵隊駐紮之時，舉辦團練保甲，清查户口，將在逃各頭目匪黨，懸賞購綫搜捕盡净，庶足以戢奸宄而正人心。當即飭司分派委員前往瀏陽、醴陵二縣，會同各地方官及各營管帶員弁，分赴各鄉，督飭團紳，按照向辦編聯保甲章程，認真清查。平江等縣飭令一體遵辦，暨令道員俞明頤、知府王寓生就近督率辦理。並因各該縣文報向係舖司遞送，每多稽延。一自匪徒滋事，軍報緊要，由司飭令一律設立步撥，添雇健夫，以免遲誤。兹據該道等暨印委各員先後禀稱，瀏陽縣屬西、北兩鄉，地本不寬，匪踪尚少。東鄉分永和、古巷、高坪、上東、達滸、張陳坊六大團，共轄八十八小團。南鄉分楓林、大瑶、文市、金剛四大團，亦共轄六十餘小團。其地多與醴陵、萍鄉、萬載等縣毘連，山深箐密，爲匪徒出没之區，受害最甚。伏莽亦以該二鄉爲較多。團紳李德鍾、劉松山、王顯桃等均被匪殺害，房屋亦多遭焚燬。團丁徐焕升等均因禦匪身受重傷。經該印委各員查明被灾各户，分别輕重，禀經臣等批飭善後局籌發錢文，給予撫卹，俾免失所。此次辦理清鄉，以選派團紳爲最要。惟匪徒起事之初，首先被害者即向來認真辦事之團總，皆引爲前車之鑒，率多畏縮不前。當責以大義，曉以利害，始各隨同稽查。

醴陵東、西、北三鄉亦多係被匪滋擾之區，然較之瀏陽東、南二鄉情形尚輕。所有派往各軍，將股匪擊散後，因在逃著名匪黨尚多，協同清鄉委員督率弁勇，帶同眼綫、團紳，嚴密搜捕。陸續共獲匪目、匪黨五百餘名，均解交瀏、醴、平三縣，會同委員審明，分别正法監禁。業經臣等另摺奏報。若查係被誘入會、被擄脅從，有團紳爲之具保，取具連環保結，予以自新，並准編入保甲户口册，另立自新一本，用備查考。其長沙、善化並茶陵州、攸縣，與瀏醴毘連各鄉，亦飭各該州縣督率團紳，一體認真清查，以免隱匿。

當匪亂時，各處多練團自衛。現在地方既已肅清，所練團勇，自應酌量情形分别裁減，俾紓民力。瀏陽視團之大小，酌留練勇。多者數十名，少亦數名，按段巡防。如有盜劫等事，立即馳報鄰團，協同圍捕，以靖地方。醴陵除酌留團勇外，東、西兩鄉並由紳士就地籌款，募勇一百二十名，分布巡緝。目下清鄉一律完竣，由俞明頤等分赴各鄉逐一覆查。各委員編查門牌、户口清册，均屬切實，閭閻安靖如常，禀覆前來。臣等伏查，瀏陽、醴陵二縣

〔一〕録自中國第一歷史檔案館編《光緒朝硃批奏摺》第二六輯，第六八〇頁至六八二頁，中華書局，一九九五年版。

地方雖已靖謐，惟匪亂之後，人心初定，與連界之茶陵州、攸縣等處，必須有防營分别駐紮，以資鎮懾。所有前派常備巡防各營隊，除趙春廷一隊原駐醴陵外，其餘均須調回省城訓練，並派赴原防，兵力殊形單薄。業經臣春蓂督飭司局設法籌備餉項，札飭巡防隊管帶吴廷瑞、梁國楨、徐振岱、趙春廷，於前次剿匪出力各弁勇内，選派哨弁，各添募勇丁三哨，均於二月十九日點驗成軍。即令徐振岱所部新舊六哨駐紮瀏陽，趙春廷仍防醴陵，其餘分紮茶、攸各境，認真巡緝，以靖地方。至前次瀏、醴二縣會匪倡亂，閭紳李德鍾等禦匪被害，情殊可憫，自應查明照例議卹。現在辦理善後清鄉事宜一律完竣，所有在事出力文、武員弁暨紳士、團丁，或捕獲要匪，或協同防剿，均不無微勞足録，容臣等查明分别保奬，奏乞恩施，以昭激勸。除飭各該縣會同營弁，購覓眼綫，分途嚴拏在逃首要各匪務獲懲辦外，所有瀏、醴二縣辦理清鄉，現已完竣，並添募勇丁巡防緣由，謹合詞恭摺具陳。伏乞皇太后、皇上聖鑒訓示。

准其擇尤酌保。毋許冒濫。

請定學堂冠服程式摺 光緒三十三年四月十六日

竊查近數年來，各省學堂建設日多，風氣囂張日甚，大率以不守聖教禮法爲通才，以不遵朝廷制度爲志士。即冠服一端，不論文武何學，率皆仿效西式短衣皮鞋，揚揚自詡，雅俗不分，文武無别。詰以詭異違法，則以如此方有尚武之精神爲詞。各學堂教員亦多爲其説所惑，不甚鈐制。至於學堂之内，多藏非聖無法之書，公然演説。於讀經講經功課鐘點，擅自删減，以及翦髮膠鬚，諸弊層出，實爲隱憂。湖北學堂風氣大致尚爲循謹，然頗波所靡，亦不可不防其漸。

臣惟服色一端，各國自有制度，古今中外無不皆然，豈有學校士林，率臆改變之理。況日本之法律學士，皆係大笠深衣。美國大學堂畢業生，皆係褒衣大袖，繫縧其冠，與古之元冕同。臣皆親見之。可見外國學校亦不必盡著短衣。查光緒三十年，由學務大臣頒發奏定學堂章程第一卷，各學堂學生冠服宜歸畫一條内云，學生衣冠、靴帶、被褥，俱宜由學堂製備發給，以歸畫一，而昭整肅。且免學生多帶行李，以至齋舍雜亂。即或游行各處，令人一望而知，自可束身規矩，令人敬重。至各等學堂宜加區别，以示遞加優異，尤須嚴禁奇衺服飾，並宜嚴禁學外之人仿造冒混。惟所製各件應否令學生繳費，可聽各學堂核計常年經費酌量行之等因。自應欽遵奉行，酌定畫一冠服，以昭整肅。且於各等學堂量加區别，以示等差。至於嚴禁奇衺服飾一節，尤關重要，必應定有程式，方免各學堂無所適從，意爲紛更。臣考禮記表記有云，君子莊敬日强。禮記聘義又云，强有力者，將以行禮也。勇敢强有力，天下無事，則用之於禮義，天下有事，則用之於戰勝。是知日强未有不由於莊敬者，勇敢未有不本於行禮者。聖經炳然，實爲文武會通之正軌。前經臣督同湖北文武各學堂教員、管理員詳加酌核，各文學堂學生應定禮服爲一式，講堂服爲一式，操場及整列出行服均同一式，共分三項。至尋常隨意游行之常服，惟不准短衣，餘無定式。武學堂學生，定禮服爲一式，講堂、操場及整列出行常服均同一式，共分兩項。高等初等小學堂學生冠服從簡，只用一式。似此明定格式，絶不染近日奇衺惡習。國容、軍容各隨所宜，既貴結束謹嚴，仍復莊重不佻。務令其與工匠、賈販、雜役、水手人等迥然不同。正所以重視學生，特加優異。城闕街市，令人一望而知，自必倍加敬重。且處處與外國裝飾顯然有别，乃是國民教育要義。至於向來迂緩拖沓之狀，頽唐委靡之習，已經一掃而空。從此膠庠塾序，既具有尚武之精神，尤存有秉禮之規範，庶足爲自强之基。曾將酌擬冠服章程，刊發湖北各學堂遵照試辦，並將章程及製成冠服式樣，咨送學部核定在案。現經試辦年餘，體察情形尚屬適用，毫無窒礙。除督飭提學使將學堂逆書、謬説、翦髮等弊，隨時嚴行查禁，及删減讀經、講經功課，不習國文諸弊，認真考核懲儆外，茲謹將酌擬湖北各學堂冠服章程式樣，分别咨送軍機處及學部，聽候核定。相應請旨飭下軍機處、學部，將湖北所擬各學堂冠服章程詳加核議，奏明請旨通行，頒爲定制，藉以實行奏定章程，庶可整肅學制，杜遏亂萌，實於士林禮教及國民教育要義均有裨益。

（硃批）所奏甚是。著學部會同禮部將所擬學堂冠服章程妥議具奏。（欽此）

奏解固本兵餉片〔一〕 光緒三十三年正月至四月　日

再，前准户部咨，原定各省應解固本兵餉，湖北省按月應解銀五千兩，改令徑解部庫交收。又准户部咨，酌定分年帶解固本練餉欠款，擬定有閏之年解十五箇月，計銀七萬五千兩。無閏之年解十四箇月，計銀七萬兩。即自光緒十一年正月起，按年照數解清各等因。所有湖北省應解固本兵餉銀兩，已解至光緒三十二年十一月止，歷經附片奏報在案。茲據湖北布政使李岷琛詳稱，現准鹽法道移解藩庫銀二萬兩，作爲光緒三十三年正、二、三、四四箇月分固本兵餉，由司飭委試用知縣陸承先、補用知縣姚維鏡管解赴京交收等情，詳請附奏前來。臣覆核無異，除咨部外，理合附片具奏，伏祈聖鑒。

度支部知道。

謝賜畫扇紗匹摺 光緒三十三年五月初九日

光緒三十三年五月初六日，差弁回鄂，賫到皇太后賞御筆畫紅蝠靈芝並題三秀延齡扇一柄，絳色實地紗一匹，石青麻地紗一匹。當即恭設香案，望闕叩頭謝恩祇領。

伏念臣炎維奉職，黼扆馳忱。值錦標采縷之良辰，拜月扇雲機之珍賞。千年錦翼，翔堯代之仙真。五色祥芝，茁漢房之嘉瑞。仰九重之孝養，厨箑常摇。懍咫尺之嚴威，袗絺必表。延齡荷寵，鏤骨銘恩。臣愧無益智之方，夙矢揚仁之願。喜麥隴桑疇之豐熟，蠲秋荼夏日之煩苛。惟有偕軍民共樂舒長，率官吏奉宣德意。慈雲濟世，頓蘇火宅以清凉。暑雨宜民，盡泯窮檐之咨怨。以仰答高厚鴻慈於萬一。

謝協辦大學士摺 光緒三十三年五月二十日

竊臣准吏部咨，光緒三十三年五月十二日，由内閣鈔出五月十一日奉上諭：張之洞著以湖廣總督協辦大學士。欽此。聞命之下，悚惕難名。當即恭設香案，望闕叩頭謝恩。

〔一〕録自中國第一歷史檔案館編《光緒朝硃批奏摺》第六四輯，第一二八頁，中華書局，一九九五年版。

伏念臣早參法從，洊典方州。以章句之小儒，領荆襄之重鎮。滔滔江漢，曾無文武之威風。種種鬢毛，深愧鵷鸞之時彥。豈意綸音渥涣，鼎席叨陪。羣吏歎爲殊榮，愚臣知其逾分。昔者向敏中之耐官職，默契朝廷。范仲淹之拜參知，遠籌邊事。方昔賢而有愧，被隆遇以難酬。臣惟有傴僂滋恭，經營匪懈。江湖魏闕，交縈報國之憂心。舊學新知，酌劑救時之良策。以仰答高厚鴻慈於萬一。

請早定礦務章程摺 光緒三十三年五月二十一日

竊查礦務章程，經臣遵旨悉心妥擬，於光緒三十一年十二月具奏。十二月二十六日奉硃批：外務部、商部議奏。書併發。欽此。嗣因外、商兩部久未議覆，經臣於上年六、七、八等月三次電咨催詢，至八月杪始接外、商兩部覆電。大致謂礦章有關交涉各條，由外部酌核，餘由商部核定，必俟詳細核明，方能奏定等語。本年三月，臣復經電詢，准農工商部覆稱，本部應核各條已定，惟有關交涉各節，應由外部酌核改定。如外人遵守中國法律等類，儻不能辦到，似與定章本旨相違。除咨催外務部外，先此電覆等語。

查比年以來，鄂、湘礦務之案甚多，臣因礦章未定，無從批示。於是商民有未奉批不敢開礦者，有土客争開致成鬬訟者，亦有恃礦章未定私自挖運致多中外轇轕者，或洋商冒稱華商，或華商假託洋商，辦理甚形棘手。新章若再不速定，礦務交涉必致愈久愈難辦理。且外人涎我礦利者皆恃部議未定，枝節横生。現在義國商約又欲我采擇非洲、紅海義國屬地之礦章，議論愈出愈奇。此後每有一國議約，皆有干預礦務條款，應付之策將窮。義國更有特款索礦一條。權利所關，非早定大局，必多意外要挾瀆擾。現在惟有關交涉各條，專待外務部核定。想外務部不乏學識通博、諳悉外情之員，微臣所擬可采者采，可改者改，可删者删，儘可分别准駁。至礦務有關交涉者，固須審慎周詳，然大率不外乎嚴防於將來而稍寬於既往，或略展年限再照新章，或權衡輕重酌與抵補，總以無礙中國礦務全局爲主。若外人志在隴斷横行，必欲破壞中國法律，則我自當堅持慎守，静以待之，斷不受其欺愚。地寶聽其暫閟，並無妨礙。俟華人學識漸開，資力漸裕，從容開采，成效漸彰，則外人圖得礦商一半之利，亦必就我範圍。儻使定章稍疏，則主權一失而難收，利權一棄而難復，大計所關，不可不慎。在部臣自能審度機宜，似不難早日定議。若僅懸宕不定，實非長策。相應請旨敕下外務部及農工商部，將此項礦章迅即妥爲核議覆奏，請旨裁定頒行。俾中外商民早資遵守，且免多生枝節，愈難補救。

（硃批）該部議奏。（欽此）

創立存古學堂摺 光緒三十三年五月二十九日

竊維今日環球萬國學堂，皆最重國文一門。國文者，本國之文字語言，歷古相傳之書籍也。即間有時勢變遷，不盡適用者，亦必存而傳之，斷不肯聽其澌滅。至本國最爲精美擅長之學術、技能、禮教、風尚，則尤爲寶愛護持，名曰國粹，專以保存爲主。凡此皆所以養其愛國之心思，樂羣之情性。東西洋强國之本原實在於此，不可忽也。嘗考尚書云，惟土物愛，厥心臧，聰聽祖考之彝訓。蓋必知愛其土物，乃能愛其鄉土，愛其本國。如此則爲存心良善，方能聽受祖考之教訓，是知必愛國敬祖，其心乃爲善。若反是，則爲不善也。中國之聖經賢傳，闡明道德，維持世教，開啓神智，尊顯鄉邦，固應與日月齊光，尊奉傳習。即列朝子史事理博賅，各體詞章軍國資用，亦皆文化之輔翼，宇宙之精華，豈可聽其衰微，漸歸泯滅。謹查光緒二十九年欽定學堂章程内學務綱要第十一條，即係重國文以存國粹，言之已詳。

臣自前兩年回鄂以來，體察學堂情形，所有現派各學堂各監學及中文之經學、史學、算學、圖學、中國地理、中國詞章等各門教員，皆係臣在楚所設經心、兩湖兩書院中之都講高材，分布各處。該生等中學素有根柢，人品向來端純，深知宗法聖賢，兼以博覽典籍，故此次分派各學堂職業，以及趕學速成師範、補習普通，派赴外洋遊歷，考察學務，均有可用之人。但通省學堂需人甚多，且京師調取以及各省索取絡繹不絶，外出太多，已覺不敷應用。誠恐數年以後，經心、兩湖舊學生年齒已長，或仕宦登朝，或有事外出，學堂建設日廣，需用教員、管理員日衆，舊日學生日稀，將何以取資應用。而中文中學，向來義理精深，文詞雅奥，新設學堂學生所造太淺，僅可爲初等小學國文之師。必至高等專門學、普通中學、優級師範、高等小學皆無教國文專門之教員。儻高等以下各學堂之中學既微，中師已斷，是所有國文之經史詞章，無人能解，無人能教，然則將來所謂大學專門，豈非徒託空言。既無周秦傳經之名師，安有兩漢立學之博士。竊恐不免有經籍道熄，綱淪法斁之憂。言念及此，不勝大懼。

查經心書院乃臣從前提學湖北時所建，專爲令諸生通經學古而設。所出人才，蔚然稱盛。茲即將經心書院故址改爲存古學堂，將屋宇量加修改添造，務期合法。建造書庫，多儲中國舊學圖書、金石、名人翰墨、前代禮器。專聘博通中學經、史、諸子、詞章各門學問之師儒爲教員，選取中學較優之生收入此堂肄業，即專習此數門。數門之中，經學爲一門，應於羣經中認占一部。説文、爾雅學、音韻學亦附此門内。史學爲一門，應於廿四史及通鑑、通考中認占一部。本朝掌故即附此門内。詞章爲一門，金石學、書法學亦附此門内。以上或經或史，無論認習何門，皆須兼習詞章一門。而詞章之中，但專習一種即爲合格，或散文，或駢文，或古詩、古賦皆可。兼習者聽。博覽爲一門，凡習經、史、詞章三門者，後四年皆須同習博覽一門。

以學堂本應選取高等小學畢業者升入，特以目前初等高等小學尚未造有成才，應特就各學生員考選，不拘舉、貢、廩、增、附皆可，至監生、童生皆不收録。惟總須年在三十五歲以下。如犯有嗜好者，一律禁止屏絶。其課程雖與各學堂稍異。至其與學堂同者，則規矩整肅，衣冠畫一，講授皆在講堂，問答寫於粉牌，每日兼習兵操，出入有節，起居有時，課程鐘點有定，會食應客有章。皆與現辦文武各學堂無異，與舊日書院積習絶不相同。其中雖間有年長身弱者，柔軟體操、器械體操、兵式體操，均應一體演練。惟各項體操中，其練習過難、用力過猛者，免其肄習。

要之，孔子所言温故而知新一語，實爲千古教育之準繩。所謂故者，非陳腐頑固之謂也。蓋西學之才智技能，日新不已。而中國之文字經史，萬古不磨。新故相資，方爲萬全無弊。若中國之經史廢，則中國之道德廢。中國之文理詞章廢，則中國之經史廢。國文既無，而欲望國勢之强，人才之盛，不其難乎。今此學堂既以國文爲主，即宜注重研精中學。至外國歷史、博物、理化、外國政治、法律、理財、警察、監獄、農林、漁牧、工商各項實業等事，只須令其略知世間有此各種切用學問，即足以開其腐陋，化其虛憍。固不必一人兼擅其長，每一星期各講習一點鐘即可。若算學一門，本係中國經學、史學所必需，自應仍舊講習。且本朝列聖欽定數理精蘊、儀象考成等書，測算即用西法，自不宜墨守九章四元舊式。地理及輿圖一門，古來中學所重，見諸正經正史。况天地人大端要略，既名儒者，豈容茫昧不通。今全球地圖幾於家有一本，豈能劃分中外，亦應兼習。但算學、地圖不必過於求精，鐘點亦不宜太多，俾其時刻較寬，可以專力中學，務造精深。蓋前奏各學堂章程，重在開發國民普通知識，故國文及中國舊學鐘點不能過多。此項存古學堂，重在保存國粹，且養成傳習中學之師，於普通各門止須習其要端，知其梗概。故普通實業各事，鐘點亦不便過多，以免多占晷刻。兩法互相補益，各有深意，不可偏廢，不可相非。所有各門學業鐘點，另列有功課表。畢業擬以七年爲限。該堂監督，一時暫難選得其人。凡學生平日功課，由各門分教員按月考校，填注分數，送交提調，彙齊列表送交提學司。由提學司核閱初次後，呈送臣衙門覆核，取定榜示。其年終大考，由臣親臨察試。此項學生如於現定課程之外，能有餘力加習洋文，爲將來考究西籍之資，爲用尤大。惟本學堂鐘點已多，講堂已滿，並於附近設立外國語文學堂一所，准其附入該學堂自行兼習。則畢業後可照高等學堂例奏請奬勵，並准送入大學堂文學專科肄業，將來可遞升入通儒院。其不習洋文者聽，惟奬勵須量減一等，畢業後止能送入大學堂文學選科肄習，以示區別。凡畢業者，將來備充各師範、各普通中學、高等學、大學等學堂文學專門之師。

此項存古學堂肄業學生，以二百四十名爲額，分爲三班取録，以次入堂肄業。該堂一切課程、鐘點，經臣殫心竭慮，籌計經年，並督同提學司及各司道，並各學堂良師通儒，往復商推數十次，始克擬定大略。總期多致心力於中國經史、詞章之學，庶國文永存不廢，可資以補救各學堂之所不足。而又略兼科學，以開其普通知識，俾不致流爲迂拘偏執，爲談新學者所詬病。此項人才，將來上之則升入通儒院，以供大用。次之則以備文學侍從之選，似亦盛世朝列中必不可闕之人員。伏讀近年歷次興學諭旨，惟以端正趨向爲教育之源。一則曰敦崇正學，造就通才。再則曰庠序學校，皆以明倫，聖訓煌煌，無非以崇正黜邪爲宗，以喜新忘本爲戒。夫明倫必以忠孝爲歸，正學必以聖經賢傳爲本。崇正學，明人倫，舍此奚由。乃近來學堂新進之士，蔑先正而喜新奇，急功利而忘道誼，種種怪風惡俗，令人不忍睹聞。至有議請廢罷四書五經者，有中小學堂並無讀經、講經功課者，甚至有師範學堂改訂章程，聲明不列讀經專科者。人心如是，習尚如是，循是以往，各項學堂於經學一科，雖列其目，亦止視爲具文，有名無實。至於論説文章，尋常簡牘，類皆捐棄雅故，專用新詞，馴至宋明以來之傳記詞章皆不能解，何論三代。此如籍談自忘其祖，司城自賤其宗。正學既衰，人倫亦廢。爲國家計，則必有亂臣賊子之禍。爲世道計，則不啻有洪水猛獸之憂。微臣區區保存國粹之苦心，或與世教不無裨益。該學堂工程現已完竣，於本年暑假後即行開學。該學堂章程現係創舉，擬請試辦半年後，如課程條目毫無窒礙，擬即請旨敕下學部核定，通行各省一律仿照辦理，以延正學而固邦基。

再，臣前見學部議覆湖南擬設景賢等學堂、河南擬設尊經學堂摺内。有該撫等疊稱仿照湖北存古學堂之語。臣查該兩省學堂章程，似與向來書院考課相仿，與鄂省存古學堂之辦法判然不同，毫不相涉。湘豫兩省係屬誤會，合併聲明。

（硃批）學部知道。（欽此）

新造模範監獄詳定章程摺光緒三十三年五月二十九日

竊惟監獄之設，虞畫衣冠，周立圜土。然虞書之要指曰欽恤，周書之要指曰以教祗德。要無非先之以摩厲，繼之以訓迪。當其禁暴之時，已期恥格之效，用意深厚，古訓昭然。暴秦至明，積弊遂甚。近年疊奉明詔修改法律，輕刑宥罪，聖慈普被，薄海同欽。查各直省府廳州縣各有監獄，而狹穢凌虐，殆無人理。疾疫瘐斃，多死非辜，實爲有妨仁政之一大端。臣曾於光緒二十七年五月變法三摺内詳切言之。疊經札飭湖北臬司通飭府廳州縣各衙門，將所設内監、外監大加修改，務須寬敞整潔。凌虐之弊，隨時禁革。三年以來，雖積習已漸次剔除，外府縣改修者，若沔陽州、夏口廳、漢陽縣等屬已有數處。特以經費支絀，究未能大改舊規。臣詳察深念，此爲關繫民命之實際，若因陋就簡，終無大益。省會領袖尚不完善，支郡山城安望合格。必須在省城大舉營造，兼采東、西各國監獄之式，管理之法。雖在禁錮之中，而處處皆施以矜閔之方，並實有教誨之事，以爲通省模範。當經飭令前署江夏縣知縣、今捐升湖北試用道鄒履和，於省城江夏縣署之東偏購買民地，酌擬圖式建造。查有補用知縣廷啓，由日本學習監獄學回鄂，並令會同商酌監造，經始於三十一年十月，至三十三年五月竣工。一切體制，仿照日本東京及巢鴨兩處監獄規模。其管理之法，兼采東西各國，仍體察中國情勢之能行者量爲試辦。謹將一切規式章程大略，爲我皇太后、皇上縷晰陳之。

一、地址。新監獄之地，在於江夏縣署之東，與縣署毗鄰。自南至北深五十五丈，前廣四十四丈五尺，中廣三十二丈，後廣二十一丈。

二、建造。外環圍墻，内分四區。一内監，以居已定罪人犯，約可容百人。一外監，以居未定罪人犯，約可容三百人。一女監，以居女犯，約可容四十人。一病監，以居内、外監患病不能保釋出獄人犯，約可容五十人。

内監仿日本東京監獄式，若扇面。南設三人監二所，監房各十二間。北設一人監二所，監房各二十間。間寬九尺，深一丈一尺。凡四所，夾道上架以玻璃窗汽屋，寬八間。間深一丈，寬六尺。中央有瞭望樓一，守衛軍住房二。東有八方炊室一，浴室一，尺。罪人製造品物庫一。西設嚴禁監一所，計共十間，以居在監又犯罪一次者。該所内自有工廠一，守衛房一。監房之北又有獨居暗室八間，以居在監又犯罪兩次者。每間深七尺，寬四尺五寸。總共内監除罪人室每間各於墻外設有暗厠外，另有厠屋六。此後區也。

外監仿巢鴨監。亦扇面式，東西各一。中作十字巷道，上安汽屋以納空氣。計監房十所，凡一百一十二間。間寬九尺，可容三人。玻璃窗汽道、東西瞭望樓如内監。此外南有罪人製造品物庫一，罪人接見室東西各二，嚴禁監二所，共計十間。獨居暗室十六。北有工廠四，厠屋二，東西各有厨房一，厠屋一。中央於瞭望樓之中層設教誨樓一，存罪犯衣物室一，倉庫二，庶務房十，經理驗收罪人製造品物司獄房三。此中區也。

女監設於前區之西南。計監房十五，守衛房二，工廠一，浴室一。前區之東南則有病監十六，傳染病監七，屍室一，醫室暨守衛房四，厠屋一。再東南則有會議室三，獄官室六。再西南則有書記室三，守衛室三，巡勇房六。中央則内門、表門各一，平臺三，門衛室二，製品存留所一，救火器具室二。西有總門二層，以通於縣署頭門之内。旁設門衛房二，總勇房六。此前區也。

内監後墻外西北隅，建造電燈、機器鍋爐廠房二大間，又自來水儲水臺一座。各監房均設有電鈴，以期消息靈通。他若墻身墻根深砌紅石，必令其堅。洋窗洋門皆用鐵軸，必令其固。屋皆有窗，以透光綫，必令其明。地板下之風路鐵門，必令其通。院、宇、厨、厠，必令其潔。又若地臺皆用紅石，階級皆用青石，門限皆用麻石，栅門皆用鐵柱，以及地板、走廊、穿廊、洋梯、水梘、溜筒、明溝、水櫃、碎石甬路，皆因地制宜，按圖經營。綜觀大致規模，似尚與東式相仿。

三、設置。監犯性情不齊，火之爲害，防不勝防。今監内各所皆設電燈，庶啓閉隨時，操縱在我。又置自來水管，以期有備無患，與日本監獄備置消防具之義合。其蒸汽管尤便日用，取水既易，犯者自勤於滌垢，於衛生亦有裨益。

四、移禁。考日本集治監、假留監、地方監、拘置監、留置場、懲治場，其所拘禁者數種。或被處徒刑流刑者，或被處懲役終身者，或婦女被處徒刑者，或刑事被告者，或以罰金换禁錮者，或被處罰拘留者，或關於不論罪之年幼者及瘖啞犯罪者。今江夏新造監獄既成，所有舊監人犯，如實犯死罪待決，及限年監禁各犯，一律移入内監。其從前因事羈押之犯，及因犯事收入舊設遷善所與警察局暫押之犯，擇其質地誠實青年可造者，先行挑取百名收入外監，令在工廠學習各項手藝，隨時教誨。以後體察管束教導是否得法，隨時陸續增添挑入。如能學藝有成，痛知改悔者，酌其犯事輕重，量予省釋，以示成全。

五、典獄。考日本地方等監，監督權雖屬於司法大員，或府縣知事，或警視總監，北海道廳長官，而各監均有典獄。凡犯人之一舉一動，監内之安常災變，皆典獄司之，事極繁夥。司法省監獄事務官及知事等，不過年巡數次，與中國以州縣爲有獄官，典史、吏目爲管獄官相類。現造監獄雖屬江夏縣監，實爲闔省罪犯薈萃之所。議規則，勤管理，恐非管獄官一人所能周到，尤非於外國監獄規則曾經研究者恐難施行悉當。江夏縣知縣係有獄官，但有地方之責，事務較繁，獄内各事勢難兼顧，仍應責令兼管，典史於例爲管獄官，不能辭責，派令充當庶務長，遇事幫同料理處分，仍照舊例。兹當創辦之始，擬設典獄官一員，秩視通判。副典獄官一員，秩視州判，作爲差使，擇人派委，不作實缺，薪水量加優給，俾令能者盡心辦理。其他案牘科、守衛科、工業科，科各一員，名曰科長。書記生八，教誨師二，内外科醫官各一，皆爲輔助典獄官之員，由臬司及有獄官分别酌用。

六、守衛。舊法管監者曰禁卒，曰看役，皆下等粗人充當，所有管理之法既未諳悉，氣質横暴，尤多流弊。故外人見我監獄，譏爲野蠻，良亦由此。兹革黜禁卒等名，而招考守衛軍，不設定額。取其身家清白，素無過犯，而又能識粗淺文字，性質確係良善者充之。現在所招各守衛軍，有身列士林者，與從前之禁卒、看役相去霄壤。教以監獄學及監獄各種規則，使其實習。

七、習藝。罪人作工，本係古法，織室雅春，意在勤動，既防越思生事，亦免痺攣傷生。至於教以工藝之意，即寓其中。西法應歸入監禁之罪人最多，動逾千數，故監獄中尤重工藝。近年部章設有犯罪罰令習藝之條。茲於内監、外監、女監、嚴禁監，皆各建有工廠。但所習之藝，須擇其成本輕而工程易者方爲實濟。蓋今日習藝須爲他日生活之計，儻成本稍重，即使藝成釋放，而窮乏莫措，仍與無藝等，何以資生。故此時募用教習，於罪人皆係授以微藝，如織布、裁縫、編製草竹各器、製造學堂各種用品之類，以後日求精進。其作工機器，概不用鐵木粗重之物，以防流弊。

八、教養。中人之資，不貴無過而貴改過。今於犯罪者加之厚待，存其廉恥，湔除從前酷虐之習。另設教誨師，每遇星期及犯人歇工時刻，教以改過遷善之道，寓勸於懲。若幼年犯，並教以小學課程，以迪愚頑，期於滌染自新，所謂教也。管理有法，監犯平日口食，定有節度，決不令有穢惡尅扣之弊。且選用内外科醫官二員，遇有疾病慎重診視，不使死於非辜。而有礙衛生之物，鴉片烟爲害最烈，給藥痛戒，勿使流毒。所謂養也。

九、經費。查建造新監獄，經費已經由外籌撥款項辦理，於銅幣盈餘及籤捐項下動支。核計此後常年所需員役薪費，衛軍衣糧，罪人衣被、薦席、飲食、藥物，及犯人作工成本，監獄歲修，每年約需銀三萬五千兩。已飭將原購監獄基址民房舊料，於監後空地及黄土坡、中和門等處購買地段，移修大小官房三十九所出租，以資津貼。按照時價，除空閒無租及歲修外，每年可得租錢七千串，約合銀五千兩。此外擬撥質當捐一萬兩，銅幣盈餘一萬兩，籤捐盈餘一萬兩，以備常年經費，不動正款。

十、規則。現在模範監獄係屬創辦，一切規則恐難完備。前經飭令補用知縣廷啓博考各國成法，采輯成帙，酌擬章程，猶恐未能周密。俟實行以後，督飭曾赴日本考究警監學各員察看情形，隨時修改。

以上各條，綜其大要，不外管理、衛生、教育三事。現已規模具備，即名曰湖北省城模範監獄，於本年五月開辦。此後當督同臬司及本管府縣並所派專員等，隨時加之考察，務使化莠爲良，民氣和樂，以仰副聖主施仁弼教之至意。

（硃批）該衙門知道。（欽此）

謝授大學士摺 光緒三十三年六月二十五日

竊臣准吏部咨，所有大學士缺，本部於光緒三十三年六月十四日開列具奏。奉上諭：張之洞著授爲大學士，仍留湖廣總督之任。等因。欽此。聞命之下，悚惕難名。當即恭設香案，望闕叩頭謝恩。

伏念臣廢學寒竽，違時方枘。歷坊局而叨節鎮，未敢干進以他途。數治行以及軍謀，自知不踰乎儕輩。迺者疊邀特達，驟躐羣僚。甫拜命於新參，旋承恩於端揆。念其循資較久，非同鳶肩火色之才。察其作牧有年，責以熟路輕車之效。穹天雨露，獨長養乎孤根。秘殿絲綸，俾與聞於外吏。鈞陶至厚，冰谷如臨。臣惟有居高思危，堅忍負重。守特立獨行之素，不逐頹波。欽用中執兩之謨，願襄上理。以仰答高厚鴻慈於萬一。

謝授體仁閣大學士摺 光緒三十三年六月二十八日

竊臣准吏部咨，光緒三十三年六月十八日奉上諭：張之洞著充體仁閣大學士。等因。欽此。當即恭設香案，望闕叩頭謝恩。

伏念臣重申被命，四輔聯班。現綰使符，俾登秘閣。房喬直宏文之館，張說紬壁府之書。考宋代之東西廳，分司機要。溯國朝之內三院，同掌綵綸。雖職司時有變遷，而禮秩最爲殊異。菲材忝冒，戰栗難名。臣惟有罄補衮之愚忱，策識途之微效。羡魚結網，欣逢善治更化之朝，嗷雁求安，仰體視民如傷之惠。以仰答高厚鴻慈於萬一。

遵旨覈議新編刑事民事訴訟法摺 光緒三十三年七月二十六日

竊臣承准軍機大臣字寄，光緒三十二年四月初二日奉上諭：法律大臣沈家本等奏，刑事、民事訴訟各法，擬請先行試辦一摺。法律關係重要，該大臣所纂各條，究竟於現在民情風俗能否通行，著該將軍、督撫、都統等，體察情形，悉心研究。其中有無扞格之處，即行縷析條分，據實具奏。原摺單均著發給閱看，將此各諭令知之。欽此。遵旨寄信前來。臣將原發摺單督同司道屢次悉心研究，反復討論，似有礙難通行之處。綜核所纂二百六十條，大率采用西法，於中法本原似有乖違，中國情形亦未盡合，誠恐難挽法權轉滋獄訟。謹爲我皇太后、皇上剴切陳之。

書曰，士制百姓于刑之中，以教祗德。漢臣班固有言，名家者流原於禮官。蓋法律之設，所以納民於軌物之中。而法律本原，實與經術相表裏。其最著者爲親親之義，男女之别，天經地義，萬古不刊。乃閲本法所纂，父子必異財，兄弟必析産，夫婦必分資，甚至婦人女子責令到堂作證。襲西俗財産之制，壞中國名教之防。啓男女平等之風，悖聖賢修齊之教。綱淪法斁，隱患實深。至於家室婚姻，爲人倫之始。子孫嗣續，爲宗法所關。古經今律，皆甚重之。中國舊日律例中，如果審訊之案爲條例所未及，往往援三禮以證之，本法皆闕焉不及。無論勉强驟行，人情惶惑，且非聖朝明刑弼教之至意。此臣所謂於中法本原似有乖違者也。

恭繹諭旨，殷殷以現在民情風俗爲念，仰見聖慮周詳，曷勝欽服。夫立法固貴因時，而經國必先正本。值此環球交通之世，從前舊法自不能不量加變易，東西各國政法可采者亦多，取其所長，補我所短，揆時度勢，誠不可緩。然必須將中國民情風俗、法令源流通籌熟計，然後量爲變通，庶免官民惶惑，無所適從。外國法學家講法律關係，亦必就政治、宗教、風俗、習慣、歷史、地理一一考證，正爲此也。在法律大臣之意，變通訴訟制度，以冀撤去治外法權，其意固亦甚善。惟是各國僑民所以不守中國法律者，半由於中國裁判之不足以服其心，半由於中國制度之不能保其身家財産。外國商民冒險遠至，其本國欲盡保護之職分，不得不計其身家性命之安危。乃因各省伏莽充斥，盜賊横行，官吏雖多而不能保民，警察雖設而不能徧及，致爲外人竊笑。而謂變通訴訟之法即可就我範圍，彼族能聽命乎。縱使所定訴訟法條理完密，體例精詳，亦必指瑕索瘢，借端責難，又安能盡饜其欲耶。矧所纂各條，按之西律，不無疏漏混淆之處。近年與英、美、日本訂立商約，彼國雖允他日棄其治外法權，然皆聲明俟查悉中國律例情形、審斷辦法及一切相關事宜皆臻妥善等語。是已失之法權，不能僅恃本法爲挽救，其理甚明。所謂一切相關事宜皆臻妥善十字，包括甚廣。其外貌則似指警察完備，盜風歛戢，税捐平允，民教相安等事。其實則專視國家兵力之强弱，戰守之成效，以爲從違。觀於日本實行管束外國商民，實在光緒二十年以後，可以曉然。若果不察情勢，貿然舉行，而自承審官、陪審員以至律師、證人等無專門學問，無公共道德，驟欲行此規模外人貌合神離之法，勢必良懦宛抑，强暴縱恣，盗已起而莫懲，案久懸而不結。此臣所謂難挽法權而轉滋獄訟者也。

且西洋各國皆先有刑法、民法，然後有刑事、民事訴訟法。即日本維新之初，亟亟於編纂法典，亦未聞訴訟法首先頒行。如刑法及治罪法俱施行於明治十五年，舊民法及民事訴訟法俱公布於明治二十三年是也。有訴訟之法，尤須有執法之官。故必裁判官權限分明，而後訴訟法推行盡利，如德國之舊訴訟法與裁判所編制法同時實行是也。中國律例，詳刑事而略民事。即以刑事而論，亦與西律懸殊。綜觀本法所編各條，除中外交涉外，大抵多編纂刑法，民法以後之事，或與釐定裁判官制相輔之文，此時驟議通行，非特大礙民情風俗，且於法律原理枘鑿不合。臣惟編纂法律，有體有用，先體後用，其勢乃行。現行律例，以吏、户、禮、兵、刑、工分類，本沿明律之舊。官制改後，名實已乖。近年新政新法漸次增行，國際交涉日益繁重，實非舊例所能賅括。即如輪船、鐵路、電報、郵政、印花、鈔票，在外國莫不嚴妨礙交通之罪，設侵害信用之防。又如殺傷外國使臣，句通外國軍隊，僞造外國通行貨幣，違背戰時中立條規，有一於此，足礙邦交。在外國莫不特設專條，預爲防範。至於商務各條之别有商法，軍政各項之别有海陸軍刑法，各國已爲通例，未有與刑法相混者。而民法一項，尤爲法律主要，與刑法並行。蓋東西諸國法律皆分類編定，中國合各項法律爲一編，是以參伍錯綜，委曲繁重。今日修改法律，自應博採東西諸國律法，詳加參酌，從速釐訂，而仍求合於國家政教大綱，方爲妥善辦法。律條訂定以後，再將刑事、民事訴訟法妥爲議定，則由本及支，次第秩然矣。至目前審判之法，祇可暫訂訴訟法試辦章程，亦期於民情、風俗一無阻礙而後可。擬請敕下法律大臣，先就所纂各條内，擇其相宜者暫爲修訂章程，請旨遵行。一面速將各項法律，選集精於各門律學大小臣工，分門修纂，各編專書，頒行遵守。然後再議刑事、民事訴訟法，庶可收變法而不廢法之效。謹將新編訴訟法礙難通行各條，加具按語，彙開清單，恭呈御覽。

（硃批）法部議奏。單片併發。（欽此）

謹將刑事、民事訴訟法扞格難行各條，摘録原文，加具按語，開單恭呈御覽。

第一條，凡公堂審訊案件分為二項：一刑事案件，二民事案件。

按：中國法律，向以刑律、户律爲大綱。而外國律則，必先有刑法、民法，然後刑事、民事訴訟法有所附麗。現欲分析刑事、民事，則必將現行律例釐然分開，詳加訂定，裁判官方有準繩可循。本法第二、第三兩條，雖指明何項爲刑事，何項爲民事。實則裁判之時，每有介於刑事、民事之間不能强爲分析者，又有因刑事而關涉民事，因民事而發覺刑事者。是以中國於牽涉之案，有會同辦理之時，外國裁判所有公訴附私訴之法。況外國民法不涉刑罰範圍。中律如户役、婚姻、錢債等項本屬民事，而律例於每條之下各繫罪名，則入於刑事。由斯以言，則今日不分刑法、民法，而分刑事、民事訴訟法，譬如無圭之景，無本之泉，司法者必窮應付矣。

第三條，凡因錢債、房屋、地畝、契約及索取賠償等事涉訟，爲民事案件。

按：民事所包甚廣，外國婚姻、親族之事皆定於民法。其民事訴訟法不詳婚姻、親族者，以别有人事訴訟手續法等爲之輔也。本中國雖無民法專書，然婚姻、立繼、服制等事，則律例甚詳。本法祇及錢債、房屋、地畝、契約各項，不及婚姻、親族等事，殆亦以外國昏禮，其勢萬不能行於中國。而西人身後財産不專給繼嗣之人，與中國風俗判然不同，故未議及。不知中國民間詞訟，半由家庭骨肉而起。中西風俗之不同，正在於此，此而不詳，豈非缺漏。

第四條，凡刑事案件，控訴之期限如左，逾限不得復控。

一、違禁罪六月。二、輕罪三年。三、重罪十年。

按：刑事案件，皆叛逆、强盗、謀殺、故殺等重情。自來叛逆之徒，近如髮逆，遠如教匪，皆積久始發。其死罪以下盗犯，隔數年而始獲者甚多。即謀殺之案，間有首犯造意不行，當時無從查知，歷久敗露，始經屍親指控。以及船户、店家圖財害命，或佔其妻妾，而迫於强悍，含忍年久而昭雪。或脅其子女而撫爲螟蛉，比至年長而出首。見諸成案者纍纍。且祖父被毆例内，其子孫志切復讐，因兇犯脱逃，日後撞遇，擅殺致死。或其子孫於祖父母、父母被殺時年幼，不共之讐，逮壯盛而始復手刃正兇。事雖隔已多年，殺實於出義忿，若囿於期限，而置其從前祖父母、父母被殺於不問，則何解於復讐之例。又如迷拐幼孩並奴及雇工賣家長之妻女及子等項，此皆事後未易發覺者。甚有罪犯極惡，而當時竟未查知名姓，本犯遠避，一過十年，犯即回籍，不得復控，兇徒倖免，法紀何存。查重罪、輕罪、違禁罪，乃日本法律罰罪所分之三種。日本刑法改用西律以後，案以證定。蓋慮年月久遠，證據不齊，故有期限之分。中國現行警察偵探緝捕，尚未大著明效，安得有犯即獲。本法所謂重罪，係指軍流以上而言。其軍流罪限以十年，徒罪限以三年，違警罪限以六月，尚不妨稍示寬仁。獨罪犯應死，則萬不能以十年之後即置諸不議。轉使匪徒無所忌憚，顯弛道齊之治。

第十四條，凡案外觀審及案内候審之人，有他項無禮情事即行驅出。若情節較重，仍以藐視公堂論，科以罰金。

按：罰金之例，日本刑法施於輕罪之最輕者。但情節既較無禮爲重，公堂又係執法之區，即照日本刑法，喧鬧官署、强逼官吏首魁及教唆者亦處重懲役，其煽動助勢者處輕懲役，其情輕者減一等，附和隨行者始處罰金。中國定例，直省刁民果有寃抑，不於上司控告，聚衆至四五十人，尚無鬨堂、塞署、毆官者，首從應分擬斬、絞，其鬨堂毆官者，同謀聚衆下手之犯亦斬。定例何等森嚴。若照假以建言爲由，挾制官府之例，亦應擬以軍戍。僅科罰金，恐不足懾刁民之膽。

第二十四條，如有殷實之人指控道路之人犯罪，巡捕不持拘票，即將被指之人捕送公堂審訊。

第二十五條，如在道路犯違警罪或情節較輕之罪，且犯罪者似係殷實之人，即不得將該犯捕拏，祇須問明姓名、住址、事業，請公堂發票傳令聽審。

按：外國法令周密，警察靈通，其人殷實與否，巡捕一覽而知。故殷實之人或指人犯罪，或自行犯罪，可以從權辦理。中國人民貧富向無册籍可查，若就外面觀之，則家無擔石而衣服麗都，或富有千金而衣衫藍縷，以此爲準，是導民爲僞也。若確知其爲殷實而聽之縱之，是厚於富而薄於貧也。況即使真係富户，亦未必盡屬善良。爲富不仁之徒，難保無魚肉鄉愚、挾嫌誣陷之舉。巡捕乃在官人役，亦豈能聽殷實之人指使。儻果照此辦法，則流氓黠賊，華服鮮衣，名姓難憑，行蹤無定，甚或冒充官吏，假託紳衿，法外逍遥，公然無忌。而良懦之夫，謹愿之輩，無心偶誤，即犯刑章。縱第二十八條有誤行捕拏准其控訴之例，在原控之富紳何難賄囑書差，通同作弊。此必有重足而立者矣。

第二十六條，凡犯重大之罪，准不持拘票，逕入房院之内搜查。

按：此條命意在捕拏迅速。不知人犯重罪，必不在家待捕，或親戚隱匿，或紳富包庇，而隱匿、包庇又無確據，勢不得不展轉搜捕。各州縣命案，往往地保、差役串同屍親，妄指誣陷。有本非近鄰而指爲近鄰者，諺所謂飛鄰、望鄰是也。有本係無干而誣爲案犯，擇肥而噬者，諺所謂開花是也。若輩託名拏犯，直入房院，幾成慣技。雖迭經禁止，仍恐不免陽奉陰違。若更許其不持拘票逕入搜捕，流弊之大，更恐無所不至，是適成厲民之政矣。

第二十八條，凡將人誤行捕拏或拘禁者，准受害者將其人並指告及主使之人向公堂控訴，按律治罪，或照民事案件辦法索取賠償。

按：誣告本例分條詳列，原有已決未決之分。公堂判事，宜詳且慎。其先行誤拏，或爲指告及主使者所惑，迨開堂集審，既有賠審員，又有辯護士，應不致再有誤被拘禁之事。乃受害者竟被禁累，自應照例反坐，藉遏訐告之刁風，稍紓被誣之寃氣，情法方爲持平。若照民事辦法，僅索賠償，則民事案件本較刑事爲輕，比類參觀，輕重似未合宜。

第三十三條，凡請發拘提及搜索房院等票者，必宣誓。

按：宣誓爲西教舊習，摩西十誡不許妄言，耶蘇行道首闡此旨。西國崇尚宗教，故裁判之地不廢宣誓。然餼羊告朔，不過略存其意，未必竟以爲憑。日本訴訟法，除證人外，概不宣誓，亦以人情詐僞，雖指天誓日，必無益也。中國古者有大征伐則誓於民，然作誓民疑已見於殷人之世。春秋列國以祝詛之詞載於盟府，而口血未乾，渝盟背約者往往有之。是無論東西古今，斷無宣誓可信之理。况近來教堂日盛，教勢自張，載此於法律之中，直是揚湯止沸，將使神權之説昌於禮義之邦，迷信之譏始於法廷之上，此不問而知其害矣。而本法各條，宣誓一項凡十一見。長言反覆，鄭重再三，一若宣誓以後，所控皆真，所供皆實者。即使毫無欺罔，亦是神道設教，迹近愚民，况變詐百出乎。

第三十七條，被告拘提到案後，或存保證銀於公堂，將其釋放。

按：存銀作保，用意本善。惟公堂於款項出入，易滋弊端，或呈繳之時種種挑剔，或發還之日層層折扣。不如删去此項，專由殷實人取保。

第四十六條，凡人被拏，如因人證不齊，或因他故，准展期審訊。每次展期不得逾七日，統計亦不得逾十次。倘遇十次不能審判，應取保釋放。

第四十七條，除叛逆、謀殺、故殺、强劫並他項重罪之案不准取保外，其餘各案，均准取保候審。

按：取保候審與取保釋放，意義懸殊。取保釋放指無罪而言，其人果係無罪，自應早日釋放，何待再三展限。若核其情節，本在疑似之間，祇因人證未齊，或有合理事故不能審訊，則此等人犯縱無叛逆、人命、强劫及他項重大情節，衡情擬罪，或尚係軍、流、徒各項定例，於軍、流、徒犯並無准其取保候審之文，更安有准其取保釋放之理。即竟准其保釋，而此等人犯覓人保管，孰肯擔承，此亦事理之至顯者。況各衙門辦案，或正犯在逃，緝獲無日，或公文錯誤，查復需時，或起物件於遭風失事地方，或傳人證於數千百里以外，往往速則數月，遲則經年。必以七十日爲限，亦膠柱鼓瑟矣。

第五十條，凡公堂審案，令原告親身到堂。

按：原告親身到堂，自是正辦。然職官、命婦、舉、貢、生員例得遣抱，所以全體面而示優異，用意至深。新定陸軍徵兵章程，凡入營退伍者遇有詞訟，許遣抱告，優待軍人於斯爲美。外國民事訴訟，本可用代理人。若刑事訴訟，則以檢事爲原告，不以被害之人爲原告。在被害之人，亦無必令到堂之例。中國既無檢事以爲原告，則遣抱告之法必不可廢。擬請於原告親身到堂下，添例應遣抱者令抱告到堂一語，意義較爲周匝。

第五十一條，無論刑事、民事案件，原告及兩造證人，如查有砌詞誣告，或供詞故意虛偽等情，即處以一千圓以下之罰金。民事案内之被告同。

按：中律有誣告專條。西律有僞證之罪。大清律誣告人罪流、徒以下加等。死罪已決者反坐，未決者流。德國刑法，證言不實者，處懲役十年以下。俄國刑法，證佐虛妄者，發往西伯利亞作苦工十年。綜觀中西律令，凡誣妄虛僞者，莫不嚴加懲治，非罰金所能蔽辜。蓋借端陷人，其心至險，許以贖鍰，是富者得肆行無忌也。然證人虛僞，中國問案向不專憑衆證。證人畏累諱飾，情尚可原。如係串通陷害，自當照爲從科罪，不宜處千圓以下之罰款。至民事被告，尤不應與刑事原告相提並論。蓋刑事係罪名出入，民事祇財産糾纏。原告誣陷，心迹可誅。被告虛飾，人情常事。概處罰金之罪，豈所以昭明允之治哉。

第七十六條，凡裁判均須遵照定律。若律無正條，不論何項行為，不得判為有罪。

按：春秋比事不廢屬辭，折獄引經備傳。往哲且斷罪無正條，例内曾載明律例無可引用，援引别條比附者，於疏内聲明律無正條。今比照某律某例科斷，或比照某律某例加一等、減一等科斷。詳細奏明，恭候諭旨遵行。雍正十一年始定此例。近年咨案亦且援引。無非爲情僞無窮，科條所不及者，則比附定擬以隄防之。若因律無正條，不論何項行爲概置不議，雖循東西各國之律施諸中國，適開刁徒趨避之端，恐爲法政廢弛之漸。

第七十八條，凡宣告判詞，經過上控期限方為决定，然後按照下列各條分别執行各刑。

按：本法上控期限僅止一月，而官司斷獄，有故入故出、失入失出各例。如已經過上控限期，分别執行各刑，則明知寃枉，不與辦理者，以故入人罪論之例不幾虛設耶。定例知府、直隸州有將州縣審擬錯誤關係生死出入大案，究出實情，改擬得當者，經上司達部議准，奏請送部引見，原係慎重民命之意。即臨刑呼寃，例得奏聞覆鞫。其上控之案，訊係原問各官業經定案，而有抑勒畫供、詐贓舞弊情事，即分别發交審辦。其由委審後上控者，即令各上司衙門親提嚴鞫，不得復行委審。審係誣控，按律治罪。例意謹嚴，深防寃抑。承審之員當以力求裁判允當爲主，若以經過一月方爲决定，似所判已難自信矣。至案内原告，别無待對事理，無故稽留，本干例禁。而犯案之係屬牽連情罪稍輕者，例准先行取保。其重案内挾仇攀害者，應即釋放。概令守待一月，受累已不少矣。

第八十六條，原告所控各節間有疑竇者，應即將被告取保釋放。

按：原告所控果有疑竇，即應於控時駁斥。乃不察情僞，貿然將被告拘提。迨被告到案，始知情節可疑，既覺可疑，又不根究，僅以釋放了事，而置原告誣控於不問，辦法殊屬顢頇。此端一開，設遇疑難案件，皆得援以爲例，而聽斷糊塗之吏，反藉此藏拙矣。

第九十條，凡控訴若係錢債賠償等事，注明數目，有合同或契約者，鈔粘附呈。

按：鈔粘爲憑，易滋詐僞。大凡合同契約，於緊要處竄易一二字，即大有出入。周禮，以財訟者，正之以傅別約劑。似須令其將原立合同契約附詞呈遞，考核方確。若待被告申請查看，始令原告取出，儻核對不符，而率准率傳之咎，已受原告欺矣。自不若慎之於先，以期核實。審訊畢事，當堂由承審官親自給還，亦甚直截了當。

第九十一條，公堂接控詞後，即簽發傳票，須將所控事件簡晰叙明。

按：民事之案，雖輕於刑事，而圖准不圖審者所在多有。全在考核憑據，推究事理，分別准駁，方不致濫傳滋累。若一接控詞，即簽發傳票，則索欠無憑，率爲傳追准理，指姦無據亦令婦女到堂，以干名犯義之詞而傳尊長，以羅織牽連之狀而傳族鄰。堂弁有票差之利，刁民必因緣爲奸。匪特重累小民，而詞訟繁多之區，承審官日坐堂皇，亦不暇給矣。

第九十五條，凡原告所訟之款，或估計該案之值，數（未）［未］逾五百圓者，傳票註明審期。

第一百一條，逾五百圓者，傳票毋須註明審期，惟令被告於接傳票之七日内報到。

按：估計價值最無定準。田地房産有原買時價賤而控訴時價貴者，有本係重價而因控訴之故減價開呈者。錢債等項有本息并計者，有計本不計息者，有計息而不能按照官利者，有債款關涉數人須分計或須合計者。諸如此類，法律苟無明文，援引便多謬誤。儻五百圓以上、五百圓以下辦法無甚出入，兩造容或無辭。乃傳票既有註審期、不註審期之分，訟費表又以此定多寡之數，且監禁日期以此爲久暫之差，則時期長短，費用多寡，懲罰輕重，皆兩造利害所關，必致抗辨不已，案無斷結之日矣。

第九十六條，接傳票後，被告或所延律師可任便赴公堂查閱原告所呈各項文件，公堂不得攔阻。

按：原告控情既於傳票叙明，被告已可據票内所載具訴，即有附呈契券等件，可於臨審時當堂交閱。案卷自必歸檔。若准任便查閱，即使派人監視，而被告可看，律師可看，監視之人稍一疏防，難保不暗地抽換。就令監視周詳，間或得賄句通，扶同塗改，續經原告指出，臨時詰剖，真僞難分，徒滋弊混。而查看時之倒亂卷宗尚其小焉者矣。且公堂卷房，法令所在，未便任人出入。如爲被告詳於具訴計，亦不妨將原告所呈各件照鈔一分，令堂弁附交被告，似較簡便。

第九十八條，公堂已定審期，被告無故不到案聽審者，查照傳票委係交給，仍將該案照例審訊。

按：公庭對簿，必集兩造，方明曲直。被告不到案，仍將該案審訊，所訊僅原告一面之詞，案不定斷，預爲推敲，亦無不可。

而九十九條緊接被告對於前條之審訊如不甘服，准一月内遞呈申訴。設或原造句通堂弁，並未將傳票交給，詭稱已交，被告既未知所定審期，一月之限轉瞬即過，又不准遞呈申訴，獄辭未具，案已定讞，雖循東西各國裁判之法，用茲變夏，恐句串冤抑諸弊叢生矣。

第一百四條，若被告查閲原告控詞過於浮泛或不詳晰者，可申請公堂令原告將原呈更補。

按：原告控詞過於浮泛，以及並不詳晰之呈狀，公堂即應嚴詞駁斥，此乃清訟之源。乃未及查知，率行准理，直待被告查閲，始悉其僞，而令被告申請公堂再飭原告將原呈更補，濫傳之咎，百喙奚辭。况詞訟本憑初呈，與重罪犯供本憑落膝無異。蓋初次呈詞，必將應行控告各節直書，恐漏人之常情。初呈既幻，再令更補，不亦幻而又幻乎，公堂將憑何定斷也。

第一百三十條，凡左列各項，不在查封備抵之列。

一、本人妻所有之物。二、本人父母兄弟姊妹及各戚屬家人之物。三、本人子孫所自得之物。

按：西俗父子兄弟别籍而居，姊妹戚屬皆許承産，法律因之，故財産之權，各有界限。中國立教首重親親，定律祖父母、父母在，子孫别立户籍分異財産者有罰，且列諸十惡内不孝一項之小註。而卑幼私擅用財，又復定爲專律。今以查封備抵之故，而强爲分析財産，則必父子異宅，兄弟分炊，骨肉乖離，悖理甚矣。西國自羅馬法以來，即以分析財産權爲法律要義。近來各國編纂法典，一部民法輒千餘條，財産之事居其大半。故遇查封産物之案，何産歸何人所有，可以按册稽考。然夫妻財産，苟不於結婚時訂明分析者，妻之私財即作爲與夫共有，是夫婦財産已不能分析矣。且財産有動産、不動産之别。西律，不動産以注册爲憑。若動産，則凡持於他人之手者，其權利即爲他人所有。中國田房税契，祇載花户姓名，其一家之内，何人名下應分若干，在所不問。是不動産之爲何人所有，尚無册籍可考，何論動産乎。即使本人財産確然可指，亦儘有不能查封備抵者。日本之法，公服、祭器等概不没爲官物。按之貧不鬻祭器，寒不衣祭服之例，中外同符。國家明法勅罰，原以厚風俗而正人心。中西政教各異，此法萬不可行。

第一百三十八條，凡公堂判斷被告理曲，被告不能遵判詞辦理者，一俟原告呈請公堂，即發拘票將被告提拘監禁，票内宜聲明監禁日期。

第一百三十九條，監禁日期按照左列，以被告應繳之數定其長短，期滿釋放。

一、逾一百圓者，其期三月以下。二、逾一百圓在五百圓以下者，其期自三月到六月。三、逾五百圓者，其期自六月至三年。

按：民事判案不僅錢債，尚有房屋、地畝及索取賠償等事。被告抗不遵斷，其追欠無多者，向不收禁。現既另設一監，逾一百圓定三月以下期，其五百圓以下定六月以下期，期滿均釋放。在窘迫窮民，正苦籌償無計，拚此數十日、數月拘禁得釋，未必再繳款項。而數逾五百圓者，其期亦止三年，等而上之，並無監禁三年以上之期。所追儻係鉅款，果將何以處之。其霸佔田房及索取賠償者，又將何以處之。如以賠償之價照欠數計算監禁，罰不及其款而及其身，尚足示警。而田房之被佔者，若亦計價監禁，滿日釋放，是適遂其霸佔之謀矣。夫房屋、田地，有關民居、塋葬，原告實偪處此，必欲争回，亦屬人情。被告有意狡抗，亦斷非監禁可以督責也。

第一百四十五條，公堂將原呈鈔録一分送交原告，並酌予定限，俾該原告可將呈内所列之産物查封出賣，將被告釋放。

第一百四十六條，釋放後，産物仍由原告查封出賣，至償清該款為止。

按：一百三十五條，凡發票查封之産物，由查封之員或委員看管。如被告不能償還欠款，則將該産物拍賣，是猶循田房産業一經入官，秉公估定之例也。若由原告查封出賣，則以貴爲賤，短價出售之弊即不能免。而被告不甘折耗，勢必又生轇轕，纏訟不休。且與前條所載由官拍賣之法亦相矛盾。

第一百四十七條，凡因欠債逃匿他處，如有産物經他人管理或寄存者，原告可在起債地方之公堂將欠户控告。

第一百四十九條，公堂接閲控詞，即可發票將被告産物查封。

按：錢債事件糾葛最多，有數人共欠一債者，有一人分借數債者。數人共欠一債，尚可查封一人財産，令各欠户自行分算。若一人分借數債，則債主甚多，徇一人之請而查封，是餘人之債無可取債矣。且第一百四十八條，有與他人共有一語，其他産物既與他人共有，則本人在逃，他人被累，豈得情法之平。若以民間積習言之，凡債項交涉，砌詞誣控者甚衆。原告之真僞未辨，被告之産物已封。在原告僅遞一紙呈詞，而使被告舉家歇業。經商者遽停貿易，虧折無窮。業農者捐棄耰鋤，田苗立槁。縱他日判詞得直，即予揭封，責原告以賠償，豈足謝被告之損失。且承審官員亦何解於草率之咎乎。

第一百五十四條，産物既經查封，原告可呈遞該案詳細控詞，請公堂定期審訊，一如通常民事案件辦理。惟所定之期，須在持票查封人員申復之後。

第一百五十五條，公堂審訊該案時，應查核該案原告所控事件是否符本法所載查封在逃被告産物各條，並原告是否理直，然後判斷。

按：查封産物自應先憑控詞詳核案情，實係應封之産，原告係屬理直，與本法所載查封各條又均符合，然後查封，方爲正辦。若先經查封，再令原告遞詞請審，被告既已在逃，所審詞仍一面，遽判封抵，難保被告不復控。設或公堂審係原告理曲，又與本法應行查封各條未符，而被告既出境外，産物查封以後，原管之人自必星散，即使揭還，將令何人點受。萬一日後被告以原物短少具控，又將何以應之耶。

第一百六十二條，凡欠户不能將所負各債如數償還，可定期邀請各債主會議，面呈困苦實情，願將所有貨物、家具及産業交出變賣，按照各債數目平均減成償還了結。如有債主不能赴會者，將以上情形具函通知。

第一百六十三條，如各債主允諾欠户之請，人數過半，且所索債數合計已占四分之三，無論是否臨會，即有議决之權，應書立允諾字樣，未允諾之債主不能異議。該欠户即具立券約，將所有貨物、家具及産業悉數交出，以便變賣備償。

按：償債減成，近今常事。各處市面貿易較大店鋪時有倒閉，非盡由懋遷之難，亦半出人情之險。儻或有心倒帳，統報四萬金欠債，内三萬金串囑多人假充債主，一萬金則實欠在人。所有索討三萬金之假債主人數固多，已占四分之三，又有議决之權，自然概書允據。而一萬金真債主，勢必不允，偏責以不能異議，該欠户即可具立券約，將不甚值錢之貨物、家具、産業交出變賣，按照各債數目平均償還，即作了結，是適遂奸商倒騙之計矣。

第一百六十七條，凡欠户無力清還各債，或因債被拏及被監禁者，可向公堂呈請破産。自呈請之日起，本人及一切貨物、家具、産業，即須聽候公堂命令。

按：會議減償之法已多罅漏。近年奸商倒騙，本由刑部申明治罪專條，重至軍流及永遠監禁，原爲嚴杜倒騙，維持商務起見。乃此條所載，竟若會議不久之外，欠户因被拏及監禁者可向公堂呈請破産。上年商部新定破産律，專爲商人而設。然欲杜其弊，必責令經商之始，先將商人所有家産悉數呈報商會註册，庶免日後寄匿。現在訴訟亦援商律，但仿外國不動産登記之法，將民間田房一一登記，庶倒欠監追之案，欠户一請破産，即可抵償。今州縣無登記所，官吏無登記法，則事前之寄頓無可追查，預串之債主無從分別，陽託破産之名，陰遂圖吞之計，並得倖免遠戍囹圄之苦，是適導人以作僞也。

第一百七十三條，凡欠户經公堂判為破産人，公堂應發護照，暫免因債拘提，如已監禁，立即釋放。

按：索欠理償，大率央緩，其實處窘鄉者，情固可原。而有心倒騙者，狡詐百出。特以國家法令所在，尚知畏懼，不敢公然爲非。若竟發護照，則是公堂之權限適爲破産之護符，既免拘提，又免監禁，奸商自無所畏忌，而呈請破産之案日見其多。不特與民間市面大有關係，即公堂亦不勝其煩也。

第一百八十一條，如公堂查明破産人有犯左列各項之一，除將財産、貨物變價備抵外，仍以有心倒騙論，將破産人處監禁二十日以上三年以下，或罰金五十圓以上一千圓以下。或監禁與罰金併科。

一、關於契約、帳簿、字據等類，隱匿、銷燬，或塗改、偽造及虚捏者。二、預將財産、貨物寄頓他處，或詭託他人名下，或虚立債主户名，或先向外户折扣收帳，或串通他人出頭冒認者。三、為損害債主起見，於呈報破産前一月將貨物賤售，或不惜重利圖借款項，或濫出期票使用者。四、平日用度奢侈逾恒，或買空賣空，冀圖僥倖，並無可望之款，以致虧折者。五、借債之時並無的款可望償還，或經營商業並無確實資本者。六、既經判為破産人後，故意延緩不將財産貨物一切權利及放出之債項在公堂或代理人處悉數呈報，或不將財産貨物除本人及家屬需用之衣物外悉行交出者。七、既經判為破産人後，私自清還一二債主，致各債主所得未能彼此均平者。

按：本法左列七項，已將呈請破産人詭計臚列摘抉。雖據聲明仍以倒騙論，而極重監禁不過三年以下，極重罰金不過千圓以下。設或有人倒騙十萬金，預備五萬金家産呈請報破，足償各債十分之五，即以第一、第二所列諸弊向公堂朦混，儻竟被所朦，則倒騙之五萬金，公堂既判令豁免，豈非坐享其利乎。即使查出弊混，照法懲治，而三年禁獄爲日無多，千兩罰金所值有幾，變價之財産貨物又安能保其悉數搜尋一無遺漏乎。奸商惟知圖利，不知廉恥，但便騙計得行，禁罰均所不顧，而况充其倒騙之數有不止十萬金者。杜弊不密，流弊必多，理固然也。

第一百八十五條，凡兩造爭訟，如有可以和平解釋之處，承審官宜盡力勸諭，務使和解。

第一百九十一條，刑事案件應處輕罪刑者，原告願和解時，亦可照本節辦理。

按：刑事民事判然不同。民事爲私人交涉，刑事爲一國紀綱。

民事尚可勸和，刑事必須執法，此法學家之公言也。刑事輕罪已非尋常藐法可比，即如私和人命、毆人至廢疾，均屬有干憲典，私自和解尚應查究，豈能以原告願和之故，而置國法於不問乎。

第一百九十條，如公正人或中人所定决詞，查有受賄或别項弊竇之確據者，准兩造申請公堂，將决詞註銷。但須在宣布决詞後之十五日内，逾限不得追悔。

按：受賄徇私，事屬曖昧，與者、受者决不張揚。欲得確據，必須搜求的憑，查明過付，方能證實，似非半月之期所可限。乃謂逾限不得追悔，雖循西法限止，流光易逝，罅隙難尋，即使查明，恐在限外，是註銷亦虚語耳。就使限内查出，僅將决詞註銷，並不將受賄者計贜科罪，人將視受賄爲無妨而一無顧忌，轉成習慣，則取定决詞，安望其悉秉大公乎。

第一百九十五條，訟費表須懸於公堂墻壁或門外，務使衆人易見。

按：訟費有表，固爲嚴杜浮索而設。第一百九十六條所載，除表内載明各費外，概不准另索他費，而訟費表内列有凡人請公堂用印於文件爲表内所未載者，每張費銀一圓。公堂頒發表内未載之票，每張費銀二圓。則已於載明各費之外，先開另索之端，立法殊未妥善。且券約存案有費，訟詞存案有費，查閲案卷有費，鈔録案卷有費，較之州縣訟費更多。其知照陪審人員每次費銀八圓，另差費二圓。詳核本法審訊似難於一堂定斷，若歷審多次，即此知照陪審員一項，窮民已不堪其累，而陪審之酬勞費更屬瑣碎。似應將名目數目一併裁減，明定簡約之數，方不累民。且本法訟費但言控關財産之案，此外婚姻、争繼各案，亦應一併議及，以昭周密。

第一百九十八條，凡公堂裁判案件，訟勝者應交訟費可判令訟負者代繳。然體察案情，有時亦可判令兩造分繳，至數之多寡，由公堂秉公核奪。

按：判訟以事理定曲直，訟之有費，理曲者繳，固可藉示儆戒，甚公允也。至判令兩造分繳之案，必係曲直相平，無所勝負，則原、被平分，當不致嫌多較少。若以數之多寡由公堂核奪，即此判繳訟費，恐兩造已嘵嘵不休，且亦非顜若畫一之道。

第一百九十九條，凡律師俱准在各公堂為人辯案。

按：泰西律師成於學校，選自國家，以學問資望定選格，必求聰明公正之人。其刑官多用此途。優者得入上議院，寄以專責，考以事功。而律師與承審各員同受學堂教益，自不敢顯背公理。中國各官治事，所治非所學，任官又不出專門，無論近日驟難造就如許公正無私之律師，即選撥各省刑幕入堂肄業，而欲求節操端嚴、法學淵深者，實不易得。遽准律師爲人辯案，恐律師品格尚未養成，訟師奸謀適得嘗試。且兩造若一貧一富，富者延律師，貧者憑口舌，則貧者雖直而必負，富者雖曲而必勝矣。

第二百五條，凡通商口岸公堂中外交涉之案，有外國官陪審者，亦可准外國律師上堂為人辯案。

按：律師雖非官吏，辯案實係公權。各國公權無有許外國人者，故各國律師無有用外國人者。中國通商口岸以外人有治外法權之故，不得不用外人爲律師，然以法律承認之則可不必。至外國官三字，範圍太廣，易滋辯論之端。查交涉案件，有外國官陪審者，此外國官必係駐紮該處之領事。中國所稱之治外法權，實外國所稱之領事裁判權，言領事而有裁判之權也。如領事以外有彼國使臣派來之官，祇可謂之觀審人員，不得以陪審論。至領事臨時所遣之繙譯，雖可在旁問供，然此時非繙譯之資格，乃領事之代表，是其地位本與領事無異，不得渾稱爲外國官也。歷來條約文牘於此節甚爲含糊，亟應申明，以清界限。擬請各條内所有外國官字樣，均改爲領事官，以示領事以外不許有裁判權之意。

第二百七條，外國律師有犯上條情節，照會該國陪審員或領事官禁止上堂辯案。如有應科罪者，由該國領事自行辦理。

按：上條所載情節，如故意不敬或語言輕侮等類，則所犯尚輕。至教唆、誣告、欺騙等項，教唆罪依日本、德國刑法，均照正犯。法國刑法，教唆罪無專條。誣告罪，日本則照僞證罪定。而僞證又分曲庇、陷害。其曲庇、陷害者，分處禁錮、罰金。因陷害而被告人已處刑者，全坐死刑減一等。德法兩國均重僞證罪，而誣告罪反輕。其欺騙之罪，日本、德國均處重禁錮、罰金，與法國之處監收、罰金同。所不同者，罰金數目之多寡。本法聲明照會該國陪審員、領事，由領事自行辦理。無論領事、陪審，難保不臨時迴護。且此等有失主權之事，乃竟於訴訟法内一併宣布，通行天下，無論問心不安，且適爲外人所竊笑矣。

第二百八條，凡陪審員有助公堂秉公行法，於刑事使無屈抑，於民事使審判公直之責任。

按：外國陪審員之制，仿自英吉利。英人重公德，能自治，故陪審員有益而無損。法、德諸國仿之，已多流弊。蓋爲陪審員者，非盡法律專家，逞其臆見，反復辯論，既掣問官之肘，又延判決之期，歐洲學説已有抉其弊者。日本裁判制度多倣西洋，然區裁判所祇設判事一人，地方裁判所以上有陪席判事，而無陪審員，所以然者，亦以日本人民無陪審員程度故也。中國束身自愛之紳士必不肯至公堂。即問官以陪審重要之故，責以義務，科以罰金，必有甘受懲罰而不願涉足公門者。其肯到堂陪審者，非干預詞訟之劣紳，即横行鄉曲之訟棍，以此輩參列陪審，豈能助公堂秉公行法耶。

第二百九條，凡公堂之有權裁判關於監禁六月以上、或罰金五百圓以上、或徒流以上等罪之刑事案件，及數值三百圓以上之民事案件，於未審以前，經原告或被告呈請陪審者，應用陪審員陪審。

按：罪至徒罪以上，案情不爲不重。本法既免刑訊，取供必難。如准原告呈請陪審，已難折服。若聽被告呈請陪審，尤易狡供。大凡命、盜案犯即係被告，庇凶、庇盜之劣紳，各省皆不能免。假令案犯到堂呈請陪審，暗以庇護之人句結濫厠，因而交通同列，互相照顧，則案犯更有恃而不恐，承審官即屬明幹，恐亦無從詰問。是案犯因之長膽，公堂從此掣肘矣。其數值三百圓以上之民事案件，流弊雖略輕，而大致相類。

第二百十三條，堪為及應為陪審員之男人如左。

一、年在二十一歲以上、六十五歲以下之人。二、休退之文武大小官員，商人或公司行商之經理人，士人、教習學堂卒業人，地主及房主。

按：聽訟之才，本未易得。照本法第一所列，盡人可爲，恐於事理尚未盡晰。或以年少而閲歷無多，或以年老而視聽不便，列坐陪審何所取裁。第二所列之休退文武大小官員，其確守規矩者，自不屑再入公門貽譏鄉黨。其有事爲榮者，居心又必非公正。至各有執業之士、商，亦孰肯曠棄本業而貪此五錢一圓之酬勞，作繭自縛。若地主房主皆應列諸證人並列陪審，更屬淆雜矣。

第二百十五條，應用陪審員時，掣取四十名。民事一千圓以下案件，掣取三十名。於前二日知會。

按：每案必掣四十名，少亦三十名，恐各省會及通商巨埠亦無如許合格陪審員可以充數，僻陋小邑更無論矣。觀第二百十八條，則實在到堂陪審者不過十二名，民事一千圓以下案件僅止六名。今乃於二日之前豫掣四十名，一一知會，是明明恐其不到而數倍其額，以冀數十人中必有十餘人或數人可至。假使彼此推諉，竟無一人應招，又將如何。且以一案之故，而知會至三十人之多，其爲煩擾亦太甚矣。

第二百十七條，陪審員接奉知單，届時不到堂，或到堂未經公堂允准擅自退出者，經公堂查明並無合理事故，可判令罰金一百圓以下。

按：陪審酬勞，訟逾三百圓者，每員每日銀五錢。逾一千圓者，銀一圓。而未及三百圓之訟件與刑事等案，尚未議及。如果陪審員爲利而來，所得亦甚些微。而接奉知單届期不到，及到堂而擅自退出，即處以一百圓以下之罰金，所得已不償所失。其潔清自愛者强令入座，勢已爲難。稍有錯誤即應罰鍰，寒素之人百金之罰，從何措辦，有不望而裹足乎。

第二百二十二條，如所知會之陪審員中，因有未到堂或到堂不合格者，以致不能滿十二員或六員之定額，則公堂可循原告或被告之請，在堂上觀審人中擇合格者充數。即有一造不願，亦不能中止。

按：本法決詞由陪審員定，竟若承審官惟陪審員之言是聽。乃竟因缺額之故，可循兩造所請，於堂上觀審人中補充足數，甚至一造不願，亦不能止。儻原被告預知陪審員缺，先約陰鷙親友在堂觀審，臨時指請，其弊較律師爲尤甚。夫既用陪審，必選擇品望公正、法律精深之人以爲佐理，始可收指臂之效，其可聽原、被告指請乎。立法必先袪弊，弊蘊於法，法何以行。

第二百二十五條，兩造證詞及律師訴辯均已聽畢，承審官即向陪審員將該案所有證據再誦一週，並加評論。如有律例問題，務須逐一詳解，使陪審員所議決詞與例相符。

按：陪審員既助公堂秉公行法，兩造證詞、律師訴辯業均聽畢，所有證據又由承審官朗誦，則是非曲直應已瞭然於胸，更何待承審官之評論耶。乃至評論以後，律例問題尚須承審官逐一詳解，本爲承審官之助，而重煩承審官之教，絲毫不得其力，公堂亦何賴此土木偶人之陪審也。

第二百二十八條，如陪審員決詞曰有罪，承審官即將被告按律定擬。若決詞曰無罪，則立刻將被告釋放。

按：設立陪審員之意，所以防承審官聽斷之偏，非令陪審員操判決之權也。日本地方裁判所以上雖有陪席判事，而宣告判詞必由判事長。泰西學者論司法官之地位，謂代國家元首行刑罰之權。然則使陪審員陳言於承審官則可，使承審官聽命於陪審員則不可。此中輕重等級，宜定於先，庶杜凌獵之弊。

第二百三十條，案關死罪者，必衆議僉同，方能決定。

按：此條立法，即國人皆曰可殺，然後殺之之義。而按之實際，窒礙甚多。蓋集陪審員十二人於一堂，無論承審官如何解釋，必有意見參差之處。自古帝王建皇極，決大疑，不過三人從二。各國議院議事，最重大者莫如改修憲法，議決之時，祇以三分之二以上爲斷。可見衆議僉同四字，其名甚美，其實則非。必如本條所云，則有一人立異，即可倖稽顯戮，有是理乎。

第二百三十二條，陪審員自到堂迄決詞未定之先，除公堂特許外，不准他人與該陪審員語言，或傳通消息，或遞交物件。如有陪審員因飯食或他故欲請自便，則令公堂人員隨往監察。

第二百三十三條，如所審之案一日不能完結，次期再訊，可令陪審員就署內或附近房屋居住，務令暢適。惟仍須派員監視，刻晷不離。並令該員當堂清心矢誓，不准一切人等與該陪審員有通問及傳遞消息等事，該員亦不得與之談論該案。

按：用人不疑，自古垂訓。陪審而賢，何須監視。陪審而不賢，何必延用。況照本法判案，當日未必能結，次期再訊，則令陪審員就署内或附近房屋居住，食宿之費果將誰任。審案一日不結，陪審員即一日不能離。訴訟繁處，日須數起。一案陪審，多則十二員，少亦六員。初審之後，或因調查證據，或因添傳證人，或因原、被告審後患病，累月經年，勢仍不免。守候復訊之陪審員，接連擁擠。派員監視，又須刻晷不離。匪特署内無此廣廈，即附近亦無此閒房。且監視之員，亦將不敷分派矣。

第二百三十五條，凡刑事、民事各案之原告或被告，均可帶同證人到堂供證，並可呈請公堂知會某人到堂作證。

按：外國斷獄全恃證據，故證人特重。然外國偵探最精，交通最捷，警察最密，其證據易查。不僅恃證人作證，且證人往返有費，休息有所，訊畢即返，從不羈留。故爲證人者不以爲苦。各國刑法於僞證之罪皆定專條。日本訴訟法，以到案作證爲人民應有之義務。惟其如是，故爲證人者不敢虚誣，亦不敢推諉。中國舊例，衆證明白，即同獄成。會典凡鞫獄官聽訟，不得證據無憑草率定案。成憲昭垂，未嘗不以證據爲重。然而傳訊則有需索之苦，到案則有羈守之累，正兇不過一人，株連動以十數。即問官以衆證確鑿定罪，本犯亦必上控，非指證人陷害，即誣證人得贓，此各省實在情形也。今日修改律例，誠不能不重衆證，惟必須分別情由，酌量輕重，非案内緊要人證，斷不可輕率傳訊。若如此條所載，任聽兩造指名呈請，則因曖昧而牽連婦女，因雇工而關涉主人，非所以慎重庶獄也。

第二百四十二條，凡職官命婦，均可由公堂知會到堂供證。

按：職官供證，本非失體，惟須視案情如何。若職守攸關，則泄漏公事，例禁綦嚴，豈容在堂供證。東西各國，凡官吏就其職分之事，得拒絶證言。其有不得已者，必俟上司允准。中國服官之義，亦豈有殊，此必須於本條聲明者也。至命婦到堂，則必不可。春秋之義，保母不在，宵不下堂。周禮凡命婦不躬坐獄訟。鄭康成注，以爲不身坐者，必使其屬若子弟。於例婦人小事牽連，提弟兄子姪代審。如遇虧空、賠累、追贓、搜查家産、雜犯等案，將婦女提審，永行禁止，所以養廉恥全名節也。以言經義則如彼，以言國法又如此，然則婦女到堂供證，爲萬不可行之事，初不必問其爲命婦與否。如實係案内緊要人證，儘可令其子姪兄弟到堂。此爲名教所關，斷不宜藉口於男女平權之說。中西風俗各殊，此亦其一端也。

第二百五十五條，凡條約所准外國官員陪審之各公堂，或在通商口岸，或他處。

按：他處二字，駭怪萬分。徧查條約，並無除通商口岸以外有許外國官員陪審之公堂。惟煙臺條約第二端内稱，凡遇内地各省地方，有關係英人命盗案件，議由英國大臣派員前往該處觀審等語。然此乃觀審而非陪審。觀審、陪審，意義迴殊。觀審不能贊一辭，不能參一議，與中國人民之在堂下觀覽者無甚區別。祇以其爲外國官員，故待以賓禮，爲之設坐。此時中國官吏仍有完全之權。雖觀審之員可與承審官辯論，然仍由承審官作主，非必與觀審之員商酌辦法也。陪審則不然，有審訊之權，有判斷之權，中國承審官甚至有不能置喙者。治外法權之所以爲中國大害，正在於此。今乃於通商口岸以外，許外國官員以陪審之權，且貿然指爲條約所准。然則自二十二行省以至内外蒙古、青海、西藏，何一不在他處二字範圍以内。外國官員極其偏袒議論、横暴手段，豈得指爲不在陪審權限之中。法律文字最宜謹嚴，失之毫釐謬以千里，此不可不慎也。

第二百五十七條，外國人在内地犯罪，將該犯解交駐劄最近之該國領事官，按該國律例治罪。

按：此條雖循舊案辦理，但外國法權得行於中國土地，本極可痛心之事。今日修改法律，期挽主權，則失權辱國之文，斷不宜載於法律。西人有言，法律有最强效力，凡法律所承認者，雖人主不得奪之，誠以法律爲全國人民所同守。今法律認外國人犯罪用外國法，是不啻全國人民同認外國主權得行於中國領土也。昔埃及、土耳其認外國有混合裁判權於其境内，埃既不國，土亦垂危。環球之人，莫不騰笑。中國前事不忍復言，然猶幸無法律以爲承認。爲今日計，中外交涉案件衹可另訂一暫行章程。蓋法律永遠遵行，章程隨時更改，舍法律而用章程，猶爲彼善於此，國本所關，不可不察。

第二百五十八條，凡中國人控告外國人案件，由被告本國領事官審訊，中國官在堂陪審。

按：此條與上條同一承認治外法權，錯不待言。惟中國官在堂陪審一語，尤爲錯中之錯。查（成）［咸］豐八年中英續約第十二款，兩國交涉事件，彼此均須會同公平審斷。第十七款，中國人民有赴領事官告英國人民者，由中國地方官與領事官會同審辦。條文兩言會審，意義甚明。上海審華洋交涉案件之衙門稱會審公堂。會審章程第二條，案件牽涉洋人必應到案者，必須領事官會同委員審問，或派洋官會審。詳繹會審之義，領事官與委員審判之權相等。今忽改會審爲陪審，是明明領事官爲主，中國官爲客，領事官爲正，中國官爲副。國際交涉本恃强權，條約雖有會審之文，華官已成陪審之勢。若法律明以陪審爲限，則權力愈小，不幾退入觀審之列耶。前條於外國官誤觀審爲陪審，此條於中國官誤會審爲陪審。一誤再誤，絀己伸人。聚六州之鐵，真不能鑄此大錯也。

附頒行例第二條，本法頒行之後，凡現行律例及各章程内有關訴訟者一概作廢。

按：現行律例悉經列聖欽定，句梳字櫛，備極講求。而法律精義，凡所以維繫世道人心者，實皆由聖賢微言奥旨而出。即近年通行各章程，亦皆内外臣工揆時核定。上年刑部將並未習用各例删去三百四十四條，餘則悉仍其舊，奏奉諭旨頒行欽遵。律例本關邦憲，若因新纂訴訟法而將律例章程一概作廢，則訴訟舊法僅隸刑律各門之一，於全部律例脉絡本聯，以訴訟甫經議上之新法，而竟廢國家遵守至今之舊章，立言似近鹵莽。且以天下之大，獄訟之繁，萬不能以二百六十條訴訟法所可賅括，此亦盡人能知之事。現在各部已經添改則律例一書必須集精於律學之臣，大加修改。其有實與現在事理不合者，應即請旨删去。務使全國上下，同受治於畫一法律之中，以期毫無紊越。若稍有疏率，則將來貽患不堪設想矣。

虛擬死罪改爲流徒各項請仍存死罪之名片 光緒三十三年七月二十六日

再，上年准刑部咨開，法律大臣沈家本等奏，現行律內虛擬死罪之戲殺、誤殺、擅殺三項，分別改爲流徒一摺，經部會同都察院議奏，凡秋審不准一次減等者，仍照向例辦理。其准緩決一次即予減等者，如該大臣等所奏，分別改爲流徒等因。又今年准法部咨開，議覆前兩江督臣周馥咨，秋審應入可矜人犯，援戲、誤、擅新章，分別改爲流徒等因。先後奏准，鈔單通行前來。詳繹部議，意在綜覈名實，删除繁文，而於法律大臣原奏，前兩江督臣原咨，或准或駁，蓋於變通之中，仍寓限制之意。臣惟孔子爲政，必先正名。皋陶明刑，所以弼教。名法名教，義取相資。現行律內虛擬死罪各項，就實際而論，誠如法律大臣原奏所云，雖名絞罪，實與流罪無殊。然存一絞罪之名，猶不失明刑之旨。定例之所以必俟秋審減等者，蓋衡情執法，必如是而始平。故不惜多費一番文牘，非名實不符也。恭值聖朝仁恕寬厚，刑罰各項節次減輕。臣前年覆奏變法摺內，亦曾以恤刑獄爲請。豈聖主寬仁之德，反不知實心仰體。特是國家綱紀與主上恩施，本自並行不悖。若以省併繁文之故，竟除虛擬死罪之條，則不獨情法不得其平，且恐各省民風强悍地方，誤謂殺人罪不至死，逞其好勇鬬狠之習，無所顧忌，動犯王章，殘殺之風由斯而熾。則是朝廷本施法外之仁，而愚民轉生玩法之念，此必有議者所不及料者矣。然以奏准通行之案，遽議規復舊章，政體所關，容或未便。臣愚以爲既改徒流，以後不妨仍標絞罪之名。查定例，斬、絞、軍、流各犯俱著赭衣。按照新章，徒流人犯應入罪犯習藝所工作。擬請嗣後凡由絞改流之犯，於工作時令衣赭衣。即由絞改徒者，其原犯本係死罪，亦宜於衣服量加區別，以別於尋常徒犯。並擬於衣上揭示罪名。由絞改流者，即書曰絞罪改流之犯。由絞改徒者，即書曰絞罪改徒之犯。儻果工作勤奮，有心向善，俟滿一二年後，酌予銷除。如此則雖無囹圄之苦，尚有死罪之名。庶觀者可觸目驚心，即本犯悚於罪名之重，愧悔之良亦易激發。似於舊例新章均無妨礙，而名義亦正。至工作年限，若與尋常流徒各犯一律，未免漫無區別。擬請於新章習藝期限外，流罪加苦工一年，徒罪加工作六月。似此酌量變通，仍於生死出入無關，而足彰聖世協中之治。合無請旨飭下法司核議辦理。

查明漢口日本租界續訂合同摺 光緒三十三年七月二十六日

竊臣承准軍機大臣字寄，光緒三十三年七月十五日奉上諭：有人奏漢口租界新約尚須磋改一摺，著張之洞查明具奏。原摺著鈔給閱看。欽此。跪誦之下，仰見朝廷慎重界約，豫妨流弊之至意，曷勝欽悚。惟原奏所云，似乎有意深文，全非事實。

臣查漢口展拓日本租界合同，止有三條。第一條聲明展拓一百五十丈。此條日本原索展界二百丈，已有成議。經臣極力駁減，而後彼乃允從。第二條爲保護燮昌火柴廠照常開設，不致勒令遷移，不能苛待，與日本商民一律看待。此條亦係與日本領事力争十數次而得。第三條係聲明悉照原訂合同辦理。又另件議明年限，收回華界所設日本從前借用之大阪馬頭。此條最爲棘手。緣大阪馬頭一事，牽涉德躉船、英國馬頭，幾釀衅端。辯駁數年，多方抵制，始克就範。外務部久已深知其詳。此案自光緒二十八年即已議起。由臣電復外務部查照備案。並以日界堅索爲難情形電告外務部，極力主持，相持數年，卒將遷移大阪馬頭及保護華商燮昌火柴廠兩事議妥。此項合同由臣與日本領事面議，飭令江漢關道桑寶與駐漢日本領事訂立。本年四月間始行批飭勘丈訂界。因其樹立界石稍逾丈尺，復經關道力駁，令其移回，始行互換合同蓋印。

正據該道稟覆詳咨間，茲奉旨飭查，當經欽遵，復飭該道查覆去後。茲據覆稱，原奏稱漢口日本擴張新租界條約竟有永久租用字樣，界内華商並當遵從日本規則，繳納賦税，與日本臣民相等，是真與割賣無異等語。查永租字樣，係查照成案辦理。咸豐十一年天津紫竹林法國租地條款，即有永遠爲據字樣。又是年漢口初立英界，即繕寫永租地基。以後俄界、法界及日本租界原訂合同，皆一律查照咸豐十一年成案，照寫永租字樣。最近證據，如天津義國租界章程，則有永讓與義國作爲租界字樣。天津奧國租界章程，則有界内一切官地，中國均讓給奧國專爲永業字樣。是永字來歷，固不自此次續訂日本合同爲始，亦不獨漢口各國租界合同爲然。且日本法規大全，其劃與各國居留地，亦有永代借字樣。至賦税二字，查日文賦税金，其解釋即係捐輸款目之義。惟漢文税捐二字大有區别。日本領事原送合同係税捐字樣，當經該關道函告，界内祇准照章抽收工部局巡捕各捐，不能收納賦税，應將税捐改爲各捐，旋據該領事函復，租界本無征收關税之理，遵照改爲各捐。有卷可查。又日本臣民字樣，查中日馬關條約第六款，有日本臣民往來僑寓，從事商業、工藝製作等語。中日通商行船條約第四、五款所稱中日合股經營合辦公司挂號商牌各節，於中國則稱中國人民，於日本則稱日本臣民。其第五款書籍、報紙一條，日約與美約相同。日約稱日本臣民者，美約則稱美國人民。此可爲漢文商民譯爲日文臣民之明證。是以此次合同，漢文本係寫爲商民，日文則譯寫爲臣民。以上各節，查明並無不合等語，詳請覆核具奏前來。

臣查日本展界一事，辯論磋磨七八年而後定，備極詳慎，武漢官民皆知。原奏所稱各節，並未將永租、税捐及日本臣民等字樣考查明晰，竟至斥爲割賣，似乎有意誣詆，别有用心。其所稱失中國土地所有權者，惟以此項合同永租之永字，税捐之税字爲辭。今既查明永租字樣，乃數十年來各省通商租界之成案。而税捐之税字，亦復早經駁正。日本臣民字樣，他項條約成案甚多，而鄂省此項合同，則存案之華文係屬商民。是原奏所稱失中國土地所有權者，實無其事。且查日界原訂合同第三條，有日本界内租户須完中國地丁錢糧，由日本領事送交漢陽縣彙解。其未經租定地畝，由華民自行交納錢糧等語。則是日本人明明繳納中國之賦税，並非中國人繳納日本之賦税，中國土地所有權固絲毫無失矣。至此次合同内所稱照原訂合同辦理，原訂合同即初次議給租界之合同，對此次展界合同而言也。乃報館妄言，謂爲原訂合同必係另有密約。今該御史所奏，大指即本此報館所言。報館既蓄有此節疑團，難免無識者以後不以訛傳訛，永爲口實。今因覆奏各節，合併聲明。

（硃批）外務部知道。（欽此）

收回漢口比國租界片 光緒三十三年七月二十六日

再，漢口濱江地方招商局馬頭以下係英國租界。英界以下接展俄界、法界、德界，至日本租界止。日界以下爲華業公司地界，迤下直至劉家廟京漢鐵路馬頭、火車廠棧皆爲中國地界。乃比國乘鐵路購地之際，在該處私購民地三萬六千餘方，以預備鐵路比國工人賃住爲辭，於光緒二十四年堅向總署索訂比國租界。經臣竭力拒絶，駁以比國工人祇可由鐵路公司造屋借與居住，不能准予立界。自光緒二十四年議起，相持至二十八年，該使復迭向外務部函催，咨行臣統籌兼顧。臣再四籌思，比國原購地段緊靠京漢鐵路南端江邊馬頭之劉家廟火車棧，包過鐵路，實扼南北鐵路咽喉，於中國管理鐵路主權及京漢、粤漢兩路交接之馬頭大有妨礙，堅不允許。僅就濱江一邊劃地一萬六千餘方，擬作比界，東北兩面皆與鐵路相離數十丈，該使復商由外務部咨請通融加寬。駁以查明窒礙，咨復外務部酌復。自是又相持數年。該國駐漢領事將所買地契送交關道税印，迭經照催，要挾甚力。臣思該地跨越鐵路，横當要衝，雖一再駁令减讓，究於附近鐵路地權、地利有損，不如議價收回，留作擴充華商貿易之用，可以永保權利。惟自鐵路告成以後，地價數十倍於從前。經臣派員與該領事磋議經年，始將全數基地議定價銀八十一萬八千餘兩。又以鉅款咄嗟難辦，暫行息借華洋商款墊付，以杜翻悔。此係上年之事。

現因地甫收清，息借之款已另行籌款歸還。從此京漢、粤漢兩路臨江馬頭，不爲外人租界扼阻，於路政、商務均有裨益。自應將此案原委情形奏咨立案。

（硃批）外務部知道。（欽此）

保奬勷平瀏陽醴陵萍鄉會匪出力各員摺[一] 光緒三十三年七月二十六日

竊照上年十月間，江西萍鄉匪徒滋事。湖南瀏陽縣洪江會匪首姜守旦、龔春台等亦糾合醴陵、平江等縣匪黨揭竿倡亂，分股肆擾，湘、贛兩省爲之震動。而匪首蕭克昌盤踞萍鄉安源，黨與衆多，礦工多被煽惑，隱患尤大。臣春蓂據報後，即經派撥巡防隊管帶梁國楨等五隊，常備軍管帶李文升等三營一隊，馳赴瀏陽、醴陵、平江各縣，分投堵勦。並令協統准補辰永沅靖道俞明頤，前往瀏陽駐紮督辦。臣之洞亦即督飭陸軍第八鎮統制張彪，揀派協統王得勝，標統李襄鄰、白壽銘、吴元澤等，率帶張長勝等步隊八營、礟隊一營，乘輪分赴湘、贛邊境岳州、平江等處，扼要駐紮防勦。所有勦辦情形及殄除蕭克昌等，暨辦理清鄉善後事宜完竣，地方一律肅清，業經臣等恭摺奏報。並將尤爲出力之道員俞明頤等隨摺保奬，聲明其餘出力各員弁、團紳，容確查，另行奏乞恩施。欽奉硃批：仍著嚴飭緝拏匪首姜守旦、龔春台等，務獲懲辦，以浄根株。請奬各員，著該部議奏。欽此。又具奏辦理清鄉完竣摺内，奉硃批：准其擇尤酌保，毋許冒濫。欽此。即經欽遵恭録，嚴飭緝拏姜守旦等暨在逃各匪目究辦在案。茲據前常備軍協統辰永沅靖道俞明頤、陸軍第八鎮統制四川松潘鎮總兵張彪，暨湖南兵備處司道，將各軍出力文武員弁及地方官紳查明造册，詳請奏奬前來。

[一] 以下四件録自中國第一歷史檔案館編《光緒朝硃批奏摺》第一一八輯，第一八九至一九三頁，中華書局，一九九五年版。

臣等伏查上年瀏醴萍鄉之役，姜守旦、龔春台等分遣黨與，四出搶劫，燒燬房屋，攻撲縣城，衆號數萬，勢甚猖獗。省城及附近各州縣，人心極爲驚惶。上廑聖懷，叠奉諭旨，合力兜剿。幸各軍將士争先用命，前後接仗二十餘次，共擊斃匪黨一千數百名。旬日之間，得以撲滅，辦理尚屬妥速。旋清查各鄉，先後拏獲匪目李世億等及黨與共五百餘名，正法者一百九十餘名。嗣於本年四月奏報後，據瀏邑紳民稟，已獲匪黨多茹供不吐，在逃匪目仍伏匿鄉陬，請予嚴辦等情。經臣春蓂選委幹員前往該縣，會同懸賞緝拏。並於前獲各匪内究出逆跡昭著，及陸續緝獲逸匪情節較重，續經該印委審明稟報批飭正法者又六十五名。在事各員均屬著有微勞。現經臣等將勞績稍次之員，覈實刪減給予外獎。所保各員，委無冒濫。謹繕清單，恭呈御覽。合無仰懇天恩俯准照擬給奬，以示鼓勵而昭激勸。出自逾格鴻慈。除將千把以下各員照章咨部給獎，並仍嚴飭各營縣隨時廣購眼綫，嚴緝匪首姜守旦等，務獲懲辦以絶根株外，謹合詞恭摺具奏，伏乞皇太后、皇上聖鑒訓示。

該部議奏。單併發。

請議卹片 光緒三十三年七月二十六日

再，據署瀏陽縣知縣劉鉞、巡防二隊管帶梁國楨等稟稱，上年十月間，該縣洪江會匪倡亂，縣屬東、南兩鄉被匪燒搶蹂躪，情形較重。所在紳耆均練團禦賊，以輔兵力之不及。如永和市團首優廪生李德鐘、從九職銜李德荄，志勝團團首從九職銜劉松山、州同職銜吴訓林，或督勇抵禦，因衆寡不敵遇害，或充當偵探，被匪徒殺以祭旗，與團勇卜修觴、唐錫光、歐祥松、歐祥楠、王顯桃並該營什長瞿洪勝、勇丁趙宏順、童紫斌、向正超、宋家珍，先後打仗陣亡。並據醴陵縣稟該縣差役宋發，當匪徒初起時，派往偵探，被李香國殺害等情，稟請一併奏卹前來。臣等伏查，該團首李德鐘等，上年因會匪竄擾，相率督勇堵禦，並充當偵探，均屬忠義奮發，有功桑梓。乃因當時賊勢兇悍，致與團勇卜修觴等並巡防隊什長瞿洪勝等一併捐軀被害，其情殊爲可憫。合無仰懇天恩敕部分别照例議卹，以慰忠魂。除咨部查照外，謹合詞附片具奏，伏乞聖鑒訓示。

著照所請。該部知道。

已革知縣隨營出力請開復原官摺 光緒三十三年七月二十六日

竊查去年冬間江西萍鄉匪徒滋事，湖南醴陵、瀏陽等處匪徒同時竊發，連合一氣，其勢甚張。經臣之洞派遣常備各營會同臣春蓂所派防軍，合力攻剿，立時撲滅，已將尤爲出力各員奏請優獎，並聲明其餘出力各員，俟確查另行請奬在案。茲查有鹽提舉銜前湖北試用知縣葉丙勳，祖籍浙江仁和縣，寄籍順天大興縣，由監生報捐州判，指分四川試用。旋遵鄭工例報捐知縣，仍指分四川試用，署理定遠、三台等縣，均無貽誤。光緒二十一年改指湖北。二十七年委署東湖縣知縣。二十九年經前撫臣端方以該員操持不謹，聲名平常，奏請革職。三十年十月恭逢皇太后七旬萬壽，隨班祝嘏，賞還原銜。該員此次隨同陸軍第三十二標統帶白壽銘，充參謀官，赴湘援剿。行抵湘省，適值瀏陽一帶警報疊傳，省城兵隊全行派出，匪黨近在百里內外，省城空虛，人心震動。臣春蓂當將白壽銘一軍堅請留駐省城，以資保衛。該參謀官葉丙勳，隨同籌畫防守事宜，昕夕勞瘁，深協機宜，並協同拏獲匪目戴靖安及匪黨多名，省城得以安定。核其保衛之功，與身臨前敵相等，未便没其勤勞。本年五月欽奉上諭：被劾人員遇有勞績保奬，將被參原案詳細聲敘，另摺具奏。等因。欽此。茲查該革員葉丙勳，前經端方參劾，並無實在劣跡可指，均係無據空言。即所署東湖一缺，在湖北向稱瘠苦，凡在任之員無不稱爲賠累，力求調劑。該革員署任年餘，儉約自勵，並不嫌其瘠苦，且其辦事秉公，不畏强禦，政平訟理，至今士民毫無間言。臣之洞曾經詳加考察，該革員人品才具均屬可取，在州縣中洵爲潔己自愛之員，徒以不避嫌怨，致招謗言。緣宜昌府城有銀號虧累甚多，該革員奉本管荆宜施道密札，飭將該銀號查封，以追公款。適有駐宜局員，亦在該號存放私款，切囑該革員勿封。該革員執法秉公，未敢曲從，於是積成怨怒，播散謡言，力圖報復。前此端方之劾，實爲浮言所誤。此次派充隨營參謀官，復能不辭勞瘁，綏靖地方，尤非尋常勞績可比。合無仰懇天恩准將該革員葉丙勳開復原官原銜，並免繳捐復銀兩，以示奬勵之處，出自逾格鴻施。謹合詞恭摺具陳，伏祈皇太后、皇上聖鑒訓示。

著照所請。該部知道。

遊擊緝捕勤能請將被控完結之案查銷片 光緒三十三年七月二十六日

再，查湖南撫標右營遊擊熊得壽，前於光緒二十二年在調署九谿營遊擊任內，因有被控案件，經前撫臣陳寶箴咨商臣之洞，將該遊擊撤任，聽候查辦。並於奏報查閲西路營伍完竣摺內，陳明在案。旋飭據前任岳常澧道陳璚稟覆，提集人證，查訊被控各案，均無確據。實係已革兵丁林德元等架詞捏控，將該革兵等分別杖責枷號示懲，稟經臣之洞批飭銷案，將該遊擊留省察看。嗣查該遊擊時歷數年，尚無過謬。二十六年檄飭署理提標左營遊擊。二十九年經升任撫臣趙爾巽咨請飭回本任。茲查該遊擊自回任以來，辦事奮勉。上年瀏陽、醴陵二縣會匪滋事，匪徒到處句結，經該遊擊督飭弁兵，拏獲匪犯劉道一、張福全、歐南山等多名，懲辦緝捕尤爲勤能。自應將昔年被控完結之案奏明查銷，以資策勵。除咨陸軍部查照外，謹合詞附片具陳，伏乞聖鑒。

該部知道。

光化移駐縣治建設衙署摺 光緒三十三年七月二十八日

竊照襄陽府屬光化縣老河口地方，濱臨襄河，西達秦中，北連豫省，實爲楚邊要區。水陸交衝，商賈駢集，盗賊會匪時復出没其間。上年正月，會匪柯了凡等即在該處謀爲不軌，剋期起事。幸賴地方文武先事偵知，即行撲滅。近復教堂林立，五方雜處，治理之難，尤非昔比。凡籌餉、緝匪、安教、保商，在在均關緊要。而縣城相距十五里，往返稽延，實難控制。自當因地制宜，以期扼要。經臣飭令該府縣詳加籌畫。茲據襄陽府知府曹允源稟稱，請將光化縣治移駐老河口地方，期於治理有裨。核計建設縣署、捕衙、監獄等項工料需錢三萬串文，籌此鉅款殊非易易。查老河口尚有土堡一座，建自乾隆年間，向由各幫商董於各項商業中每錢千文抽捐六文，作爲歲修經費。其實歲修一項無須如此鉅款，所抽歲有盈餘，皆係充作商業公舉之用。兹擬商之各商董，於所抽堡工經費，每年酌提若干爲修造縣署、監獄等事之用，分爲五年，陸續辦理。其原駐舊城之均光營守備，應即移駐河口，以資彈壓。舊城民户本屬無多，應令均光營參將於所屬汛弁酌撥外委一員，移往駐紮，俾司巡察。典史有監獄之責，應隨監獄一并移駐。其縣學教諭、訓導各員，以及壇廟、學堂概仍其舊，以免糜費。河口既改設縣治，沿河土堡應即一律修築完固，以資捍衛。此項工程，即飭該縣承修。一面即日先行移駐河口，一面從容督工修理。飭據藩、學、臬三司覆核定議會詳請奏前來。臣覆核無異。理合恭摺具陳，伏祈聖鑒。

（硃批）該部知道。（欽此）

商辦大冶水泥廠請暫免税釐片光緒三十三年

七月二十八日

再，現在各省奏辦鐵路所用材料，以鋼軌、枕木、水泥爲大宗。鋼軌可取之漢陽鐵廠，枕木、水泥尚須購自外洋。中國森林之學未講，枕木之利一時尚難收回。水泥一項外國謂之塞門德土，凡築路、造橋、建廠等事，均所必需。以中國之銀易外國之土，受虧孰甚，無待煩言。臣查得湖北大冶縣黄石港附近地名台子灣所産石質，於製造水泥極爲相宜。曾將原料寄至德國，函託使臣暨化學家考驗，許爲上等合用質料。當經出示招商，如有身家殷實，能集鉅股呈請承辦者，准即給札開辦，並予專利十五年，以維商業在案。

兹據奏調湖北差委福建存記道程祖福禀稱，兹有清華公司遵照出示章程，招集華股三十萬兩，情願承辦大冶縣台子灣水泥廠，請援案專利十五年。俟五年後獲利漸豐，由公司查照外洋公司通例，酌提盈餘報效公家。並請奏懇暫免税釐，以恤商艱等情前來。臣查該道員曾經創辦清華公司，講求實業已歷多年，以之開辦水泥廠，必能刻期有效。異日行銷各省，收回外溢之利不少。當經臣札委該道爲水泥廠總辦。但事係創舉，正需延聘工師，購買礦山，建造廠屋，安設機器，一切廠用繁費尤多。中國振興實業，原爲抵制洋貨起見，然非輕成本不能暢銷。當此購機、雇匠悉資外洋，費多本重，正恐商情疑沮，非賴國家提倡維持，不足以鼓舞商情。前准農工商部咨開，於三月十八日會同郵傳部，具奏各省商辦鐵路所用材料請照官辦之路一律暫行免税一摺。奉旨：依議。欽此。又准農工商部咨開，於七月初三日具奏華商設立公司製造鐵路材料援案暫行免税，以勸工業而挽利權一摺。奉旨：依議。欽此。均經先後通行欽遵在案。仰見朝廷重視路政，體恤商艱之至意。

此次湖北設立公司自製水泥，暢銷土貨，既係鐵路材料之大宗，相應援案仰懇天恩俯念商廠創辦維艱，根基未固，准其暫免税釐。其准免年限多少，比照他省鐵路公司製造材料一律辦理，以勵商情而興實業。

（硃批）該衙門知道。（欽此）

籌辦陸軍小學變通部章摺光緒三十三年七月二十八日

竊臣於光緒三十一年以來，疊准部咨催辦陸軍小學，並發給章程敦促試辦，已於光緒三十二年正月十八日遵照部限開辦在案。謹將練兵艱難，力籌節省儲備變通辦法情形，爲我皇太后、皇上陳之。

竊維今日時局，軍政爲第一要義。揆度中國情勢，非有精練陸軍百萬以外不可。一省情勢，大省非有五六萬人，中小省非有三萬人不可。然照此兵額練足，歲需餉銀八九千萬兩。今日萬萬無此財力。因陋就簡，坐誤事機。搜括取盈，尤非善策。湖北爲今日水陸最衝之地，又適當財源困絀之秋。臣夙夜焦思，不能寢食。至教兵不如教將之説，人所習聞。但專恃出洋遊學之陸軍學生，或本省設學聘用外國教習教成之學生，待以充用，則所費太鉅，各省財力亦斷不能支。而回國以後，其中學問切實又不染荒謬惡習者，不能得半。即其可用者，久在外洋，眼高氣盛，所望甚奢。非優異之官，豐厚之薪，不樂爲用。斷不能盡受中國鎮協各統鈐束。且朝南暮北，去就任意。加以此項學生，有學問而無閲歷，任以實事，果能人人皆克收效與否，尚未可知。然則學生亦不能專恃，其數亦不能甚多，此危道也。臣於是與各項講求兵學之軍佐官及各營將領詳加籌酌，因思專就培養陸軍小學堂著想，與文學生注重高等小學、初等小學同意。將該學堂大加開拓，令其可容三千人。選各營正兵六千人入堂習學。一日在堂上學，一日在本營操練。飯食本營自帶，間日到堂。則三千人之講堂，可教六千人。間日仍在本營操練，則與本管營哨官不致隔氣，易於鈐束。五年以後，此六千人皆有士官之學術。設有大征戰，即用之爲營哨官，以一人募練百人，此六千學成之兵，即可練六十萬人。半年即可練成應用。是湖北五年後，可得六十萬兵之用，而目前所費止六千人之餉。以此例推，假如各省合計有備用之學兵三萬人，有事時即可得急就速練之兵三百萬。惟在平時儲械與臨時籌餉耳。籌議既定，因自去年夏間，即已鳩工添造講堂、理化堂、飯廳各項屋舍，目前業已工竣。臣親加察閲，俱甚合法。各兵亦恪遵規矩，計日程功。其初開堂之時，間有欲效學堂惡習，驕妄自居，不服軍紀者，當經隨時嚴行懲黜，以後一律肅然。臣體察情勢，似乎該堂所創辦法，的確可行而有效。茲將變通部中原章各事，臚陳於左。

一、查原章學額定三百人，分三年收録，每年收録百人，以便畢業後收入中學。但教育之法，以漸次淘汰爲要。若每年僅收録百人，則畢業決不足百人。臣現定每年收足一千人。三年收滿三千。一律按日到堂受業。三年之後，若好學者衆，則分剛、柔日輪班上學，可以收足六千。於練兵之中寓普及教育之意。更番畢業，更番入營，教練兵士，務使入伍之士，皆可以與於有勇知方之選。此擴充學額之變通辦理者，一也。

一、原章收考學生，應按格考選各州縣高等小學生，又云各地方學堂尚未徧立以前，暫准各州縣按格挑選良家子弟。但從前各省武備學堂，皆挑選良家子弟，往往不能耐苦，成就甚少。而高等小學多未畢業，無從挑選。臣現定於湖北陸軍各營兵士，就其文理通順、身體强健、年齡合格、在營半年以上者考選肄業。晝則來堂講求學科，夜則歸營，免其賤役。一年以來，已經補足二千。類能潛心肄業，日有進境。此考選學生之變通辦理者，二也。

一、原章内載教授課目八：一曰修身。二曰國文。三曰洋文。四曰歷史。五曰地理。六曰算學。七曰格致。八曰圖畫。又載訓練課目三：一曰訓誡。二曰操練。三曰兵學。統計十一門。竊思陸軍學堂，無論大中小皆當注重陸軍科學，方屬名實相符。今觀兵學科中，子目程度太淺，而訓誡科中二、三年所教之軍人志操、軍人威儀，乃係無日不講，無時不講之事，不必定待至二、三年而始教之。今改定於訓誡科中，第一年仍照原奏辦理，第二、三兩年添教名科操典及野外要務令諸書。於兵學中，第一年仍照原奏辦理。第二年添授築城、地形、軍制、兵器各科。第三年添授戰術及應用戰術、馬學、衛生學、礮操、馬操、工作諸科。所有鐘點，第一年普通學四分之三，兵事學四分之一。第二年普通學三分之二，兵事學三分之一。第三年普通學三分之一，兵事學三分之二。似此辦法，三年畢業，不但於奏定各學科無不通曉，即原奏所未及者，亦無不知其門徑。將來再入中學，自能事半功倍。此增加科學之變通辦理者，三也。

一、查原奏設總辦一員，監督一員，提調一員，學長每百人三員，教員每百人十員。但學額既增，則教員、管理員亦應加多。且學生皆係軍士，則管理員亦必用武官大員，方足以資鈐轄。因特派第八鎮統制官張彪充當總辦，第二十一混成協統領官黎元洪充當會辦，陸軍畢業生分省試用道劉邦驥充當會辦監督，將弁學堂畢業生分省補用知府白壽銘充當提調。全堂教務分學、術兩科，學科長若干員，會同各學科教員畫一學法。術科長若干員，會同各術科教員畫一教法。全堂齋務分智、信、仁、勇、嚴五齋。齋有長。每齋分四舍。舍有長。每舍分三講堂。每講堂五十人。内挑學科班長一人，術科班長一人。絲聯繩貫，遞相維繫。全堂内務分四處。曰會計處。曰庶務兼采辦處。曰收發兼工程及管庫處。曰稽核兼文案處。互相稽查，互相箝制，使各收指臂之助。是以事體雖重大，而調度不繁。此任用人員之變通辦理者，四也。

一、查原奏學生皆按年酌給津貼並供火食。湖北財源枯竭，異常支絀，各學堂均無津貼，本年火食亦擬停支，未便於陸軍獨優。且該學生皆係營中兵士，是以仍使之按月領餉，食宿仍由各本營照料，學堂並不供給火食津貼，仿外國通學辦法。總計每年所省食宿費、津貼費，按照原章計算，所省不下巨萬。此節省經費之試辦者，五也。

一、該堂於陸軍學以外，另設附屬測繪科學兵額六十名，經理科學兵額六十名，軍醫科學兵額六十名，海軍科學兵額六十名。各爲一堂，各有專師。此添設學科之變通辦者，六也。

總此六者，雖於原章略有變通，然開辦學堂，總以學科完備爲第一要義，若科學不完備，雖一切布置均守部章，亦於軍政無益。本堂三年之後，照部章所謂每年僅按格挑選百名，自當照數挑選，斷不致因本省辦法遂與部章相妨，而各學程度，必可深於原章所期。此次挑送保定速成學堂之學生，不過在堂一年半，而體格、成績較各省爲優，其明證也。前准部咨，内開辦法章程與奏定章程合者爲第一項，畢業後，在事人員可以奏請獎勵，將湖北陸軍小學列入第二項。竊謂考察學堂當以學生之成績爲主，似未便不問成績而但就其外觀以定優劣。況湖北學務，十數年來臣所任辦理學務人員，平日皆敬禮勗勉，望之爲君子，爲正人。各學教員亦皆以道義廉恥相尚，並無要求獎勵之習。特在部中，似不可無核實激揚之道，方足以鼓勵羣才。擬請飭下部臣妥定考察學務之法，當於學科專精加意，其他末節皆可從緩，則天下學務必將日起有功，不僅陸軍小學一端而已也。

（硃批）陸軍部知道。（欽此）

改正鄂省營制餉章摺 光緒三十三年七月二十八日

竊臣前准練兵處咨，准軍機處鈔交湖廣總督張之洞奏遵編湖北常備軍兩鎮營制、餉章並設督練公所一摺，奉硃批：議奏。謹核原奏分別照准、改核、駁正各條咨行到鄂，經臣轉飭該鎮協等遵照辦理。查奏定營制餉章變通制略內稱，新定章制原宜各省一體通行，然各省情勢不無異同，有必須量爲變通者，統由各省將軍督撫查看情形，隨時咨商練兵處、兵部覈定，請旨辦理等語。具見練兵處於營制畫一之中，仍兼寓因地制宜之意。臣督飭藩司、善後局及兵備、參謀、教練三處，並考詢該鎮、協將領，詳加籌度，體察現在湖北情勢，有應須遵照奏定規制者，有不得不審慎周詳量予變通者。除遵照此次部議分別改正外，如馬、礮、輜重各標營所用騾馬、車輛，原知爲行軍所必需，即平時之操練亦極關緊要。但湖北地勢，非山即水，騾馬之調教既多不便，水土亦迥異西北，喂養尤爲不宜。其車輛原以備轉輸之用，第山路多而坦途少，運用亦極艱難。加以近年餉項萬分支絀，籌維再四，惟有於該騾馬、車輛等項略事變通，暫作移緩就急之計。擬於馬隊全標各營戰馬，按照定章暫練三分之二。礮隊各營騾馬，則擬照部議改數目暫練三分之二。輜重營擬官長全設，惟目兵暫減二分之一，應需之騾馬、車輛即照減半之數，暫練二分之一。使具有全營規模，則臨時之補充較易。以上所減各項，總期於足敷操練而成規不改，餉力藉以稍紓。此外如各營備補兵一項，前於改編成軍時，因人數不敷，按籍選募，其合格者僅敷正副兵之數，自未便以不合格者遷就充補。現既餉項不充，擬將備補兵概行緩設，以資節省。合計全年餉項可減省銀七萬七千九百三十八兩零，於湖北財力稍資補苴，而於軍隊實際尚不損礙。

總之，一鎮一協章制，現經按照部議一律改正。其中雖有限於地勢或絀於財力，不得不略爲變通者，要仍在部議範圍之內。嗣後如財力稍裕，自當遵照定章辦理，不敢稍涉紛歧。儻或遇有征調，更無論財力如何爲難，應於無可設法之中，隨時籌畫補足，期符定章而歸畫一，以仰副聖朝經武圖强之至意。據藩司，善後局，兵備、參謀、教練三處會同議覆，詳請奏咨前來。臣覆核無異，謹分別開列比減清單，恭呈御覽。除將改正變通章程及減緩辦法造具清册，並雜支衣褲各項照數核減，咨送陸軍部查核外，伏祈聖鑒。

（硃批）陸軍部議奏。（欽此）

請獎各學堂畢業生及管理員教員摺 光緒三十三年七月二十八日

竊查湖北學務開辦最久。自臣到任後，創立兩湖書院，並原有之江漢、經心兩書院，皆以通經博古訓迪諸生，兼授輿地、時務各門有用之學。師生在堂講習，與各省書院之專試制藝、詞章按期應課者不同。所得類皆學行兼優之士，嗣經加授算學、測繪、物理、化學各科學，名雖書院，而實則與學堂無異。厥後創設湖北省師範學堂，並就兩湖書院改爲兩湖總師範學堂，更創立文普通中學堂，中路、東路、西路、南路、北路各高等小學堂，農業、工業學堂。又次第開設武昌、漢陽道府及支郡各師範學堂共十四所，武昌、漢陽商業學堂各一所。至方言學堂，先名自强學堂，開辦最早，後經遷移修改，始定今名。現在各堂學生陸續舉行畢業考試，合格者甚多。在堂管理員、教員任事多年，頗著成效，自應一律照章給予奬勵。

查湖北學堂凡建築、設備、課程各事，皆經臣屢次親自講求修改，已逾十年。雖不敢謂完善無缺，而大致均尚合法。現在畢業學生，計本科、豫科、簡易科名數在一千人以上，似不可謂少。而合十數學堂共得此數，亦不可謂多。其程度率在中學以下，似不可謂高。惟教員必求合格，管理必求認真，教科必求完全，功課必求切實，此臣所與各堂師生共相戒勉者。如作室然，必厚其址，勿崇其墉。他省高等學堂有已畢業者，並有已議設大學堂者。湖北當俟中學生漸次畢業始行議及。既深慮欲速而不達，亦不敢務名而自欺。現在畢業生之等級、年限，較之他省間或稍遜，而覈其功課程度，似尚較優。近來考察學務者不乏通人，或當不以爲妄。謹舉大要，約略陳之。

查兩湖總師範學堂，學期甚多。開學僅及兩年，現距畢業之期尚遠。此外，文普通中學堂，畢業生共五十一名。高等農業學堂，補習、普通、豫科畢業生，第一次二十七名，第二次七十二名。中路高等小學（生）堂，畢業生共七十九名。東路共七十三名。西路共百二十七名。南路第一次共三十一名，第二次共四十名。北路共六十名。前設湖北省師範之附屬高等小學堂，現歸入兩湖總師範之附屬高等小學堂，畢業生共五十四名。湖南旅鄂中學堂，畢業生共五十一名，又附設高等小學堂畢業生共三十七名。各堂規則、課程皆謹遵奏定學堂章程辦理，學期、程度一皆符合。畢業之時，均飭提學司到堂按科認真考驗。惟其中學期偶有趕加鐘點，辦足課程者，並有辦法略與變通者。如文普通中學堂、南路高等小學堂，開辦之初，考録諸生大率資性聰穎，國文通暢，教授科學領悟甚捷，當經酌增鐘點，加授功課，學期略短而教授完全無缺。程度實屬相符，與定章本意並無違礙。湖南旅鄂中學堂及高等小學堂亦同此例。自應准其畢業，照章給予奬勵。又高等農業補習、普通、豫科，係開辦之初，尚無中學畢業之合格學生，故變通辦理，先設補習、普通、豫科。此時豫科畢業生實有中學程度，惟較普通中學畢業年限尚少二年。擬參照中學並高等小學奬勵（章程）［程章］[一]，酌量給奬。至方言學堂第一班學生，尚在四年級，未届畢業之期。其前在自强學堂之舊學生，曾經兩次考試畢業，率皆分往各省，或任教習，或充繙譯，並辦理廠局商務各事。現在湖北及因事回省者止三十名，其肄業年期多在五年以上。惟方言學堂原名自强學堂，開辦遠在學堂定章之前，所有重要學科皆已講授，間有一二科未備，再令補習，俟明年暑假前再行造具分數清册，一并送部考驗核奬。又湖北省師範學堂，第一次簡易科畢業生共六十九名，第二次共一百十九名。武昌道師範學堂，第一次簡易科畢業生一百一十名，第二次一百四十名。武昌府師範學堂，第一次簡易科畢業生一百二十名，第二次一百二十五名。漢黄德道師範學堂簡易科畢業生一百十七名。漢陽府師範學堂簡易科畢業生一百零六名。支郡師範簡易科分爲甲、乙、

[一] 據楚學精廬一九三七年版《張文襄公全集校勘記》校正。

丙、丁、戊、己、庚、辛、壬、癸十堂。此時計甲堂畢業生共九十八名。丙堂共九十五名。乙堂共一百名。丁堂共九十八名。戊堂共一百十九名。己堂共一百一十名。查學部師範簡易科獎勵章程，肄業時期須在二年以上，鄂省各師範簡易科爲應各屬急需起見，畢業以三學期爲限，尚短一學期。謹先將分數清册送部，應俟畢業諸生任義務教事四年以上，如果認真合法，續行請獎。又武昌、漢陽紳士稟官立案之公立中學堂豫備科，均設在武昌省城，武、漢各一堂。武昌一堂畢業生共二十二名。漢陽一堂共二十七名。計肄業共六學期。學生皆素習文學年齒略長者。平時由官考察，畢業之時並派專員前往考驗，與高等小學畢業生程度適合。惟學年較少兩年。擬請援照高等小學畢業章程，減等給獎，以宏教育。此各學堂學生先後畢業應給獎勵之實在情形也。

各學堂管理員向皆由臣親自選派，最加審慎。其自外省延訂者，皆擇品行純正之士，或博通經史，或研精科學。其選自本省者，大率在書院學堂（疑）［肄］業[一]，最久者或十餘年。其辦理學務自三四年至十餘年不等。並有年期雖不甚久而辦事甚勤，或同時兼授數堂，或一堂兼授數科，較之專任一事之員，倍爲勞勩。臣平日教育宗旨，各種科學照章皆不可缺，而尤注重經史國文，以忠孝大義爲根本。各員尚能恪體此意，講授功課平正切實，絶無偏駁之見，詭異之詞。以故諸生亦皆遵守學規，不染近時惡習。現在各省學務職員紛紛請獎，湖北學堂各員如陳毅、楊熊祥、陳曾壽，皆經學部奏調派充司員。其餘爲各省招致辦理學務並給優獎者，不一而足。而本省管理員、教員任事甚勞，其從前肄業又或甚久，向未請獎。

查光緒二十七年六月，政務處議覆湖北武備學堂請獎案内開，嗣後均俟學生畢業在六七十人以上，咨送到京，考驗相符，方准將在事人員請獎，每案文武併計，不得過六十員之數。尤爲出力者，准照異常勞績，酌保二三員，其餘均按尋常勞績給獎。其在事人員，仍照向章，先期咨部立案，並於開保時敘明各該員在堂年分，造册咨部，以憑查核等語。現查上年十二月學部奏定修改各學堂考試章程内開，凡各省中學堂、高等學堂畢業現行章程定有獎勵者，既經畢業考試之後，除由本學堂發給分數等第文憑外，呈由提學司按照畢業分數，分别等第，詳請督撫咨明學部，照章奏請獎勵等語。今湖北省城畢業各學堂，皆屬中等學堂以下，按照學部修改考試新章，所有畢業學生均毋庸送京考驗，惟請獎人員之數，應援照政務處舊章辦理。此次各學堂畢業生共七百四十八名，而單開請獎各員共一百二十四名。其中按異常勞績保獎者尤屬不多，比照前案所定獎勵人數有絀無贏。至在事人員先期咨部立案一節，因提學司到任未久，外府州縣各學堂管理員、教員呈報尚未完全，正在辦理。一俟彙齊，即當續行咨報請獎。各員皆在畢業各學堂辦理學務，間有現充他項學堂職員者，均係在鄂出力多年，所成就之學生不少，前此學生畢業，從未給予獎勵，各員勞績亦未一經保獎，此次自應一同列入。查學部定章，在學堂任事三年以上方准給獎。現在各員皆擇三年以上，始與開列分别請獎，以期核實而資鼓舞。此各學堂管理員、教員任事多年，應給獎勵之實在情形也。此外各府州縣所辦高等小學堂，及師範簡易科陸續畢業者，亦尚不少。其管理員、教員多自省城派往充

［一］據楚學精廬一九三七年版《張文襄公全集校勘記》校正。

選，應俟彙齊另案辦理。

所有擬奬畢業學生，並在堂多年之管理員、教員，謹開具清單，恭呈御覽。其非任管理、教授之事，如收支、庶務等員，概不列入，以杜冒濫。應請敕下學部核議施行。

（硃批）學部議奏。（欽此）

請奬梁鼎芬片 光緒三十三年七月二十八日

再，湖北按察使梁鼎芬，前主講兩湖書院，嗣蒙簡放武昌府知府，歷升今職。當時未設提學司，所有湖北學務均委該員辦理。該臬司學術純正，待士肫誠，於教育事體大綱細目擘畫精詳，任事多年，勤勞最著。雖據稱不敢仰邀議敘，似未便没其成勞。合無仰懇天恩俯准將湖北按察使梁鼎芬賞加二品銜，以昭奬勵之處，出自逾格鴻慈。

（硃批）梁鼎芬著賞加二品銜。（欽此）

請奬紀鉅維等片 光緒三十三年七月二十八日

再，臣自到湖廣任後，博訪良師，訓迪多士，所任用各學堂教員，類皆品學兼優之士。其中篤學專精，成材甚衆，尤爲卓著者，自應特予表彰，以昭激勸。內閣中書紀鉅維，學行兼優，深通教育理法，切實懇摯，諸生悦服。擬請加內閣侍讀銜四品銜。安徽霍山縣知縣楊守敬，學問精博，著書滿家，講求輿地之學，至老不倦。該員係舉人出身，擬請開缺，以內閣中書選用。廩貢生馬貞榆，學術純正，品行端潔，足稱經師人師之選，擬請以太常寺博士選用。通判銜湯金鑄，覃研算術，精勸不倦，善於教士，成才如林。擬請以通判不論雙單月儘先選用。通判銜羅照滄，精於測繪之學，課士甚勤，鄂生多能測量畫圖，實該員一人之功。擬請以通判不論雙單月儘先選用。度支部郎中曹汝英，精通西算，啓誘有方，所撰算學教科書爲學堂中最善之本。擬請加四品銜。以上六員，皆在各學堂教授有年，深資得力，公論交推。臣與之時相過從，講論學術，研求教法，其品詣成效臣所深知。合無仰懇天恩俯准照擬給奬，以彰宿學而重師範，實於學務大有裨益。

（硃批）該部議奏。（欽此）

會奏粵湘川鄂建設鐵路材料公廠摺〔一〕

光緒三十三年七月　日

竊維近來鐵路之利盡人皆知。籌款之艱各省如一。故凡關於修造鐵路各事，苟可以節省經費、減輕資本之方，必竭力設法減省，以期糜費少出一款，即鐵路可以多造一段，使大利早著，各省脉絡全體貫注，各種實業次第振興，關係誠非淺鮮。查修造鐵路需用款項，以購買鐵軌、車輛、橋梁爲大宗。除鐵軌需購自漢陽鐵廠外，其餘如車輛、橋梁、義軌，漢廠尚未能造。此外應用鋼鐵各材料、機器甚多。現經臣之洞電商護理兩廣督臣胡湘林、護理四川督臣趙爾豐、湖南撫臣岑春（煊）[蓂]，暨三省鐵路公司紳董等，凡粵漢、川漢兩路所需鋼鐵各項材料，擬合資建設一廠，自造自用。已於武昌省城外濱江之下新河地方，擇地設廠，選匠購機，專造鐵路、橋梁、車輛、義軌及一切鋼鐵材料、機器。

〔一〕録自《申報》光緒三十三年八月十四日。

將來造成之件，概照廠中工本核實，發售四省鐵路應用。綜計資本約先需銀四十萬兩，陸續周轉。現擬每省各由鐵路股款内提銀十萬兩，先行試辦。由四省派人公同經理。該廠製造贏餘之資，仍得分還之於股款。現接兩廣、四川、湖南各督撫臣先後電復，並據護兩廣督臣電稱，飭令廣州府知府陳望曾函詢廣東鐵路紳董等分别答復。湖南鐵路紳董前國子監祭酒王先謙等、四川鐵路公司翰林院編修胡峻等先後電復，均極歡欣踴躍，情願合股建立此廠。益見公益所在，各有同情。俟將詳細章程公同酌定，再分咨農工商部、郵傳部查核。謹先將辦理大概情形，據實陳明，請旨飭部先予立案。至廠中所出各項料物，相應援案，仰懇天恩准予暫免出口税銀，以培商力，出自逾格鴻慈。

再，查漢口現有商辦揚子鐵路機器廠，刻正招集股款，尚未開辦。並已經農工商部奏准，暫行免税。茲四省所設公廠，專爲自造自用。至將來廠成以後，除四省自用外，他省鐵路工程如有來鄂省訂購橋梁等項器料者，或願購之四省公廠，或願購之揚子商廠，均聽其便，不加抑勒，合併陳明。臣等爲節省路款維持路政起見，謹合詞繕摺具奏，伏乞皇太后、皇上聖鑒。

該部知道。

恭報交卸起程日期摺光緒三十三年八月初二日

竊臣於光緒三十三年七月初三日准軍機處電傳，奉旨：張之洞著迅速來京陛見，有面詢事件，湖廣總督著李岷琛護理。欽此。適臣先因肝鬱受傷，心血虧耗，怔忡不寐，病體難支，前於六月二十九日具摺，請賞假二十日静心調養。七月十一日奉硃批：著賞假二十日，假滿迅速來京。欽此。仰見聖明體恤微臣之至意，跪讀之下，感悚難名。

竊臣遠離闕廷，四易寒（署）［暑］，依戀之悃，無時或忘。恭聞召命，欣忭曷勝。遵即延醫趕緊調理。惟鄂中本年酷（署）［暑］，時證甚多。臣因受熱致患腹疾，瀉痢交作。又兼日夜勞瘁，夜間往往通夕不能成寐，氣喘舌燥，益形委頓。曾經電達軍機處查照。現在雖未全愈，不敢不力疾就道。茲將鄂省一切重要事件略爲部署，並向護理督臣及司道等詳細告知，於八月初二日將湖廣總督關防、王命旗牌、文卷等項，委員賫送護理總督湖北布政使臣李岷琛接收任事。臣即於是日交卸渡江，力疾由鐵路火車起程，趨詣闕廷，跪聆聖訓。

（硃批）知道了。（欽此）

謝授軍機大臣摺光緒三十三年八月初七日

七月二十七日奉電傳上諭：大學士張之洞著補授軍機大臣。欽此。竊臣孤根疏薄，曠代遭逢。持符節已逾廿年，贊鼎鉉甫經（市）［帀］月〔一〕。片長未效，内疚方深。茲者甫乘述職之鋒車，遽荷中樞之簡命。戰兢無措，跼蹐難名。伏念今日時勢，可謂多艱。宫廷備極憂勞，草野但求速效。安内之與禦外，無本則鮮功。求舊之與維新，一偏則爲害。臣賦性如忘機之鷗鳥，論才非熙績之夔龍。有燭武之老，而無其奇謀。有司馬之迂，而無其德望。豈敢不量斗筲之器，妄參帷幄之籌。惟既已遵旨北上，得遂瞻戀

〔一〕「市月」，似應作「帀月」。謂滿一個月也。

之忱，豈敢稱疾徘徊，自蹈辭難之咎。惟有恪遵成命，勉效馳驅。儻精神實有不支之時，才具實無補益之處，應請恩准隨時乞休，以安愚分而免貽誤。不揣冒昧，惶恐瀝陳。

謝賞西苑門内乘坐二人肩輿摺光緒三十三年八月十四日

本月十三日内閣奉上諭：朕欽奉慈禧端佑康頤昭豫莊誠壽恭欽獻崇熙皇太后懿旨：軍機大臣張之洞加恩著在西苑門内乘坐二人肩輿。欽此。聞命之下，感悚交并。

竊臣渥被恩知，入參密勿。值待漏趨朝之會，慙據鞍矍鑠之能。仰蒙念其馳驅之有年，不責筋力以爲禮。舁陶潜之藍轝，何待山林。賜桓榮之輜車，等於師傅。天施逾量，冰履難名。臣惟有處逸思勞，盡忠補過。中書無用，知難辭秃老之譏。周史有言，敢不懔扶持之戒。以仰答高厚鴻慈於萬一。

謝管理學部事務摺光緒三十三年八月十五日

本月十四日内閣奉上諭：大學士張之洞著管理學部事務。欽此。聞命之下。惶悚難名。

伏念臣機要與聞，涓塵鮮補。乃閑道仰廑乎上聖，故典學任及於迂儒。查學部爲教育之統宗，人才之樞紐。與時變通之謂道，不忘其本之謂賢。將以陶鑄羣才，扶持世運。如臣庸陋，豈所能勝。惟有禀承聖謨，原本經義。通温故知新之妙用，謹邪説暴行之大防。有一長者升爲芷蘭，不率教者移之郊遂。志端向定，如知天必視北辰。博采兼收，如百川納乎滄海。菴名老學，敢讓詩客以精勤。城諷青衿，務期士風之丕變。當隨時會商學部諸臣，認真整頓。以仰答高厚鴻慈於萬一。

謝賞穿帶膆貂褂摺光緒三十三年十一月初九日

本月初八日内閣奉上諭：朕欽奉慈禧端佑康頤昭豫莊誠壽恭欽獻崇熙皇太后懿旨：張之洞加恩賞穿帶膆貂褂。欽此。聞命之下，感悚莫名。

伏念臣恩知渥荷，樞密叨陪。愧涓報之猶虚，每冰兢以自惕。兹迺仰承綸詔，榮賁珍裘。雙珥同清，雅稱金章之佩。三英競粲，渾如玉帶之圍。適體增温，撫衷滋愧。臣惟有益殫駑鈍，倍懔鵜濡。如羔皮之用素絲，緎紽勵節。比絺繡之施粉米，黼黻陳謨。以仰答高厚鴻慈於萬一。

會奏改定津浦鐵路借款合同緣由摺（一）

光緒三十三年十二月初十日

竊光緒三十三年二月十六日准軍機處片交稱，軍機大臣面奉諭旨：都察院代遞直隸、江蘇、山東三省京官，以津鎮鐵路籌款自行建築，呈請代奏一摺，著袁世凱、張之洞妥商辦理。欽此。欽遵照録原奏鈔交到臣。當經臣等往返籌商，將大概辦法於四月十七日合詞電奏，並請派梁敦彦會同籌議，相機與德、英商論，奉旨允准在案。

伏查天津至鎮江鐵路，經總理衙門會同礦路局於光緒二十四

（一）録自《申報》光緒三十四年正月初七日。

年十月間奏准，特派大員自立公司，向英、德兩國銀行商訂借款，督飭妥辦。旋由督辦鐵路大臣與英、德兩國銀行訂立借款草合同三十五條，於光緒二十五年四月十三日具奏。奉旨：依議。欽此。草合同内載，由天津至嶧縣爲北段，由嶧縣至鎮江爲南段，共長一千八百餘里。約借英金七百四十萬磅，合市價五千六十餘萬兩。九扣交付，周年五釐起息，以五十年爲期。借款未清還以前，造路及行車一切事宜，由該銀行代爲調度經理。每段設立總局一處，所設各總局派華、洋員共五人，又派委銀行代辦一員，洋總辦一員，總工程司一員。所有出入款項歸總局管理。每年所餘款項，先提十分之二歸銀行等作爲酬勞。次提十分之一作爲公積，交兩銀行存儲各等語。當經總理衙門恭録諭旨照會英、德兩國使臣查照立案。迨光緒二十八年七月間，外務部奏請特派督辦大臣與德、英銀行議訂津鎮鐵路正合同。奉硃批：著派袁世凱爲督辦大臣。欽此。臣世凱遵即札委唐紹儀、梁如浩會同德、英銀行所派洋員議訂一切。旋因德員柯達士呈送北段合同底稿載借款英金八百萬磅，核與原議不符。又以德使添索接造枝路二道，一由德州至正定，一由兖州至開封，爲原議所無。且因南、北兩段不能同時合議，以致旋議旋輟。雖經陸續磋商，迄難就範。此歷年籌辦津鎮鐵路借款之大概情形也。

該三省京官，以英德使臣催訂正約甚急，聯銜呈請准由紳商籌款建築，情辭迫切，自係爲保全商民生計起見。惟此項草合同，業經奏奉諭旨允准，斷難議廢。且准外務部電稱，德、英兩使迭次來署催詢路事，謂成約俱在，磋商已有進步，乃遽改易辦法，實於兩國邦交大有妨碍，特代本國政府詰問等語。似此據約力争，誠非空言所能抵禦，只能相機設法改正。臣敦彦奉命會同籌議，遵即與德華銀行代表柯達士、中英公司代表濮蘭德竭力磋磨。臣之洞、臣世凱隨時與臣敦彦電商機宜。五月内柯達士復親至武昌催促訂約，經臣之洞與之詳商兩次，手書要義十五條付之，力言斷不能逾此範圍。臣敦彦與該公司等争持五越月，會晤數十次，始與議定將借款、辦路分爲二事，另指的款作押，給以現利抵换將來二成餘利及購料行用，使兩公司不能藉口干預路權。此項的款祇作擔保之用，並非實在動撥。將來還本還利，仍取給於鐵路進款。惟既指款作押，自以籌定的款爲最要關鍵。當由外務部與三省督撫等往復電商，經各該省允認常年抵款，直隸省釐税一百二十萬兩，山東省釐税一百六十萬兩，江甯釐税九十萬兩，江蘇省釐税十萬兩，合計銀三百八十萬兩，約符借款抵押之數。該銀行等均無異説。臣等復以津鎮路約既不日可成，所有膠澳條約第二端第一款所載各路線應均包括在内，一併歸入津鎮官路辦理，由外務部照會德國使臣。旋准該使臣復到節略内稱，德國政府願津鎮路約畫押後，即行開議。

甲、德國允：一、由膠澳至沂州府一段仍作爲津鎮支路歸入官路。二、由濟南府往山東界之一道，包入津鎮官路。

乙、中國允：由德州至正定府及由兖州府或幹路中之他處過濟甯州至開封府兩支路，於十五年内由中國自行籌辦。倘用洋款，須向德華公司商借等語。

是德使於從前所争造各枝路亦大有讓步，自可照此定議。現由臣敦彦與該銀行等改訂借款合同二十四條，名爲中國國家天津浦口鐵路五釐利息借款，係英金五百萬磅，以三十年爲期，十年後全數清還，每百磅加還二磅半。二十年後無須加價。初次債票三百萬磅，虚數九三折納，於初次售票時，提留二十萬磅以代餘利。所造之路仍分南北段，約二千一百七十里。勘量路綫由督辦大臣核辦。約計四年造竣，於合同畫押後，不得延至六個月外。建造工程以及管理一切之權，全歸中國國家辦理。聘用德、英兩總工程司，合同由督辦大臣自行獨訂。

臣之洞、臣世凱逐條核訂，竊以該合同内所載辦法，確能於造路、借款劃分兩事，不特主權、利權均無損失，於原訂之草合同多所補救。即凡興工、用人、購料以及提款、歸款、還款各事宜，均操之在己，毫不授人以柄。較之他項路約，實爲周密。復經臣等將此項合同轉商之外務部王大臣詳細校閲，亦意見相同，均無異議。謹繕具合同清單恭呈御覽，俟奉旨允准，再行簽印。即由臣等知照外務部照會英、德兩國使臣，飭令該銀行等按照合同妥速辦理。並一面由外務部分别行知度支部、郵傳部暨各該省督撫等查照。至一切枝路辦法，仍由外務部按照德使前送節略與該使妥爲定議，俾臻完善。所有改定津浦鐵路正合同緣由，謹合詞恭摺具陳。伏乞皇太后、皇上聖鑒訓示。

旨：依議。欽此。

謝充經筵講官摺 光緒三十三年十二月十六日

本月十五日，翰林院以漢經筵講官一缺具奏，奉硃筆圈出張之洞。欽此。聞命之下，感悚難名。

竊臣猥以迂愚，濫參機務。晚學知寒竽之陋，辰猷鮮補衮之功。仰維天縱之聰明，彌切幾餘之念典。新知培養，增丹書訪道之儒臣。舊典無忘，申金殿論思之職守。自慙荒落，深忝殊榮。臣惟有紬繹奎璧之秘書，敷陳堯舜之治道。陋張禹之傳經學，無補時艱。宗程子之爲講官，薰陶德性。以仰答高厚鴻慈於萬一。

光緒三十四年

會奏監國攝政王禮節摺并單　光緒三十四年十一月二十日

十月二十二日奉上諭：朕欽奉慈禧端佑康頤昭豫莊誠壽恭欽獻崇熙太皇太后懿旨：現命攝政王載灃監國，所有應行禮節，著內閣各部院會議具奏。欽此。又於十一月十五日欽奉上諭：前奉大行太皇太后懿旨：命攝政王監國，所有應行禮節，著內閣各部院會議具奏。欽此。事隔多日，尚未覆奏，著各該衙門妥速定議，毋再延緩。欽此。欽遵各在案。當經行取各部院衙門呈具說帖，各抒所見。臣等並將奉旨交議大學堂總監督劉廷琛，御史蔡金臺、趙炳麟，給事中忠廉等，及御史江春霖、謝遠涵、史履晉、葉芾棠等先後條陳，會同各部院衙門公同詳慎擬議，悉心采擇。其說帖條奏，切中事理者，均經采擇列入。間有揆諸時勢，不無窒礙之處，亦未便采取。謹將會議監國攝政王禮節，列爲十六條，謹繕清單，恭呈御覽，伏候欽定。如蒙俞允，臣等再將應行舉辦各事宜，知照各衙門，次第舉行，一體欽遵。謹合詞恭摺奏聞。再，御史史履晉未經書奏，合併聲明。

計開

一、告廟。監國攝政典禮崇隆，應請諭旨，擇期派員告祭太廟，並由攝政王於大行太皇太后几筵前祇領監國攝政王册寶。册文應恭録十月二十日、二十二日兩次大行太皇太后懿旨，毋庸另行撰文。

一、詔旨。軍國政事及黜陟賞罰，悉由監國攝政王裁定，仍以諭旨宣示施行。凡重大事件有必須請皇太后懿旨者，由監國攝政王面請施行，他人不得擅請擅傳。

一、稱號。監國攝政王在皇太后前稱臣，行臣禮。諭旨內稱監國攝政王時，不書名。監國攝政王稱皇上曰皇帝。王對衆自稱曰本攝政王，稱近支尊屬及諸王公以爵。其餘五品以上及翰林院編檢以上稱其官。六品以下稱其姓名。貝勒以下文武大小臣工皆稱攝政王，自稱名。近支尊屬及諸王皆稱攝政王，自稱其爵。

一、代行祀典。皇上未親政之前，所有壇廟大祀及現在喪祭，均由監國攝政王代詣行禮。其是否另行遣員恭代行禮之處，由該衙門先期請旨遵行。

一、軍權。皇上有統率全國海陸軍之權。凡憲法綱要內所定皇上大權關繫軍事者，即屬之於攝政王。其京外旗、緑各營，海、陸各軍，應歸攝政王節制調遣。

一、典學。皇上典學時學業及師傅勤惰，均應由監國攝政王考察照料。

一、朝會班次。凡遇皇上升殿受賀及萬壽聖節，監國攝政王皆不與列，在宮中行家人禮。如遇皇太后慶賀大典，監國攝政王另班行禮，毋庸隨班。王公百官於朝賀後，分班詣監國攝政王前致賀。監國攝政王在文華殿受禮，王立受或答揖。近支王公屬尊者，別爲一班，居前列。所司官員先期開單請示，届時傳諭，免先退後。其餘王公百官行三叩禮。王百日孝滿後，擇期在文華殿班見王公百官，禮亦如之。

一、朝見坐位。擬請於養心殿中設御座并設案。東側設監國攝政王座，座前亦設案。王公百官遇有應行跪安、謝恩各禮節，皆向御座恭行。每日召見王公百官，該員先向中設御座跪安。起，入東煖閣啓對。依東設案，中設監國攝政王椅座，旁備略矮杌櫈。監國攝政王先在座，如命召對之員坐，即各就杌坐。如不命坐，則侍立。啓對畢，監國攝政王命退，即退出。王公百官內，除近支王公親屬外，其餘王公百官非由監國攝政王傳諭進見者，均不得私謁府第。至遇有軍國要政，王公大臣准其隨時於便殿請對，傳見方可入見。王公百官遇有升賞之事，仍照舊制，具摺恭謝皇上天恩，毋庸向攝政王叩謝。

一、鈐章署名。凡有諭旨，均請攝政王鈐章，由軍機大臣署名，然後遵奉施行。至攝政王如有面奉之懿旨，一併由王署銜鈐章，軍機大臣仍均署名。

一、文牘款式。凡臣工章奏，仍書皇上聖鑒字樣。如章奏文移中有稱述監國攝政王者，抬寫一格。

一、代臨議院。議院成立時，監國攝政王應代行蒞會之禮。尋常會議，毋庸入座。資政院開院時，亦由監國攝政王代行蒞院。

一、外交。凡與各國訂約、遣使，均由監國攝政王主持。其接受外國國書及覲見各禮節，由外務部分別妥擬，奏明辦理。

一、輿服、護衛。監國攝政王於乾清門外升輿、降輿。其輿服、護衛、從官等應備事宜並詳細章程，應酌量比照攝政睿忠親王體制成案，由該管衙門分別擬議，奏明辦理。

一、用度經費。攝政王用度經費，每年由度支部撥銀十五萬兩，交內務府支應。

一、邸第。擬請於中海迤西集靈囿地方，修建監國攝政王府第。另於東華門內三所，爲監國攝政王隨時起居休息之所。

一、復政。俟皇上年長學成，屆舉行大婚典禮時，大小臣工集議，合詞陳請皇上親裁大政。

右以上各條，如有增減修改之處，均由監國攝政王裁度酌改施行，他人不得擅違擅改。

謝賞加太子太保銜並用紫繮摺 光緒三十四年

十一月二十七日

本月二十六日內閣奉上諭：世續著賞加太子少保銜，賞用紫繮。張之洞著賞加太子太保銜，賞用紫繮。鹿傳霖著賞加太子少保銜，賞用紫繮。袁世凱著賞加太子太保銜，賞用紫繮。欽此。等因。

竊臣等猥以庸材，過蒙先朝恩遇。樞垣待罪，無補時艱。茲以皇上登極禮成，恭上隆裕皇太后徽稱。推恩錫類，獎及近臣。既晉宮銜，復賜紫繮。殊榮駢蕃，聞命戰慄。當即於入對時，瀝誠懇辭，至於再三。迺承面諭，切飭戒以勿得沽名，徒煩筆墨。臣等惶悚無措，不敢復有所言，不得不敬謹遵旨。此後惟有竭此血忱，同心共濟，以仰答高厚鴻慈於萬一。

宣統元年

商訂兩湖境内粵漢鐵路暨鄂境川漢鐵路借款合同摺 定稿未奏

竊光緒三十四年六月二十日欽奉上諭：陳啓泰奏粵漢鐵路宜定統一辦法，懇遴派廉明大員督辦路務一摺。粵漢幹路關係南北交通，最爲重要，前經張之洞收回自辦，極費經營。乃數年來官紳商董意見參差，迄無成效，長此因循，必至坐失大利，貽誤路政。自應簡派大員統一事權，方可早日觀成。著派軍機大臣大學士張之洞兼充督辦粵漢鐵路大臣，會商郵傳部及三省督撫，督飭在事官紳商董認真籌辦。所有路務大端，由該大臣通籌三省全局，體察情形，隨時主持裁定。務令各泯意見，聯絡一氣，以免曠日虚糜，致妨交通要政。欽此。又於十二月初六日欽奉上諭：陳夔龍奏鄂境川漢鐵路與粵漢路相輔爲用，請簡大臣兼充督辦一摺。前因粵漢鐵路關繫重要，特派大學士張之洞爲督辦大臣。鄂境川漢與粵漢兩路本屬相輔，自應聯爲一氣，方能妥速成功。著派張之洞兼爲督辦鄂境川漢鐵路大臣，會商郵傳部、湖廣總督，督飭在事官紳，認真籌款興辦。即責成張之洞力任勞怨，剔除弊端，嚴定期限，因時制宜，主持定斷。郵傳部暨湖廣總督均須實力協助，不得掣肘，以一事權而重路政。欽此。各等因，欽遵在案。仰見聖明專任責成，重視路政之至意，欽悚莫名。

查湖北、湖南境内粵漢鐵路，自武昌府省城起至湖南郴州屬境止，約長一千七百餘里。鄂境川漢鐵路幹綫，自宜昌經荆門、襄陽至廣水止，支綫自荆門經沙市至漢陽止，共約長一千六百里。兩路地段綿亘，工費浩大，非有的款五千萬兩，難以觀成。臣前在湖廣總督任内，於光緒三十一年八月間奉旨將粵漢鐵路收回自辦，後屢經籌款招股，期早興修。而時閲數年，籌撥官款爲數甚微，招集民股亦僅百數十萬元，毫不濟事。誠以中國財源枯竭，商力未充，欲成此縱横兩大幹路工程，舍借款無速能興修之方。築室道謀，歲月易逝，坐視東南精華内蘊之區，交通梗阻，何如早借鉅款，同時並舉。利源既開，籌還自易。臣於上年十一月間，曾將借款只在章程周妥，路權不失，並無流弊各情形，奏陳在案。並奏調湖北提學使高凌霨，暨引見在京之湖北施鶴道曾廣鎔，派令隨議借款，查照光緒三十一年籌借英款贖回粵路成約辦理。先與英商中英公司代表人濮蘭德（而）［面］議[一]兩湖境内粵漢鐵路借款規條。自上年十一月杪開議，至本年二月，逐日會晤，未能成議。又續奉諭旨督辦鄂境川漢鐵路，亟須兼顧統籌，深恐延宕時日，有誤要工。乃一面與德商德華銀行代表人柯達士將粵漢鐵路借款辦法大綱商定，各寫函約爲據。大概均仿照津浦鐵路合同辦法。惟折扣從輕，年限縮短，則較津浦合同爲優。後經英國政府與駐京使臣先後向中國駐英大臣及外務部援據舊約，仍請重議借款，並改派匯豐銀行代表人熙禮爾來商。復經臣督飭高凌霨等再與磋商。英商以中英公司係英、法兩國商人合股所設，今該公司既不與聞借款，匯豐純係英國銀行，仍願與法商東方匯理銀

［一］「而議」，似應為「面議」。

行合辦，以全交誼爲請。乃令英、法、德三國銀行合借兩湖粵漢、鄂境川漢兩路款項，定額英金五百萬鎊。粵漢用英總工程師，川漢用德總工程師。三銀行協商兼旬，均經允從。嗣比國以所購合興公司金元小票尚未收清，亦藉詞出攬借款。臣查此項金元小票，係由美國轉售比國。當日贖回粵漢鐵路時，比商不肯按照美國所訂之價退還。曾與前出使美國大臣梁誠商定，暫仍按期付息，計美金二百二十二萬二千元。現比人既藉詞干涉，英、德銀行亦以此事於歐洲借款債票有礙，應先收回此項小票，以清轇轕。因議加借英金五十萬鎊，備還比款。定議後，借款、修路分爲二事，另指的款作押，祇作擔保之用。將來還本還利，仍取給於鐵路進款。至所指各項的款，先經臣電商鄂、湘兩省督撫。以湖北省百貨釐金二百萬兩，川淮鹽局江防加價四十萬兩，光緒三十四年八月新加鹽釐二文捐三十萬兩，湖南省百貨釐金二百萬兩，兩湖振糶捐鄂款二十五萬兩，湖南鹽道庫正釐二十五萬兩，合計五百二十萬兩，約符借款抵押之數。該銀行等均無異説。乃與訂立借款合同二十五條，名爲中國國家湖北、湖南兩省境内粵漢鐵路、鄂境川漢鐵路五釐利息借款，係英金五百五十萬鎊。内計兩湖粵漢路用二百五十萬鎊，鄂境川漢路用二百五十萬鎊，收還比國金元小票用五十萬鎊。利息俱長年五釐，九五折扣。股票由英、法、德三國銀行合認分售，以二十五年爲期，如十年後中國籌有的款，亦可全數清還，惟每百鎊須加還二鎊半。如在十七年後，即無須(如)[加]價[一]，照鎊還清。測勘路綫應由督辦大臣核准，約計四年造竣，於合同畫押後開工，不得延至六箇月外。所有建造工程以及管理一切之權，全歸中國國家自行辦理。訂用英、德兩總工程師合同，亦由督辦大臣核定施行。至購料、用人、用款等事，合同内有未詳盡者，另寫附函存案，以期彼此信守。臣逐條核訂，實係將借款、修路劃分兩事，於中國利權主權毫無損失。至折扣之輕，更爲中國歷來借款所未有。以津浦鐵路借款比較，計可多得十一萬鎊。以郵傳部借款比較，計亦多得五萬五千鎊。若以向來九扣借款比較，則所多得二十二萬五千鎊矣。固由歐洲市面票價隨時漲落之不同，而此次所辦，亦實屬異常切實。並經臣嚴飭承議借款各員，廉潔共矢，仍將經手人員並無絲毫費用等語載入合同，亦爲歷借外款所無之事。

臣查此次借款，先因英商濮蘭德藉詞要挾，枝節横生，致令磋議閲五月餘，會商至百餘次。竭力磋磨，始得與滙豐、德華兩銀行定議。猶幸主權未失，折扣極輕，且款由三國分借，勢利平均，實無絲毫流弊。當經臣將此項合同轉商之外務部王大臣詳細校閲，亦均意見相同。謹繕具合同並附函清單，恭呈御覽，伏祈飭交度支部詳細核議。俟經議准，再行簽押。由外務部照會英、德、法三國使臣，飭令該銀行等按照合同妥速辦理。並一面由外務部分別行知郵傳部暨各該省督撫等查照。

再，查光緒三十四年十一月初十日會議政務處議覆度支部奏清理財政宜先明定辦法一摺内開，嗣後募借外債之權專屬度支部，凡各部、各省擬借外債，皆咨明度支部，由度支部出名訂借。又各該部、該省如願自向外國放債之人相商者，祇准商定辦法，仍須統歸度支部出名立約承借，均不得逕向外國訂約借債各等因在案。臣奉旨督辦粵漢鐵路兼鄂境川漢鐵路，現在商借外債，自應遵照奏定章程

[一]「如價」，似應爲「加價」。

辦理。惟政務處議訂此章，係在光緒三十四年十二月初十日，臣奏請訂借外款係在十一月十六日，是臣開議借款辦法在政務處新章未出以前。既已與各國銀行開商，勢難中止。是以此次借款，欲令就我範圍，不越三十一年所訂照會限制之外，臣尤不得不逕與開商，以期一手商辦，庶不至有所歧異。惟有俟將合同訂定後，應否照准，仍請飭交度支部核議，以重部章，合併聲明。

密陳磋商借款情形片 定稿未奏

再，此次借款，臣前經奏明與英公司商借在案。緣前贖回粵漢鐵路時，美公司知中國財力艱窘，於簽訂合同時，故迫中國以極短促之交款期限，意在使中國屆期款不能交，即可藉口全翻成局，用計至狡。彼時款鉅期迫，急切難籌。計自光緒三十一年八月初二日猝接前出使美國大臣梁誠電稱合興股東批准草約，當經電奏，於是月初六日奉旨准其畫押，距美人限定是月初九日交款日期僅止七日。鄂省司庫官局既無的款可指，兩湖紳商士民於此等贖路要需更無人過問，日夜焦慮，繞室徬徨。幸得商由漢口英總領事法磊斯介紹，英香港政府借與中國英金一百一十萬鎊，應交美款得以如限匯至美京華盛頓，全數交清。所有以前粵漢鐵路已失之路權礦權，及明指暗包之一切權利，皆得一概收回。英政府敦睦邦交，贊成盛舉，俾中國得收回無窮權利，自不能不與以酬報。因於借款合同之外，另給照會，言明兩湖境內，日後除中國自行籌款修路外，如須向外洋借款，當先向英國詢商開價。如與他國所開息扣比較相同，先儘英國銀行承辦。如他國所開息扣等項較英國所開公道便宜，仍由中國酌擇公道便宜者，另行籌借各等情。於酬報之中，仍寓嚴防之意，均經臣奏明有案。故此次議借外款，不得不先向英公司開商，以踐前言。乃英公司代表濮蘭德於開議後要挾多端，並不按照光緒三十一年八月所訂照會商辦。始欲包工，意在攬修路之權。繼又欲凡用款時必令總工程師簽字，意在干涉中國用人、購料之權。種種無理要求，實出情理之外。均經臣督飭議款委員嚴詞拒駁。然舊案具在，未便遽舍英商而謀諸他國，故委曲磋磨，延逾數月。忽訪聞英人近正聯挈各國組織公司，專爲干涉中國主權利權，即所謂長江一帶，英人視爲勢力範圍，又所謂實業同盟者是也。此舉果成，關繫東南利害極鉅。因思於其協議未定之先，豫爲牽掣，冀可挽回中國大局。查歐洲各國勢力足與英抗而不甚親睦者，惟有德國。德與中國交涉，初亦用强横手段。繼因交誼日傷，情好日薄，乃急謀變計，改用平和政策。臣因於濮蘭德負氣翻議之際，利用其儘可與他國另議之一言，執爲英國代表允認我國可與他國借款之據，立與濮蘭德停議，以挫英人之氣。即日另與德商柯達士開議，以震英人之心。原擬徐圖轉圜，將來即以英、德合辦爲兩全交誼之方，粵漢、川漢合借爲兼籌並舉之策。德商得此機會，一力承認息扣從輕。嗣英人知已與德商定議，果援案極力争辯，並由英政府向中國駐英大臣强詞詰責。經臣隨時函達外務部，將濮蘭德不按照原訂照會辦理及無理要求各情形，詳實申說。又略示以如改派他家英商來商，肯按照現與德商所定辦法辦理，亦可與商鄂境川漢借款。且當時與德商立約時，業已聲明，如英商據約力争，則兩湖粵漢借款仍應向英議借，而以鄂境川漢借款屬之德商。必使鄂境川漢路款歸德商承借，兩湖粵漢路款歸英商承借，庶可破英人之狡謀，均長江之勢力。斷不敢輕率定約，墮其彀中。英商見所謀不遂，數月之間，詭譎百出，枝節橫生，恫喝要挾，無所不至。臣堅持定見，隨機應付。逮與熙禮爾定議之日，仍加函存案，聲明英國借款公司購買材料經理人另派代表人來中國承辦，其原派之濮蘭德，決令回國，以後總不使此人干預此事，以絶後患。故此次借款，磋商半年，始克成議。尚幸主權未失，一概就我範圍。則關繫於兩省借款者事猶小，關繫於中國全局者事實大也。

湘鄂兩省鐵路請永遠官商合辦摺定稿未奏

竊臣前在湖廣總督任内，遵旨將粤漢鐵路收回自辦後，即籌議興修三省路工辦法，並及鄂境大江北岸之川漢路擬定同時舉辦各情形，均經先後奏明在案。嗣於光緒三十二年十二月，復具片奏請將各省商辦鐵路三十年後由官備價收回一半，以後永遠官商各半，利息亦官商各半等語。當時尚以爲官款不易籌集，商辦可期踴躍。乃數年以來，湖北雖已設立官局招集民股，而應者寥寥。湖南向由紳辦公司經理，亦未籌有鉅款。始知兩湖商民財力不厚，如任商民自行籌辦，斷難早日觀成。然路長款鉅，又不能不議借外款。臣自上年六月、十二月先後奉旨籌辦粤漢鐵路及鄂境川漢鐵路，當即詳查三省情形，除廣東已集有商股，毋庸再籌官款外，所有兩湖境内粤漢、川漢鐵路款項，決意由官借款興修，以期速效。惟借款既定，前此湖北所設官局，湖南所立公司，已經籌有之本省公款及商民股款，擬難與此次借款歸併一處，致令帳目混淆。現擬援照津浦鐵路上年十一月二十五日所奏奉旨成案辦理。查津浦鐵路，前經臣會同袁世凱、梁敦彦具奏，預定將來官商合辦辦法，迨至第十年後，國家清還借款之時，准令三省紳商自集成本，將此項股票撥與一半，任其收回，此項津浦鐵路即爲官商合辦之路等語。業蒙明降諭旨，允准在案。惟津浦鐵路籌議借款之時，該路尚未開辦，商股亦未動支。現在湖北省之粤漢鐵路及鄂境川漢鐵路，數年前早經設局收股，已將兩路幹綫測勘繪圖一律完竣。湖南省之粤漢鐵路，亦經紳辦公司分集公款、民股兩項的款，存儲待用。所有兩省歷年攤還粤漢贖路借款，及兩省官局、公司歷年勘路、購地、用人、購料、華洋員紳薪費各項用款，均經動支。以後按年收入各項公款、民股，尚復源源而來。必須先行預定將來官局與公司接洽詳細辦法，爲官民永遠遵守之據，庶足以昭大信而慰羣情。現在借款修路，全仗官力。於建築未成期内，一切用人理財諸大端，自應統由官局主持。其原有公司仍應並存，即責成派定之總、協理專認籌款招股，隨時解交官局，集成巨款，爲民款一半地步。凡已入之民股及陸續招入之民股，由官局按年發給官息六釐。官股亦由官局發給官息六釐。均係分登（薄）［簿］册[一]，備路成之日，官民合計歷年用款數目，作爲實本。除開除行車、養路、官息、局用各項外，本年贏餘之款即爲餘利。此項餘利，每年按照官民實本成數，一律勻分。官股係屬借款，十年以後應還借本，統由官股餘利付給。公款、民股已繳之實銀，既可備還借本，准其按股支給餘利。官股以官局提用之日起算，民股以交到公司之日起算，概不得以認定虛數索取官息餘利。其公款、民股以交足全路實本之一半爲期，遲早任便，不必迫以年限，以恤民隱。如此辦法，則官權不損分毫，商民同享

[一]「薄册」，應為「簿册」。

路利，上下一體，憂樂與同。實與上年十一月諭旨所云，勸導紳商協力相濟，以溥樂利而昭大信之意相符。至兩省官局、公司辦法，容再另行訂擬詳細章程，俾易遵守。所有兩湖官辦鐵路擬請援照津浦鐵路成案官民同享樂利各緣由，理合專摺奏請特降諭旨允准施行。

遺摺宣統元年八月二十一日

竊臣於本年五月感患肝胃氣痛，迭蒙聖恩賞假調治。嗣於本月二十一日因病勢沈重，奏請開缺。恭奉上諭：張之洞奏請開去各項差缺一摺。大學士張之洞公忠體國，夙著勤勞。茲因久病未痊，朕心時深廑念。著再行賞假，毋庸拘定日期，安心療養，病痊即行銷假入直。並賞給人葠二兩，俾資調攝。所請開去差缺之處，著毋庸議。欽此。並蒙監國攝政王親臨臣寓視疾，恩遇優渥，感激莫名。無如病勢已深，醫藥罔效，虛邪日盛，正氣潛消。迨至二十一日酉戌之交，加以痰壅氣墜，汗出如瀋，氣息僅屬，生機將盡。永違覆幬，圖報無期。言念及茲，涕洟橫集。伏念臣秉性愚庸，毫無學術，遭逢先朝特達之知，殿試對策，指陳時政，蒙孝貞顯皇后、孝欽顯皇后拔置上第，遇合之隆，雖宋宣仁太后之於宋臣蘇軾，無以遠過。備員詞（洊）館，［洊］升内閣學士[一]。凡有所見，剴切直陳，均荷優納。嗣蒙恩簡授山西巡撫，繼復奉命總督兩廣、湖廣，再權兩江。際德宗景皇帝勵精圖治，臣仰秉廟謨，竭蹶從事，忝膺疆寄幾三十年。雖轄境幸得粗安，而中更事變，憂患紛乘，未由防弭於幾先，類皆補苴於事後。凡所設施，動與願違。勞而鮮功，夙夜負疚。復膺殊遇，摺授閣職，參預機務。入直以來，正深祇懼。重遭國恤，兩宫升遐。幸我皇上紹承大統，我監國攝政王以恭儉勤慎輔導聖躬，大局獲安，人心望治。臣雖年逾七十，猶思竭其愚慮，裨補聖明。何期衰病侵尋，寖致綿惙。臣平生以不樹黨援、不殖生産自勵，他無所戀。惟時局艱虞，未能補救。累朝知遇，未能仰酬。將死鳴哀，不敢不攄其愚忠，泣陳於聖主之前。

當此國步維艱，外患日棘，民窮財盡，百廢待興，朝廷方宵旰憂勤，預備立憲，但能自强不息，終可轉危爲安。伏願我皇上親師典學，發憤日新。所有因革損益之端，務審先後緩急之序。滿漢視爲一體，内外必須兼籌。理財以養民爲本，恪守祖宗永不加賦之規。教戰以明恥爲先，無忘古人不戢自焚之戒。至用人養才，尤爲國家根本至計。務使明於尊親大義，則急公奉上者自然日見其多。方今世道陵夷，人心放恣，奔競賄賂，相習成風。尤願我皇上登進正直廉潔之士，凡貪婪好利者概從屏除。舉直錯枉，雖無赫赫之功，而默化潛移，國家實受無窮之福，正氣日伸，國本自固。凡此愚誠之過計，皆爲聖德所優爲。儻荷聖明采擇，則臣雖死之日，猶生之年。抑臣尚有經手未完事件，粵漢鐵路、鄂境川漢鐵路籌款辦法，迄今未定，擬請旨飭下郵傳部接辦，以重路事。鐵路股本，臣嚮持官民各半之議。此次粵漢鐵路、鄂境川漢鐵路關係繁重，必須官爲主持，俾得早日觀成，並准本省商民永遠附股一半，藉爲利用厚生之資。此尤臣彌留之際不能不披瀝上陳者也。謹口授遺摺，叩謝天恩，伏祈聖鑒。

［一］「詞洊館升」，似應作「詞館，洊升」。

電奏

光緒十年

宜招納劉永福防法

致總署光緒十年閏五月三十日發

法既明言專占中國口岸，此時彼兵輪進各海口，必須攔阻。祈速與該公使議定，并託各國公使公論，以便速飭各口設備。若不照會明白，攔阻則開衅，聽入則失險，必致自誤。粤省惟有守口門，扼内河。船達城下，户稠垣卑，無從措手。再，劉永福，法必不容，然萬不可不庇。雲南恐不易安頓，洞意願招納之。劉本欽州人，若令率所部精鋭歸粤，果使爲將領，既免法吞，且資其力，必有大益。兩事均祈代奏請旨。望電復。卅。

轉陳桂省兵力部署

致總署光緒十年六月初五日發

岑電稱：閏五月初八日奉旨，由粤轉咨到營，已遵飭前敵各營，扼紮原處，嚴加防備。并催續調各營，挑派附近鄉團共三四萬人預備戰守，約六月底可到。俟奉旨進兵，定即親統進發，馳赴前敵，與粤軍聯絡，相機攻取。如法人由大灘、文盤州一路來攻保勝，即督飭各營極力堵勦，斷不鬆勁。祈轉電總署，先行復奏等語。謹轉達。尾。

閩防危急請速派兵船往援

致總署光緒十年六月十二日發

屢接閩電，情形危急，船廠若擾，各處皆震。合懇南、北洋飛速各派數艘帶水雷艇，合力援閩。法注意在閩，敵入内河，頗慮斷後，故大小船分屯五虎門内外。若有十船於口門外遥尾綴之，勿與搏戰，待敵入内，則下雷於口門斷之。欲犯他口，亦然。往南亦南，往北亦北，處處作勢牽制，則各口皆不敢深入。此十船可作十萬人之用，南北各口皆有大益，非獨爲閩也。惟必須十艘八艘，少則無益，水雷艇尤要。事急，敬陳管見，祈鈞署代奏請旨速行。文。

潮勇五營援閩能否搭船入口

致總署光緒十年六月十七日發

奉旨援閩，粤兵不敷，閩事甚危，移緩就急。潮去閩近，已令署提督方耀飛調遊擊方恭率潮勇五營往援。潮防舊有三營，趕募步勇一營，水勇一營，舊營續募補足。軍火暫挪應用，粤墊兩月餉及船費。由汕頭舟行至厦門，能否搭船入口，相機前進。舟行自厦一日到福州，陸行八日到福州。請代奏。玉麟、樹聲、之洞、文蔚同肅。霰。

臺閩危急宜速決戰和

致總署光緒十年六月二十一日發

敵既襲臺，今又萃閩，情形危急。仰懇聖上速決戰和之計，電諭沿海各省，使有遵循，得以相機制敵，不然，處處落後受制。敵已深入内河，彼儻據險開礮，疆事危矣。迫切合詞籲祈代奏，請訓示。玉麟、樹聲、之洞、文蔚同肅。

粤事可慮臺防宜援

致總署光緒十年七月初一日發

奉敕籌濟銘營軍火。竭力搜得卑鉢北洋步〔槍〕一千二百枝〔一〕，馬子五十二萬，礮藥一萬二十磅，并協餉銀二萬兩，雇船徑送淡水，後日抵臺。臺人能戰，有餉械可就地募。吴宏洛守長泰最衝，無可代。撥老營太多，粤可慮。竊思臺鎮章高元即銘軍親兵，章部二營在臺，餘八營現紮江陰，皆曾隨唐定奎渡臺者。此八營不惟銘部，且恰是章部，若抽數營由滬雇船援臺，地熟將習，尤相宜。昨電旨派程文炳由江西援閩，路遠難達。若令章部援臺，程部紮江陰，自漢口下，三日可到，似便。再，温州鎮吴鴻源隨左相在閩，曾駐臺，熟悉。聞素稱謀勇，部下多戰士。現告病居厦門，可否令吴鴻源或在厦募數營援臺，或徑赴臺募數隊。敬陳管見，請代奏。之洞、文蔚同肅。東。

力籌餉械濟臺

致總署光緒十年七月初一日發

臺防自應赴援，粤海口太深廣，防遏最難。長洲扼要，吴宏洛築臺甫竣，萬難移動。前已撥潮防五營，今再移五營。粤事港報畢登，昨日西人言，法正謀設法擣粤。敵乘虚，粤危矣。粤爲南洋衝，尤要於臺。他軍均難抽撥，且於臺地主將均不習，往亦無益。現已力籌餉械濟臺，聽劉自募。聞臺軍二萬餘，兵不少，需將與械耳。軍火最難措，如戰旨尚未宣，祈飭南北洋速向洋行定買，餌以重利，商令設法通融，送來爲要。請代奏。玉麟、樹聲、之洞、文蔚同肅。朔。

已令唐景崧劉永福掎角赴敵

致總署光緒十年七月初四日發

牽敵以戰越爲上策，圖越以用劉爲實濟。前奉旨籌牽制之策，粤東雖有兵七枝，惟欽、廉非進兵之路。查主事唐景崧與劉永福相得，久在越地前敵，熟悉地勢、軍情，乞假在龍州，現聞病愈。洞已電致唐，令速募四營出關，與劉永福合掎角，一面趕籌餉項軍火濟之，餉一到即可進兵。并助劉永福餉一萬兩交唐帶往，傳述天恩，激厲會戰，此枝似較生兵爲便。請代奏。豪。

請留張樹聲防粤

致總署光緒十年七月初七日發

電旨命張前督防廣西後路，張自擬遵往，惟勢有難行。往必帶淮軍及淮軍所部，粤軍諸營分守要地猶不敷，臺壘器械均整，練募新必不得力。吴宏洛部尤難動，前電奏已詳。一、張熟粤情，可資商酌，在此督率淮部，諸將易盡力。二、不予舊部，隻身往無用。三、即使可往，赴西十數營無餉，防東募填者無械，萬無

〔一〕據楚學精廬一九三七年版《張文襄公全集校勘記》補。

從辦。四、案越關外荒苦，逃匿西軍萬餘。轉運艱，多食粥，再增大軍，不戰已困。五、粵東戒嚴萬緊，敵船一駛，各自顧後路，疏前敵。張曾兩請出關，今昔殊勢，東急西緩，我援敵乘。仰懇天恩留張仍防粵東，至幸。若慮西防，或飭西提唐仁廉赴任，臨戰宜静不宜動。合詞籲請代奏。玉麟、之洞、文蔚同肅。遇。

懇敕彭玉麟勿株守

致總署[一] 光緒十年七月十八日發

前敵虎門散漫，巨礮少，臺舊式，最謬背山平水，留烟收彈。洞到，屢飭改，衆議以期促，止。沙角在虎門淤尤闊。彭宫保倡築礮臺，未竣寇來。前路無把握，中路黄浦較緊。彭忠勇，誓守沙角，與臺俱存。竊思疆臣宜顧全局，親赴前敵督率則可，專殉一臺似不宜。敵船即突入中路，可扼守後路，可策應前路，可回援全局，未動未必不勝。懇敕彭持重，戒勿株守沙角一臺，以維全局、定人心。乞代奏，請旨速行。

七月十八日奉旨：聞彭玉麟擬誓守沙角礮臺，固屬勇往，惟重臣宜顧大局，不可株守一臺。况敵長水戰，華長陸戰，如基隆、馬尾臺毁而陸兵仍勝，是其明證。該尚書務當加意，以昭慎重。

遵旨嚴籌粵防

致總署 光緒十年八月初一日發

奉七月二十一日電旨，令防由澳門陸路窺省。詳查澳門至香山有陸路，香山至省多支河，無陸路。惟聞有雇奸民乘小船分擾之説，當密查嚴備。粵省海口，除虎門外尚有五門，河道紛歧深廣，三門可進大輪，若中號輪皆可深入達省。惟有於附省衝要扼守，但河無戰船，岸無礮臺，謹當竭力籌辦，請代覆奏。玉麟、樹聲、之洞、文蔚同肅。朔。

總署來電 光緒十年七月二十二日到

奉旨：聞法國現與葡萄牙密約，澳門有通廣東省旱路，擬由此路協力攻撲省城，如果得手，即將法國所有澳門地界酬葡等語。雖係傳聞之詞，不可不防。著彭玉麟、張之洞等嚴密偵探，並查明此段旱路有無險隘可憑。聞中間尚有一江或可扼守，著豫籌布置，並先電聞。欽此。箇。

請敕劉永福酌保部下將弁

致總署 光緒十年八月初一日發

潘上月十六駐諒山，岑駐保勝，遣將會劉永福攻宣光、[興化，以瘴盛糧乏餉欠爲難。前蒙賞，永福提督必奮勉，][二] 惟永福一人蒙恩，部下未與。若黄守忠等屢戰功多，永福深倚。擬請敕永福酌保部下將弁，准請總兵以下二三十人擇尤附電代奏，庶可共奮。越官黄廷經現收衆自保，可否敕潘查詢，如願爲華官，亦懇恩施。再，越王於閏五月又爲其下所酖。謹附陳。祈代奏請旨。玉麟、之洞同肅。朔。

[一] 録自苑書義等主編《張之洞全集》第三册，第一八七九頁，河北人民出版社，一九九八年版。第一第二行，標點有改動。

[二] 據刊本《張文襄公電稿》補。

敷設雲桂電綫事不易集

致總署光緒十年八月初十日戌刻發

疊奉電旨，飭速辦雲桂電綫。查龍州至馬白關幾二千里，山僻運料艱滯，估費約十六萬以外。官出無商助，勘路、購料、竣工約十閱月，事不易集。冀雲、桂會軍後信息較便，俟岑、潘會商覆陳。遵旨一面奏聞，請代奏。蒸。

英助法激起香港民憤

致總署光緒十年八月十六日戌刻發

數日前香港華民密約燬法船，英助法防乃止。前法船在港買牛羊，民艇不載。鐵甲傷，民工不修。近法商船到，民艇不起貨。英官執而罰之，衆艇怒，挑夫助之，艇夫避匿停工，中外貨皆不搬運。英官還所罰，仍不允，英以兵脅，斃華人一，英兵傷十一，益鬨，揚言將焚港中法行。今晨舂米工亦停，刻尚未結。英不能制其衆，疑粵省官主使。示禁接濟、受雇、充匠、當兵誡有之，然只貼粵境，港地不能貼華示。貧苦細民一日不傭則困，此民心忠義，非官力。若日内不了，港官必嗾巴夏里濆擾，望折駁勿聽，即以民心忠義不願受役敵國爲詞，情理正大，彼必不能奪。謹先上聞。請代奏。諫。

香港義民拒法擬事定後獎勵

致總署光緒十年八月二十一日申刻發

香港艇夫拒法事相持數日，西街罷市，各行傭作以次和之。英官兵脅不從，揚言焚港九龍司，會匪欲爲助，英人甚恐。洞密電港商勸導，令適可即止。醫院華人調處，英官還所罰錢，放所拘人，所斃華民卹二百元，聽華民不裝法貨，乃已。十八日事定。十六日法船二由鷄籠來港采辦火食，華商不交易，十七日即赴西貢采辦。十八日又自鷄籠來法船一，廿日亦往西貢。此事乃民義憤，英極力抑民助法，畏衆曲從，恨粵官甚，指爲主使，昨照會詰問，以港事粵官力不能及答之。頃接西電，利士卑攻淡水，法船不能進内，只口外一礮臺被燬，法兵現短糧等語。果能香港從此不接濟法船，於敵亦頗有滯礙。粵省窮民忠義難得，事定後當酌籌獎勵之法上聞。請代奏。馬。

請敕臺民糾衆逐敵並從優給獎

致總署光緒十年八月二十二日巳刻發

法踞鷄籠，劉守淡水，南北洋當已奏聞。兩奉電旨接濟，遵已赴港設法，雖在海梗，必當力籌妥再具奏。竊謂臺事孤危，外援難往，惟有以臺守臺。臺地戰士銀米皆不缺，惟缺軍火。向多富户豪民，臺北林姓曾集團萬餘助戰。此時鷄籠之寇宜急圖攻逐，勿令久踞（敗謀）［取煤］〔一〕。兵力不敷，可否仰懇聖恩敕臺灣紳民，如有能起義糾衆逐法人出臺境者，封以五等之爵，團勇仍予優保重賞。所費口糧，成功後報明補發。捐餉者減成從優給獎，成功後并免臺地錢糧一年。若臺民并力，當可驅法。團雖遜於兵勇，取其勢衆。洋兵最患夜戰不得眠息，若分爲十餘起，分路更

〔一〕據刊本《張文襄公電稿》校正。

番日夜擾敵，疲其兵力，耗其子藥，數日法必困，官軍乘之，然後可勝。并祈敕諭臺灣鎮道分投籌辦。事急至此，非破格爵賞，不能鼓衆心，破强敵。果能成功，豈在黄梧、施琅、李長庚諸人下。此皆閩、臺成案，祈聖裁速行，臺防幸甚。請代奏。養。

諸番合縱可慮議以租界餌德瓦解

致總署光緒十年九月初二日戌刻發

八月廿八日，一大法船運糧到港，次日赴鷄籠。廿九日，一小法船到港，兵約二百。皆自海防來。西報法議籌餉三十七兆佛郎，又稱添四鐵甲來華，又稱德相畢士馬赴法都，約助法圖利，欲在華與英、法、美三國同有租界。今俄來華鐵艦三，日本亦來華兵船三。廿四日，澳門葡人忽增一大兵船，泊九洲洋，以二十萬自日本租來，兩年爲期。諸番合從，大局可慮。竊思添一德國租界，於我無損，彼有大益，以此餌德，懇其助我，或可稍解。可否與駐京德使議，并敕駐德李欽使探之。此事是否可行，請敕總署與北洋速議。祈代奏。冬。

劉永福缺餉請以晋款移賞

致總署光緒十年九月初二日戌刻發

頃接劉永福禀，感激天恩，備訴艱苦，部下食粥，餉乏彈缺，俟秋清水落，進取宣光。并云，前蒙恩賞十萬金，祇領得三萬有奇。雲南軍火餉項，旱道不易，難多接濟。祇須餉足，加募精鋭，無堅不破，非法人有神術也等語。查十萬未能全領，自係因彼時桂餉難籌，今雲軍餉械亦絀。竊有管見。昨接晋奎署撫咨，籌銀十萬解部備賞。可否懇恩，即將此項賞劉永福，分作兩次，先賞五萬，如獲大捷，再賞五萬，必當鼓舞。至軍火，粤當力濟。刻下蘇提雖勝，他軍傷亡太多，法虜決意分路攻逐桂軍。寇悍我孤，必須岑、劉由西路夾攻，庶分敵勢。如蒙俞允，請敕粤海關於應解南北洋經費下即日全數撥解，再由部將此項發兩洋作抵。伏望聖裁速行。請代奏。沃。

總署來電光緒十年九月初四日酉刻到

本日奉旨：聞劉永福軍缺餉，加恩賞銀五萬兩，著張之洞無論何款，即行解交岑毓英傳旨賞給。前令酉保黄守忠等尚未奏到，並飭速奏。刻已秋深瘴退，傳知該提督剋日進勦，攻復各城，渥膺懋賞。此旨著張之洞轉咨岑毓英遵照。欽此。豪。

借款募番萬人以資守禦

致總署[一]光緒十年九月初七日發

臺事急，援兵緩不能濟，且渡臺難。惟有由二劉等借本地富户之款，重價募生熟番萬人以資守禦。請代奏。

鎮南關外軍情

致總署光緒十年九月初九日子刻發

關外軍情。敵分三路，船頭一路，蘇軍屢勝多傷，與敵相持。

[一] 録自苑書義等主編《張之洞全集》第三册，第一八八四頁，河北人民出版社，一九九八年版。

郎甲一路，方友升、周壽昌營單勇病致敗，退紮觀音橋。那陽一路，教匪焚老街，未來犯。王德榜派兩營駐鎮南關，唐主事景崧八月廿日出關，由牧馬、蘇街赴宣光，會劉軍。潘以諒山急，留唐暫防牧馬，現屬調他營防，促唐進。至雲軍在宣光被挫一節，桂探、西報皆無聞。岑派同知潘濟德三營同劉部黄守忠圖宣光，然唐初五電尚無雲軍東來的信，敗恐不確。參考西報，桂軍皆血戰，火器不敵，教匪過衆，故雖勝而多損。張前督本日申刻病故，署瓊州鎮吴全美亦於八月病故。港連日有法小兵船四，昨一艘赴雞籠，大率資彼煤糧，阻我濟械。法封全臺口，禁華人及書信登岸。請敕總署南北洋力商各國商船，謀探信之策。至要。請代奏。佳。

請敕催雲貴兩省協餉

致總署 光緒十年九月十二日酉刻發

潘疊電餉缺甚，本省款月僅二萬餘，至協餉四萬罕解，賞卹更無出，情詞危苦。蘇提欲收散勇爲用，而爲餉所困。岑亦憂無餉。竊謂援臺惟有争越，内地增百營，不如關外增十營。内地用餉百萬，不如關外用餉十萬。仰懇敕催雲、桂兩省協餉。桂責湘墊，雲責川墊，再由他省撥還，或可稍速。潘以瘴兼急而病，洞前聞人有頗議之者，詳察其情，略因餉絀，諸事力求撙節所致。此乃邊臣苦況，請代奏，懇恩速行。文。

截留京餉爲雲桂兩軍購軍火

致軍機處[一] 光緒十年九月十四日發

六月十八日藩、運兩庫共解京餉銀十萬五千兩。甫啓行，法有結澳擾粤信，省外民驚，復行折回。竊思雲、桂兩軍皆缺軍火，擬將此項懇恩截留，爲雲、桂兩軍購軍火。逾格鴻恩，是舉非爲（奥）［粤］東計也。請代奏。

九月十四日奉上諭：張之洞電奏潘鼎新、岑毓英均苦無餉等語，關外軍情萬緊，餉項豈可稍缺，致誤戎機。湖南北、四川相距較近，所有各該省協撥雲南、廣西軍餉，即趕緊如數撥給，不准遲延。並於應解協餉外，丁寶楨無論何款，再行籌墊解付。雲南卞寶第、彭祖賢、龐際雲無論何款，再行籌墊解赴。廣西此項墊款即由各省應協。該兩省餉項内解交川、楚歸款。至應如何分運之處，著户部妥籌劃撥。其所欠解雲南、廣西餉項，各省關並著該部查明，迅速嚴催。

請派兵船阻截援臺法船

致總署 光緒十年九月十九日巳刻發

十日内自西貢來港大兵船三，小兵船一，大者載兵各數百，先後皆赴臺。現有自臺來大兵船一，泊港。詳考兩月内過港各船名，惟一艘新自西貢來，餘皆前在閩臺海面者。往來港越，運兵械煤糧，兵增而船未增。西報，法於初五日據雞籠煤礦，然各船在港實極力裝煤。法以二十船縱横中國海面，禁封臺閩，狂悍實堪髮指。昨知敕南北洋撥船援臺，如能達臺，固善。但我船自滬、厦開行，敵已早知，難繞他口，調船攔截，仍難近岸。中國戰船

[一] 録自苑書義等主編《張之洞全集》第三册，第一八八六頁，河北人民出版社，一九九八年版。

不多，尤須實惜，似不如於閩海一帶結隊游弋，截彼運兵運煤糧船，較易得手。近兩月來，自港自越運船來往絡繹，率皆一兩艘游行無忌，我以八九艘遇之，即彼不被擊壞，亦必退避。敵運既阻，擾臺之寇不能持久，且兵械不添，亦難進攻。如此互相劫制，或可有益。可否敕下左、楊等酌辦。請代奏。效。

渡兵運械實難須謀他法

致總署光緒十年九月二十日午刻發

電旨恭悉，臺事甚急，晝夜憂憤。前疊奉旨濟臺軍火，已購備前膛洋槍千枝，洋藥數百桶，託人向港、厦多方商辦，餌以重價，擬俟能解再奏聞。無如各船皆不往。法於華洋船皆禁阻，搜查書信抛棄，民船被擄甚多，取壯者翦髮充兵。臺磺多硝少，然硝易煎取。八月十六日洞即電劉督辦，囑造土藥，以圖持久，此電已達。九月十一、十三復電劉及臺灣道力言，並商運濟事，不知達否。粵無兵輪，七月初九日已奏聞援兵實不能往。麟雖隻身赴閩會商無益，徒深焦灼。麟病已月餘，感瘴濕兼風火，腹膨足腫，食少畏風，不能出營棚，因防急不敢瀆聞。今果能往，雖扶病亦必行。揆此情形，渡兵運械實難，惟有謀匯銀通信之法。一切現仍力籌，有一綫可圖必謀之。容再奏陳。請代覆奏。玉麟、之洞同肅。號。

擬借匯豐款以濟雲桂軍餉

致總署光緒十年九月三十日午刻發

二十六日爲雲、桂及各省請巨餉電奏，未奉覆旨，當因鉅款難籌之故。竊又思得一策，朝廷若允借款由各海關認還，粵可向匯豐再借百萬兩濟雲、桂各半，當分批速解，較北洋借他省撥尤近便。以洞管見，今各省防勇數百營，月餉軍火在百五十萬以外，然皆防守之軍，欲戰不得。惟有雲、桂出關數十營，乃攻戰之軍，尚得當敵。此時宜以全力濟關外軍，俾岑、潘、劉皆得就地添募，足糧重賞，庶可迅速成功。總之，振全局在争越南，争越南在此數月。法雖悍，斷無半年内能踞全臺之理，亦斷無在陸地將劉、孫、章、曹諸軍全行擊破之理，河内圍則臺灣解。特再懇切上陳，如蒙俞允，請一面諭洞遵辦，一面敕總署知照英巴使電告匯豐，以期捷速。伏望聖裁速行。再，唐景崧電，宣光法增兵固守，有輪船二，洋三板一，會黄守忠攻之。現籌銀五千濟守忠，並解後膛槍二千，彈百萬，分濟劉、黄、唐三軍。又解後膛槍一千七百四十枝，彈百二十萬，銅冒五百萬，藥三萬磅，濟岑軍。請代奏。

總署來電光緒十年十月初三日申刻到

本日奉旨：張之洞兩電均悉。籌濟臺越軍事，具見公忠，深堪嘉尚，即著分别妥速辦理。在臺法兵多病，煤糧軍火亦缺，劉銘傳正可相機進兵，克復基隆。民勇可用，宜加意聯絡調度。並著楊昌濬設法通信，力籌接濟，隨時電奏。張之洞奏振全局在争越南，争越南在此數月等語，甚合機宜。即著電咨雲、桂疆臣，共知此意。所請再借銀百萬兩分濟雲、桂各軍，依議行。該衙門即知照巴夏禮電告匯豐洋行。此款借到，張之洞速行解運，以資飽騰。欽此。冬。

請敕李使許使速運毛瑟槍

致總署〔一〕光緒十年十月十九日發

今日有滬船運械到，查詢滬粵海道復通。十六奏請訂買雲者(土)〔士〕槍濟鮑運鄂。今滬粵通運更便，滬到粵五日，粵由梧州、南甯、百色水運得一月，由百色到雲鎮十日，較由江鄂經蜀、黔入雲者，既省且速。請旨飭南洋，令上海已買到運粵。洞近又在粵買士乃得後膛槍千枝，彈五十萬，備鮑用。擬將兩項通運至雲，唯鮑軍多械巨。聞北洋撥去前膛槍三千餘，恐難措。今冬封河，北洋無戰事，可否敕北洋將津軍毛瑟暫撥三千枝配彈并由粵運雲，兩月内德買毛瑟到歸還。鮑長于用衆，恐不止十數營。有此八千枝，可敷衍。擬請敕李使、許使速將訂妥毛瑟萬一千分别包送處所發運，如款不應手，李在彼熟能借，先行發運，粵械如此辦過。龍州探宣光敵踪，官軍獲勝。此報甚確，不久岑當有奏。譯西報，法甚慮越添兵，在彼既阻，則我當益急，此時鮑宜速行。唯聞餉不易籌，未悉指撥何項，仍宜指定的餉，方能大舉深入。乞代奏。

請敕北洋抽兵與吴大澂同往朝鮮

致總署光緒十年十一月初二日發

朝鮮之變，聞敕吴大澂往。竊謂此事必宜迅速大舉，能不與日樹敵固善，然日人貪横，既已决裂，必更發兵，乘此脅高麗而奪其政。我欲不較，又多要求，恐欲不戰而不能。吴誠穩練，似須添勁兵宿將。擬請敕北洋酌量。若宋慶、曹克忠速多帶數營與吴同往爲妥，軍威果盛，日或稍戢。北洋封河抽兵無防，出征駐防勞費，正等我能勝日，法虜之氣自奪，北洋之防自固。時令機會均不宜遲誤，萬一既挫而復增兵，則無益矣。鄙見請代奏。

與寶源商借百萬助餉

致總署光緒十年十一月初五日發

前奏准借匯豐百萬，濟關外軍，頃回絶。另與寶源商（安）〔妥〕〔二〕息八釐半，較匯豐輕，仍照原奏内各海關認還。請敕撫署知照英巴使電寶源。寶源一名渣打。并聞雲桂進兵，需餉甚急，巴電到即可提銀。岑、潘各四十萬，劉二十萬，分批解。劉部多，若再由岑撥出，雲軍不敷，劉亦無濟。請代奏。

我敵各軍動止

致總署光緒十年十一月二十九日發

王孝祺本月二十七日到南甯，江涸逆流，全隊約臘月初十日前到龍州。馮子材十八日到上思州，本十營，固請增募八營，現趕解軍械，須募齊械到，略加部勒即出關，均已電催。王軍老營械足，舉動素穩。馮軍新集械粗，剽悍輕敵。大約王軍宜鋭進，馮軍宜緩發。洞當斟酌策勵。復密飭欽州參將莫善喜募三營，合原部兩營，俟明正馮、王兩軍深入，即分道襲越。唐景崧現會攻宣光，偪城，兵單，增兩營，已屢戰。高州鎮張得禄報，十五日

〔一〕以下三件録自苑書義等主編《張之洞全集》第三册，第一八九〇至一八九一頁，河北人民出版社，一九九八年版。第三件標點改動一處。

〔二〕「商安」，似應為「商妥」。

法巨艦二到廉之北海，又到欽州海面之烏雷，皆瞭望探水，捉民船，泊五日乃去。知東軍大舉規越，欲封北海港截餉械，以後改內河運較遲。參考西報，法新兵已到越者千六百，將到越者二千三百，內尚有撥赴（越）［臺］者[一]，數不盡實，約越增二千。請代奏。豔。

總署來電 光緒十年十一月二十四日酉刻到

本日奉旨：曾紀澤電稱，新報法新兵部酋派六千兵赴越，另六千續往，欲乘雨潦前逼我軍出越。又云擬取道陸岸繞北里華兵之後，使不戰自潰。西人以我兵心易亂，慣用此危道等語。敵情叵測，著岑毓英、潘鼎新嚴備，並力籌攻取。彼如繞出北里，正可斷其歸路，出奇制勝，著相機妥辦。張之洞催馮子材、王孝祺兩軍迅速到防。欽此。即轉電桂撫，咨雲督。敬。

總署來電 光緒十年十二月初二日戌刻到

本日奉旨：張之洞電奏已悉。馮子材、王孝祺兩軍該督策勵進發，應需餉械設法協濟。岑毓英、潘鼎新遵疊諭悉力進剿，勿稍遷延。聞法用越南本地兵共六千人，該督撫設法解散，或曉諭招來，以孤其勢。著妥辦。越久列藩封，現在大兵助剿，該國君臣自當督飭兵民助順敵愾。著彭玉麟、張之洞會商岑毓英、潘鼎新傳旨檄問，責以大義，令其覆陳。欽此。即轉桂撫，電咨岑督。冬。

敷設海陸電報綫情形

致總署 光緒十年十一月二十九日發

瓊州孤懸，廉、欽僻遠，有警報阻，必需電達。由廣西橫州舊綫歧出作綫達廉，四百五十餘里。由廉作綫渡海達瓊，除海綫外，水陸綫共四百九十餘里，海綫五十里。由廉作旁綫達欽一百八十餘里。九月勘路購料，十月運料，十一月興工。趁臺急時趕設海綫，十月中旬海綫先成。橫廉綫十二月初旬可成，廉瓊綫明正中旬可成，廉欽綫明正月底可成，共海陸綫千一百餘里。海綫最貴，陸綫併工運造亦稍費，約需銀十萬兩有奇。詳由驛奏，謹先上聞。請代奏。豔。

商妥借大東公司洋款

致總署 光緒十年十二月十八日發

初四日電奏訂借德商五十萬磅，以百萬作臺、越用，餘作氣礮用。初六日奉電旨：依議行。廈與許、李兩使電商，該行九扣不減。現託北洋飭盛宣懷在津與英大東公司行東名本特，訂借五十萬零五千磅，約二百萬兩。周息九釐，不計閏，無扣無行用，十年還，每年還本息六萬四千磅，末年結清，各海關認還，接巴使電即匯銀來香港。合同稿已議妥，已請北洋李相代爲閱定簽字。此項息較省，期亦寬，仰懇敕總署速知照巴夏禮，電英告行東本特，電津告大東公司代理人。並請電敕北洋妥辦匯港。電敕曾侯與本特將保單畫押。請代奏。巧。

總署來電 光緒十年十二月二十一日未刻到

本日奉旨：據張之洞電稱，現與英大東公司在天津訂借銀五十萬零五千磅，約二百萬兩，請飭李鴻章妥辦匯港，曾紀澤與該

[一] 據刊本《張文襄公電稿》改。

公司行東本特將保單畫押等語，均著依議行。欽此。號。

請准再向匯豐借款

致總署光緒十年十二月十八日發

十一月初三日奉電旨：粵餉不繼，張之洞等即向港商籌借，令與前次借款一併奏明，由部覈辦。等因。欽此。法釁有窺粵之信，廉、欽已戒嚴，防急費重不敢省，省則必誤大事。多方力籌，不敷尚鉅。明年兼須還以前借款共六十萬，正月十五日即須還三十九萬，尤無措。據司局詳請向匯豐再借五十萬零五千磅，約二百萬兩以應急需。照舊案九釐加閏，但改爲十年還，前五年還利，後五年本利并還。藩、運兩庫還，海關作保，兼用粵關、粵藩印，已議妥合同。此項并前借之三百萬，均係粵借粵還，不累各省關，與自籌無異。懇請敕總署知照巴夏禮即電港，恐法宣戰，禁兵債，故急籌。再，匯豐前因雲桂借款延勒，巴電該行，謂洞言伊無力，該行甚慙。洋商最忌無力字，類乎倒閉，於生理有礙，故此次忽踊躍。請代奏。之洞、文蔚同肅。巧。

總署來電光緒十年十二月二十一日未刻到

本日奉旨：據張之洞等電稱，向匯豐再借五十萬零五千磅，約二百萬兩，照舊歲九釐加閏，分十年還等語，均著依議行。該衙門知道。欽此。號。

濟臺軍火已運三批并告敵情

致總署光緒十年十二月二十一日發

粵濟臺軍火三批，皆民船。第二批本月初五日到，第三批初七日亦到。遇法船旗後礮臺開礮，護之得免，俱有信來。第一批無到信，亦無他耗。接吳鴻源函，十一月十六日到臺灣府添募土勇三營。前數日港洋人報聞臺北法新添兵内變，不審確否。孤拔到越無確信。前敵探法虜有二十三四日分犯諒山之信，已飭馮、王兩軍挑隊相機策應。請代奏。馬。

唐景崧軍以少克敵請嘉獎

致總署光緒十年十二月二十三日發

據唐景崧報稱：十五日景崧所部陸續截擒逸賊二百餘人。訊供十一日之戰，五畫中礮斃，又斃一畫二名，四畫一名，教匪數百。景崧與丁槐、何秀林督攻南門礮臺，滾草而進，午刻至其濠邊，丁軍先入據之，賊潰，死傷無算。粵軍都司鄒培懸礮城西北角山巔，去城十丈，轟擊洋樓，賊不能立足，攻擊最得力。景崧、槐、秀林督隊力攻，未撤隊，劉永福軍亦來助擊。其竄逸之賊被粵軍生擒數十名。十七日，雲軍運開花大礮至，粵軍渡河開路，懸於對岸山巔擊城，頃招出教匪甚多，皆宥之。虜勢已孤，可望得手等語。已電飭招降脅從，乘勝速拔堅城。請代奏。毓英、之洞同肅。漾。

再，屢接探報，俱稱唐景崧勇略過人，將士感奮。岑奏亦有景崧奮不顧身，有膽有識之語。此次督攻宣光，以少卒攻堅敵，實爲難得。可否懇恩嘉獎數語，以勵戎行。請代奏。漾。

蘇元春軍戰況

致總署光緒十年十二月二十三日寅刻發

龍州報二十、廿一兩日法大股攻蘇軍，接戰兩日，互有傷損。

已電飭馮子材派各營出東路那陽、車里助王德榜。王孝祺裴械日内始到，已飭挑四營出中路諒山、板峒助蘇元春。接西電，廿一日法有受傷兵二百舁回河内。請代奏。漾。

閩戰船宜速來粵避敵鋒

致總署〔一〕光緒十年十二月二十〔五〕日巳刻發

港到法船二，泊口外，窺粵之形已著。聞南北洋七艘已到閩。法船亦到馬祖澳，其意必欲先毀華船。竊謂閩洋難戰，緣福州口狹，厦門無内口，皆無收泊處。戰則無把握，不戰遥泊，有船何益。我船少宜慎惜，不如令駛來香港口外，泊汲水門以北。法兵船、煤糧船數艘過，則出截之，大隊船來則收入虎門與戰。口門内寬廣，縱横如意，有礮臺護之。船臺互援，我據勝勢，永爲法梗。護粵、護船、斷接濟，三義合而爲一，諸將所言皆同。請敕左、李兩相，如法船無攻閩意，即飭七船速來粵。請代奏。有。

此電并致福州左中堂，天津李中堂，末加數語云，頃已電奏，特奉商，如以為然，即速飭辦。盼復。餘同。

粵防正急吴宏洛礙難渡臺

致總署光緒十年十二月二十五日發

劉督辦催吴宏洛渡臺，奉旨令洞籌奏。此事甚爲難，守臺不比行隊。長洲最要，將領尤難，方恭未勝此任。法屢有窺粵信，未敢輕舉。與彭、倪熟商，移沙路守將提督蔡金章守長洲，抽湘將劉樹元接守沙路，添募湘勇兩營，令吴將礮臺弁勇酌留二三百。惟兩臺交替，船到總需十數日，已定議，正擬覆奏，昨接閩電，法船八到馬祖澳。今日接港密探，法船二到港口外，與法領事謀擾粵，孤拔到閩。西電言，法因臺病多，術窮撤圍，擾他口岸。是臺圍已鬆，粵防正急，無抽動理，擬請暫緩數日，局勢定再籌酌。方恭五營十五日已齊備候船，然劉既不願，重費無益。廉州前告警請兵，即派此五營赴欽州，既爲廉援，兼爲參將莫善喜後路，以便莫進兵入越。請代奏。有。

粵省代購八生車礮

致總署光緒十年十二月二十六日發

訪得滬泰來行有八生車礮九十三尊，各帶彈四百，器具全，三箇月到。議定每尊一千三百四十兩，共十二萬餘兩。此等精礮，大批平價極難遇，北方陸戰利器。謹已飭委員惲寶善立合同，由粵付定銀五萬兩。此數可供三大營用。明年北防必嚴，擬請分給津軍及曹克忠、張曜各營，必得力。仰懇電敕南洋暨上海道將合同驗收，礮到由北餉付價。請代奏。宥。

法兵來犯已作部署

致總署光緒十年十二月二十六日發

疊接龍電，法酋調河内、山西、北甯之兵來犯。十九日向車里攻王德榜營，半途折向谷松，攻蘇元春營，二十至二十三三日晝夜苦戰，傷亡太多，撤回屯諒山，前軍屯威坡。前聞敵警，已

〔一〕此件日期據電文末署代日韻目「有」，應為「二十五日」。

疊飭馮子材、王孝祺兩軍速進。馮軍原議出東路那陽，本紮思陵隘口外，正前進赴車里，聞警，馮已調八營全改向諒山赴援。王軍裝械廿二日甫到，據報已挑兩營赴諒。又飭續挑兩營出關。惟無糧難行，由西軍暫爲通融。馮餘兩營，王餘四營，並桂防兩營，顧南關後路。請代奏。宥。

抗法前軍獲勝

致總署光緒十年十二月二十八日發

疊據王德榜報，探聞蘇軍接仗，即留八營守車里，令提督楊文彪率四營出崑圍截賊援蘇。廿二日將至邱岳，途遇匪千餘運軍火，開槍掩擊，匪驚，棄軍火六七十擔而走。正追擊，賊援至，救護軍械，戰且走，我軍擊斃多名，紮福勝。廿三日又截殺數百，現奉調由那陽回顧諒等語。復據龍州探報亦云，王軍由福勝襲敵後路軍火，敵始退。現蘇軍紮威坡，馮軍紮峒楼，王軍紮那陽等語。洞三日内屢電飭馮力顧德榜，王孝祺力顧諒山。現馮軍所屯峒楼，西距威坡，東距那陽均數十里，何路有警，即援何路。刻下孝祺已親率隊赴諒，並令馮設法招徠從賊教匪，懸優保重賞勵諸軍。請代奏。勘。

總署來電光緒十一年正月初三日到

本日奉旨：李鴻章、潘鼎新電稱，法衆上犯，日夜鏖戰等語。諒山軍情緊要，潘鼎新身臨前敵，王德榜、王孝祺均著聽候調遣，以一事權。馮子材著幫辦廣西關外軍務，所統各營，亦歸潘鼎新調派。該撫暨該幫辦等務當和衷協力，迅速圖功。儻各軍不遵調度，即嚴參治罪。欽此。江。

請敕調北洋二快船南下

致總署光緒十年十二月二十八日發

頃電旨恭悉。法六船忽閩忽滬，自是來尋我船，刻聞又南駛。我南洋五船非甚堅，北洋二快船較精，礮較大，又有德將，必須有此二船合隊戰，方有把握。朝鮮事漸定，目前不致遽與倭戰。仰懇敕北洋飛調此兩船南下，七船合隊拒戰，倭有事再調回。我船艱貴，設有損，敵更無忌。至船赴何處爲宜，俟與李、左會商。管見迫切，請代奏。勘。

南洋五船被圍請急調北洋二快船赴援

致總署光緒十年十二月二十九日發

頃接左相電云：據金陵電，南洋五船被法四兵輪圍困温州石浦裏港等語。查輪船由滬赴閩有内海一路，傍山行較淺，其大鐵甲不能行，所以止言法輪四隻，其鐵甲當是停在外海。洞管見，此時宜急調北洋快船二艘赴援，亦由内海行，赴温内外夾擊，庶易得手。伏望敕北洋速籌妥辦，是否有當，恭候聖裁。請代奏。豔。

光緒十一年

諒山失守嚴飭馮王兩部不得棄戰入關

致總署光緒十一年正月初三日發

疊接潘撫及李秉衡等電，廿九日法至諒，蘇軍焚城退，桂軍現如何布置，無從深悉。馮子材現有共十營，其八營本在前敵東路，現據報與李秉衡等商酌，止帶一營駐鎮南關招集潰勇，留一營彈壓龍州。王孝祺報現紮關外由崖，備敵來邀擊。已屢嚴飭設謀力戰，斷不准不接仗而入關。至馮部八營，據報調回扼南關，是否潘調，已電詢。竊思馮軍原議由東路進，電奏陳明在案。若全助守關，東路門户無阻，敵可由上思州拊東省欽、廉之背。現飭馮軍八營仍紮東路扼勦，王軍協桂軍顧南關一路。是否合宜，請旨遵行。近聞法添兵，前數日到新加坡，分赴臺、越，號稱萬四千，大約七八千人。已飭莫善喜、陳榮輝兩軍由欽州疾進，以分敵勢。請代奏。江。

總署來電光緒十一年正月初五日到

本日奉旨：聞諒山失事，曷勝憤懣，著潘鼎新將情形迅即電奏。該撫與蘇元春、馮子材當督軍擇要穩紮，激勵將士，迅速進取。儻不能振奮圖功，貽誤大局，自問當得何罪。王德榜軍曾否接仗，嚴飭實力會勦。王孝祺率隊赴諒，現抵何處，著催令進兵。法前據岑毓英電稱，宣光旦夕可拔，近日戰事若何，未據電奏。法如盤踞諒山，計必分兵救宣，滇軍垂成之功，恐將掣動。著飭各軍力將該城攻克，掃蕩而前，以分敵勢，一面即行電聞。滇、粵各軍餉械，張之洞力籌接濟，毋任缺乏。欽此。歌。

總署來電光緒十一年正月初六日到

本日奉旨：諒山失事後，據李鴻章轉電，有法至巴平，初三擊退之語，稍慰（厪）［廑］系〔一〕。潘鼎新現駐何處，當飭馮子材、楊玉科等軍擇要穩紮，力遏敵氛。一面激勵將士，招集散勇，重加整頓，以期保守邊隘，轉敗為功。王德榜、王孝祺暨馮子材所統各營，前已有旨歸潘鼎新調遣。張之洞擬令馮子材顧東路之説，即著潘鼎新通盤籌畫，相機調度。湖南募成八營，著卞寶第飛咨龐際雲速撥六營，揀派得力統領，即日趕赴廣西關外助勦。廣西軍餉著鄂、湘兩省截留京餉，無論何款，迅速籌解。張之洞於借款内無論已得若干，迅即分濟滇、粵各軍，以應急需。其廣西軍械，并著源源接濟。該督電稱，已飭莫善喜、陳榮輝兩軍由欽州疾進，并速催方恭五營一併赴欽，以厚兵力。欽此。即轉電滇、桂。魚。

再借匯豐五十萬鎊又擬請由粵代川借鮑餉百萬兩

致總署光緒十一年正月初九日申刻發

前奏准借大東公司五十萬零五千鎊備臺、越氣礮用，疊接曾電，東司礙法不願借。茲改與匯豐議定再借五十萬鎊，照粵新借

〔一〕據楚學精廬一九三七年版《張文襄公全集校勘記》改。

五十萬零五千鎊辦法，年息九釐加閏，十年期，前五年還利，後五年本利并還。各省關還，各海關保，蓋粵關、粵藩印。又擬請由粵代川借鮑餉百萬兩，利息、期限、作保，與匯豐兩款同，已與倫敦議妥。鮑款詳另電奏内。如蒙允准，請敕總署照巴使電港立約提銀。法禁英借兵債，匯豐言只借一次。與商妥新借各款共一合同，分注約上。曾電東司勸我速定。事急，請代奏。佳。

鮑餉宜限營限月解用

致總署光緒十一年正月初九日申刻發

去臘廿二日奉電旨，令於借款内解二三十萬濟鮑軍，焦急無措。查粵本省借除還前欠本利六十萬，止得百四十萬。用鉅日久，臺、越氣礮之五十萬鎊，軍多用急，再抽濟鮑，少分無益，多分兩誤，若不撙節勻用，以後束手。朝廷因鮑已行，撤勇不及，懇籌專餉，現另借匯豐百萬兩，利息、期限、作保與現議匯豐款同。擬請旨嚴切限定鮑軍月餉數，大約每月不得過十萬。粵解借款八萬，川供二萬，加軍火各費，此款足支鮑軍一年。如數月凱撤，餘款候部撥用。此係粵代川借，款歸川還，分爲十年。川力較紓，較之責川現供鉅款，尚易辦。抑歸各省關還，統請聖裁。至照巴使，只重在各關保。總之，鮑餉宜限以月，不徒限以營。不然百萬難支數月，既慮譁潰，亦患漏卮。再，川現認月解鮑若干，外省有無協款，鮑奏何日自何處啓行，帶幾營，祈敕總署查明電洞知，以便籌措。粵接黔咨，鮑於十一月廿一日自夔行。請代奏。佳。

總署來電光緒十一年正月十三日丑刻到

本日奉旨：張之洞電稱，另借匯豐銀百萬兩濟鮑超軍餉等語。著該督即與匯豐借定，仍由各海關還。至鮑超月餉如何限定，四川能否供支，此款如何撥用，著户部速議具奏，候旨遵行。鮑超帶二十一營於十二月初三日自瀘起行。欽此。文。

急飭各軍尅期攻克宣光

致總署光緒十一年正月十一日發

疊據唐景崧報，雲軍作地道，粵軍作雲梯、草綑攻宣光。景崧傳書招城匪。去臘廿八日地雷發，城未動，諸軍負傷力攻，敵於城市嶺脚掘窟、樹柵備巷戰。廿九日五鼓，丁槐發一雷毁城數丈，敵死拒缺口。正月（十）［初］二日晚〔一〕，崧據城北土阜築營，闞城攻擊，以鄉音誘從匪，客、教匪投出百餘皆釋去，偷渡者任其逸。寇極悍，連日雲、粵各軍猛攻苦戰，傷亡不退，兼旬寒雨甚苦，幸皆用命。城内有哭聲。現又在城北作地雷等語。探援寇三千將到，慮雨漲輪來，急飭攻、招并行，尅期得城。請代奏。毓英、之洞同肅。真。

解借款及軍火濟桂雲

致總署光緒十一年正月十一日發

初三、初六日三次電旨恭悉。馮、王兩軍已屢飭聽潘調度。冬、臘兩月解過桂軍士乃得槍千五百，毛瑟各種彈百七十萬。聞諒急，電飭龍局截留唐、劉槍千濟桂。現又挪粵省用黎意精槍千，

〔一〕「正月十二日」應為「正月初二日」。據刊本《張文襄公電稿》改。

彈百萬，并新到士乃得槍千，彈百萬，皆濟雲，械亦併湊解。借款提少湊墊十二萬兩，分解雲、桂，惟苦道遠。去冬雇民船濟臺軍火，頭批於臘月十一日交嘉義縣收，計三批均到，有信來。現仍兼籌運械匯餉，毛瑟閏日內可到，覓得輪即解。請代奏。真。

懇請朝廷詳察潘鼎新所奏

致總署 光緒十一年正月十五日發

十三日電旨恭悉。已嚴催馮子材。自除夕電潘及馮、王，即云兩軍悉聽潘調度，如諉避，請潘劾，斷不遥制。續十餘電略同，皆軍法嚴參，應攻應守如何均聽潘酌等語。馮現止十營，李秉衡電，初四日新募六營。十四秉衡電，尚無裝械。左江道電，馮後八營軍火十二日方到南甯，待雇船。馮先以八營照奏案由東路進那陽，即法攻王德榜之路。谷松急，潘七日十調，屢更改。先遠攻敵，繼近紮，中遠擣，又回援，奔馳不及。馮以二營駐龍，募新待械。諒陷，龍州警，桂無軍。馮素有人望，潘、李商駐關，鎮擾集潰，衆賴之。馮欲調八營入關，洞詢是否潘意，潘答調關并無此議。洞遵旨嚴催馮軍不戰不准入關，責馮親往督戰，馮遂行。其舊營前紮派站，距威坡、諒山皆六十里，近潘調不悉到何處。其新營秉衡借械，以餘營守龍，五營扼憑祥。潘現駐海村，憑祥在海村之前四十五里，距龍九十里。舊營在越，新營粗成，已在前路，似以前無玩延事。聞潘與人言，有馮子材、王德榜坐擁二十八營，飛催不至，事權不一，掣肘萬分等語。馮前數日實無十八營，洞竭粵東全省之力以助桂，濟餉、濟械、濟兵，飭聽潘調，似無人掣肘。潘因寇熾，懼重譴，惶恐焦急，故如此措詞，或可原。朝廷寬大，令戴罪圖功，仰見聖明，若責之急，則無措。總之，蘇元春、陳嘉實是良將，雖敗可用。馮子材老成，得軍民心，秉衡電及桂、越公論同。竊謂潘此時宜責己恕人，方能同心救危，若老將寒心，忿兵一逞，後難維持。潘處艱危，洞力望補救，斷不肯苛摘。惟邊事重大道遠，以後潘奏，求朝廷詳察虚實。請代奏。咸。

總署來電〔一〕 光緒十一年正月十三日到

本日奉旨：潘鼎新疊次電奏諒山失守并法衆犯鎮南關等語，所請治罪之處，著潘鼎新即將詳細情形具摺馳奏，再降諭旨，並著該撫戴罪圖功，督飭各軍擇要扼紮，竭力守禦。儻該撫及各統領不能妥籌防剿，再有退挫，致敵蹤深入邊境，定即從重治罪。蘇元春連日鏖戰獲勝，現雖退紮幕府，軍勢尚可復振，務當與潘鼎新扼險屯軍，力圖堵剿。李秉衡近在龍州，著隨同該撫籌辦軍事。馮子材、王德榜經潘鼎新飛催不至，可恨已極，著張之洞、潘鼎新傳旨嚴催援剿，儻再玩延，即照軍法從事。欽此。元。

法兵將占芒街

致總署 光緒十一年正月十七日巳刻發

廉防高鎮張得禄電：欽州報，正月初三，法三輪駛入岳山港洋面，又四輪泊越界先安州，用民船載兵登州岸，聞將占芒街等語。芒街與欽屬東興接，教民最多。東興有我防營，此必法見欽防增兵，知將規越，故來防禦。諸軍皆係急就，關外軍退，事機

〔一〕録自刊本《張文襄公電稿》。

已晚，只可變攻局爲守局，有機再圖進取，免致孟浪引敵。已飭莫善喜、陳榮輝等擇要穩紮嚴防。遊擊方沿五營日內可到廉，沿係改派，併聲明。請代奏。玉麟、之洞、文蔚同肅。霰。

唐景崧督攻宣光城戰況

致總署光緒十一年正月十九日未刻發

據唐景崧等報，初十日五鼓，景崧與丁槐等各選募敢死士，督攻宣光城。西缺口地槽窄，後隊未齊，頭隊過勇先登，敵彈如雨，彼此血戰。粵軍登城者三十人傷亡過半，哨官鄒全鴻受兩傷，斃賊數十，雲軍攻入城者，或傷或亡，擊斃長鬚法酋一，天已明，撤隊暫息。聞援寇板船三十艘已至端雄，擬再懸重賞急攻。再，去臘廿八日之戰，雲軍遊擊何天祥、守備王世興陣亡等語，已飭(李)［劉］永福、黃守忠等力扼端雄援寇。請代奏。毓英、之洞同肅。皓。

唐主政〔一〕來電光緒十一年正月十四日丑刻到

宣城至今未下而愈倔愈緊，雲軍另辦地雷未成，卑部於北城下拔盡虜所置竹籤、木樁，聯布小壘，擬積齊城，搶登近城土阜，築礮臺，用槍俯擊城敵。虜急，在山背闢地槽推大礮連轟，無損。近城築壘甚難，堆草蔽身，衝彈運鋤架木，一壘成賞銀四百。壘距城無術可破，太近難送雷，輒被擊，每以布裹雷遞擲城下。兵皆如此，虜奈我何。得手則軍心壯，不敢恃也。虜迭抵死出撲，俱擊退。初三日。

唐主政來電光緒十一年正月十四日寅刻到

本日晨，雲軍轟地雷，卑軍滾草綑架雲梯，敵礮太密，登而復卻。聞諒山不守，援敵將來，憂急之至。卑軍伏城下未收隊，督令急攻，加懸重賞，冀速克城，聊支大局。初八日。

法船重創宜速調北洋兵船相機戰守

致總署光緒十一年正月十九日未刻發

虜大輪已被鎮海臺船合力擊傷，挂停礮旗而遁，是彼船傷重，目前必不能戰。竊謂此時宜速調北洋快船兩艘，輔以兵船三艘，飛速南下，與我三船合勢，上則蹙之於舟山，次則援三船以出港。八船結隊，擇要屯泊，相機戰守，局勢便活。若遲回不決，旬日後，或另添大輪，或修整完好，必再來攻，三船終孤。此機似不可失，伏懇宸裁。請代奏。皓。

總署致北洋電光緒十一年正月二十一日到

本日奉旨：張之洞電奏鎮口法輪受傷而遁，目前必不能來，宜速調北洋快船兩艘，輔以划船三艘，飛速南下，與我三船合勢，相機戰守等語。開濟等三船在鎮口依傍礮臺，合擊法船，頗為得力，放洋禦敵，兵力尚單。如調北洋戰艦前往會合，聲勢自壯。惟法人有續添兵艦之信，中途設遇戰事，尤須加意慎重。著李鴻章妥為籌畫，即行電奏。欽此。馬。

請鮑軍出保樂往防牧馬

致總署光緒十一年正月二十四日未刻發

援寇至端雄，欲衝左育以救宣光。毓英已飭何秀林、劉永福

〔一〕即唐景崧。

迎擊，覃修綱、楊國發、劉興截後，援寇如殲，宣光必潰。惟桂軍已入關，恐諒寇分據牧馬，斷官軍後，宜扼守。毓英查鮑軍萬餘已到雲省，雲軍糧運艱難，士無隔宿食，若鮑軍同走一路，更恐饑潰。擬請鮑軍到開化，出保樂，往防牧馬。保樂糧多，如桂軍出攻新山，亦可夾擊，免同雲軍争糧誤事。焦灼萬狀，電商之洞籌奏。之洞查牧馬即高平省，爲龍州赴宣光要道，雲、粤各軍恃此通氣。保樂係越土州，屬高平，距雲界不及二百里。寇據諒後，必攻牧馬，已有探報。洞亟與潘撫商派營護此，正苦新挫兵單，若鮑由開化東行趨保樂，出高平，相機進取，或夾攻諒山，或由中路取太原，甚便。鮑軍得糧，桂軍得援，雲軍免擾，唐軍通後路，四善皆備，岑督所議極當。謹合詞請旨裁奪，飭鮑遵行。請代奏。毓英、之洞同肅。敬。

法封北海港

致總署(一) 光緒十一年正月二十五日亥刻發

法已電港，自廿二日起封北海港，北海商民遷徙一空，英領事眷下船。廿三日辰，法輪二過北海未停，向東去。聞法陸兵已到芒街，廉、欽水陸並急。頃西電，法新兵萬餘已到新嘉坡，云將由廉進兵，斷桂軍後，兼攻瓊。北海自去冬飭作礮臺，工未竣，亦無大礙。已飭諸軍於陸路静以待動，相機戰守。請代奏。玉麟、之洞、文蔚同肅。敬。

廉欽緊急請飭馮子材回防

致總署 光緒十一年正月二十七日戌刻發

廉、欽緊急，營新將少，分劄力單，相距數百里，又無宿將統攝，敵至難恃。省垣無將可派，無軍可撥。屢接西報、西電皆云：法廷定議攻廉，或由北海，或由龍門登岸，欲襲南甯，斷桂軍後路。麟等晝夜籌思，惟有急調馮子材率十營回援廉、欽，以八營紮上思州隘口。上思在欽、龍之間，東西相機策應，出隘即是越境，有機仍可進兵。馮回至廉、欽，衆情必定，其軍自救鄉里，當可得力。若不調回，廉、欽有變，軍心必摇，禁之不止。竊思東軍宜先保東境爲上，從井救人，兩無所益。廉郡視龍州尤近尤要，既固東省門户，兼保西軍後路，於桂仍屬有益。南關一帶尚有王孝祺八營相助，王德榜已至關下，此時大勢似只可保境堅守。謹合詞請旨遵行，如蒙俞允，一切進退緩急，當電馮聽其酌量，不爲遥制。請代奏。玉麟、之洞、文蔚同肅。沁。

請調龔繼昌來粤委用

致總署 光緒十一年正月二十九日辰刻發

法兵日增，兩粤並急，港忽戒嚴，敵謀叵測。良將不多，實難分布。查有本任鄖陽鎮總兵龔繼昌，謀勇兼長，屢立戰功，現在湘統十餘營，防辰、沅、岳一帶，歷任督撫倚重。見其與人書，自願來粤東征勦。擬懇聖恩，調該鎮酌帶數營速來兩廣，湘墊一兩月餉催行，粤還。俟行至梧州時，如東事急，則順流來廣，西事急，則泝流赴龍，北海急，則由南甯赴廉，臨時斟酌調遣。赴東則由東省調度供餉，赴西則由西省調度供餉。湘將在籍者多，如黄少春之類，皆可接統防營，尚易籌。所以請調該鎮者，一取

(一) 録自刊本《張文襄公電稿》。

其自告奮勇，一取其軍伍現成，路近來速。一取其與東省湘統領王永章、西提蘇元春皆同軍相契。將來無論赴東赴西，俱可聯絡出力。伏祈恩准，電敕鄂、湘督撫飭速來粤。又常德協副將鄧第武，勇幹有爲，與龔相得，并請飭調隨龔來粤。請代奏。玉麟、之洞、文蔚同肅。勘。

請調陳寶箴來粤委用

致總署光緒十一年正月二十九日辰刻發

粤省防急事繁，知兵者少，委任乏人，艱苦萬狀。查降調浙江臬司陳寶箴，才長識遠，軍事優練。前經湘撫奏調辦理營務，蒙允，該員以病辭。該員與現在兩粤客將率皆契合，擬調來粤，必能聯絡諸將。又查丁憂前直隸候補道李興鋭，志正才堅，精於機器槍礮，實爲海防先務。仰懇天恩電敕江西、鄂、湘督撫，飭兩員迅速來粤差委，以資臂助，勿令辭緩，大於防務有益。需才甚急，謹電奏請旨。請代奏。玉麟、之洞、文蔚同肅。豔。

總署來電光緒十一年二月初二日到

奉旨：彭玉麟等電奏粤防喫緊，請調總兵龔繼昌酌帶數營迅即赴粤，湘、鄂墊一兩月餉，由粤歸還，並調副將鄧第武隨往等語。著卞寶第、龐際雲照所奏迅速辦理。該軍行抵梧州，著彭玉麟等會商潘鼎新斟酌調遣，即由該省籌給月餉。另奏請調降調臬司陳寶箴，著德馨飭令該員速赴廣東，交彭玉麟等差委。前大名府知府李興鋭，已有旨飭令送部引見，毋庸調往。欽此。

越戰失利徐圖進取

致總署光緒十一年正月二十九日亥刻發

疊據唐景崧報，十一日何秀林復發地雷，忽大雨，城未動。雲、粤兩軍分衝缺口，先鋒隊已登城，敵槍礮無隙，難進。粤軍遊擊賴朝榮陣亡，賴未戰已託子誓死。弁伍義廷、姚紀昌見事不濟，不欲回營，死城中。粤軍死城上者十餘人，已入城而爲賊所截，戰没城中者十四人，雲軍亦有傷亡。十三日四鼓，景崧、丁槐、何秀林復分攻缺口，傷亡多，撤退。粤軍帶隊參將鄧有忠、弁趙全鴻傷，汪鼎臬、覃啓發重傷，客匪多逸出。計初十、十一、十三等日三次猛攻，斃賊甚衆。兩軍傷亡精鋭太多，粤軍尤多。十六日，援寇大隊至左育攻劉營，劉永福血戰一日，用地雷殲賊百餘，擊斃百餘。寇襲吴鳳典營，各營抄擊被隔，永福不支，遂敗，現退保浪泊。景崧率鋭卒數百馳援，未至，劉已敗。教匪乘機擾三江口糧道，雲、粤諸將議援。至劉挫、我軍瘡痍之餘，腹背受敵，又皆缺糧彈，勢難猝爭，不如全師暫退就糧，圖再舉。現景崧紮雳化，丁紮寒猛，何紮同安等語。查諸軍攻宣數月，血戰無數，將士損傷，卒被援寇撓壞，實堪憤恨。今賊燄方張，惟有全師養鋭，俟有機再圖進取。請代奏。毓英、之洞同肅。豔。

唐景崧受困擬調回牧馬助桂

致總署光緒十一年正月三十日午刻發

疊據唐景崧報，餉彈缺乏，後路阻絶，請回防牧馬等語。查宣光勢難再攻，牧馬寇所必争。接潘撫電，九葑已有賊蹤。前因南關被擾，龍局將唐軍餉彈改解百色，此時唐軍孤懸，雳化無益，後路斷，餉彈乏，其軍必潰。惟有速回牧馬助桂爲妥，已飭速商岑督。但左育既擾，道梗難達，并令酌量情形，若事急即速拔回牧馬。馮既援廉，唐回助桂，先議守，徐圖攻，似爲穩便。請代奏。卅。

法登陸敵我戰況

致總署光緒十一年二月初六日巳刻發

正月十四日，法由屯鶴上端雄登陸。十六日分股，一攻左育，一攻對河同章。英預造地雷分布，交劉永福安放，永福發雷，斃賊數百，斬級數十，生擒法人一。黄守忠守同章，未安雷，被攻破。劉部地營不如滇軍堅，傷亡衆，退。十七日劉又敗，何秀林先派馬維麒、李章千人助永福，被圍急，秀林衝入，見傷亡太多，夜撤。英飭宣光圍師伏雷，援至即斂守老營。發雷賊卻，斂師無損。現飭永福暨各軍整隊分紮，俟朱洪章、佃元鳳生力軍到再圖。前派接應之楊國發、劉興因另股牽掣，未能援。截後之覃修綱因永福敗退，端雄孤，仍回紮清波，顧家喻關興化。請代奏。毓英肅。效。之洞轉。歌。

同莘按：此稿據原電代轉，疑有誤字。

潘鼎新調度無方請另簡員督辦桂軍

致總署光緒十一年二月初六日發

近日密查關内外軍情，甚爲可憂。此時議潘撫者太多，雖道遠卒難確查，惟諸軍氣餒心離，軍民多怨。目前邊事益難，潘不善駕馭諸將，才力竭蹶，調度未能裕如。桂軍斷難再振，則已顯然。若再不變計，以後法虜諒守日固，全越外陷，伏莽内起，桂邊無從挽救，東境亦必蔓延。仰懇朝廷速簡知兵大員督辦廣西關内外軍務，移潘他處。并請派大員速查桂軍情形，以便朝廷早爲措置。洞正月電奏，尚望其遵旨戴罪圖功，斷無苛責之意，當蒙聖鑒。惟邊患日急，桂軍難望起色。麟受累朝殊恩，有所知，不敢緘默。洞蒙恩職在兼轄，疆事至重，尤不敢不言。既維大局，兼可保全潘撫。不然邊事日壞，益重潘咎。伏候聖裁。請代奏。玉麟、之洞同肅。魚。

請派張曜督辦桂軍李秉衡撫桂

致總署光緒十一年二月初六日發

桂軍情形，本日已電奏請另簡大員督辦。如朝廷一時難得其人，竊有一策備采。提督張曜，戰功素著，久任邊事。現在約已抵京，可否即敕赴桂邊治軍，俟其到防後有成效，即專任之。否則專統一軍，亦勝於尋常統領。至後路亦須人，查李秉衡廉公任事，在西省官聲最好。麟素不相識，前年到此晤談，深敬其有膽有識。洞素加器重，無待贅陳。體察現在各軍將士，頗與聯絡。如令張曜督師，可否即令李暫護桂撫，辦後路。如謂李能出師蕩寇，則未敢輕許。至整軍、核餉、和將、安民四事，當能得力。此爲支持危局起見，苦思竭慮，擬爲分任内外之策，上備聖裁。如朝廷擇有堪任桂撫安攘兼長之人，則麟等所陳，自無庸議。請代奏。玉麟、之洞同肅。魚。

法船攻北海馮子材南關大戰

致總署 光緒十一年二月十五日寅刻發

北海自正月廿九日來法兵船二，泊距岸三里之南萬。偶增至三四，大率二艦守口，二艦遊巡，至今日皆同。初八日敵船向我營開兩巨礮，幸未傷人。岸無礮，惟有静備陸戰。前聞廉急，因桂軍尚有四十五營，客軍二王十八營，故擬調馮軍。旋聞法擾扣坡、九封，揣桂邊喫緊，馮必難移。當即電商潘、馮，或但遣兩營援廉，聲言前隊先到，全軍繼至，或并兩營亦不遣。馮復言兩營亦難移。潘復，俟蘇自西路回易馮。李秉衡電，紳民公呈乞留馮。因定計不調，飭廉、欽營團俱歸馮統調，言馮不日親到，聊安衆心。今南關大戰，馮當中路前敵，更難動。凡事不能萬全，惟有先其所急，諒山若克，廉州當緩。隨時與蘇、李、馮商酌。請代奏。玉麟、之洞、文蔚同肅。願。

王德榜軍敗有因不宜懲黜

致總署 光緒十一年二月十五日發

奉十三日電旨，已轉蘇、李。旨内有王德榜軍已飭歸蘇接統語。查德榜谷松之敗，由於深入過猛，尋敵非待敵。豐谷距諒山二百數十里，距那陽百八十里，距海防、廣安均有二百餘里，遠出桂軍所紮谷松、觀音橋之外。約桂軍合攻，桂軍失期未至，獨戰兩晝夜，德榜自坐地手槍擊賊。雖敗，殺賊不少。亡營官二，哨官十，苦戰可想。退至車里固守，猶在那陽外八十里。由那陽襲諒後，乃敵本謀，若怯潰，敵乘勝直入，諒早陷矣。桂軍數十營，後門槍礮頗多，尚不免敗退入關，况王止十營，並無後門槍乎。援諒不及，由於徵調進退屢更，有期可考。法於初九夜入關，十一日出關，而十日尚奉檄襲諒，同日戌刻始奉調援關，已在事後。昨自由隘截賊獲勝，各報僉同。探報來人僉稱王紀律好，得民心，善守。及敗後尚言其能軍，又言可謂力戰矣，公論難掩。其短在自負老將，稍驕稍執。朝廷懲黜，自足激厲。惟洞管見，若遽罷其兵，恐勝之者亦不多。可否敕蘇、李確察詳酌，如必不可用，再撤。且該軍有江南專餉，若易將，餉恐疲。總之，君門萬里，邊軍功罪難得實情，誠可痛心。不敢不上聞，伏候聖裁。請代奏。咸。

牧馬未失黄軍可用劉軍可復振

致總署 光緒十一年二月十六日子刻發

唐景崧報：接岑督函，令速保牧馬，刻約已到。自扣坡法匪被馮軍擊退後，牧馬現無事。飭景崧到牧馬後，率所部斜出攻襲諒山一帶。此時敵勢，若諒山克，牧馬自安。再，景崧稟左育之敗，黄守忠先請據險，劉永福欲縱其入而殲之，不聽黄計。既戰，黄爲賊截，不能抄。洞接劉稟，專咎黄不救，太苛。黄願隨官軍誓死殺賊自贖，不願依劉。岑督據劉稟劾黄，其實可原。祈朝廷量加懲儆而仍用之。查黄在黑旗最爲驍將，人亦直爽，其部尚强。劉、黄久隙，今難再合。若棄黄，徒資敵。洞飭景崧調黄隨軍助勦自贖，粤給餉械，洞當作書諭劉解之。再，譯河内來西人信，左育之戰，法營自報真法兵斃四百六十七，兵官二十五，黑兵、越匪不在内，河内醫傷院不能容。謂自東京開仗以來，未有如此次救宣一戰之難。俟援兵五千到，乃西犯。已電岑備。此役劉咎黃，雲咎劉，劉亦咎雲，互相訾謷，軍中習氣。實則劉勇而疏，雲軍精鋭，皆攻宣，餘軍非上駟，力不能援，非不援。劉無精械，洞解濟頗多，或桂截，或馮截，或未到。餉五批，僅到兩批，苦於迂遠。以後餉械漸足，雲軍可擴充，劉軍可復振。請代奏。咸。

馮子材會諸軍攻克諒山

致總署光緒十一年二月十六日酉刻發

十三日辰刻，馮子材會諸軍攻克諒山。馮部首先登城，擒斬獲械極多。法遁北甯，分軍追勦。争功諉罪，軍營積習，賞罰公允，將士乃奮。連日攻戰情形，請敕李秉衡據實秉公電奏。請代奏。玉麟、之洞、文蔚同肅。諫。

馮子材營官觀音橋斬擒法酋

致總署光緒十一年二月二十日戌刻發

馮幫辦電：十五日營官梁有才追賊至觀音橋，斬法級一。有才復會營官馮紹珠追賊至屯梅，生擒五畫法酋一，斬三畫法級一，俱解潘營。查觀音橋距諒百四十五里，爲西路。屯梅距諒百二十里，爲中右路。體察情形，法已遠遁，當是暫退待新兵。請代奏。玉麟、之洞、文蔚同肅。號。

北甯大勝後方可言和

致總署光緒十一年二月二十二日亥刻發

頃接西人密報，海防來電，北甯危急。特撥該處軍士數百名前往援護。又得法電，新換外部辭職。至法提尼格里斃，洋電久傳。惟因梧州綫阻，前敵久無信來。馮軍刻必進攻北甯，大勝後方可言和。法如就款，務懇飭署詳酌約文。邊防重要，愚昧瀝陳，恭候聖裁。請代奏。養。

條款未定萬萬不可撤兵

致總署光緒十一年二月二十三日亥刻發

條款未定，萬萬不可撤兵。臣之洞謹昧死上陳，懇聖明熟思。請代奏。漾。

關外兵機方利不宜撤兵

致總署光緒十一年二月二十三日亥刻發

頃北洋電：和議已畫押，奉旨撤兵。竊謂停戰則可，撤兵則不可，撤至邊界尤不可。關外兵機方利，法人大震，中法用兵年餘，未有如今日之得勢者。我撤敵進，徒中狡謀，悔不可追。桂邊必扼諒山外谷松、觀音橋等處，若棄諒及高平，法必屯兵。沿邊無險，無從防守。欽、廉亦逼，兩廣永與法爲鄰，以後兵力、餉力難支。且電綫斷數日，連日雷雨，忽通忽阻。前敵遠，難速達，初一停戰，斷難接到。糧械繁重，十日亦難撤至界。伏望展限詳議，令彼撤雞籠、澎湖之兵，我方可撤。看北甯能否攻克再定，若得手更易商。邊事重大，迫切上陳，伏候聖裁。再，正發電間，接馮十九電，擬於廿一日親率本部並王孝祺軍攻郎甲，繞襲北甯。洞昨聞法調海防兵往助，尚催馮添兵援勦，并飭欽州進兵，欲停不及。只可俟續報戰情再請旨。請代奏。漾。

保諒不可讓和議宜緩

致總署 光緒十一年二月二十五日巳刻發

保、諒不可讓法。桂全邊、廣欽廉二千餘里，皆設防營、礮臺，斷無此力。如初議難改，竊有一策。請敕總署、北洋速告法，廣州至龍綫壞數段，洋匠少，難速修。岑軍距龍二十五站，宣光撤圍後，雲桂臺站已斷，前敵難速達。此本實情。越地停戰，宣光東西各展限十日或半月。馮提現率王孝祺軍規北甯，馮素得越心，習越地，越人多通消息。此次法人入關，疑馮有內應，以匪、教居後，法兵居前，故真法兵將傷獨多，遂大潰遁。馮首倡出關，諸軍從之，越人響應。今他軍尚屯谷松之後，馮軍獨前進深入，王軍肯同馮進，其故可想。聞李揚材之弟現在北甯城內與馮通信，如此事機兵勢，不爭可惜。可否特敕馮加以褒獎，如能於十日內攻克北甯，許以爵賞，將士及越官民破格優保重賞。敕蘇酌分軍助之，敕岑進兵牽敵。萬一能克，河內必震，法更餒。可以北甯換保、諒，全局俱振。洞不敢謂必克，特以大局安危，人事宜盡，若蒙天助，或冀成功。區區愚慮血誠，有一綫可爲，不敢不竭力。伏候聖裁，懇電旨速行。請代奏。有。

總署來電 光緒十一年二月二十八日申刻到

本日奉旨：張之洞電奏均悉。中國素以信義為重，法已電孤拔於三月初一日停戰，開臺灣、北海封口，并令在越統領定期停戰。我若失信，致生他變，不特兵連禍結，且為各國所不直，嗣後交涉事件益形棘手。電綫中斷，廿五日已由總署告知赫法，以雲桂電信恐難速達，展期二三日，令其電法，斷難再與議展。若此時復飭進兵，此等舉動豈中國所可為。幸而獲勝，尚覺得不償失，一有蹉跌，更傷國體。該督近接岑毓英電報，是電綫已通，正宜迅速傳達，務當懍遵嚴諭，飭令防軍如期停戰，撤回邊界，并仍整兵嚴備，以防不測，方為正辦。儻有違延，朝廷固必嚴懲，而貽誤全局，該督返而自思，諒亦不敢出此。懍之，慎之。該督於奉旨遵行後，即行電聞。欽此。

臨洮府大捷

致總署 光緒十一年二月二十六日辰刻發

初八夜，岑督大破法寇於臨洮府，非常奇捷，原電繁，先摘要，請代奏。宥。

岑宮保[一] 致總署 光緒十一年二月二十六日到

法大股六千上犯臨洮府，復分兩枝，一北趨珂嶺、安平，一南趨緬旺、猛羅，抄我後。英飭湯聘珍、岑毓寶扼北路，王文山等扼南路，親督覃修綱扼復和、清股中路。王文山進據緬旺，各路營官在象山、梅枝、燕毛等處遇賊，皆有斬獲，賊遂併力臨洮。二月初七，賊數千圖臨洮山韋社由義甫各營，李應珍伏壘堅守，覃修綱以精銳馳援。初八日援至，應珍突出，與韋雲青、沙如理俱負傷奮擊，陣斬五畫一，三畫、一畫各二，真法兵十餘。賊仍拒，諸軍夾攻，戰至亥，賊大潰。斃白衣法兵二百餘，紅衣法兵四百餘，教匪千餘，獲械百餘，皮匣百九十餘，紅白衣褲四百餘，紅白洋帽四百餘，圖籍甚多，均解營驗，俘馘分懸雲、越示衆。

[一] 即岑毓英。

我軍亡三十九員弁，兵勇傷百二十餘。傳言戰死法公使一、酋七，尚未探確。法入越從未受此鉅創，曩日劉團亦無此大捷。現督師進勦，請代奏。毓英肅。文。

此電因臺站不通，繞道由南甯遞來，本日始接到，即轉電。宥。

法添兵犯諒請電法勿進

致總署光緒十一年二月二十八日戌刻發

昨接馮廿三電，因待糧，尚未前進，擬到郎甲體察。頃接馮廿四電，探報法添兵到，定廿八日分三路復攻諒山，一由坑下，一由山莊小路，一由那陽。已知照各軍堵勦等語。停戰期近，此殊可疑，或係恐我進兵，恫喝牽制。已電各軍嚴備互援。馮前軍或在郎甲，馮尚駐諒。初一停戰之旨，計日内可接到。請敕總署、北洋速電越南法酋如期停戰，勿再進爲要。請代奏。勘。

法新兵大舉攻諒請旨訓示

致總署光緒十一年二月二十九日丑刻發

廿二日停戰撤兵期限之旨，廿四日已轉雲、桂。廿五夜龍州當到。前敵諸軍距龍近者三日，遠者五日。此外廿六七兩日切致雲、桂、欽、廉諸軍，欽遵設法急遞，共五電。惟馮電探法新兵到，定廿八日大舉三路攻諒，虛實難測，伏望訓示諸將進止機宜，俾有遵循。并請敕總署、北洋設法電越法酋勿進兵。法兵不進，我軍當不致先動。三次嚴旨當恪遵。先覆陳大略。請代奏。勘。

請令赫德電法酋派越官轉傳旨意

致總署、天津李中堂〔一〕光緒十一年二月二十九日卯刻發

署遣稅司偕員赴越，即遵辦。惟輪行仍遲，可否令林椿、赫德電越地法酋，即日遣越官數人持華、洋文，叙廿二日旨大意，分告知我前敵諸軍，較速。請代奏。勘。

辯析不敢違旨

致總署、天津李中堂光緒十一年二月二十九日辰刻發

洞三次電奏，請争諒固邊，緩撤防狡各節，不過愚昧管見，條陳備采，准否自在朝廷，須奉旨後方能與諸軍商辦。至停戰撤兵之旨，早經電傳。并廿五日嚴旨，廿七日亦電傳，又發五電屬各軍欽遵。左江急遞，必陸續到。綫阻過慮，故豫陳明。前因馮有擬由郎甲襲北甯之報，西電又有調兵救北甯之説，故慮其進遠難達。今馮因諒警駐諒，則郎甲不過前軍，馮不親往，軍必不進，他軍斷無進兵挑戰之事。欽、廉兵屢飭不動，懸揣情形，若彼不來犯，我斷不至初一開仗。至電綫通塞時刻，總辦盛宣懷備悉，北洋不難查知。屢奉嚴諭，曷勝惶悚，關大局，繫宸廑，雖至愚亦無違延之理。蓋奉行電旨，與敬陳管見及聲明綫阻信遲，以防他變，乃是三事。謹分晰覆陳。請代奏。豔。

〔一〕即李鴻章。

税務司員已啓程赴越

致總署、天津李中堂光緒十一年三月初一日午刻發

昨與税司吴得禄面定，派船偕員賫文赴越，今晨行。頃接李、蘇、馮等電，廿二電旨已奉到。法船頭止添兵八百，廿八日無戰事各等語。桂軍奉旨，自必欽遵。惟雲軍在西，入越尚遠，無小輪，亦不能入内，委員到，必在限外，無益。現已備文交税司轉交港法領事，送越分投雲、桂各營，較簡速。請代奏。朔。

建言和約早議七條

致總署光緒十一年三月初二日酉刻發

兩廣各軍諭旨已到，雲亦必達，法又代遞。臣之洞未敢違延，當蒙聖鑒。惟緊要數端，必應早議。一、我雖撤兵，彼亦不得進兵，宜紮原處。目前游勇甚多，設生事，我難任咎。一、東則諒山、高平、廣安，西則保勝，凡與我界近之地，宜作爲甌脱。雖法保護，仍不得屯兵築礮臺，以免離近生釁。一、雞籠、澎湖宜令即退，以爲和好實據。一、津約但言於法商務極有益，宜增爲中法商務彼此均有益，以昭平允。一、自去年開仗以後，停戰以前，中國毁傷法人物業，應勿庸議，去年粤曾照會法及各國領事。一、既不礙華體面，須載明聽越朝貢。一、劉永福無論安置何處，劉若不攻法，法不得尋讎再論。以上七條，請敕北洋、赫德速與法議。此乃津約未備，赫德疏漏，與津約並無翻背，理當增補。近體察法領事情形，惶急殊甚，急盼停撤。税司言雲、桂軍雖停戰，但恐劉永福進攻。蓋永福敗衄詳情，彼族不知，尤宜護惜，藉以捍敵。務宜早商，尚可補救一二。乘此撤兵限内，我雖守信，彼或慮變，較易商量，事半功倍。若我兵已退，彼軍漸集，據要養力，更難争論。機不可失，悔不可追，瀝懇聖鑒。請代奏。沃。

飭劉永福屯思欽捍邊

致總署光緒十一年三月初四日未刻發

前奉廿二日電旨，令籌安插劉永福。前接岑咨并電，永福願東來就餉械，增軍力戰，岑已允准。洞因電飭其率五千人東來桂邊助勦。蓋劉願附粤不願附雲，岑亦願遣。今和議定，劉籍在欽州，産在上思州，擬令統三千人屯思、欽捍邊。歸馮統調，必出力而又相得，且受約束，遠勝客軍。昨越酋電北洋，惟慮宣光一路，蓋畏劉也。劉屢年據保勝税養兵，今越擾利失，故劉肯棄之附粤。岑督近無電來，謹先電奏。此事無他辦法，岑見想無甚異同。請代奏。支。

中法約定互不濟臺於我不利

致總署光緒十一年三月初五日未刻發

接總署電：中法約定，撤封口後，彼此勿運赴臺兵勇軍火。不勝焦灼疑惑。既禁濟軍，所謂撤封口者何事。若僅通各國商船，與我何涉。連日赴臺法船絡繹，何一不運，孰能查阻，不過禁我而已。然則赫德所議我撤越軍，彼開封口之説，皆屬虚妄。臺、澎不撤，已不平允。今並口亦不開，是中國坐受欺詐，實可痛憤。數月後，臺則彼足我耗，越則我退彼進。設再有要挾，臺既難守，越亦難攻。竊恐雞籠終難全還，必有踞礮臺屯水師之謀。懇敕北洋速與法商，令將臺口即日認真弛封，以符原約。并令勿添兵來

華。告以彼不開口，顯然背約，越地將帥聞之必皆憤怒，撤兵必不能速。以此爲詞，及早力争，大局幸甚。請代奏。歌。

諸軍遵旨後撤越地軍民心實不甘

致總署、天津李中堂光緒十一年三月初六日丑刻發

馮二月十七至廿九電略言，自克諒後，客教離散，法匪屢驚。穩守不如速戰，令欽軍襲廣安，令麥鳳標等逼郎甲，約蘇軍牽制船頭。擬廿五親往，進攻北甯，密布内應，河内亦有布置。郎甲一克，北甯自潰，並以鉅金約定西貢内應。又稱彼兵不撤，我退彼進，長慶、諒山仍爲彼有。緩兵奸謀，前車可鑒，如再被欺，材實不甘，當率三軍與之從事等語。李護撫電，馮獨不願撤兵，已連函勸之等語。唐景崧二月十七至廿二電略言，十七到牧馬，擬即進駐新街，攻太原，高太勸撫使梓俊秀能呼應，可爲助。多福府金英縣民俱請往勦，願供糧。梁正理聚游勇甚多，擾太原，請受景崧調遣。太原民八十社願集餉籌糧供梁軍。又有何三、謝二皆可招。已調黄守忠軍，請獨任太原一路等語。蘇廿七電，聞鮑軍抵距龍四站之歸順州，已飛請來助等語。查二月以來，桂軍捷於東，雲軍捷於西，唐景崧由中路規太原，官民游勇響應。鮑軍已近桂邊，欽軍已備進勦，劉、黄部衆尚强。若乘勝四路進攻，敵援未到，黨畔防虚，應接不暇，甯、化、太、廣必有兩處得手，誠爲歷年未有機會。今諸軍皆撤，馮朔電亦遵限停撤。鮑軍已遵旨電阻。特近日越地軍勢民心，不敢不以上聞，以備議約操縱。請代奏。歌。

議桂越邊境中法互不置兵

代李護院[一] 致總署光緒十一年三月初六日丑刻發

滇、桂、廣三省皆與越接壤，滇以互市重，廣以海防重，桂以守邊重。桂與越界，自小鎮安、歸順州、下雷、龍英、安平、上下凍、憑祥、思陵、思忠各土州，以達龍州、上思，自南至東綿延一千八百餘里，歷鎮安、太平、南甯三府所轄，計大小隘共一百數十處，犬牙相錯。歸順出牧馬，鎮南關出文淵，思陵出那陽，下凍出芁葑，皆近年行車大道。如由上思出十萬山，通北海至海陽等類，則又不可悉數。現遵約，桂軍還紮邊界。如將諒山、高平越境悉聽法屯兵，則桂防處處可虞。敵或渝盟，瞬息壓境，我將何支，似不能不預籌限防。秉衡博采衆論，擬請在諒山、高平一帶之地，仿古之歐脱，兩國皆不置兵，聽越民雜處。俾我與法隔，既免時起釁端，遇事較可措手。請總署代奏。秉衡謹電。歌。

法艦違約開礮又至榆林港量水

致總署光緒十一年三月初六日寅刻發

疊接廉電：二月十九署高州鎮梁正源巡岸營，法艦連開巨礮十餘口，彈重三十六斤，幸將士無傷，諸軍蓄鋭静待，亦未登陸。廿八兩艦去，初一復來，搜查商輪軍械。初四駛去。法未約戰而開礮，口已開而復封，狡幻難測。飭仍嚴防不懈。瓊州鎮道禀，

[一] 即李秉衡。

正月十七，法大兵輪一，小輪三，洋划九，至崖州榆林港量水，量畢駛去。崖與海防對渡，距瓊千里，地苦，團弱，營遠，目前無患，將來可慮。請代奏。玉麟、之洞、文蔚同肅。歌。

津約第一條宜改

致總署 光緒十一年三月初六日亥刻發

津約第一條，中國南界毗連北圻，法國約明無論遇何機會，或他人侵犯，均應保全護助。查去年此約，法人本意指劉永福言，法恐劉爲患，欲中國助彼禁劉。洋人所謂保護，皆謂主其政令，用兵攻勦，並非善意。惟既有均應字様，自是中、法均可同任保護。然則北圻地方，中國確可與聞，不得專歸法保護明矣。洞前奏請作爲甌脱，禁彼勿屯兵築礮臺，正符前約。務懇敕北洋力争，關繫雲、[桂]、粤三省邊防甚大。再，北洋如能别思一策，令於法人商務别有利益，婉商换回保、諒、高平、廣安尤善。换回者，非我占其地也。地仍屬越，專歸中國保護而已。洋例，兵争得者不讓人。今諒、高兩省及宣光以西，館司沿江以上，皆我兵力所取，法兵力所不及，法不應無故占踞。若以此措詞，而與以他項利益，以商换之，或冀就範，亦未可知。津約並無北圻全歸法之語，洞所陳皆未稍背原約。至無論遇何機會，語太含糊，必應議妥寫明，免後患。若地已暗屬法而令我助敵勦匪，無此情理。巴德諾已赴津，伏望聖明熟思早計，幸甚。再，津約三箇月後議詳款，此次限以幾月，仰懇諭示，以便籌備。請代奏。魚。

湘軍毋庸入桂

致總署 光緒十一年三月初九日亥刻發

桂防不可稍鬆，桂軍不能遽裁，然外兵必宜停止。周家盛湘軍六營甫由桂林南下，其軍新集無械，聞由湘入桂時，沿路多逃。此軍請敕早遣回湘。洞已一面電李商，一面電左江道，令該軍到南甯候旨，勿前進，免徒勞糜餉。廖長明營聞尚未行，已電鄂並飭張夢元阻勿來。總之，越瘴惡，法械猛，若有事，將士非習水土、經戰陣者，决無用。若無事，防邊添新撤舊，游勇爲患。龔繼昌經湘官紳留，已復允之。是否有當，伏候聖裁。請代奏。佳。

雲桂餉竭撥鮑軍借款分濟

致總署 光緒十一年三月初九日亥刻發

岑督屢電并咨，託粤再借百萬，由雲協餉還。李護撫電，餉已竭，現挪東餉用。軍難驟裁，事定防營亦不能少。兩省待餉緊迫。查雲、桂借款已罄，再借斷難，不代籌立潰。前蒙恩借鮑餉百萬候撥，擬即提此款分濟雲、桂各四十萬，月解十萬。俟有撤防裁營準期，再奏辦。并先爲鮑軍解十萬，餘十萬，如川餉斷，鮑催急，再解。鮑需如緩，即停候撥。至此款原約定各關還，此後應歸何省關還，候户部徐議。請代奏，請旨遵行。佳。

總署來電 光緒十一年三月十一日戌刻到

本日奉旨：岑毓英奏請由粤代借商款一百萬兩，並飭劉永福募勇五千人等語。本日又據張之洞電稱，於前為鮑超借餉百萬兩，分濟雲、桂各四十萬兩。所籌尚妥，着依議行。雲軍有此接濟，岑毓英所請再借一百萬兩，應毋庸議。劉永福一軍，昨據張之洞電請移紮思、欽一帶，已諭令與岑毓英商辦。關外現已停戰，劉永福應添募勇丁若干，俟移紮思、欽後，由張之洞酌覈奏明辦理。欽此。真。即轉電雲督。

遣官員赴法營通好

致總署、天津李中堂光緒十一年三月初十日亥刻發

蘇初六電，法七畫、五畫官來文，知會中法已和，請派官至彼營通好。已商馮遣主簿劉榮眉、軍功謝全中，持照會分投郎甲、船頭法營通好。至粵委員徐殿蘭、孫鴻勳、韋振聲、鄺其照已偕税司於初四啓行，初七早自港坐法輪赴越，賚岑、劉、鮑三處文，向宣光一路傳達諭旨。請代奏。蒸。

宣光攻戰出力各軍應予保奬

致總署光緒十一年三月十一日亥刻發

雲、粵各軍攻圍宣光，自去秋至今正，血戰最苦，殲寇極多。去年十一月初五日，唐景崧等截剿獲勝，已奉十二月二十四日諭旨，令岑督保奏施恩，懿旨頒賞。其時，雲軍尚未到齊。嗣後各軍攻戰愈力，疊奉電旨褒嘉，俟克復給予優奬，并飭存記。徒因諒失援衆，劉軍不支，未竟其功。然諸將仍守舊營，粵軍以牧馬危急調防，皆不在圍城之軍。諒若不陷，宣已早克。查歷次皆法攻犯官軍，其被我困攻危蹙，自宣光始。非此處力挫其鋒，法早擾館司以上矣。攻城最艱，較之去年桂軍諸戰難易懸絶。雲軍截獲法酋求救書洋文及東京法人新聞紙，皆譯出，可據。言華兵勇敢異常，圍攻形勢布置極善，甚合歐洲所教習者。法遊擊茂連拏鼇陣斃，真法兵斃三分之一，餘傷過半，皆匿地窟，再過七日，必無一生者。今事漸定，攻宣之軍但有傷亡，未聞奏奬。粵軍行無人之地千餘里，涉險裹糧往會雲軍。劉軍攻剿死傷如積，尤爲艱苦。劉雖敗，其部下功不可没。以後尚須用其力，結其心，外則綏越，内則安邊。可否仰懇聖恩，敕岑督仍遵前旨，將十一月初五之捷保奏，并將雲、粵各軍宣光攻戰出力者，與臨洮勝仗案一同保奬，以免向隅。請代奏。真。

宜籌妥策濟臺軍械

致總署光緒十一年三月十一日亥刻發

二月初，密運洋械到粵，無彈，設法湊墊，共配毛瑟二千，新林明敦千，彈二百萬，及槍礮藥、炸藥等。二月二十委員分解泉、厦、汕，分起零渡。茲接厦回文，廿九到厦，密雇船解等語。惟初四接總署電，約定勿運臺械。此械發運到厦，均在署電先，此時必有已行者。連日接臺信，晤臺員，皆在澎湖失後。云泉洲、鹿港民船仍可潛渡，若分多起，即或被截，所失有限，與兵勇冒險不同。且發運在前，彼亦難苛責。特署電既言約定，未敢有違。似宜籌一妥法，既免枝節，又備不虞，更善。此械是否聽其運渡，抑飭勿渡，請旨遵行。再，法電新添兵八千，有一半已起程，仍來東京。昨法兵輪一自港赴臺。頃廉電，初六、初七又來二兵輪，泊北海口，詭謀難測。請代奏。真。

軍械濟臺不可讓

致總署、天津李中堂光緒十一年三月十二日寅刻發

頃北洋電，運械在前，又潛渡，即被搜截無妨等語。仰懇聖恩，凡前已發運者無從追回，聽其自然。且有商捐自運者，官無從阻，即生枝節，北洋亦能辨析。將來雞籠恐不全還，若聽屯兵，終爲法有。臺百事不缺，惟缺軍火。彼多違約，我不可自困。若不趕運，萬一反覆，臺必不支。他事可讓，此事不可讓。迫切上陳，請旨遵行。請代奏。文。

總署來電光緒十一年三月十六日巳刻到

真、文二電已轉奏。頃接閩電，臺已止戰，民情歡欣，大約此事月内可定。來示所云，若露痕跡，恐有違言，希慎密酌辦。願。

收復不拔廣威華軍大勝

致總署光緒十一年三月十三日午刻發

接岑督二月廿六日電，臨洮捷後，賊退紮鶴江、越江，立柵堅守，因飭覃修綱督各營進圖。王玉珠攻枚枝關，將賊首山興總兵丁文榮逐走，遂破關，收復不拔縣。二十日，張文擎、黎英秀率衆由臨洮乘夜渡紅江，黎明達廣威府。賊出拒戰，自寅至未，斬賊首二十，斃賊百餘，賊潰，收復廣威府。韋高魁亦於是日出枚枝，攻黄岡屯，至夜，兵勇頗有傷亡。次日，約同阮繪進戰，斬賊多名，賊潰退入興城，會焚黄岡屯。二十二日，李應珍逼攻鶴江、越江，教民紛紛投誠，賊據守老社。二十三日進攻，賊棄營走，追殺至江邊，賊登舟，其落水死者無數。請電奏。英謹電。寢。等語。洞前奏海防廿四日電稱，昨宣泰開仗，華軍大利，正與此戰合，如未經電奏，即請代奏。文。

宣光不易拔擬出奇兵圖河内等處

致總署光緒十一年三月十三日午刻發

接岑督廿六日電，廣威、不拔既克，南定、甯平、順化之路既通，宜出奇兵攻敵，不宜頓兵攻堅。我軍前圍宣光，原欲聯粤軍。刻下粤軍却，宣賊修城築壘，安地雷，更不易拔。并探得宣與端雄、象山各賊共抽退數千入河内，蹤跡詭秘不可測。宣城附近各營久紮無益。且春水漲，浮橋已斷，運糧維艱，勢可危。擬移何秀林軍守道岸、安平府。張世榮守河陽一面之寒莽、白木、安陽縣等處。楊國發、劉興等仍守浪泊、珂嶺。抽出各營交丁槐統帶，作奇兵渡河，出不拔、廣威，圖山興、河内、甯平、南定。沿途集越民，於村寨設營堅壁，賊勢孤力分，自易得手。再，劉永福原認守安平，因人少率營退回陸安州，距英營後二百里，意在蓄鋭，未便阻止。請電奏。英謹電。寢。等語。如未經電奏，即請代奏。元。

法虜狡險和談宜奪其所挾怵其所急

致總署、天津李中堂光緒十一年三月十三日未刻發

乘勝結束，廟謨宏遠，實深欽服。惟譎寇難防，不敢不陳。蓋法虜狡險，並不照約。一、原議彼開各口，今臺、廉仍封。二、馮軍郎甲初一退兵，彼開四礮擊我。三、禁我濟臺，彼船不斷。

四、我撤越兵，彼仍來新兵四千，於廿四號即三月初十起程。查興化一路，岑於二十日後屢大捷，奪關復地，興化垂克，越民四應，法斂兵保河内。北洋電稱巴接越酋電，詰粤獨無寄岑文，惶急謬誤如此，興化之危可知。馮軍、唐軍雖撤，將士皆懷忠憤，北甯一路，越官黄廷經立忠義五大團，及游勇紛紛應馮，請爲前驅。河内消息已通，客教内畔。至太原一路，官民游勇應唐，前已奏。軍勢民心幾如破竹，似宜乘此機會，杜彼狡謀。查我所慮者惟臺、澎，今我釋越，彼不釋臺，欺誑緩兵，以便要挾，實堪髮指。擬請敕北洋，作爲該大臣意，速商法使，言雲、桂將帥皆奏請速攻，朝廷不欲改約，但法兵不得進紮一步，俟詳約定再議。且立開臺口，我亦不遣兵輪渡臺，惟官商民船不得搜查。因兩國既和，我正屢勝，若我撤彼進，臺口不開，顯不平允，於中國體面太有礙，必爲各國所笑，於鴻章原議之人亦爲難。彼如違約，鴻章惟有奏請敕越進兵矣。即或仍然決裂，我縱棄孤懸之臺，必不舍接壤之越。我陸戰可恃，諒所深知。彼既無越，臺焉能踞等語，限法廷即日電復。乘此越酋惶急，新兵未到，以此爲詞，此兩事必不敢不從。若聽，則越未全踞，臺有接濟，彼無所挾，詳約易商，再戰亦易。即不聽，亦不過北洋與法商議之詞，於朝廷大信無損。蓋我重臺，彼重越，彼經營多年，費財無數。我陸兵易進，又近西貢，故全力護之。且無越，則法兵無根，臺不能久。攻津無論也。疊次來兵，越多臺少，敵情可見。不然自去秋以來，若兵全赴臺，臺北危矣。北洋爲國家重臣，此大局要關，伏望諭該大臣，無論如何爲難，亦宜盡力早爭。赫德但主調停，不無左袒，不可恃也。洞乃欽遵乘勝結束之意，正欲和局早定，免貽後患。洞屢奏緩臺惟有急越。今日事勢仍同，若越緩則臺終危矣。不惟此也，欲保臺，惟有權詞輕臺，奪其所挾，怵其所急，乃可就範。伏祈聖鑒，可否録洞此電發北洋酌辦。請代奏。元。

法酋求驅越反賊實禁黑旗軍

致總署、天津李中堂光緒十一年三月十六日子刻發

蘇電，委員自法營回，五晝云，求驅越南反賊，禁黑旗滋事，回文亦此數語等語。查關外游勇萬計，我軍入界，越匪豈能代勦，招撫亦無鉅資。洞初二日電奏七條，曾慮及此。劉可調思、欽，不願從者，假名字者，我恐難問。馮電問我軍入界，諒山交付何人。洞復以暫諭越官看守。此兩事應如何措置，請旨遵行。再，各軍十一已連環撤退，廿一必入關，李、蘇、馮電同。吴得禄電十一到河内，十二赴各營。請代奏。望。

法酋求驅賊禁黑已籌對策

致總署、天津李中堂光緒十一年三月十八日未刻發

法酋照會，請我禁黑旗勿滋事，驅越南反賊，十五已電奏。法懾我軍威，［非去年可比，］〔一〕但求黑旗不攻法即萬幸，無逐劉意。法既無奢望，調劉思、欽之説，宜暫秘之。劉部久在越，有家屬，其衆必多留越。黄旗葉成霖等與劉若合若離，必不遠徙，過衆亦難收養。懇敕北洋與法約，照洞初六日電奏，我兵力所及之地，法勿占。安置黑、黄旗餘衆及游勇，免無歸擾法。但調劉

〔一〕據刊本《張文襄公電稿》補。

本部附粤，以示格外和好，較妥。法所謂越反賊，即游勇、義團，乃近助馮軍、岑軍戰及辦糧嚮導者。彼之賊，我之忠義，若不早爭，將來責我驅禁，理有不可，力有不能，不敢不先奏聞。請代奏。巧。

安置游勇策

致總署、天津李中堂光緒十一年三月十八日申刻發

唐景崧電：游勇股數太多，擾邊，擾越，擾法，均受累，招撫編營費太鉅。或議令在高平、太原開礦自給，但越官禁礦，華民向有强據竊開者等語。查桂邊外游勇無算，雲邊情形當同，又有黑、黄旗，近雲境礦尤多，此誠善策，不惟棲流，兼可捍邊興利。越官尚易諭遵，目前須略籌費，兼籌箝束之方。法據越，必窺雲、桂，邊防終可憂。將此輩設頭目，受約束，資以軍火，有變可用，不然游勇即爲我患。已與李、岑商，請敕北洋商法，寬留甌脱，此事方能辦。請代奏。巧。

法種種違約諸軍不宜弛備

致總署光緒十一年三月二十日酉刻發

入三月來，法船自港運煤、糧、兵衣赴臺者多起。十二日，法兵船架橋，連運陸營帳棚八十副，水桶三百六十具赴鷄籠。十八日，法兵船渣刁埃壬載兵數百、馬三百匹赴（浙）〔澎〕〔一〕湖。十三日，法船載兵四百到海防。馮幫辦電，十一日我兵退後，探知郎甲、船頭、坑下各法營俱修臺添礮。廉電，法船二現仍封口。至來華新兵，三月初十仍起程者四千，前已奏。法禁我調兵、運械、築礮臺、濟糧米，彼種種違約，恐有他變。請敕北洋詰問，并敕臺、閩、雲、桂諸軍勿弛備。請代奏。號。

將帥不諧擬策密陳

致總署光緒十一年三月二十日酉刻發

蘇提資望尚淺，去年雖有戰功，但潘撫不免鋪張，諸軍已多不服，以致於敗。自蘇爲督辦，各省督撫函電多慮之。鄂電、湘函，龔繼昌、廖長明因不願屬潘、蘇，未來。李護撫密電，蘇統將才資望未至，諸將易存意見，實費調停。又言，楚軍、鄂軍皆不服，馮軍難歸蘇統等語。王孝祺軍亦有微詞。近日諸軍諸將紛紛請撤乞病，麟、洞驚訝焦急，設法勸慰，終恐難諧。查蘇在桂將爲勝，乃洞正月十六日電奏，稱爲實是良將，雖敗可用者。南關戰功不小。特人才各有分際，主帥不易爲。今成命未便輒改，竊擬一法。查馮提資望、勳勞、清廉、忠勇，深得兩粤軍民及越人心。此次鎮撫關内，扼關戰越，功爲諸將之冠，萬口一詞。馮軍斷難歸蘇調度。查馮於咸豐、同治間即經欽派督辦軍務，久蒙歷朝倚任。廣東廉、欽防務，以後尤要，永不能弛，鞭長莫及。可否敕馮督辦廣東廉、欽海防事宜，目前仍將廣西邊防會李、蘇妥辦。則馮、蘇均係督辦，一東一西，兩不相妨。將來安邊撫越，仍賴馮力，他人威望志略去之遠甚。遇有邊防事體，可否敕李、馮、蘇會商會奏，他軍庶可帖然。蓋籌防善後，本疆臣著重，若諭旨語意令李主持，而會馮、蘇，形跡自泯。東軍馮調，西軍蘇

〔一〕據刊本《張文襄公電稿》改正。

調，統歸李裁定，衆情必悅服。體察李自到龍後，支持危局，聯絡主客諸軍，官民將士頌聲翕然，著重李似較穩。麟、洞爲調和將士，維繫邊防起見，謹密陳，仰懇聖裁。請代奏。玉麟、之洞同肅。號。

法虐待俘虜請交涉禁止

致總署、天津李中堂光緒十一年三月二十二日未刻發

西貢報，平安輪被擄弁勇，除分置各船外，發至西貢者二百二十四員名，留貢官弁十五人，餘發往普魯堪作工等語。前接馮電，越地義團多領馮軍旗號助戰，或挑漿飯嚮導，或分道進攻。今軍退，恐爲法害，深可憫惜等語。頃龍探，馮入關，越民從之者千餘人，僉稱，馮紮龍隨來龍，紮欽同往欽。因其反教助軍，法人好殺必被害等語。洞屬馮善言撫慰，酌賞遣之，諭以我即告法勿害。查龍州獲法酋八，皆善待，無淩虐。請敕北洋告法，一令將平安船人善待，勿遠遣，將來彼此換回。一約明以前越人從法者我未誅，越人助雲、桂官軍者彼亦勿害。洞爲恤軍士、繫民心起見，是否有當，恭候聖裁。請代奏。養。

法兵肆虐害民請速定詳約

致總署光緒十一年四月初一日辰刻發

頃李秉衡、蘇元春沁電，廿三日法一由福勝至牛墟，一由谷松至諒山，開礮進城，沿途殺害越民，嬰孩亦不免。諒撫吕春蕨避入山，凡隘口均築臺安礮。秉衡又稱，甯明州、關前隘一帶，越民逃入甚多，酌恤錢米。各軍嚴防。請總署、北洋詰法不保護越民，肆殺戮，不俟詳約轉進兵等語。各路探電，見薙髮者即殺，忠義團尤慘等語。臣之洞聞之，不勝痛憤憂灼。查我退，法必進兵，義民被害，勢所必然，屢經奏懇約禁。雲軍撤後，越西亦必全踞荼毒。大抵我兵還界，虜必抵界。道遠運艱，機失勢鈍，再進不易，不藉兵威，難爭甌脫。我務誠信，彼專凶狡，違約進兵，伺隙屠殺，要挾難量。密探法廷電，俟中六月初四日和方能定。不審確否，可疑。伏懇聖主敕南北洋、閩各籌長策，速定詳約，禁法進踞害民，防法背盟肆毒，幸甚。馮子材聲威甚好，可否令子材照會法酋，作爲己意，嚴詞禁殺禁踞。邊將措詞稍峻厲，於大局無妨。岑毓英雖撤，似亦可令其約禁。事已如此，冀阻萬一。謹電奏，候旨遵行。桂綫久斷甫通，并陳。請代奏。豔。

此電并知照南北洋、閩、滬。

法酋倨傲無理請飭粵員返回

致總署、天津李中堂光緒十一年四月初一日辰刻發

北洋電：巴述勃里也電，岑雖撤退，館司以上，裝多夫難，勃嫌岑遲緩，委員權小。北洋已電税司商岑，等語。税司電，勃酋欲留粵委員二與岑商等語。查粵遣員赴越，乃勉遵署電津囑，已奏明。昨委員稟，文均投，勃甚倨，立見委員，不讓坐，防禁從人出外等語。岑既奏遵撤，其如何訂緩，應由岑遣員商勃。有吴得禄、雷樂石足敷傳達，粵員不能强岑，轉恐藉口。勃酋强留華員，似於國體不便，懇敕北洋電兩税司妥辦。洞擬即召委員回籍詢法情。謹電奏請旨。請代奏。朔。除電署外，請李相電吴辦告勃，送粵員回。

陳明保關克諒馮王兩軍戰功致總署光緒十一年四月初四日申刻發

保關克諒戰狀，前接蘇電，潘已奏。潘奏向不照例咨，無從悉。查正月法入關後，桂軍多潰，蘇部孤危，民逃勇掠，全桂大震。馮倡議於關前隘築長墻，自扼守，王孝祺營其側，獨東軍兩枝當中路。前敵偵知，法將初八内犯，馮定計先發，蘇軍時西赴九葑，馮囑潘召蘇回。初五夜，馮率孝祺軍襲文淵州，夜戰至初六未，殺傷相當，已入街心，軍疲乃還。初七，法大舉入關，馮、王力戰至申，傷多漸不支。法踞東嶺三壘，蘇軍援至合拒，夜未收隊。初八辰復大戰，馮居中，蘇助之，孝祺當右，陳嘉、蔣宗漢當左。賊極猛，薄墻或已入。馮帕首、短衣、草履，持矛躍出搏戰，諸軍退者，馮皆刃之。關外游勇客民千餘，聞馮親出陣，自來助戰。孝祺馬傷，易騎戰，率軍肉薄衝敵，傷亡獨該軍最多。諸軍皆死鬬，奪還壘。王德榜截後痛勦，勝，大獲馱馬軍火，賊彈盡大潰，逐出關。初九，馮倡諸軍克文淵。十二，攻諒城外驅驢壘，孝祺、德榜戰最力，傷最多，克之。十三辰，馮軍復諒。午刻，諸軍入，馮軍虜獲無算，皆繳蘇營，分兵追擊，陳嘉、德榜克谷松，馮軍克長慶府及觀音橋，遂進兵拉木，攻郎甲。分遣義團襲北甯，越民二萬餘建馮軍旗號，供糧助戰。馮即擬親進，適奉停撤旨。廿九，馮前軍尚攻郎甲，是夜前軍聞旨乃還。此役自是諸軍同功，然非東軍生力兩大枝往，桂邊已潰，非長墻無戰守法。馮鎮龍安民，戢掠收潰，築墻倡戰，探敵情，散匪黨。年七旬，親陷陣，諸軍感奮，故能殲真虜，保邊疆，張國威，法虜震懾就款。其功實偉，應邀懋賞。桂、越軍民同詞，戰在諸軍先，收兵在諸軍後。前據李秉衡二月十九電，關門之戰，馮倡之，勤輔之，蘇、陳力援，蔣向前，王抄擊甚力，亦不可掩等語，簡要可據。勤軍即孝祺，因馮、王兩軍係東省派往，嫌於居功，故聽西省奏。茲聞軍士多後言，屢乞東奏，謹詳攷覆實上陳。竊思特賞馮、王，已蒙聖鑒，蘇、李續奏當不略此奏，以慰軍心。請代奏。玉麟、之洞、文蔚同肅。支。

桂邊允法通商不妥致總署光緒十一年四月初八日發

傳聞法欲在廣西邊界陸路亦通商，此條津約未有，伏望勿許。東欽、廉，西太平、上思，教最多，上思教堂尤盛。民教積仇，若開商路，桂省邊防難固，思、欽教案愈多。且劉永福安置思、欽，衅端必速。臣等不勝焦慮，合詞電奏，祈敕總署、北洋熟籌。請代奏。之洞、文蔚、秉衡同肅。庚。

詳約宜交疆臣酌議致總署光緒十一年四月初八日發

詳約關繫甚鉅，必宜審慎，赫德恐有偏袒，華文洋文易致參差。界務、商務乃經久之事，若稍不妥，後多窒礙，轉生枝節。可否發交沿海沿邊疆臣體察酌議，再許畫押。雲南、兩廣皆接越界，職守所在，尤不敢不慮將來邊釁。不勝焦急，謹電奏請旨。再，民船自澎湖來，言法在該處築礮臺。電詢廈門，彭提覆云，實有其事。懇敕確查妥籌。請代奏。庚。

劉永福離越待安置

致總署、天津李中堂光緒十一年四月十三日發

越留二員歸，二員携岑督咨，師當如期撤，惟劉永福安置未定，越義民未得所。勅出示，不日派兵討逆賊，即指劉與編營助軍義民。師一撤，法必與戰。勝，法必疑我。不勝，越民必求入關。納之，法有詞，拒之，非恤藩義，失嚮義心。囑代電奏請旨等語。劉稟，感天恩，遵來粤，求帶舊部三千人。又部衆孤寡千餘家，收養多年，須籌安置越地。又軍械輜重甚多，須遷移，免資敵。又歷年戰士求奬卹。又請留其子通判劉成良在保勝，候示遵等語。旲得禄稟，劉軍恐一兩月未能全撤，勅意只在劉移，雖入關稍遲，法當允等語。委員孫鴻勳面稱，勅言岑撤一步，法即進一步。岑咨，劉稟俱實情等語。洞查劉在越根蒂深，不帶本部，劉不能來。洞前許帶二千，當可聽。安部眷，可給資。遷輜重，可寬期。奬卹仰求恩准，可否由洞奏請。留子在越，已駁。竊謂從容商辦，中越均宜。若法進太速，逼劉過甚，必生衅。至法殘桂邊義民，洞已奏。雲邊義民請敕岑遵，祈併敕總署、北洋商法慎辦，務求妥善，勿以急遽誤事，邊疆幸甚。祈代奏請旨遵行。元。

總署來電光緒十一年四月十五日亥刻到

元電已進呈，維繫越官，安插越民，已電岑督妥籌。永福稟懇各節，即由貴處奏請。法允保勝一路雲軍展十日撤盡，劉軍移粤，當同撤兵，逾限恐生衅。北洋電，巴使接勅電，法兵並未進諒殘害義民，似訛傳，或游勇假冒殺掠。巴已電詢勅矣。遵旨電達。刪。

赫德愚華助法劉軍遲撤有因

致總署光緒十一年四月十四日發

得確信，法毁澎湖房屋，分三街建兵房，作鐵礮臺。三月内共擄民船十六七，勒船客作工。詢左同。又接左電，臺灣録孤拔告示，基、澎由法兵暫行駐守，華所得東京地由華兵暫行駐守，詳約定即退。是法並不責我先撤。赫德欺蒙朝廷，愚華助法，撤兵而後議約，已中詭計。岑因路滯，抵界稍緩，劉因累重，内徙難速，乃實情，非不撤。似可援孤拔此示以折法，免過促難辦。越員稟，在越確知法畏劉，勅及法兵官諄探劉撤否。趁岑、劉尚在越，詳約較易商。洞已屢召劉矣。請代奏。願。

李中堂來電光緒十一年四月十一日申刻到

赫來電，法約十條均已定妥，鴻正與巴使繙繹校訂，二十内外當可畫押。鴻。

和約宜詳慎敬申六條

致總署、天津李中堂、福州左中堂[一]

光緒十一年四月十四日發

詳約聞將畫押，大計數端，務宜詳慎。一、雲桂界越，宜留甌脱。一、桂邊通商不可輕許，邊防無長策。一、劉永福能調而不能速，急則恐生枝節。一、臺、澎萬不可令屯兵，法現修澎礮臺，宜阻。一、英法最親，赫德英人，處處助法愚我，詭謀顯著。

[一] 即左宗棠。

法若得利，他國均霑，斷不可信。望敕樞臣、總署全權詳覈，并電敕沿海沿邊疆臣籌復，再定。畫押以後，挽救無及。一、聞金登幹在法立草約，係與斐禮畫押，其時斐禮已黜，法甚詫異。查斐禮很狡好兵，與孤拔爲黨，力主攻華吞越之人，因諒敗，衆攻去位。今和議仍定其手，法將以爲功臣，必復任用。此人柄法政，中國無安枕日。詳約請商法都，另派大臣定議畫押。責斐禮歷年辦理不善，以伐敵謀，杜後患。不然，因越用兵，兵勝而越仍棄。因臺許和，和成而臺終危。與法立約，約成而各國得志。恐貽國家無窮之悔。臣等深憂，不避冒瀆求棄。聖主熟思大計，幸甚。前五條臣之洞已奏，未悉是否議允。茲將畫押，敬敢申懇，末條似尤要。謹電奏請旨。請代奏。玉麟、之洞同肅。願。

左中堂、楊制台[一]來電 光緒十一年四月初八日巳刻到

本日電總署，前奉電旨，越南宣光以東三月初一停戰，十一華兵拔隊撤回等因。當以基、澎被踞，未聞議及，電請代奏。嗣准貴署電復，法允畫押後即退兵，諒不失信等因。茲據臺北通商稅務委員等會詳，鈔録孤拔告示，奉法廷諭，暫約内彼此均不得增築礮臺、城壘及調兵、運械，法兵所得之基、澎等處，仍由法兵暫行駐守，華兵所得東京地，亦暫由華駐守。俟立定詳明條約，兩國即退兵等語。四月初三忽接龍州電，撤兵後，法於廿三至諒山一帶，越民老幼盡殺，經過各隘築臺安礮。粵電亦同。查東京應由華守，法已有明諭。我先退兵，固守誠信。法人狡詐百出，在在堪虞。棠等睹此時局，不勝焦憤。粵策是否可行，可否將彼狡詐情形揭明折服。或由赫德逕電法廷，令其禁責帶兵越界之人抗諭失信，有意黷武，不顧國體，殘殺為盜。請代奏云。棠、濬。

遇。

劉軍礙難如期撤離告法勿逼

致總署、天津李中堂 光緒十一年四月十九日發

劉永福帶人未定，部眷未安，餉費未給，輜重未籌，勢難離越。前稟候示數條，已電奏分別批復飭來。惟此文無從遞，雲轉太遲。茲另派幹員數人，由越赴保勝面交詳諭，并爲部署，相機妥酌，務令心安勢便，方能成行。興化至保勝十餘日程，艱險瘴毒，雲軍已撤，中多梗阻。請敕北洋電法酋，由港赴河内暨興化以上，爲委員備船馬，我給價。如委員安置劉軍，需用或二萬，或三萬，法須照借交委員，粵還，但不可派兵同往。保勝抵桂須三十日，繞雲境尤迂。總署十五日電法展限十日，劉與雲軍同撤。情形異，道途殊，萬辦不到，此非威令所能驅迫。吳税司前稟云勃允緩期，曾奏明。務懇告法，不可逼劉過急，如急迫生衅，我不任咎，謹先聲明。祈代奏請旨。效。

劉軍撤離可否入雲轉桂

致總署、天津李中堂 光緒十一年四月十九日發

本日派員催調劉永福電奏一件，當進呈。頃奉十八日電旨，嚴催永福等因，已電岑。查雲軍進止，洞不與聞。至永福在越廿餘年，根深勢廣産多，所稟須候覆文，絶非違延。吳税司稟，曾

[一] 即楊昌濬。

言劉難速，勃允緩，是確與雲軍有別。吴既悉，赫當知。洞焦急，故設法選員赴越催辦。若能先撤至雲，再轉入桂更善，當力籌。電越係洋文，不能詳。無專員詳檄往，劉無從部署。前留越兩員不能騎，難西上，且空言促迫無益。我肯調劉離越，法當感中朝格外厚德，若再苛求，横逆太過，北洋可與辯論。此次派員甚難，如辦妥，可否給奬，出自聖恩。請代奏。效。

信使在越被阻另派員赴劉軍

致總署、天津李中堂光緒十一年四月十九日發

頃税司吴得禄暨兩委員電，十八日舟行至丁保地方，被越民開槍攻擊約兩點鐘，華僕林姓斃，洪姓重傷，委員亦甚危。前路土匪甚多，不得已退回河内。懇調委員回粵，税司願留等語。查該兩員前據得禄稟，久患病，今被攻阻，只可令回，已電飭委員回粵。本日奏另派之員，當妥籌前往之法。請代奏。效。

信使被阻咨在法酋我不再派員往

致總署、天津李中堂光緒十一年四月二十二日發

岑督初六日電，已於三月廿七退文盤，限期近，隨當入關，劉已遵允入關等語。洞十九日電奏，擬另派員赴越，因恐岑、劉未撤，冀面達催促。乃是日税司、委員電均言委員船高懸華旗，被越民攻擊傷亡，擬派兵同往。同日接委員徐殿蘭函稟，勃酋意在遣法兵挾華員略越地，攻義民，欲令華員爲法辦善後，横謬已極。該員等難當重咎等語。謬狀甚多，電不能盡。是情形種種已變，礙難再派員。一則岑、劉已遠，二則越民爲梗，委員往必受害，無益有損。十八日電旨，除電税司設法寄岑外，已電南甯、龍州，并詳覆調劉辦法，分遞岑、劉，計十二三日可到，詳檄驛遞二十日可到。另電唐景崧由龍州遣員往，不經法境。至由粵省抵興化，至速八九日以上，梗阻無兵不能行。若待法兵攻戰而前，十餘日斷不能至保勝。且華員在法軍，義尤不順，事屬難行。竊謂我只撤雲軍、劉軍入界，信義已足。若法兵攻越民，即力不能禁，斷不宜華員牽涉其間。不然，不惟傷委員，損國體，致越怨，且自生枝節，更無了局。劉既願來，洞又願調，前奏請奬衈，請資費，許率衆，竭力招徠可知。惟劉遠越梗，情形已變，斷不宜另派員。伏望聖明鑒察，幸甚。請代奏。養。

請約禁法兵殺斃越民

致總署光緒十一年四月二十二日發

前蘇初六電，我兵撤後，法進紮谷松、屯梅、車里、坑下各數百，築礮臺。三月廿三教民在諒山、郎甲查拏代官軍辦糧者，赴北甯礮斃之等語。頃接探員廿日電，法欲開路通牧馬，近爲越人所敗，斬法級二十餘等語。李、蘇尚未來電，事恐不虚。我軍久還，與華無涉。惟法既不肯止殺，越亦不甘待斃。義民因助軍受禍，坐視不忍，助之不能。衅積禍延，以後事變難料，其應如何約禁法人之處，伏候聖裁。請代奏。養。

聽法兵商船出入各海口後患難測

致總署、天津李中堂光緒十一年五月初三日申刻發

總署兩電，令開各海口聽法兵商船出入。臣等公議，此事必

當從緩。法尚踞基、澎，並未撤出中國海面。至停搜運漕，乃詳約定時，法所應辦，何得遽添入口一條。廣東内河紛廣，兵船一入，險失臺廢。狡虜得步進步，再有要挾，無從措手，臣等實難當此重咎。若許商船，即有護商兵船隨入。查法商各省皆少，粵省並無洋行一家，顯然非爲商務。基、澎未退，粵軍、粵民已甚憤怒，法船驟來，必然生事開釁，萬分可慮。且塞河安雷，實難遽通。務懇聖恩緩議開口，庶爲穩妥，不勝惶悚激切。請代奏。玉麟、繼格、之洞、文蔚、方耀、鄭紹忠同肅。江。

李中堂來電光緒十一年五月初二日巳刻到

總署初一來電，前與法國約定，中國開通海口等事，應俟法國兵船全數撤回後再行辦理。現在法國搜查海面之船如已撤回，漕船業經開行，即可開通堵口。希即電知沿海各口，確查辦理云云。巴使函稱，法船已停止搜查，其兵船無論在海面，或進各口，保無滋事。裝運漕米商船，業經陸續由滬開行，各口自應開通堵口，照常通商。鴻。朔。

越民游勇羣起攻法海口不可開

致總署、天津李中堂光緒十一年五月初三日發

連接龍州電，諒、平以南，越民、游勇羣起攻法，股多勢盛，屢有斬獲。有一股已逼山西。至宣、興以西，越民、游勇爲梗者更多。吴得禄電，致岑信，無路可通。情形可想。大約法虜之力，不能服越弭亂，此時我但調劉，即已如約。若兵船入口，遂其詭計，必將藉口劉雖離越，仍指黑、黄各旗爲劉部，一切游勇爲華人，責我代攻保勝，助勦諒、平。事體萬辦不到，款局益無了期。伏望聖裁。請代奏。江。

東軍斷無越界之事

致總署、天津李中堂[一]光緒十一年五月十七日發

頃接北洋電，巴使稱諒復到華軍三隊等語。前數日接蘇電，據諒撫並客民公禀，諒民回家耕種，有游勇擾，派兩營五成隊前往察看，彈壓解散安農等語。查此舉與約不合，自生枝節，實屬無謂，當即電復，令速撤回，想蘇隊必不久駐。巴使所稱，是否即此。至馮軍大隊早已移紮欽、廉，王孝祺軍距龍甚近，唐景崧軍去諒遥遠，東軍未經洞檄，斷無越界之事，特先電達。如巴使已懇鈞署上聞，即請代奏，以紓宸廑。除復北洋外。霰。

法兵動止並馮軍布置情形

致總署、天津李中堂光緒十一年六月初九日發

疊接馮函、電，自聞督防欽、廉之命，其時適接莫善喜報，法新兵二千餘到芒街。廉州報北海法船移進口内，去岸三里，人心驚疑。當即馳回欽、廉察看，布置所部，陸續東移。擬留兩營屯龍，兩營屯上思，通東西聲氣，餘分屯欽、廉。馮部多欽、廉人，以便事定就近裁撤。馮自擬往來欽、龍兩界之間，視急則赴，並與李、蘇籌善後等語。查所籌似尚周妥，謹上聞。北海法船於四月初九日駛去，以後未來。并陳。請代奏。霰。

[一] 録自刊本《張文襄公電稿》。

法教士入粵流弊太多

致總署、天津李中堂 光緒十一年六月初九日發

法教入内，總以中國海面無法船爲斷。今澎湖未退，閩省未令法入，軍民皆知，衆怒未息。法商教遽欲入粵，似非定約本意。目前裁勇數十營，被水灾民數萬，教士驟到，各屬必然生事。教入粵西尤多不便，商之文武僚屬將弁，皆曰不可。英領事賀璧理目擊情形，亦深謂緩來爲宜。前託税司商法領事緩入，以期安穩，意似相信，允緩八日。年來體察洋情，若事由外（洋）［省］[一]商辦，較易商量，不止一端。彼不過姑聳巴使向總署妄求，以圖嘗試。若以外省難辦謝之，臣之洞當囑税司或他國領事婉致熟商，務求妥善，以紓宸廑。總之，法人氣餒力敝，沿海及各國皆知，斷不致再生枝節。粵省法並無商傳教，何争此數日，此乃得步進步。若彼兵船尚踞我地，遽令教士入口，流弊太多。且中國示弱太甚，將爲各國所輕。伏懇聖明熟思，并垂詢北洋，敕其妥籌，必能商緩。臣之洞爲防患息事起見，實無與去年諭旨相背之處。請代奏。佳。

總署來電 光緒十一年六月十二日巳刻到

本日奉旨：張之洞電奏法教入粵，流弊太多，示弱太甚等語。傳教載在條約，上年七月降旨用兵，尚諭令保護法國教民。現在基隆已退，被擄弁兵均已收回，法使業已到京，教士照約入口，有何示弱。澎湖尚未退出，正以雲督撤兵稽遲為藉口，若再因阻教入粵，别添枝節，以致澎湖久踞不退，其為示弱，不更甚耶。此等緊要關鍵，豈能輕聽僚屬將弁之言，有意阻撓。如地方莠民藉端滋鬧，全在該督嚴飭彈壓。果能實力奉行，何至生事。賀璧理致法領事信，有法教入粵，粵督不願等語。何以向該督言，亦謂緩來為宜，恐不足據。著張之洞速即出示曉諭，准令教士入口，以昭大信。勿得再存意見，轉啓羣疑。設有僨事，惟該督是問。欽此。真。

遵旨出示令法教士入口

致總署 光緒十一年六月十三日發

已遵旨出示，令法教入口。前據英領事嘉託瑪、税司賀璧理商法領事，已覆允緩十日。旋接吴宏洛自澎湖電，澎湖法船十一日辰初全退，閩電亦以退告。今澎湖既退，其來遲早，自可聽之，亦不拘定十日。請代奏。元。

越民拒法與劉永福無涉

致總署 光緒十一年六月十三日發

劉永福離保勝，中國事事如約。北洋電：林椿函告，巴使謂越民内亂，由粵帥指使，謬妄太甚。粵爲調劉，勞費無算，以後甚費籌畫。彼力不足以服越，節外生枝。越服法拒法，皆非中國所能使。岑奏越衆據壘，此實情。黑、黄旗餘衆陸東環、王玉珠、湯宗政、朱冰清、劉文謙、劉志雄、黄俊芳、梁茂林、謝炳安及葉成林等頭目十餘，今皆棄劉自雄，岑五月朔電甚詳。劉四月電，聲明諸人現紮紅花江一帶，與該提無涉。證以岑電，可信。本月初六，洞已驛奏，在越法兵多病歿。拒法者，西路宣、興以西十

［一］「外洋」，應為「外省」，據刊本《張文襄公電稿》改正。

餘股，越官阮光碧等，越民王梅孝等，游勇陸約等約兩萬。東路諒、平以南七八股，越官黄廷經等，越民阮秋河之妻等，游勇梁正理等約六七千。四月内，阮氏在北甯獲勝，入其邪。五月内，湯五在丹鳳獲勝，越回委員雲函、桂探甚晰，皆與雲、粤、劉無涉。謹詳陳，以備法再生波，總署可與駁辨。總之，法船退澎湖而不回國，仍分泊中國海面，不過無聊纏擾，仍爲越事。望朝廷察其計狡而力窘，其技自窮。請代奏。元。

請購洋礮守禦桂邊

致總署光緒十一年六月十七日發

桂邊通商，龍州鎖鑰必有礮臺，桂從無洋礮，守無可恃。入邊至龍略分三路，中，關前隘，東，甯明州，西，平而關。陸防，中等礮即可，若得十二生、十五生克虜礮十四五尊，田雞礮數十尊，擇要依山分築臺壘，可資守禦。價約十萬，無款可籌。竊查續借鮑餉洋款百萬，洞奏准雲、桂各四十萬，鮑餉十萬，尚餘十萬。仰懇聖恩，撥此款爲桂省購礮之用，以固邊防。請代奏。之洞、秉衡、子材、元春同肅。霰。

鮑軍宜分三路撤遣

致總署光緒十一年七月初一日發

頃鮑提寄來電奏，已照轉。洞睹所奏，不勝焦慮。查粤奏濟鮑十萬，早解存南甯候提。六月十五接左江道電，鮑提餉員到，詢運費，數日後當啓行。此外無鮑餉。今鮑奏需三十餘萬方能撤。糜費坐待，實爲非計。雲省餉源、民力，竊所悉知，斷斷無從墊撥。川亦難併解鉅款。若必待此數，則餉永無到日，兵永無撤期，愈耗愈深，後患不可勝言。竊思鮑軍馬、步勇夫一萬五千餘，每人、馬日給銀一錢，可敷日食，一月計四萬五千餘，加雜費月約五萬，兩月十萬計。粤十萬到營，必在七月初十内外，似宜急令趁此十萬作盤費，速拔隊。電旨由南甯驛遞廣南約八日。此項一時不能全動，每日開拔兩三營，預飭地方辦米，平價公買。雲、貴内地糧賤，日辦百餘石尚易。商欠，電敕雲撫擔認。並令雲撫，無論何款挪借五萬，解至雲、貴界上，中途相候，將來由川撥還。廣南赴瀘，不宜行雲南省城，太迂遠。計由廣南取道徑入黔，至黔省十六日，黔省至瀘十六日，皆通行大道，每站數十里，次第拔隊，分十日。途中阻滯休息七八日，計五十日可抵瀘。請飛敕川督，分飭瀘、夔備餉以待。瀘素殷富，官鹽總局駐焉，釐局亦最旺。在瀘籌墊十數萬甚不難。令鮑先覈確在瀘所裁十營欠餉若干，飛咨川督，並徑檄瀘州知照，軍到即發。擬請旨責成駐瀘永甯道妥辦，並在瀘豫雇船，不索該軍船價。瀘船極多，赴夔之十一營，隨到隨即解纜。由瀘至夔，舟行順流，平水十日，水漲六日，令夔府豫籌十萬以待。夔關並貨釐、鹽釐兩局十萬亦可籌墊，隨到隨遣。鮑部必有楚人，請敕鮑挑出湘、鄂人四五營，派妥員帶。取道桂境，自百色舟行至湘、鄂遣散。官雇船不索價，舟行安逸，勇丁所願。洞當於氣礮洋款内提五萬解至桂林以待。其不敷者，或一二萬，或四五萬，長沙發足酌遣。緣分路行走，川可少籌十萬。如此辦法，至瀘撤者八月底可畢，至夔撤者九月半可畢，至湘、鄂撤者亦八月底可畢。川、黔、湘、鄂路程，皆洞所經歷深知。總之，路直則期省，分籌則力輕，豫墊則餉速，餉寬則行迅，撤早則患弭。不然遷延兩三月，又須二十餘萬，更無策可施矣。仰懇明旨，諭以如期到瀘、到夔、到湘，應補之餉，絶不扣減，逾期截止，絲毫不增。責成鮑及各分統營官妥管迅行。此次該軍遠征勞苦，可否奨鮑數語，並敕開報分統營官、營務處銜名電奏。如遣撤迅速安静者，准予獎勵，延宕生事者，嚴懲。蓋將領知遣畢可得足餉且迅奬，逾期既無所得且干咎，庶可妥順。如蒙俞允，除敕岑、鮑、丁外，並請電敕雲撫籌款解至中途候軍，以省雲累。敕鄂督恭録雲旨，咨川、湘並徑檄瀘、夔，預籌以待。邊疆隱憂，敬陳管見，是否可采，伏候聖裁。祈代奏請旨。朔。

鮑爵帥[一]致總署電 光緒十一年七月初一日到

奉諭遣撤，需餉由岑墊撥，感激莫名。惟月餉先後已欠至十四萬餘兩，刻零用及醫埋等費，皆各向本地賒欠。雲督前撥洋銀四萬，除换造帳棚以蔽風雨，餘歸正報銷。粤督所撥十萬兩，今尚未到。茲雲督函稱將粤解滇餉劃撥。尚未知為數若干，到營何時。此際候餉必需時日，即截至七月分止，已有五箇月，正餉需銀四十餘萬。除粤銀十萬外，請飭雲督照數迅撥三十餘萬，隨到隨散，以資速撤。多待一日，即增一日之餉。惟所部川勇多，楚勇少。雲督函商取道剥隘，湖南之人或可聽便，川、鄂之人斷難紆道。仍應由滇、黔回川，并照來時日開一營，以便沿途就糧。除槍械就近交雲督外，鍋帳乃須應用，以免借宿民房。惟路皆數千，時需數月，所領正餉，除還商號本息及地方零欠外，行糧勢必難敷。查光緒七年欒亭撤防，仰荷天恩賞給輪船駛回，又於正餉外加給四五十日路費。茲士卒邊遠艱苦，報捐軍火外，又認匯費息銀，且為日不久，餘資實屬無多。況此次陸路遠歸，其勞費勝於乘輪十倍。查在瀘州、畢節分募之十營，其勇夫内除貴州人二百數名外，餘皆川、鄂之人，自應統歸瀘州遣散。在夔府所募之十一營及馬隊三百名、營務處親兵二哨，其勇夫等自應回夔遣散。到瀘者計程兩月，到夔者計程三月。可否仰懇聖恩，倣照成案，加給路費之處，出自逾格鴻施。如蒙俞允，請飭就近一併籌撥，以利師還。請代奏。超肅。東。

總署來電 光緒十一年七月初十日到

本日奉旨：鮑超撤營餉項，粤省已撥十萬，滇省據奏續劃十萬，覈計銀數已足，先撤一半。著鮑超儘此銀兩隨到隨撤。其餘未撤一半，岑毓英請飭回至雲南省城候餉，即與該提督商辦。並著丁寶楨籌銀十數萬兩，由岑毓英派員迎提應用。不敷銀兩，在瀘、夔兩處酌量籌備，俟撤兵到彼給領。除寄諭外，即著張之洞先行分別轉電。欽此。蒸。

劉永福來粤因故未發

致總署 光緒十一年七月初一日發

岑電，劉永福五月廿四起程赴粤。旋接劉禀，五月初八日接到洞批示各條，又奉檄催定廿四赴粤。又云，俟雇夫齊備，如仍有艱難之處，俟粤委員孫鴻勳到，就近籌維，請岑示等語。揆劉意，總因重遷戀土，待餉，懷疑未悉究作何位置，不敢遽來，故俟晤粤員後方定離雲之期。計孫鴻勳六月底可到。六月十二日電旨，令劉帶二千人，洞原檄准帶二千。嗣接岑電，劉現部不多，若多帶，恐沿途滋擾，毓英難當重咎等語，詞甚悚切。當經電復，

[一] 即鮑超。

人數請岑酌辦，但須寬給餉。是否有當，謹陳明。請代奏。朔。

粵無備存餉款

致總署光緒十一年七月二十三日發

餉已拔回迎餉，餘衆可資川遣，粵並無備存餉餉。謹陳明。請代奏。漾。

請改派唐景崧隨勘桂界

致總署光緒十一年八月二十一日發

唐景崧奉派隨勘雲界。查景崧現帶六營防下凍土州一帶，當高平衝。高平、太原游勇方盛，議界必多棘手，內竄亦甚可慮。若景崧入雲，所部無統，且保勝定界斷難速辦。景崧前攻宣光，乃在越境，雖會雲軍，距雲境尚十餘站。景崧習桂、越邊事，在桂界似更有益。可否改派景崧隨勘桂界，其雲界另派他員，伏候聖裁。洞爲邊將難離起見，謹請旨。請代奏。馬。

總署來電光緒十一年八月二十二日到

本日奉旨：張之洞電奏已悉。唐景崧著仍遵前旨赴雲南，隨同周德潤辦理界務。其所帶六營，著張之洞派員暫行統帶。所請改派該員隨勘桂界，著毋庸議。欽此。

劉永福軍已啓行請唐景崧緩行

致總署光緒十一年九月十七日發

委員孫鴻勳等稟，劉永福在南溪待粵員到詳諭一切，八月初四日始啓行。分隊三起入桂，約九月半後到南甯。洞飭劉部暫駐甯，永福輕騎赴龍，見李、蘇，詳察商辦。唐景崧與劉契，擬請敕唐暫留龍月餘，與劉籌商，庶可周妥。劉新入關，部下頗雜，必令情通心安，乃能相處。周大臣到雲界尚早，約十月底。法領事亦言雲界恐難速勘，或先辦桂。雲事既緩，唐晤劉再行，必不致誤勘界。撫劉甚有關繫，不敢不詳慎，請旨遵行。請代奏。霰。

劉永福軍擬調屯粵省

致總署光緒十一年十月初九日發

劉永福九月二十四到南甯，部衆安静。洞與李護撫商，擬調屯東省，就近察其軍律、才性，勿庸赴龍。令唐景崧赴甯一晤，即由甯赴雲。唐初七自龍行。劉將閒散丁口在桂安置妥，即率部來東，已派員往甯經理一切。請代奏。佳。

劃界宜剛柔並用驅驢墟不可失

致總署光緒十一年十月二十四日發

奉寄諭：諒山宜歸粵界，或寬留甌脱，令洞等如有所見，詳告商榷。查歸諒、甌脱兩節誠要，洞於詳約未定時屢次電奏瀝陳。今議此不易，欲籌挽救，恐非口舌所能爲功，惟有盛我兵威，隱相懾制。可否電敕馮、蘇兩督辦會辦界務，令其嚴詞駁折。并敕馮、蘇於越、粵界上整頓軍容，會哨耀武，但不得生事。春間軍威，法人頗懾。仍密敕此事以鄧、李主持，馮、蘇不過與議。將帥示之以威，使臣懷之以德，剛柔並用，或有可商。遵旨謹抒所見，恭候聖裁。再，洞前告鄧、李，分界宜争驅驢墟，與諒隔一河，墟在河北，與新約諒山以北不背。初九日已驛奏，如能以驅驢爲我界，並將諒山抵郎甲、船頭一帶，河北地均爲甌脱最善，但不知能辦到否。請代奏。敬。

李中堂來電光緒十一年十月二十六日未刻到

戈使云，若中國派統兵大員會勘界，法亦必派越統帥會勘。公請馮、蘇會辦，不行。或因此甌脱能争得固妙，似不係帶隊與否，兩家各有兵在後也。鴻。宥。

總署來電光緒十一年十月二十六日申刻到

馮、蘇耀兵，虚喝無益，易生枝節。驅驢劃界，與鄧、李商辦。遵旨電達。宥。

劉軍已安置妥善

致總署光緒十一年十一月初二日發

奉寄諭，詢劉永福目下行徑，電聞。查永福到南甯後，謹遵約束，現乞假赴賓州買田安家口，數日後可回，回即赴東。所部臣飭給資裁遣，留一千一百人，分五底營。永福感恩圖報，部下希望功名，必可無他。法報離間，誠如聖諭。該報乃八月事，其時永福已焚巢入雲境。春間委員到越，勃里也即言與永福通信，願連和，可知其安。至今法仍畏永福甚，故屢用詭謀。謹奏聞。請代奏。冬。

法改立越王越民不附議界宜緩

致總署、天津李中堂光緒十一年十一月初二日發

法改立越王，各路探報同，號同慶，越民不附。舊王咸宜初遷甘露，再遷鎮甯府，義團四起，教民叛法。西路越相黄佐炎十月初九日大勝於興化。東路越提謝現八月二十八大勝於海陽，焚其城外屋。西路五團梁正理在太原，洪滿在保樂，謝現在海陽，黄廷經在新街，梁俊秀在北甯，互有勝負。法撤谷松、屯梅，兵守船頭，電綫多斷，越地大擾。聖諭力争甌脱，竊謂議界宜緩，待彼久不能定，然後以甌脱爲排解之策。勸留數省以處越團游勇。緩可觀變，急則難允。卜酋已有電來粤，即自河内起行，似宜姑以繪圖人未齊，暫阻之。謹請旨，如俯允，請敕鄧承修、李秉衡設法緩議。請代奏。沃。

請禁英勿滅緬甸

致總署光緒十一年十一月初三日發

屢譯洋報，英兵已踞緬都，定議廢緬王等語，謹奏聞。緬歸英，則雲境兩面受敵，伏望敕總署與英使議以公法，禁其勿滅緬。請代奏。江。

請暫留唐景崧隨勘桂界

致總署光緒十一年十一月十五日發

劉永福已自賓州還南甯，日内即赴東，唐景崧照料妥貼。查雲界斷難遽辦，景崧到雲無事，桂事緊要，正資羣策，可否暫留景崧隨勘桂界，事畢赴雲。若雲需人，岑來電即遣。謹會同電奏請旨。請代奏。承修、之洞、秉衡同肅。翰。

法領事勘界請經我邊省意存勾串

致總署、天津李中堂 光緒十一年十一月二十七日發

頃法領事法蘭亭照稱，奉該國命，師克勤病，令該領事馳赴越勘界，請發執照，前赴廣東、廣西、雲南等省，三日動身等語。查此舉狡謬已極，顯係因龍州不令法使入關，故變爲此策。令法蘭亭由内地往察探雲、桂情形，即駐我軍，由内引外，勾串挾制，萬不可許。洞已照覆，勘界應由越往，不應由内地，不便給照。雲、桂邊務未定，恐軍民驚異生事，難保護。且海行速，内地遲等語。如戈使赴京瀆擾，懇敕總署嚴拒。請代奏。感。

傳法議員於界務意見不一宜爭甌脱

致總署 光緒十一年十二月十六日發

出使隨員自巴黎來函云：此次議員三十三，願棄北圻者二十九，多以恐我圖報爲言。惟該國政府慮傷國體，欲少留兵守紅江以下。其提督杜布來宣言，北圻宜棄，但既與中國立約，須略霑利益。竇海私告我云，游勇難靖，政府不能遽棄之，故欲專俟中國速定通商分界事，以靖衆論。其從前已允未發之餉僅足供三月，儻屆時仍無成效，則決意棄之。議員不肯再籌一餉矣等語。果如所云，是法之棄北圻與否，全在商界之遲速。今商務妄求，已經總署駁拒，若界務又不予速竣，三數月後，彼餉匱力絀，必當變計，甌脱諸説，庶乎可行。彼尚懼我報復，似諸事稍緩，亦斷無決裂之理。此事應如何操縱緩急，廟謨自已周詳，惟既接洋函備述情形，不敢不以上聞。有無可采，恭候宸裁。請代奏。諫。

李中堂來電 光緒十一年十二月十九日亥刻到

總署十九來電，本日奉旨：界務業經開議，張之洞三月之請，故作紆遲，恐生枝節。岑毓英河内海陽之議，亦在約外，尤不可自我而發，致貽口實。鄧承修等當懍遵前旨，將改正事宜按約速辦。並電知周德潤等一體遵行。欽此。轉電粤督、鄧大臣、李護撫云。鴻。皓。

連日專議中段邊界未妥

致總署 光緒十一年十二月三十日申刻發

龍電，二十三後會議四次，辯論多時，始稍就範。惟出圖對證，各有參差。現保樂允歸我界，新安、海甯及中段各處，堅不退讓。連日專議中段，必以淇江爲斷，初仍不允，刻均活動。洞前奏，遲三數月，界務必易措辦。非真欲遲也，寔因彼屢以罷議恫喝，我故作緩勢，彼計窮或可速了，絶不敢妄使決裂。近未得鄧、李電，想因未定議故。謹先電聞，以紓宸廑。請代奏。豔。

李中堂來電 并致鄧欽差[一]、李護撫台[二] 光緒十二年正月初四日巳刻到

頃戈使來晤，持其外部密電云，中國勘界大臣之議，實係故違新約，而中朝現似有以為然之勢，甚為可惜。向來中朝無不恪遵新約，今忽有此變，其故何在。即應於互商尚未決裂之先，詢明一切。是否因我議院前暫有擬退北圻者，則中朝以我能將北圻

[一] 即鄧承修。
[二] 即李秉衡。

境内何處割入中國乎。應與言明，斷不可允。緣議院現已定議，不得不恪遵辦理。我國雖願與中國和好，而我所應得永不許棄。儻有犯佔之事，我即力阻，必能較近年更覺得法。可在總署明為告知，以免或有誤會，致成岌岌之局，云云。以上係照譯文。戈言接浦電，鄧、李等欲將新安、海甯至高平、保樂沿邊一帶闊大地方劃歸中界，實與新約稍有改正語意相背。浦業經停議數日，擬即折回河内，戈當遵訓條赴總署申理。鴻告以朝廷暨總署並無成見，鄧、李因原約有改正字樣，故與商酌。戈謂照約稍有改正，公同有益，豈能獨益華而損法國體面。鴻詢究可讓若干。戈云，外部意仍照舊界，斷不能多讓。戈擬後日起程赴京，鴻勸令候回電，並屬其電外部及浦勿著急，仍妥商。請代奏，速電示。除電總署外。鴻。江。

李中堂來電光緒十二年正月初五日申刻到

總署初四日來電，勘界一事，近日疊奉諭旨，照約速辦，勿滋衅端。原以保樂、海甯，近議争地過多，恐資藉口，大局攸關，刻厪慈慮。乃連日未得電覆，而浦已停議，戈欲進京，顯以違約為詞，嘵嘵詰問。若再固持前說，勢將决裂開衅。現奉旨，即日約會浦使，先按原界詳悉勘明。以後稍有改正，再行妥商續辦。如今春趕辦不及，緩至秋末再議。所有現議多畫之界，均作罷論。雲南、廣東一律遵旨按約辦理，不得違誤。貴大臣接奉此旨，務即懔遵，約期另議。先勘原界，切勿再有拘執，致滋歧誤，是為至要。希遵旨轉電鄧、李并轉周、岑、張、倪云。鴻。支。

光緒十二年

九頭山應爲華屬

致總署、天津李中堂光緒十二年正月十七日發

欽州海面，界連越洋處，有九頭山，孤懸海中，素爲海盜逋逃之所，伺便出劫瓊、廉、雷商民，屢見歷年奏報。其地在我東興司海口外西南約百里，在越新安州口外東南百餘里。雖稱越境，居係華人。去冬洋盜屢至欽，水陸劫掠，商民紛紛呈控，指係九頭山匪。馮督辦疊咨請派船出洋巡緝。正月十五日接馮電，我船追捕至九頭山，獲匪十八人而還。十二日回至龍門，法有兵船來探，旋即駛去。囑電鄧、李與法議此界限等語。查此地狹小荒瘠，去東興近，去海防甚遠，海甯歸我，則此山應爲華屬。藏盜華洋均害，若屬華，則我能捕盜，中外商民均利固善。即不然，或與法議，作爲兩不屬之島，若有匪徒，彼此知會，均可往捕，均不駐兵，亦尚易行。除電鄧、李酌議外，謹先電聞，請代奏。霰。

請李中堂告戈使。

李中堂來電光緒十二年正月十八日到

總署十七電，奉旨：本日據李鴻章電稱，法使接越電，北圻先安州九頭山有廣東兵輪四、帆船六，弁兵登岸，似將占踞，法擬調兵船往詰等語。覽奏不勝詫異，此事既無諭旨，該省又未奏報，何得遽爾派船前往，恐係訛傳不確。現當分界未定，豈可自生枝節，貽人口實。著張之洞迅即查明電覆。若果有其事，即著

剋日撤回，勿稍遲誤。該督身膺重寄，惟當力全大局，儻固執成見，致啓釁端，定惟該督是問。懍之。欽此。即轉電粵督云。鴻。諫。

我兵輪追捕九頭山匪盜並未違旨進駐

致總署、天津李中堂光緒十二年正月十七日發

九頭山捕盜事，頃電奏甫發，適接北洋電，因閩綫斷，頃始到。旋奉十七日電旨。查此事於去臘二十七日奏報在案。洋盜劫掠欽州一帶水陸甚熾，供係九頭山匪，故由洋面追捕至該山登岸，獲盜即還。其地在華越之間，向爲法人蹤跡所不到。當時到岸擒匪，無從知照法人。此因追盜至彼，與争界迥不相涉，更無駐兵占踞之事，與近日閩遣船越香港捕盜事相類。而荒山無法人，議界又未定，與香港尤有不同，斷無不奉明旨而往據地之理。且窮荒小島，據亦無用，洞雖愚戇，不至於此。此乃法人誤會，以後仍應照前奏各節與法議明。除電北洋、鄧、李知照法使外，謹覆陳。請代奏。霰。請李中堂告戈使。

金山排華請速與美交涉懲禁

致總署光緒十二年正月十九日發

據香港華商電禀，接金山中華會館電，美國西人攻擊華人，焚毁財物五十餘萬，人亦死傷不少，華人實不能安生，求禀知粵督，並知照愛育堂等語。愛育堂係粵省紳商公所，必動衆憤，恐生事端。頃英、美各領事來函，亦甚恐懼。現已飛諭愛育堂及香港東華醫院，告以朝廷已極力理論保護，勿得紛傳。並即託其電本國禁約弭患，一面籌備彈壓。竊思息事惟有探源，懇敕總署速電鄭使商美總統，竭力保護懲禁，免中國洋人不安。若金山來電事有轉機，羣怒自息。請代奏。效。

金山事已緩切商美英使臣自禁訛傳

致總署[一]光緒十二年二月初六日發

旨初四電恭悉。初接金山電，立時預防善後，電奏在案。致鄭使電云：金山來電甚慘，粵民憤，恐别生事，竭力商保護。又云：粵情洶洶，洋商悚懼，實屬可危，須緝匪賠資。得該使臣一電可宣示息事。語意與電奏同。美領事來牘道謝，極稱平安。月朔，美、英照稱港報謂粵電有報復語。急索港報，果有云：倫敦來電，美傷華人事，華責賠補，美廷不允，故粵督電將恐中國於美國人在華者，亦如法以復其仇云。深爲詫异。查此事，洞叠諭愛育善堂、香港醫院飭司府營、縣防營派弁密訪揭除，又手書長篇諭書一件，略言朝廷已飭署商美力保，洞已催緝責賠。鄭來電：美已示禁，派兵緝匪，粵不宜再紛傳，以訛生事。若成仇釁，在彼華人必更被匪逐害，無益有損，此爲保護美地粵民起見等語。寄港院檄文武，均同衆情，似尚欣領。近日甚安静，無貼報者。索閲報單，但阻華人勿往，并無過當語。續接鄭電：洛士丙冷已飭議院籌償。洞管見，先云敕保粵民以緩其勢，繼云美兵懲禁以平其怒，終云生釁自害以怵其心。一面懇鄭力護，免致禍熾，續報以清其源，實已不遺餘力。蓋此事仇可善解，若文告稍不審，

[一] 録自苑書義等主編《張之洞全集》第三册，第一九六五至一九六六頁，河北人民出版社，一九九八年版。標點有改動。

立激事端。沙面爲前車之鑒。伏思美素睦我，在粵美酋最謙謹，款事美已允辦。即使彼十分無理，甚至講理閉關，亦斷不能縱民搶害。從古交鄰制敵皆無如此辦法。此由西人因懼生訛，洋文愈轉愈謬，即如美已籌償而謂其不可，粵未言報復而謂其報復，一也。惟粵民尚可密查力防，若外洋訛報流傳入華，自行挑激，實爲可慮。懇敕署切商美、英各使臣自禁訛傳，似亦要着也。詳陳辦法。請代奏。

法領事索賠已照復駁斥

致總署 光緒十二年三月初五日發

法領事法蘭亭又來照會，言前年開戰後，通省教堂損失共值三十餘萬元，囑粵派員查辦，荒謬實堪髮指。況傷損實屬無幾，粵官保全教堂教士已多。此事萬無許理，分文不能償給，惟有正言力拒堅持。已照復駁斥，恐該使妄瀆，謹先電聞。請代奏。歌。

晤美使田貝談金山排華工事

致總署 光緒十二年三月二十七日發

近又接金山華商民廣聯興等一百六十七家公稟，情詞慘切，懇洞轉達。昨鄭使電：洛士丙冷案可賠足，餘未定議，華人暫安。并來函，病已漸愈。此舉關繫甚重，此次力辦得法，以後大局有益。仰懇聖恩，可否暫留鄭藻如在美，會同張蔭桓料理從前各案，議定善後章程。有原議之人，彼外部難於翻覆。如蒙俯允，祈電飭兩使臣。洞晤美使田貝，極力優禮款接，語以彼任護華工，洞任戢粵民。田甚悅，似有慙意。託其再電外部，歷述粵人優待美商，催令緝賠保護，已允。渠來意爲察看各省華民仇美否，現已赴汕。請代奏。沁。

法新領事如再提索賠斷不接待

致總署 光緒十二年四月十二日發

法蘭亭索三十八萬元，經洞嚴詞駁斥，遂寂然。昨接北洋電稱，法廷調蘭亭移閩，另派在津署領事白藻泰往粵，係修好之意。白謹慎，必無此等惡習，囑北洋一言爲介等語。懇敕總署及北洋照知戈使，先與議定，白到粵後，將戰後教堂損失一事永遠不准再提。戈如允許議定立案，則白藻泰到粵，立即接見。如戈不肯，洞惟有嚴加拒絕，斷不與款接也。聞白數日內即起程，尤望速議，定可省將來無數口舌。請代奏。文。

總署來電 光緒十二年四月十四日申刻到

文電進呈。法索償費，嚴詞駁斥，與總署去歲所駁略同。目下白藻泰赴粵，若必先與説定不提此事，方可接見。轉若示之以怯，恐彼更多藉口，不如坦然相見，最為得體。儻彼再申前語，仍可嚴駁。遵旨電達。寒。

催許景澄與和蘭商妥以便委員速赴南洋

致總署〔一〕 光緒十二年六月初六日發

前因和蘭不允查島，已電總署致許使執約切商該國。現委員束裝已久，專候和國有允許回信，方能啓行。頃據香港閩粵商董

〔一〕此件及所附兩則來電録自《李鴻章全集·電稿一》，第六八五頁，上海人民出版社，一九八五年版。

公稟：小呂宋華商公遣李繼志、官文斗二人來華賫遞公稟，稱該埠匪徒現亦倡議驅逐華人，懇迅派領事等語。是委員前赴南洋，尤關緊要。懇敕總署催許景澄速與和國商妥電復，以便委員速行。請代奏。魚。

總署來電 光緒十二年六月初八日酉刻到

和不允查島，許擬改言游歷。聲明華人作和民一節，俟後另論，但為不認理根，不遽深辯，冀其弗阻。本署已電覆速辦。齊。

總署來電 光緒十二年六月十九日亥刻到

接許電，改商游歷事，和允電知各島矣。皓。

客黎勾結擾民派馮子材去瓊查辦

致總署 光緒十二年六月初十日發

瓊屬客黎勾結，久爲鉅患。上年冬臘間，儋、臨客匪滋事，焚殺民人甚慘。擾至澄邁，距府城近，勢甚熾。疊經電檄，飭鎮道派瓊防營勦辦。十二月至正月，提督張拔萃、參將陳榮輝連戰屢勝，擒斬數百，餘衆乞撫。進兵逼巢，設法招捕魁黨，四月内事略定。署鎮張得禄、護道謙貴據諸將議，將滋事千餘家安插欽州沿海之白龍尾。土民受害過深，憤恨客匪，堅懇多誅。此時全勦則勢所難，調停雜居則貽後患，而徙居欽、海實多未便。衆論參差，不能畫一。現商馮督辦就近酌帶一兩營赴瓊查辦，察酌孰應誅，孰應撫，如何安插爲妥，兼籌撫黎事宜。馮威望素優，且係欽人，情形熟悉，到彼裁斷，衆情庶可翕服。規畫略定，仍回欽辦廉郡匪。謹電奏，請旨飭遵。馮係督辦大員，須奉旨方可渡海。請代奏。蒸。

小呂宋華人被害擬派員往商保護

致總署 光緒十二年七月初三日發

王榮和、余瓗將行，小呂宋華商又來公稟：六月内該埠匪已滋事數次，華人被害多名，焚劫財物共值二十萬元。懇委員速往籌議設領事保護，並請乘官輪往，以壯觀瞻，船費該埠商供給等語。查王榮和等以訪查商務爲名，近於游歷，不能與該埠洋官交涉議事。今商情急切，懇敕總署告日國公使，一面電張大臣蔭桓，言明王、余兩員到彼，即兼商保護事。令電外部知照該埠督，庶我委員可與晤商，使華商生業暫獲安全，從容再由張大臣籌議。粵無出海官輪，可否由南北洋借撥快船一艘來粵應用，八閱月可回。前數年南北洋派揚武船遊歷南洋有案，伏候敕遵。此爲保民救急起見。請代奏。江。

李中堂來電 光緒十二年七月初九日亥刻到

總署初九來電，本日奉旨，張之洞電奏已悉。王榮和等既不能與洋官交涉議事，徒以官輪壯觀，無濟於事，轉令該埠滋疑，殊屬無謂，著仍附商輪前往。日國並無駐京公使，總署無從與商。所有小呂宋議設領事保護華商事宜，著張蔭桓與日廷妥為商辦。欽此。即轉電粵督、張大臣云。鴻。佳。

與法領事白藻泰會晤未成

致總署 光緒十二年九月初六日發

本日電旨恭悉。自奉前旨後，即備與法領事接見，適該領事白藻泰到粤，來函請見。其時洞正患肝氣，畏風，當復以甚願晤談，惟目前抱恙，尚在假中，若不提及議和以前之事，仍敦邦交之常，只辦目前之事，可免争辯傷和，當力疾延晤，即日訂期等語。并書明仍候復音。此固因實係患病，亦期乘其初到，先折其氣。原擬看其再約即爲轉圜訂晤。乃該領事既無復函，亦未再約見。静候久之，從此寂然。彼既不再詢及，自未便先往約會。遇有事來照會，仍照舊辦理。當初致函之故，因北洋言彼無前領事法蘭亭惡習。竊意若彼允不提前事，便可省無數辯論波瀾，較爲簡易，並非故示拒絶，難於一晤也。今諭旨明切，自當欽遵。可否由總署告法使以約晤必見之意。彼一來訂期，立當接晤，斷不敢膠執也。請代奏。魚。

總署來電 光緒十二年九月初六日亥刻到

本日奉旨，據總理衙門奏，請飭粤督照章接見法領事一摺。前經兩次諭令張之洞與法領事相見，何以該督膠執己見，並不遵辦。疆吏接見領事，本係載在條約，如有非理要求，正可當面駁辯。儻堅拒不見，致該使嘵瀆有辭，非特有傷國體，必致别生枝節。著張之洞懍遵諭旨，即行接見，仍將遵辦情形迅即電聞。欽此。魚。

請照法使禁法兵進入未勘地界

致總署 光緒十二年十月二十日發

王之春十四日到東興，十五日來電，本月初七、初八日，法兵攻距東興最近之長山村。該村民赴該道訴，僉稱民等不願從法。礮攻兩日，燬房二間，未傷人。自斃法人二，傷法人三，呈驗礮子數十顆。該道獎慰之，諭以界未定，再來暫勿鬥。芒街等處民紛遞呈詞求歸附。諭以爾等向歸版圖，豈忍棄之，但界尚未分，宜静伺。十四日探報，法兵約百人經中國界再攻長山。該道函詰海士謂，界尚未分，何得用兵擅入我界，不惟背約且非安民之道。午後海士來，佯稱係畫圖人，有兵廿餘保護，不認過華界。該道復切戒兵總不得妄動。十五日該道往答，責其再攻長山。答以謡言。該道囑以後畫圖，亦不可到長山，恐百姓驚疑。海諾，并云，狄隆現到河内養病，得該道到信即來等語。查長山在東興後，攻該村必經我界。法人不候兩國使臣勘定，輒動兵越界妄攻，實屬荒謬違約。恐激民怒生事，懇敕總署照法使禁海士，静候會勘。再，鄧大臣十六日自港行，十九日到北海。請代奏。號。

越民反法宜早校圖定界

致總署、天津李中堂 光緒十二年十一月初五日發

疊接王之春電，二十九日越游勇、義民相結攻海甯未破，劫芒街海士行館，海奔入城，法教多死。該道飭營嚴防閘門，禁游勇北渡。本月初一日夜，下街、新安等處游勇來會，共千餘人。初二日晨攻克海甯城，殺法兵二十餘，越兵、教民無數。法兵逃者，前途遇游勇截殺殆盡，海士無下落。緣法政苛淫，越民恨之入骨，揭竿四起。法人在潭河焚劫民房七十餘間，失業之民倡議報復。現聞下街、新安、分茅嶺一帶，嘯聚不下萬人。下街初一日夜亦有警，法畫圖人在攀隘被游勇截殺不少。該道切飭營官，并調團分扼要口防竄入等語。竊思法人於華越交錯之地勘界未定之時，遽用兵四出焚劫力争，實屬凶躁違約，自釀禍端。今民憤

益深，游勇四起，將來愈難收拾，界務更無了期。似宜照會法使，暫勿恃强用武，他處萬勿輕往。俟勘明議定後，再由法人自辦，或仿雲南辦法，校圖定界，以免枝節躭延。懇敕總署、北洋妥籌與法使商議速竣之法，免因他事擾攘，有妨界務。除飭營團嚴防外，謹請旨遵行。再，鄧大臣初一日赴東興，尚無到信。請代奏。歌。

法輪越境攻擊請詰法禁止

致總署、天津李中堂光緒十二年十一月初七日發

據防營參將周天意報，十月初七日，法輪七由白龍尾來泊竹排、池口及榕樹潭，連放大礮擊長山村，礮彈有落思勒各村者等語。又據委員知府尹恭保報，附近分茅各莊，法人帶兵攻打等語。王之春前電尚未詳晰，茲據報尤堪詫異。查白龍尾係龍門協水師汛地，竹排、榕樹、思勒皆係現在内地，分爲八莊，係中國老界，尚未勘定。法人越境屯船攻擊，悖謬太甚。竊惟使臣會勘，未言用兵。中國豈少防營，原以此事應和平辦理。現在華民憤極，與越地義民接壤錯處，若合力拒擊，既難收拾，亦難分析。前圖老界數綫之内各處，民情堅誠屬華，糾衆拒法，紛紛響應，海甯府即前車之鑒。王之春到後，各村呈訴，携酒食來獻者日十數起。法人違約釀禍，必反諉咎中國。請敕總署、北洋切詰法使，令將各船駛離華界，弭兵息事，彼此大局有益。不然，設激成事端，我不任咎。似必須及早議明方妥。請代奏。陽。

白龍未築礮臺越亂粤未主使

致總署、天津李中堂光緒十二年十一月初九日發

初八日電旨恭悉。現界外法越相攻，置之不問，按約和平辦理。宸謨明切，謹當恪遵。已電鄧，並電王之春切諭妥辦，勿資藉口。白龍新築礮臺，太無影響。該處荒遠，從無此議。防海臺礮費數十萬，購到須年餘，築成又數月，財力、日期，皆必不能辦。此與法人前言粤兵三千赴東京，兵輪泊海面之誣相類。至粤省主使妄説，乃法人無聊慣技。洞前奏上圖證以西例最重在證。故欲專持證據［辯論以］〔一〕四綫相機操縱，臨時請旨。若越民決裂，法必報復力取。西例，用兵所得之地不以讓人。待至攻下設守，必不再容置議。則從前考圖集證，無數心力，前功盡棄矣。故驟聞越亂，深爲恨惜，蓋惜其有礙勘議也。且主使越鬥，必助其聲勢。洞奏派馮督辦子材全軍渡瓊辦黎，留東興止二百五十人，粤不主使甚明。至王之春辦事穩細，保其決無鹵莽。前慰答邊民，皆係設法開導，力勸息事。語略言，界未定，宜靜伺，勿鬥很，再來攻，宜暫避等語，並未敢承攬收納。並陳。請代奏。佳。

鄧欽差致總署電光緒十二年十一月十四日戌刻到

查越釁起，河檜富民巴克父戕母辱，散財懸賞，勾結游勇西來。十月底，王道聞警，迭遣囑海士豫備，海答無慮，致有海甯之變，其事與粤無干。惟事機延變。全界方長，可否敕署喻法添派，分東西兩路會勘，冀早竣事。請代奏。修肅。

〔一〕據刊本《張文襄公電稿》補。

光緒十三年

江平法兵不撤近憂遠患可慮

致總署、天津李中堂光緒十三年正月初七日發

鄧大臣與狄隆議立草約三條。其第三條云，未定界彼此均不派兵，極善。惟江平現駐法兵數百，意在久踞，鄧令撤兵，不允。此次第二條所云，法國已有兵及官，照現在情形者，即言法兵不撤也。中國且不置議者，即言我不派兵也。竊謂狄既明言未定之界，兩國均不駐兵，方昭平允。江平插入東興之後，實爲華境。有乾隆、嘉慶、道光以來案牘印契，不同前代圖書。洞所奏圖證，及鄧去臘真、養致總署兩電已詳。鄧來電并云，狄無實在圖據，但執越人指江平爲越地之言爲據等語。今若約定照現在情形，兵既不撤，界即難收。東興、思勒隔絶域外，後路被斷，有事難守。今日不必務遠略，而不能不慮近憂。此處插入内地，患在切膚。仰懇聖明垂覽前圖，形勢自晰。且該處居民有華無越，正與寄諭以華民居住之地爲斷之語相符。我使臣竭力辯論，無如彼族一味横狡。但目前尚未畫押，可否由總署與法公使婉商，謂未定之界駐兵强占，非和平商辦之道，於兩國敦睦大體有礙，勸彼撤兵，我亦不派。或將江平抽出另議。總之，此時不約定，許其駐兵，將來歸入，請示朝廷從長計議。留此活著，庶可徐籌抵制之方。洞爲粤境邊防利害起見。是否有當，伏候聖裁。請代奏。文。〔一〕

鄧欽差致總署電光緒十三年正月初七日未刻到

江平、白龍尾一段，我據郡圖辯論八次，彼終不肯讓為中國現界，然亦不照約請示朝廷，已於豔電敬陳矣。惟比界内，法於未開議時，因防游勇，先已紮兵數百，屢詰不撤，故歲首連日會議，仍勒其先撤已駐之兵，然後請示。伊執未定之界，我不能專阻，祇得約明未奉旨以前，且勿置議。此外，廣東、安南未定之界，彼此不得另派兵及官員前往，冀杜後來。約文續陳第一條，由北市至竹山彼此較圖，意見相合。二，由竹山至白龍尾蓋未定之地，彼此較圖，意見不合，應可請示本國。至未奉到朝旨之前，此未定之界，法國已有兵及官員，今彼此約明照現在情形，中國且不置議。彼此並繪圖注明未定之界所在。三，除此處未定之界外，如廣東、安南有别處較圖意見不合未定之界，今約明彼此請示。未奉到朝旨之前，均不另派兵及官員前往。以上意見係由中、法使臣各飭官員知照云云，乞代奏，候旨遵行。修肅。魚。再，此議已電粤督會奏，恐沿途遲誤，特再電陳。

界未勘定法逐華民

致總署、天津李中堂光緒十三年正月初八日發

頃北海鎮王孝祺、高廉道王之春、署欽州李受彤電稱，江平、黄竹、萬尾等村紳耆數百人禀稱，法官示華民入越地者須有華官執照，若再遲延，雖有照亦不准居住，否則用槍射斃。民等祖居數百年，田園廬墓均在其中，今被法佔踞焚殺，無家可歸。爲流

〔一〕此電日期與電文末署代日韻目「文」不一致，存疑。

民則無依，爲游勇則不敢，進退一死。各憲爲國籌邊，亦應爲民請命，迫求安置云云。現尚未散，該鎮道等均有地方之責，目擊心傷。華民向在江平等處耕種者，自法兵至，避入内地，年終饑寒交迫，暗回原地剥薯斫蔗，被法人槍斃者無數。自食其土，自殞其身，實可矜憫。現除東興迤西外，約計邊民一萬二千有奇，將來競求安置，何以處之。情危勢急，寢食難安，稟請指示等語。鄧臘底電，亦云法兵焚掠數百里，分兵攻破江平、分屯句冬、石角、白龍，百姓死亡轉徙，汹汹乞救，地方官無可如何。法既難以理喻，使臣又無阻止之權等語。查江平等處，據我圖志，則爲華界。即如狄酋言，亦稱爲未定之界。遑兵虐民，實非條約所有。且查津約第一款云，中國僑居人民及散勇在越南安分守業者，無論農工商賈，其身家産業均得安穩等語。是確爲越地，於僑居華民尚應優待，况此未勘未定之界，不匪不勇之民乎。竊惟此項邊民，實與越人及游勇不同，安置則無此曠地鉅貲，禁拒難施，坐視不忍，展轉籌思，實無善策，惟有各地收回，則無此窒礙。如能與法恭使議明，暫將兵撤退，將來議定後，屬華則安堵如故，屬越則再籌妥策，庶紓眉急。洞陽電所請，係爲邊防，此爲民命，兩事相爲表裏，皆非爲争界計。既據鎮道欽州瀝稟，不敢不以上聞。應如何與法使議辦，邊民轉入内地應如何辦理，請旨遵行。請代奏。庚。

白龍尾萬不可失

致總署、天津李中堂光緒十三年正月十二日寅刻發

頃鄧電云，本日總署電稱，魚電三條照辦，餘與恭使晤商等語。此事鈞署覆准，自必詳審機宜，何敢再瀆。惟鄧約所稱注明法兵照現在情形之地，即有白龍尾在内。鄧魚電首已聲明，且屢電俱言法兵分屯白龍尾，狄將白龍尾脊上畫一綫，左歸華，右歸越等語。查該島係龍門協水師汛地，載在現行營制册，總督、藩司、水師提督、鎮協各衙門案牘炳然。每歲具題，兵部有案。國家舊制，軍民皆知。海防處分載，白龍尾如失事，責成汛守等語。此地乃廣東現界，從無屬越之説，與江平等處中越交錯者尤不同。前奏圖上填作黄色，尚可覆。按該處近欽遠越，正扼欽州防城汛河口門户。防城乃欽、廉水陸要衝，由欽赴東興之總道。東興現設有州判、守備，白龍尾屬我，則築臺設守，可以遥瞰海甯。敵犯欽、廉，必顧其後，若爲敵踞，豈惟東興、思勒、那梭諸汛地被隔，抑且防城難保。此島甚狹而長，若中分一綫，彼已築臺，我將安守。法人狡横，駐兵即是占地，向來慣技如此。設因狄隆蒙混要脅，姑與含糊立約，以後斷難改正。洞職在守土，此時若不詳切奏明，他日邊防貽害，必將追論蹙邊棄險之由。不惟疆臣重咎難當，朝廷亦將追悔。仰懇聖明熟察，賜覽前圖。電敕鄧大臣將約内白龍尾一處抽出，萬萬不可許其駐兵。我疆我土，即法國朝廷其將何詞。且僅此一隅，更無難於駁折。至約内法兵照現在情形，中國且不置議二語，萬不得已，亦宜於照字、不字之上，均添入暫字，或可留爲後圖。洞爲疆土緊要起見，因鄧約簡略，總署必未能深悉所指何地。職難緘默，非敢阻撓，披瀝迫切，仰候聖裁。除一面電鄧酌辦外，請代奏。文。

陳明前奏本意非敢膠執多求

致總署光緒十三年正月十七日發

十五日電旨恭悉，謹當遵辦。上年十一月底奉寄諭，即飛咨鄧欽遵。洞圖雖列四綫，乃備使臣相機辯論層次，原奏已聲明。并稱法人貪狡，即使老界尚待勘明，現界亦不至更從剥削。此洞愚慮本意，非敢膠執求多。鄧議係據廉州府志圖及赫政英、法二圖，自開議以來，並未令狄照四綫圖劃歸於華。去臘初十日開議，初九日法兵已入江平，蓋狄初議即甚狡横。事機棘手，廣闊處直無從與言矣。訓諭周詳，自當懔遵，斷不敢膠執成見。遵旨覆陳。請代奏。篠。

桂界校竣稍有展拓

致總署光緒十三年二月二十六日發

馬電敬悉。桂界早已校竣，稍有展拓。惟欽界南自嘉隆河，北抵北崙十萬山、分茅嶺，西至峒中墟北，兩河包絡，土泉沃美，縱横數百里，村墟鱗接。我若棄之，百姓逃歸，驅之不忍，撫之不能，實又江、黄之續，以故争持日久。本日修與王、李兩道、司員、繙譯等在芒街會議，自午至戌。狄見我終不能奪，始允歸我。現由竹山起至雲界，即晚已定草約，彼此畫押。全界既定，修等當遵旨在差次静候。謹先電陳，以紓宸廑。請代奏。承修、之洞、大澂同肅。養。現潯梧綫阻，頃始到，并聞。宥。

稅司代徵釐稅有損利權

致總署、天津李中堂光緒十三年三月初一日發

昨日新稅司馬根、法來格到粤，來議附近香、澳六廠代徵百貨稅釐事。據云，擬在香港對岸之深水步設關六廠，俱用原屋，吏役亦不更改，收銀存匯豐，再分撥。索釐則、稅則。又問收私鹽之釐繳何署等語。至如何辦法，章程未據備文申陳。洞、澂、潤等公同籌議，此事流弊頗多，現議又與鈞署原電不符，不敢不縷陳。查洋藥稅釐併徵，久經奉旨，粤省自正月已遵辦。至百貨常稅釐金，與洋藥截然兩事，何以必欲撤我廠卡，干預稅釐内政，明係攬奪中國利權。上年八月初十、本年二月初五，洞兩次電署，力言洋人影射干預，不可不防，力請駁斥。本月鈞署佳電云，中國不允撤卡，英、葡即不允緝私。上年八月勘電云，葡人欲撤澳外釐卡，方允我在澳設稅司等語。果使香、澳可以設關要挾，猶爲有説。今馬根云香港不允中國設關，故祇能設於深水步。法來格語尤含糊。竊思署允撤卡，原因欲在香、澳抽收。今深水步乃九龍司巡檢屬地，設關均在華界，與原議顯然不符。查洋藥併徵，英廷已允，自可抽收。香、澳洋官既不允設關，彼固無德於我，我在我界收稅釐，緝私販，即不撤卡，彼亦何從挾制。至代收流弊，巡船專歸稅司，中國巡緝兵輪不能抵港，捕匪緝梟皆將束手，門户直爲兩國所扼，一也。洋人與民船素多扞格，且禮拜停關，申正封關，香、澳民船向係晝夜來往，稽留齟齬，恐滋事端，二也。稅司住香港，徵銀存匯豐，皆在英界。設有海警，渡海提銀必多窒礙，與英國相處尤多牽制，三也。西國合謀，久欲免内地釐金，此舉逐漸推廣，必思將各省各口百貨一概併徵。熟察各關

税司，洋人已成堅據不移之勢，不能參用華人。若外海、内地税釐財源統歸洋員，實不能無過慮，四也。鈞署佳電云，貨釐十數萬，税司經收，不至無著。洞等何憚不爲，惟外國心計甚深，後患甚鉅。初議欲我撤卡，或爲便於香、澳商務，今則並非撤釐卡，不過撤收釐税之華官耳。若自損利權，驟改舊制，設事成害見，追改無從，粤省疆臣監督首開此端，難當重咎。事關華洋界限，不僅税釐一端。事關大局利害，亦不僅廣東一省，現已合詞具摺詳奏。伏思代收一事，遲早不争數旬，可否暫緩改章，俟奏到後仰懇聖裁詳察，並交總署、户部會同妥議。如確無窒礙，再當請旨遵行。至私鹽歸税司抽釐，窒礙尤甚，另電詳陳。請代奏。鈞函未奉到。之洞、大澂、增潤同肅。朔。

税司幫緝私鹽加重抽釐不妥

致總署、天津李中堂光緒十三年三月初一日發

文電悉。赫德擬令税司幫緝私鹽，加重抽釐一節，飭司詳議，事多窒礙。查官鹽（仍）［例］[一]有引地，按引繳課，私鹽向以香、澳爲藪，四出充斥，洋官因以爲利，專庇私梟。若抽其釐，便成官鹽，各處可銷。官引充占，正課無出，商必不從。且洋人不得干預鹽法，約有明文。應請告赫，將此議停止。請代奏。之洞、大澂肅。朔。

總署來電光緒十三年三月初六日午刻到

本日奉旨：張之洞等朔電均悉。香、澳六廠，歷收為數無幾，該委員等賣放侵漁，利歸私橐。葡國以商民不便為詞，初議堅請撤卡。總理衙門慮與貨釐有礙，飭赫德與葡再三辯論，統歸税司代收，該國始允照香港幫助緝私章程一體遵辦。其助緝辦法，凡由印度到港之洋藥，何船何人，若干數目，由港官逐日知照税司。及出口時，凡移存何棧，轉附何船，運售何口，又一一知照税司會同稽察。税司全數瞭然，綫索在手，設關密邇，消息常通，澳、港内外，更無殊別。此事往返辯駁經年之久，始克定議，並非改變前説。該督等於此中曲折，並未知悉，何得謂與原議不符。海軍初設，籌餉萬難，有此辦法，冀可歲增巨款。縱令六廠區區十餘萬之數全行蠲棄，亦無顧慮。況經税司代收，此款並不致無著。是此舉非但與各省税釐無涉，並與廣東税釐無損。所不便者，不過廠員利藪一空，未免浮言胥動耳。該督等於朝廷全局通籌之意，毫無體察，輒挾持偏見，故作危詞，竟似六廠員弁一撤，從此天下利權，悉入洋人之手。殊不思税司由我而設，洋税自我而收，現在海關歲入增至一千五百餘萬，業已明效可睹。即使併征之議，此後辦理設有窒礙，儘可隨時變通，復歸舊制。何至外海内地税釐財源，統歸彼族耶。事關籌餉大計，特旨允行。又，與外洋交涉，斷不能朝令夕改。該督等接奉此旨，當懍遵辦理。所有該六廠補抽税釐章程，即日交付兩税司，毋准再有延誤，致干重咎。其抽收時刻一節，業經總理衙門傳詢赫德，渠允遵籌辦法，禮拜不停關，隨到隨驗。至代緝私鹽一節，前議加倍抽收，重罰以困之，正為杜私起見。來電謂官引被占，亦屬隔膜之説。惟現據赫德聲稱，新置巡船太少，不敷兼緝之用，請仍歸運船巡緝等語。所有助緝私鹽之議，著暫作罷論。欽此。微。

[一] 據刊本《張文襄公電稿》改正。

光緒十五年

蘇元春請趨廣東面談邊防事務致總署[一] 光緒十五年六月二十九日發

接蘇提督元春電稱：元春忝任邊防，今逾四載，講求守備之方，盡其心力之所能，外防游匪，内戢奸民，中外尚屬相安，通商已經開辦。惟叠據探報，南民苦法苛斂，往往反教從游。又法擬開鐵路，由海甯府至平而關上三里運貨下船，順流直出龍州，將來轉銷太、南、梧、潯諸郡，可趨雲、貴等處，不經粤關口可免納税。元春通籌全局，頗費綢繆。意欲就商而函電慮難詳盡。竊擬巡閱東防上思州一路之便，就赴北海乘輪直趨東省面談詳細，冀於邊務有益。往還從速，不過月餘。此間有統領馬鎮盛治及營務處文武各員悉心經理，無虞誤事。元春爲慎重邊防起見，乞先電奏，請旨遵行等語。謹據情電奏請旨。祈代奏。

光緒十六年

譚鍾麟須氣體充復方登程陛見致總署 光緒十六年十一月初二日發

十月二十二承准養電開：奉旨：譚鍾麟前患目疾，聞已漸愈，著張之洞傳旨，令其來京陛見。欽此。遵即恭録飛咨，頃接譚函稱：准咨總署電傳諭旨，跪聆之餘，莫名惶悚。鍾麟屢以目眚，上勞宸廑，涓埃未報，寢饋難安，兹復天語遥傳，令入京陛見，觚棱在望，翮奮欲飛。惟自西安針（治）〔治〕後，右目雖明，不能視遠，左目則仍模糊，數步外不辨人眉宇，看書寫字，鏡不能離。若趨闕庭，深虞隕越。秋間卧病月餘，近日始（廖）〔瘳〕。一俟氣體充復，方謀部署登程。伏懇電復總署，代達下忱等語。謹據函電復，請代奏。之洞肅。沃。

總署來電 光緒十六年十月二十二日戌刻到

奉旨：譚鍾麟前患目疾，聞已漸愈。著張之洞傳旨，令其來京陛見。欽此。

[一] 以下二件及來電録自苑書義等主編《張之洞全集》第三册，第一九八五至一九八六頁，河北人民出版社，一九九八年版。第二件最後一句電文標點有改動。

光緒二十年

擬令吴鳳柱帶兵馳赴天津

致總署、天津李中堂光緒二十年七月初十日亥刻發

南洋轉傳初四日電旨恭悉。江防聯爲一氣，自應欽遵辦理。竊思南洋所重，惟在江陰、鎮江，兩處礮臺，實爲長江全局門户。至江南陸勇本有數十營，如有不敷，江西、安徽鄰省調撥較便，添募亦易。湖北現籌江防營勇過單，如江南有需鄂省協助之處，當隨時與江督劉電商辦理，斷不稍存畛域。惟屢接津電，我軍赴朝鮮者約二萬人，防營頗單，亟需填劄。畿輔門户不宜空虚，深爲馳系。似目前情形，北洋需陸營爲急。查湖北提督吴鳳柱係淮軍宿將，襄陽現有馬隊三營共五百名。擬令該提督統帶馳赴天津，聽候北洋大臣調遣。鄂省當酌量另募填劄。謹電。請代奏，候旨遵行。之洞、繼洵同肅。蒸一。

擬委陳寶箴赴甯與劉督籌商江防

致總署光緒二十年七月初十日亥刻發

奉旨，各省聯爲一氣，以固江防，自應欽遵。現擬委臬司陳寶箴即日乘輪，馳赴江甯，與江督劉籌商一切，不過旬日即回。請代奏。之洞、繼洵同肅。蒸二。

與譚繼洵赴田家鎮相度礮臺地勢

致總署光緒二十年七月十二日戌刻發

本日，之洞、繼洵乘輪同赴田家鎮相度礮臺地勢、沿江情形。明晚即回省。請代奏聞。之洞、繼洵同肅。文。

吴鳳柱北上奏委傅廷臣接署提篆

致總署光緒二十年七月十九日亥刻發

湖北吴提督鳳柱遵旨帶營北上。查襄陽，楚、豫邊界，伏莽素多，馬隊全營調出，亟需大員鎮攝，自應奏委專員接署提督，以重邊境。查有宜昌鎮總兵傅廷臣，樸實勤奮。且前湖北提督傅振邦威望素優，軍民猶有遺愛，傅鎮即係其姪。擬請委署提篆，必能得力。此事照常例本應摺奏，惟摺回奉旨再行委署，爲時過久，未敢拘泥，謹電奏請旨。如蒙俞允，即飛檄飭遵。至吴提督已電告，迅將分防隊伍調齊，即行部署啓程。提印暫交中軍封存矣。請代奏。效。

津防緊要議遣兵籌械薦人

致總署光緒二十年七月二十三日亥刻發

津防緊要，上勞宵旰，自宜厚集兵力爲備。惟與洋人戰，募勇非難，軍火爲難。若無精械，雖多無益。此時無從購械。竊思廣西右江鎮總兵張春發，廣東署高州鎮記名提督潘瀛，皆光緒十一年在鎮南關立功知名者。兩處現無要事，似可令張春發、潘瀛各募勇三數營。廣西南甯府及蘇提督營後膛槍尚多，張春發軍可

由桂撫蘇軍撥給千五百枝。廣東精械不乏，潘瀛軍可由廣東撥給千五百枝。中越界上目前必無戰事，械可徐補。其餉應如何墊給數月，應候朝廷裁度。廣西軍由水路經湖南至武昌，廣東軍由水路經江西至九江，再陸行北上。張、潘兩鎮或現募，或酌撥蘇軍及粤軍老勇。本省另募填劄，成軍較速，應聽自酌。兩將皆曾經洋戰，又携利械，較有實濟。此外，如貴州安義鎮總兵蔣宗漢，戰南關立功。貴州古州鎮總兵丁槐攻宣光屢勝。雲南已革總兵覃修綱，隨雲督岑戰洋人獲勝。皆係知名之將，曾經洋戰，熟悉洋槍、地營者，皆無要事。此三員如朝廷以爲可用，或電飭調取，令其酌帶將弁親兵數十人迅速北來，至近省再募勇，亦可備緩急。到鄂時，視北洋、南洋何處急需陸勇，或北上，或東下，臨時請旨遵行。張、潘、蔣三鎮之長，問李撫秉衡可悉。再，制敵必宜先知敵情。查道員袁世凱，久在朝鮮。道員現充新嘉坡總領事黄遵憲，久在日本，著有成書。均係才具優長，深悉倭事，可否電調該二員到京詳詢情形。則倭人虚實短長瞭然，易籌攻守之策。聞洋人言，倭近日多備陸軍，其意叵測。管見敬陳，是否可行，謹備朝廷裁擇。請代奏。漾。

請簡員統帶湘勇北上並迅籌款撥械

致總署光緒二十年八月初十日未刻發

頃護湘撫王廉咨，據魏光燾呈，奉旨募勇，事不宜遲。該藩司擬趕於長沙、寶慶、湘鄉一帶，召集劉錦棠舊部，刻期成軍。惟該藩司丁憂未滿三年，例得援請終制，懇代奏，請另行簡員統帶北上。該藩司俟服闋，即當泥首闕廷，不敢稍就安逸。至奉旨募勇，未定營數，應否募成十營。按湘軍營制，每月除器械外約需銀三萬兩，請籌撥的款。至槍礮必需利器，應如何籌撥，并請代奏辦理等語。王護撫并稱，湘省奇絀，暫挪款三萬籌備魏軍行糧，將來餉項萬難應付等語。查湖北現辦江防，尤爲匱絀，正在十分爲難，僅能勉提庫款二萬，暫濟目前。前已電奏，以後萬難支應。該軍的餉，應請敕部迅速籌定的款電知。軍火尤要，此時無從購覓。湖南、湖北均乏精械，現擬由湖北勉力勻撥前膛洋槍一千枝，後膛洋槍二百枝，并商允南洋大臣劉撥給後膛林明敦洋槍一千枝，均配彈藥，俾得成行。惟不敷尚多，可否敕北洋大臣設法量爲籌撥。至該藩司應募幾營，候旨遵行。請代奏。蒸。

請速匯銀至德購運槍礮

致總署光緒二十年八月初十日未刻發

倭事恐難速了，用兵日久，軍火匱乏，最爲大患。蓋與洋人戰，與髮、捻不同，如無精械，雖有猛將强兵，亦斷難制勝。餉匱猶可力籌，械竭無從尋覓，實深焦慮。洞與出使德國大臣許籌商，託其設法在外洋密購軍火。現議定有大批精槍一萬三千枝，彈六百五十萬顆，連珠快礮八尊，彈配足，約兩箇月到滬，共價約二十四萬兩。運費未言。須速匯定銀約七萬兩，以後全價如何分期付，尚未細述。數日内即有便船可起運等語。竊思此乃目前最急之需，該價在近日並不爲貴。運到後應撥何處，請旨撥用。事平以後，各省均可留用，并非虚費。仰請朝廷裁度，如需購時，即請鈞署電復許大臣，定議速運。並速電匯銀七萬作定銀，以便趕此便船密運。其細數許自當咨報。洞爲海防大局起見，是否可行，祈代奏，請旨遵行。如奉旨後，并望密電速示，以便知照許。燕。

德械約兩月内到津魏光燾九月初旬啓行

致總署光緒二十年八月二十七日申刻發

二十三日電旨恭悉。詢據許大臣電復：各件初二日起運，約兩月内到津，尾數俟二批續運等語。奉二十一日電旨催魏光燾，當即飛催，尚未接復。前數日魏禀云，九月初旬自湘啓行。請代奏。沁。

擬飭余虎恩劉樹元帶兵先行北上

致總署光緒二十年八月二十九日卯刻發

湘撫吴奉旨防山海關，情形必急。吴止帶劉鎮樹元四營太單，雖有他軍，不相聯屬。查總兵余虎恩向帶振字三營，分防岳、長等處。余素稱善戰，所部係現成之營，啓行較易。余新授高州鎮，必益感恩圖報。擬派現有振字三營，並令余添募兩營，迅即北上赴山海關協防。劉樹元亦令添募一營，統歸吴撫節制調遣。余與吴撫素洽，必得力。余、劉兩鎮共十營，合劄一處，氣勢較厚，同係湘軍，必可同心協力。若余分劄他處，畸零無益。余、劉帶現有之營先北上，其續募之余兩營、劉一營，隨後趕往。如蒙俞允，請敕余虎恩即回鄂，令該鎮一面電知所部營官治裝，并電派營官招新勇。洞當札催此三營速行。請敕湖南護撫遵旨借商款，供此軍數月餉，以後再請部籌撥。軍火略有而未足，並請敕北洋添撥足用。其振字營防所，由湘照數另募填劄。請代奏。豔一。

津關遼三防緊急謹陳管見

致總署光緒二十年八月二十九日申刻發

津防、關防、遼防均形緊急，上勞宸廑。謹陳管見五條：一、就近募勇。魏光燾、程文炳及陳湜添募之軍，均九月啓行，到防尚早。天津民多義勇，擊髮逆有效，近年習見洋人槍礮、船雷，可先募津勇十餘營，以習戰營官領之，可爲官軍之助，將來易於遣散。又宋慶之軍，久劄關東，與土人相習。旨既派宋幫辦，不如即令宋就地添募十營八營。遼人素健，新勇與老勇相間即可戰。營歸宋募，則宋調度尤順手。又東撫李秉衡已到任，李樸實無欺，深知營弊。可令在豫、東選曾經戰陣營官，募勇十餘營，聽調較速。一、戒諸軍堅守，穩劄穩打。倭氣狂悍，又恃械精，利速戰，不利持久。平壤一役，萬衆遽潰，由諸軍未經洋戰之故。查二三十年來，外洋各國陸戰，因軍火太猛，專恃地營，聞洋弁言皆同。外洋兵練器精，尚專講此事，華軍可知。滬譯講地營諸書，如地壘圖説等，京津多有，請敕發此書於各營。并敕北洋大臣派通曉地營洋弁分往教練，數日即解。果能據險堅持兩月，倭畏寒，必不支。我陸軍但能自固，倭必不敢越之深入。一、海軍斷倭後路。海軍十八日一戰，倭勢頗絀。我船宜遊行旅順至鴨緑江一帶。倭無船接濟，彼陸兵亦難深入。一、設法購船。此時添船爲最急，洋人言美洲如秘、麥、智諸國不甚拘公法。聞近日倭有船來自外洋，似亦並無定法。擬請敕出使各大臣及赫德設法密購，令他國洋人出名，到津再换中國旗。不惜重價，當可商購。一、聯絡各國。英忌倭，實忌俄，頗袒中國。聞德因開戰時倭漏知會，亦不悦倭，似宜結約借助。倭不允上海爲局外，若英能力阻倭擾吴淞，滬局製造軍火不絶，滬關税項不減。此兩端已有大益，其餘可隨事獲助。俄雖與倭親，倭踞朝鮮亦非所願，宜加意聯結。若俄稍掣其肘，倭兵力自分，即不得力，亦免暗中爲患。以上各條，明知無補高深，時事緊急，竭其愚誠，仰候聖明采擇。請代奏。豔二。

擬借宜昌關税并籌捐購買槍礮

致總署 光緒二十年九月初四日丑刻發

時事日急，征調繁多，各處購覓軍火，艱貴非常，視爲至寶。洞前託許大臣購槍萬餘枝，已奏明奉旨運津，他省難望分撥。方今求一千之槍，難於籌十萬之餉。洞與許大臣及各洋行密商，尚可設法尋購，以備各軍急需。惟鄂省支絀萬分，查宜昌關税報收約七萬兩，向係搭解户部，並無專指用款。擬暫借動此項，遇有精槍、快礮，相機購運。此外由鄂省籌捐、息借應用。此項槍礮，將來歸何軍用，亦難豫定。擬俟日後分撥既畢，核其係北上邊防奉調他省諸軍所用者，方開支宜昌關之款。如係湖北自用者，即動鄂省籌捐之款。再，事平以後，新購精械仍可分發各省，令其繳價分領。洞係爲籌利器濟急需起見，請旨遵行。請代奏。支。

總署來電 光緒二十年九月初十日亥刻到

奉旨：户部遵議張之洞奏，請暫借宜昌關税，并籌捐購買槍礮，請准照辦，已依議行。著張之洞迅速設法購辦，撥運各軍，以供急用。欽此。蒸。

請調李先義吴元愷來鄂差委

致總署 光緒二十年九月初五日亥刻發

奉旨飭調提督熊鐵生帶五營北上，當欽遵，令其速行。查熊鐵生現督所部各營修田鎮礮臺，最爲喫重。該提督全軍驟行，過形空虚，急須選將募營填劄接辦。鄂省將領殊少諳習礮臺，講求軍火之員。查廣東記名總兵廣州協副將李先義，崖州協副將吴元愷皆係在粤經手督修大礮臺甚多，深練戎機，熟習礮法。該二員一署北海鎮，一署潮州遊擊，均未到本任，並無要事。已與粤督李電商，擬調來鄂，復電均已允許。謹請旨准調李先義、吴元愷迅即來鄂差委，於營務防務實有裨益。請代奏。歌。

請籌撥巨款委鄂購械接濟北上之軍

致總署 光緒二十年九月初八日巳刻發

奉旨令籌撥熊鐵生、余虎恩兩軍槍械。余十營，熊本五營，亦必添數營方能得力。鄂省械本少，酌量撥給，不敷太鉅。竊料以後必再有調發經過之軍，若待到防再請撥，萬萬不妥。無械則多營亦無用，必須急購，萬不可緩。鄂省支絀萬分，擬請由洞相機隨時訂購，暫行借動庫款，未敢拘泥，貽誤事機。請旨敕部一面籌撥的確巨款，由部電知鄂省遵辦。鄂省四達之區，南北適中，接濟各路北上之軍，甚爲活便。總之，軍械爲今日第一要事，不能惜費。但使有款，能購已甚不易，若稍延誤，悔不可追。至鄂省防軍自用之械，斷不敢請動解部之款。迫切瀆陳，不勝惶悚待命之至。伏候聖裁訓示。請代奏。庚。

請准鐵字營募足十營以期得力

致總署光緒二十年九月初八日午刻發

鐵字五營奉調北上，據熊鐵生禀，必須十營方成自立。否則與他軍雜湊依附，臨戰斷難得力。查該提督爲湘軍健將，必令力足，方能展布。所請添十營，似應准行，必可有益。且與余虎恩一律。鐵營係水陸兼操，人數參差。現令將五營均足成整營，五營先行，添募者繼進。所需餉由鄂暫墊三箇月，以後請部撥的款。湘軍遠征，應照湘軍營制。熊到北防，擬請敕歸湘撫吴節制調遣。吴撫粤時，熊統粤營，今又係湘撫，屬吴，乃熊所願，必能盡力，且可與余、劉、魏諸湘軍聯絡。請旨遵行。請代奏。庚。

請旨敕吴鳳柱就近募津勇四營

致總署、天津李中堂、湖北提台吴軍門〔一〕光緒二十年九月初九日戌刻發

聞吴提督鳳柱奉旨赴山海關，自係關防喫緊。查湖南北募調諸軍，一時實難趕到。現爲應急之計，擬請旨敕該提督就近募天津勇四營，以爲所部馬隊之助，三日可集。本日已匯三箇月餉銀至津。并請敕北洋大臣撥給槍械，以便迅速馳往。請代奏。之洞、繼洵同肅。佳。

旅順危急宜不吝封賞以確保

致總署、天津李中堂光緒二十年九月十五日巳刻發

聞倭兵已在旅順後登岸，旅順危急。此時以保旅順爲第一要著，無旅順則無船塢，我船不能修，從此不能海戰矣。有數船能戰，則渝關、津、沽終可無虞。旅順礮臺堅而陸兵少，添兵已來不及，惟有擬請速頒電旨，敕旅順諸將竭力戰守，優加獎勉激勵。如能保旅順，水陸各軍不吝封爵之賞。該處各營勇丁自本月起，月餉比向章加倍，並准其酌量添募。速解重金犒賞，并多解軍火接濟。我戰艦計已修好，嚴飭海軍以全力夾擊援應，或可固守。是否可行，伏候聖裁。請代奏。咸一。

倭事日急我船太少請借洋款購船

致總署、天津李中堂光緒二十年九月十五日巳刻發

倭事日急，我船太少，非添船不可。水師能戰，則關、沽無虞，旅順可守。英、德各大國謹守局外，無可商購。昨令江漢關税司託人與南美洲小國駐美公使密商，已接復電，巴西有上等水帶甲快船兩艘願售。又阿堅廷有次等兵船五艘願售，有上等兵船六艘，如重價當亦可商購。不如擇上等，少購兩艘。均包送來華，然後換旗。每艘價須百萬兩以外，礮火在内，弁兵並可雇募。葡萄牙窮窘異常，有大鐵甲一艘，或亦可購。土耳其不守局外，有鐵甲多艘，可以利餌。此款太鉅，然權衡緩急，欲購戰船，惟有借洋款可以速集。擬請旨飭出使英、美、德大臣，託人與同駐該國之巴、阿、葡、土各公使密商，餌以厚利，擇其船身堅固，礮火精良者，速購數艘。即奏借洋款應付，兼募其弁兵投效，并請飭赫德一面迅速密辦。洋款本非長策，惟事急款鉅，舍此難籌。

〔一〕即吴鳳柱。

請敕王大臣暨北洋大臣速議，如意見僉同，事可立斷。早成一日，早受一日之益。伏候聖裁。請代奏。咸二。

李中堂來電 光緒二十年九月十六日酉刻到

咸兩電，能見其大。公若入贊樞廷，事必有濟。智利有快船七艘願售包送，内有四隻精堅極速。奉旨飭龔與議價，但價必昂。前有一隻，允給四十五萬磅，未購。是已需三百餘萬兩矣。凡鐵快船，上等總須四五十萬鎊，僅百餘萬似未盡之。鴻已電請借洋債添船。翁謂上不為然，未知確否。現擬令二赤〔一〕借千萬矣。倭兵尚未在旅順後登岸，謡言太多，不可不防。海軍趕修只六船能出巡，斷難大戰，寒儉可愧。鴻。諫。

擬派鄂省礮隊四營赴山海關協防

致總署 光緒二十年九月二十日巳刻發

山海關喫重，現有兵力過單。惟鐵字營新添之五營，回湘招募到鄂尚早。余虎恩振字營新募尤遲，到防均約須三箇月。竊思洞在鄂設有礮隊營，係在各營原勇抽出操練。擬將此項礮隊添以新購車礮，湊成四營，即就鄂省防營中，每營各撥勇丁二三百名，不敷者加以新募添足，旬日即可成軍。一面配足槍械，十餘日即可啓行。委副將吴元愷統帶，名爲愷字營，派令赴山海關協防。如此辦法成軍，北上較速，惟日久餉艱，昨與湘撫吴電商，鄂省籌墊發給三箇月餉，以後餉即歸吴撫處領給，歸吴調遣。吴覆電甚願照辦。謹電達請旨，如蒙俞允，即當趕速派撥北上。其鄂省防營，仍當照數募補。請代奏。號。

查得巴西國有帶甲快船二艘可買

致總署 光緒二十年九月二十五日寅刻發

購船最爲急務，十五日曾經電奏。兹飭江漢關穆和德查得巴西國有帶甲快船二艘可買。一係商船改造，上年造成，載重五千頓，艙面鋼板，馬力四千匹，速率廿二海里，裝煤三千三百頓。有十五寸炸藥礮一尊，十二生一尊，十生二尊，小礮十七尊，魚雷管四，隨帶魚雷艇二隻，三生七機器礮二尊。船身長三百八十英尺，寬三十八英尺，喫水二十四英尺。一係四年前造快船，艙面鋼板，馬力二千八百匹，速率十八海里，載煤六百五十頓。有十二生礮二尊，七生六礮二尊，小礮十二尊，魚雷管五。船身長二百六十英尺，寬三十四英尺，喫水十九英尺。兩船配件齊全，俱有電燈。經該税司託人轉請美國水師官二人查考，稱係好船。兩船連雷艇及備用子彈甚多。共價美國洋銀一百八十五萬六千元，美洋每元約合銀一兩，似尚不貴。此船礮不甚大，而炸藥礮係新式，力最猛，可敵大礮。此船催索復信甚急。據云，倭人亦擬購，不知確否。擬請旨飭使美楊大臣或令赫德迅速設法確加查驗，是否合用。如可用，即與定議。至此兩船應購與否，伏候聖裁訓示。請代奏。有一。

禮和洋行有德奥新造快槍望速定購

致總署 光緒二十年九月二十五日辰刻發

從前各省所購之械，單響多，快槍少。倭械甚精，非快槍快

〔一〕「二赤」，指赫德。

礮不能制勝。現查禮和洋行有現成奧國新造小口徑五連珠快槍二萬枝，每槍無煙藥彈一千。德國新造小口徑五連珠快槍五千枝，每槍無煙藥彈一千，包運上海。竊思此等大批精槍，機不可失。需款雖鉅，有此一批，可濟各軍有餘矣。謹請朝廷裁度，如以爲可，望速籌款定購。飭上海道與之議價，訂立合同，并電奥、德出使大臣到廠驗貨。此項槍彈，經鄂省委員在滬面議，先付定銀三分之一。餘俟貨到再付，或墊一年給息五釐亦可。近數日接該行電，屢有更改。云須先付半價，起運時付清。此由軍火日貴之故，且係外省買，故須現銀。若奏旨定購，總署飭上海道經理，其墊款、緩價，决其必可允許。即或不墊，亦必允貨到再付一半。此起槍最精最多，其包運又最穩，墊款尤善。此單到鄂已十餘日，此時即或間有售去者，所存必尚不少。竊謂速定爲宜，軍火市情日變，恐稍遲則數必分散不全矣。請代奏，請旨遵行。定購與否，并祈飭洞知之，以免兩歧。有二。

總署來電 光緒二十年九月二十七日戌刻到

本日奉旨：張之洞電購買快槍，請旨辦理等語。即著該督詢明共值若干，再議定購。并定議後何時可以運送到華，即電覆。欽此。沁。

請旨敕湘急籌餉銀六萬解鄂遣余營北上

致總署 光緒二十年九月二十七日巳刻發

余虎恩十營，現有兩營到，餘三營陸續到。前奉電旨，令湖北籌撥餉械，自應欽遵。惟鄂省供給北上諸軍已多，合計本省派往之吴提督鳳字營及鐵字營、愷字營馬步共二十一營，加以湘省經過之魏軍、劉軍，由鄂籌墊已三十餘萬兩。再加定購各路軍火，庫款如洗。已向票號暫借銀十數萬，約期歸還，萬難再借。此時籌無可籌，借無可借，焦灼萬分。現與湘撫吴商，余虎恩本係湘營，應由南、北兩省分任，湖南籌餉，湖北籌械。現只須銀六萬，其十營即可北行。擬請旨敕湖南王護撫，無論何款，速籌銀六萬兩，即日解鄂，以應急需。湖北軍械已搜羅一空，現將各營收回者及向廣東、江南借撥者儘力應付，餘俟外洋購到撥給。謹電奏，請旨遵行。不勝惶悚迫切之至。請代奏。之洞。繼洵同肅。感。

請飭上海道就近議購比國快槍

致總署 光緒二十年十月初四日巳刻發

購買快槍一事，前奉廿七日電旨，當即電囑上海道劉麒祥就近詢明實價、運期。兹據覆稱，禮和洋行奥槍二萬，已售去一萬二千枝，現存八千枝，尚不知外洋已賣否。每桿配彈千顆，約價七十兩。現瑞生洋行有比國連珠小口毛瑟一萬枝，配無煙彈一千萬，限六十天到滬。槍價二十兩，彈每千價四十七兩，共價六十七萬兩，須畫押交半，自比開船亦半。如有一切險及無貨交，皆退價，合同内均定明。須從速定，可就便輪。槍可託龔欽使驗看。又有奥槍萬桿，價與比槍同，惟無現彈可配等語。查軍火市情日變，禮和大批既已售散，瑞生奥槍無彈可配，可置勿議。惟瑞生比國槍萬枝，亦是大批連珠小口快槍，與德、奥槍同。既保一切險，到華又速。既運到滬，以後總易設法。可否請敕部籌撥的款，先飭上海道就近速與瑞生洋行議定此一萬枝，以赴事機而制强敵。並請總署電飭劉道麒祥一面定購，一面與商，如能將後半價銀存銀行，俟貨到再付清，尤善。謹候聖裁。請代奏。支。

奉旨陛見初八日啓程

致總署光緒二十年十月初五日午刻發

電旨恭悉。前奉旨陛見，當即趕緊部署。因北上諸軍，本省及過境四十餘營需餉、需械、需輪，無一不難。尤苦無餉，督同司道百計羅掘，零星籌措，始陸續開行，尚未全開。事繁款急，兼須料理鐵廠、槍礮廠諸務。自九月初患瘡，不能少坐，日夜作字、飲食皆須站立。近日瘡稍愈，而濕氣下注，右足筋絡痛楚，不能行立。幸精神如常，於籌辦各事無礙。力疾趕辦，晝夜不息，僚屬共見。現諸務粗有端緒，定初八日起程，由清江陸行北上。其不能速行之故，由於諸事趕辦爲難，亦非因病。無論病體如何，初八日必行。請代奏。歌。

總署來電光緒二十年十月初四日亥刻到

奉旨：前諭張之洞來京陛見，日久未接覆電。著即迅速啓程北上，毋稍延緩。欽此。紙。

奉旨署理兩江初八日赴甯

致總署光緒二十年十月初五日亥刻發

本日電旨恭悉。洞既奉旨，署理兩江，迅赴署任，毋庸來京。謹當欽遵。擬仍於初八日啓行赴甯，俾江督劉得早日北上。請代奏。歌一。

總署來電光緒二十年十月初五日戌刻到

本日奉旨：劉坤一著即來京陛見。兩江總督著張之洞署理，迅赴署任，毋庸來京。欽此。歌。

時局日急伏莽可慮調婁雲慶駐岳州

致總署光緒二十年十月初五日亥刻發

近日所調湘軍皆不能速。一由新募，一由隔湖拖渡甚艱。時局日急，宜早籌備調之事。且湘、鄂老營，調出已多，伏莽可慮，已咨湖南提督婁雲慶移駐岳州鎮懾。岳爲南北兩省咽喉，距湘、鄂均近。該提督忠勇樸誠，擬令精選健將，速募六營，即駐岳州，上緊訓練備用。岳在洞庭湖之北，萬一再有徵調，到鄂甚便。惟兩湖此時别無宿將，婁斷不可離。且志氣雖壯，精力略遜壯年。該軍如須北上，可令該提督另選統將率之。此舉既爲預備北地急用，且可防維長江上游，但宜寬以時日，稍加訓練。至餉需如何籌撥，應請旨敕湖南護撫籌酌。能於部章捐借項下籌措最善。不敷者由部撥一款。伏候聖裁，請代奏。歌二。

上海道洽購洋槍情形

致總署光緒二十年十月初七日戌刻發

初五日奉電旨，當即電飭上海道劉麒祥欽遵辦理。旋接該道復電，瑞生比國槍已售去五千，祇存五千，彈五百萬。惟該行接洋電，有奥國五子連珠曼理夏槍二萬枝，無煙彈祇五百萬。價同比槍，從訂購之日起限七十天到滬等語。當又電飭該道即定比、奥槍各五千枝，彈各五百萬，合成槍一萬，彈千萬之數。務准七十天全行到滬。頃據覆稱，蒙奏派職道定購槍件，現與瑞生訂初九畫押，應交規銀三十三萬五千兩，求電户部指撥。另地亞士行有德國連珠槍五千桿，彈五百萬，價與瑞生同，應否併購，求示遵等語。因德國亦係小口徑連珠快槍，彈亦係無煙，已飭該道將地亞士行之德槍五千，彈五百萬一併定購。既據稱價與瑞生槍同，該價當是三十三萬五千兩，合瑞生槍萬枝，共槍萬五千枝，彈千五百萬，共價一百萬零五千兩。畫押之日即應付定銀一半，計五十萬零二千五百兩。謹請飭部速如數撥交該道，俾得付定，以免他售。請代奏。陽。

關防惟有掘長濠用車礮兩法

致總署 光緒二十年十月十一日午刻發

旅順設有疏虞，則山海關可危。北上諸軍，無論如何催趲，到防總須在十一月初旬。實因車馬缺極，軍火難運，並非遲延。無械則兵到亦無益。查山海關礮臺聞止有十五生礮二，不能擊大船。而關內關外一片平衍，百餘里處處可以登岸，惟有掘長濠、用車礮兩法，可以急防舢板登岸之陸兵。擬請旨速飭已到諸軍，於海濱可登岸處沿海掘濠三道。外濠引海水注之，内兩濠伏兵用槍伺擊。外濠低，内濠高，即以濠土堆作短墻，可以藏兵。掘濠築壘一事，無論兵勇强弱皆能爲之，并可多雇民夫助之，晝夜趕辦，數日可成。再，海岸必須有車礮，方可隨敵攻擊，敵東則東，敵西則西。北洋車礮素多，洞前在粵購車礮一百八尊，光緒十一年奏撥畿輔防軍之用。又光緒十五年奏購瓊廉海防大車礮數十尊，亦經現任粵督李解歸北洋。即此兩項已不少，請敕北洋大臣速撥礮隊赴山海關内外一帶嚴防，或即將車礮撥與湘撫吴配用。沿海現有鐵路，如關緩而内地急，仍可移用。詢考洋弁及老練將領，惟有此兩策可以應急。冒昧上陳，伏候聖裁，速賜施行。洞十一日到江甯。請代奏。真一。

南洋海防緊要請調朱采黄遵憲來甯

致總署 光緒二十年十月十一日申刻發

南洋海防緊要，備兵、籌餉實關大局，需才甚急，求才甚艱。查前任雷瓊道朱采，乞病在湖州原籍。聞病已愈，精力甚健，才守堅卓，切實可信。候選道黄遵憲，現充新嘉坡總領事。該員才識閎遠，熟悉日本情形，領事無甚要事。仰懇聖恩將二員飭調（赴速）〔迅赴〕江南〔一〕，交洞差委，必於時局大有裨益。并請電敕出使英國大臣電知黄遵憲，將總領事關防暫交委員代辦，即日迅速回華，五六日可到粵。一面由臣電知該道速行。江南防營北上已多，廣東總兵李先義前已奉旨調赴湖北交洞差委，洞今來江，擬即令該鎮就近在粵募粵勇五六營來江，設法上緊訓練，以資扼守。與洋人戰，粵勇較勝。並請敕粵督暫借餉項。請旨遵行。請代奏。真二。

請調江漢關税務司穆和德來鎮江關

致總署 光緒二十年十月十一日亥刻發

江漢關税務司穆和德，老成歷練，素習兵事。著有成書，洞曾閲過，深懷忠悃，情殷報效。數月來，於大局及鄂省防務，屢向洞籌畫陳言。臨行時自言，若將該洋員調充鎮江税司，當盡其

〔一〕據刊本《張文襄公電稿》改正。

心力助洞練兵數營等語。察其詞意，出於至誠。查税司薪俸，各關大略相同，鎮江並不優於漢口，且局面以漢口爲勝，似可允許。請旨敕總署飭總税務司赫德，將穆和德迅即電調鎮江，刻日東下，以資臂助，實於防務有益。請代奏。真三。

總署來電光緒二十年十月十三日酉刻到

本日奉旨：張之洞電奏調員差委等語。朱采、黄遵憲均著准其調用。其新加坡總領事即著該督電知龔照瑗改派。所請李先義在粤募勇五六營赴江應需餉項，著電商李瀚章借撥。又請調江漢關税務司穆和德，已飭總理衙門傳知赫德辦理矣。欽此。元。

請調彭楚漢署理長江提督

致總署光緒二十年十月十一日亥刻發

長江緊要，提督係瓜州鎮總兵謝濬畬兼署。該員資望未深，兼署日久，不甚相宜，與諸鎮相處諸多不便。查提督彭楚漢，爲現在水師宿將之冠，戰功久著，老成幹練，衆望所歸。聞該提督現已到京，仰懇天恩，可否即令彭楚漢署理長江提督。該提督亦能統帶陸師，并可臨時酌量情形，令其督率江陰等處礮臺陸營，實於長江全局有益。如蒙俞允，請飭速來江南。洞與本任江督劉相商，意見相同。是否有當，伏候聖裁訓示。請代奏。真四。

總署來電光緒二十年十月十四日亥刻到

本日奉旨：張之洞電悉。本日已降旨，令彭楚漢署理長江水師提督矣。欽此。鹽。

陳鳳樓須留防徐州馬隊調津南洋輪萬難得力

致總署光緒二十年十月十五日午刻發

奉初十日電旨，飭調陳軍及兵輪。當與各將領籌商，僉稱徐州關繫四省，伏莽素多，陳鳳樓望深地熟，此一軍萬不可調動，衆口一詞。洞詳加籌度，與該鎮電商。該鎮共統馬三營，步兩營，步營勇夫近年亦有裁減，調發需時。現令其派一得力將官統馬隊三營，即日馳赴天津，候旨派撥。馬隊赴機較速。留該鎮在徐州，令其照數另募填防訓練，徐防亦可無慮。至南洋四輪，皆係木殼，管帶既非出色，礮手又甚生疏，現在正擬設法整頓。若出海攻戰，萬難得力，徒然委之於敵，有損無益。洞與北洋電商，北洋亦深知其無用。以後南洋各輪，必須急加操練，方可爲防江守口之用。總之，兵輪非洋將教之，粤將率之，斷難得力。現正電商北洋酌派洋弁，一面設法訪覓，極力整頓。請代奏。咸。

總署來電光緒二十年十月初十日酉刻到

本日奉旨：劉坤一奏，陳鳳樓一軍難以抽調等語。現在京畿防務緊要，必須先其所急，陳鳳樓一軍著張之洞仍飭令迅速北上。徐屬需兵巡緝，著該署督另籌調撥。近日倭氛偪近旅順，北洋戰艦不敷，若得南洋四艘前來助勦，較為得力。著張之洞酌量情形，迅速覆奏。欽此。蒸。

總署來電光緒二十年十月十六日戌刻到

奉旨：張之洞電悉。陳鳳樓既須留防徐州，即著毋庸來京，其馬隊亦不必另行調撥。餘依議。欽此。諫。

請援案由鹽商捐款助餉

致總署 光緒二十年十月十八日亥刻發

江南名爲財賦之區，而江海兼防添營購械，修理礮臺，整頓兵輪，需款浩繁。北上數十營，每月驟增餉十餘萬。洞到任後，切加綜核，進款日絀，急款無措，地方捐款尚無眉目，焦急萬狀。當與運司江人鏡籌商，惟有鹽務尚可籌款。據該司面稟稱，若能仿照光緒十七年籌捐部餉百萬成案辦法，向鹽商助捐，照海防例給奬，一年之内必可捐足百萬，專備江南海防之用等語。查既有光緒十七年成案可循，所言捐數自屬可信。詢考僚屬，其勸捐之法，款多而商不病，此外實難籌此鉅款。仰懇聖恩俯准照辦。如蒙俞允，奉到電旨後，即飭該運司趕速勸辦，以濟眉急。防務幸甚，餉源幸甚。請代奏。嘯。

倭兵船窺樂亭昌黎應掘濠嚴防

致總署 光緒二十年十月十九日寅刻發

據探員稱，聞英水提言，本月十八九日倭兵船遣人至樂亭、昌黎一帶測量水道等語。寇勢狂悍，若窺樂亭，已在山海關以内。擬請旨飭各防軍於此等處加意嚴防，派營督率民夫趕緊開掘重濠，濠内多置絓礙之物，或可稍助戰守。外洋守礮臺，守營壘，打行仗，皆以掘濠爲先務。中國弁勇懶惰，每大言不必掘濠，此乃飾詞，不足信。伏懇朝廷切飭，方能認真舉辦。請代奏。效。此電並呈督辦軍務處。

請密飭閩督將後膛長礮二尊借與江南

致總署 光緒二十年十月二十一日未刻發

江陰爲長江第一門户。查該處礮臺大礮，皆係前膛舊式。其後膛者，皆係中等以下，斷難攻擊敵船。江督劉各處添臺，添後膛礮不少。此處因原有前膛大礮頗多，正擬添購後膛，而兵事已起。此處設有疏虞，關繫大局。此時大礮萬萬無從購買。訪知福建有前閩督卞購到後膛二十八生四十倍口徑新式長礮二尊，礮力極大而極遠，爲中國各省礮臺所無，實爲今日至寶。本係四尊，其二尊已安長門礮臺。此二尊原擬安厦門礮臺，因礮到閩省起卸後，已有海禁，不能運往，其厦門礮臺並未造成，此礮現放船政門外。竊思江陰關繫長江數省全局，厦門僅止一隅，倭未必到，即到亦尚無關大利害。江陰重，厦門輕，相去懸絶，盡人皆知，自在朝廷照鑒之中。仰懇聖恩俯念長江全局，電旨密飭閩督譚將此礮借與江南應用。如蒙俞允，洞當設法以重價雇洋船密運，一面將臺上地位備妥，礮到即行安置。以後江南當一面照式定購還閩。尤望飭閩督千萬秘密，勿稍漏洩。此出於萬不得已，且閩省現在未用。不勝迫切待命之至。請代奏。馬。

防務吃緊請調僉厚安等十員來江南差委

致總署 光緒二十年十月二十四日亥刻發

江南防務喫緊，需員委用。查有廣東在籍前海壇鎮總兵吴奇勳，湖北記名總兵僉厚安，廣東候補道王秉恩，山東候補直隸州徐賡陛，廣東副將林保，遊擊丁志德、陳榮坤，都司莫善積，守備黄（補）[輔]文[一]，廣西遊擊黄守忠，均擬調來江南差委，均與湖北、廣東、廣西督撫電商妥協。仰懇聖恩俯准飭僉厚安等十員迅來江南，交臣差委，俾資臂助，實於防務有益。請代奏。敬。

總署來電 光緒二十年十月二十六日亥刻到

本日奉旨：張之洞電奏江南防務喫緊，需員委用。所有廣東在籍前海壇鎮總兵吴奇勳，湖北記名總兵僉厚安，廣東候補道王秉恩，山東候補直隷州徐賡陛，廣東副將林保，遊擊丁志德，陳榮坤，都司莫善積，守備黄輔文，廣西遊擊黄守忠等十員，均著准其調赴江南差委。即由張之洞電知兩廣、湖北、山東各督撫，分飭各員遵照。欽此。宥。

請敕馮子材募舊部速來江南

致總署 光緒二十年十月二十四日亥刻發

吴淞江口與揚子江口均極關緊要。上海製造局在租界外，倭不允作爲局外。該局爲南數省軍火命脉所關，南洋有警，必先攻此處。南匯、川沙、寶山一帶，海濱延袤百數十里，小船皆可登岸，不必由吴淞口即可擾製造局。此前明倭寇上岸熟路，且沿海財賦之區，亦宜保衛。吴淞口及獅子林兩處向有礮臺，惟該處防營太少，地闊兵單，難資防禦。查雲南提督馮子材，七月内曾奉旨飭令北上。洞深知其忠勇性成，精力甚健，屢與詢商。近接電稱，精力未衰，尚堪策馬督戰等語。忠壯義憤，溢於言表。其鋭意滅寇，所志尤爲遠大。仰懇聖恩，敕馮子材募舊部粤勇十營速來江南，辦理吴淞沿海等處防務。洞前已奏明，令總兵李先義募粤勇六營，現擬令奏調之副將林保等續募六營，到後均歸馮提督節制。此軍專爲吴淞、寶山、川沙、南匯一帶沿海遊擊之師，阻其陸兵登岸，兼可督飭吴淞、獅林兩處礮臺將士認真扼守，兼顧海濱江口。粤勇素性猛悍，若能依西法練熟，此一軍屯駐上海，將來用處甚多。待我之戰艦漸多，以洋將率粤勇，大可出奇東渡。雖不敢謂必能辦到，然亦宜備此一著。請代奏。敬。

請將槍礮廠仍併歸鐵政局華洋各員一手經理

致總署 光緒二十年十一月初六日辰刻發

初五日欽奉寄諭，湖北煉鐵、織布各局，均令洞一手經理，督飭前派各員妥辦。自當欽遵，惟諭旨内未言及槍礮廠事。查槍礮廠地基廠屋，即包在鐵廠之内，本係一事，礙難劃分。總辦道員蔡錫勇及緊要委員並繙譯、機器匠首之類，皆係兩廠兼管，即總管之洋匠白乃富，亦係兩廠通籌。工作則互相聯貫，用款則互相出入。且槍礮廠有奏定常年經費約三十五六萬兩，鐵廠目前專恃此款爲挹注，勉强支持騰挪。若將槍礮廠劃出不歸鐵廠，則款項早罄，目前煉鐵廠即須停工。既無鋼鐵，則槍礮廠亦無從開造。現在趕催廠屋，以便迅速開造各械，俾應要需，似斷無停緩之理。查從前屢次奏案，俱經陳明鐵廠、槍礮廠、織布局三局合爲一事，互相協助。仰懇天恩仍准查照原案，將槍礮廠仍併歸鐵政局，華洋各員一手經理，庶於諸事有益。洞當竭力統籌，督飭局員妥速

[一] 據十月二十六日總署來電電文改。

辦理，以竟全功。伏祈聖裁訓示。請代奏。語。

請將外洋運到槍枝留於南洋

致總署 光緒二十年十一月十四日辰刻發

茲有外洋運到北洋頭批軍火，内有毛瑟一萬枝，快槍三百枝，乃洞在鄂時訂購，奏明供前敵之用。現在南洋喫緊，已奉電旨嚴防。日來屢有欲擾長江警信，是江南現爲前敵。此間向有各營，精槍本少，局造之械，全數搜羅以給北上諸軍，且有向各營收回者。前督劉新添十營尚無軍械。因緊要防所太多，原營太少，洞又添湘軍十數營及奏募粵軍二十二營，皆無械可領。恐不久即有戰事，徒手何以禦敵。江南財賦之區，關繫甚鉅。查此次許使所購之槍，本爲前敵，其款係出使經費，並非北洋自籌。北洋現已封河。仰懇天恩准留此槍五千枝、快槍三百枝於南洋，以應急需。如蒙恩准，將此項槍一萬三百枝全數暫行留於江南，尤於南洋全局有益。以後洞訂購者尚多，到後必當補運北路。此一批北洋軍火甚多，且有南洋購馬梯尼五千，已飭解赴北路，並聞。請代奏。鹽。

總署來電 光緒二十年十一月十五日亥刻到

奉旨：張之洞電奏，請將外洋運到槍枝留於南洋等語。現在倭寇又陷復州，意圖北竄。前敵兵力尚單，添調各軍專待此項洋槍解到，方能進發。該督反以江南為前敵，輒請截留應用，實屬不顧大局。著傳旨申飭。即著該督催令迅速運解來京，倘有延誤，惟張之洞是問。欽此。刪。

奉旨未敢截留槍枝全解北洋

致總署 光緒二十年十一月十八日辰刻發

十五、十七兩日電旨恭悉，曷勝惶悚。且聞河冰未封，倭寇北竄，不勝髮指。已轉電漕督常鎮道，面告淮揚道，飭縣欽遵，多備船車，迅運此批軍火。洞因慮在滬日久有失，疊次急電滬局多雇商輪，派兵輪趕運，或裝或拖。并電北洋轉催。十七日始到鎮江，現已飭加雇船車，不惜重價，沿途添派員弁照料催趲。惟件數繁重已極，到清江日期，容即查詢。此事現有糧臺胡、臯司燏棻委員暨北洋轉運局經理，不患其不上緊趕運，惟在船車應手。數月來兵差甚多，車輛極缺，皆在鄰省河南雇來，近日益難，惟有再向較遠州縣村莊加價雇覓。奉旨詢此次各件實數，但知有洞在鄂奏由許使訂購之毛瑟一萬枝，快槍三百枝并彈，現已令全解北洋。又南洋所購，令并解赴北路馬梯尼五千七百枝。其餘皆北洋所購，共約萬餘箱，不能詳知爲何物，應請飭詢北洋。再，旬日來消息甚緊，倭屢有即擾長江之信，已飭嚴備。前電恐涉張皇，致廑聖慮，未敢上陳。南洋原購馬梯尼一萬零四百枝，馬槍一千枝。前江督劉臨行時與洞議定，南北各半。前督劉批發李占椿五營一千，萬本華五營一千，楊文彪五營一千。洞批發朱洪章五營一千，蘇撫告急電撥五百，崇明海外尤緊，新募許發五百，此各營皆原無一槍者，留半之槍，大略已罄。此外新添各營尚多，或已到，或未到，皆無械可領，只可俟續到再發。此次並未敢截留應解北路之槍，合併陳明。請代奏。嘯一。

江南有警種種棘手

致總署光緒二十年十一月十八日辰刻發

近日洋報、洋商、各領事皆云，倭第三隊兵船日内將擾南洋，或由川沙登岸擾製造局，或由崇明以北路入長江，或踞崇明爲巢穴。英水師八艦已入吴淞，其兵登岸護商。消息極緊，風鶴日聞，看此情形，恐不久即有戰事，已飭各營各臺嚴備。惟洞到任止一月，籌辦諸務，晝夜不遑。兵募而未到，餉籌而未收，械訂而未運，大礮無從購覓，礮臺倉卒難改，木質兵輪本難得力，水師之將尤難急求。蘇撫、漕督、上海道、淮運司、各鎮將、州縣，紛請撥營撥械，實無以應之。新募之營甫成未練，甯、滬兩局軍械盡給北上諸軍。洋購者，自造者，均搜羅無遺。江南地段太廣，沿海沿江處處精華，防不勝防。自應嚴扼江口，而江面太寬。崇明以南吴淞礮臺，係舊式不合法。崇明以北入江之路向未設防。江陰皆係前膛老礮，江陰以外，如川沙、南匯一帶，關繫滬局，防營未備。崇明孤懸海外，倭若踞之，扼長江之喉，最爲危險，倉卒斷無良策。南岸滸浦一帶，爲入蘇門户，北（洋）［岸］[一]通州一帶爲裏下河門户，皆無礮臺防營。崇明兩營而已。現惟力籌築土臺，攔江路，募土勇，用洋弁諸法。如戰事在月餘後，庶可趕辦。地廣，餉缺，期迫，種種棘手。惟有督飭將吏竭力籌維，相機備禦。請代奏。嘯二。

北洋價購新械到鎮竭力催運以濟軍實

致總署光緒二十年十一月十九日卯刻發

新械事，十八日夜間已由電覆奏。因十八日始接鎮江電，知十七日全到鎮，始敢覆奏。又須查核實數，本日酉刻又電奏，詢明自鎮抵清江日期，計均已上達。頃奉本日電旨，懔悉一切。竊惟軍火一事，洞向視爲最急之務。在鄂尚屢電奏請急購械，豈有械已運到反不速運。況疊奉嚴旨，何敢玩視。此次新械，係北洋所包之洋船，洞聞到滬信，即屢電催速運鎮。該洋行先云原船運鎮，繼云在滬換船剥運，又云須候北洋電，後又聞招商局欲在滬起卸驗收再運鎮，止用一船往返遞運。其時已有倭窺長江之信，洞聞之焦急萬狀，恐爲倭阻，屢次嚴電加雇商輪，復派兵輪幫運。並云如再延誤，即奏參。仍恐洞處呼應不靈，復發急電與北洋及盛宣懷轉爲嚴催。此十二三四日事也。於是數船或運或拖，陸續入江。十八日接常鎮道電，知十七日幸已平安抵鎮，始敢覆奏。又須遵旨查核實數，十八日連夜電奏，電文較長，比發出，已十九日黎明矣。至嚴飭加雇車船，派員趲運，嘯電已陳明。總之，此械係北洋包船，聞所值一二百萬。一聞到滬信，北洋即委員至鎮，坐待點收發運。洋行承運貲本甚鉅，招商局係北洋主持，兵事方急，北洋大臣及駐鎮北洋委員，及前江督劉委員及招商局，及洋行，人人皆利害切身，焦急困憊，晝夜趕辦，斷不慮其遲延。無如笨重過甚，件數叢雜，剥運起卸點收，又裝入民船，層層周折，實爲艱困。現所急惟在船事，洞已遵旨疊電漕督，并嚴飭常鎮、淮揚道縣加雇催運，重費不惜。前數日即有倭於十四日内擾南洋之信，防務緊迫，省外文武文電紛集。洞晝夜力疾經營，并無喘息之暇，惟有竭力催運，以冀早濟軍實，稍慰宸廑。再、鎮

［一］據前後文改。

江點收發運，係道員李經翊、錢奎元，清江轉運局係道員吳世榮，徐州接運係道員朱福春，皆北洋所委，合并上陳。請代奏。效。

郭寶昌力辭率軍北上回籍養親

致總署 光緒二十年十一月十九日辰刻發

前奉電旨，飭郭寶昌迅帶所部卓勝營勇全行北上。據該鎮面稱，該鎮本係乞養人員，已將十年。老母年已九旬，冬令發病輒劇，未敢遠離。卓勝營勇僅一千二百人，分防皖北七州縣，驟調空虛，防所地方必留。即此千二百人，於事亦無濟。且卓勝舊部將弁如王鳳鳴、邵升堂、李華文、劉思忠，均爲程提督文炳調去。宋朝儒又自帶軍北上，其營弁皆卓勝舊人。近日有營官王四又爲程調去，此外别無舊部。無得力營官，則無可驅策。如從緩物色將才，則不濟急。如不論何營一概抽調，則烏合徒糜帑金。與其敷衍貽誤，何若先事陳明。請代奏，准回籍養親等語。復據具禀，詞意相同，旋即回里。洞意總欲勸行，恐覆奏後或有窒礙，多方令人詢勸，其意如前。謹據情覆奏，伏候聖裁。請代奏。效。

請調劉鶴齡等來江南差委

致總署 光緒二十年十一月二十一日午刻發

南洋防務、洋務，需員孔亟，擬請調湖北差委之記名提督劉鶴齡、張仲春，湖南候補道陳允頤，廣西候補道馮相榮來江，以資臂助。相應請旨飭調該員等迅來江南，交洞差委，實於防務、洋務有裨。請代奏。馬。

彭楚漢已到商調署員

致總署 光緒二十年十一月二十一日未刻發

彭提督楚漢已到，商定募陸勇十一營防江陰。彭請調長江漢陽鎮高光効、長江田鎮營副將許雲發爲分統。即令高與長江瓜州鎮謝濬畬互相調署，許與長江江陰營副將李全彪互相調署。因江陰即係瓜州鎮所轄，江陰又恰有長江水師江陰營，如以高、許調署，即水陸聯爲一氣。洞與護湖督譚電商，譚謂所籌極爲周妥。謹合詞電奏，請旨遵行。請代奏。之洞、繼洵同肅。馬。

總署來電 光緒二十年十一月二十二日亥刻到

奉旨：張之洞等電奏已悉，著照所請，准其以漢陽鎮總兵高光効與瓜州鎮總兵謝濬畬，田鎮營副將許雲發與江陰副將李全彪互相調署。湖北差委之記名提督劉鶴齡、張仲春，湖南候補道陳允頤，廣西候補道馮相榮，并准張之洞調赴江南差遣委用。欽此。養。

出省查閲沿江海口礮臺

致總署 光緒二十年十一月二十三日戌刻自吳淞發

近日時有倭寇窺長江之謡。洞於廿一日出省查閲沿江海口礮臺，布置營伍。現到吳淞口，約廿五六回省。請代奏。漾。

奉旨調兵分飭速行

致總署 光緒二十年十二月初五日未刻發

奉旨調李占椿、楊文彪、萬本華十五營，陳鳳樓馬隊三營，清淮馬隊兩三營赴山海關，當即欽遵分飭速行。查李、萬兩軍現在江陰，已即日往調。請代奏。歌。

江防疏漏請留楊文彪在江陰礮臺

致總署光緒二十年十二月十一日申刻發

昨奉旨，照劉大臣所請，調江南省馬、步二十一營北上，當已欽遵，分飭速行。惟江南防務情形，不敢不據實陳明。長江爲東南門户，扼要在江陰、鎮江兩處。川沙至金山與乍浦接界，又爲蘇松沿海門户，爲上海製造局藩籬。若寇擾長江，無論財賦之區，餉源所繫，且外洋軍火均須入江，由江陰、鎮江運至清江，此外再無他路，以後正盼陸續運到接濟。江陰、鎮江若爲寇擾，從此中國軍火直無接濟之法，戰一日，少一日，南北諸軍從此束手，豈不可危。是江陰，鎮江等處，非特關繫東南大局，實關繫關内關外前敵諸軍東征之大局也。而海口沿江各礮臺，洞帶同洋弁及出洋學習礮臺之員，逐一查閱，種種舛謬。一、地勢低窪，失勢受敵。一、不占山頭，敵襲後路，踞高下擊，全軍必潰。一、藥彈房淺露，全無庇護，中敵一礮，立燬。一、礮有鐵路本係可擊數面，作門束之，或前作土墻遮之，不能旋轉多擊。一、臺外土薄，不能禦礮。一、多礮密排一處，敵擊傷一臺而衆礮廢。一、兩礮之間相距較疏者，亦不設隔堆。一、礮口之前有平臺與礮平，廣數丈，長數十丈，專接敵人礮彈，發無不中。一、後靠山巖，敵彈炸石，全落臺中。一、各臺外多無濠。一、臺上多修房屋，引火招敵。江陰礮臺止有舊前膛大礮四尊，造臺尤不合法，洋弁人人非議。急圖補救，總須得人。該臺統領總兵張景春駐臺二十年，既不請添好礮，舊臺舛謬又不稟請修改，布置妥善。臨事守臺，斷不可恃，止可移作他用。游擊楊文彪曾在鎮南關征戰，尚知礮臺作法，正擬派該遊擊前往接管江陰礮臺，趕緊酌量修改，並先已飭會同鎮江守將修改鎮江各礮臺，而劉大臣遽將楊文彪五營調去。查外間軍營習氣，若非將領自能通曉，自願如何布置，雖有洋弁指授，他人代謀，斷不虛心聽從。即勉强照辦，亦必不能切實周到。目前江南各將領，實無講求礮臺之人，關繫重大，實深焦灼。查近接上海道劉麒祥電稟，劉大臣電致該道，又欲將駐防川沙之副將張桂林五營調赴錦州。此事並未奉旨，劉亦並未電知洞處，該將未便照辦。竊思楊文彪既通曉礮臺，於江南實爲切用。張桂林既經劉大臣擬調，自必以爲得力。楊、張均係湘軍，在劉視之當無區別。擬請即派張桂林五營北上，而留楊文彪五營在江陰管理礮臺。一轉移間，則此次所調仍是二十一營，並無短少，而於江南有益。是否有當，請旨遵行。再，總兵丁槐營勇前日甫全到鎮江，已派輪送赴揚州。該軍亦係五營，丁槐亦能通曉礮臺作法。如劉大臣不願留楊文彪在江南，或即令丁槐五營留江南，令管江陰礮臺。揚州内河舟行不能速，發電調回甚易，但丁槐於地營尤熟，似仍以北上爲尤宜。總之，於此次所調二十一營之數，仍無出入。究應如何辦理，仰候聖裁訓示。洞新募各軍，遠在湘、粵，到防尚早。此次奉調多營，通省防營，除礮臺外寥寥無幾。蘇撫，上海道，江陰、徐州地方官及省城各司道將領，紛紛電商、面商，僉擬量爲請留、請緩，擬俟新軍漸到再行。洞以奉旨未便請留覆之。茲謹擬一轉移兼顧之法，實爲南北兼籌，以顧前敵諸軍餉械來源起見。請代奏。真。

總兵朱淮森請假意存避敵請旨以副將降補

致總署光緒二十年十二月十六日未刻發

據江南提督譚碧理咨轉，據署蘇松鎮本任九江鎮總兵朱淮森文稱，現因傷病請假回省調理等語。查蘇松鎮缺，向係駐劄崇明，崇明孤懸海外，關繫緊要。朱淮森如果有病，早應請假。如自揣才力不及，夏秋間亦可早爲陳明。乃洞到任時，該鎮來見，尚無疾病。因近日南洋防務消息日緊，或傳有倭將據崇明之説，正在設法布置，該鎮遽於此時請假，實屬迹近規避。若皆紛紛效尤，何以激勵將士。但該鎮既係意存避敵，毫無志氣，留在該處亦必無益。相應請旨將朱淮森以副將降補，以爲前敵規避者戒。若論軍律，本應請予罷黜，因念該員係多年老將，姑予從輕。且因循例摺奏稍遲，是以電奏，冀早奉諭旨，可資激勵。合併聲明。請代奏。諫。

總署來電光緒二十年十二月十八日丑刻到

奉旨：現在防勦各軍需用槍礮甚繁，盡向外洋購運，深恐緩不濟急。湖北創設槍礮廠有年，前降旨仍歸張之洞一手經理，并令督飭速辦。刻下籌辦情形若何，能否及時擴充設法製造，以便分撥應用，即著張之洞迅籌復奏。該督電奏朱淮森規避等情，本日已降諭旨，將該員以副將降補矣。欽此。

德船廠礮廠肯墊辦並代借款

致總署光緒二十年十二月十八日卯刻發

江南奉調北上諸軍共五十餘營，皆江南供餉。本省前後節次新募共六十餘營，北軍新增各費出於餉章之外者甚多，轉運費亦鉅。本省防軍向係十關餉，今因戒嚴，俱發足餉，礮臺、礮手又酌加。至購辦軍械，動須巨款，計北軍每月約需二十餘萬，本省每月約需二十餘萬，合計月需五十萬。江甯屬捐借毫無眉目，蘇州屬借款尚有，捐款甚難。目前防務喫緊，不敢惜費誤事，捐借各法必須緩辦。此時先須固結民心，若涉急擾，亦非所宜。司道各局焦急艱難，僉謂一時實難籌巨款，惟有暫借洋款一法，方能應急。臺灣唐署撫復多次函電，切懇代借，極爲迫切。惟洋款七八月間甚易，數月來北路軍事日急，洋款頓起刁難。一須論鎊。一須多借，總須數在一百五十萬鎊以外。一利息須七釐以上至八釐。一須給行用，或扣五釐，或扣九釐，且多不願借。據上海道劉麒祥、臺灣轉運臬司聶緝槼疊次面禀、電禀，均大率相同。現飭委員與洋行籌議，得一辦法。德國伏爾鏗船廠、克虜伯礮廠均係極大富商，中國購船、礮向係該兩廠，若我肯用巨款購該兩廠船、礮，兩廠即可代借。彼亦知中國款絀，願墊款代辦船、礮，給息六釐，勻分二十年還清。假如我肯訂銀六百萬兩之船、礮，兩廠即可代借銀六百萬兩，再多亦可。利息亦六釐，亦均分二十年還。就提銀之日分別起利，逐年利隨本減，但均須論磅。計船、礮墊款、現銀借款兩項，共約合一百七十萬磅以内。行用借款扣五釐，亦分二十年攤交，並不現扣。購船、礮款無行用。船、礮允於一年内造成，其中船、礮較小者只數月。竊思此法於中國尚無所損，蓋南洋必須練外海水師一枝，專用新式快船、快礮。此事雖十分支絀，亦須籌辦，萬無游移，然現款難籌。該兩廠既肯墊辦，又代借款。專就船、礮款核計，每年止還數十萬。但六百萬金之船，尚不能成一枝，不敷尚多，以後籌定續添若干，皆可令其墊辦。若軍餉所用不至六百萬，有餘者即全撥爲添購船、礮之用，毫無虛糜。至借款之數，江南擬借四百萬兩，臺灣擬借二百萬兩，俟鎊價核明再商辦。臺灣之款，唐署撫電稱，臺借臺還，願立案據。但以臺灣孤危，洋行不肯借，故託江南代辦附借等語。江南之款半爲奉調北軍用，半爲本省用。且長江關繫數省門户，江南借款似宜由沿江之江蘇、安徽、江西、湖北、湖南分別等差歸還。至南洋水師可兼顧浙江，船、礮款似應并令浙江一同攤認。應由户部從容酌量分派。目前既有洋款，則戰事不致因缺餉而掣肘，捐借亦不致以急遽而擾民。若俟軍事稍定，尚可從容設法籌捐、籌借，徐圖抵補。此時借洋款甚難，若再遲緩，恐以後借更難，息更重矣。此事日來始有眉目，外洋周折尚多，難免不小有參差。謹先擬辦法大略電奏，如蒙俞允，再與該行詳議確數辦法，奏陳奉旨後方爲定議，合併聲明。唐署撫屢電囑會銜電奏，謹合詞上陳。請代奏。張之洞、奎俊、唐景崧同肅。嘯。

江南各防地兵力情況

致總署 光緒二十年十二月二十一日辰刻發

江南要地應防者太多，近奉調多營，尤須填劄。新增各營除已電奏外，江南總兵朱洪章募十營防金山衛。金山與乍浦接，距蘇、松甚近，最爲喫重。總兵蕭鎮江添募二營護上海製造局。提督王衍慶五營防崇明。奏調總兵張仲春募五營，以備填劄下關楊文彪五營舊壘。奏調之提督劉鶴齡募六營，以護清江以北運道。奏調之總兵俞厚安添募護軍三營，除填補劉任調去一營外，餘兩營分紮操練。惟各營除朱、蕭二軍漸次成軍外，其餘到防尚早。謹由電陳明。請代奏。馬。

陳援威海各軍行軍撥械諸策

致總署 光緒二十年十二月二十七日卯刻發

聞倭大隊已在榮成縣登岸，此專爲攻威海後路。山海關外極寒，倭知不能速進，故撤大隊攻威海。蓋平、海城之倭俱撤退，其情可見。威海爲北洋屏蔽，海軍停泊之所，此處不守，則北洋出路梗阻矣。該處臺堅礮巨，礮手亦好，敵船不能攻，故襲後路，此攻旅順故智也。戴宗騫數營止敷守臺，山東勇新募無精械，不知能得力否。若派兵赴援，路遠難致。竊思惟有一策較近。查陳鳳樓馬隊三營，并率清淮馬隊兩營，李占椿五營，萬本華五營，張國林〔一〕五營，共二十營奉調北上。陳軍廿八九日自徐州行，李、萬兩軍近日約到清江，張軍現租輪船自滬陸續分載來鎮江，二三日内可到齊，隨即渡江北上。李、萬、張三軍現經劉大臣電派李占椿爲總統。總兵丁槐四營將抵沂州。此時海、蓋既復，關東較緩，且諸軍尚多。此二十營到關尚早，似非急需，似可即令陳、李兩鎮統此馬步二十營，丁槐統本部四營，由沂州府折而東北行，出山東省城之南，取道莒州等處，直趨煙臺，探明威海後路，相機援勦。計程自清江抵煙臺約一千三四百里，軍行二十日可到。此路州縣殷實，擬請飭東撫飛飭多備車輛，尚可趕辦。惟各軍械少，李、萬兩軍各有馬梯尼千枝。張國林〔二〕有槍數百，洋擡槍二十枝，車礮四尊，劈山礮數十尊。陳鳳樓因江南無馬槍，

〔一〕〔二〕「张国林」，於本册第四一七页均作「张桂林」。

須到津撥用。江南新購到馬槍千枝，已全數解津，交劉大臣行營。丁槐軍直無一槍。查近數日内有北洋新到快槍四千，吴幫辦快槍數千，皆已陸續北運，將到清江。可否請旨電飭北洋大臣李、幫辦吴商酌，各借撥快槍若干，分派委員，并電飭沿途照數提出，交李軍、丁軍分用。劉大臣委員并電飭沿途截留馬槍一千交陳軍用。李、陳、丁均係得力將領，軍火若足，必能一戰。以後外洋若有運到好槍，洞仍當隨時運濟補還。惟軍係新募，每日到站後可略爲操演，且天氣嚴寒，斷不能兼程速行，以致疲病。一面電飭威海各營，以重賞嚴罰激勵之。若能逐倭下岸，則威海固，倭計窮矣。威海保全後，仍可再令赴山海關。洞爲事機緊急，威海重要，謹抒管見，以備朝廷采擇。是否可行，統候聖裁，非敢越俎妄言。不勝惶悚。請代奏。感寅。

光緒二十一年

威海孤危獻陳兩策

致總署、督辦軍務處光緒二十一年正月初一日亥刻發

威海戴、孫兩軍，以少擊衆，力挫賊鋒，洵爲難得。惟孤軍恐難持久，援軍緩不濟急，不得已或有兩策。一、由東撫李電飭該軍，曉諭榮城、登州一帶居民，各集團練義勇，協助官軍擊倭。民團雖不能擊其大隊，只須晝夜多方擾之，伺便截其糧餉軍火，亦可稍殺賊勢，以待援兵。如民團擊倭出力，奏免錢糧三年。假如賊久踞登州一帶，錢糧豈復爲我有哉。一、請北洋大臣李電飭海軍，就現有鐵艦快船四五號疾駛至成山頭一帶，頃刻可到，襲其運兵運械接濟船及游弋之船，得利則進。如彼大隊來追，收至威海，船臺相輔，倭必受傷。威海得力在礮臺，故倭避水路而襲陸路，使我礮臺無用。若使海軍數船擾之，則正可引之使來臺下受我礮耳。彼若用水師攻臺，賊船雖多，大半皆是運船，不能破我臺也。半年來賊船終不敢近威海，其情可見。或慮戰敗船燬，不知威海若失，海軍已無老營，寥寥數艦，然後賊從容圍攻，終歸不支。趁此時威海礮臺未失，趕緊用之，猶有萬一之望，不然臺亦不能久存矣。若彼來攻臺，我輔以數艦，則是一臺變爲數臺，一艦變爲數艦也。惟懇朝廷以重賞嚴罰激勵各船員弁，方能出奇制勝。此舉似乎孤注，然事機危急，斷無束手受攻之理。此乃審

敵情，盡人事，實非孤注。用此兩法，或可緩敵勢，以待援兵耳。戴、孫兩軍勝仗，如東撫查確，似可即請朝廷優獎，以作士氣。大局至此，憂心如焚，謹抒愚昧之見，以備采擇。是否有當，恭候朝廷裁度，曷勝惶悚。請代奏。元旦。

此電發後并致天津李中堂、煙臺李撫台。

李撫台[一]來電 光緒二十一年正月初三日未刻到

電奏兩策，理實確鑿可行。鐵艦不用以攻敵，不知何計以保全，可笑、可恨。近日朝命亦屢飭兵船乘間出擊，如能照憲台所議，水陸交攻，事必有濟。竊慮格不能行耳，言之慨然。民團協助官軍，亦可稍殺賊勢，衡已密飭舉辦。威海除海軍外，陸軍二十營，無不離心離德。為統領者猾且怯，無將略，又喜邀功，所陳戰事不盡可據。當萬難之勢，與此等人共事，焦憤欲絶。刻下强敵壓境，不得不委曲調和。衡惟感之以誠，持之以正，引其責於己，以期萬一獲勝耳。蒙電奏江南李占椿、陳鳳樓各軍，半月後方能到。惟賊勢太衆，我軍太單，恐難支持半月，有負憲台統籌全局之心，如何，如何。舊屬秉衡謹肅。冬。

鄂銀元局不日開鑄

致總署 光緒二十一年正月初四日卯刻發

湖北銀元局廠屋已成，機器已到齊，不日安竣，即須開鑄。因開辦後端緒甚繁，尚須籌款。銀元銷路，以江南、安徽等處爲多。查鄂省創設各廠，已奉旨仍令洞督飭經理。且江南去年曾經議設銀元局，尚未舉辦，若鄂局歸南洋經理，可免江省另設一局，以致相妨。將來如有盈餘，可酌量津貼鄂省，因與護湖廣總督譚電商，譚意甚以爲然，復電稱，銀元局歸江南，並允協濟餘利，於鄂甚有益，囑即電奏等語。謹請旨遵行。請代奏。支。

用繁餉竭擬借英商熾大洋行款

致總署 光緒二十一年正月十一日丑刻發

事機日緊，用繁餉竭，捐借極難。江蘇擬借洋款一百萬鎊，約合銀七百萬兩，供北上諸軍及本省海防糧餉、軍火、轉運各費。因户部電不令動關税還，只可勉力籌維，由鹽課釐金認還。或有他項籌捐之款，亦可湊補。但必須海關出票，户部立案，由藩司、運司按期撥還。此款爲北軍用者不止一半，將來由户部核明，如係北軍用者，酌派沿江各省攤還。除江蘇省首先多攤外，安徽、江西、湖北、湖南、四川五省亦酌分等差協攤。江蘇用者，江蘇自還。惟以後除京餉照舊解足外，協餉應請酌減。現有英商熾大洋行來議借款，息六釐，九八扣，不另取行用，輕省殊多。因户部電，與赫德借款有礙，故與德國德華銀行議借，先議七釐息，九六扣，以外別無行用。現與議六釐息，其扣數須照赫德辦法，分二十年還，利隨本減。惟據英商熾大言，該行有現成鉅款，無論借多少，無須招股，與赫德借款無礙等語。查熾大較赫德少扣九釐，計每百萬鎊省九萬鎊，合銀五十餘萬兩。如部借三百萬鎊，可省一百六七十萬兩。既云與赫款無礙，自宜擇善而從，以免耗費。江蘇借款擬先與熾大議，并由總署、户部詢之赫德。如赫德必以爲不便，即與德華定議。至借款之數，較上年十二月嘯電增

[一] 即李秉衡。

多者，因前電漏，未將購外洋槍礮核計。再，户部既不准動關税還，未便代臺灣借，合併聲明。仰懇勅下户部、總署，迅即核議電復，以濟眉急而維大局。不勝翹切待命之至。請代奏。真。

威海被陷戰艦幾盡請借款購船南洋宜另成一枝

致總署光緒二十一年正月十七日卯刻發

中國戰艦幾盡，海面全爲倭據，彼以數船游行南北，毫無顧忌。我沿海八省備多力分，斷不能處處皆有精兵利械，既難制勝，餉亦不支，南北轉運亦多荆棘。即使能遏其深入，亦不能斷其接濟，彼活便，我坐困，大局愈危，除迅速購船之外，再無良策。初九日奉電旨，飭籌搗敵游弋各事宜，仰見聖謨宏遠，實深欽服。南洋現有之木殼四兵輪，船薄，行遲，礮無新式，將弁難求，實無大用，斷難出洋。懇請朝廷迅速決計，不惜巨款，速購穹甲快船五六艘，大（雷魚）［魚雷］〔一〕礮船十數艘，雇募洋弁、洋兵率之來華，選中國健將勁卒佐之，粵將宜多用。并購公司船數號爲運船，方能行駛迅速，隨戰艦同行。公司船每艘可載兵千餘，此軍游行海面，斷不可專守一處。惟此時買船甚難，即重價亦難多購。查北洋已遣洋人補海斯岱赴美洲購船多隻，又聞漢納根在阿堅廷國購定鐵艦、快船各一艘，此兩船擬請撥歸南洋，再由洞添購數艘，方可勉成一隊。竊謂南洋所購者，宜自爲一軍，與北洋分爲兩枝，督飭整頓，方能各專責成。如倭船攻北洋，則南洋一枝攻長崎各島，或截其運船。如倭船攻南洋，則北洋一枝攻朝鮮等處，或截其運船。只須我有兵船十數艘在東洋、南洋海面游行，無論能戰與否，倭必處處顧慮自防，其國來華之兵必不能多，軍火必不能接濟無阻。此費約需銀兩千萬。然倭正猖獗，必不肯罷兵，若再深入，所損豈可數計。即肯罷兵，索費亦必不止數千萬。安危所繫，斷不宜惜，較之徒養陸勇數百營，耗費多而不能制敵者，勝之多矣。至此舉惟有另借大批洋款撥付，尤望早爲定計。伏候聖裁敕遵，以便設法覓購，或擇其較小可速成者酌量訂造。但使大局穩固，則中國二十一省每年籌還一百數十萬金，實不爲難。再，此後北洋購船等事，仰懇可否一併諭知南洋，既可通籌合力，且免定購兩歧，同此增價，亦可免互相等待，以致遲誤。此事洞夙夜焦思，舍此實無補救之法。疊經電奏，想廷議因費鉅未即舉辦。今時勢危急，不得不披瀝再陳，不勝屏營急切待命之至。請代奏。洽。

總署來電光緒二十一年正月二十九日亥刻到〔二〕

奉旨：張之洞電奏已悉。威海被陷，北洋戰艦盡失。若欲重整海軍，自非另購鐵、快等船不可。惟需費甚鉅，即借用大批洋款，亦未易集事。漢納根所購鐵、快各一船，現經王大臣議與訂定，將來此船到華即可撥歸南洋先行調（遺）［遣］〔三〕。此外購船先須籌有款項，著張之洞即在上海等處洋行商訂借款，電知户部、總署奏明辦理。如集有成數，即設法購船，以備海洋禦敵之用。欽此。效。

〔一〕「雷魚」，似應為「魚雷」。
〔二〕此件日期疑誤。電文末署代日韻目為「效」，應為「十九日」。
〔三〕據刊本《張文襄公電稿》改正。

請再聘英將郎威理來華管帶海軍

致總署光緒二十一年正月二十二日午刻發

洋將郎威理前在北洋兵船，教練精勤，號令嚴肅，各輪技藝皆有可觀。因各輪船將領多係閩人，結黨排擠，辭差回國。此事中外人人皆知。今欲急練海軍以爲遠圖，非得力水師大將不可，惟該洋將相宜。此人現在英國爲水師副提督，必須許以高官重任，方肯舍之而來。擬請由總署令赫德速致該員一電，召其回華，告以當用爲南洋水師提督。蓋外洋視水師提督極重，或可鼓舞效命。中國除北洋外，閩、粵、長江皆有水師提督，權位皆不比外洋之重，似無所妨。請旨遵行。請代奏。養一。

請調德將漢納根來南洋教練陸軍

致總署光緒二十一年正月二十二日未刻發

畿防日緊，運道尤危，現雖趕籌調募勇營，不過補苴，尚非長策。必須在中原練有重兵一大枝，方可以備緩急而維全局。查洋將漢納根在津練兵之議，早已中止。聞德國洋商言，該洋將閒住，意似無聊。當囑該商電詢願來南洋否。但南洋局面甚小，只能練一萬人，此乃爲該洋將轉面子之意。昨接覆電，願照辦。查洋將性情既須量能授權，又須示以限制。漢納根曾在大東溝苦戰出力，自是有用之才。因待之甚優，所欲遂奢。今閒住日久，遂又稍就範圍。擬調該洋將來江差委，令其在徐州練兵一萬，以備北省緩急。雖不能即求速效，此軍練成後必有大益。其練兵營制、餉數詳細章程，俟該洋將到江後，洞再與細商，奏明辦理。總之，欲用洋將，必須令歸外省督撫節制鈐束，斷不可令徑達總署及督辦軍務處，方能聽用。如蒙俞允，請發交洞處差委，當由洞電知北洋，遣其來江商辦。請代奏。養二。

總署來電光緒二十一年正月二十三日戌刻到

奉旨：張之洞兩電均悉。漢納根練兵之議，所費不貲，是以中止，現在尚有經手購辦槍礮船隻等事，未便調往。琅威理向在海軍，甚得力，前經總理衙門飭令赫德函商來華管帶海軍。嗣據覆稱，在英已授實職，不能前來，應毋庸議。欽此。漾。

請調沈茂勝等三員來江南差委

致總署光緒二十一年正月二十三日子刻發

長江提督彭請派已革提督沈茂勝爲分統，又記名提督鄧正峰現在粵，記名總兵丁大文現在程提督文炳行營，洞擬調該二員來江帶勇，與粵督李及程提督均商妥。相應請旨將沈茂勝、鄧正峰、丁大文三員均調赴江南交洞差委，實於防務有裨。請代奏。漾一。

請令婁雲慶募練五營備用

致總署光緒二十一年正月二十三日子刻發

前奏准令湖南婁提督雲慶練湘軍數營備用，現因海州喫緊，需營甚急，已電知婁提督，令部將總兵杜嵩齡統五營來江，餉由江南出。計原有四營，新募一營。此後擬請旨仍令婁提督於本省防營之外，募練五營備用。婁本部原有三底營，係（來）〔本〕〔一〕

〔一〕據刊本《張文襄公電稿》改正。

省巡防之用。湘多伏莽，不便撤動。此備調之五營應另外計算，調出外省時，餉由外省發。在岳州時，餉由湖南發。湘省防營餉章，每營每月止二千餘金，五營爲數無多，湘省似尚可籌。查南北各省，或設防添營，或籌協餉械，或辦過路兵差，需費皆屬浩繁。湖南皆無此事，若每月僅費一萬餘金以協助大局，似亦義所宜然。蓋練軍備調，既整齊，且迅速，勝於倉卒烏合者遠矣。可否敕下湖南巡撫、提督照此辦理之處，伏候聖裁。請代奏。漾二。

總署來電光緒二十一年正月二十四日戌刻到

奉旨：張之洞兩電均悉。沈茂勝、鄧正峰二員著准其調赴江南差委。丁大文一員現在程文炳營中，此時畿輔防務緊要，正在需人之際，著毋庸調往。婁雲慶所募湘軍，現經張之洞飭令杜嵩齡統帶五營前赴江南，仍令婁雲慶募練五營備用，著咨商湖南巡撫辦理。欽此。敬。

馮子材募粤勇十營抵三水縣至鎮江須四十日

致總署光緒二十一年正月二十三日亥刻發

二十二日電旨恭悉。馮提督子材募粤勇十營，自欽州由內地行，本月十九日抵廣東三水縣。計由北江舟行至南雄，過庾嶺，復舟行至九江，再乘輪東下至鎮江，須四十日。請代奏。漾三。

請調張春發岑毓寶募勇北上入衛

致總署光緒二十一年正月二十四日卯刻發

近畿諸軍雖多，其中出色將領固不乏人，然恐未必各軍皆是勁旅，不無過慮。必須速調得力之軍入衛，以備緩急。竊查廣西右江鎮總兵，現署廣東陸路提督張春發，前在鎮南關卓著戰功。爲王德榜部將之冠，洞所深知。上年七月，洞曾電奏請飭募軍北上，爲粤省奏留。查粤防重在虎門、黄埔各礮臺，尚有水師提督鄭紹忠爲粤人所倚，倭斷無暇擾粤。京畿尤重，似可令該提督統原有之四營，并添募共成十營，率之北上入衛。該署提督係帶湘軍，順道過湘即可招募。又雲南臬司岑毓寶，前隨滇督岑征戰多年，岑故督深資其力，堅定深穩，深悉洋戰情形。該司部下曾經出關將弁不少，熟習地營，似可令募勇十餘營迅速東下。總之，張、岑兩軍洋戰皆有閲歷，征倭必能得力。距京雖遠，若令北來，於大局總有裨益。敬陳管見，是否可行，恭候聖裁。請代奏。敬。

總署來電光緒二十一年正月二十七日巳刻到

奉旨：朕欽奉皇太后懿旨，張之洞向來辦事實心，近覽迭次電奏，於料敵籌備事宜，亦多可采。軍事方殷，張之洞務當不分畛域，通籌大局，將籌款、購械、選將、籌兵等事，設法妥辦，俾戰守有資，用副朝廷倚任之意。欽此。宥。

熾大借款事懇俞允由電諭知以便早定合同提銀

致總署、户部光緒二十一年正月二十六日亥刻發

熾大借款事，前接户部正月十五日咸電，熾大借款可即定等因。當即飭該洋行來江甯定立合同，先回滬令上海道蓋印，又携來江甯蓋藩司、總督印。該行請將所奉諭旨寫入合同，二十、二十一、二十四等日已屢電請户部速奏請旨，今尚未奉到電旨，洋

行不肯簽字。該行今日來云，原議六日即須畫押，今逾限，欲回滬改議，并索行用二萬鎊，詞氣甚不平。現設法婉留。竊思此事係遵照户部咸電議定，一切利息、期限、行用條款，早經電奏，并電復户部在案。悉照原議，似無游移。事機萬緊，敢請户部、總署即爲代奏，仰懇聖恩俞允，由電諭知，以便早定合同提銀。如軍務早定，此款餘存，仍可撥作別用，斷不至率行支用。不勝惶悚待命之至。請代奏。宥。

總署來電光緒二十一年正月二十七日巳刻到

奉旨：張之洞前奏擬借熾大洋行之款，本日經總理衙門、户部會奏，已依議行矣。現在關内外各軍需餉甚鉅，尚須預為籌備，源源接濟。如熾大尚可續借，或他行有照此辦法出借者，著張之洞設法妥辦。湖北槍礮廠何時可以開工，每月約可造快槍若干，著查明具奏。欽此。宥。

熾大尚可續借款鄂槍礮廠三月開工

致總署光緒二十一年二月初一日申刻發

正月二十六日電旨恭悉。現與熾大洋行議，尚可續借二百萬鎊，並允減爲五釐息，九四扣，此外別無行用等語。此與六釐息、九八扣者又較輕省。惟再借務懇聖恩敕部，由各省關認還，江蘇實無此力。至湖北槍礮廠，節奉十二月十七日電旨，即飭確查。本議定正月底開工，因去年槍廠被火，改造鐵房廠屋，鐵梁柱等件未造齊。去臘中旬，拉鐵料之大轉軸忽斷，另鑄開槽，甚爲費事。現趕工限二月底將廠屋作好，三月初必可開工。初造，人器不相習，每月止出五百枝，三箇月後可月出千枝。請代奏。東一。

與洋行商妥墊款訂購快槍快礮

致總署光緒二十一年二月初一日亥刻發

湖北槍礮廠初造不能多出，難應急需。戰事方殷，惟有向外洋訂購，可多可速。近接龔使電，倭人所購洋軍火除已運外，未起運者尚餘價值六十餘萬鎊之貨等語。查此數合銀四百數十萬兩，倭寇凶悖貪很，不惜巨款購械，其意在與中國窮兵苦戰，可知斷不肯即行罷兵。洞反覆籌思，萬不能不廣備利械以維大局。且倭戰皆恃利礮，我僅用槍，尚難制勝。現與各洋行商妥，墊辦槍礮不必現銀。或兩年還，或六年還，酌給息銀。或年息六釐，或年息六釐半。專購德國小口徑毛瑟快槍一種，其他式各國快槍一概不買，以免淆雜。各行共允每月包出兩萬枝，以後可以源源供用不絶。八十日包運鎮江，貨到付銀，其中間有先付價五分之一者。快礮就現有者訂購一百餘尊，此外亦允每月供新造之輕小快礮數十尊，機器快礮數十尊，其墊辦緩價，亦與快槍辦法同。現暫與議定一箇月辦法，以後體察事勢，如需用再與續訂。洞愚昧之見，兵多不如械精，輕小快礮一分鐘可放三十餘出，機器快礮一分鐘可放一千餘出。每營有快礮十尊，則一營可抵十營之用。兵少易練，將少易選，械少易檢點修理，並可節餉需，免騷擾，故購快礮尤爲今日戰事要著。購械之費雖鉅，不能不權其輕重。是否有當，伏候聖裁訓示。請代奏。東二。

總署來電光緒二十一年二月初四日子刻到

奉旨：張之洞兩電俱悉。熾大續借金磅，已令户部速議具奏。快槍快礮實為行軍利器，張之洞現與洋行商妥墊款訂購一切辦法，均著照所請，即行訂定為要。欽此。江。

請賞金滿等二員並請調惲祖祁等三員來江南差委

致總署 光緒二十一年二月初四日辰刻發

現委長江水師千總金滿，即黄金滿，募陸勇三營，水勇一營，防通州、海門一帶。該弁樸質勇往，故破格委用。惟官階太小，擬請聖恩可否賞給都司銜，以資彈壓。又據長江提督彭咨，派已革提督沈茂勝分統四營，已蒙恩准，惟並無頂戴，難資統率，懇奏請酌賞頂戴等語。擬懇聖恩，可否暫行酌量賞給頂戴。如軍務完竣，並無勞績，仍請撤銷，恭候聖裁。再，江西候補道惲祖祁，安徽差委總兵王心忠，在籍提督王金榜，均已與江西撫、安徽撫商允調來江甯。擬請旨准將惲祖祁、王心忠、王金榜三員調來江南差委。請旨遵行。請代奏。支。

總署來電 光緒二十一年二月初五日亥刻到

奉旨：張之洞電奏已悉。長江水師千總金滿，著賞加都司銜。已革提督沈茂勝，著賞五品頂戴。江西候補道惲祖祁，安徽差委總兵王心忠，在籍提督王金榜，均著准其調赴江南差委。欽此。歌。

李提摩太來談救急之法語多閃爍

致總署、天津李中堂 光緒二十一年二月初四日午刻發

前接北洋電云，英教士李提摩太自言有救急之法，已電總署奏明，奉旨不妨一試等因。查該教士屢向洞言，亦與致北洋電同。既奉旨一試，當即再約該教士來甯詳問，語多閃爍。除最謬之語駁斥不論外，大意言此時惟有設法懇英助中國，方能支持。問如何方肯助。李云須多與英國商務利益，如准英商在中國開鐵路，開礦，興各項化學工作製造等事。此皆中國大有利益可致富强之事，無如中國拘於積習舊法，憚於變法大舉。工商拙鈍貧窘，不解興利，又無貲本，官亦無大力籌此鉅款，以致坐棄大利。若與英國議定，准其在中國辦二十年，每年所出之利酌量分與中國，二十年限滿後仍交還中國自辦，風氣已開，始基已立，中國官民工商皆曉其作法，知其好處，自能擴充接辦，從此中華爲强國矣。當詰以二十年太久，答云或十數年。又詰以設不交還奈何，答云外國此等辦法，條約多有，從無不還者。又詰以英以何法助中國，答云極力勸和，不使倭人妄爲。詰以能助水師、陸軍幫我攻倭乎，答云不能助兵，只能脅和。並云此係該教士爲好之意，自出己見。至如何辦法，如何立約，英廷所重者何事，究願如何幫助，須總署與英公使，中國星使與外部自行商辦等語。税務司穆和德來言，大意相似，惟增入添口岸一條。詰以許英利益，設各國欲均霑將如何，答云英商務最大，不患他國分其利等語。查兩人所言皆係懸揣之詞，總歸於以利與英，則英可助中國脅和。以洞管見論之，無論英、俄、法、德、美何國，此時能助我水師攻戰，則我必勝，倭必蹙，中國自可重許以利益，如以上諸條皆無不可。國威能振，寇讎能殲，尚復何所吝惜。若能允以勢力脅倭，使其和平罷兵，不索地，不索重費，則我酌量許以利益，亦無不可。若僅空言勸和，則何必徒以利益與他國乎。惟幫助脅利，必須及早，趁此時和局尚未開議之時，方易爲力。若待大局糜爛，倭欲愈奢，又加各國乘機要求，則雖助亦無益矣。應否令（與）總署［與］〔一〕英

〔一〕據刊本《張文襄公電稿》改。

使、外部商酌之處，恭候聖裁。遵旨詢問覆陳。請代奏。豪一。

以臺灣作押借英款或許英在臺開礦藉資保衛

致總署 光緒二十一年二月初四日亥刻發

傳聞倭有索臺灣［之説，或云借臺灣］[一] 開礦十年等語，未知確否。即使倭真有此意，朝廷權衡至當，知亦必斷然不允。查臺灣極關緊要，偪近閩、浙，若爲敵踞，南洋永遠事事掣肘。且雖在海外，實爲精華，地廣物蕃，公家進款每年二百餘萬，商民所入數十倍於此，未開之利更不待言。去臘洞託寓居美國之道員容閎借洋款，容復電云，若肯以臺灣作押，可借美國銀元十萬萬元等語。查美銀元每元合中國銀一兩餘，十萬萬元是值銀一千餘兆。又上海英律師丹文來言，若中國需銀，可以臺灣押與英人，可借鉅款等語。洞以其語不得體，當即峻詞斥之。即此兩説，可見外洋各國豔羨重視臺灣之至。既知洋情如此，不敢不以上陳。

再，近日倭有數輪游弋澎湖，顯係意在臺灣，甚屬孤危可慮。竊謂此時正可就外洋豔羨之意，另設一權宜救急之法。似可與英公使、外部商之，即向英借款二三千萬，以臺灣作保。臺灣既以保借款，英必不肯任倭人盜踞，英必自以兵輪保衛臺灣，臺防可紓。借款還清，英自無從覬覦臺灣，其權在我。如照此辦法，英尚不肯爲我保臺灣，則更有一策。除借巨款外，并許英在臺灣開礦一二十年。此乃於英國家有大益之事，必肯保臺灣矣。臺灣內山瘴毒深邃，歷年開闢無效，是中國人力斷然不能深入。若英人代我開山通道，廓清瘴癘，暢開地産，彼雖獲目前之利，至年限滿以後，我坐享其利矣。我有巨款，即可速購各小國現成兵輪，於戰事必有大益。而既許英以礦利，則保臺必所樂從。中英之交既深，即可與英外部密商，遇事從中暗助。總之，英遠倭近，英緩倭急。英乃强鄰，尚存大體。倭乃凶盜，毫無天理。古人所謂遠交近攻，此理確然不易。惟外間耳食之人，恐誤以爲將臺灣押與英國，横生訾議。不知歷年借洋款皆寫海關作保，我借款已清，英國何嘗有據我海關而收税之事乎。大局十分緊急，謹陳管見，上備采擇，不勝惶悚。是否可行，伏候聖裁。請代奏。豪二。

另致天津李中堂，加致總署電録呈一覽八字，餘同。

由襄陽至京另設電綫

致總署 光緒二十一年二月初十日辰刻發

軍報最關緊要。由京城達外省之電綫，設有阻滯，必誤事機，宜多設一兩條，乃爲周妥。查湖北襄陽老河口久已通電，似宜將此綫接通陝西，由商州達西安，或由襄陽達潼關。保定至京，似亦宜多設一綫，不必繞由天津。擬請飭北洋大臣速酌辦。請代奏。蒸。

總署來電 光緒二十一年二月十一日酉刻到

奉旨：張之洞電奏，由襄陽至京另設電綫等語，本日已據王文韶奏明辦理矣。前據張之洞電奏，以臺灣作押借用洋款，藉資保衛一節，經總理衙門詢之總稅務司，據稱各國均守局外，勢不能行。該督所奏，究竟有無確實辦法，著詳細電復。欽此。真。

［一］據刊本《張文襄公電稿》補。

押款保臺確實辦法須探詢外部

致總署光緒二十一年二月十三日午刻發

押款保臺一節，奉旨詢問確實辦法。竊思惟有探詢外部，方能得其真際。洞已電龔、許兩使，照兩豪電所陳，探詢英、俄外部意思。或保臺，或多與利益，如開鐵路，內地開礦，興商務工作等事，肯用勢力助我脅和否。並探詢英、俄另有何欲，令其自言。作爲洞之私見空論，如朝廷以爲可商，懇電飭龔、許兩使籌商，方能切實與議。是否有當，恭候聖裁。請代奏。元。

倭寇踞劉公島畿防甚急宜令丁槐一軍入衛

致督辦軍務處光緒二十一年二月十三日午刻發

威海倭寇已退，惟踞海中之劉公島。蓋岸上礮臺已毀，彼踞島已足以扼北洋，我岸上步隊無如彼何。明係盡撤陸兵，併力北擾，以致關外諸軍皆敗。畿防甚急，丁槐一軍曾經洋戰，自宜令迅速入衛。昨電商東撫李，所見亦同。請代奏。元。

宜購快船擣巢殲寇

致督辦軍務處光緒二十一年二月十三日未刻發

前奉電旨，會商擣巢殲寇一節。往返廈商，之洞意擬購穹甲快艦數艘，合漢納根兩艘，并趕造極快魚雷礮船十艘。再購極快公司船三艘，改爲運船，載兵兩千人，載煤數千頓，隨之，乘虛攻襲。步隊登岸，或毁其臺、礮，或殲其守兵，或焚其積儲。敵內地之兵大至及敵輪還救，則移攻他處。若海面遇敵，船少則攻，船多則避，遇其運兵運械之船則截奪之。我船駛快，敵不能追，敵若窮追，則收入閩之長門、浙之鎮海、粵之虎門、江之吴淞等處，皆有礮臺。蓋兵少則不能深入，煤少則不能在海外久停，船少則不能擊其大隊，只在乘虛多擾，截其運船。彼有內顧之憂，自不能起傾國之兵深入久擾。至造船到華，至速須七八箇月。購船到華較早，駛行不快。極快雷船必須定造。購船多少未定，造船已有成議。惟選將難得其人。景崧意欲招粵邊悍勇游匪數千，先用民船潛往。如有兵輪，隨後繼進，意在深入攻踞。惟募練亦須四箇月，須有巨餉、利械。兩人所擬辦法不同，之洞意總謂民船難往。竊擬分投，各自籌辦，俟勇齊船到，再看情形商酌。臺灣練成此項勇，無論攻倭與否，總是有用。餉械江南籌濟，至購船定船詳細辦法，另行電奏。謹遵旨覆陳。請代奏。之洞、景崧同肅。元。

奏撥運東征軍快礮並請派教習機匠隨往

致總署、督辦軍務處光緒二十一年二月二十一日午刻發

外洋新運到快礮數十尊，擇其輕便行營可用者，先儘關外諸軍前敵而敢戰者撥給，以應急需。撥馬克遜兩磅半子快礮六尊，格林礮十尊，解提督唐仁廉軍。撥馬克遜快礮十尊，解將軍依克唐阿軍。撥馬克遜快礮十尊，解幫辦宋慶軍。又史高德快礮六尊，及鄂廠自造快礮彈二千，解幫辦湘撫吴軍。各礮皆隨有彈。江省專派員弁押送，飭令加價雇車兼程前進。惟各彈笨重太甚，車恐

不敷。此係東征軍械，請敕東征轉運局備車，隨時協濟趕運。各快礮須有教習方解施放，須有機器匠方能裝潢修理。若無教習、機匠，皆不能用。查北洋通曉洋軍火之人不少，威海向設有學堂，今想散處，并請敕北洋大臣及東撫迅速選撥訪尋，在津等候。每營派教習、機匠數名，與礮同往，尤爲切要。請代奏。馬一。

籌援京防調兵募勇供餉諸事

致總署、督辦軍務處光緒二十一年二月二十一日申刻發

關外諸軍挫退，畿防日緊，不能不急籌大將勁旅爲入衛之師。查提督馮子材一軍，三月初可到江南，本令其紮寶山縣之獅子林海口，茲擬令先紮鎮江，配給軍火操練。如彼時京畿事急，即令率所部十營渡江北上赴援。又湖南提督婁雲慶部將杜嵩齡來，詢悉婁提督精神甚健，忠勇奮發。現與函商，令其速募湘軍十營備調。如北事緊急，即令該提督親統此十營輪載來江，配給餉械，亦由清江北上。婁現駐岳州，有長江水師岳州鎮張捷書同城。張穩練熟習，如有急，婁可即行交張暫護。從容再由鄂督選員奏署。如蒙俞允，當再電商護鄂督，預爲籌計。惟馮勛望素高，似不便屬他人節制，以免爲難，合併聲明。再，婁練軍事，奉旨令與湘撫商。查去年洞原奏准練六營，護湘撫王以餉絀，只允添三營。今練營更多，若再商，必仍以餉絀爲辭，徒致延誤。現擬除湘省原案營數餉數外，餘新增者，俱江南供餉。至奉調出征日，十營餉全由江南發給。請代奏。馬二。

總署來電光緒二十一年二月二十三日戌刻到

奉旨：張之洞電奏已悉。現在畿輔防軍數已不少，遠道徵調，需餉浩繁，新招之勇，亦難得力。該督擬令婁慶雲募營入衛，著毋庸議。馮子材一軍俟到江南後，應否令其北上，再候諭旨。欽此。漾。

碭豐土匪已撲滅山東濮鄆又起

致總署光緒二十一年二月二十二日午刻發

奉初七日寄諭，以碭、豐接壤豫境，土匪聚衆劫掠，嚴飭捕拏解散。查此案係福匪王三去臘在碭山、蕭縣邊界行劫拒捕，竄至河南永城，定期豎旗起事。當經洞電飭署徐州鎮程孔德、徐州道沈守謙派隊追剿，務速撲滅。現據該鎮、道電，已於本月十一日在蕭縣黃家口將此股撲滅。匪首王三已格斃，復斃匪數十名，生擒多名。惟山東濮州、鄆城一帶，有土匪傳帖蠢動，半係土匪，半係關外逃回勇丁，內多有後膛洋槍，其爲潰勇無疑。除飭徐州文武營團嚴防，相機剿捕，並電東撫迅飭撲滅外，謹先由電覆陳。請代奏。養。

懇將朝廷規畫電飭南洋俾爲籌辦

致督辦軍務處光緒二十一年二月二十九日卯刻發

奉正月二十六日上諭：欽奉懿旨，飭洞務當不分畛域，通籌大局，將籌款、購械、選將、籌兵等事設法妥辦，俾戰守有資。等因。欽此。悚惕莫名。洞庸愚迂陋，渥荷聖恩，當此大局緊要之時，斷不敢存畛域之見，惟有欽遵，竭力籌辦。特是事機緊急，廟謨宏遠，外間多未知悉。竊思籌辦一切，必宜及早，遲則無及。不揣冒昧，可否仰懇將朝廷規畫大端，遇有飭知北洋大臣之事，

一併電飭南洋知之，俾得殫竭愚慮，或豫爲籌辦，或籌擬上陳，冀以仰副恩命。是否可行，伏候聖裁。請代奏。豔一。

倭要挾太甚請電英俄發公論

致總署、督辦軍務處光緒二十一年二月二十九日卯刻發

聞倭要挾太甚，議恐難成。前接龔照瑗、王之春電，英、俄皆云，須倭要挾太過時方能發公論。此時倭既有要挾條目，似宜電龔、許兩使，令見俄主、英主及外部，懇其相助。伏候聖裁。請代奏。豔二。

總署來電光緒二十一年三月初一日亥刻到

奉旨：張之洞電奏懇將朝廷規畫大端，凡飭知北洋事併飭南洋知之等語。前奉懿旨，令該督通籌戰守，原指餉械兵將而言。至機宜重要，必須慎密。北洋事務，自有專司，焉能事事飭南洋知之，所請著毋庸議。又電奏倭人要挾太過，請電英、俄相助等語。兵力脅和，總署與英、俄使臣屢商不允。龔照瑗、王之春迭次電奏，英、俄亦但許勸助，并無屆時可以發兵之語。何以電張之洞有此言，著鈔録原電復奏。欽此。東。

請飭許振禕帶營赴濟甯以南駐紮以加速軍火轉運

致督辦軍務處光緒二十一年二月二十九日卯刻發

海州防務喫緊，而山東曹、濟土匪句結，游勇蠢動，且正與運道相近。目前轉運軍火爲最緊要之事，大道絡繹，日夜不絕。運件太多，護送兵勇不敷周轉，設被土匪劫奪，爲害非淺，且轉運遲滯，焦急萬分。洞電檄嚴催，派員添局，百方催趲，仍難迅速。總由天津與清江南北相距太遠，中途無人督察籌辦，以致正月半之械，至今尚未到津。若專派大員，亦費周章。不揣冒昧，竊擬一策。查東河總督衙署在濟甯，每年本應赴濟甯一行。河督許任事有才，曾在軍營明習兵事。現值黄河水小，河工無事，設令許暫赴濟甯以南一帶擇要駐紮，暫行兼管轉運事宜，應需車馬及護送督催等事，隨時督察，相機變通，轉運自可較速。本標原有河兵，酌帶若干，或撥豫省勇營歸其調度，或酌募數營，遇有土匪，隨時撲滅。設倭寇自日照、贛榆、海州一帶登岸，圖截運道，有大員駐彼，督率各營，防勦亦較得力。此舉似爲一舉兩得，即使土匪不熾，倭氛不擾，於轉運必然有益。且濟甯係河督轄境，即使有赴濟甯以東防勦之事，相去亦不甚遠。洞因欽奉正月二十六日上諭，懿旨飭令不分畛域，通籌大局，設法妥辦。故敢竭其愚慮上陳，以備一説。有無可采，恭候聖裁，不勝惶悚。請代奏。豔三。

總署來電光緒二十一年三月初一日亥刻到

奉旨：張之洞二十九日電奏已悉。海州防務喫緊，山東曹、濟土匪句結，游勇蠢動，現值轉運軍火駱驛不絶，護送兵勇不敷，誠恐運道有阻，關繫匪輕。張之洞擬請飭許振禕酌帶數營赴濟甯以南駐紮，兼管轉運勦匪事宜。惟［許］［一］振禕督辦河工，責任

［一］據刊本《張文襄公電稿》補。

綦重，現在桃汛將屆，未便遠離。著李秉衡遴派明幹大員，酌帶勇營前往濟甯一帶，擇要駐紮，凡有南來軍火應需車馬及護送督催等事，飭令迅速辦理。遇有土匪，隨時撲滅，以清運道。并著張之洞、松椿督飭局員一律催趲運解，俾無遲滯。欽此。東。

熾大之議無成擬與他行議借懇允准

致總署、户部、督辦軍務處光緒二十一年三月初一日申刻發

熾大款初次議定百萬鎊，立合同後，該洋商富因治即回滬，已由領事蓋印訖電知。適已奉續借二百萬鎊之旨，正擬速訂，富旋於二月初二日來電，須該行自回英辦理，當晚即附輪回英，有事託代管事人米師麗代爲照料發電。據米云，富因治三十日可到英，其人甚可靠，到後數日即可提銀。並力攬續借二百萬鎊之事，仍照前議，五釐息，九四扣辦法。三日前尚來電催立草合同。以初次款尚未著實，令暫緩。目前，富因治尚無到英電信。因富行後，恐此事不妥，又令上海道劉麒祥詢英商有恒行，鹽道胡家楨詢英商麥邊行，另委員詢德商德華行。皆云須照户部在匯豐借款辦法，六釐息，八九扣，毫無活動意，各行一詞。目前餉需萬緊，北軍催餉甚急，而海州、贛榆一帶增兵戒嚴，各營正待發餉，局存已罄，捐借甚微，焦急萬分。查熾大之事，顯係將合同定後始回英招股，能否招集，實不可必。惟有暫與他洋行議借，以濟眉急。但洋行無論何家，息扣斷難比匯豐減少。擬暫與議借二百萬鎊，辦法總與户部所借匯豐之款一律。仰懇聖恩允准迅賜由電諭知，洞當相機酌辦。如他行議有眉目，而熾大確電已來，銀可提到，則息扣較多之款，即作罷論。若數日後熾大之銀仍不能提，則是事涉懸虚，即與此行借定百萬鎊。若遲久仍無準信，再與借定一百萬鎊。但可稍爲減省，斷不肯多借息扣較重之款。目前軍情消息不佳，若再遲緩，恐雖重息亦不肯借，關係大局非輕。至洋款合同無論何項認還，洋人俱置之不問，總須寫明各口海關認還。以後儘可聽户部分派，外省自當遵照，此時户部似可不必詳細核計如何攤還，以免延誤。仰候聖裁訓示，不勝迫切。請代奏。東。

總署來電光緒二十一年三月初五日巳刻到

奉旨：張之洞電奏借款一事，熾大之議無成，著准其再行商借。惟數目不得過多，應以數百萬兩為斷。其利息期限均照匯豐辦法，已飭户部電知矣。欽此。豪。

遵旨録龔照瑗等原電復奏

致總署光緒二十一年三月初二日卯刻發

奉初一電旨，飭録龔照瑗等原電復奏。等因。欽此。查洞原奏只云英、俄皆云，須倭要挾太過時方能發公論，并無發兵字樣，或係傳電訛舛。況公字下文有論字，若公字誤爲兵字，則論字難解矣。龔照瑗來電云，外部云，究不知倭願何在，既派使赴倭，俟倭言出再爲公論等語。許景澄來電云，俄主允如議和時，倭索太過，可約英、法勸其退讓等語。王之春來電云，兩浼俄，頗怵發難，而憎倭驕，允於李議被勒時，約鄰力助等語。謹遵旨録電復奏。請代奏。冬。

電陳防守海州清江情形

致總署 光緒二十一年三月三日卯刻發

廿九日電旨恭悉。海州距清江近，關繫運道。誠恐倭寇窺伺，洞於正月内即經電奏，調岳州婁提督雲慶部將杜嵩齡，帶原有並添募共五營來防海州。隨既欽奉寄諭，嚴防海州、青口等處。又飭總兵王得勝募海州勇五營防青口，飭總兵王心忠募江北勇五營防清江、沭陽。近日接漕督及海州文武函電，倭輪兩隻，由山東日照來到青口、灌河口等處探水，貼僞示，以利誘漁户令作嚮導，不久必來滋擾。查杜嵩齡一軍，内有新募一營，二月下旬甫到齊，二十六日點驗成軍，二十八日即催起程。又楊文彪五營，本係派往圖山關礮臺换防，正將啓行，江北陸路既急，江路當較緩，只可先其所急，亦派赴海州。并調駐江陰南岸之林保、黄守忠兩軍粤勇共七營，一并赴海州，合力相機防勦。王得勝甫成軍，已到防。楊、林、黄三軍到防，均須十日以外。王心忠之軍募成到防須二十日以外，已飛催。現令官紳嚴查沿海漁户，懸重賞以緝奸細，諭以大義，勿爲賊用。謹將防守海州、清江情形，先電陳。請代奏。江。

總署來電 并致山東李撫台、清江松漕台〔一〕 光緒二十一年二月二十九日寅刻到

奉旨：前據松椿電奏，倭船在海州探水，電催張之洞將前調五營，又添派二營迅飭到防，并暫留山東衡字一營協防，當經降旨允准。本日據李秉衡電稱，有倭船二隻在安州海面探詢海州、青口、沂州路程。海州去青江不遠，運道所經，餉械皆萃於此，必當加意嚴防。著張之洞迅催前派七營剋日到防駐守。李秉衡電稱，已抽撥隊伍前往協防，并著迅速開拔。松椿前留衡字一營，如不敷用，即會商張之洞酌量添調，以資分布。欽此。勘。

婁雲慶部無營可撥須新募成軍方能北上

致總署 光緒二十一年三月初三日申刻發

奉二十七日電旨：飭婁雲慶先帶練軍三營起程，並委員添募數營隨後啓行。等因。欽此。當即電知護鄂督譚並婁提督遵辦。惟婁部防軍本止一營半，共七百五十人，去冬奏准募練三營備調。因海州防務喫緊，經洞奏明調此三營並舊有防軍一營，是已練之軍共止三營。又囑新募一營，湊成五營來江，已於正月漾電聲明在案。因待新募，故二月下旬始到江，已赴海州，是婁部現已無營可撥。二月馬電曾聲明令募十營備調在案，目前須新募成軍，方能北上。昨接婁電，即速募須月餘等語。擬即催其募就迅即起程，一面籌餉寄往。謹縷晰陳明。請代奏。江。

臺危當援惟南洋兵輪船薄行遲徒供糜碎

致總署 光緒二十一年三月初十日申刻發

庚電奉旨恭悉。臺危待濟，自應力籌。前數日已將上海存槍儘數撥一千六百餘枝，彈一百餘萬，交臺輪解往。近又索神機礮彈，亦竭力撥解。此後如有購到之械，當盡力撥濟。臺有二輪最速，尚可設法探避。此外覓船接濟之法，當設法訪籌。至調兵輪

〔一〕即松椿。

一節，南洋除最劣之輪外，止木質四兵輪，船薄行遲，每一點鐘止行十海里。又無快礮，在長江依輔礮臺，尚可協助，若戰於海上，敵船圍攻追擊，徒供糜碎。有損於江，無益於臺，而中國從此無一兵輪矣。東撫電，倭船全赴南洋，海州喫緊，寇蹤剽忽，崇明、通州亦甚可慮。若兵輪全無，更爲棘手。臺灣宜救，洞夙夜焦思，每日通電，力之所能，毫無吝惜。惟實在爲難情形，不敢不據實上陳。請代奏。蒸。

總署來電并致閩、粵 光緒二十一年三月初九日巳刻到

奉旨：現在奉天、直隸、山東倭允停戰二十一日，而彼方圖攻臺灣，不在停戰之内。該處孤懸海外，如被敵困，無法援救，尤慮軍火缺乏，難資戰守。本日據唐景崧電，奏請飭粵省撥可用後膛槍五千枝，配足子彈。另撥毛瑟彈三百萬粒，火藥十萬磅，交知州唐鏡沅設法運臺。著李瀚章速即撥解，以應急需。并著張之洞、譚鍾麟一併酌量籌撥，或用漁船暗渡，或雇洋輪保險，分起運往。趁此敵兵未集之時，趕緊辦理，俾資接濟。至唐景崧請調兵輪赴臺聽用，并著張之洞、李鴻章酌量調派。欽此。庚。

王之春來電西紳允墊款購船請旨遵行

致總署光緒二十一年三月十三日卯刻發

王藩司之春暨楊宜治自巴黎來電，有西紳行廠允訂新大鋼甲一，足比鎮、定頭號快船三，連魚雷管鋼甲快船二，大魚雷船二，運兵戰船二，共十船，礮彈齊。水師照額，約誓密訂，三月内運華決勝。商爲墊款，收船署券，廿年清還，兵任我去留，統費二百萬鎊。此事由宜治與編修宋育仁與紳行密商驗確，已電總署。春覆查，事尚可行，紳已晤詢，候立合同。竊思戰固解懸，和亦有用，乞酌定。電奏。再，另有德大鋼甲船二，戰船三，事同，俟款議定再電等語。竊思購船最爲今日急務，數日來百計訪詢，總苦於現船難覓，且選配水師將弁尤爲難事。今王之春等所稱，既有大批現船，又肯配足水師包運，資我征戰，到華期亦頗速，似極妥善。正月十九日奉旨，重整海軍，自非另購鐵快船不可，購船先須籌款，著即商訂借款，電知户部、總署奏明辦理。如集有成數，即行設法購船，以備海洋禦敵之用。等因。欽此。王之春等令洋商墊款購船，可免另借之周折。來電，戰固解懸，和亦有用二語，極爲扼要。惟十船止一鐵艦，力尚不厚，如能再墊款添購來電所云之德大鋼甲二艘，魚雷礮船數艘，似尤完備。倭人如知我購到戰船精械甚多，知中國尚能力戰，即和議亦當易於就範。如蒙俞允，當再電商王之春妥辦。是否有當，請代奏請旨遵行。元。

婁軍行止請旨遵行

致總署光緒二十一年三月二十一日子刻發

前奉旨，令婁提督雲慶北上，江南撥數營帶往。當經電鄂轉咨。茲護鄂督譚咨，接婁咨復，已將舊案原有之借調軍三營，防軍一營，共四營募齊。又添募兩營，餘正分募，撥餉到即啓行等語。查江省防軍，大枝全赴海州、清江一帶，上游實無可分撥。且江軍亦係新招未久，向來將領皆謂自募得力，不肯帶他人營。竊思婁既自募，似可勿庸另撥。惟停戰期已將滿，和議如何，數日即定，可否稍緩數日。如以後仍有戰事，即電催婁統已有之軍

速行。如已罷兵，即可停止，以免徒費餉需。是否有當，抑應如何辦理之處，請旨遵行。請代奏。馬。

馮子材軍暫紮鎮江候調

致總署光緒二十一年三月二十一日亥刻發

馮提督子材統粵軍十營，日内到齊，暫紮鎮江。馮來金陵面商，擬即日輕騎由清江馳赴海州，察看地勢軍情後，仍回鎮江。如海州有警，即調所部十營親赴海州前敵督勦，本日已行。竊思此時馮赴海州一看，亦甚有益。如海州有戰事，即令馮總統節制海州及清江一帶諸軍，以護運道。清江正係北上之路，海州距清江三站。如諭旨別有調派之處，隨時遵旨辦理。請代奏。馬。

外國有船可購琅威理願效力

致總署光緒二十一年三月二十二日申刻發

購戰船、募水師擣倭事，前接總署皓電云，元電已進呈，此事現暫緩辦。自當遵照。惟本日接王使之春來電云，十船皆近年造，首號鋼甲三百廿八英尺，又鋼甲三百五六十英尺，皆堅。又快船、雷艇皆速，必有濟。磨價待定。泊智利、阿根廷海，係無約國，例不阻。統率須大將，適前水提琅威理賦閒，願自效幫華使並任募招兵官，并兵二千，密襲倭，和成聽用。兵費一年及辦事，先須銀約三十萬鎊。現與英商格林密行訂借三百萬鎊，長息五釐，六扣，此款成，允借大款，歸并此款，故較匯豐爲廉。船事不令該行與聞，款事已立草約，乞速請旨，告歐使電該行，即交銀聽撥。此款匯豐頗嫉，已探襲，稍遲恐梗等語。既據言之確鑿，有兵、有將、有款，且一年用費亦不多，尤好在琅威理肯效力，誠爲難得機會。不敢不飛速上聞，恭候聖裁。如朝廷以爲事宜緩辦，亦懇恩准調琅威理酌帶洋兵弁來華整頓南洋水師。借款息扣甚輕，所謂六扣，當即九四扣，無論購船與否，尤可先定。擬請旨令總署即告歐使，速電該行。南洋用一百萬鎊，即不另借，餘二百萬鎊聽候户部撥用。是否有當，候旨遵行。請代奏。養。

倭約貪苛太甚宜結英俄德相助

致總署光緒二十一年三月二十六日午刻發

聞和議各條，不勝焦灼痛憤。倭寇狂悖至此，種種顯然利害，中外諸臣必已懇切陳奏，無待洞瀆陳。其中如旅順不交還，及威海、劉公島駐兵，天津駐兵各條，尤爲可駭。查旅順、威海乃北洋門户，若倭不退還，則北洋咽喉從此梗塞，以後雖有水師，何處停泊，何處修理。旅順、劉島常駐倭船，天津又駐陸兵，近在肘腋。旅順到津、沽、山海關皆一日，到煙臺尤近。彼日肆要挾，稍不滿欲，朝發夕至。且倭約各條，貪苛太甚，臺灣民悍，不甘屬倭，必然啓衅。各省軍民，必然痛恨深怒，斷不甘心。稍有支節，彼即謂不依條約，立刻生事。彼時戰不及戰，守不及守，和不及和，即欲暫避亦不及避。倭性凶狠，不比西洋，其禍豈堪設想。查要挾各條之害，聖明豈有不知。朝廷所以勉爲和議者，不過爲保全京城根本，姑冀目前粗安，徐圖補救。若照倭索諸條，更是自困自危之道，雖欲求目前旦夕之安，亦不可得。又洋報有與中國聯合以備戰守一條，大略是爲中國經理各省機器製造局、鐵路等事，尤爲險詐。查購買洋械，本難常恃，幸各省尚有數局可造槍礮彈藥，稍資接濟。經此倭事，創鉅痛深，正須急籌鉅款，極力擴充。運兵鐵路亦須量力修造。今若令倭干預，則内地軍火運道皆在倭掌握之中。水師既不能再振，陸軍亦不能自主，中華何以立國。且倭踞威、旅，則自遼陽以至威海、榮城，周迴二三千里，處處水陸皆須永遠設防，所費太鉅，當此賠款鉅萬之際，經費將從何出。至蘇杭織絲綢，川楚織紗布，則各國亦必效尤改造土貨，中國工商生計從此盡矣。海軍無歸宿，陸兵無利器，威、旅棄則京畿無屏蔽，商民貧則軍餉無來源，各國欺陵，人民嗟怨，外患迭至，内變將作。恐係大學士李傷重昏迷之際，李經方等冒昧應允。竊惟遣使議和，乃朝廷休兵息民之盛德，顧全大局之苦衷。洞雖愚蒙，亦知仰體，斷不敢爲大言迂論以瀆宸聰。所慮者，京城不能安，和議不能成，不論遠患，先有近憂。伏望聖明熟思深察，可否敕下王大臣等迅速會議，設法補救，以候聖裁。但此時總須乞援，方易措手。惟有速向英、俄、德諸國力懇切商，優予利益，訂立密約，懇其實力相助。問其所欲，許以重謝，絶不吝惜。無論英、俄、德酬謝若何，其去中國較遠，總較倭患爲輕。此時先懇各國公同告倭，令其停戰議約，以便從容籌辦，尤爲緊要。迫切上陳，萬分惶悚。請代奏。宥。

江省需款緊迫請准借英克薩行一百萬鎊

致總署、户部 光緒二十一年三月二十六日酉刻發

江省需款緊迫，正月二月疊次奉旨准借洋款，近於三月内又奉旨准借數百萬兩。前經向英、德各行籌商已久，近接龔使電稱，已與英國克薩行借定一百萬鎊，周息六釐，九零五折，外無費用，二十年還，前五年付利，後十五年本利併還。龔已簽約，准三日内交十萬鎊。查江省用繁餉竭，捐借之款早罄。分防江海水陸數千里，南北新舊百數十營，又有礮臺、兵輪、洋弁等費，以及租買運兵輪船多隻，北路分設轉運十三局，月需數十餘萬，購礮械在外，爲數尤鉅。支應局款早罄，皆係挪借甯、蘇兩處各庫各局款及東征糧臺款，積欠各營各局及各洋行者纍纍，催領催還，日日逼迫，洞及司道實無從籌措搪抵。士卒嗷嗷，洋行責誚，令人難堪。目前非有洋款，萬難支持。和議雖有眉目，然恐尚有更變，防務一時斷難鬆懈。即使將來裁撤，亦須從容斟酌，斷不敢輕率貽患。至已欠之款，不能不付。竊思二十四日奉旨，將來南洋需用款項，由户部另行籌議，自係指整頓海軍、購船等事而言。至現在急需，前經三次奉旨准借洋款，龔使與洋商久已議有成説，現已經龔使簽字立約，未便失信。仰懇天恩將此一百萬鎊准其借用，由鹽課、釐金、籌捐等項歸還，不動關税。且匯豐事，龔使深知。龔在英立約，自必與匯豐無妨，況數止一百萬鎊，斷不致礙總税司所借鉅款，洞當督飭司道核實，撙節動用。如防務早定，仍可餘存，斷不致縻費耗盡。至王之春擬借之款，已遵旨電王，作爲罷論。謹披瀝上陳。請代奏。宥。

總署來電 光緒二十一年三月二十九日午刻到

奉旨：張之洞電奏請借款等語。南洋需款，既經龔照瑗訂定英商克薩行一百萬鎊，即著准其借用。嗣後恪遵前旨，不得再借。欽此。勘。

倭索全臺可援公法西例抵制致總署光緒二十一年三月二十六日亥刻發

王使之春來電，倭要盟索全臺。不應則慮北犯。應則粤、閩必譁，而臺民亦未必帖然，無計可紓宸慮。竊采西人公論，以普法之戰，普索法之阿勒撒士及樓阿來那二省，法不得不應，惟引西例，凡勒佔鄰土，必視百姓從違，普不能駮。至今二省，德、法兩籍相參，財産皆民自主。華可援近案商倭等語，乞代奏。春叩。敬。等語。謹照轉。請代奏。宥。

倭約意在吞噬中國甯割邊壤以聯英俄敵日致總署光緒二十一年四月初二日辰刻發

倭約萬分無理，地險、商利、餉力、兵權，一朝奪盡，神人共憤。意在吞噬中國，非僅割占數地而已。所有棄臺、旅之害，威海、劉島駐兵之害，與中國聯合備戰各條之害，二十六日電奏已詳陳。近聞通商條目、賠款限期，尤堪駭異。各省口岸、城邑、商業、工藝，輪船，處處任意往來，任意製造，一網打盡，工商生路盡矣。倭在華製造土貨，亦照洋貨納税，各國效尤如何能拒，釐金虧矣。賠款二萬萬兩，六年付清，又加五釐利息，即借英國洋款轉付，分期攤還，每年亦須還本息一千數百萬兩，各海關洋税空矣。今借款係赫德一手承辦，專借英款，將來無論如何搜括，亦不能還清，英國必索我地方作抵，是又生一患矣。民貧極則生亂，釐税去則無餉，陸師海軍永不能練，中國外無自强之望，内無勤匪之力矣。威、旅之兵必致永遠不撤，京城亦永無安枕之日矣。一倭如此，各大國援例要挾，動以窺伺京城爲詞，更不能拒，後患不可勝言矣。然非藉兵威不能廢約，此時欲廢倭約，保京城，安中國，惟有乞援强國一策，俄國已邀法、德阻倭占地，正可乘機懇之。乞援非可空言，必須予以界務、商務實利。竊思威、旅乃北洋門户，臺灣乃南洋咽喉，今朝廷既肯割此兩處與倭，何不即以此賂倭者轉而賂俄、英乎。所失不及其半，即可轉敗爲功。惟有懇請敕總署及出使大臣急與俄國商訂立密約，如肯助我攻倭，脅倭盡廢全約，即酌量劃分新疆之地，或南路回疆數城，或北路數城以酬之，並許以推廣商務。如英肯助我，則酌量劃分西藏之後藏一帶地，讓與若干以酬之，亦許以推廣商務。外洋通例，若此兩國有聯盟密約，有戰事即可相助，不在局外之例。俄現有兵艦三十餘艘在中國海面，英有兵艦二十餘艘在中國海面。俄、英兩國只須有一國允助，其兵船已足制倭而有餘。其船或開向横濱、長崎，或逕趨廣島，或游行南北洋。兵船一動，倭燄立沮。倭極畏西洋，斷不敢與俄、英開戰。若俄、英有一國相助，則兵不血刃而倭約自廢，京城自安。若倭敢戰，則我擊其陸兵，英、俄截其海道，攻其國都，倭必滅矣。同一棄地，而捐荒遠之西域，可保緊要之威、旅，全膏腴之臺灣，且可盡廢一切毒害中華之約。權其輕重，利害顯然。且遼東旅順，國家根本。臺灣歸化，康熙初年。而西域開拓，藏衛大定，則在乾隆中葉。先後緩急，亦自不同。譬如人有疾病，臺灣割棄，威、旅駐兵，咽喉之病也。内地處處通商，賠款力不能還，心腹之患也。西藏邊遠，髀肉之損也。蓋俄、英本强，然歷次條約尚無吞併中國之意，即以重利酬之，於彼有益，於我尚無大損。倭專心欲害中國，正苦餉力不足，若此約允行，則從此既强且富，是我助以吞噬中國之資矣。至倭約各條，處處包藏禍心，而字句巧黠，意圖含混。尤望將和議各條發交王大臣等細心閱看，自知其險毒之謀矣。此因和議已許割地，故擬爲此權宜轉移之策，冀以救急紓禍。憂憤迫切，仰候聖裁。請代奏。冬。

法願阻日割臺請密飭王之春密商

致總署光緒二十一年四月初三日戌刻發

前洋報言，法、德、俄阻倭割地，適王使之春抵法，特電囑與外部密商，探其所欲，告以必有酬謝。頃接復電云，奉豔電，屬密商外部，春當挽勘界西友往商，西以事可商，不須酬。問奉旨否。春以洞意挽再往。據復，俄、法聯集水師，兵力已厚，自可脅倭減約。俄已不許遼東，法應續阻臺灣。倭未必遽從，法、俄擬約德合力詰責，無慮英人袖手。此事至密，告華政府勿稍洩漏，恐不利於華。爲華計，先宜以各國不允索地，新約未便互換，藉此延宕。倭有外迫，必難持久，如此則將來地可歸華。若約已換，則各國分地於倭，與華無涉，以後華患更大云。語由私述，至外部尚未晤談。一切不能盡商，須有旨，方便登答，庶與駐使無礙等語。法既如此關切，且俄僅阻遼，法願阻倭割臺，尤爲難得機會。王之春機警敏捷，亦有決斷，長於應對。龔使較爲和緩，且現不在法國。可否請旨密飭王之春，就近切託外部，囑其力阻倭割臺、遼，并探其欲，許以厚謝。一面暫宕，力託各國展限換約，庶可挽回。事關大局安危，機不可失。伏候聖裁，不勝惶悚。請代奏。江。

可藉民變懇諸國拒倭

致總署光緒二十一年四月初五日亥刻發

初三日電奏，計已進呈。頃王使之春江電云，頃赴外部，約言德向助日，因俄、法牽制，復忌其强，遂有壓日之舉。兹日電稱，彼邦屢勝，礙難相讓，若照所請，恐激民變云。假如中國臺民、粵民變，何以處之，或足抵制。當稱謝，因請設法相助。隨問，奉旨否。對，未。但不便再商，若從民變著想，當有權衡等語。查路透電報，倭拒俄、法諸國，確係以恐激民變爲詞，正與法外部之言相同。倭既藉民變以拒諸國，我更可藉民變懇諸國以拒倭。昨臺撫唐江電稱，臺民不願歸倭，欲劫留崧與劉永福在臺同守，僅許送出老母而家具不准行。乘機欲亂，有劫司庫、械局之謀。以有備而止。廿八砍死中軍，槍傷平民。旋聞有各國阻止之信。目前稍定。儻無轉機，各官與良民均無生理矣。軍火萬難收回，存局者百姓不准提出。不知各國究有切實辦法能阻割地否。批准期到，大亂立起，電報驛站，人皆逃散，必致信息不通等語。是臺灣民變，其勢已成，遼民亦必不服，毫無虛假。竊思恐激民變一說，正合西例，可冀西洋各國動聽，且措詞最得體。仰懇朝廷熟籌全局，一面飭總署迅速與各公使商，一面電許、龔兩使，迅與俄、德、英商，電王使迅與法商，或有轉機。再，英袖手不管，必有隱情。上海傳言倭與英約分與利益，情形種種可疑。此說如確，我更宜與英商。倭餌英以利，我亦能爲。我許英者較厚，英自舍倭助我矣。即不相助，亦免助倭爲患，似甚緊要。英若作梗，則大局處處窒礙矣。恭候聖裁。請代奏。歌。

餉竭慮變請電英行交銀

致總署、户部光緒二十一年四月初八日丑刻發

克薩借款係上海麥加利行經手，在滬交銀，專待總署録旨，照會英使電告該行。初三、初四等日已電請總署照會英使。頃據上海麥加利行稱，接駐京英使電，未接總署明文，不能交款。事急餉竭，譁潰可慮，焦灼萬分，仰懇聖恩敕總署速照英使，令該行交銀。再，和戰大局未定，竊恐事變正多，兵事斷難速了。若不急籌餉需，禍變不堪設想，不勝惶悚待命之至。請代奏。庚。

法已發兵再予英俄實惠必爲我助

致總署光緒二十一年四月初九日申刻發

初七日奉旨，即電王使之春遵旨與法切實商辦。頃王使初八日來電云，連日商外部，伊云，倭已有怵。陽許減約，陰聳逼批。以機不可緩，言次遂發電調兵輪分布基隆、滬尾，限日到。請唐若法提督就商，萬勿疑貳。法并約西班牙協助，另電詰倭。德本勉從，英私詐，前臺電求英，置之不理，淡水英領事須防。縱令批准，法作不算等語。謹飛電上陳。法既已發兵阻臺，仰懇暫緩批准，熟察各國大局再定辦法。再，法外部一經中使與商，立即發兵相助，是俄、英各國此時仍有可圖。俄押遼而喜我以他地易之，仍可歸我。聞英已調香港兵船赴長崎，顯係忌俄得遼。大意不外或阻俄取遼，或脅倭索臺兩端。三國交忌，中華若乘此求助，當可互相牽制，令倭約自廢。伏望責成許、龔兩使，一切實商俄，一切實商英。予以實惠，必爲我助，務盡力圖之，勿狃於局外常談，失此機會。大局安危，不可不争此數日。迫切瀝陳，恭候聖裁。請代奏。

各國彼此交忌換約宜緩

致總署光緒二十一年四月初十日未刻發

傳聞十四日煙臺換約，此舉一定，實關大局安危。各國現在商辦，有已有辦法者，有未得確音者，但有强國出爲排解，總可挽回幾分。伏懇宸衷，務加審慎，迅飭總署、使臣，力懇各國切商倭人，展限數旬停戰議約，以便詳加斟酌，從容數旬，各國必有真實情形。彼此交忌，必然相争，庶可因時變通，相機補救。此時懇各國助戰則難，懇各國展期則易。若倉卒換約，各國皆怨，歸咎於我。豈不多樹數敵，鑄成大錯，悔不可追。謹合詞籲請，惶悚迫切。請代奏。之洞、寶泉、繼洵、德馨、秉衡、景崧、聯桂同肅。蒸。

請允借德商瑞記款

致總署、户部光緒二十一年四月十一日巳刻發

前因需餉甚急，託龔使向英商借款，久無定議。洋款反覆太多，恐致誤事。故一面飭上海道劉麒祥向各洋行商借。德商瑞記允借一百五十萬鎊，六釐息，九六扣，此外無行用，二十年還，先立草約。擬俟龔處借款如不成，再奏借瑞記之款。兹據上海道電稱，瑞記洋人李曼屢向該道稱，早已備十二萬鎊匯到上海，該外國行東在德國住月餘，此事匯費、電費及該洋東盤費共萬餘金。若借款忽作罷論，從何取償，堅請速奏，以便交銀。如必退借，則將此事用費息銀請該國公使向總署詢問，負氣争辯，其意甚堅

等語。查瑞記之款，扣數較輕，以一百萬鎊計之，較克薩九零五扣，可省三十八萬餘兩，以百五十萬鎊計之，可省五十七萬餘兩。出入太多，因候龔使借款準信，未敢遽定。又恐克薩反覆，餉需無著，故亦未敢辭退，擬俟克薩款不成再議，今瑞記既堅欲求借，情詞迫切，自係可靠。扣數輕減甚鉅，自未便棄之不用，坐令公帑受此多虧。且以後需借鉅款，此時所借自以輕減爲宜。瑞記係德商之款，亦免與赫德借款有礙。克薩款既爲赫德所不願，擬即借用瑞記款。相應電奏，請旨准將瑞記之款借用一百萬鎊，即由總署速告德國駐京公使，電知上海該行及德國本行，以便即日提銀。此款仍係江蘇鹽課、釐金及籌捐三項歸還，各海關作保，上海道、藩司俱用印。惟瑞記議定須一百五十萬鎊方肯借，江省止借一百萬鎊，其餘五十萬鎊既較匯豐減省，户部似可留用。如歸部用，應由關税歸還。其克薩之款，只可作爲罷論。仰懇聖裁訓示。如蒙俞允，并請飭總署速告德使。請代奏。真一。

請速與法續商助我

致總署 光緒二十一年四月十一日未刻發

前奉初七日電旨，當已恭録轉電王使之春欽遵，與外部切實商辦在案。茲接王電，法外部以兩使在法爲疑，停議兩日。換約期迫，一刻難緩，請催署知照法國駐京公使轉電外部。再，參贊慶常駐法廿年，深悉機宜，并請奏飭龔使，令慶常幫春辦事等語。查王之春與法外部商辦頗爲切實，已議有眉目，其辦法肯盡告王，並爲我畫策，立即派兵輪，其得力已有明徵。仰懇聖恩，敕令慶常幫同王使辦事，并飭總署速電龔使，并知照法公使轉電外部，俾得趕緊切實商辦。請代奏。真二。

展緩換約讓英法俄以邊地可期保臺

致總署 光緒二十一年四月十三日申刻發

俄已爭回遼、旅，可見聖心既定，一有展期換約之舉，倭即就範。法確允保臺，惟在朝廷令使臣切託，洞保法必肯實力相助。總之，十四日換約之期，務望展緩，即以臺灣民變爲詞。倭已得利，斷不肯自敗成約。伏懇電旨令許使商俄，王使商法，一面致謝，一面許以界務、商務實惠。懇俄始終力助，俾得徐議全約，若不再切懇，則俄除阻遼外不管矣。懇法速派兵輪赴臺。蓋界務、商務乃於彼國家有益，必懇助力。大國雖不圖錢財，斷無不圖土地之理。所謂守局外之説，乃係門面虚語，萬勿爲其所愚。此時惟英必須聯絡。英之袖手，明係願倭約得成，英可借二萬萬鉅款，以爲將來押我土地之謀，且可霑通商之益。擬請電龔使速回英與外部商，若能助我脅倭廢約，我必仍向英借二萬萬以爲修鐵路、買兵船、各項機器等事之用，仍多用英弁、英工。其新添之口，准英人通商，仍許酬以邊遠土地，英必盡力。總之，朝廷若肯以回疆數城讓俄，以後藏讓英，以雲南極邊地讓法，三國同助，則不惟臺灣可保，倭約竟可全廢，斷無戰事。將來酌予倭數百萬兩，除蘇、杭不許外，並准添數口通商，與西洋一律辦法，其餘各條概行删去，倭不能不聽。三國雖讓以邊地，不因此而加强。倭之毒計盡窮，筋疲力盡，不能再爲我害，此所謂不戰而屈人。轉禍爲福，轉敗爲功，在此一舉。並懇令總署一面與各國公使商，一面電許、王、龔三使速辦。參贊慶常甚有才，并懇令慶常隨王見外部商辦。求英助事，若召問赫德，必能爲中國出力籌畫。有數日之堅忍，即可固萬年之遠圖，安危大計，斷在宸衷。不勝急切。請代奏。元。

請電飭龔照瑗速回英

致總署光緒二十一年四月十八日戌刻發

十三日奉電旨，當即電王使之春與法外部密商，慶常幫辦，並知照龔使回英。嗣接總署諫電，亦即電王遵辦。茲王使電稱，奉旨逾四日，龔無行意。此事首重神速，法既允許，當先擬定辦法請旨，徒深焦灼等語。竊思法確有保臺之意，龔在法延宕太甚，徒致王掣肘。臺民洶洶，萬不能棄之不顧。惟有請旨令總署電龔，遵旨速回英。慶常留法，令實力助王。若僅由洞處轉電，恐龔仍不肯行也。臺事危迫，唐撫屢電催，不可再緩再誤，激切待命。請代奏。嘯。

民窮財盡賠款不可加

致總署光緒二十一年四月十九日丑刻發

俄、法、德已爲我將遼、旅争回，令倭換約展限七日，已蒙旨暫緩互換，乃以伊東一言恫喝，倉卒互換。伊藤允展限之電到，亦已無及。憤懣萬狀。然事機雖已屢誤，尚有補救一二之方。蓋我約雖換，倭斷不敢占遼、旅，必另索巨款抵補。前議二百兆，已足令中國民窮財盡矣，豈可再加。聞伊藤已向李相示意，此乃倭寇窘極狡極之計，萬不可又受其毒。此時要策，惟有堅持定見，但託俄議，不與倭議。聞俄本有擬與倭商立退地約據，如索償費，允代調停之説。蓋倭不能據遼，乃俄之威，非倭之讓。讓萬不必感，費自不必加。倭既不敢踞，俄又不肯占，倭計既窮，略爲敷衍，即可仍歸於我。即使俄不能代我減費，倭亦必自圖了事。若爲倭所愚，開口輕許，又耗巨款，中國更不支，禍患難言矣。臺灣情形亦與遼相同。惟有請敕龔使速回英，敕王使速與法切商，則臺全而不加鉅費與倭。錢財雖輕於土地，然譬如人身脂膏耗盡，何以自存。俄、法既經出頭，倭必無再戰之理。伏望朝廷堅忍力持，不勝大幸。請代奏。效。

臺民堅留唐景崧劉永福

致總署光緒二十一年四月二十二日午刻發

頃接臺民二十一日公電云，全臺紳民敬電稟者，臺灣屬倭，萬衆不服，迭請唐撫院代奏臺民下情，而事難挽回，如赤子之失父母，悲慘曷極。伏查臺灣已爲朝廷棄地，百姓無依，惟有死守，據爲島國，遥戴皇靈，爲南洋屏蔽。惟須有人統率，衆議堅留唐撫，暫仍理臺事，并留劉鎮永福鎮守臺南。一面懇請各國查照割地紳民不服公法，從公剖斷臺灣應作何處置，再送唐撫入京，劉鎮回任。臺民此舉，無非戀戴皇清，圖固守以待轉機。情形萬緊，伏乞代爲電奏。全臺紳民同泣叩等語。謹據情轉達。請代奏。禡。

轉王之春電約已換法無可助

致總署光緒二十一年四月二十三日卯刻發

王使之春來電云，號電謹悉，遵旨令慶常詢外部，因何不願接見，臺事有無辦法。據復，前商立約在未批准前，華既遲誤，三國勸倭展限，華不能緩。議院謂遼地全力已盡，不欲從頭再舉，故無可晤商，非敢慢使。又以恐德佔先步激之，彼不爲動。即前日法使向署問辦法，亦止探詢，無他意。查立約致緩之由，詳前電，誠可惜。現仍令慶隨時探問，一面候輪回華。乞代奏。春叩。箇。等語。謹照轉。請代奏。漾。

臺民自立餉械未便再解

致總署 光緒二十一年五月初四日寅刻發

頃接臺電，臺民忠義，誓不服倭。適唐撫奉旨內渡，臺遂自約爲民會之國，紳民蜂擁畢集，不放唐行，强唐撫留臺，唐無可奈何，允暫留，保民禦敵。並云該撫在此，則各官可行，該撫一人去，則無一人可脱矣等語。查臺民不願屬倭情形，屢經電奏。前奉旨撥濟臺餉五十萬及軍火各節，已撥三十萬，并酌撥舊槍并彈。現既自爲民會之國，以後餉械等事，自未便再爲接濟，以免枝節。謹電奏陳明。請代奏。支。

總署來電 光緒二十一年五月初五日戌刻到

奉旨：張之洞電奏已悉。臺事無從過問，餉械等自不宜再解，免生枝節。欽此。微。

總署來電 光緒二十一年五月初十日戌刻到

奉旨：現在和約既定，而臺民不服，據為島國，自已無從過問。惟近據英、德使臣言，上海、廣東均有軍械解往，並有勇丁由粤往臺，疑為暗中接濟，登之洋報。或係臺人自行私運，亦未可知。而此等謡傳，實於和約大有妨礙。著張之洞、奎俊、譚鍾麟、馬丕瑶飭查各海口，究竟有無私運軍械勇丁之事，設法禁止，免滋口實。欽此。蒸。

轉唐景崧電並懇贖臺

致總署 光緒二十一年五月初五日亥刻發

今日臺撫唐冬電稱，以後奏事及行文臺地暨內地各省，均仍用本銜及巡撫印。臺儻倖存，自仍歸中國。其印、旗係爲交涉各國結援而設，免中國受牽累等語。竊思此節甚關緊要，謹代電陳。查臺民依戀本朝，不願他屬，唐迫於臺民，不能內渡。唐現在辦法，洵屬無可奈何之苦心。事成則國家受其利，不成則該撫身受其害，諒蒙聖明鑒察。儻支持數月，倭氣已沮，當可與倭商贖臺之法。臺若贖回，所值甚多。請代奏。歌。

陳明所借瑞記洋款用途

致總署、户部、督辦軍務處 光緒二十一年五月十八日巳刻發

户部真電，查詢息借瑞記百萬鎊已否交款。此款四月十七日奉旨後，十九日即提到十二萬鎊。適鎊價甚低，九六扣，止合實銀七十八萬餘兩。除遵旨撥臺餉三十萬及該行扣去礮價九萬餘兩外，餘悉撥充防餉，早已告罄，現正陸續催提。竊思此次軍務，總由中國兵弱械缺，以致受此重傷，補牢之計，不可再緩。查此項洋款，陸續裁撤江南防營餉項約需百餘萬。現擬用德國洋將洋弁，趕緊練陸兵一萬人，已到德弁十六人，一年約需銀一百餘萬。創修江省開設大快槍廠一所，大快礮廠一所，約需銀二百餘萬。創修江北之海州、清江浦，江南之金山衛、滸浦、金陵等處，并改修

鎮江、江陰、吴淞等處各礮臺，購礮築臺約需一百數十萬。已有不敷，此項借款，仰懇聖恩敕部，萬勿撥作他用，不勝大幸。請代奏。嘯。

總署來電 光緒二十一年五月二十日午刻到

奉旨：張之洞電奏已悉。據稱瑞記借款已提用十二萬鎊，餘擬留為裁撤勇營及練兵、開廠、築臺之需，請飭部勿撥他用等語。現在善後諸事，皆應次第辦理，惟籌款艱難，亦須通籌全局，方能舉辦。張之洞所擬用洋將練兵萬人，開設槍礮全廠，修改各處礮臺，需款甚鉅。著將一切辦法及需用款項詳細聲叙，具摺再奏，請旨辦理。其湖北製造快槍，現已造成若干，是否合用。著一併奏聞。欽此。效。

由鎮江關撥米税津貼蕪湖關

致總署 光緒二十一年五月二十九日卯刻發

去年海防戒嚴，長江各口禁米出洋。嗣因北路采辦軍米甚多，經前督劉於十月内奏明，鎮江、上海准運米出口，蕪湖仍禁，以免漏釐而顧餉源，部議復准。茲值海防解嚴，蕪湖關道稟請開禁，江甯藩司、釐金局、鎮江關道均稟請不可開禁。查江南運米出口，歷來皆係自鎮江關裝輪販運。上游蕪湖一帶之米，皆用民船運赴鎮江銷售，赴蕪湖者寥寥。光緒十一年始有粤商多家徑赴蕪湖，多開米棧、礱房，裝輪下運。茲查鎮江關自上年九月十五日起至本年五月十五日止，計八箇月，鎮江關米税一項較往年多收四十三萬餘兩，而江甯、江蘇兩省於鎮江以上有釐金卡三處，共多收米釐二十餘萬兩。通計一年鎮關米税約可增多六十餘萬兩，甯、蘇三釐局米釐約可增多三十餘萬兩。兩項共增約一百萬兩，於安徽之米穀，釐金、常税收數依然如故，絲毫無損。且由皖至鎮皆用民船裝載，於小民生計亦甚有益，惟蕪湖洋關米税無收。查歷年蕪湖洋關米税，少者二十餘萬兩，至多者三十八萬兩。今若准輪船至蕪湖運載，則鎮江關米税頓減，而甯、蘇米釐三十餘萬金全歸烏有。當此籌餉萬分艱難之際，若棄此不擾商民之鉅款，實多窒礙難行。特是蕪關，既無米税，止有洋藥、百貨，收數既絀，撥餉難籌。謹與司道等熟商，擬請照蕪湖關米税最多三十八萬兩之數，由鎮江關照數撥補。於今年部撥蕪湖京協各餉内，由鎮江關照數代解三十八萬兩。如此，則蕪關税餉有著，而江省釐金無損。至蕪湖關税司及官吏、司事、巡丁人等辦公經費，擬即由江省三釐局查照向來蕪湖關需用之數，照案如數提出，津貼該關，以資辦公。擬請照此試辦一年，屆時體察情形，再行奏明辦理。洞於蕪、鎮兩關，同爲轄屬，毫無偏重。派員分投確查，詳加諮訪，具悉實在情形，不敢不通籌兼顧，以期商民無損，税釐有益。是否有當，請旨遵行。再，此後江海、鎮江、九江、江漢各關各種米糧，應請一律弛禁，准其查照定章販運。合併陳明。請代奏。豔。

唐景崧遵旨内渡已到甯

致總署 光緒二十一年五月二十九日卯刻發

奉鈞署陽電，令前護臺撫唐景崧設法脱身即歸，以免枝節，遵旨轉達等因。當即轉達去後。茲該前護撫已遵旨内渡，於本月二十七日到江甯。本日已晤面，懇爲代奏，請旨應否仍行入京陛見，候旨遵行。請代奏。豔。

總署來電光緒二十一年五月三十日申刻到

奉旨：張之洞電奏已悉，唐景崧著即休致回籍。欽此。卅。

遵旨保薦使才

致總署光緒二十一年閏五月十二日辰刻發

奉旨保薦使才，當係選擇出使日本人員。查川東道黎庶昌，老練持重，兩次出使東洋，熟習情形。該道學問素優，日本文人從游奉爲師範者甚多。因此該國大臣亦加敬禮。若黎再往，藉其舊日聲望，尚不致爲彼族所輕侮。此時姑且以老成雅重者虛與委蛇，使其政府不能遽測中國之情實，似爲合宜。又查有奏調江南差委湖南候補道陳允頤，曾以隨員、理事等官到過西洋、東洋、朝鮮各國，明習洋情，才具通達無滯，尚能斟酌輕重，亦可備使才之選。謹舉所知，恭候聖裁。請代奏。文。

丁槐忠勇果決請飭赴江南差委

致總署光緒二十一年閏五月二十八日午刻發

古州鎮丁槐聞其營即將裁撤。查該鎮忠勇果決，勤練耐勞，曾經洋戰，熟習營壘情形。且久在邊軍，不染腹省將領習氣。自去秋以來，洞所見將領甚多，如該鎮之不避艱苦，赴敵迅速者，實爲罕有。古州偏僻，平静無事，此次北來，糾合舊部得力將弁頗多，奔馳八千餘里。若將該軍遣散，未免可惜。該鎮回黔後，緑營無事，亦不足盡其長。竊惟今日可靠將才甚少，有用者似宜置之海疆。仰懇聖恩，可否飭丁槐赴江南差委，即率本部弁勇來江。如蒙俞允，洞當與熟商，除裁撤者遣回外，酌留數營，在江省認真操練，擇要屯劄，以備緩急徵調，必有實用。洞當酌裁江省現有之營，以抵其數，並不添餉。洞爲籌大局、儲將才起見。伏候聖裁。請代奏。勘。

懇將中日新約有關商務者電示以便速籌覆奏

致總署光緒二十一年六月初五日亥刻發

奉旨飭籌日本新約改造土貨，設法補救一節。連日正在督飭司道詢訪紳商，力籌妥法。惟外間並未接到總署頒行條約刊本，雖有傳鈔，不知字句是否相符。商務條約，字字皆有狡謀深意。仰懇敕總署將中日新約第六條及他條有關商務者電示，以便速籌覆奏。請代奏。歌。

總署來電光緒二十一年六月初一日午刻到

奉旨：前因日本約内改造土貨一節，電諭張之洞等籌商覆奏。現在商約尚未開議，其中關繫國計民生，應如何補救之處，著張之洞、奎俊、趙舒翹、廖壽豐併豫為籌議，迅速覆奏。欽此。豔。

修鐵路蘆漢宜先清江一路諸多不便

致總署光緒二十一年六月初九日亥刻發

養、庚兩電兩次奉旨飭保興辦鐵路之員，并令將清江一路熟籌具奏。查鐵路爲今日要圖，富强兼資，勢不可緩。惟此等大舉，必須通籌全局，將此路利益何在，需費若干，幾年告成，如何籌款，如何發端，如何推廣，籌有成算，始可下手舉辦。洞於閏月二十七日有條陳時事一摺，内一條專言鐵路，計本月半可到京。查鐵路以由漢口至蘆溝一路爲最要。此路四通八達，必宜先辦，其餘枝路由此而推。如此方有綱領，有次第。若清江一路，諸多不便。查湖口以上，外洋大兵艦不能到。若海州距清江二百餘里，毫無險隘，離海太近，易被敵截，弊一。鄰近輪船，運載罕利，弊二。路之東餘地無多，不能拓枝路之利，弊三。鐵路必受運一切深藏難出之物，然後有利。清江運道久通，蘊藏鮮少，弊四。蘆漢一路目前可用湘煤，將來可通晋煤，磁州一帶皆有煤礦。東路距煤鐵出産之區太遠，不便資用，弊五。築路以碎石爲第一要料，西路沿途皆有。東路取資頗艱，弊六。一國之内，幹路不能多設。創始偏東，則近西幹路不能再舉。將來引而加長，如南達湘、粤，西達川、陝均遠，弊七。黄河下游遷徙無定，弊八。直隸之津南，山東之湖路，常被水淹。路虞冲損，弊九。清江一路仍以天津爲歸宿，海口兵衝，實不穩便，弊十。幹路既成，自必多作枝路，西通潼關，東通濟南、濟甯、北通山西，南通湘、粤。由鎮江乘輪至漢口止兩三日，若專辦東路則無大益。此皆詢考洋人熟習鐵路者所言。至籌款之法，外洋風氣，若爲辦鐵路，借款既易，利息亦輕，可即用鐵路作押，不必海關作保。尤要者，鐵路辦法必以勘路繪圖爲先，宜速募洋工師數人，將蘆漢一路詳切測勘，並委員偕往照料，估工計費既定，再行舉辦。惟此路必須一年方能勘竣。初勘詳實，則將來或自辦，或包辦，皆有成算，而且迅速。德國鐵路最盛，獲利最饒，若託外部向鐵路衙門揀派得力官員來華，代我測勘尤善。至承辦此舉之員，必須廉潔無私，而又通達時務之員，最難其選，本日另電奏陳。總之，此事關係國家大利害，定地用人，務宜慎之於始。近年習氣，凡稍知洋務者，大率皆營私漁利之徒，斷難專任。總宜以廉正者爲主持，以敏幹者供策遣，庶可無弊。聞各國洋人紛紛赴京，向其公使處營謀承辦鐵路，不下數十人，此皆只圖謀利，不顧中國全局。伏望朝廷詳加權度，萬勿輕允其請，不勝翹禱。洞仰蒙垂詢，不敢不竭誠直陳。請代奏。佳。

總署來電 光緒二十一年閏五月二十二日申刻到

奉旨：興修鐵路為方今切要之圖，亟應舉辦。惟責任至重，必操守廉潔，明幹有為，熟諳情形之員，方能勝任。著張之洞悉心遴選，奏保數員，以備簡用。鐵路支幹，前據張之洞條奏頗為詳晰，著專由京至清江一路作何修造之處，再行熟籌具奏。欽此。養。

總署來電 光緒二十一年六月初八日申刻到

奉旨：前諭張之洞奏保辦理鐵路之員以備簡用，曾否遴選有人，著該督即行覆奏。欽此。庚。

遵旨保薦于蔭霖陳寶琛辦理鐵路致總署 光緒二十一年六月初九日亥刻發

奉旨命洞奏保辦鐵路人員。此事關係大局，必須才識兼優，操守可信者，始克勝任。查有前臺灣布政使于蔭霖，品行端方，才識明決，事必核實，應變有方。又前内閣學士陳寶琛，志趣遠大，條理精詳，究心洋務，果鋭有爲。該兩員若蒙朝廷加以委任，必能心存君國，絶不藉此牟利營私，則皆相同。此事任重款鉅，凡巧滑好利之流皆不相宜。謹舉所知，仰候聖明裁擇。請代奏。

佳二。

興修滬甯杭鐵路兵商兩利

致總署光緒二十一年六月初九日子刻發[一]

外國鐵路要義，利商與利兵兩大端並重。蘆漢幹路兵商兼利，此爲中國鐵路大綱。此外尚有一路可以興辦。查由上海造鐵路以通蘇州，而至江甯，旁通杭州，此路最有利於商。貨物蕃，行旅多，道路平，大河少，道里近，成功易，獲利速，又可杜外國行小輪之害。於江南富民籌餉之道均有益，借款亦不難。且去年辦防以來，蘇杭精華，力籌保衛。然各處距海皆不甚遠，內河紆遲，實難得無數重兵、精械分防援應。若鐵路既通，江甯、蘇、杭聯爲一氣，外遠內近，可以隨方策應，省兵省餉，是於兵亦有大益。洋商勸開此路，營謀代造者甚多，其利厚可知。朝廷如有意興辦，擬派員帶洋匠測勘，酌擬籌款辦法，再奏明請旨辦理。伏候聖裁訓示遵行。請代奏。佳三。

總署來電光緒二十一年六月十一日戌刻到

奉旨：張之洞電奏均悉。鐵路由蘆至漢，該督從前即主是議。究竟辦法若何，購路、造軌一切需費若干，諒已籌有大概。即著詳晰電覆。欽此。真。

請調琅威理來華教練南洋海軍

致總署、督辦軍務處光緒二十一年六月二十七日未刻發

南洋必需海軍，而現在各船皆木質，難禦敵。仰懇聖恩，飭調琅威理來華，令先到南洋察看情形，籌議應設戰艦幾艘，或大或小，若何配搭布置。然購艦款巨，恐一時難集，擬令先籌擬教練人才之法。就現有兵船擇其較可用者，即令該洋將督飭練習嫻熟，以備一有新船，即可駕駛應用，以免倉卒乏才，且不致虛糜養船經費，實於海防有益。伏候聖裁訓示。請代奏。感。

總署來電光緒二十一年七月初二日酉刻到

奉旨：張之洞兩電均悉。琅威理已允來華，俟該洋將到後，再定辦法。欽此。

俄假道修路後患無窮

致總署光緒二十一年七月初七日戌刻發

俄國建造西伯利鐵路，意在網羅亞洲東方一帶貿易。此路一成，凡歐亞相通之英、法、德三國公司輪船，無不大受其損。蓋行旅及細貨之取速達者，莫不舍舟就陸，惟賸重大貨物而又不求速達者，尚由船運耳。先聞總署允其假黑龍江南岸造鐵路，以接於海參崴已成之路，可省千里。近英文新聞紙又言，中國允其沿鴨綠江而南建造鐵路，以江口爲水陸銜接之所。查俄國久謀在東方覓一冬凍不久之海口，今以鴨綠江口畀之，此路一成，俄可獨擅亞洲東方貿易轉運之權。今中國方謀以鐵路自强，查鐵路之利凡分二大項，一收本國往來之利，一收外國貨物經過之利。中國目下力雖未逮，日後必須擴充，收外國之利而後路愈富，國愈强。中國居亞洲東方，此一帶貿易之利，中國應收之，俄國不應奪之也。且遼東根本重地，後患甚大，不可不防。爲今之計，惟有速

[一] 據電文所標順序，此電為佳三，置於佳二之後，疑發於次日之子刻。

與議，凡自俄境入華境以後，無論鴨緑江南岸、黑龍江南岸達於海口，其鐵路皆由中國修造。俄國運貨運兵皆可行用，惟運兵須議定章程限制。造路之費，即以本路作押，不須海關。其款即託俄代借，彼亦可有霑潤。我有此路，可操縱各國經過貨物之利權，運價多少由我酌定，其利甚大。既可振中國富强大局，且防無窮後患，不可不竭力争回，不勝急切。此舉關繫東方海面商務，事涉南洋，非敢越俎。俄人是否允許，可否諭知洞處，以便另籌辦法。伏望聖明鑒察。請代奏。陽一。

總署來電 光緒二十一年七月十一日酉刻到

陽電悉，俄假道修路，并未來商。真。

奉旨籌議倭約第六款補救辦法

致總署 光緒二十一年七月初七日戌刻發

奉旨籌議倭約第六款補救辦法，謹擬十九條。一、甯波口岸並無租界名目，洋商所居地名江北岸，即名曰洋人寄居之地。其巡捕一切由浙海關道出費，雇募洋人（允）〔充〕當〔一〕。今日本新開蘇、杭、沙市三處口岸，係在内地，與海口不同，應照甯波章程，不設租界名目。但指定地段，縱横四至，名爲通商場。其地方人民管轄之權，仍歸中國。其巡捕、緝匪、修路一切，俱由該地方官出資募人辦理。中國官須力任諸事，必爲妥辦，不准日本人自設巡捕，以免侵我轄地之權。二、製造貨物，自係單指通商口岸而言，華文有含混内地之意，須更正。任便兩字太寬，宜議定限制。三、出示曉諭，産貨地方須先完坐賈釐捐，方准售賣，無論洋商華商，一律辦理。日本人在内地購買土貨，只可暫行租棧存放，不准自行開行，不准自向散户收買，以免奪我産貨地方坐賈釐税，且杜華商影射洋票漏釐。四、内地收買土貨，准其租棧暫存，不准購買房地，懸掛招牌，所買土貨務須運載出口，不得在内地轉售。洋貨運入内地，須大宗販賣，不准零售。租棧應給地方公舉費用，須照華民房屋一律攤派。五、日本人在内地製造土貨，出廠後即完正税一道，運出通商地界，無論行銷内地及運出外洋，均須再完半税一道。六、通商章程善後條約第二款所載各項器用食物進出通商各口，皆准免税，原爲洋商在各口岸自用，爲數無多，故邀寬免。若作貨物轉售，應照值百抽五納税，不得藉口家用雜物，蒙混免税。七、日本輪船不准販運食鹽。八、米穀、銅錢不准販運出洋。九、軍火禁販，非有官買執照，不准進口。十、日本輪船不准拖帶民船，免致影射漏釐。十一、日本行内河輪船，尺寸大小，時刻早晚，須有限制，以免傷礙民船。十二、日本輪船只准到指定口岸裝卸人貨，不准沿途起卸搭載。十三、内河輪船應收船鈔，須較長江加多，以備修理河道之費。十四、日本人入内地辦貨賣貨，不准薙髮改爲華裝。違者，查出即作爲華人，照奸細治罪。十五、雇用華民工作，須按日給值，聽其自願，不得立約限期，抑勒作工，更不得鞭撻虐待。十六、裝運機器製造各物，須無傷民命，方能照准，不得以任便兩字藉口。十七、船隻非日本商人購置，行户藉日本商資本，不得懸挂日本旂。若有冒名包庇，查出即行充公。十八、製造各廠如有藏匿犯法華人，一面由地方官知照領事，一面即派人到廠緝拏，廠

〔一〕據刊本《張文襄公電稿》改。

主不得袒庇。如廠主確知爲好人，須照洋例存銀作保，到審訊日交出候審。十九、廠内如有華工滋鬧，毁傷機器廠屋，地方官只能辦犯，不能賠償。若僅罷工細故，應由廠主自行調停，官不與聞。此外如再有籌思所及之處，當再續陳。請代奏。陽二。

籌議招商設廠

致總署光緒二十一年七月十八日辰刻發

蘇州通商，奉旨籌議招商多設織布、織綢等局，及内河設小輪，就産貨地方先抽釐金三節，均爲維持國計民生要事，必應力籌兼顧，謹分爲三電覆陳。兩月以來，夙夜焦思，邀集官紳商董反覆籌議，並向蘇、滬商賈洋人廣爲詢訪。均謂空言勸導，終恐無益，必須官助以本，方易集事。惟官款無從籌措，近始思得一策。此次息借商款共二百二十六萬，五月已還利一次，十一月即應本利併還。擬即商明借户，以此款移爲開辦商務局之用。按期將利銀仍給借户，其本銀即轉借與商務局，令紳商公同承領，出具保結，并邀殷實錢莊、當店二十家作保。凡有願開辦機器仿製洋貨者，借給公款，至多不得過十萬，餘令該商自籌海關票。二年半後，官款還清，其息銀即由商務局認還，減爲年息六釐，分十年還清。此係以本地紳商之款濟本地紳商之用，似尚自然，公家絲毫不支。其願收回本銀不肯借者，聽之。至商利之事，機器繅絲爲一大端。其餘如製洋糖、洋瓷器、洋蠟、洋火柴、洋水泥、洋針、洋呢氈、洋酒之類，銷路皆極旺，均可仿造以敵洋貨。其繅絲廠擬設於無錫，兼開繭行。此外各廠，擬設於上海。現經上海道黄祖絡籌議，查有法租界之南，官地甚廣，擬修治道路，以備各項新設機器工作各廠，其願設於蘇州等處，亦聽之。洞手書章程數千言，詢商蘇滬紳富，舒翹復加切商。昨日得復電，以爲可行。至機器織綢，偏詢洋商，土綢應用何機，洋綢何式易銷，機價若干，皆不能確知。已令函詢外洋，接續酌辦。竊查絲爲綢之源，若我多設機器繅絲廠，已盡擅絲利，即與織綢無異矣。至織布紡紗，每一廠機器、廠屋、活本約需銀百萬。若欲多設，鉅資難籌，似只可另議。謹先覆奏。如蒙俞允，擬即曉示紳商，妥擬章程，再行奏明設局開辦。再，此事因須籌有切實辦法，方敢覆奏。合併陳明。請代奏。之洞、舒翹同肅。洽一。

籌議内河設小輪

致總署光緒二十一年七月十八日戌刻發〔一〕

内河設小輪一節，飭上海道黄祖絡勸辦，衆商願者極多。現擬分爲六路。由滬至蘇爲一路，由滬至杭爲一路，由蘇至鎮江爲一路，由鎮江至清江爲一路，由滬至崇明、海門、通州爲一路，由滬至甯波、台州爲一路。後三路非日本條約所有，因商人所願又便於民，故一併議辦。現據該道禀，已有人集股承辦，無須發給官款。每年除該船經費外，願以餘利一半報效充餉。惟請目前照完釐金，以後如洋人小輪開行時，彼止完一正税，或再完半税，相去懸絶，則華輪無人雇用，懇比照洋輪章程一律等語。竊思果如所請，則内河釐金全減爲洋税，斷不可行。查内河小輪之利，全在拖帶民船剥船運貨。洋人小輪自應照長江章程，不准拖帶民船剥船。據税務司言，此必可行。但能堅持舊章定約，且限制每

〔一〕此件發電時刻，據前後兩件，及電文、電末序號，似應與前後兩件同為辰刻。存疑。

河止准幾隻，則華輪自可照舊完釐。不知總署議約如何，伏望諭知，以便速飭定議趕造。請代奏。之洞、舒翹同肅。洽二。

籌議産貨地方先抽釐金

致總署 光緒二十一年七月十八日辰刻發

就産貨地方先抽釐金一節，查繭絲、棉花兩大宗，繭及絲向係於賣出時併抽一道，浙絲亦同。棉花視運行遠近，釐金多少不等。現擬飭江北、江南、通州等産花之處，皆責令花行分別發銷何地，將經過釐金併一次完納，其爲數較重者酌予核減。蓋如此辦法，透漏自無。且向來釐卡多係減成招徠，今併抽則雖減而實數無損。此外各貨，屢與甯、蘇兩釐局熟商。據云類繁路歧，一時難得良法。且尚非洋人注意，只可從緩陸續酌議。惟我於花行併抽，日本商人若向散户收買，則仍無益。查日本新約只云暫租棧存貨，並無准其開行字樣。惟有詳約切實議明，不准設行收買。一面密飭地方官，賣花皆須歸行發售，彼自不能買之散户。即間有向散户私收，總不甚便。本日詢造册税司葛顯禮，云開行一層必可禁止。至林董來詢先抽釐金一節，總署似可告以此乃江南因釐卡太多累商，故量加核減而併抽之。此中國恤民内政，與外國無涉。蓋此事終不能不使洋人知，不如明告較爲得體，且核減亦是實事。請代奏。之洞、舒翹同肅。洽三。

總署來電 光緒二十一年七月二十日酉刻到

奉旨：張之洞、趙舒翹電奏悉。江蘇息借商款二百二十六萬，著准其借給商務局，分十年歸還。惟開辦機器仿製洋貨，原為抵制外人起見，該廠商人亦須自籌貲本，不可全用官款，致外人藉口於官飭商辦，轉生枝節。小輪船專走内河，崇明、甯波兩路則涉外海，可不必辦。所請完稅免釐金，萬不能准。棉花就行抽釐，甚為扼要，著即照行。總之，此事務在得人，該督撫當協力同心，於興利之中先籌飭弊之法，是為至要。等因。欽此。哿。

籌議官助商力官督商辦紗廠絲廠

致總署 光緒二十一年七月十八日辰刻發

江蘇土貨，大利在棉花、蠶絲兩端。電旨令多設織布、織綢等局，最爲扼要，實深欽服。彼族欲盡奪江南商民生計，必須以全力争之。查織綢機價、工費一切辦法，中國向未辦過，已函詢外洋。竊思絲爲綢之源，紗爲布之源，若廣設機器繅絲、紡紗廠，即與織布、織綢無異。上海向有華洋絲廠、華商紗廠，獲利頗豐，絲廠利三分，紗廠利二分。若有鉅款大舉，即可盡收利權。假如設絲廠五所，每廠五百盆，計三千盆，通年用繭二萬三千五百擔，出絲約五千擔，中價值銀三百餘萬兩，廠竈、繭本、工費需二百四十萬兩，則江蘇一省之繭可全收盡矣。去年售繭八千餘擔，本年售繭二萬三千擔，全供上海絲廠之用。緣賣繭較賣絲省工，以後絲廠多，則賣繭者必逐年增多。開辦第一年可先設一千盆，以後按年視繭數遞增。假如設紡紗廠五所，每廠八萬一千錠，計四十萬五千錠。通年出紗二十四萬包，值銀一千二百四十萬兩。機器、廠屋、花本、工費需銀一千萬兩。則每年外洋進口洋紗之數，除上海原有各紗廠外，此五廠可全敵而拒之矣。貿易册每年洋紗進口值銀一千七百餘萬兩，現上海、湖北華洋紗廠實有不過二十萬錠，約值銀六百萬兩，照此辦法，日本雖欲在江蘇設機繅絲，固已無繭可買，雖欲設機紡紗，固已無路可銷。不獨東洋計沮，且西洋之紗亦必不來，洋商絲廠亦不能再添矣。或謂浙江之絲多於江蘇數倍，焉能盡收。不知浙人向不賣繭。現聞浙撫廖勸諭丁、龐兩紳設繅絲廠兩所，各借官本五萬。試辦以後，售繭之風漸開，則浙廠亦可漸增。以上辦法共需一千二百四十萬兩。第一年絲廠可少設。約需銀一千一百萬兩。華商力薄，上海已禀定各紗廠，至今定機器者僅一半。空言勸導，斷不能成。若欲豫杜狡謀，非官助商力不可。竊擬官代商借七成，令商自籌三成，或可速成。擬由官代借洋款五百萬兩，息六釐，合之江省息借商款二百萬兩，并仰懇將户部所借克薩洋款撥給一百萬兩，共得八百萬，餘歸商籌。此項洋款可不必海關作保，即以各本廠作保，兼以招商局作保。商局值五百萬，華洋皆知，但須奉旨後由各官蓋印。擬設一商務局，請旨敕令江省公正有名望之大紳，皆入局總理局事。商由紳保，事由商辦，領款由紳商出具保結。兼邀大錢當數十家作保，并委司道督辦。官稽察而不擾商權。届期商還總局，局還洋人，設有虧欠，紳商錢當公同借墊籌還，再爲收繳。一省同心，數十萬當不甚難。初年須籌款，次年以後除還洋款本利外，尚有盈餘。此乃官紳商合力保護江省商民生計，遵旨專就織布、織綢設法，必欲力障狂瀾。惟需借巨款，官紳擔承甚重，事不易辦。且人多議洞好借洋款，故擬此策而不敢上陳。不得已，又思得一小辦之法，已於本日第一電會奏。繼思電旨諄切，力保利權，既籌有盡據絲紗利權之法，爲計雖拙，不敢不上陳，以備一説。有無可采，恭候聖裁。抑或户部籌有良法鼓勵衆商，無須籌借巨款，尤所深願，自當遵行。請代奏。洽四。

修造蘆漢鐵路宜統籌全局

致總署 光緒二十一年七月十八日戌刻發

奉旨飭籌蘆漢鐵路如何辦法，需費若干等因。連日悉心籌畫，熟商西人及曾出洋人員。查造鐵路，以勘路、繪圖、估工爲第一義。外洋各國皆專設有鐵路衙門，尊如六部，其長官略如尚書。鐵路惟德國造最後，而工最精，利最厚。此舉必須電出使大臣，商託德國鐵路衙門派精熟誠實之員數人，并酌帶驅策之人來華，代我勘路。除蘆漢一路外，如有將來必須接修之幹路，必修之枝路，亦應趁此一氣勘明，以便通籌各路，分起四出測勘。即蘆漢一路，亦可南北分勘，方可迅速，大約至速必須一年。俟勘畢繪圖後，注明道里，議定路寬若干，鋼軌用若干頓重者，估定橋梁、車棧及火車貨車、客車之數。石印數百紙，分寄外洋各國工作大廠，令其估價，限若干日密封寄華。彙齊（折）[拆]封，擇其價廉而又係著名大廠者，令其承辦。包定工料用費若干，年限若干，不如式者如何議罰。外洋即係如此辦理。洋廠只包辦工程，其款悉由官籌，不必令兼攬借款。其買地、彈壓等事，須有委員經理。至工料、地價一切，平地每里在萬金以内，山河每里在萬金以外。道里及需費確數，須俟洋員勘估方確。若籌款一節，不外借洋款一法，華商集股，斷無其事。幹路成後，其路短而利厚之枝路，或有商股願辦。外洋惟借款修鐵路最爲樂從，款鉅而息輕，以爲此債最穩故也。即可以本路作押，無須海關作保。分還年限，宜稍寬以舒氣。現詢上海洋行有願息四釐半者。惟此款太鉅，應請飭使德大臣許侍郎向外洋銀行議借。因許使操守最可信，於託辦船械物料各件，從不沾染經手之費也。總之，鐵路爲今日自强首務，無論運兵運餉之便，即爲富民籌餉計，亦惟鐵路爲最大，遠勝開礦等事。德國境内鐵路進款餘利每年四千兆馬克，合銀十三萬萬兩，是其明證。蓋鐵路之餘利，尤在載人，不僅在運貨。近時論者，尚多隔膜。竊謂朝廷既决意興辦，必宜就此通籌全局，將應修各路一齊勘繪估計，然後體察緩急，審時量力，次第舉行，免致屢勞籌計。外洋見中國有此大志，已可隱戢欺陵。護鄂督譚已奉旨委員查勘湖北至江西、廣東之路，自係朝廷有意將幹路接修至粤。此路若能開通，則中國氣脉大暢。惟大庾嶺須洋匠測勘有何修造之法。應以蘆漢一路接至黄梅，在九江過江，經江西抵廣東省城爲幹路。此外應修者尚有數路。一由河南幹路孟津以西分修枝路，入潼關，至陝西省城。一由許州以北分修枝路，至河南省城，以達濟甯、清江。一由磁州以北分修枝路，在臨清州以北作橋跨運河，至山東省城，以達煙臺、威海。又一由上海修一路，經蘇、杭、鎮江以達金陵，另爲一事。此路行人最多，故利最旺，洋人極羨，願承辦此路。而於江浙海防調兵運械，亦有大益。一由通州造至張家口。此路據西人云，每年此路出口茶，進口羊、駝毛，牛皮，牛乳各貨，計車駝價甚巨，修成鐵路，亦有大利，可富蒙古。德國洋員應請多募數人，將六路一併分投勘估。幹路應將河北、河南、江南、嶺（兩）〔南〕〔一〕分爲四段測勘，到華後計一年餘即可勘畢。再行請旨定議先修何處。勘路得人，則雖多費十數萬，將來所省不止數百萬，此費實不能惜。蓋勘造鐵路一事，中國委員所勘不能爲據。高山能否開通，陡坡能否直上，橋梁能否建造，城市若何繞避，均須洋員習此者方解其法。至黄河能否造橋，或即用船過渡，均由洋員勘議。此時未勘估，興工以前似不必先派修路之員。即係包工，則修造以洋匠爲主，可無須另設專員。竊謂宜請欽派總理鐵路大臣一兩員，既駐京城，必須清正有人望者爲之，不在熟習工程與否。設一公所，令擇數員爲總辦，隨同籌畫。至明曉鐵路者亦須訪求數員，以資詢考，官階不必甚大，庶免蒙混漁利。鐵路所過省分，即派該省督撫爲幫辦，委員經理買地、彈壓、保護、看守等事，但委員不得掣肘。至所用鋼軌鐵料，自應先儘湖北官局所造，給價購用，不敷者購之外洋。如此辦法，工可堅好，費無浮糜，時不延曠，法簡易而有把握。此乃國家大政，華商斷無此巨款，且亦不可令商操此道路之權。若請集股者，必係洋商託名附股。所有自請集股承辦之官員，報效包攬之洋商，皆係貪狡妄人，務望駁斥不理。再，洞前奏開鐵路一條，原擬令小國商人承辦，分餘利與中國。細思究有流弊，仍以我自籌款，只令洋匠包工爲妥。謹聲明更正。請代奏。嘯。

日本新約第六款語欠明晰

致總署　光緒二十一年七月十九日午刻發

日本新約第六款從上海駛進吴淞江，及運河至蘇州府、杭州府等語。此條内運河二字，殊未明晰，當係指由蘇州至杭州之内河而言，抑係指由鎮江至蘇州之運河。竊思上文既承從上海駛進吴淞江，之下自當係由蘇入杭之路，非鎮江至蘇之運河也。洋文只係河渠之意，并非專指運河。務宜於詳約内指明河道經過地方，免致牽混。請代奏。并祈迅賜電示，以便籌畫小輪及釐金事宜。切禱。效一。

請調楊樞李圭來江南籌辦通商事宜

致總署　光緒二十一年七月十九日午刻發

蘇州創辦通商，諸事繁難，此係發端，尤關緊要。江省熟悉

〔一〕以上舛誤二處據刊本《張文襄公電稿》改。

洋務商務之員甚爲難得。查有前廣東候補道楊樞，曾到東洋、西洋充當隨員，熟習洋務，精細老練，且通曉洋文洋語。該員係廣州駐防，現丁憂在廣州。擬請旨飭調該員迅速前來江南差委，以便飭籌辦一切。再，浙江海甯州知州李圭，久在浙海關當差，曾經出洋，於商務最爲究心，蘇杭商務事多貫通。昨與浙撫廖商調該員來江籌辦通商事宜，俟諸事議有端緒，即令回浙。廖已復允，飭其即來蘇州及江甯。因李圭係實缺人員，合併奏聞。請代奏。效二。

甘回煽亂協濟槍械並請調陳鳳樓吴鳳柱協勦

致總署 光緒二十一年七月二十日戌刻發

甘回猖獗蔓延，深恐擾動大局，必須厚集兵力，迅圖撲滅。甘督楊、護陝撫張疊電告急，懇江南協濟軍火。已撥毛瑟槍二千枝，彈一百萬，來福槍二千枝，車礮二十尊，格林礮十尊，并火藥、礮彈、銅帽等分解濟用。甘督楊屢電商湖北，請撥兵協勦，鄂省實無可派撥。查昨接欽差劉咨，江南徐州鎮陳鳳樓馬隊三營共七百名，奉檄回徐州，而徐防已募新營填紮。吴提督鳳柱馬隊三營共五百名，亦奉檄回襄陽。鄂省亦因已募馬步新營填劄，正以去留爲難。江、楚兩省情形正復相同。之洞、繼洵往復電商，竊思有一策。甘省正盼援軍，馬隊利於西北，遠勝步隊，到甘亦迅速。陳、吴所部皆係江淮以北人，西路勦匪，正爲合用。擬請旨即飭徐州、襄陽兩軍馬隊六營，共一千二百名，馳援甘肅，聽甘督調遣，勿庸回襄、回徐。陳軍現尚在天津，未啓行，可即由津西行。吴軍先已拔隊赴襄，俟到襄後即令其馳赴西安，兩軍會齊。惟本日適吴提督過江甯，經之洞面商。據云兩軍各數百人，須合成一軍方有益，分爲兩軍則力單權分，不相統攝，恐難得力。至該提該鎮應派何員統率前往，聽候奏派等語。查所言亦甚中理。之洞體察陳、吴兩員，陳鳳樓似尤相宜。可否即派陳鳳樓統率前往，抑或派吴鳳柱前往，統候聖裁。其兩軍餉乾月需約共一萬四五千金，江南擬認三分之二，湖北認三分之一。但議定只供六箇月餉，六箇月後如回匪尚未平，再商甘督奏辦。留，則甘自出餉，或部撥專餉。不留，則遣回。大約數月後，該兩軍勦賊是否有效，已經顯著。如能殺賊立功，則將士均係精鋭，自應帶回仍劄原防，將募填之勇裁汰。如並不得力，則徑將此兩軍全行遣散，免至帶回江南、湖北，永遠糜餉。此舉就現有之馬隊赴甘省之急援，藉此亦可考驗兩軍優劣，有無用處，以定去留，似於西北大局不無裨益。如蒙俞允，陳鳳樓一軍所用間有前膛槍，江南去冬解津有新後膛馬槍一千枝，北路尚非急需，應請敕欽差劉、直督王查明撥給七百枝。如已發他營，即酌量另配足數。其馬匹亦併查明，如多有內地馬，即望將他防營新買北口馬撥換。務令槍馬一律精壯，遠征方能得力。謹合詞電奏，請旨遵行。請代奏。之洞、繼洵同肅。號。

總署來電 并致鄂督〔一〕 光緒二十一年七月二十二日申刻到

奉旨：張之洞、譚繼洵電悉。甘回煽亂，經張之洞籌解槍械，

〔一〕即譚繼洵。

具見力顧大局。所請將陳鳳樓、吴鳳柱兩軍調甘一節，陳鳳樓無所表見，吴鳳柱屢被參劾，且所部在津滋事，均無庸調往。現派陳湜帶十營，并方友升五營援甘，當可得力。張之洞條陳鐵路辦法，語太恢張，一時難辦。至所云譚繼洵奉旨查勘由鄂至粤等處鐵路，則並無其事，何緣妄傳，著查覆。張之洞近來電奏辭多繁冗，嗣後如有電奏，非數百字可盡者，即具摺以聞。欽此。養。

查覆護鄂督奉旨勘由鄂至粤鐵路一節等

致總署 光緒二十一年七月二十二日亥刻發

本日奉電旨，飭查覆護鄂督奉旨勘由鄂至粤鐵路一節。竊查六月二十二日接護鄂督譚電稱，廷寄准學士奏，鐵路由天津至鎮江，至漢口，過江西而達廣東爲一路，湖北已委員自江夏至興國，又自漢陽至黄梅過江西界止，兩路分投查勘，已電咨德中丞派員於交界處會商接勘。其信陽、樊城鐵路，亦已派員往查等語。洞因此誤會，不勝惶悚。再，洞前電奏募洋員分勘六路，原奏聲明，體察緩急，審時量力，次第舉行，免致屢勞籌計，外洋見中國有此大志，已可隱戢欺陵等語。各路所費極鉅，誠如聖諭，一時難辦。洞意係請勘繪估工，以備籌計，非欲同時並舉，措詞未能明晰，尤深悚惕。合併聲明。請代奏。禡。

滬蘇杭甯鐵路擬分節相機辦理

致總署 光緒二十一年九月十二日巳刻發

金陵至鎮江、蘇、杭、上海鐵路，有益商務、籌餉、海防三端，洞已兩次電奏。接蘇撫函，蘇紳籌商務節略，擬辦由蘇至滬鐵路，現擬先委洋弁勘路繪圖，俟估工籌款後再請旨辦理。大約先自吴淞口達上海，自滬達蘇、達鎮、達甯，分枝達杭，節節相機辦理。辦一節即有一節之利，不比他處。請代奏。文。

遵旨辦事當事事求實

致總署 光緒二十一年九月十九日亥刻發

恭讀十六日電旨，感悚莫名。鐵廠、槍礮廠現辦情形，并籌計經費，洞於八月二十八日謹分三摺兩片具奏，計已上達。洞才庸智淺，惟有矢此愚誠，尚堪自信。敬當懔遵聖諭，事事求實，不敢妄費，不容欺蒙。竊思此兩廠事多相連，招商總不甚便，似仍以籌款官辦爲宜。請代奏。效。

總署來電 光緒二十一年九月十六日亥刻到

奉旨：近聞湖北鐵廠採煤合用，大爐業已燒通，每年可出快槍七八千枝，鐵軌尤易鑄造。張之洞經理此事歷有年所，著將現辦情形切實覆奏。如經費不足，亦應確切直陳。現在時事多艱，中外大臣宜講求一實字。總之，毋妄費，毋受欺蒙，方有實濟。該督其深體此意。欽此。銑。

南洋兵輪須修竣始能填紮旅順

致總署 光緒二十一年十月十二日辰刻發

真電奉旨恭悉。前奉旨調輪填紮旅順，廟謨深遠。已飭速備。南洋五兵輪，一艘擱淺。餘均應修，方能出海。焦急萬狀，旬日疊催設法。頃據滬局電復，四輪分入華洋各局廠修，約月内趕修竣。前旨三月退還，計期尚來得及。查閩有兵輪二，擬商調併紮旅順。如月内未能全修畢，擬隨竣隨派往。如月内彼即退旅順，只可先派閩輪往。我有輪占塢，他國即不能生心。并陳明本日滬局始覆到，故前未敢冒昧具奏。請代奏。文。

總署來電 光緒二十一年九月二十二日酉刻到

奉旨：歸遼議定三月退兵，旅順地方雖經殘破，而形勢扼要，頗有他國覬覦。著張之洞將南洋所有各船收集查驗，一俟彼兵將退，調派數艦即日北駛，將船塢填紮。該督其熟籌利害，毋稍拘泥。並即電復。欽此。養。

總署來電 光緒二十一年十月十一日酉刻到

奉旨：前諭張之洞令將南洋各輪預備移泊旅順，至今未覆。茲牛莊、營口於十四日歸還，旅順交期亦即不遠。若虛而弗守，恐啓眈視之端。況膠澳已准俄船過冬，尤慮各國援為口實。著張之洞速飭帶輪員弁整頓北駛，先到煙臺，候信再進旅塢，毋得躭延。并即電奏。欽此。真。

已調閩輪趕修江輪陸續派往不致有誤

致總署 光緒二十一年十月十五日申刻發

元電奉旨恭悉。遵已調閩輪，并趕修江省輪，陸續派往，不致有誤。閩復電，福靖一輪先來。其建靖前經北洋訂妥赴津，現未竣工。至南洋各輪，往來滬鄂，載勇運械，行駛不停。南琛載勇在皖擱淺，沙深水涸，百計拖救，尚未出淺，現仍設法。凡修輪可緩則緩，以節經費。數輪在長江仍可行用，因北洋冬令風浪太大，故須修艙看底，方能出海。滬局塢修費較省，洋廠費多，故陸續入塢，爲節費計，今已分廠趕修。從前並非廢置海灘，謹據實陳明。洞連日在江上看魚雷艇及礮臺、車礮，軍事所需尤極經心。今輪少用繁，極力珍護，斷不敢令其閒曠。請代奏。咸。

總署來電 光緒二十一年十月十三日戌刻到

奉旨：張之洞電悉。南洋五輪，一擱淺而四待修，設無移泊之旨，豈竟任其廢置海灘耶。該督留心軍事，何以疏忽如此。現在旅順未交，著將四輪勒限趕修，并飭將弁整備一切。閩輪二艘，著准其先行調往。欽此。元。

俄將沃嘎克來甯晤談修鐵路事紀要

致總署 光緒二十一年十月十六日亥刻發

本月十一日，俄將沃嘎克見。問，來華何事。沃云，奉國命駐滬，探中國及東洋有關練兵用兵事，隨時稟報。問，來金陵何意。沃云，該公使命來見，因鐵路事。答云，鐵路總署主持，奏明請旨定奪，若我等閒談則可，但所説乃洞一人意見，非朝廷旨。沃云，中國究修鐵路否。答云，事勢必修。沃云，蘆漢路願與俄國鐵路接通否。答云，願接。沃云，籌款借修乎，抑令英、美等國代修乎。答云，此款鉅，若籌不足，擬借款，然總是我自修，用洋匠督工則可，斷不能令他國代修。沃云，甚是。俄國鐵路願與中國接，不願與他國接。並問洞意擬在何處接。答云，有兩路，一由天津、張家口、恰克圖出境，與俄接。一由山海關外奉天、吉林、黑龍江與俄接。克圖一路平坦，兼顧西路。沃云，我意宜在黑龍江接，恰圖一路少水少煤，不便。黑龍江雖有山，山脉係南北形，緣山可修，且有煤有柴有水。問，何以知有煤。答云，以山勢論之，無煤，柴亦可用。若修恰圖一路，則俄國西畢利之路東一大段太冷落，無利矣。答云，俄不願華路近西分俄路之利，我早知之。但修東路，於我東三省亦有益。洞又問，俄路在何處出海。沃云，擬在大連灣，其地終年不凍，勝琿春及天津。答云，大連灣誠好，兩國均有大益。從此歐洲細貨皆走鐵路，速而且穩。東海他國輪船之利，大半爲俄路所奪，中國亦有利。言至此，沃詞色欣快已極。洞因問，中國路款難籌，俄能代借否。沃云，當可，凡於華有益之事，於俄即有益，故俄助華，即是自助。問，息若干。沃云，未問本國，不敢言，然近日俄代華借款，非五釐乎。答云，煩轉致貴公使姑一詢代借款事。沃云，可一詢。臨行復切告以（土）〔上〕語〔一〕皆係閒談。次日即回滬。察沃將所見言皆緊要關鍵。若關外鐵路横接至大連灣，我據此不凍之海口，坐收俄國二萬里鐵路之利。且俄之援兵易到，旅順永遠無患，其利宏大。但大連灣海口萬不可讓與，俄國雖有德於我，此處萬不能假借。謹撮要密陳，以便朝廷籌計。事機萬緊，情形曲折，礙難删簡，併陳明。請代奏。諫。

總署來電光緒二十一年十月十八日戌刻到

奉旨：張之洞電悉。俄路現修至托穆司克。本欲横通海參崴，今派員假道勘路，則意在大連灣矣。與其彼來，莫如我接。前諭三省將軍，一面伴送俄員，一面隨地查勘，正是此意。惟集股甚難，借款亦不易，該督所陳，豈能遽辦。至俄款利息并非五釐，該督亦無庸輕與商借也。欽此。巧。

遵旨裁撤他省調來勇營致總署光緒二十一年十月二十二日亥刻發

奉旨裁撤他省調來勇營，自應欽遵。現已裁十四營一哨，以後仍當斟酌續裁。因月來北路遣勇及閩厦散勇絡繹，深恐湘、鄂壅滯生事，不敢不詳慎相機妥辦。請代奏。養。

總署來電光緒二十一年九月二十七日申刻到

奉旨：自昨歲用兵，而勇營之積弊畢露。北（土）〔上〕〔二〕諸軍除遣撤外，回防之營亦應嚴查空額，大加歸併。其由他省調至江南者，著張之洞速即裁撤，毋任虚糜。欽此。咸。

南洋各輪陸續北駛蘇滬鐵路已定議興辦致總署光緒二十一年十一月初六日辰刻發

歌電奉旨恭悉。南洋寰泰、開濟兩輪已修竣，料理器具薪糧，挑選水勇，準於初九日北駛。閩福靖一輪，初六日自閩北駛。餘鏡清、南瑞兩輪，亦隨後陸續北駛。至蘇滬鐵路一節，久已分派洋工師偕委員兩頭勘繪。一自江甯至鎮江而達蘇州，一自吴淞至上海而達蘇州，再接杭州。甯、鎮一段，洋員已勘畢，民情欣悦。蘇滬一段，勘路洋員不日即抵蘇。查蘇滬一段，利益最速，已定議興辦，事在必成。華商踴躍願辦，已飭議詳章及官路商路交接章程。現擬吴淞至上海縣三十里官辦，上海至蘇州二百餘里商辦，

〔一〕「土語」，應為「上語」。
〔二〕「北土」，似應為「北上」。

但商辦仍須官爲督理。其蘇州至江甯一段，另行籌議。請代奏。語。

總署來電 光緒二十一年十一月初五日戌刻到

奉旨：前據張之洞奏，南洋各船計十月底修齊。現在金、旅已復，船塢尚虛，南船何日北駛，著電復。又由滬達蘇鐵路有成議否，并電聞。欽此。歌。

江南四輪閩省一輪均抵旅順

致總署、督辦軍務處、天津王制台[一]

光緒二十一年十一月二十六日丑刻發

江南鏡清、南瑞，閩省福靖，共三輪，於二十四日到旅順。連前於十六日到旅之開濟、寰泰，前後五輪俱到齊。請代奏。宥。

光緒二十二年

鄂省市面缺錢銅鉛價貴擬鑄六分重銅錢

致總署 光緒二十二年二月二十四日亥刻發

沿江各省錢價奇貴，鄂省茶市在即，需錢既多，錢價尤貴，商民大困，市面惶擾。除嚴辦私銷，禁止出口，兼趕鑄銀元外，亟須多鑄銅錢，方足以濟民用而平市價。現已購辦銅、鉛，寄粤用機器鑄錢，運鄂行用。查粤局奏案，銅錢每文重八分，目下銅、鉛價貴，錢重則私銷必多，旋鑄旋毁，無裨大局。詳加核計，因時制宜，莫若每文改重六分，既可杜絶私銷，兼免多虧鑄本。經洞電商粤省錢局試鑄，只須圓徑減少半分，厚薄仍舊，輪廓字體均甚明顯。可否每文改重六分，事關奏案，急切待鑄。懇代奏，請旨遵行。之洞、繼洵同肅。敬。

拿獲會匪唐濟濬請旨先行革職

致總署[二] 光緒二十二年十一月初一日丑刻發

據緝捕局委員禀：防查有會匪頭目唐奇，改名唐濟濬，朦捐知縣，選授陝西清澗縣缺，在武漢來往，衣裝蹤跡詭異，禀請拏

[一] 即王文韶。
[二] 以下二件録自抄本《張之洞電稿·致北京電》。

辦。當飭拏獲，搜出唐奇獎札印文十一件，名片五件，僅把總獎札屬實，其都司、守備文札俱係冒充。上年在奉天當營官，即係冒充都司，九月撤營後，冬間始朦捐知縣，携有唐濟濬文憑。現該犯自認原名唐奇，原係武職，並經同在關外防營之遊擊蔣梓卿指認。查唐奇即唐遇龍，係已故提督唐仁廉之姪，上年在兩江署任内拏獲會匪副龍頭唐子鈞即唐冕供稱，與正龍頭唐奇即唐遇龍係唐仁廉之姪，在關外開營放飄，黨夥衆多，飄布簿據詞語悖逆。當將唐子鈞正法，並奏明在沿江一帶緝拏唐奇，務獲究辦在案。本年湖北拏獲會匪，供係唐奇會内之匪者亦多。今該犯冒充武員，朦捐文職，居心叵測，情節重大，已自認係唐奇正身，應請旨將部選清澗縣知縣唐濟濬先行革職，以便嚴審。緣該犯係實缺職官，現僅發交臬司飭營看管，黨羽甚衆，耳目甚廣，難於防範，若循例具摺，往返需時，深恐另生枝節。一俟奉到電旨，即可嚴密收禁，飭司審究確供，奏明請旨辦理。請代奏。卅。

審訊會匪唐濟濬朦捐知縣案

致總署 光緒二十二年十二月二十八日寅刻發

會匪唐奇一案，十一月初二日接總署冬電開，奉旨：張之洞電悉。知縣唐濟濬，查係在逃匪首，改名朦捐，著即革職，嚴訊確供，從重定擬，由電具奏。欽此。當即咨調江南此案人證一名，鄂省人證三名，並舊案新案俱供出唐奇爲匪之案據，交臬司督同讞局審訊。因案情重大，戒勿用刑，只係平心訊究。該匪供認即係唐奇，係唐仁廉之姪，行四，曾在奉天帶信勝左營，其冒充都司，朦捐知縣，皆已直認，惟不認入會爲匪。江、鄂兩省人證皆謂唐奇會名係唐遇龍，係唐仁廉之姪，在奉天帶信勝左營，又稱唐四少爺，江、鄂已辦各匪唐子鈞、劉長勝案卷内之供詞亦同。至其爲太極萬化山正龍頭，或云目擊，或云聽聞。電詢前盛京將軍裕，亦有訪拿匪首唐四少爺之案，但不知其名。該匪一味狡展，不肯認爲唐遇龍，未便遽行定罪。現擬監候待質，將該匪監禁十年，俟續查有確證確據，再行取供，奏明請旨。如十年之内別無證據，亦當奏明辦理。該匪夥黨甚衆，聲勢極廣，各處布散謠言，意圖淆惑衆聽。總之，此等重案，自當詳慎審辦，從未刑責一下。證人亦未用刑。斷不致輕率定讞。除詳晰具奏外，謹遵旨由電覆奏。請代奏。感。

光緒二十三年

湖北灾情甚重請截留漕糧賑濟

致總署 光緒二十三年正月二十日巳刻發

湖北上年水灾甚廣，隄潰太多，工賑並籌，需費甚鉅。曾經奏蒙聖恩准撥地丁等款共銀八萬，並蒙俞允展［辦］賑捐以充工賑，小民無不感頌鴻慈。惟隄工太鉅，已勉力湊發錢三十餘萬串，不敷尚多。而宜昌、施南、鄖陽三府又迭據禀報，上年秋霖爲患，所種（維）［雜］糧皆爛，民食（雜）［維］艱，亦經撥銀數萬賑濟。無如該三府皆係山鄉僻遠，運販難到。現在餘糧已盡，饑寒交迫，灾象愈顯，窮民多食草根、樹皮、觀音土，慘不忍睹，以致餓莩枕藉。疊飭司道及地方官多方籌款拯救，奈灾廣款微，無濟於事。奉撥之地丁現無存款可撥。鹽釐兩項，京協、本省軍餉及洋款所需，不能不顧。賑捐久成弩末，驟難集成鉅款。洞、洵等與司道地方官焦灼萬狀，悚疚莫名。既須辦安陸、荆州、荆門、漢陽等處水鄉之工，又須籌宜、施、鄖三府山鄉之賑，需款浩繁，羅掘已盡。竊思各省曾因灾賑奏准截留漕糧有案，湖北去冬採辦漕糧三萬石，計米價、運費例發銀七萬餘兩，雖經採辦，尚未起運。仰懇天恩俯准截留此項漕米及運費，以充工賑之需。當責令委員勸諭米商變價照數繳回原款，一面委員迅速分赴廣東、四川、江南等處［殷實各省］[一] 分勸賑捐，以資補苴而活灾黎。不勝激切惶悚待命之至。請代奏。之洞、繼洵同肅。號。

洋債國家作保一事電滬商妥即復

致總署 光緒二十三年三月十八日寅刻發

頃奉篠電，以洋債國家作保，慮及代還利害，屬會籌電復。遵轉電滬磋商，總期無弊，商妥即速復。恐上垂詢，請代奏。嘯。

總署來電 光緒二十三年三月十七日到

北洋轉盛京卿電，與英人恭佩珥議路債草約第三條，内載國家作保等語。儻届期公司力難措還，勢必要國家代償，似無代償之理。此中利害，不可不預為籌及。應如何慎防流弊，請貴督就近會商盛京卿妥晰電復。篠。

請撥款造路庶可有路抵借洋款

致總署 光緒二十三年三月二十五日午刻發

比銀行已到鄂會議兩次，亦欲國家作保，並須先用中國自有之款，再用該國借款。暗合造成一段，抵押一段之意。大約鐵路借款非比關票，彼執可以抵完關税也。故無論議借何國之款，皆須如此。會摺所請照原議先發部款千萬，趕緊開造，庶可有路抵借，而商股亦可漸致，以免虛曠歲月，係屬實情。洋人勘路，由漢至蘆大概已定。乞代奏。文韶、之洞、宣懷謹肅。有。

借洋債建路無損國家權益

致總署 光緒二十三年三月二十九日辰刻發

有電謹悉。蘆漢以拱衛爲本，商務其末也。惟因官款難全籌，

［一］以上脱、舛四處，據抄本《張之洞電稿·致北京電》補、校。

官事難核寔，乃立公司。又因商股宜漸集，商力宜扶持，乃准公司借洋債。蓋此路重在備緩急，不僅在課盈虚。即以盈虚論，如此長路，收費必盈。竊料竣工後，每年必有商股陸續可收，復有路利盈餘可提，寔有把握。但洋債合同既欲列國家作保字様，則鐵路不能不設一國家收回之説，未必確有其事也。况五年後，路本值四千餘萬，俟約還洋債一半，則以四千餘萬之路，僅抵銀一千數百萬矣，不妨再借第二款，所謂借債還債，公司亦已預籌及此。公司有人，豈甘暴棄。國家慮及收回無益，亦譬如官款官造而已。况路在商手，祗有路費可償。路在官手，更有路税路釐可償。債款有著，便無難事。事關久遠，不憚審思。謹再據實詳陳，伏祈垂察代奏。文韶、之洞、宣懷同肅。艷。

總署來電光緒二十三年三月二十五日到

箇電悉。借款既須國家作保，盈虚自當審慎。來電所擬攤還出款係有定之數，而路利所入尚虚懸之款，每年以入抵出，有無實在把握。至謂公司果不能還，路歸國家收回云云。公司既無利可圖，收回亦屬無益。務希再行會同詳細體察電復。有。

建路借洋債國家但有作保之説決非代還

致總署光緒二十三年四月初三日午刻發

二十九日欽奉電旨：鐵路既設公司，借款應歸公司擔保，何以洋人復索國家作保。况此路未成及甫成而未獲利時，此項洋息從何取給，豈亦由國家代還耶，著再分晰電奏。等因。欽此。查前五年路未成時，每年止還利二十萬鎊，即在成本内開支。所招之商股，所借之洋債，皆成本也。後五年路甫成時並不還本，仍止還利二十萬鎊。其時商股必已雲集，應還洋息即在商股及路利内開支。路利雖不甚豐，必敷洋息一半十餘萬鎊之數，此確有把握者也。此路全工約計，本不須借洋款四百萬鎊之數。所以多借數十萬鎊者，正爲此十年内未成甫成之際，商股、路利設或不敷洋息，以此數十萬鎊備湊還之用。照此計算，可資取給公司，既無失信之虞，國家自更無代還之事。蓋公司係屬認還之人，不僅擔保。國家但有作保之説，決非代還。惟洋人以二十年爲日方長。公司之予奪，督辦之委任，鐵路之利益，操縱均在國家，此各國議借路款，仍須國家保其本息有著之故也。近日比國銀行所擬合同原稿，國家作保之下尚有公司如不能還，應將鐵路由國家收回代還本利字様。因此語不妥，特爲力辯將其删去，止云作保。可見代還與作保迥不相同。現與比行熟商，令其併將作保二字删去，比行決意不肯。該銀行直言，比係小國，既無圖占中國鐵路之心，又無兵力，故不能不仰望國家作保。前與各洋商議借，雖章程各異，作保亦同。現已屬比領事請其公使姑且電商彼國，意甚爲難，允以三日回信。大抵僅給借款之額，利則必保，若併與承辦管路之全權，則不必保。權衡輕重，似宜循借款抵保之原議，未可貽事權屬人之鉅累。竊謂蘆漢一路，乃中國全路之大綱，將來南抵粤海，北接吉林，中權扼要在此，生發根基亦在此。氣勢暢通，全局自振，運載之利猶其末也。且俄人造路，程工甚急，勢必五年之後，即催我與之相接，否則要求代造，我雖欲不接造而不能。故蘆漢幹路，論近效則聯中國各省之氣脉，論遠效則通歐洲各國之轉運。但患路工之不速，不患路利之不豐。若蘆漢借款有所阻礙，則官款商股一時力絀，無以爲騰挪周轉之資，生發擴充之地。其關繫事機之得失，誠非細故。臣等肩茲重任，所難惟在謀始。

時局艱危，急須挽救，事機易誤，歲月如馳，若五年之内自强大計尚未立定規模，則五年以後中外如何情形實難逆料。深慮鉅工未能早成，不勝憂懼。謹遵旨會議分晰覆陳，仰懇朝廷俯念路工關繫時局，保借毫無流弊。恩准維持，大局幸甚。請代奏。文韶、之洞、宣懷同肅。江。

借比債修路已立草約

致總署 光緒二十三年四月初六日亥刻發

豪電復奏後，又與比行切商。總公司係奉旨承辦，但經國家核准，其權利必能歸還借款。頃比行面稱，彼國復電，果能如此，即不寫國家作保亦可。比使自京復電，意亦轉圜。惟該行必欲知公司之權利，確能措還借款之實際，即允此合同只須國家批准，删去擔保字樣。當即告以已請朝廷准總公司承辦四五十年，並請推廣蘇杭、粵漢、瀋吉南北鐵路，日久則自有輾轉孳生之利，任專則自有周轉酌劑之權，足可放心。該行聞此，意已釋然，當即定議。已立草約，一二日内即可畫押。謹此會同電奏，以慰宸廑。請代奏。文韶、之洞、宣懷同肅。語。

遵旨將草合同全録電陳

致總署 光緒二十三年四月初九日午刻發

初八奉電旨，借款草合同底著即電來，且勿畫押等因。謹查草合同本係載明會同具摺奏陳，候旨批准，由總署將批准日期照會比使，於兩箇月内再行畫押，立爲正合同等語。並與訂明正合同必候具摺批准，如不准仍作廢。因各國猜忌，新聞紙屢言借款難成，或致變卦，故擬先立草合同也。至條款毫無牽涉權利及推廣辦法。惟該行慮本利須三十年還清，若須展限則更久，欲將總公司承辦年限憑據粘入合同。告以無此體制，止許其俟奏准後鈔給閲看。蓋西例，承辦之人可隨時更换，而承辦之公司必有年限也。彼又慮蘆漢無甚利益，則還款亦無把握，與朝廷所慮之意相同。故告以公司可請推廣生發，此僅面告以放其心，並未列入合同。兹遵將草合同全録電陳。此合同如能照辦不變，較之美國包辦分紅股之議，權利尚不致失。至利息原議五釐不扣，現照美國與議四釐九扣，另給買料五釐酬勞，尚須俟本利數目清單算准再定。應否定議，伏乞聖裁。請代奏。文韶、之洞、宣懷謹肅。合同底遵已逕電總署，另飭津局鈔呈。佳。

英倭欲借口以兵力踞長江險要

致總署〔一〕 光緒二十三年十一月二十一日亥刻發

上海蔡道鈞電，倭總領事告，倭副將一員、都司一員，來鄂見洞面議要事，已自滬啓行，一二日即到。蔡又電，聞英倭有合保東方商務之説，等語。久聞英有謀長江之謀，又聞倭已定煤三十萬噸，此次遣武員來鄂，必非議商務租界可知。然則所謂保商務者，恐是英倭合謀，借口欲以兵力踞長江險要耳。總之，德事

〔一〕録自王金科輯《張之洞電稿》，《文物春秋》一九九〇年一至三期合訂本。

若不速了，德大隊兵船一到，各國紛紛效尤，大局將不可問，危險之至。德慾甚奢，甚難就範，但恐愈遲則愈難矣。俟倭將到後，情形如何，當即電達。再，奉旨籌辦唐心口堤工，該工事難費巨，已奏明親往查勘，今日已啓行，數日即回省，并陳。之洞肅。效。

膠州教案危迫擬交涉五條

致總署、天津王制台 光緒二十三年十一月三十日未刻發

二十六日電旨恭悉。膠事危迫，焦憤萬分，遵旨擬五條。

一、請電旨速派許景澄爲頭等欽差，酌加一銜以重之。令自謁德主，情悃易通，德主真意易測，商辦較爲活便。惟國書一時難寄到，恐彼不認。擬請辦就國書送海使一閱，囑其電告外部。一面由總署徑電德外部，囑其速認速見。許爲人精密穩慎，雖頭等，斷不敢專擅。可否請由朝廷發國電徑達德主，尤得力。

一、此事以教案爲根。聞德人言，山東教士歷年憤鬱，此案初出，教士徑電德主，言係官兵所殺，必有官主使。故德主甚怒，立電兵船據膠。嗣接教士續電，言係散勇，德廷立電水師提督離開膠州。十月二十八日電到滬，故水師旋出膠城。此時許使宜先將教案立論，言教案已極力速辦，可優於所索。即在濟甯發巨款十萬，由官代修一新教堂，敕賜匾額，仿宣武門教堂故事，并酌賞古玩器物。一面降明旨通諭，禁薄待教士，并詳述教係勸善。德雖是藉口占地，然教士之憤稍平，則助勢激衆者較少。

一、德有歸遼之功，必應酬謝。德無屯兵之島，必予一地。惟膠灣必宜設法商令退還，恐各國效尤。俄占旅順，倭占威海，英占吳淞，法占瓊州，海口全失，海軍無澳，永無自强之望，不可爲國矣。只可以福建他島與之，以爲酬謝。雖或加他項利益，亦可至膠改作商埠，多給租界，能如署議最妥。

一、六條中惟山東鐵路一條最毒惡，意在吞吸全齊。硬駁彼必不允，或以江甯至滬鐵路與之相抵。海使曾遣德員來鄂商盛京卿及洞，欲攬辦甯滬鐵路借款，利息五釐一毫半，本息俱攤在內，六十年還清，不再還本。盛京卿細核並不喫虧，較招商股息尚輕。如肯以此路相抵，較勝。且路從滬起，各國牽掣爲患較輕。

一、各國乘機效尤，紛紛占地，各國皆同，俄亦自爲，並無軒輊。惟俄艦已集旅順，無術麾之使去。聞俄禁兵登岸，囑勿驚疑，且告我極力相助，是俄尚有分寸，尚有外面，較之英來文明言索地者稍勝。只可因而用之，密速切懇相助。但議定事成後，大連灣萬勿久占，以免他國藉口，我當別予酬謝。

總之，三年以來，各國蓄謀分占，横暴無理，實無善策。惟有熟權利害之輕重、遠近、緩急，但使其害歲月稍緩，距京師津滬稍遠，尚容我於數年間趕緊振作補救，尚可勉力支持，徐觀各國之變。若各海口盡爲各國分踞，扼我咽喉，斷我南北海道，四面困逼，富强無資，中國直如印度矣。至此事許使與議，總以能將了結教案與讓地屯兵劃分爲兩事，最爲竅要。讓地是酬謝他，不歸教案。如此，則以後教案方有辦法，否則一教案即占地，中國斷無策以善其後也。海使延宕，專待彼大隊兵船，船到，立逼定議。彼時各國勸不及勸，援不及援，謀不及謀，險毒已極。故此時尤以迅速設法爲至要。事機萬緊，痛憤憂灼，勉陳管見，以備朝廷采擇。請代奏。卅。

總署來電〔一〕 并致天津王制台、江甯劉制台〔二〕 光緒二十三年十一月二十六日酉刻到

奉旨：劉坤一電悉。英將之言雖未可盡信，然聯盟分占之説，朝廷亦早有所聞。此時機括全在膠澳，膠澳不退，則各國蜂起，現在只可穩住各國，虛與委蛇，俟海靖回電到後再與商辦。若能將膠澳開作通商口岸，而另給澳中租界為德國屯煤泊船之所，或可暫息紛爭。若僅聯一二國，此輕彼重，適啓争局，恐非長策。著該督等從長計較，各抒所見，切實電奏，以備採擇。將此諭知劉坤一、王文韶、張之洞知之。欽此。宥。

總署來電 光緒二十三年十二月初二日申刻到

奉旨：張之洞電悉。五條尚合機宜，此時教案將結未結，俟結案退兵後，劃開辦理。欽此。冬。

俄占旅順英必效尤

致總署 光緒二十三年十二月初五日午刻發

連接上海道及在滬各委員函稱，并各種洋報均云，英深忌俄，如中國予俄以權，英必力保長江商務。至保江一節，或云踞吳淞口，或云英擬在吳淞自建礮臺，或云踞舟山及吳淞口外各島，或云入江直至重慶一帶。説雖異，意則同。據上海蔡道電稱，英領事告該道，請准其兵船人等每日往游礮臺，已婉却之等語。是各種傳説却非無因。路透電報云，聞中國借俄款修旅順礮臺，俄人監工，俄向中國索諸軍須改用俄人爲教習，鐵路英工司均須辭去等語。憤忌情形，迫切已極。現在德事既將膠灣劃開另議，是所患又不在德而在俄。總之，俄於此時若不明占旅灣，英即無從藉口。德不硬踞膠灣，俄亦無從藉口。在我無論如何將他事遷就受虧，總須令俄不擅北洋之權。若俄有明利，英必不甘，大局無從維持矣。俄、德係通謀，英、俄係仇敵，而其爲效尤圖我則一。倭將事另電詳陳。請代奏。微。

兼聯各國互相牽制或可稍戢凶鋒

致總署 光緒二十三年十二月初十日辰刻發

傳聞教案已結復翻，英艦亦赴旅順與俄争泊，法六艦集滬，欲藉四明公所舊案生衅，種種危險萬分。竊揆今日情事，必須將英國安頓妥帖，善爲羈縻，不然必有急禍。英久擅東方海面商利，此時深忌俄、德、法而聯倭。英東方兵船最多，彼一面逞忿於俄，一面將肆毒於我。英水師將向自强軍總辦沈道言，欲入長江，自吳淞至重慶以護商，勢恐不免，川楚或未必，吳淞、鎮江危矣。前奉宥電諭旨，若僅聯一二國，適啓争局，誠爲至當不易之論。此時既不能拒德，又不能逐俄，顯有偏重，似以兼聯英、倭爲要策。德使詭計，乃藉端生波，待其大隊兵船，彼時各國同時下手，我若聯英，尚可與商和緩辦法，我不聯英，彼自用兵力强（古）〔占〕矣。英船入江，將沿江礮臺占踞，於口岸處所陸兵登岸屯劄，腹心已潰。且各省商民驚擾，匪徒乘機徧燒教堂，大局不可爲矣。今日急著，約有四端，首在迅速兼聯英、倭，英既聯則倭

〔一〕以下二來電録自苑書義等主編《張之洞全集》第三册，第二一〇九至二一一〇頁，河北人民出版社，一九九八年版。

〔二〕即劉坤一。

附之。至聯英之法，英將有中國出費予英艦保護之語，又云，英政府意伊未能知，須中國派專使與英商等語。似可切詢總税司赫德，英國意擬如何聯法，即可與英公使密商，告以專使前往太遲，恐來不及，即電駐英羅使，令速商外部。仍懇發國電徑致英主切商。一也。德事仍望電派許使爲頭等欽差見德主面陳，并致國電。德主好兵而性暴，冀稍緩其欲。二也。俄既不能阻德占膠，又不勸了教案，且貽英國口實，幫助何在。宜切實懇之，許以他項利益，萬勿占旅。三也。倭情甚急，自欲防害，必無奢望，落得聯之，另電詳陳。四也。大率俄、德、法爲一黨，英、倭爲一黨，彼分黨合謀，效尤圖我，并無軒輊，前卅電已詳陳。然羈縻英、倭，則俄、德、法稍有所忌。結交俄國，則英所求亦不能甚奢。而尤在先息德主之暴，各國互相觀望牽制，或可稍戢凶鋒，正與前旨不專聯一二國之意相符。南洋劉來電，亦深願聯英、倭。事機萬緊，遲至臘底，恐決裂難補救矣。迫切上陳。請代奏。蒸一。

日派員來鄂意欲與我聯英以抗俄德法

致總署 光緒二十三年十二月初十日巳刻發

倭參謀部副將神尾光臣到鄂，洞出省未回，江漢關道及洋務委員見之。伊深談傾吐，大略言，前年之戰，彼此俱誤。今日西洋白人日熾，中東日危，中東係同種、同文、同教之國，深願與中國聯絡。此係其國陸軍二等提督川上操六之意，命之前來，囑轉告洞等語。近日其參謀部員宇都宫太郎又來鄂見洞，致其提督川上操六之命，送日本地圖及政治書各一部。語極殷勤，意在兩國聯絡。并言，今日武備最要，囑派人到彼入武備及各種學堂，地近費省，該國必優待切教等語。復密向委員談，倭已與英聯盟，倭願助中，助有三法。一、用兵船。倭船足能敵俄、德現派來之船，但恐續到船多。一、用口説勸解，但恐不聽。一、聯英以助中。惟第三法尚易行等語。洞因其官階較小，令電致神尾光臣，令速再來鄂，來時問明川上操六及其管陸軍小松王主意，伊已發電矣。大抵倭見俄日强，德日横，法將踵起，英亦效尤，海口盡占，中國固危，倭四面皆受强鄰之逼，彼亦危矣。故今日急欲聯英聯中以抗俄、德，而圖自保。彼既願助，我落得用之。蓋倭不能抗俄、德，英水師則能之。聯倭者，所以爲聯英之樞紐也。倭肯出力勸英與我聯，則英不能非理要求，而我可藉英之援助矣。我不與倭聯，則彼將附英以窺長江矣。倭人此舉，利害甚明，於我似甚有益。俟神尾來晤後，即詳陳。請代奏。蒸二。

日員又來勸我聯英懇諭示大指

致總署 光緒二十三年十二月初十日亥刻發

日本參謀宇都宫今晚又密告，伊此來實係奉其内旨而來，密商聯交之事。語尤切實，且勸我聯英。力諫聯英之利，不聯英之害，頗有辦法。察其語氣，似英人陰謀，倭已全知。今晨蒸兩電奏想已上達，伏懇諭示此事大指，以便斟酌相機酬對。請代奏。蒸亥。

總署來電〔一〕 光緒二十三年十二月十二日戌刻到

奉旨：張之洞三電均悉。中日修好之後，本無不洽，若遽連

〔一〕録自苑書義等主編《張之洞全集》第三册，第二一一三頁，河北人民出版社，一九九八年版。

横，恐北方之患必起，倭將所請斷勿輕允，是為至要。欽此。文。

三省自修粵漢鐵路請勿允英

致總署光緒二十三年十二月二十二日申刻發

聞德國租佔膠澳，并允承辦山東鐵路，英、法皆甚豔羡。香港洋報載，英國所當急行者，建造鐵路之利，理應幹營中國中路或廣東建築軌道，方不致落他人之後等語。近有日本人來鄂，密稱英國欲借款修路，并欲香港對岸深水埠地方。證之西報，英覬覦鐵路從粵東下手以達漢口，蓄謀必確。今春英商屢求承造粵路，堅持未允。現在德與俄、法均得路權，英若遽向總署要索，勢難空言拒絕。現據湘、粵、鄂三省紳商公呈總公司，籲請會奏立案，由三省紳商自行承辦，仍歸總公司綜其綱領。除批准一面即日具摺會奏外，如果目前各國有以粵漢鐵路爲請者，應即告以三省紳民先已遞呈，議定合立公司，准歸自辦，藉杜其口。現在沿海沿邊無以自保，要在保我腹心，徐圖補救。若使英人佔造粵漢軌道，既扼我沿海咽喉，復貫我內地腹心。以後雖有智勇，無所復施，中國不能自立矣。事機萬分危迫，用敢先行據實電陳，伏祈飭總署預爲防範。此事關係大局安危，不僅鐵路一端也。請代奏。文韶、之洞、宣懷謹肅。養。

樹枬按：十二月二十二日致王制台電云，英覬粵漢鐵路甚亟，大局將危，楚、粵士民均甚惶恐焦急。因與陳右帥電商，博采士民公議。現經湘、粵、鄂三省紳商公呈總公司，請會奏立案。除敘一摺兩片，會列台衔，迅速繕發摘要另電外，尚恐摺遲，先擬電奏，以備抵制，務懇迅賜酌定轉發。云云。

英欲借款與我必居奇要挾請勿允

致總署光緒二十三年十二月二十四日未刻發

各洋報屢言，英國國家欲借款與中國，利息甚輕，已赴京商議等語，聞之不勝詫異憂慮。英廷此時因德事不甘，正欲效尤要挾，何以反肯以輕息借我。若議借款，必索釐金、鹽課抵押，且必干我利權，如令赫德兼管釐金等事，爲害甚烈。查目前借款，想即係明年五月應付日本一萬萬之款。竊思此款，似可別籌辦法。查日本和約，餘款一萬萬平分六次交納，未經交完之款，按年加每百抽五之息。但不論何時，或將賠款全數，或將幾分先期交付，均聽中國之便等語。是此款若緩還，年息不過五釐，且遲早多少均聽我便。此時海疆紛紜，大局未定，無論何國借債，皆必居奇要挾，息重扣多，强索抵押，必致種種貽害。何不即將日本此款暫緩交付，按年認息，息止五釐，無扣，較之九扣、八扣有零者所省甚多。一也。不須別籌抵押，不致因此牽動鹽、釐等款。二也。五年之內隨時可還，大局既定之後，相機商借，不受抑勒。三也。原議所以急欲付清者，欲令早撤威海之兵也。然今昔情形大有不同，德已踞膠，俄又駐旅，何在威海日本一軍耶。且俄、德南北夾駐，日軍間隔其中，俄、德惡倭，倭忌俄、德，三國正可彼此牽制，四也。洞前請聯英者，欲豫防而羈縻之，免其硬占横行，非以英爲可恃也。伏望從長計議，勿受彼乘危之挾，大局幸甚。管見謹備采擇。請代奏。敬一。

英警頻聞籌策抵制

致總署 光緒二十三年十二月二十四日酉刻發

英人消息甚緊，不日必有大舉，憂憤萬分。此時必須早籌應付之法，以備臨時抵制。參考各洋報及日本人之言，大率一借款，一索香港對岸之深水埠及舟山，一造粵漢鐵路，一入長江至鎮江、金陵屯兵，共四事。保商務者，飾詞也。粵漢鐵路萬不可許。現據楚粵三省紳民公呈，請合立公司自造，已會同電奏在案。四事皆甚險毒，總署如能一概力拒，至爲深幸。儻彼非得不休，竊擬有抵制三條，爲患稍輕，而在我亦尚有益。

一、借款練海軍。中國無海不能立國，無海軍即無海矣。中國無長江，各省立時擾亂，英兵屯金陵、鎮江，中國即無江矣。水師惟英最精，英若借巨款，造戰艦、雷艇數十艘，船向英造，將向英借。并派將弁學生數百人赴英學習，船造成，我將弁亦練成矣。募英將如琅威理者統之，管帶用中國人，船上執事參用英人，即與英船在東方者合隊操練，英既得造船之利，又得多用英人之益，又得我海軍爲伊東方兵船助勢。各國洋報皆因中國無自强之實，故啓瓜分之議。今見我大舉經營海軍，氣象頓爲一振，自可息其狡謀，則海面海口可保，商務自無礙，彼即不能藉護商之名以入江。是中國且藉此舉而自强矣。此與借款賠日本不同，彼必樂從，不至勒索抵押，或以西南邊遠地礦山作押。目前船未造成，可照英將所言，出養船費，借英船數艘，扼吴淞口外以護商務，亦可杜彼藉口入江護商之舉。一也。

一、准英借款修山西、陝西鐵路，即以此路作抵。山西路由正定、井陘至太原，陝西路由黄河南岸滎澤、洛陽沿河入潼關至西安。并准英與華人合開山西煤、鐵礦，餘利與我均分。洋報屢言英若不在中國得鐵路一條，心必不甘。山陝之路，與我蘆漢幹路接，不通海口，尚無大患。彼圖礦利，當易商允。英在北省得利，彼所尤喜，不須別籌抵押。而我增此西方枝路兩條，益處甚多。中國各礦若無洋人合股代開，既無精礦學之良師，又無數百萬之鉅本，斷不能開出佳礦。煤、鐵暢行，亦我之利。二也。

一、山陝鐵路礦産，英人視之素重，必能歆動，可抵粵漢。但須借款而路由我造，如蘆漢用比款例，即無他慮。其次則准其在雲南邊地與我合開各礦。滇山險遠，中國機器不能運入，華人自開斷無暢旺之日。彼由緬甸鐵路運機甚便。三也。

至索地一節，或舟山，或深水埠。舟山雖小，但聞法國水師訓條，英踞舟山，法即踞瓊島，牽動太多。深水埠若屬英，則香港北岸陸地與粵省接連，若不准英造鐵路，較舟山之禍稍緩。然占地，終不如許以他事耳。

總之，英無妄求甚善，設真如前所傳，借款押釐金則利權失，造粵漢路則腹心潰，入長江則各省震擾，踞舟山則法效尤，必宜峻拒，別以他項羈縻。全局安危所關，較之俄、德禍機尤緊。洞非敢越俎妄言，特恐英猝然發難，彼時諸事秘密，外省無從聞知。敬抒管見，豫爲上陳，以備朝廷采擇。此皆抵制下策，不過較勝無策。廟謨深遠，自有權衡。儻非萬不得已，即所擬三條亦不如不允之爲愈，且三條亦非必全許也。值此危局，宵旰憂勞，寢饋難安。不揣冒昧密陳，迫切惶悚。請代奏。敬二。

藉聯倭以聯英者乃可託倭居間婉商減英貪餤

致總署 光緒二十三年十二月二十四日酉刻發

文電諭旨恭悉。連横爲患，誠爲可慮，中國此時豈能遽以力爭。且各國作用雖殊，皆是乘機謀我，豈敢深信。所謂聯者，不過設法羈縻，免多樹敵耳。所謂藉聯倭以聯英者，恐英要求太横，可託倭居間婉商，減其貪欲凶餤。倭實有脣齒之憂，深恐中危西强，彼必不保，情詞惶急。我若託之，彼當肯助力勸解，非爲我，乃自爲也。且彼力言不索酬謝，語甚堅明。可否由總署往晤日本公使，察其意指，以備英人發難時居間排解之用，似乎有益無損。倭將所有深談，乃向委員密語，洞晤時但以冠冕語答之，絲毫未及他事，斷不致上勞宸廑。惟彼言深悔前年不應與中國戰爭，今願我遣人赴東入各種學堂云云，則甚嘉許之，謝其睦誼厚情耳。請代奏。敬三。

總署來電 光緒二十三年十二月二十九日到

蒸三電、敬三電均代呈遞，已奉電旨知照本署。查敬電，英忌俄、德占地，我不聯英，英必自圖占，誠確論。日、英自聯已久，歐洲人論東方局勢，俄、法為一局，英、日為一局，信不謬。德本勢孤，近與俄聯甚固。膠澳之役，日本謂德為俄前驅，情詞畢見。俄餤日熾，各國畏忌，日、英尤切，其欲聯我，無非藉我為屏蔽，無資於我也。既與聯則必有密約，日、英政出議院，斷難久秘，一經傳播，中俄之交絶，德、法乘之，其禍不可思議。俄地接壤，且有歸遼之助，今又聯日、英而拒之，前後三年，矛盾若此，恐環球各國皆不直也。憶壬辰、癸巳之間，英以帕米爾事密議相聯拒俄，我如其意，不遺餘力。詎英自規利益，潛與俄盟，割什克、南羅善兩部落畀俄而訂界約，曾不告我一言，約成而悉其詐，此聯英之前車也。日本狃於遼役，民志日驕，其二三老臣尚以為懼。其於我誠有唇齒之勢，馬關約定，我亦大度處之，非如法德仇怨之狀。然中國受害之深，實緣日本。近以德事，各國環伺，機局危迫，東方太平之局，幾不可保。日英求聯，皆游士兵官之言，該使從不稍露端倪。聯之一事，甚不易言。各國風俗通，政教同，相聯甚便。中外事事隔閡，難為密謀，衹可遣使各國商保東方太平之局，則不聯之聯，不致激成東方戰局。統俟籌定，請旨遵行。豔。

光緒二十四年

英款借則長江失應決議謝絶

致總署光緒二十四年正月初二日申刻發

沁電奉旨：英借款，俄借灣，正在未定，已飭總理衙門從長計議。等因。欽此。仰見朝廷深知此兩事關全局利害，未肯輕允。或疑倭方指款待用，未易商緩。竊以爲不然。和約明載六次交納，不論何時，均聽中國之便，斷無强索速還之理。但聞倭人來問此款今年還否，以便修理兵房。明是聽我之便，何必轉借英款，受無窮挾制，貽全局大患。英若由緬甸造路入滇、川，達漢口，漢以上用鐵路，漢以下用兵船，直貫長江，則江以南十二省全爲英有矣。西報言，此款以長江一帶抵押，須認真保守，免爲别國所佔云云。明是兵船入江占踞險要，代我保護。蓋英款借則長江失，腹心既潰，此即所謂瓜分之局，無所謂東方太平之局矣。必須先將借英款一事決議謝絶，再徐籌搪抵此次英索之策。如英必强我借，則如洞前敬電所奏，借款練海軍，修山陝路，我尚有益，且無抵押之害。至俄踞大連，最爲禍本，英必不甘，法必效尤。然俄防英之隱衷，必有以慰之，可否與俄密商，將大連灣暗借俄爲兵埠，許各國爲商埠，我即借俄款修吉林至大連灣鐵路。密與俄約，大連灣准我隨時暫屯兵船，多少不限數，以避永借名目，但禁陸兵登岸插旗。我自修極大煤棧數處，屯煤以供俄用。他國護商兵船，限定每國不得過兩艘。惟言明此路須用窄軌，以便我由關内運煤接濟。我允代造窄軌車數百輛，於境上專備俄人入境換車之用。其運費力從讓減，照俄本國公司運載該國官兵官物章程收費。是此灣此路，俄得屯船、運貨之利，我得口岸、鐵路、商税之利。此路西通歐洲，商税既旺，必較上海道關税加多。而華路短，俄路長，俄利亦大。俄有屯兵之實，英無藉口之資。英若不滿，則或以附近之海陽島借之，該島亦可屯船取淡水，或是解圍一法。若許俄占灣，彼必自造鐵路通吉、江之路。路成後，彼自在灣運貨收税，無論各國争與不争，我遼東之形勢隔絶，此一路之商税大利盡棄矣。總之，兩事皆係大害，英借款尤關中華安危，必謝絶英款，然後有可補救。迫切上陳，務懇聖明堅持定見，詳慎計議，萬萬勿借英款，大局幸甚。請代奏。沃一。

總署來電[一] 并致長沙陳撫台 光緒二十三年十二月二十七日戌刻到

奉旨：海疆多事，朝廷方切殷憂，張之洞、陳寶箴各電奏頗有可採。現英議借款，俄欲借灣，正在未定，已飭總理衙門從長計議，候旨施行。欽此。沁。

借德款修甯滬路以阻德覬我中原

致總署光緒二十四年正月初二日申刻發

聞德尚不肯撤兵，外部堅欲修山東鐵路，開山東礦，方肯息事，曷勝焦憤。是膠灣占而教案仍不了，狡横極矣。洋報載，德

[一] 録自苑書義等主編《張之洞全集》第三册，第二一二〇頁，河北人民出版社，一九九八年版。

總領事自言，德將以山東鐵路爲吸取全東地利，深入豫省中原之根。其説甚詳，計甚毒，中外皆見此報。明是見英吞長江，彼嫌膠州一隅尚小，故得步進步，覬我中原，萬不可允。總以能阻止爲善。如慮空言峻拒，彼恐不甘。洞去年十一月卅電奏，曾擬有一條云，德使遣員來商，欲攬江甯蘇滬鐵路借款，利息五釐二毫八，本息均攤在內，六十年還清，利息尚不喫虧等語。如萬不得已，似可以此甯滬之路抵换。路從滬起，爲患較輕。但如議此路，須令盛京卿與之議章程，立合同，則是歸入公司商家辦法。庶稍有公道，且可防弊。若總署與議，則變爲教案條款，必奪我路權矣。敬陳以備朝廷采擇。請代奏。沃二。

德欲造路北路不如南路之可允

致總署 光緒二十四年正月初四日辰刻發

沃兩電奏，因山東若允德干鐵路事，北省地利大失，引寇入室，逼近畿輔，故擬以甯滬南路抵换之議。查南路，據海使遣人送來原議章程，係由銀行商請，雖亦借款，然權歸中國總公司。非同東北之俄，西南之法，强預我事，强奪我權，不同者一。款係由德之德華，兼有英之匯豐兩銀行分借，願出於商，非同彼國家出面强借。且款出兩國，非同一國之權擅利專，在我尚可施操縱，不同者二。滬爲通商大埠，從此起點，非一二國所能專主，且此亦中國必應造之路，非同山東之可以緩造，不同者三。至息不過重，尚是小事。總之，路可造，被迫而權屬他人者不可造。款可借，被迫而貽害大局者不可借。似北路尚不如南路之可允矣。但不知議結教案時，於鐵路一條總署如何措詞。此事可否并諭知盛京卿，以便籌商挽回。沃電於兩國商款各節，聲叙未詳，兼有未盡之意，謹補行聲明，以備朝廷采擇。請代奏。支。

更正沃一電筆誤

致總署[一] 光緒二十四年正月初五日戌刻發

前日沃一電言，俄借大連灣事，内有俄得屯兵運兵之利，俄有屯兵之實兩語，係屯船、運貨之筆誤，上文曾有禁陸兵登岸插旗之語，則非准其上岸屯兵明甚。蓋用窄軌則操縱尚可由我，斷不能准用寬軌也。謹聲明更正。之洞肅。歌。

容閎報效百萬請造鎮江至天津鐵路有害無利不可准

致總署 光緒二十四年正月初七日申刻發

洞沃電奏，請力阻德造山東鐵路，計已上達。頃聞容閎呈請造鎮江至天津一路，報效百萬，不勝惶駭。查膠州至京止一千四百里，容閎路必經濟南省城，德路由膠至濟止六百里。容閎來自美國，且事前即報效巨款，必係洋股無疑。即使間有華商，而在美之華商財産，多與洋人合夥，物業歸洋人保護，仍與洋股無異。且不僅美商鐵路股票展轉售賣，各國洋人皆有。雖容閎本無他意，但關涉洋股，容閎將來亦不能自主。容路短而款足，不過兩年必成。德路直接容路，一年必成。此路成後，德之陸軍長驅而北，

[一] 録自苑書義等主編《張之洞全集》第三册，第二一二一至二一二二頁，河北人民出版社，一九九八年版。

一日而至永定門矣。容路既係洋股，將來必與德國句串，斷不聽中國指揮。一旦猝有變故，如强占膠灣故智，防不及防，戰不及戰，避不及避。從此京師豈有安枕之日，危險萬分。本爲催德撤兵，而彼要挾造路，今允其造路，是自召德兵也。或謂東境之路，我多造，則德少造，似可限制德路。不知容路係洋股路，即與洋無異，正是爲虎傅翼。若欲限制，惟有告以山東路我必自造，但此路久已議定應歸奏派之總公司承造，尚可推緩數年，以觀時局，急圖補救備禦之法。若兩年之内，德路已通京城，蘆漢之路至速尚須五年。且容路在東方自樹一幟，占盡路利，比款必將翻悔不肯交銀，則蘆漢路必因此而廢。設有緊急，雖欲調兵入衛，亦來不及，國事真不堪設想矣。總之，德索山東造路，萬無可許之理。無論彼如何要挾，無論許以何項利益，其患皆較緩。儻德路可達京城，乃眉睫之禍也。若爲抵制德路起見，則以容路爲抵制，不如以總公司爲抵制，尚有辦法，亦無流弊。至容閎乃爲洋人所欺，容路即係洋路，無論德路造與不造，容路皆不可准，准之必爲全局大害。將來總公司蘆漢、粤漢鐵路成後，並准兼造東路，洞必能勸諭公司各商報效巨款，萬不宜受飾詞報效之愚。事關宗社大計，不敢避煩瀆之咎，迫切上陳。伏望朝廷熟思審處，令王大臣及南北洋大臣從長計議，力拒德路、容路，以固根本而安輦轂。國事幸甚。惶悚瀝陳。請代奏。陽。

萬勿以釐金作抵借洋款

致總署 光緒二十四年二月十五日戌刻發

本月初六日，聞漢口洋商有出賣中國借款股票者，係新借匯豐、德華兩銀行千六百萬鎊之款，四釐半息，八三扣。當詢之各洋人並飭關道查詢，果確。且聞洋人傳説，以蘇、浙、江西、皖、鄂等省沿江釐金作抵，或貨釐或鹽釐雖未確知，總必有抵扣之款。聞之不勝焦灼驚駭。馬關約載明，後一萬萬兩分六年還，是今年第一次止應還一千六百餘萬兩，乃係照約辦理，彼不能責我全還，且日本現與中國有脣齒之憂，決不肯過爲催逼。何以不欠無折扣、無抵押之款，而别借有扣有抵之款。若謂一次盡還倭款，乃可撤威海之兵。竊思俄借旅大，德踞膠州，永遠占我土地，奪我事權，倭兵雖暫駐威海，有何妨礙。且俄、德横暴很毒，遠勝於倭。倭兵在威海梗於俄、德之間，則俄、德不能合勢占盡北洋門户。今日事勢非專以驅倭兵爲上策明矣。洞於上年十二月廿四日敬電奏，曾將倭款不宜全還，痛切瀝陳在案。中國財賦之區，蘇、浙爲上，長江次之，西人垂涎，久思干預。今因借款用彼人掌釐務，必謂藉西人之整頓，杜華官之中飽。不知蘇、浙、長江利權全入其手，中國之精華已竭，豈僅干預而已。且此數處進款，京餉、洋款、協餉、本省餉均出其中，一日全歸西人扣抵借款，則我之内政何從舉辦，前年四國洋款何從籌還。束手自困，永無復振之望。餉源既盡，武備全撤，大亂將作，内地亦不得安。又咸、同間與各國議約，洋人不得干預鹽務，今無端委棄前功，亦太可惜。如果此事爲强敵所迫，誠屬無可如何，今日本並不逼我全還一萬萬，何必自取禍患。洞反覆思之，不解其故。伏望朝廷與王大臣熟思利害，力止借議，以救危急。或謂外省既已售票，必係已成之議，然聖心果決，必尚可設法罷議。倭款照約分期籌還，斯爲上策。如洋人必不肯改議，或與之婉商，令其今年先交銀一千數百萬兩，足敷今年應還倭款而止，餘款緩交緩還，以便詳籌辦法。即或此款必借，只可分派各省分攤籌還，如前年分還四國洋款之法。有蠒金作根蒂，尚可稍資騰挪添湊，萬不可令洋人代我收鹽蠒、貨蠒，自失利權，以後諸事束手，人心驚疑涣散。總之，不借爲上，借而不失東南利權爲次，失利權以還不索之債爲最下。或改爲他項用款，如速練海軍，多設槍礮廠之類，尚於自强有益。日本之款，另籌分還之法。洞受恩深重，職居疆吏，此舉關係中國全局安危，不敢不披瀝上陳，不勝惶悚迫切之至。請代奏。咸。

總署來電光緒二十四年二月十九日到

咸電悉。借款以蠒金作抵，由税局代徵，誠於地方官不便。第自去夏議借以來，不如此辦法，洋商必不肯信，借款終歸無成，户部亦更無他策可以籌此巨款。至賠償日期，前已電商日本，未允展緩。若照數分攤各省，今春一期斷難湊集，以後各期更難設措彙總，付還益屬無望。現在各國從旁環伺，以償款之能否清還，决中國之能否自立。如有愆期貽誤，為患何堪設想。不僅利息不能扣回，威海不能退兵已也。兩害相形則取其輕，共諒苦心，大局幸甚。原撥鄂蠒協餉，户部當另籌撥，候奏明咨會。效。

奉旨陛見事繁體病十數日後起程

致總署光緒二十四年閏三月初九日亥刻發

電旨恭悉。奉旨陛見，亟應欽遵迅速起程，惟湖北現奉新章，開辦之事甚多，紛紜艱難，驟少一百數十萬鉅款，衆情惶急，減營、籌餉兩端尤爲棘手，必須與撫臣司道等籌酌大概辦法，務求地方安帖。而洞自冬臘以來，即患欬喘不寐，頗類怔忡。精神疲敝，闔城僚屬共見，以時勢艱難，不敢請假休息。現在部署一切，尤爲艱苦，實無一毫欺飾。惟有力疾晝夜趕辦，將經手事件略爲清理。大約十數日後即可起程，不敢遲延。再，洞愚昧本無所知，朝廷既有垂詢之件，如有事須急辦而可以宣示者，可否先爲諭知一兩條，以便隨時豫爲籌擬上陳。不勝惶悚。請代奏。佳。

奏陳陛見啓程日期

致總署光緒二十四年閏三月十二日亥刻發

電旨恭悉。瞻望闕廷，亟思趨赴，以申瞻覲之忱。謹當迅速料理，擬於二三日内起程。無論病愈與否，至遲十七日亦必力疾起程，不敢稽延。請代奏。文。

日艦到漢非爲沙案

致總署光緒二十四年閏三月〔十六〕〔二十七〕日寅刻發〔一〕自上海發

昨晚奉到二十四日電旨，謹當遵旨即行折回湖北。因各國領事約期二十七日陸續接晤，并須答拜，擬二十八日即自滬行。再，日本派兩兵艦之説，詢據總領事云，其一名高雄，較大，不能到沙市，本係到漢口游歷者，非爲沙案。其一名愛宕，較小，未來，可函阻之。沙市日本領事言語甚和平，不致要挾。謹附陳以慰宸廑。請代奏。宥。

〔一〕據刊本《張文襄公電稿》改正。

遵旨回任沙市教案人心不靖正力籌鎮撫

致總署光緒二十四年四月十二日亥刻發

洞於初八日抵鄂，現已遵旨回任。沙市案，巡撫譚已飭獲犯嚴辦，疊經電奏。現惟議賠款事。武漢謡言甚多，人心不靖，洋人異常驚惶。現正力籌鎮撫事宜，俟地方一律安靜，再行請旨。請代奏。文。

黄遵憲因病不能起程赴京

致總署[一]光緒二十四年六月二十六日酉刻發

敬電謹悉。奉旨：飭催黄遵憲趲程迅速來京。等因。欽此。遵即傳諭飭催。惟黄道本擬月内起程，因本月二十二日感冒請假，現實未能就道，俟月初稍愈，即催令力疾趲行。請代奏。之洞、寶箴同肅。宥。

黄遵憲病愈即起程

致總署光緒二十四年七月初七日戌刻發

黄遵憲病稍愈。已飭於初七交卸道篆，初八力疾起程。請代奏。之洞、寶箴同肅。陽。

請准王之春延期赴川接任

致總署光緒二十四年七月初十日酉刻發

陽電謹悉。奉旨飭催王之春速赴四川藩司新任，自應欽遵。惟查新授湖北臬司瞿廷韶奉旨陛見，不日即將北上。現在臬篆係糧道署理。糧道係候補道署理。鹽道患病請假未愈。江漢關道因租界事十分棘手，係荆宜施道調署。荆宜施道係候補道署理。而湖北現在餉需萬緊，悉索一空，又須籌辦昭信股票，目前又苦旱灾，理財一事，萬分艱難。王之春在鄂年久，熟悉地方情形，籌借騰挪尚可設法支持，似未便委員暫時庖代，致令要政延擱。查川督奎閏已交卸，蘇撫旬日内可過鄂，到川較速。而新調湖北藩司員鳳林聞已交卸直隸藩篆，想不過月餘可來。似可待員鳳林到鄂後，再令交卸赴川，以免委署紛歧，實於地方有益。以上係湖北實在爲難情形，謹電奏請旨。抑應如何辦理之處，伏候聖裁。請代奏。之洞、繼洵同肅。蒸。

奏陳漢口籌辦商務局事

致總署光緒二十四年七月十八日戌刻發

奉六月十九日寄諭，令於上海、漢口設商務局，飭江督劉與之洞揀選員紳試辦，慎選有人，即行具奏。等因。此事乃今日要政。上海爲沿海總匯，漢口爲上游要衝，鐵路樞紐，自應分設兩局。上海由兩江委員開辦，漢口由鄂省委員開辦。湖北擬委道員王秉恩，並另電奏調江蘇候補道程儀洛，會同總理漢口商務局，以鼓舞聯絡上游川、陝、雲、貴、湘、粤等處工商爲要義。並選殷實誠信通曉時勢之商董數人爲總董，會同商酌。其商學、商報、商會及講求工廠製作商貨銷路等事。江、楚兩局各自籌辦，遇有應行聯絡貫通或應互相協助之處，隨時知照會商辦理。雖分爲兩

[一] 以下三件録自抄本《張之洞電稿·致北京電》。

局，仍聯爲一氣，當隨時與江督劉商籌酌辦。再，查商務事體，所重在商而不在紳。緣漢口之商，外省人多，本省人少，但取其熟悉商情，勢難拘於本處紳士，合併聲明。除詳細情形具摺奏陳外，請代奏。嘯。

請飭調程儀洛來鄂差委

致總署 光緒二十四年七月十八日戌刻發

查江蘇候補道程儀洛，廉正核實，不辭勞怨，現在請假在原籍浙江紹興府。仰懇天恩飭下兩江總督、浙江巡撫飭該道迅速來鄂。所有商務局及農工各局均可飭令籌辦，實於新政要務大有裨益。除另片具奏外，查各局亟須開辦，如蒙俞允，可否懇降電旨諭知，以期迅速。不勝惶悚。請代奏。嘯。

總署來電 光緒二十四年七月（十五）［二十二］日丑刻到〔一〕

奉旨：張之洞電悉，該督遵設漢口商務局，辦理迅速，籌畫周詳，深堪嘉尚。江蘇候補道程儀洛著劉坤一、廖壽豐飭令速赴湖北，交張之洞差遣委用。欽此。號。

鄂省書院改章籌辦學堂情形

致總署 光緒二十四年七月十八日亥刻發

諭旨籌辦學堂。查湖北省城前數年即設有自强學堂，去年又加擴充，分習五國語言文字，兼習算學。又設武備學堂，均經奏明。省城有兩湖書院，去年春即改章。又有經心書院，今年春改章。分習經史、地理、天文、外政、格致、製造、繪圖、算學諸門，日日須兼講四書。此係省城兩大書院，均略仿學堂章程。現擬添設東文教習，令一律兼習東文。其願兼西文者，聽。因西文須三年方能粗通，東文一年餘即能領解。并令兼習體操。所有章程，須以漸修改，方能精密而易行。省城又有江漢書院，現亦飭令改章。至省外各屬，湖北通計十府、一直隸州。現擬先設十一學堂，各就該書院原有經費、齋舍改爲學堂。武昌、漢陽、德安三府之府書院，去年秋、今年春均已停課時文，分習算學、時務，現飭全照學堂章程。此外八府州一律改章，惟一時斷難得教習多人。每堂先設教習二員，一教中學經書、史事，一教算學、洋文。如各該府能自行延訪通曉西學西政之師，則多設教習數員尤善，須一年後方能漸臻周備。此外通省六十七州縣，已飭一律就原有書院改爲學堂。惟州縣書院經費尤少，斷難敷一學堂之用，多無肄業生齋舍，有者亦止數間，尚須籌款充用。且州縣小學堂尤須多設，每縣一堂亦無大益，只可相機董勸。總之，通省學堂公共簡要章程約有數條。一、全須住院。一、住院肄業者必須二十五歲以下，附課者不拘。一、人人須習算學，能兼繪圖尤善。一、人人須習體操。一、各府學堂人人須習東文，有西文教習者兼習西文，縣學堂從緩。俟兩年以後，通東文教習漸多，即分發各屬一律兼習。一、中國經書、中國史事，人人尤必須講習。一、但計分數，不考詞章。一、堂内備火食，每月課略有筆墨獎賞，不給膏火銀。此八條，各學堂皆同。惟省城學堂所講較深，外府較

〔一〕日期據刊本《張文襄公電稿》改正。

淺，縣學堂又較淺。外府學堂今年内可略具規模。縣學堂今年只能令先變舊習，先發粗淺算學書、粗淺時務書數種，令其閲看。籌有學堂屋舍，訪有教習，方能合學堂章程。大縣較易，僻縣較難，期以明年六月，必能一律辦成。只能量力經營，循序漸進。總之，科舉既變，風氣自改，務求實效，不在欲速。查湖北省城書院兩年來本已漸次改章，酌照學堂辦法。祇以俗儒迂陋相沿，勢難驟變。今奉明旨，自當竭力推行。惟設學堂之難有兩事，一延師，一籌款，而延師尤難。其籌款之法，容另行奏陳。謹先覆奏。請代奏。之洞、繼洵同肅。嘯。

總署來電光緒二十四年七月初四日酉刻到

奉旨：前於五月廿二日降旨，諭令各省開辦學堂，限兩箇月覆奏。現在限期將届，各省籌辦情形若何，著各督撫迅即電奏。欽此。江。

官民條陳言事代遞代奏遵旨辦理

致總署光緒二十四年八月初二日申刻發

奉旨：藩、臬、道、府凡有條陳，專摺具奏，州、縣等官由督撫原封代遞。士民上書言事，徑由道、府代奏。等因。欽此。當即通行司、道、府、州、縣一體欽遵。謹電奏。請代奏。沃。

山海關至牛莊鐵路宜自造爲妥

致總署光緒二十四年八月初八日午刻發

山海關至牛莊鐵路，密邇京都，關繫最要。聞已與英商匯豐議定借款，爲俄所阻。查此路自以我自造爲上策。路止數百里，可枝枝節節而爲之。官款與借款參用，隨造隨押，隨押隨借。款止數百萬，兼借英款及美款，則全係我作主，路權不失，俄自無詞。萬不得已，則莫若借英款爲中策。俄已握東三省鐵路之權，旅大一帶水陸之兵日增，若阻借英款，將來必勒我借俄款。俄路抵關，京城一日不能安枕，危險萬分。若借英款造此路，使俄從中有阻隔，彼尚有所顧忌牽制。惟與匯豐議借章程，亦必要妥善。俄沮英者，以英人管路也。此路自不宜使英人干預路權，俄方能允。似可與英使及匯豐言明，此路係商務借錢還錢，且不必將鐵路作押。如恐將來借款無著落，則由中國國家擔保，撥官款代還，斷不可使英人管我路權。此路借款條約，須與從前各路變换面目迥然不同，則我亦有辭以謝俄，俄亦不能責我矣。以此情與英使婉商，庶可聽從。至造路兼開礦一層，斷乎不可。路與礦是兩事，豈可牽合爲一，流弊太大。近年俄於東三省，德於山東鐵路，皆兼開礦者，乃係因有交涉事件而起，故不免要挾，與此商務借款不合，何得援例。如關外有煤礦可開，將來臨時斟酌，另案另議。

總之，交涉乃國家事，與商務截然不同，不可相混。此路借款作爲商務，不作爲交涉，路權方可不失。聞英、俄已有戰事，我自宜謹守局外，萬不可稍有游移。若此路章程妥善，則我免大害，英可稍慰，俄亦不怨。然不如我自造爲妥。謹密電奏，伏乞聖裁。請代奏。庚。

鄂無良醫不敢保薦

致總署光緒二十四年八月十四日未刻發

鈞署電傳八月初十日上諭：如有精通醫理之人，著内外臣工保薦，即日馳送來京。等因。欽此。曷勝瞻仰懸系。惟查湖北省良醫素少，是以之洞十年以來遇有疾病，皆只自行調理，不敢延醫服藥。目前實無精通醫理之人，不敢冒昧保薦。容各處訪問，如得其人，即奏明馳送赴京。請代奏。鹽。

遵旨裁撤南學會保衛局

致總署 光緒二十四年八月二十五日辰刻發

鈞署電傳二十一日奉旨：湖南省城南學會、保衛局等名目，應即一併裁撤。會中學約、界説、劄記、答問等書一律銷燬。等因。欽此。當即電飭湖南藩、臬兩司欽遵，將南學會、保衛局即日裁撤，學約等書飭將版片印本查齊，一律銷燬。已據該兩司電覆，即日欽遵辦理。並據稱南學會自四月底即已停講，現將在事人等即日裁撤等語。謹先由電覆奏。請代奏。有。

英將來鄂練兵務示以限制五條方有可商

致總署 光緒二十四年九月十五日辰刻發

陽電奉旨恭悉。鈞署真電亦奉到。查今日中國練兵誠爲第一要事，惟各國皆思干預我兵權，亦是大患。大率用洋人爲教習則可，用洋人大員爲將領則萬萬不可。洞前在江南所用德遊擊來春石泰等十餘員練自强軍，因係外省疆臣自行商募，我出使大臣保薦，既不與該國國家相涉，又非先經奉旨飭辦之事，亦非鈞署飭辦之事，故尚可聽調度。然期滿遣歸時，枝節已多。至鄂省所用德都司法勒根漢，因係其國家兵部所薦，種種桀驁，攬權生事，公使屢次扛幫，幸而遣歸。今英國貝思福明言派知兵大員，又經奉旨，此事萬分難處，爲害極大。鈞電所言似有深意，非尋常教習練兵可比，囑探其隱情等語，洵爲卓識。其情顯係欲攬長江兵權，不探可知。看此情形，全不允必不行，惟有切懇鈞署及早與之議明。一、官不可大，至大不得過守備，官大者洞斷不用。一、到鄂須言明爲洞屬員，聽節制。一、其名只爲教習。一、諸事與營務處道員商辦。一、湖北餉絀兵少，只能先撥練軍五百人、荆州駐防五百人，令其分劄教練。俟教有成效，並餉能多籌，再酌議能否加增，由洞斟酌。彼能依此五條，方有可商。若鈞署不先議定，將來該英提督到鄂，必以奉旨强勒。長江利權今已半歸英人，又兼攬長江兵權，尾大患深，洞實不敢當此重咎。并望告該提督，彼既係相助好意，然來湖北練兵，若强洞以所不願，弁兵豈能悦服。查英欲助我練兵，其謀已久，漢口税務司自去冬至今夏屢次來勸。洞總以人數、權力限之。今果到京，欲以朝命行之，其心可見。遵示詳籌利害上陳，伏望朝廷俯念長江上游重要，由鈞署與該提督在京迅速切商，示以限制，萬勿遽行允定。大局所關，迫切叩禱。請代奏。咸。

總署來電 光緒二十四年九月初七日戌刻到

奉旨：據英國議紳水師提督貝思福以中國練兵為要，與總署王大臣面商，願薦將弁教練，先從南省辦起。著祥亨、張之洞早為預備，於駐防營挑選一千名練軍，各營挑選一千名，務期年力精壯，一律整齊。俟所薦洋將到鄂，再與詳議章程，派員會同督練，以觀後效。欽此。陽。

總署來電 光緒二十四年九月十二日子刻到

貝思福與談數次，據云欲派一知兵大員助我整頓華軍。此非尋常洋教習練兵可比，似有深意。彼如到鄂議及，希探其隱情及此中利害，詳籌電復。真。

美工師來鄂湘粵勘路請降旨保護

致總署光緒二十四年十月十八日酉刻發

粵漢鐵路美工師已到鄂，催同勘路，並請切實保護。現擬自武昌至長沙，由湖南入廣東，派員帶同中國總公司所延之美工師往勘路基。惟湖南、廣東内地少見洋人，深恐莠民造謡，妄生疑沮。擬請明降諭旨，曉以國家特派總公司會同各該省督撫籌造湖北、湖南、廣東鐵路，實於國計民生皆有裨益，務須剋期成工，不容延緩。庶民心開悟，地方官保護較易。現美工師即日由鄂啓行，請代奏。之洞、宣懷謹肅。嘯。

與英議紳貝思福晤談練兵事

致總署光緒二十四年十一月初一日戌刻發

英議紳貝思福九月十四日來見，言湖北練兵二千事。開端即云東三省俄勢已盛，中國可慮，各國皆欲分占地方，惟英願助中國練兵，以保全中國，兼保英國商務，詞甚堅悍。洞當以英員之權應有限制各條商之。貝初願甚奢，隨後語即漸近情理。囑其開詳細章程來，始可定議，貝允即開送。洞又詢以練兵既爲保全中國起見，自應先在北省保京城，何以來南省舉辦，豈有所畏於俄而出此耶。恐英發端於南，俄即效尤於北，將如何。貝云，我在京原議，乃從湖北練起，非僅練此二千。第三日來函並不開章程，但云必先在京城設軍務處，聘英將爲參謀，籌擬章程，整頓中國全國軍務，隨時隨同中國大員巡閱各省軍營，方能有益。若僅在外省練兵，反招他國效尤，有損無益云云。當復以洞在鄂止能言鄂，議練鄂兵則可，全國軍務不敢置議。廿一日又來見，詞氣忽極和平。再與言鄂省練兵二千章程，彼堅不肯議，請作罷論，止申京城設軍務處、聘英參謀一説。即詢以外省練兵，尚恐他國效尤，全國練兵，豈不慮他國干預。彼云，英員須由英廷薦舉，非彼一人能自薦，彼止條陳而已。昨接英相沙侯信，言中國若請英廷薦員練全國兵，若别國干預，英必竭力相助。固知全國之事，非外省所能越俎，但不知能將此意代達總署否等語。答以代達則可，行否仍須聽政府核奪。各國均屬友邦，我若注重一國，不知能不招猜疑否。且須詢明不損中國權利，方可轉達，否則仍是不敢。即以限制各條詳細詢之。一、中國請英國薦員練兵，非請英國代爲練兵，英員到華，即是華官，不能藉勢要挾。一、京中英員名爲參謀，歸王大臣統屬，止能參謀籌擬章程，候王大臣核定咨行，英員不能行文調度，賞罰不能照總税務司辦法。一、外省洋員歸督撫統屬，與營務處商酌，兼用他國人員，以免猜忌，並不拘定均由彼薦舉，兼可由我訪募。若中國原有將官練洋操好者，不能更换。彼均欣然首肯，謂與彼意皆相合。即赴金陵並商之江督，亦請其轉達總署等語。廿二晚已行，廿六日已晤江督。究不知是否真情。如照此説，英將止參謀，不攬權。外省洋員不專用一國人，不拘定由彼薦舉，似尚無大弊。惟英、俄互猜，在京聘英員參謀，不審有無窒礙，似尚須籌一善法。但貝既云此事非彼所能作主，僅獻條議。故姑不拒絶，略詢辦法，以示羈縻。待緩察彼國之意，從容酌辦。若將來必須舉行而在京城不便，或囑英員先來南省，先作一省督撫之參謀。俟一兩年後，由督撫察其果就範圍，再行保薦入京，似亦推宕之法也。再，洋人來華，無論如何與約，無不攬權把持。即如海關，三十餘年從不用一華員隨同練習要務，以致無人接替，永無收還之期，可爲前鑑。此次與貝議，問其幾年後方可不用洋員，彼云十年。此條最要，將來與議，必須訂明十年以內。洋員之權雖或稍重，十年以後仍全歸我，尚有限期。然若不趕緊派人出洋學習武備，届期彼將藉口我無人接替，必不歸權。英人之於印度，營官以上均用英人，（士）〔土〕人〔一〕只許爲兵弁。彼意所在，概可見矣。竊以爲今日練兵固急，而派人出洋練將尤不容稍緩。蓋有將不慮無兵，有兵無將，仍屬虛設。此節亦曾與貝談及，將來總須一面派人赴英學習，以免多派英員，且可俟學成後陸續抵換英將，實爲要著。謹遵總署真電，詳籌利害。瀝陳管見，以備朝廷采擇。請代奏。東。

總署來電并致劉制台　光緒二十四年十一月初四日丑刻到

奉旨：張之洞電悉。英議紳貝思福商詢各節，京城設軍務處用英參謀一説，斷不可行。將來如果來京商辦，應仍照原議，就鄂省先練二千，一切薦員、教練歸我節制。臨時由該督妥慎籌酌，務須預防流弊，操縱在我。貝思福現赴江甯，並著劉坤一即本此意應付，以免兩歧。欽此。江。

與日總領事密談逐康梁事

致總署光緒二十四年十一月初七日戌刻發

昨奉密寄，拏康有爲、梁啓超、王照，及附和邪説顯爲黨羽之人。自當欽遵密緝。查康、梁、王並未在中國。前於未奉廷寄之先，十月十七日日本總領事小田切來鄂，之洞當與詳言，康學種種邪僻悖亂。中東兩國現在極敦和好，諸事聯絡，而康黨得罪中國朝廷，聞現逃至貴國。東洋距中國太近，必至造言煽惑，句串我內地奸民變亂是非，滋生事端。若貴國容留，於中東交誼大有不便，以後豈敢深信。儻能交出或驅逐，方顯中東親好實據。小田切云，日本政府及該總領事並不以康爲然，惟彼既逃往，西例不能不加容納。若中國明行文索取及驅逐，該國勢難照辦，轉多窒礙。該總領事爲中東大局起見，當即密電政府商之，必可令其去東。旋於十月二十四日接該國外部大臣青木密電，令其轉告之洞。其文云，康黨所爲，本國政府無所不知，伊等現自來寓，本國政府並無庇護伊等之意。惟因萬國公法有例，不便强令伊等去國。若强令出洋，日本被背法之名，而取羣國之笑。然既承雅囑，本國政府自應相機設法令伊等去國等語。當令人密問小田切何法令其去東，小田切云，令人諷伊自去赴美國，日本政府助以川資。問其日期，小田切云，難定，近或一兩禮拜，遠亦不過兩月。此語已十數日，當已辦有端倪。傳聞康已赴美，惟王、梁尚在日本，不知確否，當再函託小田轉致日政府促之。竊查康黨若在日本，實爲中國大患，若遠離日本，雖未能獲，似亦較勝。至湖北地方，經之洞力持切諭，向來康説不行，凡官紳士民，無不深惡康黨。痛詆康學者，指爲邪教亂賊，斷無附和康黨之人。謹密電陳。請代奏。陽。

〔一〕「士人」，應為「土人」。

委員赴荆查訊旗民互鬥旗兵入署毆官確情

致總署光緒二十四年十二月十三日申刻發

據署荆宜施道恭釗、荆州府舒惠電稱，初九日小北門外旗民互鬥，民傷七人，旗傷一人。初十日理事同知鍾福、江陵縣劉秉彝到旗營驗傷，彼此争辯傷痕，以致哄鬧，毆傷縣差。鍾丞、劉令前赴右都統署，旗兵擅入，毆傷鍾、劉，將軍、都統在坐，彈壓不服。現已散，餘詳稟等語。同日接將軍祥來電，則謂係因仵作報旗傷不實，兵心不服，未言毆官情事。江陵縣來電，則謂槍傷民人七名，旗兵一名自稱槍傷，旗兵争辯，該縣諭令俟將軍另委覆驗，不允。傷夫役二十三名，復將理事同知及該縣毆傷，請另委大員驗訊，並委縣接署等語。情節參差。查理事同知乃國家定制專管旗民交涉之官，何得不服查驗。該同知、該縣如果驗傷不實，儘可稟請委員覆驗，何至入署毆官。現經之洞委道員札勒哈哩、知府吉爾哈春、連捷帶仵作二人，於昨日乘輪赴荆，會同道府、理事同知、知縣秉公覆驗，查訊確情，通稟會商將軍妥辦，以免滋生事端。江陵縣現已另委員即日前往接署，並商將軍會奏。頃接將軍電，已先具奏。謹由電上陳。請代奏。元。

光緒二十五年

告日領事禁分送清議報並力商速遣康黨

致總署光緒二十五年正月二十一日午刻發

近見日本新出清議報，乃康黨梁啓超所作，大率皆謗議中國時政，變亂是非，揑造誣罔，信口狂吠。且載有各國瓜分中國會章程一則，種種悖逆，令人髮指。意在惑亂人心，挑動强敵，必欲中國立時大亂而後已，險惡已極。洞已告日本領事，不准日本人在漢口分送此報，領事已允。一面電上海日本總領事小田，力阻在滬分送。並囑小田力商日本政府，速將康黨遣去，不可容留。查康黨久在日本，去中國最近，而日本士人通華文者甚多，易受其欺。此報流傳海内外，中國人見之，人心易致摇動。各國見之，必將益啓欺凌，煽惑肆毒。爲禍匪細。非迅速驅逐遠去，必爲大患。擬請旨密諭出使日本大臣，速與外部婉切相商，令其設法將康有爲、梁啓超、王照三人速遣出境，以免肘腋之患，方足見中東親好之誠。若此三人驅至美國，此三人不通英文英語，彼國亦不好中國文字，即不能爲大患矣。如此辦法，是否有當，請旨遵行。請代奏。馬。

奏陳鄂省機器製造等局情形

致總署光緒二十五年六月十六日巳刻發

奉旨查詢各省機器製造等局。查湖北奏設製造槍礮廠，近年又奏設煉罐子鋼，造無煙藥廠情形，俱隨時奏報。至較準膛口各節，及造出械彈數目，當另行專案具奏。又，湖北紡紗、織布、繅絲等局，均經奏明，皆係官商合辦。因查外洋綢布多係攙麻製成，不盡用棉與絲，物賤利豐。中國南北各省處處産麻，湖北麻素佳，因又於織布局旁設製麻局以輔助之，藉以開中國之風氣，各廠工徒數千人。此因洋貨日多，民生日蹙，各廠皆係爲塞漏卮、養窮民計。至湖北去年奉旨設農工商局，設有工藝局以教貧民手藝，設有農務局以教種植蠶桑、畜牧，皆聘有洋人爲教習，即係前年奏設之農工學堂。又設有商務局，專出商務報，以達各省之商情，以考土貨之盛衰暢滯，去年亦專案奏明。此農工商三局，皆係教民習藝業，救貧困，均與機器製造無涉。請代奏。諫。

委員解槍進京

致總署〔一〕　光緒二十五年十月二十六日辰刻發

六月奉旨：飭江甯、上海、湖北各廠將小口徑毛瑟槍各提二十枝解京考驗。本擬即解，因接江督來咨，以滬局添配機器仿造，奏明俟槍機到齊，造成再解等語，是以湖北擬俟江省同解。茲接鈞署銑電，奉旨催解，已詢明江督，滬局槍即日起解，遵提槍二十枝配齊藥彈零件，委員于二十七日起程解京。請代奏。之洞肅。宥。

再，此項槍到京，應赴何衙門呈報。祈電示，以便備具公文。之洞又肅。

總署來電并致兩江制台〔二〕　光緒二十五年十月二十七日辰刻到

奉旨：前經諭令劉坤一、張之洞飭令江甯、上海、湖北各廠，將仿造之小口徑毛瑟槍各提二十枝，配齊子彈、藥碼、一切零件，派員解京考驗，迄今尚未據報解。此項槍枝准于何日，揀派何員解送來京。著劉坤一、張之洞迅速電覆。欽此。銑。

王秉恩俟開河後赴京任差

致總署　光緒二十五年十月二十七日辰刻發

養電奉旨：京師創設銀元局，特調候補道王秉恩來京開辦一切局務，飭令於穿孝百日後迅速來京。等因。欽此。當即轉行該道欽遵。據該道禀，滿百日後，已在臘月内。俟正月底、二月初開河，即行迅速赴京。請代奏。沁。

鄂省關税鹽課釐金收解情形並按年捐助餉銀數目

致總署　光緒二十五年十二月二十九日卯刻發

十一月洽電奉旨，令將關税、鹽課、釐金裁去陋規，提充公用，查覈酌提數目電覆。

查湖北關税一項，洋關三處，江漢、宜昌兩關，歷年遵照部文，於節省解費内歲解加復俸餉共一萬四千。本年又遵部文，於傾鎔折耗每兩減去六錢，每年共約一萬四五千。光緒十年，江漢關自行詳請歲解節省解費五千，宜昌關自行禀請歲解節省關用三

〔一〕此件及附總署來電録自苑書義等主編《張之洞全集》第三册，第二一四三頁，河北人民出版社，一九九八年版。標點有改動。

〔二〕即劉坤一。

千三百餘兩。沙市關關用尚且不敷，係借宜昌關款應用。常關四處。新隄竹木關於光緒九年、十年、十一年疊次節省外銷公費，加解額外盈餘，每年共六萬一千餘兩。武昌船關於光緒十二年節省每年公用銀一萬，又加每年口岸節省銀六千。荆州道船關民船日少，收數日絀。荆州府税關因沙市開關，又兼地方蕭索，收數亦微。鹽課一項，光緒二十二年、二十四年兩次裁減緝私經費一萬八千。釐金一項，光緒十一年奏明將外銷一成善後經費裁除歸入正餉，並將向來局用經費活支無定者減定爲八分，此兩款每年所省約十五六萬元。光緒二十三年又奏明提充賞銀六千，歸入正餉。以上均奏報有案。又，州縣丁漕平餘一款，久經遵照部文提解充餉，目前各關各局各署皆無多款盈餘，不過（免）〔勉〕敷[一]辦公。現在竭力整頓釐金，剔除積弊，嚴禁需索中飽。

查湖北釐金，向係巡撫管理。之洞自去秋兼管巡撫事數月，正值川楚鬧教擾亂之時，釐金收數已較前年加增。蔭霖到巡撫任將及一年，釐金收數又較去年加增，尚未截數。但只能於正釐内增多，不能另有可提陋規名目。蓋委員、司事、巡丁索取商人陋規，或則寬縱賣放，暗損於正釐之内，或則需索留難，誅求於正釐之外。二者非病商販，即蝕公款，皆於正釐有礙。故鹽卡之陋規，只能禁革，不能提取。陋規既減，正釐自增，然正釐乃受無形之益，并非別有陋規一項可提。

計鄂省十數年以來，税釐、鹽課各項疊次裁節外銷歸入正餉者，爲數甚鉅。除部文飭裁各省所同者不計外，其由鄂省屢次自行奏請裁提者，新隄關六萬一千，武昌關一萬六千，江漢關五千，宜昌關三千三百，鹽務緝私經費一萬八千，釐金充賞六千，釐金外銷一成歸入正餉及局用減定爲八分兩項，合計約十五六萬。總計裁提外銷，每年已在二十六萬以外，似與他省未經多裁者微有不同。此外裁節鉅款，如緑營額兵，光緒十一年奏裁一成六分有餘，光緒二十三年奏明分年裁汰五成，合計將及七成。查山東一省亦止裁兵五成，各省裁兵未有如湖北之多者，歲省亦鉅。是内銷用款，但有可省亦無不力求撙節。

查湖北省自上年鹽釐抵還洋款以後，撥補無著之款多至三十餘萬，現又准部文加派鎊價及東北邊防經費共二十九萬七千兩，合計無著者共六十餘萬。而京餉、荆州滿餉、洋款、東北邊防、甘餉萬不能誤，尤屬萬分爲難。夙夜憂灼，不知何以爲計。雖奏請户部另籌撥補，竊恐户部斷不能撥補實款如此之多。是以數月以來，竭力多方籌餉，於部文未到之先，即已籌議加抽菸、酒、糖三項落地捐。土藥税釐及整頓税契等款，另摺具奏，冀以凑補若干，稍紓户部籌畫。究竟能籌多少，未敢預計，然總不至全無成數。總之，能多籌一萬，即省户部撥補一萬，能多籌十萬，即省户部撥補十萬。而所補之款，大率皆係供支京餉、荆州滿餉、洋款、東北邊防、甘餉數大端之需，實與提解部庫無異。方今時勢艱難，部庫支絀，之洞、蔭霖等仰睹宵旰憂勞，豈不願多提巨款，稍紓宸廑。惟湖北情形實與他省不同。一由近年裁提歸公之款已多。一由目前撥補之款多虚，加派之款又鉅。奉撥各餉尚多無著，正需籌補，當早在朝廷鑒照之中，實無餘力提款另解。惟值此時艱，大小臣工受恩深重，分應稍效涓埃，以盡微忱。擬以後每年由督署捐助餉銀二千，撫署捐助餉銀一千，藩司捐助餉銀

〔一〕「免敷」，應為「勉敷」。

一千，鹽道捐助餉銀一千，荆宜施道捐助餉銀五百，漢陽府捐助餉銀一千二百，荆州府捐助餉銀一千，共銀七千七百兩。按年發交善後局充餉造報，聊以添湊撥補不敷之款。至現奏整頓税契一事，即係酌提州縣羨餘，以資撥補。之洞、蔭霖惟有督飭司道，力杜中飽，節省用款，嚴核正賦，多籌餉源，冀以支持窘局，免誤要需。謹披瀝覆陳，不勝惶悚。請代奏。之洞，蔭霖同肅。豔。

總署來電[一] 光緒二十五年十一月十八日寅刻到

奉旨：前諭令各直省將軍、督、撫將關税、釐金、鹽課各款詳細勾稽，悉心綜核實在，裁去陋規，提歸公用之數共有若干，限三箇月擬定章程奏報，除江蘇、廣東業經集有成數奏明辦理外，各省未經覆奏者尚多。現在庫款支絀，需用浩繁，事關國計盈虧，豈竟置之不顧。著各該將軍、督、撫懔遵前旨，迅將查核酌提數目剋期電覆，毋再稍涉遲延。欽此。洽。

光緒二十六年

核查實收洋貨雜貨釐金數目

致總署、户部[二] 光緒二十六年四月二十三日巳刻發

奉電旨飭查前三届實收洋貨釐金數目，先行電奏。查洋貨與雜貨併銷抽釐，并雜貨統報，前已電覆户部。兹復飭局通檢闔省票根，實不能分析。一由聯票紙短，貨目不能悉列。一由填票時促，商人不便久稽，故統歸雜貨併算。已飭各局自本年四月分析填根以後，方得確數。或云洋貨約計三成，或云三成以外，具系臆度，未足爲據。事關將來撥補，非一年期滿，不能得實，否亦須半年，方有大略，未敢懸擬定數。請代奏。之洞、蔭霖同肅。漾。

總署來電 光緒二十六年四月十二日子刻到

奉旨：前因盛宣懷等籌議加税一事，業據户部、總理各國事務衙門會奏，寄諭各督撫，限一月内查議覆奏。洋貨税釐併徵，其緊要關鍵，總須先將洋貨釐金查明，每年實收若干，與關税增收之數兩相比較，贏絀不難立見。著該督撫迅將三届實收洋貨釐

[一] 録自苑書義等主編《張之洞全集》第三册，第二一四六頁，河北人民出版社，一九九八年版。

[二] 此件及以下二來電録自苑書義等主編《張之洞全集》第三册，第二一四六至二一四八頁，河北人民出版社，一九九八年版。標點有改動。

金數目確切查明，先行電奏。仍遵前旨，將加税詳細情形，按限據實奏覆，勿得遷延觀望，致誤開議限期，是為至要。欽此。真。

總署、户部來電 光緒二十六年四月十四日未刻到

洋貨釐税併徵一事，已有旨令各省督撫妥籌覆奏。關税為歲入大宗，洋貨加税尤無損民間元氣。方今籌餉艱難，捨此有何良策。各督撫體念時艱，自當為朝廷統籌全局，勿徇關局私見，稍有遷延觀望。總之，洋貨併徵與土貨釐金無礙，其利害關鍵，惟有查明歷年釐金洋貨約占幾成，以資比較，而籌撥補。如有應防之弊，須各就本省情形奏明，設法防制，未便因噎廢食。轉瞬九月期限，亟須開議。應遵前旨，於一月内迅速覆陳，幸勿延誤。總署、户。文。

遵旨議洋貨税釐併徵一事

致總署、户部 光緒二十六年五月初三日亥刻發

欽奉寄諭，飭議洋貨税釐併徵一事。竊查此舉若照盛宣懷等原議，可歲增二千萬兩。但恐各國未必允加至此數。然必可歲增一千萬兩内外，實爲國家大利。若不予免釐，恐時值加估及洋酒等物抽税之説，彼未必允。至進口土貨冒充，斷無其事。土貨出口正税五分，再充洋貨進口又完併徵十五分，共二十分，是百金之貨，須先納二十金之税，無此愚商。若洋貨易與土貨淆混者，儘可指明數十種粘貼印花，且加税之名甚正，尤於國體有益，不僅籌餉。目前中國局面，尚可議加税抵釐。若二三年後，或各國生枝節，或内地有變亂，則此舉不能再辦，必至税不能加而勒我免釐矣。如慮洋關利權太重，請旨飭總署與赫德切商，趕緊教習中國員生以徵榷之法，數年之後漸次參用華人，亦可防弊。至湖北省洋貨釐數猝難查清，事關大局，一省盈絀不足深論。將來查確，據實奏請撥補鉅款，充裕户部，必不吝惜。此事機不可失，伏望聖明斷然行之。因開議期近，奏到恐逾限，謹先由電覆奏。請代奏。江。

痛勦拳匪安慰各使館

致總署、榮中堂[一] 光緒二十六年五月二十四日亥刻發

光緒二十六年五月二十四日亥刻寄保定廷藩台，譯出，加封粘釘，專派弁兵飛遞京城。同日照録，另由上海海綫寄山海關副都統飛遞京城。二十七日又照録寄濟南袁撫台，譯出加封寄京，並致慶邸。

各國洋電皆以拳匪妄殺開釁，我不速勦，致動衆怒。日本電謂若肯勦匪，尚有轉機。京城危急，北望焦灼。查拳匪符咒惑人，傳教煽亂，實不能避槍礮，嘉慶十三年久經諭禁。若真係直隸義民，何以陝西人李來中爲首。是爲邪教，應勦一也。不遵詔旨解散，京外亂殺，華洋均受其害。且要挾欽使，請殺新城、淶水兩知縣，目無法紀，是爲亂民，應勦二也。旗書助清滅洋，乃各省會匪故套，若助朝廷，何以抗旨。北自京城，東至天津，西至保定，南至河間，周圍千餘里均被滋擾，勒派供糧。其中不盡教民，亦濫遭焚殺。畿輔災旱，民不聊生，是爲土匪，應勦三也。毁壞國家所設電綫、鐵路，值數百萬。阻詔奏，誤軍行，又焚毁京外

[一] 即榮禄。

洋房、民房無算，是爲劫盜，應勦四也。即不與各國開衅，亦應痛勦，況無故戕害洋人、洋房，殺日本參贊。今海口已被占奪，都城布滿洋兵，增兵增艦，日來日多，禍在眉睫，直不忍言。從古無國內亂民横行慘殺而可以治國者，亦未聞一國無故與六七强國一同開衅而可以自全者。即英、俄强國亦斷不能受各國併力之攻。況官軍彈藥有限，鏖戰日久，我無接濟之械，彼增數倍之兵，江海各口俱封，各國分路攻擾，全局糜爛，如何支持。拳匪無械無紀，在東在直，皆不能敵官兵。近日在落伐被洋兵擊斃無數，在交民巷又被洋兵擊敗，未見其能避槍礮。若謂烏合亂匪能與大隊洋兵拒戰，斷無此事。仰懇皇太后、皇上聖斷，念宗社之重，速持定見，勿信妄言，明降諭旨，力勦邪匪，嚴禁暴軍不准滋事。速安慰各使館，力言決無失和之意，告以已召李鴻章，李到當與各國妥商辦法。聞美國在大沽並未開礮，先託美使調停，勸令停兵息戰，我方好專力勦匪。並請速發電旨述皇太后、皇上之意，飭駐各國使臣令向外部道歉。日本被戕參贊優加撫卹，力任以後保護。明諭各省保護洋商、教士。衆怒稍平，庶可徐商挽救。宗社安危所關，間不容髮，再過數日，大局決裂，悔無及矣。焦急惶悚，秉衡等意見相同。謹合詞籲懇聖鑒。請代奏。李秉衡、劉坤一、張之洞、鹿傳霖、王之春、松壽、于蔭霖、俞廉三同肅。敬。

因道路梗阻，分遞兩處。一呈總署，一呈榮中堂，以冀必有一路可到，併請電覆。

拳會不可恃北事已決裂東南宜力保

會銜電奏光緒二十六年五月三十日巳刻發　自江甯發

奉廿四日寄諭，欽遵。續准袁世凱密電，奉二十五日寄諭：拳會在津助官軍獲勝，降旨嘉獎。飭各省招集此義民成團禦侮，必能得力辦法迅奏，沿江海尤宜急。等因。欽此。竊謂此次大患，在與各强國一齊開衅。目下大沽已失，京都危急。拳會僅持邪術，各國非比流寇，雖幸獲勝仗，各國斷不甘心，勢必增調重兵報復。俄、日兩國陸兵最多，其來最速。現俄用裝茶輪船改赴旅、大裝兵，英調印度兵，法調西貢兵，美調小呂宋兵，日本調廣島兵，連德國陸兵，當不下八九萬，斷非董、宋、聶諸軍所能抵禦。拳會無紀律，可勝不可敗，敗則四散。以京師之重地，作孤注之一擲，危迫甚矣。論兵力，一國焉能敵各國，不敗不止。論大勢，各國焉肯輸一國，不勝不止。豈有拳會可操常勝而無一敗之理。鏖戰旬日，藥彈必竭，接濟無從，更何能以血肉之軀，與礮火相搏。一旦兵敗會散，各國大隊直入京城，宗社乘輿何堪設想。此臣等痛哭流涕，不忍言而不敢不言，不得不萬叩以請朝廷亟思變計者也。沿江一帶會匪、鹽梟、安慶道友甚多，與拳匪各自爲黨，平時專以搶劫爲事，口號皆悖逆之語，並無拳會之黨可招。臣等已將防務密爲籌備，但就目前計，北事已決裂至此，東南各省若再遭蹂躪，無一片乾净土，餉源立絶，全局瓦解，不可收拾矣。惟有穩住各國，或可保存疆土。江甯、漢口英國領事迭來臣等署中面商，欲派兵艦多艘入江保衛商、教。臣等以力任保護堅辭阻之，該領事已允不再派艦。上海各領事處，並經飭令江海關道密爲轉商，亦各允許。蓋長江商務，英國爲重，各國覬覦已久，懼英而不敢先發。英亦慮各國干預而不敢强佔，以啓各國戎心。在我正可就其所忌而羈縻牽制之。若鼓動一國，勢必羣起而攻，大沽覆轍可深鑒也。此實委曲求全之策。現在尚屬安静，自可暫與周旋，仍一面嚴密籌備。惟沿江防軍甚單，精械不能一律，雖酌量增募，利鈍仍無把握。一經宣戰，各國封我海口，滬局軍火不能運出，將士戰守奮勇，亦無彈藥接濟。沿海各省紛擾可慮，防不勝防。閩、浙、廣東兵力亦薄，甲午以後，存械無多。從前法越之戰，日本之戰，開衅皆止一國，軍械彈藥尚可設法分購密運，勉支半年。故一國尚可力戰，若謂可以抵拒各國，臣等誠不敢故作矜夸之語，以欺君父，而誤國家。外衅一開，内匪四起，更難措手。總之，能聯絡一日，長江以内尚可使外人無從逞志。儻各國必欲以干戈從事，派大隊兵艦來江攻我營臺，實逼處此，臣等受恩深重，有守土之責，自當盡力抵禦，存亡與共。事機甚緊，所關甚鉅，謹披瀝上陳。再，出使各國大臣，此時請勿遽行召回。若使臣下旗回國，即是明言決裂，自認攻毁各國人命物産，以後更難轉圜，似宜仍令暫駐各國爲宜。合併瀝陳。臣坤一、之洞。卅。

樹枏按：當時京畿文報艱阻，以後各奏多係電由東撫袁加緊馳轉。

遵旨派錫良統湘軍入衛京畿

致總署、榮中堂光緒二十六年六月初五日午刻發

交保定廷藩台飛遞

奉旨派兵赴京聽用。鄂省前聞北警，夙夜焦急。本擬派前南韶連鎮方友升統軍馳往入衛，正在部署間，奉寄諭，調武功二營、愷字四營。查鄂省向係底營，每營二百五十人，此六營止千五百人，兵力較單。兹將各營湘軍挑選，並將愷營凡湖南人嫻習礮法者挑選併入其中，共成五整營二千五百人，俱作爲武功營，由方友升統領，概係湘勇湘將。並與湘撫俞商定，將鄂派五營與湘派五營，均派湖南藩司錫良總統。兩省十營合軍，均係湘軍，一氣貫注，較爲得力，即飭令迅速陸續馳往。謹先電陳。請代奏。之洞、蔭霖同肅。敬。

請降旨推行四事

會銜電奏光緒二十六年六月十六日未刻發

恭讀華洋電傳，六月初三日寄出使各國大臣電諭，詳示匪亂肇禍，外艦相迫，及力保使館情形。理直辭正，欽服莫名。從此各國共知朝廷若非萬不得已，不肯輕戰之本意，自可忿情頓釋，漸就範圍。竊謂此時各省自應力籌戰守，而朝廷必宜先伐敵謀。恭繹此次諭旨之意，擬請推行者四事。

一、請明降諭旨，飭各省將軍、督撫仍照約保護各省洋商、教士，以示雖已開戰，其不預戰事者皆爲國家所保護，益彰聖朝如天之仁。且中國使臣、官員、商民在外國者尤多，保全尤廣。

一、請明降諭旨，將德公使被戕事切實惋惜，並致國書與德主，以待別國排解。並請致美、法兩國國書，以見中國意在敦睦，一視同仁。

一、請明降諭旨，飭順天府直隸總督查明除因戰事外，此次匪亂被害之洋人教士等所有損失，人命、物産開具清單，請旨撫卹，以示朝廷不肯波及無辜之恩義。不待外人啓口，將來所省實

多。

一、請明降諭旨，飭直隸境内督撫統兵大員，如有亂匪亂兵實係擾害良民，焚殺劫掠，准其相機勦辦，一面奏聞。從來安内乃可攘外，必先令京畿安謐，民心乃固。必先能紀律嚴肅，兵氣乃揚。

以上四條，均仰懇明降諭旨，並飭由各電局飛傳各省，尤爲有益。數日之間，四海徧傳，各國自然感頌朝廷。並請於上諭中提明欽奉皇太后懿旨字樣，令各國感頌兩宫聖德。此旨一降，則我國家既自立於情義兼盡之地步，各國無可藉詞，自然懈其憤鬬之志，散其連合之局。此正古人所謂用兵攻心之法。即使逼至連戰不休，更可表明非我開衅之實證。合詞敬陳管見，伏候聖裁。臣李鴻章、德壽、劉坤一、張之洞、許應騤、善聯、劉樹堂、奎俊、袁世凱、王之春、端方。葉未。

請派兵護送各國使臣赴津

會銜電奏光緒二十六年六月十九日寅刻發　由濟南轉發

竊臣等屢接出使日本大臣李盛鐸電稱，據日本政府意見及各國公議，謂此時各國專重救使一事，必須將各使救出，方有排解之法等語。聞各洋報及上海領事言，若使臣皆殲，各國即不以公法待中國。竊思殺使無纖毫之益，有無窮之害。伏讀諭旨，屢言保護使館，但恐事機危迫，防不及防，貽禍大局，實非淺鮮。務懇皇太后、皇上極力將各國使臣救護。可否明降諭旨，飭令四川提督宋慶派兵護送各使赴津，洵爲安危利害之一大關鍵，宗社幸甚。臣等爲力保危局起見，謹合詞恭摺，由驛六百里加緊密陳。再，此摺係臣之洞主稿，電由臣世凱繕遞，合併聲明。臣李鴻章、劉坤一、張之洞、奎俊、綽哈布、善聯、盛宣懷、端方、袁世凱。效。

請專派一軍保護使館速辦方能補救

會銜電奏光緒二十六年六月十九日辰刻發　由濟南轉發

近日寄諭各駐使力言保護使館，乃聞匪徒並不遵旨，仍然圍攻使館，意欲聚殲，其勢甚危，不勝駭異焦急。查洋報，德使被戕，德主已誓師報復，矢取北京。各駐使來電，述外部語均極暴悍。各國洋電、上海各領事語，均謂今日惟以救使爲第一重大事。中國若可救使，將來諸事方有可議。若各使多傷，則盡其兵力不留餘地，不以公法待中國等語。竊思僅戕德使，各國尚可牽制排解，萬一匪徒盡殲各使，則是逼令合謀，羣强衆憤，後患實不可測。擬請明降諭旨，特派忠實大臣及有紀律之軍保護使館，或專派宋慶一軍保護。囑各使將國書之意分電本國，使知攻使係匪徒所爲，救使係兩宫德意。各國方有排解之法。速辦方能補救，緩則無及。迫切上陳。臣李鴻章、劉坤一、奎俊、張之洞、綽哈布、善聯、王之春、袁世凱、端方。效辰。

停還洋款必致外侮内患民困餉竭

會銜電奏光緒二十六年六月二十日辰刻發　由濟南繕發

奉寄諭：各省認還洋款，著即暫行停解。等因。欽此。目下中外兵端已開，臣等惟有欽遵力籌戰守。恭繹廷旨之意，本因防亟餉絀，故俯爲各省籌畫，移還款以充餉需。惟此事於全局軍餉甚有關係。現在東南各省尚無兵事，商貨亦尚流通，故税釐得以徵解，軍餉得資挹注。而風鶴震驚，居民遷徙，收數已不免短絀。各項洋款均以關税、釐金作抵，彼貪我通商之利與應還之款，牽制顧忌，不敢到處逞志。今若停還，彼無所希冀，各國股票驚惶，必致聳動該國力據海關，分擾沿江沿海沿邊等省。臣等均有守土之責，自應極力抵拒。惟利鈍非所逆睹，難免日久曠持，從此軍事四起，腹地伏莽乘機滋擾，外侮内患，天下騷然。洋貨不能入，土貨不能出，各省商販裹足不前，洋關與沿海常關固涓滴無收，内地税釐亦必因而大絀。京外正在籌備戰守，餉需不繼，爲害非輕。查每年應還各洋款計共二千數百萬兩，每年洋税及洋藥税計收二千數百萬兩，常税釐金計收二千萬兩左右，税釐兩項歲各收銀四千餘萬兩，除還洋款外尚可餘銀二千萬兩之譜。若沿江、沿海、沿邊等省到處用兵，洋税全失，内地税釐收數亦必十去五六，通盤核計，較之向解洋款轉受虧在千萬兩以外。是停還洋款，於各省籌餉有損，尤於京餉有妨。蓋停戰無期，則需餉尤鉅，既有必戰之志，必寬留籌餉之源。臣等再四思維，擬懇天恩俯念此時保疆以練兵爲急務，籌餉以商賈釐税爲大宗，洋款若停，牽動内地釐金，亦礙華民生計，轉於餉需有害，京餉及北上諸軍餉項無從接濟，關繫尤大。可否飭下户部通盤籌計，俯准暫行仍照舊案解還，以保餉源，而維全局。俟數月後體察大局情形，再行請旨辦理。臣等未敢擅便，謹據實核計聲明，請旨遵行。臣李鴻章、善聯、劉坤一、張之洞、奎俊、丁振鐸、袁世凱、王之春、松壽、劉樹堂、德壽、聶緝（規）［槼］。號辰。

請嚴飭保護各國公使及各省洋人

會銜電奏光緒二十六年六月二十五日申刻發　由濟南繕發

竊此次戰事，由於匪徒藉口仇教，肆行燒殺，致釀大患。各國亦以勦匪救使及保護商民、教士爲詞，調艦增兵，合而謀我。軍事既起，各省自應力籌戰守，臣等已將防務嚴密籌備。儻彼族前來侵犯，即當奮力抵拒，不敢稍涉疏虞。竊維中朝寬大，聖澤如天，懷柔遠人，無不仁至義盡。目前辦法，總須將朝廷萬不得已之苦衷及並行不悖之德意，切實宣諭，庶匪徒不敢藉端滋擾，爲害地方。臣等於戰事初起之時，即行出示曉諭，務各相安，不必妄生疑慮。并接出洋華民稟電，請保護各國洋人，以免報復，情詞極爲迫切。臣等遂乘各領事來商保護商、教之時，會飭江海關道余聯沅，與之訂定章程。長江一帶及蘇杭内地，各國如不侵犯，我當照常保護。經各領事電商各外部，臣等亦電各使臣向各國切實聲明。德因戕使，頗持異議。嗣因各國牽制，遂亦帖然就範。恭繹五月二十九日諭旨，現在各使館勢甚危迫，我仍盡力保護，并飭臣等各盡職守所當爲，相機審勢，竭力辦理。六月初三日寄諭各使臣，現仍嚴飭帶兵官照前保護使館，惟力是視。各該大臣在各國遇有交涉事件，仍照常辦理等諭。是朝廷於天津犯順之洋人則痛予懲創，於未與戰事之洋官、商、教則曲爲保全，威德兼施，昭如日月。臣等屢次奏請保護公使，亦以聖慮之所重，時局之所繫，首在此舉，不容稍緩。迭准各出使大臣楊儒等來電，總以保全公使暨在各省之洋人爲第一要義。擬懇天恩，飭下在京得力各軍保護各國公使，正所以自保使臣。飭令各督撫保護在華洋人，正所以自保在洋華民，不勝急迫之至。臣劉坤一、張之洞、奎俊、王之春、劉樹堂、聶緝（規）［槼］。有申。

請授李鴻章以全權在上海與各國電商解紛

會銜電奏光緒二十六年七月初一日寅刻發　由濟南繕發

竊聞津郡不守，敵勢益張，該處距京僅止二百餘里，上念皇太后、皇上纘承宗社，不知如何憂勞，臣等遥望神京，難安寢饋。現聞東西洋續調之兵，日本已有萬餘人在大沽登岸，其餘各國兵隊啓行已久，亦必相繼到津，聯各國相約進兵，現仍徵調不已，事機日緊一日，尤深焦急。伏念兵端既開，在我自無不戰而和之理，臣等惟當振刷精神，將一切戰守事宜趕緊次第籌備，嚴密布置。無論何國來犯，可盡力遏勦，斷不敢稍涉疏懈，自弛藩籬。惟自古用兵之道，本可操縱並行。兩次伏讀致俄、英、日本及美、德、法六國國書，囑令排難解紛，仰見朝廷委曲求全，苦心調劑，仁至義盡，薄海同欽。現在俄、日兩國已有復書，詞氣雖尚和平，語意究難揣測。大學士臣李鴻章周知四國，體用兼賅，辦理交涉有年，爲各國所信服。現已遵旨北上，行抵上海。第戰爭方亟，航海既難徑達，遵陸又慮需時。若旬日以後，洋兵已逼近京城，局勢又變，可否籲請天恩，授以全權，示以機宜，飭令就近在上海與各國電商，藉探消息，察其意向，緩其進兵。何國有隙可乘，即由何國入手，總以間敵謀，紓國難，安兩宫爲主。此次戰事起於倉猝，各路援兵均未齊集。但能使敵氛稍鬆，即可多增一日籌備，多固一分戰守，庶於援兵之中，益便設防之計，於大局實有裨益。是否有當，謹合詞電陳，伏乞聖鑒。臣劉坤一、張之洞、德壽、善聯、劉樹堂、袁世凱、王之春、（攝）［聶］緝（規）［槼］、魏光燾、端方。東。

遵旨購米趕運京畿

會銜電奏光緒二十六年七月十二日戌刻發　由濟南繕發

竊臣等欽奉六月二十五日寄諭，近畿軍糧孔急，令臣等飭江漢關道岑春蓂購米五十萬石，趕緊北運。當即督同藩司、糧道會同該道籌辦，即日墊款購買。查漢口之米多係來自湖南，現在米價較貴。長江下游蕪湖、鎮江及江北寶應縣屬之氾水鎮，皆米聚處，價廉、路近，費省、運速。現時此三處每米一石，合計米價、運費較漢口約省銀一兩。現已在漢口買米二萬石，并委員分赴蕪湖、鎮江、氾水三處購買，隨買隨運。清江約計十日之内可買米十萬石，陸續由瓜州入内河改裝民船。惟河窄船艱。接道員惲祖祁電，船隻雇覓不易，惟有陸續雇運，俟運至清江轉運總局，即交道員惲祖祁接收。查清江轉運總局係奉旨由兩江督臣設立，脚費作正開銷。以後如何分起北運，應由惲祖祁酌量趕辦。鄂省所購之米仍備齊麻袋，以便清江總局臨時酌量水陸分運。惟漢口米時價每石三兩數錢，下江三處米時價每石二兩數錢，約差一兩。以米五十萬石計之，由漢口采買再運至清江，合計目前米價、運費共需銀將及二百萬兩，較由下江購運，多費不下五六十萬兩。鄂省餉力萬分支絀，此項奉旨飭購之米，斷不敢稍有推諉，但隨時零星挪凑借墊，猝難得此巨款，萬分焦急。竊思蕪湖、鎮江、氾水皆在江南安徽境内，地處下游，米賤運省。可否仰懇天恩敕下江南、安徽合力采辦。江、皖物力較裕，道路較近，款便則購速，路近則到速，計每購米十萬石，可省銀十餘萬兩。運米十萬石，可早到清江二十餘日。似此衆擎易舉，計程速運，庶於北路軍糈實有裨益。臣等仍當多方籌款，竭力續購運往，以濟要需。

謹合詞由電奏陳，由山東撫臣代爲繕摺馳遞。伏祈皇太后、皇上聖鑒。臣張之洞、袁世凱、于蔭霖。文。

籌解京畿槍彈情形

電奏 光緒二十六年七月十六日未刻發　由濟南繕發

竊臣奉旨籌撥軍械，近日京畿軍情緊急，憂心如焚。查湖北存械素少，名目亦雜。漢陽廠雖能自造槍礮，惟因經費支絀，無煙藥廠尚未造成，以致有槍礮及彈而無藥，無藥遂與無彈同。疊次解京及各營皆係臨時向外洋或滬局購買，以無款不能多購預儲。自五月聞天津有戰事，急趕向滬局購運，六月始經到鄂。除滬局留江南自用外，悉數購來，設法晝夜趕裝，每日至多止能裝成四五萬顆。除先解提督張春發營三十萬顆外，其餘儘數應付藩司錫良、總兵方友升入衛之軍，並將鄂省各營已發之彈收回湊解。現有應解神機、虎神兩營槍彈每營各二十萬，又有續解張春華營彈二十萬，茲擬即日派輪運赴鎮江，由清江陸運。惟洋艦窺伺長江，聞有軍火，必將派艦攔截。現擬將此項槍彈七十萬藏於運米船内，運赴瓜洲，轉入内河運清江，即名爲鄂省運京餘米。以後鄂省三四日運一批，江南、山東隨到隨運。惟到瓜洲時，須江南轉運局雇民船小輪等候，到清江後，即由清江轉運總局雇車等候。計每批彈十五萬，每彈一千裝一箱。三套大車，每車裝十二箱，約八百斤。雙套大車十輛，裝九箱，約六百斤。並不過重。如沿路換車，一晝夜可行二百餘里。清江九日可到京。每批只用三套大車十三輛，或雙套大車十七輛，尚未甚難。惟運至瓜洲後，非鄂省之力所能及，擬請旨敕下江督劉坤一、東撫袁世凱，飭清江轉運總局惲祖祁及沿途州縣籌備。專爲此項槍彈在瓜洲備大民船一隻，小輪一艘，在清江以北沿路備三套大車十三輛，或雙套大車十七輛。此項槍彈關繫緊要，而分批爲數不多，他營餉械需車，不得壓擱挪用。似此按批趕運，可以源源接濟。至以後解北槍彈，擬大率分爲兩項，以期簡速。一半運交欽差李秉衡，即可轉發張春發。一半運交大學士榮禄，酌量分撥各營。至此後尚有續解神機、虎神兩營槍彈共四十萬，亦擬請解交大學士榮禄轉交。似此分明簡易，免致端緒繁多，沿途歧誤。大率添兵不如添械，添械不如添彈。臣惟有竭力趕籌運濟，仰懇天恩敕下兩江督臣、山東撫臣，迅速密飭分别接運。以後此項槍彈，瓜洲、清江即稱爲鄂省餘米，以期秘密穩妥。謹電。由山東撫臣袁世凱繕摺馳遞。伏祈皇太后、皇上聖鑒。諫。

此奏發後并致劉制台，更由東省轉咨榮中堂、李鑑帥。

救急三策

會銜電奏 光緒二十六年七月二十六日申刻發　由濟南繕發

傳聞聖駕於十九日由易州幸晋，逖聽之下，憂憤莫名。竊謂此時救急之策，最要者約有三事。

一曰請派親信王大臣速與各國議款。上海洋電傳説派慶親王留京議款，不知信否。如確，甚幸。如未派，務請速派王大臣一二人，擬請明降諭旨，特派議款之王大臣與全權大臣電商議款諸事，先議停戰止兵。一面電各國駐使電告外部。

二曰請明降諭旨，派入衛各軍統兵大臣勦辦拳匪。該匪邪術惑人，毫無伎倆，並不能避槍礮。害國殃民，神人共憤。種種殘暴横行，屢經明旨嚴禁。宫廷爲難，中外皆知。今見敵兵難禦，將士多傷，相率解帶奔逃，竄往保定一帶，尤爲巧詐，情罪毫無可原。若再不自行速剿，各國必縱兵搜殺。洋兵四出，畿輔全非我有矣。我既痛剿，彼自無詞進兵。惟諭旨須聲明拳匪字樣，方足杜外人之口。近日各國進兵，不過藉口救使、剿匪兩事。今各使已獲完全，拳匪由我自剿，又派重臣議款，責以止兵停戰，彼更何詞。不然彼藉口匪未實剿，必然分兵四路屠滅，畿輔數百萬良民同遭慘禍，玉石俱焚，必爲聖心所不忍。甚至藉口剿匪，派兵向西路追襲，後患尤不忍言。

三曰請速頒諭旨，飛飭各省將軍、督撫，言聖駕暫時西幸，已派王大臣等與各國議款，妥爲了結。飭各省將軍、督撫務須照常辦事，鎮靜民心，保守疆土。仍遵前旨保護各國商、教，遇有各種匪徒藉端生事，嘯聚焚殺，意圖乘機作亂，立即派兵剿平，勿任滋蔓，擾動大局。各省官民見此明諭，人心自靖，內地自安。以後諸事易於結束，免致重貽宵旰之憂。

臣等北望乘輿，憂憤迫切，疚責負罪，無地自容。竊思惟前二條可以立時止兵，從容議約。後一條可以鎮定大局，轉危爲安。臣等會商意見相同，謹合詞電奏，由山東撫臣袁世凱繕摺馳遞。伏祈聖鑒，迅賜施行。臣李鴻章、劉坤一、張之洞、袁世凱、奎俊、綽哈布、魏光燾、端方、丁振鐸、許應騤、善聯、德壽、王之春、聶緝槼、劉樹堂、俞廉三。宥。

議和懲兇治安三電

會銜電奏光緒二十六年八月初九日卯刻發　由上海發

竊自七月十六日以後，臣鴻章遵旨屢向各國電商先行停戰，距洋兵入京僅止數日，深恨無可挽救。七月廿一日以後，復以停戰撤兵分電切商，各國皆以剿匪弭衅各節中國未能照行，兩宮離京，情形迥異，設詞推宕，未允各派全權議事。但事機愈緊，豈容坐待，迭與各駐使等再三設法探討，冀有轉機。仍一面將局勢危變情形於八月初一日專摺馳陳，並電由陝西撫臣端方就近代奏，恭待後命。初六日接駐俄使臣楊儒電稱，自聞洋兵內犯，車駕蒙塵，心膽俱裂。連日奔走外、户兩部，力籌挽救。均稱事已至此，實乏良策。刻下北京無主，各武員便宜行事，勢難遥制。蓋因屢次代我設謀，均未照辦，不免怏怏也。嗣經迭次懇商，並告以我深知中俄邦交有逾歐美，無如華洋各報議論均言俄心叵測，隱圖中國，我甚惡之。此次進兵本爲救使，今已保全，俄兵何妨先撤，以作榜樣，全兩國數百年交誼，慰中國數百萬人心，以示實憑，而箝衆口。反復勸解，彼意稍動，始允設法轉奏。頃據面告，俄主已允即日將兵隊、公使、人民一併撤至天津，以示真心見好。至東省之事，鐵路有公司承當，將帥請中國懲辦，俄決不據尺寸土地，飭詳告貴大臣。此係勉副臣鴻章與臣儒再三之請，切勿誤爲畏怯。一面速請皇太后、皇上回京，或先迅派合例全權議事，遲則恐德國統帥到華，别有舉動。並請臣鴻章與南省督撫之負民望者會奏辦理等語。查户部微特，辦事明決，肝膽照人，俄主言聽計從，外部不稍掣肘，此絶大轉機，不可再誤。儻各國均肯照辦，京師必須妥籌鎮守。萬一民變復作，子黎更遭塗炭，且又予人以可乘之機，不可不慮。乞轉電臣坤一、臣之洞等通籌迅速奏辦等語。臣又先接俄户部微特七月二十一日、二十九日兩電，內稱各大員之擾亂大局者，應請懲罰不貸。而於東三省違旨肇亂各官，請嚴查懲辦，不可以空言虛語塞責。均係忠告之言，另單鈔呈御覽。臣鴻章即與臣坤一、臣之洞往返電商，撤兵須有實約，議事難託空言。查西例，國君不在京，便是無主之國，任敵兵施爲，故必有留守便宜行事之全權大臣，方能督辦和局。今俄國請先迅派合例全權議事，遲則恐德統帥到華，別有舉動，是爲目前第一要義。臣鴻章前據日本所請，奏懇飭令慶親王弈劻、大學士榮禄星夜回京會議，此實萬不可緩之舉。如奉俞允，臣鴻章即當借乘俄船航海先赴天津，專俟慶親王、榮禄回京，便可催各國派使會議。蓋俄所允撤兵到津，恐尚須會商各國而後定。就使俄兵首先退至天津，市義於我，而我若仍以空言搪塞，彼兵在津，何難再進。或稍遲疑不決，轉瞬八月杪德帥即統陸兵兩萬而至。德既不能空回，勢必攪亂各省，愈鬧愈壞，不可收拾。恐德倡而俄隨，德俄倡而諸國隨，如上年膠州澳爲先，旅順、大連灣繼之，威海衛、廣州灣又繼之，其前鑒也。

抑臣等又有請者，攻使縱匪，聯軍所以由天津犯京，此各國公同向我理論之事也。各使幸已無恙，若能如臣鴻章所請，勦匪之事責成直隸督臣，可示以踐行之漸。至毁路開釁，俄兵所以佔據東三省諸城，此俄國專案向我理論之事也。署黑龍江將軍壽山、署奉天副都統晋昌，該二員一意主戰，豈不知三省兵械斷不足以抗大敵。乃竟縱匪毁路，另搆釁端，以致失陷多城，殃害人民，貽國家無窮之累。其肇禍尤屬重大，非另簡相當人員前往接替，終難停戰。擬請聖明以大局爲重，即將壽山、晋昌先行罷斥治罪，以爲開釁僨事者戒。庶款局漸可轉圜，不致遷延，再蹈覆轍。臣等爲事機不可再失起見，謹合詞據實瀝陳，伏乞聖鑒。臣李鴻章、劉坤一、張之洞。青。

再，與各國商議事件全賴電綫靈通。臣鴻章行抵上海，即查明直隸、山西兩省電綫，全行被匪拆毁，只得暫駐上海，尚可與外洋往來通電。現已商由盛宣懷設法借款，先將上海至天津另設海綫，再由天津至上海復設陸綫，並將晋綫次第修復，中外樞紐方免阻滯。惟畿輔千里，主持無人，拳匪潰兵充斥焚掠，主客各軍概形散漫。臣坤一、之洞電商臣鴻章，以各國議和，必非旦夕可結之案，既調任直隸，必當自認該省之地主，冀可杜外人無主之説，所關甚大。臣鴻章即已電屬護理督臣廷雍代爲繕札，蓋用關防，通飭本省地方官及本省外省各統領，在直隸境内各軍，均宜各守法度。遇有土匪潰兵滋事，即行認真勦除。一俟到津，即當遵旨一面會同添派之王大臣盡力籌議，一面將順、直各屬應辦事件，勉力自任。至鎮守京城，尤非慶親王、榮禄不能勝任。臣鴻章如有可盡之責，亦不敢推諉，惟斷不能獨任其事。但望畿輔稍能安静，兩宫早日回鑾，以遂天下臣民之望，以慰各國尊敬之誠，此臣等所日夜禱祀以求者也。

再，各省人心不靖，會匪伏莽，時有蠢動。兼之康有爲黨羽分布各處，造言煽惑，尤屬可慮。臣坤一、之洞聯絡各督撫竭力防維，總期隨時撲滅。擬懇速頒諭旨，飛飭各省將軍、督撫，言聖駕暫時西幸，已派王大臣等與各國妥爲議結，各省將軍、督撫務須照常辦事，鎮静民心，勿令擾亂，保守疆土，勿稍疏虞。於交涉事件，仍照迭次諭旨，按照條約辦理。遇有各種匪徒藉端生事，嘯聚焚殺，意圖乘機作亂，立即派兵勦平，勿令滋蔓，擾動大局。各省官民見此明諭，人心自靖，内患自安，免致重貽宵旰之憂。謹再電陳。

御駕西幸鄂糧餉銀解赴行在

會銜電奏光緒二十六年八月十二日酉刻發

竊臣等自七月下旬以來，北方警信日至，惟電綫多斷，文報亦梗，未得確音。暨聞洋兵已入京城，雖傳聞有鑾輿西幸之説，不知是否成行。各報又參差互異，神魂飛盪，罔知所措。臣等不能爲國家却敵捍患，以致有此大變，憤恨填膺，死有餘責。昨接大學士李鴻章自上海來電，奉到懷來縣所發寄諭，並接護陝西撫臣端方來電，恭悉皇太后、皇上確已西巡，將抵太原。薄海臣民懸望之悃稍爲定慰。惟六飛所涖，兵食繁多，北地歲歉糧艱，尤難措辦。查湖北遵旨購米，早已購齊十萬石，分存鎮江、蕪湖、汜水等處。因清江轉運局以時勢瞬息不同，恐運道或須改易，令暫緩交兑，此時自應解赴行在。惟查自清江運晋，應由淮北溯至朱仙鎮以達開封，又由黄河上溯以達陝州，皆係水運，較便。但聖駕幸晋幸陜，未敢豫計。若運晋，則此項米石在茅津渡過河，由解州、平陽以達太原。若運陜，則由靈寶陸運入潼關以達西安，皆無窒礙。查前奉上諭，令兩江督臣在清江設局轉運，派道員惲祖祁總辦，運費作正開銷。此項米石應請敕下兩江督臣督飭惲祖祁迅速設法起運，以應急需。若慮水道過遲，或酌分數萬石陸運，費較多而較速。但無論水運陸運，皆須取道中州。以後各省運餉，運米，運貢物，運軍械，輻凑交會。豫省歲荒車少，一省之力必不能支。似惟有由江、皖、西、浙、閩、川、湘、鄂、廣東、山東、山西十一省公同協濟運費。擬請旨敕下河南撫臣籌備車船，並敕各省迅速妥商分别協濟。臣等已一面電商劉坤一、裕長趕速籌解。但運到總需時日，焦思實無善策，惟籌解現銀解到較速。查湖北所解第三批京餉十九萬餘兩，目前計將渡河，已電河南撫臣暨委員探明，徑解行在。現又趕籌第四批京餉十八萬八千兩，即日起程解赴行在。除另行具摺專派大員齎呈恭請聖安外，謹電致護陝西撫臣端方代繕馳奏，以期迅速，合併陳明。臣張之洞、于蔭霖。文酉。

再，臣等接山東撫臣袁世凱電稱，頃接尚書徐郙等初一日函開，廟社宫闕尚未震動。又接出使日本大臣李盛鐸電，初五日聯軍請尚書敬信派人守護禁城。又接袁世凱初十日電，近日有自京來者，述京内外安堵，並無蹂躪各等語。謹附電具陳，以冀稍慰宸廑，伏祈聖鑒。

案：此摺係湖北督撫會奏一摺一片，電致西安端撫台代繕。并備雙銜安摺兩份，加緊馳遞。

鄂籌軍械解赴何處請旨定奪

電奏光緒二十六年八月二十八日巳刻發

竊臣前承准神機營、虎神營、武衛中軍咨令籌解快礮槍彈等項，當於本年七月初九日飭委縣丞毛鴻輝、千總李元吉給咨賫解神機營小口徑毛瑟快槍彈二十萬，虎神營小口徑毛瑟快槍彈二十萬，武衛中軍三生七快礮六尊，礮彈一千二百顆，隨同鄂省派出北上之武功營後隊趲程進發。祇因豫省歲荒車少，轉運艱難。旋聞聖駕西巡，即經臣兩次電咨河南撫臣裕長飛飭該解員毛鴻輝等改道迅速解赴行在，交湖南藩司錫良營次查收，分别請示交納。昨准直隸護督臣廷雍來咨，屬令解往保定。同是軍需急用，原無畛域可分，惟念扈蹕諸軍營數尚多，相需尤要。究應解往何處，庶協緩急之宜，復經臣電飭錫良奏明請旨遵行。頃接大學士直隸督臣李鴻章二十五日自津來電，有屬護督臣廷雍，務將庫款挪存河間或定州爲要等語。揆度情形，似鄂解前項快礮槍彈，仍以解赴行在或直隸之正定大營所在較爲穩慎，抑或仍解保定，相應請旨定奪，飭下直隸護督臣廷雍、總統湘鄂兩軍湖南藩司錫良等遵照辦理。謹電由護陝西撫臣端方繕摺馳陳，伏祈聖鑒訓示。勘。

案：此摺繕發後，併録咨廷護院、錫藩司。

董福祥軍扈衛可虞宜相機處置

會銜電奏 光緒二十六年閏八月初十日亥刻發

竊臣等伏讀七月二十六日上諭有云，庶幾不遠而復，天心之悔禍可期。仰見聖明虚懷克己，鑒於前事之失，力圖挽救之方，曷勝欽悚。謹按周易曰，不遠復，無祇悔，元吉。又曰，迷復，凶。蓋凡事措置失宜，致生灾患，早思變計，則吉。終於不悟，則凶。此久已在聖諭鑒照之中者也。竊維此次肇衅誤國之由，董福祥不能辭咎。平日大言欺人，自謂足以敵洋。五月半間首戕洋官，六月以後專攻使館，其軍半與拳匪句通，拳匪焚殺，董軍劫掠，狼狽相倚，殘毒京城。既不聽大學士榮禄節制，并不遵諭旨調遣。及外患日急，大沽、天津、北倉諸軍苦戰數旬，傷亡殆盡。河西務諸軍雖然潰敗，究屬見敵。惟此欺罔跋扈之董軍，並未列隊迎截。出城後即大掠滿載，驅之而西，京畿人民言之切齒。聞該軍隨扈太原，尚有二十餘營。又聞車駕因欲幸陝，特調馬安良一軍，此必董福祥乘國家危急之時，妄言回軍能戰，冀以廣樹黨羽，挾制朝廷。查回性很鷙，向不馴良。董福祥所部半係回兵，馬安良所部盡係回兵。西安回民素多，甘省向係回藪。猶憶五月三十日諭旨，有禍起肘腋，朝廷苦衷等諭。臣等至今思之，猶爲痛心。今若乘輿幸陝，而又多調回軍，養虎自衛。誠恐乘輿肘腋之間無非回人，將來朝廷一切指置皆不能徑行其意。是在京爲拳匪所挾制，出京又爲回軍所把持。誠如八月十五日諭旨所云，一誤而再誤矣。蓋董福祥自知罪惡多端，不僅爲各國所深仇，實爲天下臣民所共憤，以故增兵自衛，便其私圖。似此欺罔肇禍，始終怙非，絶不爲大清之宗社計，不爲兩宫之安危計，若不及早慎防，誠恐後患難測。此臣等所以焦灼急迫，不敢不披瀝直陳於皇太后、皇上之前者也。竊謂洋兵未能盡撤，則回鑾實爲險著。若回軍布滿左右，則幸陝尤屬危機。總之，無論駐蹕何處，扈衛諸軍宜專選忠純篤實之將。可否請旨將董福祥交部議處，飭回本任，罷其兵柄。所部各營令宋慶、馬玉崑、岑春煊、錫良四人分統之，分爲四軍，其勢自戢。部署略定以後，分别撤留。能守軍律者留之，桀驁擾民者裁之。其馬安良一軍，尤懇不再徵調。兩宫既安，則天下臣民之心皆安，然後則廟謨默運，可以熟計通籌。臣等合詞迫切密陳，謹電。由護陝西撫臣端方繕摺馳遞，伏祈聖鑒。臣劉坤一、張之洞、善聯、袁世凱。卦亥。

再，董福祥罪惡甚多，本應即予褫黜。惟此時以罷其兵柄爲先，俟該營有人分别接統，諸事部署妥帖，再請聖明裁奪酌辦，以免意外之虞。如此時鑾輿在途，或有不便，應請朝廷體察情形，從容辦理。是否有當，伏候聖裁。臣等謹附片密陳，伏祈聖鑒。

局勢危急遷陝非計

會銜電奏光緒二十六年閏八月十七日酉刻　由西安繕發

竊自拳匪肇亂，搆衅列邦，津、京相繼失陷，遼東亦多不守。以致宗社震動，乘輿播遷，薄海臣民皇皇失措，莫不謂拳黨釀禍，貽誤國家，疾首痛心，同切憂憤。迨疊奉明詔，車駕暫幸太原，剿治匪徒，議及親貴。仰見我皇太后、皇上前者之苦衷，今者之明斷。雖外人尚未滿意，然已漸有轉機。天下士庶，莫不欽仰感動，鼓舞歡呼。方冀畿輔廓清，指日回鑾，上慰九廟在天之靈，下遂億兆蒼生之望。日昨恭讀電傳本月初六日諭旨：現定閏八月初八日啓鑾西幸長安。等因。欽此。臣等至愚，鰓鰓過慮，有不得不直陳於我皇太后、皇上之前者。伏查自古國家多難之時，亦有遷都之舉，然必須敵人不能懸軍深入，即深入亦不能持久，我始能立國圖存。今日聯軍謀堅勢衆，實與古來不同。況陝西地方，自宋、金、元、明至同治以來，屢經兵燹，商稀民瘠，古稱天府，今非雄都。又與甘肅爲鄰，素爲回藪，較之京師，難云完善。即就目前言之，各國方以新勝之師，聯合圖進，我能往，寇亦能往，不畏數萬里之海，豈畏二千里之陸。恐山川之險未可憑恃，即偏安之局不可幸成也。且京師根本重地，四方所拱極而朝宗者也。宗廟宫闕，列祖列宗之神靈所式憑者也。二百餘年來邦基固矣，一旦棄之，不特失臣民之望，度亦非聖心所安。前聞各國曾請退兵回鑾，不占土地，無論所請果否出於至誠，正可藉回鑾之説，以速其撤兵之議。儻西幸愈遠，是拂各國之請而阻就款之忱。萬一激變宗旨，洋兵不撤，京畿從此淪胥矣。遼東不復，陵寢從此阻隔矣。一國變計，各國争先，外而沿江沿海，處處侵占。內而奸宄生心，紛紛擾亂。瓜分之勢成，糜爛之禍亟。人心愈摇，餉源愈竭，運道愈梗，而朝廷徒局促偏安，爲閉關自守之計。夫以偏僻彫敝之秦隴，供萬乘百官之資糧，久將不給。以屢次挫失之兵械，抗合縱連横之强國，勢必難支。存亡關鍵，實在於此。臣等萬死，奚足補救。伏乞皇太后、皇上追念列祖列宗創垂之艱難，俯恤滿洲八旗生齒之蕃衍，外順各國迎駕之請，內慰臣庶戀闕之心，擬請聖裁收回幸陝成命。若乘輿已發，距陝伊邇，勢難折回，亦乞明降諭旨，布告天下，具言此次幸陝，亦係暫計，俟畿輔稍定，即行回鑾。并由京簡派王大臣致祭宗廟，恭謁諸陵，示天下以朝廷不忘宗廟陵寢之重，斷無絶不回鑾之理。一面飭令全權大臣等婉告各國使臣，果其退兵，示以必返，庶足以定人心而安大局。臣等愚慮所及，不敢不昧死瀝陳。謹合詞電由護陝撫臣端方繕摺具奏，伏乞皇太后、皇上聖鑒訓示。臣劉坤一、奎俊、綽哈佈、許應騤、善聯、德壽、壽蔭、張之洞、魏光燾、劉樹堂、袁世凱、于蔭霖、王之春、盛宣懷、聶緝（規）［槼］。洽。

再，臣等正會商電奏間，續奉本月初七日諭旨：太原荒歉，供億維艱，且電報不通，輾轉延誤，不得已西幸長安。等因。欽此。仰見天心仁愛，體念民生，并以時局急迫，深慮要件或有遲誤，故爲此不得已之舉。是駐蹕長安可暫不可久，已在聖明洞鑒之中。顧臣等鰓鰓過慮者，則以宗社爲重，深恐各國以自棄京城爲言，變其宗旨，分占要地，停戰無日，開議無期，大局不可收拾。仍懇俯如臣等所請，明降諭旨，以慰臣庶之心，以遂各國之望。

再，接使俄大臣楊儒江電述外部之語曰，勢必大舉西向，恐未定咸陽之居，又將稅蘭州之駕等語。臣等所聞各國議論，大率皆同。今日幸陝之舉，議者必以爲秦中隩區，遠於海口，又有黃河潼關爲限，險隘可守，敵來較難，拒敵較易。不知古今兵事實有不同，八國環攻與一國搆衅又不同。今日戰鬭須憑槍力，守禦須憑礮力。潼關、同州等處之黃河，僅寬三里，愈上愈狹。外國陸路行營快礮七生口徑者可擊六七里，八九生口徑用七馬拖運者可擊七八里，新式長田雞礮可隔山遥擊數里。中國皆無之，僅憑土礮小洋礮豈能守河守關。各省槍小彈缺，自造無多。假使敵兵深入中原，運陝必然梗阻，不過數戰，彈子即罄。雖有忠義軍民，徒手亦難擊敵。蓋一國則深入難，八國則接濟易，此陝省拒敵之難也。又查外洋通例，凡係有和約之國必駐公使，若其國爲公使所不能駐者，即不視爲與國，不立和約。即使遷都陝西，各國别無疑議，亦必各遣公使來陝駐劄。經此次變故，以後使館必派洋兵保護，距海愈遠，護兵愈多。且山西、河南、直隸一路，必節節皆駐重兵。是無論遷都何處，必有使館洋兵，徒使中原數千里皆爲洋兵盤踞，此陝省遷都之難也。總之，陪都之計，全在平日經營，若戰敗以後，則敵人必有責言矣。守險遠海，亦禦外之一策，若海口既已屬人，内地素無守具，則險者失其險矣。各國併力，各省分擾，彼有接濟之便，我無持久之力，腹背受敵，跋前疐後，則遠者失其遠矣。此須俟事定以後從容籌之。遇一國生衅之時，必先結援數國，移蹕陪都，軍機充足，礮臺周密，再行開戰，最爲要著。然非所論於此時也。以上各情，恐議者或未詳考，不敢不據實上陳，以備朝廷裁度。

關内外各地被佔洋兵西趨

致西安行在軍機處光緒二十六年閏八月二十八日子刻發

近日疊接使俄楊儒、使日李盛鐸電，及各洋電，奉天、吉林、齊齊哈爾三省城，及甯古塔、琿春、三姓、伯都訥、愛琿、遼陽、錦州、長春皆爲俄踞，山海關亦爲俄踞，開平煤礦爲俄踞。房山縣係西山出煤總口，爲德踞。又接保定探電，聯軍萬餘已到保定，前隊赴定州、新樂，將趨正定赴山西。查毓賢已奉旨開缺，現在不知是否仍駐固關。該撫以招引拳匪，圍殺教士數十名爲各國深恨，聯軍必藉勦匪攻山西。可否請明降諭旨，將毓賢嚴予處分，令其遠離晋省。並降明旨令錫良嚴勦山西拳匪，以免引敵，致礙款局。關内外各地被占、洋兵西趨各節，京城信息阻滯，除電全權大臣外，謹電聞。

再，坤一、之洞屢聞各國洋人言及出使大臣電，皆欲得毓賢而甘心。所以各洋使屢次並未指名催辦該撫者，意欲作爲另案，藉勦匪爲名攻占山西。昨美使柔克義言，山西煤可供地球四百年之用等語。是各國欲藉此占盡中國之利，其意甚險，萬不宜再中其計。惟洋兵赴新樂，京城尚未知。若與慶親王、李鴻章電商，往返必須八九日，恐事機已誤，不得不急爲電陳，不勝迫切惶悚之至。合併聲明，請代奏。坤一、之洞同肅。勘。

禍患日深速懲釀禍諸臣早日開議

致西安行在軍機處光緒二十六年九月十八日申刻發

此次與各國議款，首以懲辦釀禍諸臣爲請。業奉電旨，飭令慶親王、大學士李鴻章與之磋磨，密擬具奏，該王大臣自必竭力商辦。覆奏到日，朝廷具有權衡。惟現聞直隸一省已經糜爛不堪，近日洋兵又陷紫荆關，關外即係大同府屬境。保定探電，洋兵將赴大同。屢據李鴻章來電及各洋人之言，罪魁不辦，斷不停兵，戰既不停，即不開議。款議多延一日，洋兵多進一步，占地愈廣，賠費愈鉅，將來和議條款愈苛。且各國議論，皆以力請回鑾爲詞，計惟有速懲首禍，或可以抵制要挾回鑾之詞。坤一等傍徨焦慮，有不得不再瀆宸聰者。關中歲荒民困，不比漢唐舊都。雖有潼關、黄河，亦須築有礮臺，設有巨礮，方能扼守。上游處處可渡，防不勝防，豈能專恃地險，即謂無虞。若使聯軍西行，斷非董福祥、程文炳諸軍所能抵禦。即使諸軍力戰，豈能以艱難有限之彈藥，敵八國無窮之槍礮。且入陝之路，南北歧出，備多力分，斷難防禦，此地利不足恃也。鑾輿駐陝，需用浩繁，西北力有難支，東南責無旁貸。目前沿江沿海各省暫示羈縻，尚可妥籌運濟，一有决裂，恐難任我轉輸。近接各處電音，備述各國意指，有謂宜分攻晋、豫者，有謂宜進兵襄、樊者，甚且欲以留還洋款爲詞，禁我運解京餉。和局若變，戰艦即來，各省專顧籌防，關中將成坐困，此接濟不足恃也。各省人心懸懸，會匪遍布，大局未定，蠢動時聞。即以沿江而論，如湖北漢口、安徽大通之案，幸經派兵速勦，不致蔓延。然現經查訊散出之富有票共已有二十餘萬張，湖南郵政局近查出逆信多件，現又密遣悍匪携帶重貲，决意大舉報復。若值敵艦來侵，何能兼顧。和議一變，各國分路進兵，匪徒乘機起事，外患内訌，天下騷然，將有瓦解之虞，適激瓜分之禍，此又時局之大可憂也。總之，以一國而敵八國，强弱異勢，衆寡相懸，和戰機宜，無待蓍蔡。坤一、之洞聞自晋來者，歷述兩宫西幸在途艱苦情形。蕪亭豆粥，滹沱麥飯，憤恨零涕，無地自容。並聞聖駕抵陝後，仍復日夜憂焦，懸望款議，臨朝輟食，還宫霑襟。若不早圖定局，天下臣子問心何以自安。此次肇衅之王公大臣，受恩深重，目睹鑾輅西巡，遭此困厄，自應爲國任咎，爲主分憂。使諸人反己自思，當不忍以大清二百數十年之社稷因諸人而遂致阽危，皇太后、皇上之聖躬因諸人而屢受驚險，二十餘省數百萬之人民因諸人而同遭糜爛。若再遷延不决，各國宗旨漸變，彼執定必須回鑾然後開議，更難措手矣。總之，各國從前措詞，尚云不肯仇視兩宫，故必懲辦諸臣，所以表明朝廷無開衅之意。懲辦悍將，所以解釋大學士榮禄無縱兵之疑。縱不能盡滿敵人之意，然豈能盡拂六强國國主覆書之請。即現在帶兵者目前或有爲難，亦應早籌辦法，密飭全權大臣告知各國，容我從容妥籌，斷不始終庇護。不然我雖苦口力辯，彼可置之不答，進兵如故。大局已潰，開議無期，此不比尋常議約，可以持久磋磨者也。古來聖帝明王，每遇陽九之厄，往往委蛇求濟，隱忍圖存。上懔宗社存亡，下憫生靈塗炭，不惜一時之屈，但期百世之安。詘可復伸，衰可復盛，史册昭垂，斑斑可考。我皇太后、皇上量同天地，澤沛華洋。伏願宸（哀）［衷］〔一〕獨斷，早定大計，以平各國之憤，以聯各國之情。庶幾早日開議，挽救危局。不勝迫切待命之至。請代奏。劉坤一、張之洞同肅。嘯。

〔一〕「宸哀」，似應作「宸衷」。

可徐圖振興。冒昧瀝陳。請代奏。佳午。

盛京堂[一]轉行在軍機處來電 光緒二十六年十一月初十日到

奉旨：張之洞初九兩電悉。所稱回鑾一節，甚屬周密，不爲無見。即著將原電電知奕劻、李鴻章參酌辦理。該督與劉坤一均奉有會同便宜行事之旨，但有所見，即著徑電該親王等，以期妥速。奕劻、李鴻章現議條款如有應行參酌之處，亦隨時電商該督等，互相斟酌，期臻妥協。欽此。

同莘謹按：初九電奏衹佳午一件，旨稱初九日兩電，其一當是指上文陽電而言。蓋陽電以初八午刻譯發，抵陝進呈已在初九日也。李中堂電稿刊本，有是月十一日電旨可以參考。

和約内遵奉内廷諭旨一語務删

致西安行在軍機處 光緒二十六年十一月初十日卯刻發

初十日電旨恭悉。佳電昨已電知全權及江督矣。查條款前總冒四條内第二條，有遵奉内廷諭旨一語。此數字句中有眼，用意難測。請鈞處告全權婉商各（吏）[使][二]，將遵奉内廷諭旨數字删去，萬分緊要。此電已轉慶邸、李相及江督。竊望鈞處有電致全權，方能得力。請代奏。蘂。

修改通商行船條約已奉旨照允力籌補救之方

致西安行在軍機處 光緒二十六年十一月二十八日卯刻發

箇電奉旨恭悉。修改通商行船條約，載在大綱十二條，已經奉旨照允畫押。若忽生異議，不願修改，各國將疑我反覆，各款均不足信，於和局大有妨礙。原奏謂，戰事止在北方，東南通商行船一切照常，應與商免修改等語。查當日保護東南大局，原係奏明遵旨辦理，所以宣布朝廷德意。今日議約，自未便以朝廷已允之件另起波瀾，至補救之方，謹當詳思力籌。此係善後事宜，不比議和總約，事機緊迫，惟有於商酌細目時，視彼要索何款，相機抵制，設法保全。總以勿礙我商民生計，勿侵我自主之權利爲主。聞各國已令議院、商會各抒所見，勢將擇其利彼損我者，合力挾求更改。蓋各國通商自有常法，修改條約必期彼此有益。中國則舊約本已受虧，彼本不以各國通例待我。戰敗以後，必然愈改愈很，勢所必然。儻能於和局大定之後，即行宣示整頓内政切實辦法，使各國咸知我有發憤自强之望，力除積弊之心，則籌議修約時，尚可容我置詞，不致一味聽人指揮，受人侵削。坤一、之洞擬即札飭各關道並分咨轉飭各省關道，將關繫通商行船各事宜，各具説帖，以備參酌。一面互商全權大臣，一面奏明備考。如間有京議阻格之時，或由坤一、之洞設法轉達各國公使相機調停，以爲全權之助，或當稍有裨益。宣懷亦飭各商局預籌利弊，屆時以便隨同商酌。請代奏。坤一、之洞、宣懷。勘。

米石運費用罄請准截過境京餉暫濟急運

致西安行在軍機處 光緒二十六年十二月十一日午刻發

清江轉運局遵旨移駐漢口，起運江、鄂米石，分囤樊城、老

[一] 即盛宣懷。
[二] 據刊本《張文襄公電稿》校正。

河口，專運龍駒寨，船少不濟，現兼籌陸運潼關。寨與關至西安，運費暫由陝撫奏撥。樊運分兩路，一水運至寨，一陸運至關，用費極鉅。原籌運費用罄，江、鄂均款絀。陝省需米甚急，且無倉久囤，米恐受潮霉變。坤一等往復電商，不得已擬援河南採辦軍米之案，請截過境京餉暫濟急運，仍由籌費各原省歸款。如蒙俞允，江浙委解户部餉共二十二萬五千兩到鄂，懇恩准先行儘數截留，飭下電知，俾水陸兩運得免貽誤。嗣後不敷，再隨時截留奏報。京餉款目另咨部查照。再，道員惲祖祁請省親假，昨報丁憂，現會飭江漢關道岑春蓂代辦。請代奏。坤一、之洞。蒸。

軍機處來電〔一〕 光緒二十六年十二月十五日丑刻到

奉旨：蒸電悉。惲祖祁承辦轉運，各省等集巨款，乃不詳察水陸之難易，迄今數月僅運到米六千餘石。遽稱運費罄，其為浮冒可知。陝省災重，待賑孔亟，似此延緩貽誤，實難辭咎。著劉坤一、張之洞迅即選委廉幹大員接辦，裁革浮費，核實籌運，一面查明惲祖祁經手運費共有若干，支用若干，現存若干，據實電奏。如有浮濫，即行嚴參著賠，勿稍徇隱。所請截留京餉，姑准暫借撥十萬兩，以後仍由該督等設法籌措濟運，不得再請截留京餉。欽此。

英主新逝請皇太后專電弔唁致西安行在軍機處 光緒二十六年十二月十一日戌刻發

英國商務最盛，東方英人最多，現在商議詳約，英人必宜格外聯絡，以免妄發議論，阻撓大局。現英國君主新逝，昨已見國書致唁，誠足以固邦交。本月十四日即出殯，若再由皇太后迅即專電弔唁，並請將來於國書致賀嗣位外，皇太后亦加專電致賀，則英人必更感戴，諸事必更順手。裨益大局，實非淺鮮。請代奏。真戌。

解救趙舒翹等人無效致西安行在軍機處 光緒二十六年十二月三十日亥刻發

豔電旨恭悉。坤一、之洞遵照樞電，疊次函電各公使暨各外部設法解救情形，已於昨夜豔電詳達軍機處，并知照全權矣。初擬救四，繼擬救一，外部尚無復電，事恐無益。聯軍不日南行，和局將潰，彼挾兵威，不講刑律，伏候聖裁。坤一、之洞同肅。卅。

劉制台來電 光緒二十六年十二月三十日戌刻到　并致盛大臣

滬五豔電悉。救趙、英、啓、徐，敝處曾婉商駐甯各領，允達公使，迄無回信。嗣又電全權救趙，迭閱全權奏，英使欲辦之意，亦復決絕。非特難救，且亦不便再延。今杏兄既商德領，允電穆，並有公允語，自當再盡人事。但樞紐在各使，電外部非特無益，且慮各使轉存意見。甯、漢各領處，敝處與香帥均屢商，不允不復，亦難再託。惟有由杏兄託滬各領代達一法，並望香帥加電。坤。卅。

〔一〕録自苑書義等主編《張之洞全集》第三册，第二一八五至二一八六頁，河北人民出版社，一九九八年版。

光緒二十七年

增祺與俄擅定暫約萬勿允許致西安行在軍機處光緒二十七年正月初六日未刻發

增祺與俄國擅定暫約事，荒謬萬狀。果如所約，東三省及直、晋、陝、甘沿北邊一帶，皆非我有矣。兵權、利權、政權全失，所謂交還有名無實。幸楊儒力持暫緩批准。今見楊使電約稿十二款，雖略有删節，大致仍與相仿，各國效尤，仍是瓜分之局。查此事去臘英領事面言，力陳此約萬不可允，惟有將所索各條布告各國公議。近日日本外部屢次來電云，日本力勸各國阻止此約，英、德、美政府意見皆同。各國之意，皆暗助中國，拒絶俄國要求。爲中國計，一切條約必須與各國公同商議，纔能保全中國。吕使來電，德外部亦勸中國勿允此約。總之，此約萬不可允。惟中國獨力則難争，今幸英、日、德俱助我，惟有以衆論公議拒之。伏懇朝廷萬勿允許，與各國從長密議，總可挽回許多。此事斷不汲汲於一半月内。至如何抵制之法，容續籌上陳。請代奏。語。

袁撫台〔一〕來電并致劉制台、盛大臣　光緒二十六年十二月十二日亥刻到

探電，俄廷議十二款，大致仿旅順條約，擬在東三省駐兵，政賦官兵均歸俄管轄。增祺妄稱全權，私定條約九款，始終未奏。初七赴旅，已議革職云。果爾，東三省屬俄矣。恐各國效尤，變其宗旨。請三公查明補救，一齊動手。禍烈如此，可痛。凱。文。

劉制台來電光緒二十六年十二月十六日酉刻到

滬日領初偕提督來見，嗣復單見，云奉公使及外部命，將增祺派員赴旅順與俄提所立私約大旨録送。一、盛京將軍應須解散一切兵勇，並收所帶軍械。所有軍械未經俄□領者，須交俄收用。一、俄未占之各處礮臺暨俄認爲無用之製造局廠，均拆毁。一、牛莊由俄暫管，將來盛京省民情復舊安静，再行歸還。一、俄允盛京將軍召募步騎各兵充當巡捕之用，額數及准否帶用軍械另商。一、上款所開巡捕額數單少，不足彈壓匪徒，即照會俄國督官，求其幫助。並據云，此係暫定條款，若簽定後，俄尚有永遠條款。此事一經允許，東三省、蒙古、新疆、直隸、山西、陝西、甘肅各省之事權，盡歸俄掌，各國亦必效尤，馴致瓜分。若中國拒而不允，俄雖横，各國認彼舉動爲不合例之事，是曲在俄。爲中國計，約款之關疆臣兵馬者，只可與各國同商，不可與一國分商。各國同求利益，可曲從。一國要求，斷不可允。俄要求實出情理之外，允之則事大禍重，斥之則事小禍輕。中國安危之機，實繫於此。反覆詳論，切勸力拒俄請。此事關中國安危，現已擇要電傳相，劾增祺，廢私約，力圖補救。並電榮相主持，尚乞我公助力爲禱。日領節略等件另抄寄。坤。諫。

盛大臣來電并致劉制台、袁撫台　光緒二十七年正月初五日亥刻發

邸相支電奏，楊使卅電約稿十二款，節去閉文電陳：一、俄主願表及，如不念滿洲開衅之事，允將滿洲全行交還中國，吏治

〔一〕即袁世凱。

一切照舊。二、東省鐵路合同第六條，准該公司設兵保路，現因地方未靖，該兵不敷，須留兵一股，至地方平靖及中國將本約末四款辦到之日為止。三、如遇變急，留駐之兵全力助中國彈壓。四、此次與俄攻擊，華兵尤甚，中國允於路工未竣及開行以前，不設兵隊。他日設兵，與俄商定數目，軍火禁入滿洲。五、中國為保安地方計，凡將軍大員辦事不合邦交，經俄聲訴，即予革職。滿洲凡地可設馬步巡捕，與俄商定數目。軍械除礮，供差不用他國人。六、照中國前允成議，中國北境水陸師不用他國人訓練。七、為保安地方計，租地約第五款隙地，由地方官就近另立專章。并將專條第四款金州自治之權廢除。八、連界各處，如滿、蒙及新疆之塔爾巴哈台、伊犂、喀什噶爾、葉爾羌、和闐、于闐等處礦路及他項利益，非俄允許，不得讓他國或他國人。非俄允許，中國不得自行造路。除牛莊外，不准將專租與他國人。九、此次俄兵費，各國賠款，均應清還。俄名下賠款數目、期限、抵押，與各國會同辦理。十、被毀鐵路暨公司工師被劫産業，又遲誤路工賠費，均由中國與公司商賠。十一、上項賠款可與公司商定，將全數或分出若干以他項利益作抵。該利益可酌改舊合同，或另讓利益。十二、照中國前允成議，自幹路或枝路向京造一路，直達長城，照現行路章辦理。外部云，現因看重貴國邦交，貴大臣切囑，經俄主、户兵部一再籌議，凡可讓之處淘汰已盡，所存者均不可少之款。若尚未如貴國意，實不知辦法等語。細繹款，留兵名為保路，實注意末四款，禁運滿洲軍火，禁用外人練兵，並及北省水陸，蒙、滿、新疆均有金礦，礦路利益一網打盡。又建入京枝路。鐵路賠款用他項利益相抵，蓋指關税、路礦等事，隱而未露。其侵我兵權、利權以圖自便，可謂周密深遠。凡此均彼牢不可破之成見，特乘此時藉此約要求而條訂之也。惟據稱六款、十二款，我早允之。禁我設兵，指路成以前，為時尚暫。禁運軍火係倣京約。懲換大員，不始今日。內地彈壓，本不須礮。長城以北由俄經營，英俄早有成約。又較户部口述之款删去商放將軍、派文武員稽察兩節，又稍減明索權利之款。罷派文武員尤免轇轕。至增附暫章之一、二、四、五、七款暨繳軍械等事，均未開列，此即彼所謂可讓者已盡讓也。察彼語氣甚堅，各款應如何分別允駁，仰祈訓示機宜。乞代奏云。奕劻、李鴻章。豪。

行在軍機處來電并致劉制台　光緒二十七年正月初九日亥刻到

奉旨：交還東三省條約十二款，各國皆不以為然，而俄以此事與各國無涉，中國應置之不理，詞意甚堅。若竟罷議，俄必不允交還，各國從此效尤，大局何堪設想。除電諭奕劻、李鴻章、楊儒設法辯駁，務須妥協外，因思各國既紛紛電告劉坤一、張之洞，即著該督等乘機勸令各國幫助辯阻，將中國獨力勢難堅持向爭，電告各外部協力向俄説項。務得妥善辦法，毋徒令我阻難，致使進退維谷，總期保全大局為要。欽此。佳。

與英德日美各駐使商拒俄約事

致西安行在軍機處光緒二十七年正月十一日卯刻發

佳電旨恭悉。此事初九日辰刻已分電英、日、德、美各駐使切商外部。告以中國獨力不能拒俄，勸各國徑達俄廷，方能有益。並詢明中國儻干俄怒，各國肯代我力爭否。又電詢駐京英、德兩使，英、德若助中國拒俄，可助至何等地步。均尚未復，得復即奏。看其情形，英、日甚急，德稍緩。其中惟修鐵路一條直達京城，并派兵護路一節最險，礦路聽命俄國最很，中國只准設巡捕，不准設兵，最礙政權。請代奏。蒸亥。

請諭議和三使臣俄約萬不可遽定

致西安行在軍機處光緒二十七年正月二十四日辰刻發

接日本駐滬總領事漾電稱，頃奉外部電開，准駐俄日本欽使電，駐俄英使向俄政府問，俄國此次所索約款與去年宣布之言何以不同。俄外部答云，新約内並無有礙中外條約之款。且新約各款，不過表明俄國願辦之事，仍可商議删改。中國實願速行簽定，在俄國並無逼求畫押之意。何者，聯軍未去北京，中國政府未能照舊辦事之前，不願交還侵地。此間多日，不難商辦等語。本大臣會俄外部，自言新約不過表明俄國之願，所有條款仍可删改。且言速願簽定此約者，並非俄國而在中國。因此觀之，俄國並非以決裂爲辭迫求定約者。某議和大臣謂中國若望俄國日後交還侵地，必須速定此約，是亦誤甚矣。總而言之，俄國日後交還侵地，並非中國簽定此項條約之故，實由俄國屢向各國宣布在前之故也。即專此意密達張制軍，堅持力拒，斷勿輕允。中國如允此約，恐別國亦效其尤，馴致瓜分之禍。合併切實聲明等因。查來電切實，分明是英日均已詰問俄廷，俄國並未立逼畫押，且將有礙中外條約之語一概不認。顯係自知理短，與八月内俄國官報所載俄皇布告各國之語不符。又云可以商改，聯軍未去以前，此間多日，不難商辦云云，是俄已懾於各國公議，情事顯然。至所云係中國願速行簽定，固係推賴之辭。查李相屢電皆有俄成見牢不可破之語，且於英、日勸阻深爲不悦，是其意見不無稍偏之處。伏懇朝廷堅持定見，切諭全權慶邸、李相、楊使，此約萬勿遽行定議。即使略允商改，大致仍謬。一與定議，瓜分立見，悔不可追。姑再俟數日，看各國議論情形再爲裁酌。大約總須將十二條照録送各國公閲爲妥。若中俄兩國私行定議，必受鉅害，仍貽各國口實。總之，草約乃增祺擅定，與國家何涉。此次詳約，乃俄國自開勒派，並非中國所請，何爲不可布告各國評論。此次奇變巨衅，國勢已危。支持半年，幸而和局將定，若因俄約誤允，仍歸瓜分，萬分可痛可惜。急迫上陳。請代奏。敬寅。

臚陳俄約效尤六害

致西安行在軍機處光緒二十七年正月二十四日辰刻發

謹將俄約效尤之害臚陳。俄路駐兵，令我供房屋、糧食，若效尤，則蘆漢、粤漢鐵路洋兵布滿中國矣，一也。東三省只准設巡捕，不准設兵，並繳軍械，若效尤，則京城及直隸全省皆不准設兵帶械，二也。東三省撤臺禁礮，若效尤，則京城及直隸全省皆無一礮，三也。大綱十二條原有禁軍火一條，查敝處前與英、德使電商云，此條須定年限。英、德兩使復電均云，可以商酌。今東三省另立禁軍火一約，與内地有礙，四也。北省沿邊蒙古、新疆皆不准中國及他國人開礦造路，須問俄人，北邊數萬里已非我有，假如各國效尤，英於長江，德於東，日於閩，法於滇，皆不許中國自開礦路，中國全國政治、土地、理財、行兵之權皆爲人有矣。且我於東北、西北各省准他國人開礦造路，尚是牽制維繫之策，亦不能允俄人阻斷他國之請，任其壟斷，待其吞噬。中國一綫生機，只在各國牽制一語，豈可自行劃斷，五也。至直修鐵路到京，俄有護兵而不准我設兵，此其害尤永遠危險，不待效尤矣，六也。瀝陳以備聖裁。請代奏。敬卯。

俄約務必商懇展限

致西安行在軍機處光緒二十七年正月二十七日午刻發

聞俄約已經略加删改，慶、李已據楊使電具奏，限二月初七日畫押，不勝焦急。查所改雖較前略勝，然要緊關礙處尚多。昨日本總領轉外部電，代我指駁共六條，極扼要中肯。如吏治下宜加政權之類，江督已電奏，不再贅陳。此次所删，僅第六款他國人練兵耳。然從前究竟有無確實已允成議，洞未能知。如李相當日曾允，則此條删，如不删，事鉅期迫，一時輕許，百世之害，雖不能概行駁改，然最要處總須挽救數分。竊擬暫時惟有先行商懇展限一法，擬請旨電飭楊使告俄，言此等大事，我國必應詢訪在朝諸大臣及外省各大臣詳慎籌計，請旨裁度，斷非七日内所能率定，懇其展限至二月底。並可即抱定羅使電，以四國未回信不遽畫押爲詞，明告俄人。一面電飭駐英、德、日、美、法各使臣，令其切託外部轉向俄外部代我商懇展限。有此數旬功夫，方能内籌抵制之策，外采各國之謀。上則留遼東根本之生機，次則免躭躭各國之衆怒。洞尚有管見，容即續陳。請代奏。感。

勉籌抵制俄約應急三策

致西安行在軍機處光緒二十七年正月二十九日辰刻發

沁旨敬悉。楊使漾電，俄約雖經略改，皆係無關緊要之處。第八條但將蒙古、新疆不准他國開礦修路半段删去。前半段改爲滿洲全境内不允他國或他國人造路開礦及一切工商利益。此次添出工商二字，包括更寬，用意更很。至第十二條俄另修一路直達長城一節，又將來俄路工竣後我設兵數多少須與俄商一節，又第二條准俄設兵保路一節，又第一條吏治照舊，不言政權、兵權、利權照舊一節，俱未删改。至第五條文武大吏不合邦交，俄人聲訴即行革職一節。僅改革職爲調離，名異實同。又第五條中國巡捕供差，不用他國人一節，改爲只用中國人，仍是一樣。又北境水陸練兵仍照前議，允不用他國人一節，既云有前議，則删與不删同。僅金州廢除，真删去耳。甘言欺我，勒逼畫押，此約一允，滿洲已全爲俄有，直與英待印度，法待越南無異。竊惟我朝發祥滿洲，東三省乃國家根本。即以形勢而論，東方海面，東三省爲首，兩廣爲尾，未有傷其根而葉能茂者，未有扼其首而尾能運者。且俄有專路直入長城，彼有常駐之兵而不准我設守禦之兵、扼險之礮。各國之兵雖撤，俄兵永在，各國之兵雖減，俄兵鐵軌長趨，旬日可來數萬，是京師輦轂永在俄人掌握之中，豈止遼東淪没，從此全局受制，不成爲自主之國。各國斷不肯獨令俄人吞噬，勢必種種抵制均霑，各出新奇花樣，京城直隸亦係各國兵力所得，云不效尤，誰其信之。是中國不亡於八國之環攻，而亡於一俄之作俑。萬分可痛可惜。洞焦思愚見，今日救急只有三策。

一、請迅發電旨敕英、日、美、德各駐使，切懇各國外部即日電懇俄國，代我懇請展限，容我詳籌。若僅令楊使請俄展限，俄必不理。我電告各駐使，但云俄約雖略改，其中關繫中國及各國礙難遽允者尚多，請代懇俄展限。中國之意，乃爲遵照英瀾侯語，不見四國回信，不便畫押之説。故請代商展限，各國斷無不

再陳許各國東三省路礦工商之利以拒俄吞踞

致西安行在軍機處光緒二十七年二月初一日巳刻發　發後轉劉制台、盛大臣、袁撫台、陶制台、岑撫台、王撫台、端撫台〔一〕

儉亥電奏想已達。昨奏文繁，兹再撮要。大意謂楊使必不能展限，惟有請發電旨，託各國代懇展限。恐各國不肯出實力，故以東三省路礦工商之利益歆動之，英、日、美必力助。但寬旬日限期，我可一面與各國密議開門通商章程，一面與俄議删去第八條不允他國人造路開礦及工商一切利益等語。俄如不允，各國必助我爭之。但能删此數句，東三省萬年常存，俄永遠不能吞踞矣。我所以酬報各國即在此，我之所以存遼瀋，固邦基者亦在此。一舉兩得，展限即先爭此一事。此策最爲俄人所深畏深忌，中西稍明交涉者無不知之。伏望朝廷斷在不疑，迅速先託各國展限。若能展限，其鐵路入長城一節，或以新疆利益與之通融。權其利害輕重，根本邊陲有別。如各國商展而俄不允，再允俄約不遲。此一託有益無損，何妨迅即試辦。蓋第八條關繫各國，豈能不告而私允俄人，俄不能責我不密。總之，不删第八條，東省即非我有。不以此條許各國，無人肯爲我力爭。然許各國路礦工商，仍是於我有益，此真所謂不費之惠。至東三省開門通商，係我自開口岸，與吴淞、秦王島相同，内地各省不能援例。即使各省多開數口岸，今日正可牽制，並無妨礙，尤望宸斷密速施行。若稍遲兩三日，此謀必致漏洩，爲俄人所知，俄必先餌各國陰許與中國立約後，再讓各國商礦諸利，則我數千里之遼東，不能供我聯絡各國之資，反爲俄人結交各國之具矣。痛哭流涕上陳，仰祈聖裁，宗社疆土幸甚。請代奏。東。

請飭李鴻章探詢各國對俄約意見

致西安行在軍機處光緒二十七年二月初四日辰刻發　發後轉劉制台、盛大臣、陶制台、袁撫台、王撫台

俄外部拒客還書，楊使在彼已無能爲力。各國代商展限，不知肯代商否。擬請迅發電旨，仍責成李相與格使商一轉圜之法，並飭李相一面迅速明告英、日、美、德各使。各國若不代商展限，中國力弱，爲俄逼迫畫押後，各國所擬效尤者何事，各國與俄事情形不同，何以大綱久已畫押，又欲效尤，令其明白告我，以便我詳加斟酌。若先不説明，將來即不得再有異議。似亦不失爲光明坦白辦法。蓋各國效尤，勢所必然。然究竟欲援例占奪至何等地步，或只渾言，或出懸擬，且各國意見亦不盡同。故欲確知各國效尤實事，朝廷方可權其利害輕重，以定此事辦法，全權大臣詳知其利害輕重，自必爲國家妥籌善策。請代奏。支。

再請飭李鴻章面詢各使

致西安行在軍機處光緒二十七年二月初六日午刻發

歌旨雖飭楊使告俄外部請諒，俄不見使，不收文，恐無益。仍懇電旨飭李相告格使，此語或可達到俄廷。並請飭李相將改約十一條宣示各國，明問各使，此約遼東情形與順直異，各國本不

〔一〕以上四人即陶模、岑春煊、王之春、端方。

應援例，乃聞各國有效尤之説，究竟各國擬如何效尤法。若各使理屈語塞，豈不甚善。若各使明言將分裂，李相必不敢遽允俄約，或能與格使商一轉圜之策，或與各使商一息事之方。並飭李相確詢格使，俄有何策可杜各國援例分裂。須確有辦法，不得含胡。竊思飭李相面詢各使一節，似乎有益無損。總之，李相在京總不詢訪各使情狀，亦不言各國萬一分裂，有何策阻之，實爲難解。請代奏。麻巳。

行在軍機處致北京全權大臣及駐俄楊使電

此電於光緒二十七年二月初六日由盛大臣轉江甯、武昌、成都、廣州、安慶、濟南各督撫署。

奉旨：俄約關係太重，疊經諭令奕劻、李鴻章、楊儒熟權利害輕重，妥籌辦理，迄未據切實覆奏。昨據各督撫及各駐使紛紛電奏，皆以堅持不畫押為害較輕。昨又具國書懇俄展限酌改，總以不礙公約，各國不致藉口為斷，亦未據楊儒覆奏。朝廷細思，不遽畫押，僅只激怒於俄，畫則羣起效尤分據，其禍尤速。即著該王大臣等分告在京各使，中國不敢遽允俄約畫押，請先議公約。並著楊儒婉告俄外部，中國為各國所迫情形，非展限改妥無礙公約，不敢遽行畫押，請格外見諒。欽此。歌。

請即將俄約宣布請各國公斷致西安行在軍機處

光緒二十七年二月初六日申刻發

俄約緊迫，楊使支電尚未敢畫押，不知接李相豪電後究已畫否。竊思有中國先占穩地步之策。查各國總以俄約未宣布爲詞，明日即是初七，此約無論畫否，總當宣布。擬請即刻迅發電旨，飭慶邸、李相，並江、鄂兩督暨各駐使，將改約十一條即刻宣布，偏告各大國，請其公斷。聲明我非負俄，無如有違公約，不便畫押。俄不接國書，不見楊使，無從商懇，中國惟有遵照公斷辦理。慶、李布告北京各國公使，江、鄂布告滬、漢各領事，請其轉達各政府，各駐使即刻告知外部，則俄約不能終閟。先以此法穩住各國。假如楊使竟已畫押，乃係不遵支、歌兩電旨，中朝仍可不認。且我已宣俄約請公斷，各國當可從長計議，不至遽行決裂。如楊竟未畫押，各國必喜，且必佩服中國尚有堅忍志氣。我既聽從各國，毅然不畫，請其公斷，各國當不能漠然緘口，自損國體。果有公論，俄或不能永遠全據。即使俄約難挽，公約必不致別起波瀾矣。仰祈聖裁，請代奏。劉坤一、張之洞、陶模、袁世凱、王之春同肅。語午。

李鴻章電催畫押望朝廷勿許致西安行在軍機處

光緒二十七年二月初九日申刻發　發後轉劉制台、盛大臣、袁撫台、王撫台

魚、陽、庚三電旨，宸斷堅明，曷勝欽服。李相電催畫押，務望朝廷勿許。英、日、德外部皆言，公約未定，不准立私約。正月內德外部覆鄂電，亦言中國須守定先定公約，不立私約。三國又皆云，俄約應歸公議。至英必取償，日必效尤。語氣皆斬釘截鐵。李相一概不理，但云格使付之一笑。假如各國效尤，分占中國，能付之一笑乎。至謂俄踞遼東，必致各國分裂，未免顛倒。惟俄約即使再改，亦與英、日、德三國先公約之意不合。然則允既不可，改亦無用，惟有請飭全權與俄婉商暫緩議此約，於俄並

無所損。總俟公約定後再議，以便遵照魚旨，請各國公議評斷。李相如肯與格使切商，緩議必可辦到。李相如肯與英、日、德、美各使常晤，推誠相商，公斷亦必有辦法。請代奏。佳午。

遵旨詢商四國外部托其勸俄

致西安行在軍機處光緒二十七年二月十一日亥刻發　發後轉劉制台、陶制台、盛大臣、袁撫台、王撫台

佳旨敬悉。不允畫押，不激俄怒。此時辦法，盡此二語。頃日本總領小田切轉外部電述俄答日本電文，請洞轉達行在。字句與李使佳、蒸兩電小異大同，故不複陳。俄答多詐，是其慣技。如無損中國主權，無礙各國權利，顯然欺誑。不肯交公議，不肯先宣布，顯然固執。惟不願與日本決裂，則情見乎詞。若英加一言，俄必變計矣。但罷議日久，恐其因羞成怒，現已遵旨詢商英、日、德、美各外部，託其勸俄，渾言此事務須與中國和平商辦，令俄借各國勸解得以轉圜。不知有濟否。得各國復後即奏聞。請代奏。之洞肅。軫。

行在軍機處來電致上海盛大臣轉江甯、武昌、福州、廣州、安慶、濟南各督撫署　光緒二十七年二月初十日未刻到

奉旨：俄約關繫甚重，該督撫皆力請不可畫押，謂一押則各國羣起分裂，不畫各國尚可以公論，助我詰俄。東三省俄雖强踞，朝廷已堅持非改至不背公約不允畫押。今李鴻章電奏謂，不畫押俄必決裂，永不還東三省，各國亦必效尤瓜分。楊儒又跌傷，不能辦事，限期已逾，俄怒而決裂，即在目前。且必致公約不定，聯軍不撤，各國又增索兵費。該督撫等務即妥籌如何辦理，並速及此時分向各國外部電詢辦法，勿徒激俄怒，又貽事後之悔。欽此。佳。

分發國書懇俄勿決裂懇各國以公論相助

致西安行在軍機處光緒二十七年二月十四日午刻發

此時自不宜激俄怒，但逾限不畫押，俄已怒矣。然參贊胡惟德真電，珍田尚遣人密告，暫約請勿疑，應逕向中國商云云。微德電怵李相以絶交。吴王電又歆李相以修好〔一〕。俄所以不能逕逞其怒者，徒以顧忌各國之故也，此時宜速爲俄開轉圜之路。惟有仰懇朝廷速撰國書一道，先申感謝，切言俄主厚德，極深銘感。俄國威力久知遠震，無如中國力量太弱，四國勸阻，迫令應交公議，不敢强違，致攖衆怒，而壞全局。懇其鑒諒中國進退爲難，稍從緩議。請俄與各國公商保全中國，顧念舊交。此乃請各國公斷，並非併入公約等語。其删改前約各條，一字不提，但懇其勿催畫，勿決裂耳。即速電慶邸、李相，託格使轉電俄廷。如格使不肯轉，即切飭李相於覆吴王電中，務將國書照原文叙入，自能達到俄廷。并請一面發國書電飭羅、李、伍三使，速商英、日、美外部，述俄户電有絶交永踞之言。謂中國已聽從各國之勸，逾限堅不畫押，俄怒已出諸口，懇其踐以公論相助之言電致俄國。但懇其和平緩商，萬勿與中國決裂，永踞我根本之地。不必提及

〔一〕珍田指日本駐俄公使珍田。微德指俄國財政大臣微德。吴王指俄國親王吴克托穆。

删改約款等事。並告各外部，將來各國公斷，中國無不聽從。俄有吴王轉電，又有三國居間，亦可藉以自解。英國尤要，日本一言，俄自展限，得英一言，當有轉機。東三省俄約條款，各國實已盡知。若歸公商，則從前十一條竟可不提，聽憑各國酌量公斷，總較原約爲勝，目前即不宣布亦可。總之，此時分發國書，懇俄勿決裂，懇各國踐言以公論相助，有益無損，似亦應有之義。伏祈聖裁速行。請代奏。鹽。

湘撫俞廉三辦事得力請勿允各國革職之請

致西安行在軍機處光緒二十七年二月十七日戌刻發

頃聞各國請續辦各員單，有湘撫俞廉三請革職永不叙用。查湖南教案，英國前已議結。惟法國教案内戕斃教士三名，糾纏特甚。法教士任德高親赴衡州、永州等處查辦，與地方官妥議，待之甚優，忿恨已釋。續拏辦真犯四名，議定賠款三十餘萬，并建坊賜額等事，教士甚爲欣愜，深願從此了結，屢向俞撫道謝。函致領事，已甚滿意。現已回漢口商辦畫押等事，議定明日畫押。忽聞法使於湘撫欲加重處，該教士甚以爲不必，代爲惋惜，願致函電與該公使，代爲剖辨挽留等情。查俞撫於教案僅止獲犯稍遲，然實極力彈壓。湘省士囂民浮，措置不易。現已得其窾要，獲犯賠款，調和民教，保護周密。若再易生手，斷不能如俞撫之保護得力，此爲教案計也。至俞撫於地方政務，廉潔公明，精勤老練，嚴緝富有票匪頭目最多，幸得弭亂。不徇情面，不畏謡詠，又須保教、緝犯，兩事皆力排衆議，獨爲其難。洞知之最悉，此爲地方計也。此時别選湘撫如俞者，實不易得，無論其他。票匪目湘中文人最多，現仍蠢動，斷無人能如俞之查緝票匪，不避嫌怨。地方治亂所關，不敢不言。伏望朝廷萬勿許各使所請，或薄予處分，總須留任。稍緩數日，該教士函電必已到京，當可轉圜。再，明日必畫押，并聞。請代奏。洽。

請飭李鴻章籌議要事應電知江鄂

致西安行在軍機處光緒二十七年二月三十日卯刻發

俄約爲各國牽制，英、日力助，幸已罷議，並未決裂。俄既云照前宣布之言，信實辦事，東三省終不能不還。乃李相篠奏，謂十二日已復吴王，請其勸俄皇仍守不佔中國土地原議，俟公約定後再行畫押等語，不勝詫異。查四國勸阻俄約，僉謂宜歸公議，我自宜專候公斷，將前約置之不議，斷無糾纏舊約，再行畫押之理。即略有删改，仍難出其圈套。十五日翰旨，明有宜在北京公議之諭，並未令全權畫押。何以李相復吴王電，竟允其公約定後畫押。且李相佳奏既云吴王之語未便答復，何以奉翰旨後之篠電竟云，前三日已復吴王，實不可解。今各國皆知中國不允俄約，願聽公斷，同聲欣慰。英、日領事轉外部來電，於中國此舉，皆深爲佩服。若將來忽云李相已允吴王畫押，則是前功盡棄，各國必怒我之不納善言，欺瞞暗允，羣起分據。德領現於廿二日索山東礦地沂、諸、濰、煙，包括太廣。法兵堅欲晋兵退至固關，大意不過直隸境内不准留兵。萬一俄約邀允，則直境效尤，蘆漢鐵路皆設法兵，近路之礦皆爲法有矣。法最親俄，德亦聯俄，明係德、法偵知俄約有人主持，必歸於畫，趁此安根。坤一、之洞往返籌商，萬分焦慮。相應請旨，切飭李相務將復吴王之電設法斡旋更正，事事遵旨而行，免貽無窮之禍。

再，江、鄂皆係奉會商和議，數月以來，全權從無相商之事，或於電奏數日後始得聞知，或竟不知。雖欲獻其芻蕘，亦苦於後時不及。以後遇有俄事來往各電，可否皆令知照江、鄂，以便照李使號電辦法，與英、日密商妥協再答，俾免墮其狡謀。並請樞廷密電慶邸，遇俄事亦密商英、日各使。至現議賠款情形及有關全局重要事件，亦請飭下全權電知江、鄂，或可稍效愚者之慮。言有可采則采之，無可采則置之，似於全權辦事並無妨礙，亦不至周折遲誤。請代奏。坤一、之洞同肅。豔。

行在軍機處來電 并致劉制台　光緒二十七年三月初二日申刻到

豔電已進呈，賠款及禁運軍火各事，昨已奉旨電諭全權，嗣後應行籌議事宜，隨時電知貴督等互相參酌，以期妥協。至合肥復吴王電，並非奉旨允准。此時暫可不提，俟公約定後再商樞。冬。

議處俞廉三務宜即辦

致西安行在軍機處 光緒二十七年三月初一日卯刻發

湘撫俞事，法使雖告全權委員可免議，近日英薩使屢電領事云，法使未來商，處分不便全免。莫如由中國朝廷自辦，酌予處分，如革職留任即可，不必歸入續辦一單内。既全中國國體，亦省各國饒舌等語。英領事又云，革留處分數月後，無妨開復。查英使、英領所言，似亦有理。擬請朝廷可否即日先降明旨，將俞撫酌予處分。略言衡州教案雖已議結，惟俞某於此事辦理稍形遲緩，仍著交部議處。將來部議或革留或降三級留任，似均無不可。惟議處之旨望速下，部議亦望於日内速行議奏，明降諭旨。總之，議處在續辦單以前，不由各國照會，不因全權奏請，數月後仍可開復，則於國體似覺稍好，并可令外人佩服。是否有當，伏候聖裁。請代奏。卅。

賠款太鉅須極力磋磨

致西安行在軍機處 光緒二十七年三月初八日巳刻發

英薩使電，此次賠款，各國索銀四百五十兆兩，中國借票止能售六七折，須向銀行借六百兆方得此數。現銀分三十年還，每年須還本利約三十兆等語。接他處電報，總數、年限亦同，是統共須還九百兆。原數已鉅，一經銀行，又從而倍之。中國民力竭盡，何能籌措，必致各國借端干預財政，自主之權全失，中國永無生機，萬萬不可照允，必須從緩妥商。查大綱第六款云，中國須籌定各國所能允從理財辦法，以爲擔保云云。明係指賠款分年攤還，故中國所籌定之理財辦法，必須適各國之意，以爲擔保。若中國已將現銀還清，則我自籌理財辦法，又何必各國允從耶。但恐赫德受銀行囑託，從中聳恿，儻全權遽然許之，便難挽回。查去年九月京電各省，二赤預計此後中國每年須籌三千萬。今果不出所料，絲毫不差。二赤何以能預卜各國兵費，并折扣、利息全能預算清楚耶，實屬可怪。惟有仰懇朝廷迅飭全權，務須極力磋磨，尤望勿允現銀，切商分年攤還。天下幸甚。請代奏。霽。

節略所擬籌款辦法萬不可行

致西安行在軍機處光緒二十七年三月初十日丑刻

發　發後照録致劉制台、袁撫台

佳、青兩電計均達。洋貨加税，則洋貨内地釐金必免，前電漏未聲明。約計洋貨釐金，江海不過三成，腹省較少，應減去四百萬。覆查洋關税、洋藥税、土藥税、常關税、百貨釐、鹽課、鹽釐，總計税釐鹽三項，再加洋人自用各物税，每年約共收五千三百萬，較前電所計尚略多。即減去洋貨内地釐金四百餘萬，尚有四千八百餘萬。如各國肯將賠數略減至四百兆，年息二釐，則此三項足敷攤還，十年可畢。即或不敷，亦必無多。聞有開擬節略，欲將現有之鹽課、常税、折漕，并另由部撥湊足三千萬以抵洋債，而另籌新法以補國用，十分可駭，萬不可行。新款豈能多籌，即能籌亦無速效。現款全空，内外束手。搜括騷擾則病民，餉需匱竭則病兵。民擾兵譁，未被外吞，先起内亂，國事不可爲矣。伏望朝廷詳慎籌度，飭全權大臣與各國切商，先定分年攤還之議。此議洞不敢即謂悉當，而節略所擬則萬不可行。可否發交全權大臣以備采擇。仰候聖裁。請代奏。佳、青兩電併請進呈爲禱。泰西。

駐鄂領事擬保端方撫鄂

致西安行在軍機處光緒二十七年三月十五日辰刻發

頃駐鄂領事來見云，彼國聞鄂撫用錫良，最不妥當，各國必來商阻。不如由中國先行措置，方於國體無損云云。查錫良前在山西布政使任上，承毓賢指意，不無與教士略有齟齬之處。又此時長江上下，回天票匪徒黨暗中句結，防不勝防。若另簡鄂撫，萬不可用湘人，恐彼等因撫台係同鄉，藉此扇惑親丁門口句結爲難。又，西人擬保數人，端方居首，可否於其未送照會以前，先行位置，庶免外人干預痕迹。請代奏聞。翰。

時局未定鄂省鄉試請展至明秋

致西安行在軍機處光緒二十七年三月十六日辰刻發

奉元電旨垂詢鄉試事，謹即詳加體察。查時局尚未大定，長江一帶匪謀未息，連接各路函電，票匪渠魁現聚上海，挾有巨貲，廣行煽誘，鄂省尤所專注之處。昨接江督電，英領函告，確聞票匪、鹽梟、游勇及各會，在長江合夥定期起事等語，與鄂省所聞同。現正通飭嚴備密緝。若開鄉闈，驟添文武生、商民數萬人，必致奸宄紛乘，無從防察，文武員弁精神不能兼顧。且恐考生别滋事端，實屬可慮。詢商司道，均謂展緩爲妥。且順天貢院折毁已盡，猝難修復，明春斷不能舉行會試。似展緩一年，於士林登進之階亦尚無妨，謹據實覆陳，可否將本年鄉試展期至明年秋間舉行，伏候聖裁。請代奏。之洞肅。翰。

行在軍機處來電光緒二十七年三月十七日戌刻到

奉旨：張之洞電悉。湖北鄉試著准其展至明年秋間舉行。欽此。

美使允向各國關説商減賠款

致西安行在軍機處光緒二十七年三月二十七日發

昨伍使晤美外部云，賠款一事，可與各使商減。已電美使設法。然必須全權致使屬出頭緩商之文，方可據以關說。且云，我美當減四分之一云云。美主既有此盛意，可否電告全權，聯絡美使，屬向各國關說，然不可說美主授意。請代奏。沁。

與英參贊商賠款加税免釐諸事

致西安行在軍機處、江甯劉制台、濟南袁撫台、上海盛大臣轉全權大臣 光緒二十七年四月初七日午刻發

英參贊傑彌遜奉其薩使命，自京來見兩次。傑商賠款事，問鄂省意見。答以中國力竭，須減數、減息、寬期。傑云，英深知中國情形，不願竭盡中國財力。商辯語甚多。昨日接薩使復電云，按原數四百五十兆，四釐息，不能減，亦不索現銀，改爲三十年攤還，每年應攤還二千六百萬兩。洞查西人計算本息表内數目相符，懇其照薩使前説，減息爲三釐三毫，或三釐半。傑云，英輕息可借，他國不能借，英當勸各國或能略減，然不能定。又商加税事。傑述薩使云，除洋藥不加外，可加至值百抽十，按貨本運費鎊價核實，合成銀數。並云有數種物向無税，今可納税。蓋指洋人自用物而言。但須進口洋貨、出口土貨釐金全免。問鄂省意以爲可行否。答以鄂省一人私見以爲可行。蓋約計洋關税加至抽十，歲可增一千六百萬兩以外。進口洋釐、出口土釐約計六七百萬兩。兩釐均免，關税必旺，必可歲增一千萬。至出口土貨免釐，乃富民勸工之本原，與外國通商之要義。各國出口土貨大率無税，在我本當舉行。今藉以增加關税，更爲有益。傑又問抵款事，歷舉鹽、漕、常税等項。答以加税約抵一千萬，鹽、課、釐約一千一百萬，如息略減，所差不多，當另籌。惟鹽務只可作抵，斷不能交外國人代辦，此乃干預我財政。傑述薩使云，不必交外人代辦，英不願干預中國財政。言之再三，語甚明確。傑又云，加税事，牽涉釐金，且關涉通商行船新章，猝難議定，此時不能以此作抵。答以只須查明確係進口洋貨、出口土貨，即抽免釐，一言可決，有何難議。傑又云，常税可交海關代辦否。答以常税亦只可作抵，不能交海關代收。蓋各關常税、船鈔、子口分卡甚多，皆在内地。遠者或至數十里外，若税司代收，多與民人交涉，局卡紛繁，即是干預我内政。湖北三洋關皆無常税，此乃爲大局計。傑力辯乃爲我謀生財，非干預。洞仍堅持，問各節已告全權否。傑云，渠出京時未告全權，此時不知。已託傑將各節電復薩使，并懇減息。傑今日東下見江督。竊謂總數四百五十兆一節，恐難商減，然較前説九百兆之數已省一百二十兆。利息一節，若能減息半釐，歲可省二百餘萬。薩使既略有活動語氣，只可姑與一商，并託美國調停。洋關抽十免釐一節，管見以爲此是善政，彼此有益。但不知各省意見如何。加税作抵一節，如能再與切商照允，庶免羅（抽）〔掘〕無術〔一〕。鹽務作抵一節，即言明由我自辦，似可作抵。至常税交海關代收一節，萬不可行，惟必當認真整頓。薩使來詢，故就管見答之，應請樞廷與全權裁奪籌商。請代奏。遇辰。

〔一〕據刊本《張文襄公電稿》校正。

英參贊力爭常關歸洋關兼辦已力阻

致西安行在軍機處光緒二十七年四月初七日午刻發

再，傑彌遜力爭常關歸洋關兼辦，敝處已力阻，防其干預内政。并言湖北三洋關皆無常税，荆宜施道常關僅收民船鈔，爲數無多，亦與沙市關無涉。傑言湖北有木税可歸海關代收否。答以新隄關竹木税係漢陽府收，與各關道無涉。且去年春鄂省將竹木釐金改爲統捐，裁併分局十七處，減輕收數，商便釐增，確有成效。今年正擬奏明將新隄關裁除，其竹木税歸併鸚鵡洲竹木釐局統收，此後湖北並無木税矣。傑又欲將荆關船鈔歸洋關代收。答以各口散漫，皆在内地，動與小民交涉，實多窒礙，未便洋關代收等語。如税司必欲干預常關，鄂省即當奏明裁新隄關，木税歸併鸚鵡洲木釐局統收，恤商裕課均有裨益。荆州船關亦不能交税司，致妨内政。謹先密行陳明。請代奏。遇午。

與德領事晤談紀略

致西安行在軍機處光緒二十七年四月初八日寅刻發

初三日，德領來云，該國穆使電詢鄂省，德願撤兵，惟正定、順德一帶尚有匪徒仇教，恐撤兵後拳匪必熾。若中國能擔保拳匪不再起，并能擔保中國兵力必能平匪，則德兵可撤。洞答以直境雜匪不能遽絶，此係潰勇、劫盜、土匪，斷無大夥拳匪，即有零匪，兵力必能勦平，國家必能擔保。又問鄂省能擔保否。答以鄂省能擔保。德領又問，董福祥有帶兵東來之説，確否。答以斷無此事，此乃津報訛傳。董帶兵十營，撥餉一兆，皆係謡言。蓋因晉撫岑帶本部十營自陝來，又聞請餉百萬，准撥數十萬，故有此誤。董已罷職家居，安得有兵，安得有餉。各報最好造謡挑衅，萬不可信。至邊外蒙民，大率愚魯，不能生大事，且恪遵朝命，傳言四子部落仇教之説亦不可信。囑其電復穆使，切勸瓦帥勿再派兵至張家口外等語。德領允轉達。竊惟洞與外人應答，只能如此一力洗刷擔承。惟直境遠近盗匪猖獗，多有快槍，皆係潰勇合土匪爲之。雖發端本非拳匪，本意亦非仇教，然藉仇教以煽愚民，則勢所必有。望朝廷速派幹員重兵，迅速勦捕解散，方免藉口。蒙部愚拙，不曉時勢，容或有仇教之空談，亦懇朝廷剴切諭飭，免致召敵西行。若直匪不平，蒙地不靖，後患難測，非全權口舌所能勸阻。至各報造謡釀禍，最爲可惡可憂。但此事無從禁阻，尚須另思善策，容再籌之。請代奏。虞。

洋貨抽十土貨抽五可歲增一千萬

致西安行在軍機處、江甯劉制台、濟南袁撫台、上海盛大臣轉全權大臣光緒二十七年四月初八日未刻發

遇辰電奏想達。加税一節，英參贊傑彌遜云，進口洋貨加足抽十，出口土貨加足抽五，當年定税則時，土貨價賤，今物價貴，所抽實不及百分之五，可按時價加爲抽五等語。查洋貨税六百餘萬，加洋人自用物税約百萬，共七百萬。洋貨實止抽三，若按鎊價折銀抽十，是加七成，可歲增一千四百七十萬兩。土貨税約九百萬，按今日物價，實止抽四或僅抽三。若加足抽五，是加二成有奇，可歲增二百三十餘萬兩。兩項所加併計，可增一千七百萬兩。除抵免進口出口釐金六七百萬外，實可歲增一千萬。前電只係統計，未將洋貨抽十，土貨抽五分析言之。兹再照傑參贊言語

詳陳，以備據此核議。查土貨税輕，乃於中國最有益之事。請代奏。霽。

鄂省江防緊要鄉試仍請展期

致西安行在軍機處光緒二十七年四月十二日子刻發

昨奉寄諭恭悉。但可開科，亟願舉辦，連日與司道及各紳籌商。查長江票匪句結鹽梟，意圖大舉報復。屢接江督電，該匪句引外國流氓，及前數年洋人美生案内之匪黨，私運炸藥入江。亂黨注意尤在湖北，已經屢電上陳，消息至今未鬆。現正治軍購綫，嚴防密拏。接上海函電云，各國兵船欲入江保護商、教，江督力阻，甚費脣舌。蓋票匪蹤跡全在上海租界，各領事知之最真。英、法、德新來漢兵船今尚未去，今日又有奥船三艘來漢，共泊兵船十艘，從來所無。各處遣撤營勇紛紛過漢，極力防查，深爲懸心。以後散勇過者必更加多。看此情形，今秋勢難舉行鄉闈。詢據省城各紳皆云，先保身家性命，而後可講功名。官紳衆論皆同，可見情形喫緊。且英參贊來言，欲阻京城明年會試、廷試，當經電奏，尚不知全權如何開導籌議。設會試尚未定議，今年新中舉人明春仍無會場可進，然則明秋鄉試與今秋鄉試相同，遲早似不争一年。仰懇朝廷俯鑒鄂省江防緊要情形，仍准展至明秋鄉試。請代奏。真。

時局艱危科舉宜酌量變通

致西安行在軍機處光緒二十七年四月十六日亥刻發

江、鄂今秋鄉試萬難舉辦，已由電覆奏。聞山東、湖南亦請展緩，順天、山西尤多阻格。竊思科舉一事，爲自强求才之首務，時局艱危至此，斷不能不酌量變通。半年來諮訪官紳人士，衆論僉同。粤督陶、東撫袁咨來奏稿，言之甚爲懇切。改章大指，總以講求有用之學，永遠不廢經書爲宗旨。坤一等覆奏，即日詳陳，擬即照光緒二十四年之洞所奏變通科舉，奉旨允准之案酌辦。原奏乃係參酌古今，求實崇正，力駁侈談新學者之謬論。不過原本舊章，力求核實而已。大略係三場各有去取，以期由粗入精。頭場試中國政治、史事，二場試各國政治、地理、武備、農、工、算法之類，三場試四書五經經義，經義即論説也。原奏經禮部通行陝西，有案可查。惟聲光化電等學，場内不能試驗，擬請删去。此事究應如何酌改，自應聽候朝廷飭議裁定。總之，今日中外大勢，科舉不改章，勢有不能，然改章之始，士林必須寛期肄習。擬請旨先行宣諭。現正議科舉改章，講求有用之學，仍必崇尚五經四書。所有展緩鄉試省分，各士子正可藉此一年之暇，精心講求，俾臨試時得以盡其所長。則多士知所嚮往，益可安心肄業，不致懸盼疑阻。惟科舉要政，當必俟各省奏到詳核妥議。此次諭旨可否渾言大略，但將講求實學、不廢經書之宗旨揭明，其詳細章程俟定議後再行頒諭通行，則諸事皆無窒礙。愚昧之見，是否有當，伏候聖裁。請代奏。劉坤一、張之洞同肅。諫。

和局漸定請飭鄂軍回省

致西安行在軍機處光緒二十七年四月二十二日丑刻發

和局漸已定，晋防無事，提督程文炳所統各軍已奉旨飭回原省。湖北所派總兵方友升統帶之武功營，自應一律調回鄂省，分別撤留，以節餉需。請代奏。哿。

賠款年限暫勿復允

致西安行在軍機處光緒二十七年五月初五日辰刻發　發後轉劉制台

全權議賠款分四十四年，共一千零七十五兆。前十四年數雖少，第十五年起至第三十年，每年二十一兆四十五萬零，數已不少。第三十一年至四十四年，每年三十三兆七十四萬零，爲數太多。其故由前四年全不還本，次十年還本太少，故受此虧。竊思籌款固難，然能籌一千八百七十餘萬，何在二三百萬乎。總之，每年及早帶還本銀若干，方爲合算。此時洋兵已漸撤，議賠款之年限並不甚急，務請暫勿復允，但催其將抵款商定電聞，看其擬以何款作抵，方可籌酌。此數日内容江、鄂詳加核算，有何稍爲輕減之法，再請鈞處統籌核定。全權見表後，十八日始電奏，可見遲早不爭數日，望勿急遽。至禱。請代奏。歌。

籌議逐年清償賠款數

致西安行在軍機處光緒二十七年五月初八日辰刻發

賠款事，薩使每年二十六兆之議，全權既以多籌八兆爲難，竊擬有酌中籌還一法。目前每年約只多籌四兆，共分三十六年還，前十四年每年還二千二百萬，第十五年至第三十五年每年還二千六百萬，第三十六年還一千一百九十六萬四千一百三十兩，總數共八萬六千五百九十六萬四千一百三十兩，核算無誤，較全權議還完早八年半，除前二十九年多還本銀之數抵除外，所省約二萬二千萬。查前二十九年雖較全權所議略增，然前十四年僅多或四百萬，或三百二十二萬。後十五年雖多四百五十四萬零，而舊債表爲數漸輕，海關已盈餘一百二十七萬零，實仍只籌三百二十六萬零。第三十年至三十五年則每年少還七百七十四萬零，第三十六年則少還二千一百萬矣。第三十七年至第四十四年既已還清，則每年省三千三百萬矣。竊思每年最少需還十八兆，亦必須中外合力另籌大宗鉅款方能應付，即多籌三四兆，似尚有策。而總數所省實多，免致三十年後忽增鉅累。嘗考法爲德破，賠款極鉅，其國民同心努力，趕先籌措，於未滿年限之先，即行清還。各國驚異，謂其志堅氣壯，不數年法國復强。蓋謀國之道，當計久遠，微弱時尤甚。若目前不避艱難，早圖自振，是爲生機。若苟圖一時輕省，不計久長，是爲敗氣。强弱進退之消息實在於此。至撤兵一節，久經各使言明，利息議定即允撤兵，斷不至因籌商年限，另思變計。即使全權所議已告各國，而此次所擬辦法乃係提前還本，當必更願。臣等非與全權立異同，特爲國家億萬年計，不敢不言，仰懇聖明裁奪。請代奏。劉坤一、張之洞同叩。庚。

外使不得乘黄轎詣宫

致西安行在軍機處光緒二十七年五月十四日申刻發

閲全權電奏稿，各使欲乘黄轎在乾清宫前降輿，實堪駭異。公使雖待以客卿，究是人臣，若國君遊歷來華，又將何以待之。且各使與各國太子、親王禮節亦有等差，即黄轎亦不應乘坐。各使不顧中國儀注，獨不爲本國留體制乎。此節無論如何萬不可許。竊思各使力從驕倨，不過欲洩其攻館之忿。查外國之待公使，遇有大典禮，則國君必遣其自坐之車前往迎迓，此各使所以藉口也。然各國君向無黄轎，故其國臣民不以爲異，行之中國，實駭物聽。恐因此或生事端，此時似宜籌一抵制之法。或令上駟院備良馬數匹，即稱爲御用之馬，遇各使有大典禮覲見之時，即用此項馬匹前往迎迓，平日則否，抑或别予優異。總以阻其黄轎詣宫爲斷。懇飭全權設法婉商，以存國體。再，各國使館留兵之數，亦請飭全權查明，據實奏聞。請代奏。劉坤一、張之洞同肅。鹽。

應藉各國公議令俄撤兵

致西安行在軍機處 光緒二十七年六月十一日午刻

發　發後轉劉制台

箇電悉。俄約責我以東三省吏治，而盡將兵權、利權、政權奪去，專令我壓制華民，以供俄人之役使而已。利則歸俄，害則屬我，名爲俄還東三省於我之約，實則我讓東三省於俄之約也。從前疊次電奏，屢經痛切瀝陳，此約若成，不獨失關東，各國必將效尤瓜分，内地各省亦不能安全矣。俄鐵路到京，駐兵護之，則法亦必以護路爲名駐兵，直抵京外。他國皆沿鐵路駐兵，豈止各省不安，京師亦不能安矣。各國聞之，尚爲我危，苦口勸阻。中國稍有忠君愛國之心者，亦皆痛心疾首，請勿畫押，豈得謂爲謬論。李相偏執己見，幸聖明在上燭照堅持，俄謀遂爾暫沮。然俄人垂涎已久，早視東三省爲己有，貪心未息。若不趁此藉各國公議令其撤兵，斷無甘自退讓之理，暫踞終成永踞矣。數月來江、鄂往返籌商，並探詢各國外部，惟有趁此公議之時，請各國公斷一策，將俄人自立之約不論。庶俄在各國之前不敢遽食前言，明居不義之名，屢經電奏在案。江、鄂惟知爲國家社稷計，孰謬孰是，朝廷自有明察，天下自有公論。江督昨電樞廷，轉電全權，照會領袖公使詰俄退兵之期，以觀俄人動静，方可籌措置之方。此照會無論有益與否，有何妨礙。况此辦法，本係日本外部之意，而英、美、德三國外部均曾勸我交北京公使公斷。四國公使一見照會，定必從中以公論相助。李相前勸畫押，或者因恐决裂，爲俄所愚。今逾期不畫，俄國竟無動静，自當悔悟急救，乃堅執不肯照會，豈始終爲俄所愚耶，抑别有成見耶。不顧國家之安危，而專與同僚爲水火，大臣舉動不當如此。查萬國公法，戰後立約，約未提明者，悉照戰後情形。今北京公約，俄在其内，賠款數目，俄國最鉅，東三省兵費、路費亦在其内。李相與各使屢次會議照會，於東三省撤兵從未提及，必然永照現在情形矣。一失此機，以後無法補救。近聞各國公使一俟大綱十二款全數議定，即行各自回國。若此時不議，各使回國後再不能議，悔不可追矣。伏祈迅賜電飭全權，務即日照會領袖公使，詰俄撤退東三省兵隊日期，並請各國爲我將東三省善後諸事秉公公斷。各國若肯公斷，或竟可不立專約。至美、日兩國所請將東三省開門通商辦法，最爲善策。欲永保東三省不爲俄佔，非藉各國牽制不可。亦望飭令全權照會各國，言俄已言明不占我土地，一俟俄將三省還我時，即行開門通商，許各國以居住、通商、開礦、製造一切利益等語。則各國均冀中國永保東三省自主之權，不願别國來侵。且似此措詞，亦甚虚活。俄心雖不悦，而無詞以責我。庶幾祖宗根本之地可望收回，中國全局不至自取分裂，天下幸甚。請代奏。軫。

行在軍機處來電 并致全權大臣及劉制台 光緒二十七年六月十五日申刻到

奉旨：諭奕劻、李鴻章、劉坤一、張之洞等，前後論俄事各電均覽悉。二月初間，中外諸臣僉言俄約一成，即啓瓜分之禍。朝廷熟思利害，不得不為停畫。此事勢之當然，本無所容其成見。乃自是之後，李鴻章誤以畫約為劉坤一、張之洞所阻，至有江、鄂為日人所愚之言。劉坤一、張之洞又以李鴻章為偏執己見，亦有全權為俄人所愚之言。彼此積疑，負氣争論，究於國事何補。該大臣等受恩深重，上年共扶危局，各著勤勞，方深倚賴，國步至此，同心戮力，猶懼不濟，何忍自相水火，詒憂君父，見笑外人。平心而論，李鴻章身處其難，原多委曲，然時有不受商量之失。劉坤一、張之洞慮事固深，而發言太易，亦未免責人無已。要之，俄約自難全廢，終當設法改訂。俄人交還東三省，若仍奪我兵權、利權，名還而實不還，害豈可言。且各國起而效尤，則内地之禍，何堪設想。必須乘公約既成之際，向俄使商定前約，婉與磋磨。並即照會各國公使，請為公議，便可詢問關東撤兵日期，以觀動静。若能將東三省許各國通商，得互相牽制之益，庶幾根本之地可保，全局亦安。應如何辦理之處，著責成奕劻、李鴻章趕緊籌商，務臻妥善，速行具奏。劉坤一、張之洞有會辦之責，亦不准置身事外。特此開誠申諭。該大臣等同一竭忠謀國，務各互除意見，和衷經畫，挽回氣數，共濟艱難，實有厚望。爾功爾過，不能逃朝廷洞鑒也。欽此。願。

與各國切商准直晋不滋事州縣借闈鄉試致西安行在軍機處 光緒二十七年七月初九日午刻發

前聞直、晋全省停考，敝處於四月内電致英薩使、德穆使，以直、晋滋事之處雖多，而安静地方亦復不少。若鄉試全停，波及無辜，士心定然不服，於將來民教相處大有妨礙，與大綱内滋事城鎮停考一語亦不相符。應仍照原議，查明何處滋事停何處之考，即多停一二十處亦無不可，但不應全省停考。各國意以北京、太原兩處滋鬧最重，不允在該兩處開科，惟有借闈考試之法。擬直隸借山東闈，山西借河南闈，將滋事各處剔出，不准赴考。懇其轉商各國，以免累及無辜。並告以滋事地方生監，斷不能混往應試。蓋學院咨送，監臨收考，主考出榜，皆須查照學册，填明籍貫，不容假冒，亦非臨時所能更改。旋接英薩使復電，直、晋不滋事地方可借闈鄉試。德使復電云，彼甚願照辦，惟有人不以爲然，至爲抱歉各等語。復又電詢英使，乃含渾復云，遵照四月廿五日上諭辦理。又查江督劉來電云，借闈鄉試事，商英、德兩領事均允電商公使，據云必可照准。過數日，德領函稱，敝國欽差來電，將與各國商議。敝國欽差之意，以爲此事必可照辦。嗣又接德使電謂，各國有窒礙等語。可見英、德兩使於此事毫無成見，且甚願通融。又湘撫電云，全權電告衡州府、清泉縣可免停考。又全權電云，江西鄱陽縣法使允免停考。查衡州、清泉乃滋事甚重地方，然則法使亦非苛求者。英、德、法三大國皆不固執，切實與商，當能就範。茲和約不日畫押，停考事各國再請明降諭旨。伏懇朝廷飭令全權，趁此務與各國切商，直、晋兩省不滋事各州縣，准其借闈鄉試，俾免無辜向隅，以期民情帖服。幸甚。

中者，作爲舉人。京城大學堂總裁考中者，作爲進士。誠以必須朝廷明示以登進之階，科目之榮，則士心自奮，人才自多，足爲國用。其自外洋遊學畢業得有憑照者，已奉旨准作舉人、進士，則内地學成欽派考官取中者，自應一律登用，方爲允協。且天下各府州縣徧設學堂，經費極鉅，止能於省城創設數處，以爲提倡而示規模。若全省均由官籌款，斷無此力。東西各國均無此辦法。若舊日書院，經費甚微，就地勸捐，微末無濟，是學堂終不能多，人才終不能出。惟有明旨准作爲進士、舉貢、生員，則民間自然集貲興辦。不待官籌，最爲善策。時艱需才，不宜再緩，仰懇明旨速行，大局幸甚。若詳細章程不能遽定，似可渾言准其分别等差，作爲進士、舉貢、生員。則詳章仍可候禮部細酌，毫無窒礙。

再，改科舉一事，已奉旨允行。惟坤一、之洞原奏，係請三場分場發榜，可以防考官草率偏重，三場仍如一場。此宋名臣歐陽修之策，本朝通儒錢大昕之論，似屬妥善。蓋偏重前兩場，則恐涉駁雜，偏重末場，則仍患空疏。雖廢八股，與不廢等，恐不足以仰副朝廷求才自强之至意。惟有分場發榜，則場場認真，互相維持，有實濟而無流弊。且鄉試人數由萬餘人至二萬人，發榜中省約須一月，大省加多。寒士候榜日久，資斧艱難。至場内謄録，場外遊民動滋事端，極費彈壓。坤一、之洞皆屢充鄉闈監臨，深知寒士之苦，彈壓之難，校閲者爲多卷所困，房官草率，主考疲勞，於甄拔真才之道，種種有妨。若分場發榜，寒士免久候，内外簾各官免昏疲，地方少事端。假如中省頭場八月二十五六日發榜，二場九月初七八日發榜，三場九月十五日發榜，僅多五日。而人數既少，事簡弊清，經費轉可節省，洵爲一舉數善。其頭二場之榜，或即照學政歲科考先發紅號，尤爲簡速。至謄録一項，實可删除。訛脱、燬失、作弊、改竄，大省尤甚。試思萬卷筆蹟，考官豈能辨識，若欲舞弊，仍可藏關節於字句之中，防弊實不在此，似以省之爲便。

坤一等因學堂必須急辦，然非民間自辦不可。欲三場有實濟而無流弊，非分場發榜不可。各省情形皆同，若待各省議覆，禮部核奏，爲期太遲，士心游移觀望，鼓勵難期。謹先電陳，伏候聖裁。請代奏。坤一、之洞同叩。卅。

俄約望從緩再議

致鄭州行在軍機處 光緒二十七年九月三十日午刻發

兩月以來，連接李使轉日本外部各電，力勸勿遽允俄約事，日外部皆紛致江、鄂，因江督均已電奏，故未複陳。現在李相已故，俄約尤宜從緩。查日本屢電，要義在中國若緩允俄約，必有好結局。若欲定俄約，必先商日本數語。李相所電俄人新擬數條，僅止不提鐵路造至關内而已。其於侵我主權，止准設巡捕兵，不准設礮兵，及獨占礦路工商一切利益，絲毫未改。退還年限亦甚含糊，閃爍包藏，愚我實甚。日本如此助力，若倉卒定約，日本必怒，首先效尤，英、德、意各國繼之。不惟遼不能復，大局危矣。務望朝廷從緩再議，熟思審處，詳考各國情形以俟機會。不勝悚切。請代奏。卅。

李欽差[一]來電 并致劉制台 光緒二十七年九月二十二日午刻到

頃外部言，聞俄廷以新約底五款交全權。一、前次議約及一

[一] 即李盛鐸。

切議論概行作罷，從新訂款。二、東三省全境並牛莊交還，惟榆關至牛莊鐵路，限畫押之本年内交還。三、畫押之本年内，奉省俄兵全撤。四、定約日起兩年後，吉林、黑龍江俄兵陸續撤退。五、中國派兵應由盛京將軍與俄武官商定，惟不得用礮隊。以上各款如果確實，中國仍未可盡允。數日前日本已電駐京署使面告慶邸，大致謂此次俄約較前已輕，惟所開條款，不但中國未能滿意，即在俄亦不能算讓盡。現未見全約，固難逐款議駁，惟四、五兩款則深知不妥，必須駁改。第四款撤兵之期，語涉含糊。第五款侵奪中國主權。凡兩國訂約，語意含糊者，弱國多受虧。因强國每將含糊之語自作解説，逼令照認。如第四款照允，撤兵之期由俄自定，勢必遷延，與永踞何異。須改為吉林、黑龍江俄兵限定約後一年内陸續撤退。如第五款亦照允，則邊防永弛，日後設有内亂，亦難彈壓，俄必藉口再據其地。此款應添改俄兵撤完之日，此款即行删除一語。以上兩款，儻俄不肯改，應即緩商，極於中國有益。俄前布告各國，語太結實，因亟思訂約以銷前案。其情甚急，設不得已，仍當減輕。日本前因俄約屢勸全權，並電鈞處，一面並勸俄廷。此次復告，皆為東亞大局起見，幫助中國，實出至情。聞新約日内將定，雖難遽信。但事關重大，深望鈞處此時格外留意，體察情形，奏懇朝廷慎重，勿信一面之詞，免誤大局。設有疑難，務希垂詢日本政府，俾從速代籌，勿誤機會為盼。並請鈞處將日使告慶邸各節轉達政府等語。囑電陳，乞鈞奪。鐸。號。

李欽差來電光緒二十七年九月二十五日申刻到

頃外部言，俄約新稿應駁應允之處，前已詳陳。頃得確電，五款之外，尚有東三省礦務專歸俄人辦理一條。似此實於中國與各國現約大有妨礙，萬一照允，恐東三省之外，各國不免效尤，為害甚大。深盼鈞處奏懇朝廷，堅執勿允，以保大局等語。囑電陳，乞鈞奪。鐸。迥。

英明言中國若允俄約是自棄主權且開效尤之端

致開封行在軍機處光緒二十七年十月初二日丑刻發

頃英總領事法磊斯函云，昨夜接奉本國國家來電，指摘近日俄約各款。其尤爲窒礙者三條。一、所有一切賠償，已包在總賠款内，俄國鐵路亦應在内，不應另索賠償。二、俄人欲專攬礦利，有違條約，恐各國將與中國爲難。三、中國在東三省行政，應有自主之權，禁用礮隊，便有礙此權等語。本領事意見，照此約，俄人并非交還東三省。若中國允照此約，則中國名爲收回東三省，實則允俄永佔，自棄主權，且開效尤之端。若中國不允照辦，而俄仍自佔踞，則俄爲公論所責，自食前言，結仇日本。蓋此時不允，將來猶可議及。若允之，則案已結，不能再議矣。英人因去年北方之事，未免與中國略有意見，若中國能堅持力争東三省應有權利，且於中國政事真心變法，則英國國家以及人民自必樂於勸助也等語。英政府明言俄專遼東之利，則各國將與中國爲難，是俄約萬萬不宜輕定。所謂效尤爲難者，各國分佔中國礦利，内地鐵路皆駐洋兵保護之謂也。長江則事事須問英，山東、江北則事事須問德，福建、江西則事事須問日，廣東西、雲南則事事須問法，蘇浙則英、意合謀，權利盡矣，不可爲國矣。謹飛電上陳。

請代奏。東。

民生困苦鉅款難籌請將各省賠款減免三成致開封行在軍機處光緒二十七年十月十六日酉刻發

各省分派賠款，爲數過鉅，籌措萬難。方今民生困窮，商業彫敝，經去年之變，各省商民元氣大傷，種種籌款之法，歷年皆經辦過，久已竭澤而漁。若再痛加搜括，民力既不能堪，賠款仍必貽誤。且沿江沿海五省鹽釐、貨釐，久已抵還舊案洋債，撥補大半無著。近年加撥各款，多係有名無實，無法籌解。而自去年以來，南北各省鬧教賠款，多者二三百萬，少者數十萬。即不鬧教省分，攤派直隸教案賠款亦二三十萬至十數萬，此又出於各項餉需之外。民怨已深，正苦無從設法。自新案大賠款經全權定議後，數月以來，屢與司道各局籌商，無不焦思束手，雖勉强蒐羅，斷難如數。且即所擬議奏明籌捐加收之數，將來亦恐難收足，實無把握。間有議加貨釐者，乃是無聊之極思。竊恐驅魚驅爵，徒歸洋旗，子口收數轉不能多。若按糧捐輸，少則無益，多則必然扞格。房捐雖有辦者，亦不能多。各種籌款之法，無一易辦者。總之，無論如何籌加籌捐，無非取之於民。當此時勢，民心爲國家第一根本。以民窮財盡之時，儻再儘力搜括追呼，以供外國賠款，必然內怨苛政，外憤洋人，爲患不堪設想。否則商挂洋旗，民入教堂，國勢何由固結。臣等渥受厚恩，分膺疆寄，若因籌賠款之故，以致稍生事端，罪戾滋重。若百事俱廢，專湊賠款，將興學、練兵、農、工、商務，一切養民、治民、衛民之自强要政，概行閣置不辦，則民心日渙，士心日離，國勢日微，外侮日甚，內亂將作，大局亦必難支。惟賠款豈能失信，竊擬一稍紓民力之法。蓋各省賠款數鉅，籌足固難，而尤以明年上半年一期爲更難籌款。甫經試辦，尚無端緒，期限已迫，必然貽誤。查十月初一日起洋貨加足值百抽五一條，據上年二月總署咨，赫德條議每年可增加三百萬以內，即按九成核計，亦可歲增三百七十萬。向來免税洋貨亦按抽五納税一條，據税司賀璧理現開節略照二十四年免税各物計，每年可收三十二萬。據盛京卿宣懷條議，爲數更多。常關歸税司代收一條，據德國穆使自天津來與之洞面言，津海一關税司代收每年可多收三十萬。準此類推，除粵海關不歸税司外，赫德初次指定之十四關，及外務部咨赫德二次添指之十關局，合之天津關，共二十五關局，每年必可多收一百五十萬，有盈無絀。折漕一事，現經漕督張奏請以二兩折放九十餘萬石，令浙江購米五十萬石備用。折解折放者，每石省運費一兩三四錢，每年可省一百三十餘萬。即照倉場文令江浙運米一百萬石，每年亦可省約七十萬，合之山東折漕，省出運費約二十萬，省挑挖運河等費約十萬，南北各省折漕合計，總可省一百萬。以上四項統計，或增收，或裁省，共得五百五十萬。就每年各省賠款一千八百萬之數核計，正得三成有奇。伏思洋貨加足抽五、免税之貨完税、常關税司兼辦、全漕改折四款，乃各國公使及全權所指定者，本議明專爲賠款而設。户部咨亦有關税增數專爲賠款，各省攤數尚可酌減之語，具徵體恤。擬籲懇天恩，俯念民生困苦，鉅款難籌，准將各省賠款減免三成，即將上項所指加增裁省之款湊足。各省上半年止解二成，下半年解五成，以紓民力，而免貽誤。此減賸七成，自必如期籌解，不敢延欠。惟所指抵湊三成之款，必須明年十一月方能收齊，而明年上半年五月還期萬不能緩。擬請敕下户部、盛宣懷及上海道，向外國銀行如匯豐、德華之類商借五百四十萬，約定明年五月半交銀，一年歸還，酌給利息。能止借八箇月尤善。國家止借此數，並不爲難，年限既少，即利息稍重，亦屬有限。俟明年十二月間核計所指增收裁省各款實得若干，如足敷三成及息銀，即請於光緒二十九年起，令各省以後即照此七成之數籌解。如洋、常兩税於抵足三成外，能再多收一成一百八十萬，各省即再減一成，能再多收半成，即再減半成。如尚不敷三成及息銀，則請由各省照數分攤解部補還，限後年二月解足。蓋減少三成，薄海商民固感朝廷寬恤之恩，且展至下半年始解，鉅款亦可從容妥籌，免致操切生事。此外北方各省尤爲瘠苦，情形亦必相同。臣等爲仰體皇仁，紓民力，固邦基起見，不得已勉籌此策。仰懇聖裁施行，不勝惶迫待命之至。請代奏。臣劉坤一、袁世凱、張之洞、陶模、德壽、許應騤、奎俊、魏光燾、李經羲、王之春、李興鋭、聶緝（規）[槼]、張（仁）[人]駿、岑春（萱）[煊]、丁振鐸、鄧華熙、俞廉三、盛宣懷、任道鎔。諫。

按：此奏於十月十八日奉旨允准，參看電牘便知。

英使勸中國勿遽訂俄約致開封行在軍機處光緒二十七年十月二十五日寅刻發

前數日，英使薩託自京來見。密談云，聞俄人新改之約，仍係欲專東三省礦務工商等利，顯違各國條約，虧損各國利權。中國若許，各國必向中國索償。聞俄已派人往吉林、黑龍江另立礦務專約，如果許之，各國必與中國爲難論理。各省礦務應歸朝廷主持，各省將軍督撫不應擅許一國專利。至此約侵奪中國自主之權，如兵數及駐兵處所須商俄官，華兵充巡捕不能用礮各條，盡奪中國兵權，中國直是無兵。且此數條未言年限，是中國永遠自棄兵權、政權，尤慮他國藉口。但東三省既有去年之亂，中國若不暫爲稍事遷就，亦難望俄人甘心退還。即普法戰後，法人未清還賠款以前，亦受普人種種箝制。應於各條下明訂年限，只可作爲暫時辦法。如俄人未退兵前，則兵數及駐兵處所與俄商明，巡捕兵亦暫不用礮。俄兵退清後，則一切悉仍舊由中國自主。中國前數年既准俄人在東三省造路，俄人自得以沿路駐兵保護，但除保路外，俄人斷不應索，中國亦斷不可讓他項利權，如遼河不准造橋及他處造路之類。不然，他國亦恐在他處效尤也。總之，此約萬不可照許，如中國自與俄議不能得公平之約，則可請英、美、日、德、法五大國公斷其事，其餘小國不必請其與議。又云，恐中國全權大臣或不知其中詳細利害，以爲此只係中俄兩國之約，與各國無關，倉卒即行定議，實於中國大有妨礙。囑洞轉爲上達朝廷等語。次日來函，大意略同。該使之意，最注重礦、路、工、商等利，切實屢言中國若許俄人專各種之權利，英、日等國必怒，必在各省效尤。洞九月卅電、十月東電兩奏，一據日電，一據英電，已經痛切瀝陳。今薩使當面直言無忌，不敢不以上聞。至其勸我不可永棄主權，必須明訂暫時年限一節，尚屬持平。至將來總以請五國公斷爲妥。朝廷如以未定之約不便宣布，或即不必明列中俄現在所議之條款，只云此事兩國意見多有不同，日久未能議妥，請各國代爲持平公斷，各國即可出爲調停，於俄亦尚無妨礙。總之，俄約宜詳詢妥商，不可貿然遽定。謹據情密陳。請代奏。敬。

光緒二十八年

法德商人謀攬辦熬膏萬不可允致軍機處、外務部、户部、保定袁制台、江甯劉制台 光緒二十八年四月初七日丑刻發

上年有法國西貢税司某人來鄂求見，商辦熬膏事。據云已託法使在京代謀，擬請包辦中國十八省煙膏。大略將天下洋藥、土藥均由該洋人熬膏發賣，禁止民間私自熬膏。洋商出資獲利與中國均分，謂一年可得兩千餘萬。以代籌賠款爲詞，實則攬我全國利權，並報效鉅款以爲餌。鄂省未免，又託函告江省，江省已力駮之。前月德商瑞記洋行蘭格踵法人之後，亦擬赴京攬辦熬膏，并願借巨款數千萬墊辦。又來鄂與洞力商，據云當託其公使要求，并願報效銀一百萬兩，志在必成。查此事豈可令洋人出資包辦，且土藥牽涉民事尤多，當已極力駮阻。不聽，即日東下由滬赴京。并據云法人已將有成説，故德商甚急。頃聞業已到京，百計巧説圖謀，萬一墮其術中，無論德、法，是於二赤外又添一國把持我財政大權。加以借伊巨款，是永遠在該洋商圈套之中，不能擺脱。權利兼失，如何立國。且必於十八省腹地徧布洋員，查禁私膏私土，家家户户，無論官民男女，皆可藉詞查搜，騷擾滋事，爲害何窮。儻日後民不堪命，殺斃洋人，須賠巨款，則更得不償失矣。昨經電告江督劉、直督袁，皆以爲萬不可行。此事上關國家安危，下關萬民生命，不敢緘默，謹飛電瀝陳。儻該商嗾其公使代求，務懇朝廷堅持，飭下外務部婉拒。天下幸甚。請代奏。麻。

產地税等税萬不可盡免致軍機處、外務部、户部 光緒二十八年四月初七日戌刻發　發後并致袁制台

滬探報，美康使到滬，曾密告人云，加税免釐係英國思攬中國財政大權，以後可擴展勢利。加税至十五，康不甚願，免釐一節，中國可自主云云。查鄂省去臘電云，不得侵我損益財政之權。寢電云，限我主權，爲害無窮，產地税、地方税萬不可免。今察各國情形，美使所言寔爲讜論。頃吕、盛兩大臣兩支電開送馬使免釐新章，竟將一切税釐捐款概不徵收，含渾包括。是所有產地、地方、營業、印花各税，皆不能辦，萬分駭異。其言加增之數及外省似釐非釐各項捐款之數，所計均無確據。此舉與中國主權、財政關繫非輕，若無權無政，爲洋關所束縛，安能立國。務懇請旨飭吕、盛兩大臣萬不可遽與定議，千萬叩禱。總之，產地税萬不可盡免，即地方税、營業税、印花税，若不趁此時議定，將來外人必不准抽。盛電所謂一切捐款概不徵收，各路均已杜絶淨盡，爲我國計，不如過境釐全免，進口税少加，而堅留產地、地方、營業、印花各税，利害方足相抵，於恤商保權庶可兼顧。不勝惶迫待命之至。請代奏。陽酉。

吕大臣[一]、盛大臣來電 并致外務部、户部、劉制台、袁制台 光緒二十八年四月初五日申刻到

廿八日仍會議免釐加税一節。馬凱謂英國近日來電，一、商

[一] 即吕海寰。

民不願加足十五分之多。二、恐加税後，内地釐金仍有影射之弊，須約中國切實擔保。告以擔保非難，惟欲全免釐金，即加至十五，尚不償免釐所失，故擬將出口税稍增以為抵補。馬謂，加出口税與富國之策相背，天下無此辦法。為中國計，免釐為上策，加出口税又為下策，不啻自扼其口。且加税後，出口貿易退減，銀價低落，所得不償所失，將來財政轉困，洋債不能清還，更啓紛争之害。告以中國亦知此理，但無法以補目前之不足。裴税司乃云，如英國商民不願將進口税加至十五，此議一散，深為可惜。或將進口税加至值百抽十二五，再將出口税估價後加至值百抽七五，併將出口税所加之二五，廿年後遞年減除。按裴税司所擬辦法，除新約估價所餘約三百萬不計外，照前四年進出口貨本通扯約算，每年洋貨進口加税多收一千三百五十萬，土貨出洋加税多收七百四十五萬。土貨此口運至彼口及復進口多收二百九十萬，常關多收民船加税約一百萬，扣除原收進出子口税七十八萬，每年約共多收二千四百萬，以之抵補報部行坐各項釐金一千七百萬，尚多七百萬。前年户部屢欲電查各省釐金外銷數目，回電或云别無外銷，或報數目極微。宣懷面詢聶仲帥、王爵帥，蘇、皖不過各十萬兩，直隸、山東曾服官，該省更屬無多。即使别省或有不實，便將所餘七百萬儘數抵補，亦必有盈無絀。況釐卡全撤，商民如釋重負。歡忭之餘，另撥新税如營業税、鋪户税、印花税，户部與各省商定新章，切實開辦，由數百萬以至數千萬，似不難得。此皆仿照各國，均歸内政，洋人不能過問。或進一説，加税如稍不足，亦應掃除釐金弊政，方能力行理財新政，況有餘乎。江箇電，釐免，物值輕減，不獨民困可紓，即土貨亦可暢銷，則金價可平，償款可少喫虧。反是，則税不能加，進口貨日盛，釐不能免，出口貨日衰，金必愈貴，銀必愈賤，一弊也。華民坐受釐金之害，百貨滯銷，生機日蹙，欲行新政，處處掣肘，二弊也。洋商日促其國家推廣聯票，擴充租界，竭力損我釐金，以便其私，三弊也。馬凱初議口氣尚鬆，近則内為洋商訕謗，外被與國譏阻，是以願將第十條、第廿一條註銷，告我以英國重商訓條，順輿情為主。鄂感電謂，小田切談商約，謂美使不願加税，日本意與美同。裴式楷謂，加十五斷做不到，所言加十二五，僅少四百五十萬，擬以出口加税並留復進口補之，亦可敷足。海寰、宣懷按度情勢，亦深慮十五難成。現已相持三禮拜，到限若我無新章，則加税事必擱置，仍偪議捐釐諸款。但此時開送，仍宜提高一層，先與商值百抽十五，再聽續議。謹擬四條，另電奉呈。海寰、宣懷。支。

吕大臣、盛大臣來電 光緒二十八年四月初五日未刻到

謹擬開送馬使加税免釐新章四條如下：一、英國允准進口洋貨，按税則估價值百抽五正税，及入内地二釐五子口半税，一併加倍完納。中國允准進口貨併納加倍之税後，無論運赴遠近何處，或轉動，或囤儲，一切税釐捐款概不徵收。一、英國允准華洋商持有運照，販運出口土貨，按税則估價值百抽五正税，及二釐五子口半税完納。中國允准出口土貨，無論經過遠近何處，一切税釐捐款概不徵收。一、除以上兩項之外，中國國家有權將華商販運土貨行銷中國内地者，應在銷場處徵税，但此項土貨在途一切釐捐亦概行裁除，免致有影射以上兩項貨物重徵之弊。一、中國允以上各款辦到後，即將各省釐捐局卡全行裁撤。如裁撤後有未能實在奉行，或改换名目暗徵進口出口貨物，一經報到，中國與

英國政府即行派人會同查察。如有私行徵收情事，即惟該地方官是問。此四款如不能議辦，則所有貴大臣交來之第四款、第九款、第十款，及二十三款、第十四款、第十七款、第十九款、第廿四款，均屬有損釐金，自應一併作為罷議云。以上所擬新章，如果應允，則第一端可得壹千八百萬，第二端可得壹千萬，第三端可得伍百萬。三共三千三百萬。揣度情勢，斷做不到。初五限滿，擬先面交馬使聲明，姑就本大臣臆見先行開送，如貴大臣可允商議，再當奏咨請旨。庶免停議，仍屬活筆。乞速賜鈞裁電復，以便相機因應。海寰、宣懷。支。

加稅免釐四條有六害萬勿遽允

致軍機處、外務部、户部 光緒二十八年四月初八日巳刻發

魚電謹悉。滬支電四條，危險已極。稅雖加，彼有能廢之權，釐一免，我無再復之望，一也。產地稅、州縣地方稅、紳董鄉約局稅、營業稅、印花稅，均未言明准抽，皆可以改換名目四字阻我，二也。裴式楷所算增數，萬萬不確，三也。即使稅釐相抵，亦僅抵舊日之釐，斷不能補近日新籌及將來救急可籌之款，四也。除洋人所管洋關、常關外，不能抽收，全國財政聽命洋人，不成爲國，五也。干預財政即是干預民政，不惟失理財之權，直是失治民之權，六也。此佛經所謂刀上之蜜，甘有限而苦無窮也。自得滬電後，焦急萬狀。洞麻電諒已代陳，惟懇詳審利害，萬勿遽允。大局幸甚。請代奏。齊。

發後併致江甯劉制台，保定袁制台。全文同，惟末改，望兩公詳審利害，籌示大指，萬勿遽復樞廷允定云云。

軍機處來電 并致劉制台、吕大臣、盛大臣 光緒二十八年四月初七日子刻到

支電並擬加稅免釐四條，想已得悉。此事關繫出入至鉅，如全免内地釐金，究竟加稅至十五，每年果足相抵否。希即通籌熟酌，妥議電復。樞。魚。

請將出口茶稅減徵緩至明年開辦

致軍機處、外務部、户部 光緒二十八年四月初十日丑刻發

初四日始准吕、盛兩大臣咨送奏減茶稅摺稿，每擔向徵二兩五錢，今只徵稅八錢。旋據江漢關道禀，稅司已奉總稅司電，飭令知照茶商，此後出口茶稅不得過實本百分之五等語。鄂省既未奉旨，亦未接外務部、户部、南洋大臣電咨，徑由赫德電各稅司減稅，殊爲疑惑。茶務日壞，敝處屢電，深以減茶稅爲然，但必須籌有抵補，方可酌減。今進口稅未加，抵款未籌，遽請改茶稅，似有未妥。頃接江督劉咨，論減茶稅事，亦謂如須減稅，先籌抵補。就江漢一關而論，稅收約二百萬，茶稅居其半。若照所議減收，以後每年約少七十萬兩。所有京餉、洋款何從湊足。推之閩、浙、廣東、江海各關，皆有茶稅，綜計短收之數，亦必有百餘萬。惟有仰懇聖恩，可否將減定茶稅，明白宣諭緩至明年開辦。各茶商知明年起便可脱去重累，已足歆動鼓舞。俾各省關得以早籌抵款。若必不能更改，則江漢關短徵七十萬之數，應請户部將京餉、洋款如數核減改撥，並請旨切飭吕、盛兩大臣會商赫總稅司，迅速另籌抵補的款，以免貽誤。請代奏。佳。

户部來電 光緒二十八年四月十三日申刻到

佳電悉。商約大臣奏請減輕茶稅，外務部、户部會同覆奏，奉旨允准，即劄行總税司，將出口茶税改為按照時價值百抽五，並電飭各關税司遵辦，自難緩至明年開辦。惟茶税既減，茶葉自當暢銷，且原奏聲明於別項出口貨税加增抵補，業經本部電催迅速籌定，尊處亦可電詢由何項加增。是茶税減征，尚不至無著。究竟能否相抵，應俟核明再議辦法。户部。文。

免釐加税條款

致外務部 光緒二十八年六月十二日發 盛大臣主稿

同莘按：商約條款具見官□□，且此為盛大臣主稿，本可從略。惟下文往來諸電，俱就條款立論，是此電實為下文諸電之根。又條款字句，亦與定本微有不同，故録此電，以見其中曲折。至最後畫押條文，雖會銜電奏，自可不録。此外，四銜會電之稿，非公主稿者亦不備載。附識於此，餘可例推。

免釐加税條款如下：

總綱第八款。茲中國國家認定，若在出產處，或於轉運時，或在指運處，向貨物征收釐金以及別項税捐辦法，係阻礙貨物不能流通及傷害貿易之利，是以允願除第八節所載之限制外，盡裁此項籌餉之法。英國國家允許照現行之通商税則外，添加一税餉，於英國商民運進洋貨之時及定運出口之（上）［土］貨〔一〕時征繳，以爲酬補。中英兩國彼此訂明，所有征抽行貨釐卡及別項關卡裁撤後，不得改名或藉詞將此項關卡復行設立。進口洋貨所加之税，須按一千九百零一年九月七號中國與各國簽押之和議總綱所載之進口正税加一倍半之數，即值百抽十二五，不得有逾。此項進口正税及添加之税一經完納，其洋貨無論在華人之手或在洋人之手，該貨物無論原件或分裝，均得全免重征各項税捐，以及查驗或留難情事。出口土貨所輸納之税，其總數無論如何，總不得逾值百抽七五之數。中英兩國心存以上所定之宗旨，故允願辦法如下：

第一節，中國國家允將十八省及東三省陸路、鐵路及河道向設各釐卡及類似抽釐之關卡概予裁撤。惟在沿江、沿海通商口岸及内地之河道、陸路或邊界現有各常關不在此例。

第二節，英國國家允願洋貨於進口時，除按一千九百零一年所訂和約内載，貨税增至切實值百抽五外，再加額外税，照切實值百抽五增至一倍半之數，以抵裁撤釐金、子口税及洋貨各項征收，並酬此款所載各項整頓之事，惟不得有礙第三節常關，第五節土藥，第六節鹽斤各項土貨，可於銷售處征收税項之權。

第三節，現存所有之常關，無論在沿海、沿江之通商口岸及内地河道、陸路與邊界，載在户部、工部則例、大清會典者，均可仍舊安設。須開列清單，註明地址，照送存案。其有洋關而無常關之處及沿海沿邊非通商口岸之處，並可添設。將來如新開通商口岸應設洋關者，常關亦一併安設。至内地舊有各常關地址，或有應由某處移改至某處以合貿易情形，可隨時酌改，照會英國政府，更正入單，但不可逾舊有額數。

又，第三節民船或帆船進出通商口岸裝載貨物，所征之税不

〔一〕「上貨」，似應為「土貨」。

得少於輪船裝載同類之貨所納進口正稅以及加稅之總數。土貨由此處運彼處，自產處起運到內地，第一常關只准照洋關稅則，征收第七節所載之出口加稅，給予憑單，載明貨色、件數、斤重若干，並指銷之處，及所征稅數。報貨出口限期至少一年。持此單據，無論經內地何關，均不得再征稅項及查貨留難阻滯。如該土貨不在租界以內銷售，應照征銷場稅。如運至通商口岸出口，准將該單據交該管之關驗明，抵納應加之出口稅。

又，第三節，凡民船、民艇及車輛，除應抽公道捐輸，定爲每年若干按時征收外，不再另有捐抽。惟現在所抽船鈔、船料不在此列。

第四節，洋藥現在併征之稅釐仍舊辦理，以後應將該釐金作爲加稅。

第五節，英國本不願干預中國征抽土藥稅項之權，惟須聲明不得藉此征稅留難百貨。中國在各省水陸邊界要關，仍留舊設之土藥稅所。凡所有應繳各種稅捐，作一次交納，即算在該省之內已完清各項稅征，給予每塊印花黏貼，以爲完稅之據。各處查緝私貨，應用巡勇、警察，分設局所，但不得築有卡欄或別項阻礙之具。至此項土藥局所用警察、巡勇，不得留難別項貨物及收征別項貨稅，並須將所存各局所處數，開單照送存查。

第六節，鹽釐名目須改爲鹽稅，可按現征之釐金數目及別項征捐加入課稅之內。此項稅課或在產鹽地方抽收，或在銷鹽省分進境第一局抽收，並可任便設立各項報驗公所。凡船隻按照鹽引運載鹽者，須在該公所停船候驗，蓋戳放行。但不得征收釐金或別項征捐，並建設各項卡欄阻礙之具。

第七節，現在出口稅則應從新整頓。無論何項土貨，或出洋，或由中國此口運至彼口，可增收至切實值百抽五，惟須預先六箇月通知商人。如現在稅則有逾值百抽五之數者，亦須裁減無逾。至於絲斤一項，不得征抽加稅，亦不得在蠶繭或蠶種所過之常關征收正稅。惟中國可按逐件切實估價定稅之法，抽一出口正稅，不得逾值百抽足五之數目。

又，第七節因裁撤釐金之故，所有土貨出洋或此口運彼口之出口諸稅，除上款除值百抽足五外，再照加收半稅以抵裁釐所失。

第八節，中國既裁釐捐，以及向有內地征抽洋貨別項稅捐，實於進款大有所失。今進口洋貨、出洋土貨及由此口至彼口出口貨所加之稅，冀可稍補內地貿易釐金進款之所失。惟內地貿易釐金之所失，仍須籌補。是以彼此訂明，中國國家可任便向不出洋之土貨征收一銷場稅，但不得於貨物轉運時征抽，只可於銷售處征抽。中國國家言明，此項銷場稅之辦法，不得於洋貨有所妨礙。凡貨物既屬洋貨，一經洋關驗放之後，即可免一切稅捐及留難阻滯之事。凡洋貨與土貨相類者，若貨主完納進口正稅及所加之稅後，向稅關按照每包請給憑單，免致內地有爭執之虞。其單，洋關亦須照給。凡民船運至通商口岸之土貨，其在本地銷售者，無論貨主是何國之人，應報明常關，以便征抽銷場稅。

又，第八節，此項銷場稅數目多寡，可任由中國自定。視貨物種類斟酌，即視其貨或係民生日用所必須及僅止富貴家所用貴重之物，而定征收多寡。惟同類之貨，無論是民船、帆船或輪船裝載，須一律征收。但此項銷場稅，應按照第二節不得在租界內征收。

第九節，凡洋商在中國通商口岸或華商在中國各處用機器織成之綿紗及造成之棉布，須完一出廠稅。其數係倍於一千九百零一年和議總綱所載之進口正税，即值百抽十。凡外洋進口之棉花，如爲織布紡紗局購用，中國須退回所抽之進口正税全數，及所抽之進口加税三分之二。即按照所收進口正、加各税值百十二分五，退還值百之十分。如各織布紡紗局係購用土貨，則須將所征之各税及銷場税全數退還。凡在中國用機器織成之棉紗或造成之棉布，既完出廠税後，所有復進口税、出口正税、出口加税以及銷場税，概行豁免。此項出廠税，須由洋關征收。凡别項貨物與洋貨同者，若洋商在中國通商口岸或華商在中國各處用機器造成，亦須按照以上辦法及章程辦理。湖北鐵廠及中國國家現有免税各廠，以及嗣後設立之製造局、船澳等廠所出之貨物，不在此款所言出廠税之列。

第十節，由各省督撫自行在海關人員中選定一人或數人，商明總税務司，派充監察常關銷場税、鹽務、土藥各事宜。

第十一節，凡貨物轉運之時，或有不合例之需索及留難情事，一經商人告發，即由中國國家派華官一員，會同英國官員一名及海關人員一名，彼此職任均須相稱，以查其事。如查出實有留難受虧確情，則由洋關從所加之税項下撥款賠還。至查出該舞弊之員，應由該省大吏將該員從嚴參辦，開去其缺。儻查出實係誣告，原告商人應罰還查辦一切費用。

第十二節，中國國家允願，若此款允准，全款照行。按照南京及天津條約所開各通商地方，將下列各地開爲通商口岸，即湖(北)[南][一]之長沙，四川之萬縣，安徽之安慶，廣東之惠州及江門。凡洋人在該通商口岸居住者，須遵守該處工部局及巡捕局章程，與中國居民一律。洋人非得洋官允准，不能在該通商口岸之界内自設工部局及巡捕。英國國家若不允照此次全款各節，則不得索開以上所言之通商口岸。惟江門一處另載第十款内，不在此列。

第十三節，按下列第十四節所載明者，若能遵依，則此項辦法可由一千九百零四年正月初一日舉行，届時所有釐卡須盡裁撤。凡經收約内所禁止税項之人員，亦均須辭差。

第十四節，凡在中國應享優待均沾之國，亦須與中國立約，允照英國所定英商完納加增各税，中國國家方能允照此條所載各節辦理。凡各國與中國現在及以後所立之條約，其有優待均沾之條者，須一律照樣允立此約。又，各國不得明要求中國或暗求中國給以政治利權，或給以獨占之商約利權，以爲允願此條之基礎，英國國家方能允照此條所載各節辦理。

第十五節，儻各國在中國有利益均沾之條者，不照英國按此條第十三節所允承於一千九百零四年正月一號舉行辦理各節，各國不肯照樣一律辦理者，則此約不能舉行。直至各國聲明照辦，方可舉行。

第十六節，免釐之款一經議准，即由中國國家明降諭旨，用謄黄布告於衆。言明所有釐金盡免，所有釐卡盡裁。至常關及内地各項貨捐，除此款所載外，餘須盡行裁除。所降上諭亦須載明，如有背約之員，即責成該省大吏從嚴懲辦，開去其缺。

馬凱並議及此項加税，原爲抵補所裁各省釐金。應由海關提出按照各省報部或名釐或不名釐金而等於釐金數目，每月徑解各省藩庫，給回地方之用，免各省裁釐不實，暗中阻撓。請載入約，俾此事

[一]「湖北」，應爲「湖南」。

不與我議。在鄂又推諉事關各國，且伊不諳教務等語，亦係强而後可。查此後教案必須商明各國妥籌補救之法。法國專主袒教，不肯和商。他國雖或間有持平之論，亦不肯明言會查。今由英開其端，以後再商美，商德。若英、美、德皆允查辦，法自不能獨横。民教果能相安，關繫大局安危，實非淺鮮。且與馬使議明，此兩條如英廷照允，即當與加税免釐全約同時畫押。祈代奏，請旨核准電復。至禱。洞、海、宣同叩。洽。

外務部來電 光緒二十八年六月二十日辰刻到

奉旨：張之洞、吕海寰、盛宣懷等十七日電奏各節具悉。加税免釐一事，昨據劉坤一等會奏，已有旨允准，并責成該大臣等悉心籌慮，妥定一切。兹據奏，擬以修改法律及各國派員考查教務兩條一併入約，自可照行。惟據陳索議四條，何以前次會奏電内並未提及。至推廣口岸權利，語尤含混。其詳細節目究竟如何，仍著該大臣等詳慎妥議，懔遵前旨，切勿稍貽後患。欽此。效。

與英使議推廣口岸利權内港行輪等事致外務部、江甯劉制台 盛大臣主稿 光緒二十八年六月十九日□刻發

馬凱所請推廣内港行輪章程，推廣通商口岸利權，擬列作第十、第十一款。查内港輪船一節，係在通商口岸之外行駛，實慮漫無限制。惟馬凱以光緒廿四年總署與各國訂定章程，本已准其任便專作内港貿易，並拖帶船隻裝載貨物行駛内港。但凡内地河道皆准其行駛，當以内港二字應作通海通江之港論。其不通海不通江之内河，應不在内。馬使以原定章程指明内港二字，即與煙臺條約内所論内地二字相同。查煙臺第三端第一節，係指不通商口岸，而起卸貨物之内地尚有限制。第四節係指洋貨運入内地，及内地置買土貨。沿海沿江沿河及陸路皆屬内地，實與馬凱原索之僑居貿易之内地無甚區別，不過所争者沿河不沿河而已。復告以各國並無他國輪船可駛不通商之事。馬凱云，中國已經允准，斷難翻悔。又告以凡華商輪船駛往之處，方准洋商輪船駛往，如華輪不准行者，洋輪自不能准。馬凱云，此無非欲借華輪爲限制洋輪之計，亦爲原議所無。（辨）［辯］論數次，僅允小河向築閘壩有礙水利者，輪船不往。此款日本亦必力争，於内地權利實有關係。已電請外務部詳詢赫德内港二字究應作何解釋。若無限制，只能於修改章程中極力挽救。故條款内訂明，彼此允願修改附載此約之後。彼請比照日本舊約，准其租棧辦法，駕而上之，請於駛行之處設立棧房馬頭。雖再三駁拒，彼仍堅執。現允其租用（機）［棧］房馬頭，而不准洋商居住，並須照華人輸納税捐。且仿照日本辦法，只准租二十五年。暗中將向來永租九十九年之害打破，聊以補救萬一。馬凱又以第八款載明英廷若不允照加税，則不得索開各口岸。惟江門另第十款内不在此例。議款如下。

兹因一千八百九十八年，内地水道已許凡特准註册之中外輪船行駛，以利便各通商口岸之貿易。又因是年七月二十八號所定之章程及是年九月所續定之章程，間有於行輪未便。兹將章程彼此允願修改附載此約之後，按照遵行，直至日後彼此允願更改爲止。凡在中國内港行駛之輪船，如有損傷隄岸閘壩或各項工程，應責成該輪船將該隄岸工程損傷以及他項因傷受虧一切，賠償業主。如有淺水河道恐因行輪致傷隄岸閘壩，以及相連之田地，中國欲禁小輪行駛者，知會英國官員，查明實有妨礙，即行禁止英

輪行駛該河，但華輪亦須一律禁止。英國輪船東可向中國人民在河道兩岸租棧房及馬頭，不逾二十五年。租期期滿，如彼此兩願續租，亦可從新再議章程。儻英國輪船東不能以公道之價向中國人民租得棧房及馬頭者，則可租地建立棧房及馬頭，其租期亦以二十五年爲期。如期滿兩願續租，彼此亦可從新再議租約，惟議租時須報明地方官存案。英國商民所租棧房及馬頭須納税捐，所租之地亦照納租捐，如同中國人民左近相類之房産一樣。英國商人只能用中國代理人及辦事等人在該内河行輪處所居住貿易。英商亦可隨時前往察視其生意情形。

又，中英兩國議定將江門開爲通商口岸。又議定除緬甸條約專款所載各地方外，准英國輪船在下列各地，按照長江輪船停泊處所章程起卸貨物及搭客，即北山口、羅定口、都城。又議定英國輪船准在下列東西江十處起落搭客，即容奇、馬甯、九江、古勞窪、永安、後瀝、禄步、悦城、六都、封川。

至章程應須修改之處，即請外務部仍交總税務司詳細從速核議，以免疏誤。

又，馬使所索通商口岸應有利權一節。按馬使前此抄送光緒二十四年各駐使照會總署文稿，辯論城口二字甚詳，即請大部查示。旋奉電復，作爲城邑之口辯駁，遵即照辦。馬使謂當時總署並未照復，西例應作爲默許。況係舊約載明，以口岸起訖界址迄今未定，常有争論，是以必欲聲請。檢查江甯條約，雖載城邑爲領事等居住，港口爲民人等居住貿易。而天津條約則已併城、口爲一，准其任便居住貿易。況馬使謂華英文不符，英文則並未區别。令繙譯等細核，馬使所言尚實際。此時局斷不能强令將舊約已許者删改。既無此權力，更難措詞抵制，然又不能不設法挽回一二。且日本馬關條約直載明城鎮字樣，較英約更爲寬廣，將來與之議約，更無法關闌。因與馬使推誠相告，極力商籌，始允含渾聲叙。如派員會定界址，按照地方情形及條約定立，將來英必可事通融。若此時欲將城邑等字明爲抹去，馬使斷做不到，亦理所必然。並與商允，如在租界外居住，洋人須遵守該處章程，即在租界内居住華人，亦不准免繳各項税捐。稍可挽回治權、利權，藉償舊約所失。議款如下。

英國人民按照條約應享通商口岸利權，因界限不清，隨時常有争辯。兹已議定，如英國或中國國家欲派員會同定立界址，即當就地會同派員，按照地方情形及按照條約定立口岸界址，以免争論。外國人民在租界之外居住，須守該處地方上現有工部巡捕之章程，與中國人民一律遵守無異。非先商准中國官員，不能自行設立工部局、巡捕局。中國人民無論在租界内或他處居住者應繳納各項税捐，不准假用英人之名，希圖免繳。

以上兩節，馬使力請核定，方允將第八款加税一起電致英廷。加以到鄂後，馬使允我管轄之權，及商議教案兩條，共成十三款。英約已完，俟英廷核准，即可具摺陳奏，定期簽押。請代奏，迅即電示。洞、海、宣。效。

是日尚有致外務部效電一件，今缺。

外務部來電 光緒二十八年六月二十五日丑刻到

奉旨：張之洞、吕海寰、盛宣懷等電奏所議内港行輪章程及推廣口岸權利兩款，請迅即電示等語。核閲各節，於治權、利權皆被侵損，流弊兹多。著責成劉坤一、張之洞等再行詳慎籌商妥議具奏。欽此。外務部。敬。

在滬厦向吕、盛争論者，吕、盛皆有電達各（省）［處］［一］，從無到鄂創索開議之事。至在鄂所允者，皆較在滬所議争加甚多，從無較滬議減讓之事。因奉嚴旨，不勝惶悚，不敢不據實陳明。除由吕、盛兩大臣自行覆奏外，謹先釋宸廑。請代奏。箇。

與英使議定礦務章程第九款致軍機處、外務部、户部、江甯劉制台光緒二十八年六月二十一日申刻發

前接外務部真電，以馬使必欲在鄂議礦務。查礦務一款，馬使抵鄂即以爲言。洞照滬議力駁，以此事不應列入商約。且路礦設有專管章程，已照會各駐使，即有應行修改，須向部商辦。馬使堅以礦事有關商務，修改係屬兩益。此次加税，本非英商所願，故必須列入商約，以慰英商之望，俾英議院不致有所扞格。若不議礦務，則一切罷議。相持許久。洞等再四密商，馬使交來之款係欲中國允照英國指出之意修改章程，如此自然不可與議。莫若由我自出一辦法與之商訂，須由我采取各國通行章程，酌量仿照修改，改定後令各國開礦洋商一律照辦，則於我主權利權必無所損，且不致爲一國獨擅其利。蓋西國與中國立約，不免恃强攘利。若西國與西國通行之約，必是公平，斷不肯令本國自損權利。是照各國通行章程，已將馬使照英國之意一語，全行化去。蓋照外國指出之款修改，則人爲政而利在人矣。我采各國章程改定後，令洋商照辦，則我爲政而利在我矣。幸彼無詞可駁，居然照允。此次美國開來應議條款，有美國人應得在中國無論何處購租礦地開辦各礦一條，漫無限制，必應駁阻。且將來法必争川、滇礦，德必争山東礦，若藉英約，議有限制，以後即可爲駁阻美、法、德之根，且可將從前礦章未經想到防到者，補訂周密。此乃將彼所索有益於彼之款，變爲我所索有益於我之款，實於中國有利無害。事機可謂湊巧。嗣接外務部洽電，章由我改，不失自主之權。惟另議不入商約更妥，希詳核辦理。洞等公同商酌，此舉既於中國有益無損，莫若入約爲妙。恐狡黠洋商不願受我範圍，甘守公道，挑播馬使將有翻悔，他國更難繩削。馬使又請議立期限，慮我允而不行，因與訂爲第九款。其文曰，中國國家因知振興礦務於國有益，應招徠中國及外洋資本興辦礦業。是以由簽立此約之日起，允於一年内自行將現行章程修改妥定。中國應即認真迅速考究礦務，采擇英國、印度及各國通行礦務章程中之於中國情形相宜者，將現在之礦務章程從新修改。以期一面於中國主權毫無妨礙，於中國利權有益無損。一面於招致外國資財無礙，比較外國通行章程，於礦商亦不致有虧。俟中國所定之礦務新章一經頒行，凡承辦礦務者，即須照新章辦理等語。查印度開礦章程，乃英國自爲印度主人定此礦章，以待各國來開，是印度之礦即英礦也。其章程已經譯出，地主之權甚重，限制甚多，分利甚優。并聞他國礦章各有佳處，儘可由我博采，當即分投訪尋。曾與馬使切實聲明，須采用各國通行章程，不能專采一國。馬已應允。請代奏。之洞、海寰、宣懷同叩。箇。

再，此電十九日洞已與吕、盛兩大臣面商定稿，因洞連日患病，至今未愈，是以今日始發。合併聲明。

［一］據刊本《張文襄公電稿》校正。

英政府謂加税應留各省抵釐

致外務部盛大臣主稿　光緒二十八年七月十九日發

准英使馬凱照稱，現奉英政府訓條，謂應議定所加之進出口税，須留爲各省督撫，以抵向來所收百貨釐捐之用，不得將此進款歸入海關正款，亦不得抵押新借洋債。請將此事奏陳，並請明降諭旨，即與條約一併宣布等因。查此事雖經於會奏第八款時陳明在案，惟究係内政，不便據馬使照會入告，致啓外人干預之漸。應作爲坤一等陳請奉旨後，將此原奏及所奉諭旨照會英使，作爲約中附件，較爲得體。謹擬會奏電陳。文曰，竊查各省所收各項釐金款内，以撥還息借洋款爲一宗，撥解京協各餉又爲一宗，其餘留供本省度支。現與英國修改商約，彼此議定加税，以補第八款所載應裁各項百貨釐捐。除還現在洋債抵押本息外，自應分别撥補抵解，免致各省爲難。並不得挪作别項之用，及將此款抵押新借洋債，亦不得歸入海關正税項内，以符加税抵補百貨釐捐之原議。相應籲請將上列各節明降諭旨，飭下户部，查明各省裁免各項釐金向來應解應留各數目。俟加税免釐條款舉行開辦之日，分别派撥各省，俾資應付而昭允協。請代奏。坤一、之洞、海寰、宣懷。效。

軍機處來電并致劉制台、吕大臣、盛大臣　光緒二十八年七月二十九日亥刻到

奉旨：劉坤一、吕海寰等電奏悉。所有十九日電請旨一節，仍著責成劉坤一、張之洞妥酌，如果别無用意，確無流弊，即行傳旨，著照所請。欽此。豔。

中英商約談判結果并請旨准飭先行畫押

致軍機處、外務部、江甯劉制台、上海吕大臣、盛大臣[一]　光緒二十八年七月二十五日亥刻發

英使馬凱原索商約二十四款，無非損我權利，動以和議大綱十一款載明中國已允以商改利益爲要挾。當經坤一等於未開議前往返電商，皆以加税免釐一事爲主腦，復窺破馬凱用意，側重在損釐而不加税。磋磨八閲月之久，聚議六十餘次之多，舌敝唇焦，始克就範。中間復以在滬議不能決及議而未成者，海寰、宣懷邀同馬凱偕赴江、鄂，共籌抵制，堅持力辯，務期取益防損，不致喫虧。綜計先後駁拒不議、未允入約者七款。曰洋鹽進口。曰内地僑居貿易。曰郵政電報。曰設海上律例。曰整頓上海新衙門。曰口岸免釐界限。曰貨物同在一河免復進口税。議定後，馬凱因彼工部局不允照第二、三節辦理，或專留第一節，或全删不入約。我尚會商未定者一款，曰通商口岸利權歸入加税免釐款内併議。藉爲抵制者五款。曰新開口岸。曰減出口税。曰三聯單。曰子口單。曰常關歸新關管理。商允改妥者十一款。曰存票。曰國幣。曰廣東民船與輪船納税一律。曰華洋合股。曰整頓珠江、川江。曰推廣關棧。曰保護牌號。曰加税免釐。曰礦務章程。[曰]内港行輪。曰穀米禁令。此就馬凱原送款目而分别准駁删改歸併者也。坤一等復向馬凱索議，彼允入約者三款。曰治外法權。曰籌議教案。曰禁莫啡鴉。皆我補救國計民生要圖。幸就範圍，實有裨益。馬凱於定議後，復補請入約者兩款。曰修改税則年限。曰約文以

[一] 録自刊本《張文襄公電稿》。

英［文］爲憑核。係查照舊約辦理，爲約中應有之義。共計十六款。總之，戰後立約，彼要求多端，萬不能一無所允。然允則於彼有益，即於我有損，不得權其輕重，設法挽回。綜核全約利益，彼此尚得其平。要皆仰賴聖明訓示周詳，用得勉與圖成，以釋廑念。本擬專摺具奏請旨，因馬凱以事急欲回國，定期本月二十七日起程，坤一等電留不允，并聞英商多以此約於英無多利益，意圖謀阻，非趁其在滬畫押，恐馬凱一行，全約或有更變，則全功盡棄，甚爲可慮。謹將核定約文恭呈御覽，惟有仰求迅賜核定，准飭先行畫押，一面將漢洋文約本專摺進呈。再立約向以洋文爲準，議定後復經派員按照洋文與漢文逐加校對，雖字句較原本間有增易，而意義則較原文仍無出入，合併陳明。請代奏。約文已由滬海綫發。坤一、之洞、海寰、宣懷。敬。

再，此電稿會商妥後，昨已電甯、滬，由海綫發。恐甯、滬未發，謹再由鄂發，以免歧誤。如甯已發，亦無嫌重出。并陳。有。

外務部擬内港郵政辦法周妥江鄂請删實屬誤會

致軍機處、外務部 光緒二十八年七月二十八日寅刻發

恭讀有電，飭令畫押。諭旨内云，仍將各條詳核，務臻妥善，儻有後患，惟該督等是問等因。曷勝欽悚。查内港郵政一款，係外務部據赫德所擬辦法，令添入約，甚爲周妥。今馬凱兩次所改約文，與部電之意大不相合。部電係除中國郵政局信外，概不准帶。其意蓋謂不准帶外國信也。方今沿海、長江，各國已設郵局，不易收回，惟有内地水陸各路，赫德正在分設，尚可略存中國權利。今内河洋輪准帶洋信列入約章，從此内河郵權亦不能自主矣。如不入約，以後尚可徐商。故洞三次電請外務部詢赫德，此款馬改之文或應删，或應留，以便遵辦，迄未蒙電復。今雖奉旨畫押，聞吕、盛大臣尚以加税撥款字義不足，馬使未肯畫押，電奏請旨。又接吕、盛宥申致外務部電，郵政節内有云，此節如須删去，即毋庸議。是此條現在尚可删除。蓋鄂請詢赫酌删者，乃删馬使所改之文，非删外部電令增入之文也。若照部電，赫擬原文，則極爲周密妥善，豈肯删之。吕、盛電謂郵政一條，部令增入，江、鄂請删，實屬誤會。竊思此時如已詢赫德以爲不必删，則毋庸議。如尚未詢赫，可否請旨電飭吕、盛大臣，如尚未畫押，即將此條删去，以等將來妥籌。如已畫押，則只可飭赫德另籌救補之法。洞爲恪守部電原文，遵旨慎防後患起見，不敢不據實陳明，恭候聖裁。請代奏。感亥。

海關郵政可藉俄以馭英

致軍機處、外務部、江甯劉制台、上海吕大臣、盛大臣 光緒二十八年八月初六日巳刻發

樞東電悉。俄使所言約内只許口岸製造乃日本約所許。此次並無許内地製造之事。出廠税力争始允抽十，似不爲輕。口岸設洋廠，利歸洋東者二，利歸土貨華工者八，較之洋貨全自外來，尚可稍塞漏卮。洋員監察常關、鹽、土税，議定由督撫選派，不過杜絶苛擾、重征百貨諸弊，以釋英商之疑。洋員僅止查弊，抽收增減之權仍在華官，所言似均無足慮。惟用洋員慮失自主權一

節，若專指監察之洋員則未確，若統論各海關税司則不爲無見。俄人既言及此，我正可藉此與赫德商，即以俄人挑剔爲詞。蓋海關税司及幫辦，各國人皆用，獨不用中國人，華人只充書手及賤役耳。總税司此舉太不公平，自當訂明兼用中國人。應令總税司選中國上等人至海關學習數年，即可勝任，以便將來參用。若我國勢漸强，則海關洋人可漸減。蓋俄最忌英，此乃絶好機會，趁俄人此次挑駁，望即速與赫商，漸漸收回關税自主之權，實有大益。事雖不能驟辦，必須趁此安根。東三省郵政，俄不應阻我用外國人。江督劉所言，真灼見俄人肺腑。管見則謂亦宜趁此與赫德議定，東三省及各省皆中國外國人兼用。惟内地各省或暫由税司試辦，將來仍歸中國官辦，則郵權不致旁落，而俄人亦無詞矣。去年邀約藉英以阻俄，此次海關、郵政正可藉俄以馭赫。鷸蚌相持，中國之利，機不可失。遵旨通籌覆陳。請代奏。麻。

軍機處來電并致劉制台 光緒二十八年八月初一日亥刻到

俄使昨至外務部，言與英所定商約，常關、鹽、土等税皆歸海關洋員監察，及内地製造，均失中國自主權利，出廠税亦太輕，殊不合算。又言東三省郵政，祇當中國人自辦，不能派各國人等語。奉旨知照，務即通籌妥酌，作速分别商辦，勿致藉生枝節為要。樞。東。

奉旨署理江督下旬到江甯

致軍機處光緒二十八年九月初八日酉刻發

奉旨署理江督，蒙恩感悚，本應趕速赴江，惟鄂省經手要件太多，必須略爲清理。洞近來多病，今年尤甚，以時局多艱，事機緊急，不敢請假。遇公事稍繁，輒發頭暈舌燥、腿足軟弱、夜不能寐諸證，僚屬共見。故諸事只能量力趕辦。大約必須十數日方能啓程，本月下旬必到江甯，萬不敢稍事躭延。現已電致江甯藩司、揚州運司、上海道、洋務局及各統領，如目前有十分緊要重大事件，隨時電知，即可電復商辦，不至貽誤。除啓程日再行電奏外，請代奏。庚。

軍機處來電光緒二十八年九月初六日亥刻到

光緒二十八年九月初六日，内閣奉上諭：兩江總督著張之洞署理，迅速赴任。湖廣總督著端方暫行兼署。欽此。奉到電旨，即欽遵辦理。樞。魚。

請調伍廷芳袁世凱協助議約

致軍機處、外務部光緒二十八年九月二十三日亥刻發

頃接滬電，盛大臣現丁父憂，無論如何，想百日内斷不能出而治事。美日商約正在相持喫緊之際，吕大臣一人恐難獨肩其責。查使美伍大臣熟諳外國律法，深通交涉，與美廷相交甚洽，若令任議約之事，必能得力。擬請鈞處裁酌代奏，可否請旨電飭伍大臣刻日束裝回國，畀以議約之任，實於商約有益。計由美取道東洋至滬，不過一月之程，美館現無要事，使務暫令參贊代辦，可無貽誤。

再，商約重要細密，全賴集思廣益，協力堅持。前議英約，多賴前江督劉同心匡持之力。此時美、日兩國之約，日本要索更多，美所索亦有難行者。至加税一節，則美、日均不願照英約所

加之數，持之甚堅，辯駁非易。洞才短多病，精神思慮不能周到。美國商務尤重北洋，擬請添派北洋袁大臣會議各國商約，諸事得以共相討論，商酌辨駁。袁大臣辦事素有識力，深諳交涉操縱。多一人籌畫，或可多保一分權利，必於大局有裨。洞爲商約緊要，急須得人起見，旬日以來，籌計焦思，不敢不敬陳管見，以備朝廷采擇。是否有當，不勝惶悚之至。請代奏。漾。

請電飭伍廷芳迅速回國

致軍機處、外務部光緒二十八年九月二十九日午刻發

奉旨派候補四品京堂伍廷芳會議商約事宜，深幸得人，可以共資商酌。惟美、日開議已久，尚無眉目，擬請旨電飭該大臣迅速回華，美館使務暫交參贊代辦，無庸候梁誠到洋接替，以期伍廷芳早日到滬開議，免致外人催促。請代奏。世凱、之洞同叩。豔。再，此電係袁大臣自正定來電，商明會奏，並陳。

設筵慶賀慈禧壽辰各國領事等咸來慶祝

致外務部光緒二十八年十月十一日子刻發

初十日皇太后萬壽，洞偕同城文武在水師學堂設筵慶賀。各國領事，兵船官，主教習等四十餘人，咸來慶祝如禮，皆以永敦睦誼爲喜，賓主歡洽。聞各領事皆將電告其政府，謹電聞。請代奏。真。

宜與俄人妥定東三省税關章程爲日後收回赫德利權之根

致軍機處、外務部光緒二十八年十一月十三日辰刻發

英泰晤士報館來告曰，聞現在東三省邊界設立税關，係歸前在旅順管理財政之俄人名博羅達夫者辦理，現已由其招募俄人多名，不歸總税務司節制，所收税項除清費用外，交還中國。如此辦法一經中國照允，則德於膠州，法於越南邊界，英於緬甸邊界、香港等處，定必援請照辦。或各國竟於北京各舉總税司一人，共管中國關税等語。查英人所重者，其意蓋不願分赫德之權，而我中國則以自守主權爲主。既名中國税關，則事權應由我自操。無論歸赫德與否，若事事由我自主，則他人自無可藉口。其關税出入，各關經費，必須由我稽查酌定，不能由俄人作主支除交還。税司等員，應由中國自派或由俄人薦舉者，亦應多舉數人由我選定。如有不妥，我隨時有辭退之權。必須議明參用中國人，並須兼用各國之人，藉以牽制俄權，上也。不然，必須中俄並用，斷不能專用俄人，次也。萬不得已，或暫由俄人代辦，亦必須訂定歸還中國自辦年限，以速爲佳，免致永爲所踞，又其次也。前議英約時，俄使曾向鈞處言，常關、鹽、土等税歸海關洋員監察，失中國自主之權。今東三省税關竟專歸俄人辦理，我不能過問，豈不更傷主權乎。似可即以此語反詰之，彼將何説。赫德把持中國海關，久爲各國猜忌，輒欲公共管理，奈無隙可乘。此時稍不檢點，略失主權，不惟東三省利權盡歸俄人，且恐他國藉口，各省關皆將效尤，至赫德所攬之權更無收回之望。竊謂急宜趁此機會，一面與俄人妥定章程，以爲日後陸續收回赫德利權之根。一

面即豫籌漸收赫權之法。此事所關至鉅，有聞不敢不陳，伏祈聖明裁斷，力保主權，東三省幸甚，天下關税全局幸甚。請代奏。元。

光緒二十九年

淮綱緊要請將運司程儀洛留署一年致軍機處光緒二十九年正月初九日巳刻發

淮鹽鳌課每年六百餘萬，新案賠款及舊案洋債，京、甘各要餉，大宗皆取給於此。近數年來，委辦淮南北鹽局各員，大率皆營私害公，賢者十不獲一。私囊日飽，銷數日虧，私梟日熾，商人日困，淮綱大局殆將不支。自運司程儀洛到任後，廉介率屬，精心實力，事事整頓，不避嫌怨，各員稍有忌憚。現正籌辦大舉緝私、除弊、恤商諸事。年前已具奏，數日内當可上達。其餘各事，正陸續籌辦。該運司操守才能，實爲數十年運司之冠。其才具可及，其破除情面，今日司道中斷斷無人能及。頃該運司已升廣東臬司，恐該運司兩年心血盡付東流，實爲可惜。伏念淮綱盈絀，關繫極鉅，江南籌款大宗，惟恃鹽務。鹽務理則歲增數十萬並不爲難，鹽務壞則歲減數十萬耗於不覺，江南賠款用款立即束手，至其盈絀之故，實由辦鹽務者之賢否爲之。合無仰懇天恩俯念淮綱緊要，准將運司程儀洛暫行留署運司一年，再赴升任，實於江南財政大有裨益。洞深知淮綱日見頹敝，江南財用難支，不敢緘默不言。是否有當，仰候聖裁。不勝惶悚待命之至。請代奏。佳。

請准留鄭孝胥辦上海製造局

致軍機處光緒二十九年正月二十一日亥刻發

頃恭閱電傳邸鈔，奉上諭：岑春（蓂）［煊］奏川省商務礦務請派大員督辦一摺。四川商礦各務關繫重要，仍著責成岑春煊督辦，江蘇候補道鄭孝胥著發往四川隨同辦理。欽此。查道員鄭孝胥，平日究心武備，素以練兵爲急，故於新式槍礮製造之法，有志講求，從前隨使日本三年有餘，親歷其礮兵工廠，考究製造理法，致力甚勤。上年臘月，因辦理上海製造局，道員毛慶蕃經北洋袁大臣奏調赴津委辦銀行事務，當經遴委該道鄭孝胥馳往上海接辦製造局務，責成其裁節冗費，整頓廠務，於十二月十三日奏明在案。現正籌議節省巨款，另購新機，由江省以次批及外省，令各營軍械皆歸畫一，籌議已有規模，日内即當具奏。誠令久於其事，成效必有可觀。若礦務本非該道所長，用違其才，難期有濟。況當今急務，莫要於行軍利器，上海製造局爲天下第一重要闊大之局，若辦理不得其人，徒致百餘萬巨款半屬虚糜，製械草率，臨用誤事。目前江省道員中如鄭孝胥之守潔才長，能勝此局之任者，實難其選。合無仰懇天恩免其發往四川，仍准留辦上海製造局，實於軍實有裨。不勝急切待命之至。請代奏。箇。

修濬黃浦江宜認籌全費自行設局辦理

致軍機處、外務部、天津袁宫保〔一〕光緒二十九年正月二十五日子刻發

准外務部號電，修濬黃浦江，奏請由南洋派員。奉旨：依議。本應遵辦。惟此事爲害中國太鉅，萬不敢輕率派員，不得不爲朝廷瀝陳之。按公約附件，中國國家出費一半與各國干涉者出費一半。所謂與各國干涉者，指各國租界産業，江口一帶田地産業，以及進出江口洋式船隻而言。其中業主、船主華民居多，是中國官民共出費十之七八，各國祇出十之二三。而該局人員，中國祇有三員，英國人須有八員，其權實爲外國所操。查上海舊日各租界，名爲中國境内，實已與各國土地無異。今照公約，所有自製造局起至揚子江中，以及各河道港口往上二邁勒之遠，又歸該局管轄徵收課税。是自吴淞口起又深入五十餘里，至製造局下界之灤華港止，無論水陸，全行劃歸各國管轄。將來官民船隻往來行止停泊，皆聽命於洋人。即兵輪赴製造局裝運兵械皆受挾制，稍有波瀾立即禁阻。是一舉而將此等大局衝要、水陸守險治理之權，全行屬之外人，爲害何堪設想。查北方拳匪滋擾，各國商務受虧，然天津開濬北河所有河道，仍歸中國管轄，條約並未奪我主權，請查詢北洋大臣自悉。而東南極力保護商務，各國洋商安堵如常，乃修濬浦江反欲攘奪主權，於情理尤不平允。查各國求修濬浦江，無非爲便益商務起見，乃乘我急迫不暇計較之際，朦混入約。議約之時，前督劉曾剴切電達全權大臣李，據理力争。全權大臣李即據以照會各使。而各使照覆，亦曾應允不侵我主權，有案可查。比及約成，則吴淞江内外主權全失。故前督劉堅持不肯派員，專作推宕之計，希冀逾三年之期，則可照約改議章程。推宕雖非長策，然亦是萬不得已之舉，不過藉以寬展日期，可容我徐籌設法，一面暗求援助，以圖機會。今若徇各使所請，一經派員，公約附

〔一〕即袁世凱。

件便成鐵案，隻字不能更改，委員無從與商，所商者不過微末小節。主權大事，全不能議及挽回矣。此事關繫國家土地、朝廷主權、長江咽喉，豈敢坐視付與外人。去冬英薩使來甯，洞與談及將來管轄諸事，其語意甚奢，不肯稍讓，委員更何能爲。洞實不敢輕率派員，致貽巨患。且實亦無妥員可派。查此約以三年爲期，三年後即可商酌改章，前督劉延宕一年有餘，實非無故。聞上海法總領事頗不以此約爲然，允暗中請其公使設法助我。德領事亦允決不助英催我。去冬今正，上海道袁樹勳三次來省，專爲籌商此事。反覆籌思，並密訪之外國人，惟有自認全費一策，或尚可希冀挽救。現查若照原約，中國國家出費一半，每年須費廿三萬，又華民業主、船主出費二三成，計亦十萬上下。中國已出三十三萬，孰若多出二三成，每年自籌全費，無庸各國設局代謀，使彼不能藉口干預，或可保我主權。若一經派員，各國設局，即無挽救之策。擬請旨敕下外務部，先行密商法國，次密商德國。法、德若肯助我，再切商各國，告以中國情願每年獨認全費，務以籌足爲度，由我自行設局管理。所有海口、河道、港汊，應設理船廳與水巡，暨燈塔、浮標，統歸中國辦理。至其如何修濬方於商務有益，以及一切工程，各國儘可派員與我妥商，隨時查驗工程，但不得稍侵中國自主以及管轄地方之權。將來如此江不能開通，商船如有不便，惟中國是問。總之，各國之設局者，爲濬江以便商也，爲籌費以濬江也。中國既認出全費，（誌）〔認〕濬此江〔一〕，則各國自無庸設局。此乃事理之當然，並非違約。揆之公理公法，我理甚長。況各使前既應允不侵我主權，我今日自宜執彼已允之語與之堅持。且各國商人免籌經費，於彼亦屬有益，或可允從。抑或別有保權良法，推宕機宜，務祈外務部切商各國公使，並電我各國駐使，徑與各國外部理論，冀可挽回。並請敕下北洋大臣袁會同籌議阻止防患良策，以期集思廣益，共保主權。不勝憂焦迫切待命之至。謹密切瀝陳。請代奏。有。

軍機處來電光緒二十九年正月二十九日寅刻到

（電）〔奉〕旨〔二〕：張之洞電奏悉。修濬黄浦江一節，認籌全費，自行設局辦理，所陳不爲無見。著外務部切實妥商，並會同袁世凱、張之洞籌議具奏。欽此。儉。

請調趙濱彦來甯接辦上海製造局務

致軍機處光緒二十九年二月十二日子刻發

前電奏請留道員鄭孝胥仍辦上海製造局，奉旨：四川商務礦務緊要，道員鄭孝胥著仍遵前旨，發往該省隨同辦理。上海製造局亦關緊要，著張之洞遴派妥員，認真經理。欽此。自應欽遵，遴員接辦。查該局乃東南武備根本，誠如聖諭，亦關緊要。且每年開支甚鉅，人皆視爲利藪，紛紛營謀，非廉幹任怨之員，斷難勝任。江蘇道員中除現有要差外，實難其選，前經電奏陳明在案。查有湖北候補道趙濱彦，操守清廉，風骨剛鯁，辦事認真，不避嫌怨。以之接辦上海製造局務，必能考工節費，裨益軍儲。相應請旨電飭兼署湖廣督臣端方，迅飭該員刻日來甯，以便派赴上海接辦局務，裨鄭孝胥早日交卸赴川，以副宸廑。請代奏。文。

外務部來電光緒二十九年二月十四日到

文電已進呈。奉旨：著照所請。欽此。外務部。寒。

〔一〕〔二〕據刊本《張文襄公電稿》校正。

光緒三十年

奏報抵鄂接篆日期

致軍機處 光緒三十年二月十五日戌刻發

十三抵鄂，十四接篆，請代奏。咸。

即將赴甯會商移建槍礮新廠辦法

致軍機處 光緒三十年三月十二日亥刻發

江南製造局移建槍礮新廠一事，之洞陛辭時，面奉懿旨，飭赴江南查考會商妥辦。回任後諸務紛雜，不得不略爲部署。兹定十三日乘輪前往江南，先至蕪湖勘視灣沚地方形勢，再赴江甯與兩江督臣妥商辦法。請代奏。文。

奏報回鄂日期

致軍機處 光緒三十年四月二十三日亥刻發

洞於二十三日回鄂。除奏報外，請代奏。漾。

湖南邊防緊要請准劉光才暫緩陛見

致軍機處 光緒三十年六月十五日午刻發

前奉感電旨：湖北新軍尚稱精練，能否調赴廣西，合力援勦，著張之洞即行電奏。等因。欽此。當因湖北新軍武建八營前已調赴廣西，駐紮龍州辦理邊防。常備左翼八營續又奉調赴北，駐紮通州，協防畿輔。現在省城兵力無多，添募之營尚須訓練，不得不抽調省外防軍以資派遣。正在籌辦調撥間，續奉江電旨：著即毋庸前往。等因。欽此。並接桂撫柯電，謂三隍收復，人心稍定，鄂軍毋須再撥，以免勞費等語。自應欽遵諭旨，鄂軍毋庸前往。惟近接湖南護撫張電，知桂林匪警又逼湘邊，異常喫緊。黄忠浩一軍由湘西赴桂，取道不免紆曲。其由全州至永州大道，乃當年髮逆由桂出湘熟路，最關重要。湖南僅有張嘉鈺一軍駐紮黄沙河一帶，兵力既單，其軍亦不足以當强敵。江蘇道員杜俞一軍到防未知何時，永州防務較靖州尤爲喫緊，私衷萬分懸系，必須有宿將重兵出境，力遏其衝，方爲正辦。查提督劉光才，膽識過人，戎行老練，之洞所深知。近日廣西匪情尤爲熟悉。前聞已由廣西回寶慶原籍，經晋撫奏署大同鎮，奉旨令來京陛見。該提督現尚在湘，其部下驍弁精卒亦尚未散。擬令就地迅速招募精壯入營，一切照湖北軍營規制，選派得力營哨官弁管帶操練，歸劉光才統領。成軍後刻日馳赴湖南道州邊境以外，在廣西全州一帶扼要防截，相機迎勦。總之，桂林省城以北爲止，所有餉項軍械均由鄂省籌撥。俟半年以後，察看湘省沿邊及桂林以北匪情，或留或撤，再行酌量奏明辦理。除電湖南護撫張，録電飛咨劉光才迅速查照辦理外，合無仰懇天恩俯念湖南邊防緊要，准令劉光才暫緩赴京陛見，留於湖南，由鄂派委統領新軍，前往全州一帶駐紮，防勦桂匪，以固湘邊，湖南大局幸甚。再，此事因與湘省往復詢商，是以覆奏稍遲，合併陳明。請代奏。咸。

查明施南教案及處理情形

致外務部 光緒三十年六月十八日午刻發

篠電悉。施南教案據該府縣查明電禀，係因天主教會主教德希聖，率帶多人前往沙子地游覽。路經花背，有福音教民向元新，欲看德主教，被德主教隨行教友賈澄清喝攔掌嘴，彼此争吵。經向光錫向德主教求情，德主教令向姓於初六日，在沙子地教友李家炳家備酒八桌，放鞭六萬，服禮寢事。初七日德主教等將要起身，觀看人衆。賈澄清稱前所放鞭尚未足數，勒令向姓將鞭補足，沿途燃放。以致激成衆怒，紛紛喧嚷，匪徒乘間將德主教、德神甫、董神甫三人殺斃，並斃華教友四人，燒毁李家炳、蔡賢欽、陳漢科之屋，隨即解散。並無另有一洋教士被捉，亦無鬧教堂之事。已將德主教等屍骸妥爲棺殮，派人看守。一面速拏首要各犯訊明懲辦等語。迭經飛電嚴催該地方文武，懸賞勒限捕犯嚴辦。並飭宜昌鎮陸續添撥勇隊二百餘名，又由省城特派常備軍一營，先後馳往彈壓保護，協緝要犯。前派查辦道員左元麟已抵宜昌，現偕法領事所派荷國田教士同往，確查詳報妥議辦法。昨又據施南府縣電禀，已獲犯二三名，研訊尚無端倪等語。該地方文武疏於防範，首要各犯尚無弋獲，應請旨先將代理施南府知府湖北候補同知何錫章、署施南協副將吴友貴，摘去頂戴。本任恩施縣知縣王鴻賓暫行革職，留緝勒催拏犯，俟獲犯再行開復。再，被殺三教士均係比國人，並聞。除俟獲到正犯再行電聞外，請代奏示復。嘯。

湘西湘南有警已分籌防勦

致軍機處 光緒三十年七月十二日亥刻發

之洞前奏請留提督劉光才統領湖北新軍八營，前赴全州，扼防湘南大路，奉旨允准。續經元鼎以湘西喫緊，奏請截留劉光才所部馳赴寶慶、靖州一帶，防守西路。奉旨令與之洞會商辦理。遵經往復電商，當因桂匪悍股屯踞老堡口，近又分竄梅寨，古宜岌岌可危。並聞有零匪竄入貴州永從縣之大年河，該處與靖州接壤，論現在情形，湘西防務實較湘南爲重。已定議飭劉光才親率所部兩營馳赴寶、靖一帶，擇要扼紮，以重西防。惟兵力尚單，已照湘省營制，由湘添募四旗，撥交劉光才統轄。此後劉光才一軍，即歸湘省調遣。如湘南大路有警，鄂省擬即由所練常備軍内抽調數營，派令原帶之員統率前往。仍照原議，出湘境赴全州一帶相機防勦，以顧南路。現已密爲部署，聞警即行，俟開拔時再行奏報。似此西南兩路分籌防勦，較爲周密。所有劉光才一軍遵旨會商辦理情形，請代奏。之洞、元鼎同肅。文。

施南教案已速結

致外務部 光緒三十年八月二十五日子刻發

施南教案，疊飭荆宜施道余肇康、湖北試用道左元麟，在宜昌與法參贊賈紗納切實磋商，茲已定議。第一款，懲辦兇犯。已將獲案訊實起意下手之正兇向燮堂、向元新、向爵臣、黄平山、崔光熙、黄玉階、黄觀連、黎登甲八犯，在施南正法梟示。黄成宣、黄鏡亭二犯解赴宜昌正法梟示。已死之崔春生一犯亦已戮屍梟示。此外已獲未獲各犯，如訊有實係在場下手殺害主教等之犯，仍應按律懲辦。第二款，優予撫卹。計一主教、兩司鐸被害，共賠銀十萬兩。造主教、司鐸墓廬，及撫卹被搶被燒之各教民房産等項給銀二萬兩，另幫助建造醫院善舉銀二萬五千兩。通共十四萬五千兩，分五期交付，至明年臘月付清。第三款，酌給基地。計在荆州城内代覓寬長各二十丈之地基一塊，爲建造醫院之用。在施南城内代覓寬長各十丈之地基一塊，爲建造教堂之用。地價及工程用費，均在前項賠卹款内動支，官不另給。惟所建荆州醫院及施南李子槽兩處教堂，均須奏明給予敕建字樣，并飭地方文武妥爲照料。第四款，各官處分。議定本任恩施縣知縣王鴻賓即行革職。代理施南府知府何錫章摘去頂戴三箇月。現署恩施縣知縣王祜記大過四次，侯補官日罰俸三年。署巴東縣知縣田芸生記大過三次，侯補官日罰俸二年。署施南協副將吴友貴獲犯甚多，請開復摘頂處分。第五款，係稱謝湖北辦犯迅速之意，此外别無枝節。業於二十一日彼此畫押。此案各教士極力鼓煽挑剔，謂主教品級甚尊，所欲甚奢，意欲大興波瀾，勢甚洶洶。幸法參贊明白近情，尚受商量。法公使不爲教士所摇動，得以和平速結，稍堪仰慰宸廑。除專案具奏外，謹先電陳。請代奏。有。

各國領事等員慶賀慈禧壽辰

致外務部 光緒三十年十月十一日亥刻發

初十日，恭逢皇太后七旬萬壽，各國領事偕水師將校、隨員、遊歷人員，並税務司、鐵路員董工師、文武各教習洋員等，均來慶賀。設讌相待，歡欣頌禱，出於至誠。總領事等囑之洞代爲電奏，恭祝皇太后萬壽無疆，强泰安樂。謹據情上聞。請代奏。真。

湘防吃緊擬留兵換將整頓

致軍機處、陸軍部 光緒三十年十二月二十二日未刻發

湘省前奉電旨：杜俞一軍著即撤回江南，分起妥爲遣散。等因。欽此。其時方在兩江署任，一再與署湘撫陸往復電商，以湘防正在喫緊，深慮撤遣或有他虞，並因該軍本係湘人，擬責成杜俞在湘汰三留七，帶回江南，分别留遣，奏蒙俞允在案。嗣之洞准粤督岑桂林來電，以兩江故署督李訪聞杜俞一軍聲名太壞，屬舉員接統，事關大局，不敢不告等語。洞乃電詢湘省，始知此事原委。維時適值滇軍遣勇在黔邊叛變，長江一帶華興會革命票匪，正在武漢地方句結亂黨，消息甚緊。當以杜軍本張春發舊部，素無紀律，設聞遣撤之信，中途嘩潰，另生事端，斷非杜俞所能約(東)[束]。岳州、漢口皆通商口岸，華洋雜處，稍有騷擾，立搆衅端，巨患不可不防。與其撤軍，不如易將。電商甯、桂、湘三省，擬令劉光才前往接統，仍令杜俞爲幫統，嚴申軍律，力加整頓，去其敗羣者百數十人，全軍便可改觀。俟桂事大定，再定留遣。旋接粤督岑、桂撫李覆電，深以此策爲然。時馥適到兩江署任，會同方詳加斟酌。電鄂云，撤勇比招勇難，杜道平時既不能約束，臨撤必難鎮壓。且永州非撤勇之地，儻有變故，非附桂匪，即成湘寇，此時只有换將整理之一法。亦與之洞意見相同。因即電致湘撫陸，函詢劉光才，令其酌量情形，能否前往接統，迅速具覆。湘西電報不通，近始據劉光才覆稱，張慶雲近在黄沙河，似可飭令接統，若必須渠來，則當帶原來之忠毅三營同往等語。是劉意必移軍駐永，方能接統杜軍，以資控制。然湘西又須另派他軍填紮，則添營增餉，湘力亦屬爲難。自不如仍令劉軍留防西

路，既免跋涉，亦較熟悉情形。查提督張慶雲，本湘中宿將，歷練甚深。所部之在黃沙河、永州一帶者尚有六旗。黃沙河距永州僅九十里，飭令就近兼統杜軍，足資鈐束，於事亦便。此次方奉調撫湘，道出武昌，與之洞面商定議。復電商覆，所見亦同。體察情形，儻令張慶雲接統該軍，仍以杜俞爲幫統，約束整頓，必能悉臻妥協。所有該軍餉械，仍由江南照案撥解。謹合詞縷晰具陳。請代奏。周馥、張之洞、端方同肅。養。

光緒三十一年

奏陳病情

致軍機處 光緒三十一年三月二十五日發

恭讀敬電諭旨，以微臣染疴，仰勞聖懷廑系，天語垂詢，惶悚感激，莫可名言。之洞所患係口瘡，將及一年。中醫云係心勞肝火，病在内。東醫云係胃熱牙蟲，病在外。竊自揣察中醫、東醫之言，均有所見。大率數日内公事順暢，睡時較多，則痛止。公事拂逆，睡時過少，則痛劇。七月以來，延東醫診視，並於飲食起居留意消息，内外兼治，已愈六七分。謹當遵旨，善爲調攝，早日就痊，以慰宸廑。謹由電復陳，叩謝天恩。請代奏。有。

軍機處來電 光緒三十一年三月二十四日戌刻到

（電）［奉］旨[一]：聞張之洞現在患病，該督係屬重臣，著既妥為調攝，並將患病情形據實電奏，以慰廑系。欽此。樞。敬。

陳日俄議和中國因應善後之策

致軍機處 光緒三十一年六月二十二日戌刻發

兩奉電旨，因日俄直接議和，令將現在因應及將來善後通籌電奏，以備采擇，曷勝欽悚。查日俄議和，俄必願我與聞，日則

[一] 據刊本《張文襄公電稿》校正。

斷斷不容我與聞。俄願中國與聞者，欲借中國地主爲題，從中攔阻一二，免使日本將東三省權力多占，則俄以後尚可乘機窺伺也。日本不願中國與聞者，我若與議，則彼所欲得者，我使臣必矜慎顧惜，多煩辯論。彼所讓還者，中國視爲力争收回，不見彼之人情。且恐中國與聞，西國亦必干預，則日本所得利益無幾矣。且日本君民上下之意，皆須俟攻克哈爾濱、海參崴以後，方能制俄之要害，勒索極鉅兵費，盡奪俄人遠東權力，此乃一定宗旨。總之，視其兵威之所極，以爲和約之範圍。然則日之要索於俄，究竟能至如何分際，此時日人亦不能豫定，不肯自限。現在庫頁島已爲日得，海參崴後路已有日兵登岸。俄之内亂日熾，其東方人心兵力益不能支。日之待俄不能定，則其待我亦不能定。故此時即中國有員與議亦無益，况彼不允乎。各報言外務部照會日、俄，謂關涉中國之事，若中國不與聞者，中國將來斷不承認。聞日本復文，不肯許可。要之，此照會乃應有之義，自不可少。無論彼認與否，將來可執此照會爲争論之根據。然只此已足，强聒無益。惟有俟其與俄定議後，我方能與之開議。大抵抱定日本宣布許我之完全主權爲定盤鍼。以東三省鐵路中國亦須酌分權利爲實際，以俄人震驚陵寝荼毒人民與日兵近年來情形爲比較，以結近援禦遠患爲歸宿。所有節目，只可臨機操縱，似難豫擬。此因應之大要也。

至於善後之法，約有五條：

一曰偏地開放。查從前俄據東三省時，日本人即力勸我以偏地開放爲抵制俄人之策。今日俄去日來，在我仍無以易此。蓋非此無以慰各國均霑之望，亦無以杜强鄰吞併之謀。惟偏地開放辦法，其中條目差别不同，應請飭令此次遊歷大臣，至外國詳細考查，期於中國情形行之無弊。

二曰變法。此後東三省官制政法，必須掃除舊習，因時制宜，方能保安。且各國雜居，非采用西法，參用外國顧問官，斷難控馭。顧問官可東、西洋人參用，而日本人無妨稍多。

三曰中日兵合力駐守。聞日本人言，該國之意，擬留兵二十萬人駐守，亦知需餉過鉅，中國難籌，當於東三省就地籌餉。查日俄定約後，若無日兵，斷難杜俄之侵軼，日本固斷不放心，我尤不能安枕。且日索取俄之賠款，亦必留兵。或婉商日本，彼暫駐兵十萬，分數年次遞減撤。我即在東省速練新兵，用日本將弁教練統帶，分年遞增至十萬，總以華兵添足，日兵撤盡爲度。此項華、日兩軍之餉，應由東省就地自籌。但將來無論華兵如何精强，於哈爾濱及邊界尼布楚兩處，日本斷不能全不駐兵。若能主多客少，亦尚無害。

四曰就地籌餉。東三省地廣土饒，礦、林、魚、鹽、穀、酒之類大利甚多。據日本人言，若經理得法，十年後可歲得三千餘萬。縱不能及此數，得半亦佳。光緒二十七年八月，洞會同江督劉奏請開放東三省摺内，已詳照録日本公爵近衛篤麿來書，所籌具有條理。至荒地招墾一節，原函拍賣之名不甚妥，而招租則無妨。年限不宜過遠，各國不宜偏重。若用日人爲理財顧問官，似乎千萬可籌。此外臺壘設備、民事、學堂一切事宜，需款尚多，惟有先借外款開辦，陸續籌還。

五曰以後防俄之策。日本緊要主意，必欲將俄兵全數驅出東三省界外，方能議和。俄不甘心，必致由恰克圖、庫倫窺伺張家口，以抵補其東隅之失。此事中國固須嚴兵以待，然斷非中國獨力所能抵禦，惟有俟日俄定約後與日本熟商辦法。彼慮俄由庫倫北來，横穿蒙境、遼西，截其後路，必助我設法防備。

總之，此次日本若於東三省不占最優權利，慨然送還中國，斷無此事。然所得過奢，則既食前言，又招歐忌，彼亦不爲。日本爲中國，正所以自爲，然欲强日本，則不能不存中國。俄專欲愚中國，呑中國，純乎損我益彼。日本既擅北海之權，則不惟阻俄人之横行，並可抑膠澳之恣肆。故無論如何定議，日本在東方得何權利，皆勝於俄人遠甚。日俄待中國之情勢孰暴孰和，兩國之强弱於中國孰利孰害，互較自明，權衡既審，因應自易。但日俄和議之成尚早，總在三箇月以後。此時應請電旨，密飭東三省將軍、都統、文武各官體察目前情形，各抒己見，以備參酌。

以上因應一條，善後五條，日俄比較一條，皆專爲東事計。至於修明内政，力變舊習，以免外人乘機要挾，效尤染指，此乃治本定法，自强通義，累牘難盡。謹專就東事密抒其管見備采。上年九月十六日，洞遵旨密籌東三省事宜一摺，大意略同。再，此事因體察日本近日情狀，是以覆奏稍遲，合併聲明。請代密奏。養。

粵漢鐵路争回自辦贖款三省籌還

致軍機處、外務部光緒三十一年七月十二日亥刻發

奉齊電旨敬悉。查粵漢鐵路議與合興廢約一事，疊奉寄諭，責成之洞妥籌辦理，以挽利權。遵經電商盛宣懷，會電駐美使臣梁誠照會美外部，聲明合興違背合同，三省紳民萬口一詞，力持廢約。朝廷俯順輿情，不能强數千萬人遷就壞局，自蹙生路等語。美外部自接此照會，口氣始鬆。嗣因盛宣懷與湘紳意見不洽，旋復患病，之洞屢次去電，皆不能復。三省紳民及在東西洋各國之中國留學生紛紛電致之洞，情詞迫切，萬口沸騰，力請之洞爲三省紳民代表，獨力擔承。之洞不得不慨然肩任，許三省以必能收回，始稍帖然。乃徑電梁使，切商辦法。自之洞與梁使直接商辦，不攙雜他人以後，宗旨始歸畫一。惟合興股東要挾刁難，屢議屢悔，相持半載有餘。之洞堅持定見，相機操縱，費盡苦心，始克磋磨就範。五月初，經梁使聘用之美前外部大臣福士達，與合興聘用之美前兵部大臣路提、美前按察使英格瀾等商定節略。文曰，兹因中國政府將建築鐵路之特權及合同注銷作廢，又不准合興續辦路工，惟情願給以公道償費。此項償費訂定總數，計美金六百七十五萬元。中國政府可將合興在中國所有産業、已成鐵路、鐵路材料、測量圖表、開礦特權以及在中國所有權利，無論明指暗包，一概全行收管。所有合興已提之中國政府借票，除已售之二百二十二萬二千元外，一概交還中國政府查收。至此項已售之二百二十二萬二千元，或交還，或收存，仍聽買主自便。如買主願意收存，或全數，或少數，每百元應按九十元計，由總數六百七十五萬元之内扣抵。惟不論如何辦法，此項二百二十二萬二千元借票，在西一千九百五年五月一號（並）［應］付息銀五萬五千五百五十元。中國政府須（至）［自］本日起，於三箇月内照數付給。又總共六百七十五萬元内，中國政府須（至）［自］本日起，於三箇月先交二百萬元。所餘之數，須自本日起，限六箇月内一律清付合興照收。所有交款，訂明由中國政府妥速籌辦。中國政府所交之款，須（至）［自］一千九百五年五月一號起至交款日止，按年息五元計，加付利息。以上辦法，應由中國政府及合興股東批准，方作定議。一千九百五年六月（一）［七］號，福士達、路提、英格瀾簽押。此粵漢鐵路争回自辦之實在情形也。

彼時因此約尚是草議，須（得）［待］比股東約期會議後方能作准。又須將鄂、湘、粵三省應攤此項償費妥商籌備，始有把握。是以未敢輕率瀆陳。現在此項贖路之款，三省紳民以急切難得現款，必須先借外債再行陸續籌還。又以償費數鉅，攤認不無爲難。堅屬之洞統籌合借，再爲酌數分派。當向英國商妥，暫借英金一百十萬鎊，約合華銀八百萬兩，以十年清還，年息四釐半，不折不扣，並不須以鐵路作抵。已由英領事將草合同送來，准可作數。正在電致梁使，轉催合興股東從速定議。玆接梁使電稱，合興股東摩根受比王唆使，意圖翻悔。美總統亦接到駐京美使柔克義電，稱中國政府無意廢約，且甚願美國接辦等語。查此事屢奉諭旨，飭籌廢約，力保路權。三省紳民爲大局起見，志堅意決，僉謂此路舍贖回自辦，更無第二層辦法。湘紳已呈明設立湖南鐵路籌款購地公司。粵亦派定正紳來鄂會議開辦路工事宜，並議定國民贖路股票辦法，分投勸辦。鄂士鄂民尤急盼觀成。若仍令美國接辦，比股必不能退。比股即是法股，法與俄合，是此路仍在俄、法掌握之中，危險不可思議。非但英國必有責言，即三省紳民及中國在東、西洋留學生亦必羣起譁噪，竭力憤爭，不成不休，勢將横生枝節，別釀事端。之洞固不能當此重咎，且於國體大有妨礙。仰懇聖明鑒察，此路所争者乃三省鐵路之主權，非争三省鐵路之商利，敕下外務部將朝廷俯察三省輿情，決定除此辦法，別無通融之意，照會駐京美使。並由外務部電知駐美梁使，照會美政府，俾得堅持前説，不致功敗垂成，爲外交笑柄，國家大局幸甚，三省士民幸甚。除俟美股東定［議］再行奏明請旨畫押，暨粵督［岑］請派張振勳出洋招股一事（二），容商妥另奏外，請代奏。文。

軍機處來電 并致岑制台（三） 光緒三十一年七月初九日辰刻到

電旨：岑春煊電奏悉。據稱粵漢鐵路争回自辦，贖路約需銀七百餘萬兩，廣東分認三百萬兩，已託張督代借洋債應急。惟洋債還款，粵力斷無可籌。擬請特派太僕寺卿張振勳出洋集款，廣招内外華商，不令暗附洋股等語。此路贖回自辦，實於全局有益。出洋招集華股，能否不至暗中攙雜，别無流弊，著會同張之洞妥籌辦理。欽此。樞。齊。

合興公司同意我贖回粵漢鐵路自辦請旨准予畫押致軍機處、外務部 光緒三十一年八月初四日申刻發

頃接駐美梁使電稱，合興股東批准草約，現由英格瀾、福士達公擬售讓合同，全以草約爲底本。聲明中國大皇帝諭旨批准，及合興議定，將草約辦法施行等語，誠細核此稿款式均尚合例，詞意亦無出入，已與合興議定，西九月六號即中歷八月初八日會同簽字。可否奏明請旨照稿簽押，乞鈞裁等語。查此項草約，前已由電奏陳。詳核條款均尚妥協，擬請旨准予畫押，以期早日收回路權，由三省自籌開辦，實與大局有裨。此約應洞與梁使兩人簽押，洞即託梁使一併代押，合併聲明。除俟正合同由梁使寄到再行繕録奏陳外，謹先電達。請代奏。質。

（二）以上誤、脱八處均據抄本《張之洞電稿·致北京》校正。
（三）即岑春煊。

光緒三十二年

江西新昌縣令江召棠在教堂被害致軍機處光緒三十二年四月初四日子刻發

奉三月二十一日電旨：著將江召棠在教堂因傷致死情節，先行查明，迅即詳晰電奏。欽此。查此案前據江西撫、臬照印出江令召棠受重傷後手書五紙。洞三次委員到贛明查暗訪，又向江令家屬索得手書四紙，筆跡相符，語尤明顯。江西前照出之各紙内緊要語云，王安之逼令自割一刀，復有兩人捉手用翦刀加戳兩下等語。新查出之手書各紙内緊要語云，意是逼我自刎，我怕痛，不致死。他有三人，兩拉手腕，一在頸上割有兩下。又小字云，痛二次，方知割兩次，欲我死無對證等語。又云，爲新昌案辯争，威逼立放犯事教民，以致決裂被殺等語。又云，仵作驗即明白，填傷單存案，並要劉先生眼見相驗爲是等語。此外大率皆言王安之威逼情形，及代百姓向王安之乞恩，並囑派人保護教堂，催仵作速趁該令未死相驗各等語。竊思中國醫仵所供，皆云被殺而非自刎。法人斷不憑信，姑置不論。據江西咨送美國醫賈爾思證書云，整齊的横傷在咽喉靠喉結之上，又一傷傷口參差不齊，將喉結前面從中一直分開。美醫證書又云，整齊的横傷是用利器割的，其餘之傷非用利器。美醫證書又云，第一傷用力氣輕些，第二傷刺用力氣重些等語。此爲以刀自刎以後，又受他人以翦戳傷之確據。蓋翦利於刺，不利於割，故傷口參差不齊，自割故力輕，人戳故力重也。又據江西咨送法兵船醫福庚貝畫押憑單云，傷口係在嗓核之上，開作扁形，均横寬三寸，係用利器所割。法官醫憑單又云，有一第二傷口，係直式，與第一傷口作縱横式，亦係用利器所刺，此口亦可容指等語。此爲刀傷之後，又受翦傷之確據也。法官醫憑單又云，至於兩傷是否同時，似雖非同時，亦相距不多時耳等語。此爲直傷，亦係在教堂所受之確證也。法官醫憑單又云，此傷能致死乎。曰可。内面腫潰，流血過多，欲不死其可得乎等語。此江令死由教堂受傷之確據也。查江令自書者，中國醫仵所言者，法使固未必肯信。豈美國賈醫所云，甚至法國兵船官醫所言，亦不足信乎。總之，兩洋醫皆謂係兩種傷，一横傷，一直傷。美國醫則云直傷重，即係横直兩傷，後傷又重，是江令實死於加功，不僅由於自割，實無疑義。再，法官醫憑單又云，似此情形，可斷爲自刎乎，不能也。又云，頗似本人自刎之勢，則又不能斷爲被殺也。明係該官醫既不肯坐法國教堂之罪，又不肯自受醫學不精、驗傷不實之名，故爲此騎墻之語。然而實蹟難泯，公理難誣，故法官醫亦只能作爲兩歧之語、存疑之案。法醫之語意蓋謂自刎被殺兼而有之，明矣。法官醫尚不能徑斷爲自刎，中國何據而反斷爲自刎乎。至英國醫生達葳所驗傷單，在贛時堅索不肯呈出，洞未見其全文。但聞英醫告江西各官云，傷係一横一直，而不肯言自戕、人戕，與美醫、法醫之言似亦無大歧異。即云先有自刎一傷，然江令書已屢云由王安之威逼。總之，傷憑醫定，案憑證定。洋醫既斷爲横、直兩種傷，後傷較重，然則後傷係何人所爲，前傷因何事起衅，自應一一研究，方成信讞。惟江令、王安之均已死，當時江令家丁、茶房欲入内室，均被教堂人力阻，無人在旁目擊。其教堂内要證劉宗堯、艾老三、胡宗賜三名，前雖由法參贊自帶到贛一訊，並未傳集多人質訊，供詞一味推諉支離。法主教動以兵船恫喝，不肯交出覆訊。然則加功究係何人，自刎係如何相逼，抑或並無人加功，無人相逼，兩造均無質訊之人，不能不憑兩洋醫傷單、江令手書以爲證據。大約江西省城教民則皆曰自刎，平民則皆曰被殺。然詢訪在江西之英美各教士，多有歸咎於王安之者，足見公道在人。法人欲保該國教堂名譽，故以全力爭此一節。事關交涉，固難澈究。然而國體所關，民心所繫，彼縱不認加功，我亦決不能斷爲自刎。即至萬不得已之時，存疑猶勝武斷。至於威逼情節，亦斷斷不能抹煞。或謂江令傷本（不可）[可不]死〔一〕，因焚殺教堂後有人逼之自死，尤屬莠民誣罔之言。洞委多員偏訪，實無此事。查江令才具素優，官聲最好，其新昌教案保全一縣民命，弭禍定亂，其功不小。此次被害，亦由於爲民力爭，雖重傷慘痛之際，各紙手書皆諄諄以救民、保民爲念。故江令死後，江西士民同聲悲痛，憤不可遏。新昌、上高兩縣百姓來省痛哭吊祭者絡繹不絶，何止數萬人。在法人恃强偏執，外務部辦理自不免棘手。惟洞奉旨確查詳奏，不敢不據實上聞。至於此案應如何議辦之處，伏候朝廷裁度，敕下外務部妥籌辦理。總之，江西教案，無論與法人如何議結，總不能歸咎江令。雖不能責抵償於外人，尚可存公論於中國，俾日後可爲江令奏請優給卹典，以勵愛民捐軀之良吏。庶足以存國體而服民心，且免教燄日張，日後更難保護。洞區區愚慮，不敢不言，仰祈聖明鑒察。密電上陳。請代奏。文。

粵漢鐵路湘段總理人選

致軍機處光緒三十二年五月十九日丑刻發

粵漢鐵路收回後，三省亟應籌定辦法，集款興工，以免虛曠歲月，徒耗贖路款本息及小票月息。此時廣東路已定議歸商辦。湖北路最短，已定議歸官督商辦。湖南情形係官率紳辦。湘路最長，需款最鉅，諸紳集議年餘，尚無切實辦法。良由議紳衆多，意見紛歧，必須有人總理，方免推諉延誤。查有新授順天府尹袁樹勛，才具恢閎，識力堅定，能聲素著，衆論交孚。又查有前國子監祭酒王先謙，品學兼優，資望老成，主持正論，不徇流俗。前年初創收回粵漢路之議，湘紳公舉侍郎龍湛霖及王先謙爲總理，經洞與前湘撫照會該祭酒在案。龍尋即病故，即王獨任路事，於爭索路權一切，深得贊助之力。又查有前江西臬司余肇康，心精力果，綜核詳明，勇於任事，不避嫌怨。湘省衆紳公議，擬舉袁樹勛、王先謙、余肇康均爲總理，俾得倡率鄉黨，各效其長，籌款興工，早著成績。並擬請旨飭袁樹勛迅速回湘，查勘路綫險易，酌議籌款辦法，布置略有端倪，再行到任，實於湘省路事大有裨益。此時回湘固可籌辦，即他日入都亦可遥領，毫無窒礙。其以次任事各員，容再博采衆議，遴選分派。請代奏。效。

派兵會勦萍醴會匪

致軍機處光緒三十二年十月二十四日午刻發

昨接萍礦道員林志熙、上海盛大臣來電稱，江西萍鄉有會匪

〔一〕據抄本《張之洞電稿·致本省電》校正。

四起搶劫，占踞上栗市，聲勢浩大。湖南之瀏陽亦拏獲會匪多名，醴陵亦報起匪二股。該匪等並有革命軍先鋒字樣，懇請派兵越境會勦。查該匪悖逆顯著，夥黨繁滋，到處響應。萍礦及路已值銀數百萬，若成燎原，爲患更大，不止礦路而已。湘撫來電，已派兵往勦。兹由鄂派第八鎮十五協協統參將王得勝、二十九標標統李襄鄰等，率帶步隊全標三營，礮隊二隊，已於本日啓行。惟湘水甚涸，大輪難進，現設法廣覓小輪拖至靖港，舟行至洙洲，乘礦局鐵路車逕到萍鄉，會合湘、贛各軍，相機分赴萍、醴一帶，實力勦辦，務期及時撲滅，免致蔓延。請代奏。敬。

續派兵馳往瀏陽會勦會匪

致軍機處光緒三十二年十月二十九日子刻發

兩次電旨恭悉。疊接湘撫及萍醴來電，匪勢尚熾，已續派三十二標統帶白壽銘，率領所部全標三營暨礮隊一隊，馳往瀏陽會勦，本日已啓行。惟大輪並不能抵岳州，內河行甚艱滯。又因湘軍多派赴瀏、醴，岳州空虛，另派營官戴壽山，帶一營四隊馳赴岳州填紮，本日已到防矣。請代奏。豔。

安源總頭目蕭克昌拏獲正法

致軍機處光緒三十二年十一月十三日辰刻發

據萍礦道員林志熙及鄂軍協統王得勝電，疊接湘撫陽、庚兩電，匪目曾廣鍠供，安源總頭目係蕭克昌，匪衆約六千人，均與會內通氣，約定會合接應。瀏股往江西一帶，長驅直入，密請防拏。查蕭克昌係北洋大臣來函所指之內部頭目等語。旋經該協統王得勝、標統李襄鄰督軍會同贛省防營胡應龍，於初十日拏獲正法。該匪黨羽蠢然欲動。堅留鄂軍仍駐安源保廠等語。頃奉十二日電旨，飭拏蕭克昌，謹以上聞。

再，前數日湘撫電，匪勢注重長沙。又岳州鎮府縣電稟，平江之匪將趨岳州，出長江，請兵甚急。因又趕派標統吴元澤，率楊纘緒一營，星夜赴岳填紮妨勦，早已到防。此時湘匪已無大股，惟有合力搜勦，迺拏匪目，以防復熾。請代奏。元。

光緒三十三年

請旨飭下江督勿庸發給護照來鄂運米

致軍機處[一] 光緒三十三年三月初三日未刻發

接江督端沁電：江北米價貴，派員購運川米二十萬石，并在宜昌設局，委員接收轉運，沿江免收税釐。自宜昌以上，由川東道發給護照。宜昌以下，由江督發給護照等語。不勝駭異。查鄂省水灾未紓，米缺民困，萬難外運情形，已於二月支電奏明，阻止皖省來鄂購運稻米，奉旨允准在案。近來因湘省遏糴，米價愈貴。上自荆、宜，下至武、黄，處處缺米。各縣禁止米穀運出本境。洞多方示諭，能否流通，尚未可知。武漢人心惶懼，官民同深焦急。計無復之，乃設法招勸川商運川米以濟鄂，如有虧折，官認賠補。示諭多日，甫有商人應募開辦。乃江督接踵而至，亦欲采運川米二十萬石。昨護川督趙侍郎敬電：據川東道電禀，米價陡漲至七兩零，一隅之粟，實不足應兩省之求，擬以十萬石分濟鄂、淮各半，等語。是川米已被江省分去其半，其來鄂止有五萬石，爲數易罄。不得已，乃又招商訂運外洋西貢、暹羅之米。官認虧賠爲數尤鉅，周折尤多。誠以拯民弭亂，不能不强忍爲之。今江督忽欲於鄂境委員設局，自發護照，必致奸商影射，并將鄂省本境之米搜羅買去，鄂民豈復有生機乎。查南洋米最多，雖數十百萬石，不難購買。鄂省既可遠購洋米，江南地處下游，正當海口，其購買較鄂爲便，何不亦多買洋米乎。且川省止允濟淮五萬石，爲數並不甚多。既令有川東護照，沿途自可查驗放行，何以江省又欲自發護照，明係委員、米商意存影射夾帶，流弊太多，鄂省萬難照辦。必致夾帶鄂米下駛，妨害鄂省，且將藉口賑米，夾帶百貨，不惟夾帶鄂米而已。竊惟國家設官分職，各有權限，川境應由川發護照，鄂省境内關局州縣，自應由鄂省發給護照，方能放行，豈有江督護照越境行於鄂省之理。昨接軍機處有電，江蘇督撫奏運川米平糶，請飭免釐。奉旨允准，自當遵辦。然只允免釐，未言江省發護照，且只能以川東道護照五萬石之數爲限。若江省自發護照，則有害鄂省民食，與前奉二月初六日准免采運鄂米之諭旨不符，鄂省官民斷斷不能承認。朝廷一視同仁，鄂民亦必蒙垂念。連日據武漢紳商與府縣司道局叠次會議，懇請電奏前來。謹由電馳奏，請旨飭下江督勿庸發給護照來鄂運米，如米不敷用，儘可購運洋米，則鄂民感戴聖慈於無既矣。不勝籲懇迫切之至。請代奏。講。

鄂省被灾進口洋米請免徵税釐

致軍機處 光緒三十三年三月初四日辰刻發

湖北去年水灾，收歉糧貴。鄰省湖南、江西久已閉糴，四川止允運出五萬石。武漢商民百餘萬，不勝憂懼。外縣均漸有惶急之象。兹特飭關局各員，勸諭日本商人及香港華商，采運南洋西貢、暹羅等處米三十萬石來鄂平糶。入口及沿江應請免徵税釐，相應電奏，請旨飭下沿海沿江各省關均免税釐，鄂民幸甚。且洋

[一] 録自抄本《張之洞電稿·致北京電》。

米連檣入口，不獨於鄂省有益，於沿海沿江各省均有益。洞爲安定長江各省人心起見，仰懇聖恩，速賜施行。請代奏。覺。

徐錫麟擊斃皖撫恩銘鄂派兵赴皖彈壓
致軍機處、陸軍部光緒三十三年五月二十七日戌刻發

本日巳刻接安徽司道聯銜宥電稱，恩撫念六早赴巡警學堂大考，會辦徐錫麟持槍亂擊，恩撫身受數傷，勢甚沈重，餘人亦有受傷。徐錫麟帶學生圍軍械所，合城驚惶。請派得力兵隊，帶槍械子彈附輪速來等語。查此事非常之變，實堪駭異，皖省驚擾可知。匪黨必當不少，難保伏莽不乘機四起爲亂，當即派令第八鎮統制張彪、湖北候補道李襦，率新軍兩營、礮隊一隊並兵輪兩艘，即日星夜馳往皖省，會商該省文武，相機拏辦彈壓。謹由電馳陳。請代奏。感。

軍機處來電并致沿江沿海各督撫　光緒三十三年五月二十九日子刻到

電旨：安徽匪黨滋事，巡撫被戕，殊堪駭異。沿江各省匪徒素多，亟應嚴密防範。著各該督撫妥為布置，勿任勾結，以弭隱患，而定人心。欽此。樞。廿八日。

革命黨横行請布告天下化除滿漢畛域
致軍機處光緒三十三年六月二十九日亥刻發

近接外務部函電，以日、法協約有礙中國主權，令籌抵制之策，及整理內政之方。外患日亟，曷勝憂憤。除專屬交涉各事已逕覆外務部外，查整理內政，乃抵制之實際，欲固邊防，先定內亂。方今革命黨各處横行，人心惶擾。前奉明詔，令內外臣工條陳時政。竊思要政多端，豈能數日間全行舉辦。必須探源扼要，方能靖人心而伐逆謀。惟有仰懇聖明，特頒諭旨，布告天下，化除滿漢畛域，令內外各衙門詳議切實辦法，迅速奏請核定施行。此旨一頒，人心自定，亂黨莠民無可藉口。所有立憲、議會等事，俱以此爲基址，自然推行無滯。其他各要政儘可詳審斟酌，次第舉行。切懇朝廷處以鎮静，固不宜爲因循舊習所誤，尤望勿爲浮言張皇所揺。宗社幸甚，天下幸甚。不勝惶悚迫切之至。請代奏。豔。

外務部來電光緒三十三年六月二十日到

軍機處鈔交御史史履晋奏，日、法協約，事機危迫，請飭議抵拒之策一摺。奉旨：外務部知道。欽此。查日、法協約約文，前據日本阿部代使送部。大略謂，日、法政府尊重中國獨立自主及其土地之保全。在日、法兩國得有主權、保護權、占有權之疆域相接中國各地，確保秩序平和，互相協助，以保兩國在亞洲大陸地位及領土之權等語。法巴使亦來部面述。本部以此事關係重大，亟圖補救。擬告日、法兩國，以中國地面，中國自有保護和平維持秩序之責。所有接近日、法兩國領地之中國各地方，自應由中國自行確保秩序及和平云。因電劉使，查取法文未到，照會未發。兹史御史奏請，自應公同籌議，務希執事深思至計，及早圖維。必在我能以實事見之施行，庶免彼將來干涉。特先電商，餘函達。外務部。二十日。

奉旨晋京扶病北上已抵駐馬店致軍機處光緒三十三年八月初四日在駐馬店發

洞因趕辦交卸緊要諸政，病體未能調治，眩暈、怔忡、氣喘、舌乾諸症，均未見愈。因奉命日久，不敢再延，力疾於初二日晚間起程，初三日乘火車北上，頃抵河南確山縣屬之駐馬店。扶病趕程，支持甚覺艱苦。恐奏報之摺到京較遲，謹先由電馳陳。請代奏。豪。